THE CHRISTIAN IN COMPLETE ARMOUR

그리스도인의 전신갑주 I

KB192125

세계
기독교
고전

◀ 50 ▶

THE CHRISTIAN IN COMPLETE ARMOUR

그리스도인의 전신갑주 I

윌리엄 거널 | 원광연 옮김

CH북스
크리스천
다이제스트

세계 기독교 고전을 발행하면서

한국에 기독교가 전해진 지 벌써 100년이 넘었습니다. 그동안 수많은 기독교 서적들이 간행되어 한국의 교회와 성도들에게 많은 공헌을 해 왔습니다. 그러나 기독교 역사 100년을 넘어선 우리의 교회와 성도들에게 더 큰 영적 성숙과 진정한 신앙을 심어주기 위해서는 가치있는 기독교 서적들이 많이 나와야 한다고 생각합니다. 그리하여 영혼의 양식이 될 수 있는 훌륭한 기독교 서적들이 모든 성도들의 가정뿐만 아니라 믿지 아니하는 가정에도 흘러 넘쳐야만 합니다.

믿는 성도들은 신앙의 성장과 영적 유익을 위해서 끊임없이 좋은 신앙 서적들을 읽고 명상해야 하며, 친구와 이웃 사람들의 구원을 위하여 신앙 서적 선물하기를 즐기고 읽도록 권해야 할 것입니다. 이것은 하나님의 백성으로서 살기 원하는 사람은 누구나 마땅히 해야 할 의무라고도 하겠습니다.

존 웨슬리는 "성도들이 책을 읽지 않는다면 은총의 사업은 한 세대도 못 가서 사라져 버릴 것이다. 책을 읽는 그리스도인만이 진리를 아는 그리스도인이다"라고 말했습니다. 우리는 이제 한국에서 최초로 세계의 기독교 고전들을 총망라하여 한국의 교회와 성도들에게 소개하고자 합니다. 전세계의 기독교 고전은 모든 기독교인들에게 영원한 보물이며, 신앙의 성숙과 영혼의 구원을 위

하여 이보다 더 귀한 것은 없을 것입니다.

이러한 취지로 어언 2천여 년의 세월이 지나는 동안 세계 각국에서 저술된 가

장 뛰어난 신앙의 글과 영속적 가치가 있는 위대한 신앙의 글만을 모아서 세계 기독교 고전 전집으로 편찬하고자 합니다.

우리는 이 세계 기독교 고전 전집을 알차고, 품위있게 제작하여 오늘날 한국의 교회와 성도들에게 제공하고 후손들에게도 물려줄 기획을 하고 있습니다. 우리는 다시 한번 다니엘 웹스터가 한 말을 깊이 생각해 보아야 할 것입니다.

"만약 신앙 서적들이 우리 나라 대중들에게 광범위하게 유포되지 않고, 사람들이 신앙적으로 되지 않는다면, 우리나라가 어떤 나라가 될지 걱정스럽다 ⋯ 만약 진리가 확산되지 않는다면, 오류가 지배할 것이요, 하나님과 그의 말씀이 전파되고 인정받지 못한다면, 마귀와 그의 궤계가 우세할 것이요, 복음의 서적들이 모든 집에 들어가지 못한다면, 타락하고 음란한 서적들이 거기에 있을 것이요, 우리나라에서 복음의 능력이 나타나지 못한다면, 혼란과 무질서와 부패와 어둠이 끝없이 지배할 것이다."

독자들의 성원과 지도 편달을 바라마지 않습니다.

CH북스
발행인 박명곤

출판사 서문

「그리스도인의 전신갑주」는 우리나라 역사상 신앙의 문제와 관련한 순전한 활동이 가장 두드러진 시기에, 즉, 백스터(Baxter)와 번연(Bunyan), 브룩스(Brooks), 차녹(Charnock), 오웬(Owen), 플라벨(Flavel), 하위(Howe), 왓슨(Watson) 등이 쓴 여러 권의 책들과 논고들이 왕성하게 읽혀지고 또한 그것들이 실천적 신앙의 고귀한 보고들, 곧 영문 기독교 고전으로서의 위치를 유지하던 시기에 나온 작품이다.

월리엄 거널(William Gurnall)은 서펙(Suffolk)의 레이븐햄(Lavenham)의 목사로서 그곳에서 삼십년 이상 신실하게 목회 사역을 감당하였다. 특별한 절기에 행한 두 편의 설교 외에는 「그리스도인의 전신갑주」가 그가 남긴 유일한 저작이다. 레이븐햄 주민들에게 보낸 헌정사에서 그는 이렇게 말하고 있다:

> "이 논고의 주제는 매우 엄숙합니다. 곧, 성도와 사탄 사이의 전쟁이 그것인데, 이 전쟁은 너무나도 피비린내 나는 것으로 사람들 사이의 전쟁이 아무리 잔인하더라도 이에 비하면 어린애 장난에 불과합니다 … 여러분들이 읽게 될 내용은 바로 영적 전쟁에 관한 것입니다만, 이는 과거 오랜 세월 동안 싸웠고 이제는 끝난 그런 싸움의 역사가 아니라 지금도 계속 싸우고 있는 싸움의 역사요 ─ 이 비극은 지금도 계속 일어나고 있습니다 ─ 그것도 머나먼 세계의 어느 모퉁이에서 일어나는 싸움이 아니라 여러분과도 직접 관련되며 또한 이 책을 읽는 각 사람에게 다 해당되는 싸움입니다. 이 전쟁이 벌어지는 무대는 각 사람의 영혼입니다. 이 전쟁에는 중립이란 없습니다. 온 세상이 이 싸움에 개입되어 있습니다. 하나님 편에 서서 사탄을 대적하든, 아니면 사탄의 편에 서서 하나님을 대적하든 둘 중의 하나밖에는 없습니다."

이렇게 묘사되고 있는 전쟁 혹은 싸움을 본 논고에서는 그리스도인의 지상의 삶의 전 과정을 다 포괄하는 것으로 그린다. 본 논고는 두 부분으로 나뉜다. 첫째는 전쟁을 위한 짧으면서도 강력한 격려이며, 주요 대목을 이루는 둘째 부분은 전쟁을 성공적으로 치르기 위한 지침들로 되어 있는데, 여기서 다음의 사실들이 제시된다: 싸움을 위한 무장의 필요성, 전신갑주가 필요하다는 것, 무장이 없는 상태의 위험성, 그리고 적절히 무장할 경우 승리의 확실성, 싸움의 본질, 그리스도인이 대적하여 싸워야 할 공격자 혹은 원수들의 성격과 능력, 싸우는 동안 유지해야 할 자세. 갖가지 무장의 특별 장비들을 통해서(진리의 허리띠, 의의 호심경, 믿음의 방패) 갖가지 그리스도인의 은혜들의 본질과 중요성이 제시된다. 이 모든 은혜들은 모든 기도로 말미암아 하나로 엮어져 사용하기에 적절하게 되는데, 여기서 기도의 본질과, 또한 기도가 그리스도인에게 주는 특권과 혜택, 그리고 모든 성도들과 주 예수 그리스도의 사신(使臣)들을 위하여 항상 기도해야 할 의무가 지극히 철저하게 예시된다.

「그리스도인의 전신갑주」는 본래 간격을 두고 작은 책 세 권으로 출간되었는데, 몇 년 만에 다섯 가지 판본이 출간되었다. 거널의 생애 중의 마지막 판본인 다섯째 판본은 2절판의 단권인데 1669년에 출간되었다. 여섯째 판본도 역시 2절판인데, 여섯째 판본은 거널의 사망 직후에 출간되었다. 그 이후도 이 책은 계속해서 이따금씩 여러 형태로 재판되었다. 본서의 재출간을 준비하면서는 정확한 본문을 확보하기 위하여 첫째와 다섯째 판본을 사용하였다. 그 당시의 대부분의 논고들과 마찬가지로 본서에는 단락들의 구분과 그것들을 다시 구분해 놓은 것들이 많이 나타나는데, 원본과 그 이후의 판본들에서 이것들이 그대로 살아 있어서, 매우 조심스럽게 살펴보고 생각하지 않으면 어느 구분이 어디 단락에 속하는지를 독자들이 분간할 수가 없을 정도다. 그러나 현재의 판본에서는 제목들을 크게 장식하고, 갖가지의 스타일의 타이프와 숫자를 매기는 다양한 방식을 사용하고, 또한 소제목들의 위치를 적절히 잡아줌으로써, 논고 전체의 구조와 각 부분들의 상호 관계들이 만족할 만큼 분명하게 드러나게 만들었다. 또한 구두점도 개선하였다. 성경 본문을 인용한 부분도 이전의 판본들에는 오류가 많았으나 모두 확인하여 수정하였다. 고대의 용어나 지역적인 용어들, 그리고 고대의 관습에 대해 언급한 부분들은 난외주를 사용하여 설명하였다.

이러한 개정과 수정 작업을 통하여, 영적 전쟁에 관한 거널의 위대한 논고가 기존의 그 어떠한 판본보다 독자들에게 더 만족을 주며, 또한 이로써 그렇게 오랜 동안 그리스도인 독자들의 평가에서 차지해온 그 높은 자리를 계속 유지하게 만들어 줄 것이라 믿어 의심치 않는다.

　본 저작의 전반적인 개정 작업과 설명을 위하여 주(註)를 다는 작업은 던다스 맥아이작 목사(Rev. D. Dundas M'Isaac, M.A.)가 담당하였다.

1864년 11월 1일

글래스고

| 차 | 례 |

제2편 이 싸움을 성공적으로 이끌기 위한 지침 및 이와 결부되는 몇 가지 동기들

지침 3 전신갑주를 취하라는 두 번째 권고와 이를 강화시키는 논지

제1부 두 번째 권고 422

제2부 권고를 강화시키는 논지 443

지침 4 싸움에서 반드시 자리를 지켜야 함

지침 5 하나님의 전신갑주의 부품들 : 첫째 부품 — 그리스도인의 영적 허리띠

제1부 마음의 띠인 교리적 진리 529

지침 6 하나님의 전신갑주의 각 부품들 :
둘째 부품 — 그리스도인의 호심경

지침 7 하나님의 전신갑주의 각 부품들 :
셋째 부품 — 그리스도인의 영적인 신

헌정사

친애하는 친구들과 이웃들인 레이븐햄(Lavenham)의 주민들에게

내 사랑하는 친구들에게,

솔로몬은, "사람은 자기의 인자함으로 남에게 사모함을 받느니라 가난한 자는 거짓말하는 자보다 나으니라"라고 말씀합니다(잠 19:22). 여러분이 솔로몬의 심정이라면, 감히 약속드립니다만 여기 여러분을 섬기기 위해 헌정하는 이 강해들을 여러분이 흔쾌히 받아들이리라 믿습니다. 제가 여러분에게 드리는 것이 보잘 것 없으니 여러분은 저를 보잘것없는 자로 여길 것입니다. 하지만 여러분의 영원한 복락을 바라는 진심이 거기에 서려 있으니 제가 거짓말쟁이가 되지는 않으리라 희망해 봅니다. 여러 목사들이 교인들에게 많은 봉사를 하나, 저는 연약함이 많아 그렇게 효과적으로 섬길 수는 없습니다. 하지만 제가 힘과 기타 여러 능력 면에서 부족한 것이 하나님의 기뻐하는 뜻이라 믿습니다. 그런 부족함을 완전히 보상할 수는 없겠지만, 저로서는 제가 여러분을 위해 할 수 있는 이 적은 것에 더 많은 사랑을 쏟아 붓고자 하는 간절한 바람이 있고, 여러분을 향하여 제 마음을 드리며, 또한 여러분을 위하여 하나님께 저의 진심을 드립니다. 이제 무엇보다도 제 육체의 집이 쇠하고 있어서 저 세상으로 떠나기를 준비해야 하는데, 그것을 싫어하게 만드는 것이 있다면, 그것은 영원한 생명으로 향하는 길을 걸어가는 도중에 여러분을 두고 떠나고 더 이상 함께 하지 못하게 된다는 것이며, 그것도 그곳으로 가는 길에 서서 여러분이 복음의 질서 속에 정말 긴밀하게 서서 서로 돕고 그 여정 중에 서로 위로하는 중에 여러분을 떠나야 한다는 것일 것입니다. 그렇습니다. 제가 여러분과 함께 있는 동안, 여러분의 초라한 목사의 삶이 얼마나 여러분의 자비에 의존하는지를 여러분은 거의 생각하지 못할 것입니다. 제 삶을 그것에 대한 기쁨을 기준으로 따져본다면 ─ 과연 그렇게 하지 않을 사람이 누구겠습니까? ─ 바울과 더불어 정직하게 말할 수 있습니다만, 저는 여러분 중에 누구든지 주 안에서 견고히 서는 것을 보는 만큼 살고, 또한 다른 이들이 여러분이 사모하는 그 복음의 모든 초청들에도 전혀 꼼짝하지 않고 죄 가운데서 완악하게 서 있는 것을 보는 만큼 죽습니다. 사랑하는 여러분, 여러분의 영혼의 생명이 어찌 제 눈보다는 여러분 자신의

눈에 훨씬 더 귀하게 보이지 않겠습니까? 그러나 참겠습니다. 어떤 남편들은 집에서보다 낯선 사람들 앞에서 아내에게 더 친절하게 대하기도 하지만, 저는 여러분들을 그런 식으로 대하는 자로 여겨지고 싶지 않습니다.

이 논고에서 여러분에게 드리는 것은 여러분의 식탁에서 나온 하나의 접시일 뿐이니, 그만큼 소화가 잘 될 것이라 소망해봅니다. 요리사를 택한 것이 여러분이니 여러분 자신을 탓하지 않는 이상, 이 논고가 초라하더라도 여러분은 이 논고를 멸시할 수 없습니다. 다른 이들에게는 이렇게 많은 시간을 들여 이 평이한 설교문들을 읽어주는 수고를 할 정도로 진지하게 대할 수가 없습니다. 그 모든 수고가 허사가 되고 말까 염려스러우니 말입니다. 그들에게는 다른 이들에게 들인 더 열매가 많은 수고 중에 적은 부스러기들을 모아놓은 것을 갖고서 몇 사람의 귀를 깨우고자, 그것도 그저 얄팍하게만 전할 뿐입니다. 그러나 저의 교인들인 여러분에게는 좀 더 담대히 대할 수 있으리라 생각합니다. 의사들은 말하기를, 친어머니의 젖은, 혹시 다른 사람의 젖만큼 진하지 않다 해도, 그 속에서 유해한 체액이 느껴지지 않는 이상, 자연스러운 것이므로 다른 사람의 젖보다 아기에게 더 알맞다고 합니다. 그러므로 제 생각에는 제가 그것을 목사가 자기 양 떼에게 주는 젖 속에 담아 전해도 잘못된 것이 아닐 것이라고 여겨집니다. 양심을 갖고서 자기들의 목사의 젖가슴 앞에 누워 있는 교인에게는, 그가 주는 젖이 건전하다면, 하나님의 복이 함께하여 그들에게 영적 자양분을 공급해 줄 것으로 기대할 수 있을 것입니다. 물론 다른 어떤 이들처럼 호기심을 갖고 맛보기를 하는 자들의 미각을 만족시켜 줄 수 있을 만큼 감미롭지는 못하겠지만 말입니다. 자, 이 설교들의 내용이 어떻든 간에, 교인들 중에는 그 설교들을 듣기는 해도, 그 같은 설교들을 읽지는 않을 사람들이 몇몇 있을 것입니다. 강단에서 설교할 때에 일어나는 일들을 펜과 잉크로 종이에다 옮겨놓는다는 것은 마치 불과 그 열기(熱氣)를 함께 그리는 것만큼 어려운 일입니다. 강단에서 행하는 설교와 책으로 인쇄되어 있는 설교는 마치 따뜻한 젖가슴속에 있는 젖과 짜서 병에 담아둔 젖처럼 서로 굉장히 차이가 있습니다. 하지만 병에 담아둔 젖이 그 따뜻한 생기 있는 맛은 잃어버렸으나, 그 편리함이 그 모자란 부분을 상쇄시켜 준다 할 수 있을 것입니다. 설교자는 언제나 가까이 대할 수 없지만 책은 언제나 가까이 대할 수 있습니다. 사실 바로 이것이 책을 출간하는 주 목적입니다. 어머니가 병이 들었거나 출타 중일 때 병과 숟가락을 사용하여 젖을 먹게 하듯이, 책도 설교의 규례가 없을 경우에 그리스도인을 안돈시키고 그의 위

(胃)를 채워 주는 일을 위해 필요한 것입니다. 교회당에까지 가서 들어야 하는 수고를 줄이기 위해 설교들과 좋은 책들을 읽는 사람은 신앙적인 습관에서 볼 때에 자기 영혼을 도둑질하는 사람입니다. 이는 자기의 편안한 것은 따지고, 자기가 얻을 유익은 따지지 않는 것이요, 또한 뜨거울 때 고기를 먹을 수 있는데도 다 식은 고기를 먹는 것이며, 이는 한 쪽을 소홀히 함으로써 양쪽의 유익을 다 잃어버릴 위험이 다분한 것입니다. 사랑하는 남편이 집에 있을 수 있다면, 구태여 거리를 뛰어 다니며 사람들이 보는 앞에서 그를 기다릴 필요가 없습니다. 오오, 우리가 하나님께 제사 대신 망령된 것을 드릴 이유가 어디 있으며, 그에게 한 가지 임무를 행하느라 다른 임무를 도둑질할 이유가 어디 있습니까? 하나님께서는 우리가 좀 더 정상적으로 일하면 한 바퀴가 다른 바퀴와 어긋나는 일이 없도록 그렇게 우리의 일을 순서대로 잘 정돈해 두신 것입니다.

다윗이 말씀하는 우리의 날을 계수하는 일의 주목적은 소위 구분(division)에 있습니다. 곧, 우리의 이 짧은 인생을 몇 개의 부분들로 나누어, 그 부분적인 시간마다 거기에 맞도록 주어진 임무를 행하게 하는 것입니다. 모든 현(絃)이 다 정상적으로 있지 않으면 악기가 제대로 조율되지 않은 것이요, 또한 그 각 현이 제때에 적절한 소리를 내게 만드는 지혜가 연주자에게 없으면 그 악기는 좋은 음악을 만들어 내지 못하는 법입니다. 자기의 위치와 소명에 속한 모든 임무들을 다 취하지 않으면 그리스도인의 정상적인 모습이 아니며, 또한 각 임무를 그 적절한 때에 합당하게 행하지 않으면 아무리 임무들을 열심히 행한다 해도 하나님의 귀에 아름답게 들리지도 않을 것입니다. 들어야 할 때 들으십시오. 골방에 들어갈 때와 상점에서 일할 때를 알아야 합니다. 잠자리에 들 시간이 다가와서야 이따금씩 몇 분 정도를 소비하여 그 전에 들었던 내용을 반복해서 취하는 것으로는 그 날 하루 동안 잃어버린 시간이 보상되지 않을 것입니다.

이 논고의 주제는 매우 엄숙합니다. 곧, **성도**와 **사탄** 사이의 **전쟁**이 그것인데, 이 전쟁은 너무나도 피비린내 나는 것으로 사람들 사이의 전쟁이 아무리 잔인하더라도 이에 비하면 어린애 장난에 불과합니다. 여러분, 육체를 죽이는 것은 영혼을 멸하는 것에 비하면 아무것도 아닙니다. 최근 몇 년 사이에 우리 중에 사람의 칼에 맞아 무덤에 들어간 사람들이 대체 몇 천 명인지를 생각하면 슬프기 한량없습니다. 하지만 그들 중에 얼마나 많은 이들이 하나님의 진노의 칼에 지옥으로 떨어졌겠느냐 하는 것을 생각하면 그보다 더욱더 놀라게 됩니다. 여러분들이 읽게 될 내

용은 바로 영적 전쟁에 관한 것입니다만, 이는 과거 오랜 세월 동안 싸웠으나 이제
는 끝난 그런 싸움의 역사가 아니라 지금도 계속 싸우고 있는 싸움의 역사요 ─
이 비극은 지금도 계속 일어나고 있습니다 ─ 그것도 머나먼 세계의 어느 모퉁이
에서 일어나는 싸움이 아니라 여러분과도 직접 관련되며 또한 이 책을 읽는 각 사
람에게 다 해당되는 싸움입니다. 이 전쟁이 벌어지는 무대는 각 사람의 영혼입니
다. 이 전쟁에는 중립이란 없습니다. 온 세상이 이 싸움에 개입되어 있습니다. 하
나님 편에 서서 사탄을 대적하든, 아니면 사탄의 편에 서서 하나님을 대적하든 둘
중의 하나밖에는 없습니다.

　　지난 몇 년 동안 다음과 같은 큰 의문이 있었습니다. 곧, 수많은 생명이 희생된
그 대의에 선히 동참하지 않고 있으니, "여러분은 대체 누구를 위하느냐?" 하는 것
이 그것입니다. 오오 사랑하는 여러분, 하나님께 무슨 대답을 하고자 하는지를 엄
숙하게 생각하기 바랍니다. 죽음의 시각이 올 때에 그 양심이 여러분 각 사람에게
"너는 누구를 위하느냐?"라고 물을 것입니다. 여러분이 아직 함께할 편을 택할 수
있는 처지에 있다는 것은 굉장한 자비입니다만, 그 자비가 항상 있지는 않을 것이
요, 하루가 마치기 전에 끝이 올 수도 있습니다. 그런데 일단 저 세상에 들어가게
되면, 여러분의 본색이 그대로 드러나고 마귀의 소굴에서 벗어나 그리스도의 은
혜 안에 들어가 있을 수도 있습니다. 북소리가 복음 속에서 울려서 자원하는 자들
을 부르고 있습니다. 오오 주께서 그의 권능의 날에 여러분에게 자원하는 심령을
주시기를 바라마지 않습니다. 여러분 모두 가장 확실한 편에 서고자 하는 것을 압
니다. 마귀의 기장(旗章) 아래 있는 동안에는 정죄 이외에 무엇을 더 확신할 수 있
겠습니까? 하나님의 저주가 그에게 임하고 또한 그에게 가담하는 모든 자들에게
임할 것입니다. 오오, 그 보잘것없는 약탈물이요 전리품에 불과한 죄악된 쾌락과
돈에게 홀려 그의 진영으로 좇아가는 일이 없도록 하기 바랍니다. 전쟁터에서 나
오기 전에 현장에서 살해당한 병사보다 거기서 얻는 전리품을 받을 자격이 더 많
은 자가 누구이겠습니까? 여러 보도들이 옳다면, 그렇게 전쟁에서 희생된 자들이
많습니다. 여러분이 구해야 할 것은 바로 이것입니다. 무장도 갖추었고 여러분의
가슴에 목표도 정해졌습니다. 그러니 고집을 부린다면 그것은 영원한 죽음뿐일
것입니다. 하나님의 엄중한 경고들이 드디어 이루어질 때, 과연 지옥 말고 여러분
이 있을 곳이 어디겠습니까? 거기서는 황금 장식과 바벨론의 의복도, 여러분이 받
은 불의의 삯도, 그때에는 아무런 소용이 없을 것입니다. 오오 이웃들이여, 정말이

지 저는 하나님의 총탄들이 날아드는 그 길에 여러분을 내버려 두고 싶지 않습니다.

그리스도의 싸움에 동참하여 전쟁터에서 사탄과 싸우는 중인 그리스도인 친구 여러분에게 한 말씀 드릴 것이 있습니다. 주의 백성들 중에서 그 강한 자를 대적하여 주를 돕고자 그렇게 기꺼이 여러분을 드려오셨으니, 여러분을 충심으로 치하하고 싶습니다. 주님은 여러분이 없이도 얼마든지 그를 멸하실 수 있습니다. 그러나 그는 마치 여러분이 없이는 안 되기라도 하는 것처럼 절실하게 여러분의 사랑을 취하시는 것입니다. 마치 이새가 다윗을 보낸 것처럼, 하나님께서도 저에게 이 작은 선물을 들려서 여러분과 또한 그의 진(陣)에 속한 나머지 형제들에게 보내셨습니다. 그것이 주님의 전쟁에 가담하여 싸우는 여러분의 마음과 손을 강건하게 해주기만을 바랍니다. 또한 여러분을 방문할 뜻을 제 마음 속에 주신 하나님을 찬송합니다. 오오 사랑하는 친구들이여, 그리스도를 위한 전쟁을 계속하시고, 누구도 그 면류관을 여러분에게서 빼앗지 못하게 하십시오. 은혜의 보좌 앞에서 여러분의 용기를 갈고 닦으십시오. 거기서 여러분의 영혼의 힘이 계속 충전되니 말입니다. 믿음을 자주 약속의 언덕 위로 올려 보내십시오. 그리스도께서 여러분에게 임하신다는 확실한 소식을, 예, 그와 함께하는 확실한 승리의 소식을, 거기서 늘 접하시기 바랍니다. 그리스도의 귀한 군사들이 믿음으로 이룩한 그 혁혁한 **전공(戰功)**들을 읽으시고, 또한 그들의 훌륭한 승리들 속에서 여러분 자신의 승리를 읽으십시오. 마치 그것들 속에서 주님이 우리와 말씀하셨으니 말입니다. 승리를 얻을 때마다 감사하십시오. 그리고 쓸쓸한 광야가 여러분 앞에 있을 것인데, 그곳을 지날 때에 시험을 받아 여러분의 찬양의 노래가 엉뚱한 가락으로 나오게 하지 말고, 오히려 아직 원수의 나라에 있어서 여러분이 칼로써 얻는 그것을 칼로 지켜야만 하는 자들처럼 떠는 마음으로 기뻐하기 바랍니다. 여러분 중에서 면밀히 질서를 지키고 서 있어야 한다는 것을 명심하십시오. 이런 시절에는, 사람들이 먼저 형제들과의 하나된 교제로부터 멀어지다가, 그 다음에 그 삼키는 자의 손에 먹히는 안타까운 사례들을 너무나도 많이 봅니다. 이리저리 흩어지는 자들이 금방 먹혀버리니, 여러분이야말로 교회 공동체 속에서 가장 안전하다는 것을 알게 될 것입니다. 개인주의적인 생각을 삼가십시오. 여러분 개인의 안전만이 아니라 성도들의 군대 전체의 안전에 대해 관심을 기울이고 보살피십시오. 특히 여러분이 속하여 일원으로 함께 행진하고 있는 그 무리들(즉, 교회원들)을 돌아보십시오. 원수가 형제들과 싸우는 것을 보면서도 그들을 돕지 않는 병사는, 그런 처신으로 인하여 그 원수로 하여금 그 자신도 더 쉽게 죽이게 만드는 것입니다. 그러므로, "내가 내 형제를 지키는 자니이까?"라고 말하지 마십시오. 자기 형제를 지키는 일에 개의치 않는 자는 하나님께서도 지켜 주지 않으실 것입니다. 서로서로 깨어 살피고, 형제의 실패에 대해 비방하지 말고, 그가 멈칫거릴 때에 쾌재를 부르지 말고, 그가 넘어지면 그를 도와 일으켜주십시오. 가능하다면 마치 아비새가 와서 곤경에 빠진 다윗을 구한 것처럼 시의적절하게 구조함으로써 그가 넘어지지 않도록 지켜 주십시오. 여러분의 위치를 잘 지키십시오. 이처럼 모든 질서가 느슨하게 풀어진 때여서, 우리가 질서를 무시하고, 장교의 직무를 없애 버리고 그저 개인적인 병사 혹은 그리스도인으로 사탄과 대적하기를 배워왔으니, 이것이 사탄에게 얼마나 유리한 것인가 하는 것이 잘 드러납니다. 거짓 형제들이 여러분에 대해 비겁한 반역자라는 식으로 추문을 일으키는 것에 대해 여러분 자신을 든든히 방비하십시오. 전쟁터에서 도망치는 자들로 인해서나 전사한 자들로 인해서 마음이 움츠러들지 않고, 현장에서 전사한 자들의 등을 밟고 나아간다 할지라도 여전히 승리를 향하여 전진하는 자야말로 올바른 병사일 것입니다. 한 말씀만 더 하자면, 할 수 있는 대로 여러분의 마음에서 이 세상을 사랑하는 것과 또한 이 세상에 대한 산만한 염려로 인해 얽혀 있는 것을 떼어내시기 바랍니다. "병사로 복무하는 자는 자기 생활에 얽매이는 자가 하나도 없나니 이는 병사로 모집한 자를 기쁘게 하려 함이라"(딤후 2:4). 자기의 뜻을 정하고 세상적인 이해관계를 어느 정도 멀리하는 것이 누구에게도 필요하다면, 병사에게는 더욱 그럴 것입니다. 그리고 병사에게 그것이 필요하다면, 그리스도인에게는 더더욱 필요할 것입니다. 일단 여러분의 마음을 세상에 대해 죽이고 하나님에게 관심을 쏟으며, 이 세상의 이름과 재산과 인간관계들을 그 일에 결부시키면, 이제 여러분은 어디든 그리스도께서 이끄시는 곳으로 전진하기에 합당하게 됩니다. 그리스도를 위해 줄곧 싸움터에 있어야 할 사람들에게 이런 것이 없었기 때문에 많은 이들이 자기들의 사사로운 문제들을 돌보느라 집으로 돌아간 것입니다. 그러니 그리스도인 형제 여러분, 계속 전진하십시오. 여러분의 전신갑주를 의지해서가 아니라, 머지않아 사탄을 여러분의 발 아래 굴복시키시겠다고 약속하신 그분의 힘의 능력을 의지하고서 말입니다.

제가 나머지는 놓아두고 이 부분만을 떼어내어 논고를 정리했습니다만, 다만 이 점에 대해 여러분의 용서를 구하고 싶습니다. 제 미약한 힘이나 여가로는 그 모든 내용을 단번에 다 다룰 수가 없었습니다. 그러나 먼저 설교를 통해 제시했으니, 적은 부분부터 출간한다 해도 큰 잘못은 아닐 것이라 여겨집니다. 그러므로 사랑하는 친구 여러분, 만일 하나님께서 이 불완전한 상태의 논고로도 여러분의 믿음에 도움이 될 수 있게 해주신다면, 여러분 중에서 행하는 저의 보잘것없는 사역에 복을 주시기를 위해 은혜의 보좌 앞에서 계속해서 힘써 구해 주시고, 또한 아직 전해지지 못한 부분이 계속 나오게 되도록 힘주시기를 위해 기도를 올려주시기를 겸손한 마음으로 바랍니다. 저는 여러분과 만나기를 바라지도 않는 곳으로 여러분을 보내려는 것이 아닙니다. 다만 여러분과 함께 애쓰는 중에 신실한 자로 드러나게 되도록 은혜를 바랄 뿐입니다. 그리고 저의 연약한 수고들로부터 신령한 유익을 얻을 사람들 중에서도, 그 수고들이 여러분에게 주로 드려졌으니, 여러분이 주로 유익을 얻게 되기를 바라는 마음이고, 또한 그렇게 기도합니다.

여러분의 친애하는 무익한 목사
윌리엄 거널
1655년 1월 1일
레이븐헴

서퍽(Suffolk)의 켄트웰 홀(Kentwell Hall)의
존경해 마지않는 토머스 다시(Thomas Darcy, Esq) 님과 그의 신앙적 반려자
시실리아 다시 부인(Mrs. Sisilia Darcy)께.

만일 저의 사역이 레이븐헴의 사랑하는 교인들의 영혼들에게 자비요, 혹은 항상 자비였다면, 그들은 저와 더불어, 두 분의 존경받는 아버지 시몬즈 드위스 경(Sir Symonds d'Ewes)에 대해 하나님을 찬송할 이유가 더 많을 것입니다. 그는 고귀한 자유로움으로 그들로 하여금 저를 택하게 하고 저를 그들 중에 정착하게 한 분이요, 또한 저는 물론 하나님의 섭리입니다만, 그분의 호의를 얻어 여러 해 동안 그들의 물가에서 영혼을 낚는 고기잡이의 고귀한 일을 누렸습니다. 제 하나님은 저로 하여금 그러한 특권을 세상적인 급료를 받는 것보다 더 고귀한 것으로 여기도록 — 우리를 돈이나 바라는 삯군으로 여기는 사람들이 많습니다만 — 해주셨습니다. 이제 하나님이 그를 죽게 하사 우리에게서 데려가신지 — 이는 우리의 죄 때문이 아닌가 두렵습니다 — 몇 년이 흘렀습니다. 그리고 그 이외에도 많은 존귀한 분들이 세상을 떠나 그와 더불어 흙 속에 머리가 묻혀 있고, 그리하여 오늘날까지 그 창백한 얼굴에서 나타나듯이 우리나라라는 이 폐병 걸린 몸이 그 훌륭한 피와 정신을 많이 잃어버린 상태에 있습니다. 그런데 이제 이 고귀한 신사께서 저의 연약한 경의를 받을 수 없는 곳으로 옮겨가셨으므로, 그에게 드릴 의무를 이제는 두 분께 드려야 하게 되었습니다. 님의 아내는 그 아버지의 권한을 물려받았으므로, 또한 님은 그녀와 부부의 관계를 맺었으므로, 이제 정당하게 그 빚을 청구하실 수 있습니다. 그렇게 하는 것이 과연 값어치 있는 일이라면 그렇게 하실 수 있습니다. 그러나 두 분에게 그런 수고를 덜어드리고자, 이 글을 보내어 공적으로 그 사실을 고백하고자 합니다. 사실 그 일에 대해 증언할 분들이 너무 많기 때문에 만일 제가 부정직하고 배은망덕한 자세로 그것을 감출 생각을 했더라면, 저는 세상 앞에서 수치를 자초하고 말았을 것입니다. 제가 여기서 글로 세상을 향하여 두 분의 아버지의 고귀함에 대해 이야기하는 것이 두 분께 별로 유쾌하지 않으리라 여겨집니다. 그가 세상을 떠나기 전부터 이미 세상이 너무도 잘 아는 일이기 때문입니다. 게다가, 구태여 찬사를 하지 않아도 될 사람의 입에서 찬사가 나오면 그것을 진정이 담긴 것으로 여겨도, 그의 큰 호의를 받은 사람이 하면 아첨의 의심을 받아

서 오히려 큰 호의가 손상될 수도 있다는 것을 두 분께서도 잘 알고 계십니다. 그
러므로, 두 분께서 분발하셔서 그분을 더 조심스럽게 닮아가시게 하기 위해서 이
한 가지만 말씀드리겠습니다. 두 분께는 고귀하고도 신앙적인 아버지의 모범 속
에 정말로 훌륭한 복사본이 남겨져 있으므로 — 이는 위인들의 자녀들 가운데서
도 흔치 않은 복입니다 — 그것을 좇아 이리저리 휘갈겨 놓는다면 이는 두 분을 크
게 욕되게 하는 것이 될 것입니다. 두 분은 경건을 위해서 지극히 큰 유익을 얻으
며 교육 받으셨습니다. 그 신앙적인 원리들이 두 분께 그렇게 일찍부터 심겨졌고,
또한 그것이 죽은 흙에 떨어지지 않았으니, 하나님께 찬송을 올려 드립니다. 두 분
과 같은 계층에 속한 많은 이들이 신앙의 그 아름다운 모습을 육신적인 눈으로, 깨
어진 안경을 쓰고(곧 신앙을 공언하고는 그것을 깨뜨려 버린 이들의 추문을 뜻합
니다) 바라보므로, 자기들이 바라는 그런 멋진 것을 찾을 수 없어서 그것을 멸시하
지만 — 그렇습니다. 그들의 생각 속에는 아주 일그러지고 조잡한 이미지가 들어
가 있습니다 — 두 분께는 신앙이라는 것이 추하거나 경멸스러운 것이 아닙니다.
많은 귀족들의 집에서는 감히 하나님을 함께 상종하기에 너무 조잡한 존재라고
생각하고 또한 응접실에서 성경을 사용하는 것을 카드나 주사위를 갖고 노는 것
보다 더한 수치로 여기지만, 두 분의 집에서는 하나님을 예배하는 것이 추방되지
않고 있기도 합니다.

 하나님과 함께 찾아와 무언가 하나님께 속한 것을 남겨두고 가기를 바라는 객
들이 두 분의 집에서는 결코 환영받지 못하는 손님들이 아니었습니다. 두 분의 시
작이 좋습니다. 이와 같은 신앙적인 샘이 두 분의 어린 시절부터 솟아나왔으니 하
나님을 찬송합니다. 부탁하건대 두 분을 자유로이 사랑할 자유를 허락해 주십시
오. 그리고 그 일을 신실하게 하기 위해서 지금 저의 펜이 두 분을 섬기고 있습니
다. 두 분은 정말 선한 길에 서 계십니다. 진정한 여행객들이 자기 길을 잘 유지하
듯이, 천국으로 향하는 두 분의 여정에서 아무것에게서도 방해를 받지 말기 바랍
니다. 지금 아침에 태양이 떠서 그렇게 희망을 주며, 두 분을 알고 사랑하는 모두
에게 기쁨을 주지만, 두 분의 인생의 저녁에 그것이 가려져서 궂은 날씨가 되지 않
도록 조심하시기 바랍니다. 혹시 두 분께서 지금보다 수 마일을 더 나아갔을 때에
드렸다 해도, 이런 권면은 너무 때늦은 것이거나 필요 없는 것이 아닐 것입니다.
어릴 때에 행한 신앙의 고백을 어기는 일이 위험하지만, 배도는 그 이상으로 얼마
든지 우리의 본성에 일어날 수 있는 법입니다. 아침에 좋던 날씨가 흐려져 비가 오

게 되면, 그렇게 날씨가 나빠지기 시작하기 전보다 맑게 개일 희망이 더 줄어드는 법입니다. 그러므로 하나님과 천국을 위하여 날마다 그 전날보다 더 진지해지기를 힘쓰기 바랍니다. 경건의 견실한 부분이 폐병에 걸리는 일이 없도록 주의하십시오. 그 병에 걸려도 신앙의 겉모습에는 신선한 혈색이 얼마든지 나타날 수 있으니 말입니다. 할 수 있는 만큼 많은 시간을 빌려다가 은밀한 중에 하나님과 교제하는 일에, 또한 여러분의 마음과 대면하는 데에 사용하기 바랍니다. 두 분 같은 사람이 그 일을 위해 시간을 낼 수 없거나 혹은 조금밖에는 내지 못한다면, 과연 누가 시간을 낼 수 있겠습니까?

큰 호주머니보다 큰 마음을 항상 더 큰 자비로 여기십시오. 두 분 자신의 가치를 저 세상의 기업으로 판단하며, 이 세상의 명예와 부귀로 판단하지 마십시오. 성도로서 그것을 두 분의 소유로 여길 수도 있겠지만, 그것은 두 분의 주인께서 두 분에게 맡겨 놓으신 재물일 뿐입니다. 그것을 소비한 결과를 반드시 정산하게 될 것이고, 그것도 동전 한 푼까지 정산하게 될 것이기 때문입니다. 구제 활동에 풍성히 임하시고, 그리하여 공로를 세우리라는 희망이 절대로 물을 주도록 허용되지 않는 개신교의 땅에도 선행이 자란다는 것을 교황주의자들이 알게 하십시오. 선한 영향을 끼치지도 못하고 또한 받지도 못할 그런 사람들과의 교류에 많이 가담하지 마십시오.

존귀한 두 친구여, 두 분께서는 신앙이 진지한 문제이며 따라서 두 분의 가장 지혜로운 생각과 또한 그것을 잘 관리하는 최상의 보살핌이 필요하다는 것을 알게 될 것입니다. 한 가지 애처로운 금언이 있는데, 신앙이 여러 위대한 인물들 사이에서 발견하게 되는 것 — 이는 소중한 우애라기보다는 형식적인 구애(求愛)입니다만 — 에 관한 것으로서, 작은 신앙이 큰 자들 가운데서 큰 길을 걷는다는 것입니다. 그러나 사실은 열등한 자들 사이에서는 큰 신앙으로 인정받을 수 있는 것이 존귀의 언덕 위에 더 높이 올라가 있는 자들 사이에서는 아주 작은 신앙으로 여겨진다는 것입니다. 왜냐하면 그들이 하나님께 더 많은 봉사의 빚을 지고 있고, 또한 마귀가 그들에게 더 많은 원한을 지고 있기 때문입니다. 그들이 받는 시험이 더 큽니다. 떨어질 위험이 더 클 뿐 아니라, 떨어져도 훨씬 높은 곳에서 밑바닥으로 떨어지므로 떨어지는 것 자체가 더 위험한 것입니다. 선하신 주께서 두 분을 도우사 이 금언의 허구성을 더욱더 드러내게 하시고, 그리하여 지체가 높은 것과 선한 것이 결코 공존할 수 없는 것이 아니요 한 집에서 조화롭게 잘 거할 수도 있다는 것

을, 예, 한 사람의 가슴속에 조화롭게 누워 있을 수도 있다는 것을, 두 분께서 세상
을 납득시키게 해주시기를 바랍니다. 두 분의 손에 겸손히 올려드리는 이 논고는
— 두 분의 아버지의 토양에서 자라난 저의 수고의 작은 결실입니다만 — 그것을
읽는 중에 기도로 물을 준다면, 하나님의 축복으로 두 분께 격려와, 또한 사역에서
의 도움을 베풀어 줄 것이라 소망해 봅니다. 이 논고가 그렇게 격려와 도움을 주게
되기를 두 분의 비천한 주의 종은 기도할 것입니다.

윌리엄 거널
1657년 10월
레이브헴

존귀하고 참된 신앙인이요 존경하여 마지않는
틸베리 남작 부인(Baroness of Tilbury) 메리 비레(Mary Vere) 님께

존경하는 부인,

어떤 이들은 사람의 주된 목적인 신앙을 근거로 사람을 정의하는 것이 그의 주된 기능인 이성을 근거로 정의하는 것보다 더 낫다고 생각하기도 했습니다. 짐승들이 사람의 논리적 기능과 비슷할 정도의 영민함을 지닌 경우는 몇몇 있기도 하나 신앙을 갖는 능력은 전혀 찾아볼 수 없으니, 그것으로 사람이 다른 동물들과 가장 엄밀하게 구별될 수 있다는 것이지요. 이런 세밀한 논지가 무슨 의미가 있든 간에, 저는 사람이 자랑스러워해야 할 가장 주된 특권과 위엄은 바로, 눈에 보이는 세계 전체에서 오직 사람만이 그의 조물주를 예배하고 즐거워하도록 지음 받은 유일한 피조물이라는 사실이라고 확신합니다. "만물이 주의 종"입니다(시 119:91). 그러나 오직 사람만이 하나님께 제사장입니다. 만물은 창조주께 복종하지만, 사람만은 그에게 예배합니다. 그런데 참된 경건과 신앙을 사람의 존귀를 삭감시키는 것으로 여기는 생각이 어떻게 일어나는지요? 그런데 놀랍게도 사람이 조롱과 놀림감이 되어 버릴 수 있는 가장 자연스런 길이 바로 다윗과 함께 언약궤 앞에서 열정적으로 춤을 추는 것임을 보게 됩니다. 이교도는 덕성(德性)이라는 성전(聖殿)으로 인해서 또 다른 존귀를 얻는데 반해서 그리스도인은 경건과 헌신으로 인해 치욕과 조소를 얻는 것입니다. 누구든 감히 신앙을 그 능력 속에서 소유하게 되면, 곧바로 그의 등에 광신자라는 딱지가 붙고, 그의 머리 위에 바보의 모자가 씌워집니다. 그래서 오늘날처럼 조롱이 가득한 시대에는 많은 사람들이 니고데모가 되어 자기들의 신앙을 어두컴컴한 등불 속에 지니고 다닙니다. 살비안(Salvian: 400-470. 기독교 작가 — 역주)의 시대의 사람들처럼 조잡하고 추한 자로 지목되는 형벌을 받을까 두려운 것입니다. 오늘날처럼 타락한 시대에는 높은 신앙을 공언하면서도 지저분한 행실로 아주 천한 삶을 사는 것으로 신앙의 이름에 큰 상처를 입히는 사람들이 — 그들이 신앙 자체와 또한 그 신앙에 대한 공언을 모두 더럽혀 놓았기 때문에 그들이 땅에 살아 있는 한 그 상처는 치유될 가망이 없어 보입니다 — 너무 많습니다. 이들은 누군가의 말대로 신앙에 해를 끼치려고 태어난 사람들입니다. 그리스도의 신실한 종들을

거짓된 신앙공언자의 옷을 입히고, 또한 그들의 모습을 외식자의 일그러진 얼굴 모양으로 그려놓아서 그들 모두 비슷한 자들로 — 종교적인 관습으로 세상을 속이는 집단으로 — 생각하게끔 만들어 놓는 것이 세상의 습관이기 때문에, 오늘날 정말 신앙을 갖고자 하는 사람은 다른 이들에게서 가짜로 여김 받는 것에 만족해야 하는 처지가 되어 있습니다.

하지만, 부인, 부인께서는 (하나님을 찬송할 일입니다만) 지금 천국을 위해 세우는 일을 위해 희생해야 할 것을 던지는 일을 시작하지 않아도 괜찮습니다. 부인의 주변은 신앙을 가장한 자들의 잘못으로 인해 신앙 자체가 추문에 휩싸여 있는 그런 처지가 아니고, 또한 부인 자신도 이 추문이 들끓는 시대에 다른 이들 앞에 걸림돌을 놓은 일이 없고, 오히려 다른 이들이 신앙을 팔아먹는 중에서도 부인은 한결같은 경건과 너그러움, 사랑과 겸손의 아름다운 모습을 보임으로써 — 그렇습니다. 우리들 중에서 신앙에 대한 신뢰를 다시 회복시키는 데 결정적인 역할을 하는 그 모든 은혜들을 다 보여줌으로써 — 신앙의 존귀함을 훌륭하게 입증해 오셨습니다. 시험의 홍수들이 모래 위에 집을 지은 많은 사람들의 수고를 휩쓸어 오류와 불신앙의 바다에 빠뜨렸으나, 부인의 판단의 진실성이나 부인의 삶에서 나오는 경건의 실천은 흔들지 못하였습니다. 부인이 짓고 계신 집이 그만큼 진리를 아는 영민한 지식에 든든히 기초하고 있으며, 또한 부인이 아는 그것에 대한 순전한 사랑으로 서로 긴밀하게 연결되어 있다는 증거일 것입니다. 부인, 구태여 다른 것을 들지 않아도 오로지 이것 하나만으로도 저로서는 부인을 저의 미약한 수고를 후원해 주시는 존귀한 분으로 삼기를 간절히 사모하기에 족합니다. 그러나 부인의 고귀한 손으로부터 많은 호의를 받지 않았다면, 제 감사한 마음을 표현하고자 하는 생각을 갖지 못했을 것입니다. 그러니, 이렇게 공개적으로 감사의 뜻을 전하는 것을 더 나쁘게 여기지 않으시기를 바라는 마음입니다. 아낌없이 베푸는 부인의 모습은, 감사를 표해야만 한다는 저의 의무감을 입증하기 위해 구태여 많은 증인들을 부를 필요가 전혀 없을 만큼 고귀한 것이었습니다.

미천한 제가 부인의 손에 올려드리는 이 논고에 대해 말씀드리면, 매 페이지마다 부족한 저자를 향하여 부인의 정직함을 실천하기에 족할 것입니다만, 거기서 다루는 주제들은 부인의 영적인 미각(味覺)을 잘 돋구어 주리라 확신합니다. 저는 부인을 저 먼지가 자욱한 논쟁의 길로 — 이 길에서는 함께 천국을 향하여 나아가는 그리스도인들이 서로 교제를 나눌 수 없게 되고 또한 서로를 멀리하게 되었습니다 ─ 가 아니라, 모든 순전한 영혼들이 한 마음으로 함께 걸어가는 실천적인 신학의 푸른 초장의 오솔길로 인도하고자 합니다. 그들은 그들의 소망의 궁극적인 대상을 천국과 구원에 두고 있다는 점에서 모두 일치하고 있습니다. 손에 잡히는 세상이 아니라 소망 가운데 있는 천국이 그들에게 기쁨을 가져다주는 것입니다. 언젠가 한 경건한 분이 자기 자신의 경우를 빗대어 말한 것처럼, 성경이 그들의 한 구석에서 읽는 책(*libellus in angulo*) 입니다. 순전한 그리스도인에게는, 세상의 시끄러운 소음에서 벗어나 잠시 한 구석에 홀로 앉아 이 책 중의 책을 읽거나 묵상하는 데에 시간을 보내는 것보다 더 위안을 주는 것은 결코 없을 것입니다. 그리고 그들 모두에게는 한 군데 늘 방문하는 곳이 있어서, 비록 육체적으로는 온 세상에 다 흩어져있지만 거기서 날마다 거의 빠짐없이 서로 만나게 되는데, 바로 기도가 그것입니다.

　존경하는 부인, 이것들이 이 논고에서 다루는 세 가지 가장 큰 주제들입니다. 저의 연약한 팔로서는 도저히 당길 수 없는 너무 강한 활을 택했다는 것을 고백하지 않을 수 없습니다만, 그것들을 다루고 또한 지금 그것들을 출간하면서 제가 겨냥한 표적은 올바른 것이라는 바람을 가져봅니다. 이 논고의 내용 중에 부인에게 있는 소망의 기쁨을 더욱 크게 해주며, 성경에 더욱 정통하게 해주며, 또한 부인의 열정적인 영혼의 제단에서 ─ 혹은 신실한 다른 분들의 영혼의 제단에서 ─ 이미 타고 있는 그 거룩한 불길을 더욱 뜨겁게 타오르게 해주는 것이 있다면, 제가 선택을 제대로 한 것일 것이요, 이에 대해 하나님을 찬송할 것입니다. 이제 더 이상 부인의 인내를 짓누르지 않겠습니다. 선하신 주께서 부인의 날들을 길게 늘려 주시고, 부인의 믿음을 강건하게 하시며, 부인께 있는 은혜들을 더 많게 하셔서, 마지막에 세상을 떠날 때에 마치 불사조(phoenix)처럼 감미로운 향기가 가득한 가운데서, 부활의 아침에 다시 눈을 떠서 부인을 구속하신 주님을 바라보며 말할 수 없이 놀라운 기쁨을 끝없이 누리리라는 충만한 확신을 갖고서 평화로이 눈을 감도록 해주시기를 기도합니다.

부인의 지극히 미천한 종,
윌리엄 거널
1661년 8월 28일

하나님의 전신갑주에 관한 논고

"끝으로 너희가 주 안에서와 그 힘의 능력으로 강건하여지고 마귀의
간계를 능히 대적하기 위하여 하나님의 전신갑주를 입으라 우리의
씨름은 혈과 육을 상대하는 것이 아니요 통치자들과 권세들과 이
어둠의 세상 주관자들과 하늘에 있는 악의 영들을 상대함이라
"그러므로 하나님의 전신갑주를 취하라 이는 악한 날에 너희가 능히
대적하고 모든 일을 행한 후에 서기 위함이라
"그런즉 서서 진리로 너희 허리띠를 띠고 의의 호심경을 붙이고 평
안의 복음이 준비한 것으로 신을 신고 모든 것 위에 믿음의 방패를
가지고 이로써 능히 악한 자의 모든 불화살을 소멸하고 구원의 투
구와 성령의 검 곧 하나님의 말씀을 가지라 모든 기도와 간구를 하
되 항상 성령 안에서 기도하고 이를 위하여 깨어 구하기를 항상 힘
쓰며 여러 성도를 위하여 구하라 또 나를 위하여 구할 것은 내게
말씀을 주사 나로 입을 열어 복음의 비밀을 담대히 알리게 하옵소
서 할 것이니 이 일을 위하여 내가 쇠사슬에 매인 사신이 된 것은
나로 이 일에 당연히 할 말을 담대히 하게 하려 하심이라."
— 에베소서 6:10-20

서론

　　바울은 이 당시 옥에 갇혀 있었으나 글을 쓸 수 없을 정도의 상황은 아니었습니다. 하나님께서는 원수들 앞에서 바울에게 은혜를 베푸신 것으로 보입니다. 바울은 네로의 죄수였으나 네로는 그보다 훨씬 더 심한 하나님의 죄수였습니다. 바울에게 할 일을 주시는 동안 하나님은 궁정에서나 감옥에서나 그에게 친구들이 있게 하셨습니다. 박해자들이 아무리 성도들을 감옥으로 보낸다 해도, 하나님은 그들을 지키는 자들이 있게 하실 수 있는 것입니다.
　　그런데, 이 위대한 사도 바울은 감옥에 갇혀 있는 동안 무엇으로 시간을 보냅니까? 그를 가둔 자들이 지극히 사악한 자들이지만 그는 그들을 향하여 독설을 내뿜는 일로 시간을 보내지 않았습니다. 거룩한 성도들은 아무리 환난을 당하더라도

그런 식의 열정을 토한 일은 없었습니다. 그렇다고 당시의 높은 사람들에게 치사하게 아첨하거나 혹은 죄악되게 그들과 야합하여 현재의 괴로움을 벗어버릴 방책을 궁리하는 일도 하지 않았습니다. 어떤 이들은 열쇠장이를 불러서 자유를 얻을 길을 열고자 했을 것이고, 또한 빠져나올 수만 있다면 정문으로 나오든 창문으로 나오든 개의치 않을 심사였을 것입니다. 그러나 이 거룩한 사람은 조금이라도 복음이 위험에 빠진다면 결코 자신의 자유나 목숨을 구하기를 원하지 않았습니다. 이 세상의 삶을 누리는 일을 그렇게 귀하게 여기기에는 저 세상에 대해 너무나 많이 알고 있었습니다. 그러므로 그는 원수들이 그를 어떻게 하든 간에, 그들이 원하든 원하지 않든 간에, 자신은 반드시 천국으로 가게 되리라는 것을 잘 알고 있었던 것입니다. 그의 큰 관심은 그리스도의 교회들의 안위에 있었습니다. 신실한 청지기로서 그는 자신이 떠나기 전에 하나님의 집을 질서 있게 세우기 위해 진력하였던 것입니다. 그의 자유 방면을 위하여 궁정에 편지를 보낸 흔적은 전혀 없습니다. 그러나 교회들에게는 여러 편지들을 보내어 그리스도께서 그들에게 베푸신 자유 안에서 견고히 서도록 도운 것입니다. 우리를 향하여 온갖 악의로 공격하는 마귀와 그의 수족들을 대적하는 방법으로는 우리가 어디에 있든지 할 수 있는 대로 선을 행하는 것 만한 길이 없는 것입니다.

　마귀로서는 바울을 그냥 내버려 두어도 좋을 일이었습니다. 그는 옥에 갇히자마자 복음 전도 사역을 그만둘 수밖에 없게 될 것이고, 그리하여 사탄의 감옥 문이 활짝 열려 불쌍한 죄인들이 그리로 들어가게 될 것이었으니 말입니다. 오네시모에게는 바울이 감옥에 갇힌 일이 복이었습니다. 하나님은 바울에게 오네시모와 기타 여러 사람들에게 행할 임무를 주신 것이요, 이는 마귀가 꿈도 꾸지 못한 일이었습니다. 그런데 바울은 감옥에서 복음을 전하는 것은 물론, 감옥에서 교회들에게 편지를 보내어 할 수 있는 만큼 마귀에게 온갖 괴로움을 가져다주었습니다. 그 편지들을 통해서 그는 교회들로 하여금 환난 중에 있는 그의 심정을 맛보게 하였고, 이제 자신을 드릴 준비를 갖추고 있는 그의 믿음을 읽게 하며, 그들로 더욱더 그의 믿음을 확증하게 하였습니다. 그 교회들 중에 에베소 교회는 그의 적지 않은 관심을 받았습니다. 그가 그들과 2년을 함께 지냈다는 사실과 (행 19:10) 또한 그가 마지막으로 예루살렘으로 향하던 중 이 세상에서는 다시 서로 얼굴을 대하지 못할 것을 생각하여 그 교회의 장로들을 밀레도로 불러 그들에게 작별을 고한 일(행 20:17)을 생각하면 이를 충분히 짐작하고도 남을 것입니다. 그 마음 아픈 이 별로 인하여 그 장로들은 마음에 안타까운 기억을 갖게 되었을 것이고, 또한 온 교회가 그 장로들을 통하여 이 슬픈 소식을 전해 들었을 것입니다. 지금 감옥에 갇힌 상태에서 바울은 이런 일들로 감동을 받아 이 교회에게 편지를 써서, 그의 심정을, 곧 복음을 향한 그의 열정적인 마음을 온통 그들에게 친숙하게 남겨 주었으니 이제 그의 죽음의 소식도 더욱 인내로 받아들일 수 있게 하고자 하였던 것입니다.

이 편지의 전반부에서는 그가 믿음의 신비 속에서 드높이 솟아오릅니다. 그리고 후반부에서는 그의 통상적인 방법대로 다시 내려와서 적용에 들어갑니다. 여기서 그는 함께 빛을 발하는 그 모든 진리들을 하나의 강력한 권면으로 압축시켜서 그들의 마음을 더욱 밝히며 "부르심을 받은 일에 합당하게 행하라"(4:1)고 힘 있게 설득합니다. 이 일은 그리스도인의 삶이 투명해지고 그리하여 모든 면에서, 또한 모든 인간 관계에서, 마치 수정 유리 속에서 촛불이 비치듯이 — 컴컴한 호롱 등처럼 한 쪽으로는 밝히 비치나 다른 쪽으로는 어둠이 깃드는 식이 아니라 — 거룩의 능력 속에서 복음의 은혜가 환히 비칠 때에 이루어지는 것입니다. 그러므로 그는 남편, 아내, 부모, 자녀, 주인, 종 등의 갖가지 인간관계들을 다루고 이 모든 관계에서 동일한 권면을 강력하게 제시하는 것입니다.

마치 지혜로운 장군이 군대를 계급과 직능별로 정렬시킨 것처럼, 이제 각 사람을 적절한 위치에 서게 하고 그의 구체적인 임무를 알게 한 다음, 바울은 이 에베소의 진영 앞에서 모든 전쟁의 언어를 써서 다음과 같은 말씀을 하고 있는 것입니다. 이것은 그야말로 그리스도인의 부르심에 가장 적절히 들어맞는 것입니다. 세상과 더불어, 또한 세상의 임금과 더불어 끊임없이 지속적으로 전쟁을 행하는 것이 그리스도인의 부르심이기 때문입니다. 이 단락의 말씀은 다시 두 부분으로 나뉩니다.

제1부는 짤막하면서도 감미롭고 힘 있는 격려의 말씀입니다(엡 6:10). 제2부는 이 전쟁을 한층 성공적으로 수행하도록 하기 위한 갖가지 지침들인데, 여기저기에 몇 가지 동기들이 덧붙여져 제시되고 있습니다(엡 6:11-20). 자 이제 제1부부터 시작하기로 합시다.

제1편

전쟁을 위한
감미롭고 힘 있는 격려

"끝으로 너희가 주 안에서와
그 힘의 능력으로 강건하여지고"

엡 6:10

사도는 싸움을 위한 격려의 말씀으로 말씀을 시작합니다: "끝으로 너희가 주 안에서 강건하여지라." 이는 그 다음의 방향으로 나아가도록 그들을 준비시키는 최선의 길이 아닐 수 없습니다. 심령이 두려움에 깊이 사로잡혀 있고 또한 위험에 대한 강한 염려로 낙담해 있는 상태는 절대로 권고를 받을 만한 합당한 자세가 아닙니다. 갑작스런 경보나 위험에 대한 염려 때문에 도피하는 군대에게서 보듯이, 두려움이 사라지기 전에는 그들을 다시 정렬시키고 싸울 준비를 갖추게 하기가 지극히 힘든 법입니다. 그러므로 사도는 먼저 그들의 사기를 높여줍니다: "너희가 주 안에서 강건하여지라." 이 말씀은 마치 이런 뜻과도 같습니다: "어쩌면 의기소침한 심령들이 원수들이 그렇게 강한데 자기들은 그렇게 허약하며, 그들은 그렇게 숫자가 많은데 자기들은 그렇게 적으며, 그들은 잘 훈련되고 무장되어 있은데 자기들은 맨몸이며, 그들은 무기를 다루는 기술이 능한데 자기들은 새파란 애송이 병졸들에 불과한 것을 보고, 마음이 무너져 있을지 모른다. 그러나 이런 생각 때문에 낙담해서는 안 되고, 불굴의 용기로 전진하며 주 안에서 강건하여지라. 싸움에 이기고 지는 것은 너희의 기술이나 힘이 아니라 주님의 역사에 달려 있으니 말이다." 목사는 말씀을 조심스럽게 기술적으로 분변하여, 그리스도인의 임무를 강조하여야 합니다. 그러나 여기 사도의 가르침처럼 그것을 주님의 힘으로 되는 것으로 가르쳐야 하고, 그 임무를 피조물인 인간의 어깨 위에 지워서 그 무게로 심령을 짓누르게 해서는 결코 안 되는 것입니다. 이 절의 내용을 우리는 네 가지 대지로 나누어 살펴볼 수 있습니다. 첫째는 친숙한 호칭입니다: "내 형제들아"(한글 개역개정판에는 나타나지 않음 — 역주). 둘째는 권면입니다: "강건하여지라." 셋째는 조심시키는 지침이 권면에 덧붙여집니다: "주 안에서." 넷째는 이 지침에 격려의 성격을 띤 상세한 설명이 덧붙여집니다: "그 힘의 **능력으로**," 혹은 "그의 힘 있는 **능력으로**."

—

첫째와 둘째 대지

친숙한 호칭("내 형제들아")과 권면("강건하여지라")

첫째 대지로 "내 형제들아"라는 친숙한 호칭이 나타납니다. 그러나 이에 대해서는 잠시 보류해 두고, 둘째 대지인 "강건하여지라"라는 권면을 먼저 살펴봅시다. "강건하여지라"는 선한 용기를 가지라는 뜻인데, 이런 권면은 성경에 자주 나타납니다: "너희는 마음을 강하게 하라"(대하 32:7); "겁내는 자들에게 이르기를 군세어라 하라"(사 35:4). 혹은, '너희 영혼의 모든 능력을 하나로 모으고 너희 모든 힘을 집중시키라. 그렇게 해서 얻는 모든 힘을 사용하여야 할 것이니'라는 뜻입니다. 여기서 강조되는 요점은, 곧 그리스도인의 용기와 결단이 필수적이라는 것입니다.

가르침: 모든 사람들이 그럴지만 특히 그리스도인에게는 용기와 결단이 반드시 필요하다. 사람이 그리스도인으로 행하거나 행할 수 있는 일 중에 용기가 필요 없는 것은 하나도 없습니다. 비겁한 심령으로는 그리스도인의 가장 사소한 임무도 감당할 수 없습니다. "오직 강하고 극히 담대하여" — 무슨 뜻입니까? 그 호전적인 민족들과의 싸움에서 든든히 서라는 뜻입니까? 아닙니다. "나의 종 모세가 네게 명령한 그 율법을 다 지켜 행하고 우로나 좌로나 치우치지 말라"(수 1:7)라는 것입니다. 하나님께 신실하게 순종하는 일에는 사람의 군대를 지휘하는 것보다도 더한 용기와 담대한 심령이 필요합니다. 그리스도인으로 행하는 데에는 대장으로 행하는 것보다 더한 용기가 필요한 법입니다. 그리스도인의 의무로 기도의 의무보다 덜한 것이 어디 있겠습니까? 그러나 왕 같은 담대한 심령이 없이는 이 의무조차도 제대로 행할 수가 없는 것입니다. 야곱이 그저 기도한 것밖에 없는데 그가 마치 왕처럼 행하였다는 말이 있듯이 말입니다. 이로 말미암아 그는 하나님의 기사(騎士)가 되어 들판에서 나왔습니다. 육신적인 사람이 행하는 것을 기도라고 부른다면, 그것처럼 초라하고 비겁한 것이 없을 것입니다. 마치 겁쟁이 군졸이 용맹한 무장(武將)의 혁혁한 공적과 거리가 멀듯이, 이런 행위도 참된 기도와는 거리가 먼 것입니다. 기도하는 그리스도인은 겸손하면서도 담대한 믿음으로 하나님께로

가까이 나아가 그를 붙잡으며 그와 씨름합니다. 그렇습니다. 복을 얻지 않고는 그를 떠나보내지 않습니다. 자기 자신의 죄와 하나님의 공의가 율법의 맹렬한 입에서부터 자신에게로 날아오는 것을 보면서도 그렇게 합니다. 물론 다른 사람도 담대하게 기도하나 그것은 생각이 미천하거나 마음이 굳은 어린아이의 일 밖에 아무것도 아닙니다. 그러니 자기의 죄도 느끼지 못하고 위험한 처지도 알지 못한 채그저 맹목적인 자신감으로 열심히 의무를 행합니다. 그러나 양심이 일깨워져서자기에게 죄가 있다는 각성이 생기게 되면 마치 블레셋 사람들이 삼손에게 그랬듯이 곧바로 사그라집니다. 그렇게 되면 두려움 가운데서 상심하여 자신의 무기를 내동댕이치고 죄지은 아담이 한 것처럼 하나님의 임재를 피하게 되고 감히 하나님의 얼굴을 쳐다보지 못하게 되어 버리는 것입니다. 정말이지 그리스도인이하나님과 동행하여 나아가거나 하나님을 위해서 일하는 전 과정에서 갖가지 어려움과 연결되지 않는 의무는 하나도 없습니다. 천국을 향하여 전진하는 동안 갖가지 어려움들이 마치 원수들처럼 그의 앞을 가로막는 것입니다. 그러니 이런 부르심에 합당한 자들은 감히 천국을 침노하는 자들인데, 몇몇 높은 사기를 지닌 심령들만이 이에 해당되는 것입니다. 이 점에 대해 좀 더 증거를 제시하기 위해서, 그리스도인이면 누구나 개입하게 되는 몇 가지 일들을 살펴보기로 합시다.

첫째 — 그리스도인은 자기 속에 있는 죄들에 대하여 돌이킬 수 없는 전쟁을 선포하고 수행하여야 합니다. 마음 가장 가까이에 박혀 있는 죄들을 이제 발로 밟아 버려야 합니다. 다윗은 "나의 죄악에서 스스로 자신을 지켰나니"라고 말씀합니다(시 18:23). 그렇게 하려면 얼마나 큰 용기와 결단이 필요하겠습니까! 아브라함은 "네아들 네 사랑하는 독자 이삭을 데리고 모리아 땅으로 가서"(창 22:2) 거기서 직접그의 손으로 제물로 드리라는 명을 받았을 때 그것은 그에게 엄청난 시험이었습니다. 그것은 과연 무슨 의미였을까요? "영혼아 네 욕심을, 네가 극진히 아끼고 사랑하는 네 유일한 욕심을, 네 이삭을, 지극한 기쁨과 웃음을 네게 주어온 그 죄를,네 스스로 최고의 즐거움과 이익을 얻게 해 준다고 생각해온 그것을 취하라. 네가내 얼굴에서 위로를 얻으니, 네 손으로 직접 그것을 제물로 드리라. 내 앞에서 그피를 쏟으라. 희생의 칼을 들어서 그 심장을 찌르라. 그리고 네 자의로 기쁨으로이 일을 행하라. 침울한 얼굴로 드리는 것은 결코 주를 기쁘시게 하는 제물이 될수 없으니 말이다. 그리고 다시 그것을 껴안기 전에 지금 당장 이 모든 일을 행하라." 이 명령은 실로 어렵습니다. 혈과 육으로는 이 말씀을 받아들일 수가 없습니다. 우리의 정욕은 이삭이나 혹은 "도수장으로 끌려가는 어린 양과 털 깎는 자 앞에 잠잠한 양"(사 53:7)처럼 제단 위에서 가만히 있지 않습니다. 비명을 지르고 울부짖을 것입니다. 그렇습니다. 사악하게도 고래고래 소리를 질러서 마음을 뒤흔들며 또한 찢어지는 아픔을 겪게 만들기까지 할 것입니다.

　그리스도인이 느끼는 이러한 심령의 갈등과 씨름과 격동을 과연 누가 표현할 수 있겠습니까? 스스로 자기 마음으로 이런 일을 행할 수 있기 전에는 아무도 할 수 없습니다. 마음의 정욕이 자기를 변명하게 위해 내어놓을 그 교묘한 말장난과 술수를 누가 완전히 제시할 수 있단 말입니까? 때로는 사탄이 그 문제를 왜곡시켜 사소한 것으로 만듭니다. "그것은 하찮은 것에 지나지 않으니 그냥 내버려두라. 그것이 있다 해도 네 영혼은 괜찮으리라." 또 어떤 때는 사탄이 다가와 그 일이 아무에게도 드러나지 않는다는 점을 강조하며 아첨합니다. "나를 감추어두면 네게 좋을 것이다. 내가 너와 함께 있는지를 아무도 모를 것이니 네 마음 깊은 곳에 나를 꼭꼭 가두어 두라. 그저 이따금씩 은밀하게 나를 생각하고 내게 애착을 갖기만 하면 되니 다른 사람들이 듣지 못하게 나를 숨기라." 그리고 이것을 허락하지 않으면, 사탄은 그저 사형 집행을 잠시만 연기해 주어도 괜찮다는 식으로 행합니다. 마치 입다의 딸이 그 아버지에게, "나의 아버지여 아버지께서 여호와를 향하여 입을 여셨으니 아버지의 입에서 낸 말씀대로 내게 행하소서 … 이 일만 내게 허락하사 나를 두 달만 버려 두소서"라고 한 것처럼 말입니다(삿 11:36, 37). 그렇게 잠시라도 몇 가지 정욕들을 살려두면 결국 그것들이 완전히 사면 받게 될 것이라는 것을 — 그렇습니다, 영혼이 다시 그것들을 사랑하고 아끼게 되리라는 것을 — 사탄은 너무도 잘 알고 있는 것입니다. 그러니 정욕의 그런 애처로운 절규와 끈질긴 저항을 다 무릅쓰고 사형 집행을 시행하려면 과연 얼마만큼의 결단이 필요하겠습니까? 이 점에서 세상의 용맹한 무사들이라도 스스로 겁쟁이에 지나지 않았음을 스스로 드러내보였다 할 것입니다. 왜요? 전쟁터에서 승리의 깃발을 높이 들고 돌아와서는, 집에서는 천한 정욕의 노예들이 되어 살고 죽었으니까요. 위대한 로마의 장군이 승리의 전차를 타고 로마를 행진하면서 거리를 거니는 한 창부(娼婦)에게서 눈을 떼지 못하였다는 말이 있습니다만, 보십시오. 이 용맹한 장군은 그처럼 막강한 군대들을 정복해놓고서도 이 어리석은 한 여인에게 스스로 정복당하고 만 것입니다.

　둘째 — 그리스도인은 결단코 세상의 헛된 속임수를 따라 행하지 말아야 합니다

(롬 12:2). 우리에게는 이 세상을 본받지 말라는 명령이 주어져 있습니다. 즉, 세상의 부패한 관습에 우리 자신을 적응시키지 말라는 것입니다. 그리스도인은 시대의 조류에 따라, 혹은 어울리는 부류의 성격에 따라 자신의 신앙을 끼워 맞추는 성향을 지녀서는 안 됩니다. 궁궐의 한 신하는, 한 군주는 교황주의를 지지하고 또 다른 군주는 교황주의를 대적하는 등 변화하는 시대의 조류 속에서 자신의 소신을 어떻게 지켜나가느냐는 질문을 받고서, 자신은 고집 센 참나무가 아니라 바람에 쉽게 휘어지는 버드나무(e salice, non ex quercu ortus)라고 대답했답니다. 그리스도인은 이 신하처럼 되어서는 안 됩니다. 그리스도인은 자기의 원리를 확고하게 지켜야 하고, 자기의 습관을 바꾸어서는 안 됩니다. 진리 안에 있는 한 결 같은 거룩한 모습으로 자신이 과연 어느 나라에 속한 사람인지를 자유로이 보여주어야 하는 것입니다. 이처럼 일편단심의 자세를 보일 때, 그리스도인에게 어떠한 증오와 함정과 위험이 닥치겠습니까? 그를 야유하고 조롱하는 이들도 있을 것이고, 스페인 사람들이 하듯 거리에서 비웃음을 당하기도 할 것입니다. 미갈이 이렇게 다윗을 비웃었습니다. 사실 세상은 그리스도인의 일편단심의 삶을 보면서 그저 바보로 취급합니다. 그리스도인을 미련한 자나 바보로 여겨서 그렇게 그들을 비웃습니다. 그들은 그런 자는 그저 아브라함에 불과하다는 식으로 말합니다. 세상이 보기에는 바보라는 뜻입니다. 그런데 어째서 아브라함입니까? 육신적인 이성이, 또 세상의 우상이 어리석은 짓으로 여기고 비웃는 그런 일을 아브라함이 행하였기 때문입니다. 어디로 갈지도 모르고 무슨 기업을 언제 받을지도 모르면서 아버지의 집에서 현재 누리는 안락함을 떠났던 것입니다. 지혜로운 세상은 모든 성도들을 과연 그처럼 어리석은 자들로 취급합니다. 예후는 동료들에게 그 미친 자가 무엇 때문에 왔느냐고 말합니다만, 그가 미친 자로 취급한 그 사람은 다름이 아닌 선지자였습니다(왕하 9:11). 그리스도인이 일편단심으로 나아갈 때에 온갖 수치가 오게 되어 있으니, 그런 수치에도 개의치 않으려면 용기가 필요합니다. 수치는 교만한 심령이 지극히 혐오하는 것이요, 그리하여 그것이 두려워 감히 드러나게 그리스도를 고백하지 못하는 자들이 많은 것입니다(요 7:13). 바보의 누명을 쓰는 것을 수치스러워하기 때문에 천국을 상실하는 자가 허다합니다. 뿐만 아니라 어떤 이들은 그리스도인이 그 원리들과 행실들을 굽혀 자기들을 따르지 않는다는 것 때문에 그들을 박해하여 죽이기까지도 합니다. 바로 이런 함정이 세 아들들에게 드리워졌습니다. 느부갓네살의 피리에 맞추어 춤을 추어야 했고, 그렇지

않으면 불에 태워 죽을 운명이었습니다. 다니엘을 잡기 위하여 그에게 드리워진 계략이 바로 이것이었습니다. 그에게 전혀 흠이 없었으므로 그의 원수들조차 그의 신앙의 절개 이외에는 트집을 잡을 것이 없다고 증언하기까지 했습니다(단 6:5). 원수들이 그리스도인에 대하여, 그들이 철저하니 우리처럼 행하지 않으리라고 밖에는 말하지 못한다면, 이는 과연 크나큰 존귀가 될 것입니다. 이와 같은 처지에서, 그리스도인이 돌이키거나 아니면 불에 타 죽고, 기도하기를 물리거나 아니면 피에 굶주린 사람들의 잔인한 이빨에 희생될 운명에 처할 때에, 우유부단하고 비겁한 심령은 어떻게 처신하겠습니까? 점잖게 뒤로 물러서서 자기를 보존하려 하지 않겠습니까? 그리스도인은 그렇게 엄청난 반대에 봉착할 때에 마음의 문을 걸어 잠그고 자신의 신앙 고백의 안장 속에 자신을 걸어 잠글 필요가 있습니다. 그렇게 하지 않으면 이내 무너지고 말 것입니다.

셋째 — 그리스도인은 입으로만 신앙을 고백하는 거짓된 자들의 배도(背道)와 그릇된 타락들로 인하여 하나님의 길에 드리워지는 온갖 추문들 가운데서도 **천국으로 향하는 길로** 꾸준히 나아가야 합니다. 안타깝게도 판단과 행실의 그릇된 모습으로 인하여 신앙의 길에 거치는 돌을 놓는 이들이 항상 교회 안에 있었습니다. 그리하여 마치 피로 얼룩진 아사헬의 시체 옆에 사람들이 머물렀듯이(삼하 2:23) 연약한 그리스도인들이 그 돌들을 보고서 과연 그들의 신앙을 계속 견지해야 할지를 모르고 머뭇거리는 일도 다반사로 있었습니다. 그렇게 흠모할 만한 귀한 은사들을 지닌 자들이 죽임당한 그들의 신앙 고백의 피에 젖어 그들 앞에서 누워 나뒹굴고 있는 것을 보니 어찌 아니 그렇겠습니까? 열정적인 신앙 고백자들의 모습을 취하였다가 맹렬한 박해자들임을 스스로 드러내고, 신앙적 의무들을 철저히 지키는 자들의 모습을 보이다가 불경한 무신론자들의 본색을 드러냅니다. 마치 소돔 골짜기가 전에 여호와의 동산에 비하여질 때에 보여주었던 그 비옥함과 풍성함이 다 사라지고 수렁과 진창뿐인 골짜기로 바뀐 것처럼, 예전에 보던 모습이 아주 사라지고 만 것입니다. 그런 실망스런 일들을 굳건히 딛고 서며 결코 흔들리지 않아야겠다는 거룩한 결단이 우리에게 있어야 합니다. 이스라엘의 진영 전체가 몇 사람을 제외하고 모두 반역하여 애굽으로 다시 돌아가기를 마음으로 소원하는 것을 보면서도 흔들림 없이 자신의 순결을 유지하였던 여호수아처럼 행하여야 하겠습니다. 그렇습니다. 그는 자기와 함께하는 사람이 아무도 없다 할지라도 자신은 여호와를 섬기기로 작정하였던 것입니다.

넷째 — 그리스도인은 하나님이 물러나 계실 때에도 그를 신뢰하여야 합니다. "흑암 중에 행하여 빛이 없는 자라도 여호와의 이름을 의뢰하며 자기 하나님께 의지할지어다"(사 50:10). 이를 위해서는 감히 모든 것을 무릅쓰고 하나님의 임재 속으로 들어갈 거룩한 믿음의 담대함이 요구됩니다. 마치 에스더가 아하수에로 앞에 나아간 것처럼 말입니다. 왕의 얼굴에 미소도 보이지 않고 또한 가까이 나아와도 좋다는 것을 나타내는 약속의 황금 규(珪)도 없었으나, 에스더는 "죽으면 죽으리라"라는 위대한 결심으로 왕에게 나아갔던 것입니다(에 4:16). 아니 더 나아가, 물러나 계시는 하나님은 물론 "죽이시는 하나님"도 신뢰해야 하고(욥 13:15. 개역개정판 난외주 참조 — 역주), 그의 사랑이 감추어져 있을 때는 물론 그의 진노가 터져 나올 때에도 역시 그를 신뢰해야 하는 것입니다. 그런데 하나님이 불을 발하고 계시고 마치 독화살을 날리듯이 이맛살을 찌푸리시는 것처럼 보일 때에 연약한 믿음으로 하나님께 감히 나아간다는 것은 정말 힘든 일이고, 또한 그리스도인의 용기를 시험하는 일일 것입니다. 그러나 한 가련한 가나안 여인에게서 강한 불굴의 용기를 보게 됩니다. 그리스도께서 쏘아대시는 탄환을 취하여, 겸손한 믿음의 담대함으로 기도 가운데서 그것들을 다시 그리스도께로 돌리는 것입니다.

다섯째 — 신자는 생애의 마지막까지 그리스도인의 과정에서 인내하여야 합니다. 그의 일과 그의 삶이 함께 무대를 떠나야 합니다. 그리스도인의 부르심에 온갖 어려움이 개입되는데, 이러한 사실로 인하여 어려움의 무게가 더해집니다. 싸움터에 나갔다가 한두 번 군사답게 싸우고는 이내 그것을 족하게 여기고 다시 집으로 돌아오는 사람들을 많이 압니다. 하지만 싸움을 끊임없는 자신의 업(業)으로 여겨 감내할 수 있는 자는 별로 없습니다. 기꺼이 거룩한 임무들에 가담하는 자들이 많습니다. 신앙 고백을 하는 일에도 쉽게 동의하고, 그것을 철회하는 일도 아주 쉽게 행합니다. 이들은 마치 이른 저녁에 잠깐 비치다가 한밤이 되기도 전에 져버리는 초하루의 달(月)과 같아서, 청년 때에는 가볍게 신앙을 고백하나 나이가 들어서는 죄와 악독함의 두터운 어둠 속에 휩싸여 버리는 것입니다. 오오, 이 인내야말로 정말 힘겨운 단어입니다! 날마다 십자가를 진다는 것, 항상 기도한다는 것, 절대로 의복과 무장을 벗어놓지 않고 밤낮으로 경계하며 살핀다는 것은 그야말로 힘든 일입니다. 흔들리지 않고 끊임없이 거룩하게 하나님을 기다리고 하나님과 동행하는 일에 우리 자신을 온전히 드린다는 것은 정말 힘든 일이 아닐 수 없습니다. 이것 때문에 많은 이들이 안타깝게 그리스도로부터 떠납니다. 그러나 마지막까지

해마다 휴가도 없이 신앙을 날마다 행하기를 일로 삼는 것이 성도의 의무입니다. 그리스도인에게 결단이 필요하다는 사실은 이런 몇 가지 실례만으로도 충분히 드러납니다. 이제 이를 적용해 봅시다.

[적용]

적용 1 — 이는 입으로만 신앙을 고백하는 자들이 그렇게 많고 진정한 그리스도인이 그렇게 적은 이유를 제시해 줍니다. 달리는 자는 그렇게 많으나 상을 얻는 자는 그렇게도 적습니다. 사탄을 대적하여 싸움터에 나가는 자는 그렇게 많은데 정복자들이 되어 나오는 자들은 그렇게도 적습니다. 모두가 행복을 얻기를 사모하지만 행복으로 향하는 길에서 만나는 어려움들과 싸울 용기와 결단을 가진 사람이 별로 없기 때문입니다. 모세의 영도 아래 모든 이스라엘 백성이 기쁨으로 애굽에서 나왔습니다. 그렇습니다. 온갖 무리들이 뒤섞인 사람들입니다. 그런데 그들이 굶주림으로 배를 곯게 되고, 복된 가나안을 얻고자 하는 탐욕스런 마음이 충족되지 못했습니다. 예, 평화와 풍요는 고사하고 전쟁과 빈곤을 겪게 되자 그들은 마치 비겁한 군사들처럼 하얗게 질려서 도피하고 치욕스럽게도 애굽으로 퇴각하려 하였습니다. 이와 같이 복음을 입으로 인정하는 사람들 중에서도 창(槍)의 위협을 받아 자신들의 처신에 대해 시험을 받게 되면 그리스도를 위해 인내하기를 거부하고 사기를 잃고 지쳐 버리는 자들이 허다한 것입니다. 아아! 그들의 마음이 그들을 무너뜨리고 마니, 마치 베들레헴의 물과도 같습니다. 그러나 수로(水路) 때문에 수많은 원수들과 싸움을 벌여야 한다면, 베들레헴의 사람들은 자기들의 우물로 만족하고, 천국은 그것을 더 사모할 다른 이들에게 내버려 두게 될 것입니다. 이 갈림길에서 그리스도와 결별하는 사람들이 얼마나 많은지 모릅니다! 오르바처럼 그리스도와 함께 얼마 동안 가다가, 그가 그들의 세상적인 희망거리들을 다 취하여 가시고 환난에 대비하라고 명하시면, 그에게 입 맞추고 그를 떠납니다 (삿 1:14). 물론 천국을 잃는 것이 싫습니다. 하지만 천국을 얻기 위해 그렇게 값비싼 대가를 치르기는 더욱 싫은 것입니다. 유치하게도 사탕 같은 달콤한 것들을 탐하여 침을 흘리는 풋내기 소년처럼 대들지만 그것들과 함께 수고와 땀의 쓰라림이 요구되면 이내 포기하고 지쳐 버리는 것입니다. 이처럼 종교 생활의 달콤한 것에 이끌려 그것을 탐하나, 정작 그것과 더불어 힘든 섬김이 요구되면 거부감을 갖는 이들이 허다한 것입니다. 그리스도를 진정 충실하게 따르기 위해서는 세상이 주거나 세상에서 얻을 수 있는 것과는 다른 정신이 있어야 하는 것입니다.

적용 2 ― 그러므로 그리스도인 여러분, 이 거룩한 결단과 용기를 위해 힘쓰기를 권면합니다. 이것이야말로 여러분의 그리스도인으로서의 신앙 고백에 필수적으로 있어야 합니다. 그렇지 않으면 겉과 속이 다른 사람이 될 수밖에 없습니다. 두려워하는 자들은 지옥으로 향하는 자들의 대열에 서 있습니다(계 21:8). 격렬하고도 용맹한 자들이야말로 힘으로 천국을 취하는 자들입니다. 비겁한 자들은 절대로 천국을 얻지 못했습니다. 사람들과 마귀들 앞에서 담대히 거룩함을 유지하는 이러한 영웅적인 정신으로 여러분의 소속을 입증하지 못하면, 여러분 속에 왕의 피가 흐르고 있다느니 하나님께로부터 났다느니 하는 말은 하지 마십시오. 독수리는 자기 새끼들을 태양으로 시험합니다. 그리스도는 그의 자녀들을 그들의 용기로써 시험하십니다. 곧 그를 위하여 담대히 죽음과 위험을 당하느냐 하는 것으로 시험하시는 것입니다(막 8:34, 35). 대담한 죄인이 악을 행하기로 결심하는가 하면 성도는 두려움에 싸여 거룩한 일에서 이리저리 망설이고 있으니, 죄가 무죄를 밀어내어 도망하게 하며 지옥이 밭을 점유하고는 뻔뻔스럽게도 노골적인 불경(不敬)을 깃발로 내걸고 그 밭을 갈고 있으니, 이 얼마나 볼썽사나운 일인지 모릅니다! 성도들이 수치를 당하지 않기 위하여 본색을 숨기며, 두려움 때문에 도망하다니 말입니다. 하나님의 영광된 이름을 배반하기보다는 오히려 원수들에게 싸여 있어야 하고 그 현장에서 죽는 것이 마땅한데 말입니다. 그렇지 않으니 그들이 부르는 하나님의 이름이 할례 없는 자들의 조롱거리가 되는 것입니다. 그러므로 성도 여러분, 용기를 갖고 강건하기를 바랍니다. 여러분의 대의가 선하여 하나님이 친히 여러분의 싸움에 개입하시며, 여러분에게 그의 독생자 아들을 대장으로 세우셨습니다. 그는 과연 우리 "구원의 대장"(히 2:10. 한글 개역개정판은 "구원의 창시자"로 번역함 ― 역주)이십니다. 그가 여러분을 용맹스럽게 인도하실 것이요 결국 존귀를 얻게 하실 것입니다. 그는 여러분을 위하여 사시고 죽으셨으니, 또한 여러분과 함께 사시고 죽으실 것입니다. 그의 군사들에게 베푸시는 긍휼과 온유함은 누구도 따를 자가 없습니다. 트라야누스(Trajan) 황제는 자신의 의복을 찢어 병졸의 상처를 싸매 주었다고 합니다. 그러나 그리스도는 자기의 피를 쏟아 그의 성도의 상처를 치유하셨고, 자기의 살을 베어 그들을 싸매 주신 것입니다. 용맹에서도 그에 비길 자가 아무도 없습니다. 그는 한 번도 위험을 피하여 머리를 돌리신 적이 없습니다. 지옥의 악의와 천국의 정의가 그를 대적하여 나타날 때에도 그는 피하지 않으셨습니다. 그 당할 일을 다 아시고 나아가 이르시되 "너희가 누구를 찾느냐?"라고 하셨습니다(요 18:4). 뿐만 아니라 승리 면에서도 그는 무적(無敵)이셨습니다. 그는 한 번도 싸움에 지신 적이 없습니다. 심지어 목숨을 잃을 때에도 그는 싸움에서 이기셨습니다. 그리고 승리의 병거를 타시고 하늘로 오르시면서 그 싸움의 전리품들을 지니고 가셨고, 거기서 그것들을 다 공개하셔서 성도들과 천사들에게 말할 수 없는 기쁨이 되었습니다. 함께 동료 된 용맹한 군사들과 함께 전진하는 여러분은 왕의 자녀입니다. 보십시오. 어떤 이들은 여기 이 땅에서 환난과 시험의 큰 싸움을 싸우면서 폭풍과 힘으로 천국을 취합니다. 또 다른 이들은 온갖 공격과 격퇴와 또한 믿음과 인내의 반격 끝에, 천국의 벽 위에 올라 있기도 합니다. 거기서 그들은, 이를테면, 밑을 내려다보며 이 땅에서 싸우는 형제들을 향하여 그들의 뒤를 따라 언덕을 행진하여 오르라고 크게 외칩니다: "공격하라. 그 성이 지금 우리의 것이 되었듯이 이제 여러분의 것이리로다. 얼마간의 싸움 끝에 우리는 하늘의 영광으로 면류관을 쓰고 있도다. 이를 한순간만 누렸는데도 우리의 모든 눈물이 다 말랐고, 우리의 상처가 다 나았고, 그 힘겨운 싸움을 다 잊고 이제 승리의 기쁨으로 가득 차 있도다."

　그리스도인 여러분, 한 마디로 하나님이 우리를 바라보고 계시며 천사들이 구경하고 있습니다. 여러분이 지극히 높은 자의 자녀답게 처신하는 것을 바라보고 계십니다. 여러분의 믿음이 죄와 사탄을 대적하여 공적을 세울 때마다 하늘에서는 함성이 울려 퍼지는 것입니다. 여러분을 곤경에서 구하시려고 옆에 서서 대비하고 계시는 여러분의 사랑하는 구주께서, 여러분의 모든 싸움에서 그를 향한 여러분의 사랑과 그를 위한 열심의 증거를 보시고 기쁨이 가득하여 마음이 뛸 것입니다. 그리고 여러분이 이 땅에서 그를 위해 싸우는 동안 행한 모든 신실한 섬김을 결코 잊지 않으실 것입니다. 그리고 마침내 싸움터를 떠날 때, 구주께서 그 아버지의 하늘로 올라가실 때에 누리셨던 그 같은 기쁨을 여러분도 받아 누리게 될 것입니다.

[그리스도인의 용기와 결단 — 이를 얻는 법]

　자, 그리스도인 여러분, 과연 모든 반대를 무릅쓰고 천국을 향하여 용기 있게 전진하려 하십니까? 그렇다면 그토록 자비롭고 영혼을 귀하게 세워 주는 생각들로 여러분의 심령을 올리며 여러분이 가진 원리들을 특별히 주의를 기울여 확고하게 밀고 나아가야 합니다. 그렇지 않으면 마음이 불안정해지게 될 것입니다. 불안정한 마음은 물처럼 약하여 용기를 가질 수 없는 법입니다. 우리의 원리들을 확고히 밀고 나가기 위해서는 두 가지가 필요합니다.

첫째 — 하나님의 진리 안에서 바른 판단을 확고히 세워야 합니다. 자기가 무엇을 위해, 혹은 누구를 위해 싸우는지를 잘 알지 못하는 사람은 금방 설득을 당하여 편을 바꾸게 되거나 최소한 중립을 지키게 되기 십상입니다. 입으로만 신앙을 고백하는 자들 중에 그런 사람들이 있을 수 있습니다. 그들은 자기들이 무엇에 대해 소망을 가졌는지, 혹은 누구 안에서 소망을 가졌는지도 제대로 알지 못합니다. 혹 무언가 의지하는 원리들이 있다 해도 그것들이 너무도 불안정하여 바람이 불 때마다 넘어질 수밖에 없습니다. 지붕 위의 기왓장들이 느슨하게 빠져 있다가 바람에 떨어지듯이 말입니다. 맹목적인 열정은 이내 부끄럽게 무너져 내립니다만, 견고한 원리 위에 세워진 거룩한 결단은 마치 출렁거리는 파도 위에 머리를 내밀고 견고히 서 있는 반석처럼 그 머리를 들어 올리는 것입니다. "오직 자기의 하나님을 아는 백성은 강하여 용맹을 떨치리라"(단 11:32). 천사는 다니엘에게, 싸움에 이기고 견디며 안티오쿠스(Antiochus)로 말미암아 임하는 시험과 박해의 현장에서 하나님을 위해 견딜 자들이 누구인가를 말씀한 것입니다. 일부 유대인들은 아첨 때문에 비열하게 부패하며, 다른 유대인들은 위협을 받아 두려움 때문에 부패할 것이며, 오직 견고한 원리를 지닌 몇 사람들, 즉 그들이 섬기는 하나님을 알고 신앙에 뿌리를 박은 자들만이 강하여 용맹을 떨치리라는 것입니다. 곧, 감언이설에도 부패하지 않고, 권세와 힘에도 무너지지 않는다는 것입니다.

둘째 — 우리가 고백하는 신앙에 합당한 신실한 목표가 있어야 합니다. 목표가 그가 고백하는 신앙과 올바로 일치하지 않으면 그 사람은 그리스도의 일들을 알 필요가 없습니다. 그런 사람은 그 가진 원칙들이 흐리멍덩해지고, 그리스도를 위하여 멀리 나아가기를 힘쓰지 않습니다. 자기의 이익을 추구하는 것 이상으로는 더 나아가지 않는 법이니 말입니다. 외식하는 자들도 당장은 애를 쓰는 모습을 보이고, 어려운 일들을 극복하는 데에 얼마간 용기를 낼 수도 있습니다. 하지만 결국에 가서는 모든 것이 헛것이었다는 것을 스스로 드러낼 것입니다. 신앙을 고백하나 거짓된 목표를 가진 사람은 자기가 애지중지하는 그것에 문제가 생기면 — 즉, 죄악된 마음이 복표를 두고 있는 그것을 부인해야 할 상황이 오게 되면 ─ 곧바로 자기가 고백해온 신앙을 포기해 버립니다. 마음이 무너져 내려서 그 이상 더 나아갈 수가 없게 되는 것입니다. 오오 여러분, 우리의 이익과 쾌락과 명예, 혹은 그리스도와 천국보다 밑에 있는 모든 것에 대해 곁눈질하는 일이 없도록 주의하기를 바랍니다. 선지자가 포도주와 여자들에 대해, 즉 우리가 애착을 두는 것들에 대해 말씀한 것처럼 그것들이 여러분의 마음을 빼앗고 말 것이기 때문입니다. 선지자도 포도주와 여자들에 대해서, 즉, 우리의 사랑에 대해서 경계하고 있습니다. 사랑을 다른 데 빼앗겨 버리면 그리스도를 위한 용기가 거의 남지 않을 것이니 말입니다. 예후가 처음에 얼마나 용맹스러웠습니까? 그는 자기의 열정이 하나님을 위한 것이라고 천하에 선포했습니다. 하지만 그의 사명을 절반도 이루지 못하고 열정을 다 잃어버린 것은 무엇 때문이었습니까? 그의 마음이 한 번도 올바로 세워져 있지 않았던 데 있습니다. 처음 그에게 열정을 불러일으켰다가 나중에 사라지게 한 그것은 다름 아닌 그의 야망이었던 것입니다. 왕권을 차지하고자 하는 욕망 때문에 그가 아합의 집을 열정적으로 대적하였고, 후에 그에게서 왕권을 다시 빼앗아 갈 수 있는 자들을 모조리 베어 버렸습니다. 그런데 그 일이 이루어지고 안정을 찾게 되자 그는 감히 하나님의 일을 온전히 밀고 나가지 못했습니다. 철저한 개혁을 통해서 사람들의 분노를 촉발시켰다가 그때까지 일구어놓은 것을 다 잃어버리지나 않을까 염려했던 것입니다. 마치 어느 마을을 정복하여 풍성한 전리품을 거두어들인 다음에는 더 이상 싸움을 계속하려 하지 않는 병사들처럼 말입니다.

─

셋째 대지

경계를 위한 지침: "주 안에서 강건하여지고"

여기서 우리는 경계를 위한 한 가지 지침을 대하게 됩니다. 에베소의 성도들에게, 그리고 모든 신자들에게 영적 싸움에서 거룩한 결단과 용기를 가질 것을 권면한 다음, 이것을 오해하여 그들 속에 싸움을 위하여 그들 자신의 힘을 의지하는 자세를 가지지 못하도록, 사도는 그 힘이 주께 있는 것임을 깨닫도록 그들을 인도합니다. 그리하여 "주 안에서 강건하여지라"라고 말씀하는 것입니다. 여기서 우리는 다음을 관찰하게 됩니다.

[성도의 힘은 주님 안에 있음]

가르침: 그리스도인의 힘은 자기 자신이 아니라 주님께 있다. 다른 군대에서는 장군의 힘이 그의 군병들에 달려 있습니다. 언젠가 어느 위대한 장군이 그의 군사들에게 말했듯이, 그는 그들의 날개에 의지하여 날아가는 것입니다. 그들의 날개깃들이 접히고 그들의 힘이 무너지면, 그 역시 전쟁에 패하고 마는 것입니다. 그러나 성도들의 군대에서는 모든 성도 한 사람 한 사람의 힘이, 그렇습니다, 온 성도들의 군대 전체의 힘이, 만군의 주님께 있는 것입니다. 하나님은 성도들의 손길이 없이도 원수들을 무찌르실 수 있습니다. 그러나 성도들은 하나님의 팔이 없이는 자기 스스로를 방어할 수도 없습니다. "이스라엘의 힘"(삼상 15:29. 한글 개역개정판은 "이스라엘의 지존자"로 번역함 — 역주)이 하나님의 이름 중의 하나입니다. 그는 다윗의 마음의 힘이셨습니다. 그가 없이는 이 용맹한 귀인도 블레셋의 입에서 한 두 마디만 떨어져도 이상스럽게 두려움에 휩싸여 행동할 수밖에 없습니다. 하나님이야말로 그의 손의 힘이셨습니다. "그가 그의 손가락을 가르쳐 싸우게 하셨도다." 그러므로 그는 죄와 및 사탄과 싸우는 그의 모든 성도들의 힘이십니다. 세상에서 짓는 죄 가운데 사탄이 개입되지 않는 죄가 있느냐는 의문을 제기하는 사람도 있습니다. 하지만 하나님의 특별하신 도움의 역사가 개입되지 않는 가운데 거룩한 일이 행해지는 경우가 있느냐는 질문이라면 답변은 분명합니다. "나를 떠나서는 너희가 아무것도 할 수 없음이라"(요 15:6). 하나님의 힘을 생각할 때에, "우리가 무슨 일이든지 우리에게서 난 것 같이 생각하여 스스로 만족할 것이 아니니 우리의 만족은 오직 하나님께로부터 나느니라"(고후 3:5). 성도가 아무리 일상적인 은혜를 누리고 있다 해도, 우리의 힘은 마치 우물 밑바닥에 있는 물과 같아서 아무리 퍼올리려 해도 올라오지 않습니다. 하나님께서 은혜로 우리에게 의지를 부어 주셔야만 비로소 그것이 생겨나는 것입니다. 의지를 갖는 것은 그저 생각하는 것보다

더한 것이요, 또한 그 의지를 행동으로 옮기는 것은 그냥 의지를 갖는 것보다 더한 것이며, 이는 하나님께 속한 것입니다. "너희 안에서 행하시는 이는 하나님이시니 자기의 기쁘신 뜻을 위하여 너희에게 소원을 두고 행하게 하시나니"(빌 2:13). 그가 마음을 새롭게 하사 하늘의 역사에 합당하도록 만드시고, 이를테면 바퀴들을 각기 바른 위치에 있도록 조정하시며, 그 다음 그의 은혜로 그것을 향하여 바람을 부서서 계속 움직이게 하시며, 생각을 불러일으키고, 의지를 움직이시며 거룩한 목표를 향하여 나아가도록 하십니다. 그러나 여기 병거(兵車)가 대기하고 있다 해도, 하나님께서 그의 어깨를 그 바퀴에 대지 않으시면 행동의 산(山)으로 올라갈 수가 없는 것입니다. "원함은 내게 있으나 선을 행하는 것은 없노라"(롬 7:18). 하나님은 사다리의 밑에도 계시고 동시에 그 꼭대기에도 계십니다. 그는 과연 일을 시작하게 하시는 분이요 또한 일을 마치게 하시는 분이시며, 영혼이 높이 올라 거룩한 처신을 행할 때마다 굽이굽이마다 그 영혼을 도우시고 세우시는 분이신 것입니다. 자, 이제 그리스도인이 일을 시작합니다. 하지만 과연 언제까지 그 일을 면밀히 행할 수 있겠습니까! 아아, 가련한 영혼이여, 처음 일을 시작할 때에 힘을 주신 그 동일한 손길이 계속해서 머무르며 이끄시는 동안에만 그렇게 행할 수 있습니다. 주께서 힘을 주시면 그 받은 힘을 곧바로 발휘하기 시작합니다. 그러므로 거룩한 길을 꾸준히 달려가기 위해서는 매 순간마다 하늘로부터 임하는 새로운 힘이 있어야 합니다. 다윗은 이 사실을 알았습니다. 그리하여 그의 마음이 거룩한 상태를 유지하고 있고 또한 그의 백성들이 자원제물을 드림으로 그러한 마음을 드러내는데도 그는 "주께서 이것을 주의 백성의 심중에 영원히 두어 생각하게 하시고 그 마음을 준비하여 주께로 돌아오게 하시오며"라고 하나님께 기도합니다 (대상 29:18). 그는 그 백성들로 하여금 의지를 갖게 해주는 하나님의 긍휼을 사모하였고, 계속 은혜를 베푸사 그 의지들을 강건하게 해 주시며 또한 매듭을 묶으셔서 새롭게 그들의 마음에 베풀어진 이 보배로운 진주들이 다시 빠져나가는 일이 없도록 해 주시기를 간구하는 것입니다. 그리스도인은 하나님과 지극히 충만한 교제를 갖고 있다 해도 마치 지지대(支持臺)가 없는 거울과 같아서 하나님이 그의 강한 팔로 뒷받침해 주시지 않으면 그 스스로는 설 수도 없고 자신이 받은 것을 유지할 수도 없는 것입니다. 그러므로 그리스도께서는 그 자녀들을 떠나 하늘을 향하여 가실 때에 그가 없는 동안 아버지께서 보살펴 주시기를 간구하셨습니다. "아버지여 … 그들을 보전하시옵소서"(요 17:11). 이는 마치 이런 말씀과도 같습니다:

"그들은 움직일 줄 모르는 보잘것없는 자녀들이므로 도움이 없이는 설 수도 없고 갈 수도 없으니 홀로 내버려 두어서는 안 됩니다. 한순간이라도 주께서 눈동자와 같이 보살피시고 팔로 보호하지 않으시면 내가 베풀어준 은혜를 잃어버릴 것이요, 또한 내가 함께 있을 때에 그들을 지켜서 빠지지 않게 한 그 시험들에 빠져 버릴 것입니다. 그러니 아버지여 그들을 지키시옵소서."

또한 그리스도인이 스스로 하나님을 예배하는 의무를 행하고 있다 해도, 여전히 그의 힘은 여호와께 있다는 점을 생각합시다.

[1. 기도]　　그리스도인이 기도를 할까요? 기도할 자료를 어디서 찾을까요? 안타깝게도 그는 "마땅히 기도할 바를 알지 못"합니다(롬 8:28). 그를 홀로 내버려 두면 그는 곧바로 기도 중에 이런저런 시험에 빠지게 될 것이고, 그리하여 하나님이 주셔서는 안 될 것을 위해 간구하게 됩니다. 그러므로 하나님께서는 우리 입에 말씀을 주십니다. "너는 말씀을 가지고 여호와께로 돌아와서 아뢰라"(호 14:2). 그러면 우리 입에 말씀이 주어집니다. 그런데 무언가 마음을 때리는 간절함이 없이는 입술이 얼어붙어서 그 말씀이 발설되어 나오지를 않습니다. 그러니 어디서 이 불길을 얻겠습니까? 우리 자신의 화로에서는 희미한 불꽃조차도 찾을 수 없습니다. 기껏해야 본성적인 정욕을 부추기는 다른 불밖에는 찾을 수 없는데, 이런 불로는 안 됩니다. 그러니 하늘이 아니면 대체 어디서 마음의 냉랭함을 제거해 줄 불길을 찾겠습니까? 성령님께서 영혼에게 역사하셔야 합니다. 그렇게 되면 영혼에 훈훈한 온기가 생겨나고 하늘의 불길이 일어나 열정이 생겨나는 것입니다. 성령께서 탄식하셔야 합니다. 그래야만 영혼이 탄식하게 되는 것입니다. 그가 이러한 한숨과 탄식으로 우리를 도우시고, 이것들이 기도의 돛을 펼치게 만드는 것입니다. 성령께서 마음을 녹이시면 입술의 탄식들로 말미암아 기도가 마음으로부터 터져 나오고, 눈에서는 눈물이 비 오듯 쏟아집니다. 그러나 더 나아가서, 이제 피조물이 기도로 하나님과 씨름할 수 있게 되는데, 이 모든 것을 통해서 과연 무엇을 얻게 될까요? 가령 은혜가 약할 때에도 과연 그 스스로 강하게 기도하고, 부패한 것을 약하게 만들 수 있을까요? 아니요, 할 수 없습니다. 기도가 피조물의 행위인 이상 기도 자체에서 이것을 찾아서는 안 됩니다. 이것 역시 하늘로부터 임하는 것입니다. "내가 간구하는 날에 주께서 응답하시고 내 영혼에 힘을 주어 나를 강하게 하셨나이다"(시 138:3). 다윗은 의무를 다하는 중에 이것을 받았습니다. 그러나 그것이 그의 의무에서 온 것이 아니라 그의 하나님께로부터 온 것입니다. 그 스스로 강

하게 기도한 것이 아닙니다. 하나님이 그렇게 기도하도록 그를 강하게 하신 것입니다.

[2. 말씀 듣기]　자, 그리스도인에게 시선을 향하여, 강단에서 전해지는 말씀을 듣는 또 다른 규례에 임하는 그의 모습을 다시 한 번 더 보기를 바랍니다. 하나님의 말씀을 듣는 영혼의 힘은 하나님께로부터 오는 것입니다. 그가 마음을 여사 주의를 기울이게 하십니다(행 16:14). 그렇습니다. 그가 성도의 이해력을 여사 말씀을 받게 하시고 그 뜻을 깨닫게 하시는 것입니다. 이는 마치 삼손의 수수께끼 같아서, 그의 염소가 없이는 도저히 풀 수 없습니다. 그가 영혼의 태를 여셔서 깨달음을 잉태하게 하시고, 그리하여 그 아이를 낳을 수 없는 닫힌 영혼이 "즐거운 어미"가 되게 하시는 것입니다. 다윗은 반년 동안 율법에 대해서 공적으로 들었으나, 그 마음의 태가 닫혀 있었습니다. 그런데 나단이 그에게 왔고 또한 하나님이 그와 함께 하심으로 이제 생명을 잉태할 때가 왔습니다. 그는 즉각 잉태하였고, 자신의 죄에 대한 슬픔으로 쓰라린 아픔이 밀려와 견딜 수 없어 곧바로 무너져 내렸습니다. 그리하여 시편 51편의 아름다운 언어가 그에게서 터져 나온 것입니다. 하나님께서 전에는 가만히 계시다가 이제 그의 말씀으로 내리치시는 것이 아니라면, 어째서 이 한 마디 말씀이 그 이전의 모든 말씀보다 크게 역사하겠습니까? 그러므로 여호와는 그의 백성에게 유익하도록 가르치신다고 말씀합니다(사 18:17). 마음을 가르치시는 분이 하늘에 앉아 계시는 것입니다. 위대한 선생이신 하나님의 성령께서 문 앞에 서서 영혼을 부르시고, "영혼아, 네가 지금까지 말씀을 듣고 유익을 얻는 길을 가지 않았노라. 이제 저 진리를 생각하라. 그 약속을 잘 깨달으라"라고 말씀하시면, 그가 말씀하시는 동안 곧바로 그의 깨달음의 눈이 떠지고 그의 마음속으로부터 불길이 솟아오르는 것입니다. 그러니, 이렇게 해서 "그리스도인의 힘은 주님께 있다"는 것이 참임을 보았습니다. 이제 이에 대해서 몇 가지 근거들을 제시하기로 합시다.

[성도의 힘이 어째서 하나님께 있는가]

첫째 근거. 첫째 근거는 성도들과 그들의 은혜의 본질에서 찾을 수 있을 것입니다. 성도들이나 그들의 은혜나 모두 피조물들입니다. 그런데 조물주 하나님께 의존하는 것이야말로 피조물의 본질에 속하는 일입니다. 그 존재를 위해서도, 그 활동을 위해서도 하나님께 의존할 수밖에 없습니다. 어떤 한 가지 속성을 그 주체와 분리시키는 일이 가당키나 하겠습니까? 흰색을 칠한 벽에서 흰색만 분리시키는 것이 어떻게 가능하겠습니까! 마찬가지로 하나님께로부터 오는 힘이 없이는 피조물이 존재하고 활동하는 것이 불가능한 것입니다. 그렇기 때문에 스스로 존재하고 스스로 활동하는 것은 오직 하나님께 속한 비공유적(非共有的) 속성이어서 피조물에게는 베풀어 줄 수가 없는 것입니다. 하나님이 존재하시며 그 이외에는 그 어떠한 신도 없는 것입니다. 하나님께서 세상을 지으시고 그의 일을 마치셨다고 말씀합니다. 곧, 그의 창조의 일을 마치셨다는 것입니다. 새로운 피조물의 종류들을 더 짓지 않았습니다. 그러나 그의 섭리의 일은 오늘날까지 마치시지 않았습니다. 그리스도께서는 "내 아버지께서 이제까지 일하시니"라고 말씀하셨습니다(요 5:17). 즉, 아버지께서 이미 지어놓으신 것들을 힘으로 보존하시고 강력하게 하셔서 존재하고 활동하게 하신다는 뜻입니다. 그러므로 하나님께서 우리 영혼을 살아 있도록 지탱시키신다 할 것입니다. 사람들이 만들어 놓은 예술 작품들은 제작이 끝나면 작가의 도움이 없이도 한동안 그대로 있습니다. 마치 목수가 집을 지어놓으면 그 집이 죽은 상태로 있듯이 말입니다. 그러나 하나님의 일은 자연의 일이나 은혜의 일이나 간에 결코 그의 손에서 벗어나는 법이 없습니다. 그러므로 아버지께서 자연의 것들을 보존하시기 위하여 지금까지 일하고 계시듯이, 구속의 일을 부여받으신 아들도 자신이 일을 하고 계신다고 우리에게 말씀하시는 것입니다. 죽은 자 가운데서 다시 사실 때에 그의 일이 종결된 것이 아닙니다. 그의 아버지께서 창조의 일을 마치셨을 때에 그의 일이 종결된 것이 결코 아니듯이 말입니다. 하나님께서는 지으시는 일을 마치신 것이요, 또한 그리스도도 단번의 죽으심을 통해서 신자들을 위하여 긍휼과 은혜와 영광을 값 주고 사시는 일을 마치셨습니다. 또한 하나님께서 창조의 일을 마치고 쉬셨듯이, 그리스도도 영원한 구속을 이루시고 또한 "죄를 정결하게 하는 일을 하시고 높은 곳에 계신 지극히 크신 이의 우편에 앉으셨"습니다(히 1:3). 그러나 그는 지금도 쉬지 않고 일을 하고 계십니다. 우리를 위하여 하나님께 간구하시며 또한 그의 성령으로 말미암아 우리 속에서 일하십니다. 성도들을 지탱시키고 은혜를 베푸시고 이 세상에서 위로를 주시는데, 이것이 없으면 성도들은 멸망으로 달려가게 되고 맙니다. 이렇게 해서 우리는 은혜가 하나의 피조물이므로 그리스도인이 힘을 얻기 위해 하나님께 의존한다는 것을 보게 됩니다. 그러나 여기서 더 나아가 봅시다.

둘째 근거. 그리스도인의 은혜는 그냥 피조물이 아니라 연약한 피조물입니다. 그 자신보다 더 강한 원수들과 늘 부딪치기 때문에 하늘로부터 돕는 힘이 임하지 않으면 결코 싸움터를 지킬 수가 없습니다. 구원의 손길이 임하지 않으면 약하기 그지없는 자들은 막다른 벽에 부딪칠 수밖에 없습니다. 이 세상에서의 은혜는 연약한 것에 불과하며, 마치 요람 속에 누워 있는 왕과도 같습니다. 그리하여 사탄은 이를 십분 이용하여 자기의 계략들을 더욱 강하게 밀어붙여 영혼을 다스리는 이 어린 왕의 통치를 망가뜨릴 호기를 잡습니다. 그렇습니다. 하늘이 그리스도인을 보호하지 않으면 사탄은 신자의 은혜를 완전히 망가뜨리고 이내 전쟁을 끝내 버릴 것입니다. 어디에 있든 간에 은혜가 그 힘에 따라 자신을 보존하기를 바라고 또한 이를 위하여 힘쓰는 하나의 원리를 그 차제 속에 지니고 있는 것은 정말 사실입니다. 그러나 하나님께서 도우시지 않으면 힘에 부치게 되고 결국 쓰러지고 무너질 수밖에 없습니다. 이는 마치 살아 있는 푸른 나무에 붙은 불길과도 같습니다. 일부에 불길이 번져도 습기가 축축이 남아 있기 때문에, 바람이 불거나 더 큰 불길이 함께 옮겨 붙지 않으면 금방 꺼져 버리고 맙니다. 마음속에 있는 은혜도 이와 마찬가지인 것입니다. 하나님께서는 정복을 통해서 그의 은혜를 마음에 베푸십니다. 자, 이는 함락된 성과도 같습니다. 몇 사람들은 굴복하여 정복자에게 진정한 신하들이 됩니다. 그러나 개중에는 이 멍에를 떨쳐 버리고자 계략을 꾸미는 자들도 있습니다. 그러므로 처음 성을 함락시키는 데에나 그 함락시킨 성을 유지하는 데에나 동일한 힘이 필요한 것입니다. 그리스도인에게도 중생하지 못한 부분이 있어서 마음에 생긴 이 새로운 변화에 불만을 갖고, 할 수 있는 만큼 그리스도의 온유하신 통치에 반기를 들려고 합니다. 이 낯선 친구가 우리를 조정하려 하다니 얼마나 엉뚱합니까! 그리고 사탄이 그리스도인을 대적하는 이 반역 행위를 주도합니다. 그리하여 이 새로이 마음에 세워진 통치를 하나님이 계속해서 강화시키지 않으시면, 거기에 남아 있는 친족들이(즉, 부패성들이) 굴 속에 숨어서 염탐하고 있다가 밖으로 나와서 이 땅의 거룩한 백성이 지니고 있는 그 작은 은혜를 삼켜 버리고 맙니다. 삼키는 자들에게 마치 빵처럼 먹혀 버리고 말 것입니다.

셋째 근거. 세 번째 근거는 성도들을 구원하시는 데에서 하나님께서 친히 드러내시는 위대한 계획에서 찾을 수 있을 것입니다. 예, 성도들을 구원하시는 처음부터 마지막까지의 모든 역사에서 말입니다. 이 계획은 두 가지입니다. 1. 하나님께서는 성도들을 하늘로 데려가고자 하시는데, 그의 극진한 사랑과 자비를 지극히 밝히 드러내는 방식으로 이 일을 이루시려 합니다. 2. 성도들을 향한 그의 자비와 사랑을 그렇게 드러내서서 그 자신의 영광이 할 수 있는 만큼 지극히 밝히 드러나게 하시고, 그리하여 결국 그 자신에게 모든 것이 되돌아오게 하고자 하십니다. 자, 성도들이 하늘을 향하여 나아가며 취하는 매 발걸음마다 모든 능력을 드러내야 한다는 사실이 이 두 가지 계획과 얼마나 잘 부합되는가 하는 것이 곧바로 드러날 것입니다.

계획 1. 하나님께서는 성도들을 하늘로 데려가고자 하시는데, 그의 극진한 사랑과 자비를 지극히 밝히 드러내는 방식으로 이 일을 이루시려 합니다. 이런 방식으로 성도들에게 힘이 전해짐으로써 하나님의 사랑과 자비가 두 가지로 부각됩니다.

(1) 신자가 가슴 뭉클한 위로를 얻거나, 임무를 다할 결의가 생기거나, 시험을 받을 때에 뒷받침해주는 역사를 경험할 때에 신자가 지닌 것과 행하는 모든 일에 따스한 온기를 뿜어주어서, 이 모든 것이 어디서 오는지, 어떤 친구가 이것들을 보내주는지를 생각하게 해 줍니다. 그것들은 나 자신의 샘에서 나오는 것도, 혹은 그 어떤 피조물의 샘에서 나오는 것도 아닙니다. 오오, 바로 나의 하나님이 여기 계셨고, 그가 위로의 달콤한 향기를 내 가슴속에 남겨두신 것입니다! 나의 하나님께서 나도 모르는 사이에 그의 성령의 강한 바람을 불게 하사 나의 돛을 펼치셨고 나로 하여금 죽은듯한 무미건조함을 떨쳐버리게 하신 것입니다. 오오, 그런 환난과 시험 중에서도 나의 머리를 들게 하시고, 나의 마음을 한결같이 지키신 분이 바로 하나님의 성령이십니다! 그 분이 아니셨다면 나는 불신앙의 발작에 졸도하여 쓰러지고 말았을 것입니다. 그러니 은혜를 입은 영혼이 이 사랑하는 하나님을 택하기밖에 더하겠습니까? 하나님의 구원이 그렇게도 즉각적으로 하늘로부터 임하니, 이것이 없다면 그리스도인에게 스스로를 도울 힘이 있다 하더라도(이것조차도 애초에 하나님께로부터 온 것입니다만) 금방 사라지고 말았을 것입니다. 가령 왕이 그 사랑하는 자의 생활을 책임져 주어, 그 사람이 그 왕의 보살핌에 의존하여 매일 살아간다고 합시다. 혹은 이 왕이 그를 극진히 보살피고자 날마다 이 사람의 집을 찾아와서 찬장을 살피고 먹을 것이 얼마나 남아 있는지, 모자란 것이 무엇인지를 확인하여 끊임없이 필요한 것을 공급해 준다고 생각해 봅시다. 왕의 사랑과 자신을 낮추는 모습을 이보다 더 확실하게 드러내주는 것이 무엇이겠습니까? 혹시 독자적으로 홀로 서고자 하거나 혹은 왕의 보살핌보다 자기 자신이 마련하는 생활

대책에 더 애착을 갖는 교만한 심령이라면 자기 자신의 것을 더 선호할 것입니다. 하지만 왕의 마음과 사랑을 얻기를 사모하는 사람이라면 왕의 보살핌을 기뻐하여 마지않을 것입니다. 하나님께서 그의 성도들에게 이렇게 행하십니다. 위대하신 하나님께서 그들의 집에 오사 그들의 찬장을 살피시고 모자란 것이 없는지를 보시고 합당하게 쓸 것을 보내시는 것입니다. "너희 하늘 아버지께서 이 모든 것이 너희에게 있어야 할 줄을 아시"며(마 6:32), 따라서 그것들을 베풀어 주실 것입니다. 하나님은 여러분에게 기도할 힘, 들을 힘, 그를 위하여 고난을 당할 힘이 필요하다는 것을 아시며, 그러므로, "바로 그 시각에 주실 것입니다(in ipsa hora dabitur)."

(2) 하나님께서 그의 성도들을 이런 방식으로 대하시므로, 성도들의 힘에 충만함과 안정성이 생깁니다. 물건들이 완전히 우리 손에 맡겨졌다면, 우리는 곧 망한 상인들이 되고 말 것입니다. 그러나 우리는 흠 있는 질그릇에 지나지 않아서 물건을 가득 담으면 오래 지탱하지를 못합니다. 하나님이 이것을 아십니다. 그러므로 모든 일을 확실하게 하시기 위하여, 그는 분출되어 나오는 그의 힘의 줄기 속에다 우리를 세워 두십니다. 그리하여 비록 새는 질그릇이지만 그 새는 것을 잃어버리지 않고 그대로 보존하게 되는 것입니다. 이것이 광야의 이스라엘에게 베푸신 하나님의 공급하심입니다. 그가 반석을 쪼개셨고, 그 반석이 그들을 뒤따랐습니다. 기근을 겪는가 하면 곧바로 시냇물이 그들 뒤를 따라 흘렀고, 그들은 더 이상 물에 대해 원망하지 않았습니다. 이 반석은 그리스도셨습니다. 신자는 누구나 그의 등 뒤에 그리스도가 계시며, 가는 곳마다 따라가시며 힘을 주사 모든 조건과 시련을 이기게 되는 것입니다. 뿌리가 있는 한 송이 꽃이 줄기가 잘려진 여러 송이보다 더 가치가 있습니다. 줄기가 잘려진 꽃은 향기를 내지만 자라지 않습니다. 가슴에 꽂으면 곧바로 시들어 버립니다. 하나님의 힘이 뿌리가 되어 우리의 은혜를 생기 있게 지켜 주는 것입니다. 이것이 없으면 아담의 은혜처럼 찬란하지만 곧 죽어 버리고 마는 것입니다.

계획 2. 하나님께서 그의 성도들의 행복에서 갖고 계신 두 번째 계획은, 그들을 향한 그의 자비와 사랑을 그렇게 드러내셔서 할 수 있는 만큼 그 자신의 영광이 지극히 밝히 드러나게 하시고, 그리하여 결국 그 자신에게 모든 것이 되돌아오게 하고자 하시는 것이요(엡 1:4, 12), 이는 성도들에게 힘을 주시는 이런 방식을 통해서 충실하게 이루어집니다. 그리하여 성도들은 자기의 힘이 아니라, 그들을 보내시는 하나님의 힘으로 일하는 것입니다. 하나님께서 은혜를 한꺼번에 성도들에게 주시고 그들더러 그 은혜를 이용하여 개발하게 하셨더라도, 그는 여전히 높이 기림을 받으셨을 것입니다. 하나님께서 피조물인 사람들에게 넘치도록 주신 것이기 때문입니다. 하지만 그렇게 하셨더라면, 지금처럼 전능으로 역사하지는 못하셨을 것입니다. 하나님께서 그렇게 은혜를 한꺼번에 주고 떠나신 것이 아니므로, 그리스도를 붙잡는 그리스도인의 최초의 힘도 하나님으로부터 오는 것이요 동시에 그리스도인의 모든 행동 하나하나에서 그 힘이 발휘되는 데에도 여전히 하나님이 역사하시기 때문입니다. 아버지와 함께 여행을 하는 아이를 생각해 봅시다. 그를 위한 모든 비용이 다 지불됩니다. 하지만 지갑을 지닌 것은 그 아이가 아니고 그 아버지입니다. 이와 마찬가지로 그리스도인이 온갖 처지에서 행할 때에도, "내가 이 일을 했다", "내가 저 일을 당했다"라고 말할 수가 없습니다. 오히려 "하나님께서 내 속에서 나를 위하여 모든 일을 행하셨다"라고 해야 하는 것입니다. 여기서 교만의 콧대가 꺾이는 것입니다. 자기를 높이는 생각을 품을 여지가 전혀 없는 것입니다. 그리스도인은, "내가 성도가 된 것은 하나님의 자비이지만, 성도로서 나의 믿음이 강한 것은 내가 열심히 사려 깊게 처신했기 때문이다"라고 말할 수는 없습니다. 눈을 부릅뜨고 자기 자신을 부추기는 가엾은 그리스도인이라니요! 애처롭기 그지없습니다! 처음 그대에게 주어진 믿음과 마찬가지로 그것도 다 하나님으로부터 나온 것이 아니던가요? 성도가 천국에 들어가서 그 천국에 대해서, "이곳이 바로 내 힘의 능력으로 세운 천국이로구나"라고 말할 수 있겠습니까? 아닙니다. 위에 있는 예루살렘은 그 세우시고 지으신 이가 바로 하나님이신 성(城)인 것입니다. 모든 은혜 하나하나가 다 그 성에 속한 돌이요, 그 머릿돌이 영광 가운데 놓여 있습니다. 거기서 성도는 과연 하나님이 그 성의 기초를 놓으신 분이요 또한 마지막까지 모든 것을 이루신 분이시라는 것을 더욱 선명하게 보게 될 것입니다. 그 일의 영광을 조각조각 부수어 몇 개는 하나님께, 몇 개는 사람에게 돌리는 식이어서는 안 됩니다. 그 영광을 전적으로 하나님께 드려야 하고, 만유 가운데서 그가 전부이심을 인정해야 하는 것입니다.

[적용]

첫째 적용. 과연 그리스도인의 힘이 자기 자신이 아니라 주께 있습니까? 그렇다면 그리스도가 없는 사람은 자기 자신의 구원을 위하여 그 어떤 일도 행할 힘도 능력도 전혀 없는 전적으로 무능한 사람일 수밖에 없습니다. 배가 물에 떠서 출항 차비를 마치고 돛을 활짝 올렸다 해도 바람이 불어 돛을 가득 채우기 전에는 결코 배를 움직일 수가 없습니다. 목수의 작업장에 목재가 쌓여 있어도 그것이 그 스스로 톱질을 해서 배로 만들어질 수가 없는 것입니다. 살아 있는 나무도 뿌리와 연결되어 양분을 빨아들이지 않고서는 자랄 수가 없습니다. 하물며 뿌리도 없고 죽어 썩어 버린 막대기는 스스로 살 수가 없는 것입니다. 한 마디로 말해서, 신령한 은혜의 생명을 지닌 그리스도인도 위로부터 내리는 힘이 없이는 이 생명을 발휘할 수가 없다면, 죄와 허물로 죽어 있어서 이 새 생명이 전혀 없는 사람은 절대로 스스로 이 생명을 낳을 수 없고, 그 생명의 산물을 누릴 수도 없는 것입니다. 중생하지 못한 상태는 과연 무능(無能)의 상태인 것입니다. "우리가 아직 연약한 때에 기약대로 그리스도께서 경건하지 않은 자를 위하여 죽으셨도다"(롬 5:6). 그리스도께서 인류가 그들의 타락으로 인하여 폐허의 상태로 뒤덮여 있는 것을(마치 무너져 내린 집의 쓰레기더미 속에 파묻혀 있는 사람이 외부의 도움이 없이는 결코 스스로 거기서 해방되어 나올 수 없는 것처럼, 인류는 그들에게 드리워진 하나님의 진노의 무게를 스스로 떨쳐 버리고 일어날 수가 없습니다) 보셨듯이, 성령께서도, 죄인들이 회개할 수도 없고 구원을 얻기 위해 그리스도를 믿을 수도 없고 그렇다고 해서 그들 스스로 값을 치르고 구원을 살 수도 없는 완전히 무기력한 상태에 있는 것을 보십니다. 그러므로, 마치 사람이 자기 자신의 본성적인 능력의 벽돌과 흙으로 꼭대기가 하늘에까지 다다르는 그런 건물을 지을 수 있기라도 한 것처럼 인간 본성의 능력을 외쳐대는 교만한 자들의 언사는 정말이지 얼토당토않은 것입니다. "원하는 자로 말미암음도 아니요 달음박질하는 자로 말미암음도 아니요 오직 긍휼히 여기시는 하나님으로 말미암음이니라"(롬 9:16). 하나님께서는 그런 바벨탑을 쌓는 자들을 친히 그들의 마음의 상상 속에 흩어 버리셨습니다. 하나님은 사람의 영혼 속에 그들의 "힘"이나 "능"이 아니라 오직 "그의 영으로" 이 신령한 전을 세우십니다. 그러므로 영원토록 그 성전 앞에서 "은혜로라", "은혜로라"를 외쳐야 마땅한 것입니다. 그러므로, 아직 본성적인 상태에 있으면서 스스로 구원에 이를 지혜가 있기를 바라는 자가 있다면, 먼저 스스로 보기에 바보가 되고, 그들의 육신적인 지혜를 버려야 할 것입니다. 그런 지혜로는 하나님의 일들을 지각할 수가 없으니, 후히 주시고 꾸짖지 아니하시는 하나님의 지혜를 구해야 합니다. 믿을 만한 힘을 갖기를 바라는 자가 있다면, 먼저 스스로 연약해지고 죽어야 합니다. "힘으로는 이길 사람이 없기" 때문입니다(삼상 2:9).

　　둘째 적용. 그리스도인의 힘이 자기 자신이 아니라 하나님께 있는 것이 분명합니까? 그렇다면 그리스도인은 언제나 겸손할 수밖에 없습니다. 의무를 지극히 훌륭하게 감당하고, 그리스도인의 삶에서 지극히 큰 도움을 입었을 때에도 겸손해야 합니다. 그리스도인 여러분, 기억하시기 바랍니다. 여러분이 지극히 훌륭한 옷을 입고 있을 때라도 그 옷을 누가 지으셨고 누가 그 값을 지불하셨는가를 기억하기를 바랍니다. 여러분이 받은 은혜와 위로가 여러분 자신의 손으로 이룬 것도 아니요 여러분 스스로 그 값을 지불한 것도 아닙니다. 그러니 다른 분의 희생으로 얻은 것으로 여러분 자신을 자랑해서는 안 됩니다. 여러분의 교만을 부추기는 그런 도움이라면 오래 가지 않을 것입니다. 여러분이 받아 누리는 그 도움이 여러분 자신의 것이 아닌 것입니다. 하늘 아버지는 지혜로우사 여러분의 영적인 안위를 위하여 최대한 모든 것을 허용하시지만, 동시에 혹시 여러분이 그의 은혜를 받아 오히려 교만하고 방자해지면 곧바로 그의 손에 쥐고 계신 법으로 여러분을 제어하실 수 있는 것입니다. 그러므로 여러분의 하나님 앞에서 겸손히 행하시고, 여러분이 지니고 있는 힘이 여러분 자신의 것이 아니라 빌려온 것임을 기억하고 그 힘을 잘 운용하기를 바랍니다. 무언가를 간절히 구걸하여 얻은 것을 어찌 낭비하여 버리겠습니까? 혹은 구제품을 받아 게으름 피우며 허비하는 거지에게 누가 구제품을 주겠습니까? 여러분이 받은 것을 착복하여 마음대로 다 허비했다면, 어떻게 하나님의 얼굴을 다시 뵐 수 있겠습니까?

넷째 대지

지침에 대한 부연 설명: "그 힘의 능력으로"

이 대지에서는 권면에 덧붙여져 있는 격려의 성격을 띤 한 가지 부연 설명을 접하게 되는데, 곧 "그 힘의 능력으로"가 그것입니다. 여기 이 문구를 해명하기 위해서는 두 가지를 따져 보아야 합니다. 첫째, "그 힘의 능력"이라는 단어들의 뜻이 무엇인가 하는 것과, 둘째, "그 힘의 능력으로 강하여지라"라는 것이 무엇인가 하는 것입니다.

첫째, "그 힘의 능력"이라는 단어들은 무슨 뜻입니까? 이는 히브리식 표현으로 능력 있는 힘, 혹은 강력한 힘이라는 뜻입니다. "그의 은혜의 영광을 찬송하게 하려는 것이라"(엡 1:6)의 경우도 마찬가지입니다. 이는 "그의 영광스러운 은혜를 찬송하게 하려는 것이라"라는 뜻이고, 그의 강력한 힘이란 그의 전능하신 능력을 뜻합니다. 여호와를 때로는 "강하고 능한" 분으로(시 24:8), 때로는 지극히 강한 분으로, 때로는 "전능한" 분으로 묘사하는데, 이는 모두 하나님의 무한히 전능한 능력을 지칭하는 것입니다.

둘째, "그 힘의 능력으로 강하여지라"라는 것은 무엇입니까? 주의 능력으로 강하여진다는 것은 두 가지 믿음의 행위를 암시합니다. 첫째, 주께서 능력이 전능하시다는 분명한 확신을 암시합니다. "그 힘의 능력으로 강하여지라", 즉 하나님이 전능하시다는 이 한 가지 근본 진리에 관하여 믿음에 강하게 뿌리를 내리라는 뜻입니다. 둘째, 그 이후의 후속적인 믿음의 행위를 시사합니다. 곧, 하나님이 전능하시다는 것을 믿는 것은 물론 하나님의 전능하신 능력이 역사하여 모든 시련과 시험 중에도 하나님의 팔을 마치 자기 것처럼 의지하여 꿋꿋이 견디게 하신다는 것을 확신하는 것입니다. 사도의 의도는 이것입니다. 곧, 우리 자신의 힘을 의지하지 말도록 우리를 이끌고, 그리하여 사탄이 온갖 방법으로 공격해도 그때마다 그리스도인이 항상 하나님의 전능하신 능력을 마치 자기 것처럼 자유로이 사용하도록 격려하는 것입니다. 사도는 그리스도인에게, 마치 도둑을 만난 사람이 있는 힘과 능력을 다하여 자신을 방어하고 원수를 공격하듯이, "그 힘의 능력으로 강하여지라"라고 명하는 것입니다. 즉, 이런 뜻입니다. "영혼아 네 하나님께로 나아가라. 하나님께서 친히 너를 구원하고 너를 보호하기 위하여 그의 강력한 능력을 모두 발휘하시느니라. 그 능력이 너의 유익을 위하여 온전히 역사할 것이니 굳건한 믿음으로 그 능력을 의지하고 네 자신을 강하게 하라." 제가 생각하기에 여기 이 풍성한 말씀에서 다음과 같은 두 가지 가르침을 얻게 됩니다. 첫째 가르침은, 그리스도인은 모름지기 모든 시험과 시련 가운데서 하나님의 전능하신 능력을 믿는 자신의 믿음을 강하게 하도록 크게 조심하고 힘써야 한다는 것입니다. 둘째 가르침은, 그리스도인은 하나님이 전능하시다는 것을 믿는 것뿐 아니라, 모든 시험과 시련 중에서 역사하여 그를 돕고 구원할 이 하나님의 전능하신 능력을, 믿음으로 강력하게 의지하여야 할 의무가 있다는 것입니다.

[하나님의 전능하신 능력을 믿는 우리의 믿음을 발휘하는 일에 대하여]

첫째 가르침. 그리스도인은 모름지기 모든 시험과 시련 가운데서 하나님의 전능하신 능력을 믿는 믿음을 강하게 하도록 극히 힘써야 한다는 것입니다. 큰 곤경이나 큰 일에서 하나님께서 자신을 영혼이 신뢰하고 믿을 만한 대상으로 제시하실 때에는, 대체로 그의 전능하신 능력이라는 속성을 약속 가운데 제시하시고 또한 믿음으로 붙잡고 의지할 가장 확실한 것으로 제시하십니다. 우툴두툴한 길에서 아버지가 자녀에게 팔을 벌려 함께 붙잡고 가듯이, 하나님께서도 그의 전능하신 능력을 그의 성도들에게 베푸사 그들로 하여금 그들의 믿음을 발휘하게 하십니다. 아브라함과 이삭과 야곱에게 그렇게 행하셨듯이 말입니다. 이들은 그 전과 그 이후의 대부분의 성도들보다 훨씬 더 심하게 믿음의 시련을 받았습니다. 그들에게 큰 일들이 약속되었으나, 그들은 살아생전에 그 일들이 이루어지는 것을 하나도 보지 못했으니 말입니다. 그러니 이런 속성을 드러내 보이시는 것 이외에 과연 무슨 방법으로 하나님께서 자신이 뒷받침하신다는 것을 그들에게 알게 하셨겠습니까? "내가 아브라함과 이삭과 야곱에게 전능의 하나님으로 나타났으나"(출 6:3). 그들이 평생토록 간직해야 했던 것은 바로 이것이었습니다. 그들은 이것과 더불어 편안히 살았고, 이것과 함께 의기양양하게 죽었으며, 의심 없이 자손들에게 그 약속을 유산으로 물려 주었으니, 곧 전능하신 하나님께서 그것을 이루실 것을 약속하셨기 때문이었습니다. 그리하여 이사야 26장에서는 유다 백성들에게 큰 자비가 약속되고 있고, 또한 그들이 구원을 얻게 될 그 기쁨의 날에 부를 노래가 미리 지어지고 있습니다. 그러나 그 약속과 또한 그 약속이 이루어질 그 봄날 중간에 포로로 잡혀 있는 쓰라린 겨울이 있기 때문에, 그동안 그 백성들의 믿음이 살아 있도록 하기 위해서 선지자는 그들에게 전능하신 하나님을 믿는 믿음을 발휘할 것을 촉구하는 것입니다. "너희는 여호와를 영원히 신뢰하라 주 여호와는 영원한 반석이심이로다"(4절). 그러므로 성도들에게 박해의 용광로 속으로 들어가고 있을 때에, 믿음으로 감옥이나 혹은 화형대로 나아가는 그의 성도들에게 하나님께서 공급해 주시는 것이 이 전능하신 능력 말고 대체 무엇이겠습니까? "하나님의 뜻대로 고난을 받는 자들은 또한 선을 행하는 가운데에 그 영혼을 미쁘신 창조주께 의탁할지어다"(벧전 4:19). 창조주란 바로 전능하신 능력자의 이름입니다. 이제 이 점에 대해 몇 가지 이유들을 제시하고자 합니다.

첫째 이유. 하나님이 전능하시다는 것이 큰 시련의 소용돌이 속에서 아무리 분명하고 선명하게 나타난다 할지라도, 이 진리를 활용한다는 것은 쉬운 일이 아니기 때문입니다. 사탄과 육신적인 생각이 제기하는 악한 보도(報道)들이 있는데 그것들을 반박하고 하나님의 이 이름을 증명해 보이는 데에는 정말이지 강한 믿음이 필요합니다. 이 원리는 자연스럽게 신적인 면을 드러내 보이는 것 같습니다. 하나님을 발견하는 그 빛을 바짝 따라가면 하나님이 전능하시다는 것이 드러날 것입니다. 하지만 육신적인 마음에게는 그것이 마치 칼집에서 거의 빼어내 본 적이 없어 녹이 슬어 버린 칼과도 같아서 별로 쓸모가 없습니다. 그런 진리들이 본성적인 양심 속에 완전히 갇혀 있어서 죄인이 가슴으로 그것들을 정당하게 귀담아 듣는 적이 거의 없습니다. 그런데 하나님께서 그 진리들을 감옥에서 끄집어 내시고 그 속박의 집에서 건져 내십니다. 그의 납득하게 하시는 성령의 그 귀한 손길로 불의 속에 갇혀 있는 그 진리들을 건져 내십니다. 그렇게 되면, 그리고 오직 그렇게 되어야만, 하나님이 거룩하시고 자비하시고 전능하시다는 것을 영혼이 믿게 되는 것입니다. 아니, 하나님의 특별한 백성들 중 일부는, 비단 은혜를 가장 적게 받은 자들만이 아니라, 믿음을 이 비탈길에 세워놓고서 감각과 이성이 제기하는 이런 난제들과 그럴법하지 않은 것들을 극복하느라 야단법석을 떨고 나서 결국 하나님의 전능하신 능력에 의지하게 되기도 합니다. 모세는 은혜에 있어서는 가장 밝은 별이었습니다만, 시험을 극복하기까지 그의 믿음이 어떻게 깜박거리는지를 보시기 바랍니다: "모세가 이르되 나와 함께 있는 이 백성의 보행자가 육십만 명이온데 주의 말씀이 한 달 동안 고기를 주어 먹게 하겠다 하시오니, 그들을 위하여 양 떼와 소 떼를 잡은들 족하오며 바다의 모든 고기를 모은들 족하오리이까"(민 11:21, 22). 이 거룩한 사람은 잠시 동안 하나님의 전능하신 능력을 시야에서 놓쳤습니다. 그리하여 이런 일이 어떻게 있겠느냐고 반문합니다. 어떻게 이 일이 이루어지겠습니까? 라는 식으로 말씀한 것입니다. 하나님이 그의 생각을 그런 뜻으로 받아들

이시니 말입니다: "여호와께서 모세에게 이르시되 여호와의 손이 짧으냐? 네가 이제 내 말이 네게 응하는 여부를 보리라"(23절). 마리아도 마찬가지였습니다: "주께서 여기 계셨더라면 내 오라버니가 죽지 아니하였겠나이다"(요 11:32). 그의 누이 마르다도 마찬가지였습니다: "주여 죽은 지가 나흘이 되었으매 벌써 냄새가 나나이다"(39절). 이 두 여인은 은혜를 입었으면서도 그리스도의 전능하신 능력에 대해 믿음의 연약함을 드러냈습니다. 한 사람은 장소적으로 그를 제한시켰습니다. "주께서 여기 계셨더라면 내 오라버니가 죽지 아니하였겠나이다" — 그리스도께서 그곳에 계셨든 계시지 않으셨든 나사로에게 건강을 보내시고 그를 살려내실 수 있었다는 것을 못 믿은 것입니다. 또 한 사람은 시간적으로 그를 제한시켰습니다. "벌써 냄새가 나나이다" — 마치 그리스도께서 나사로의 영을 너무 늦게 부르셨으니 그가 명령해도 무덤이 그를 내어놓지 않을 것처럼 여긴 것입니다. 그리스도인 여러분, 여러분은 자신을 어떻게 보십니까? 이런 유의 시험이 밀려올 때에, 나의 믿음이 강하고 높으니 구태여 지극한 노력을 기울여 하나님의 전능하심을 더욱 의지하지 않아도 괜찮다고 여기십니까?

둘째 이유. 둘째 이유는, 시험의 때에 그리스도인이 지탱되기 위해서는 다른 무엇보다도 믿음을 이렇게 발휘하는 것이 절대적으로 필요하다는 데 있을 것입니다. 그리스도인의 모든 힘과 위로가 문 바깥으로 뻗어 있어서 믿음 이외에는 사용할 것이 하나도 없습니다. 그런데 이 믿음이 하늘로 올라가 하나님을 두드려 깨웁니다. 비유에서 이웃이 한밤중에 떡을 달라고 문을 두드리듯이 말입니다. 그러므로 믿음이 좌절되고 영혼이 필요한 것을 사러 시장에 나갈 돈이 없게 되면 그러는 동안에는 집이 궁핍한 중에 있을 수밖에 없을 것입니다. 그런데 영혼이 하나님의 능력을 부인하거나 혹은 최소한 의심하기 전에는 절대로 믿음이 완전히 누워 버리는 법이 없습니다. 사실 그리스도인이 하나님의 뜻에 대해 의문을 갖고서, '과연 그가 용서하실까? 그가 구원하실까?'라고 그 마음속으로 중얼거릴 때에도, 영혼이 하나님의 얼굴을 구하는 데에서 완전히 자빠져 버리지 않고 주춤주춤하면서도 믿음으로 은혜의 보좌 앞에 나아갈 수 있습니다. 그럴 때라도 하나님의 능력을 믿는 믿음이 거기까지 동행하게 되는 것입니다: "주께서 원하시면, 나를 깨끗하게 하실 수 있나이다. 주께서 원하시면 나를 용서하실 수 있고, 나를 깨끗이 씻으실 수 있나이다." 하지만 하나님이 용서하실 수 없고 구원하실 수 없다고 결론짓게 되면, 이것이 믿음의 심장을 쏘아서 영혼이 사탄의 발 아래 쓰러져 버리고 더 이상은 저항할 수 없게 되어 버리고, 결국 임무를 행하는 데에도 더 무관심해지고, 기도를 하든 말든 개의치 않게 되어 버리는 것입니다. 사람이 우물물이 말라 있는 것을 보고서 들고 있던 물주전자를 부숴 버린든지 던져 버리는 것처럼 말입니다.

셋째 이유. 하나님이 그의 면류관의 꽃인 이것을, 그의 이름의 이 부분을, 매우 소중히 여기시기 때문입니다. 사실 이 철자를 빼버리면 하나님의 이름을 바로 쓸 수가 없습니다. 그것이 하나님의 이름이요 그가 이 이름으로 그의 모든 피조물들에게 자신을 알리시니 말입니다. 사람이 지혜롭다거나 자비롭다거나 능력이 있다는 말을 들을 수도 있습니다. 하지만 전지(全知)하시고, 전자비(全慈悲)하시고, 전능(全能)하신 분은 오직 하나님밖에 없습니다. 그러니 여기서 이 "전"(全)이라는 음절을 빼버리면, 그것은 하나님의 이름을 잘못 부르는 것이 되고, 피조물의 이름으로 그를 부르는 것이 되며, 이에 대해 하나님은 응답하시지 않으시는 것입니다. 그런데 하나님께서 자신의 이러한 대권을 소중히 여기신다는 사실이 네 가지 구체적인 사실에서 나타납니다.

1. 그의 능력의 영광을 그에게 돌릴 것을 그의 백성에게 엄히 명하셨다는 사실에서 나타납니다. "그들이 두려워하는 것을 너희는 두려워하지 말며" "만군의 여호와 그를 너희가 거룩하다 하라"(사 8:12, 13). 즉, 원수들이 연합하여 사방에서 너희를 공격하려 하고 있어서 이성의 눈에는 너희가 완전히 망해 버린 것 같은 이런 안타까운 사정을 당하여 있을 때에라도, 내가 명하노니 나의 전능한 능력의 영광을 내게로 돌려서 나를 거룩하다 하라는 뜻입니다. 여러분의 하나님이 다른 무엇이 하나도 없이도 그 자신만으로 여러분을 지키시고 원수들을 멸하실 수 있다는 것을 믿으시기 바랍니다.

2. 그의 지극히 사랑하시는 자녀라 할지라도 그들의 믿음이 머뭇거리고, 이리저리 따지고 의심하는 것이 없이 단호하게 그에게로 나아와 그의 전능하신 능력을 의지하지 않을 때에, 그들을 혹독하게 대하시는 데에서 나타납니다. 사가랴는 천사에게 의문을 제기했습니다: "내가 이것을 어떻게 알리요 내가 늙고 아내도 나이가 많으니이다"(눅 1:18). 그러나 그런 식으로 자기의 불신앙을 드러내자 그에게 한 가지 표적이 주어졌습니다. 하지만 그 표적은 그의 믿음을 강하게 해 주는 것이었으나, 동시에 그의 불신앙에 대한 혹독한 벌이었습니다. 그 즉시 그가 벙어리가 되었으니 말입니다. 하나님께서는 그의 자녀들이 그의 권능을 의심하지 않고 그의 말씀을 그대로 믿는 것을 기뻐하시는 것입니다. 루터는, "하나님은 트집 잡는

자가 아니라 순종하는 자를 사랑하신다(*Deus amat curristas non quaristas*)"라고 말했는데, 이는 정말 참말입니다. 아브라함의 믿음이 칭찬을 받은 것은 그가 "약속 하신 그것을 또한 능히 이루실 줄을 확신하였기"(롬 4:21) 때문이었습니다.

3. 하나님께서 그의 백성들에게 그의 가장 고귀한 자비와 가장 큰 구원을 베푸 시는 방법에서 나타납니다. 그는 섭리로 상황을 주장하셔서, 일이 이루어질 때에 과연 전능하신 능력이 역사하셨다고 말할 수 있도록 만드시는 것입니다. 그러므 로 혹시 이차적인 원인이나 수단들이 하나님의 역사하심을 가로막아 그런 효과를 충실히 내지 못하도록 방해할 경우에는, 대개 하나님이 그 원인들과 수단들을 제 거해 버리십니다. "우리는 우리 자신이 사형 선고를 받은 줄 알았으니 이는 우리로 자기를 의지하지 말고 오직 죽은 자를 다시 살리시는 하나님만 의지하게 하심이 라"(고후 1:9). 그리스도께서는 병든 나사로를 고치시기보다는 나사로가 죽기까지 그냥 두셨다가 죽은 나사로를 살리심으로써 그들의 믿음의 눈이 그의 능력을 더 욱 확실하게 보게 하신 것입니다. 병든 나사로를 살리셨더라면 그의 전능하신 능 력에 대한 충만한 확신이 사람들에게 일어나지 않았을 것입니다. 그렇습니다. 그 는 상반되는 상황이 일어나도록 여러 차례 내버려 두시다가, 그의 백성들에게 자 비를 베풀고자 하시는 바로 그 시점에 그를 가로막는 그 상황을 역전시키심으로 써 그 자신의 능력을 더욱 위엄 있게 드러내시는 것입니다. 만일 요셉을 아는 왕들 이 다스리는 동안에 하나님이 이스라엘을 애굽에서 이끌어 내셨더라면, 십중팔구 그들은 아주 우호적인 분위기 속에서 애굽을 떠났을 것이고 손쉽게 구원을 얻을 수 있었을 것입니다. 하지만 하나님께서는 이스라엘을 잔인하게 억압하며 자기 나라를 지키고 자신의 육신적인 욕망을 만족시키려고 이스라엘을 잔인하게 억압 하게 될 그 교만한 바로의 치세까지 그 일을 보류해 두셨습니다. 왜 하필 이때에 하나님께서 그의 펴신 팔로 그들을 구원해 내고자 하셨을까요? 자신의 능력의 위 엄을 드러내고자 하는 것이 하나님의 큰 의도였기 때문입니다. "내가 너를 세웠음 은 나의 능력을 네게 보이고 내 이름이 온 천하에 전파되게 하려 하였음이니라" (출 9:16).

4. 하나님의 전능하신 능력에 근거하여 하나님께 제기되는 논지가 설득력이 있 는 사실에서 나타납니다. "주께서 이 백성을 하나 같이 죽이시면 주의 명성을 들은 여러 나라가 말하여 이르기를 여호와가 이 백성에게 주기로 맹세한 땅에 인도할 능력이 없었으므로 광야에서 죽였다 하리이다"(민 14:15, 16). 또한, "주의 큰 권능

을 나타내옵소서"(17절). 하나님은 이 간구를 들으시고 하나님은 그들을 용서하셨습니다.

이제 이 점에 대한 적용은 다음 가르침에 해당됩니다.

[우리를 돕기 위해 역사하는 하나님의 전능하신 능력을 믿는 우리의 믿음을 발휘하는 일에 대하여]

둘째 가르침. 전능하신 하나님을 믿는 것은 물론, 하나님의 이 전능하신 능력이 자기들의 것이라는 것을 믿고 — 곧, 그들을 지키고 돕기 위해서 역사되는 것이라는 것을 믿고 — 그리하여 모든 곤경과 시험에서 그 능력을 사용하는 것도 성도가 주의 깊게 행하여야 할 의무라는 것입니다. 여기서 첫째로, 하나님의 전능하신 능력이 그리스도인을 지키기 위하여 역사된다는 것을 입증하고, 그 근거를 제시할 것입니다. 둘째로, 그리스도인이 어째서 이에 대해 믿음을 강하게 발휘하여야 하는지를 제시할 것입니다.

첫째. 하나님의 전능하신 능력이 그리스도인을 지키기 위해서 역사된다는 것을 입증하고, 그 근거들을 제시하고자 합니다. 하나님께서는 놀라운 역사로 이스라엘을 애굽에서 이끌어 내셨습니다. 그런데 그가 이스라엘을 홍해 건너편에 두시고 그들이 자기들의 방법이나 힘으로 가나안에 들어갈 길을 찾고 스스로 헤쳐 가도록 하셨습니까? 그들이 종살이하던 그 철의 집 문을 여시고 그들을 광활한 들판으로 데려가신 다음, 하나님이 갑자기 사라지셨습니까? 마치 베드로가 감옥을 나온 후에 천사가 그에게서 떠나간 것처럼 말입니다. 아니요, 그렇지 않습니다. "사람이 자기의 아들을 안는 것 같이 너희의 하나님 여호와께서 너희가 걸어온 길에서 너희를 안으사 이 곳까지 이르게 하셨느니라"(신 1:31). 바로 이것이 성도로 하여금 활기 있게 하늘로 향하여 전진하게 하는 것입니다. 하나님께서는 회심하게 하시는 은혜로 영적인 애굽에서 영혼을 이끌어 내십니다. 즉, "그의 능력의 날"에 그가 영혼이 사탄의 손아귀에서 나오기를 원하도록 만드시는 것입니다. 그런데 성도가 전진할 때에 온 사방이 그를 대적하여 일어납니다. 그 영혼이 과연 어떻게 그 창(槍)들을 통과하여 모든 원수들의 경계에까지 안전하게 이를 수 있겠습니까? 하나님께서 친히 그의 영원하신 능력의 팔로 그를 감싸 안으시는 것입니다. "너희는 … 구원을 얻기 위하여 믿음으로 말미암아 하나님의 능력으로 보호하심을 받았느라"(벧전 1:5). 그리스도께서는 기쁨으로 그의 양을 어깨에 메고 집으로 데려가시는데(눅 15:5), 바로 하나님의 능력이 그 어깨인 것입니다. 그의 이 영원한 능력의 팔이 바로 성도들을 부드럽고도 안전하게 업고 영광에까지 이르게 하는 그 독수리 날개입니다(출 19:4). 하나님의 능력이 성도들의 생명 보호자가 되는 데에는 다섯 가지 근거가 있습니다.

첫째 근거. 그와 그의 성도들과의 가까운 관계입니다. 그들은 그의 사랑하는 자녀들입니다. 누구나 자기 자식을 보살핍니다. 어리석은 암탉조차도 솔개가 나타나면 안절부절못하며 자기 병아리들을 날개 아래로 모아들이지 않습니까? 본능적으로 어찌나 잘 보살피는지 모릅니다. 하물며 하나님은 어떠시겠습니까? 그는 자기 자녀에 대해 그런 성향을 갖고 계신 아버지이시니, 그의 자녀들을 보호하기 위하여 온 힘을 다 기울이시는 분이십니다. "그가 말씀하시되 그들은 실로 나의 백성이요 거짓을 행하지 아니하는 자녀라 하시고 그들의 구원자가 되사"(사 63:8). 이는 마치 이런 뜻과도 같습니다. "내 백성이 내가 보는 앞에서 저토록 환난을 당하는데 내가 조용히 팔짱을 끼고 앉아 있으랴? 나는 그럴 수 없다." 어머니는 집에 앉아 있다가 바깥에서 익숙한 비명 소리를 들으면, "오오 내 아이로구나"라고 외치며, 모든 것을 던져두고 아이에게로 달려가는 법입니다. 하나님께서도 그 자녀들의 부르짖음을 주의하여 들으십니다. "에브라임이 스스로 탄식함을 내가 분명히 들었노니"(렘 31:18). 그의 부르짖음이 여호와의 귀를 찔렀고, 그의 귀는 그의 심장을 흔들었고, 그의 심장이 그의 능력을 불러 그를 구원하게 하신 것입니다.

둘째 근거. 그의 성도들을 향하신 그의 애틋한 사랑이 그의 능력을 역사하게 합니다. 하나님의 마음을 얻은 자는 하나님의 팔도 모자람 없이 누립니다. 피조물의 경우에는 사랑이 다른 모든 정서들을 좌우하고, 사람의 모든 능력을 모아 발휘하게 만듭니다. 이와 마찬가지로 하나님의 경우에도 사랑이 그의 다른 모든 속성들을 좌우하여 일하게 하는 것입니다. 하나님께서 잃어버린 사람에게 선을 행하고자 하시는 생각을 일단 품으시면, 그의 지혜가 그 길을 제시하고, 전능하신 능력이 지혜가 제시하는 모델에 따라 일들을 수행합니다. 모든 것이 하나님께서 원하시는 일을 이루어갈 차비를 갖추고 있는 것입니다. 그런데 믿음이 있는 영혼이야말로 하나님의 지극히 고귀한 사랑의 대상입니다. 심지어 그가 그의 아들을 사랑하신 그 사랑을 받아 누리는 존재입니다(요 17:26).

1. 하나님은 신자를 그의 영원하신 작정하심의 성취로 아시고 그를 사랑하십니

다. 영혼이 믿게 되면, 창세 전부터 그리스도 안에서 택하셨고 그렇게 오랜 동안 그에 대해 귀하게 생각해 오신 그 영혼을 향한 하나님의 영원하신 뜻과 작정이 드디어 이루어지는 것입니다. 하나님께서 그 영혼을 그의 영원하신 뜻의 태 속에 그렇게 오랜 동안 품고 계셨으니, 그 영혼을 얼마나 사랑하시겠습니까? 하늘과 땅의 이 멋진 직물(fabric)은 오로지 때가 되었을 때에 옛적에 여러분을 비롯해서 그의 택한 자들을 구원하는 일에 관하여 하늘에서 그가 작정하신 그 일을 이루실 무대가 되도록 지어진 것입니다. 그러므로 하나님께서는 창세 전에 그런 생각을 가지시면서 친히 누리셨을 그 즐거움과 기쁨을 지금 믿는 그 영혼을 향하여도 동일하게 가지시며, 생각조차 할 수 없는 사랑과 만족으로 즐거워하시는 것입니다. 또한 그 일을 이루시기 위해 지금까지 작정해오셨으니, 하나님께서는 이제 중도에서 그의 영광을 좌절시키시지 않으실 것이요, 오히려 하나님께서 지니신 모든 능력을 들어 사용하사 신자의 구원을 향하신 그의 모든 계획을 이루실 것입니다. 그의 성도들을 택하신 여호와께서는, 그리스도께서 그들의 대표인 여호수아를 위하여 기도하시는 대로 사탄과 그 모든 원수들을 꾸짖으실 것입니다(슥 3장).

2. 하나님께서는 성도들을 그 아들의 피값으로 사신 존재로 아시고 그들을 사랑하십니다. 그는 그들을 위하여 큰 값을 치르셨습니다. 그렇게 힘들게 얻은 것은 손쉽게 잃어버리지 않는 법입니다. 그들을 얻기 위하여 그 아들의 피를 기꺼이 내어주셨으니, 그들을 지키시기 위해서도 그의 능력을 거부하지 않으시고 내어주실 것입니다.

3. 하나님께서는 성도들이 그를 닮았으므로 그들을 사랑하십니다. 그가 자기 자신을 사랑하신다면, 그들 속에 나타나는 그 자신의 모습을 사랑하시지 않을 수가 없습니다. 그리고 그렇게 그들 속에 있는 그 자신을 사랑하시니, 그들을 보호하시는 중에 자기 자신을 보호하시는 것입니다. 하나님의 형상이 아니면 성도에게 있는 것 중에 지옥을 격동시키는 것이 과연 무엇이겠습니까? 하나님의 형상이 없다면 전쟁은 곧바로 끝나고 말 것입니다. 표범이 사람의 그림만 보아도 날뛰는 것은 바로 사람을 향한 극한 미움 때문입니다. "우리가 종일 주를 위하여 죽임을 당하게 되며"(시 44:22). 그 싸움이 하나님의 싸움이라면, 성도가 자기의 비용을 들여 그 싸움에 나가지는 않을 것입니다.

셋째 근거. 언약으로 말미암아 하나님의 전능하신 능력이 개입됩니다. "나는 전능한 하나님이라 너는 내 앞에서 행하라"(창 17:1). 하나님과 그의 성도들 간에는 공격과 방어의 동맹이 맺어져 있습니다. 하나님께서는 그의 손을 들어서 그의 신격의 능력 전체를 그들을 위해 발휘하십니다. "만군의 여호와는 이스라엘의 하나님 곧 이스라엘에게 하나님이시라"(대상 17:24). 하나님은 자신의 일부분만을 내어주시는 것이 아니라, 그의 성도들이 하나님이 지니신 모든 것을 그들의 것으로 사용하도록 기회를 주십니다. 그러니 누구든 하나님의 보좌 안에 앉아 그의 면류관을 취하여 거룩하신 자에 대한 비진리(untruth)를 쬐어놓을 수 있습니다. 그의 이름 그대로 그의 본성도 영원토록 언약을 지키시는 하나님이신 것입니다. 약속들이 예루살렘을 둘러싼 산들처럼 서 있어서 절대로 움직이지 않습니다. 그러므로 강한 그리스도인이나 약한 그리스도인이나 간에 이러한 교류의 선상에 있는 것입니다. 성도들이 자기들 자신의 은혜의 힘으로 광활한 들판에 나가 싸운다면, 강한 자들은 든든히 견딜 것이고 약한 자들은 싸움에서 쓰러질 것입니다. 하지만 강한 자나 약한 자나 모두 언약 속에 있으니, 둘 다 안전한 것입니다.

넷째 근거. 성도들이 하나님께 의존하며 모든 곤경에서 하나님께서 역사하실 것을 기대하고 있으니, 이로써 그의 능력이 역사하여 그들을 구원하지 않을 수 없습니다. 궁핍한 중에 있거나 죄와 사탄 혹은 그의 수족들에게서 위험을 당하고 있을 때에, 그의 하나님이 아니면 성도가 대체 누구에게로 피하겠습니까? 마치 토끼가 자기 굴로 도망하듯이, 그렇게 본성적으로 하나님께로 피하는 것입니다. 다윗은 말씀하기를, "내가 두려워하는 날에는 내가 주를 의지하리이다"라고 합니다(시 56:3). 그는 하나님을 감히 그의 집으로 삼고 폭풍이 올 때에 그리로 들어가리라고 말씀하면서, 자신이 환영받으리라는 것을 전혀 의심하지 않습니다. 그는 사울이 그를 좇을 때에 하나님을 신뢰하고 성문 밖으로 나가 빈들에서 지냈습니다. 사실 모든 성도들이 동일한 교훈으로 가르침 받습니다. 곧, 자기 자신의 힘을 버리고 온전히 하나님의 능력을 의지할 것과, 자기 자신의 방법을 버리고 하나님의 지혜에 자신을 던질 것과, 자기 자신의 의를 버리고 모든 의로움이 그리스도 안에 있는 하나님의 순결한 자비하심으로부터 올 것을 기대하도록 가르침 받는 것입니다. 그런 영혼은 절대로 부끄러움을 당하지 않습니다. "궁핍한 자가 항상 잊어버림을 당하지 아니함이여 가난한 자들이 영원히 실망하지 아니하리로다"(시 9:18). 새가 솔개를 피하여 자기 가슴으로 날아 들어오면 이방인이라도, 네가 이렇게 나를 피난처로 알고 내게로 나아왔으니 내가 너를 네 원수에게로 돌려주지 않으리라고 말할 수 있을 것입니다. 하물며 하나님께서 영혼이 그의 이름을 피난처로 여기고 다음과 같이 외칠 때에 과연 그를 그 원수에게로 다시 돌려보내시겠습니까? "주여, 제가 크나큰 시험에 사로잡혀 있고, 그렇게 큰 정욕에 시달리고 있으니, 주께서 용서해 주시옵소서. 그렇지 않으면 저는 망하고 맙니다. 그것을 죽여 주시옵소서. 그렇지 않으면 제가 그것의 종이 될 것이옵니다. 그리스도 안에서 저를 주의 사랑의 품에 안아 주시고, 주의 영원하신 능력의 팔로 품으소서. 내 원수의 손에서 나를 구원하거나 나를 그에게 넘기는 것이 주의 능력에 달려 있사옵니다. 나 자신이나 다른 어떤 것도 의지하지 않습니다. 오로지 주의 손에 나의 뜻과 나의 생명을 맡기오며 주를 의지하옵니다." 영혼이 이처럼 하나님을 의지하면 반드시 하나님의 전능하신 능력이 일깨워져 그 영혼을 지킬 것입니다. 하나님은 그의 복되신 입술에서 발설될 수 있는 가장 큰 맹세로, 자기 안에 소망을 두고 그를 피난처로 삼는 자가 강력한 위로를 얻게 될 것임을 맹세하셨습니다(히 6:17). 이로써 성도들은, 하나님을 피난처로 삼아 그에게 나아가면 그가 친절히 대하실 것을 더 큰 믿음의 담대함으로 기대할 수 있습니다. 그를 구하고 찾아야만 그가 오실 수 있으니 말입니다. 하나님께서는 그의 이름과 약속들을 견고한 망대처럼 세워 놓으시고, 그의 백성을 그리로 부르시며 또한 그들 스스로 그리로 나아오기를 기대하고 계시는 것입니다.

　다섯째 근거. 그리스도께서 하늘에 계시고 거기서 일하고 계신다는 것이 하나님께서 그의 성도들을 지키시기 위하여 모든 일에서 그의 온 힘과 능력을 발휘하실 강력한 동기가 되는 것입니다. 그리스도께서 하늘로 올라가사 거기 거하시는 한 가지 특별한 목적은, 성도들의 대언자로서 그의 아버지께 성도들을 위하여 공급하시며 구원을 베푸시도록 항상 간구하시기 위함입니다. 그리고 더 나아가서 그는 하늘로 올라가시기 전에 그 사실을 우리에게 확신시키시기 위하여, 이를테면 거기 가서서 무슨 내용으로 간구하실지를 우리에게 말씀해 주셨는데, 그 중에 한 가지가 바로 이것입니다. 곧, 아버지의 자녀들이 이 세상에 있는 동안 그 악으로부터 그들을 지켜 주시기를 아버지께 간구하시는 것입니다(요 17:15). 이 땅에서는 그리스도께서 직접 고난을 당하셨으나, 이제는 그가 직접 그 일을 담당하시지 않고, 하늘에서 간구하심으로써 그 일을 아버지께서 이루시도록 하시는 것입니다. 하나님께서는 그를 제사장으로 세우사 죄인들을 위하여 죽게 하셨고 그 이후에 아론의 경우처럼 그에게서 제사장 의복을 벗겨내지 않으셨고, 제사장 의복을 입으신 채로 하늘에 오르게 하셨고 그의 맹세로써 거기서 영원토록 제사장으로 앉아 계시게 하셨습니다. 이 간구의 직무는 순전히 신자들에게 자비를 베풀기 위해 세워진 것입니다. 곧, 신자들로 하여금 하나님께서 약속하신 모든 일들이 성취되는 것에서 충만한 만족을 얻게 하시고, 그리하여 예수 그리스도께서 우리의 대언자로 법정에 서서 하나님과 우리 사이의 모든 일이 약속된 대로 정당하게 이루어지는 것을 보시도록 하기 위함입니다. 그러므로 만일 그리스도께서 그의 임무를 온전히 행하시고 신자들을 위하여 신실하게 간구하신다면, 모든 일이 잘 되는 것입니다. 그렇게 사랑스런 친족들을 위해 간구하시니 그가 그렇게 신실하게 그 일을 담당하시는 것이 마땅한 일이 아니겠습니까? 가령 성(城)이 함락되었는데, 왕의 아들이 거기에 자기 아내와 자녀들을 두고 홀로 그 성에서 빠져 나왔다고 합시다. 속히 구해내지 않으면 그가 자기 목숨처럼 사랑하는 그 가족들이 모두 칼에 죽거나 기근에 죽을 처지에 있습니다. 이럴 때에 아버지의 집에 도착한 이 왕자가 가족들의 곤경을 다 잊고 궁궐의 즐거움에 취하겠습니까? 아버지께 나아가 무릎을 꿇고 식사 때나 술을 마실 때나 항상 먼저 왕의 귀에다 그들의 곤경과 괴로움과 탄식을 아뢰며 자신의 임무를 다하지 않겠습니까? 자기를 사랑한다면, 자기 가족들이 죽게 내버려 두지 마시고 나라의 모든 군대를 보내어 그 성을 탈환하게 하시라고 간청할 것입니다. 여러분 그리스도께서는 분명 이 세상의 폭풍에서 벗어나 계시고 찬란한 복락 가운데 계십니다. 하지만 죄와 사탄과 세상의 공격 가운데 버려져 있는 그의 자녀들이 언제나 그의 마음속에 있으며, 그는 한시라도 그들을 잊지 않으시는 것입니다. 그리스도께서 우리의 일을 보살피신다는 사실은, 그가 승천하셨을 때에 그의 성령을 급파하셔서 그의 사도들에게 공급하신 사실에서 나타납니다. 아버지의 우편 보좌에 앉으시자마자 성령을 보내셔서 사도들과 우리들에게 무엇과도 비교할 수 없는 위로를 주셨습니다. 그러니 오늘날도 우리가 그를 믿으며, 아니, 세상 끝날까지 그를 믿을 것입니다.

둘째. [어째서 그리스도인이 이 **전능하신 능력이 그를 돕기 위해 개입하고 있다는** 것을 믿는 자신의 믿음을 강하게 발휘하여야 하는지를 입증하고자 합니다.] — 이 점의 둘째 대지는 곧, 성도들이 이 하나님의 능력이 그들을 위해 개입하고 있다는 것을 직시하고 그들의 영혼에 깊이 새겨서 그 문제에 대한 모든 의심과 두려움을 잠재워야 한다는 것입니다. "너희가 주 안에서와 그 힘의 능력으로 강건하여지라"라는 권면의 중요성이 바로 여기에 있는 것입니다. 하나님께서 친히 여러분에게 베푸시는 그 전능한 능력의 흉장(胸牆: breastwork)으로 감싸서 여러분의 영혼을 든든하게 하기를 바랍니다.

첫째. 모든 약속들의 목적이 우리의 믿음을 보증해주는 데 있듯이, 그의 전능하신 능력이 분명하게 개입되는 목적은 구체적으로 우리로 하여금 그 능력을 우리의 몫으로 여기고 그것이 주는 위로를 마음껏 — 마치 자기 밭의 곡식을 마음대로 수확하듯이 그렇게 — 수확하게 하기 위함입니다. 하나님은 아브라함에게, "너는 내 앞에서 행하라 나는 전능한 하나님이라"고 말씀하셨습니다. 이 사실을 네 것으로 여겨 그것을 기반으로 하여 살라는 뜻입니다. 사도는 약속이 무슨 유익이 있는지를 가르쳐 줍니다: "내가 과연 너희를 버리지 아니하고 너희를 떠나지 아니하리라"(히 13:5). 약속이 주어져 있고, 그 다음에 그 약속을 통해 그가 가르치고자 하는 의미가 이어집니다: "그러므로 우리가 담대히 말하되 주는 나를 돕는 이시니"(6절). 우리, 즉 신자는 누구나 담대하게 말할 수 있습니다. 즉, 결론지을 수 있습니다. 곧, 하나님이 도우시리라고 말입니다. 들킬까 두려워 몰래 슬쩍 도우시는 것이 아니라, 우리가 담대히 사람들과 마귀들 면전에서 분명히 그 사실을 단언할 수 있도록 그렇게 분명히 도우실 것입니다. 전능하신 그 분께서 친히 그렇게 말씀하셨으니 말입니다. 그런데, 그리스도인이 그런 약속들을 믿음으로 자신을 강하게 하여야 할 때에, 이와 같이 더할 나위 없이 감미로운 능력에 의지하여 믿음을 강하게 하기는커녕, 막연하게 희미한 희망을 머금은 채 그냥 앉아 있다면, 그런 약속들이 주는 복을 과소평가하는 것이 아니고 무엇이겠습니까? 한 사람이 다른 친구에게 집과 땅을 약속해 주고서 법이 정하는 대로 스스로 그 일을 이루라고 명하는데도 그 친구가 이 일을 이루는 일을 등한시한다면, 이것이 그 친구의 호의를 무시하는 것이 아니고 무엇이겠습니까? 하나님께서 약속을 통해서 우리에게 그의 전능하신 능력을 전해 주시고 우리 스스로 믿음으로 그 약속을 확실하게 이룰 것을 명하셨는데도, 우리가 이를 무시하고 그 약속의 기록들을 우리 마음에 새기지 않은 채로 내버려 둔다면, 과연 이것을 사소한 문제라 할 수 있겠습니까?

둘째. 이 원리에 대한 우리의 믿음 여하에 따라서 우리의 순종과 위로도 강해지거나 약해집니다.

1. 우리의 순종. 순종은 믿음의 자식이니, 그 부모의 강건함이나 유약함을 그대로 물려받습니다. 아브라함이 믿음이 강하였으므로, 자신의 아들을 드리는 놀라운 영웅적인 순종을 행하였습니다! 그는 하나님의 능력 위에 그의 믿음을 견고히 세우고, 머뭇거리지 않고 그 일을 진행합니다. 머뭇거렸다면 연약한 믿음이 땅에

떨어지고 말았을 것입니다. 하나님의 전능하신 능력이 개입하여 도우신다는 것을 보는 것만큼 믿음의 행위를 강하게 만들어 주는 것이 없습니다. 하나님은 기드온에게 말씀하셨습니다: "너는 가서 너의 힘으로 이스라엘을 미디안의 손에서 구원하라 내가 너를 보낸 것이 아니냐 하시니라." 이는 곧, "내가 너와 함께 하여 네 일을 이루게 할 수 없으며, 이루게 하지 않겠느냐?"라는 뜻과도 같습니다. 기드온은 이를 믿고 나아가 놀라운 일들을 행합니다. 동방의 의인이 하나님의 발 아래 머리를 숙인 것도 바로 이런 믿음 때문이었습니다. 그는 갈 바를 알지 못하였으나, 전능하신 하나님이 그와 함께 하심을 알았던 것입니다. 그러나 이런 믿음이 없는 심령을 보십시오. 그 순종하며 나아가는 과정이 얼마나 들쭉날쭉하며 불안정합니까! 사람에게서 큰 위협을 받으면 그때마다 항상 겁에 질려 버립니다. 그 믿음이 전능하신 하나님께 가 있지 않기 때문에, 때때로 정도(正道)에서 벗어나 사람을 좇으며 자신의 신뢰를 보잘것없는 피조물의 손에 팔아 버립니다. 전능하신 능력으로 등 뒤에서 자신을 보호하시는 하나님을 바라보는 영적인 눈이 없이, 육신적인 눈으로 사람의 능력을 바라보기 때문입니다. 영적인 눈이 떠져서 하나님의 전능하신 능력을 본다면, 결코 유약한 피조물의 접근에 놀라서 생각이 혼란에 빠지지 않을 것인데 말입니다. 선한 사람 느헤미야는, "나 같은 자가 어찌 도망하랴"라고 말씀했습니다(느 6:11). 그는 지금 막 은혜의 보좌에서 전능자의 도우심을 구하고 나온 터였습니다. "이제 내 손을 힘 있게 하옵소서"(느 6:9). 그리고 이제 그는 그 자리에서 죽을지언정 치욕스럽게 도망하여 그의 하나님을 욕되게 하지는 않을 자세였던 것입니다.

2. 그리스도인의 위로도 하나님의 능력을 믿음으로 바라보는 만큼 늘어나거나 줄어듭니다. 영혼이 이를 의심하게 되면, 마치 찢어진 혈관에서 피가 새어 나오듯이 그의 기쁨이 새어 나가게 됩니다. 영혼이 하나님이 구원하실 수 있다는 것은 의지하지만 하나님 자신에 대한 확신이 없는 나태한 믿음으로 하늘에까지 올라가 아우성칠 수도 있습니다. 하지만 그런 영혼은 역풍을 맞으면서 나아가는 것과도 같고, 혹은 돛대가 부러진 배 같아서 다른 성한 배가 끌고 가지 않으면 바람 치는 대로 물결 이는 대로 헤맬 수밖에 없습니다. 그런 영혼에게는 온갖 두려움이 파도처럼 때때로 밀려들어서 물 위에 있기보다는 물속에 가라앉아 있을 때가 더 많습니다. 하지만 자신이 전능하신 능력의 팔에 안겨 있는 것을 바라보는 영혼은 바람과 담대히 싸우며 나아갑니다. 돛을 한껏 올리고 기쁨과 평화를 충만히 받고 나아

가는 것입니다. 환난이 오고 폭풍이 불어와도, 이 복된 영혼은 자신이 어느 곳에 다다르며 또한 어느 곳에서 환영을 받게 될지를 알고 있습니다. 하나님의 이름이 그의 모항(母港)이요, 마치 소나기가 올 때에 사람이 자기 집에 들어가듯이, 그 영혼은 그리로 담대하게 들어가는 것입니다. 그는 마치 자기에게 방들이 배정되어 있는 것처럼 하나님이 그리로, 또한 그의 다른 속성들에게로 부르시는 것을 듣습니다. "내 백성아 네 밀실에 들어갈지어다"(사 26:20). 하나님이 그것들을 그의 것이라 부르십니다. 그러니 하나님이 주시는 것을 소유하지 않는다는 것은 그야말로 어리석은 겸양일 것입니다. "반드시 어떤 자는 말하기를, 여호와 안에서 내게 공의와 힘이 있나니"(사 45:24. 한글개역개정판은, "내게 대한 어떤 자의 말에 공의와 힘은 여호와께만 있나니" — 역주), 즉, 하나님의 의로우심 안에서 내게 의로움이 있으며, 하나님의 힘 안에서 내게 힘이 있다는 뜻입니다. 그러므로 이런 점에서는 그리스도께서 자신의 힘이 신자의 것이 아니라 오로지 자신만의 것이라고 말씀하실 수가 없습니다. 마치 남편이, "내 몸은 내 것이요 내 아내의 것이 아니다"라고 말할 수 없는 것처럼 말입니다. 이를 믿는 영혼은 아무리 날카로운 가시가 가슴을 찌른다 해도 다윗과 함께 기쁨으로 노래할 것입니다: "하나님이여 내 마음이 확정되었고 내 마음이 확정되었사오니 내가 노래하고 내가 찬송하리이다"(시 57:7). 다윗은 동굴에 숨어 있는 처량한 처지였는데, 과연 무엇이 그를 그렇게 기쁘게 만들었습니까? 그는 1절에서 말씀하기를, 하나님의 날개 그늘 아래에 피하여 있으므로 근심과 걱정을 떨치고 노래할 수 있다고 합니다. 이런 상태에 있으므로 비록 침상이 딱딱하지만 그 위에 누워서도 영혼이 편안히 있을 수가 있는 것입니다. 런던브리지(London-bridge) 위에 사는 자들이 화이트홀(Whitehall: 런던의 한 중심가 — 역주)이나 칩사이드(Cheapside: 런던의 한 중심가 — 역주)에 사는 자들만큼 단잠을 자지 못할 것이라 생각하십니까? 아니요, 그렇지 않습니다. 다리 밑에서 넘실대는 파도가 절대로 자기들을 해치지 못할 것을 잘 알고 있으니 말입니다. 성도들도 마찬가지입니다. 죽음의 홍수가 밀려와도 고요히 안식을 누리며, 절대로 그것을 두려워하지 않는 것입니다.

[적용]

첫째 적용. 하나님의 전능하신 능력이 개입하여 성도들을 보호합니까? 그렇다면 성도들은 그들을 해치려고 노리는 원수들이 아무리 그들보다 강하더라도 그들을 능히 대적할 수 있습니다. 마귀는 어찌나 간교한지 욥을 그의 울타리 바깥으로 몰아내고 무너지게 만들고자 했습니다. 그러나 사람들이 너무도 절박하여, 하나님의 전능하신 능력이 성도들 주위를 둘러싸고 있는데도 그들과 싸움을 벌이려 합니다. 결코 무너뜨릴 수 없는 성을 치려고 그 앞에 진을 치고 있다면 이 얼마나 어리석은 일이겠습니까? 천국으로 향하는 길은 절대로 무너뜨릴 수가 없습니다. 교회가 아무리 핍박을 당하여 힘든 처지라 할지라도, "한 시내가 있어 하나님의 성을 기쁘게 하며" 때맞추어 하늘로부터 구원이 임하는 것입니다. 성도들이 누리는 샘들은 모두 하나님께로부터 오는데, 사람들이 이를 막기 위해 온갖 힘을 다하지만, 이는 마치 땅 속의 수맥처럼 하나님의 자비하심의 근원으로부터 그의 백성들의 가슴속으로 눈에 보이지 않게 흐르는 것입니다. 이스라엘 백성들이 홍해 앞에까지 행진해가는 것을 보고서 애굽 사람들은 그들을 함정에 빠뜨렸다고 생각했습니다. "그들이 갇혔다. 그들이 갇혔다"고 했습니다. 정말 그랬습니다. 돌이킬 수 없이 그들은 함정에 빠졌습니다. 하지만 전능하신 능력이 그들을 그리로 인도한 것이었고, 그 능력이 명예롭고도 안전하게 그들을 이끌어 낼 것이었습니다. 자, 그들이 이 위험에서 벗어난 다음에는 어떠했습니까? 연명할 거리가 전혀 없는 광야에 있었지만, 그들은 무역도 경작(耕作)도 하지 않고, 인근의 민족들에게 구걸하거나 쓸 것을 강탈한 일도 없이, 그들에게 한 푼도 신세를 지지 않고 40년 동안을 광야에서 살게 되었던 것입니다. 하나님의 전능하신 능력으로 그의 백성들에게 공급하지 못할 것이 아무것도 없었습니다. 그들의 원수들의 힘과 분노를 상대로 그들을 보호하지 못할 것이 하나도 없었습니다. 전능하신 능력이 이스라엘 백성과 애굽 사람들 사이에 서 있었습니다. 그래서 그 가련한 백성들이 원수들을 보지 못하게 되었습니다. 하나님께서 그들 앞에 어두운 구름을 세워 놓아서 그들의 눈을 가리게 하셨고, 그동안 그의 눈이 구름 사이로 그들의 모든 혼란과 어지러운 상황을 지켜보고 계셨던 것입니다. 그런데 그 전능자께서 오늘날 쇠약해지셨고 또한 그의 원수들이 더 강해져서, 그들의 악한 도모가 성공을 거둘 확률이 높아졌습니까? 아닙니다. 결코 그렇지 않습니다. 그런데도 사람들은 그 옛날 성도들의 원수들보다 더 눈이 어두워져 있습니다. 그 옛날 성도들의 원수들은 하나님께서 그의 백성 가운데 나타나심을 보고 도망하며, "여호와께서 그들을 위하여 싸우시니, 도망하자"라고 외쳤습니다. 그런데 오늘날 많은 이들은 무슨 일에 실패할 경우 거기에 하나님께서 개입하셨다는 것을 인정하기보다는 오히려 사탄에게 원인을 돌립니다. 하나님보다는 마귀가 자기들을 대적하여 싸웠다고 생각하는 것입니다. 여러분, 어느 때에든 하나님의 전능하신 능력이 여러분의 심령에 가져다준 감동이 아직 닳아 없어지지 않았다면, 그들이 누구든 그 세대의 사람들과 관계를 갖는 것을 조심하십시오. 그들의 장막에 가까이 가지도 말고, 그들 중에서 여러분의 몫을 취하지도 마십시오. 그들은 지극히 높으신 자의 성도들의 원수들입니다. 그들은 이미 멸망하도록 바쳐진 사람들인 것입니다. 지극히 높으신 하나님께서 그의 자녀 이스라엘의 목숨을 구원하시기 위하여 애굽의 태를 갈라놓으신 것입니다(사 43:3).

둘째 적용. 이는 아직 그리스도와 관계없는 상태에 있는 여러분 모두의 당혹스럽고 비참한 처지를 잘 보여줍니다. 풍부한 보배가 있는 것이 보이지만, 그 보배 가운데 한 푼도 여러분의 몫이 되지 않습니다. 그 보배는 다른 이들의 몫이요, 성도들에게 속한 것입니다. 이 진리가 그 모든 위로를 성도들의 품에다 안겨 주는 것입니다. 하나님의 자녀들이 굉장한 산해진미로 배불리 먹을 때에, 하나님께서 여러분에게 문을 닫으시는 것을 보십시오. "보라 나의 종들은 먹을 것이로되 너희는 주릴 것이니라 보라 나의 종들은 마실 것이로되 너희는 갈할 것이라 보라 나의 종들은 기뻐할 것이로되 너희는 수치를 당할 것이라"(사 65:13). 하나님은 그가 공급하실 자들의 수를 정해 놓으셨습니다. 그는 그의 가족에 속한 자들의 숫자가 얼마인지를 알고 계십니다. 오로지 그의 가족에 해당되는 자들만 잔칫상에 앉게 될 것입니다. 성도들의 잔칫상의 주요 음식은 바로 하나님의 전능하신 능력입니다. 이 음식이 아브라함 앞에 차려졌었고, 그의 모든 성도들 앞에 차려져 있어서 먹고 충만한 위로를 얻을 수가 있습니다. 그러나 여러분은 굶주립니다. 하나님은 전능하사 허물을 용서하십니다. 하지만 회개하지 않는 죄인인 여러분에 대해서는 그렇게 용서하지 않으실 것입니다. 법정에서 여러분을 대변해 줄 친구도 없고, 하나님의 이름의 모든 속성 가운데 어느 하나도 여러분을 대변해 주지 않습니다. 그의 자비하심도 다른 속성들과 더불어 여러분을 정죄할 것입니다. 하나님은 필요한 때에 구원하시고 도움을 주실 능력이 있습니다. 하지만 여러분이 하나님과 얼마나 면식이 있기에 그에 대해 그렇게 대담하며, 그가 팔을 벌려 여러분을 구원해 주실 것을 그토록 자신만만하게 기대합니까? 한밤중이라도 어린아이가 집 바깥에서 문을 두드리며 울면 자다가도 일어나 문을 열어 줍니다. 하지만 개가 그 시간에 문 바깥에서 울고 있으면 결코 일어나 문을 열어 주지 않을 것입니다. 죄인들이여, 이 것이 여러분의 처지를 너무 비참하게 그리는 것이라고 여길 수도 있을 것입니다. 하지만 이것이야말로 여러분의 사정을 있는 그대로 보여주는 것입니다. 신자를 구원하기 위하여 개입하시는 하나님의 전능하신 능력이 여러분을 정죄하고 벌하 는 일에 깊이 개입하게 될 것이니 말입니다. 맹세보다 더 큰 약속이 어디 있습니 까? 그런데 회개하지 않는 영혼 하나하나를 다 멸망시킬 것을 하나님께서 친히 맹 세로 확약하셨습니다. 하나님은 불신앙적인 이스라엘 사람들을 대적하여 진노하 시며 그들이 그의 안식에 들어오지 못할 것임을 맹세로 선포하셨는데, 이것이 세 상 끝날까지 모든 불신자 하나하나에게 그대로 적용되는 것입니다. 하나님의 이 름으로 말씀드립니다. 가령 어떤 한 사람이나 혹은 여러 사람들이 마치 사도행전 에 나오는 사람들처럼 아무개를 죽이겠다고 맹세하였는데 여러분이 만일 그 사람 이라면 어떻겠습니까? 밤낮으로 두려워 떨지 않겠습니까? 그 사람들을 친구로 삼 게 되기까지 인생의 고요함이 완전히 사라지지 않겠습니까? 그런데 대체 사람들 이 무슨 베개를 베고 자기에, 하나님께서 이미 맹세로 확약하셨으므로 그들이 회 개하지 않으면 그 전능하신 하나님께서 그들의 영혼과 육체를 정죄하시지 않을 수 없다는 이야기를 듣고도 아무 두려움이나 놀람이 없이 편안히 잠을 잘 수 있단 말입니까? 오오 죄인인 여러분, 생각 좀 해 보십시오. 하나님께서 자비로 베풀어 주신 조건들을 거부하는 것이 과연 지혜이겠습니까, 아니면 만용이겠습니까? 그 것을 거부하면 그의 전능하신 능력이 여러분을 정의의 손으로 심판하실 것일 텐 데 말입니다. 전능하신 하나님의 손에 빠진다는 것이 얼마나 두려운 일인지 말로 표현할 수가 없습니다. 그 무게를 느끼는 자들은 절대로 말로 표현할 수 없을 것입 니다.

셋째 적용. 이는 진정 성도들인 여러분들에게도 말씀해 줍니다. 이 진리를 믿는 믿음으로 강하기를 바랍니다. 이를 여러분의 신조의 조항으로 삼으시기 바랍니 다. 하나님이 계시다고 믿는 그 믿음으로 또한 이 하나님의 전능하신 능력이 여러 분의 확실한 친구임을 믿으시고, 그 다음 그것을 잘 사용하여 최고의 유익을 얻기 를 바랍니다.

1. 여러분의 죄가 커서 그것 때문에 양심의 고뇌가 있을 때에 전능하신 하나님 의 능력에로 피하기를 바랍니다. 과연 사람의 죄들이 그 끔찍한 색깔을 다 드러내 보이고 살기등등한 기세로 펼쳐질 때에 양심의 눈이 일깨움을 받아 유혹의 돋보

기를 통해서 그 죄들을 바라보게 되면, 사람들이 두려움과 놀라움 중에 떨지 않을 수 없을 것입니다. 영혼이, 이 모든 군대들이 에워싸고 있으나 우리와 함께한 자들이 우리를 대적하는 자들보다 많다고 한 선지자의 말처럼 확신을 갖기까지는 그럴 수밖에 없습니다. 수많은 강한 군대보다 한 분의 전능하신 하나님이 더 많은 법입니다. 아무리 죄들과 악들이 크다 할지라도, 그것들이 모여 하나의 전능한 죄, 혹은 전능한 마귀가 되지는 않습니다. 여러분을 상대로 제기되는 온갖 사악한 혐의점들을 이 한 가지 속성으로 대적하시기 바랍니다. 한 번은 스페인 사신이 교만하게 온갖 칭호들을 들먹거리며 그의 주군(主君)을 치켜세우자 프랑스 사신이 한 가지 칭호로 그 모든 것들을 무너뜨렸다고 합니다. 바로 하나님을 거론한 것입니다. 하나님께서는 그의 백성들의 죄들을 최고로 가중시키신 다음, 하나님이 하실 수 있는 일을 보여주기 위하여 다음과 같은 감미로운 약속을 발하십니다: "내가 나의 맹렬한 진노를 나타내지 아니하 … 리라." 왜요? "이는 내가 하나님이요 사람이 아님이라"(호 11:9). 곧, 그의 자비의 전능함을 보이시리라는 것입니다. 이는 우리가 보통 쓰는 말과도 비슷합니다. 어린아이나 여자가 우리를 때릴 때에, "나는 어린아이나 여자가 아니고 대장부이니 그들과 똑같이 대하지 않으리라"고 말하는데 이와 비슷한 것입니다. 하나님이 하나님이심을 생각하면, 그가 보응하는 일뿐 아니라 용서하는 일에서도 전능하시다는 것을 상정하게 되고, 이것이 다소 위로가 됩니다. 그러나 그 다음 용서하시는 것이 언약에 매여 있는 전능하신 능력이라는 것을 생각하면, 더 큰 위로가 됩니다. 하나님은 자기 자신 외에는 그 누구에게도 매이지 않으시는 분이시니, 그가 자신을 매어놓으신 것은 누구도 깨뜨릴 수가 없습니다. 그런데 "우리 하나님께로 돌아오라 그가 너그럽게 용서하시리라"(사 55:7)라는 것이 하나님 자신의 말씀이 아닙니까? 이는 마치, "나의 선(善)이 너의 악(惡)에게 압도당하였다는 말을 듣기보다는 내가 네 죄에 대해 자비를 쏟아 부으며 내게 있는 모든 것을 다 소비할 것이라"는 말씀과도 같습니다. 이와 관련하여 은혜를 입은 영혼의 처지는 마치 한 장교의 처지와도 같다 할 것입니다. 그는 자기의 목숨을 살려주는 대가로 자기의 저택을 헌납하고는 다시 안전하게 자기의 집에 거하며, 거기 자기 재산을 누리며 편안하게 생활합니다. 그의 장군이 친히 자신의 권위로 그것을 허락한 것입니다. 그런데 무례한 군인들이 그를 공격하여 이로 인하여 그가 목숨을 위협받게 됩니다. 그는 장군에게 호소하고, 이제 장군이 자신의 권위로 그 문제에 개입하게 되고, 그리하여 그가 다시 평안을 얻고, 그를 공격하던 자들이 징벌을 받는 것입니다. 불쌍한 영혼이여, 그대는 사탄이 공격하고, 공포를 조장할 때에, 그대는 이렇게 외칠 수 있습니다. "의롭다 하시는 이가 바로 하나님이시며, 내가 나의 손을 내려놓고 그에게 굴복하면 즉시 그의 손길로 인하여 나의 목숨이 보존될 것이니, 내가 그리하리로다. 보라. 평강의 왕께서 들어오시도록 내 마음 문이 열려 있으니, 전능하신 하나님께서 그의 약속을 시행하실 수 없으랴? 신실하신 창조주 하나님께 나 자신을 맡기노라."

2. 죄에 대한 시험거리 속에서 압도당하고 강한 부패성이 전면에 드러날 때에, 혹은 언젠가 그 부패성 때문에 무너지리라는 두려움이 생길 때에, 이 전능하신 하나님의 능력을 잘 깨닫고 그것에 의지하기를 바랍니다. 담대히 이런 자세를 견지하고 다시금 그것들과 힘 있게 싸우며, 또한 싸우는 가운데 때에 맞추어 승리가 올 것을 믿으시기 바랍니다. 여러분이 골짜기에서 싸움 중에 있는 동안 전능하신 하나님께서 여러분을 보고 계십니다. 그러다가 여러분이 싸움에 지쳐서 구원을 요청하면 곧바로 강림하사 여러분을 구원하실 것입니다. 여호사밧이 원수들과의 싸움에서 부르짖을 때에 여호와께서 그를 도우셨습니다. 그러니 여러분이 영혼의 싸움 속에서 부르짖을 때에는 더더욱 그가 약속하신 대로 여러분을 구하실 것입니다. "죄가 너희를 주장하지 못하리라"는 약속을 갖고서 은혜의 보좌 앞에 나아가시기를 바랍니다. 그리고 이 약속으로 호소하여 믿음의 도움을 얻고자 하기 전에, "전능하신"이라는 말이 표현되어 있지 않더라도 이 모든 약속에 그 말이 전제되어 있다는 사실에서 위로를 얻기를 바랍니다. 그러면, 구태여 하나님의 말씀에 한 가지 칭호를 덧붙이지 않고도 여러분의 심령으로 그것을 읽을 수가 있을 것입니다. "죄가 너희를 주장하지 못하리라"고 전능하신 하나님께서 말씀하십니다. 이를 비롯해서 그의 모든 속성들이 그의 모든 약속들을 보증하는 한결 같은 도장(印)인 것입니다. 그러니, 여러분, 이 보증을 의지하고 소송을 제기하며, 패소를 두려워하지 마시기 바랍니다. 그것은 부채이니 반드시 갚아질 것입니다. 여러분이 소송을 제기하는 그분은 능력이 있는 분이시오, 따라서 그의 채무를 이행하지 않을 것을 두려워할 필요가 없습니다. 그는 자유로우실 때에도 스스로 은혜를 베푸사 자신을 매어 놓으셨으니, 이제 매어 계신 상태에서는 신실하게 자신의 일을 이행할 수 있고 또 기꺼이 이행하실 것입니다. 다만, 그가 그의 약속을 이행하시사 여러분의 부패한 모습들을 상대로 전능하신 능력으로 도우시기를 기대할 때에, 여러분이 이 약속의 성격과 조건의 그림자 아래 계속 머물러 있어야 한다는 것을

명심하기를 바랍니다. "전능자의 그늘 아래에 사는 자여"(시 91:1). 아무리 그림자가 있어도 그 속에 있지 않으면 시원해지지 않습니다. 큰 바위 그림자가 있어도 그 바깥에서 햇빛을 그대로 받고 있다면, 아무 소용이 없습니다. 하나님의 전능하신 능력이 우리를 위하여 개입하기를 바라면서도 우리가 대담하게 유혹의 입 속으로 돌진하여 들어가 그 능력의 보호 바깥으로 우리 자신을 내던진다면 과연 어떻게 되겠습니까? 해자와 진지가 없어질 때에 성도들이 넘어졌습니다. 토끼들처럼 그들 자신은 연약한 사람들이기 때문입니다. 성도의 힘은 오로지 하나님의 전능하심의 반석에 있습니다. 그것이 그들의 거처인 것입니다.

3. 그리스도인 여러분, 여러분 자신의 위치와 소명에서 여러분을 누르는 임무와 봉사의 무게에 짓눌릴 때에 이 사실을 잘 선용하시기 바랍니다. 여러분이 소명을 받아 행하는 임무가 여러분의 약한 어깨에 비해 너무나 무겁게 느껴질 때에, 그 임무의 가장 무거운 쪽을 믿음으로 담대히 하나님의 어깨에 올려놓으시기 바랍니다. 하나님이 약속하셨으니, 그의 어깨는 바로 여러분의 어깨나 마찬가지입니다(여러분이 신자라면 그렇다는 말입니다). 언제든 일에 지쳐서 요나처럼 거기서 도망하고픈 생각이 들 때에, 하나님께서 기드온에게 주신 능력으로 힘을 얻기를 바랍니다. 하나님은 도리깨질 하던 그를 부르사 산을 타작하게 하셨습니다. "너는 가서 이 너의 힘으로 이스라엘을 구원하라" 하나님이 너를 부르시지 않았느냐? 하나님께서 여러분에게 맡기신 일을 행하십시오. 그리고 여러분들에게 주신 그의 힘을 발휘하십시오. 주의 길이 바로 힘입니다. 여러분에게 주어진 일을 버리고 도망치면, 그것은 하나님의 힘이 여러분을 대적하게 발휘되도록 만드는 것입니다. 그가 폭풍 같은 것을 보내사 도망하는 그의 종을 돌이키게 하실 것입니다. 용맹스러운 군사는 전쟁터에서 그의 땅을 지키고 안전하고도 명예롭게 자기 자리로 돌아가는데, 비겁한 자들은 웅덩이에 빠지거나 수풀 속에서 죽임을 당하는 예가 얼마나 많습니까? 고난당하도록 부르심을 받고 있습니까? 두렵다고 해서 물러서지 마십시오. 이럴 때에 물러서면 절대로 십자가를 질 수가 없을 것입니다. 하나님께서는 구원을 아주 고르게 행하셔서 여러분이 아무런 느낌도 느끼지 못하도록 하실 수도 있습니다. 그러니 여러분이 감옥 문에 가까이 이를 때까지, 단두대의 사다리 밑에 한 발을 들이대거나 목을 단두대 아래 들이댈 때까지 아무런 구원의 기미가 보이지 않더라도, 절망하지 말기를 바랍니다. "여호와가 산에서 보이시리라." 그리고 잔인한 죽음의 무서운 얼굴에서 피가 흘러나오는 그 순간 주께서는 여러분

의 얼굴을 가장 아름다운 모습으로 바꾸실 수 있고, 그리하여 그를 위하여 여러분 눈에 지극히 사랑스러워 보이게 하실 수 있습니다. 여러분이 하나님을 위하여 당할 수 있는 모든 부끄러움과 고통을 당하면서도 하나님이 여러분 앞에서 함께 하신다는 것을 인정할 수 있을 정도로 여러분에게 굉장한 위로를 주실 수도 있는 것입니다. 그리고 이렇게까지는 안 당한다 할지라도, 여러분이 당할 수 있는 모든 부당한 혐의들을 능히 견디게 하실 것입니다. "사람이 감당할 시험 밖에는 너희가 당한 것이 없나니 오직 하나님은 미쁘사 너희가 감당하지 못할 시험 당함을 허락하지 아니하시고 시험 당할 즈음에 또한 피할 길을 내사 너희로 능히 감당하게 하시느니라"라는 고전 10:13의 약속이 이를 말씀해 줍니다. 이것이 시야에 들어올 것이요, 그리하여 그리스도인이 이로 인하여 만족을 얻을 것입니다. 특히 천국에 이르기까지 다른 사람들만큼 천국의 기쁨을 충만히 누리지 못한다 할지라도, 아버지의 집에 이르게 되면 곧바로 그를 위하여 예비된 그 기쁨을 맞게 될 것이라는 점을 생각한다면 말할 수 없는 만족이 있을 것입니다. 한 마디로, 그리스도인이여, 여러분의 하나님을 의지하시기 바랍니다. 은혜의 보좌 앞에 날마다 나아가 계속해서 힘을 공급받으시기 바랍니다. 하나님께 나아가 그를 의지할 때에 그가 얼마나 자비롭게 대하시는지 모릅니다. 자주 나아갈수록 좋습니다. 더 많이 나아가 구할수록, 더 많은 환대를 받을 것입니다. 베풀어 주고자 하는 큰 마음을 표현하시려는 것이 아니었다면, 그리스도께서는 어째서 제자들에게, "지금까지는 너희가 아무것도 구하지 아니하였으나 구하라"라고 말씀하셨겠습니까? 그리스도께서는 적은 것을 꺼내어 주시려고 지갑에 손을 가져가는 분이 아니십니다. 그러니 이런 친숙한 말씀을 통해서 제자들은 더욱더 활기 있게 주께 구하게 되는 것입니다. 마치 게하시가 한 달란트를 구할 때에 나아만 장군이 두 달란트를 받으라고 한 것처럼 말입니다. 여러분의 하나님은 이처럼 너그러운 마음을 갖고 계셔서, 여러분이 작은 평안과 기쁨을 구할 때에 그는 입을 크게 벌리라고 명하시고 그 속에 넘치도록 채워 주시는 것입니다. 그리스도인 여러분, 가서 이 끝에서 저 끝까지 여러분의 마음을 샅샅이 뒤져서 여러분에게 모자란 것과 여러분의 연약한 모든 것을 찾아내시고, 그것들을 전능하신 하나님 앞에 내어놓으십시오. 과부가 선지자 엘리야 앞에 자기의 빈 그릇들을 모조리 가져다 놓은 것처럼 말입니다. 전부 다 가져다 놓지 못할지라도, 그 모든 것들이 다 채워질 것입니다. 하나님께서는 주시기에 충분한 힘을 갖고 계십니다만, 주시기를 거부할 힘은 하나도 없으십니다. 이 점에서는 전능하신 하나님이 약하십니다(물론 그를 높이는 자세로 감히 하는 말씀입니다만). 심지어 가족 중에서 받은 은혜가 가장 적어서 아버지에게 말할 길밖에 없는 어린 아이조차도 이 점에서는 하나님을 이길 수 있습니다. 그러니 여러분의 믿음의 연약함 때문에 좌절해서는 안 되는 것입니다. 여러분이 여러분의 연약함을 깨닫는 마음으로 하나님께 간구할 때에, 여러분의 그 연약함보다 하나님의 자비의 그릇을 휘저어 전능하신 능력을 발동시켜 여러분에게 역사되게 만드는 큰 요인은 없는 것입니다. 거지가 건강한 모습으로 당당하게 서서 주문을 외우듯 그렇게 구걸하는 것보다 창백한 얼굴과 야윈 뺨으로 가엾게 구걸할 때에 더 측은한 마음이 드는 것처럼, 자신의 연약한 믿음과 사랑과 인내를 깨닫고 무거운 심정으로 나아갈 때에, 바로 그들의 그 연약함이야말로 구원의 손길이 펼쳐지게 만드는 강력한 힘이 되는 것입니다.

반론에 대한 답변

[실망과 좌절에 싸인 심령들이 지금까지의 강론에 대해 제기할 수 있는 한 가지 큰 반론에 대한 답변]

반론. 하지만 실망과 좌절에 싸인 그리스도인들 중에 이렇게 말하는 분들이 있습니다. 나는 그런 부패에 빠지는 일이 없도록 힘을 달라고 계속해서 기도했는데 오늘까지도 내 손은 연약하고 이 스루야의 아들들은 그렇게 강하니, 결국에는 내가 나의 이 원수들을 다 정복하고 다윗처럼 나의 모든 원수들의 손에서 나를 구원하신 여호와를 찬양하게 될 것이라고 말하는 모든 설교자들은 그저 내게 아첨하는 것이요 내 머리에 위로의 기름을 바르는 것밖에 아무것도 아니라고 말입니다. 큰 임무에 맞는 힘을 달라고 기도해 왔는데, 여전히 나는 연약하고 마음이 가라앉아 있는데, 만일 하나님이 그의 전능하신 능력으로 나와 함께 계시고 나를 도우신다면, 어떻게 이런 모든 일들이 내게 일어난단 말인가? 라는 것입니다.

첫째 답변. 불쌍한 자여, 다시 한 번 가슴속을 들여다보십시오. 그대에게 힘이 주어졌는데도 그대가 그냥 지나쳐 버린 것이 아닌지를 살펴보기를 바랍니다. 얼마든지 그럴 수 있습니다. 하나님이 우리의 기도에 대해 아니라고 분명히 답하시거나 혹은 우리가 기도하는 그것이 분명 주어지지만, 우리는 그것이 앞문으로 들어올 것이라고 생각하여 거기서 기다리고 있는데 그것이 뒷문으로 들어오는 경우도 많습니다. 그러니 여러분, 여러분이 찾고 있는 그것이 이미 집에 들어와 있는데도 그것을 알지 못하는 일이 생기는 것입니다. 불쌍한 자여, 혹시 이것이 그대의 경우는 아닙니까? 그런 정욕을 이길 힘을 달라고 기도해 왔으니, 이제 하나님께서 곧바로 그의 능력을 발휘하사 그것을 때려눕히고 죽이셔서 다시는 그대의 가슴에서 그런 정욕이 일어나지 않게 될 것을 기대합니다. 이것이 바로 하나님께서 들어오실 것이라고 생각하여 그대가 서서 기다리고 있는 문은 아닙니까? 하지만 하나님이 그리로 들어오시는 것이 보이지도 않고 그런 기미도 전혀 없습니다. 그대의 부패함이 다시 고개를 들고 문제가 전보다 더욱 심해질 수도 있습니다. 그래서 그대를 구하리라고 약속하신 그 힘이 어디 있느냐고 묻게 되지 않습니까? 그대가 그대의 하나님 혹은 그대 자신을 상대로 이런 안타까운 결론을 내리기 전에 간곡히 부탁하고 싶습니다. 하나님께서 혹시 다른 문을 통해서 힘을 보내주신 것은 아닌지를 살펴보기 바랍니다. 어쩌면 그것을 물리칠 힘을 그대가 바라는 대로 속히 얻지 못했을 수도 있습니다. 하지만 그것을 이길 힘을 위해 계속 기도하게 하시지 않았습니까? 전에도 기도했지만, 이제는 더욱 간절히 기도하고, 그대의 영혼의 모든 힘을 다 쏟아 하나님께 간구합니다. 전에는 점잖게 호의적으로 간구했으나, 이제는 그대에게 열정이 있습니다. 여러분의 간구가 거부당하는 것을 받아들일 수가 없습니다. 부패를 없앨 수 있다면 어떤 것이라도 다 환영할 마음이 되어 있습니다. 하나님이 그대의 죄를 취하여 가시고 대신 십자가를 보내시더라도, 그것을 받아들이고 하나님을 찬양할 마음입니다. 불쌍한 자여, 그런데 이것이 과연 아무것도 아니란 말입니까? 이것이 과연 힘이 아니란 말입니까? 하나님이 이렇게 그대를 강하게 만드시지 않았다면, 그대의 죄로 인해 기도의 심령이 강화되지 않고 약화되었을 것이니 말입니다. 다윗은 기도의 심령을 회복하기 시작하면서 힘을 회복하기 시작했습니다. 분명히 말씀드립니다만, 울음소리가 큰 아이일수록 더 강한 법입니다. 야곱이 씨름을 했는데, 이것을 가리켜 그의 힘이라 불렀습니다(호 12:3). 하나님이 그를 떨쳐 버리려 하시는 것 같았는데도 그는 전능하신 하나님을 그렇게 계속 붙들었습니다. 이는 그의 속에 하나님이 주신 힘이 있었기 때문이었을 것입니다. 그런 식으로 하늘의 하나님을 상대할 수 있게 되었다면, 죄와 사탄을 상대하기에 두려움을 가질 이유가 하나도 없습니다. 만일 하나님께서 모든 반대

조건들을 물리치고 하나님과 씨름할 힘을 그대에게 주셨다면, 그대가 강한 자 둘 중에 더 강한 자를 이긴 것입니다. 하나님을 이기십시오. 그러면 하나님이 그대를 위해 다른 강한 자를 이기게 하실 것입니다. 또한 어쩌면 그대가 임무를 잘 감당할 더 큰 힘을 주시기 위해, 더 신령해지고 왕성해지고 순전해지기를 위해 기도해 왔으나, 아직도 그대의 옛 성질들이 그대 주위를 맴돌고 있는 것이 보이고, 그래서 마치 그대가 지금껏 하나님께 그대의 전부를 다 드려 그와 대면한 적이 한 번도 없는 것 같은 느낌을 받을지도 모릅니다. 그렇다면 자, 편견이 없는 눈으로 그대의 가슴속을 다시 한 번 들여다보시기 바랍니다. 그대가 기도해 온 그 돕는 힘이 보이지 않는다 할지라도, 그렇다고 자신을 부추겨 세우는 힘도 없습니까? 어쩌면 그대에게 남아 있는 이 나쁜 성질들 때문에 성가셔서 그것 때문에 그대가 행하는 모든 임무들을 더 초라하게 바라보게 되고, 이런 것들을 지각하고서 그대 자신을 혐오하게 되는 것인지도 모릅니다. 마치 그대 주위에 추악스런 해충들을 그렇게 많이 두고 있기라도 한 것처럼 말입니다. 온갖 흉한 모습을 하고 괴로움 가운데 있는 욥의 비참한 처지가 그대에게 합당한 것 같기도 할 것입니다. 그대의 영혼의 모습이 욥의 육체의 모습보다 더 추악하여 보여 그것을 탄식하고 있으니 말입니다. 오오, 이것이 나의 심령에 깊은 괴로움을 줍니다. 그대가 그처럼 치명적인 두 마음으로 주님 앞에 서고, 최선을 다해 행하여야 할 주님의 일을 최악으로 행한다는 것이 말입니다. 이것이 정말 아무것도 아니란 말입니까? 형제여, 그대의 눈이 하갈의 눈처럼 정말 무뎌져 있습니다. 그렇지 않으면 그대의 마음의 이런 처지 속에 하나님의 은혜가 흐르는 것을 볼 테니 말입니다. 다른 사람들은 분명 하나님께서 그대의 심령 속에서 큰 일을 행하셨다고 생각할 것입니다. 사람의 마음이 본성적으로 자랑하고 뿌듯해하는 것들을 오히려 부끄럽게 여기는 것보다 더 이치에 맞지 않는 것이 어디 있겠습니까? 다른 사람들은 그대가 행하는 임무들을 바라보며 확신과 기쁨을 얻는데, 정작 그대는 자신의 임무의 목덜미를 밟고 그것들을 수치와 치욕거리로 여기는 것이 과연 그대에게 아무것도 아니란 말입니까? 그리스도로부터 풍성한 덕이 나와 그대 마음에서 교만이 흘러나오는 것을 말려 버린 것입니다. 은혜를 입은 자들의 경우에 그들의 임무 가운데 이런 점이 계속 드러나 그들보다 은혜를 덜 받은 자들의 눈에 띄게 되기도 하는 것입니다.

둘째 답변. 그리스도인이여, 하나님이 그대를 다루시는 것을 솔직하게 해석해보십시오. 가령 그대가 이렇게 말한다 합시다. 곧, 약속에 근거해서 간구했고, 수단을 기다렸는데, 이런 것들에서 은혜로나 위로로나 아무런 힘도 찾지 못했다고 말입니다. 그러나 어리석게 하나님께 혐의를 두지 않도록 유의해야 합니다. 마치 하나님이 스스로 약속하신 그런 분이 아니시기라도 한 것처럼 말입니다. 그렇게 하면 그것은 사탄이 노리는 모든 것을 그에게 갖다 바치는 것이 됩니다. 임무를 올바로 감당하는 자녀라면, 모름지기 자기가 요구하는 것을 아버지에게 당장 받지 못하더라도 내 아버지가 나보다 더 지혜로우시다고 말하는 것이 더 어울리는 것입니다. 무엇을 언제 내게 보내실지를 그의 지혜가 결정하십니다. 그가 내 아버지시니 아버지로서 자녀인 내게 대해 애정을 갖고 계시므로 무엇이든 선한 것을 주지 않으시는 법이 없고, 지극히 합당한 때를 놓치시는 법도 없는 것입니다. 그리스도인이여, 하늘의 아버지께서 지금 당장 그의 손길을 보류하고 계신다면 거기에는 은혜로우신 목적이 있는 것입니다. 그렇지 않으면 그에게서 이 말을 듣기 전에 그의 손길이 임할 것입니다.

1. 하나님께서는 그대가 이미 받은 것을 더 조심스럽게 발휘하도록 하시기 위하여 더 많은 힘을 주시지 않을 수도 있습니다. 마치 어머니가 걸음마를 배우는 아이를 세워두고 조금 멀리 가 서서 아이에게 자기에게로 걸어오라고 하는 것처럼 말입니다. 아이는 다리가 약한 것을 느끼고 울면서 엄마에게 도움을 청합니다. 하지만 어머니는 뒷걸음질치면서 계속 걸어오라고 합니다. 아이가 자기에게 있는 적은 힘을 다 발휘하여 걸음마를 하게 만들기 위해 그렇게 하는 것입니다. 불쌍한 심령이 그런 죄의 문제로 나아와 기도할 때에 하나님께서 뒷걸음질치시며 멀리서 계시는 것처럼 보이고, 유혹이 더 심해지고 구원의 손길이 눈에 보이지 않는 것 같은 일이 일어나는 것은, 그리스도인이 비록 약하지만 그가 가진 힘을 발휘하도록 하기 위함인 것입니다. 사실 영혼의 연약함을 지각하는 것이야말로 더 조심하고 더 부지런히 나아가도록 자극하기 위한 특별한 수단이라는 것을 알게 될 것입니다. 자신의 약점을 아는 사람은, 자기가 얼마나 자기 자신을 잊어버리기를 잘 하는지를, 자신이 격정 가운데서 얼마나 화를 발하기를 잘하는지를 아는 사람은, 그런 참된 은혜의 원리를 지니고 있는 자는, 그런 큰 유혹거리들을 이길 더 큰 힘을 얻은 다른 사람보다 더욱더 두려워하고 삼가게 될 것입니다. 마치 아버지에게 돈을 구하는 자녀와도 같습니다. 지금 당장 한 푼도 오지 않습니다. 그리하여 그는 자기에게 있는 적은 돈을 아주 조심스럽게 사용합니다. 한 푼도 한가하게 낭비하지 않습니다. 그리스도인이 어떤 죄를 이길 힘을 얻기 위하여 거듭거듭 기도했으

나 여전히 연약하고 실패하기를 잘하는 자신의 모습을 발견할 수도 있습니다. 이 럴 경우, 그는 어떤 상황에서도 이 점을 인식하고 조심스럽게 나아가게 될 것이고, 또한 그렇게 해야 할 것입니다. 원수에게 틈을 보일 필요가 없는 것입니다.

2. 하나님께서는 그가 원하시는 대로 순전히 그의 은혜로우신 계획에 따라 그 리스도인이 임무를 행하도록, 혹은 부패의 역사를 물리치도록 힘을 주기를 거부 하실 수도 있습니다. 곧, 그렇게 도우심을 거부하시는 방식으로 그의 사랑을 표현 하셔서 그리스도인으로 하여금 다시 하나님을 사랑할 마음을 갖도록 하게끔 만들 고자 하기도 하시는 것입니다. 그리스도인이여, 어쩌면 그대는 원하는 자비를 주 시기 위해, 혹은 무언가 큰 환난에서 구원받기를 위해 기도했는데도, 임무를 행하 는 중에 그저 일상적인 도움 이상의 무슨 특별한 도움도 없고, 거기에 갖가지 것들 이 끼어 산만하게 되고, 그 다음에 불신앙적인 두려움과 아울러 그릇된 생각들이 생길지도 모릅니다. 그러나 그대가 임무를 행하는 중에 그런 결점들이 있음에도 불구하고, 하나님께서는 그대의 기도를 들으시며 자비를 베푸시는 것입니다. 그 대의 연약한 봉사들을 받으시고 또한 그대의 심령의 갖가지 부족한 것들을 그냥 간과하심으로써 그대의 눈에 하나님의 사랑이 커보이게 만드시고, 그대의 입맛에 더 감미롭고 달콤하게 만드시고자 그렇게 하시는 것입니다. 임무를 감당할 힘이 적으니, 그대가 더욱더 자비를 구하고 그것을 사모하게 되는 것입니다. 이 점을 깊 이 생각하는 것만큼 은혜를 입은 심령에 큰 영향을 주는 것은 없습니다. 다윗의 경 우를 보십시오. "내가 놀라서 이르기를 모든 사람이 거짓말쟁이라 하였도다 내게 주신 모든 은혜를 내가 여호와께 무엇으로 보답할까"(시 116:11, 12). 다윗의 말은 이런 뜻과도 같습니다. "하나님의 선지자들을 통해서 이 문제에 대해 하나님께로 부터 들었던 모든 편안한 말씀들과 나 자신의 기도들과 또한 그 기도들에 대한 부 분적인 응답으로 일어난 저 현저한 섭리들과 또한 약속한 일들이 이루어진 사실 들이 있지만, 그럼에도 불구하고 나는 많은 불신앙을 드러내 보였고, 그것들의 진 실성을 의심하였으나, 하나님께서는 나의 모든 부족한 것들에도 불구하고 나의 바라는 것을 이루셨고, 그의 약속을 행하셨도다. 그러니 내가 여호와께 무엇으로 보답할까?' 이렇듯 다윗은 자기 자신의 연약함과 부족함을 바라봄으로써 하나님 의 자비하심을 읽고 있습니다. 그리고 그 자비가 정말로 커 보입니다. 반면에 만일 임무를 행하는 중에 자비가 임하여 믿음이 강해지고 다른 은혜들이 현저하게 드 러나 그가 놓임을 얻고 그의 임무에도 일상적인 부족한 것들이 없게 된다면, 이것

은 오히려 올무가 될 수도 있고, 또한 자비를 사모하는 마음을 갖는 것이 아니라 오히려 자기를 높이고 우쭐대는 자세를 조장할 수도 있을 것입니다.

3. 하나님께서는 그의 도우시는 힘을 덜 발휘하셔서 연약한 은혜를 떠받치고 뒷받침하시는 그의 힘을 더 많이 보여주기도 하십니다. 건장한 몸을 지닌 사람이 빵을 맛있게 먹고 단잠을 자며 사는 것은 전혀 놀랄 것이 없습니다. 하지만 온갖 질병과 연약함으로 가득한 병든 사람이 의사의 기술을 통해서 건강을 회복하여 늙도록 잘 살고 있다면, 이것은 보는 사람들에게 경이감을 불러일으키는 것입니다. 그대가 믿음도 약하고 사탄에게서 강력한 공격을 받고 있고, 각종 부패한 것들이 성가시게 하고 적극적으로 활동하며 반면에 그것들을 죽이는 힘은 연약하여, 그것들이 그대에게 은혜를 더하게 하는 근거가 되기보다 오히려 그대의 은혜 위에 올라 앉아 힘을 발휘하고 있다는 생각이 드는 그런 가련한 처지에 있을지도 모릅니다. 가끔씩 그대가 마귀의 해변에서 파선당하여 버려질 것 같은 생각이 들기도 합니다만, 이 날까지 그대의 은혜가 그대로 살아 있습니다. 물론 여기저기서 새어 버리지만 말입니다. 옆으로 잠시 물러서서 이처럼 이상스런 현상을 한 번 바라보는 것도 가치가 있지 않을까요? 배가 깨어져 돛이 찢어지고 선체가 부서져도 그 상태에서 전능하신 능력에 끌려 거친 바다와 또한 온갖 죄와 마귀들의 군대를 무릅쓰고 나아가 마침내 모항에 안전하게 도착합니다. 가냘픈 촛불이 광풍에 흔들거리면서도 꺼지지 않는 형국입니다! 한 마디로 이제 처음 은혜를 입은 연약한 애송이가 하나님의 팔에 안겨서 마귀의 졸개를 때려 부수는 것이지요! 하나님이 이렇게 그대를 붙들고 계십니다. 그대는 하나님께서 입술을 주장하셔서 그를 찬송하게 하시는 그 어린아이들 가운데 한 사람입니다. 하나님이 그대를 위하여 힘을 예비해 놓으셔서, 그대가 비록 은혜를 받은 어린아이에 불과하다 할지라도 분노하는 힘센 거인을 무찌르게 하실 것입니다.

셋째 답변. 하나님께로부터 힘이 임하기를 오랫동안 기다렸는데도 그대가 원망 가운데 있다면, 혹시 그것이 임하지 못하도록 가로막는 것이 그대에게 없는지를 살펴보기를 바랍니다. 머리는 활력 있는 심령의 좌소(座所)입니다. 하지만 그것을 가로막는 것들이 육체 속에 있어서 다른 지체들에게 한동안 그런 것이 전혀 전달되지 않을 수도 있습니다. 그대의 머리 되신 그리스도와 그대 사이에 자유로운 소통이 되기 전에는 그대에게 필요한 힘이 임하지 않을 것입니다. 그러니 다음과 같은 점들을 살펴보아야 할 것입니다.

1. 그대가 진정 임무를 다하고, 그대의 부패함을 죽이고자 힘을 얻기 위하여 하나님께 나아갔습니까? 이에 대해, "예, 저는 하나님께서 힘을 주시겠다고 약속하신 그 길이 되는 규례들을 따르며 기다렸습니다"라고 대답할 수도 있을 것입니다. 하지만 이것이 전부인가요? 그런 규례들을 행하면서도 얼마든지 그 규례들 가운데서 하나님을 기다리지 않을 수도 있는 것입니다. 육신적인 자세를 갖고 규례들에서 힘이 임하기를 기대하여, 하나님 대신 그 규례들을 신뢰하지는 않았습니까? 그대의 마음 자세가, "오늘이나 내일이나 우리가 어떤 도시에 가서 거기서 일 년을 머물며 장사하여 이익을 보리라"(약 4:13)고 말하는 자들과 비슷하지 않았습니까? 그대의 마음이, "내가 가서 저 목사님의 말씀을 들으리니 위로와 힘이 내게 임하리라"라는 식으로 말해오지는 않았습니까? 그런데 그대가 여전히 연약하고 메마르고 열매가 없는 것이 의아하게 여겨집니까? 아니, 규례들이 하나님입니까? 그것들이 그대를 강건하고 위로가 충만하게 만들어줄 수 있습니까? 불쌍한 자여, 그것들이 응답하는 것을 그대가 들을 수도 있습니다. 마치 사마리아가 함락될 때에 왕이 여자에게 응답한 것처럼 말입니다. 오오 기도여, 혹은 오오 목사여, 나를 도우라고 말합니다. 주께서 돕지 않으시면 그것들이 어떻게 돕겠습니까? 이것들은 그저 그리스도의 종들에 불과합니다. 오직 그리스도께서 포도주 창고의 열쇠를 쥐고 계십니다. 그러니 아무리 주인의 집에 나아가도 그 열쇠 자체가 그대에게 포도주를 내어주어 마시게 해 줄 수는 없는 것입니다. 그러므로 불쌍한 자여, 그리스도와 멀리 떨어지지 말고, 온갖 규례들을 다 통과하여 나아가 예수님과 말씀을 나누고 그를 보고 그를 만지기를 구하십시오. 그리하면 귀한 역사가 일어날 것입니다.

2. 그대에게 있는 그 적은 힘에 대해 과연 그대가 감사하는 마음을 가졌는가를 살펴보기 바랍니다. 그대가 형제들 가운데 가장 큰 자들과 함께 보조를 맞추어 달릴 만큼 은혜 가운데 힘 있는 상태는 아닐지라도, 은혜에서 여러분을 훨씬 능가하는 자들의 뒤를 따라가며 힘에 겨워 소리를 지를 수밖에 없는 처지에 있더라도, 그래도 그대는 이에 대해 감사해야 합니다. 다윗의 군대에 속한 자들 모두가 그 가운데 용감한 솜씨와 명예에서 몇 되지 않는 용장들과 동등한 수준에 이른 것은 아니었습니다만 다윗은 그 모자라는 자들을 물리치지 않았습니다. 그대가 혹 성도들의 군대에서 가장 낮은 자리를 차지하고 있다 해도 그대는 감사해야 마땅한 이유가 있습니다. 복음의 자비와 은혜를 지극히 적게 전달받았다 할지라도 결코 그것을 간과해서는 안 되는 것입니다. 모세와 그의 군대가 바다를 건너자마자 그들은

물을 털어내기도 전에 먼저 하늘을 우러러 하나님의 능력과 자비가 그들을 위해 놀랍게 역사한 사실을 인정하였습니다. 이제 구원의 길을 향하여 한 걸음을 내디딘 것에 불과했는데 말입니다. 끔찍한 광야가 그들의 앞에 펼쳐져 있었고, 그러므로 큰 승리를 거두었음에도 불구하고 며칠이 못되어 그들이 지닌 모든 식량이 바닥이 나고 더 이상 살 수 없게 될 것이었습니다. 그러나 모세는 이 한 움큼의 자비로우신 역사에 대해 하나님께 찬송을 올릴 것이었습니다. 이 거룩한 사람은 하나님의 역사하심을 계속해서 더 많이 얻는 유일한 길은 그와 계속 접촉을 유지하며, 이미 받은 것에 대해 찬송을 올려드리는 것임을 알고 있었던 것입니다. 그대가 하나님께로부터 더 충만한 힘을 얻기를 바라면, 그가 이미 행하신 일에서 하나님을 인정하여야 합니다. 그대가 연약합니까? 목숨이 붙어 있다는 것에 대해 하나님을 찬양하십시오. 임무를 행하는 중에 약하여 유혹에 빠지는 경우가 자주 있습니까? 그런 것을 지각하며 슬퍼하십시오. 하지만 그대가 임무에 대해 속된 경멸심을 갖고 그 임무를 아예 외면하는 상태는 아니라는 것에 대해 하나님을 찬양하십시오. 그대가 연약함으로 타락해 있는 것도 아니고, 마음이 사악하여 죄의 시궁창에 누워 뒹굴고 있는 것도 아니지 않습니까! 감사할 줄 모르는 심령은 자기가 더 열심히 노력하지 않는 것에 대해 감사할지도 모르겠지만 말입니다.

3. 그대는 하나님께서 주신 도우심과 힘을 얻고서 겸손하십니까? 교만은 샘이 흐르는 것을 막는 법입니다. 마음이 부풀어 오르기 시작하면, 이때야말로 하나님께서 그의 손길을 거두시고 수도꼭지를 잠그시는 것입니다. 그런 영혼에게 부어지는 모든 것이 자기 자신을 자랑하는 빌미가 되고, 그리하여 마치 물이 새나가듯이 사람들에게 유익을 끼치는 데에서나 하나님께 영광을 돌리는 데에서도 누수(漏水)가 생기기 때문입니다. 교만한 마음과 높은 산(山)은 절대로 열매를 맺지 못합니다. 교만은 흔히 다른 이들을 깎아내리고 자기 자신을 높이는 식으로 그 모습을 드러냅니다만, 그 외에도 두 가지 다른 징후를 찾아볼 수 있습니다. (1) 대담한 모험에서 교만이 모습을 드러냅니다. 사람이 자기가 받은 은혜를 자신하고서 스스로 유혹을 이겨보려고 그 유혹의 문턱에까지 달려 들어가는 것입니다. 베드로의 죄가 바로 이런 것이었습니다. 그는 죄로 말미암아 겸손한 믿음에 어울리는 정도를 더 지나치는 데에까지 이끌려가서 마귀들의 소굴에까지 달려 들어갔고, 그리하여 한동안 마귀에게 갇힌 처지가 되어 버린 것입니다. 올바른 상태를 유지하고 있을 때에는 이 선한 사람이 자기 자신을 아주 낮추어 생각하였습니다. 그리하

여 주께, "내니이까?"라고 물었던 것입니다. 그러나 한때 자기가 변절자가 되지 않을까 하여 노심초사했던 이 사람이 이제는 우쭐해져서 자기를 도무지 나쁘게 생각할 수가 없게 되었고, 자기가 주님을 부인하는 자가 되리라는 것은 의심조차 할수 없게 되었습니다. 예? 내가 주님을 부인한다고요? 다른 사람들 모두가 주님을 버린다 할지라도 자기는 본연의 모습 그대로 꿋꿋이 있을 것이라 생각한 것입니다. 그리스도인이여, 그대의 경우가 이와 같은 것은 아닙니까? 하나님께서 그대에게 그의 마음을 많이 주셨을지도 모릅니다. 그대가 생명의 말씀을 다루는 일에도 능란한 기술을 발휘할지도 모릅니다. 그런데, 그렇기 때문에 그대는 감히 부패한 공기를 마시는 일을 감수하려 합니다. 마치 지식이 적은 연약한 그리스도인들 외에는 오류와 이단에 노출되어도 그것들에 오염될 염려가 없는 것처럼 말입니다. 그대는 큰 은혜를 받았습니다. 아니면 최소한 그대는 그렇게 생각합니다. 그래서 자신을 낮추어 생각할 줄 아는 그리스도인이라면 실족할까 두려워 가지를 않는 그런 곳에 그대는 대담하게 발을 들여놓는 것입니다. 그러나 그대가 유혹의 입 속에 그대의 머리를 들이밀 정도로 대담해져 있다면, 이는 진실로 하나님을 유혹하는 것입니다. 그대가 반드시 유혹에 얽히게 될 것이고, 그렇게 되면 그런 상태에서 하나님이 그대의 얽힌 것을 끊어내 주셔야 하니 말입니다. (2) 성도들의 은혜와 위로들이 아무리 강하다 할지라도 그것들이 계속 공급받아야 할 수단들이 있는데, 이런 수단들을 무시하는 데에서 교만이 그 모습을 드러냅니다. 그리스도인이여, 두려움과 의심이 있을 때에는 그대가 하나님과 함께 있습니다. 하지만 조금이라도 평안을 얻게 되면 하나님과 그대 사이에 무언가 이상스런 기류가 생겨납니다. 과거에는 구원의 우물에 나아가기를 즐거워했는데, 이제는 그렇게 행하지 못합니다. 그러니 은혜와 위로가 풍성한데도 그대가 뒷걸음질치고, 과거에 모아놓은 것을 소비하며 더 이상 새로 공급받는 일을 하지 않는다는 것도 전혀 무리가 아닙니다. 아니면 그렇게 임무를 소홀히 하지는 않는다 할지라도 그대가 과거처럼 그렇게 아름다운 겸손으로 임무를 행하지 않을 수도 있습니다. 과거에는 그대가 그대의 연약함을 지각하고 힘을 얻고자 기도하였지만, 지금은 그대의 힘을 과시하여 다른 이들이 그대를 높이 칭송하게 되기를 위하여 기도합니다. 그리고 만일 우리가 히스기야처럼 구경꾼들을 불러들여 우리의 보화들을 보게 하고 우리가 가진 은사들과 위로들을 보고 우리에게 박수를 치게 한다면, 이때야말로 하나님께서 사자들을 보내사 이들을 우리에게서 떠나게 하실 것입니다. 그가 진정 우리를 사랑하시니, 우리 마음을 빼앗아 그에게서 떠나게 만드는 이들을 반드시 떠나보내실 것입니다.

넷째 답변. 지금까지 말씀한 내용에서도 그대의 마음에 찔림이 없고, 그러면서도 그대가 지금껏 신실하게 하나님을 바라고 기다려왔는데도 그대가 바라는 힘을 얻지 못했다면, 하나님을 기다리며 살고 죽는 것을 그대의 결심으로 삼기를 바랍니다. 그리스도께서는 그 제자들에게 말씀하십니다: "볼지어다 내가 내 아버지께서 약속하신 것을 너희에게 보내리니 너희는 위로부터 능력으로 입혀질 때까지 이 성에 머물라 하시니라"(눅 24:49). 그는 여러분에게도 이렇게 말씀하십니다. 하나님께서 그대의 부패한 것들을 죽일 힘을 더 부어 주시기까지 예루살렘에 머물고 그가 지정해 주신 수단들 가운데서 그를 기다리라고 말입니다. 그리고 다음과 같은 사실을 알고서 위로를 얻기 바랍니다.

1. 그대가 그렇게 인내로 하나님을 기다린다는 것이야말로 그대 속에 강한 은혜가 역사하고 있다는 증거입니다. 그대가 임무를 행할 때에 격려를 얻는 것이 적을수록 그대로 하여금 임무를 다하도록 견디게 하는 그대의 믿음과 순종이 더 많은 법입니다. 시장이 완전히 죽어 있어서 모든 상품이 팔리지 않고 있을 때에 속수무책으로 있지 않고 더욱더 많이 사들일 수 있는 자는 반드시 그의 창고가 든든할 것입니다. 무엇이라고요? 말씀을 들어도 위로가 없고, 기도할 때에도 마음의 평안이 없는데도 더욱더 듣기를 사모하고 더욱더 자주 기도에 열중한다고요? 오오, 그리스도인이여, 그대의 믿음과 인내가 정말로 위대하군요!

2. 지극히 큰 위기에 처하여 있을 때에는 반드시 힘이 임한다는 것을 확신하십시오. 여호와를 앙망하는 자는 새 힘을 얻습니다. 마지막 가루가 남아 있을 때에 선지자가 과부의 집으로 보내심을 받습니다. 시험이 강력하여 그대의 적은 힘으로 도무지 견디지 못하고 이제 곧 원수들의 손에 항복하기 직전에 있을 때에, 바로 그 때에 하늘로부터 구원이 임하여 그대로 하여금 시험을 견디게 할 것을 기대하시기 바랍니다. 바울이 그랬습니다. "내 은혜가 네게 족하도다." 즉, 포위된 것을 풀어 헤치고, 시험하는 자를 내쫓을 수 있는 능력이 하늘로부터 임하리라는 것입니다. 욥의 경우도 그랬습니다. 사탄이 유리한 고지에서 그를 공격할 때에 하나님께서 그를 벗기셨습니다. 마치 피고가 아주 교묘한 반대자에게 억울한 일을 당하여 쩔쩔매고 있을 때에 지혜로운 중재자가 그를 벌거벗겨서 오히려 완전히 망하지 않도록 해 주는 것처럼 말입니다. "너희가 욥의 인내를 들었고 주께서 주신 결

말을 보았거니와 주는 가장 자비하시고 긍휼히 여기시는 이시니라"(약 5:11).

제2편

이 싸움을 성공적으로 이끌기 위한
지침 및 이와 결부되는 몇 가지 동기들

지침1

그리스도인은
반드시 무장을 갖추어야 함.
그리고 그 이유

"마귀의 간계를 능히 대적하기 위하여 하나님의 전신 갑주를 입으라"
(엡 6:11)

이 구절은 앞 구절의 열쇠가 됩니다. 앞에서 사도는 신자들에게 주님과 그의 힘의 능력에 의지하여 그들의 약한 심령을 강하게 할 것을 권고한 바 있습니다. 그리고 여기서는 이 말씀들로써 어떻게 그렇게 할 것인지를 설명해 주고 있습니다. 곧, 하나님의 모든 군사들이 착용하도록 그가 무장을 지정해 주셨는데 그것을 전혀 착용하지도 않고 하나님의 능력이 자기들을 구원할 것이라고 믿고 허세를 부리며 경솔하게 싸움터에 나서는 일이 없도록 하라는 것입니다. 하나님의 이름에만 기대는 육신적인 신념 외에는 아무것도 가진 것이 없이 하나님과 자기 자신에 대한 무지로 허풍을 떠는 그런 심령은 결코 본향(즉, 천국)에 이르지 못합니다. 아닙니다. 하나님의 능력을 진정으로 확신하는 사람은 반드시 자기를 방어하도록 하나님께서 지정해 주신 수단들을 양심적으로 사용하며, 또한 싸움터에 벌거벗은 채로 무턱대고 달려드는 법이 없습니다. 뮌스터(Munster)의 저 광신자처럼 말입니다. 그는 전진할 필요를 느껴 온 군대를 추격하고는 그 도시를 포위하였습니다. 그러나 그에게는 만군의 여호와의 이름으로 무장한 몇 마디 말 이외에는 아무런 무기도 없었습니다. 그는 망령되게도 그 이름을 대담하게 마구 사용하여 외칩니다. 만군의 여호와의 이름으로 명하노니 떠나라고 말입니다. 하지만 자기 자신이 곧 무너져 버렸고, 자신의 어리석음으로 인하여 치른 대가로 다른 이들에게 지혜를 가르쳐주고 있습니다. 우리 가운데 지극히 속되고 무지한 자들이 그 입술로 얼마나 터무니없이 용감한 언어들을 뱉어내는지 모릅니다. 그들은 하나님을 신뢰하고, 그의 자비하심에 소망을 두고서 마귀를 공격하고 그의 모든 일들을 대적합니다. 그러나 그러면서도 하나님께서 그들의 영혼에 베푸시는 하나님의 갑주를 한 조각도 걸치지 않은 채 벌거벗은 불쌍한 처지에 있는 것입니다. 그런 건방진 자세를 성도의 진중에서 내쫓기 위하여 사도는 자신의 권면에 이러한 지침을 덧붙이는 것입니다. "마귀의 간계를 능히 대적하기 위하여 하나님의 전신갑주를 입으라." 그러므로 이 말씀은 두 가지 부분으로 나누어집니다. 첫째. 앞의 권면에 덧붙여지는 지침으로, 우리가 주 안에서 강건해지는 정규적인 방법을 보여줍니다. 곧, "하나님의 전신갑주"를 입으라는 것입니다. 둘째. 이 지침을 강화시키기 위하여 근거 혹은 이유가 제시됩니다: "마귀의 간계를 능히 대적하기 위하여."

제 1 부

그리스도인은 싸움을 위하여 반드시 무장을 갖추어야 한다. "하나님의 전신갑주를 입으라"

∨

여기서는 앞의 권면에 한 가지 지침이 덧붙여져 있어서 주 안에서 우리가 강건해지는 정상적인 방법을 보여주는데, 이는 곧 "하나님의 전신갑주"를 입는 것입니다. 여기서 관찰하십시오. 첫째, 그가 지시하는 장비인데 그것은 곧 "갑주"입니다. 둘째, 이 갑주의 종류 혹은 성격 — "하나님의 갑주"입니다. 셋째, 그 갑주의 수량 혹은 완전함 — 하나님의 "전신" 갑주. 넷째, 이 갑주의 사용 — 하나님의 전신갑주를 "입으라."

—

첫째 대지

[필요한 장비 혹은 갑주 — 그것은 무엇인가]

우선, 그리스도의 싸움을 싸우기 위해 반드시 갖추어야 하는 장비(이것은 곧 "갑주"입니다)부터 시작해 봅시다. 여기서 문제는, 이 갑주라는 것이 무엇인가? 하는 것입니다.

첫째. 갑주란 그리스도를 의미합니다. "오직 주 예수 그리스도로 옷 입고"(롬 13:14)라는 말씀이 있는데, 이는 그리스도를 갑주의 개념으로 제시하는 것입니다. 사도는 여기서 철학자가 하듯이, 다투거나 술 취하지 말고 단정함과 절제를 입을 것을, 음란하고 방탕하지 말고 정숙함을 입으라는 식으로 권면하지 않습니다. 오히려 주 예수 그리스도로 옷 입으라고 명하는 것입니다. 곧, 그리스도로 옷 입기까지는 그만큼 사람이 무장을 갖추지 못한 것임을 시사합니다. 사탄의 대포에서 충만한 힘으로 쏘아 보내는 시험이나 혹은 그보다 약한 총으로 쏘는 것 같은 시험이 닥칠 때에 그것을 물리치게 해 주는 것은 사람의 도덕성이나 철학적 덕목들이 아닙니다. 그러므로 그리스도 안에 있는 사람이 바로 갑주를 입고 있는 사람인 것입니다.

둘째. 그리스도의 은혜들, "진리의 허리띠와 의의 호심경" 등과 같이 이것들이 갑주입니다. 그러므로 사도는 갖가지 은혜들이 각 부분과 지체를 이루는 "새 사람을 입으라"라고도 명합니다(엡 4:24). 그러므로 그리스도인들이 자신을 방어하도록 하나님이 지정해 놓으신 임무들과 수단들을 도외시하는 자는 갑주를 입지 않은 영혼이요 중생하지 못한 영혼입니다. 요컨대, 갑주가 없다는 것은 바로 그리스도가 없이 있는 상태를 뜻하는 것입니다.

[그리스도가 없고 은혜가 없는 영혼은 갑주가 없으며, 이것이 그의 비참함이다]

관찰. 그리스도가 없고 은혜가 없는 상태에 있는 사람은 갑주가 없이 벌거벗은 자요, 따라서 죄와 사탄을 대적하여 싸우는 그리스도의 싸움을 싸우기에 합당치 못합니다. 혹은, 그리스도 바깥에 있는 영혼은 벌거벗은 상태요 따라서 죄와 사탄을 대적하여 자신을 방어할 모든 갑주가 완전히 결핍된 상태라 할 것입니다. 하나님은 태초에 사람에게 완전한 갑주를 보내셨습니다. 사람이 "참된 의와 거룩함으로" 창조되었습니다. 그런데 마귀가 간계로 사람에게서 그것을 벗겨 버렸고, 그리하여 처음 죄가 범해지자마자 그들이 벌거벗은 상태가 되었다는 사실이 기록되어 있습니다(창 3:7). 곧, 사탄의 뜻에 의하여 가련하고 허약한 존재들이 되었고, 교만한 정복자에게 굴복하여 완전히 무장해제를 당하여 그를 감히 대적할 수 없는 자들이 된 것입니다. 사실 처음 접근할 때에는 사탄이 다소 논란을 감수해야 했지만, 일단 정복자로서 사람에게 들어갈 수 있는 문이 열리게 되자, 그는 곧바로 왕 행세를 하였습니다. 그러자 그의 뒤를 이어 다른 죄들이 물밀듯이 들어왔습니다. 아무런 저항도 받지 않고 말입니다. 아담과 하와는 자기들의 죄를 고백하기는커녕 수풀 속으로 달려가 머리를 숨기고, 고의로 하나님 계신 곳에 나아가지 않으려 했습니다. 그리고 그에게서 도망할 수 없게 되자 하나님 앞에서 어떻게 발뺌하려 합니까? 그들은 자비를 구하기보다는 서로에게 죄를 떠넘깁니다. 죄의 간사함으로 인하여 그렇게 급속하게 그들의 마음이 완악해진 것입니다. 아담의 모든 자손들의 상태가 이처럼 저주스러운 것입니다. 하나님이 그의 효력 있는 부르심으로 우리를 사탄의 권세에서 건지사 그의 사랑하시는 아들의 나라로 옮기시기까지 죄가 벌거벗은 우리를 찾아 우리를 자기 종으로 삼는 것입니다. 인간의 사중적인 상태 중 하나인 그리스도가 없는 상태를 잘 생각해 보면 이 점이 더 확연히 드러날 것입니다.

첫째. 그리스도가 없는 상태는 하나님께로부터 소외된 상태입니다(alienation from God). "그 때에 너희는 그리스도 밖에 있었고 이스라엘 나라 밖의 사람이라 약속의 언약들에 대하여는 외인이요 세상에서 소망이 없고 하나님도 없는 자이더니"(엡 2:12). 마치 로마에 사는 사람이 런던의 시민들에게만 특권으로 부여되는 런던의 헌장과 아무런 관계가 없듯이, 이 상태에 있는 사람은 언약의 약속과 아무런 관계도 없습니다. 그는 세상에서 하나님이 없는 자입니다. 이 사람은 하나님께 보호를 요청할 수가 없습니다. 마치 범법한 신민(臣民)이 국왕에게 보호를 요청할 수 없듯이 말입니다. 무언가 불행한 일이 생기면 자기 스스로 해결할 수밖에 없습니다. 반면에 하나님의 성도들에 대해서는 하나님이 특별하신 보호의 울타리를 두르고 계시므로 마귀가 호시탐탐 그들을 노리면서도 감히 하나님의 터를 침범하고 들어와 그들을 해칠 엄두를 내지 못하는 것입니다. 그러니 영혼이 온갖 정욕과 마귀들이 득실거리는 이 넓은 세상에 내버려져서 마치 어리석은 토끼가 사냥개들의 소굴에 들어가서 당하듯이 물어뜯기고 찢기게 되고, 그러는 중에도 호소하고 하소연할 하나님이 없다면 이 얼마나 한탄스런 처지이겠습니까? 하나님이 사람에게서 떠나시면, 비록 그가 그들을 대적하시지 않는다 할지라도, 그들은 곧바로 정신을 잃게 되고, 구원의 손길을 찾을 수가 없습니다. 어린아이들이나 다친 사람들이라도 일어나 그들을 성 바깥에까지 추격하여 물리칠 것입니다. 하나님이 그들과 함께 하시지 않으니 말입니다. 그러므로 거인들과 견고한 성들이 가나안에 있다는 소식에 이스라엘 백성들이 우왕좌왕할 때에 갈렙과 여호수아가 "그들은 우리의 먹이라 그들의 보호자가 그들에게서 떠났도다"(민 14:9)라고 하여 그 백성들을 안심시켰던 것입니다. 하물며 전능하신 하나님께 보호하심을 전혀 입지 못하는 영혼은 얼마나 더 사탄의 먹이가 되겠습니까? 가령 사람이 아무리 출중한 능력을 타고났고 또한 성취한 것이 많다 할지라도 그리스도와의 연합이 결핍되었고 그리스도께로부터 임하는 새롭게 하는 은혜가 없다면, 마귀가 그 사람을 얼마나 바보로 만들며, 자기가 원하는 대로 이리저리 이끌어 정욕에 빠지게도 하고, 혹은 다른 악에 노예가 되게도 하는지 모릅니다. 아무리 자랑할 것이 많은 사람도 모두 다 육체와 영혼을 영원토록 망가뜨리는 이런저런 정욕과 악에게 종이 되어 있는 것입니다. 그렇게 능력과 지혜가 출중한 사람들이 그런 지옥의 역사에 휩쓸려 자신들을 더럽힌다는 것이 얼마나 이상스러운지 모릅니다. 그들은 하나님께로부터 소외된 상태에 있으니, 자기들 스스로는 마귀의 감옥을 깨뜨릴 수가 없습니다. 마치 노예가 스스로 사슬을 끊고 도망칠 수 없듯이 말입니다.

둘째. 그리스도가 없는 상태는 무지의 상태(a state of ignorance)입니다. 그러므로 이런 사람은 갑주가 없이 벌거벗은 사람입니다. 원수가 눈에 보이지 않는데 어떻게 원수가 뻗는 주먹을 피할 수 있겠습니까? 앞을 보는 선지자 한 사람이 앞을 보지 못하는 온 군대를 자기가 원하는 대로 인도하는 것입니다. 성도가 여기서 불완전한 지식을 지니고 있으면, 사탄은 그것을 그들을 공격할 기회로 삼습니다. 사탄은 우리의 허점을 알고 그리로 공격하기를 잘하니 말입니다. 자, 그리스도가 없는 상태는 무지의 상태입니다. "너희가 전에는 어둠이더니 이제는 주 안에서 빛이라"(엡 5:8). 너희가 전에 어둠 속에 있는 것이 아니라 너희 자신이 어둠이었다고 합니다. 눈이 있는 사람도 그렇게 될 수 있습니다. 빛의 자녀도 어떤 진리나 약속에 대해 어둠 속에 있는 경우가 많습니다만, 그래도 그에게는 영적인 눈이 있습니다. 하지만 그리스도가 없는 사람은 영적인 눈이 없고 따라서 어둠 그 자체인 것입니다. 그리고 이러한 어둠은 그리스도와의 연합이 없이는 빛을 얻을 수가 없습니다. 그 다음 구절에서 이 사실이 표현되어 있습니다: "이제는 주 안에서 빛이라." 한 번 육체의 눈을 상실하면 인간의 기술로는 절대로 회복될 수 없듯이, 아담의 죄로 말미암아 상실한 영적인 눈도 사람이나 천사들의 가르침을 통해서는 회복될 수 없는 것입니다. 그런데 그리스도께서 오셔서 이러한 질병을 고치셨습니다(눅 4:18). 사실 이성의 빛이 있는데, 이것은 사람이면 누구나 본성적으로 부여받은 것입니다. 하지만 이 빛도 성도들이 누리는 빛에 비하면 어둠입니다. 밤에 아무리 달이 환하게 비치더라도 대낮에 비하면 어두컴컴하듯이 말입니다. 이처럼 밤에 비치는 빛 같은 이성의 빛도 도랑이나 웅덩이 같은 데에 — 크고 광범위한 죄들에 — 빠지지 않도록 사람을 구해 줄 수 있습니다. 하지만 더 은밀한 부패를 벗어나도록 도움을 줄 수는 절대로 없습니다. 성도들은 그런 부패한 것들을 신령한 지식의 빛 속에서 미세하게 바라보는 데 말입니다. 피조물이 해야 할 일 중에는 촛불과도 같은 본성적인 지식으로는 도저히 행할 수 없는 기묘한 일이 있는 것입니다. 아니 이보다 더한 것은, 이 본성의 빛에다 성령의 조명하심이 똑같이 있는데도 어둠이 있는가 하면 이에 반하여 새로움을 얻은 영혼을 거룩하게 하는 지식도 있습니다. 새로움을 얻은 영혼은 신령한 진리들을 발견할 뿐더러 동시에 진리에 대한 사랑으로 마음이 뜨거워집니다. 마치 태양이 모든 것을 밝히기도 하고 뜨겁게도 하는 것처럼 말입니다. 그러나 그렇지 못한 영혼에게는 이런 것이 없고, 그리하여 똑같은 조명하심 아래 있으면서도 마음이 냉랭하고 죽어 있는 것입니다. 계명을 알지 못하는 사람은 사탄에 저항할 힘도 없는 것입니다. 그러나 그리스도인의 지식은 심지어 시험에 빠진 상태에서도 그 영혼을 찾아 다시 돌아오게 하는 것입니다. 마치 아브람이 그의 조카를 원수들의 손에서 구해내듯이 말입니다. 이는 세 번째 점을 시사해 줍니다.

셋째. 그리스도가 없는 상태는 무능력의 상태(a state of impotency)입니다. "우리가 아직 연약한 때에 기약대로 그리스도께서 경건하지 않은 자를 위하여 죽으셨도다"(롬 5:6). 검도 없고 총도 없는 무장해제 된 사람이 공격해 오는 원수의 멍에를 흔들어 무너뜨리기 위해 과연 무엇을 할 수 있겠습니까? 사탄이 영혼에 대해 어떤 능력을 갖고 있는지, 사탄을 가리켜 영혼을 자신의 궁궐에 붙잡아 두는 강한 자라 불립니다(눅 11:21). 하늘로부터 방해를 받지 않으면, 속에서는 반란을 두려

워할 필요가 없습니다. 완전한 평화를 유지하는 것입니다. 하나님의 성령께서 성
도 안에서 행하는 일을 사탄도 죄인 속에서 비슷하게 행하는 것입니다. 성령께서
는 성도의 마음을 사랑과 희락과 거룩한 욕망들과 두려움으로 가득 채우십니다
만, 사탄도 죄인의 마음을 교만과 정욕과 거짓으로 가득 채우는 것입니다. 베드로
는, "어찌하여 사탄이 네 마음에 가득하였느냐?"라고 말씀합니다(행 5:3). 이처럼
사탄으로 가득 채워졌으니(마치 술주정뱅이가 술로 가득 채워지듯이) 그 사람은
홀로 독립적인 사람이 아니요 사탄의 종인 것입니다.

넷째. 중생하지 못한 상태는 죄와 사탄과 친구가 되어 있는 상태입니다. 하나님
과 원수된 상태에 있다면, 그것은 결국 사탄과 친구가 되어 있는 상태입니다. 그러
니 그런 영혼으로 하여금 자기의 친구를 상대로 진지하게 싸우게 만들기란 매우
어려울 것입니다. 사탄이 나뉘었습니까? 속에 있는 마귀가 바깥에 있는 마귀를 상
대로 싸우겠습니까? 마음속에 있는 사탄이 문 밖에 있는 사탄에게 문을 걸어 잠그
겠습니까? 때로는 사실 사탄과 육신적인 마음 사이에 난투극 같은 것이 벌어지기
도 합니다. 하지만 그것은 그저 속임수일 뿐입니다. 마치 두 사람의 검술사가 무대
위에서 결투를 시연하는 것처럼 말입니다. 처음에는 그들이 진짜 싸우는 것처럼
생각되겠지만, 그들이 얼마나 지쳐 있고 또한 그들이 서로 어느 부위를 찌르는지
를 관찰해 보면 그들이 정말 서로를 죽이려는 것이 아니라는 것을 곧바로 알게 됩
니다. 그리고 시합이 끝나면 관중들 앞에서 그들이 행한 일에 대해 유쾌하게 서로
격려하는 것을 보게 되면 그 사실이 확실히 드러나게 됩니다. 그들은 바로 관중들
을 즐겁게 하기 위해 싸운 것입니다. 육신적인 마음이 죄에 대해 원망하면서 죄와
시끄러운 싸움을 벌이고 죄를 없애 달라고 힘써 기도하는 것처럼 보일 때에, 공적
인 임무라는 무대를 벗어나 있을 때의 그의 모습을 살펴보기를 바랍니다. 공적인
임무에서는 성도라는 높은 이름을 얻었으나, 이것이 그의 목표였다면, 임무를 벗
어나 있는 상태에서는 그가 죄와 더없이 친근한 모습으로 앉아 있는 것을 보게 될
것입니다.

[적용]

첫째 적용. 사탄이 세상에서 큰 승리를 얻고 있는 사실에 대한 궁금증이 이로써
제거됩니다. 멀리 눈을 들어 사탄의 광활한 제국을 바라보고, 또한 반면에 그리스

도의 백성들이 차지하는 땅이 마치 작은 점과도 같고 또한 무수한 고귀한 영혼들이 이 교만한 자의 발 앞에 엎드려 있으며 그리스도의 깃발을 들고 전진하는 성도들의 무리가 매우 적은 것을 보게 되면, 이상스럽다는 생각이 나고 이런 의문이 생겨날 수도 있습니다. 곧, 지옥이 천국보다 강하단 말인가? 사탄의 힘이 그리스도의 십자가보다 더 막강하단 말인가? 라는 것입니다. 그러나 이것은 결코 문제가 되지 않습니다. 당장 이 한 가지 점을 생각해 보십시오. 그러면 그리스도를 따르는 이들이 그렇게 적은데, 그렇지 않고 그가 아무나 그를 따르게 하신다면 그것이야말로 오히려 이상스런 일이라 여겨질 것입니다. 사탄은 세상이 갑주가 없이 그냥 있는 것을 봅니다. 세상의 임금이 와도 그는 아무것도 대적할 것이 없다는 것을 알고 있습니다. 온 영혼이 그 첫 마디 부름에 곧바로 굴복해 버리는 것입니다. 그런데 만일 하나님을 위하여 사람을 속에서 다스리는 양심이 잠시 동안 저항한다면, 의지와 감정 같은 다른 모든 기능들이 이에 반기를 듭니다. 마치 반역하는 군인들이 진영에서 행하듯이 말입니다. 이들은 양심을 굴복시키기 전에는 절대로 물러서지 않습니다. 혹은 양심의 명령을 거역하고 원수에게 성문을 열어주고 그리하여 그들의 양심을 그들의 정욕의 포로로 넘겨 버리는 것입니다. 그리고 그리스도께서 오셔서 영혼에게 요구하셔도, 경멸의 자세로 응답합니다. "우리에게서 떠나소서. 우리는 지극히 높으신 자를 알기를 원치 않으며, 이 사람이 우리를 다스리게 하지도 않을 것이오." 이구동성으로 이에 동의하여 그리스도를 대적하며, 마치 블레셋 사람들이 삼손을 그 나라를 멸하는 자로 여기고 그를 대적하여 일어나듯 그렇게 일어납니다. 그리스도께서는 "너희가 내게 나아오지 않으리라"라고 말씀하십니다. 오오, 불쌍한 죄인들이 마귀의 손아귀에 붙잡혀 있다는 것은 정말 참말입니다! 이들은 머리에 총을 맞기 전에는 자기들이 사탄을 위해 점령하고 있는 성(城)을 내놓으려 하지 않을 것입니다. 한편에서는 바로가 모세를 대적하고 다른 한편에서는 이스라엘 백성이 그에게 아우성칩니다. 그리스도께서도 사탄과 죄인들 모두에게서 그런 일을 당하셨습니다. 알렉산더(Alexander)의 정복이 손쉬웠던 것은 그가, 무기도 전쟁의 기술도 없이 야만적인 상태에 파묻혀 있는 사람들을 상대했기 때문이었습니다. 카이사르(Caesar)가 그렇게 많지 않은 사람들을 상대했으나 그의 전쟁이 힘에 겨웠던 것은 더 호전적이고 장비를 잘 갖춘 사람들과 싸웠기 때문입니다. 사탄의 승리는 갑주도 없고 손도 없고 대적할 마음조차 없는 전혀 무지한 은혜 없는 영혼들에 대한 승리입니다. 그러나 성도를 공격할 때에는, 든든한 성문과 성벽을 갖춘 성 앞에 앉아 있으나 사탄이 항상 수치를 당할 수밖에 없습니다. 그 중에 아무리 약한 자라도 무너뜨릴 수가 없고, 그리스도의 손에서 빼앗을 수가 없는 것입니다. 지옥의 모든 격렬한 힘이 분출되어 마치 바로와 그의 군대처럼 성도들의 뒤를 쫓지만, 그리스도께서는 그의 능력의 팔로 영혼들을 사탄의 권세에서 건져내시는 것입니다.

둘째 적용. 이는 마귀가 어째서 복음을 그렇게도 혐오하고 강하게 공격하는지 그 한 가지 이유를 제시해 줍니다. 이는 복음이 영혼을 위하여 갑주와 비품들의 저장고를 열어 주기 때문입니다. 말씀이야말로, "무기를 두려고 건축한 다윗의 망대 곧 방패 천 개, 용사의 모든 방패가 달린 망대"입니다(아 4:4). 그러므로 성도들이 갑주를 착용하고 있을 때에, 복음 선포가 그것을 여는 것입니다. 복음의 빛이 올라오면, 사탄의 컴컴한 어둠의 나라는 사라집니다(계 14:6). 한 천사가 나아와 영원한 복음을 선포할 때에 다른 천사가 그의 뒤를 따르며 승리를 외칩니다. "무너졌도다 무너졌도다 큰 성 바벨론이여"(8절). 어둠의 나라를 향하여 복음이 첫 성(聲)을 발하자, 그 나라의 터전이 흔들리고 지옥의 군대가 도망한 것입니다. 그리스도께서 내보내신 칠십 인의 제자들은 돌아와 그 겪은 일을 속히 전하였습니다: "주여 주의 이름이면 귀신들도 우리에게 항복하더이다"(눅 10:18). 그러자 그리스도께서는, "사탄이 하늘로부터 번개 같이 떨어지는 것을 내가 보았노라"라고 대답하십니다(19절). 이는 마치 이런 말씀과도 같습니다. "너희의 그런 말은 내게 새로운 소식이 아니다. 너희를 보낼 때에 이미 사탄이 떨어지는 것을 보았노라. 복음이 그 가는 곳에서 역사하리라는 것을 나는 알고 있었노라."

그러니 사탄이 자기를 내쫓는 복음을 내쫓으려고 애를 쓰는 것이 이상한 일이 아닙니다. 사탄은 자기의 화약고가 터져버려 자기의 군대가 거의 전쟁에 패한 상황이라는 것을 알고 있는 것입니다. 돼지 같은 죄인들을 하나님이 내버려 두사 그들이 그 망나니 같은 마귀에게 사로잡혀 있으므로 복음 아래서도 마귀가 그들 속에서 더욱더 격분하는 것은 사실입니다. 그러나 그는 다른 이들에게서는 쫓겨난 존재입니다. 하나님의 자비와 사람 사랑하심이 복음 안에서 나타나기 전에는 사람들이 그의 명령을 따라 "여러 가지 정욕과 행락에 종 노릇" 하였으나(딛 3:3-4), 이제는 복음의 빛으로 말미암아 자기들의 어리석음을 보게 되었고, 또한 복음이 가져다주는 은혜로 말미암아 마귀와 절연할 수 있게 되었습니다. 바로 이것 때문에 그 악한 영이 괴로워합니다. 옛 친구들과 옛 종들에게서 자기가 버림을 받은 처지가 되었고, 이제 새로운 주(主)가 오셔서 자기의 부하들을 취하여 가시니 말입니다. 그래서 그는 박해를 통해서 복음을 멀리하게 하거나, 아니면 사람들을 회유하여 복음을 멀리 보내 버리도록 하는 책략을 쓰고자 애를 쓰는 것입니다. 그런데 오늘날처럼 그가 우리 중에 그런 일을 이룰 가망이 컸던 적이 있었습니까? 오늘날 그가 복음 선포를 얼마나 형편없이 대하게 만들어 놓았는지 모릅니다. 그 값이 몇 년 전보다 반의 반으로 폭락해 버렸습니다. 심지어 가장 위대한 영적인 상인들로 인정되어온 자들 중에서도 그렇습니다. 과거에는 복음을 얻고 누리기 위해 바다를 건너고 심지어 인도까지라도 갈 만한 값어치가 있는 것으로 여기던 — 다른 이들이 황금을 얻기 위해 들이는 수고 이상의 수고를 기꺼이 들이던 — 사람들이, 이제는 복음을 듣고자 길을 건너오기조차도 꺼리는 상황이 되어 버렸습니다. 그리고 길을 건너와서 복음을 듣는 이들도 과거에는 그것을 듣고 두려워 떨었는데 지금은 그것을 조롱하거나 말싸움을 걸기 일쑤입니다. 그만큼 복음의 값이 떨어져 버린 것입니다. 아니, 이제는 하나님의 말씀이 입으로 신앙을 고백하는 수많은 이들의 까다로운 입맛에 너무나도 무겁게 여겨지고 쓰디쓰게 느껴지는 나머지 설교자에 대해 즉각적으로 화를 분출하는 지경에 이르렀습니다.

　그리고 특히 시대에 만연된 죄들과 오류들을 예리하게 지적하면 더욱 화를 당하게 됩니다. 아니 그 죄나 오류들을 거론하기만 해도 거부감을 일으킵니다. 나라 전체가 그런 죄와 오류들의 무게 아래 가라앉고 있는데도 말입니다. 복음의 신실한 사역자들이 복음으로 인하여 얼마나 많은 수모를 당하고 있는지 모릅니다! 과연 복음의 사역자들이 이 배도의 시대에 벌어지는 것보다 더 혹독한 언어의 박해를 당한 적이 있는지, 하늘과 땅을 불러 증인으로 삼고 싶습니다. 스스로 그리스도의 사역자들임을 알지 못하는 새로운 신앙 고백자들의 세대가 일어나고 있습니다. 그들보다 앞선 자들(시대적으로나 은혜에 있어서나 앞서 있어서 그들보다 영적인 혈통에 더 많이 의존할 수 있었던 자들)은 그 영적인 조상들을 위해 죽기까지 그것들을 지켰는데 말입니다. 그런데 언약궤를 지고 가는 자들이 그렇게 내리침을 당한다면, 언약궤도 당연히 흔들려야 하지 않겠습니까? 이 사람들이 대체 무슨 일을 하고 있습니까? 안타깝게도 그들은 알지 못합니다. "아버지여 저들을 용서하옵소서." 그들은 왼손으로 자기들의 오른손을 잘라내고 있습니다. 복음과 복음 전하는 자들을 멸시함으로써 자기 자신들과 민족을 벌거벗은 상태로 만들고 있는 것입니다.

셋째 적용. 갑주도 없고 완전히 벌거벗은 여러분의 비참한 처지를 생각하여야 합니다. 문 앞에서 구걸하는 걸인을 동정하면서(겨울철에 등이 훤히 드러난 상태로 추위에 벌벌 떠는 걸인을 볼 때에 말입니다), 그보다 훨씬 더 참혹한 여러분의 영적인 벌거벗음을 동정하지 않는다면 말이 되겠습니까? 그런 영적인 벌거벗음 때문에 여러분이 하늘의 진노와 지옥의 악의에 완전히 노출되어 있는데도 말입니다. 그들의 벌거벗음이 수치로 그들을 덮고, 멸망에 대한 두려움으로 그들을 가득 채우며, 그리하여 그들은 절박하게 외치며 문을 두드리며 도움을 호소합니다. 마치 러시아에서 일어나고 있다고 보도되는 것처럼 말입니다. 러시아에서는 걸인들이 너무나도 절박하여 거리에서 구걸하면서, "먹을 것을 주고 나를 끊어 주시오. 입을 것을 주고 나를 죽여 주시오"라고 한다고 합니다. 여러분, 그대가 게으름피우며 잠자고 있는 중에 사탄이 들어와 그대의 목을 끊어 놓으면 좋겠습니까? 아니면 여러분에게 주어지는 의복들을 받아 몸을 가리고 갑주를 갖추어 그대 자신을 보호하겠습니까? 그리스도와 그의 은혜 말입니다. 이것이 복음 안에서 여러분에게 베풀어져 있습니다. 여러분 자신의 아첨하는 마음이 만일 "너는 이런 것들을 이미 받았다"는 식으로 말하면, 그것을 경솔하게 믿어서는 안 됩니다. 번지르르하게 입으로 신앙을 고백하는 많은 이들이 그리스도와 은혜의 진리에 관하여 술주정뱅이들과 거짓 맹세를 일삼는 자들과 마찬가지로 벌거벗은 상태로 발견되지 않을까 심히 염려됩니다. 신앙 고백으로, 은사로, 임무를 행하는 일로 자신은 그리스도와는 문제가 없다고 스스로 만족하지만, 견고한 은혜 안에서 그리스도를 구하지 않다가 멸망하는 자들이 있는 법입니다. 신앙 고백이나 은사나 임무들은 그리스도인에게 과연 좋은 장식품이 됩니다. 마치 스카프나 깃털이 군인에게 자랑스런 장식품이듯이 말입니다. 하지만 이것들이 전투에서 화살을 막아 주지는 못합니다. 화살을 막아 주는 것은 바로 그리스도와 그의 은혜입니다. 그러므로 용감한 그리스도인보다는 온전한 그리스도인이 되기를 힘쓰기 바랍니다. 은혜가 은사들로 장식되면 더 아름답습니다만, 은혜가 없이 은사들만 있다면 이는 사탄의 더 풍성한 먹이 이상 아무것도 아닌 것입니다.

둘째 대지

[필요한 갑주의 종류 혹은 질 ― 하나님의 갑주]

이 대지의 주제는 여기서 그리스도인이 착용해야 할 갑주의 종류 혹은 질(質)입니다. 아무 갑주나 소용이 되는 것이 아닙니다. 방비가 든든한 갑주가 아니면 소용이 없으며, 오로지 "하나님의 갑주" 이외에는 아무것도 합당치 않습니다. 갑주는 두 가지 면에서 하나님께 속한 것이어야 합니다. 첫째, 그 제정(institution)과 지정(appointment)에서. 둘째, 본질(constitution)에서.

[사탄을 대적하여 우리가 사용할 갑주는 반드시 하나님이 제정하시고 지정하신 대로라야 함]

첫째 관찰. 그리스도인이 착용하는 갑주는 반드시 하나님께서 제정하시고 지정하신 것이어야 합니다. 군인은 오직 장군이 명령하는 갑주를 착용하고 싸움터에 나아갑니다. 각 사람이 마음대로 자기가 좋아하는 무기를 들고 나가게 되어 있지 않습니다. 그렇게 하면 혼란만 생기기 때문입니다. 그리스도의 군사는 하나님의 명령을 받게 되어 있습니다. 비록 군대는 땅 위에 있으나 전쟁을 위한 명령은 하늘에서 이루어집니다. "너는 이 임무를 행하고, 이 수단을 사용하라"고 말입니다. 그러므로 하나님이 명령하시는 것보다 더 행하거나 다른 것을 사용하는 자들은 죄를 대적하여 어느 정도 성공을 거두는 것 같아도, 그러한 건방진 처사에 대해 반드시 책임을 지게 될 것입니다. 이런 경우 사람들 사이에서도 전쟁의 규율이 매우 철저합니다. 어떤 경우는 원수를 때려눕혔는데도 합당한 위치를 벗어났고 명령의 범위를 이탈했기 때문에 사형을 당하기도 합니다. 하나님은 이 점에서 매우 정확하십니다. 자기들 나름대로 예배 방법을 만들어 내고, 부패성을 죽이는 수단들을 발굴해 내고, 자기들의 박하(mint)에서 위로를 찾는 자들을 향하여, "이것을 누가 너희에게 요구하였느냐?"라고 물으실 것입니다. 하나님의 율법을 교정하려 하고 그의 규범에다 우리 자신의 규범을 덧붙여 보충하려 한다면 이는 솔로몬의 말씀처럼 "지나치게 의인이 되려는" 처사인 것입니다(전 7:16). 하나님께서 부여하신 일

을 그대로 하지 않는 사람에게 누가 삯을 주겠습니까? 하나님께서는 이스라엘에
게 거짓 선지자들이 하나님께로부터 보내심을 받은 바 없으므로 그들이 아무런
유익이 되지 않을 것임을 말씀하십니다(렘 23:32). 마찬가지로 하나님께서 지정하
시지 않은 길과 수단들은 전연 유익이 되지 않는 것입니다. 하나님의 생각은 사람
의 생각과 같지 않고, 목적을 이루기 위해 그가 사용하시는 그의 길도 우리의 길과
같지 않습니다. 사람이 이스라엘 군대를 조직하여 애굽으로부터 행진하려 했다
면, 애굽 사람들의 말과 무기들을 약탈하는 것이 그들의 보석과 귀걸이들을 얻어
오는 것보다 훨씬 더 필요한 일이라고 여겼을 것입니다. 그러나 하나님은 그들을
벌거벗은 채로 맨발로 걸어 나오게 하시고자 했고, 모세는 이 명령을 면밀히 지켰
습니다. 예, 말을 싸움터에 몰고 갔는데 거기서 하나님께서 그 발의 힘줄을 끊으라
고 명령하시면, 그것이 매우 불리할 것 같은 데도 그들은 그대로 순종했습니다. 그
들은 하나님의 싸움을 싸우는 것이었고, 따라서 그의 명령을 그대로 지키는 것이
합당한 일이었습니다. 하나님의 명령대로 언약궤가 움직이거나 멈추는 것을 따라
서 그들도 행진하고 진을 쳤습니다. 그들은 그의 명령을 받아 싸웠습니다. 여리고
성 공격에서 나타나듯이, 병사의 숫자도 그가 지정해 주셨고, 그들이 사용하는 수
단과 무기도 모두 하나님께서 지정해 주셨습니다. 이 모든 일의 복음이 무엇입니
까? 우리가 천국을 향하여 행진하는 것과 중간에 가로막는 이 저주받은 영들과 정
욕들과 싸우는 일에 반드시 하나님께서 관여하고 계시니, 우리는 그의 입에서 나
오는 말씀이 지시하는 수단들을 사용하여 적법하게 싸워야 하는 것이 아니겠습니
까? 여기서 두 가지 부류가 책망을 받아야 할 것입니다.

   첫째 책망. 하나님이 지정하시지 않은 갑주를 입고 사탄과 싸우는 자들이 책망
을 받아야 합니다.

   1. 교황주의자. 그의 갑주를 살펴보면, 하나님의 갑주라 할 만한 것이 거의 없습
니다. 그들은 교황의 갑주를 입고 싸웁니다. 교황의 권위가 그들의 무기를 쌓아둔
저장소입니다. 그들이 어리석은 영혼들에게 짐 지우는 몇 가지 갑주들 모두를 반
복하는 것은 여러분에게는 일종의 고행일 것입니다. 정말이지 아무리 어깨가 넓
은 이들에게도 도저히 질 수 없는 무거운 짐일 것입니다. 그들의 미사나 조과(朝
課), 철야, 순례, 사순절 금식, 채찍질, 순결의 서약, 청빈 등의 온갖 쓰레기 같은
것들을 보십시오. 이것들에 대한 하나님의 말씀이 어디 있습니까? 대체 누가 이런
일들을 행할 것을 요구하였습니까? 하나님의 참된 갑주를 벗겨내고 대신 이런 갈

대와 종이의 가짜 갑주를 손에다 쥐어준 저 사기꾼들에게는 하루에도 수천의 화가 임할 것입니다. 하나님께서 더 나은 갑주를 우리에게 베푸셨는데도 그런 종이 갑주로 우리의 영혼의 생명을 끊어 놓으려 하니, 우리가 저들에게서 떠나는 것이 하나님과 사람들 앞에서 정당한 일일 것입니다.

2. 육신적인 개신교도. 이들은 육신적인 갑주를 입고 싸우는 자들입니다(고후 10:3). 사도는 거기서 "육신에 따라 싸우는" 일에 대해 말씀합니다. 이는 하나님의 명령에 따른 것이 아니라 인간의 육신적인 지혜가 부추기는 그런 무기나 수단을 갖고 싸우는 것을 뜻합니다. 그러니 그 무기는 약하디 약할 수밖에 없습니다. 싸움이 벌어지는 날에 그런 무기가 무슨 효과가 있겠습니까!

(1) 사탄이 죄를 짓도록 시험하는데, 이때에 사람이 즉시 그냥 받아들이지는 않고 저항을 합니다만, 그 저항이 육신적인 경우가 태반입니다. 그들이 의존하는 힘도 하나님의 힘이 아니라 자기들 자신의 힘이요 육신적입니다. 동기도 육신적입니다. 하나님보다는 사람을 두려워하여 저항하는 것입니다. 어떤 분은, "내가 어찌하여 이를 행하여 하나님께 죄를 범하리이까?"라고 말씀합니다만, 마음속으로 이렇게 말하는 사람들이 많습니다: "내가 어찌하여 이를 행하여 사람을 화나게 하고, 내 주인을 불쾌하게 하고, 내 부모의 화를 돋우고, 내 목사의 선의를 잃어버리랴?" 헤롯은 요한을 두려워하여 많은 일들을 했습니다. 만일 하나님을 두려워했었다면, 그는 힘을 다하여 모든 일을 다 행하였을 것입니다. 하나님이 아니라 피조물에게서 비롯되는 다른 모든 동기들에 대해서도 같은 말을 할 수 있을 것입니다. 그런 갑주로는 화살을 견뎌내지 못합니다. 여러분의 힘이 여러분 자신에게서 나오는 것이라면 그것은 곧 사라지고 맙니다. 하지만 하나님으로부터 오는 것이라면 결코 사라지지 않을 것입니다. 기록된 그의 말씀처럼 말입니다. "나로서는 할 수 없으니, 나의 조물주이신 하나님의 법에 혹은 그리스도의 사랑에 굳게 발을 디디고 서야 하리라. 나로서는 나의 정욕을 이길 수가 없으니 피 흘리시는 나의 구주께로 나아가야 하리라. 그러니 나를 시험하는 악한 자여, 물러갈지어다. 나는 그대가 싫고 그대의 행동이 싫도다." 이와 같은 기초야말로 견고한 반석이며 영구히 설 것입니다. 하지만 무언가 육신적인 관심사 때문에 여러분이 지금 균형을 이루고 서 있는 것이라면, 그보다 더 무거운 또 다른 관심사가 대두되면, 곧 그 균형이 깨어지고 곧 그쪽으로 기울게 될 것입니다. 가령 어떤 여자가 남자의 의복이 마음에 들지 않아서 그 남자를 좋아하지 않는다면, 그 남자가 다른 멋진 옷을 입고 나타나면 이

내 생각이 달라질 것입니다. 사탄은 얼마든지 겉모양을 바꿀 수 있습니다. 그러니 육신적인 생각으로 바라보게 되면 도저히 그를 대응할 수가 없는 것입니다.

(2) 하나님의 말씀이나 양심이 죄에 대해 꾸짖을 때에 사람들은 흔히 무엇을 갑주로 삼아 자기들의 죄책감을 가리고 덮습니까? 바로 육신적인 것을 갑주로 삼습니다. 그 책망을 피할 수 없을 때에는 사실을 가볍게 만들어서 희석시키려 애씁니다. 그런 과오를 저질렀다는 사실을 인정하기는 합니다. 그러나 어쩔 수 없이 그렇게 했다는 식으로 변명합니다. "여자가 내게 주어 내가 그것을 먹었나이다"라는 것이 아담의 갑주였습니다. "그리고 그저 한두 번 그랬을 뿐이니 별 큰 문제는 아니겠지. 이것이 그리도 큰 문제였을까? 가볍고 경솔한 그리스도인들도 이런 일들을 얼마든지 범하지 않는가? 음녀와 어울리거나 도둑질 같은 악을 범하지는 않았으니, 이것만도 감사한 일이다." 이것이 무거운 책망을 피하기 위하여 사용하는 육신적인 갑주입니다. 그런데 그렇게 해서도 양심의 가책이 제거되지 않으면 육신적인 쾌락을 크게 부추겨 생각을 다른 데로 돌리려 애씁니다. 곧 한 가지 시끄러운 소음으로 다른 소음을 상쇄시키는 효과인 셈입니다. 혹은 가인처럼 여호와의 앞을 떠나 버리고, 골치를 아프게 하고 양심의 평안을 방해하는 그런 규례들에 더 이상 참석하지 않습니다. 그런데도 가책이 생기면 자기들이 과거에 행한 구제나 자선 등의 선행으로 자기들의 다른 악행을 상쇄시켜서 그것을 무마시키려 애씁니다. 마치 이 작은 유향만으로도 자기들에게 드리워진 하나님의 저주의 쓰라린 것을 사라지게 만들 수 있기라도 하듯이 말입니다. 가련한 사람들은 이렇게 해서 자기들을 가리려 하지만, 그들의 부끄러움을 절대로 숨길 수도 없거니와 하나님께서 그들을 향하여 쏘실 그 진노의 화살을 막기란 더더욱 불가능한 일입니다. 하나님께서 지정하시는 갑주가 반드시 있어야 하는 것입니다. 아담이 벌거벗고 무화과 잎사귀로 몸을 가리고 있을 때, 하나님께서는 "가죽옷"을 지어 입히셨습니다 (창 3:21). 어떤 이들은 이것이 하나님의 참된 어린 양이신 그리스도의 그림자로 봅니다만, 오직 그리스도의 의(義)야말로 하나님께서 우리의 부끄러움을 가리고 또한 우리의 벌거벗은 영혼을 덧입혀서 그의 공의 앞에 서도록 지정해 놓으신 유일한 가리개요 또한 갑주인 것입니다.

둘째 책망. 하나님의 갑주를 취하나 하나님이 지정해 주신 대로 취하지 않는 자들이 있는데, 이는 세 가지로 나타납니다.

1. 하나님께서 지정하신 임무를 사용하나, 방어를 위한 갑주로 사용하는 것이

아니라 죄를 가리는 수단으로 사용하는 자들이 있습니다. 모자에 그리스도의 색깔을 지니고 또한 예배의 모든 임무들을 시행하면서 그리스도를 따라 행진하는 사람을 과연 누가 원수로 여기겠습니까? 그런 사람은 모든 인간적인 시험대를 무사통과할 것입니다. 모두가 그를 친구로 여깁니다. 하지만 그런 사람은 시종일관 그리스도를 대적하여 싸우고 있는 것입니다. 외식하는 자가 바로 그런 사람입니다. 자기의 취할 자세를 배우고, 말씀을 받아들이고, 혀에 성경적인 언어가 묻어 있고, 그리스도인의 모습으로 행세합니다. 하지만 자기의 육신적인 목적을 좀 더 효과적으로 이루기 위해서 그렇게 처신하는 것입니다. 마치 노상강도가 의심받지 않으려고 군인 차림을 하고 나타나서 강도짓을 벌이는 것처럼 말입니다. 하나님의 갑주를 취하여 마귀를 위해서 그것을 사용하는 격이니, 이것은 정말 사악한 짓입니다. 모든 죄인들 중에서도 이런 사람이 가장 악한 자입니다. 가짜 친구가 노골적인 원수보다 훨씬 더 악한 법이니 말입니다.

2. 하나님의 갑주 자체를 육신적으로 의지하는 자들도 그 갑주를 취하되 하나님이 지정하신 대로 사용하지 않는 자입니다. 우리가 신뢰하고 의지할 대상은 하나님의 갑주가 아니라 그 갑주를 주신 하나님이십니다. 우리의 모든 병기들은 "하나님의 능력"을 통해서만 강한 것이기 때문입니다(고후 10:4). 언약궤는 유대인의 안전을 위한 수단이었습니다. 하지만 그것을 육신적으로 찬양하고 자랑하자, 결국 그 때문에 그들이 속히 패망하고 말았습니다. 그러므로 임무들과 규례들, 은사들과 은혜들은 본연의 위치를 지키고 있을 때에 영혼을 보호하는 수단이 되는 것입니다. 영혼이 부지런히 임무를 다하고 은혜를 시행할 때에 사탄은 두려워 떱니다. 마치 블레셋 사람들이 언약궤를 두려워했듯이 말입니다. 하지만 사람이 그 임무와 은혜 자체를 의지하게 되면 정말 위험해집니다. 어떤 이들은 기도하고 나서 자기들이 하루 종일 하나님을 기쁘시게 하고 있다고 생각합니다. 자기들의 발걸음이 어떤지는 거의 생각조차 하지 않으면서 말입니다. 또 어떤 이들은 자기들의 믿음과 순전함과 지식에 대해 어찌나 좋게 생각하는지, 스스로 오류나 악행에 빠질 수도 있다는 것을 깨닫도록 그들을 일깨우기도 어렵고, 자기들이 사실상 개(犬)에 불과하다는 것을 믿게 하기도 어렵습니다. 또 어떤 이들은 임무를 행할 때에 도우심이 임하면 계속 전진할 것을 스스로 약속합니다. 자기들이 임무를 너무도 잘 해 왔다고 생각하기 때문이지요. 하지만 그런 본문들이 사람들의 마음에 말씀해 주는 것이 무엇입니까? 갑주 자체에 대한 육신적인 자신감이 그들을 패망에

이르게 한다는 것 아닙니까? 안전하게 말씀드릴 수 있습니다만, 많은 영혼들이 기도하고 회개하고 무언가를 믿으면서 멸망하는 것은 물론, 기도나 회개 같은 것 자체를 육신적으로 의지하고, 기도하고 회개하는 것 때문에 멸망하기도 합니다. 때때로 있는 일이지만, 군인이 전투에서 자기 자신의 무기로 목숨을 잃기도 합니다. 너무나 무거워 그것을 갖고 도망하지 못하여 죽기도 하고, 너무 단단히 착용하고 있어서 벗고 도망하지 못하여 죽기도 합니다. 우리가 구원받기 위해서는 우리의 모든 임무들을 벗어 버리고 벌거벗은 채로 그리스도께로 나아가야 합니다. 그 임무들을 의지하는 동안에는 그리스도께로 피하지 않는 법입니다. 어떤 이들은 그것들에 완전히 갇혀 있어서 그것들이 없이는 도무지 그리스도께로 나아올 수가 없고, 그리하여 시험의 날에 하나님의 진노와 사탄의 격렬한 공격의 발 아래 짓밟히고 맙니다. 가난한 세리는 자기의 갑주를, 즉 자기 자신을 신뢰하는 모든 것을 내던지고, 자비의 손길을 간절히 구합니다. "하나님이여 불쌍히 여기소서 나는 죄인이로소이다." 결국 그는 목숨을 구하였습니다. 의롭다 하심을 얻고 돌아갔습니다. 하지만 바리새인은 자기 의와 또한 그 의에 대한 자랑으로 가득 차서 그것을 의지하고, 결국 버림 받을 뿐입니다.

3. 하나님이 주신 임무들을 수행하는 중에 그 임무들을 통하여 하나님을 바라보지 않는 자들도 하나님의 갑주를 올바로 사용하지 않는 자들입니다. 이들 역시 약하고 무기력할 수밖에 없습니다. 하나님의 말씀을 하나님의 말씀으로 읽을 때에 그 말씀이 강력한 힘을 발휘하고, 복음을 초라한 인간의 역사가 아니라 위대하신 하나님이 지정하신 것으로 알고 들을 때에 그 전해지는 복음이 능력을 발휘하여 양심을 일깨우고 침체한 심령을 다시 살리는 것입니다. 그런데 우리가 과연 하나님의 지정하신 것을 바라보고 있느냐 하는 것이 다음 세 가지에서 드러납니다.

(1) 임무를 행하면서도 하나님의 복을 구하고자 그를 바라보지 않는 경우. 여러분이 수단에서 하나님의 지정하심을 바라보고 있다면, 이렇게 말할 것입니다: "영혼아, 네가 행하는 현재의 섬김에서 선한 결과가 나타난다면 그것은 분명 하늘로부터 임하는 것이리라. 이 일이 사람이 아니라 하나님이 지정하신 일이니 말이다. 하나님이 뜻하시든 뜻하시지 않든 내가 유익을 얻겠으며, 하나님의 역사하심이 없이 그의 규례에서 영혼을 부요하게 하는 보배를 얻을 수가 있겠느냐? 내가 떡보다는 하나님의 주시는 복으로 사니, 그를 바라보는 것이 최선이 아니겠는가?"

(2) 수단들에 대해 가볍게 생각할 때에도 우리는 하나님의 지정하심을 바라보

지 않는 것입니다. 요단 강이 대체 무엇이기에 거기에 들어가 목욕을 해야 한단 말인가? 이미 다 알고 있는 것 외에는 더 들을 것이 없는데, 대체 이 설교가 무엇이기에 계속 들어야 한단 말인가? 이 하찮은 떡과 포도주가 대체 무엇이란 말인가? 이런 식의 생각들이 그것들을 지정하신 분이 하나님이심을 잊고 있는 것이 아니고 무엇이겠습니까? 명령하시는 분이 누구신지를 기억한다면, 그 명령이 무엇이든 그것에 대해서 토를 달지 않을 것입니다. 비록 진흙에 불과하지만 그리스도께서 사용하시면 그것이 눈을 뜨게 할 것입니다. 그 자체로는 오히려 상황을 더 나쁘게 하겠지만 말입니다. 하나님께 시선을 두고 있다면, 이런 것에 대해 육신적으로 이리저리 따지는 것을 그만둘 것입니다. "나를 보내사 그 임무를 하게 하시는 분이 하나님이시니, 그가 내게 무엇을 명하시든 나는 행하리라. 그리스도께서 종들에게 하신 말씀처럼 물이 가득 차 있는 동이에서 포도주를 퍼내라고 하실지라도 나는 따를 것이다."

(3) 임무를 행하다가 거기서 자기가 기대하던 것을 얻지 못할 때에, 그 임무를 그만 두는 경우. 그런 심령은 이렇게 말합니다: "오오, 내가 수단을 사용하여 행하여 왔으나 그것이 허사로다. 사탄이 여전히 나를 공격하니 그만두어야겠다." 하지만 여러분, 그것이 하나님이 지정하신 일이라는 것을 기억하십니까? 그렇다면 온갖 실망스런 상황 중에도 계속 인내할 것입니다. 여러분에게 명령을 주시는 그분께서 끊임없이 기도하십니다. 명령하시는 그분이 들으시고 지혜를 주시고 기다리십니다. 그러니 이렇게 생각해야 합니다. '하나님이 나에게 임무를 주셨으니 그가 이 임무에서 벗어나게 하시고 떠나라고 하시기까지는 내가 반드시 감당하리라'고 말입니다.

[사탄을 대적하여 우리가 사용할 갑주는 본질이 신적이어야 함]

둘째 관찰. 그리스도인의 갑주는 그 본질과 구성에 있어서도 하나님께 속한 것이어야 합니다. 이 말은 곧, 그리스도인이 자기를 방어하기 위하여 사용할 무기와 갑주를 하나님이 지정해 주셔야 함은 물론, 그가 또한 그것들을 효력 있게 하셔야 하며, 그가 그것들 속에서, 또한 그것들을 위하여, 역사하셔야 한다는 뜻입니다. 기도는 하나님이 지정하신 도구입니다. 하지만 이것이 하나님의 성령으로부터 흘러나오는 바 하나님의 기도가 되지 않으면 결코 효력 있는 갑주가 될 수 없습니다(유 20). 소망이 성도들이 반드시 써야 할 투구이지만, 이 소망 역시 반드시 "우리를 거듭나게 하사 산 소망이 있게 하신"(벧전 1:3) 하나님의 것이어야 합니다. 믿음 역시 그리스도인이 갖추어야 할 또 하나의 필수적인 도구이지만, 이 역시 하나님의 택하신 자들의 믿음이어야 합니다(딛 1:1). 의와 거룩함을 흉배로 취하여야 합니다. 하지만 참된 거룩함이어야 합니다: "하나님을 따라 의와 참된 거룩함으로(한글개역개정판은 "진리의 거룩함으로" — 역주) 지으심을 받은 새 사람을 입으라"(엡 4:24). 그러므로 영혼을 견고하게 해 주는 것은 그냥 갑주가 아니라 하나님의 갑주인 것입니다. 하나님으로부터 난 것이 세상을 이깁니다. 하나님으로부터 난 믿음과 하나님으로부터 난 소망 말입니다. 음란하고 거짓된 가짜의 임무들과 은혜들은 썩어질 씨에서 난 것이므로 영원불멸할 수가 없는 것입니다.

영혼의 갑주가 하나님께서 지으신 것이어야 합니까? 그렇다면 여러분이 입고 있는 갑주가 과연 하나님께서 지으신 것인지 아닌지를 면밀히 살펴보기를 바랍니다. 오늘날 거짓 갑주를 입고 있는 경우가 허다합니다. 입으로 신앙을 고백하는 수많은 사람들이 갑주를 입고 있으나 유익한 갑주가 거의 드뭅니다. 이것은 사탄이 사용하는 이차적인 책략입니다. 자기의 속된 것을 노골적으로 드러내 보여 죄인이 좋아하지 않으면 무언가 은혜를 닮은 것으로, 그럴 듯해 보이는 것으로 미혹시키는 것입니다. 하지만 그에게는 아무런 유익도 없고 사탄도 상처를 받지 않습니다. 사람들은 마치 칼이나 단검을 달라고 칭얼대다가 뼈로 만든 칼이나 나무로 된 단검을 받으면 그렇게 좋아할 수가 없는 어린아이와도 같습니다. 이렇게 해서 그들은 무언가 갑주를 입고 있지만, 그게 무엇인지는 전혀 관심이 없습니다. 기도를 해야 한다고 생각합니다. 하지만 어떻게 기도해야 하는지에 대해서는 거의 관심이 없습니다. 하나님을 믿냐구요? 예, 믿습니다. 자기들이 불신자가 아니기를 바랍니다. 하지만 어떤 갑주를 입고 있는지, 어떻게 그것을 입었는지, 혹은 그것이 악한 날에 과연 그들을 지켜줄지, 등과 같은 문제에 대해서는 생각조차 해 본 일이 없습니다. 그러므로 수많은 사람들이 자기들이 사탄과 죽음과 심판을 대비하여 갑주를 입고 있다는 헛된 자만심으로 멸망하고 맙니다. 비참하게도 벌거벗은 처지인데도 그런 자만심을 갖는 것입니다. 다음 두 가지 점에서, 차라리 교양의 누더기 같은 것을 걸치지 않아서 세상적인 눈으로 볼 때에도 부끄러움이 가려지지 않은 그런 사람들이 이들보다 더 나은 처지라 할 것입니다.

첫째. 그런 영혼을 구원하기가 더 어렵습니다. 능력은 없지만 그럴듯한 형식은 갖추고 있어서 그것에 호소하기 때문입니다. 혼인 예복 같은 것이 하나도 없이 완전히 벌거벗은 영혼은 아무 말도 할 수 없습니다. 술주정뱅이는 어째서 그렇게 형편없이 사느냐고 물으면 도무지 할 말이 없습니다. 그에게로 다가가 그의 속을 꿰뚫어 양심의 소리를 듣게 하면, 그 사람에게 가책이 생길 수 있습니다. 그러나 기도도 하고 설교도 듣는 사람을, 겉으로 하나님을 믿는 믿음과 소망의 모습을 드러내는 사람을 대한다고 생각해 보십시오. 번쩍이는 갑주를 입고 있고 손에 무기를 들고 일정한 거리를 유지하고 서 있어서 설교자와 또한 하나님의 말씀이 자기를 내려치지 못하도록 합니다. "대체 누가 나더러 성도가 아니라고 말할 수 있는가? 내가 대체 무슨 임무를 게을리 했는가?"라고 말하는 것입니다. 이 사람은 흉배를 두르고 있어서 다른 사람의 눈에나 관찰에는 아무것도 뚜렷하게 드러나지 않습니다. 중요한 결점이 속에 가려져 있어서 사람의 눈에 띄지 않는 것입니다. 뿐만 아니라 이 사람은 이미 그런 쪽으로 잘못 나가서 길들여져 있기 때문에 바로잡기가 더욱더 힘듭니다. 이런 사람은 어떻게 해서 그런 임무들을 접하게 되었고 그런 고백을 하게 되었을까요? 처음부터 항상 그랬을까요? 아닙니다. 말씀이 그에게 역사했고, 그의 양심이 자신의 사악함을 드러내어 가책을 갖게 했고, 그리하여 입으로 고백하는 겉모양을 갖게 되었습니다. 하지만 그리스도께 이르지 못하였고 철저한 변화가 없었습니다. 그러므로 다른 사람보다 이런 사람을 바로잡기가 더욱 힘든 것입니다. 이런 사람은 마치 구멍에 문제가 생긴 자물통과도 같습니다. 맞지도 않는 구멍에 열쇠를 넣고 억지로 돌리게 되니 차라리 자물통이 없는 것보다 상황이 더 나쁩니다. 등짐을 지다가 잘못하여 넘어진 나귀보다는 차라리 짐을 져본 일이 없는 거친 야생 나귀가 더 다루기 쉽습니다. 한 마디로 말해서 그런 사람은 불신자보다 오히려 부인해야 할 것이 더 많은 법입니다. 불신자는 정욕과 창녀들과 술주정과 찌꺼기밖에는 없습니다. 하지만 겉모양의 신자는 내세울 임무도 있고 그럴듯한 은혜도 있는 것입니다. 이런 이들에게 그 자신과 자신이 행한 임무들을 그리스도의 발등상으로 여기고 오직 그리스도를 섬기라고 권고한다는 것이 얼마나 어려운지 모릅니다.

둘째. 그런 자는 깊고 깊은 정죄 아래 있습니다. 천국에 가장 가까이까지 나아가는 사람만큼 지옥에 깊이 빠지는 자는 없습니다. 가장 높은 곳에서 밑바닥으로 떨어지기 때문입니다. 마귀들에게는 해당되지 않지만 정죄 받은 영혼들에게는 자비의 줄이 드리워져 있고 하나님께서 그의 성령으로 그들을 기다리시고 간청하시므로, 이런 점에서 정죄 받은 영혼들이 당할 고통은 마귀들보다 더 가중됩니다. 그러므로 이들이 멸망하게 되면 지옥을 더 뜨겁게 당하게 됩니다. 그의 죄에 이런 것들이 덧붙여지고 그리하여 지옥에서 그런 자기 죄를 기억하게 되므로 그의 고통이 더욱 가중되는 것입니다. 그리스도와 함께 절반 쯤 가다가 그를 떠난 자들처럼 그리스도와 그렇게 처절하게 결별하는 자들이 없는 것입니다.

그러므로 여러분에게 강권합니다. 여러분의 갑주를 살펴보십시오. 다윗은 왕의 갑주라 하더라도 싸움에 나가기 전에 먼저 스스로 입어보고자 했습니다. 사람들은 어쩌면 그가 너무 세심하다고 생각했을지 모릅니다: "무엇이라고? 왕의 갑주가 다윗에게 좋지 않다고?" 많은 사람들이 이렇게 말할 것입니다: "네가 그렇게도 호기심이 많고 까다로우냐? 그처럼 위대한 사람도 이렇게 저렇게 행하고 천국에 갈 소망을 갖는데, 감히 네 영혼이 이 갑주를 입으려 하지 않다니, 이게 무슨 일이냐?" 그리스도인 여러분, 아닙니다. 이 땅의 위대한 자들의 모범을 따르지 마십시오. 싸움에서 여러분이 걸어야 하는 것은 여러분 자신의 영혼입니다. 그러니 여러분이 입을 갑주를 아무리 세심하게 택한다 해도 결코 지나침이 없는 것입니다. 여러분의 마음을 말씀에로 가져가십시오. 말씀이야말로 여러분의 은혜와 은사를 가늠하는 유일한 시금석이니 말입니다. 이미 말씀했거니와, 말씀이 바로 다윗의 망대이니, 거기서 여러분의 갑주를 가져와야 합니다. 이 망대가 여러분의 갑주에 각인되어 있다면 그것은 과연 하나님의 갑주이고, 그렇지 않으면 하나님의 갑주가 아닙니다. 그러므로 이 한 가지 성경이라는 각인으로 갑주를 시험하기 바랍니다. 하나님께서 그의 성도들에게 싸움을 위하여 베푸시는 무기는 강력합니다: "우리의 싸우는 무기는 육신에 속한 것이 아니요 오직 어떠한 진도 무너뜨리는 하나님의 능력이라"(고후 10:4). 성령의 검은 뾰족한 칼끝과 예리한 날이 있어서 마음과 양심을 찌르고 그 속으로 들어갑니다. 완악한 마음과 어리석은 양심(사탄이 이런 것으로 죄인을 무장시켜 하나님을 대적하게 합니다만)을 찔러 쪼개어, 정욕이 사탄 스스로 난공불락이라고 생각하는 견고한 자기의 성 속에 숨어 있더라도 그것을 찌르고 끊어내고 죽입니다. 하나님께 속한 흉배는 온갖 유혹에도 구부러지거나 부서지지 않습니다. 오히려 신적인 성질을 지니고 있어서 사탄이 이빨을 드러내도 경멸하며 사탄의 움직임들을 완전히 물리칩니다.

이제 여러분의 무기가 강한지 아니면 약한지를 시험해 보십시오. 육신적인 갑주를 입고 있는 외식자보다 여러분이 하나님을 위해서 더 행하고 당할 수 있는 것이 무엇입니까? 세상이 무어라고 할지를 말씀드리겠습니다만, 여러분이 그리스도인이라면 여러분 자신을 깨끗이 하십시오. 여러분의 번쩍이는 갑주에서 먼지를 떨어 버리십시오. 그들은 이렇게 말할 것입니다: "이 입으로 그리스도인인 체하는 자들의 말을 들어 보면 우리보다 정말 하나님을 더 많이 품고 있는 것이 분명하다. 하지만 가게나 인간관계나 사업장에 들어서면 그들 중 아무리 잘난 자들도 우리나 마찬가지다. 우리와 똑같이 하나님의 계명들을 손에서 내던질 수도 있고, 설교를 듣고 나서도 우리와 마찬가지로 탐욕과 자기 자랑과 안절부절못하는 것과 화를 내는 모습을 보일 수도 있을 것이다. 가난한 성도를 돕는다든지 복음을 유지하는 등, 이해관계가 걸리는 일에서는 다른 이들과 마찬가지로 그리스도를 사랑하는 모습이 거의 드러나지 않고, 신앙을 입으로 떠벌리는 그들에게서보다는 차라리 낯선 자나 원수에게서 더 많은 것을 얻을 수 있으리라." 오오 그리스도인 여러분, 그리스도를 따라 전진하는 모양을 보이고 있으니 그리스도의 이름을 확연히 증명하고 드러내든지, 아니면 세상의 이목을 끌어온 그럴듯한 여러분의 갑주를 내던져 버리십시오. 여러분이 그렇게 하지 않으면, 그리스도께서 친히 여러분의 진면목을 드러내실 것이요, 그렇게 되면 머지않아 여러분에게 치욕이 있게 될 것입니다. 사탄의 권세에서 여러분을 막아 주지 못하는 것이라면 절대로 하나님의 갑주라 불러서는 안 되는 것입니다.

그러므로 여러분의 갑주의 여러 부품들을 먼저 입어 보십시오. 병사가 싸움에 나가기 전에 먼저 투구를 세워놓고 그것에다 창을 던지든지 화살을 날려서 제대로 견디는지를 보고 괜찮으면 쓰고 나가고 아니면 벗어두듯이 말입니다. 하지만 여러분, 성경의 화살을 쏘아야 한다는 것을 명심하여야 합니다. 여러분, 의의 흉배를 자랑스러워합니까? 과연 여러분이 지금까지의 삶에서 여러분 자신을 위한 것이 아니라 하나님을 기쁘시게 하기 위하여 임무를 행한 일이 있는지, 스스로 물어보기 바랍니다. 여러분 자신의 죄에 대해 자주 기도해 왔습니까? 여러분에게서 나오는 갖가지 시끄러운 고뇌의 절규들을 다른 이들이 들어왔습니까? 마치 여러분과 여러분의 죄 사이에 뜨거운 싸움이 있는 것처럼 말입니다. 하지만 여러분, 여러분의 그 모든 기도로 말미암아 한 가지라도 죄를 죽인 사실을 정말 보여줄 수 있습니까? 요셉은 멀쩡하게 살아 있었습니다. 하지만 그의 겉옷이 피에 젖은 채 야곱에게 전해졌습니다. 여러분의 죄도 마찬가지일 수 있습니다. 아무리 임무를 행함으로 죄를 죽이는 모습을 보이고 그 죄에 대해 소리 높여 절규를 한다 할지라도, 그 죄가 멀쩡히 살아 있을 수가 있는 것입니다. 그러므로, 여러분의 갑주의 부품 하나 하나를 그렇게 면밀히 살펴보고 따져보아야 합니다. 그러면 비록 여러분의 마음이 속아 넘어가기를 잘한다 해도, 그래도 사탄의 거짓 갑주로 쉽게 속아 넘어가지는 않을 것입니다.

반론. 하지만 하나님의 갑주가 모두 그렇게 강력합니까? 연약한 은혜도 있고 적은 믿음도 있으니, 이것으로 어떻게 우리의 갑주가 하나님의 갑주인지 아닌지를 시험할 수 있겠습니까?

답변. 이에 대해 답변을 드리겠습니다. 은혜가 연약하다는 것은 그보다 더 강한 은혜에 견주어서 하는 말입니다. 가짜 은혜에 비하면 연약한 은혜라도 강하고 힘이 있습니다. 그러니 여러분, 여러분의 은혜의 실상을 더 강한 은혜에게만 고유하게 있는 그런 능력을 기준으로 보려 하지 말고, 거짓된 은혜와 구별하는 그런 능력을 기준으로 보기를 바랍니다. 참된 은혜는 아무리 약한 경우라도, 거짓 은혜가 가장 강력할 때보다도 더 강한 법입니다. 참된 은혜의 경우는 신적인 생명의 원리가 그 속에 있지만, 거짓 은혜는 그것이 없습니다. 생명은 탁월한 가치를 부여하며 — 파리나 모기는 생명 있는 존재이므로 이런 점에서 영화롭기 그지없는 태양보다도 더 탁월한 것입니다 — 또한 강력한 힘을 부여합니다. 산 사람이 너무나 허약하여 그 느릿느릿한 걸음으로 하루에 200미터도 채 가지 못한다 해도, 그 움직임이 생명으로부터 오는 것이므로 오히려 빨리 움직이는 배보다 더 강한 힘을 가졌다 할 수 있습니다. 배는 외부로부터 힘을 받아야만 움직이기 때문입니다. 이와 마찬가지로, 외식자가 외형적인 임무의 양이나 질에서 참된 그리스도인을 능가할 수도 있습니다만, 그의 힘이 생명에서 비롯되는 것이 아니라 바람이나 파도 등 외부적인 것에서 오는 것인 반면에 그리스도인의 힘은 내적인 원리에서 비롯되는 것이므로, 그리스도인의 연약함이 외식자의 지극히 화려한 성취보다 더 강력한 것입니다. 외식자가 아무리 화려하게 자기의 성취를 드러내 보여도 연약한 그리스도인으로 하여금 그를 능가하게 만들어 주는 참된 은혜의 행위를 두 가지만 제시하고자 합니다. 그리스도인이 미혹을 받아 죄를 범하게 될 경우 정말 은혜가 연약하다고 말할 것입니다. 물론 육신적인 사람은 아무리 큰 죄라도 별 문제가 없다고 이야기할 것이지만 말입니다. 은혜의 파고가 그렇게까지 낮아질 수도 있습니다. 하지만 참된 은혜라면 그런 썰물의 상황에서도 거짓 은혜보다 더 강력한 힘을 발휘하게 될 것입니다.

1. 은혜의 원리는 결코 영혼을 떠나지 않을 것이요, 마침내 영혼이 그렇게 선하신 하나님을 거역했다는 것에 대해 베드로처럼 슬피 울게 될 것입니다. 오오 그대 외식자여! 대답해 보십시오! 하나님께 잘못을 범한 일 때문에 진심으로 한 방울이라도 눈물을 흘려 본 적이 있습니까? 그대가 범한 죄들로 인하여 지옥에 마련된 그 질곡의 침상을 바라보며 눈물을 흘릴 수도 있습니다. 하지만 하나님의 이름에 해를 가한 것 때문에 슬피 울 만큼 그렇게 하나님을 사랑한 적은 한 번도 없을 것입니다. 히 12:16, 17의 에서의 눈물에 대한 아우구스티누스의 설명은 아주 적절합니다. 그가 슬피 운 것은 복을 받지 못했다는 것 때문이지, 자기가 그 복을 팔아 버렸다는 것 때문이 아니었다는 것입니다. 그러므로 성도의 눈물이 외식자의 눈물보다 탁월하다는 것을 보게 됩니다. 그리스도인은 비록 죄에 짓눌려 있다 해도 자기의 눈물로 심지어 그 죄에 대해서도 정복자라는 사실을 드러내 보여줍니다. 그러나 외식자는 악한 정욕을 저항하는 모습을 보인다 해도 자기의 교만으로 자신이 그보다 더 악한 정욕의 종이라는 사실을 드러내 보여주는 것입니다. 그리스도인은 죄를 범하는 동안에도 그 죄를 미워합니다. 반면에 외식자는 죄를 견디는 중에도 그 죄를 사랑하는 것입니다.

2. 시험 중에라도 참된 은혜가 있다면, 그 은혜가 마음속에 격렬한 복수의 욕구를 불러일으킵니다. 이는 마치 원수의 손에 잡혀 있는 포로와도 같습니다. 포로는 도망쳐 나갈 방법을 생각하고 계획을 세우고, 또한 나가서 무엇을 할 것인지를 궁리하고 매 순간마다 밖으로 나갈 것을 사모하고 기다립니다. 그리고 나가면 다시 무기를 들고 일어설 것이라 다짐합니다. 삼손은 이렇게 아룁니다: "여호와여 구하옵나니 나를 생각하옵소서 하나님이여 구하옵나니 이번만 나를 강하게 하사 나의 두 눈을 뺀 블레셋 사람에게 원수를 단번에 갚게 하옵소서"(삿 16:28). 은혜 있는 영혼은 이렇게 기도합니다. 하나님께서 조금만 더 살려 주시고, 죽기 전에 한 번만 더 힘을 주사 자신의 교만과 불신앙에 대해, 그리고 하나님을 모욕하여 저지른 온갖 죄들에 대해, 복수하게 해 주시기를 구하는 것입니다. 하지만 거짓된 마음은 원수 갚기를 궁리하기는커녕 하나님의 율법이 오히려 자신의 정욕을 불러일으켰다며 바다물결처럼 출랑거리며, 죄를 그렇게 좋아보이게 만들어서 그것을 취하여 영혼이 위험에 처하게 되었다는 것에 대해 하나님을 원망하는 것입니다.

셋째 대지

[우리의 갑주가 완전해야 함 — 하나님의 전신갑주]

셋째 대지에서는 성도의 갑주의 수량 혹은 부족한 것 없는 완전함을 살펴보겠습니다. "하나님의 전신갑주"라고 합니다. 그리스도인의 갑주는 완전해야 합니다. 그리고 세 가지 점에서 그래야 합니다.

첫째. 그리스도인은 모든 부분이, 영혼과 육체가, 갑주를 입어야 합니다. 영혼이 힘을 지녀야 하고 육체가 감각을 유지해야 하며, 벌거벗은 채로 있는 부분이 하나도 없어야 합니다. 지극히 작은 구멍 속으로도 화살이 날아들 수 있습니다. 아합 왕도 갑옷 솔기에 화살을 맞고 죽었습니다(왕상 22:34). 사탄은 아무리 작은 틈 속으로도 화살을 날려 맞출 수 있는 탁월한 궁수(弓手)인 것입니다. 사람이 무장을 갖추었는데 오로지 눈만 그냥 두었다면, 사탄은 곧바로 그 구멍 속으로 정욕의 화살을 날려서 이내 온 집을 화염에 불타도록 만들 수 있습니다. 하와는 그저 나무를 본 것뿐인데, 독이 가득한 화살이 그녀의 심장을 맞춘 것입니다. 눈이 화살에 맞고 귀가 부패한 이야기를 들으면, 사탄은 곧바로 그 구멍 속으로 꿈틀거리며 들어가고 말 것입니다. 외부적인 감각들을 철저히 지키면서 마음은 부지런히 살피지 않는다면, 자신의 생각들로 인해서 곧바로 사탄의 손아귀에 들어가고 말 것입니다. 우리의 원수들이 사방에 있습니다. 그러니 우리의 갑주 또한 "좌우에" 있어야 할 것입니다(고후 6:7). 사도는 죄를 하마르티안 유페리스타톤(ἁμαρτίαν εὐπερίστατον)이라 부릅니다. 즉, 우리를 둘러싸고 있는(히 12:1) 원수를 뜻하는 것입니다. 방비를 소홀히 하거나 약하게 하는 부분이 있으면, 사탄은 반드시 그 부분을 공략합니다. 원수가 성을 공격할 때에 한 쪽에서 패하면 방비가 약한 다른 쪽을 공략하는 것처럼 말입니다. 사탄은 자기의 시험거리들을 여러 대로 나누어 하나로 이쪽을 공격하고, 또 하나로 다른 곳을 공격하는 것입니다. 육신적인 사악함과 영적인 사악함이 있습니다만, 육신적인 사악함으로 시험하는 것을 막으면, 사탄은 영적인 사악함이라는 다른 문으로 공격을 시도할 것입니다. 어쩌면 여러분이 삶의 실천적인 부분에서 순전함을 유지해 왔을 수도 있습니다. 하지만 여러분의 머리와 여러분의 판단을 방어하는 데에는 어떤 갑주를 착용하셨습니까? 만일 사탄이 이곳을 공격하여 무언가 계산 착오를 일으켜 오류를 발생하게 만든다면, 머지않아 여러분의 실천의 순전함이 무너지고 말 것입니다. 감각에 따라 처신하는 자들이나 무신론자들과 함께 지내며 안식일을 더럽게 만들지는 못하겠지만, 그리스도인의 자유 같은 부패한 원리로 위장하면 얼마든지 여러분을 이길 수도 있습니다. 그러므로 빠짐없이 각 부분마다 완전한 갑주를 입어야 할 필요성이 제기되는 것입니다.

둘째. 그리스도인은 갖가지 부품과 무기들을 완전히 갖춘다는 점에서도 전신갑주를 입어야 합니다. 갖가지 은혜들이 사실상 서로 연결되어 있습니다. 마치 사슬에 매여 있듯이, 아치에 돌들이 이어져 박혀 있듯이, 몸의 각 지체처럼 그렇게 연결되어 있습니다. 핏줄 하나가 찔리면 온 몸의 피가 다 빠져나옵니다. 한 가지 임무를 소홀히 하면 다른 어떠한 임무도 우리에게 유익을 주지 못하는 법입니다.

사도 베드로는 그의 둘째 서신 1:5-7에서 은혜의 몸 전체를 강건하게 하도록 함께 힘쓸 것을 권고합니다. 온 몸이 살아 움직일 때 건강한 법입니다. 그는, "너희 믿음에 덕을 더하라"고 말씀합니다. 믿음은 모든 것을 이끄는 은혜입니다. 자, 믿음을 가졌습니까? 그러면 덕을 거기에 더하라는 것입니다. 참된 믿음은 행위를 부추기는 성질을 갖고 있습니다. 그러므로 선한 행위가 없다면 그 믿음은 죽은 믿음이거나 죽어가는 믿음입니다. "믿음은 비대해지든지 혹은 행위에서 강하게 되든지 둘 중의 하나다"(루터). 믿음은 거룩한 삶으로 말미암아 마음속에 감추어져 있습니다. 마치 사람의 몸의 뼈대를 살이 감싸고 있듯이 말입니다. 살은 그 속에 들어있는 장기들로부터 열기를 받으면서도 그 장기들의 생명 자체가 보존되도록 돕습니다. 이와 마찬가지로 선한 행위와 은혜로운 활동들은 믿음으로부터 생명을 얻으면서도, 그런 행위들이 믿음의 생명 자체를 보존하도록 돕는 것입니다. 때로는 어린 아기가 그 낳아준 부모를 돌보기도 하고, 그리하여 자기의 임무를 다하기도 하는 것처럼 말입니다.

이처럼 선한 행실에 열매가 있다고 해서 마귀의 화살의 사정권 바깥에 있는 것이 아닙니다. 그러므로 여러분의 덕에 **지식**을 더해야 합니다. 지식은 마치 촛불과도 같아서 그것이 없으면 믿음이 그 행위를 행하는 것을 볼 수가 없습니다. 여러분, 구제를 하려 하십니까? 하지만 언제 어떻게 무엇을 누구에게 구제를 베풀지를 지도하는 지식의 눈이 사랑에게 없다면, 곧바로 하나님께 잘못을 저지를 수도 있는 것입니다. 혹시 죄로 인하여 여러분 자신을 낮추고 있습니까? 그러나 복음의 진로에 대한 지식이 없으면, 사탄이 여러분의 무지(無知)를 이용하여 장난을 칠 수

도 있습니다. 여러분이 눈물로 인하여 거의 질식할 지경이 되어 있고 슬픔의 격류
로 인하여 거의 절망에 빠져 있다는 것을 하나님께서 아시는데도 자신을 더 낮추
어야 한다는 식으로 회유할 수도 있고, 아니면 여러분의 퉁퉁 부은 얼굴을 보여주
면서 이만하면 충분히 낮아졌다는 식으로 아첨하여 육신적인 자신감을 심어줄 수
도 있는 것입니다.

　어쩌면 여러분이 사는 곳에서 하나님의 이름이 욕을 당하는 것을 보고서 여러
분의 심령에 의분을 느낄 수도 있습니다. 바울이 아덴에서 그랬던 것처럼 말입니
다. 그런데 이 경우에 지식이 안장에 앉아 고삐를 죄고 여러분의 열정을 제어하지
않으면, 곧 울타리를 넘고 웅덩이를 넘어 마구 달려가다가 결국 그런 무모한 행동
으로 인하여 절벽 같은 데에서 떨어지고 말 것입니다. 그렇다고 지식으로 족한 것
이 아닙니다. 절제로 무장해야 합니다. 여기서 절제란 그리스도인이 집주인으로서
집의 하인과도 같은 자신의 감정들을, 이성과 믿음을, 제어하여, 그것들이 비정상
적으로 움직이거나 욕심에 빠져 무절제하게 이생의 욕망과 위로와 걱정과 근심을
위하여 힘을 발휘하는 일이 없도록 하는 것입니다. 그렇게 되면 사탄이 여러분을
공격하기가 너무나도 힘들 것입니다. 역사가에 따르면, 잉글랜드와 프랑스 사이
의 유명한 한 전투에서 잉글랜드 군의 소나기 같은 화살 세례로 프랑스 군이 패하
였는데, 화살들이 그들의 말을 쏘아서 온 군대가 완전히 무질서에 빠졌다고 합니
다. 말이 계급의 차이를 알 턱이 없어서, 아군들을 다 짓밟아 버렸다는 것입니다.
감정이란 기수에게 말과도 같아서 지식이 그 위에 올라가 타고 있어야 합니다. 만
일 사탄의 가시 돋친 화살들이 날아와 박혀 여러분의 육신적인 욕망들이 무절제
함을 드러내고 그리스도의 욕망과 다투게 되면, 또한 여러분의 이익을 지키고자
하는 마음이 선한 양심을 지키고자 하는 마음을 무너뜨려서 아내와 자녀에게서
얻는 육신적인 즐거움이 주 안에서 누리는 즐거움을 짓밟거나 그보다 앞서게 되
면, 과연 승리가 어느 쪽에 있게 될지 잘 생각해 보기 바랍니다.

　가령 여러분이 지금까지 번영을 누리며 아주 편안하게 천국을 향하여 전진해
오고 있다고 합시다. 그렇다면 험난한 길과 날씨도, 곧 힘겨운 상황도 대비해야 하
지 않겠습니까? 여러분이 좁디좁은 역경의 길에 들어서면 사탄이 온갖 유혹거리
들로 울타리를 칠 것입니다. 그렇게 되면 번영 중에 전진할 때와는 달리 시험에서
도망칠 수가 없게 됩니다. 세상의 매력적인 올무는 피했겠지만, 세상이 이맛살을
찌푸릴 때에는 그 올무에 걸릴 수도 있습니다. 절제를 통해서 세상이 주는 쾌락의

달콤한 포도주에 취하지 않았다 해도, 인내가 없어서 괴롭고 힘든 고뇌의 포도주에는 취해 버릴 수가 있습니다. 그러므로 사도는 말씀하기를, "절제에 인내를" 더하라고 합니다. 인내를 소유하고 있지 못하면 요동치는 불만의 마귀가 여러분을 사로잡고 말 것입니다. 인내가 없는 심령이 괴로움 중에 있는 것은 마치 사슬에 매인 미치광이와도 같습니다. 아니, 사슬에 매인 마귀와도 같아서, 매여 있는 동안 하나님을 대적하여 몸부림치는 것입니다.

그러면, 여러분에게는 인내가 있습니까? 인내는 정말 고귀한 은혜입니다만, 그것으로 다 된 것은 아닙니다. 인내하여야 하는 것은 물론 경건한 사람이어야 합니다. 그러므로 사도는 말씀하기를, "인내에 경건을" 더하라고 합니다. 무신론적인 인내가 있는가 하면, 경건한 그리스도인의 인내가 있습니다. 무신론자의 경우는 사탄이 양심을 무디게 하므로, 원망을 하지 않습니다. 느끼지를 못하니 당연한 일입니다. 하지만 그리스도인의 경우는 그리스도의 영이 괴로움을 편안하게 가라앉힙니다. 고통의 감각을 없애는 것이 아니라 그리스도의 사랑을 깨닫게 하여 고통을 극복하게 하는 것입니다. 자, 경건이란 하나님께 드리는 내면적인 예배든 외형적인 예배든 예배 전체를 다 포괄합니다. 만일 여러분이 도덕적으로도 일관성이 전혀 없고 하나님을 예배하는 자도 아니라면, 여러분은 무신론자입니다. 또한 하나님을 열심히 예배하지만, 성경의 원리에 따라서 예배하지 않는다면, 여러분은 우상 숭배자일 뿐입니다. 또한 성경의 원리에 따라 예배하지만, 영과 진리로 예배하지 않으면, 여러분은 외식자요, 따라서 마귀의 입에 들어가고 맙니다. 하나님께 한 가지 예배는 드리면서 다른 예배는 부인한다면, 여전히 사탄의 이용을 당할 수밖에 없습니다. "사람이 귀를 돌려 율법을 듣지 아니하면 그의 기도도 가증하니라"(잠 28:9).

하지만, 그리스도인 여러분, 이것으로도 완전한 갑주를 갖춘 것이 아닙니다. 여러분 홀로 세상을 살고 또한 하나님과의 직접적인 교제 외에 할 일이 전혀 없다면, 경건을 갖추는 것으로 족할 것입니다. 그러나 여러분, 언제나 직접적인 예배의 산 위에 거할 수만은 없습니다. 산에서 내려가면 수많은 형제들과 아버지의 종들이 같은 가족에 속하여 함께 지내게 됩니다. 그러니 여러분 스스로 어울리게 처신해야 합니다. 그렇지 않으면 아버지께서 진노하실 것입니다. 여러분과 함께 약속의 상속자들인 형제들이 여러분에게 있습니다. 그러므로 "경건에 형제 우애를" 더해야 합니다. 사탄은 여러분을 갈등 속에 집어넣고, 여러분의 경건에 깊은 상처를 주려 합니다. 사랑으로 손을 맞잡지 못하면, 임무를 행하는 중에 마음을 다할 수가 없습니다. 가정에는 형제들만이 아니라 종들도 있습니다. 곧, 세속적이고 육신적인 자들이 무수히 있습니다. 아들과 딸의 이름은 한 번도 얻은 적이 없지만, 그래도 하나님의 가족에 속하여 있습니다. 여러분의 하늘 아버지께서는 여러분이 바깥에 있는 자들에게 흠 없이 아름답게 행하기를 원하십니다. 그런데 그렇게 행하려면 형제 우애에 "사랑"을 더해야 합니다. 아무리 악한 사람에게도 이 사랑의 은혜를 통하여 기꺼이 선을 행하고자 할 것입니다. 그들이 여러분을 저주하더라도, 그들을 위하여 기도해야 합니다. 예, 그들에게 그리스도와 천국이 있기를 위해 기도해야 합니다. 그리스도께서는 사람들이 그의 옆구리를 찌를 때에 "아버지여 저들을 용서하소서"라고 말씀하셨습니다. 그런데 정말이지 오늘 이 시대에 사랑이라는 이 갑주의 마지막 부품이 사탄에게 큰 호기를 주었다는 생각이 듭니다. 우리가 우리의 사랑이 지나치게 넓은 것이 아닌가 하고 너무도 우려하고 있으니 말입니다. 하지만, 사랑이 이 세상만큼이나 넓지 못하면 이는 너무도 좁은 것입니다. "모든 이에게 선을 행하라"는 명령이 우리에게 주어져 있기 때문입니다. 우리의 설교가 오로지 성도들에게만 관심을 갖고 있고, 아직 부르심을 받지 못한 채 갇혀 있는 저 불쌍한 영혼들을 마귀의 손아귀에서 구해내는 일에는 별 관심이 없으니, 우리 목사들이야말로 사랑이 없는 것에 대해 책망을 받아야 하지 않을까요? 우리가 성도들을 위로하고 그들의 특권들을 설교하면서도, 열정적인 사랑이 없어서 무지한 자들은 그대로 무지하게 버려두고, 속된 자들은 그대로 속된 채로 내버려둔다면, 그동안 사탄은 그들을 아무런 저항 없이 지옥으로 끌어갈 것입니다. 이미 생명의 길을 걷고 있는 성도들을 격려하는 것은 물론, 저 불쌍한 영혼들에 대해서도 사랑을 갖고서 그들을 책망하고 권고하여 그들도 함께 생명의 길에 들어서게 하여야 할 것입니다. 우리는 주의 집에 양식을 공급할 책무를 맡은 청지기들입니다. 우리의 청중들의 대다수는 자녀의 떡을 얻을 수도 없고 얻어서도 안 됩니다. 그렇다고 해서 우리가 그들에게 아무것도 주지 말아야 하겠습니까? 그리스도께서는 사랑으로 수많은 무리들을 불쌍히 여기셨고, 그의 공적인 설교에서도 그들에게 특별히 적용시키셨습니다. 저 유명한 설교에서 그는 대부분을 외식적인 바리새인들의 잠자는 양심을 일깨우는 데 할애하셨습니다. 그들에게 청천벽력 같은 화(禍)와 저주를 퍼부으셔서 말입니다(마 23장). 다시 말씀드립니다만, 우리 가족들에 이런 사랑이 없는 것이 사탄에게 얼마나 호기가 되는지 모릅니다. 신앙이 있는 것처럼 행세하는 그런 사회의 지도층들이 어린 자녀들을 교육하는 일에 얼마나 무관심한가 하는 것이 보이지 않습니까? 아니, 어떤 이들은 그것이 자기들의 임무가 아니라는 것을 하나의 원칙으로 철두철미하게 믿고 있기도 합니다. 사탄이 집안으로 들어와서 무지와 속된 상태에 있는 자녀들과 종들을 지옥으로 몰아가고 있는 것을 그냥 두고 보고 있고, 책망이나 교훈의 말로 원수를 대적하여 이 어리석은 영혼들을 살인자의 마수에서 건져내려 하지도 않으니, 도대체 사랑이 어디 있습니까? 정말이지 그들을 자유 가운데 있게 해야 합니다. 이것이 마귀에게 할 수 있는 정당한 처사입니다. 이 줄에 부패한 성질을 충분히 주게 되면, 그것이 곧바로 어린 심령들에게서 하나님과 신앙의 원리들을 질식시켜 버리고 말 것입니다.

셋째. 성도의 갑주의 완전함을, 갑주의 모든 부품 하나하나를 다 구비해야 한다는 뜻 이외에도, 각 부품이 온전하고 완전한 상태여야 한다는 뜻으로도 취할 수 있습니다. 그리스도인은 모든 은혜를 다 힘써 추구해야 하지만, 또한 각 은혜 하나하나를 힘써 발전시키고 완전에까지 이르게 해야 합니다. 믿음에 덕을 더해야 하는 것처럼, 믿음에 믿음을 더해야 합니다. 곧, 자신이 받은 은혜를 항상 완전하게 해야 한다는 것입니다. 성경은 신자들에게 자주 이러한 명령을 하고 있습니다. "하늘에 계신 너희 아버지의 온전하심과 같이 너희도 온전하라"(마 5:48). "하나님이 순전하심과 같이 너희 자신을 순전하게 하라." 이 점에서 우리는 똑같은 복사판이라 할 수 있습니다. 우리가 하나님의 순전하심과 온전하심을 똑같이 지닐 수 있다는 뜻이 아니라, 항상 더 온전해지기를 위해 힘쓴다는 뜻입니다. 우리가 복사판이 되는 하나님의 온전하심에 무한히 부족하다는 것을 보게 될 것이기 때문입니다. 그러므로 "인내를 온전히 이루라 이는 너희로 온전하고 구비하여 조금도 부족함이 없게 하려 함이라," 혹은 모든 점에서 부족함이 없게 하려 함이라(약 1:4). 여러분이 혹시 적은 인내로 약간의 짐을 지느라 어려운 걸음을 하고 있다면, 그보다 더 큰 짐을 지게 되면 주저앉아 버릴 것입니다. 그러므로 인내를 항상 온전하게 할 필요가 있습니다. 그렇지 않으면 우리의 연약한 어깨로는 도저히 감당하지 못할 짐을 만나게 될 것이니 말입니다. 그리스도인이 이렇게 자신의 은혜를 온전하게 해야만 하는 이유 몇 가지를 살펴봅시다.

1. 은혜는 부패할 소지가 있는 것이므로 항상 그것을 온전하게 할 필요가 있습니다. 이는 마치 군대, 특히 전투 중에 있는 군대의 경우와도 같습니다. 무기가 무뎌지고 망가집니다. 한 사람은 투구가 찌그러졌고, 다른 사람은 검이 틈새가 갈라

졌고, 또 다른 사람은 총이 정비가 되어 있지 않습니다. 그러니 새로운 것으로 갈아야 할 필요성이 항상 있는 것입니다. 그리스도인이 한 가지 시험을 당하는 중에 그의 소망의 투구의 머리 부분이 찌그러져 있기도 하고, 또 다른 이는 인내가 닳아져서 견디지 못하게 되기도 합니다. 그리스도인에게는 망가진 무기를 갈아 끼울 무기 창고가 필요하고, 그것도 속히 필요합니다. 사탄이 그리스도인이 이처럼 재무장할 준비가 가장 덜 되어 있을 때에 공격해 올 가능성이 가장 높기 때문입니다. "시몬아, 시몬아, 보라 사탄이 너희를 밀 까부르듯 하려고 요구하였도다." 사탄은 이 당시 제자들이 제대로 구비되어 있지 않은 것을 알고 있었습니다. (그들의 대장이신 그리스도께서 이제 군대를 지휘하던 데에서 취하여 감을 당하실 것이었으며, 제자들은 자기들 스스로 불만을 갖고서 자기들 중에 누가 가장 큰 자가 되어야 하느냐를 놓고 다툼을 벌이고 있었으며, 성령께서 가져다주실 더 강력한 은혜의 재충전은 아직 임하지 않은 상태였습니다.) 그런데 이때에 사탄이 그들을 깜짝 놀라게 할 계획을 갖고 있었습니다. 그러므로 그리스도께서는 사탄이 그렇게 하지 못하도록 막으시고자 그의 성령을 속히 그들에게 보내실 것을 약속하시며(행 1:4) 또한 그동안 그들을 예루살렘으로 보내사, 성령께서 오셔서 안위하시기까지 함께 모여 한 마음으로 간구하며 경계할 것을 당부하시는 것입니다. 이는 우리의 은혜가 연약할 때에 어떻게 해야 할지, 또한 어디에서 공급을 받아야 할지를 보여주는 것입니다.

2. 사탄이 자기의 기술과 분노를 완전하게 하고 있기 때문입니다. 사탄을 가리켜 옛 뱀이라 부르는 것이 결코 헛것이 아닙니다. 그는 본질상 교활하지만, 경험을 통해서 더 교활해져 있습니다. 본질상 화를 쏟아내지만 날마다 더욱더 화를 격하게 발합니다. 그는 마치 들소와도 같아서 괴롭힐수록 더욱 격하게 화를 발합니다. 그러므로 이제 자기 때가 얼마 남지 않은 사탄을 대하여야 할 우리로서는 싸움터에 무장을 든든히 하고 나가야 합니다.

3. 성도들을 은혜와 위로 면에서 온전하게 하는 것이 하나님의 모든 경륜의 목적이기 때문입니다. 하나님이 환난으로 가지들을 잘라내고 솎아내시는 것이, 성도들을 깨끗하게 하시고 그들로 더 많은 열매를 더 충만하고 더 아름답게 맺게 하시기 위함이 아니고 무엇이겠습니까(요 15:2)? 환난은 인내를 이룹니다(롬 5:3). 인내를 이루게 하기 위하여 하나님께서 환난을 주시는 것입니다. 환난이 성도들을 발전시켜 주는 것입니다. 악인은 인내에 대해 격분하지만, 성도들은 오히려 인내

로써 온유하게 되는 법입니다. 그것이 복음에서 나타나는 그의 계획입니다. 그는 그의 성도들을 "믿음에서 믿음에 이르게" 하시고자 말씀을 전하시며(롬 1:17), 또한 그의 교회에게 갖가지 도구들로 은사들로 채우셨으니, "이는 성도를 온전하게 하며 봉사의 일을 하게 하며 그리스도의 몸을 세우려 하심이라"(엡 4:12). 건물을 세워가려는 것이 아니라면, 무엇 때문에 뼈대가 서 있고 일꾼이 그 위에서 일을 하겠습니까? 그런 수단들이 있는데도 우리가 전진하지 않는다면, 이는 하나님의 도모하심을 허사로 만드는 처사일 것입니다. 그러므로 사도는 그리스도인이 된 유대인들이 그리스도의 학교에서 능률 있게 행하지 못하는 것에 대해 다음과 같이 책망하는 것입니다: "때가 오래되었으므로 너희가 마땅히 선생이 되었을 터인데 너희가 다시 하나님의 말씀의 초보에 대하여 누구에게 가르침을 받아야 할 처지이니 단단한 음식은 못 먹고 젖이나 먹어야 할 자가 되었도다"(히 5:12).

[적용]

오오, 이처럼 자신의 영적인 상태에서 전진하고자 힘쓰고, 또한 지식과 인내 등에서 부족한 것을 온전하게 하고자 애쓰는 이들이 어찌 그리 적은지 모르겠습니다.

1. 몇몇 사람들에게 믿음에 믿음을 더하며 은혜의 정도를 더 높이는 일에 대해 이야기해 보십시오. 그러면 그들이 집에다 집을 더하며, 밭에다 밭을 더 늘이는 일에 더 마음이 가 있다는 것을 알게 될 것입니다. 그들의 영혼이 갈망하고 있고, 더욱 사모하고 있습니다. 하지만 무엇을 그렇게 갈망합니까? 그리스도나 천국이 아닙니다. 땅을 갈망하는 것입니다. 땅을 아무리 많이 가지고 있어도 족하다고 생각하는 법이 절대로 없습니다. 죽음이 찾아와 무덤을 위해 한 삽 정도의 작은 땅으로 입을 막을 때까지 절대로 만족하지 않습니다. 끊임없이 더 많은 것을 갈구하면서도 그런 탐욕을 죽음에까지 부릴 수 없으니, 그런 사람의 삶이 얼마나 괴롭고 힘들겠습니까? 오오, 여러분, 피조물에 대한 이런 갈증을 없애는 유일한 길은 — 믿으려 하지 않을지도 모르겠습니다만 — 그리스도와 천국을 향한 또 다른 갈증을 지피는 것입니다. 이를 열정적으로 갈구하는 그런 큰 마음을 가지기만 하면, 다른 갈증이 홀로 사라질 것입니다. 열병을 앓으면서 큰 갈증을 느끼지만, 몸이 정상이 되면 그 갈증이 사라지는 법인 것처럼 말입니다.

2. 어떤 이들은 자기들이 이미 온전한 상태에 있다고 자만하여 은혜를 온전하게 하기를 힘쓰지 않습니다. 그들은 그런 헛된 생각을 갖고서 기도와 말씀 듣기 등 모든 규례들을 내던져 버립니다. 그것들이 아직 고도의 단계에 이르지 못한, 은혜에서 어린 아기에 불과한 자들을 이끌고 가는 끈인데도 말입니다. 오오, 교만이 사람들을 얼마나 바보로 만드는지 모릅니다! 우리가 이 정도밖에 온전하지 못하다면, 과연 천국은 우리에게 그다지 바람직한 곳이 못될 것입니다. 우리가 이 세상에 있기에는 너무나 높고 천국에 있기에는 너무 낮은 상태에 그대로 있다면 말입니다. 이처럼 얼토당토않은 교만을 치유하시기 위해 하나님이 쓰시는 방법을 오늘날 느부갓네살이 경험한 일에서 보게 됩니다. 곧, 사람들에게 한동안 짐승 같은 마음을 주셔서 짐승 같은 행위들 속에 빠져 괴로움을 당하게 하시고, 그리하여 그들이 그렇게 허망하게 꿈꾸어온 그들의 처지가 얼마나 온전한 것과 거리가 먼지를 깨닫게 하시는 것입니다.

3. 참된 은혜도 있고 그것을 발전시킬 열의도 있으나, 자기 자신의 현재의 초라한 처지를 너무 깊이 의식한 나머지 더 많은 것을 위하여 힘쓸 마음이 사그라지는 이들도 있습니다. 부패를 이기고 믿음을 더 크게 가질 능력을 더 갖기 위해 힘쓰면, 결국 하나님의 뜻을 기꺼이 행하게 되고 또한 크나큰 환난 중에도 인내로, 오히려 감사함으로 견디게 될 것이라고 하며 사람들을 독려해 보십시오. 그러면 믿음이 그렇게 연약하고 사랑이 그렇게 식어져 있고 손에 든 은혜도 그렇게 적은 사람이 과연 그런 상태에 이르게 된다는 것을 절대로 믿지 않을 것입니다. 이는 마치 거지에게 지갑에 동전 한 푼을 넣어주고서, 그것을 갖고 가서 장사를 하면 훗날 죽기 전에 그가 반드시 런던의 시장이 될 것이라고 설득하는 것과도 같습니다. 그가 그 말을 믿겠습니까? 하지만, 가련한 심령들이여, 어째서 그 적은 것들을 멸시한단 말입니까? 지극히 작은 겨자씨 하나가 뿌려져 나무가 된다는 것을 모르겠습니까? 연약한 은혜는 겨자씨와도 같습니다. 그것이 처음에 지극히 작다는 점에서도 그렇고, 후에 크게 자란다는 점에서도 그렇습니다. 과연 여러분에게 은혜가 전혀 없다고 감히 말할 수 있겠습니까? 처음 시작 때에 조금이라도 가졌는데도 여러분이 하나도 갖지 않았다고 한다면, 감히 이렇게 말씀드려야겠습니다. 지금 그렇게 약한 것을 이제 천국에 있는 성도들의 은혜만큼이나 온전하게 만드시기 위해 행하신 것보다 그가 여러분을 위해서 이미 더 많은 일을 행하셨다고 말입니다. (1) 그의 역사가 능력의 행위였음을 생각할 때에, 그가 더 많은 일을 행하신 것입니다.

은혜가 없는 상태와 은혜가 있는 상태의 차이는, 연약한 은혜와 강력한 은혜의 차이보다도, 혼돈과 무의 차이보다도, 또한 혼돈과 이 아름다운 천지의 조화의 차이보다도 훨씬 더 큰 것입니다. 창조와 새 창조의 첫 날의 역사가 가장 큰 법입니다. (2) 그의 역사가 은혜의 행위였음을 생각하기를 바랍니다. 처음 회심의 은혜를 주시는 것이 그 은혜를 영광으로 관 씌우시는 것보다 더 큰 자비입니다. 왕자로서는 가난한 시골 처녀와 결혼하는 것이, 결혼한 후에 그녀를 공주답게 장식하는 것보다 훨씬 더 은혜롭고 황송한 일입니다. 시골 처녀와 결혼하는 일은 해도 되고 하지 않아도 되는 일이었지만, 공주답게 장식하는 일은 그녀와의 관계 때문에라도 반드시 해야 되는 일이었던 것입니다. 하나님께서는 여러분에게 은혜를 주셔도 되고 주지 않으셔도 되는 일이었습니다. 하지만 일단 은혜를 주신 다음에는 여러분과 하나님의 관계 때문에, 또한 그가 친히 하신 언약으로 인하여, 그는 반드시 여러분에게 더욱더 큰 은혜를 베푸사 결국 영광 중에 그의 신부로 합당하게 하셔야만 하는 것입니다.

넷째 대지

[우리의 영적인 갑주의 용도 — 하나님의 전신갑주를 입으라]

성도들의 갑주에서 마지막 네 번째 대지는 그 용도입니다. "하나님의 전신갑주를 입으라"라고 말씀합니다. 간단히 말해서 "입으라"라는 명령이 무슨 뜻입니까? 사도의 편지를 받는 이들 중에 적어도 대다수가 성도들이므로, 그들 중에 아직 입지 못하고 있는 이들이 있으니 행실로써 입으라는 뜻일 뿐 아니라, 또한 이미 갖고 있는 것을 활용하라는 뜻이기도 합니다. 집에 갑주를 비치해 두고 있는 것과 그것을 착용하고 있는 것은 서로 전혀 다른 문제입니다. 마찬가지로 은혜의 원리를 지니고 있는 것과 그 은혜로 행동하는 것은 서로 전혀 다른 문제입니다. 그러므로 우리에게 필요한 교훈은 다음과 같은 것입니다.

[우리의 갑주 혹은 은혜는 반드시 계속 활용되어야 한다]

가르침. 은혜를 갖고 있는 것으로는 안 됩니다. 이 은혜가 계속해서 활용되고 있어야 합니다. 그리스도인의 갑주는 착용하도록 주어진 것입니다. 우리의 전투가 끝나고 우리의 여정이 마쳐지기 전에는 갑주를 벗어둘 수가 없는 것입니다. 우리의 갑주와 우리의 의복 곧 육신은 함께 벗는 것입니다. 육신을 벗게 되면 경계할 필요도 없고, 방패나 투구도 필요 없습니다. 군대의 임무들과 야전의 은혜들에서 — 믿음과 소망 같은 것들에서 — 명예롭게 물러나게 될 것입니다. 천국에서는 우리가 갑주가 아니라 영광의 예복을 입고 나타날 것입니다. 그러나 여기 이 땅에서는 이것들을 밤낮으로 입고 있어야 합니다. 이것들을 착용하고 걸어야 하고 일해야 하고 잠을 자야 합니다. 그렇지 않으면 우리는 그리스도의 참된 군사가 아닙니다. 바울은 이를 행하고 있음을 고백하고 있습니다: "이것으로 말미암아 나도 하나님과 사람에 대하여 항상 양심에 거리낌이 없기를 힘쓰나이다"(행 24:16). 이 거룩한 사람이 갑주를 입고서 자세를 갖추고 스스로 훈련하고 행하는 것을 보게 됩니다. 군인이 전투에 나가기에 앞서서 창을 다루는 등 스스로 훈련하는 것처럼 말입니다. 이제 그 이유를 살펴봅시다.

첫째. 그리스도께서 우리의 갑주를 입고 우리의 은혜를 활용할 것을 명령하십니다. "허리에 띠를 띠고 등불을 켜고 서 있으라"(눅 12:35). 그리스도께서는 군인들에게 하듯 군사적인 용어로 말씀하시는 것일 수도 있고, 혹은 가정 내의 종들에게 말씀하시는 것일 수도 있습니다. 군인에게 하시는 말씀이라면, 이는 너희 허리에 띠를 띠고 등불을 켜라, 즉 갑주를 입고 — 허리띠는 맨 위에 매는 것이므로 — 시험의 경계 신호가 오자마자 불을 놓도록 불을 밝히고서 행군을 준비하라는 뜻이라 하겠습니다. 만일 종들에게 주는 말씀이라면 — 이것이 더 자연스러워 보입니다만 — 우리 주인께서 멀리 떠나 계시니, 의복을 벗고 불을 꺼놓고서 게으르거나 잠들어 있지 말고, 그가 오실 때를 대비하여 한밤중에라도 깨어 준비하고 있으라는 뜻일 것입니다. 주인이 바깥문에서 두드리고 계시고, 종은 안에서 잠들어 있다면, 이는 합당한 일이 아닙니다. 사실 그리스도인이 맡은 임무 가운데 날마다 시행할 것이 아닌 것은 하나도 없습니다. "기도"해야 합니다. 어떻게? "쉬지 말고" 기도해야 합니다. "기뻐"해야 합니다. 언제? "항상" 기뻐해야 합니다. "감사"하여야 합니다. 무엇에 대해서? "범사에" 대해서 기뻐해야 하는 것입니다(살전 5:16-18). 믿음의 방패와 소망의 투구는 끝까지 착용하여야 하는 것입니다(벧전 1:13). 요컨대, 이러한 임무들과 은혜들을 끊임없이 시행하면서 행하여야 한다는 것입니다. 군인은 그 배정받은 임지에 서 있어야 하고, 그 임무에서 해제되기까지는 흔들리거나 졸아서는 안 되는 것입니다. 그리스도께서 오실 때에 그렇게 행하고 있는 심령은 주의 복을 얻게 될 것입니다.

둘째. 은혜를 시행하지 않고 있으면 사탄이 크게 유리해집니다. 마귀는 그리스도께서 자신의 시험을 물리치실 준비가 완전히 되어 계신 것을 보고서 도저히 어찌할 수가 없었습니다. 그리하여 아쉽게도 "마귀가 얼마 동안 떠났습니다"(눅 4:13). 마치 지금은 부끄럽게 물러가지만 언젠가는 그리스도께서 눈치 채지 못하게 다가와 그를 놀라게 하여 자신의 계획을 이룰 더 좋은 기회를 잡게 될 것을 희망하기라도 하듯이 말입니다. 그런데 그는 다시 돌아옵니다. 그의 원수가 하나님이 아니라 사람이라면 자신의 목적을 달성할 가능성이 가장 높은 때에 돌아오는 것을 보게 됩니다. 자, 이 대담한 마귀 놈이 이처럼 때때로 그리스도를 살피고 관찰했다면, 여러분 주위를 살펴볼 필요가 있지 않겠습니까? 여러분이 졸고 있는 동안 마귀가 다가와 여러분의 은혜를 취하여 가는 일이 발생하지 않도록 말입니다. 지금 여러분이 면밀히 살피게 되면, 마귀가 은혜를 빼앗지 못하고 놓치겠지만, 후에 여러분이 부주의하고 있으면 머지않아 마귀가 이를 이용하여 자기 목적을 이루게 될 것입니다. 사실 마귀는 여러분이 계속되는 임무 중에 피로하여 지치게 될 것을 기대하고 있습니다. 그리스도인이 일어나 열정적으로 임무를 감당하는 것을 보면서, 사탄은 말합니다. 이런 일이 오래 가지 않을 것이라고 말입니다. 그리스도인이 양심이 민감해 있고 죄 지을 기회에 대해 면밀히 경계하고 있는 것을 보면, 사탄은 말하기를, "이런 상태가 오래 가지 않을 것이다. 머지않아 내가 그가 활을 내려놓고 그의 갑주를 벗어놓도록 만들 것이요, 그 후에 그를 잡으리라"라고 합니다. 여러분의 집과 골방에서 여러분이 어떤 명령을 지키는지를 사탄은 잘 알고 있습니다. 그가 여러분의 마음을 여는 열쇠는 갖고 있지 않으나, 바로 옆방에 있으면서 흘러나오는 이야기를 거기서 엿들을 수도 있습니다. 그는 자기 발의 냄새로써 그리스도인을 잡습니다. 일단 여러분의 마음이 어느 쪽으로 기우는지 냄새를 맡기만 하면, 그것을 어떻게 이용할지를 다 압니다. 문짝 하나가 못이 덜 박혀 있어도, 한 가지 일이 다소 소홀함이 있어도, 한 가지 은혜가 어긋나 있어도, 그에게는 족한 기회가 되는 것입니다.

셋째. 한 번 잃어버린 활동을 다시 회복시키고, 행하지 않던 임무를 재개한다는 것은 매우 성가신 일이기 때문입니다. 여자는 "내가 옷을 벗었으니 어찌 다시 입겠"느냐고(아 5:3) 말합니다. 게으른 심정에 이끌려 나태의 침상에 누워 있으니, 자신의 몸을 일으키기가 어찌나 어려운지 모릅니다! 사랑하는 자가 문 앞에 와서 온갖 사랑의 이름을 부르며 간청하여, 그들의 친밀한 관계를 기억나게 만들고자 애씁니다. "나의 누이, 나의 사랑, 나의 비둘기, 나의 완전한 자야 문을 열어 다오"라고 하지만 그녀는 일어나지 않습니다. "내 머리에는 이슬이, 내 머리털에는 밤이슬이 가득하였구나"라고 해도 꿈쩍도 하지 않습니다. 대체 어찌된 일입니까? 겉옷을 벗고 있어서 다시 입기가 귀찮은 것입니다. 게으름에 빠져 있어서 이제 그것을 어떻게 떨쳐 버릴지를 모릅니다. 사랑하는 사람이 문을 열고 들어오기만 하면 그와 함께 있기를 기뻐했을 것입니다. 그리고 그 사랑하는 사람 역시 그녀가 일어나서 문을 열어 주면 들어가서 그녀와 함께 있고자 했을 것입니다. 그런데 이처럼 조건이 맞지 않아서 서로 함께 있지를 못하는 것입니다. 사람이 임무를 소홀히 하면 할수록 더 많은 어려움을 겪어야만 올바른 상태로 회복시킬 수 있습니다. 수치스러워서 게으름을 피웠는데 이제는 하나님을 어떻게 대면할지를 모를 수도 있고, 혹은 일 자체가 힘들어서 그럴 수도 있습니다. 다른 사람은 하나님의 은혜를 시행하며 행하는 그런 일도 그에게는 배나 힘이 들게 느껴지는 것입니다. 이는 모두가 비정상입니다. 이런 상태에서 자신의 무기를 다시 갈고 닦아 정상으로 만드는 데에는 더 많은 시간과 고통이 따릅니다. 자신의 임무가 마치 전혀 생소한 새로운 일처럼 여겨집니다. 한동안 책을 게을리하던 학생처럼 말입니다. 늘 공부를 해오던 학생은 그렇게 쉬울 수가 없는 수업이 그에게는 거의 머리에 들어오지 않는 것입니다. 어쩌면 여러분이 환난을 당하도록 부르심을 받았는데, 여러분의 인내를 시행하지 않는 것일지도 모릅니다. 한동안 별 생각 없이 푸른 초장에서 마음대로 뛰놀다가, 이제 멍에에 익숙하지 않은 송아지처럼 발길질하고 몸을 뒤틀고 있는 것입니다(렘 31:18). 반면에 다른 사람은 인내를 자극하여 자신의 목에 드리운 멍에에 적응하였기 때문에 비슷한 십자가 아래서도 온유하게 인내합니다. 한밤중에 모든 사람이 잠들어 있을 때 갑자기 원수가 문 앞에 와 있다는 경고가 주어지면 그 마을에 얼마나 큰 혼란이 있겠습니까! 갑자기 이 무슨 변고입니까! 의복을 찾는 사람,

검을 찾는 사람, 총에 화약가루를 넣어야 할 텐데 어찌해야 할지 모르겠는 사람 등, 모두들 겁에 질려 오르락내리락할 것입니다. 원수가 올 것을 경계하고 전열을 가다듬고 기다리고 있다면 이런 일이 없을 것인데 말입니다. 그런 왁자지껄한 소동 중에 자기 갑주를 입지 않고 있는 사람이 있습니다. 계속해서 벗고 있다가 사용해야 할 때가 돼서야 비로소 그것을 구하고 찾는 것입니다.

넷째. 우리의 동료 군사들을 생각해서도 은혜를 계속 시행하여야 합니다. 바울은 선한 양심을 지키기 위해 힘쓸 때에 이 점을 염두에 두었습니다. 곧, 다른 이들에게 거리낌이 되지 않고자 한 것입니다. 한 사람의 비겁함 때문에 다른 이들이 도망치게 될 수도 있습니다. 병사가 무기를 다루는 기술도 없고 무지하면, 주위의 동료 병사들에게 해가 될 수도 있습니다. 아군을 적군으로 오인하여 그들에게 총을 쏘는 이들도 있었습니다. 신앙을 고백하는 한 사람의 지혜롭지 못한 처신이 많은 다른 사람들에게 악을 끼칠 수도 있습니다. 하지만 형제들에게 거리낌이 될 정도는 아니나, 그럼에도 불구하고 형제들에게 마땅히 주어야 할 유익을 주지 못하게 될 수도 있습니다. 하나님은 르우벤 지파와 갓 지파에게 명하시기를 땅을 정복하기까지 무장을 갖추고 형제들보다 먼저 나아가 싸우라고 하셨습니다. 그러므로 그리스도인 여러분, 주위의 형제들이 여러분만큼 심령에 평안을 누리지 못하고 은혜나 위로를 여러분만큼 누리지 못하고 있다면 그들에게 도움이 되어야 합니다. 그런 연약한 이들을 도와야 하고 그들보다 앞서 가야 하고, 이를테면 그들을 보호하기 위하여 갑주를 갖추고 있어야 합니다. 그런데 여러분이 은혜를 시행하지 않으면, 그만큼 연약한 형제들에게 유익을 끼치지 못하는 것입니다. 어쩌면 여러분이 선생이거나 혹은 슬하에 가족을 두고 있는 부모일지도 모릅니다. 가족들은 여러분이 수고하는 만큼 좋은 것을 누립니다. 여러분의 마음이 거룩한 상태에 있으면 여러분이 행하는 임무들에서 그들이 더 나은 것을 누리는 것입니다. 반면에 여러분의 마음이 가라앉아 있고 침체 상태에 있으면, 그들의 상태가 곧바로 그렇게 되고 맙니다. 그러므로 마치 유모가 그의 젖을 먹고 자라는 아기를 위해 더 많이 먹듯이, 여러분도 여러분에게 가르침을 받는 이들을 위하여 여러분 자신의 은혜를 더욱 조심스럽게 시행하고 그것을 소중히 기려야 하는 것입니다.

반론. 하지만 다음과 같이 반문하는 이들이 있을 수도 있습니다. "우리의 갑주를 절대로 벗어서는 안 되고 우리의 은혜를 항상 시행한다는 것은 정말로 힘든 일이다. 하나님께서 과연 신앙을 이처럼 괴롭고 힘든 일로 만들고자 하셨을까?"라고 말입니다.

첫째 답변. 이렇게 말하는 것을 보니 그대는 세상에 둘도 없는 바보 같고, 그리스도인의 삶에 대해서도 전혀 문외한(門外漢)인 것 같습니다. 은혜를 시행한다는 것이 부담스럽다니요! 어째서요? 본성에 속한 행위를 하는 것은 전혀 부담이 아닙니다. 먹는 것이나 마시는 것이나 걸어다니는 것이나 모두 정상적인 상태에서는 우리에게 기쁨을 주는 일들입니다. 그런데 이런 일들이 기쁘지 않다면 그것은 우리의 본능이 억압을 당하고 있는 것입니다. 마치 코가 막혀 있으면 숨을 쉬는 것이 힘들어지고, 병들어 있으면 고기를 먹기가 역겨워지듯이 말입니다. 그러므로 성도가 정상적인 상태에 있으면 이런저런 임무에서 자신의 은혜를 시행하는 일에서 즐거움이 있는 것입니다. "사람이 내게 말하기를 여호와의 집에 올라가자 할 때에 내가 기뻐하였도다"(시 122:1). 그런 제의를 받고 그의 마음이 뛸듯이 기뻤던 것입니다. 혹시 어떤 일 때문에 그가 그렇게 귀하게 여기는 하나님과의 교제에서 벗어나 있다면, 그의 마음에 전혀 달갑지도 않고 불쾌할 것입니다. 가령 여러분이 아침부터 밤까지 가게를 지키는 일에 익숙해져 있는데 며칠 동안 가게를 지키지 못하고 멀리 떠나 있어야 한다면 그것이 얼마나 힘겹게 여겨지겠습니까? 비록 친한 친구들과 함께 있다 해도 여러분의 소명과 여러분의 일에 속한 현장에 있지 않으니, 괴로울 수밖에 없는 것입니다! 임무 중에 있는 그리스도인은 바로 소명의 현장에 있는 사람입니다. 마치 가게를 지키는 사람이 있어야 할 곳이 가게이듯이 말입니다. 그러므로 임무 중에 있는 그리스도인은 고달픔과는 거리가 먼 법입니다. 그런 사람에게 신앙은 전혀 부담이 아닙니다. 신앙을 시행하는 일에 들쭉날쭉한 이들에게는 그것이 부담스럽겠지만 말입니다. 제대로 사용하면 무거운 것도 가볍게 되는 법입니다. 의복의 무게를 느끼는 경우는 거의 없습니다. 그것이 우리에게 꼭 맞고 또한 우리가 날마다 그것을 입고 있기 때문입니다. 하지만 똑같은 무게를 어깨 위에 올려놓으면 힘들고 괴롭게 느껴지는 것입니다. 이와 마찬가지로 육신적인 사람들에게는 신앙적인 임무들이 괴롭고 힘겹게 여겨지지만, 성도들에게는 그런 것이 없습니다. 그것들이 성도들의 원리에 적절하게 맞기 때문이기도 하고 또한 날마다 시행하기 때문이기도 합니다. 새로이 그리스도의 길에 들어선 제자들은 많이 기도하거나 오래 금식할 수가 없습니다. 부대가 새것이고, 포도주가 너무 독하기 때문입니다. 하지만 몇 년 동안 그 길로 행하고 나면 모든 것을 기쁘게 견딜 만큼 강건해지는 것입니다. 천국을 향한 길이 거칠고 힘들다는 불평이 여러분에게 있습니까? 더 자주 그 길에서 행하십시오. 그러면 그 길이 부드러워질 것입니다.

둘째 답변. 은혜를 끊임없이 시행하는 것이 육체에 괴로움을 준다면 ― 이것 외에는 불평할 거리가 없습니다 ― 이로 인하여 그리스도인에게 주어지는 감미로운 유익이 그의 모든 수고와 고통을 보상하고도 남을 것입니다.

1. 은혜를 시행하면 여러분의 은혜가 더욱 증가됩니다. "손이 부지런한 자는 부하게 되느니라"(잠 10:4). 사려 깊은 사람은 이미 얻은 것이 있을지라도 그것을 잃어버린 것으로 간주합니다. 서랍의 돈을 잃어버렸을 때는 물론, 돈이 사용되지 않고 서랍 속에 그냥 있을 때에도 말입니다. 그 상인은 이렇게 말할 것입니다. "내 주머니 속에 있는 그 돈으로 이런저런 상품을 샀더라면 내게 굉장한 이득이 생겼을 텐데, 그 이득을 얻지 못하고 있구나"라고 말입니다. 이와 마찬가지로 그리스도인도 이렇게 말할 수 있습니다. "나의 지식이 이제 조금씩 밝아오는데, 내가 여호와를 알기를 계속 힘썼더라면, 내 지식이 이제 환한 대낮처럼 되었을 것인데"라고 말입니다. 다윗은 "나의 명철함이 나의 모든 스승보다 나으며"라고 말씀합니다. 어떻게 해서 그렇게 되었답니까? 곧, "내가 주의 증거들을 늘 읊조리"기 때문이라는 것입니다(시 119:99). 그는 임무와 은혜를 더욱더 시행하고 있었던 것입니다. 가장 위대한 학자들이 반드시 가장 잘 아는 것은 아닙니다. 그들의 학문이 일일이 다 적합한 것이 아니기 때문입니다. 또한 재물을 가장 많이 쌓아 놓고 있는 사람이 반드시 가장 큰 부자인 것도 아닙니다. 작은 은혜를 날마다 시행하며 잘 운용하면 그것이 증가되지만, 더 큰 은혜가 있어도 소홀히 하면 그것이 썩어지는 법입니다.

2. 더욱 부지런히 시행하면 그만큼 은혜의 증거가 드러납니다. 사람이 불구자인지 아닌지를 알려면, 일어나게 해보면 됩니다. 가만히 앉아서 구구절절이 말로 변명하는 것보다는 일어나서 방안을 한 바퀴 돌면 곧바로 문제가 해결되는 것입니다. 과연 여러분이 하나님을 사랑하는지 알고 싶습니까? 자주 사랑의 행위들을 권면하십시오. 불길이 강하게 불어올수록 그것이 속히 드러나게 됩니다. 다른 모든 은혜들도 마찬가지입니다. 때로 과연 내게 인내나 믿음이 있을까를 의심합니다. 그러면 하나님께서 그를 환난의 처지 속에 집어넣으십니다. 거기서는 이 은혜를 시행할 수밖에 없습니다. 그렇게 하지 않으면 망하고 말기 때문입니다. 마치 어떤 사람이 스스로 수영을 하지 못한다고 생각하지만, 강물에 던져지자 있는 힘을 다하여 손발을 움직여 뭍으로 올라와서 비로소 자기의 수영 실력을 확인하게 되

는 것과도 같은 이치입니다. 그리스도인들이 이런 식으로 말하는 것을 얼마나 많
이 들었는지 모릅니다. "내가 그런 고통을 견딜 수 있으리라고는 전혀 생각조차 하
지 못했다. 그런 곤란한 상황에서 하나님을 신뢰할 수밖에 없었다. 그런데 하나님
께서는 과연 그가 나를 위해 무슨 일을 하실 수 있고 또한 내 속에서 무슨 일을 하
셨는지를 내게 가르쳐 주셨다." 여러분의 은혜를 더욱더 자주 자극시키고 시행하
여 왔다면, 여러분도 이미 이것을 알게 되었을 것입니다.

3. 은혜를 시행하면 하나님께서 임하사 친히 그와 교제를 가지십니다. 하나님
께서는 그리스도인에게 일을 하게 하시고, 그 일 가운데서 그를 만나 주십니다. 일
어나 일을 행하십시오. 그러면 주께서 여러분과 함께 하실 것입니다. 그는 한 영혼
으로 하여금 마치 내시처럼 성경을 읽고 있게 하시고, 그 다음 마차에서 기도하게
하십니다. 그리고는 하늘로부터 사자를 보내시는 것입니다. "오오 큰 은총을 받은
사람 다니엘아." 사랑하는 자를 침상에서 잃어버린 아내는 헤매고 다니던 끝에 그
를 발견합니다: "그들을 지나치자마자 마음에 사랑하는 자를 만나서"(아 3:4).

[적용]

첫째 적용. 은혜를 시행하기는커녕 오히려 정욕을 시행하는 자들에게 이것이
무겁게 책망합니다. 그들의 마음은 마치 유리 집과도 같아서, 불이 절대로 꺼지지
않고 가게 창문이 절대로 닫히지 않습니다. 이들은 마음 깊은 곳에서 무언가 악한
계획 같은 것을 꾸미느라 항상 바쁩니다. 개중에는 자기들의 정욕을 충만하게 발
휘하는 이들이 있습니다. 사악한 마음이 원하면 반드시 그대로 실행합니다. 마치
자녀들이 원하는 것은 절대로 거부하지 않고 다 주는 사람들처럼, 이들은 자기들
의 정욕에 모든 것을 다 맡깁니다. 이들은 자기들의 영혼에게, 마치 다윗이 아들
아도니야에게 말한 것처럼, "네가 왜 이러하냐? 네가 왜 이처럼 교만하고 탐욕스
럽고 속되냐?"라고 말하는 법이 없습니다. 그들은 이 정욕이라는 손님들을 섬기느
라 세월을 다 보냅니다. 마치 한 손님이 떠나면 또 다른 손님이 찾아오기 때문에
집이 썰렁해질 여유가 없는 여관과도 같습니다. 한 가지 정욕이 채워지면 또 다른
정욕이 섬겨주기를 요구하는 것입니다. 은혜의 경우에도 다른 은혜보다 더 특별
히 시행되는 은혜가 있듯이, 죄의 경우도 남달리 강력히 힘을 발휘하며 더 많이 드
러나고 결국 더 많은 진노를 초래하는 죄가 있는 것입니다. 이런 사람들에 비하면,

외적으로나 내적으로나 하나님의 제어하시는 역사에 사로잡혀 있어서, 육체가 건강하고 권세가 있고 재물이 가득하여 양심이 무뎌져서 죄의 분량을 서둘러 계속 채워 나가는 자들처럼 그렇게 격렬하게 죄에 빠져 들어갈 수 없는 사람들이 정말 복된 자들입니다. 앗수르 사람은 마치 한 푼이라도 더 갖고 가기 위해서 돈 가방을 가득 가득 채우는 사람처럼 "자기의 욕심을 넓"혔다고 말씀합니다(합 2:5). 이처럼 간음하는 자도, 마치 자기 정욕의 명령에 몸을 더 빨리 움직여 따르지 못해서 안달이 난 것처럼 음탕한 눈으로 사방을 두리번거리고 간음을 일삼고 부정한 노래와 배꼽춤으로 자기의 불길을 타오르게 하여 마귀의 부엌에 적절한 연료를 공급해 줍니다. 또한 시도 때도 없이 자기 욕심에 사로잡힌 사람은 잠자리에 누워서도 이웃을 갈기갈기 찢으며 또한 불타오르는 자기의 욕심의 제단에 피를 흘려 제물을 바치지 않고서는 잠을 잘 수도 없습니다. 오오, 이것이 성도를 얼마나 부끄럽게 하는지 모릅니다! 여러분, 잠자리에 누울 때에 마음이 천국에 가 있고 거기서 사랑하는 주님을 몸소 뵙고 그에게서 사랑의 포옹을 받게 되기 전에는 도저히 잠을 이루지 못할 만큼 여러분의 열정이 그렇게 뜨거운 적이 얼마나 자주 있습니까!

둘째 적용. 이는 은혜들을 시행하면서도 성도들을 비웃고 조롱하는 자들을 책망합니다. 사람들이 자기 가게에서 일할 수도 있습니다. 그리고 각 사람마다 자기가 하고픈 대로 자기의 소명을 부지런히 따를 수도 있습니다. 길거리를 지나가는 사람들이 이렇게 한다 해도 전혀 이상할 것이 없습니다. 그런데 그리스도인이 자기의 임무나 은혜를 시행하며 하나님을 위하여 일하는 것을 보면 비웃고 멸시하고 미워합니다. 머리로 신앙을 좋아하는 것처럼 보이는 사람만큼 악한 자들이 없다 싶습니다. 이들은 거룩한 설교를 마치 하나님이나 그리스도께서 강단에서 말씀하시는 것처럼 치켜세웁니다. 그러나 성도들이 처신하는 것이 눈에 띄면 그것을 매우 경멸스럽게 여기고 미워합니다. 삶에서 드러나는 거룩이 역겹게 여겨지는 것입니다. 그리하여 똑같은 거룩을 설교자가 기술적으로 묘사하면 그것은 좋아하지만, 그런 거룩한 삶을 대하면 도망을 치며 그것에 침을 뱉습니다. 이처럼 은혜를 시행하는 것이 속된 마음에 거슬림을 주고, 속에 있는 적대감을 불러일으키는 것입니다. 다윗이 언약궤 앞에서 춤을 추는 것을 보고 미갈이 그를 비웃지 않을 수 없었던 것처럼 말입니다. 설교자가 열정적으로 학식 있는 설교를 행할 때에 그를 칭찬하면서도, 성도가 자기 처소에서 열정적으로 행동하는 것을 보면 그것을 타박하는 자들이 있습니다. 은혜가 그들에게 너무 가까이 온 것입니다. 그릇된 마음은 거룩으로부터 어느 정도 거리를 유지해야만 합니다. 그래서 그 강렬한 빛이 그의 양심을 너무 강하게 때리지 않도록 해야 하기 때문입니다. 그래서 일정한 거리 두기를 좋아합니다. 옛날의 바리새인들이 그랬습니다. 이들은 자기들 나름대로 거룩한 자들이었고 자기들을 존귀하게 하고자 무덤을 치장하기 위해 돈을 쏟아 부을 수도 있었습니다. 그러나 그리스도께서는 그들 전부를 합친 것보다 훨씬 더 고귀하신 분이셨는데도 그를 멸시하고 미워한 것입니다. 이것이 어찌된 일일까요? 그 이유는 이들은 무대 바깥에 있었고, 그리스도는 무대 위에 계셨기 때문입니다. 투기(envy)가 산 자를 먹여주나, 죽음 이후에는 그것이 사라지는 법입니다 (*Pascitur in vivis livor, post fata quiescit*).

셋째 적용. 여러분에게 은혜가 있는지를 이로써 시험해 보십시오. 여러분, 받은 은혜를 시행하며 살고 있습니까? 옷이 있으면 반드시 그것을 입어서 벌거벗은 몸을 가리기 마련입니다. 사람들은 흔히 자기들의 믿음과 회개와 하나님을 향한 사랑에 대해 이야기합니다. 이것들은 귀한 은혜들입니다. 그런데 어째서 그들의 일상생활에서 그것들이 널리 드러나지 않을까요? 만일 그런 귀한 손님들이 여러분의 영혼 속에 있다면, 이따금씩 창문가로 그들의 모습을 드러날 것이고, 이런 임무, 저런 거룩한 행실 속에서 널리 나타날 것입니다. 은혜는 북돋우는 성질을 지니고 있습니다. 형상(an image)은 여러분의 가슴속에 묻어둘 수 있습니다. 그리하여 여러분이 어떤 하나님을 예배하는지를 아무도 알지 못하도록 할 수도 있습니다. 하지만 은혜는 그처럼 죽어 있는 것이 아닙니다. 아닙니다. 은혜는 반드시 자기 모습을 드러내 보이는 법입니다. 여러분이 어디를 가든 누구와 어울리든 은혜는 여러분과 함께 행합니다. 여러분과 함께 물건을 사고, 여러분을 위해 물건을 팔기도 합니다. 여러분이 하는 모든 일 속에서 그 손길이 나타납니다. 여러분이 하나님을 위해 순전하며 신실하면 은혜가 여러분에게 위로를 줍니다. 그러나 그렇지 못할 때면 여러분에게 항의하고 책망하는 것입니다. 가서 그 입을 막으면 하늘이 그 음성을 들을 것이고, 마치 산 사람의 입과 코를 막아 숨쉬지 못하게 할 때에 그 사람이 하듯이 탄식하고 슬피 울고 인간 힘을 다 쓸 것입니다. 은혜가 있는데도 영적인 생활에서 한 번도 사용하지 않는 사람은, 마치 관 속에 뉘어놓고 못을 치는데도 아무런 저항이 없이 평화롭게 그냥 누워 있는 사람의 경우처럼 도무지 살아 있다고 믿을 수가 없는 것입니다. 무엇이라고요? 은혜가 있는데도 마치 목석 같은 바보처럼 아무런 저항도 없이 평화로이 정욕에 이끌린단 말입니까? 어째서 여러분의 정욕에 그렇게 사로잡혀 있습니까? 여러분에게 은혜가 있다면 내려오십시오. 그러면 믿겠습니다. 하지만 그대로 가만히 앉아서 길이 잘 들여진 노예처럼 정욕의 명령을 받고 있다면, 여러분 스스로 속고 있는 것입니다. 은혜가 있는데도 여러분이 처한 현실 속에서 그것을 하나도 보여주지 못한다니요? 여러분 자신은 부요한데, 여러분보다 못한 자들을 향해서 겸손을 보여주는 것입니까? 이 세상보다 천국을 사모하고 갈망하는 천국을 향한 마음을 보여주고 있습니까? 어쩌면 여러분의 처지에 대해 우쭐해하는 마음이 여러분에게 있어서, 여러분보다 못한 비천한 사람들을 내려다보며 그들을 멸시하는 것인지도 모르겠습니다. 정작 천국에 대해서는 생각조차 하지 않으면서 말입니다. 이는 마치, 낙원에서는 자기 소유를 잃을지언정 파리에서는 절대로 소유를 잃을 수 없다고 이야기했다는 사악한 군주의 처지와도 같습니다. 여러분은 가난하십니까? 그런 처지에서 왜 은혜를 사용하지 않습니까? 여러분은 만족한 마음으로 부지런하십니까? 혹시 만족하지 못하고 불평할지도 모릅니다. 부요한 형제의 의복에 달린 화려한 레이스가 탐나지는 않습니까? 여러분의 모자란 것들을 공급하느라 부지런히 움직여서 하나님의 섭리의 역사에 순복하지 않고, 오히려 이웃의 풍요로운 초장의 울타리를 끊어내고 그리로 침입할 마음을 갖고 있습니까? 그렇다면 그것은 여러분의 정직한 근면에 대해 하나님이 복 주시기를 기다리는 것이 아니라 죄로써 여러분의 정욕을 섬기는 것입니다. 만일 그렇다면 우리가 여러분을 올바른 이름으로 부르더라도, 혹은 과연 여러분을 그리스도인이라 부를 수 있는지 의문을 갖더라도 화를 내지 마시기 바랍니다. 그리스도인이라는 신성한 이름에 여러분의 처신이 너무나도 어긋나니 말입니다. 그 이름은 너무도 거룩하여 썩은 팻말에는 써넣을 수가 없는 것입니다.

　넷째 적용. 오오, 하나님의 성도 여러분, 은혜를 시행하라는 권고를 받아들이십시오. 목사들은 계속해서 이를 권면해야 하고, 필요할 경우 책망을 해서라도 성도들의 제단에 이 천국의 불길이 활활 타오르게 해야 할 의무가 있습니다. 베드로는 성도들을 언제나 격려할 필요가 있다는 것을 알고 있었습니다. "너희가 이것을 알고 이미 있는 진리에 서 있으나 내가 항상 너희에게 생각나게 하려 하노라"(벧후 1:12). 성도들이 이미 진리에 서 있다고 해서 그들을 그냥 가만히 둘 수는 없었습니다. 자신이 이 장막에 있을 동안에는 그들을 계속해서 일깨우고 생각나게 할 것이라고 말씀합니다(13절). 이생에 속하여 있는 동안 우리는 언제나 졸음 병에 영향을 받습니다. 그리스도께서는 졸고 있는 제자들을 두 번 깨우셨으나, 세 번째는 그냥 줄게 내버려 두셨습니다. 여러분의 은혜를 활용하십시오. 아니면 사탄이 여러분의 부패성을 이용하여 활동할 것입니다. 한 두레박이 내려가면 다른 두레박은 올라오는 법입니다. 우리 속에 죄의 몸이 있는데, 이것은 아주 골칫거리여서 항상 위로 타고 올라가 짓누를 기회를 엿봅니다. 그것을 밑으로 끌어내리는 것보다는 밑에 가만히 있도록 지키는 것이 더 쉽습니다. 여러분의 시간은 짧고 가야 할 길은 멉니다. 아버지의 집이 시야에 들어오기도 전에 밤을 맞는 어려움이 있을 것에 대비하여, 잔뜩 껴입고 있습니다. 밤을 만나 노숙해야 하는 처지가 되는 것은 무엇보다 천국으로 향하는 여행자에게 정말 불편한 일이기 때문입니다. 그런데 많은 사람들이 안타까운 마음으로 여러분에게 이야기합니다. "무엇 때문에 여기서 이런 것에 신경을 씁니까? 그것들이 세상적인 염려와 쾌락거리들입니까? 반드시 지니고 가야 할 것은 잊어버린 채 그대의 집에다 그렇게 많은 신경을 쓰는 것이 과연 지혜로운 일일까요? 집은 곧 떠나게 되는데 말입니다." 여러분이 지금 심고 있는 이런 것들이 열매를 맺기 전에 여러분 자신이 먼저 무덤 속에서 썩고 있을 것입니다. 사도는 "시간이 짧다"고 말씀합니다(고전 7:29). 세상은 그 항구에 가까이 와 있습니다. 그래서 하나님은 인생의 돛을 줄여 놓으셨습니다. 하지만 얼마 후면, 아내를 둔 사람과 재물을 지닌 사람과 그렇지 않은 사람은 서로 별 차이가 없으나, 은혜를 지닌 사람과 그렇지 않은 사람은, 예, 그 은혜를 힘써 활용하는 사람과 그 일에 나태한 사람은 서로 엄청난 차이가 있게 될 것입니다. 은혜가 있는 사람은 영광 가운데 들어가 풍성한 복락을 누리게 될 것이지만, 그렇지 못한 사람은 온갖 것을 많이 모아놓아도 그 모든 것이 손실이 되고 말 것입니다. 그 모든 것이 천국에서 값어치가 없는 물건들이니 다 내던져지게 될 것이니 말입니다. 그렇습니다. 이 땅에 있는 동안 여러분의 활기찬 은혜들로 말미암아 다른 이들이 더 많은 유익을 얻을 것입니다. 천국을 향해 가는 중에 여러분이 보이는 활기찬 모습과 행실이 여러분과 함께 하는 다른 이들에게 도움을 줄 것입니다. 앞서 길을 가는 여러분에게서 하나님을 위한 금속이 그렇게 많은 것을 보고서도 그것을 입지 않는 자가 있다면 그 사람은 정말 바보일 것입니다. 그렇습니다. 은혜가 나타나 통치자가 되어 문에 앉아서 지나가는 모든 사람들이 보도록 문간에 앉아 있는데도 사람들이 지금껏 한 번도 그 은혜를 놀랍게 바라본 일이 없었더라도, 여러분의 은혜가 그들로 하여금 죄에 대해 경각심을 갖게 해 줄 것입니다. 그리스도인이 구변이 좋아서 아무런 감정이 없이 그냥 말할 때에는 망령된 맹세를 일삼는 자들이 아무런 위엄도 느끼지 못합니다. 하지만 열정의 칼을 빼들고 지혜로운 책망으로 용기 있게 그 칼을 뽑아들면, 죄가 환히 드러나 수치를 느끼며 구멍 속으로 도망하게 되는 것입니다: "나를 보고 젊은이들은 숨으며 노인들은 일어나서 서며 유지들은 말을 삼가고 손으로 입을 가리며"(욥 29:8, 9). 하나님께서는 여러분이 이 세대에서 드릴 수 있는 최고의 섬김을 받으셔야 마땅하지 않습니까? 여러분에게 하나님의 사랑과 긍휼이 모자람이 있다고 말할 수 있습니까? 그 사랑과 긍휼이 언제나 여러분의 유익을 위하여 발휘되고 있지 않습니까? 하나님의 섭리가 한 번이라도 눈을 감은 적이 있습니까? 아닙니다. 여러분을 지키시는 자는 졸지도 않으십니다. 한순간이라도 하나님이 여러분에게서 눈을 떼신 적이 있습니까? 없습니다. "주의 눈은 의인을 향하시며," 언제나 그에게 시선을 향하시며, 무한한 기쁨으로 기뻐하시는 것입니다. 그가 귀를 닫으시거나 그의 손을 거두셔서 여러분의 부르짖음을 듣지 않으시거나 필요한 것들을 공급하지 않으신 적이 있습니까? 아니, 하나님께서 여러분의 사정을 생각하시지 않습니까? 그 생각이 화평의 생각이 아니고 무엇이겠습니까? 이 기름 몇 방울만 떨어뜨려도 바퀴가 제대로 굴러갈 것입니다.

제 2 부

그리스도인이 갑주를 입어야 할 이유. "마귀의 간계를 능히 대적하기 위하여"

　이 말씀은 그리스도인 군사가 그렇게 전신갑주를 입어야 할 이유가 무엇인지를 제시해 줍니다. 곧, "마귀의 간계를 능히 대적하기 위하여"라고 합니다. 이 논지의 강점이 두 가지 구체적인 내용에 있습니다. 첫째로, 갑주를 입지 않을 경우의 위험성입니다. 우리의 원수는 아둔하고 비열한 자가 아니고, 온갖 간계와 책략으로 간사하게 역사하는 마귀입니다. 둘째로, 그렇게 갑주를 입으면 마귀의 모든 악한 간계들을 확실히 대적할 수 있다는 것입니다. 갑주가 없이는 설 수가 없듯이, 반대로 갑주를 입고 있으면 원수의 손에 빠져 들어갈 것을 두려워할 필요가 전혀 없는 것입니다.

첫째 대지

[갑주를 입지 않을 경우의 위험성]

성도의 원수는 마귀이며, 그의 사악함과 능력과 사탄의 방법들이 묘사되고 있습니다. 헬라어 단어 '메토데이아스 투 디아볼루'($\mu\varepsilon\theta o\delta\varepsilon i\alpha\varsigma$ $\tau o\hat{v}$ $\delta\iota\alpha\beta o\lambda o\upsilon$)는 사탄이 문제를 다루는 데서 나타나는 정교한 기술과 질서를 뜻합니다. 우리는 그런 자를 가리켜 능수능란하다(methodical)고 말합니다. 이것이 하나의 강연을 작성하는 데에서 발휘되는 창의성과 사고의 예리함을 나타내므로, 이것이 그리스도인을 상대로 음모와 책략을 꾸미고 호전적으로 시행하는 데에서 나타나는 사탄의 교활함을 표현하는 것으로 의미가 전이되는 것입니다. 학자에게 질서가 있듯이, 노련한 군사에게도 질서가 있습니다. 논지를 제시하는 데에나 군대를 지휘하는 데에나 동일하게 능수능란함이 있는 것입니다. 자, 우리 앞에 다음과 같은 사실이 있습니다.

가르침. 곧, 마귀는 매우 교활한 원수라는 것입니다. 그리스도인은 그의 수법과 기술에 가장 큰 위협을 받습니다. 그를 가리켜 옛뱀이라 부릅니다. 다른 짐승보다 교활함이 뛰어난 뱀이요, 뱀 중에서도 가장 교활한 옛뱀인 것입니다. 사탄은 사람이 온전한 상태에 있을 때도 사람이 감당할 수 없을 만큼 기술이 뛰어났습니다. 그러니 불구의 처지에 있는 지금에야 더욱더 그를 감당하기 어렵습니다. 사람은 아담의 타락으로 인하여 그 명철에 깨어짐이 생기고 난 후에는 절대로 다시 회복되지 못하고 있으니 말입니다. 사람이 이렇게 잃어버린 처지에 있는 동안 사탄은 더욱더 경험을 얻었습니다. 물론 마귀가 되자마자 지혜는 잃어버렸습니다. 하지만 그 이후 언제나 그는 자기의 기술을 계속 늘려갔습니다. 그 스스로 지혜가 없어 선을 행하지는 못하나, 다른 이들에게 해를 주기에 족할 만큼 교활함을 갖추고 있는 것입니다. 하나님께서는 그가 뱀의 머리를 상하게 하시리라고 약속하셨는데, 여기서 사탄의 강점이 어디에 있는지를 보여주십니다. 그의 머리가 깨어지면 그 즉시 죽는 것입니다. 자, 사탄의 교활함을 다루면서, 그의 두 가지 주요 계획을 살펴보면서 그의 사악함과 책략을 보기로 합시다. 그의 첫째가는 주요 계획은 죄 가운데로 이끌어가는 것이요, 두 번째 주요 계획은 죄에 대하여 성도들을 고발하고 괴롭게 하고 고통을 주는 것입니다.

[사탄의 첫째가는 주요 계략은 성도를 죄 가운데로 이끌어가는 것임]

죄를 짓도록 시험하는 자인 마귀를 생각해 봅시다. 여기서 그는 세 가지 면에서 그의 사악한 교활함을 보여줍니다. 첫째로, 시험할 가장 유리한 시기를 택하는 면에서 보여줍니다. 둘째로, 시험을 운용하는 면에서 보여줍니다. 시험을 위하여 방법을 적절히 사용하는 데에서 그의 기술이 나타납니다. 셋째로, 자신의 계획을 수행하기 위하여 적절한 도구들을 선정하여 사용하는 면에서 보여줍니다.

[시험할 가장 좋은 시기를 택하는 데에서 나타나는 사탄의 교활함]

첫째. 사탄은 시험을 위하여 가장 적절하고 유리한 시기를 택하는 데에서 자신의 교활함을 보여줍니다. 솔로몬은, "범사가 기한이 있고 천하 만사가 다 때가 있나니"라고 말씀합니다(전 3:1). 즉, 어떤 일이든 그 일을 편리하고도 신속하게 이루는 적절한 시기가 있다는 것입니다. 그러므로 지혜자 솔로몬은 또한 사람이 일을 그르치는 경우가 그렇게 많은 이유를 말씀합니다: "분명히 사람은 자기의 시기도 알지 못하나니"(전 9:12). 새를 잡으러 와 보니 이미 날아가 버린 후였습니다. 천 명의 군사가 싸움에 나가도 이기지 못하는 때가 있는가 하면, 백 명의 군사만으로도 싸움에 이길 수 있는 때가 있는 것입니다. 사탄은 언제 접근해야 할지, 언제 공격하면 승리를 거둘 확률이 가장 클지를 잘 알고 있습니다. 의심하는 심령에게 권고와 위로가 필요할 때에 그리스도께서 시의적절한 말씀을 주는 숙련된 능력을 지니셨던 것처럼, 사탄도 미혹과 시험의 말을 때에 맞게 제시하는 자신의 어둔 마음과 지옥의 기술을 잘 알고 있습니다. 때에 맞는 말은 아주 효과가 큰 법입니다. 시험을 행할 특별한 시기를 잘 알아 이용하는 사탄의 교활함을 몇 가지 말씀드리겠습니다. 이 특별한 시기들은 다음과 같습니다.

시기 1. 그리스도인이 갓 회심하였을 때. 이 새로운 피조물이요 은혜에 속한 어린아이가 태어나자마자 이 용이 홍수 같은 시험으로 몰아칩니다. 애굽 사람들은 사탄에게서 가르침 받아 이스라엘 사람이 아기를 낳으면 곧바로 강에 던져 버리는 피비린내 나는 잔인한 세례를 행하였는데, 이는 사탄이 사용하는 교활한 수법의 극히 일부에 지나지 않습니다. 새로이 탄생한 피조물의 첫 울음소리에 지옥의 온 군대가 경성합니다. 그리스도께서 탄생하셨을 때에 헤롯과 온 예루살렘이 혼란스러워하며 함께 모여 이 새로 탄생한 왕의 목숨을 앗아갈 방도를 모의했었는데, 그에 못지않게 말입니다. 사도들은 훗날 성령을 큰 분량으로 부여받았을 때에 반대와 온갖 박해를 받았습니다. 그러나 그들에 대하여 기록된 몇몇 본문에서 나타나듯이 그 전에 어린 회심자들이었을 때에도 사탄의 온갖 시험을 다 받았던 것을 보게 됩니다. 사탄은 그들 속에 있는 은혜가 아주 연약하며 또한 성령 강림 시에 주시겠다고 약속하신 은혜도 아직 임하지 않은 상태라는 것을 잘 알고 있었습니다. 그처럼 취약한 상태보다 원수가 성(城)을 공격하기에 더 좋은 호기가 과연 어디 있겠습니까? 그러므로 그런 상태에 있는 사도들 모두가 사탄에게 시험을 당한 것입니다. 사탄에게 유리한 점이 너무 많아서, 그 어린 회심자가 어떻게 시험을 피하여 목숨을 부지할 수 있는지가 의아스러울 정도입니다. 지식이 아주 약한 처지이니 곧바로 오류에 빠질 소지가 다분하고, 특히 그리스도가 여기 있다고도 하고 그리스도가 저기 있다고도 하는 등 길이 여러 갈래로 갈라져 있는 혼란의 시기에는 더욱더 그렇습니다. 누구든 다가와 선한 말로 대해 주면 어린 그리스도인은 그가 아주 정직하게 행한다고 생각합니다. 마치 어린아이가 아버지의 집으로 가는 길을 잃으면, 자신의 미약한 지식의 경험의 판단에 옳다고 여겨지는 대로 아무 데로나 따라가기가 쉬운 것처럼 말입니다. 그렇게 완전한 지식을 갖고 있던 아담이 그렇게 쉽게 속임을 당했다면 — 그는 자신의 새로운 소유물들을 채 누려보기도 전에 공격을 당하였습니다 — 갓 회심한 사람에 대해 사탄은 얼마나 더 유리하겠습니까? 그에게 은혜가 있으나 그 은혜가 약하기도 하고 또한 그 은혜를 거스르는 부패성의 힘이 강하여 저항할 준비가 되어 있지 않다는 것을 사탄이 잘 알고 있습니다. 부패성이 죽지 않고 있는 경우가 태반이니 은혜가 활동하기가 더 어려운 것입니다. 마치 새로 불을 지피면 불꽃보다는 연기가 더 많이 피어오르고, 혹은 맥주를 새로 따라 부으면 거품이 더 많이 나오는 것처럼 말입니다. 그러므로 새 신자의 경우 그리스도를 향한 애정의 힘이 더 강하게 나타나 다른 이들보다 더 풍성하게 임무를 다하는 모습을 보이기도 하지만 육신적인 정욕들의 찌꺼기가 더 많이 남아 있습니다. 그러니 이런 사정을 잘 아는 사탄이 이미 약점이 드러나는 이런 부분을 휘저어 격동시키는 것입니다.

시기 2. 그리스도인이 무언가 큰 어려움에 싸일 때. 이런 상황은 이 도둑이 침입하기에 매우 적절한 인적이 드문 숨은 곳과도 같다 할 것입니다. 전쟁에 능한 장군이라면 먼저 성벽에 틈을 내고 그 다음에 성을 공격하려 할 것입니다. 사탄은 먼저 하나님께 허락을 받아 욥의 재물과 자녀와 건강 등 그가 누리던 모든 위로거리들을 제거하여 그를 약하게 만들고, 그리하여 그가 조급해지도록 시험하였습니다. 그는 그리스도로 하여금 사십 일 동안 금식하게 하고 난 다음 그에게 나타나 시험하였습니다. 마치 군대가 성 안의 식량이 바닥이 나기까지 기다린 후에 사신을 보내어 화친을 요청하는 것과도 같습니다. 그런 곤경 중에 처하여 있는데 어떻게 화친을 수락하지 않겠습니까? 사탄이 설득하여 부추기는 그 죄를 통해서 문제의 해결이 오는 것 같은 처지에서는 시험이 강력하게 역사하는 법입니다. 사람이 빈궁할 때에 사탄이 찾아와서 이야기합니다. 무엇이라고? 남의 울타리를 넘어가 식량을 훔쳐서라도 살아야 하는데, 그렇게 하지 않고 그냥 굶어죽겠다고? 이런 상황을 당하면 혈과 육을 지닌 사람은 기로에 서게 되는 것입니다.

시기 3. 그리스도인이 하나님의 영광을 위하여 무언가 큰 일을 행하려 할 때, 사탄이 마치 뱀처럼 중간에 도사리고 있습니다. 그는 "말굽을 물어서 그 탄 자를 뒤로 떨어지게 하는 길섶의 뱀이요 샛길의 독사"(창 49:17)와도 같습니다. 대제사장 여호수아의 오른편에 서서 그를 대적하였습니다(슥 3:1). 오른손은 일하는 손입니다. 그런데 그가 그 쪽에 서 있다는 것은 그의 일을 방해하고자 하는 의도가 있는 것을 나타냅니다. 사실 마귀는 절대로 성전의 일에 우호적이지 않았습니다. 그러므로 그 일을 행하는 데에 그렇게도 방해가 많은 것입니다. 그가 얼마나 산뜻한 핑곗거리로 유대인들을 돕는지 모릅니다. 곧, 때가 아직 이르지 않았다는 것입니다. 하나님의 때는 왔습니다. 그러나 마귀의 때는 오지 않았습니다. 그러므로 그는 그들이 일을 더디 하도록 돕습니다(스 1, 2, 6, 8장). 그들이 그렇게 처지가 열악하니 아직 때가 이르지 않은 것이라고 하여 섭리에 대해 왜곡된 생각을 갖게 했습니다. 그들은 하나님께서 분명하게 지시하신 대로 그 일을 신속히 시작하지 않았고 그리하여 열심을 내지 않은 것입니다. 바울과 바나바는 각 성의 형제들을 방문하여 그들의 믿음을 강건하게 할 거룩한 계획을 갖고 있었습니다. 마귀는 이 일이 자기의 왕국에 얼마나 치명적인 상처가 될 지를 잘 알고 있었습니다. 그들의 방문이 자기의 계획을 방해할 것임을 알고서 이 두 거룩한 사람들 사이에 불행한 견해의 차이를 조장하였고, 이런 격랑 속에서 그들은 감정이 격해졌습니다(행 15:36-39). 그리스도의 생애에도 두 차례의 특별한 계기가 있었습니다. 그가 세례를 받으시고 공생애 사역으로 들어가실 때와, 또한 그의 고난의 마지막 절정이 그것입니다. 이 때마다 주님은 마귀에게서 격렬하게 공격을 받으셨습니다. 그리스도인 여러분, 여러분이 공적인 위치에 오를수록, 또한 하나님을 향한 여러분의 섬김이 고귀해질수록, 마귀는 더욱 위험한 계획 같은 것으로 여러분을 공격할 것입니다. 그러므로 일반 병사가 사탄의 시험의 탄환을 막기 위해 갑주가 필요하다면, 싸움의 선봉에 서 있는 장군들과 장교들은 더욱더 갑주가 필요한 것입니다.

시기 4. 사탄이 시험을 강력하게 몰아붙일 무언가 대상물이 있을 때. 사탄은 하와가 나무 가까이 있을 때에 그녀를 공격합니다. 그 나무 열매를 눈으로 보고 있을 때 작전을 개시하여야 그녀가 그의 시험을 막지 못하게 되는 것이었습니다. 하와의 눈이 그녀의 마음을 움직여 무절제한 욕심이 생기게만 하면, 쉽게 일이 이루어집니다. 시험을 돕는 대상물이 바로 앞에 있어서 그것이 마음을 사로잡고 있는 그 정욕을 부추겨 움직이게 만들기 때문입니다. 나오미가 그 며느리 룻을 보내어 보아스의 발치에 눕게 한 것처럼 말입니다. 나오미는 보아스가 발치에 누운 룻을 그냥 두면 결국에는 그녀를 침상에 데려가게 될 희망이 있다는 것을 잘 알고 있었던 것입니다. 그 대상물이 가까이 다가오는 것을 그리스도인이 허용하게 되면, 사탄은 때가 되면 자기의 목적이 이루어질 것을 알고 속으로 쾌재를 부를 것입니다. 그러므로 항상 조심하여야 합니다. 죄에 넘어가지 않으려면, 그 문가에 가지도, 앉지도 말아야 하는 것입니다. 방황하는 눈으로 저 아름다운 여자를 바라보지 마십시오. 죄에 사로잡히지 않으려면 말입니다. 마음에 둘 생각이 없는 것은 생각조차 하지 말아야 합니다. 행동이 감정을 낳는 법입니다. 그리하여 어떤 이들은 처음에는 도무지 좋아할 수 없다고 여기다가도 결국 그 여자들과 결혼에까지 이르게 되기도 했습니다.

시기 5. 하나님의 사랑이 크고도 놀랍게 드러날 때에, 곧바로 이어서 시험하는 자가 다가옵니다. 은혜가 본질상 그렇게 약하기 때문에, 하나님께로부터 임하는 미소나 찌푸림의 역사를 당하면 거기에 반드시 올무가 함께 옵니다. 우리 잉글랜드 국가에 대해서 누군가 말하기를, "자유도 종살이도 최고조에 이르면 잘 감당할 수 없다"고 했습니다만, 우리의 영혼도 마찬가지입니다. 하나님이 미소를 지으시고 친히 우리에게 친숙하게 자신을 드러내시면, 우리는 우쭐해져서 교만하기 십상입니다. 만일 그가 이맛살을 찌푸리시면, 우리의 믿음이 한없이 가라앉습니다.

그러므로 하나님의 미소는 마치 화창한 날씨와 따뜻한 열기가 부패의 가라지를 자라게 하며, 반대로 하나님의 찌푸리심은 매서운 서리처럼 은혜의 꽃들을 시들게 하고 심지어 죽이게도 하는 것입니다. 그리스도인에게 이 두 가지 경우 모두가 찾아올 위험이 있습니다. 그러므로 그리스도인이 위로가 가득할 때에 사탄은 이를 이용하려 합니다. 마치 집 주인의 어린 아들이 세입자들에게 세를 받아 들고 있을 때 사기꾼이 다가와 어떻게 하든지 그에게서 돈을 빼앗으려고 수작을 부리는 것처럼 말입니다. 사탄이 이처럼 기회를 엿보고 있다가 성도를 꾀어 이런저런 죄를 짓게 만듭니다. 그렇게 되면 곧 성도의 기쁨이 옆으로 새어나가게 된다는 것을 잘 아는 것입니다. 베드로만큼 하늘로부터 놀라운 증언을 들은 사람이 있습니까(마 16:17)? 그리스도께서는 그를 복이 있는 자로 선언하시고, 그를 모든 성도들의 대표로 여기사 그에게 특별한 존귀를 베푸셨습니다. 이러한 축복이 베드로에게 베풀어지기가 무섭게 투기하는 심령이 그에게서 고개를 들고 나왔습니다. 요셉이 채색 옷을 입은 것 때문에 다른 족장들이 그를 상대로 음모를 꾸미게 되었다면, 그리스도께서 그런 놀라운 사랑과 존귀의 증표를 베드로에게 주셨으니 사탄이 악의로 그를 격동시키는 것이 전혀 놀랄 일이 아닙니다. 사탄은 곧바로 베드로의 팔꿈치에 붙어서 그를 그리스도를 시험하는 도구로 이용하였습니다. 그리스도께서는 베드로를 향하여 "사탄아 내 뒤로 물러가라"라고 꾸짖으십니다. 반석 같아 보이던 베드로가 사탄의 교묘한 책략으로 말미암아 그리스도를 넘어지게 만드는 거치는 돌이 되어 버린 것입니다. 다윗의 경우도 마찬가지였습니다. 그가 그토록 놀라운 자비를 얻어 원수들을 무찔러 그의 왕위가 안정되었고, 정욕으로 사람을 죽인 죄도 용서함 받았고, 이제 평화로이 티끌에 그의 머리를 드리울 준비가 되어 있는 찰나에, 사탄이 끼어들어 그의 쾌청한 저녁에 구름을 드리우고, 백성들을 계수하도록 그를 시험하는 것입니다. 사탄은 성도의 의복이 깨끗할 때에 그를 죄의 흙탕물 속에 던져 넣을 야망으로 가득한 것입니다.

시기 6. 죽음의 순간 성도가 육체적인 연약함 중에 침울하고 가라앉아 있을 때 이 비겁자가 그에게 다가옵니다. 사탄으로서는 이때가 승리를 거둘 마지막 기회입니다. 이때를 놓치면 절대로 기회가 없습니다. 그러니 지금 그를 공격하여 영원토록 그를 망하게 하려는 것입니다. 자연의 뱀에 대해 사람들이 말하기를, 죽을 때가 되기 전에는 절대로 자신의 길이를 보여주지 않는다고 합니다만, 이 신비에 싸인 뱀도 자기 때가 얼마 남지 않았을 때가 되어야 비로소 자기의 교활함과 사악함을 전부 다 발휘하는 것입니다. 성도가 영원 속으로 발걸음을 옮기며, 이제 발꿈치로 그곳을 밟으려 합니다. 이때도 사탄이 임하여 성도가 무사히 천국에 이르지 못하도록 방해합니다. 천국에 이르지 못하게 만들지는 못하지만, 최소한 발꿈치를 상하게 하여 큰 고통 중에 그리로 들어가게 만들려 하는 것입니다.

**[시험을 운용하는 데서 나타나는 사탄의 교활함.
그리스도인을 속이기 위해 그가 사용하는
몇 가지 술책들을 제시함]**

둘째. 두 번째로 사탄은 그리스도인들을 속이기 위해 사용하는 술책들에서, 그 시험들을 운용하는 데에서, 그 방식과 형식들을 적절히 사용하고 전개하는 데에서, 자신의 교활함을 드러냅니다.

술책 1. 그는 자기 본색을 감추고 친구로 위장하고서 그리스도인에게 다가옵니다. 그리하여 자기의 본색이 드러나기 전에, 그리스도인에게 영접을 받고 자신의 행동이 박수를 받게 만듭니다. 그러므로 성경은 그가 "자기를 광명의 천사로 가장하나니"라고 말씀합니다(고후 11:14). 모든 계략 중에서 가장 위험한 것은 그가 사무엘의 옷을 입고 나타나서 그럴듯한 언어로 치장하여 자기의 더러운 혀를 감출 때입니다. 이렇게 하여 그는 특별한 복음 진리에 대한 자신의 생각들을 자꾸 부추겨서 일부 사람들의 판단을 부패하게 하여 오류에 빠지게 합니다. 마치 간교한 상인처럼 오랫동안 지녀온 재고 물건을 뒤로 감추고, 시대의 조류에 맞추어 조금씩 그들의 생각을 돌립니다. 그러면 그들은 그리스도인의 자유라는 것을 빌미로 삼아 새로운 빛을 찾아 나서게 되는 것입니다. 그는 성령을 부르짖음으로써 반(反)율법주의(libertinism)를 부추깁니다. 믿음을 높이 추켜세움으로써, 성경을 헐뜯고 비방합니다. 회개를 별것 아닌 것으로 만들고, 반대로 선행을 부풀리고자 애씁니다. 교회의 운영상의 비리를 크게 선전하여 불안정한 심령들을 흔들고 장난쳐서 교회에서 이끌어 내어 허공에 뜬 상태에 빠지게 만들려 하고, 결국 교회가 전혀 존재하지 않도록 만들려 애씁니다. 사람들의 판단을 흐리게도 하지만, 이에 못지않게 그들의 마음과 삶도 장악하려 합니다. 열정이라는 미명 아래 때때로 위험한 격정과 분노를 마음에 조장하며, 그리스도인의 심령으로 하여금 그리스도인답지 않은 욕심으로 들끓게 하고, 용서해야 할 사안에 대해 오히려 복수를 구하게 만들기도 합니다. 제자들에게서도 이런 경우를 봅니다(눅 9:54). 두 거룩한 사람들이 "불을 명하여 하늘로부터 내려 저들을 멸하게" 하기를 원합니다. 그들은 자기들을 그렇게 격하게 만든 숯이 도대체 어디서 온 것인지조차 생각하지 못했습니다. 이때 그리스도께서 이렇게 말씀하십니다: "너희는 무슨 정신으로 말하는지 모르는구나"(55절. 한글개역개정판 난외주를 참조할 것 — 역주). 때로 사탄은 동정심이나 본성적으로 우러나오는 애정을 가장하기도 합니다. 어떤 경우에는 선한 조언으로 나타나기도 하지만 항상 비겁함과 죄악된 자기애를 부추겨서 그리스도인으로 하여금 자기의 본 모습을 저버리게 하고, 진실로부터 움츠러들게 만들고, 혹은 필수적인 소명의 임무를 소홀히 하게 만들기도 합니다. 사탄은 이런 가증스러움을 십분 발휘하여 베드로를 자기의 대변인으로 삼아, "주여, 주님 자신을 돌아보소서"라고 말하게 합니다. 그러나 그리스도께서는 이를 금방 아시고 날카로운 책망으로 그의 입을 다물게 하셨습니다. "사탄아 내 뒤로 물러가라." 오오, 우리가 이 원수 사탄을 환영하고 그가 그리스도로 착각하지 않으려면, 성경과 우리의 마음과 사탄의 간교한 술책에 대한 공부가 얼마나 절실한지 모르는 것입니다!

　술책 2. 성도의 사정에 대해 첩보를 얻습니다. 온갖 곳에 정탐꾼들을 심어놓는 것이야말로 정치꾼들이 쓰는 아주 중요한 술책 가운데 하나입니다. 정탐꾼들을 통해서 적들의 계략과 동향들을 정탐하여 유리한 위치에서 그들의 계획을 무산시키려 하며, 또한 자기들의 계획을 안전하게 달성하려 하는 것입니다. 적들의 움직임을 훤히 보고 있으니 일을 자기에게 유리하게 만드는 것이 별로 어려운 일이 아닙니다. 다윗은 궁궐에서 일이 어떻게 돌아가고 있는지를 알 수 있었습니다. 요나단의 화살이 소식을 전해 주었고, 그 소식에 따라 궁궐을 떠났습니다. 그러니 그의 큰 원수 사울로서는 그를 잡기가 너무나 힘들었던 것입니다. 사탄은 세상에서 가장 뛰어난 첩보망을 활용하는 자입니다. 그는 사람의 성향과 생각과 감정과 목적들을 탐문하는 것을 자기의 일로 삼습니다. 그리하여 어떤 성향들이 널리 퍼져 있는지를 알면 거기에 자신을 적응시키고, 조류가 어느 쪽으로 흘러가는지를 발견하여 유혹의 통로를 그쪽으로 열어놓고, 사람의 감정에 알맞은 방향으로 수로를 잡으며, 또한 절대로 자연의 시류를 거슬러 억지로 무슨 일을 도모하는 법이 없습니다. 영적인 존재이니만큼 그는 사물을 꿰뚫는 파악력이 있습니다. 그러니 냄새만 맡아도, 한 마디 말만으로도, 눈길을 한 번 돌리는 것만으로도, 상황이 어떤지를 금방 알아차립니다. 그는 사람의 마음을 분석하고 살피며 해부하는 일에 대한 그의 오랜 경험을 통해서 완벽한 지식을 가졌고, 게다가 어떻게 하면 성도에게 해를 끼칠까를 항상 면밀하게 연구하는 부지런한 학도이기도 합니다. 그러니 욥의 경우에서 보듯이, 그는 욥을 면밀히 관찰하고 있었고, 그리하여 욥의 처한 처지와 현 상황을 정확하게 즉석에서 하나님께 아뢸 수 있었고, 그를 자기 뜻대로 움직일 수 있는 가장 그럴 듯한 방법이 무엇인지도 그에게 아뢸 수 있었습니다. 뿐만 아니라 그는 그리스도인 주변에 정탐꾼들을 두고 있어서 그들을 통해서 그의 처지에 대해 항상 최신의 지식을 갖고 있는 것입니다. 마치 다윗이 후새를 통해서 압살롬의 전략을 안 것처럼 말입니다. 이런 점들을 생각하면 사람으로서는 사탄의 시선을 벗어나기가 거의 불가능합니다. 마음의 골방에서 나오면 즉시 어느 쪽으로 향하는지를 사탄이 알아 버리는 것입니다. 부패한 감정 같은 것이 영혼의 상태를 사탄에게 누설해 버립니다. 사람들이 다윗이 엔게디 광야에 숨어 있다는 것을 사울에게 누설한 것처럼 말입니다(삼상 24:1). 마찬가지로 이들이 사탄에게 첩보를 제공하면서 이렇게 말해 줍니다: "저 아무개를 놀라게 하고 싶습니까? 그가 지금 저길로 갔는데 세상적인 일의 나무숲 속에서 이생의 욕망에 온 정신이 팔려 있는 그를 붙잡을 수 있을 것입니다. 또 다른 사람은 정자 그늘에 앉아 이 아이 혹은 저 선물을 보며 즐거워하고 거기에 마음을 쏟고 있으니 거기에 함정을 놓기만 하면 그를 곧바로 붙잡을 것입니다." 이런 첩보를 얻었으니 사탄은 이제 홀로 자기의 몫을 담당하기만 하면 됩니다. 그는 자신의 도모가 실패할 수 없다는 것을 확신합니다. 그의 졸개들이, 즉 예수회 사람들이(Jesuits), 그들이 미혹하고자 하는 자들에게 합당한 방식으로 접근하여 그들을 무너뜨리는 데에 아주 능한 자들이니 말입니다. 그 사람이 야망을 욕심으로 품고 있는가요? 그러면 그에게 맞는 방식으로 접근하면 됩니다! 먼저 헛된 회망들로 그들을 들뜨게 만들면, 그 다음에 그들을 무서운 죄악들 속으로 끌고 들어가기가 얼마나 쉬운지 모릅니다. 하만이 그랬습니다. 그는 왕의 총애를 홀로 독점하고자 사람을 죽이는 피비린내 나는 음모에 급속히 빠져 들어갔고, 유대인들을 대적하다가 결국 스스로 멸망하고 맙니다. 사람의 안목이 부정한 정욕을 좇아 헤매고 있습니까? 그러면 사탄은 그에게 뚜쟁이 짓을 합니다. 그에게 여자를 붙여 주는 것입니다. 사탄은 암논이 이 질병으로 앓아누운 것을 알고 지극히 간교한 요나답을 보내어 계략을 꾸미게 합니다(삼하 13:3). 곧, 스스로 병든 것처럼 꾸며서 그의 누이로 하여금 함정에 빠져들게 만드는 것입니다.

술책 3. 사람에게 서서히 점진적으로 접근합니다. 시험하러 다가올 때에 그는 아주 점잖게 와서 그저 아주 조그만 것을 요구합니다. 여러 번 구하면 얻을 수 있는 것을 한꺼번에 구하여 거절당하는 우매한 짓을 하지 않는 것입니다. 한 무리의 군대는 성문 안으로 들어갈 수 없는 처지에서 몇 사람이 나와 성문 안으로 들어가기를 청하여 의심을 사지 않습니다. 그리고는 그들이 몇 가지 일반적인 제안들을 합니다. 사람들은 그 깊은 계략을 눈치 채지 못하고 받아들입니다. 이들이 마치 정찰병들처럼 먼저 갑니다. 군대의 전 병력은 근처 늪지대 같은 곳에 숨어 있고 말입니다. 하와의 마음도 그런 식으로 흔들어 놓았습니다. 그녀에게 다가가서 처음부터 열매를 취하여 먹으라고 강요한 것이 아닙니다. 그보다 훨씬 더 점잖게 행하였습니다. 강에 돌을 던져서 그 소리에 고기가 놀라게 되면 두려워서 미끼를 물지 않게 됩니다. 사탄이 만일 그런 식으로 접근했다면 하와는 그와 마주하여 대화를 나누는 것조차 두려워했을 것입니다. 그러나 그는 그렇게 하지 않습니다. 그녀를 미혹하기 위해 아주 손쉬운 한 가지 질문을 던집니다. "하나님이 그렇게 말씀하셨느냐? 네가 잘못 들은 것은 아니냐? 그렇게 풍성하신 분이 동산 나머지 열매는 다 먹게 하시면서 그 중에 가장 좋은 이것은 먹지 말라고 하신 것이 정말 사실이냐?"라는 식입니다. 이렇게 해서 그녀의 믿음의 뿌리 주변을 파헤쳐서 느슨하게 만들어 놓습니다. 그렇게 되니 그 다음 단계의 시험으로 손쉽게 나무가 넘어져 버리는 것입니다. 이것은 정말 위험한 술책이 아닐 수 없습니다. 2마일이라면 절대로 함께 가려 하지 않겠지만, 사탄과 함께 1마일을 가는 것에는 쉽게 굴복해 버리는 사람이 많습니다. 그러나 일단 그 길에 들어서면 점점 더 멀리 미혹되고 결국 동행자인 사탄에게서 벗어날 줄을 모르게 되는 것입니다.

　사탄은 이처럼 구불구불한 계단을 통해서 가련한 심령들을 깊고 깊은 죄 속으로 빠져들게 만듭니다. 그래서 그들이 빠져가고 있는 그 밑바닥을 전혀 보지 못하게 하는 것입니다. 처음에는 무언가 생각을 하게 해 주는 대상물을 제시합니다. 그리고 그것이 애착심을 불 지르고, 그 다음에 뇌 속에 흥분을 일으키고 이해력을 흐리게 만듭니다. 그리하여 이해력이 마비되면, 이제 사탄이 자기의 본색을 조금 더 드러내고 대담하게 그 심령에게 지금도 이미 더럽혀졌다는 생각을 심어 줍니다. 오늘날 노골적으로 속된 생활을 하는 사람들 중에 자기들이 신앙에서 그렇게 멀리 떠나 있다는 생각을 한 번도 해보지 않은 이들이 많습니다. 사탄이 비교적 점잖은 첫 시도로 그 가련한 심령들을 속인 것입니다. 오오 그리스도인 여러분, 사탄이 처음 움직일 때에 애초부터 조금도 틈을 주지 마십시오. 사탄은 문 바깥에서는 거지처럼 가련하게 보이다가도 막상 안으로 들어오면 온 집을 좌지우지하는 것입니

다. 처음에 굴복해 버리면, 그 다음부터는 그를 저항할 힘을 다 내어버리게 되고
맙니다. 의복 끄트머리가 해어져 올이 풀리면, 곧바로 회개하여 수선하지 않으면
금방 의복 전체의 실이 다 풀려 버리고 마는 것입니다.

술책 4. 시험을 운용하는 데에서 나타나는 사탄의 교활함을 보여주는 네 번째
술책은 항상 보충 전력을 남겨 둔다는 것입니다. 지혜로운 장군은 언제나 새로운
보충 병력을 확보해 놓고서, 다른 병력들이 지쳐 어려움에 빠질 때 대타로 내세웁
니다. 사탄은 이런 점에서 당혹스러운 처지를 당하는 경우가 거의 없습니다. 한 가
지 시험이 실패하면 그는 곧바로 또 다른 시험거리로 그 자리를 채우고 전열을 가
다듬습니다.

그는 그리스도께 돌로 떡이 되게 하라고 명하여 망설임과 불신에 빠지도록 시
험합니다. 사십 일 동안 금식하고 아무것도 공급받지 못했으니 아버지께 오랫동
안 소외되어 계셨으니, 이제는 그 스스로 돌로 떡을 만들어 살 길을 찾아야 할 때
가 되었다는 식으로 말입니다. 그러자 그리스도께서는 곧바로 이 화살을 다음과
같은 말씀으로 물리치십니다: "사람이 떡으로만 살 것이 아니요 하나님의 입으로
부터 나오는 모든 말씀으로 살 것이라 하였느니라"(마 4:4). 그러나 사탄은 그 다음
화살을 날려서 그를 다시 시험합니다. "이에 마귀가 예수를 거룩한 성으로 데려다
가 성전 꼭대기에 세우고 이르되 네가 만일 하나님의 아들이어든 뛰어내리라 기
록하였으되 그가 너를 위하여 그 사자들을 명하시리니 그들이 손으로 너를 받들
어 발이 돌에 부딪치지 않게 하리로다 하였느니라"(5, 6절). 그의 말은 이런 뜻과도
같습니다. "네가 하나님과 그의 말씀을 그렇게 신뢰하는 체하니, 네 자신을 내던져
서 그것을 증명해 보여라. 네가 감히 하나님을 신뢰한다면 너와 땅 사이에 말씀이
있으니 안전하지 않겠느냐?" 사실 그리스도께서는 이미 답변을 지니고 계셨고, 사
탄의 요구를 완전히 다 감당할 준비가 되어 계셨습니다. 전신갑주를 완전히 갖추
고 계셨으니 그 어떠한 시험에도 끄떡 없으셨습니다. 그러니 그리스도께 드리워
진 사탄의 시험은 마치 솔로몬이 말씀하는 반석 위를 기어가는 뱀의 움직임과도
같이(잠 30:19) 전혀 자취나 흔적이 남아 있지 않았습니다. 그러나 우리에게는 사
탄의 움직임이 마치 뱀이 모래 위나 흙 위를 기어가는 것 같아서 흔적을 남깁니다.
마음속에는 들어와 있지 않으나 상상 속에는 여전히 남아 있고, 그리하여 그것이
그 옆에 있는 다른 상상을 부추깁니다. 그러므로 정말 조심하지 않으면 시험거리
가 슬며시 들어오기 십상인 것입니다. 특히 사탄이 방법을 바꾸는 경우에는 더욱

그렇습니다. 한 쪽으로는 우리가 물리쳤는데, 새로이 다른 쪽에서 다가와 앞에서 우리가 물리친 바로 그것에 대해 다른 식으로 시험하는 것입니다.

우리가 이에 방어하기 위해서는 우리의 자세도, 모든 병기들을 다루는 기술도, 준비를 갖추고 있어야 합니다. 마치 토론에 참여한 연사처럼 말입니다. 논지가 막히고 새로운 질문이 쏟아지기 시작합니다. 논리가 이상한 방향으로 전개되고, 의도적으로 제기되는 난국에 처하기도 합니다. 사탄이 쓰는 방법이 과연 그렇습니다. 그가 그리스도인들로 하여금 하나님을 예배하는 임무를 소홀히 하도록 시험합니다(세상적인 일들을 무수히 만들어 내어 그 일들을 돌보지 않을 수 없도록 만드는 식으로). 그리고 이것이 효력이 없으면 다른 쪽에서 공격을 시도하면서 그리스도인으로 하여금 세상의 직업을 소홀히 하도록 유도합니다. 하나님을 예배하는 일에 대해 열정을 가지려면 그렇게 할 수밖에 없다는 식의 생각을 갖도록 만드는 식으로 말입니다. 혹은 우선 그리스도인에게 다가와 임무를 향한 열심을 죽이려고 애씁니다. 그런데 그리스도인의 경계가 너무 강하여 뜻을 이루지 못하면, 그 다음에는 그리스도인으로 하여금 스스로 임무를 충실히 다하고 있다는 생각을 갖게 하여 그를 우쭐하게 만듭니다. 이렇듯 사탄은 가장 음흉하고 가장 높은 시험거리들은 항상 맨 마지막을 위해 남겨두는 것입니다.

술책 5. 전략적으로 후퇴하기도 합니다. 적군이 공격을 성공시키기 위해 일부러 마치 압도당하기라도 하는 것처럼 도망하는 경우들이 있습니다. 여호수아가 이런 방법을 써서 아이 성 사람들을 함정에 빠뜨렸습니다(수 8장). 우리는 사탄이 내쫓김을 당하는 일은 물론, 더러운 귀신이 더 악한 귀신을 데리고 다시 들어올 목적으로 잠시 자발적으로 떠나가는 경우를 성경에서 읽습니다(마 12:43). 정복하는 은혜의 강력한 힘에 사탄이 항상 순순히 격퇴되지는 않습니다. 때로는 포위하던 것을 풀고 뒤로 물러가서 그리스도인을 멋지게 유인하여 자기의 성채로부터 나오게 만듭니다. 그리고는 평지에서 그를 다시 공략하려 합니다. 성채 안에 있을 때는 도저히 그리스도인을 당할 수가 없으니 말입니다. 토끼가 개를 보면 곧바로 자기 굴로 숨듯이, 성도는 시험을 만나면 자기의 성채로 피합니다. 그리고 심령이 순찰을 돌며 경계를 서고 감히 임무를 게을리하지 않습니다. 원수가 성벽 아래 지키고 서 있으면서 계속해서 시험의 화살을 쏘아대고 있기 때문입니다. 하지만 사탄이 그를 포기하는 것 같고 더 이상 과거처럼 공격을 해오지 않으면, 부지런함이 점점 누그러지고 임무를 게을리하고 형식적으로 하게 되기 십상입니다. 마치 카르타고의 군대가 더 이상 공격을 하지 않자 로마 사람들의 용맹이 사라진 것처럼 말입니다. 사탄이 시험을 하든 하지 않든, 공격을 하든 후퇴를 하든, 여러분은 그대로 임무를 계속해야 합니다. 항상 전열을 가다듬고 있어야 하며, 사탄이 도망하는 것이 보이면 경계를 늦출 것이 아니라 오히려 믿음을 더 강하게 하여야 합니다. 파르티아 인들은 후퇴할 때에 원수에게 가장 큰 상처를 주는 것으로 유명합니다. 도망하면서 화살을 쏘아대는 것이지요. 사탄도 여러분에게 그렇게 할 수 있습니다. 여러분이 승리한 것처럼 착각하여 안일에 빠진다면 얼마든지 그런 일을 당할 수 있는 것입니다.

[자기 목적을 이룰 적절한 도구를 택하는 데서 나타나는 사탄의 교활함]

셋째. 사탄은 자기의 계획을 이루기에 적절한 도구를 택하는 데에서도 교활함을 드러냅니다. 그는 시험을 다듬고 형태를 만드는 대가(大家)입니다. 그러나 때로는 자기 휘하의 일꾼들을 쓰기도 합니다. 자기는 전혀 모습을 드러내지 않고 다른 이들을 통해서 일을 이루는 것이 더 나을 경우가 있다는 것을 잘 알기 때문입니다. 영적인 존재의 본성과 사람의 본성은 서로 전혀 부합되지 않으므로 마치 사람이 사람을 대하듯이 그렇게 그가 우리에게 친숙하게 다가올 수는 없습니다. 그런데 다른 점에서도 그렇지만 이 점에서도 그는 하나님의 흉내를 냅니다. 이스라엘 사람들이 그러한 이유로 하나님이 직접 말씀하시지 말고 대신 모세가 그들에게 말씀하게 해 주시기를 바랐고, 하나님은 그것을 인정하시고 그들에게 말씀하셨습니다: "그들의 말이 옳도다. 내가 그들의 형제 중에서 너와 같은 선지자 하나를 그들을 위하여 일으키고 내 말을 그 입에 두리니 내가 그에게 명령하는 것을 그가 무리에게 다 말하리라"(신 18:17, 18). 이처럼 사탄은 사람들을 사용합니다. 그래서 우리로 하여금 더 친숙하게 대할 수 있게 하는 한편 자신도 의심을 덜 받게 만듭니다. 요압처럼 다른 사람을 취하여 자기 일을 대신하도록 하는 것입니다. 그러나 아무나 그의 일을 제대로 하는 것이 아니므로, 사탄은 자기가 사용할 수 있는 매우 적절한 도구를 택합니다. 병사라고 해서 누구나 원수를 상대하여 교섭하고, 성(城)을 상대로 술수를 부리는 일에 적합한 것이 아닙니다. 사탄은 누구에게 일을 시켜야 자기에게 가장 유리하겠는가를 면밀히 살핍니다. 이 점에서는 그가 하나님과 전혀 다릅니다. 하나님은 그런 최상의 도구들을 취사선택하시는 법이 전혀 없습니다. 그에게는 그럴 필요가 전혀 없습니다. 누구든 간에 그는 최상으로 사용하실 수가 있으니 말입니다. 그러나 사탄의 능력에는 한계가 있습니다. 그러므로 사자의 가죽에 결함이 있으면 여우의 가죽으로라도 꿰매어야 하는 것입니다. 사탄이 자기의 도구들로 지목하는 사람들은 주로 네 종류라 할 수 있습니다. 1. 지위와 권력이 있는 사람들. 2. 술수와 꾀가 많은 사람들. 3. 거룩한 사람들, 혹은 거룩하다고 알려져 있는 사람들. 4. 밀접한 관계를 맺고 있고 깊은 관심의 대상인 사람들.

도구 1. 사탄은 지위와 권력이 있는 사람들을 도구로 사용합니다. 이들은 나라에서나 교회에서 지위와 권력을 누리는 자들입니다. 할 수만 있으면 그는 나라의 왕좌와 강단을 확보하려 할 것입니다. 그 두 보루가 전체를 좌우하기 때문입니다. (1) 나라에서 권력을 지닌 사람들. 그런 자들을 매수하여 자기편으로 삼는 것은 예부터 그가 사용해 온 술책입니다. 왕이나 군주는 천 명의 몫을 하는 사람입니다. 그러므로 바울은 엘루마가 총독을 믿음에서 벗어나도록 회유할 때에 그에게, "모든 거짓과 악행이 가득한 자요 마귀의 자식"이라고 하였습니다(행 13:10). 이는 마치 이런 뜻과도 같습니다. "군주들의 궁정을 어지럽히고, 권력가들의 환심을 사는 이 수법을 네가 네 아버지 마귀에게서 배웠구나." 사탄이 그런 사람을 자기편으로 만드는 이유는 두 가지입니다. (a) 다른 사람들을 끌어들이는 데에 이들만큼 유리한 위치에 있는 자들이 없기 때문입니다. 장군을 매수하면, 그가 모든 병사들을 함께 이끌어오기 마련인 것입니다. 자기 지파에서 이름 있는 지휘관들이 고라의 편에 서자, 즉시 무수한 사람들이 그 음모에 가담했습니다(민 16:2-19). 여로보암이 우상 숭배를 주도하자, 이스라엘이 곧바로 함정에 빠집니다. 백성들이 그의 명령을 따르기를 좋아했다고 말씀하고 있습니다(호 5:11). (b) 죄가 궁정 내에 머물고 더 멀리 오염되지 않는다 할지라도, 그런 자의 죄는 온 나라 전체에 굉장한 악을 초래하기 때문입니다. "사탄이 일어나 이스라엘을 대적하고 다윗을 충동하여 이스라엘을 계수하게 하니라"(대상 21:1). 사탄은 이스라엘을 괴롭히려고 그 왕으로 하여금 죄를 범하도록 충동하였고, 이스라엘은 끔찍한 전염병으로 인하여 엄청난 고통을 당한 것입니다. (2) 교회에서 지위를 누리며 직무를 행하는 자들. 마을 사람들이 물을 길어 먹는 우물에 독을 집어넣는 것만큼 그 마을 전체를 오염시키는 효과적인 방법은 없습니다. 아합을 꾀어 길르앗 라못으로 가서 죽게 할 자가 누구입니까? 사탄이 나서서 이렇게 말하였습니다: "내가 나가서 거짓말하는 영이 되어 그의 모든 선지자들의 입에 있겠나이다"(왕상 22:22). 어떻게 하면 속된 자들이 그 죄 가운데서 더욱 완악해지겠습니까? 설교자가 그들의 팔꿈치 밑에 베개를 놓아 두고 "평화로다 평화로다"라고 외치면 그대로 됩니다. 어떻게 하면 하나님께 예배하는 일을 소홀히 하게 될까요? 홉니와 비느하스로 하여금 생활에서 온갖 추문을 일으키게 하면, 많은 선인과 악인들이 여호와께 드리는 희생 제사를 혐오하게 될 것입니다.

도구 2. 그는 유능하고 재주가 많은 사람들을 사용합니다. 다른 사람들보다 지혜가 많고 생각이 깊은 사람이 있다면 그 사람이 바로 사탄이 자기의 일에 쓰기 위해 찾는 사람입니다. 사탄이 이런 사람들을 자기편으로 만들기 때문에 그리스도의 제자들 가운데는 그처럼 뛰어난 자들이 그리도 적은 것입니다. "지혜로운 자가 많지 않도다." 과연 그렇습니다. 하나님은 육신적인 원리에 따라 움직이는 마음이나 세상 속에 그의 나라를 두지 않으십니다. 경건한 자세로 진실하고 깨끗하게 행하라는 것이 복음의 명령이니 말입니다. 뱀은 몸을 줄여 자기 주름 속으로 집어넣고 전혀 자기 본 모습을 드러내지 않을 수 있습니다만, 성도에게는 하나님이나 사람들을 속이는 것이 전혀 어울리지 않습니다. 그런데 성도들이 뱀의 교활함을 따라 행동했다면, 이는 결코 합당한 일이 아닙니다. 야곱은 속임수를 써서 축복을 받았습니다만, 선명하게 처신했더라면 대가를 덜 치르고 그것을 얻을 수도 있었을 것입니다. 아브라함과 사라는 둘이서 아비멜렉을 속였습니다. 하나님께서는 그들의 죄를 아시고 이방인의 입을 통해서 그들을 책망하십니다. 아사는 국가의 정책상 아람과 동맹을 맺고, 성소와 왕궁의 은금 기명들을 보내어 그들의 도움을 청합니다. 그런데 그 결과가 어떠합니까? 선견자가 하나님의 말씀을 전합니다. "이 일은 왕이 망령되이 행하였은즉 이 후부터는 왕에게 전쟁이 있으리이다"(대하 16:9). 죄악된 행위는 성도의 손에서 오래 흥할 수가 없습니다. 그러나 사탄은 자기 길에서 벗어나지 않습니다. 그는 발람, 아히도벨, 하만, 산발랏 같은 교활하기 그지없는 자들을 물색합니다. 지혜와 모략이 뛰어난 자들을 찾아 자기편으로 만드는 것입니다. 사악한 도모에는 부드러운 대변자가 필요하고, 나쁜 물건은 그럴듯하게 속여 파는 행상이 필요한 것입니다. 그는 사람들의 마음을 회유하고 속이기 위해 보통 아주 교활한 자들을 도구로 사용합니다. "할 수만 있으면 택한 자들을 미혹할" 수 있는 그런 자들을 말입니다. 이 때문에 사도 바울은 자신이 그리스도께 중매한 고린도 교인들이 하와가 뱀에게 속임을 당한 것처럼 사탄에게 속임을 당하여 그 "마음이 그리스도를 향하는 진실함과 깨끗함에서 떠나 부패할까" 매우 염려

하였습니다(고후 11:3). 아내를 꾀어 그 사랑하는 남편으로 향했던 사랑을 다른 데로 돌이키게 만들 수 있는 자라면 과연 간교한 마귀가 아닐 수 없을 것입니다만, 사탄이 쓰는 도구들에게 그런 마력이 있고, 그래서 그로 인하여 수많은 이들이 전에 그들의 약혼자이셨던 그리스도를 배반하고 그의 진리와 규례들로부터 도망하게 된 것입니다. 자, 이런 사탄의 도구들이 지닌 놀라운 교활함이 다음 세 가지 사실들에서 나타납니다.

(1) 그리스도의 신실한 사자(使者)들의 선한 이름을 헐뜯는 데에서. 그리스도의 신실한 종들의 명예를 무너뜨리고 그 위에다 자기의 신망을 쌓아올리는 것이야말로 사탄이 예부터 사용해 온 트릭입니다. 그는 이런 식으로 고라와 다단과 아비람을 부추겨 모세와 아론을 비난하게 만들었습니다: "너희가 분수에 지나도다. 회중이 다 각각 거룩하고 여호와께서도 그들 중에 계시거늘 너희가 어찌하여 여호와의 총회 위에 스스로 높이느냐"(민 16:3). 그들은 모세와 아론이 그 마음이 교만하여 스스로 모든 것을 독점하였다고 믿도록 백성들을 오도하려 했습니다. 마치 모세와 아론이 자기들 외에는 분향하기에 족할 만큼 거룩한 자가 없다고 여긴 것처럼 생각하게 만들려 한 것입니다. 그리고 이런 교활한 그들의 처사를 통하여 한동안 이스라엘 백성 전체를 자기들의 편으로 만들 수 있던 것입니다. 또한 아합 왕을 도와서 선한 미가야를 비난하고 내쳤던 거짓 선지자들도 사탄의 훌륭한 기사(騎士)들이었습니다. 우리 구주께서도 바리새인들에게서 이에 못지않게 비방을 받으셨고, 또한 사도 중의 으뜸인 바울 역시 거짓 교사들로 말미암아 사역이 훼방을 받았고 그의 이름이 헐뜯음을 받았습니다. 그들은 마치 그가 무언가 약점이 많은 전도자라도 되는 것처럼 그를 비방했습니다. "그가 몸으로 대할 때는 약하고 그 말도 시원하지 않"으니(고후 10:10), 과연 이 사람이 너희가 흠모하는 사람이란 말이냐? 라는 식으로 말입니다.

(2) 자기들의 부정함과 오류들을 그럴싸한 사상들과 탁월한 진리들로 포장하는 데에서. 아리우스를 비롯하여 사탄이 사용하는 위험한 도구들은 어찌나 지혜로운지, 이단적인 사설들을 갖고도 자기들의 강론들을 그럴듯하게 제시하였습니다. 그들은 고귀한 진리들을 제시하면서 그것과 더불어 자기들의 부패한 원리들을 여기저기에 뿌려놓습니다. 그런데 어찌나 기술이 좋은지, 그런 오류들을 쉽게 분간할 수가 없도록 만듭니다. 어느 분이 지적한 대로, 우리 구주께서 제자들에게 "바리새인의 누룩을 주의하라"고, 곧 그들의 오류를 주의하라고 말씀하신 것은 바

로 이를 경계하신 것이라 할 것입니다. 그런데 주님은 어째서 누룩을 주의하라고 하셨을까요? 그것이 건전한 반죽에 은밀하게 섞이기 때문입니다. 온통 누룩으로만 반죽을 만들지 않습니다. 그렇게 하면 아무도 먹으려 하지 않을 것입니다. 하지만 반죽 전체에 누룩을 조금 섞어 넣으면 그것이 전체를 다 부풀어 오르게 만드는 것입니다. 그리스도께서 제자들에게 하시는 말씀은 곧, 바리새인들이 많은 진리들을 그들의 오류와 뒤섞어 놓기 때문에 오류가 함께 섞여 들어와서 진리를 썩게 만들지 않도록 주의하는 것이 합당하다는 것입니다. 뿐만 아니라 누룩은 밀가루 반죽과 흡사합니다. 같은 곡식으로 만들었고, 만든 시간과 그 신 맛만 다를 뿐 다른 모든 것이 똑 같습니다. 그러므로 그리스도께서는 그들의 오류가 진리와 비슷하게 닮았다는 것을 시사하시는 것입니다. 말하자면 성경에서 추출한 것이지만 그들 자신의 거짓된 사족들이 덧붙여져서 신 맛을 갖게 되었다는 것입니다. 그러니 그리스도의 양들이 이런 오류의 균에 오염되기가 얼마나 쉬운지 모릅니다. 부패하게 만드는 가라지가 영양을 주는 일반 풀과 매우 흡사하기 때문입니다.

(3) 육체에 방종을 조장하는 그런 원리들을 제시하는 데에서도 그들의 교활함이 나타납니다. 그들은 이를 사용하여 무수한 어리석은 심령들을 그물로 잡아들이는 것입니다. 사람의 마음은 자기들의 기분에 따라 종교를 만들어 내는 삶을 좋아합니다. 그리고 자기의 성향을 두둔하는 것을 진리라고 믿기가 쉬운 법입니다. 여기서 사탄의 도구들은 사람의 생각에 만족을 주기 위해 세 가지 정욕을 이용하는데, 곧 속된 이성, 교만, 육신적인 자유가 그것입니다.

(a) 속된 이성(carnal reason). 이것이야말로 지성적인 세계가 숭배하는 큰 우상입니다. 그 세계 사람들은 이것을 그들의 믿음의 표준으로 삼는데, 바로 이 쓴 뿌리에서 저 아리우스 이단(Arian heresy)과 소치니 이단(Socinian heresy)이 돋아난 것입니다. 사실 이성이 이끌어가는 정도까지만 가고 더 이상 나아가지 않는 자는 도덕법이라는 평평한 길에서 멈추어 섭니다. 그리고 복음의 깊은 곳에까지 이르게 되면 거꾸로 다시 돌아가든지 아니면 믿음이 이성에게 도움을 준다는 것으로 만족하든지 둘 중의 하나인 것입니다.

(b) 사탄이 이용하는 또 다른 정욕은 바로 교만입니다. 사람은 본성적으로 자기가 자기에게 신(神)이 되고 싶어 합니다. 물론 그렇게 높이 올라가려다 떨어지고 말지만 말입니다. 그러니 무슨 가르침이든 자기 눈에 사람을 좋게 보이게 만드는 것이라면 다 받아들일 수 있습니다. 그리고 이런 성향이 또 다른 위험한 오류를 부

화시켜 놓았습니다. 곧, 펠라기우스주의와 반(半)펠라기우스주의가 그것인데, 이
는 인간의 본성을 일으켜 세우며, 영혼 속에 창조의 역사가 전혀 없이도, 약간의
외부적인 도움이나 어떤 논지로 자극을 주기만 하면 얼마든지 사람이 혼자서 그
리스도께로 나아갈 수 있다고 가르칩니다. 오오, 이런 논리들이 얼마나 입심 좋게
사람들에게 다가오는지 모릅니다. 가령 한 기술자가 여러분에게, 여러분의 집이
노후 되었으니 부수고 새로 지어야 하는데 완전히 새로운 재료가 다 준비되어 있
다고 말한다고 합시다. 그런데 또 다른 기술자가 와서는 그럴 문제가 전혀 아니라
고 합니다. 기둥도 양호하고 지붕도 그만하면 견딜 만하고, 조금만 비용을 들여 수
선하면 괜찮다고 이야기한다고 합시다. 그러면 여러분은 누구의 말을 듣겠습니
까? 십중팔구는 가장 비용이 적게 든다고 이야기하는 사람의 말을 들을 것입니다.
그리스도의 신실한 종들은 말씀에 근거하여 죄인들에게 이야기합니다. 사람은 그
본성 자체가 부패하고 썩어 있어서 옛 것에 속한 것은 아무것도 사용할 수가 없고
모든 것이 전혀 새로워져야 한다고 말씀합니다. 하지만 아르미니우스주의자
(Arminian)가 와서 죄인의 교만을 한껏 부추기면서 말하기를, 다른 사람이 이야기
하는 것처럼 그가 그렇게 약한 것이 아니라고 합니다. 네가 마음만 먹으면 얼마든
지 회개하고 믿을 수가 있다거나, 혹은 최소한 네 본성적인 능력들을 발휘하여 네
게 없는 것을 하나님이 네게 덧붙여 주시도록 만들 수가 있다는 식으로 가르칩니
다. 이 사람이야말로 교만한 사람을 최고로 기쁘게 해 주는 기술자인 것입니다.

(c) 사탄은 그의 도구들을 통해서 육신적인 자유에 대한 욕망을 조장합니다. 사
람은 벨리알의 자식이요, 따라서 본성적으로 멍에를 지지 않는 육신적인 자유에
대한 욕망을 갖고 있습니다. 굳이 멍에를 져야 한다면, 가장 부드럽고, 불편함을
가장 덜 주는 것을 지고 싶어 합니다. 신실한 말씀의 교사들은 계명의 엄밀함을 완
화시켜 주지 않고 오히려 그것에 신실하게 순종하라고 압박하는데, 사탄의 도구
들은 와서 말하기를, "이 자들은 그리스도인에게 연중 하루도 쉬게 하지 않고 계속
해서 임무를 다하도록 붙들어 매어놓는 정말 고집불통인 매정한 자들이로다. 천
국으로 향하는 더 쉬운 길을 우리가 가르쳐 주겠다"라고 합니다. 교황주의자들은
말합니다: "일 년에 한 번만 사제에게 나아와서 죄를 고백하고, 그에게 합당하게
사례하고 교회에게 복종하는 자녀가 되어라 그러면 우리가 나머지 모든 것들을
면제해 주겠다." 페밀리스트(Familist: 16세기에 로마 가톨릭 교도인 헨리 니콜라스에 의
해 결성된 이단 종파로서 "사랑의 가족"[Family of Love]으로도 불렸다 — 역주)는 이렇게 말

합니다: "복음의 헌장은 이 율법적인 설교자들이 가르치는 것보다 더 많은 자유를 허용하고 있다. 이 자들은 회개하고 믿으라고 명령하지만, 그리스도께서 너희를 위해 이 모든 일들을 이루어 주셨다. 그러니 육체를 봉양하는 것 외에 달리 무슨 할 일이 있겠느냐?" 이 사기꾼들은 진리는 팽개쳐 버리고 자기들의 물건을 아주 확신을 갖고서 들이댑니다. 이들은 그 제자들에게 그리스도보다도 오히려 더 값싸게 천국행을 제공해 준다는 것에 아주 만족해하고 있는 것이 아닙니까? 가장 값싼 물건을 파는 자에게 가장 많은 고객이 몰리게 됩니다. 하지만 결국에는 가장 좋은 것이 가장 값싼 것임이 드러날 것입니다. 진리는 자기를 부인하게 하지만 오히려 그것이 육체를 즐겁게 해주는 모든 것을 제공해 주는 오류보다 더 이득이 되는 것입니다.

도구 3. 사탄은 거룩하다는 명성을 지닌 사람들을 도구로 삼습니다. 새들을 그물에 걸리게 만드는 도구로 살아 있는 새만큼 좋은 것은 없습니다. 하지만 그런 이들이 마귀를 위해 그런 일을 한다는 것이 가능하겠습니까? 예, 가능합니다. 지극히 거룩한 사람들을 자신의 도구로 삼아 다른 이들을 미혹하게 하는 것이야말로 사탄의 술책이요, 또한 인간의 연약함입니다. 아브라함은 그의 아내더러 거짓말을 하라고 미혹하였습니다. "그대는 나의 누이라 하라"(창 12:13). 늙은 선지자는 하나님의 사람으로 하여금 본분에서 떠나게 만듭니다(왕상 13:11). 그 사람의 거룩함과 또한 그의 나이 많은 연륜 때문에 그의 말이 권위 있게 작용한 것으로 보입니다. 그러니 여러분, 얼마나 삼가 경계하여야 하는지 모릅니다. 하나님의 길에서 오랜 경륜과 굉장한 진보를 이루었다면, 여러분은 아마 교회 내에서 탁월한 명성을 얻고 있을 것입니다. 그러니 여러분의 말과 행동과 생각이 다른 이들에게 권위를 발휘하게 됩니다. 여러분이 앞장서 나아가는 자요 따라서 다른 이들이 자기들의 길보다는 여러분을 더 많이 바라보기 때문입니다.

도구 4. 사탄은 나와 밀접한 관계에 있고 또한 깊은 관심의 대상인 사람들을 택하여 도구로 이용합니다. 인척 관계나 애착 때문에 깊은 관심을 갖는 자들을 이용하는 것입니다. 어떤 이들은 유모에게 잘 보여서 선물을 얻어내려고 아기에게 입을 맞추기도 합니다. 나발이 선물을 가져왔다면 다윗이 받지 않았을 것입니다. 하지만 아비가일이 선물을 가져오자 다윗이 그것을 받아들이고 그녀에게 감사를 표했습니다. 사탄은 하와의 손에 선악과를 들려서 아담에게 가져가게 했습니다. 모든 블레셋의 군대보다 들릴라 한 사람이 삼손에게 큰 효과를 발휘했습니다. 욥의

아내가 그에게 독을 가져다주었습니다: "하나님을 저주하고 죽으라." 어떤 이들은
사탄이 욥의 자녀와 종들을 다 죽이면서도 유독 그의 아내는 남겨둔 것은, 그녀야
말로 욥과 밀접한 관계에 있고 또한 욥이 애지중지하는 자이므로 그를 이끌어 시
험에 빠지게 하는 데에 가장 유용한 도구였기 때문이라고 보기도 합니다. 그리스
도를 시험할 때에도 사탄은 그의 제자인 베드로를 이용하고, 어떤 때는 그의 친구
들과 친척들을 이용하기도 했습니다. 몇몇 순교자들의 고백에 따르면, 그들이 당
한 가장 힘든 일은 친구들과 친족들의 기도와 눈물을 이기는 것이었다고 합니다.
바울 자신도 마음이 찢어지는 아픔을 겪고서야 그런 함정에서 벗어날 수 있었습
니다. "여러분이 어찌하여 울어 내 마음을 상하게 하였느냐?"(행 21:13).

[죄를 범하도록 시험하는 자인 사탄의 교활함을 간결하게 적용함]

첫째 적용. 죄악된 수단과 교묘함에 현혹되지 말기 바랍니다. 이는 여러분을 마
귀처럼 만들어 줄 뿐입니다. 뱀에게는 칭찬할 만한 지혜가 있는데, 곧 피조물로서
완전하다는 것입니다. 그 지혜에 있어서 뱀은 문자적으로도, 신비한 면으로도 뛰
어납니다. 문자적으로는 땅의 짐승 중에 창의력과 관찰력이 뛰어나고, 신비한 면
에서는 천사에 속하는 존재로서 사람보다 뛰어난 지식을 지니고 있습니다. 그러
나 문자적으로 교활함을 지니고 있고, 신비한 면에서 지식을 갖고 있으나, 이것이
타락한 상태여서 악을 행하는 데 더 능합니다. 육체적인 면에서 교활함과 영적인
면에서 지혜가 있는 상태는 우리가 혐오해야 마땅한 것입니다. 누군가의 말처럼,
뱀의 눈은 오로지 비둘기의 머리에 붙어 있을 때만 제대로 행하는 것입니다.

1. 교묘하게 죄를 궁리하는 것에 휩쓸려서는 안 됩니다. 악을 행하는 데에 지혜
로운 자들이 있습니다(렘 4:22). 이런 기술의 대가들은 침대에 누워서도 사악한 계
획들을 인위적인 방법으로 시행할 궁리를 하며, 이로써 일종의 마귀적인 능력을
드러내 보입니다. 이스라엘 사람들을 자기 나름대로 지혜롭게 처리한 애굽 사람
들이 그랬고, 피비린내 나는 계교를 멋진 편지를 써서 위장시킨 이세벨이 그랬습
니다. 그녀는 그 편지로 마귀 짓을 행하고 있는데, 어떤 이들은 그 편지를 읽고 그
녀를 성자로 오해할 수도 있었을 정도입니다. 이것은 정말이지 검은 술수이며, 그
것을 실행하는 영혼을 지옥만큼이나 검게 만드는 것입니다. 아무리 아둔할지라도
이런 술수는 배우기가 어렵지 않습니다. 그저 악하기만 해도, 마귀가 도와서 지혜

를 덧붙여 줄 것입니다. 잠깐만 그의 학교에 다녀도, 금방 꾀가 많은 사람이 될 수 있습니다. 고의적인 도모와 깊은 계교만큼 악을 크게 이루는 죄가 없습니다. 짐승들은 새끼를 배에 품는 기간이 길수록 태어난 새끼가 더 강하고 완벽합니다. 다른 무엇보다 코끼리가 그렇듯이 말입니다. 이와 마찬가지로 죄가 속에서 형성되고 꾸며지는 기간이 길수록, 그리고 머리와 마음이 죄와 만나는 횟수가 잦을수록, 죄의 완성도가 더 높아지는 것입니다. 급하게 즉흥적으로 끓어오르는 격정 속에서 품어지고 발산되는 한 가지 죄 속에는 아직 제대로 형성되지 않은 많은 새끼 죄들이 도사리고 있는 법입니다. 그런 갑작스런 행동들에서는 연약함이 나타나지만, 그 새끼 죄들에서는 깊은 사악함이 드러나는 것입니다.

2. 여러분이 죄를 범했을 때에 그 죄를 감추지 않도록 주의하기 바랍니다. 이는 사람의 마음속에 있는 여러 방도들 가운데 하나로서, 죄인의 행위의 어느 부분에 못지않게 이 부분에서 그 간교함과 예리한 기술이 드러납니다. 족장들이 피 묻은 겉옷을 갖고서 얼마나 멋지게 아버지 야곱의 눈을 속여 넘겼습니까? 요셉의 여주인은 요셉이 제기할지도 모르는 항의를 방지하고자 자기의 죄를 거꾸로 요셉에게 뒤집어 씌웠습니다. 마치 강도가 "도둑 잡아라!"라고 소리쳐서 도망하는 것처럼 말입니다. 하나님은 사람에게 그의 벌거벗은 몸을 가릴 겉옷을 만드는 법을 가르치셨습니다. 그러나 마귀는 영혼의 벌거벗음을 가리는 겉옷을 짜는 법을 사람에게 가르쳐 주었습니다. 여러분의 죄를 교묘하게 감출수록, 여러분은 더욱더 터무니없이 바보짓을 하게 되는 것입니다. 발각될 때에 거짓말쟁이만큼 수치를 당하는 자가 없는데, 여러분이 반드시 그렇게 될 것입니다. 여러분이 자신을 가리기 위해 입는 덮개는 너무도 짧아서 도저히 하나님의 눈을 가릴 수가 없습니다. 혹시 이 땅에서는 여러분이 부지런히 피하여 수치를 당하지 않더라도, 오는 세상에서는 하나님께서 모든 이들에게 이를 알리실 것입니다.

3. 그 자체로 적법한 일들을 도모하면서 교묘함과 죄악된 수단을 쓰지 않도록 주의하기 바랍니다. 여러분의 재산을 증식하고 후대를 위하여 그것을 잘 경영하는 것은 적법한 일입니다. 하지만 상거래에서 술수를 쓰고 기발한 잔꾀를 부리라고 하는 마귀의 조언은 취해서는 안 됩니다. 그런 자는 잠시 동안은 지혜로 통할 것입니다만, 선지자는 그들의 종국을 읽고 있습니다: "마침내 어리석은 자가 되리라"(렘 17:11). 우리의 재산과 생명과 자유를 사랑하는 것은 적법한 일입니다. 하지만 그것들을 구하느라 죄악된 수단을 쓰는 일은 삼가야 하겠습니다. 하나님의 진

리를 부인하며 하나님을 속이거나, 혹은 사람들과의 부드러운 교류를 유지하기 위해 우리의 임무를 소홀히 하는 것은 결코 지혜로운 일이 아닙니다. 자기 영혼은 무방비상태로 내놓아서 온갖 죄책감으로 상처를 입게 하면서도 이미 상한 머리를 구하려 손을 들고 안간 힘을 쓰는 자는 정말이지 허약한 검객이 아닐 수 없습니다. 우리가 문을 닫고 두려움에서 피하였다고 생각하는 그때에 바로 그 문간에서 두려움이 우리를 기다리고 있는 경우가 허다합니다. "자기 목숨을 구하고자 하는 자는 잃으리라." 그리스도인 여러분, 여러분의 평화를 사랑하십니까? 하나님과 및 사람과 더불어 깨끗한 마음을 갖고, 왕의 대로를 지켜 가십시오. 여러분이 바라는 것을 얻도록 주께서 명하신 그 길을 그대로 정진하시고, 여정의 마지막 목적지에 더 빨리 더 쉽게 이르고자 하여 울타리와 도랑을 넘는 일이 없기를 바랍니다. 그런 이들은 흔히 중도에 길이 막혀 다시 돌아와 수치를 당하게 되거나 아니면 무언가 절박하게 뛰어넘으려다 목이 걸리게 되기도 합니다. 조금 돌아가더라도 하나님과 함께 계속 동행하여 나아가는 자가 더 속히 본향에 이르게 되는 것입니다. 역사가의 다음과 같은 관찰은 그리스도인들이 기억할 만한 가치가 있습니다: "간교한 조언들은 처음에는 좋은 것을 약속해 주나 계속 진행하는 과정에서 더욱 힘이 들며, 결국에는 본향에 이르지 못하게 되어 절박한 탄식을 할 수밖에 없도록 만든다."

  둘째 적용. 사탄이 그렇게 교활합니까? 그렇다면, 마귀를 간교하게 속여 넘기리라는 생각을 하지 마십시오. 마귀는 여러분이 그렇게 대하기에는 너무나 힘든 존재입니다. 후에 회개하리라는 생각으로 죄를 짓지도 마십시오. 지금에는 정말 그런 생각을 가질 수도 있습니다. 하지만 여러분, 이 속임수의 대가와 함께 앉아 장난하면서 언제든 원하면 발을 뺄 수 있다고 생각하십니까? 아아, 정말 불쌍한 자여! 마귀는 수천 가지의 수단을 써서 여러분을 계속 붙잡아 두고 계속해서 더 깊이 끌고 들어가고 결국 여러분은 양심이 무뎌져 아무런 감각이 없어지게 되어 버리는 것입니다. 그저 1, 2실링 정도만 쓸 요량으로 게임에 참여했다가 그 게임에 숨겨진 은밀한 술수로 인하여 결국 입고 있던 겉옷까지 벗어 주고서야 겨우 벗어난 사람들이 있는 것처럼, 오오, 죄에 빠져서 자기들의 원칙은 물론 신앙 고백 자체까지도 다 팔아먹고, 겉옷을 벗어 주는 것은 물론 벌거벗긴 채 온갖 수치를 다 드러내며 쫓겨나는 이들이 얼마나 많은지요! 마치 어린아이들이 해변에서 놀려고 조그만 보트에 올라탔는데, 격렬한 돌풍이 불어 자기들도 모르는 사이에 망망대해에까지 이끌려가는 것과도 같습니다. 지금 사탄과 더불어 장난을 하고 있지만 결국 조금씩 이끌려가서 타락의 망망대해에까지 흘러가는 일이 발생할지 어떻게 알겠습니까! 어떤 사람들은 아주 교묘하게 사람을 오도하고, 또한 일단 사람을 손에 쥐면 어찌나 잔인해지는지, 그에게서 빵을 빌리기보다는 차라리 구걸하는 편이 더 나을 정도가 되기도 합니다. 사탄이 바로 그런 상인과 같습니다. 아주 교묘하게 환심을 사고, 사람들을 호도하여 자기와 거래를 맺게 하고, 그리하여 그를 잡게 되면 결코 인정사정이 없습니다. 그에게서 자비를 기대한다는 것은 어불성설입니다. 어린 양이 사나운 늑대에게서 자비를 도무지 기대할 수 없듯이 말입니다.

셋째 적용. 사탄의 사악함을 공부하고 여러분 스스로 그의 수단과 낯을 익히십시오. 바울은 모든 성도가 각기 어느 정도 그것들을 이해하고 있다는 것을 당연한 사실로 취급하고 있습니다: "우리가 그 계책을 알지 못하는 바가 아니로라"(고후 2:11). 원수가 쓰는 방책에 대해 아무것도 모르고 관찰하지도 않는 자는 정말 한심한 검객(劍客)일 것입니다. 약간 도움이 될 만한 구체적인 전략들을 이미 여러 가지 제시한 바 있으니, 사탄의 간계들을 공부하고 살피는 데에 방향을 잡도록 다음 세 가지 권고를 유념하기를 바랍니다.

1. 하나님을 여러분의 모사(謀士)로 모시기 바랍니다. 천국이 지옥을 훤히 바라보고 있습니다. 하나님은 거기서 여러분을 상대로 어떤 계략이 꾸며지고 있는지를 언제라도 여러분에게 말씀해 주실 수 있습니다. 사탄이 하나님의 피조물이니 그를 모르실 수가 없다는 사실을 기억하십시오. 시계를 만드는 자는 시계 속에 있는 핀 하나하나까지 다 압니다. 뱀의 그 비뚤어진 것을 지으신 것은 아니지만, 그럼에도 불구하고 그 비뚤어진 뱀을 지으신 분은 하나님이십니다. 그러므로 사탄의 미혹의 길이 뱀이 돌 위를 기어가는 것처럼 아무리 희한해도, 하나님은 그를 추적하시며 그의 모든 생각과 계획을 다 알고 계십니다. 아무리 지옥이라도 하나님 앞에서는 벌거벗은 상태로 드러나 있고, 이 파괴자는 하나님 앞에서 아무것도 가릴 수가 없습니다. 또한 사탄을 하나님께 붙잡힌 자로 여기기를 바랍니다. 하나님이 그를 사슬에 굳게 매어 놓고 계십니다. 그러므로 그를 지키시는 주께서는 그 붙잡힌 자가 어디로 가는지를 반드시 아시며, 하나님의 허락이 없이는 그가 아무런 소요도 일으킬 수 없는 것입니다. 마지막으로, 사탄을 하나님의 사자(使者)로 여기십시오. 그가 정말 그러니 말입니다. 여호와께로부터 악령이 보내심을 받아 사울을 어지럽게 했습니다. 사탄을 보내어 일을 하게 하시는 분이 하나님이시니 그 일이 어떤 일인지도 그가 여러분에게 말씀해 주실 수 있는 것입니다. 그러니 가서

하나님의 염소와 함께 밭을 가십시오. 그리스도와의 관계를 발전시키십시오. 그 아버지께서 아시는 것을 그도 아시므로, 그가 그 모든 것들을 여러분에게 나타내 주실 것이니 말입니다(요 15:15). 베드로를 비롯한 제자들이 전혀 생각조차 하지 않고 있을 때에 마귀가 그들을 대적하여 오고 있다는 것을 알려 주신 분이 바로 그리스도이셨습니다(눅 22장). 천국과 지옥에서 이루어지는 모든 일들이 그리스도의 손길을 통해 전해지는 것입니다. 우리는 사방에 큰 행동들과 깊은 계획과 계략들이 가득한 시대에 살고 있습니다. 그런데 오로지 세상의 위쪽에 서 있는 몇몇 이들만 이런 미스터리들을 알고, 그 나머지 사람들은 겨우 단편적인 내용밖에는 모릅니다. 사탄이 지옥의 은밀한 곳에서 사람들의 영혼들을 대적하여 꾸며대는 계략들이 그렇습니다. 그들을 대적하여 사탄이 꾸미는 계략들의 목적에 대해서 무언가를 아는 것은 일부 소수의 사람밖에는 없습니다. 그 소수들이 바로 성도들입니다. 하나님께서는 그의 사랑의 계획들을 그들에게서 숨기실 수가 없습니다. 그리하여 그의 성령을 보내사 그가 그들을 위하여 천국에서 준비하신 것을 이 땅에 있는 그들에게 계시하시는 것입니다(고전 2:10). 그러니 사탄의 파괴적인 계략에 대해서는 더더욱 그들에게 알려 주실 것입니다.

2. 여러분 자신의 마음을 친밀하게 잘 아시기 바랍니다. 그러면 여러분을 대적하는 사탄의 계획을 더 잘 알게 됩니다. 그는 여러분의 마음의 성향과 상태를 이용하여 시험하는 방법을 쓰니 말입니다. 장군이 성(城) 안을 두루 다니며 잘 살피고 나서 가장 유리하다고 여겨지는 곳에 화포(火砲)를 증강시키듯이, 사탄도 시험하기 전에 먼저 그리스도인의 마음 구석구석을 살피고 관찰하는 것입니다.

3. 주의를 집중시켜 하나님의 말씀을 읽으십시오. 거기서 여러분은 그리스도의 군대의 가장 뛰어난 군사들이 이 큰 싸움꾼인 사탄을 대적하여 싸운 정말 위대한 싸움들의 역사를 접하게 됩니다. 사탄이 어떻게 그들을 공격했으며, 또한 그들이 잃어버린 땅을 어떻게 되찾았는지도 보게 됩니다. 또한 사탄의 은밀한 계략이 공개되는 것을 접하게 되기도 합니다. 여러분을 위험에 빠뜨리는 정욕 가운데 여기에 묘사되지 않은 것이 하나도 없습니다. 또한 경고되지 않은 시험거리도 하나도 없습니다. 한 유대인이 루터를 독살하려 했다는 보도가 있습니다. 그런데 한 신실한 친구가 그 사람의 초상화를 보내어 그런 사람을 만나면 조심스레 경계하라고 경고해 주었고, 결국 루터는 살인자를 알아보고 그의 손을 피하여 독살당하는 일을 미연에 방지할 수 있었다는 것입니다. 오오 그리스도인 여러분, 사탄이 여러분

의 고귀한 영혼을 살육하기 위해 사용하는 정욕들의 모습을 말씀이 보여주는 것입니다. 다윗은 이렇게 말씀합니다: "주의 종이 이것으로 경고를 받나이다"(시 19:11).

[사탄의 두 번째 주된 계략은
성도의 죄를 고발하고 그들을 괴롭히는 것임]

사탄이 그토록 교활한 원수임을 스스로 드러내는 두 번째 주된 계략은 바로 신자를 괴롭게 하고 죄를 고발하는 자로서 성도들의 평안을 어지럽히고 그 심령을 혼란하게 하는 것입니다. 성령께서 거룩하게 하시는 자이시며 또한 위로를 주시는 자이시고, 그의 열매가 의와 평안이듯이, 악한 영인 사탄은 죄를 짓도록 미혹하는 자요, 죄를 고발하는 자이며, 시험하는 자요 괴로움을 주는 자입니다. 성령이 먼저 거룩하게 하는 자시요 그 다음에 위로를 주는 자이시듯이, 사탄은 먼저 시험하는 자요 그 다음에 괴로움을 주는 자입니다. 요셉의 여주인은 먼저 자기의 정욕을 채우기 위해 그를 유혹하려 하였으나 이것이 실패하자 그의 겉옷을 취하여 요셉에게 혐의를 뒤집어 씌웠습니다. 또한 성도가 아무리 주의 깊게 살피며 행하여도, 사탄은 성도의 겉옷에 뚫린 구멍을 어렵지 않게 찾아낼 수 있습니다. 죄의 자리는 의지(意志)에 있고, 위로의 자리는 양심에 있습니다. 사탄은 이것들에 대해 절대적인 지식이나 권세를 갖고 있지 못합니다. 이는 오직 하나님께만 있는 것이기 때문입니다. 그러므로 사탄은 추한 시험이나 불안을 조성하는 일에서 노골적인 힘보다는 은밀한 간계를 사용합니다. 사탄은 뱀처럼 자기 나름대로 가는 길이 있습니다. 다른 짐승들은 똑바로 움직이지만, 뱀은 몸을 구부려 구불구불하게 나아갑니다. 그러므로 뱀이 기어가는 것을 보면, 그것이 어느 쪽으로 나아가는지를 분간하기가 힘듭니다. 마찬가지로 사탄도 그의 성가신 시험들에서 갖가지 교묘한 수단들을 사용하여 이 길 저 길로 돌아섭니다. 그는 성도들에게 들키지 않도록 자기의 계교를 숨기는데, 다음과 같은 간계들에서 그것이 드러납니다.

첫째 간계. 그는 자기의 졸개들을 성도의 문간에 놓아두고 그것에 대해(실상 그것들이 사탄 자신의 것인데도) 그리스도인들을 책하여 그들을 어지럽게 만듭니다. 이 방면에서 사탄의 기술이 어찌나 놀라운지, 수많은 하나님의 사랑하시는 성도들이 마치 자기들이 악독한 신성모독자들이고 세상에서 가장 지독한 무신론자들이기라도 한 것처럼 처절하게 좌절하고 낙담하게 됩니다. 사실은 성도의 짐 속에 사탄이 자기의 컵을 몰래 넣어둔 것인데도 말입니다. 그러나 어쩌나 교묘하게 그것을 성도의 가슴속에 집어넣는지, 그리스도인은 그것들을 보고 깜짝 놀라며 두려워하고 또한 자기 마음에 대해 염려하게 됩니다. 하지만 이런 유의 사탄의 트릭을 접해 본 적이 없기 때문에 그런 악한 생각들이 어떻게 해서 그 마음에 들어왔고 또한 그 마음이 그것들을 토해내지 않고 그냥 두게 되고 있는지를 도무지 가늠할 수가 없습니다. 그리하여 성도는 그 죄에 대한 책임을 스스로 뒤집어씁니다. 진짜 원인을 찾지 못하고 스스로 하나님께 버림받은 자가 되어 슬피 웁니다. 아니면 "저 지옥의 해충이 절대로 내 가슴속에 스며들지 못하게 했어야 하는데"라고 하며 탄식합니다. 이렇게 해서 사탄이 의도한 목적이 이루어집니다. 그는 성도가 그런 망령되고 불신앙적인 생각들을 환영할 것이라는 희망을 가질 만큼 어리석은 자가 아닙니다. 이미 미혹의 방법으로 다가가 성도에게 내쫓긴 적이 있으니 말입니다. 아닙니다. 그는 복수를 위해 그런 계획을 꾸민 것입니다. 성도의 심령이 그 정욕에 자신을 내어 팔지 않을 것이기 때문입니다. 그렇지 않다면 그 망령된 생각들로써 그를 홀리고 겁을 주었을 것입니다. 사탄은 루터를 그런 식으로 공격했습니다. 그에게 나타났다가 그에게 내쫓김을 당하자 물러가면서 아주 역한 악취를 남겨두어 그를 괴롭힌 것입니다. 그러므로 사탄이 비교적 온건한 시험거리들로 접근하였다가 그리스도인에게서 수모를 당하면, 그는 약이 올라서 이런 악취가 나는 망령된 움직임들을 쏟아내어 그를 괴롭게 하고 두렵게 하고 이를 통하여 그리스도인으로 하여금 무언가 답답한 결론을 내리도록 만드는데, 사실 그리스도인의 죄가 그런 움직임들 자체보다도 오히려 그런 움직임들에 근거하여 그가 이끌어 내는 결론에, 즉 스스로 하나님의 자녀가 아니라는 식의 결론에 있는 경우가 보통입니다. 그러므로 제가 여러분에게 드리는 권고는 모두가 이 움직임들에 관한 것들입니다. 여기저기 떠돌아다니는 부랑자들과 불량배들을 대해 보았겠습니다만, 이들이 여러분의 마을을 통과하여 지나가는 것을 막을 수는 없습니다. 하지만 그들이 그곳에 정착하지 못하도록 회초리로 때려서 자기 집으로 돌려보내는 일은 할 수 있습니다. 이처럼 이 움직임들을 법대로 처리하십시오. 그것들에 대해 안타까이 여기면서 그것들을 저지하십시오. 그러면 그것들이 여러분의 책임이 되지 않습니다. 그렇습니다. 그렇게 하면 그런 손님들로 곤욕을 치르는 일이 더 적어질 것입니다. 하지만 일단 그것들을 맞아들이고 사탄에게 빌미를 제공하면, 하나님의 법이 그것들에 대한 책임을 여러분에게 지우게 될 것입니다.

　둘째 간계. 괴롭히는 자인 사탄이 사용하는 또 하나의 간계는 성도의 죄를 더욱 심하게 가중시키는 것입니다. 그는 이 방면에서 뛰어난 언변의 능력을 갖고 있습니다. 그렇다고 그가 죄를 미워한다는 것은 아닙니다. 그는 성도를 미워하여 그런 능력을 발휘하는 것입니다. 여기서 사탄의 교활함이 나타납니다. 곧 자기의 행동을 마치 성령의 역사인 것처럼 보이도록 만드는 것입니다. 가령 아이가 스스로 아버지를 불쾌하시게 했다는 의식을 갖고 있는데, 그 아이에게 앙심을 먹은 사람이 그를 괴롭히기 위하여 그 아버지에게서 보내온 편지를 가짜로 만들어 교묘하게 그 아이의 손에 전달시켜 준다고 합시다. 그러면 그 아이는 그 편지를 진짜 아버지께로부터 온 것으로 받아들이게 됩니다. 그 가짜 편지에서 그 사람은 아주 위중한 많은 범죄들을 그 아이에게 덮어씌우고 그 아이와 의절할 것을 선언하고 다시는 아버지의 앞에 나올 수 없다고 위협하고 아버지의 유산을 하나도 받을 수 없다는 식으로 겁을 줍니다. 그러면 그런 간계를 알지 못하는 불쌍한 아들은 자신이 저지른 많은 불성실한 잘못들을 의식하고 그 내용을 아주 무겁게 받아들이고서 근심 걱정으로 먹지도 못하고 잠을 이루지도 못합니다. 곧 거짓된 상상 속의 근거 위에서 진짜 괴로운 문제가 발생한 것입니다. 이처럼 사탄은 하나님과 그의 자녀들 사이에 일이 어떻게 되고 있는지를 관찰합니다. 성도가 임무를 게을리하고 섬기는 일에 과오를 저지르는 것을 보면, 그는 그리스도인 자신도 이를 의식하고 있다는 것을 알고, 또한 하나님의 성령께서도 이것들을 좋지 않게 보신다는 것도 압니다. 그리하여 사탄은 이를 이용하여 길게 혐의를 뒤집어씌웁니다. 생각할 수 있는 모든 죄목들을 가중시킨 다음 그것을 성도에게 제시합니다. 하나님께서 보내신 것으로 말입니다. 사탄은 이처럼 욥의 친구들을 부추겨 욥이 괴로운 중에 저지른 부족한 과오들을 꼬집어내어 그의 면전에 다시 쏟아대게 하였습니다. 마치 정말로 하나님께서 욥이 외식자임을 선언하고 그를 향하여 진노를 공언하기 위하여 그들을 보내시기라도 한 것처럼 말입니다.

　하지만 이런 사탄의 거짓된 고발과 하나님과 그의 성령의 책망을 서로 어떻게 구별할 수 있겠습니까?

　1. 과거에 성령께서 여러분의 심령 속에서 행하신 역사를 거스르면, 그것은 성령의 책망이 아니라 사탄의 고발입니다. 사탄이 그리스도인을 고발하고 그의 죄를 가중시키는 의도는 바로 그 스스로 외식자에 불과하다는 생각을 갖게끔 유도

하려는 것입니다. 사탄은 이렇게 말합니다. "오오, 네가 이제야 네 본색을 드러내는구나. 네 겉옷에 묻은 더러운 얼룩을 보아라. 이것은 하나님의 자녀에게 합당한 것이 아니다. 성도 중에 그런 죄를 범한 자가 누가 있더냐? 분명히 말하지만 네가 허풍 떨며 자랑해 오던 그 모든 위로거리들과 확신은 거짓된 것이로다." 이처럼 사탄이 한 방에 모든 것을 산산조각 내 버립니다. 하나님께서 여러 해 동안 심령 속에서 이루어 오신 그 은혜의 직조물 전체가 이제 사탄의 악독한 한 마디 말로 완전히 무너져 내리고, 성령께서 하나님의 사랑을 인치시며 주신 모든 감미로운 위로거리들이 사탄이 제시하는 이 가짜 증거로 인하여 흉물스럽게 되어 버리는 것입니다. 자, 여러분, 하나님의 성령께서 과연 여러분 속에서 거룩하게 하시고 위로를 주는 역사를 시작하셔서 여러분으로 하여금 그의 자비 가운데서 소망을 갖게 하셨다면, 그는 결단코 여러분의 심령에게 정반대의 소식을 전하는 사자가 되시지도 않고 또한 되실 수도 없다는 것을 알아야 합니다. 그의 언어는 "예"와 "아니요"가 아닙니다. 영원토록 "예"와 "아멘"입니다. 물론 성도가 나태해지면 그가 책망하실 수 있습니다. 예, 과연 이맛살 찌푸리시고 그에게 그 죄를 말씀하십니다. 나단 선지자를 통해서 다윗을 책망하셨듯이 말입니다. "당신이 바로 그 사람이라"(삼하 12:7). 곧, "당신이 바로 이 일을 행하였습니다"라는 뜻입니다. 그의 죄를 적나라하게 제시하여 다윗의 마음을 녹여, 이를테면 많은 눈물을 흘리게 합니다. 그 뿐이 아닙니다. 징계의 채찍이 그에게 드리워질 것을 말씀합니다. 곧, 그의 가문에서 다른 사람도 아닌 그의 사랑하는 아들이 그를 대적하여 일어날 것을 말씀하는 것입니다. 이는 하나님께서 그의 자녀요 성도인 그의 죄를 얼마나 위중하게 취하시는지를 다윗이 더욱 충실하게 깨닫도록 하기 위함이었습니다. 그 자신의 사랑하는 아들이 모반을 일으켜 그의 왕좌를 침탈하고 그의 고귀한 목숨을 빼앗으려 하는 것이 과연 어떤 일인지를 그 때가 되면 몸소 알게 될 것이었습니다. 하지만 나단 선지자는 다윗이 하나님의 성도가 아니라고 하지도 않았고, 그의 심령 속에서 일하시는 하나님의 역사하심을 문제시하지도 않았습니다. 아닙니다. 그런 임무를 하나님께로부터 받지 않았기 때문입니다. 나단 선지자는 다윗으로 하여금 자기 죄에 대해 슬피 뉘우치게 하기 위하여 보내심을 받았지, 하나님께서 그렇게도 자주 의심의 여지 없는 사실로 확언하셨던 다윗의 신분에 대해 의문을 제기하도록 보내심을 받은 것이 아니었던 것입니다.

　2. 하나님의 은혜의 풍성한 것들을 헐뜯고 그리하여 그리스도인과 또한 하나님

의 선하신 이름을 드러내는 그들의 모든 모습을 비난하면, 이는 성령으로부터 온 것이 아니라 사탄에게서 온 것입니다. 여러분의 죄들이 하나님의 본성의 자비하심이나 그의 언약의 은혜로도 감당이 되지 않을 정도로 위중하다는 식으로 이야기하면, 이는 반드시 그 악독한 거짓말쟁이에게서 온 것이 분명합니다. 성령은 그리스도의 대변자로서 심령들에게 그리스도를 높이 칭송하며, 죄인들을 질책하여 복음의 은혜를 받아들이게 하십니다. 그런데 그의 거룩한 입에서 그리스도의 존귀하심을 깎아내리고 가라앉히는 생각을 갖게 만드는 그런 말들이 나올 수 있겠습니까? 이것이 어디서 오는 것인지를 잘 알 수 있습니다. 어떤 사람이 다른 한 사람을 지혜롭고 선한 사람이라고 치켜세우는 것을 들었는데, 결국 뒤에 가서 그 모든 내용을 다 뒤집는다면, 그 사람이 결코 친한 사람이 아니고 교활한 원수로서 그를 치켜세우는 척하면서 더 모욕을 주고자 하는 것뿐이라는 것을 쉽게 알 것입니다. 하나님이 자비하시고 은혜로우시지만 여러분 같은 큰 죄인에게는 그렇지 않으시다거나, 그가 권능과 힘이 있으시나 여러분을 구원할 만큼은 안 되신다는 식의 말을 들으면, 여러분은 "사탄아 물러가라. 네 말이 너를 폭로하는구나"라고 말할 수 있을 것입니다.

셋째 간계. 사탄의 또 다른 간계는 그리스도인들의 임무들과 행위들에 대해 트집을 잡는 것입니다. 이런 간계를 통해서 그는 그리스도인에게 많은 수고와 괴로움을 끼칩니다. 사탄은 그리스도인 여러분이 교회에 있는 순간부터 교회에 있으면서 여러분의 마음을 노립니다. 그렇습니다. 그는 여러분의 골방 창문 아래 서서 여러분이 은밀한 중에 하나님께 무슨 말씀을 하는지를 듣습니다. 그러면서 내내 임무를 다하는 여러분을 걸어 어떻게 트집을 잡을지를 연구합니다. 그는 마치 설교 시간에 설교자의 말을 흠잡아 그를 말을 잘못하여 물의를 일으키는 자로 만들어 버리고자 하는 마음으로 설교를 듣는 자와도 같습니다. 혹은 상대방이 자기의 입장을 읽느라 바쁠 때 그는 상대방을 무너뜨리기 위해 궁리를 하는 아주 간교한 토론자와 같기도 합니다. 사탄은 과연 놀라운 기술을 지니고 있어서, 우리의 임무들을 조각조각 부수어 그것들이 그렇게 열정적일 수가 없는데도 그것들을 그저 형식적인 것처럼 보이게 만들 수도 있고, 진실함으로 행하는 것인데도 외식적인 것처럼 보이게 만들 수도 있습니다. 그리스도인 여러분, 여러분이 여러분의 임무를 행하고 나면, 이 궤변자가 일어나 여러분의 행한 일에 대해 험담을 늘어놓습니다. 그는 아마 이렇게 말할 것입니다. "너는 외식자로 행하였고, 열정적으로 행하

였지만 결국 네 자신을 섬긴 것이고, 여기서 방황했고, 저기서 우물쭈물했고, 교만
으로 우쭐해져서 행한 점도 있다. 그렇게 해서 하나님의 일을 망쳐 버렸고 토막토
막 잘라 버렸으니, 도대체 어떻게 하나님께로부터 삯을 받기를 바랄 수 있느냐?'
이렇게 해서 그는 수많은 불쌍한 영혼들로 하여금 고달픈 삶을 살게 만듭니다. 행
하는 일마다 사탄에게 내동댕이쳐지지 않는 것이 없으니, 기도하는 것이 좋을까
하지 않는 것이 좋을까, 말씀을 듣는 것이 좋을까 듣지 않는 것이 좋을까 하는 것
이 분간이 되지 않습니다. 과연 기도하고 말씀을 들어도 그것이 과연 효과가 있을
까 없을까를 모를 지경이 되는 것입니다. 그리하여 그들의 영혼이 의심에 휩싸이
고 그들의 삶이 고뇌 속에서 지나갑니다. 그러는 동안 그 원수는 한 모퉁이에 서서
그들이 속임수에 빠지는 것을 보고 쾌재를 부릅니다. 식탁 위의 접시에다 가짜 거
미를 집어넣고는 식탁에 앉은 사람들을 속여 그들로 하여금 음식에 대해 혐오감
을 주어 감히 먹지 못하게 만들거나, 아니면 벌써 먹어서 그 독에 중독되었으면 어
떻게 하나 하는 불안감을 주는 것과도 같은 것입니다.

질문. 하지만 여기서, 이처럼 우리가 행하는 임무에 대해 사탄이 험담을 늘어놓
을 경우 이를 이기기 위해서는 어떻게 하면 될까? 하는 의문이 있을 것입니다.

답변 1. 그러니 여러분이 행하는 모든 일을 더욱 정확히 행하도록 해야 합니다.
사탄이 여러분을 살피도록 하나님이 허용하시는 목적이 바로 여기에 있습니다.
그의 자녀인 여러분이 더욱 조심해서 살피며 일을 행하게 하시고자 함입니다. 여
러분을 살피고서 여러분의 일거수일투족을 하나님께 고해 바치고 여러분 자신에
게 여러분을 고발하는 자가 있으니 말입니다. 그런 까다로운 고발자가 여러분의
길을 직접 읽고 다 파악하니 여러분이 더욱 조심하여 글을 쓰는 것이 필요하지 않
겠습니까? 그런 교활한 대적이 여러분을 상대하니 만큼, 여러분의 마음을 제대로
알고, 성경을 부지런히 읽어서 모든 양심의 문제들 속에서 여러분의 영적인 상태
를 알게 되는 일이 정말 중요하지 않겠습니까?

답변 2. 여러분이 더욱 겸손해져야 합니다. 여러분이 최선을 다해 행한 임무들
에 대해 사탄이 그렇게도 많은 비난을 해댈 수 있다면, 여러분의 하나님은 얼마나
더 하실 수 있겠습니까? 하나님께서는 때때로 그의 백성들의 약점들이 악한 자들
에게 드러나서 그들이 그것으로 그 백성들을 모욕하고 폄훼하도록 허용하기도 하
십니다만, 이는 바로 그의 백성들을 겸손하게 하고자 하기 위함입니다. 사탄의 이
런 고발 내용들 중에 큰 부분이 사실이니, 그것들이 하나님 앞에 제시될 때에, 우

리는 과연 얼마나 낮아져야 하겠습니까?

답변 3. 사탄의 논리의 오류를 간파하십시오. 그것을 발견하게 되면, 그의 트집을 대응할 수 있게 됩니다. 그 오류는 두 가지입니다.

(1) 그는 여러분이 행하는 임무에 외식과 교만과 형식 같은 것이 끼어 있기 때문에 여러분과 여러분 자신이 외식적이고 교만하며 형식적이라고 주장합니다. 그런데 그리스도인 여러분, 임무 속에 교만이 나타나는 것과 교만한 임무를, 사람에게서 외식적인 면이 나타나는 것과 외식자를, 사람 속에 포도주가 있는 것과 포도주에 완전히 젖어 있는 사람을, 서로 구별하는 법을 배우십시오. 아무리 훌륭한 성도라도 그들 자신은 물론 그들의 봉사 속에 그런 부패한 점들이 다소간 있을 수밖에 없습니다. 이 새들이 아브라함의 제물에 날아와 앉을 것입니다. 하지만 여러분의 가슴속에 하나님께 변론하고 여러분을 쳐서 항의를 제기하는 부분이 있다면 여러분과 여러분의 봉사가 복음적으로 합당한 것입니다. 그러니 이 사실로 위로를 얻으시기를 바랍니다. 마치 여러분이 장애아인 자녀를 측은히 여기듯이, 하나님께서도 이 약점들을 여러분의 이 땅에서의 병든 상태에서 나타나는 연약함으로 바라보시는 것입니다. 근시여서 앞을 잘 보지 못하는 자나, 말이 어눌한 자 등, 천성적인 장애를 지닌 자들을 조롱하는 사람이 있다면 얼마나 밉살스럽겠습니까! 새 사람이 된 여러분도 바로 그런 장애를 지닌 자들과 같은 상태인 것입니다. 사탄을 대적하여 그리스도께서 하신 기도를 주목해 봅시다: "여호와께서 사탄에게 이르시되, 사탄아 여호와께서 너를 책망하노라 … 이는 불에서 꺼낸 그슬린 나무가 아니냐?"(슥 3:2). 그리스도의 말씀은 마치 이런 뜻과도 같습니다: "여호와여, 여호와의 가련한 자녀의 완전한 상태에 불완전한 점들이 끼어 있다고 해서 그것으로 그들을 조롱하고 헐뜯는 이 시기하는 영을 그냥 두시렵니까?" 그 자녀는 불에서 꺼낸 그슬린 나무에 불과합니다. 그러니 거기에 아직 꺼지지 않은 불씨도 남아 있고, 아직 죽지 않은 부패한 것들도 있고, 그의 위치와 일 속에 아직 개혁되지 않은 무질서의 요소들이 있는 것이 전혀 이상한 일이 아닙니다. 그리스도께서는 여호수아를 위하여 행하신 이 일을 그의 모든 성도들을 위해서 끊임없이 행하십니다. 곧, 그의 아버지께 그들의 부족한 것들을 위해 계속해서 변론하시는 것입니다.

(2) 그의 다른 오류는, 우리의 임무 속에 죄가 있으므로 그것들을 도무지 받아들일 수 없다고 주장하는 것입니다. 그는 이렇게 말합니다: "생각해 보라. 하나님이 과연 여러분의 손에 들린 그렇게 형편없이 상한 염소들을 받아주시겠는가? 그

는 거룩하신 하나님이 아니시냐?" 그런데 그리스도인 여러분, 여기서 분별을 갖고 사탄에게 답변하는 법을 배워야 합니다. 받아들이는 일에는 두 가지가 있습니다. 상대방이 빚을 갚는 것을 받아들이는 것이 있고, 또한 사랑의 증표와 감사의 표시로 베풀어지는 것을 받아들이는 것이 있습니다. 깨뜨려진 금화나 액수가 모자라는 돈을 내밀며 빚을 갚으려 할 때에는 절대로 받아들이지 않는 사람도, 사랑하는 친구가 감사의 증표로 구부러진 6펜스 은화를 보내면 그것을 기꺼이 받아들입니다. 그리스도인 여러분, 여러분이 하나님께 진 빚은 정당하고 정확한 액수로 갚아야 합니다. 분명 그렇습니다. 하지만 그리스도께서 여러분의 빚을 갚으시는 지불인이 되시니, 이 사실에서 위로를 얻어야 합니다. 사탄을 그리스도께로 보내시고, 그리스도를 향하여 펌론하라고 하십시오. 그리스도께서는 하나님의 오른편에서 기꺼이 정산하실 것이요 모든 빚이 정확히 갚아졌다는 것을 보여주실 것입니다. 그러니 이제 여러분이 행하는 임무들과 순종은 성격이 전혀 달라져서 하나님을 향한 여러분의 사랑과 감사의 증표로 드려지는 것이요, 또한 하늘에 계신 여러분의 아버지께서는 은혜가 풍성하사 여러분이 드리는 적은 것들을 받아주시는 것입니다. 사랑은 사랑이 보내는 것을 거절하는 법이 없습니다. 드리는 예물의 무게나 가치가 중요한 것이 아니요, 인자함에서 나오는 간절할 마음이 중요한 것입니다 (잠 19:22).

넷째 간계. 괴롭히는 자 사탄이 쓰는 네 번째 간계는, 지은 죄에 비해서 충분히 낮아지지 못했다는 식으로 펌론하여 성도를 깊은 절망 속으로 빠뜨리는 것입니다. 사도는 마귀가 쓰는 한 가지 간계로 이것을 지목하는 것을 볼 수 있습니다. 그는 말씀하기를, "우리가 그 계책을," 곧 그의 교묘한 논리를, "알지 못하는 바가 아니로라"라고 합니다(고후 2:11). 사탄은 능숙한 솜씨로 이 계책을 사용합니다. 다른 어떤 것보다 이것을 자주 씁니다. 그리스도인 중에 이것을 당해보지 않은 사람이 어디 있습니까? 이 계책으로 그리스도인이 쉽게 무너지는 것을 그가 알고 있습니다. 그리스도인은 스스로 자신의 마음의 완악함을 탄식하니, 그의 이런 꿈꾸는 것 같은 생각들에 동조해 주는 자를 무턱대고 믿어버리기가 쉽습니다. 그렇습니다. 자기에게 아첨하는 자를 다른 방향으로 자기를 설득하려 한다는 식으로 생각하는 것입니다. 이미 얼룩이 져 있는 심령을 완전히 새까만 색깔로 물들이는 것이, 그 얼룩을 벗겨내고 기쁨과 위로의 색을 칠하는 것보다 쉬운 법이니 말입니다.

질문. 지은 죄에 비해서 그만큼 낮아지지 않았다는 식으로 변론하여 내 심령을 어지럽힐 때에, 과연 이런 교묘한 계책을 어떻게 대응해야 할까요?

답변. 앞에서 답변한 것처럼, 사탄의 교묘한 논지의 오류를 잘 간파하십시오. 그러면 금방 그의 입이 다물어질 것입니다.

사탄의 논지 1. 사탄은 이런 식으로 논지를 제기합니다. 곧, 죄와 죄에 대한 탄식은 서로 비율이 맞아야 하는데, 네 경우에는 그 비율이 맞지 않는다. 그러니 네가 합당할 만큼 낮아지지 않았다는 것입니다. 이것이 설득력이 있으니, 처음에는 얼마나 당황스럽겠습니까? 죄와 탄식이 서로 비율이 맞아야 한다는 주요 논지에 대해 사탄은 성경적인 증거를 제시할 것입니다. 므낫세는 큰 죄인이었으니 일상적인 탄식으로는 합당치 않았습니다. 그리하여 "그의 조상들의 하나님 앞에 크게 겸손히"였습니다(대하 33:12). 사탄은 이야기합니다. "이제 네 죄를 네 탄식과 비교하여 달아 보아라. 네가 지은 죄에 합당할 만큼 슬피 울며 뉘우치느냐? 그렇게 오랜 동안 너는 전능하신 하나님을 대적하여 싸움을 벌였고, 그의 율법을 거슬렀고, 피에 물든 단검으로 그리스도의 옆구리를 찌르고, 그의 인내를 한껏 시험하였고, 그러는 동안 그의 성령을 근심하게 하고 그의 은혜를 거부하였는데, 마치 구름이 흘러가며 잠시 빗방울을 흘리듯 그렇게 조금 후회하는 것으로 문제가 해결되리라고 생각하느냐? 아니다. 네가 죄에 흠뻑 젖어 있었으니, 그만큼 슬픔과 탄식에도 완전히 젖어야 하리라." 이런 논지의 오류를 드러내기 위해서는 두 가지 종류의 탄식의 비율을 서로 구분해야 합니다.

(1) 타고난 본성과 죄의 과오에 합당한 정확한 비율.

(2) 율법과 복음의 규범에 합당한 비율.

여기서 첫 번째 비율은 가능한 것이 아닙니다. 아무리 작은 죄를 범했더라도 그것으로 인하여 생긴 상해(傷害)는 무한하니 말입니다. 그 상해가 무한하신 하나님께 가해진 것이기 때문입니다. 또한 설사 그것이 가능할 수 있다 해도 첫 언약의 기조로 보면 그것이 받아들여질 수가 없습니다. 왜냐하면 사후에 회개를 통해서 회복될 수 있다는 희망을 갖게 하는 조항이 거기에 없기 때문입니다. 그러나 두 번째인 복음의 탄식의 경우는 과연 생명을 얻는 회개요, 복음의 성령으로 말미암아 주어지는 것이요 복음의 규범에 따라 시험되는 것입니다. 이것이 주어져 있으니 여러분은 위로를 얻을 수가 있습니다. 때때로 공수로(公水路)에서 보듯이, 물이 너무 깊어서 사람이 통행할 수가 없는 곳에 징검다리나 둑 같은 것을 설치해 놓아서 깊은 물을 피하여 안전하게 통행할 수 있게 해 놓은 곳이 있습니다. 이렇듯 위험을 피할 수 있는 곳이 있으므로, 앞을 보지 못하거나 술 취한 자들 외에는 굳이 다른 곳으로 가서 깊은 물을 통과해서 지나가려 할 사람이 없습니다. 혹시 여러분의 죄에 대해 거기에 합당한 탄식으로 보응하리라고 생각한다면 여러분은 이미 죽은 사람이요, 깊은 심연에 빠져서 눈물로 아우성쳐도 여러분이 범한 지극히 작은 죄 하나에서도 벗어나지 못할 것입니다. 그러니 여러분이 생명을 사모한다면 그런 식으로 계속해서는 안 됩니다. 이 복음의 둑길로 돌아서십시오. 그러면 위험을 피하게 될 것입니다. 오오 시험받는 심령들이여, 여러분이 합당한 만큼 낮아지지 않았다고 사탄이 말할 때면, 어디서 위로를 얻을 수 있는가를 보십시오. 바울은 말씀합니다. "나는 로마 사람이니 가이사에게 호소하리라"라고 말입니다. 여러분, "나는 그리스도인이니, 그리스도의 법에 호소하리라"라고 말하십시오. 그러면 이 문제에 대한 복음의 법은 무엇입니까? 마음의 탄식은 바로 복음의 탄식입니다. "그들이 이 말을 듣고 마음에 찔려"(행 2:37). 그러자 베드로는 마치 정직한 의사처럼, 이 피 흘리는 환자들의 상처를 열어놓은 채 그대로 두지 않고, 즉시 복음의 치유의 붕대를 상처 위에 싸매어 줍니다. 곧, "주 예수를 믿으라"라고 하는 것입니다. 그런데 마음에 찔림을 받는다는 것은 그저 양심이 상처를 받는다는 것 이상입니다. 마음은 생명의 좌소(坐所)입니다. 그러므로 마음에서부터 우러나오는 것을 행하면 다 받아들여질 수 있습니다(엡 6:6; 고후 5:11). 자, 가련한 심령이여, 이것을 올바로 깨달았더라면 그대가 그렇게 오랜 동안 마귀의 장단에 놀아났겠습니까? 그대가 은밀하게 하나님 앞에서 그대의 죄에 대해 탄식할 때에 그대의 마음이 그대를 정죄합니까, 아니면 그대를 깨끗하게 합니까? 그대의 마음이 거짓되다면, 저로서는 도울 수가 없습니다. 아니 복음 자체도 도울 수가 없습니다. 하지만 진실되다면, 그대는 하나님 앞에 담대하게 설 수 있습니다(요일 3:21).

　　사탄의 논지 2. 사탄이 사용하는 두 번째 논지는 이것입니다. 즉, 탄식이 있기는 하지만 그것이 진실로 회개한 적이 없는 자의 탄식에 미치지 못하면 그것은 그 사람이 합당한 만큼 낮아지지 않았다는 뜻인데, 여러분의 탄식은 진정 회개한 적이 없는 사람의 탄식에 미치지 못한다는 것입니다. 자, 첫 번째 명제는 옳습니다. 하지만 소 명제는 과연 사탄이 어떻게 입증할까요? 사탄은 이렇게 말합니다. "아합은 자기의 죄를 깨닫고 베옷을 입고 나아갔다. 유다도 쓰라린 탄식을 했다. 이들이 이처럼 양심의 가책을 받아 수개월 동안 쓰라린 슬픔의 상태에서 지내어, 모든 사람이 다 그들을 나라에서 가장 위대한 회개자로 여겼다는 것을 그대는 아는가? 그런데도 그들은 결국 타락하여 넘어졌고 배도자임이 드러났다. 그런데 그대는 한 번도 그런 아픔을 겪은 적이 없고, 밤낮을 그렇게 쓰라린 아픔과 애통으로 지낸 적도 없으니, 그대는 회개에 이르지 못한 그들에게도 미치지 못하는 것이 아닌가?' 정말 안타깝게도 이런 논지는 시험 중에 있는 그리스도인에게 큰 걸림돌이 되는 것이 사실입니다. 항구의 입구에서 배가 가라앉으면 넓은 바다에서 그런 일이 있는 것보다 다른 사람들에게 더 위험합니다. 이와 마찬가지로 세속의 넓은 바다에 있는 악인이 죄를 짓는 것은, 죄에 대해 가책을 받고 양심에 괴로움을 당하는 자들이 죄를 짓는 경우보다 추문이 훨씬 덜합니다. 그들의 경우는 구원 얻는 은혜가 눈앞에 보이는 상황에서, 이를테면 항구 가까이에서 파선하는 것과도 같기 때문입니다. 시험받는 심령들로서는 충돌과 갈등이 없이 이런 논지를 벗어난다는 것이 거의 어렵습니다. "나는 과연 결국 멸망한 자였음이 드러난 저 사람보다 나은가?" 자, 이런 논지의 오류를 발견하기 위해서는 탄식에 부수적으로 따라붙는 두려움과 또한 그 탄식이라는 은혜의 고유한 본질을 서로 구별해야 합니다. 두려움은 부수적인 것으로 탄식 그 자체와 구별되어야 합니다. 마치 출렁이는 파도는 바람에 의해서 일어나는 것으로서 바람이 잦아들었을 때의 잔잔한 바다와는 구별되는 것처럼 말입니다. 이런 구별을 통해서 두 가지 결론을 얻게 됩니다.

(1) 탄식에 때때로 따라붙는 두려움 면에서는 외식자에게 미치지 못하지만 그러면서도 이 탄식의 은혜가 진실성이 있을 수도 있습니다. 외식자의 경우에는 온갖 두려움이 있으면서도 그 탄식에 진실성이 결핍되어 있지만 말입니다. 그리스도인들이 임무와 은혜들의 본질에 속하는 것들이 아니라 그저 부수적으로 따라붙는 것들을 기준으로 판단하여 여러 가지 실수들을 저지르는 경우가 많습니다. 때로는 여러분 자신은 기도 중에 몇 마디 두서없는 말밖에는 하지 못하는데 어떤 사람이 아주 감동적인 표현을 써서 기도하는 것을 들으면서, 여러분 스스로를 자책하며 그 사람을 흠모할 수도 있습니다. 마치 그 사람이 열쇠를 선물로 받아서 문이 더 잘 열리는 것처럼 생각하는 것입니다. 또한 여러분은 그렇지 않은데 다른 사람은 기쁨이 충만한 것을 보고서 여러분에게는 은혜가 적고 그 사람에게는 은혜가 충만하다고 곧바로 결론지어 버리기도 합니다. 빛이 없어서 여러분에게 있는 그 은혜가 환히 드러나지 않을 뿐, 실상 여러분에게 진짜 은혜가 더 많을 수도 있는데 말입니다. 이런 부수적인 것들로 판단하지 않도록 주의하시기 바랍니다. 어쩌면 여러분은 치가 떨릴 만큼 지옥의 쇠사슬의 출렁거리는 소리와 정죄 받은 자들의

울부짖음을 양심으로 듣지 못했을지도 모릅니다. 하지만 피 흘리시는 그리스도의 모습에서 그것을 보지 않았습니까? 그래서 여러분의 마음이 녹아 슬퍼하였고, 여러분의 정욕을 심지어 마귀 자신보다 더 혐오하고 미워하게 되지 않았습니까? 그리스도인 여러분, 의사(醫師)가 치료를 잘 하여 병적인 증상이 개선되고 건강이 회복되었는데도 그가 다른 사람들만큼 병이 들지 않았다는 것 때문에 환자가 그 의사에 대해 불평한다면 이 얼마나 우스꽝스런 일이겠습니까? 여러분, 하나님께서 여러분에게 자비를 베푸사 그의 성령을 통하여 깨달음을 주셔서, 다른 이들이 그렇게 치명적으로 빠져 있는 그런 오류들이 여러분에게 없게 되었다면, 이는 하나님을 찬양해야 마땅한 일일 것입니다.

(2) 이것은 정말 허약하기 짝이 없는 논지입니다. 오히려 그 반대로, 두려움이 많을수록 죄에 대한 탄식이 적은 것이 옳습니다. 두려움은 사실 탄식을 준비시켜 주는 것으로 나타나기도 합니다. 마치 준엄한 요한이 온유하신 예수님보다 먼저 오듯이, 두려움이 이 탄식이라는 은혜에 앞서서 나타나는 것입니다. 그러나 그리스도께서 등장하시자 요한은 물러갔습니다. 그리스도의 흥함이 요한의 쇠함이 되었던 것입니다. 마찬가지로 참된 경건한 탄식이 올라가면 이 두려움은 내려가는 것입니다. 바람이 구름을 모으지만, 그 바람이 계속 불지 않으면 그 모인 구름이 녹아져 비가 내리는 경우가 거의 없습니다. 마찬가지로 이 두려움들이 우리의 양심 속에서 죄의 구름들을 일으킵니다. 하지만 이 죄들이 경건한 탄식으로 녹아지면, 이로 인하여 즉시 폭풍우가 내립니다. 과연 세찬 바람이 비를 몰아가 버리듯이, 이 두려움들이 영혼으로 하여금 이 복음적인 탄식에 이르지 못하게 하는 것입니다. 사람들이 "망하였도다 망하였도다"라고 외치는 동안, 그들의 심령이 지옥의 두려움에 완전히 사로잡혀 있어서, 죄를 죄로 바라보고 그것에 대해 슬퍼하는 것이 거의 없습니다. 죄가 바로 경건한 탄식의 합당한 대상인데 말입니다. 사형 판결을 받은 살인자가 죽음에 대한 두려움과 단두대에 대한 생각에 너무 사로잡혀 있는 나머지, 자기가 죽인 사람에 대해서 아무런 탄식과 후회가 없을 수도 있습니다. 하지만, 그에게 사면이 주어지면 자기가 죽인 그 사람에 대해 한껏 눈물을 흘릴 수가 있게 됩니다. "그들이 그 찌른 바 그를 바라보고 그를 위하여 애통하기를 독자를 위하여 애통하듯 하며"(슥 12:10). 믿음이 눈입니다. 이 눈이 자기의 죄가 그리스도를 찌르는 것을 보고 또한 그리스도께서 자기 죄를 용서하시는 것을 보고, 마음을 움직입니다. 그리고 마음이 탄식을 유발합니다. 이 속의 구름들이 녹아져서

믿음의 눈에서 눈물이 흘러나옵니다. 심령 속에 두려움과 공포의 광풍이 전혀 없고 사랑과 평화의 고요한 정적이 있을 때에 이런 일이 이루어지는 것입니다. 그러므로 그리스도인 여러분, 사탄이 여러분의 탄식에 이런 율법적인 두려움이 수반되지 않으니 여러분이 합당할 만큼 낮아지지 않았다고 속삭이지만, 그가 얼마나 여러분을 미혹하는 것인지를 똑똑히 아시기를 바랍니다.

[괴로움을 주고 죄를 고발하는 자인 사탄의 교활함에 대한 간략한 적용]

첫째 적용. 사탄이 성도의 평화를 어지럽힐 만큼 그렇게 교활합니까? 그렇다면, 그와 똑같이 성도들의 심령을 교묘하게 어지럽히는 기술을 보이는 자들은 사탄의 자식임이 틀림없습니다. 그들 역시 그 아비와 같이 행하니 말입니다. 악독한 박해자들은 두말할 것도 없이 마귀의 종들로서 성도들을 난도질합니다만, 이들은 더욱 교묘하게 괴로움을 조장하고 성도의 평화를 해치는 자들인 것입니다.

1. 성도들의 심령을 괴롭히고 그들의 이름을 더럽히고자, 하나님께서 이미 용서하시고 잊으신 그들의 과거의 죄들을 들춰내는 자들이 이에 속합니다. 한 줌의 먼지를 찾아내어 성도의 얼굴에 끼얹을 요량으로 여러 해 전으로 거슬러 올라가기를 마다하지 않는 등, 이들은 자기들의 마귀적인 악의를 유감없이 드러냅니다. 시므이는 다윗을 이렇게 야유했습니다: "피를 흘린 자여 사악한 자여 가거라 가거라"(삼하 16:7). 하나님을 경외하는 여러분, 그런 야유를 접하게 되면, 베자(Beza)가 교황주의자들을 대한 것처럼 대하기 바랍니다. 교황주의자들은 그에게서 다른 트집거리를 찾지 못하자 그가 어린 시절에 쓴 방자한 시를 문제 삼았습니다. 이때에 베자는 이렇게 말했습니다: "이 사람들이 하나님께서 내게 베푸신 용서하심의 긍휼을 시기하고 있다."

2. 성도들이 멈칫거릴 때마다 그 부족함을 일일이 트집 잡아 그들을 욕되게 하고, 스스로 즐거워하는 자들이 이에 속합니다. 그들 자신은 거의 생각조차 하지 않겠지만, 이는 그들 스스로에게 끔찍한 저주를 부르는 행위요, 하나님께서 그 이름에 대한 기억을 천하에서 지워 버리실 것을 경고하신 아말렉의 행위에 못지않은 것입니다(신 25:19). 아말렉이 무슨 일을 저질렀기에 이런 일을 당했습니까? 그들은 가장 유약하여 다른 이들과 같은 보조로 행진을 할 수 없어서 후미에 뒤처져 있는 자들을 살육했습니다. 그 일이 그렇게 잔인한 일이었습니까? 그렇다면 은혜 가

운데 있는 연약한 자들을 한 치 혀로 내리치는 행위는 그보다 훨씬 더 잔인한 짓입니다.

3. 자기의 죄를 성도들에게 떠넘기는 자들도 이에 속합니다. 아합은 자기와 자기의 가문이 이스라엘을 괴롭게 하는 존재인데도 선지자 엘리야를 가리켜 이스라엘을 괴롭게 하는 자라고 부릅니다. 이스라엘 백성들이 광야에서 죽은 자들의 피를 자기 문 앞에 둘 때에 모세의 안타까운 심정이 어떠했겠습니까? 하나님의 손길이 그들을 멸망시키신 것인데도 그때마다 그들은 늘 모세에게 불평한 것입니다. 이처럼 비뚤어진 오늘날 같은 세대에 하나님의 충실한 종들이 바로 이와 같은 수모를 겪습니다. 속된 자들은 이렇게 말합니다: "나라에 생긴 최근의 모든 불행한 일들이 바로 그들 때문에 생긴 것이다. 그들이 나타나 우리를 변화시키려 하기 전까지는 우리가 그래도 괜찮았다"라고 말입니다. 오오 이 얼마나 부끄러운 일입니까? 치료를 위해 애쓴 훌륭한 의사를 탓하지 말고, 그것을 견디고 감당하지 못한 이 민족의 부패한 몸을 탓해야 할 것입니다.

4. 성도들의 심령을 상하게 하기 위해 일부러 스스로 죄를 짓는 자들도 이에 속합니다. 랍사게가 그런 식으로 신성모독의 죄를 범하였습니다. 게다가 다른 언어로 말할 것을 요청받고서도 그들을 더욱 괴롭게 하기 위하여 계속 모독적인 말을 지껄였습니다. 때로는 성도가 양심적이며 하나님의 이름이 망령되이 일컬어지거나 하나님의 도리가 모욕을 당하는 것을 도저히 견디지 못하는 것을 알고서 속된 비열한 자가 그의 정결한 귀를 더럽히고 그의 은혜로운 심령을 괴롭게 하고자 의도적으로 그런 몹쓸 말을 내뱉는 경우도 있습니다. 그런 사람은 아버지와 그 자녀를 한꺼번에 찌릅니다. 하나님을 모욕하는 것으로는 족하지 않고, 성도가 그의 하늘 아버지께 행해지는 악행을 서서 바라보고 들어야 한다고 여기는 것입니다.

둘째 적용. 오오 성도 여러분, 지금 여러분이 사탄의 계략 아래 있지 않다면 이는 흠모하고 감사해야 할 일일 것입니다. 그가 그렇게도 교활하게 어지럽히는데도 여러분의 양심에 평화가 있습니까? 여러분의 심령 속에 있는 그 고요함이 누구에게서 온 것입니까? 그 누구도 아닌 여러분의 하나님이십니다. 그토록 따뜻하고 안전한 그의 날개 아래 여러분이 보호함을 받고 있는 것입니다. 불씨가 가해지면 곧바로 불이 붙기에 족할 만한 가연성(可燃性) 있는 것이 여러분의 양심 속에 없습니까? 어쩌면 다른 사람들처럼 그런 현저한 죄를 지은 일이 없을지도 모릅니다. 하지만 그것이 여러분이 평화를 누리는 이유는 아닙니다. 아무리 죄가 작아도 그것으로 양심에 괴로움을 얻고 정죄를 받기에 족하기 때문입니다. 아마도 회심한 이후 심각하게 타락한 적이 없을지도 모릅니다. 그런 경우는 드무니까요. 그러나 오랜 동안 군건하게 지내왔다 해도, 여러분의 중생하지 못한 죄의 망령들이 여러분의 양심 속을 걷고 있을 수도 있습니다. 하나님의 호의와 사랑에 대해 갖가지 증언들이 여러분에게 있습니다. 그렇지 않습니까? 다윗만큼 그런 증언이 많은 자가 누구겠습니까(시 77편)? 하지만 그도 혼란 중에 있을 때가 있었습니다. 때로는 마치 전혀 증언들을 읽은 적이 없기라도 한 것처럼 일일이 그 증거를 되짚어 보기도 했습니다. 하나님의 사랑에 대한 지각은 현재의 처지에 따라 오기도 하고 사라지기도 합니다. 어둠 속에 있는 사람은 그 속에 있는 동안에는 과거만큼 빛을 제대로 보지 못하는 것입니다. 여러분의 창가에서 비치는 그 빛으로 인하여 하나님을 찬양하십시오. 사탄은 날마다 여러분이 누리는 위로를 무시하게 만들도록 계략을 꾸미고 있는 것입니다. 이 도둑이 여러분의 아름다운 열매들이 주렁주렁 달려 있는 것을 보고 입맛을 다시지만, 벽이 너무 높아 그가 도저히 올라갈 수가 없습니다. 사악한 자에게서 여러분을 지켜 주는 것은 여러분 속에 있는 하나님의 은혜가 아니라, 여러분 주위에서 방패가 되어 주는 하나님의 사랑인 것입니다.

셋째 적용. 사탄이 교활하게 여러분의 평화를 깨뜨립니까? 오오 그리스도인 여러분, 이를 계기로 더욱 지혜롭고 더욱 신중해지십시오. 여러분의 상대자는 바보가 아닙니다. 면밀하게 경계하고 살피지 않으면 얼마든지 여러분에게서 위로와 기쁨을 빼앗을 수 있는 간교한 자입니다. 여러분의 평화야말로 그가 몹시 탐내는 매혹적인 물건입니다. 여름에 물건을 찬장에서 꺼내어 따로 보관하여 햇볕에 색이 바래 버리지 않도록 하는 것처럼, 그만큼 여러분의 양심에서 사탄도 꺼내어 버려야 합니다. 그는 수없이 성도들에게서 맛있는 식사를 빼앗았고, 그들을 식사도 하지 못한 채 잠자리에 들게 만들었습니다. 그러므로 그가 주위를 어슬렁거리다가 여러분에게도 그런 일을 행하지 못하도록 조심하여야 할 것입니다.

[괴로움을 주고 죄를 고발하는 자인 사탄의 공격에 대응하여 그리스도인이 든든하게 자기를 방어하기 위한 지침들]

질문. 그리스도인이 이런 질문을 할 수도 있을 것입니다. "이처럼 괴롭게 하는 사탄의 악한 계략을 상대로 어떻게 하면 방어적인 자세로 든든히 견딜 수 있을까?"라고 말입니다.

첫째 답변. 사탄이 주는 괴로움에 대해 방비를 든든히 하려면, 그의 꼬임을 조심해야 합니다. 사탄은 자루가 그리스도인의 나무로 만들어진 도끼로 그리스도인의 위로의 뿌리를 잘라냅니다. 먼저 그는 죄를 짓도록 유혹하고, 그 다음에는 죄를 유지하도록 유혹합니다. 사탄은 피조물에 불과한 존재이므로 도구가 없이는 일을 할 수가 없습니다. 물론 적은 것으로 많은 것을 만들어 낼 수는 있습니다만, 무(無)에서 무언가를 창조해 낼 수는 없습니다. 그리스도를 공격하려 하나, 뜻을 이루지 못합니다. 그에게 다가가나 그에게서 자기의 목적에 관계되는 것을 하나도 찾지 못하니 말입니다(요 14:30). 돌을 던지는 것은 마귀이지만, 우리의 위로를 망치는 것은 우리 속에 있는 진흙탕입니다. 그러므로 사탄의 유혹의 움직임에 넘어가지 않도록 조심해야 하는 것입니다. 그는 이런 걸림돌들을 이용하여 여러분 스스로 정강이를 부러뜨리고 양심에 상처를 내게 만들려고 애씁니다. 그리고 이것이 성공하면 그는 자기 혼자 치유책을 제시합니다. 사실 성도의 살(肉)은 다른 사람들처럼 쉽게 치유되지 않습니다. 마귀의 술을 마셔서는 안 됩니다. 잔에 독이 있으며, 그의 포도주는 미끼입니다. 거품이 일어나는 것을 바라보다가 유혹에 빠져서는 안 되는 것입니다. 달콤한 것에 취하여 마신 그것이 반드시 쓰라린 고통과 고뇌를 가져다줄 것입니다. 모든 죄들 중에서 특히 고의로 짓는 뻔뻔스런 죄를 경계하십시오. 그런 위험이 여러분에게서 멀리 있는 것이 아닙니다. 성도들의 타락에 대한 안타까운 이야기들이 있습니다. 그런데 그 다음에 무엇이 뒤따릅니까(시 19:13)? 하나님께서는 말씀하시기를, 간수여, 그런 자를 사탄에게 넘겨주라고 하십니다. 그런데 성도가 죄수가 되고 마귀가 간수가 되면, 그가 어떻게 유린당할지 뻔하지 않겠습니까? 그가 여러분의 양심을 갈갈이 찢어놓을 것입니다! 물론 그런 끔찍한 규례가 교회에서 합당한 만큼 사용되지 않습니다만, 하나님의 법정이 열리고 그가 한 영혼을 그의 임재로부터 출교시키시면, 그 영혼은 곧바로 사탄의 마수에 빠져 들어가고 마는 것입니다. 자, 사탄의 교활함 때문에 여러분이 그에게 압도당하였다면, 아직 마귀의 소굴에까지 사로잡혀 가지 않도록 주의하셔야 합니다. 손으로 그 독뱀을 떨어 버리십시오. 그리고 그 상처를 싸매십시오. 시퍼렇게 멍든 상처가 가장 잘 낫는 법입니다. 그것을 무시하여 거기에 바람이 들면, 여러분의 양심이 곧 곪게 됩니다. 아합은 전투에서 상처를 입었으나 그것에 굴복하기를 원치 않았습니다. 그리하여 계속해서 병거를 타고 있었고, 그로 인하여 죽었다고 합니다(왕상 22:35). 죄를 범하여 영혼이 상처를 입으면 사탄은 거짓된 소망으로 그를 추켜세우려고 애씁니다. 이를테면 계속해서 그를 병거에 태워 하나님을 대적하게 만드는 것입니다. 그는 이렇게 이야기합니다. "무엇이라고 이런 작은 상처에 굴복한다고? 이렇게 조금 긁힌 것을 두려워하다니, 이것으로 그대의 미래를, 쾌락을 잃어버려도 좋은가?"라고 말입니다. 오오 여러분, 이런 권면을 귀담아 듣지 않도록 주의하십시오. 속히 굴복할수록 사탄의 소굴에 더 깊숙이 들어가게 됩니다. 이 길을 걸을수록 여러분이 평화에게서 멀어지게 되는 것입니다. 헝겊이 못에 걸릴 때마다 찢어진 구멍이 더 커지는 법입니다. 그러므로 속히 다시 회개하여야 합니다. 그래야 찢어진 틈이 메워지고 더 악한 상황이 방지될 수 있습니다.

둘째 답변. 영혼이 하나님 앞에서 의롭다 하심을 얻는 저 위대한 복음의 진리를 공부하십시오. 이 진리를 그 모든 원인들과 더불어 섭렵하십시오. 동력적 원인, 즉 하나님의 값없는 자비하심을, 그의 은혜로 말미암아 값없이 의롭다 하심을 얻음을 공부하십시오. 공로적 원인, 즉 그리스도의 피를 공부하시고, 도구적 원인인 믿음을 공부하십시오. 그리고 이것에서 파생되는 모든 고귀한 특권들을 공부하기를 바랍니다(롬 3:24). 효력 있는 문이 열려서 영혼이 이 진리 속으로 들어가게 되면, 가드너(Gardner)의 말처럼 교황의 수법이 허사가 되는 것은 물론 마귀의 수법도 허사가 될 것입니다. 그리스도인에게 이러한 진리에 대한 바른 이해가 없을 때에 사탄이 다가와 그의 평화를 어지럽히게 되면, 그는 그 원수에게 곧바로 당하고 맙니다. 어리석은 산토끼가 눈앞에 있는 굴로 도망하여 개를 피하고 나서는, 자기가 남긴 발자국과 냄새를 믿고 그것을 다시 따라갔다가 지치고 허기진 상태에서 개들의 입 속에 들어가고 마는 것처럼 말입니다. 그리스도인이 행하는 모든 일에는 죄악된 연약함과 냄새가 남아 있습니다. 사탄은 이것을 맡고서 울타리와 구덩이를 넘어 그를 뒤쫓습니다. 이런 은혜 저런 임무를 다 행하지만 결국 그것들이 사탄의 정죄 앞에서 견뎌내지 못하고 절망 중에 그의 발 앞에 무너져내리는 것입니다. 그러나, 그 원수가 감히 다가오지 못하는 은밀한 곳이 여기에 있습니다. 곧, 이 진리가 인도하는 "바위 틈"이 그곳입니다. 사탄이 여러분을 죄인으로 몰아 정죄할 때에 여러분이 회개와 개혁에 의지하여 변명하면, 그런 행위들 속에 죄악된 것들이 섞여 있어서 그것들로는 도무지 그 앞에서 당하지 못하고 맙니다. 하지만 "일을 아니할지라도 경건하지 아니한 자를 의롭다 하시는 이를 믿는 자에게는 그의 믿음을 의로 여기신다"(롬 4:5)는 이 진리가 사탄의 모든 화살들을 다 무용지물로 만들어 줍니다. 그러므로 이 복음의 언약이라는 이 망대 속으로 들어가서 사탄의 머

리 위에 이 진리를 굴려 내리기를 바랍니다. 마치 돌을 굴려 내려 아비멜렉의 머리
를 깨뜨린 여인처럼 말입니다.

셋째 답변. 그리스도인 여러분, 평지를 지켜야 한다는 것을 명심하십시오. 사탄이
여러분을 골짜기 속으로 몰아가지 않도록 주의해야 합니다. 거기서는 잘 싸울 수
도 없고 피할 수도 없으니 말입니다. 애굽 사람들이 이스라엘 백성을 그런 함정 속
에 가두려 했습니다. 바로는 그들이 광야에 갇힌 바 되었다고 외쳤습니다(출
14:3). 사탄이 그리스도인들을 가두려고 애쓰는 골짜기에는 세 가지가 있습니다.
곧, 그럴듯한 질문들과 희미한 성경 말씀과, 어두운 섭리들이 그것입니다.

1. 사탄은 아주 그럴듯하고 세미한 질문들로 혼란을 불러일으키려 합니다. 고의
적으로 일을 더디게 만들고 괜스레 생각을 불러일으켜 괴롭힙니다. 사탄의 이런
책략을 통해서 그리스도인은 자기의 신앙생활에서 쉽게 해결되지 않는 아주 복잡
하고 미묘한 문제들을 접하게 되어 포기하게 되든지 아니면 무거운 마음을 그대
로 지고 나아가게 됩니다. 그러므로 우리는 "논란이 되는 문제들"로 금방 회심한
어린 신자들의 연약한 머리를 괴롭게 하지 말라는 구체적인 권고를 받고 있습니
다(롬 14:1. 한글개역개정판은 "의견"으로 번역함 — 역주). 때로 사탄은 그들에게, "네가
택함 받았는지를 어떻게 아느냐?"라고 물을 것입니다. 그리고 이에 대해서 확신이
없는 것이 보이면, 곧바로 그 사람이 그리스도와 그의 약속의 관계를 깨뜨리는 식
으로 논지를 제시합니다. 택함 받았다는 것을 아는 것은 택한 자만이 누리는 고유
한 지식이므로, 우리가 택함 받은 자라는 것을 스스로 알기 전에 우리가 택함 받은
자라고 생각하는 것은 터무니없는 일이라는 식으로 떠벌리는 것입니다. 그러니
그리스도인 여러분, 평지를 지키십시오. 그러면 안전합니다. 분명한 것은 하나님
의 택하심을 우리 믿음의 근거로 삼아서는 안 된다는 것입니다. 우리의 믿음과 부
르심이 우리의 택함 받은 사실을 입증하는 수단이요 논지인 것입니다. 물론, 하나
님의 역사하시는 순서에서는 택하심이 첫째입니다. 우리가 믿기 전에 하나님께서
택하시니 말입니다. 하지만 우리의 행위에서는 믿음이 첫째입니다. 우리가 택함
받았다는 것을 알 수 있으려면 먼저 믿는 것이 우리에게 있어야 합니다. 예, 믿음
으로써 우리가 택함 받은 사실을 아는 것입니다. 농사짓는 농부는 천체의 위치를
아는 천문학적인 지식이 전혀 없어도, 풀에서 싹이 나는 것을 통해서 봄이 왔다는
것을 압니다. 마찬가지로, 여러분 속에 있는 은혜의 역사를 통해서 여러분이 택함
받았다는 것을 확실히 알 수 있는 것입니다. 마치 하나님께서 생명책에 여러분의

이름을 기록하실 때에 바로 그 옆에 서 있기라도 했던 것처럼 그렇게 확실히 말입니다. 만일 다윗이 사무엘에게서 기름 부음을 받기도 전에 자신이 왕이 되어야 한다고 생각했다면 이는 정말 주제 넘는 짓이었을 것입니다. 하지만 기름 부음을 받은 후에는 전혀 그렇지 않습니다. 여러분이 먼저 믿고 그리스도와 함께 교제하게 될 때에, 그때에 하나님의 영이 보내심을 받아 여러분에게 기름을 부으사 천국의 일원이 되게 하십니다. 이것이야말로 오로지 영광의 상속자들에게만 부어지는 거룩한 기름 부음입니다. 그러므로 여러분의 효력 있는 부르심 속에 그의 그런 생각들을 새기시고 그것들을 읽을 수 있게 하신 다음에는, 옛적부터 여러분을 향하여 가지신 하나님의 은혜로운 목적들을 읽는다 해도 결코 주제 넘는 것이 아닌 것입니다. 여러분이 하늘에까지 올라가 하나님의 은밀한 것들을 훔쳐보는 것이 아니라, 하늘이 여러분에게로 내려와 그것들을 드러내는 것입니다. 사탄은 또한 그리스도인에게 정확히 언제 회심했냐고 묻기도 합니다. 그리고 이렇게 말합니다. "네가 그리스도인이면서, 언제 그리스도인이 되었는지도 모르느냐?"라고 말입니다. 여러분, 평지를 지키십시오. 그리고 여러분의 회심의 시기는 마치 닐루스(Nylus)의 머리처럼 발견할 수 있는 것이 아니니, 여러분이 은혜의 시냇물을 보고 있다는 것으로 만족하십시오. 하나님께서 이미 먼저 역사하셨는데, 큰 죄들이 소리 없이 사람의 가슴속에 숨어들어와 영혼을 망가뜨리기도 합니다. 그런 경우 사탄은 이런 식의 질문을 던져서 여러분을 해치려 합니다. 하지만 태양이 언제 떠올랐는지를 보지 못했다 해도, 태양이 떠 있다는 것은 얼마든지 알 수 있습니다. 사탄은 또다시 이야기합니다. "하나님이 극심한 환난이나 시험을 주셔서 그대가 불에 타거나 돌아서거나 둘 중에 하나를 취하여야 하고, 혹은 그대의 모든 재산이 다 사라져서, 식량이 하나도 없고 지갑에 돈도 없어지면, 대체 그대는 어떻게 되겠는가? 사정이 이렇게 형편없는 데도 그대가 여전히 하나님의 자녀라고 믿고 또 그대의 믿음이 그런 시험의 때를 이길 것이라고 생각하겠느냐?"라고 말입니다. 그러나 그리스도인 여러분, 눈을 절반만 뜨고 있더라도 사탄의 의도가 무엇인지를 가늠할 수 있을 것입니다. 이것은 그야말로 우리를 미혹시키는 질문입니다. 사탄은 여러분에게 미래에 있을지 모를 어려움에 대한 두려움을 심어 주어 여러분이 임무를 소홀히 하도록 유도하고 또한 언제든 그런 어려움이 닥치는 것에 대해 상심하게 만들기 위해 애를 씁니다. 이튿날 상당히 중요한 일이 있을 경우는, 그 일에 대한 생각을 접어두고 잠을 자 두는 것이 지혜일 것입니다. 그 일에 대한 생각으로 골몰하게 되면 잠을 제대로 잘 수가 없고 이튿날 그 일을 제대로 할 수 없는 상태가 되기 때문입니다. 미래의 일들에 관하여 하나님과 하나님의 약속을 신뢰하고 쉼을 갖는 것이 적을수록, 그 일이 닥칠 때에 그것을 감당해 낼 힘도 그만큼 약해지는 것입니다. 그러므로 그런 두려움이 엄습할 경우에는 다음과 같은 세 가지 분명한 결론들로써 마음을 평안하게 하는 것이 중요합니다.

(1) 모든 일은 하나님의 섭리의 결과로 일어납니다. 참새 한 마리도 그냥 떨어지는 법이 없으니, 성도들은 더더욱 궁핍함이나 질병이나 박해 따위로 인하여 땅에 떨어지는 법이 없고, 반드시 하나님의 손길이 함께 한다는 것입니다.

(2) 하나님께서는, "내가 과연 너희를 버리지 아니하고 너희를 떠나지 아니하리라"고 분명히 말씀하셨습니다(히 13:5). 그가 한 조건에서 여러분을 감당하게 하셨으니 반드시 다른 조건에서도 여러분을 감당하게 하실 것입니다. 하나님께서는 그의 종들에게 그 맡은 사명 전체를 다 가르치십니다. 은혜는 전체의 사명에 다 해당되는 보편적인 원리입니다. 여러분의 영적인 삶의 첫 순간부터 기도하는 은혜는 물론 고난을 감내하는 은혜도 여러분에게 주어진 것입니다.

(3) 하나님께서는 지혜가 풍성하사, 여러분의 삶의 몇 가지 변화들 속에서 그가 의도하시는 구원의 손길을 감추시고, 그리하여 여러분의 마음을 이끄사 그의 신실하신 약속을 전적으로 신뢰하게 하십니다. 그리하여 하나님께서는 아브라함의 믿음의 본질을 시험하시기 위하여 그의 손이 완전히 뻗어지기까지 계속 나아가게 하시고, 그 다음에 오셔서 그를 구원하십니다. 그리스도께서는 제자들을 바다로 보내시고 그 자신은 뒤에 물러나 계셨고, 이로써 그들의 믿음을 시험하시며 또한 그의 사랑을 보여 주셨습니다. 비록 중간에 여러분의 하나님을 뵙지 못하더라도 결국 나중에 가서는 그를 뵙게 될 것입니다. 그러니 이 사실로 위로를 삼으시기 바랍니다.

2. 사탄은 의심에 빠진 그리스도인들의 여린 양심을 희미한 성경 본문들로 어지럽게 만듭니다. 의미가 너무 깊어서 연약한 그들로서는 도무지 깨달을 수 없는 그런 말씀들을 갖고서 저 불쌍한 영혼들을 크게 괴롭히는 것입니다. 사실 우울한 사람들이 우울한 삶을 즐겨하듯이, 의심 있는 사람들은 성경 가운데 그들의 한가한 생각 중에 의심을 불러일으키는 그런 본문들을 가장 즐겨합니다. 히브리서 6:6이나 10:26 등의 난해한 본문들을 그렇게 오랫동안 골똘히 보아온 사람들이 얼마나 많은지 모릅니다. 마치 물의 흐름이 너무 빨라서 자세히 들여다보지 않으면 제대

로 볼 수가 없는 것처럼, 그런 본문들은 이해가 잘 되지 않습니다. 그리하여 그들은 고개를 갸우뚱하며 궁리하지만 결국 그 난점을 풀지 못하고 절망에 빠져 자기들의 처지와 견주어서, "오오, 우리가 진리를 아는 지식을 거슬러 죄를 지었구나. 그러니 우리에게는 남아 있는 자비가 하나도 없구나"라고 외치는 것입니다. 그러나 연약한 눈으로 오랫동안 바라보며 궁금해하게 만드는 이런 본문들에서 시선을 다른 데로 돌려서 깨달음을 새롭게 하고자 했다면, 이보다 더 평이하게 표현된 다른 본문들에서 마치 안경을 끼고 보듯이 이런 문제들을 좀 더 안전하게 바라볼 수 있다는 것을 알게 되었을지도 모릅니다. 그러므로 그리스도인 여러분, 평지를 지키십시오. 여러분의 처지에는 떡과 포도주가 ─ 즉, 여러분의 믿음을 강건하게 해 주고 여러분의 침울한 심령에 용기를 주기에 가장 합당한 그런 성경 본문들이 ─ 필요한데, 여러분의 원수가 그런 돌을 가져다주어 이를 부러뜨리게 만든다는 것을 확실히 알게 될 것입니다. 여러분의 처지에 대해 말씀해 주는 그런 평평한 본문들을 만나면, 여러분이 건널 만한 곳으로 건너고, 절대로 너무 깊은 곳으로는 건너지 말기를 바랍니다. 진리를 아는 지식을 거슬러 죄를 지었으니 다시 여러분을 위한 속죄의 제사가 남아 있지 않으리라는 생각 때문에 두렵습니까? 그러면 다윗과 베드로의 경우를 보십시오. 그들의 경우가 여러분에게도 해당된다는 것을 아십시오. 그들이 회복되었다는 성경의 기록이 문제를 해결하는 열쇠가 될 수도 있을 것입니다. 이런 기록들을 통해서, 지식을 얻은 후에 죄를 지으면 아무도 구원을 받을 수가 없다는 것이 이 본문들의 바른 의미가 아니라는 안전한 결론을 얻을 수 있지 않겠습니까? 사실 이 두 본문은 참된 은혜를 지닌 사람들의 타락을 뜻하는 것도, 특정한 죄의 행위로 인하여 타락하는 것을 뜻하는 것도 아닙니다. 오히려 이는 믿음에서 전적으로 완전히 떠난 자들의 타락을 뜻하는 것입니다. 교리는 물론 그것의 실천처럼 보이는 행위까지도 완전히 사라져 버린 경우가 이에 해당하는 것입니다. 과연 신앙의 뿌리가 여러분에게 있다면, 여러분이 특정한 배도의 행위들을 범했다 하더라도 다른 성경 본문들이 먼저 여러분에게 위로를 줄 것입니다. 배도의 행위를 범한 자들에게 다시 돌아오라고 초청하는 아름다운 약속들을 통해서도, 또한 그런 어리석은 짓을 범한 후에 다시 평안을 회복했던 과거 성도들의 전례들을 통해서도, 여러분에게 위로가 있을 것이고, 또한 여러분의 믿음에 대해서 충만한 보장을 주기도 할 것입니다. 여러분에게 있는 은혜가 작을지라도 그것이 죽지 않을 것이고 영원히 불멸할 것이라는 확신이 생길 것입니다. 그것이 피조물에 불과하므로 그 본질이 비록 합당하지는 않으나, 그것이 언약으로 말미암아 약속의 소산으로 여러분에게 주어진 것이니 말입니다.

　3. 사탄은 어두운 섭리들도 이용합니다. 이것들을 이용하여 사탄은 성도들을 향한 하나님의 사랑과 그들 속에 있는 하나님의 은혜에 대해 이의를 유발시킵니다. 욥의 경우 사탄은 먼저 하나님의 허락을 받아 그의 재산들을 몰수하고, 그 다음 그의 자녀들을 다 죽게 하고, 그 다음 그의 영적인 상태에 대해서와 하나님의 자녀라는 사실에 대해서 의문을 갖게 만들려고 애를 씁니다. "하나님을 저주하고 죽으라" 라는 아내의 말도, 그를 마치 외식자(外飾者)처럼 취급하는 그의 친구들의 이야기들도, 그로 하여금 하나님에 대해서 아주 힘든 고민을 하게 만들었을 것입니다. 그러나 그의 아내나, 그의 친구들이나, 환난을 당하는 처지와 은혜를 얻는 상태가 서로 모순이라는 식의 그릇된 사고에 근거하여 그렇게 처신한 것이었습니다. 그러니 그리스도인 여러분, 평지를 떠나지 마십시오. 그리고 욥의 아내나 그의 친구들이 욥에 대해서 그랬던 것처럼, 하나님을 여러분의 원수로 여기고 여러분을 하나님의 원수로 여기는 어리석음을 범하지 마십시오. 가장 안타깝고 절박한 섭리를 말씀의 해명과 더불어 읽으십시오. 그러면 그런 엉뚱한 해석은 하지 않게 될 것입니다. 하나님께서는 구부러진 막대기로도 똑바른 선을 그으실 수 있습니다. 그러니 그가 악한 도구들을 사용하실 때에도 의로움을 유지하십시오. 또한 거칠고 힘든 섭리가 여러분에게 닥치더라도 자비로운 자세를 유지하십시오. 요셉은 형제들에게 거친 말을 하면서도 그들을 향한 사랑은 그대로 지켰습니다. 악인이라도 따뜻한 태양 아래 있을 때에는 그 때문에 자기들이 하나님의 복을 누리고 있다고 생각할 것입니다. 하지만 아뿔싸! 그들은 하나님의 계획에 대해서는 낯선 자들이요 하나님의 성령도 없는 자들입니다. 그들은 감각으로 모든 것을 판단하는 자들입니다. 마치 자기들에게 복숭아를 주는 사람은 누구든지 자기들을 사랑하는 자라고 착각하는 어린 아이들처럼, 현재에 자기들이 느끼는 느낌으로 하나님과 그의 섭리를 판단하는 것입니다. 그러나 성도가 고난을 당하고 있다고 해서 당황하여 어쩔 줄 모른다는 것은 이상한 일입니다. 하나님의 성품을 풀어 알 수 있는 열쇠가 그에게 있으니 말입니다. 그리스도인 여러분, 하나님께서 그의 성령을 통하여 그의 말씀에서 은밀하게 가르치지 않으셨던가요? 속기(速記)로 기록한 그의 섭리를 읽는 법을 말입니다. 성도의 고난이 하나님의 축복을 의미한다는 것을 모릅니까? 사랑하시는 아들마다 그가 친히 고치십니다. 그러니 악인이 번영을 누리

고 있다면 그것은 저주로 읽어야 하지 않겠습니까? 하나님께서 이 세상의 부요한 자들과 존귀한 자들과 성공을 누리는 자들을 정죄하시고 저 세상에서 고통 가운데 있게 하시는 것이 아닙니까? 때로는 하나님께서 그들이 바라는 것보다 이런 것들을 더 많이 그들에게 주시고, 안일의 깊은 잠 속에 그들을 더 단단히 묶어두기도 하십니다. 마치 야엘이 시스라를 섬긴 것처럼 말입니다. 시스라는 물밖에는 원하지 않았는데, 야엘은 그에게 우유를 가져다줍니다. 하지만 이는 그를 확실하게 땅에 거꾸러뜨리기 위함이었습니다. 어떤 사람의 말처럼 우유는 사람을 잠들게 하는 속성이 있기 때문이었습니다(삿 5:25).

넷째 답변. 여러분의 죄를 사하신 일에 대해서 하나님께로부터 받은 옛 영수증을 잘 보관하십시오. 마치 희년 같은 축제와도 같은 찬란한 날들이 우리에게 있습니다. 곧 하나님께서 임하셔서 친히 그의 자비의 예복을 입히시고 그 자녀들의 믿음과 신실함을 인정한다는 표시로 평상시보다 더 친밀하게 그의 자녀들에게 그의 은혜의 규를 내미시는 때입니다. 그 때에는 구름 한 점이 없이 하늘이 맑아서 그리스도인의 위로를 어둡게 만드는 것이 하나도 없습니다. 이런 축제가 계속되는 동안은 사랑과 기쁨이 성도의 일상적인 일이요 소일거리입니다. 그런데 하나님께서 물러가시고 이런 유쾌한 것들이 사라지면, 사탄은 성도의 영적인 지위를 보증해 주는 이 증언에 대한 기억을 어떻게 하면 망가뜨리고 없앨지를 궁리합니다. 그리고는 다시 소송을 제기하고서 성도에게 그의 영적인 지위를 입증하는 문서를 제시하든지 아니면 그리스도인이라는 주장을 철회하든지 하라고 요구할 때에 꼼짝하지 못하게 만들고자 하는 것입니다. 그러니 여러분, 그것들을 안전하게 보관하는 것이 중요합니다. 그런 증언이 지금부터 여러 해 동안 여러분에 대해 소송을 제기하는 원수들의 계략을 무효로 만들 수 있으니 말입니다. 아무리 오래된 것이라도 여러분의 죄 사함 받은 상태에 대해 하나님께서 친히 하신 한 마디 긍정적인 발언이 사탄의 천 마디 부정적인 말보다 더 무게가 있는 것입니다. 다윗이 한밤중에 근심에 싸여 있을 때에 그의 옛 노래가 그의 영혼에 빛을 비추어준 것입니다.

질문. 하지만 괴로움 중에 있는 심령은 이렇게 묻습니다. "과거에 받았던 위로를 꼭 붙잡을 수도 없고 과거에 참이라고 생각했던 그 증거들에 대해서도 보증을 받을 수 없는 나 같은 사람에게는 무슨 권면을 해 줄 수 있겠습니까? 옛적에 하나님과 내 영혼 사이에 무언가 협약이 있었던 것은 분명하고, 또한 지금까지 어느 정도 소망을 갖고 있기는 했습니다. 하지만 내가 실족하였다가 다시 회개하고 또다시 타락하기를 반복하여 이제 그것들이 다 망가지고 더러워졌으므로, 그 모든 나의 증거들이 과연 진짜인지 가짜인지에 대해 의심을 가질 수밖에 없게 되었습니다. 이런 경우 과연 어떻게 하면 좋겠습니까?"

답변 1. 마치 지금껏 한 번도 회개한 일이 없는 것처럼 다시 회개하십시오. 마치 지금껏 한 번도 믿은 적이 없었던 것처럼 새롭게 믿음을 발휘하십시오. 이를 진지하게 행하면 사탄이 예기치 못한 답변으로 말문이 막힐 것입니다. 사탄더러 그대의 과거의 행동들을 외식적인 것으로 타박하라고 하십시오. 그대가 지금 하고 있는 회개와 믿음에 대해서는 대체 무슨 말을 할 수 있겠습니까? 진정으로 회개한다면, 이것으로 그의 공격을 피하게 될 것입니다. 사탄으로서는 그대의 과거의 행위와 증거들에서 구멍을 찾아내는 것보다, 현재 그대에게 역사하시는 하나님의 은혜로우신 성령의 역사하심을 부인하는 것이 더 힘든 일일 것입니다. 행위들은 일시적인 것들로 결국 사라지는 것들입니다. 그러니 악인들이 여러 해 전에 지은 죄들을 많은 시간이 흘렀다는 이유로 별것 아닌 것들로 여기는 것처럼, 비록 오래 전의 일이지만 하나님과의 사이에 은혜의 행위들이 있었고 그것들이 때때로 큰 유익을 주었는데도 단지 많은 시간이 흘렀다는 이유로 그리스도인이 그것을 제대로 바라보지 않는다면 정말이지 그는 크게 불리한 위치에 서 있는 것일 것입니다. 하나님께서는 죄인이 어릴 때에 지은 죄들을 마치 새로 범한 것들로 취하셔서 늙은 그에게 큰 두려움을 주실 수 있는 것처럼, 성도가 옛적에 받은 위로와 증거들도 마치 새로이 주시는 것처럼 제시하실 수 있는 것입니다.

답변 2. 그런데도 사탄이 그대의 영적인 지위에 대한 두려움으로 여러분을 홀린다면, 은혜의 보좌에로 나아가 그대가 잃어버린 그 옛 증거의 새로운 복사본을 달라고 구하십시오. 원본은 그리스도께서 그 주인으로 계신 하늘의 면죄 사무소에 있습니다. 그러니 그대가 성도라면, 그대의 이름이 그곳에 기록되어 있을 것입니다. 그러니 원수가 지옥에서 가져다주는 헛된 이야기들에 귀를 기울이지 말고, 하나님께 부르짖고 하늘에서부터 내려오는 소식을 들으십시오. 사탄과의 말싸움을 적게 하고 그 대신 두려움을 기도에 담아 하나님께 드리기를 힘쓰십시오. 그러면 곧 문제가 해결될 것입니다. 과연 거짓말쟁이에게서 진실을 기대할 수 있으며, 원수에게서 위로를 기대할 수 있겠습니까? 원수가 과연 신자들에 대해 바르게 예언한 적이 있습니까? 하나님은 욥을 가리켜 거룩한 자로서 그만한 자가 없다고 말씀하셨고 마지막에 그가 그런 사람임을 입증하셨는데, 마귀는 그를 가리켜 외식자라 하지 않았습니까? 그가 그대가 성도인 것을 안다고 칩시다. 그렇더라도 과연 그가 그 사실을 시인하겠습니까? 외식자라면, 그대가 그 사실을 아는 것을 무엇보다 싫어할 것입니다. 그러므로 그에게 등을 돌리시고 그대의 하나님께로 나아가십시오. 두려워하지 마십시오. 조만간 그가 친히 그대에게 증서를 주실 것입니다. 그러나 그대가 바라는 만큼 곧바로 만족할 만한 해답이 주어지지 않더라도 성급하게 그대 자신을 책하지 마십시오. 심부름을 맡은 사자(使者)가 더디 올 수도 있습니다. 하지만 반드시 결국에는 좋은 소식이 주어질 것입니다.

답변 3. 그대가 더 나은 자세를 갖추기까지 원수와의 싸움을 삼가고, 그대의 참호 속으로 물러가서 그리스도께서 병들고 다친 그의 군사들을 위하여 마련해 주신 연고들과 보약들을 사용하며 귀한 휴식의 시간을 가지십시오. 자, 기진맥진한 심령들이 물러가 안식을 얻을 수 있는 곳이 두 가지입니다. 곧, 하나님의 이름과 복음의 절대적인 약속들이 그것입니다. 저는 이것들을 미항(美港: the fair havens)이라 부르고 싶습니다. 풍랑이 너무 거세어 배가 바다에서 견딜 수 없을 때에 주로 이 미항들이 큰 유익이 됩니다. 사탄은 그대에게, "그대가 하나님을 뵙기를 소망하는가? 마음이 청결한 자 외에는 아무도 그를 뵐 수가 없네. 그대에게 위로가 있다고 생각하는가? 그것은 심령에 애통하는 자의 몫이네"라고 이야기합니다. 자, 물론 그대는, 아무리 시험을 받는 중에 급하더라도, 그대 자신이 마음이 청결하고 애통하는 자라고는 말하지 못할 것입니다. 하지만 하나님께서 그대 속에서 그 일을 행하실 수 있다는 것을 믿는다고 말하십시오. 그렇습니다. 하나님께서는 가련한 죄인들에게 그렇게 긍휼을 베푸실 것을 약속하셨다고 말입니다. 새 마음을, 깨끗한 마음을, 부드러운 마음을, 주실 것을 그가 친히 언약하셨으니, 제가 이제 그것을 알고 기다리노라고 말하십시오. 피조물 중에서 그 어떠한 것도 그 위대하신 하나님을 움직여 그런 약속을 하시게 할 수가 없었거니와, 피조물 중에 그 어떠한 것도 이제 전능자께서 그가 기뻐하시는 때에 그가 기뻐하시는 곳에서 그 약속들을 이행하시는 것을 가로막을 수가 없다고 말입니다. 이러한 믿음의 행위에다 아직 발견하지 못한 그 은혜를 향한 간절한 사모함을 더하여, 이 일을 행하십시오. 그러면 그대의 모든 의심들이 완전히 만족을 얻지는 못해도, 그대의 머리를 수면 위로 뜨게 하여 낙심하지 않도록 지켜 주기는 할 것입니다. 이 경우 그대에게 필요한 것은 바로 그런 미항입니다. 이것이 없으면 온 집이 무너지고 말 것입니다.

답변 4. 그런데도 사탄이 그대를 따라다니며 치근덕거리면, 도움을 청하고 마귀의 이야기를 좇지 마십시오. 시험의 강력한 힘이 바로 그것을 감추는 데 있는 경우가 있고, 또한 신실한 성도에게 시험을 드러내는 것이 마치 곪은 상처를 찔러서 고름이 터져 나오게 하는 것처럼 성도에게 즉각적인 안위를 주는 경우도 있습니다. 사탄은 이것을 너무나도 잘 알고 있습니다. 그리하여 마치 강도가 집을 털려고 올 때에 집안의 사람들에게 재갈을 물리거나 아니면 가슴에 총을 겨누고, 소리 지르거나 말을 하면 죽이겠다고 위협하는 것처럼, 사탄도 성도의 평안과 위로를 좀 더 쉽게 빼앗아가고자 성도가 그 시험을 감히 드러내지 못하도록 위협하고 가로 막습니다. 사탄은 말합니다. "네 형제나 친구가 네가 행한 이런 일을 알면 어떻게 되겠느냐? 그들이 너를 쫓아낼 것이고 네게 야유를 보낼 것이다"라고 말합니다. 그리하여 수많은 불쌍한 심령들이 오랫동안 그 시험들을 속으로 삼키며 고통 가운데 있는 것입니다. 그리스도인이여, 마귀의 은밀한 이야기를 따르면 두 가지 중요한 도움, 즉 그리스도인 형제들의 권면과 기도를 상실하게 됩니다. 이 두 가지를 놓친다면 그 손해가 얼마나 크겠습니까!

둘째 대지

[이렇게 전신갑주를 입으면 사탄의 모든 궤계를 대적하여 확실히 서게 됨]

사도의 논지의 둘째 대지가 이어지는데, 이는 성도들로 하여금 무장을 더욱 든든히 하도록 자극을 주고자 함입니다. 그리고 이는 그렇게 무장을 갖출 경우 이 교활한 원수를 대적하여 반드시 이기리라는 확실한 사실에 근거합니다. "마귀의 간계를 능히 대적하기 위하여." 그러므로 이는 사도의 논지에 합당한 기질을 부여해 주는 것입니다. 사도가 성도들의 원수가 그렇게 교활하고 책략이 많다는 것을 말씀하지만, 이는 성도들을 겁주어 비겁하게 도망하거나 승리에 대해 무기력한 절망을 품게 만들려는 의도가 아니라, 오히려 그들을 자극하여 사탄과의 싸움에서 넉넉히 이길 힘이 있다는 확실한 소망을 갖고서 더욱 용맹스럽게 저항하게 하고 그리하여 결국 승리를 얻게 하려는 것이기 때문입니다. 제 생각에는 이 두 가지 의미가 마귀의 간계를 대적하여 선다는 문구 속에 함께 포괄되어 있는 것으로 보입니다. 선다는 것은 때로는 싸우는 자세를 암시하고(14절), 때로는 이기고 정복하는 자세를 암시하기도 합니다: "내가 알기에는 나의 대속자가 살아 계시니 마침내 그가 땅 위에 서실 것이라"(욥 19:25). 그 대속자와 사탄과의 피비린내 나는 모든 싸움이 벌어지는 싸움터가 바로 땅이요, 그 위에 그가 서시니, 그 어떠한 원수도 감히 머리를 들지 못할 것입니다. 그러므로, 이 두 가지 의미를 취하여 다음의 사실을 살펴보십시다.

[사탄은 참된 은혜로 무장한 영혼을 절대로 무너뜨리지 못함]

가르침. 사탄이 아무리 그의 사악한 계략을 써서 공격해도, 참된 은혜로 무장한 영혼은 절대로 무너뜨리지 못합니다. 아니, 오히려 하나님의 이 전신갑주를 입은 자가 그를 무너뜨릴 것입니다. 말씀을 살펴보십시오. 이 원수에게서 공격을 당하나 결국 마지막에 가서 명예로운 승리를 얻지 못하는 자가 성경에 나타난 성도들 가운데 하나도 없습니다. 다윗이나 욥이나 바울처럼 가장 혹독한 공격을 받은 이들의 경우에도 나타나듯이, 혹시 그들의 승리를 자기들에게 본래부터 있던 강력한 힘으로 돌리지 않도록 하기 위하여 그들의 모든 승리의 영광이 바로 하나님께로 돌려지는 것을 보게 됩니다. 하나님 안에서 약한 자가 가장 강한 자만큼 강해진다는 것입니다. 그리스도인이 도무지 싸움이 되지 못할 만큼 미약한데 어떻게 해서 그들이 사탄을 대적하여 그렇게 천하무적이 되는지에 대해서(고후 12:9; 약 5:11) 두 가지 이유를 제시할 수 있습니다.

첫째 이유. 사탄과 그의 대의명분에 대해 저주가 드리워져 있기 때문입니다. 하나님의 저주가 가는 곳마다 폭발을 일으킵니다. 가나안 족속들은 전쟁에 능한 것으로 유명했는데도 그 인근 민족들과 더불어 이스라엘의 먹이에 불과했습니다. 그 이유가 무엇이었습니까? 그들이 저주 받은 민족들이기 때문이었습니다. 애굽 사람들은 매우 영민한 사람들이었습니다. "우리가 지혜롭게 행하자"라고 그들은 말했습니다. 하지만 이들은 하나님의 저주를 받았고, 이것이 그들의 마음에 가시처럼 박혀 있었고 결국 망하고 말았습니다. 하나님의 언약의 증표를 육체에 지니고 있던 이스라엘 사람들 자신도 죄로 인하여 하나님의 저주받은 백성이 되자, 앗수르 사람들의 발 아래 티끌처럼 짓밟히고 맙니다. 그리하여 발락이 이스라엘에게 저주가 임하기를 그렇게 원했던 것입니다. 그런데 사탄에게는 돌이킬 수 없는 저주가 임하여 있습니다: "여호와 하나님이 뱀에게 이르시되 네가 이렇게 하였으니 네가 모든 가축과 들의 모든 짐승보다 더욱 저주를 받아 배로 다니고 살아 있는 동안 흙을 먹을지니라"(창 3:14). 여기서는 물론 부분적으로 문자적인 뱀을 지칭하지만, 주로 마귀와 그의 영적인 후손들이라 할 수 있는 악인들을 지칭하는 것이라 하겠습니다. 여자의 후손과 뱀의 후손 사이에 원수 관계가 있을 것임을 말씀하고 있으니 말입니다(창 3:15). 이는 그리스도와 그의 후손이 마귀와 그의 후손과 불화와 싸움이 있을 것을 지칭하는 것이 분명합니다. 그런데 이 저주에는 성도들에게 위로가 될 수 있는 두 가지 요소가 있습니다. 1. 이 저주로 인하여 사탄이 성도들의 발 밑에서 기게 된다는 것입니다. 이는 다른 뜻이 아니라 하나님께서 사탄을 우리의 발 아래에 굴복시키시리라는 다른 곳의 약속과 동일한 뜻입니다. 자, 이처럼 사탄이 기어야 하는 처지에 있으니, 신자들은 마귀가 절대로 그의 머리를, 즉 그의 간교한 책략을, 성도의 발꿈치 이상 높이 들지 못하리라는 확신을 갖게 됩니다. 그가 여러분을 절뚝거리게 할 수 있을지는 모르나, 여러분의 생명을 앗아갈 수는 없습니다. 그리고 그가 여러분에게 준 상처는 그 자신의 머리가 깨어지는 것으로 보상을 받습니다. 곧, 그와 그의 대의가 완전히 망하게 되는 것입니다. 2. 사탄의 양식이 여기서 제한적으로 지정되고 있다는 것입니다. 사탄은 자기가 원하는 자들을 먹어치울 수가 없습니다. 흙이 그의 양식입니다. 이는 그의 권세를 악인에게만 제한시키는 뜻으로 보입니다. 악인들은 땅에 속하는 자들로서 티끌에 지나지 않습니다. 그러나 하늘에 속한 자들의 경우는 그들의 은혜들이 그리스도의 양식으로 예비되어 있으니(아 7:14), 그들의 영혼의 양식은 분명 마귀의 이(齒)를 위한 양식이 될 수 없는 것입니다.

　　둘째 이유. 둘째 이유는 하나님의 지혜에서 찾을 수 있습니다. 하나님은 하늘을 향해 나아가는 그리스도인의 길을 조정하시니 만큼(시 37:24) 사탄의 시험의 문제 역시 특별히 조정하십니다. 그리스도께서는 시험 받으러 광야로 나아가실 때에 악령이 아니라 성령에 이끌림을 받으셨습니다(마 4:1). 사탄은 자기가 원하는 때에 마음대로 시험하지 못합니다. 오로지 하나님께서 기뻐하시는 때에만 그렇게 할 수 있습니다. 그리고 그리스도를 광야로 이끄신 동일한 성령께서 그를 승리로 이끄셨습니다. 그러므로 그렇게 사탄을 물리치신 다음 그가 성령의 권능 가운데서 갈릴리로 행하시는 것을 보게 됩니다(눅 4:4). 사탄이 성도를 시험할 때에 그는 하나님의 사자에 지나지 않습니다. 고린도후서 12:7에서 이를 보게 됩니다. 우리는 이 본문을 "내 육체에 가시 곧 사탄의 사자를 주셨으니 이는 나를 쳐서 너무 자만하지 않게 하려 하심이라"라고 번역합니다. 하지만 베자(Beza)는 사탄과 사자를 서로 동격으로 보아 "사탄 곧 사자를 주셨으니"로 번역합니다. 곧, 사탄이 하나님께로부터 바울에게 보내심을 받았다는 것을 암시하는 것으로 보는 것입니다. 사실 그가 와서 행할 그 임무는 그 자신의 것이라고 보기에는 너무나도 선하고 은혜로운 것이었습니다. 바울이 도를 지나쳐서 스스로 높아지지 않도록 하는 것이 그 임무였으니 말입니다. 마귀는 절대로 바울에게 그런 선한 임무를 행할 뜻이 없었습니다. 하지만 하나님께서 그를 바울에게 그 목적을 위해 보내셨습니다. 다윗이 우리아에게 편지를 들려 요압에게로 보낸 것처럼 말입니다. 그러나 마귀나 우리아나 그 메시지에 담긴 내용에 대해서는 전혀 알지 못했던 것입니다. 마귀와 그의 수하들은 모두 하나님의 도구들입니다. 그러므로 악인을 가리켜 마귀의 검이라, 마귀의 도끼라 부르는 것입니다. 그런데 그 검을 다루고 그 도끼를 휘두르는 분은 오직 하나님밖에 없습니다. 마귀는 자기 도끼로 자기 발등을 찍는 서투른 일꾼에 지나지 않습니다. 만일 하나님의 자녀가 사탄의 시험 때문에 형편이 나빠지게 되면 하나님께서 그처럼 사탄이 자기 도끼로 자기 발등을 찍게끔 만드십니다. 마귀가 자기 뜻대로 자기의 길을 택하지만, 하나님께서는 그가 사용하는 모든 무기로 그를 겨누고 계시는 것입니다. 마귀가 무력을 통해서 시험하고 박해로 성도를 공격하면, 만군의 여호와이신 하나님께서 그를 대적하실 것입니다. 책략과 교묘한 술수로 그 일을 행하면, 그 방면에서도 하나님께서 역사하십니다. 마귀와 그의 모든 수족들은 하나님께는 바보들에 지나지 않습니다. 아니, 그들의 지혜와 어리석음, 간교한 술수와 갖가지 기법들은 죄만 빼고는 모두 훌륭합니다. 시계나 그림이 공교할수록 더 낫습니다. 하지만 죄 속에 간계와 기법들이 많으면 그만큼 더 나쁜 법입니다. 그것은 지혜를 따를 이가 없는 전지하신 하나님을 대적하여 사용되는 것이기 때문입니다. 그러므로 결국에 가서는 거기에 가담한 일꾼들이 더 큰 정죄를 받게 되는 것입니다. "하나님의 어리석음이 사람보다 지혜롭습니다." 예, 사람과 마귀들의 지혜보다도 지혜롭다는 말씀입니다. 곧, 하나님이 사탄을 내적하시기 위해 쓰시는 수단과 도구들이 더욱 월등하다는 것입니다. 설교만큼 힘없고 약한 것이 어디 있겠습니까? 지혜로운 세상의 잣대로 볼 때에 성도들만큼 어리석은 자들이 어디 있겠습니까? 아무리 사탄이 추기경단의 전체 비밀회의를 통해서 깊고 깊은 계략들을 꾸며낸다 할지라도, 힘없고 약한 설교 속에서 하나님이 드러내시는 것이 그보다 훨씬 더 지혜롭고, 사탄이 아히도벨과 산발랏 같은 그의 졸개들을 통해 행하는 것보다 하나님이 미련한 자들 속에서 행하시는 것이 훨씬 더 지혜롭습니다. 그리고 하나님께서는 그들을 더욱 부끄럽게 하시고자 의도적으로 이들을 통하여 지옥과 땅의 계략들을 파하시는 것입니다(고전 1:21). 그 훌륭한 학자가 평범한 시골뜨기의 논지에 당황하여 얼마나 부끄러움을 당하는지요? 하나님은 이렇게 욥을 부르사 사탄과 그의 수하들 — 욥의 세 친구들이 마귀의 편에 서서 스스로 그의 수하들임을 여실히 드러냅니다 — 과 씨름하게 하시는데, 욥 자신은 그 학자들에게 매질을 당하여 도무지 감당조차 할 수 없는 처지였습니다. 지옥과 땅이 계략을 꾸밀 때에 하나님은 앉아서 웃으십니다(시 2:4). "하나님은 교활한 자의 계교를 꺾으사 그들의 손이 성공하지 못하게 하시며"(욥 5:12). 이 말씀이 보여주듯이, 하나님은 심사숙고하여 꾸며내는 계교를 꺾으시고, 여러 해 동안 공들여 만들어 놓은 계략을 한순간에 무너뜨리십니다. 큰 사람들이 게임과 오락을 위하여 여우나 곰 등, 야수들을 사육하듯이, 하나님께서도 사탄과 그의 수하들을 사육하시므로 그의 지혜를 드러내시는 것입니다. 짐승들을 사냥하는 행위는 사냥꾼에게 즐거움을 줄 뿐 아니라 그 짐승의 고기를 먹는 이들에게도 더 즐거움을 줍니다. 하나님께서도 성도들의 원수들을 추적하는 데에서 그의 지혜를 드러내심으로써 마지막에 그들을 구원하는 역사에 감미로운 맛이 더해지게 하십니다. 리워야단의 머리들을 산산조각 내시고 그를 그의 백성들에게 먹이로 주시는 것입니다. 온갖 책략으로 저항하는 바로를 잡으신 하나님은 이제 그의 모든 계략들의 정수리를 깨뜨리시고 그를 하나님의 백성들에게 내어주사 그의 지혜와 권능을 밝히 드러내시는 것입니다.

[마귀가 성도를 죄에로 미혹하나 하나님이 그를 이기심]

질문. 그러나 하나님께서는 어떻게 사탄을 무찌르시며, 성도들을 미혹하는 그의 계략들을 어떻게 분쇄하십니까?

답변. 사탄은 성도들을 파괴시키기 위해 갖가지로 미혹시키지만, 하나님께서는 그것들이 오히려 그 백성들에게 유익이 되고 위로가 되게 만드시고자 하는 그의 은혜로우신 목적을 이루심으로 그렇게 하십니다. 이것은 마귀의 무기가 거꾸로 그 자신의 머리를 상하게 하도록 만드는 것이요, 마귀의 검으로 그 자신의 머리를 베도록 만드는 것으로서 가장 고상한 승리가 아닐 수 없습니다. 이처럼 하나님은 마귀를 놓아 마귀를 잡으시며, 이를테면 그의 계획들을 사탄의 날개 아래 두시고 사탄으로 하여금 그 계획들을 부화시키도록 하시는 것입니다. 이처럼 요셉의 형들은 자기들의 손으로 요셉을 제거할 의도를 갖고 처신하였으나 그들 자신이 결국 요셉의 꿈이 이루어지게 도운 것이 되었습니다. 몇 가지 구체적인 사실들을 살펴봅시다.

[사탄이 지향하는 목표]

첫째 사실. 사탄은 그의 시험들로 그리스도인의 양심을 더럽게 하고, 그리스도인의 가슴속에 거룩함으로 새겨져 있는 하나님의 형상의 아름다운 얼굴을 일그러지게 만들려는 목표를 갖고 있습니다. 그 자신이 더러운 영이요, 따라서 그들을 더럽게 만들어 그들의 부끄러움 속에서 자신이 영광을 얻으려 하는 것입니다. 그러나 하나님이 그를 무찌르십니다. 사탄의 시험들을 죄로 바꾸시고 그들을 죄로부터 씻어 주시니 말입니다. 사탄의 시험들은 하나님께서 그의 성도들을 희게 씻으시기 위해 사용하시는 검은 비누와도 같은 것입니다.

1. 하나님께서는 한 가지 죄로 이끄는 사탄의 시험들을 또 다른 죄를 방지하는 도구로 사용하십니다. 바울의 육체의 가시가 그의 교만을 방지하는 도구로 사용되었습니다. 하나님께서는 사탄을 보내어 바울의 강한 쪽을 공격하게 하셔서, 그 과정에서 그의 약한 쪽을 든든히 방비하게 하셨습니다. 결국 이렇게 사탄이 미련하게 당하고 맙니다. 군대가 한 도시를 공격하려고 매복하나 그것이 전혀 쓸데없이 힘을 소비하는 것이 되어 버리고, 그동안 상대방은 군대의 전열을 가다듬을 시간을 벌게 되는 경우가 왕왕 있습니다. 거기에 상대방 쪽의 첩자인 후새 같은 사람이 있어서 일부러 그릇된 전략을 세우도록 만들기 때문에 그런 일이 일어나는 것입니다. 진정 성도의 편이신 하나님께서 이를테면 마귀의 전략 회의에 참석하셔서 모든 진행되는 과정에서 성도에게 유리한 쪽으로 역사하시는 것입니다. 하나

님은 마귀가 그리스도인들을 신성모독이나 무신론 등으로 시험하여 그들을 괴롭히도록 내버려 두시고, 그리하여 그들이 이 시험과 또한 이 시험으로 인하여 얻는 영적인 괴로움을 통하여 임무를 다하게 되고, 또한 자기들의 상상 속에 그 끔찍한 환영들이 있는 것을 지각하고서 낮아지며, 또한 형식과 교만이 가득한 상태에 빠지지 않도록 보호함을 받게 하시는 것입니다. 가정에서도 어떤 일이 잘 되지 않아서 그 집의 가장이 보통 때와는 달리 늦게까지 잠을 자지 않고 깨어 있게 되고, 그리하여 그 날 밤 그 집을 털려고 계획했던 도둑이 그 일로 인하여 계획을 이룰 수 없게 되기도 합니다. 괴로움을 가져다주는 그런 시험거리들로 인하여 영혼이 일깨움을 받아 기도와 부지런히 힘쓰는 심령을 갖지 않았다면, 십중팔구 사탄이 미혹하는 자로 다가와 그를 취하여 안일에 빠져 잠자게 만들고 말았을 것입니다.

2. 하나님께서는 사탄이 시험하여 빠지게 만드는 바로 그 죄를 깨끗이 씻으십니다. 베드로는 대제사장의 뜰에서 그의 영혼이 넘어진 이후만큼 자신의 자긍심을 완전히 정복하고 그의 믿음이 든든히 세워진 적이 없었습니다. 자기 스스로 자만하여 "모두가 그리스도를 버려도 나는 그를 버리지 않으리라"고 말할 수 있었던 그였으나, 며칠 뒤에는 얼마나 온유하고 겸손해졌는지 모릅니다. 그는 동료 형제들보다 더 그리스도를 사랑한다고 감히 말하지 못했습니다(요 21:15). 전에는 자기 자신이 가장 그를 사랑한다고 여겼었는데 말입니다. 어리석은 한 여종에 의해서 큰 부끄러움을 당했던 그가 이제는 공회와 통치자들 앞에서 담대하게 그리스도와 그의 복음을 증거하는 자가 되었습니다. 이 모든 일이 그에게 거룩하게 맡겨진 사탄의 시험의 산물이었습니다! 사실 성도는 자신이 넘어짐으로써 자기 속에 얼마나 부패가 만연되어 있는가를 발견하게 되고, 그리하여 결국 시험을 통하여 자신의 본 모습을 깨닫게 되고, 그 병적인 상태를 깨끗이 씻어 주는 수단과 요인들을 사용함으로써 그것을 제거할 유리한 위치에 서게 되고, 그 파괴자를 대적하여 온 힘을 기울여 싸우게 되는 것입니다. 사탄이 고통의 문에 서서 두드리는 것을 발견하지 못했더라면, 바울이 그런 고통들로 자신의 몸을 쳐 복종시키지 않았을 것입니다.

3. 하나님께서는 이 시험들을 사용하여 마음속에서 은혜의 역사가 진전되도록 하십니다. 한 구석에 얼룩이 있어도 의복 전체를 빨아야 합니다. 다윗은 한 가지 죄에 압도되어 모든 죄에 대해서 새롭게 회개합니다(시 51편). 선한 남편은 한 곳에 비가 오는 것을 보고는 사람을 보내어 일꾼더러 집 전체를 살피게 합니다. 이

점에서 신실한 마음이 외식자의 마음과 다릅니다. 외식자의 회개는 둘쭉날쭉하여, 한 범죄에 대해서는 아주 관대하고 또 다른 범죄에 대해서는 아주 철저한 식입니다. 가룻 유다는 자신의 배반 사실에 대해서는 안타깝게 울부짖었으나, 도둑질한 것과 자신의 외식에 대해서는 한 마디 말도 없었습니다. 그의 양심에 구멍이 뚫리긴 했으나, 그 구멍이 화살이 뚫고 들어간 정도밖에는 크지 않았던 것이지요. 그러나 반면에 한 가지 범죄에 대해 진정 안타까움과 회개가 있다면, 다른 죄들에 대해서도 몸서리치는 아픔이 가슴을 때리는 법입니다.

[사탄의 모든 공격을 예방하는 법]

둘째 사실. 사탄은 한 성도를 시험하여 다른 이들도 함께 넘어뜨리려는 사악한 계획을 갖고 있습니다. 한 성도를 죄를 범하게 하여 그 사람의 모범을 통해서 다른 이들까지 죄를 짓도록 자극하거나, 아니면 그 한 성도가 보여준 추한 모습으로 인하여 다른 이들이 실망하여 거룩한 삶을 향하여 나아가는 길에서 이탈하도록 만들려 하는 것입니다. 하지만 하나님께서는 다음과 같은 방법으로 사탄을 바보로 만드십니다.

1. 하나님은 성도들의 넘어지는 일들로 말미암아 다른 이들을 적절히 제재하여 그들로 하여금 자기들의 처지를 돌아보게 하십니다. 온유한 모세가 충동을 받아 화를 내는 것을 보십니까? 그렇다면 제멋대로인 여러분의 마음을 지키는 데에는 얼마나 경계와 주의가 필요하겠습니까? 세찬 비바람이 여기저기서 느슨한 기왓장들을 떨어지게 하는 등 크고 작은 사고들을 유발시켜 상처를 주지만, 공공의 유익은 몇 가지 사사로운 해보다 훨씬 더 큰 경우가 많습니다. 말하자면, 그런 비바람은 하나님의 손에 붙들린 빗자루와 같아서 사방을 깨끗하게 쓸어주고 공기를 깨끗하게 해 주는 것입니다. 이와 마찬가지로 성도들이 넘어지는 일들과 또한 그들을 향한 하나님의 의로운 심판으로 인하여 악인들 가운데 일부가 더욱더 가증스러운 일에 빠지기도 하지만, 그러나 신실한 심령들은 그런 일들을 통하여 자기들의 형식적이며 안일한 자세를 깨끗하게 씻게 되는 큰 유익을 얻는데, 이런 유익이 훨씬 더 풍성하고 큰 것입니다. 악인들은 기왕에 달려가고 있던 그 곳을 향하여 좀 더 빨리 보내지는 것뿐입니다.

2. 하나님은 성도들의 넘어지는 일들을 괴로움 중에 있는 양심들에게 위로를 주는 논지로 만드십니다. 길이 완전히 막혀 달리 어디서 위로를 얻을 수가 없을 것

같을 때에 이것이 깃털처럼 영혼 속에 작은 소망을 주어 처절한 낙심에 빠지지 않도록 신자를 살아 있게 만들어 주는 것입니다. 바로 옆에 지옥으로 향하는 문이 있다는 두려움에 싸여 있을 때에 이로써 새로운 소망을 갖게 된 이들도 있습니다. 다윗의 죄악이 컸으나 그는 자비를 얻었습니다. 베드로는 주를 배반했으나, 지금 천국에 있습니다. 그런데 오 나의 영혼아, 너는 지금 왜 여기 절망의 문턱에 앉아 있는가? 위로 하나님을 향하여 자비를 구하라. 그는 다른 이들에게도 똑같이 자비를 베푸시고 용서함을 주시리라.

3. 하나님은 성도들 중 일부를 훈련시키사 비슷한 처지에 있는 동료 형제들을 구할 수 있도록 하시기 위하여, 사탄이 그들을 시험하고 괴롭게 하도록 허용하기도 하십니다. 하나님께서는 그들을 사탄의 매질과 채찍질을 겪는 학교에 보내시고, 그리하여 사탄의 잔인한 손길을 통하여 그들이 하나님의 말씀과 그들 자신의 마음을 연구하게 하시고 그리하여 사탄의 계략들에 대해 경험을 얻게 하며, 결국 시험 받는 심령들을 위로하는 방면에서 전문가들이 되도록 하시는 것입니다. 고단한 심령에게 지극히 적절한 말로 위로하는 일은 그 자체로도 하나의 기술입니다. 인간적인 기술을 얻고자 훈련생으로 봉사한다고 해서 이런 기술을 얻을 수 있는 것이 아닙니다. 아무리 훌륭한 의사라도 상한 양심을 다루는 데에는 무지한 바보일 수밖에 없습니다. 마치 시골뜨기가 해부학 강의를 들으며 의사가 사용하는 신체 해부용 기구를 다루는 것과도 같습니다. 성경에 대한 단순한 지식만으로 되는 것이 아닙니다. 마치 약국에 약이 든 항아리와 유리병들이 있는 것만으로 처방을 할 수 있는 것이 아니듯이 말입니다. 아니, 은혜 자체만으로도 안 됩니다. 이런 쓰라린 경험과 영혼의 싸움을 통한 훈련이 있어야만 되는 것입니다. 그리스도께서도 친히 이 학교에서 훈련을 받으신 것을 봅니다. "나의 귀를 깨우치사 학자들 같이 알아듣게 하시도다"(사 50:4). 선생은 학생더러 자기 앞에서 책을 읽게 합니다. 그리스도께서 고단한 심령들에게 적절한 말로 위로할 수 있는 학자의 혀를 갖게 되기 위해서 과연 무슨 책을 읽으셨을까요? "주 여호와께서 나의 귀를 여셨으므로, 내가 거역하지도 아니하며 뒤로 물러가지도 아니하며 나를 때리는 자들에게 내 등을 맡기며 나의 수염을 뽑는 자들에게 나의 빰을 맡기며 모욕과 침 뱉음을 당하여도 내 얼굴을 가리지 아니하였느니라"(사 50:5, 6). 그의 고난(이는 시종일관 시험과 함께 임하였습니다)이 그리스도를 괴로움을 당하는 심령들을 북돋우고 안위할 수 있도록 학식 있게 만든 책이었습니다. 그러니 마귀가 그리스도를, 또한

그의 성도들을, 그냥 홀로 두는 편이 훨씬 나았을 것입니다. 그리스도와 성도들을 시험하고 고난을 당하게 하나 그들이 오히려 다른 이들을 위로하여 그를 더욱 불리하게 만드니 말입니다. 자기 마음의 고뇌와 탄식을 기억하는 자들처럼 가련한 심령들을 부드럽게 다룰 수 있는 자가 없습니다. 스스로 피를 흘려본 경험이 있는 사람들만큼 상한 양심들에게 말씀의 위로를 주는 일에 능숙한 자가 없습니다. 그런 이들은 영혼의 괴로움의 증상들을 알고 또한 그들의 가슴으로 다른 이들의 고통을 느낍니다. 그러나 성경을 알아도 스스로 고난을 경험해 보지 않은 자들은 초보 의사가 될 수밖에 없습니다. 약용 식물을 모조리 다 잘 알고 있지만 실질적인 경험이 없으니, 막상 환자가 오면 그에게 맞도록 자기의 지식을 사용할 줄을 모르는 것입니다. 성도들의 경험들은 그들로 하여금 전갈의 살로 만들어진 특효의 해독제를 접하도록 도와줍니다. 그들 스스로 그리스도를 통하여 고통을 이겼고, 그리하여 사탄의 시험의 모든 독(毒)을 마음으로부터 능가하는 덕을 소유하게 된 것입니다.

[하나님이 사탄의 시험을 은혜롭게 결말지으심]

셋째 사실. 사탄은 성도를 시험하여 죄를 범하도록 하는 중에 하나님과 성도 사이를 이간시키려고 애씁니다. 그는 하나님과 성도 모두를 미워하여, 서로 사랑하는 이 두 친구들을 이간시키려고 애쓰는 것입니다. 그는 이렇게 생각합니다. '저 친구를 시험하여 죄를 짓게 만들면, 하나님이 진노하실 것이고, 진노하시면 그가 자기 자녀를 채찍으로 때리실 것이다. 이것만도 굉장한 구경거리가 될 것이다. 그리고 하나님이 성도를 그렇게 교정하시는 동안, 성도는 자기를 향한 하나님의 사랑에 대해 의심하게 될 것이고, 하나님을 향한 사랑이 식어질 것이다. 그러니 하나님을 하늘에서 가만히 계시도록 만들 수는 없겠지만, 이렇게 해서 하나님께 기쁨이 없어질 것이다. 이렇게 되면, 하나님과 성도는 마치 관계가 깨어져버린 남편과 아내처럼 될 것이니, 서로를 향해 좋은 마음으로 바라볼 수 없을 것이다.' 자, 여기서 하나님께서 사탄을 어떻게 바보로 만드시는지를 봅시다.

1. 하나님은 성도들이 당하는 시험들을 그들에게 그의 사랑을 전달하시는 수단으로 사용하십니다. 아담으로 하여금 금지된 열매를 먹게 하고서 마귀는 자신의 목표를 이루었다고 생각했습니다. 이제 사람도 자기와 똑같이 곤경에 빠지게 되었으니, 배도한 영들인 자기들처럼 사람도 영원히 하나님의 얼굴을 뵙지 못하게

될 것이라고 여긴 것입니다. 그러나 아뿔싸! 하나님께서는 그리스도로 말미암아 사람을 구원하는 저 위대한 복음의 계획을 개시하고자 하는 의도를 갖고 그 일이 일어나게 하신 것입니다. 그리스도께서는 사람의 타락의 서막이 시작되자마자 아담에게 행해진 저 위대한 복음의 약속 가운데 등장하시고, 하나님의 명령에 따라 잃어버린 사람을 사탄의 마수에서 건져 회복시키고, 그를 본래 누리던 영광의 자리에 세우시는 일을 행하셨습니다. 사람은 이로써 전에 아담이 처음 누리던 것을 훨씬 뛰어넘는 영광을 누리게 되었습니다. 그러므로 그리스도의 밭의 가장 초라한 백합화라 할지라도 아담의 본래 타고난 고귀함보다 훨씬 뛰어난 것입니다. 그러므로 첫 사람 아담에게 행한 시험이 실패하였듯이, 사탄은 지금도 패배하고 있는 것입니다. 욥을 망가뜨리려고 그렇게 애썼지만, 그 거룩한 사람으로 하여금 결국 하나님께서 그를 얼마나 사랑하시는지를 알게 된 것 말고 과연 그가 무슨 소득을 얻었습니까? 사탄이 베드로를 그렇게 치욕스럽게 공격하였지만, 그리스도께서 그때처럼 베드로를 사랑하셨던 적이 없지 않았습니까? 베드로는 제자들 가운데 유일하게 그리스도께서 자신의 부활의 기쁜 소식을 전달하도록 직접 이름을 거명하신 사람입니다. "가서 그의 제자들과 베드로에게 이르라"(막 16:7). 그리스도의 이 말씀은 마치 이런 뜻과도 같습니다. "반드시 이 소식을 통해 그의 슬픈 마음을 위로하고, 그가 최근 비겁한 짓을 범했으나 여전히 내가 그를 사랑한다는 것을 알게 하라."

하지만 이것이 죄를 오히려 조장하고, 그리스도인들로 하여금 시험에 넘어지든 아니든 별로 개의치 않도록 만드는 것은 아닐까요? 이렇듯 하나님께서 성도들이 넘어지고 공격을 당한 후에도 여전히 그들에게 사랑을 보여주신다면, 우리가 죄를 멀리할 이유가 어디 있겠습니까? 마지막 결과가 좋게 될 것이 분명하니 말입니다. 그러나 이런 식의 생각은 다음과 같은 두 가지 이유 때문에 대단히 위험한 것입니다.

(1) 우리는 자기 자신의 연약함 때문에 공격을 당하거나 혹은 원수의 교활함과 능력에 압도되어 어쩔 수 없이 공격을 당하는 경우와, 또한 거짓된 마음으로 자발적으로 사탄의 유혹에 자신을 내어놓는 경우를 서로 구별해야 합니다. 병사가 전쟁 중에 역심을 품고 스스로 무기를 내어 던지고 적에게로 달려갈 경우 이에 대해 장군은 가차 없이 처단합니다. 하지만 전쟁 중에 상처를 입고 쓰러질 경우에 장군이 이런 병사에 대해 자비와 사랑을 표현하는 것은 전혀 불명예가 아닙니다. 오히

려 그를 전투에서 빼어내어 자기 처소로 데려가 자기의 침대에 누이고 그를 자신
의 호위무사로 지명해도 무방할 것입니다. 하나님께서는 성도들에게 악을 권장하
시지는 않으나, 그들의 연약함은 불쌍히 여기십니다. 성도들이 본질상 뻔뻔스런
죄에 빠질 수도 있지만, 그럴 경우에도 이들은 다른 이들만큼 그렇게 뻔뻔스럽게
그런 죄를 범하지는 않습니다. 비록 죄에 빠지기는 하지만 그들의 가슴속에 하나
님께 진실된 부분이 남아 있는 것입니다. 모세가 경솔하게 말을 했지만, 마귀가 이
선한 사람의 성정에 아주 어긋나도록 도구를 써서 충동질을 시킨 것이었습니다.
다윗이 그 백성을 계수하지만, 마귀가 그를 충동하여 그런 악에 빠지도록 한 것입
니다. "사탄이 일어나 이스라엘을 대적하고 다윗을 충동하여 이스라엘을 계수하
게 하니라"(대상 21:2). 욥이 사탄의 화살들을 얼마나 용감하게 물리칩니까? 갑주
의 연결부위 사이에라도 화살 하나쯤 맞았더라도 전혀 이상하지 않을 만큼 화살
이 맹렬히 빗발치는 상황에서 말입니다! 베드로는 잘 알다시피 정말 선한 사람이
었습니다. 그런 그가 얼마나 충성된 마음으로, 예, 얼마나 열심 있는 자세로 싸움
터에 나갔습니까? 하지만 원수가 나타나 그의 마음을 무너뜨린 것입니다.

(2) 성도들이 넘어진 이후에, 죄를 짓는 일에서나 죄를 지을 때가 아니고 이미
지은 죄에 대해 안타까워하며 심령이 낮아질 때에, 하나님께서 그들을 향하여 그
의 사랑을 전해 주신다는 것을 생각하여야 합니다. 만일 그들이 죄를 범하고 있을
때에 하나님께서 그들에게 미소를 지으셨다면, 그들의 죄가 더욱 힘을 받아 강해
졌을 것입니다. 마치 열병을 앓는 사람에게 포도주를 주면 그 질병이 더욱 강렬해
지는 것처럼 말입니다. 하지만 힘이 다 빠졌고 그 질병의 독이 소진되었고, 자신을
낮추는 것으로 독이 빠져나올 때면, 사람이 스스로 겸비하여 가라앉습니다. 하나
님이 베푸시는 위로의 포도주는 이처럼 겸비하여 가라앉은 심령에게 주는 명약이
지, 죄를 강화시키는 연료가 아닌 것입니다. 다윗은 시험에 빠진 이후에 베옷을 입
고 슬피 탄식하였습니다. 바로 이때에 하나님께서 그 옷을 벗기시고 기쁨과 찬송
의 의복을 입히신 것입니다(대상 21:10, 15). 욥은 굉장한 용기와 인내를 보였지만,
여러 개들과 마귀들이 차례로 달려들어 물고 뜯어서 자신의 연약한 모습을 드러
내 보이고서, 괴로움 중에 "내가 죄를 범하였노라(*Peccavi*)"라고 외치며 티끌과 재
가운데서 자신을 한탄하였습니다. 바로 이때에 하나님께서 그를 품속에 안아 주
시는 것입니다(욥 42:6). 성도가 그런 자세를 취할 때에, 하나님께서는 그의 사랑
을 평상시보다 더 많이 베풀어 주시며, 이것이 그의 존귀를 위해서도 그들의 유익

을 위해서도 안전한 것입니다. 죄로 인하여 생겨난 그들의 두려움과 안타까운 마음이 물 대신 이 강력한 기쁨의 포도주를 흡수하게 하여 가라앉은 심령을 없애도록 해 줍니다. 그러므로 그들에게 교만이 생겨나지도 않고, 뒤로 물러나 배도에 빠지게 되지도 않는 것입니다.

그런데 하나님께서는 어째서 이처럼 그의 사랑을 전해 주시는 걸까요?

(a) 이는 그 자신의 불쌍히 여기시는 본성의 발로입니다. "너희가 욥의 인내를 들었고 주께서 주신 결말을 보았거니와 주는 가장 자비하시고 긍휼히 여기시는 이시니라"(약 5:11). 하나님께서는 피 흘리는 상처 속에 갈퀴로 긁는 것을 좋아하시지 않습니다. 탄식하는 심령이 침체에 빠질 소지가 다분하다는 것을 잘 알고 계시는 것입니다. 성도가 그렇게도 사랑하는 하나님께서 그들에게 이맛살 찌푸린 모습이나 화가 나신 모습을 보이신다면 이는 마음에 와 닿아야 합니다. 그러므로 하나님께서는 친히 그들을 소생시키시겠다고 선포하십니다: "지극히 존귀하며 영원히 거하시며 거룩하다 이름하는 이가 이같이 말씀하시되 내가 높고 거룩한 곳에 있으며 또한 통회하고 마음이 겸손한 자와 함께 있나니 이는 겸손한 자의 영을 소생시키며 통회하는 자의 마음을 소생시키려 함이라"(사 57:15). 그리고 이어서 그 이유를 말씀하십니다: "내가 영원히 다투지 아니하며 내가 끊임없이 노하지 아니할 것은 내가 지은 그의 영과 혼이 내 앞에서 피곤할까 함이라"(16절). 여기서 "그의 영과 혼"이라고 하시는데 "그"란 누구를 가리키는 걸까요? 뻔뻔스런 죄인이 아니라, 통회하고 마음이 겸손한 자들을 가리킵니다. 아버지가 자녀들의 성향을 관찰할 때에, 하나는 잘못을 범하고도 계속해서 아버지의 화를 무시하고 반항적으로 나가고, 또 하나는 아버지를 거역한 것이 마음에 걸려 음식도 먹지 않고 한 구석에서 아버지를 거역한 것에 대해 통회합니다. 아버지는 이 아들의 통회하는 것을 보고서 그를 향하여 애절한 마음을 갖게 됩니다. 아버지는 그 아들에게 사랑을 드러냄으로써 그 자녀를 고뇌에서 건져낼 것입니다. 그 아들의 그런 자세는 결코 헛되지 않을 것입니다. 아들이 자기 죄에 대해 뉘우치고 아버지가 그의 안타까워하는 아들에 대해 간절한 사랑을 갖고 있다면 이 둘 사이에 갈등이 결코 오래 가지 않을 것입니다.

(b) 하나님께서는 사탄에게 더 큰 부끄러움을 부으시기 위해 그렇게 하십니다. 사탄은 하나님과 성도 사이를 어지럽히는 큰 이간꾼입니다. 남편과 아내, 아버지와 아들 사이에 갈등을 조장하여 서로를 이간질시킨 사람이 있다고 합시다. 그런

데 그 사람이 그들 사이에 조장해 놓은 갈등과 상처가 치유되어 그들 모두가 함께 그를 대적한다면, 그 사람이 얼마나 부끄럽겠습니까? 헤롯과 빌라도가 서로 친구가 되자 그리스도께는 사악한 일이 벌어졌습니다. 그런데 하나님과 그의 자녀 사이에 모든 일이 잘 되어간다면 과연 사탄에게 좋을 리가 있겠습니까? 에스더가 왕께 사랑을 받는다면, 그녀의 원수 하만은 얼굴을 숨길 수밖에 없습니다. 그렇습니다. 사탄은 부끄러움으로 얼굴을 숨길 수밖에 없습니다. 자기의 수중에 잡혀 있었고 그가 마음껏 약탈하고 괴롭히고 시험하고 어지럽혔던 자가 이제 하나님의 따스한 사랑의 빛 속에 앉아 있고, 자기는 마치 먹이를 잃어버려서 울부짖는 사자 꼴이 되어 버렸으니 말입니다.

2. 사탄의 목표는 하나님을 믿는 성도의 믿음을 약화시키며, 하나님을 향한 사랑이 식어지게 만드는 것입니다. 하지만 그는 이 두 가지 점에서 모두 보기 좋게 바보가 되어 버립니다.

(1) 하나님은 그들의 시험들과 넘어짐을 그들의 믿음을 더욱 굳게 세우는 계기로 만드십니다. 마치 나무가 흔들린 후에 더욱 강해지는 것처럼 말입니다. 혹은, 거인 안테우스(Anteus)가 헤라클레스(Hercules)와 씨름을 하는 중에 땅에 넘어질 때마다 그만큼 힘을 더 얻는 것처럼 가장하듯이 말입니다. 거짓 믿음은 한 번 넘어지면 다시 일어나는 법이 거의 없습니다. 하지만 베드로와 기타 성경의 인물들에서 보듯이 참된 믿음은 항상 일어나고 더욱 용맹스럽게 싸우는 것입니다. 믿음의 시험은 마치 불이 황금에 작용하듯 그렇게 역사합니다(벧전 1:7). 불은 어떤 것이 진짜 금인지를 가려줄 뿐 아니라, 진짜 금을 더욱 순수하게 만들어 주기도 합니다. 불을 가하면 거기에 붙어 있던 티끌이나 찌꺼기 같은 것들이 제거되기 때문에 부피나 무게가 줄어들 수도 있습니다. 하지만 그 금의 값어치는 더욱 커집니다. 사탄이 묶여 있고 그리스도인이 하나님의 사랑의 밝은 빛 가운데 있고 또한 하나님의 도우심으로 힘을 얻으며 행할 때에는, 하나님께서 물러가신 상태에서 사탄의 공격을 받는 다른 그리스도인과 비교할 때에 그 사람의 믿음이 아주 커 보일 수 있습니다. 하지만 이것은 공정한 판단이 아닙니다. 이는 마치 두 사람 중에 누가 몸집이 큰지를 판단하려 하면서 한 사람은 벌거벗은 몸을 재고 다른 한 사람은 두터운 겉옷을 입은 채로 재는 것과도 같습니다. 아니면 두 가지의 금을 서로 비교하면서, 하나는 겉에 묻어 있는 티끌이나 이물질들을 함께 두고 무게를 재고, 또 하나는 불에서 제련된 순전한 상태로 무게를 재는 것과도 같습니다. 시험 받기 이전에는 믿

음에 온갖 이물질들이 끼어 있고, 그것이 믿음인 것처럼 보이기도 합니다. 하지만 시험이 오면 이것들이 발견되는 것입니다. 시험이 오면, 전에 죽어 있는 것처럼 가만히 있던 부패성이 자극을 받아 일어나는 것을 느낍니다. 그리스도인과 하나님의 따뜻한 얼굴 사이에 구름이 가리는 것을 느낍니다. 시험이 있기 전에는 하나님의 따뜻한 얼굴을 느끼는 것이 믿음을 지탱시켜 주었으나, 이제 시험을 통해서 이런 공기주머니들이 터져 버리고 나면, 약속을 근거로 하는 하늘의 수영법에서 진정 팔을 젓는 법을 배우게 됩니다. 그것 외에는 그를 지탱시켜 줄 다른 것이 하나도 없기 때문입니다. 이런 작은 것이 다른 모든 것보다 그 속에 믿음의 고귀한 본질을 더 많이 담고 있는 것입니다. 그렇습니다. 믿음을 둘러싸고 있는 이런 모든 장식물들이 사라지고 나면, 오히려 그것들이 있을 때보다 믿음이 더욱 강건해지는 것입니다. 마치 기드온의 몇 명 되지 않는 용사들처럼 말입니다. 마귀가 얻는 것이 모두 여기 있습니다. 성도의 믿음을 파괴시키기를 목표로 삼으나, 오히려 그의 공격으로 인하여 성도의 믿음이 더욱 순결하게 되고, 그리하여 더욱 강하게 되어 버리는 것입니다.

(2) 시험 받는 성도들의 사랑이 시험들로 인하여 그리스도를 향하여 불타오르게 되고, 시험 중에 그 사랑이 더욱 돋보이게 됩니다. 공격을 당할 때에 그들의 사랑에 낙심이 생기는 것 같아 보일 수도 있습니다. 마치 불에다 물을 뿌리면 불이 꺼지는 것 같은 것처럼 말입니다. 하지만 싸움이 다소간 그쳐져 그리스도인이 제정신이 들면, 그리스도를 향한 그의 사랑이 격렬한 불꽃처럼 타오르게 되는 것입니다.

(a) 시험을 당하는 동안 그의 죄악된 처신에 대해 가슴으로 부끄러움과 안타까움을 느껴야 하는데, 이런 부끄러움과 안타까움에 자극을 받아 그리스도를 향한 그의 사랑이 다른 이들보다 더 강렬하게 표현됩니다. 마치 아내에게서 나타나는 따뜻한 변화처럼 말입니다. 전에 가득했던 차갑고 냉담한 마음이 사라지고, 시험이 끝나 다시 열정이 생깁니다. 온통 게으르던 상태에서 사랑이 가득한 상태로 바뀝니다. 전에는 일어나기를 그렇게 힘들어 했는데, 이제는 앉기를 힘들어 합니다. 이제 그녀는 사랑하는 남편 곁 이외에는 아무 데서도 쉼을 누릴 수 없어, 남편을 찾아 헤매며 만나는 사람마다 남편에 대해 묻습니다. 그런데 이런 모든 격렬한 열정이 다 어디서 왔을까요? 이는 그녀가 그녀의 남편에 대해 의무를 다하여 처신하지 않은 데에서 온 것입니다. 그녀는 남편과 마지막 작별할 때에 어찌나 불친절하

게 대하였던지, 자신의 그런 과거의 처신을 생각하고 남편과 화목을 이루고자 애걸복걸하는 것입니다. 중생하지 않았을 때에 범한 과거의 죄들이 은혜를 입은 성도에게 강력한 힘을 발휘하여 그것들을 생각하면, 비록 이미 용서함 받은 것이지만, 그것들이 마음을 아프게 하고 녹여서 탄식이 나오게 하며(막달라 마리아에게서 보듯이) 또한 다른 무엇보다 하나님을 향한 열정을 찔러 자극한다면(바울에게서 보듯이), 성도들이 예수 그리스도와의 포근한 만남이 있은 후에 자신이 기댔던 그 가슴을 향하여 발꿈치를 들이대는 죄를 범하게 될 때에야 그 죄들이 얼마나 마음을 녹여 눈물을 흘리게 하겠으며, 그 죄에 대한 안타까움으로 인하여 다른 이들보다 얼마나 더 강도 높게 하나님을 섬기도록 되겠습니까? 부모를 거역하고 떠났다가 다시 돌아온 자녀만큼 모든 가정사에 열심히 임하는 자녀가 없는 법입니다.

(b) 또한 그 자신의 부끄러움처럼, 그리스도께서 다른 누구보다도 그에게 베푸신 큰 사랑에 대한 체험도 그의 사랑을 크게 자극시켜 줍니다. 그리스도의 사랑이 우리의 사랑을 있게 만들어 주며, 그 사랑에 불을 지피고, 자라게 해 주는 것입니다. 그리스도의 사랑이 우리의 사랑의 어머니요 유모인 셈입니다. 그리스도께서 사랑을 베푸실수록, 우리의 사랑도 그만큼 열정을 얻습니다. 그러므로 십자가에서 자신을 드리신 그의 사랑 다음으로, 시험 중에 구원하시는 그의 사랑보다 더 큰 것은 없습니다. 자녀가 괴로움과 질병이나 옥중에 있을 때만큼 어머니가 그 자녀를 향한 애정을 드러내 보이기 좋은 때는 없습니다. 이와 마찬가지로 그의 자녀가 시험을 받을 때만큼, 시험으로 인하여 최악의 상태에 있을 때만큼, 그리스도께서 그들을 향한 애절한 사랑을 드러내시기에 좋은 때는 없는 것입니다. 그의 자녀들이 양심에 상처를 입고 피를 흘리며 사탄의 감옥에 누워 있을 때야말로 그가 부드러운 마음으로 그들을 불쌍히 여기시며, 그의 신실하심으로 그들을 위해 간구하시고, 그의 사려 깊으심으로 그들을 구원하시기에, 위로하시는 성령으로 말미암아 따뜻한 사랑으로 그들을 찾으시기에 가장 적절한 시기입니다. 그리고 이제 성도가 큰 시험을 다소 벗어나서 그동안 되어진 모든 일을 전체적으로 읽게 되면(이로써 그는 자신이 연약하여 도무지 사탄을 대적하지 못했으며, 오히려 신실하지 못하여 사탄을 따랐고 그리하여 그리스도께서 자신을 사탄의 맹렬한 공격에 버려두셨을 수도 있다는 것을 알게 됩니다), 자신의 어리석음이 용서함 받았고 멸망이 은혜로이 미연에 방지되었다는 것을 깨닫게 되고, 또한 다른 누구도 아닌 바로 그리스도의 손길이 임하여 그를 구원하였다는 것을 (거인에게 죽임을 당할 찰나에

아비새가 다윗을 구원한 것처럼, 삼하 21:17) 깨닫게 됩니다. 그러니 그리스도께서는 그 영혼을 향하여 정말 지극한 사랑을 가지신 것이 틀림없습니다. 마치 아하수에로 왕이 반역의 사실을 발견하여 자신의 목숨을 구원한 모르드개의 행적에 대해 읽은 것처럼, 그리스도인이 이런 기록들을 다 읽고 나면, "이 모든 구원의 사실에 대해 그 귀하신 구주께 과연 무슨 존귀를 드렸던가?"라는 의문이 생길 수밖에 없습니다. 사탄은 성도의 마음에서 그리스도에 대한 사랑과 존귀를 제거할 생각을 가지나, 결국 이렇게 해서 오히려 예수 그리스도께서 성도의 애틋한 마음속에 더 높이 더 확실하게 자리하시게 되는 것입니다.

[적용]

첫째 적용. 이는 하나님께서 그의 사랑하시는 자녀들을 시험에 빠지게 하시는 이유를 제시해 줍니다. 그 이유는 하나님께서 사탄 자신의 화살을 이용하여 사탄을 쏘시며, 또한 그리스도인들로 하여금 사탄이 스스로 그들을 능가한다고 생각하는 일에서 그를 훨씬 뛰어넘게 하실 수 있기 때문입니다. 하나님께서는 그의 구원의 사랑에 대해서만 그의 성도들에게서 영광을 받으시는 것이 아니라, 구원에 이르는 길에서 드러나는 그의 지혜에 대해서도 영광을 받으실 것입니다. 성도들을 구원하시는 하나님의 사랑은 혼인 잔치에서 달콤한 포도주를 한 잔 마시는 것과도 같을 것이요, 구원을 이루시는 하나님의 그 고유하신 지혜는 유약을 발라 그 잔을 아름답게 장식한 진기한 장인(匠人)의 솜씨와도 같다 할 것입니다. 그런데 지혜는 어려운 매듭을 풀고 물길을 헤쳐 나가는 데에서 가장 잘 나타납니다. 하는 일에 십자 홈이 많을수록, 그 홈에 열쇠를 집어넣어 문을 열고 또한 갖가지 상황에 맞도록 적절한 수단을 강구하는 지혜가 잘 드러나는 법입니다. 그러므로 하나님께서는 사탄이 성도들을 지옥으로 이끌었다고 여기는 그 길을 통하여 성도들을 영광으로 인도하심으로써 그의 지혜가 더욱더 확연히 드러나 성도들로 하여금 그 지혜를 사모하도록 하시고자, 의도적으로 그런 시험들을 허용하시는 것입니다. 하나님은 이스라엘 백성들에게 그가 사십 년 동안 광야에서 그들을 인도하신 그 모든 길들을 기억할 것을 명하셨습니다(신 8:2). 그리스도인 여러분, 이 모든 전쟁들의 역사는 지상에서는 피를 흘리며 싸워야 했으나, 천국에서는 기쁨으로 읽게 될 것입니다. 모세와 엘리야가 변화 산에서 그리스도와 함께 말씀을 나누었고, 이는 그리스도와 그의 성도들 사이에 영광 중에 있게 될 그 고귀한 하나 된 교제의 상징이기도 합니다. 그런데 그들이 나눈 대화의 주제가 무엇이었습니까? 그의 고난과 죽으심이 아니었습니까(눅 9:30)? 우리의 고난과 시험에 대한 내용도 그 찬란한 영광의 상태에서도 얼마든지 나눌 수 있는 결코 저급하지 않은 주제인 것 같습니다. 사실 이런 주제가 빠지면, 하늘의 영광의 그 아름다운 모습에 한 가지 결함이 생기게 될 것입니다. 정죄 받은 자들이 그들이 지옥에 들어가게 된 그 길을 잊을 수 있을까요? 그들이 이 땅에 있는 동안 하나님의 성령께서 얼마나 자주 경고하셨으며, 또한 그 경고를 깨닫고 어느 정도나 압도되었으며, 한 마디로 그들의 전진과 후퇴에 얼마나 많은 갖가지 계기들이 있었으며, 천국으로 향할 가능성이, 그렇습니다, 가망이 얼마나 많이 있었는지를 어떻게 잊을 수 있겠습니까? 이런 괴로운 기억들을 없애 줄 친절한 손길이 조금 있기만 해도, 그들의 괴로움이 굉장히 줄어들 것입니다. 그러니, 영광에 들어간 성도들이 과연 자기들이 영광에로 나아간 그 길과, 또한 중간에 사탄과 그들 자신의 타락하는 마음으로 인하여 큰 일을 당할 뻔한 위험한 고비들을 잊을 수 있겠습니까? 시온의 구원에서 나타난 하나님의 영광이 — 사람들과 천사들로 하여금 그렇게 흠모하게 만드는 그 왕의 구원의 의복들이 — 그의 모든 속성들이 높이 기림을 받는 데 있는 것이 아니고 무엇이겠습니까? 이제 지혜가 바로 피조물이 주로 자랑하는 것이요 또한 사탄이 그의 첫 번째 미끼로 택한 것이므로 — 그는 하와로 하여금 자기의 지식과 지혜가 하나님과 같아지리라고 믿게 만들었습니다 — 하나님께서는 사탄에게 더욱 부끄러운 패망을 안겨 주시기 위하여 그로 하여금 하나님의 자녀들을 시험하고 괴롭게 하는 데에 사탄 자신의 재기(才氣)와 계략들을 쓰도록 허용하셨고, 그리하여 사탄은 성도들에 비해서 월등히 유리한 위치에서 역사하게 되었습니다. 그리하여 결국, 이를테면, 하나님 자신의 보좌로 향하는 길목에 — 그의 지혜와 그의 자비가 영광의 보좌에 앉을 것이니 — 마귀들의 해골들이 가득 깔려 있게 만드신 것입니다.

둘째 적용. 이는 그리스도의 교회를 위하여 우리의 기진맥진한 믿음에 강력한 양약(良藥)이 됩니다. 마귀가 그 모든 재기와 계략들로도 결국 그리스도의 군영의 군사 중 단 한 사람도 무너뜨리지 못한다면, 그의 군대 전체는 더더욱 멸망시키지 못할 것입니다. 오늘날은 기독교 세계가 큰 혼란 속에 있는 시대이며, 은혜를 입은 심령의 가장 주된 염려는 바로 방주에 대한 것입니다. 그것이 원수들의 손에 넘어가지나 않을까 하는 염려가 있습니다. 그것이 그들의 손에 넘어가면, 하나님의 도성이, 그의 교회가 교만의 발 아래 짓밟히게 되는 것입니다. 그런데 고백할 것은,

사탄이 날마다 득세하는 것 같아 보인다는 것입니다. 사탄이 고백과 열정으로 유명하여 다른 이들에게 당대의 그리스도의 최고의 군사들 가운데 속하는 것으로 인정받게 된 여러 사람들에게 교묘하게 환심을 사서 그들의 가슴과 그들의 원리들 속에 침투하였습니다. 그리하여 안타깝게도 그리스도의 진리들을 부패하게 만들었고, 규례들을 무시하게 만들었으며, 이로 말미암아, 또한 이에 대한 심판의 일환으로, 복음의 태(胎)가 극심하게 메말라 버렸고, 또한 복음의 젖에만 의존하는 그 자녀들이 옛날만큼 사랑과 거룩함에 생기가 없어졌습니다. 젖이 풍부하지도 않고 또 영양도가 낮아졌으니 말입니다. 사탄은 경건한 자들의 분열을 기회로 삼아 악한 자들을 부추기고 완악하게 하여 더욱 신앙을 경멸하게 만들었습니다. 그리고 최근의 피비린내 나는 전쟁들을 통하여, 교황주의자들과 속된 자들이 그리스도의 적은 남은 자의 무리들을 대적하여 격렬한 노를 불러일으켰습니다. 그러므로 만일 하나님이 그들의 손에 검을 들려 주신다면 그들은 아주 숙련되고 유능한 살육자들이 되어 그리스도의 양 떼들을 향하여 그들의 선조들이 당한 것보다 더 피비린내 나는 살육을 감행하고 말 것입니다. 그리스도의 양 떼들은 물론 크게 의기소침하나, 그 날을 향한 소망이 그들에게 있습니다. 앞날을 바라보며 거기서 기쁨을 얻는 것입니다. 그러니 그리스도인 여러분, 살육자들의 자신감과 또한 세상에서 그리스도의 대의가 흐트러지는 것 같은 모습을 보이는 것 때문에 현재 우리에게 닥치고 있는 섭리들이 결국 어떻게 될 것인지에 대해 심령에 낙망이 들 수도 있습니다. 하지만 가련한 심령들이여, 잠잠하며, 이는 교회와 사탄의 싸움이 아니라 그리스도와 사탄의 싸움이라는 것을 알기 바랍니다. 그리스도와 사탄이 두 대장들인 것입니다. 그러니 오 여러분 그리스도의 군사들이여, 믿음으로 서서 무한히 지혜로우신 하나님께서 교활한 마귀와 싸우시는 것을 보기 바랍니다. 혹시 여러분은 살아생전 이 큰 싸움의 결말을 보지 못하더라도, 여러분 뒤에 오는 후 세대들은 전능자께서 이 골리앗의 검으로 그의 목을 내리치시며, 이 간교한 사냥꾼을 그 자신의 계략으로 무너뜨리시는 것을 친히 보게 될 것입니다. 그리고 하나님께 위대하심과 지혜를 돌리는 믿음이 사탄의 교활함을 아무것도 아닌 것(*nigrum nihil*)으로 만들어 버릴 것입니다. 불신앙은 사탄을 사자처럼 두려워하나, 믿음은 그를 벌레처럼 여겨 짓밟는 것입니다. 그러므로 여러분의 하나님이 일하시는 것을 바라보십시오. 그리고 그가 행하시는 일이 정말 훌륭한 일이라는 것을 여러분 자신에게 약속하십시오. 그 어느 누구도 하나님을 말려 일하시지 않게 할 수가 없습니다. 폭풍 속에 선장이 쓰러져 키를 놓치게 되면 아무것도 할 수가 없고, 배는 이리저리 떠다니게 되고 맙니다. 밤이 창문가에 드리우면 건축자는 아무 일도 할 수가 없고, 폭풍우 속에서 집의 뼈대가 무너져도 속수무책입니다. 이 땅에서 아무리 지혜로운 모사들이요 아무리 막강한 군주들이라도 이런 일꾼들에 불과합니다. 그러니 "오오 왕이여, 나를 도우소서"라는 외침이 마치 "오오 거지여, 나를 도우라"라는 말처럼 전적으로 허사가 되는 그런 위기가 얼마든지 있을 수 있습니다. 사람의 지혜에는 어리석음이 끼어 있기 마련입니다. 하지만 하나님은 그 어떠한 것에게도 결코 방해를 받지 않으십니다. 아무리 지옥이 계략들을 꾸미고 이 땅에 소동이 가득하다 해도, 결코 하나님의 손길을 흔들 수 없으며, 그가 쓰고 계시는 단 하나의 글자도 망가뜨릴 수 없습니다. 그의 섭리의 신비가 그의 역사하심 앞에 커튼을 드리워 우리가 그가 행하시는 일을 전혀 보지 못할 수도 있으나, 어둠이 그의 주위에 있을 때에라도 의(義)가 영원토록 그의 보좌의 자리인 것입니다. 오오 여러분, 우리의 믿음이 어디 있습니까? 하나님은 지혜로우시고, 모든 사람과 마귀는 바보들입니다. 우리가 보기에는 바벨론이 밑으로 떨어지기보다는 높이 올라갈 것 같습니다만, 하나님께서 은밀하게 그의 일을 진행하고 계시며, 바벨론이 타고 올라가는 사다리를 갑자기 벽에서 밀쳐내실 것임을 믿으시기 바랍니다. 진리가 요셉과 함께 옥에 갇혀 있는 자요, 오류가 궁에 있는 신하들과 같아서 시대의 환대를 받아 그 머리를 높이 들고 있다고 가정해 봅시다. 하지만 진리가 선호하는 길이 바로 감옥을 통하는 길이라는 것을 기억하지 못합니까? 그렇습니다. 교회가 마치 큰 물고기 뱃속에 있는 요나와 같아서, 이성의 눈으로 보기에는 사람들의 분노를 사서 삼켜 먹힌 것처럼 보입니다. 하지만 그 물고기에게 요나를 먹을 힘이 없다는 것을 기억하지 못합니까? 교회가 아직 죽지도 않았는데 경솔하게 그를 장사지내는 일이 있어서는 안 됩니다. 여러분이 포기하기 전에 그리스도께서 그의 기술을 발휘하시는 동안 잠잠히 기다리십시오. 기도로 그리스도를 그 무덤에 오시게 하여 그로 하여금 부활의 명령을 발하게 하기 바랍니다. 그런 역경 중에 성도들의 믿음이 정말 고귀하게 나타났습니다. 요셉은 자기의 유골을 걸고서 하나님께서 그의 형제들을 찾으실 것을 확언하였고, 그가 그들을 데려가실 곳에다 자기를 묻을 것을 명하였습니다. 예레미야는 갈대아 군대가 예루살렘 주변에 주둔하여 그 성을 함락시키고 그를 비롯한 나머지 사람들을 바벨론으로 데려갈 준비를 갖추고 있던 때에 삼촌의 밭을 사고 대금을 지불합니다. 이 모든 일이 하나님의 명령에 따른 일이었습니다(렘 32:6-8). 이런 행위를 통해서 그는 유대인들에게, 이처럼 절박한 위기의 순간에도, 그 백성을 포로 상태에서 귀환시키시리라는 하나님의 약속이 반드시 이행될 것을 그가 얼마나 확고히 믿고 있는지를 보여주고자 한 것입니다. 아무리 교회의 사정들이 절망적으로 보일지라도, 성도들이 하나님의 순전한 말씀 한 마디와 또한 그의 약속의 증표 한 가지만 갖고도 하나님의 구원 역사에 대한 믿음을 위한 충족한 보증으로 삼지 못한다면, 하나님께서는 정말이지 그의 백성들이 생각으로 그를 크게 멸시하고 있는 것으로 여기실 것입니다.

지침 2

싸움의 본질과 공격자들의 성질

"우리의 씨름은 혈과 육을 상대하는 것이 아니요
통치자들과 권세들과 이 어둠의 세상 주관자들과 하늘에 있는
악의 영들을 상대함이라"(엡 6:12).

여기서 "왜냐하면"이라는 접속사가 붙어 있어서("for". 한글개역 개정판에는 나타나지 않음 — 역주) 이 말씀들이 앞의 말씀들과 연결되어 있습니다. 이 접속사는 앞의 두 절과 연결시키는 것이든지, 아니면 11절의 마지막 단어들과 연결시키는 것일 수도 있습니다. 전자의 경우라면, 10절에서 말씀하는 그리스도인이 강건해야 할 필요성과, 또한 11절에서 말씀하는 바 그리스도인의 무장의 필요성에 대해 한 가지 이유를 더 제시하는 것일 것입니다. 그리고 후자의 경우라면, 11절에서 성도들의 대원수가 사탄임을 설명하였고 또한 그의 한 가지 속성 — 곧, 그의 사악한 교활함 — 을 묘사한 다음, 여기서 사탄의 본색을 적절히 제시하고 있다 할 것입니다. 하지만 이는 성도들의 힘을 약하게 하기 위함이 아니라, 그들의 경계심을 일깨우고, 그들의 원수의 온 군대가 총진군하고 있는 것을 보고서 더욱 질서정연하게 서서 그의 지침을 받게 하고자 함입니다. 여기서 우리는 사도가 문제를 단순하고도 명확하게 다루고 있는 것을 볼 수 있습니다. 그는 원수의 힘을 과소평가하거나 그를 하찮은 존재로 제시하지도 않습니다. 흔히 장군들이 병졸들의 사기를 높이기 위해 적군의 힘을 과소평가하듯이 말입니다. 아닙니다. 그는 처음부터 최악의 사실을 말씀합니다. 사탄이 만일 자기의 힘을 마음껏 발휘하도록 허락을 받았다

해도, 여기서 그에게 허락된 정도 이상으로 강력하게 공격할 수는 없었을 것입니다. 여기서 그리스도께서 그의 제자들을 대하시는 것과 사탄이 자기의 졸개들을 대하는 것이 서로 얼마나 차이가 있는지를 보기 바랍니다. 사탄은 죄인들에게 그들이 대적하여 싸우는 그 하나님이 누구신지를 감히 알려주지 못합니다. 만일 그랬다가는 마귀의 진영에 반란이 일어나고도 남을 것이니 말입니다. 어리석은 심령들이 하나님과 그의 방법에 대한 거짓 정보를 갖고서 싸움터에 이끌려가서, 거짓말과 허무맹랑한 이야기들로써 거기에 남아 있습니다. 그러나 그리스도께서는 아무런 두려움이 없이 그의 성도들에게 그들의 원수의 권능과 힘을 다 보여주십니다. 하나님의 연약한 것이 지옥의 권세보다 더 강하니 말입니다.

여기의 말씀에는 그리스도와 그의 무자비한 원수의 사이에 있는 피비린내 나고 오래 가는 싸움에 대한 생생한 묘사가 나타납니다. 여기서 우리는 다음과 같은 것들을 관찰할 수 있을 것입니다. 첫째로, 이 땅에서의 그리스도인의 처지가 "씨름"이라는 단어를 통해 제시됩니다. 둘째로, 그리스도인들을 대적하여 무장하고 나타나는 공격자들입니다. 이들은 첫째로, 부정적으로, 혹은 상대적으로 묘사되고("혈과 육 … 이 아니요"), 둘째로 긍정적으로 묘사됩니다("통치자들과 권세들과 이 어둠의 세상 주관자들과 하늘에 있는 악의 영들을 상대함이라").

제 1 부

싸움의 본질이 "씨름"이라는
단어를 통해 제시됨

"우리의 씨름은"(엡 6:12).

이 땅에서의 그리스도인의 처지가 "씨름"이라는 단어를 통해 제시됩니다. 이 땅에서 그리스도인이 씨름과 싸움의 처지에 있다는 것을 여기서 세 가지 정황을 통해서 볼 수 있습니다. 첫째는 전투의 격렬함이요, 둘째는 전투의 보편성이요, 셋째는 전투의 항구성입니다.

첫째. 전투의 격렬함입니다. 그리스도인이 치르게 되는 전투가 어떤 종류냐 하는 것이 여기서 "우리의 씨름"이라고 번역된 문구를 통해 제시됩니다. 씨름이란 때때로 운동이나 오락으로 하는 씨름을 뜻하는 것으로도 사용되지만, 여기서는 그리스도인의 접전의 격렬함을 드러내 줍니다. 씨름을 다른 무엇보다 격렬한 것으로 만들어 주는 요소가 두 가지가 있습니다.

1. 이는 일대일의 전투입니다. 씨름이란 무리들이 한꺼번에 싸우는 싸움이 아니고, 한 사람이 한 사람을 대적하여 자기의 온 힘과 능력을 발휘하여 싸우는 싸움입니다. 다윗이 골리앗을 상대로 싸우고, 그동안, 이를테면 나머지 온 군대가 빙둘러서서 그 두 사람의 피비린내 나는 싸움의 결말을 지켜보고 있는 것처럼 말입니다. 그러니 이 싸움은 군대가 한꺼번에 싸우는 것보다 훨씬 더 맹렬합니다. 군대가 한꺼번에 싸울 때에는 아무리 싸움이 격렬하고 오래 간다 해도, 병졸이 항상 싸

움에 가담하는 것이 아닙니다. 임무에서 해제될 때에는 잠시 동안 쉬며 숨을 고를 수가 있습니다. 예, 어쩌면 아무런 상처도 입지 않고 피할 수도 있습니다. 원수의 목표가 한 특정한 사람을 죽이는 것이 아니라 온 군대 전체를 무너뜨리는 데 있기 때문입니다. 그러나 씨름의 경우는 피할 수가 없습니다. 한 사람이 원수의 격한 분노의 대상이 되어 있으므로 그가 넘어져야만 합니다. 사실 "씨름"이라는 단어는 몸을 뒤흔들어 놓는 싸움을 뜻합니다. 사탄은 성도들의 군대를 향하여 대략적인 악의를 갖고 있는 것은 물론, 김 서방, 이 서방 등 특정한 개인을 그의 원수로 지목하여 싸움을 거는 것입니다. 우리는 야곱이 홀로 있을 때에 한 사람이 나아와 그와 씨름하는 것을 봅니다. 하나님께서 한 사람의 성도와의 사사로운 교제를 기뻐하시는 것처럼, 마귀도 그리스도인 한 사람이 홀로 있을 때에 그와 맞붙어 싸우는 것을 즐겨합니다. 하나님의 약속과 섭리를 우리의 구체적인 정황과 처지에 적용시키지 못하면 우리가 많은 위로를 상실하게 됩니다. 하나님이 나를 사랑하시고, 나를 용서하시고, 나를 돌보신다는 것 말입니다. 마을의 수도에 아무리 많은 물이 흘러도, 그 물을 나의 우물에 옮겨다 줄 수도관이 없다면 아무런 소용이 없습니다. 이와 마찬가지로, 사탄의 분노가 성도들 전체를 상대로 나타나지만, 구체적으로 내게 나타나고 있다는 것을 의식하지 못하면, 우리가 경계하고 조심하게 되지를 않는 것입니다. 오오 여러분, 교회에 가거나 골방에 혼자 있거나, 언제나 "지금 내 하나님이 나를 도우시지 않으면 사탄이 나의 발꿈치에서 내 일을 방해할 것이다" 라고 진지하게 묵상하고 생각한다면, 얼마나 조심스럽게 임무를 감당하겠습니까!

2. 이는 아주 근접하여 싸우는 전투입니다. 군대들은 일정한 거리를 두고 싸웁니다. 하지만 씨름하는 사람은 서로 손을 맞잡고 싸웁니다. 화살이 멀리서 날아오면 그것을 알고서 피할 수도 있습니다. 하지만 원수가 손으로 나를 붙잡고 있을 때에는 싸움에서 물러설 수가 없습니다. 남자답게 물리치거나 아니면 원수의 발 아래 수치스럽게 넘어지거나 둘 중의 하나밖에는 없습니다. 사탄은 그리스도인에게 가까이 다가와 그의 육체와 부패한 본성을 부여잡고, 이로써 그를 흔들어 대는 것입니다.

둘째. 전투의 보편성입니다. "우리의 씨름"은 모두를 다 포괄하는 것입니다. 사도는 앞 절에서는 "너희"라는 대명사를 사용했으나 여기서는 "우리"로 바꾸어 그들뿐 아니라 사도 자신까지도 포함시키는 것을 볼 수 있습니다. 그의 말씀은, "씨름은 모든 성도 하나하나에게 다 해당되는 것이다"라는 뜻과도 같다 할 것입니다.

사탄은 목사라고 해서 공격하기를 두려워하는 법도 없고, 교회의 가장 미약한 성도라고 해서 그와 씨름하기를 멸시하는 법도 없습니다. 대인이든 소인이든, 목사든 일반 교인이든 모두가 씨름을 해야 합니다. 그리스도의 군대 중 일부는 싸움터에서 싸우고, 나머지는 원수에게서 벗어나 자기 집에서 편히 쉬는 것이 아닙니다. 우리의 원수 사탄은 모든 성도 하나하나를 한꺼번에 공격하고도 남습니다.

셋째. 전투의 항구성인데, 이는 "우리의 씨름은 … 상대함이라"라는 문장의 시제에서 드러납니다. 처음 회심할 때에는 우리에게 씨름이 있었으나, 지금은 산봉우리를 넘어섰으니 씨름이 끝났다는 것이 아닙니다. 장차 질병이 다가오고 죽음이 올 때에는 씨름하게 될 것이라는 것도 아닙니다. 우리의 씨름은 항존하는 것입니다. 원수가 언제나 우리를 지켜보고 있고 우리에게 싸움을 걸어오는 것입니다. 날마다 악이 있어서 우리를 시험합니다. 마치 바울의 가시처럼, 우리가 어디를 가든지 항상 우리와 함께 있는 것입니다. 그러므로 이러한 구체적인 사실들이 지금까지의 내용을 정리해 줄 것입니다.

[이 땅에서의 그리스도인의 삶은 죄와 사탄과의 연속적인 씨름임]

가르침. 그리스도인의 삶은 연속적인 씨름입니다. 그는 예레미야가 자기 자신을 가리켜 말씀한 것처럼 "다투는 자"로 태어났습니다. 선지자는 아사에게 "이 후부터는 왕에게 전쟁이 있으리이다"(대하 16:9)라고 말씀했습니다만, 모든 그리스도인 하나하나에게도 똑같이 말할 수 있을 것입니다. 여러분의 영적 출생에서부터 육체적인 죽음에 이르기까지, 처음 하늘을 향하여 얼굴을 든 때로부터 천국에 발을 내디딜 때까지 전쟁이 여러분에게 있을 것입니다. 이스라엘이 애굽에서 행진하여 나온 역사는 복음적인 의미에서 보면 우리가 싸움터에서 죄와 사탄을 대적하여 싸우는 것을 뜻합니다. 그런데 그들이 언제 평화를 누렸습니까? 가나안에 정착하기까지는 전혀 누리지 못했습니다. 이 땅에서 그리스도인이 처하는 형편이 어떻든 간에, 결코 고요하거나 잠잠하지 않습니다. 번영을 누리기도 하고, 역경을 당하기도 합니다. 한편으로는 교만과 안일함을 억제하고, 다른 한편으로는 믿음과 인내를 발휘하도록 하기 위함입니다. 그러나 이 땅에는 그리스도인이 완전한 평화를 누린다고 말할 수 있는 곳은 한 군데도 없습니다. 롯은 소돔 땅에서 그 곳

의 악한 거민들과 씨름하였습니다. 그들의 부정한 처신으로 인하여 그의 의로운
심령이 괴로움을 당했습니다. 그러면 소알 땅에서는 어떠했습니까? 그의 친딸들
이 소돔의 불꽃을 그의 침상에 지펴서 결국 그가 정욕으로 불타오르지 않습니까?
흔히들 이런 식으로 생각하는 이들이 있습니다. "오오, 내가 이런 가정에 속하기만
했어도, 저런 분의 교회에 속하기만 했어도, 저런 일에서만 벗어나 있었어도, 지금
처럼 시험받는 일은 절대로 없었을 텐데!"라고 말입니다. 물론 분위기가 바뀌면 연
약한 본성에 큰 도움이 됩니다. 그리고 그것이 사탄을 대적하는 데에 유리한 위치
를 제공하기도 합니다. 하지만 그런 식으로 사탄의 존재로부터 도망할 수 있다고
생각하십니까? 아니요, 할 수 없습니다. 새벽 날개를 치며 올라갈지라도, 사탄이
뒤를 좇아 날아오를 것입니다. 여러분을 시험하는 방법을 바꿀 뿐, 결코 여러분을
치려는 계획은 포기하지 않습니다. 사탄의 옛 친구인 죄악된 본성이 여러분 속에
있는 한, 그가 항상 여러분의 문 밖에서 문을 두드릴 것입니다. 씨름이 없이는 그
어떠한 임무도 행할 수가 없습니다. 그리스도인에게는 삽 못지않게 검(劍)도 필요
한 것입니다. 그는 육체의 몸과 씨름할 수밖에 없습니다. 임무 중에 있는 그리스도
인에게 이 육체의 몸은 마치 여행자에게 말과도 같습니다. 말이 없이는 여행을 할
수가 없고, 말과 함께 가기 위해서는 상당한 수고가 따르는 것입니다. 육체를 높이
대하고 그 원하는 바를 들어주면, 그것이 방자해져서 복종하지를 않습니다. 그러
나 낮게 대하면 연약하여 곧 지쳐 버리는 것입니다. 그러니 그리스도인에게는 여
유가 별로 없습니다. 이 연약한 몸과 보조를 맞추어 갈 수밖에 없으니 말입니다.
또한 그리스도인은 육체의 몸은 물론 죄의 몸과도 씨름을 하게 됩니다. 영혼이 임
무를 행하려 하면 그것이 투덜거리며 방해하여 원하는 것을 행할 수가 없게 됩니
다. 바울은, 다시 오고자 하였으나 사탄이 가로막았다고 말씀했습니다. 그리스도
인도 그처럼 말하기도 할 것입니다. "그 때에 내가 기도하려 하고, 전에 들은 바 말
씀과 전에 받은 자비를 묵상하려 했으나, 이 원수가 가로막았도다"라고 말입니다.
물론 은혜가 그런 심령 속에서 통치권을 발휘하는 것은 사실입니다. 하지만, 마치
선생이 밖에 있을 때에, 학생들이 나중에 벌을 받을 것을 감수하고 문을 닫아걸고
한동안 자기들 마음대로 떠들고 장난치듯이, 은혜가 역사하며 그 통치권을 발휘
하지 않을 때에는 중생하지 못한 부분이 그 기회를 이용하여 임무를 행하지 못하
도록 가로막는 것입니다. 그렇게 되면 나중에도 그것을 죽이기가 훨씬 더 힘들어
지지만, 다시 은혜가 보좌의 자리를 회복하기 위해서도 곤욕을 치러야 합니다. 그

리고 임무를 아예 행하지 못하게 할 수는 없지만, 그렇더라도 그리스도인은 정말 괴로운 상태로 그 멍에를 지고 임무를 행하게 됩니다. 그러니 바라는 만큼 임무를 행할 수 없게 됩니다. 이 원수가 온갖 주제넘는 건방진 생각들을 불러일으켜 마음을 흐트러뜨립니다. 그리스도인이 기도할 때면 사탄과 육체가 쓸데없이 조잘거립니다. 그가 울부짖으면, 그들이 그의 부르짖음보다 더 크게 소리를 질러 말문이 막히게 만듭니다. 이처럼 그리스도인은 그의 원수에게서 사방으로 공격을 받습니다. 싸움의 씨앗이 본성 깊숙이 심겨져 있어서, 마귀가 더 이상 마귀가 아니고 죄가 더 이상 죄가 아니며 성도가 더 이상 성도가 아닌 상태가 되기 전에는 결코 그것이 완전히 뽑혀지지 않으니, 왜 아니 그렇겠습니까? 늑대끼리는 서로 으르렁거리다가도 이내 다시 잠잠해집니다. 왜냐하면 자기들끼리는 싸움의 본능이 발휘되지 않기 때문입니다. 그러나 늑대와 양은 결코 서로 친구로 만들 수 없습니다. 이처럼 은혜와 죄가 서로 만나면 언제나 죄는 은혜를 대적하여 욕심을 드러낼 것이요, 은혜는 죄를 향해 검을 빼드는 것입니다.

[진정 씨름하는 자가 아닌 자들을 향한 책망]

첫째. 이것이 사실 씨름하는 자를 향한 책망일 수도 있습니다. 씨름을 합니다. 하지만, 누구와 씨름합니까? 죄와 사탄이 아니라 하나님을 상대로 씨름하는 것입니다. 감히 전능자를 무너뜨리려 하다니, 이들은 정말 대담한 사람들입니다. 하지만 이들을 향하여 화(禍)가 선포되고 있습니다. "자기를 지으신 이와 더불어 다툴진대 화 있을진저"(사 45:9). 그러니 이들과 하나님 중에 누가 참혹하게 패하게 될지는 손쉽게 알 수 있습니다. 사람이 반석을 향하여 돌진한다면, 정강이뼈가 부러지기밖에 더하겠습니까? 가시덤불이 불을 상대로 싸우고, 그루터기가 불꽃을 상대로 싸운다면 그래도 상당한 싸움이 있을 것입니다. 하지만 감히 그 위대하신 하나님을 상대로 싸우려 했던 저 거인들이 대체 어디에 살고 있습니까? 살 가치 없는 다른 모든 이들보다 뛰어난 자들로 높여줄 것이니, 그들의 이름이 무엇인지 알려주십시오. 오오 그런 이들을 찾는 여러분, 여러분이 대적하려고 찾는 그 몹쓸 사람이 여러분 자신의 의복 속에 있지는 않은지 살펴보시기 바랍니다. 유다는 반역자였습니다. 하지만 그는 스스로 자신이 그런 자임을 인정하려 하지 않고 오히려 "랍비여 나는 아니지요?"라는 말로 감추려 하였습니다(마 26:25). 그러니 여러분도 하나님을 상대로 싸우는 자일 수도 있습니다. 마음이란 거짓된 것입니다. 거룩한 다윗도, 부자가 가난한 자의 암양 새끼를 탈취한 일을 듣고 크게 진노하여 그 사람이 결코 살지 못할 것이라고 스스로 맹세하였으나, 결국 선지자의 말씀처럼 그 부자가 바로 자기 자신이라는 것이 밝혀졌습니다(삼하 12장). 자, 사람들은 두 가지 방식으로 하나님을 상대로 씨름합니다. 1. 그의 성령을 대적하여 씨름합니다. 2. 그의 섭리를 대적하여 씨름합니다.

1. 사람들은 하나님의 성령을 대적하여 씨름을 벌입니다. 하나님의 영이 피조물을 대적하여 싸우시는 일이 성경에 나타납니다. "나의 영이 영원히 사람과 함께 싸우지 아니하리니"(창 6:3. 한글개역개정판은, "나의 영이 영원히 사람과 함께 하지 아니하리니" — 역주). 여기서 싸운다는 것은 사람을 멸하고자 화와 진노로 싸운다는 뜻이 아닙니다. 하나님은 전혀 싸우지 않고도 얼마든지 그들을 멸하실 수 있습니다. 오히려 이는 사람을 사랑하여 그들과 싸우고 씨름하는 것을 뜻합니다. 옛 세상이 그렇게 정면으로 싸움을 벌여 멸망을 향하여 달려가고 있었습니다. 그리하여 하나님은 그의 영을 보내서, 이를테면, 그들을 중지시키고 다시 돌이키고자 그들에게 관여하셔서 그들을 권면하고 책망하셨습니다. 마치 다른 사람이 자신에게 달려들어 폭력을 행하려는 것을 보고서 그 사람의 손에서 칼을 빼앗기 위해 싸우는 것처럼, 혹은 손에 나누어줄 돈 지갑을 들고서 다른 사람을 따라가면서 그것을 받아주기를 간청하여 씨름하는 것처럼 말입니다. 하나님이 그의 영으로 사람들과 싸우신 싸움은 그런 싸움입니다. 성령께서 그의 따뜻한 권면과 간청을 통하여 우리 손에서 제거하고자 싸우시는 것은 바로 사람들의 정욕들입니다. 죄인들이 이 몹쓸 죽음의 도구들을 갖고서 스스로 악을 자행하는 것입니다. 또한 성령께서 하나님의 자비의 손길로 내미시며 우리로 하여금 그것을 받아들이도록 싸우시는 것은 바로 그리스도의 은혜와 영생입니다. 그런데 죄인들이 성령께서 그들과 싸우시는 그 싸움을 배척하니, 그들이야말로 하나님을 상대로 싸우는 자들로 간주되어 마땅한 것입니다. "목이 곧고 마음과 귀에 할례를 받지 못한 사람들아 너희도 … 항상 성령을 거스르는도다"(행 7:51). 그런데 성령께서 우리와 싸우시는 싸움은 두 가지이며, 그것을 대적하는 사람의 싸움도 두 가지입니다.

(1) 성령은 그의 사자(使者)들 속에서 죄인들과 싸우십니다. 그들은 그들 자신의 개인적인 일이 아니라 성령의 심부름을 하는 것이요, 와서 신실한 권면과 책망과 교훈들을 성령 자신의 것으로 행합니다. 의의 선포자였던 노아가 옛 세상을 향

하여 한 말씀을 가리켜 영의 선포라 부릅니다(벧전 3:19). 모세와 아론과 기타 하나님의 종들이 수고하며 이스라엘을 가르친 일을 가리켜 영의 가르침이라 부릅니다(느 9:20). 그러므로 하나님의 사자들이 그의 이름으로 제시하는 말씀을 거부하고, 그들이 주는 신실한 권면들을 죄인들이 발꿈치에 던져 버리고 그것을 경시하면, 이는 성령과 싸우는 것이요 또한 그리스도를 상대로 씨름하는 것이 됩니다. 이는 그가 정말로 친히 강단에 임하셔서 동일한 말씀을 선포할 때에 그것을 거부하고 경시하는 것과 똑같은 것입니다. 하나님께서 강림하셔서 죄인들과 정산하실 때에 그런 사실이 분명히 드러날 것입니다. 그때에 하나님께서 여러분의 기억들을 비벼 생각나게 하시고, 그가 여러분과 함께 싸우신 일과 또한 여러분이 무정하게 그를 물리친 일들을 기억나게 하실 것입니다. 그들이 듣든지 아니면 그것을 멀리하든지 간에, 그들 중에 선지자가 있었다는 것을 그들이 알게 될 것입니다(겔 2:5). 사람들은 그들이 들은 말씀이나 그 말씀을 전해 준 사람을 금방 잊어버립니다. 이 설교에서 그들의 양심에 어떤 내용을 호소했는지를 물어보십시오. 그들은 벌써 잊어버렸습니다. 또 다른 설교에서는 무슨 고귀한 진리들을 제시했었는지도 물어보십시오. 벌써 그것들을 잊어버렸습니다. 그러니 오는 세상에서도 그들의 기억력이 그렇게 나쁘다면 얼마나 좋겠습니까? 그렇다면 그들의 괴로움도 조금은 줄어들 것입니다. 그러나 그때에는 그들 중에 선지자가 있었다는 것을 알게 될 것이고, 그들을 통해서 얼마나 값진 것들이 그들의 손에 쥐어졌었는데도 그들이 바보들처럼 그것들을 그냥 버렸다는 것을 알게 될 것입니다. 이미 천년 이상 지난 과거의 일인데도, 그 사자가 누구였고 그가 무슨 말씀을 했는지를 마치 어젯밤에 일어난 일처럼 또렷하게 알게 될 것입니다. 그가 그들 중에서 열정적으로 사역을 했을수록, 그들의 죄가 더 큰 것이 드러날 것입니다. 그들의 선을 위하여 베풀어진 그 거룩한 열정을 무참히 깨뜨린 것이니 말입니다. 하나님께서는 그의 종들이 땀을 흘린 삶에 대해, 그렇습니다, 그 반역하는 자들과 싸우느라 다 닳아 버린 그들의 삶에 대해 무언가 상급을 주실 것입니다. 그러나 죄인들이여, 여러분의 궁창은 깨끗합니다. 폭풍이 밀려오기 전에 보이는 구름 같은 것은 하나도 없습니다. 그러나 여러분이 늘 하는 말처럼, 겨울이 구름 속에서 사라지는 것이 아닙니다. 결국 여러분에게 겨울이 올 것입니다. 여러분의 신실한 사역자들이 말씀에 근거하여 여러분을 향하여 선포한 모든 경고들 하나하나를 하나님께서 그대로 이행하실 것입니다. 하나님이 그의 종의 말을 세워 주며 그의 사자들의 계획을 성취하게 하실 것입니다(사 44:26). 그리고 그의 자녀의 기업이라고 선포한 그 약속들을 자비로 이행하시며, 동시에 죄인들에 대한 심판도 이행하셔서 과거에 주어진 경고들을 실현시키실 것입니다. 그러나 병상에 누웠거나, 혹은 임종 직전의 순간에 있는 자에게도, 과연 신실한 설교자들을 통해 전해진 여호와의 말씀이 그들을 붙잡았는지를 물어볼 시간은 충분할 것입니다. 어떤 이들은 두려움으로 그렇다고 대답했을 것입니다. 유대인들이 그랬던 것처럼 말입니다: "만군의 여호와께서 우리 길대로, 우리 행위대로 우리에게 행하시려고 뜻하신 것을 우리에게 행하셨도다"(슥 1:6).

(2) 성령은 사람들의 양심에 내적으로 다가가셔서 그들의 가슴속에서 그들과 논쟁을 벌이심으로써 좀 더 직접적으로 그들과 싸우십니다. 어떤 때는 그가 사람들에게 그들의 죄를 적나라하게 보여주시며 또한 그 죄들이 그들을 어디로 이끌어가시는지를 그렇게 설득력 있게 보여주시는데도 제대로 보지 못하게 되고, 그리하여 그야말로 불과 유황의 냄새를 피우며 잠정적으로 지옥에 있게 되기도 합니다. 또 어떤 경우는 성령께서 그들을 간섭하시고 다루시며, 책망을 받고 돌아오겠냐고 죄인에게 은혜로운 제안을 제시하시며, 복음의 은혜를 제시하시고, 그가 돌아올 희망의 문을 열어 주시고, 반역의 팔을 거두어들이고 그리스도께로 나아와 생명을 얻으라고 호소하면서, 죄인이 돌아와 자비를 구하는 첫 움직임을 보일 때에 이를 받아들이고 포용할 마음을 갖고 계십니다. 그런데 하나님의 성령께서 죄인을 이곳저곳으로 시시각각으로 따라다니시며 그런 움직임을 보이고 낡은 의복을 새롭게 할 것을 제안하시지만, 피조물이 성령의 그런 손길을 뿌리치고, 그와 싸우면서, 정욕을 버리지도 않고 그리스도를 붙잡지도 않습니다. 이는 성령을 정면으로 저항하는 것이며, 여기에는 정말 악의가 담겨 있습니다. 그러므로 심지어 이런 상태가 최종적이지 않은 경우에도 낮아진 처량한 심령들은 이에 대한 두려움이 가득하며, 머지않아 그것이 사함 받지 못할 죄였다는 생각을 지울 수가 없게 됩니다. 그러므로 죄인들이여, 성령께서 여러분의 마음 문 앞에서 두드리실 때에 어떻게 할지를 주의하시기 바랍니다. 그가 두드리실 때에 문을 열면 그가 여러분의 손님이 되시고, 여러분은 그와 함께하는 감미로움을 누리게 됩니다. 그러나 그를 쫓아내면, 그가 다시 문을 두드리시리라는 보장이 없습니다. 그리고 일단 여러분과의 싸움을 중지하시고 불편한 마음으로 떠나시면, 여러분은 영원토록 잃어버린 자가 되고 맙니다. 마치 파도에 떠밀려 높은 암초에 부딪혀서 좌초한 배가 영원

히 그 자리에 그대로 버려져 있는 것처럼 말입니다. 그렇게 되면 여러분이 말씀 앞에 나아오고 다른 규례들에 참여한다 해도 모두 헛것이 됩니다. 파도와 바람이 되어 심령을 떠오르게 하여 이끌고 가시는 것은 바로 그들 속에서 역사하시는 성령이십니다. 성령께서 역사하시지 않으면, 마치 마른 땅에 놓여 있는 배처럼 그대로 있을 뿐입니다.

2. 하나님의 섭리와 씨름하는 것도 하나님을 상대로 씨름하는 것입니다. 우리가 섭리와 씨름하는 데에도 두 가지 방식이 있습니다.

(1) 하나님께서 섭리로 우리를 처리하시는 것에 대해 불만을 품는 경우입니다. 우리를 향하시는 하나님의 역사가 달갑지 않아서, 그의 처리하시는 것에 대해 반대를 제기하고, 최소한 어리석게도 마음으로 투덜거립니다. 이럴 경우, 사람이 우리의 말을 가볍게 듣는 것과 똑같이 하나님께서도 우리의 이런 처신을 경솔한 것으로 들으십니다. 우리가 그를 향하여 투덜거리기 시작할 때에, 그의 섭리가 무엇이든 그것을 묵인하고 아멘으로 받아들이지 않을 때에, 하나님께서 그것을 기억하십니다. 그는 그런 것을 전능자와 다투는 것으로 여기십니다(욥 40:2). 예, 그렇습니다. 하나님을 탓하는 것으로 간주하시는 것입니다. 감히 하나님에 대해 트집을 잡으며, 하늘을 타박하는 자는 정말이지 대담한 사람이 아닐 수 없습니다. 누구든지 이런 일을 행하는 자는 하나님께서 그 책임을 물으십니다. "하나님을 탓하는 자는 대답할지니라"라고 말씀합니다(욥 40:2). 심령의 고뇌와 고난의 극심한 상황에서 그에게서 울컥 터져 나온 그 경솔한 말들을 하나님께서 유념하시는 것을 알았으니, 욥으로서는 그런 일을 했다는 것이 정말 안타까웠습니다. 전능자와 다투다니요? 하나님을 탓하다니요? 선한 사람 욥은 망연자실하여 외칩니다: "보소서 나는 비천하오니 무엇이라 주께 대답하리이까? 손으로 내 입을 가릴 뿐이로소이다"(욥 40:3, 4). "과거에 행한 일은 사하시옵소서. 그리하면 다시는 그런 말을 내뱉지 아니하리이다"라는 식으로 이야기하는 것입니다. 오오 여러분, 다른 무엇보다도 이런 식으로 씨름하지 않도록 주의하시기 바랍니다. 이웃이든 친구든, 아내든 남편이든, 자녀들이든 종들이든, 누구를 대상으로 하든 싸우는 일은 불편합니다. 그러나 하나님과 싸운다면 이는 최악입니다. 하나님이 여러분을 기쁘게 해 주실 수 없고, 여러분의 마음이 그를 대적하여 계속 분을 쏟아낸다면, 여러분은 대체 어떻게 하나님을 기쁘시게 할 소망을 갖겠습니까? 여러분이 그를 향하여 화를 발하고 있으니 여러분에게서 무슨 친절한 대접을 받으실 수 있겠습니까? 언제나 하나

님을 향하여 불평을 늘어놓는 그런 불만이 가득한 마음속에 어떻게 하나님을 향한 사랑이 보존되겠습니까? 사랑은 하나님에 대해 그 어떠한 악도 생각할 수 없고, 그에 대해 나쁜 말 듣는 것을 도무지 견딜 수가 없고 언제나 하나님의 편에 서게 됩니다. 마치 사울이 다윗에 대해 나쁜 말을 할 때에 요나단이 다윗의 편에 서 있었던 것처럼 말입니다. 괴로움을 당할 때에 탄식하는 것은 사랑이 허용할 수 있습니다. 그러나 불평하고 투덜대는 것은 용납할 수 없는 일입니다. 여러분의 무거운 심령을 기도로써 하나님의 가슴속에 묻어 편안하게 하고, 무릎을 꿇고 하나님과 겸손하게 씨름하기를 원하면, 사랑이 여러분의 것이요, 또한 하나님 앞에서 사용할 수 있는 최상의 논증들을 제공해 줄 것입니다. 하지만, 절제되지 않은 격정을 마구 쏟아내고, 하나님을 향하여 반항적인 자세를 보인다면, 사랑이 찔려죽고 마는 것입니다.

(2) 우리를 향하신 갖가지 역사들을 받고서도 우리 자신을 고치지 않는 것도 하나님의 섭리와 씨름하는 것입니다. 우리에게 들을 귀가 있다면, 섭리에게는 목소리가 있습니다. 자비한 섭리는 사람을 끌어가며, 환난의 섭리는 사람을 몰아갑니다. 좋은 섭리도 힘든 섭리도 소용이 없고, 두 가지 모두를 당하면서도 우리가 회개할 줄 모른다면, 이것이야말로 두 가지 손길 모두에서 하나님을 상대로 씨름하는 것입니다. 이 두 가지 섭리에는 각기 죄를 가중시키는 면이 있습니다. 좋은 섭리를 거역하면, 사랑을 거스르는 것이요 따라서 불성실한 것이 됩니다. 또한 힘든 섭리를 거역하면 그의 채찍을 거스르는 것이요, 그의 진노를 가볍게 여기는 것이요, 가시채를 뒷발질하는 것으로 우리 자신에게 잔인한 것입니다. 자비는 우리를 부끄럽게 만들며, 진노는 죄를 범하기를 두려워하게 만듭니다. 부끄러움을 모르는 자는 사람의 심령이 없는 자입니다. 매를 맞아도 두려워하지 않는 자는 짐승보다 못한 자입니다. 짐승은 그래도 채찍과 박차를 두려워하여 따르기 때문입니다. 때로는 자비의 역사가, 특히 그리스도인의 육신적인 부분에게 즐거움을 가져다주는 외형적인 자비들이, 거룩한 사람들에게 올무가 되기도 합니다만, 이럴 경우 그들을 회복시키기 위하여 환난이 사용되기도 합니다. 그러나 환난으로 인하여 사람들이 더 나빠지고 하나님을 대적하여 스스로 완악하게 되어 채찍으로 맞으면서도 계속해서 더 죄를 짓는다면, 대체 무엇이 그들을 다시 돌이키게 할 수 있겠습니까? 환난을 통해서 더 악해진 자들이 번영을 통해서 더 좋아지는 경우는 거의 없습니다. 고통 중에 나아가면서도 죄를 짓는 자는 고통이 사라지고 나면 더욱더 죄를

짓습니다. 그러니 이처럼 하나님과 싸우는 일이 없도록 조심하시기 바랍니다. 하나님을 상대로 투정을 부리면, 매를 맞거나 그보다 나쁜 일을 당하는 것 외에 아무 소득이 없습니다. 하나님이 만일 여러분에게 더 이상 괴로움을 주지 않으시겠다고 말씀하시면, 이는 최악의 말씀입니다. 이는 마치 다음 세상이 오기까지 여러분의 빚을 그대로 두시고 거기에 가서 한꺼번에 다 갚도록 하시겠다는 말씀과 마찬가지이기 때문입니다. 하나님께서는 여러분이 정도 이상 헝클어져 있으면, 쐐기로 여러분을 쪼개실 수도 있습니다. 하나님은 이스라엘에게, "아직도 불의한 재물이 있느냐 축소시킨 가증한 저울이 있느냐?"라고 말씀하십니다. "너희는 매가 예비되었나니 그것을 정하신 이가 누구인지 들을지니라"(미 6:9)라는 여호와의 음성이 성내에 크게 울려 퍼지는데도 전혀 돌이킬 기미가 없습니다. 이에 대해 하나님께서 어떤 조치를 취하시는지를 보십시오. "그러므로 나도 너를 쳐서 병들게 하였으며 네 죄로 말미암아 너를 황폐하게 하였나니"(13절). 이는 마치 이런 말씀과도 같습니다: "나의 다른 약이 너무 약하여 네 위(胃)에 제대로 듣지 아니하였구나. 그러나 이제 다른 약을 준비하리니 네 마음이 쓰리고 아프리라."

둘째. 이는 죄를 대적하여 씨름하는 것 같으나 **그리스도께서 주시는 명령의 말씀**에 **따라서 씨름하지 않는 자들**을 책망하는 것입니다. 씨름에는 반드시 준수해야 할 법이 있습니다. 사람이 승리를 얻기 위해 힘쓰지만, 합법적으로 힘쓰지 않는 한 면류관을 얻을 수 없습니다(딤후 2:5). 사도는 여기서 로마의 경기들에 빗대어 말씀하고 있습니다. 곧, 심판들이 지정되어 있어서 씨름의 법을 위반하여 반칙을 범하지 않는지를 살피고, 상대방에게 반칙을 행한 자는 이겼더라도 상을 박탈당합니다. 사도는 이를 그리스도인의 싸움에 적용시켜서, 그리스도인은 더 철저한 법과 규율 아래 있으므로, 싸우고자 하는 용기는 물론 명령의 말씀에 따라 순종하여 싸우는 것이 필수적임을 말씀하는 것입니다. 큰 씨름꾼들과 싸워 이기려는 자들이라면 이것을 어기는 법이 없는 것입니다.

1. 어떤 이들은 한 가지 죄와는 씨름하나, 다른 죄는 그대로 포용합니다. 이런 경우 그 사람이 죄를 상대로 씨름하는 것이 아니라 한 가지 죄가 다른 죄와 씨름하는 것입니다. 그러니 도둑들이 자기들의 탈취물을 나누려 할 때에 쓰러지는 것이 이상한 일이 아닙니다. 정욕들은 매우 다양합니다(딛 3:3). 그리고 여러 주인들을 기쁘게 하는 것은 쉬운 일이 아닙니다. 특히 각기 저마다 명령하는 것이 상반되는 경우는 더욱 그렇습니다. 교만이 용감하게 싸우라고 명령할 때에, 탐욕은 여홍을

즐기라고 명령합니다. 악의가 복수할 것을 명령할 때 육신적인 정욕은 말하기를, 용서하지는 말되 분노는 숨기라고 합니다. 정욕이 그를 음녀에게로 보낼 때 외식은 세상의 이목이 두려워 그를 붙잡고 보내주지 않습니다. 그러니 다른 죄의 명령을 받아 한 가지 죄를 물리치는 자가 과연 하나님의 군사일 수 있겠습니까?

2. 어떤 이들은 씨름을 하기는 하나, 자의적으로 하는 것이 아니라 억지로 마지못해서 싸움터로 나갑니다. 이들은 노예 같은 두려움이 있어서 그들의 현재의 정욕에서 벗어나기를 두려워합니다. 그러므로 그들과 그들의 정욕 사이보다는 그들의 양심과 의지 사이에 그들의 갈등이 있다 할 것입니다. 의지는 말하기를, 이런저런 죄를 내게 달라고 합니다. 그러나 양심은 말하기를, 그것이 너무 썩어 있으니 줄 수가 없다고 하며, 그것을 던져 버립니다. 사람이 포도주를 아주 좋아하면서도 입술이 데는 것은 싫어할 수도 있습니다. 외식자들은 자기들이 데는 것을 두려워합니다. 그러니 그런 갈등 속에서 의지가 결국 이깁니다. 자신이 원하는 정욕에게 좀 더 부드러운 옷을 입혀서 이성을 설득시키고, 그리하여 양심이 저 끔찍한 진노의 환영(幻靈)에 겁을 내지 않도록 하는 것입니다. 아니면 나중에 얼마든지 회개할 수 있다는 식의 약속을 통해서 양심을 안정시키기도 하고, 혹은, 당장은 범하지 않아도 괜찮은 어떤 죄를 스스로 자제함으로써 무언가 개혁이 일어난 것처럼 보이게 만들기도 하는 것입니다. 그러나 이런 모든 것으로도 되지 않을 때에는 그 격렬한 정욕의 부추김을 받아 의지가 양심과 노골적으로 전쟁을 선포하고, 그 면전에서 죄를 범합니다. 이는 마치 거친 야생마와도 같습니다. 자기를 찌르는 박차와 입을 막은 재갈을 참지 못하고 이를 꽉 물고 온 힘을 다하여 빠르게 달려서 마침내 기수(騎手)를 떨어뜨리고는 푸른 초장으로 달려갑니다. 울타리나 웅덩이도 그 말을 붙잡아 둘 수 없습니다. 그러다가 결국 기진맥진하여 울타리 안에 다시 갇히게 되는 것입니다. 이와 같이 많은 사람들이 이런 식으로 죄를 범합니다. 양심이 그 고삐를 잡을 수도 없고 안장에 앉을 수도 없고, 오히려 내동댕이쳐져 죽은 자처럼 됩니다. 그러면 그 몹쓸 자들은 육신의 정욕을 한껏 채우고는 결국 그 훔쳐 얻은 쾌락에 대해 혹독한 값을 치르게 됩니다. 양심이 다시 돌아와 그들을 뒤쫓아 어느 때보다 더 확실하게 그 목을 조르고서 그들을 절대로 놓치지 않고 하나님의 법정에 세우는 것입니다.

3. 어떤 이들은 죄와 씨름하지만, 그것을 미워하지 않습니다. 오히려 죄에 대해 애착을 갖고 있어서 그것을 철천지원수로 여기지를 않습니다. 그러니 그냥 진정

한 자세가 아니라 그냥 장난으로 씨름하는 것일 뿐입니다. 하루 죄에게 상처를 입히기도 하나, 그 이튿날이면 그 상처가 다 아물어 버립니다. 사람이 아무리 강하게 죄를 대적하려 결심해도, 죄에 대한 사랑이 마음속에서 완전히 끊어지기까지는 언제라도 다시 죄에 대한 애착이 생겨나기 마련입니다. "하나의 사랑이 또 다른 사랑을 식게 만든다"라는 히에로니무스(제롬)의 훌륭한 말씀처럼, 그리스도에 대한 사랑이 죄에 대한 사랑을 식게 만들기 전에는 이 불길은 절대로 스스로 꺼지는 법이 없는 것입니다. 이 하늘의 불길이 진정 지옥의 불꽃을 진화시키는 것입니다. 이는 아하수에로 왕이 그 왕비 와스디에 대해 행한 일에서도 잘 볼 수 있습니다. 에스더서 1장에서 그는 그녀가 더 이상 그의 앞에 나오지 못하리라는 칙령을 서둘러 내립니다. 그러나 그의 격정이 다소 가라앉자 그는 다시 그녀에게로 기울어지기 시작합니다(에 2:1). 그러자 그의 신하들이 이를 알아차리고, 왕이 사랑을 베풀고 그의 침실에 들일 만한 아름다운 처녀를 뽑기를 추진합니다. 결국 그 일이 이루어지자, 그 이후부터는 와스디에 대한 언급이 전혀 나타나지 않습니다. 영혼이 그리스도를 그의 가슴으로 품어 안을 때에야 비로소, 죄를 대적하겠다는 그의 선언이 그대로 실현되는 것입니다.

[진정 씨름하는 자에게 필요한 올바른 씨름의 운영법]

성도들에게 주는 지침. 이 땅에서의 여러분의 삶이 씨름의 연속이니 만큼, 어떻게 하면 여러분의 최악의 원수와의 씨름을 최상으로 운영할 수 있을지를 연구하는 것이 지혜로운 일일 것입니다. 이를 위해서 다음 몇 가지 지침을 주의 깊게 취하기 바랍니다.

첫째. 다른 동료가 없이 혼자 싸움터에 나아가지 않도록 주의하여야 합니다. 제 말의 뜻은 기도로 하나님께 청하여 여러분의 등 뒤에 서 계시게 하라는 것입니다. 하나님께서는 공격에서도 방어에서도 여러분과 함께 하시는 동맹자이십니다. 그러나 필요한 일에 그에게 요청해야 합니다. 기드온이 전쟁에 도움을 요청하지 않은 것 때문에 에브라임 사람들이 화가 났었다면, 하물며 하나님께서는 어떠시겠습니까? 마치 여러분이 그가 아시기 전에 승리를 도둑질하려 하기라도 한 것같지 않겠습니까? 하나님이 없이는 싸우려 하지 않은 모세보다 여러분이 더 용맹합니까? 자기를 향하여 행진해 오고 있는 에서의 문제를 해결하기 위해 하나님께 엎드린 야곱보다 여러분이 더 지혜롭습니까? 야곱은 자신이 하나님과 씨름을 할 수 있다면, 그가 그의 형과의 문제를 해결해 주시리라고 믿었던 것입니다. 하나님께 아뢰면 뒷문이 닫히고, 그 어떠한 원수도 여러분의 뒤편을 공격할 수가 없습니다. 여러분의 원수가 여러분 앞에서 넘어질 것입니다. 하나님이 아히도벨의 모략을 헛되게 하셨다고 다윗이 말씀합니다. 그의 기도에 하늘이 아멘으로 화답하였고, 결국 그 원수는 스스로 목을 매단 것입니다.

둘째. 원수에게 틈을 주지 않도록 매우 조심하여야 합니다. 씨름꾼들은 상대방의 이런저런 부분을 붙잡으려고 애씁니다. 그렇게 되면 상대방을 넘어뜨릴 수 있는 유리한 위치에 서기 때문입니다. 이것을 방지하기 위해서 그들은 다음과 같은 방법을 사용합니다. 1. 의복을 벗습니다. 2. 몸에 기름을 바릅니다.

1. 그리스도인 여러분, 옛 사람을 벗어 버리기를 힘쓰기 바랍니다. 이는 지극히 개인적인 부패성으로, 다윗은 이를 자신의 죄악이라고 불렀습니다(시 18:23). 사탄은 이 부패의 치맛자락을 붙잡습니다. 그것이 무엇인지를 살피고, 날마다 그것을 죽이십시오. 그러면 사탄이 부끄러움으로 퇴각할 것입니다. 여러분을 배반하고 그의 손에 여러분을 넘겨 주었어야 했을 그 원수의 머리가 벽에 걸려 있는 것을 보게 되니, 도망하지 않을 수가 없을 것입니다.

2. 로마의 씨름꾼들은 몸에 기름을 바르곤 했습니다. 여러분도 그렇게 하십시오. 그리스도의 사랑을 자주 묵상하여 여러분의 심령을 그 사랑에 흠뻑 젖게 하기를 바랍니다. 그리스도의 사랑이 거하는 곳에서는 사탄이 거의 환영받지를 못할 것입니다. 사랑이 사랑을 불러일으킬 것이요, 그것이 마치 불타는 벽처럼 사탄의 접근을 가로막아 줄 것입니다. 그것이 여러분으로 하여금 죄가 내미는 손길을 무시하게 만들어줄 것이요, 기름처럼 관절들을 부드럽게 해 주어 원수를 공격하기에 강력하게 만들어 줄 것입니다. 여러분이 싸워야 할 싸움을 그리스도께서 모두 싸우신 것을 생각하십시오. 그리스도께서 감당하시지 않으셨다면, 죄와 지옥과 진노가 모두 입을 벌리고 여러분에게 달려들었을 것입니다. 그런데도 그의 영광을 배반하고 죄의 손에 던져주며 비겁하게 행하는 것으로 그의 사랑을 되갚고 싶습니까? 그의 가슴에서 그의 심장을 찌른 그 죄들을 여러분의 가슴에 품고 있으면서도 그를 사랑한다고 말하지는 않습니까? 아버지를 찌른 칼을 그 자녀가 보관하고 또 그것을 기꺼이 사용한다면, 이는 정말 이상한 일일 것입니다.

셋째. 언제든지 여러분에게 기회가 올 때에 그것을 지혜롭게 사용하십시오. 때로는 그리스도인이 그 원수를 땅에 눕히고 그의 교만의 목덜미를 발로 누르고, 불신앙을 터무니없고 어리석은 것으로 내던질 수 있을 때가 있습니다. 그럴 때에 지혜로운 씨름꾼처럼 온 무게로 여러분의 원수를 깔고 앉으십시오. 상대방이 넘어져 있을 때에 가격하는 것은 반칙이라 생각하기도 하지만, 죄에 대해서는 숨쉬게 해주거나 일어나게 해주는 등의 호의를 베풀어서는 안 됩니다. 아합처럼 하나님께서 멸하라고 정하여 주신 원수를 손에서 놓아 주는 일이 없도록 주의해야 합니다. 뱀의 무리들에게서 약간 지혜를 배우기 바랍니다. 그들은 그리스도를 발로 밟으면서도 결코 그것으로 족하다고 여기지 않았습니다. 심지어 그가 죽으셨을 때에도 그것으로 다 되었다고 여기지 않고, 그의 무덤을 인봉(印封)하고 병사들로 지키게 했습니다. 그러니 여러분도, 여러분의 죄가 다시 살아나는 것을 막으십시오. 더 강력한 목적들로, 엄숙한 언약들로, 그 무덤을 인봉하고, 삼가 깨어 그것을 살피기를 바랍니다.

[적용]

첫째 적용. (위로) 이것은 연약한 그리스도인이 위로를 얻을 수 있는 근거가 됩니다. 이들은 자신이 받은 은혜의 진실성에 대해 의심합니다. 자신의 정욕과의 싸움과 갈등이 속에 있기 때문입니다. 기드온은 원수들의 공격을 당하면서, "여호와께서 우리와 함께 계시면 어찌하여 이 모든 일이 우리에게 일어났나이까?"라고 말하는데, 그들도 그와 비슷한 의문을 갖고 있습니다. "나로 하여금 죄를 짓도록 부추기고 선한 일에 등을 돌리게 만드는 이런 갈등이 어째서 내 속에 있을까?"라고 묻습니다. 그런데 답변이 곧바로 주어집니다. 그 이유는 여러분이 씨름하는 자이지 정복자가 아니기 때문이라는 것입니다. 이 세상에서의 그리스도인의 처지를 여러분이 잘못 오해하고 있는 것입니다. 사람이 그리스도인이 되면, 곧바로 그의 원수들이 죽어서 그들에게서 승리를 얻는 것이 아니고, 그들과 대면하여 싸우도록 싸움터로 이끌림을 받는 것입니다. 은혜 가운데 있는 상태는 죄와의 전쟁을 마감하는 것이 아니라 죄와의 전쟁을 시작하는 데 있는 것입니다. 씨름할 원수가 없어지는 것이 아니라, 하나님께서 친히 싸움터에서 모습을 위장하시고 원수로 나타나시는 것입니다. 야곱이 홀로 있을 때에도 그랬습니다. 그는 한 사람이 나아와 날이 밝을 때까지 그와 씨름했습니다. 그러니 그런 것이 마음에 걸리면, 이 사실로 마음에 안식을 얻기를 바랍니다. 여러분이 씨름하는 자라는 이 사실이 오히려 여러분의 심령에 위로를 줄 수도 있습니다. 여러분 속에 이처럼 싸움이 있다는 사실은, 그 싸움이 올바른 근거에 서 있고 올바른 목표를 지향하고 있다면, 여러분 속에 두 국민이 있고 서로 대적하는 두 본성이 있으니 그 하나는 땅에 속한 것이요 다른 하나는 하늘에 속한 것이라는 것을 증명해 줍니다. 그렇습니다. 여러분의 부패한 본성이 두 쌍둥이 중 큰 자이지만 그가 어린 자를 섬기게 될 것이라는 것을 알고서 위로를 얻으시기 바랍니다(참조. 창 25:23).

둘째 적용. (승리에 대한 소망) 그러니 그리스도인이 이와 같은 혼란과 갈등이 하나도 없는 본향으로 가기를 얼마나 사모하게 되는지 모릅니다! 그런데 죽음이 여러분에게 퇴장을 명하고 싸움터에서 여러분을 불러내기까지 한 시간이 하루 같고 하루가 일 년 같아야 할 텐데, 그렇지 않은 것이 이상합니다. 이 세상의 싸움터에서는 화살들이 빗발치고 여러분이 철천지원수들과 목숨을 건 사투를 벌여야 하지만, 본향에 이르면 거기서는 검(劒)이 아니라 종려나무가지들이 성도들의 손에 들려 있고, 북소리가 아니라 하프소리가 들리고, 피 흘리는 군졸들과 상처 입은 양심들의 신음소리가 아니라 그들에게 승리를 주신 하나님과 어린 양을 찬양하는 승리자들의 찬송소리와 음악이 들리게 될 것입니다. 그러니 그리스도인 여러분, 이 낮은 땅에 있는 동안 이런 일들을 생각하며 위로를 얻으시기 바랍니다. 하나님의 백성들에게는 안식의 처소가 남아 있습니다. 여러분은 그냥 허공을 치는 것이 아니라, 구름 저 너머에 있는 하늘을 위하여 씨름하는 것입니다. 최악의 일을 먼저 당하고 있으니, 최고의 일이 이어질 것입니다. 여러분이 씨름하는 것은 오로지 면류관을 얻고 그것을 머리에 쓰고, 다시는 잃어버리지 않기 위함입니다. 그렇습니다. 한 번 그것을 머리에 쓰면 그 누구도 그것을 벗겨내지도 못하고, 여러분이 다시 싸움터에 내보내지는 일도 없습니다. 이 땅에서는 다시 싸우기 위해서 오늘의 싸움을 이깁니다. 한 가지 시험과의 싸움이 끝난다 해도 전쟁은 계속 남아 있습니다. 마귀들이 그 소굴에서 다시 나올 수 있고, 죄악된 본성에 속한 것이 죽지 않고 우리 속에 남아 있다면, 우리가 무슨 평화를 누릴 수 있겠습니까? 이 죄악된 본성은 무릎을 꿇고서도 싸우며, 한쪽 팔이 잘려나가도 다른 팔을 뻗어 가격할 것입니다. 그러나 죽음이 오면 그 마지막 공격도 끝나는 것입니다. 이 선한 의사께서 여러분의 영적인 몽매함과 불구의 상태를 완전히 치유하실 것입니다. 그리스도인 여러분, 이 가슴속에 있는 원수 때문에 일어나는 씨름과 전투가 아니면, 이 세상의 삶에서 기쁨을 앗아가는 것이 무엇이겠습니까? 이것이 과연 여러분의 심령에 불안과 염려를 가져다주고, 하나님과 그의 성도들과의 교제 가운데서 여러분이 누릴 수 있을 그 많은 감미로운 식사를 멀리 할 수밖에 없게 만들고, 혹은 그 자리에 와서도 하나님의 제단을 눈물과 탄식으로 뒤덮이게 만드는 브닌나가 아닙니까? 그런데 그 매듭을 잘라내고 지금까지 여러분을 매어온 죽은 상태와 외식과 교만에서 여러분을 풀어놓아 주는 손길이 있다면 그것이야말로 과연 복된 손길이 아니겠습니까? 그러니 여러분이 이 땅에 사는 것이 여러분에겐 손해요, 죽는 것이 유익입니다. 육체의 휘장이 찢어지는 것을 기꺼이 견디기만 하면, 여러분이 있고자 하는 곳에 있게 되고 죄에서 완전히 벗어나 하나님의 품 안에서 안식을 누리게 되는 것입니다. 그러니 죄의 악으로부터 가해지는 계속적인 고통에서 구원받는 것보다 잠깐 당하는 고통의 악을 더 두려워할 이유가 어디 있겠습니까? 여러분이 아는 어떤 이들은 날마다 돌에 갈려지는 고통을 계속 당하기보다는 차라리 끊어지기를 택하였습니다. 그러니 여러분, 이 죄들로 인한 고통에서 영원히 구원받도록 해 주는 이 죽음에 대해 조용히 생각하지 않으렵니까? 하지만 이것은 죽음이 여러분을 위해 해 줄 수 있는 일 중 절반도 되지 않습니다. 전쟁 후의 평화나 고통 후의 안정은 정말 감미롭습니다. 하지만 하나님과 저 복된 동료들을 처음 바라볼 때의 그 기쁨을 어찌 말로 표현할 수 있으며, 우리의 심령이 어떠한 영광으로 가득 차겠습니까? 오직 그 곳에 거하는 자만이 이를 알 수 있습니다. 우리는 과연 그 찬란한 영광의 상태에 대해 더 많은 것을 알고 있습니까? 우리 목사들이 그리스도인들에게 속히 죽기를 진정 바라도록 설득시키기가 힘듭니다만, 지금처럼 이렇게 오래 이 땅에 살기를 바라도록 설득시키는 일도 그와 마찬가지로 힘들어야 마땅할 것입니다.

제 2 부

그리스도인이 상대하여 씨름하여야 할 공격자들 혹은 원수들의 성격

"우리의 씨름은 혈과 육을 상대하는 것이 아니요
통치자들과 권세들과 이 어둠의 세상 주관자들과
하늘에 있는 악의 영들을 상대함이라"(엡 6:12).

∨

그리스도인을 대적하여 무장하고 나타나는 공격자들, 혹은 그리스도인이 상대하여 씨름하여야 할 원수들이 다음과 같이 묘사되고 있습니다. 먼저 부정적으로, "혈과 육을 상대하는 것이 아니요," 혹은 비교의 뜻으로, '주로 혈과 육을 상대하는 것이 아니요'라고 하며, 둘째로 긍정적으로, "통치자들과 권세들과 이 어둠의 세상 주관자들과 하늘에 있는 악의 영들을 상대함이라"라고 말씀합니다.

제 1 장
공격자들을 소극적으로 묘사함

"혈과 육을 상대로 하는 것이 아니요."

여기의 부정적인 묘사를 전면적인 부정의 뜻으로 보아서는 안 됩니다. 마치 혈과 육을 상대로 하는 씨름이 전혀 없고 오로지 사탄을 상대로만 씨름한다는 뜻으로 말입니다. 오히려 이를 비교의 의미로 보아야 합니다. 곧, 혈과 육을 상대로 하는 것이 주된 씨름이 아니라는 것입니다. 성경에는 이런 식의 표현들이 흔히 나타납니다. "네가 점심이나 저녁이나 베풀거든 벗이나 형제나 친척이나 부한 이웃을 청하지 말라"(눅 14:12)고 말씀하는데, 이는 이들만 청하여 가난한 자들을 소홀히 하게 되는 일이 있어서는 안 된다는 뜻입니다. 그러면 여기서 말씀하는 혈과 육은 무엇을 뜻합니까? 이 단어들은 이중적으로 해석됩니다.

[혈과 육이란 무엇을 뜻하는가]

첫째. 혈과 육이란 우리의 가슴속에 있는 부패한 것들을 뜻할 수도 있습니다. 곧, 우리의 부패한 본성 속에 있는 죄로, 성경에서 자주 "육체"라 불리고 — "육체의 소욕은 성령을 거스르고 성령은 육체를 거스르나니"(갈 5:17) — 때로는 혈과 육이라고도 불리는 그것입니다 — "이를 네게 알게 한 이는 혈육이 아니요"(마 16:17). 즉, 네가 한 이 고백은 위로부터 오는 것이요, 네 육체의 부패한 생각은 이런 초자연적인 진리를 발견했을 수가 없고, 네 죄악된 의지로는 절대로 그 진리를 받아들일 수가 없었다는 뜻입니다. "혈과 육은 하나님 나라를 이어받을 수 없고"(고전 15:50), 즉 그 다음의 말씀들에서 설명되듯이 죄악된 죽을 육체를 뜻합니다. "내가 곧 혈육과 의논하지 아니하고"(갈 1:16), 즉 육신적인 이성으로 따져보지 않았다는 뜻입니다. 그런데 이 가슴속의 원수를 가리켜 육체라 부르기도 하는 것은 첫째로, 그 기원(derivation) 때문이요, 둘째로, 그 작용(operation) 때문입니다.

1. 부분적으로 그 기원에 기인하니, 이는 그것이 자연적인 출생을 통해서 우리

에게 유래되고 전파되기 때문입니다. 그러므로 아담이 자기 모양대로, 곧 그와 똑같이 죄악된 상태로, 죽을 수밖에 없는 비참한 상태로, 아들을 낳았다고 말씀합니다. 이 땅에서 아무리 거룩한 성도라도 그의 속에 육체가 있으며, 이 부패하고 죄악된 본성을 그 자녀에게 물려줍니다. 마치 할례 받은 유대인이 할례 받지 않은 아이를 낳고, 또한 깨끗이 씻고 겨를 턴 알곡이 땅이 심겨지면 껍질이 있는 곡식이 나오듯이 말입니다. "육으로 난 것은 육이니"(요 3:6).

2. 가슴속의 원수를 육체라 부르는 것은 이 부패한 본성의 **작용**이 육체적이고 정욕적인 데 기인하는 것이기도 합니다. 부패한 마음의 추론들은 육체적입니다. 그러므로 이를 육체의 생각이라 부릅니다. 이것은 하나님의 일들에 대해서는 전혀 가늠하지 못합니다. 지각할 수도 없고 지각하려 하지도 않습니다. 마치 태양이 그 아래에 있는 것들을 환히 드러내는 반면에 그 너머에 있는 하늘은 다 숨겨 버리는 것처럼, 육체의 이성은 피조물의 훌륭한 점들과 이 땅의 정욕적인 관심사들에 대해 생각하고 추론하는 데 있어서는 탁월한 능력을 발휘하지만 신령한 진리들에 관해서는 사람을 어둠 속에 있게 만듭니다. 니고데모처럼 그렇게 지혜로운 사람이 그리스도께 어쩌면 그렇게도 유치한 질문을 하는지 모릅니다! 그리스도께서 그를 돕기 위해서 육신적인 표현들로 말씀을 포장하기까지 하셨으니 말입니다. 신령한 진리들을 이처럼 들을 수 있도록 표현을 바꾸었고 또한 복음의 개념들을 흔히 쓰는 언어로 바꾸었는데도 육체적인 이성이 이를 깨닫지 못한다면, 그것들이 그 본래의 언어로 되어 있을 경우에는, 즉 그런 육신적인 표현의 옷이 벗겨지고 신령한 진리들이 그 벌거벗은 상태 그대로 있다면, 과연 무슨 기술이 있어야 그것들을 읽고 이해할 수 있겠습니까? 본성적인 의지의 활동은 육신적이고, 그래서 "육신을 따르는 자는 육신의 일을" 생각한다고 말씀합니다(롬 8:5). 그 모든 바람과 기쁨과 염려와 두려움들이 다 육신적인 일들에 관한 것들입니다. 천사가 육체의 음식을 좋아하지 않듯이, 육신을 따르는 자도 그 만큼 신령한 음식을 반겨하지 않습니다. 맛있게 먹을 수 없는 것을 매일 먹는 음식으로 삼을 수는 없습니다. 생물은 저마다 적합한 먹을거리가 있습니다. 사자는 풀을 먹지 않고, 말은 육류를 먹지 않습니다. 육신적인 마음에 양식인 것이 은혜 안에 있는 마음에게는 독이 되고, 또한 은혜 안에 있는 마음을 기쁘게 하는 것이 육신적인 마음에게는 역겨움이 되는 것입니다.

이 해석에 따르면, 사도가 의도하는 뜻은 그리스도인이 그의 부패한 본성과 전혀 싸움이 없다는 것이 아닙니다. 다른 곳에서는 말씀하기를, 성령이 육체를 거스르고 육체가 성령을 거스른다고 하니 말입니다. 이 육체, 곧 원수를 가리켜 그리스도인을 에워싸는 죄라 부릅니다. 그리고 이 원수와의 싸움에 외부의 권세, 즉 사탄이 개입하여 그 싸움이 더욱 커지는 것입니다. 사탄이 이 내부의 원수와 더불어 공격하는 것입니다. 마치 왕이 내부에서 반역을 일으킨 신하들과 싸우는 동안, 외국의 군대들이 그들과 합류하는 것처럼 말입니다. 그러니 이 경우 왕이 그의 신하들과 싸우는 것이 아니라 외국의 세력과 싸우고 있다고 말할 수도 있는 것입니다. 그리스도인은 그의 부패한 것들 그 자체와 씨름하는 것이 아니라, 그것들 속에서 역사하는 사탄과 씨름하는 것입니다. 마귀가 개입하지 않더라도 우리는 우리 마음의 부패한 것들과 온 힘을 다해 싸워야 마땅합니다. 하지만 이 원수가 개입하여 그 전투가 더욱 치열해지는 것입니다. 그렇게 유능하고 경험 많은 대장 마귀가 그것들의 머리의 노릇을 하니 말입니다. 우리의 죄는 엔진이요, 사탄은 그것을 움직이는 기술자입니다. 정욕은 미끼요, 사탄은 그 미끼를 사용하는 낚시꾼입니다. 심령이 그 자신의 정욕에 미혹될 때에 그가 시험을 받는다고 말씀합니다(약 1:14). 사탄과 우리 자신의 정욕이 서로 힘을 합하여 그 죄를 완성시키기 때문입니다.

적용 1. 그리스도인 여러분, 정욕을 죽이는 일을 면밀히 시행하여야 합니다. 정욕들이 팔을 갖고 있게 해서는 안 됩니다. 원수들이 올 때에 반드시 그것들이 일어나 여러분을 대적하게 될 것이니 말입니다. 아기스의 신하들이 다윗을 신뢰하지 않은 것은 지혜로운 처사였습니다. 그들은 자기들이 이스라엘을 대적하여 싸울 때에 그의 군대가 그들을 가로막아 상대하는 일이 있을까를 우려했던 것입니다(참조. 삼상 21:11 — 역주). 그러니 여러분, 사탄이 나타나 여러분을 대적하는 곳에서 담대히 임무를 다하고 모든 조치를 강구하여야 합니다. 그리고 여러분의 교만과 불신앙에 대해 자신감을 가져서는 안 됩니다. 그것들이 원수와 합세하여 공격하지 않는다는 보장이 어디 있습니까?

적용 2. 사탄과 여러분 자신의 육체가 여러분을 대적하고 있습니까? 그냥 부패한 것만이 아니라 그것이 사탄의 책략으로 무장하고, 그의 권세의 뒷받침을 받아 여러분을 공격하고 있습니까? 그렇다면, 여러분 자신의 은혜만큼 도움이 더 필요한 것이 무엇이겠습니까? 달랑 여러분이 지닌 은혜의 힘으로만 사탄과 싸우지 않도록 주의해야 합니다. 여러분 혼자서 둘을 동시에 상대하기란 너무나 힘듭니다. 사탄은 아담에게는 너무도 힘겨운 상대였습니다. 그런데도 그는 홀로 싸움터에 나갔습니다. 사탄이 홀로 여러분과만 상대하게 되면, 금방 여러분을 무너뜨리고도 남습니다. 그러니 여러분의 하나님께 매달려 힘을 구하십시오. 그를 불러 여러분과 함께 계시게 하십시오. 그러면, 아무리 벌레 같은 우리라도 이 뱀을 넉넉히 상대하고 남을 것입니다.

둘째. 혈과 육을 사람을 뜻하는 완곡어법으로 해석할 수도 있습니다. "우리의 씨름은 혈과 육을 상대하는 것이 아니요", 즉 사람을 상대하는 것이 아니라는 뜻입니다. 여기서 "혈과 육"이라는 말로써 천사의 본성과 구별되는 사람의 본성의 일면을 묘사해 준다 할 것입니다. 그리스도께서는 말씀하시기를, "나를 만져 보라 영은 살과 뼈가 없으되 너희 보는 바와 같이 나는 있느니라"라고 하십니다. 여기서 이 해석에 따르면, 두 가지 점을 관찰하게 됩니다. 첫째로, 하나님의 성령께서 사람에 대해 얼마나 미천하게 말씀하시는가 하는 것과, 둘째로, 성도의 싸움의 주요 상대를 어디에 두는가 하는 것입니다. 혈과 육이 아니라 통치자들과 권세가 싸움의 상대라는 것입니다. 사도는 여기서 사람과의 싸움을 제외시키는 것이 아닙니다. 우리의 싸움은 뱀과 그의 후손을 상대하는 싸움이기 때문입니다. 세상이 아무리 넓다 해도, 성도들과 악인이 함께 평화로이 공존할 수는 없는 일입니다. 그의 의도는 우리가 상대해야 할 원수가 얼마나 미묘한 존재인가를 보여주는 데 있습니다. 사람의 분노와 사탄의 분노가 함께 뒤섞여 있는 것입니다.

[그리스도인이 혈과 육으로 싸우는 법이 아닌 것]

첫째. 하나님의 성령께서 사람을 얼마나 미천하게 말씀하시는지 모릅니다. 사람을 혈과 육이라 부르다니 말입니다! 사람에게는 근본이 하늘에 속한 영이 있고 그러므로 그는 천사들과 비슷하며, 영들의 아버지이신 하나님과 가깝습니다. 그런데 이 점에 대해서 전적으로 침묵하고 있어서, 마치 하나님께서 죄로 얼룩져서 처음 그가 창조하신 존재가 아닌 그를 소유하지 않고자 하시는 것처럼 보이기도 하고, 혹은 영이 그처럼 근본이 고귀하나 이렇게 감각적인 것에 흠뻑 젖어 있어서 육체 이외에 다른 이름을 쓸 수 없게 된 것처럼 보이기도 합니다. 그리하여 여기서는 사람의 본성의 연약함과 취약함을 표현하고자 하는 것입니다. 성령께서는 이 표현을 통하여 피조물인 사람의 연약함과 무기력함을 나타내는 것입니다. 그들은 "사람이요 신이 아니며 그의 말들은 육체요 영이 아니라"(사 31:3). 즉, 그들이 연약하다는 뜻입니다. 그러나 반대로 사물의 힘과 능력을 표현할 때에는 그것을 육체와 대조시킵니다. "우리의 싸우는 무기는 육신에 속한 것이 아니요 오직 … 능력이라"(고후 10:4). 그러므로 현재의 본문에서 혈과 육을 상대하는 것이 아니요 권세를 상대하는 것이라고 말씀하는 것입니다. 사도의 말씀은 마치 이런 뜻과도 같습니다. "너희가 그저 연약하고 미천한 사람 외에 두려워할 자가 없다면, 갑주나 무기를 구비할 필요조차 없다. 그러나 너희가 상대하는 원수는 육체가 아니요, 또한 육체로 상대할 수 있는 자도 아니다." 그러므로 여기서 우리는 사람이 얼마나 연약한 존재인지를 잘 볼 수 있습니다. 천사들보다 약한 것은 물론입니다. 천사들은 영이고 사람은 육이니 말입니다. 그러나 어떤 의미에서 짐승들보다도 약합니다. 사람의 육체가 짐승의 육체보다 허약하기 때문입니다. 그러므로 성령께서는 사람을 곧 말라 버리는 풀에 비유하고, 사람의 아름다움을 들의 꽃에 비유한 것입니다(사 40:6). 그렇습니다. 사람을 가리켜 헛된 것이라고 말씀합니다. "아, 슬프도다 사람은 입김이며 인생도 속임수이니"(시 62:9). 낮은 사람이나 높은 사람이나 다 허망합니다. 다만 부자와 귀인의 허망함은 명예와 재물 등으로 포장되어 있으므로 이를 속임수라 부르는 것입니다. 그러니 이들의 허망함은 전혀 감추지 않고 본 모습을 그대로 드러내는 분명한 허망함보다 훨씬 더 악한 것입니다. 본래의 모습을 감추고 그럴 듯하게 포장하니 말입니다.

적용 1. 사람이 연약하기 그지없는 육신에 불과합니까? 그렇다면, 오오 여러분, 여러분이 아무리 훌륭하다 해도 이로 인해 겸손해져야 합니다. 육체는 더러움과 부패에서 그리 멀지 않습니다. 영혼이 여러분을 신선하게 유지해 주는 소금입니다. 그러니 그것이 없이는 여러분은 땅 위에서 더러운 냄새를 풍기는 존재가 되고 말 것입니다. 여러분이 여러분의 아름다움을 자랑스럽게 여깁니까? 육체는 풀과 같으니, 그 아름다움은 이 헛된 것 중의 헛된 것입니다. 이 아름다움은 마치 꽃과도 같습니다. 풀처럼 오래 가지 못하고 봉오리 속에 나타났다간 이내 사라지는 꽃 말입니다. 그렇습니다. 꽃의 아름다움은 피어 있는 동안에도 사라져 가는데, 마치 그와 같은 것입니다. 시간이라는 쟁기가 얼마나 속히 여러분의 얼굴에 이랑을 파놓는지요? 예, 그렇습니다. 한 번의 홍역만으로도 여러분의 모습이 완전히 바뀌어 버려서 여러분을 흠모하던 자들이 여러분 보기를 두려워하게 되어 버리는 것입니다. 이것이 힘입니까? 안타깝게도 이것은 육신의 팔이요, 내어뻗다 보면 금방 시들어 버리는 것입니다. 지금은 젊음의 피가 끓을지 모르나, 머지않아 그 피가 혈관 속에

서 얼어 버릴 것입니다. 5월의 파릇한 나무순들로 뒤덮인 여러분의 봄날도 12월에
는 사람들의 발에 밟히게 될 것입니다. 여러분의 뼈 속의 골수가 말라 버리고, 여
러분의 힘줄이 움츠러들고, 여러분의 몸무게에 눌려 다리가 내려앉을 것입니다.
안근(眼筋)에 구멍이 생길 것이고, 혀가 오그라져 도움을 요청할 수조차 없게 될
것입니다. 그렇습니다. 여러분의 마음이 육체와 함께 무너져 내릴 것입니다. 그러
니 여러분이 그렇게 큰 거인이니, 할 수 있거든 방에서 몸을 돌려보십시오. 아니,
할 수 있거든 베개에서 머리를 들어 올리거나, 아니면 콧구멍에서 나가서 다시는
돌아오지 않는 여러분의 숨결을 다시 불러들여 보십시오. 곧바로 엎드러질 수 있
는 그것을 과연 여러분의 자랑거리로 삼으렵니까?

여러분이 지혜를 자랑합니까? 여러분의 몸을 덮을 그 무덤이 여러분의 육체의
모든 지혜까지도 다 덮을 것입니다. 그러면 여러분의 모든 생각이 사라질 것이요,
멋져 보이는 여러분의 모든 계획들이 다 무(無)로 돌아갈 것입니다. 그렇습니다.
그리스도인이라면 여러분의 생각들이 여러분과 함께 올라갈 것이요, 여러분의 영
혼의 거룩한 숨결 가운데 하나도 잃어버린 바 되지 않습니다. 여러분이 혈통과 출
생신분을 자랑합니까? 여러분이 누구든 간에, 거듭나기 전에는 땅에서 난 존재입
니다. 거리에서 구걸하는 거지와 똑같은 피가 여러분의 핏줄 속을 흐르고 있습니
다(행 17:26). 모든 민족들이 동일한 피를 지니고 있습니다. 우리 모두가 두 가지
점에서 일치합니다. 세상에 오는 것도, 세상에서 나가는 것도 모두가 동일합니다.
좀 더 미세하고 나은 흙으로 지음 받은 육체가 없으니 만큼, 더 순전한 티끌로 돌
아가는 육체도 없는 것입니다.

적용 2. 사람이 육신입니까? 그렇다면 사람을 의지하지 마십시오. "육체로 그의
힘을 삼는 사람은 저주를 받을 것이라"(참조. 렘 17:5 — 역주). 의복으로 육신을 감
출 수도 있고 멋있게 치장할 수도 있으나, 그것이 육신을 변화시키지는 못합니다.
"귀인들을 의지하지 말지니"(시 146:3). 안타깝게도 그들은 자기 머리 위에 있는
면류관도 지키지 못하고, 자기 어깨 위에 있는 머리도 지키지 못합니다. 그런데도
그들이 자기에게도 주지 못하는 그것을 그들에게서 구하렵니까? 지혜로운 자도
의지하지 마십시오. 그들의 계획이 스스로 엉켜서 그 의도한 바를 이루지 못하는
경우가 허다합니다. 사람의 육신적인 지혜가 무엇을 의도하지만, 하나님은 바퀴
를 돌리사 그것과 전적으로 다른 것을 이루시는 것입니다. 거룩한 사람도 의지하
지 마십시오. 그들에게도 육신이 있으니, 그들의 판단에 전혀 오류가 없는 것이 아

넘니다. 그렇습니다. 그들의 길도 때로는 의심스러운 법입니다. 그의 실수로 인해서 여러분이 실족할 수도 있고, 그는 회복한다 할지라도 여러분은 계속해서 나아가다 멸망할 수도 있는 것입니다. 그 누구도 의지하지 마십시오. 여러분 자신도 의지하지 마십시오. 여러분도 육신이니 말입니다. 지혜자는 말씀하기를 자기의 마음을 믿는 자는 바보라고 했습니다. 여러분의 최고의 모습도, 여러분이 행한 최고의 일도 의지하지 마십시오. 여러분의 의로운 의복도 육신으로 얼룩져 있는 법입니다. 사도 바울은 그리스도를 자랑하며 그 안에서 기뻐하는 것 외에는 모두가 육신을 신뢰하는 것으로 취급합니다(빌 3:3).

적용 3. 사람이 육신에 불과합니까? 그렇다면 사람을 두려워하지 마십시오. 다윗은 이렇게 결심하였습니다. "내가 하나님을 의지하였은즉 두려워하지 아니하리니 혈육을 가진 사람이 내게 어찌하리이까?"(시 56:4). 두려워할 필요도 없고 두려워해서도 안 됩니다. 그럴 필요가 없습니다. 큰 자도, 수많은 무리들도 두려워할 필요가 없습니다. 모든 감옥의 열쇠를 허리에 차고 있고, 여러분을 죽일 수도 있고 살릴 수도 있는 사람들이라 해도 두려워할 필요가 없습니다. 어린아이라도 여러분이 그릇 행하여 그를 여러분의 원수로 만드는 일이 없도록 조심하십시오. 악인이 성도들에게 행하는 악한 일들을 하나님께서 바로잡으실 것입니다. 악인이 죄를 범하면, 그 죄로 인하여 하나님의 날개 아래에서 보금자리를 찾을 수 없을 것입니다. 그리하여 히에로니무스(제롬)는, 그리스도인들의 죄들로 인하여 기독교 세계를 침략한 저 야만 민족들이 승리를 거두었다고 탄식하였습니다. 그러나 여러분이 하나님의 길에 서 있는 것 때문에 사람이 분노하고, 여러분의 거룩한 것에 대해 격렬한 화를 발하는 경우라면, 그들이 여러분의 목숨을 먹이로 삼고자 애쓴다 할지라도 여러분은 두려워할 필요가 없습니다. 육신은 오로지 육신에게만 상처를 줄 수 있습니다. 여러분을 죽일 수도 있습니다만, 여러분을 상하게 할 수는 없습니다. 여러분이 이미 육신에 관한 모든 것을 그리스도께 포기한 마당에, 그것을 빼앗길까 봐 두려워할 필요가 어디 있습니까? 이것은 여러분이 그리스도인으로서 배우는 첫 교훈입니다. 그리스도인이라면 모름지기 여러분을 부인하고 여러분의 십자가를 지고 여러분의 주님을 따르는 것 말입니다. 그러니 원수가 온다 해도 이미 때는 늦은 것입니다. 이미 그리스도께 목숨을 드렸으니 여러분에게는 더 이상 잃어버릴 목숨이 없고, 하나님의 허락이 없이는 사람이 목숨을 빼앗아갈 수도 없는 것입니다. 여러분이 가진 모든 것이 보호 받습니다. 그리고 하나님께서 이런 유의 고난이 없을 것이라는 약속을 주지는 않으셨으나, 그는 여러분의 손실을 보전해 주십니다. 예, 백 배나 갚아 주십니다. 또한 육체를 두려워해서는 안 됩니다. 우리 주님은 마태복음 10장의 여섯 절에서 세 번이나 사람을 두려워하지 말 것을 명령하십니다. 여러분의 마음이 사람의 앞에서 두려워 떤다면, 그의 작은 손가락이 사람의 허리보다 더 무거운 사탄을 대적해서는 도대체 어떻게 처신하겠습니까? 로마 사람들은 무기의 날을 무디게 하거나 곤봉처럼 둥글게 하여, 제대로 날선 무기를 다루기 전에 먼저 그것으로 시험했다고 합니다. 사람의 곤봉과 무딘 무기에게서 받은 육체의 상처를 견디지 못한다면, 사탄의 검이 여러분의 허리를 찌르면 대체 어떻게 하겠습니까? 그의 자녀들이 하찮은 사람을 두려워하면, 하나님께서는 이를 치욕으로 여기십니다. 그러므로 주를 거룩히 여기며 두려움을 두려워하지 말라는 명령이 우리에게 주어져 있는 것입니다. 자, 육신에 지나지 않는 사람을 두려워하지 않으려면, 다음 두 가지를 힘써야 합니다.

　1. 여러분 자신의 육신을 죽이는 일입니다. 육신은 오로지 육신을 두려워합니다. 영혼이 육신적인 정욕과 쾌락으로 전락하게 되면, 그가 육신적인 두려움에 빠지는 것이 이상스런 일이 아닙니다. 그리스도인 여러분, 조심하십시오. 여러분 스스로 종 노릇 하는 데에 빠지지 않도록 말입니다. 어쩌면 여러분의 마음이 사람들의 칭찬을 바랄지도 모릅니다. 그렇게 되면 그리스도에 대해 얼버무리던 자들처럼 (요 12:42) 여러분도 사람들에게서 비판받기를 두려워하게 될 것입니다. 그들은 자기들 스스로는 그리스도를 따른다고 하면서도 공개적으로는 그를 믿는 것을 인정하기를 꺼렸습니다. 사람들의 칭찬을 사랑하기 때문이었습니다. 다윗은 말하기를, 악인의 입은 열린 무덤이라고 합니다. 그런데 이 무덤 속에 수많은 성도의 이름이 묻혀 있는 것입니다. 그러나 이 육신의 정욕을 죽이게 되면 사람에게서 판단받기를 개의치 않게 될 것이고, 모든 육신적인 애착들에 대해서도 마찬가지일 것입니다. 어떤 고기(meat)는 바라보고 있기가 괴롭습니다. 여러분의 마음을 무엇이든 육신적인 것에 — 아내든 자녀든 재산이든 — 두게 되면, 이것들이 여러분으로 하여금 비열하게도 사람을 두려워하게 만들 것입니다. 그렇게 되면 사람이 이런 것에서 여러분을 괴롭히는 하나님의 사자일 수도 있게 되는 것입니다.

　2. 육신을 상대로 믿음을 굳게 세우는 일입니다. 믿음이 마음을 굳게 세워 줍니다. 그리고 마음이 굳게 세워지면 쉽게 두려워하지를 않습니다. 의사들에 의하면, 사기가 저하되었을 때만큼 사람이 오염에 심하게 노출되는 때가 없다고 합니다. 그

러므로 그들이 제시하는 대비책은 모두 사기를 올리는 것들입니다. 불신앙으로 인하여 심령이 가라앉을 때에는 사람에게서 받는 위협 하나하나가 쓰라린 상처가 됩니다. 그러니 믿음으로 약속들을 한껏 취하시기 바랍니다. 그러면 용기가 일어날 것입니다.

적용 4. 사람이 육신에 불과합니까? 그리스도인 여러분, 이것으로 위로를 삼으십시오. 곧, 하늘의 아버지께서 여러분이 육체라는 것을 아시며, 다음과 같은 방면에서 여러분들을 돌아보신다는 것 말입니다.

1. 환난에서. "그가 우리의 체질을 아시며 우리가 단지 먼지뿐임을 기억하심이로다"(시 103:14). 약한 자나 강한 자나, 어린 자나 나이 든 자나 상관없이 언제나 한 가지 처방밖에는 주지 않는 무능한 돌팔이 의사처럼 우리를 돌보시는 것이 아닙니다. 하나님은 마치 지혜로운 의사가 그의 환자를 돌보고 처방을 내려주듯이 그렇게 돌보시는 것입니다. 사람들과 마귀들은 하나님께서 정해 주시는 약 같은 것에 지나지 않습니다. 그들이 자기 마음대로 우리에게 행하는 것이 아니라, 오직 하나님께서 지정해 주시는 대로 행할 뿐인 것입니다. 발람은 발락이 주는 뇌물을 사모했습니다. 하지만 하나님께서 허락하시는 한도에서 한 치도 벗어나지 못했습니다. 사실 악인들에 대해서 하나님은 결코 관대하시지 않습니다. "주께서 그의 백성을 치셨은들 그의 백성을 친 자들을 치심과 같았겠느냐?"(사 27:7). 성도들의 잔에서는 환난의 독이 조정됩니다만, 악인의 경우에는 그렇지 않습니다. 그러니 성도들에게 약(藥)인 것이 악인에게는 패망의 독(毒)이 되는 것입니다.

2. 임무에서. 여러분이 육신에 불과하다는 것을 그는 알고 계십니다. 그러므로 여러분이 행하는 연약한 섬김을 동정하시고 받아들이시며 인정하십니다. 그리스도께서는, 마음은 원이로되 육신이 약하다고 말씀하십니다.

3. 시험에서. 여러분이 육신이라는 것을 그가 아시며, 시험의 수준을 그처럼 연약한 본성에 맞도록 조율하십니다. 이를 가리켜 사람이 감당할 시험이라 부르며(참조. 고전 10:13 — 역주), 난외주에서는 알맞은 시험이라고도 하는데, 그렇게 유약한 존재에게 적합한 시험이라는 뜻입니다. 그리스도인이 시험의 무게에 눌려 기진하기 시작할 때마다, 하나님께서는 마치 자녀가 기절할 때에 어머니가 안타까이 행하듯이 급히 역사하사 그를 구원하십니다. 그러므로 하나님이 가까이 계셔서 심령이 낙심하지 않도록 그런 자를 소생시키신다고 말씀하는 것입니다.

[그리스도인이 혈과 육으로 싸우는 법]

둘째. 사도가 성도의 싸움에 대해서 무엇을 강조하는지를 관찰하십시오. 혈과 육이 아니라 통치자들과 권세들을 저지한다는 점을 강조합니다. 물론 사도는 사람을 상대로 싸우는 싸움을 배제하지는 않습니다. 뱀과 그의 후손과의 싸움이 우리에게 있으니 말입니다. 세상이 아무리 넓어도 성도와 악인이 평화로이 함께 공존할 수는 없는 것입니다. 하지만 사도의 의도는 성도의 원수가 얼마나 교묘한가를 보여주고자 하는 것입니다. 사람의 분노와 사탄의 분노가 함께 섞여 있고, 우리는 그것을 상대해야 합니다. 그러므로 성도의 원수들의 협공(挾攻)을 관찰해야 합니다. 우리는 그냥 사람만을 상대하는 것이 아니라 사탄이 이끄는 사람을 상대해야 합니다. 혈과 육을 상대하는 것이 아니라, 그들 속에서 역사하는 통치자들과 권세들을 상대해야 하는 것입니다. 그리스도인이 상대로 씨름하는 사람들에는 두 종류가 있으니, 선한 사람들과 악한 사람들이 그것입니다. 사탄은 이 두 종류의 사람들을 모두 이용하여 공격하는 것입니다.

1. 그리스도인은 선한 사람들과 씨름합니다. 성도와 성도 사이에 갖가지 날카로운 갈등이 있어 왔습니다. 진리에 대한 오해와 서로에 대한 오해로 인하여 어둠 속에서 난투가 벌어져 온 것입니다. 아브라함과 롯이 서로 간에 갈등을 겪었습니다. 아론과 미리암이 모세와 더불어 갈등하였고, 마침내 하나님께서 개입하셔서 미리암을 곧바로 치심으로써 갈등을 종식시키셨습니다. 사도들은 주님이 계시는 앞에서조차 누가 큰 지를 두고 서로 언쟁을 벌였습니다. 이처럼 성도들 사이의 갈등에서 사탄이 불길을 일으키는 연료 역할을 합니다. 물론 아합처럼 변장하고 싸우기 때문에 그의 활동이 거의 드러나지 않습니다. 하지만 먼저 한 쪽에 장난을 치고 이어서 다른 쪽에도 장난을 쳐서 조그만 갈등거리를 크게 부풀리고, 그리하여 분노와 복수심을 불러일으킵니다. 그러므로 사도는 화를 내지 않도록 주의시키면서 마귀에게 틈을 주지 말라고 말씀하는 것입니다. 이는 마치 이런 뜻과도 같습니다. "마귀가 함께 하기를 바라지 않는다면 너희들끼리 다투어 넘어져서는 안 된다. 그는 보통 쓰는 말처럼 검으로 사는 진정한 검투사요 따라서 싸움이 있을 가망이 있는 곳이면 어디든 급히 그리로 달려간다." 그레고리우스(Gregory)는 서로 갈등하는 성도들을 두 마리의 싸움닭에 비유하면서, 투계장(鬪鷄場)의 주인인 사탄이 둘 중에 죽는 자를 밤에 잡아먹으려고 서로 싸움을 붙인다고 말합니다. 솔로몬은, "미

런한 자의 입술은 다툼을 일으키고 그의 입은 매를 자청하느니라"라고 말씀합니
다(잠 18:6). 사실 우리가 서로 분쟁하면 그것은 마귀에게 지팡이를 가져다주며 우
리를 때리라고 하는 것과 다를 바 없습니다. 그는 불이 없이는 잘 싸우지 못합니
다. 그래서 이 분쟁의 불씨를 터뜨리고, 이를 자기의 용광로에서 사용하여 우리의
심령들에게 열을 가하여 분노하게 만듭니다. 그러면 우리는 말랑말랑해져서 그가
쉽게 두들겨 원하는 모양으로 만들 수 있게 되는 것입니다. 분쟁은 영혼을 무질
서한 상태에 빠뜨립니다. 주먹 앞에는 법이 침묵을 지키는 법이니 말입니다. 심령
이 격해 있는 상태에서는 은혜의 법이 자유로이 활동하지 않는 법입니다. 온유한
모세도 감정이 격해지자 경솔한 말을 뱉었습니다. 제 생각에는, 다른 것은 몰라도
사탄이 그의 악한 영을 형제들 사이에 두고 있다는 이 사실을 염두에 두고서 —
이 요압은 형제들 사이에 손을 쓰고 있습니다 — 우리 사이에 불행한 갈등이 없도
록 해야 할 것으로 보입니다. 우리끼리 서로 물어뜯고 삼켜서 지옥을 즐겁게 한다
면 이 얼마나 어리석은 일이겠습니까? 우리의 격한 감정을 열정으로 오해하기가
얼마나 쉬운지요? 성도들 사이의 갈등에서 흔히 봅니다만, 격한 감정은 사탄이 그
들의 하나됨과 질서를 깨뜨리기 위해 보내는 화공선(火攻船)입니다. 성도들이 견
고히 서 있으면 그들은 무적함대입니다. 그러니 그들을 깨뜨리기 위해서는 이 방
법 밖에 없다는 것을 사탄이 잘 알고 있는 것입니다. 그리스도인의 언어는 하나인
데, 그것이 혼잡하게 되기 시작하면, 그들이 흩어지게 됩니다. 하나님의 자녀들이
평화로이 함께 거하지 못하면, 이때야말로 하나님이 그들을 떠나시는 것입니다.

2. 그리스도인은 악한 사람들과 씨름합니다. 그리스도께서는, 너희가 세상에 속
하지 아니하므로 세상이 너희를 미워한다고 말씀하셨습니다(참조. 요 15:19). 성
도의 본성과 삶은 세상과는 반대입니다. 성도들이 세상과 화목하면, 곧바로 이어
서 불과 물이, 천국과 지옥이 서로 화목하게 될 것입니다. 이단은 진리에 대하여
그들의 원수요, 속된 자는 거룩에 대하여 그들의 원수입니다. 이단과 속된 자들 모
두에게 그리스도인은 가증한 존재입니다. 이스라엘 사람들이 애굽 사람들에게 그
렇듯이 말입니다. 그리하여 전쟁이 일어납니다. 악인의 마음속에서는 박해의 불
길이 절대로 꺼지는 법이 없습니다. 과거에는 "그리스도인들을 사자에게 던져라"
라고 입으로 외쳤으나, 지금은 마음속으로 그렇게 외치고 있습니다. 이제 모든 면
에서 성도는 악인과 싸웁니다. 사탄이 그들의 대장이요, 그들은 그 아비의 일을 행
하며, 그 아비의 욕심을 이루고 있는 것입니다. 스바 사람들이 욥을 약탈하였으나

그들은 사탄의 심부름을 한 것입니다. 이단들은 교리를 부패시키고, 여러 사람들의 믿음을 왜곡되게 만듭니다. 그러나 그들은 사탄의 일꾼일 뿐입니다(고후 11:15). 그들은 그들의 임무가 있고, 그에게서 악한 행위와 삯을 부여받는 것입니다. 박해자들도 지옥으로부터 임무를 부여받아 일하는 것입니다. 말로 박해가 일어납니까? 지옥이 그 불길을 일으키는 장본인입니다. 손으로 하는 박해가 일어납니까? 이 역시 마귀의 도구들에 지나지 않습니다. "마귀가 장차 너희 가운데에서 몇 사람을 옥에 던져 시험을 받게 하리니"(계 2:10).

적용 1. 그리스도의 진리들과 그의 종들을 향하여 격렬하게 돌진하는 자들이 보입니까? 오오, 안타깝습니다. 그들이야말로 세상에서 가장 비참한 악인들입니다. 그들의 힘을 두려워하지도 말고, 그들의 재주를 흠모하지도 마십시오. 그들은 사탄에게 사로잡혀 그에게 조종 받아 행동하는 자들입니다. 그들은 순교자가 칭하듯이 그의 소모품들이요 살육용 노예들입니다. 아우구스티누스(Augustine)는 한때 그의 훌륭한 측근이었으나 악인이 된 루키니우스(Lucinius)에게 보낸 편지에서 그에게 이렇게 탄식합니다: "그대가 그렇게 번뜩이는 재치를 마귀를 섬기기 위해 팔아먹고 있는 것을 보니, 정말 비탄과 슬픔을 금치 못하겠구나! 그대가 황금 성배를 발견했더라면 그것을 교회에 주려 했을 것이다. 그러나 하나님은 그대에게 황금 머리와 재주를 주셨는데, 여기서 그대는 마귀를 위해 그대 자신을 마셔 버렸도다." 힘과 재주가 있는 사람이 그것들을 갖고서 하나님을 대적하는 것을 보면, 그들에 대해 슬퍼하십시오. 그런 것들로 마귀를 섬기기보다는 차라리 그런 것이 하나도 없이 종으로, 바보로 살다가 죽는 편이 훨씬 나았을 것입니다.

적용 2. 오오 성도 여러분, 조롱과 박해를 당하면, 사람보다 더 먼 곳을 바라보고 그들에게 분노를 소비하지 마십시오. 아아, 그들은 마귀의 손에 붙잡힌 도구들에 지나지 않습니다. 여러분의 불쾌한 마음을 사탄을 위하여 남겨 두십시오. 사탄이야말로 여러분의 철천지원수이니까요. 그들은 후에 그리스도의 편이 되어 결국 여러분의 친구들이 될 수도 있는 사람들입니다. 이따금씩 우리는 사람들이 마귀의 본색을 버리고 도망쳐 와서 자기들이 잔인하게 낸 여러분의 상처들을 눈물로 씻어 주는 경우를 보기도 합니다. 안셀무스(Anselm)는 한 유명한 구절에서 이단과 박해자를 말(馬)에 비유하고, 마귀를 말 탄 기수(騎手)에 비유하면서, 이렇게 말합니다. "전쟁터에서 원수가 말을 타고 달려올 때에 용감한 병사는 말이 아니라 마병(馬兵)에 대해 분노하며, 말을 사로잡아 사용하기 위하여 그 사람을 죽이려고 애씁니다. 그렇습니다. 우리도 악인을 이렇게 대하여야 합니다. 그들을 향하여 분노를 발할 것이 아니라, 그들 위에 올라타고 박차를 가하는 사탄에게 분노를 발하며, 그리스도께서 십자가 위에서 그러셨던 것처럼 그들을 위해 기도하기를 힘써야 할 것입니다. 마귀를 그들 위에서 끌어내어 이 비참한 영혼들이 그에게서 벗어나 구원받기 위하여 말입니다." 많은 사람들이 전쟁터에서 죽임을 당하도록 내버려 두는 것보다 한 사람의 영혼이라도 마귀의 손아귀에서 구출하여 살리는 것이 더욱 존귀한 일입니다. 에라스무스(Erasmus)는 아우구스티누스에 대해 말하기를, 그는 정통주의자들을 피비린내 나게 박해한 이단들의 목숨을 구하기 위하여 황제의 관리들에게 간청하였다고 했습니다. 자비로운 의사처럼 그는 그들의 목숨을 원한 것입니다. 가능하다면 그들을 치료하여 믿음이 건전한 자들로 만들고 싶었던 것입니다.

제 2 장
공격자들을 적극적으로 묘사함

"우리의 씨름은 … 통치자들과 권세들과
이 어둠의 세상 주관자들과
하늘에 있는 악의 영들을 상대함이라"(엡 6:12).

사도는 앞에서 혈과 육, 곧 연약한 사람들은 성도의 원수가 아니라는 점을 보여 주었습니다. 그들은 다가오는 순간 그대로 우리의 눈 앞에 드러나며, 사람의 힘으로 저항하거나 도피할 수 있습니다. 그리고 여기서는 "통치자들과 권세들과 이 어둠의 세상 주관자들과 하늘에 있는 악의 영들"을 적극적으로 묘사하고 있습니다. 어떤 이들은 사도가 여기서 이런 다양한 이름과 호칭들을 통하여 마귀들의 구체적인 계급들을 제시하고 있다고 보기도 합니다. 11절의 마귀를 우두머리 혹은 왕으로 보고, 12절의 여러 호칭들을 그 아래 속하는 계급들로 보는 것입니다. 마치 사람들 중에 황제 밑에 왕자, 공작, 백작 등 여러 계급이 있는 것처럼 말입니다. 마귀들 가운데 서열이 있다는 것은 부인할 수 없는 사실입니다. 성경은 마귀들의 왕도 언급하며(마 9:34), 또한 마귀와 그의 사자들도 언급합니다. 그의 사자들은 마귀와 함께 그 첫 지위로부터 타락한 존재들인데, 이들이 마귀의 사자들로 불리는 것은 아마도 이들이 다른 이들의 위에서(그 당파의 우두머리로서) 마귀와 마찬가지로 죄를 범하고 타락한 무수한 다른 이들을 마귀의 당파에게로 이끌었기 때문인 것 같습니다. 그러나 본문의 묘사에 나타나는 여러 가지 호칭만큼 구체적인 계급들이 있는 것 같지는 않습니다. 이는 강단에서 가르치기에는 근거가 매우 약한 내용이라 여겨집니다. 그러므로 우리는 이들을 마귀를 **개별적으로가** 아니라 — 즉, 통치자들을 한 계급으로, 권세들을 또 다른 계급으로 보는 식으로가 아니라 — **집합적으로** 칭하는 것으로 다룰 것입니다. 곧, 우리가 씨름하는 것은 혈과 육을 상대로 한 것이 아니라 마귀들, 즉 통치자들과 권세 등을 상대로 하는 것이라는 뜻으로 말입니다. 본문에 나타나는 호칭들 중에는 구체적인 계급을 의미하는 것일 수 없고 오히려 마귀들 전체를 영적으로 사악한 존재들로 지칭하는 것인 것들이 있으니 말입니다. 이 가운데 어느 하나만이 악의 영이 아닙니다. 모두가 다 악의 영인 것입니다. 그러므로, 첫째, 마귀 혹은 이 무리들 전체가 여기서 이 세상을 장악하여 통치하는 것에 준하여 묘사되니, 곧 "**통치자들**"입니다. 둘째, 이들의 강력한 힘과 능력에 준하여 이들을 "**권세들**"이라 부릅니다. 셋째, 이들의 왕국 혹은 영역에 준하여 이들을 "**이 어둠의 세상 주관자들**"이라 부릅니다. 넷째, 이들의 타락한 본성에 준하여 이들을 "**악의 영들**"이라 부릅니다. 다섯째, 싸움터에 준하여 이들을 "**하늘에 있는**", 혹은 "**하늘의 일들에 관한**"이라고 합니다.

———

첫째 대지

[통치자들을 상대함]

마귀 혹은 그 무리 전체를 여기서 이 세상을 장악하여 행하는 통치에 준하여, "통치자들"로 묘사합니다. "통치자들"(principalities)이라는 용어는 여기서 구체적인 존재를 지칭하는 뜻으로 사용됩니다. 곧, "통치권을 지닌 자들"(such as have a principality)이라는 뜻입니다. 딛 3:1에서도 통치권들(principalities)과 권세들에 굴복하라고 말씀하는데, 라틴어 불가타 역본의 독법처럼 이는 임금들(princes)과 권세를 지닌 자들에게 굴복하라는 뜻입니다. 우리는 임금들을 상대로 씨름합니다. 어떤 이들은 이를 그들이 사람보다 뛰어난 본성을 지닌 것을 표현하는 것으로 보기도 할 것입니다. 임금들의 지위와 생각이 다른 이들보다 더 뛰어나듯이 말입니다. 위대한 사람들은 생각도 위대합니다. 기드온은 세바와 살문나에게 묻기를, 그들이 다볼에서 죽인 자들이 누구냐고 했는데, 그들은 이에 대해 "그들이 너와 같아서 하나 같이 왕자들의 모습과 같더라"라고 대답했습니다. 즉, 왕자다운 위엄과 기품을 지닌 자들이었다는 뜻입니다. 그리하여 그들은 여기서 그 사자들의 탁월한 본성을 표현한다고 봅니다. 그들이 최고의 임금을 월등히 능가한다는 것입니다. 그러나 넷째 대지에서 그들의 본성에 준하여 묘사되고 있으므로, 저는 이를 마귀가 이 낮은 세상에서 행사하는 통치권 혹은 다스림을 뜻하는 것으로 보는 이들의 판단을 따를 것입니다. 그러므로 다음을 주목해볼 필요가 있습니다.

[사탄이 가진 통치권은 어떤 것인가]

가르침. 사탄은 큰 임금입니다. 그리스도께서도 친히 그를 "이 세상의 임금"이라 부르십니다(요 14:30). 임금들은 보좌 위에 앉아서 호령합니다. 사탄도 그의 보좌가 있습니다. "네가 어디에 사는 것을 내가 아노니 거기는 사탄의 권좌가 있는 데라"(계 2:13). 또한 그의 보좌는 이 땅의 임금들의 보좌들과는 비교할 수 없는 것입니다. 신하들의 마음속에서까지 권좌에 좌정하고 있는 임금은 거의 없습니다. 신하들의 몸을 다스리고 그들의 재물을 통제하기는 하지만, 불만이 가득한 신하들의 소원대로 임금이 하루아침에 권좌에서 내쫓기는 경우가 얼마나 많은지 모릅니다. 그러나 사탄은 그의 모든 졸개들의 마음을 갖고 있습니다. 임금들은 고유한 존경과 충성을 받습니다. 사탄도 그의 졸개들의 충성어린 섬김을 받습니다. 악인들이 마귀에게 경배한다고 말씀합니다(계 13:4). 그 어느 임금도 사탄처럼 경배를 받지 못합니다. 종교적인 예배가 그에게 행해지는 것입니다. 여로보암은 마귀를 위하여 제사장들을 세웠다고 합니다(대하 11:15). 그러므로 사탄을 가리켜 임금이라고만 하지 않고, 이 세상 신이라고 하는 것입니다. 그가 신께 드리는 예배를 받기 때문입니다. 그런 임금은 절대적인 군주로서 법을 제정하는 권세도 지니고 있습니다. 아니, 그 자신의 뜻이 곧 법입니다. 나라의 법이 다름 아닌 교만한 술탄의 가슴에 기록되어 있는 오늘날의(17세기를 뜻함 — 역주) 터키의 경우처럼 말입니다. 사탄도 가련한 죄인에게 이런 식으로 법을 줍니다. 죄인은 그에게 매여 있으니 복종할 수밖에 없습니다. 그 법이 죄인 자신의 피로 기록되었고 또한 죄인으로서는 마귀의 정욕을 이행하다가 결국 정죄밖에는 얻을 것이 없지만 말입니다. 이 법은 "죄의 법"이라 불립니다(롬 8:2). 권위로 주어지기 때문입니다. 임금들은 국가의 신하들이 있어서 그들을 통하여 영토 내의 안전과 또한 영토의 확장을 꾀합니다. 이와 마찬가지로 사탄도 그의 몹쓸 계략들을 시행하기 위한 졸개들을 거느리고 있습니다. 그러므로 성경은 "귀신들의 가르침"에 대해 말씀합니다(딤전 4:1). 임금들은 통치의 비밀들을 갖고 있는데, 그들이 총애하는 몇몇 측근들 외에는 그것에 대해 아무도 모릅니다. 이와 마찬가지로 마귀에게도 그의 졸개들이 알지 못하는 그 불의한 미스테리, 혹은 "소위 사탄의 깊은 것"들(계 2:24)이 있습니다. 이런 것들은 몇몇 총애하는 자들에게만 주어집니다. 엘루마가 그런 자입니다. 바울은 그를 가리켜 "모든 거짓과 악행이 가득한 자요 마귀의 자식"이라 부릅니다(행 13:10). 이들은 양심이 완전히 부패하여 있어서 아무리 끔찍한 죄에 대해서도 전혀 개의치 않습니다. 사탄의 철저한 심복들입니다. 아메리카의 사람들 중에 썩어서 냄새나는 고기를 가장 좋아하는 자들이 있다는 이야기를 읽은 적이 있습니다. 그들은 마귀의 밥입니다. 사람이 죄 가운데서 부패하고 썩어 있을수록 마귀는 더욱 좋아합니다. 개중에는 다른 이들보다 더 마귀의 자식인 자들이 있습니다. 그리스도께도 사랑하는 제자가 있었습니다만, 사탄은 가슴속에서부터 거짓말하며 또한 그 마음에 무엇이 있는지를 아는 자들을 사랑합니다. 한 마디로, 임금들에게 자기들의 관습이 있듯이, 사탄도 마찬가지입니다. 그는 자기가 가진 것을 죄인과 나누지 않습니다. 자기의 모든 것을 스스로 소유합니다. 그러므로 마귀는 주인이요, 죄인은 그를 위해 장사를 하는 점원에 불과합니다. 결국에는 자기가 얻은 모든 것을 마귀의 호주머니에 넣어주게 되는 것입니다. 시간도, 힘도, 재산도 그렇습니다. 양심과 모든 것을 마귀를 권좌에 그대로 있게 하기 위해 쓰는 것입니다.

[사탄은 어떻게 해서 그런 임금이 되었는가]

질문 1. 하지만 사탄이 어떻게 해서 이런 통치권을 갖게 되었을까요?

답변. 그 자신은 스스로 공평하다고 주장할 수 있습니다만, 적법하지 않습니다.

1. 그는 정복을 통해서 그것을 얻었습니다. 그가 면류관을 얻었으니, 권력과 책략으로 그 면류관을 머리에 쓰고 있습니다. 하지만 정복은 깨어진 명분입니다. 강도가 여행객을 압박하여 호주머니를 내어놓게 할 수 있다고 해서 정직한 자가 되는 것이 아닙니다. 누군가가 알렉산더 대왕에게 담대하게 이야기한 것처럼, 권좌에 앉은 강도나 해적선을 타고 있는 해적이나 길을 가는 보통 사람보다 나을 것이 없습니다. 또한 처음에 악했던 것은 시간이 지나면서 선한 것으로 드러나지도 않습니다. 사탄은 정말 자신이 소유한 것을 오랫동안 지켜왔습니다. 하지만 그것이 빼앗은 소유인 이상 아무리 오래 지켜왔다 해도 그는 강도일 뿐입니다. 그는 처음에 아담의 마음을 하나님께로부터 훔쳤고, 이날까지 그보다 더 나은 일을 행한 것이 없습니다. 그리스도의 정복은 선합니다. 그 싸움이 본래 그의 것이던 것을 다시 찾기 위한 것으로 그 명분이 의롭기 때문입니다. 그러나 사탄은 아무리 비천한 사람에 대해서도, "이는 내 것이라"라고 말할 수가 없습니다.

2. 사탄은 선택에 의해서 그의 통치권을 얻었다고 주장할 수도 있습니다. 그가 간계로 권좌에 오른 것은 사실입니다. 하지만 지금 그는 부패한 본성의 한결같은 목소리에 의해서 선택받은 임금입니다. 그리스도께서는 이렇게 말씀하십니다. "너희는 너희 아비 마귀에게서 났으니 너희 아비의 욕심을 너희도 행하고자 하느니라"(요 8:44). 하지만 이 논리에는 오류도 있습니다. 사람은 창조의 법에 따라서 하나님의 신민(臣民)이요 따라서 하나님의 권리에서 벗어날 수가 없습니다. 사람은 죄로 인하여 보호자이신 하나님 안에 있을 권리는 상실하였습니다. 그러나 하나님께서는 주권자로서의 권리를 잃어버리신 것이 아닙니다. 죄로 인하여 사람은 하나님의 법을 지킬 능력이 없게 되었습니다. 하지만 그렇다고 해서 그 법을 지켜야 하는 의무가 사라져 그것을 지키지 않아도 되는 것이 아닌 것입니다.

3. 사탄은 하나님께로부터 친히 통치권을 선물로 받았다고 주장할 수도 있습니다. 대담하게도 그리스도께도 이를 근거로 자신을 세상의 임금으로 인정하고 자신에게 경배하라고 종용하기까지 하였으니 말입니다. 그는 그리스도께 세상의 모든 나라들을 보여준 후에, "이 모든 권위와 그 영광을 내가 네게 주리라 이것은 내

게 넘겨 준 것이므로 내가 원하는 자에게 주노라"라고 이야기했습니다(눅 4:5, 6). 이는 일면 사실이었습니다. 그러나 그는 사실을 부풀려 이야기했습니다. 그가 진실을 말할 수 없기 때문이기도 하거니와, 무언가 이득을 얻기 위해서 말미에 거짓말을 섞은 것입니다. 어떤 의미에서 하나님께서 이 세상을 그에게 넘겨 주신 것은 사실입니다. 그러나 하나님께서는 사탄의 말처럼 자기 마음대로 무슨 일이든 할 수 있도록 넘겨 주신 것도 아니요, 하나님의 대리자로서의 자격을 보증해 주기 위한 일종의 인준의 의미로 그렇게 하신 것도 아닙니다. 사탄이 이 세상의 임금이 된 것은 하나님의 은혜에 의한 것이 아니요 오히려 하나님의 허용에 의한 것입니다.

질문 2. 그렇다면 하나님께서는 어째서 이 배도한 존재로 하여금 세상에 대해 그런 통치권을 행사하도록 허용하시는 걸까요?

답변 1. 이는 사람에 대해 보복하시는 의로운 조치의 일환입니다. 사람이 그의 정당한 주인이요 창조주이신 하나님의 따뜻한 통치를 배반하였으니 말입니다. 이것이야말로 하나님이 반역을 처벌하시는 방식입니다. "네가 모든 것이 풍성한 중에도 기쁨으로 나를 섬기지 아니하니, 네가 굶주림 중에 네 원수를 섬기리라." 사탄은 하나님께서 진노로 주신 임금입니다. "종들의 종이 되리라"는 함의 저주가 사람의 형벌입니다. 마귀는 하나님의 노예요, 사람은 마귀의 노예인 것입니다. 죄가 사람의 등에 마귀를 세워놓았고, 이제는 무자비하게 그를 몰아치고 있습니다. 마치 그가 돼지 떼에게 행한 것처럼 말입니다. 그리고 하나님의 자비가 개입하지 않는 한 결국 사람은 불꽃 속에서 질식해 버릴 것입니다.

답변 2. 하나님께서 사탄의 통치권을 허용하시는 것은 그의 택한 백성을 이 큰 통치자의 권세에서 회복시키사 그의 이름을 영화롭게 하시기 위함입니다. 그가 이 전쟁을 끝마치실 때에 과연 그의 이름이 얼마나 큰 영광을 얻겠습니까! 처음부터 모든 사람이 이 원수에게 사로잡혀 있어서, 그가 권능으로 구원하사 그를 섬길 마음을 주시기까지 아담의 자손 중에 스스로 하나님을 섬기기로 자원하는 자가 하나도 없었으니 말입니다! 이로써 하나님은 모든 이름 위에 뛰어난 이름을 얻으실 것입니다. 하늘과 땅이 그의 작품이니 이것들을 통하여 그는 창조주의 이름을 얻으셨고, 또한 보존자로 행하신 섭리로 말미암아 구원주의 이름을 얻으셨습니다. 하나님은 먼저 그의 피조물을 보존하시는 일을 행하십니다. 그의 보존하심이 없었다면 그들은 잃어버린 바 되었을 것입니다. 그리고 그는 새로운 피조물을 창조하시는 일을 행하십니다. 곧, 은혜의 자식들을 창조하시는데, 이들은 하나님을

통하여 싸움터에서 능히 마귀를 몰아낼 수 있는 자들입니다. 장성한 상태로 창조
된 아담을 낙원에서 쫓겨나게 만들었던 마귀를 말입니다. 그러니 하나님의 다른
역사들은 바다에 들어가는 강물처럼 되고, 그 이름을 잃고, 아니 구속의 한 일부가
되지 않겠습니까? 사탄이 택함 받은 자들을 옥에 가두지 않았더라면, 그들은 이처
럼 큰 승리의 함성을 지르며 천국에 들어가게 되지 않았을 것입니다. 성경에는 큰
기쁨을 나타내는 세 가지 표현들이 있습니다. 산통(産痛)을 겪은 후에 여인이 겪
는 기쁨, 수확의 기쁨, 그리고 전리품을 나누는 자의 기쁨이 그것입니다. 그런데
이 모든 기쁨은 쓰라린 고통 후에 얻어지는 것들입니다. 기쁨을 얻기 위해서 산통
중의 여인은 엄청난 고통과 눈물을 경험하며, 농부는 온갖 염려와 걱정을 경험하
며, 군인은 위험과 상해를 감내해야 합니다. 그러나 그 모든 고통을 지불한 후에
과거의 쓰라린 경험을 기억함으로써 현재의 기쁨이 배가되는 것입니다. 만일 그
리스도께서 오셔서 우리의 본성과 비슷한 상태 속에 들어오셨다가 아무런 저항도
받지 않으시고 그의 신부와 더불어 평안하게 하늘로 돌아가셨다 해도, 그것이 참
고귀한 사랑이었고 또한 이로 인해 혼인의 기쁨이 충만했을 것입니다. 하지만 지
금처럼 그의 성도들을 천국에까지 이끌어 가시는 이 방식이 그 기쁨을 더욱 크게
만들어 주는 것입니다. 혼인의 기쁨을 노래하는 노래에 정복자의 승리의 노래가
더해지니 말입니다. 사탄이 그리스도의 신부를 지옥의 내실로 끌어갈 때에 그가
정복자가 되어 사탄의 손에서 그 신부를 구해 내셨으니 어찌 아니 그렇겠습니까!

[과연 사탄을 우리의 임금으로 삼고 그에게 복종하는지
그렇지 않은지를 우리가 어떻게 알 수 있을까]

첫째. 사탄이 그토록 큰 임금입니까? 그러니 여러분이 누구의 신하인지를 시험해
보십시오. 그의 제국은 거대합니다. 몇몇 특권을 입은 자들만이 그 제국에서 하나
님의 사랑하시는 아들의 나라로 옮겨집니다. 심지어 그리스도 자신의 영역 내에
서도 — 즉, 눈에 보이는 교회 말입니다 — 그리스도의 이름이 고백되며 그의 복
음의 규(珪)가 높이 들려지는 그 곳에서도, 사탄은 그의 신하들을 부리고 있습니
다. 네로의 궁 안에 그리스도의 성도들이 있었듯이, 눈에 보이는 그리스도의 교회
의 바깥뜰에도 마귀의 종들이 있는 것입니다. 그러므로 여러분은 교회의 테두리
안에서 그냥 살면서 그리스도의 규례들에 겉으로 복종하는 정도에서 탈피해야 합

니다. 그래야 사탄의 다스림에서 벗어날 수 있습니다. 사탄은 그런 상태에 머물도록 만들려 하며, 또한 결코 지는 법이 없을 것입니다. 임금은 장사하는 그의 상인들을 타국에서 살도록 허용합니다. 그들은 타국에 살면서 그 나라의 언어를 배우고 그 곳의 풍습을 따릅니다. 그렇다고 해서 임금에 대한 그들의 충성이 깨어지는 것이 아닙니다. 그러니 사탄에 대한 여러분의 충성심도 깨어지지 않습니다. 엘리자베스 여왕 치세 때에 모든 국민을 교회에 출석하게 하는 법령이 제정되었는데, 이때 교황주의자들이 교황이 이를 반기는지를 알기 위해 사람을 보냈습니다. 그러자 교황은 이런 취지의 답변을 보내왔습니다. 곧, "잉글랜드의 가톨릭교도들에게 그들의 마음을 내게 달라고 하고, 그 나머지는 여왕이 취하도록 하라"고 했다는 것입니다. 여러분이 입술의 아첨으로 높이는 자가 여러분의 임금이 아닙니다. 마음속으로 섬기는 자가 바로 여러분의 임금인 것입니다.

　하지만 정말 절실하게 시험하게 하기 위해서는 여러분이 이 둘 모두의 소유가 될 수 없다는 것을 알아야 합니다. 그리스도와 사탄이 온 세상을 나누고 있습니다. 그리스도께서는 그와 동등한 존재를 인정하시지 않으며, 동시에 사탄도 자기보다 높은 존재를 인정하지 않습니다. 그러니 동시에 그리스도와 사탄을 모두 인정하고 섬길 수가 없는 것입니다.

　그러니 여러분, 그리스도께서 여러분의 임금이시라고 고백하면, 다음의 질문들에 대해 답변하시기 바랍니다.

　1. 어떻게 해서 그리스도께서 여러분의 마음의 보좌에 임하셨습니까? 사탄이 한때 여러분의 마음을 소리 없이 소유하고 있었습니다. 여러분은 날 때부터 그런 상태였고, 여러분의 다른 이웃들도 모두 마찬가지로 사탄의 꼭두각시들이었습니다. 그렇습니다. 여러분의 인생에서 그가 여러분의 임금임을 드러냈던 때가 허다했습니다. 그런데 어떻게 이렇게 큰 변화가 일어났습니까? 사탄은 분명 그의 소유인 자가 면류관과 규를 그리스도께 드리는 것을 원치 않았을 것입니다. 또한 여러분 자신도 사탄의 권세를 거부하기를 원치도 않았을 것이고 또한 그것을 저항할 능력도 없었을 것입니다. 그러니 이는 분명 그리스도의 승리의 팔의 결과일 수밖에 없습니다. 하나님께서 그를 높이사 "임금과 구주"가 되게 하신 것입니다(행 5:31). 그러니 말씀해 보십시오. 그리스도께서 과연 여러분에게 오셨습니까? 마치 그 옛날 롯이 그돌라오멜에게 사로잡혀 있을 때에 아브라함이 그를 구하러 갔던 것처럼 그리스도께서 과연 여러분에게 오셨습니까? 그리하여 사탄에 이끌려 정욕의 사슬

에 매여 지옥을 향하여 나아가고 있던 여러분을 사탄의 손에서 건져 내셨습니까? 그 옛날 사울에게 그랬던 것처럼 하늘로부터 임하는 말씀의 역사가 여러분을 부르는 것을 들은 적이 있습니까? 그래서 여러분이 하나님의 발 아래 엎드려 하늘을 바라보게 되고 또한 여러분 자신의 눈먼 처지를 한탄한 적이 있습니까? 전에는 자신을 좋게 여기던 상태에서 변화되어 여러분 자신을 낮추게 되어 이제는 어린아이의 손에 이끌려서라도 그리스도를 기꺼이 따르고자 하는 마음입니까? 천사가 감옥에 갇힌 베드로에게 갔던 것처럼 그리스도께서 여러분께로 오셔서 여러분을 깨우시고 어둠과 어리석음의 사슬들이 여러분의 생각과 양심에서 떨어져나가고 또한 여러분을 순종하는 사람으로 만들어 주셔서 그가 여러분을 떠나시기 전에 굳게 닫혀 있던 여러분의 철 같은 의지의 문이 그리스도께로 활짝 열린 적이 있습니까? 그렇다면 여러분은 여러분이 얻은 자유에 대해 무언가 말할 수 있습니다. 하지만 만일 이 모든 일에서 제가 야만인과 같아 보이고 또한 제가 쓰는 언어가 여러분에게 도무지 낯설다면, 여러분은 여러분의 심령에 그런 역사가 일어났다는 것을 전혀 모르는 것이요, 그러니 아직 옛 감옥에 갇혀 있는 상태일 것입니다. 한 나라를 침략한 정복자가 그 나라의 정권을 바꾸었는데도 그 신민들이 그 사실에 대해 들어보지도 못한다는 것이 있을 수 있겠습니까? 여러분의 영혼 속에서 한 임금이 권좌에서 쫓겨나고 다른 임금이 권좌에 올랐는데도 여러분이 그동안 아무런 소동도 듣지 못했단 말입니까? 거듭나게 하시는 성령을 가리켜 바람에 비유합니다(요 3:8). 성령께서 영혼 속에서 처음 역사하실 때에는 너무나도 은밀하여 그 역사가 어디서 오는지 어디로 가는지를 사람이 알 수가 없습니다. 하지만 성령께서 역사를 마치시기 전에 영혼 속에 그 소리가 들리게 되고, 그리하여 영혼 속에 큰 변화가 일어난 것을 깨닫지 않을 수가 없습니다. 그리고 다음과 같이 말하게 됩니다: "눈이 멀었던 내가 이제는 보게 되었도다. 얼음처럼 굳었던 내가 이제는 죄에 대해 안타깝게 여기며, 내 마음이 녹아지고 죄에 대해 슬퍼하게 되었도다. 전에는 그리스도 없이도 정말 괜찮았고 다른 사람이 그에게서 무언가를 보며 그로 인해서 그렇게 소동을 일으키는 것을 이상히 여겼었는데, 이제는 예루살렘의 딸들을 향한 나의 질문이 바뀌었도다. 전에는 그들에게 '너희가 사랑하는 자가 대체 누구냐?'라고 경멸하며 물었었는데, 이제는 '그가 어디 계시냐? 너희와 함께 나도 그를 찾고자 하노라'라고 묻게 되었도다." 오 여러분, 과연 여러분도 이처럼 말할 수 있습니까? 그렇다면, 누가 여기에 계셨는지를 여러분은 알 것입니다. 그분은 다음 아닌 그리스도이십니다. 그가 승리의 성령으로 여러분을 사탄의 권세에서 그의 아름다운 나라로 옮기신 것입니다.

2. 누구의 법에 자유롭게 여러분을 굴복시킵니까? 이 임금들의 법은 그들의 본성만큼이나 서로 정반대되는 것입니다. 하나는 죄의 법이요(롬 8:2), 다른 하나는 거룩의 법입니다(롬 7:12). 그러므로 죄가 아직 여러분에게서 떠나지 않았고 그리하여 거룩에 근거하여 죄를 알게 되지 않았다면, 여러분 스스로 여러분의 영혼을 속이기로 결심하지 않는 한, 여러분은 곧 다시 무너지고 말 것입니다. 그러므로 죄를 고백하고 하나님께 영광을 돌리십시오. 여러분의 영혼은 과연 이 두 가지 법 가운데 어느 법에다 인을 쳐 두고 있습니까? 사탄이 그의 선언을 내보내고 죄인더러 가라고 명령할 때에, 여러분의 발을 하나님의 명령 위에 두십시오. 여러분이 어떻게 처신하는지를 살피십시오. 바울의 말씀처럼 여러분 자신을 내주고 있습니까(롬 6:16)? 자신을 내준다는 표현은 임금의 신하들이 임금이 원하는 대로 그들을 쓰도록 항상 준비된 자세로 주군 앞에 자기들 자신을 내놓는 모습에서 빌려온 하나의 은유입니다. 이로써 사도는 죄인의 마음이 사탄이 호출하면 즉시 그의 발 앞에 나아가도록 준비를 항상 갖추고 있는 모습을 묘사하는 것입니다. 마치 아론이 그의 동생의 얼굴 보기를 즐거워하여 반가운 마음으로 그를 만나는 것처럼, 여러분의 영혼이 여러분의 정욕을 만나 그 얼굴 보기를 사모하며 즐거워합니까? 죄에게로 끌려가면서 크게 소란을 피우지 않습니다. 오히려 죄의 명령을 즐거워합니다. 하나님은 말씀하시기를, "길갈에서 범죄할지니 너희가 이것을 좋아하도다"라고 하십니다(암 4:5). 신하처럼 명령에 복종할 뿐 아니라 자기를 불러 명령을 주는 임금에게 감사하기까지 하는 것입니다. 그러니 과연 여러분이 누구의 소유인지를 속히 결정지어야 하지 않겠습니까? 여로보암의 명령 따르기를 좋아하는 자들이 과연 그의 신하들이라는 것에 대해 문제 삼은 자가 있습니까(호 5:11)? 안타깝습니다. 여러분은 사탄의 권세 아래 있고, 동이나 철보다 더 단단한 사슬로 묶여 있습니다. 성도도 일시적으로 다른 권세 아래 있을 수 있고, 사도가 탄식하는 것처럼 죄 아래 팔려 있을 수도 있고, 따라서 구원이 임할 때에 기뻐할 수 있습니다. 하지만 여러분은 여러분 스스로를 악의 일에다 팔아먹고 있습니다. 그리스도께서 여러분을 정욕에서 건지기 위해서 오신다 해도, 여러분은 마치 미가가 자기 신들을 좇아간 것처럼 그 정욕들을 떠나는 것을 아쉬워할 것입니다.

3. 보호를 받기 위해 누구에게 의탁합니까? 신하들을 보호하는 것이 임금의 일이

므로, 임금은 신하들이 그들의 안전에 대해 자기를 신뢰할 것을 기대합니다. 가시
나무는 이렇게 명령합니다: "만일 너희가 참으로 내게 기름을 부어 너희 위에 왕으
로 삼겠거든 와서 내 그늘에 피하라"(삿 9:15). 자 여러분은 과연 누구를 신뢰합니
까? 여러분은 감히 진정으로 하나님을 신뢰하며 여러분의 복지의 모든 일들을 그
에게 의탁하고 있습니까? 선한 신하들은 그들을 부르는 부름을 좇으며 나라의 문
제들을 임금의 지혜로운 판단에 맡깁니다. 억울한 일을 당하면 이들은 임금께 탄
원하여 그의 법으로 시비를 가리도록 합니다. 그리고 그들이 임금께 잘못을 행할
경우에는 임금의 법에 따라 기꺼이 형벌을 받고 그의 진노를 견디고 참으며, 그의
총애가 회복되기까지 자신을 낮추며, 또한 불만을 갖고 노골적으로 모반을 일으
키는 일 따위는 하지 않습니다. 이처럼 은혜를 입은 영혼은 그리스도의 부르심을
따르며, 신실하신 창조주이신 하나님께 자신을 맡겨서 그의 지혜로우신 섭리에
따라 사용되게 합니다. 어느 누구에게 폭력을 당하면 마귀의 도움을 받아 일을 해
결하거나 혹은 마귀가 그의 권리에 대해 재판하게 하는 것을 경멸합니다. 아닙니
다. 그는 오히려 하나님의 말씀이 그에게 주는 권고와 위로를 받아들이고 그대로
묵인하는 것입니다. 스스로 잘못을 범하여 하나님의 교정시키시는 매를 맞게 되
면, 하나님을 대적하여 배반의 칼을 들고 교정받기를 거부하는 짓을 하지 않습니
다. 오히려, "자기가 지은 죄에 대해 마땅한 벌을 받고 있는데, 살아 있는 사람이
무엇 때문에 불평하랴?"라고 합니다. 반면에 악한 사람은 자기의 재산과 목숨과
신용 등 자기가 가진 모든 것을 다 걸고서라도 감히 하나님께서 행하시는 선한 역
사에 맞서려 합니다. 보호해 주시겠다는 하나님의 약속의 그늘 아래 그대로 앉아
있다가는 곧바로 망하고 말 것이라고 생각합니다. 그리하여 마치 곧 무너져 내릴
낡은 집에서 도망하듯이 하나님으로부터 도망하며, 자기의 악한 책략을 굳게 신
뢰하며, 거짓을 자기의 피난처로 삼는 것입니다. 이런 사람은 이스라엘처럼 패역
을 신뢰합니다. 하나님께서, "너희가 돌이켜 조용히 있어야 구원을 얻을 것이요 잠
잠하고 신뢰하여야 힘을 얻을 것이라"(사 30:15)라고 말씀하셔도, 하나님의 말씀
을 자기의 안전을 보장해 주는 것으로 여겨 그 말씀대로 순종할 믿음이 그에게 없
습니다. 하나님께서 그의 불충한 처사로 인하여 그에게 괴로움을 주시면, 그것을
자기 죄에 대한 형벌로 받아들이며 그를 불순종하는 신하의 과실을 정의로 벌하
실 수 있는 전권을 지니신 주(主)로 인정하는 것이 아니라, 오히려 그 마음이 하나
님을 향한 적개심으로 가득 차며, 또한 선한 신하답게 하나님께서 그의 회개를 받

아들이시고 다시 자비를 베푸시기까지 고요하고도 겸손히 기다리지도 않으며, 하나님을 자기의 원수로 간주하고 또한 하나님께서 자기의 가슴속에 거하신다는 은혜롭고도 아름다운 생각을 도무지 품을 줄도 모르고, 오히려 자기에게 유익한 것이 전혀 없다며 그에게 투덜댑니다: "이 악한 일은 주께서 행한 것이니, 내가 더 이상 주를 기다릴 이유가 어디 있는가?" 그러나 은혜를 입은 심령은 이 모든 것을 생각하고 크게 격려를 받아 조용히 기다리는 것입니다. "이 일이 주께서 행하신 것이니."

4. 누구에 대해서 공감합니까? 누가 승리하거나 패배할 때 그것이 여러분의 마음에 담겨집니까? 그렇다면 그 자가 여러분의 임금입니다. 하나님께서 여러분의 길을 막으시고, 사탄이 조장해 온 그 죄로부터 여러분을 지키실 때에, 여러분의 영혼은 무어라고 말합니까? 여러분이 만일 그리스도의 편에 서 있다면, 괴로움을 당하고서라도 여러분이 유혹에서 구원받았을 때에 분명 그것을 즐거워할 것입니다. 다윗은 아비가일에게, "오늘 너를 보내어 나를 영접하게 하신 이스라엘의 하나님 여호와를 찬송할지로다"라고 말했습니다만(삼상 25:32), 여러분도, "하나님을 대적하여 죄를 범하지 않도록 하나님께서 섭리하셨으니, 그의 역사를 찬송할지로다"라고 말할 것입니다. 만일 그렇지 않다면, 여러분의 길을 가로막고 여러분의 뜻을 이루지 못하게 만든 그 말씀에 대해 은밀한 불평과 불만을 가질 것입니다. 악한 마음이 암논처럼 정욕을 채운 후에 후회합니다. 다시 말씀합니다만, 그리스도께서 세상에서 이루신 일들이 여러분의 귀에 얼마나 아름다운 음악으로 다가옵니까? 복음이 흥왕하고 눈먼 자가 보며 걷지 못하는 자가 걸으며 가난한 자가 복음을 받는다는 소식을 들을 때에 여러분의 심령에 기쁨이 생겨납니까? 여러분이 과연 성도라면, 하나님이 여러분의 아버지이시니 더 많은 형제가 태어난다는 사실이 즐거울 것이고, 또한 그가 여러분의 임금이시니 그의 신민의 숫자가 늘어난다는 사실이 당연히 즐거울 것입니다. 그리스도의 원수들의 계략들이 발각되고 그들의 권세가 패하는 것을 볼 때에 여러분은 성도들과 함께 싸움터로 나아가 임금 되신 예수님을 만나 그에게 찬송과 경배를 드릴 수 있겠습니까? 아니면, 거꾸로 경각심이 생겨서 마치 하만처럼 황급히 여러분의 집으로 돌아가 심령에 허전함을 느끼고 성도들과 진리를 향한 원한으로 가득 차 있겠습니까? 아니면, 혹시 다른 목적을 갖고서 의도적으로 여러분의 감정을 억누르고 좋은 표정을 지으며, 기쁨의 탄성을 지르는 하나님의 사람들과 합류한다 해도 속으로는 역심을 갖고 있고, 마치 하

만이 모르드개가 탄 말의 고삐를 잡는 일을 싫으면서도 감당한 것처럼 그렇게 억지로 합니까? 그렇다면 아무리 사람들 앞에서 멋진 모습으로 고삐를 잡고 있다 해도, 여러분은 그리스도의 원수가 틀림없습니다.

둘째. 오오 성도 여러분, 전에 시험을 당하였으나, 여러분이 과연, "그리스도의 나라로 옮겨졌고 이 가짜 임금의 폭정에서 구원 받았도다"라고 말할 수 있다면, 하나님을 찬양하십시오. 연중 하루 정도 특별한 기념일이 없는 사람은 별로 없을 것입니다. 어떤 이들은 생일을 지키고, 어떤 이들은 결혼기념일을 지키고, 또 어떤 이들은 쓰라린 일에서 해방된 날을 지키기도 하고, 또 어떤 이들은 화급한 위험에서 구원받은 날을 지키기도 합니다. 그런데 이 모든 조건이 다 충족되는 날이라면 이 날이야말로 큰 자비의 날이 아닐 수 없습니다. 마치 아담이 자기 아내를 부른 것처럼 여러분은 이 날을 하와, 즉 모든 산 자의 어머니라 부를 수도 있습니다. 모든 자비가 일어나 이 날을 복되다 부릅니다. 이 날은 여러분의 생일입니다. 전에도 여러분이 존재했으나 이 날 그리스도께서 여러분 속에 사시기 시작하였습니다. 탕자의 아버지는 그 아들이 돌아온 날 그가 살아온 것으로 간주하였습니다. "이 내 아들은 죽었다가 다시 살았도다." 이 날은 여러분의 결혼기념일입니다. 바울은 고린도 교인들에게, "내가 너희를 한 남편인 그리스도께 드리려고 중매함이로다"라고 말씀합니다. 어쩌면 여러분이 이미 이 남편과 여러 날 동안 함께하며 즐거운 시간을 가져왔고, 또한 그와의 교제를 통해서 수많은 기쁨과 위로의 자녀들을 낳았을지도 모릅니다. 그리고 이 일들을 생각하면 그리스도가 더욱 사랑스럽게 여겨지고 또한 그분과 만나 결혼한 그 날이 여러분에게 아름다운 기억으로 남아 있을 것입니다. 이 날은 여러분이 해방된 날입니다. 이 날 여러분은 노예 계약서가 해지되고 죄와 사탄에게 얽매여 있던 상태에서 벗어났습니다. 하나님의 아들이 여러분을 자유하게 하셨으니 여러분은 진정 자유를 얻은 것입니다. 여러분이 자유로운 상태로 태어났다는 말은 할 수 없습니다. 여러분의 아버지가 노예였고, 여러분이 돈을 지불하고 자유를 산 것도 아니니 말입니다. 은혜로 여러분이 구원받은 것입니다. 약속에 근거하여 천국이 여러분에게 열렸고, 여러분은 그 일을 위해 터럭만큼도 지불한 것이 없습니다. 그리스도께서 모든 것을 지불하시고 그 일을 이루셨습니다. 하나님께서 그를 인치셨고, 세상이 시작되기 전에 그에게 영생의 약속을 주셨습니다. 그리하여 믿는 자는 누구나 그리스도께로 나아와 그를 임금과 구주로 영접하는 그 날 그 값없는 영생의 복락을 얻게 되는 것입니다. 그러므로 여러분이 그리스도의 그늘 아래 나아온 그 시각부터 이 생명의 나무에서 나는 모든 달콤한 열매들이 여러분의 것이 되는 것입니다. 그리스도와 함께하면 세상에 있는 모든 것이 여러분의 소유가 됩니다. 모든 것이 여러분의 것입니다. 여러분이 그리스도의 것이니 말입니다.

오오 그리스도인이여, 여러분 자신을 보십시오. 어둠의 임금에게 종이 되어 있던 그 캄캄하고 쓸쓸한 날이 지나고 이제 여러분에게 얼마나 큰 변화가 있습니까? 이것을 보고 여러분의 하나님께 찬송을 드리십시오. 이제 그리스도의 나라의 그 놀라운 특권들을 알고 있는데, 어떻게 그 허접한 옛 주인의 일을 다시 좋아하겠으며 또 그 종살이 하던 집으로 돌아갈 생각을 할 수 있겠습니까? 초라한 상태에서 제국의 권좌에까지 오른 위대한 임금들은 현재 누리는 기쁨을 배가시키기 위하여 자주 자기들의 초라한 출생에 대해 이야기하고 또한 고향을 찾아가 그 옛날에 살던 그 보잘것없는 움막집을 돌아보기도 합니다. 그러니 그리스도인이 과거 자신이 누워 있던 그 연기에 그을린 감옥 안을 들여다보고 자신이 묶여 있던 쇠사슬을 바라보고, 그리하여 그리스도의 궁궐과 마귀의 감옥을 — 그리스도의 궁궐의 복락과 마귀의 감옥의 공포를 — 서로 비교해 보는 것이 무익한 일이 아닙니다. 하지만 이 자비를 생각하며, 우리가 찾아낼 수 있는 모든 크고 넘치는 조건들을 생각하며, 우리 마음에 감동을 얻고자 열심을 다하지만, 안타깝게도 우리가 이 땅에서 알 수 있는 부분이 얼마나 미미한지 모릅니다. 그 자비는 뛰어난 탁월함(*nimium excellens*)으로, 영화롭게 된 눈이 아니고서는 완전히 다 볼 수 없는 것입니다. 완전히 다 누릴 수 없는데 어떻게 우리가 그것을 완전히 알 수 있겠습니까? 여러분은 이미 그리스도의 나라로 옮겨왔습니다. 하지만 그의 궁궐에까지 도달하기에는 아직도 거리가 멉니다. 그의 궁궐은 천국에 있고, 그리스도인은 그것을 압니다. 하지만 한 번도 본 일이 없는 먼 나라라도 지도를 통해서 알 수도 있고, 혹은 그 나라에서 나는 풍요로운 것들이 우리에게 보내져서 그것을 맛보고도 알 수 있는 것입니다.

셋째. 그리스도인 여러분, 그러니 **그리스도를 충성스럽고도 신실하게 섬겨야 마땅** 합니다. 그가 여러분을 사탄의 멍에에서 구원하셨으니 말입니다. 오오 성도 여러분, 사람들이 기드온에게 말한 것처럼 그리스도께 말씀하기 바랍니다: "주께서 미디안이 아니라 사탄의 손에서 우리를 구해 주셨으니, 우리에게 와서 우리를 다스려 주옵소서." 사탄의 권세를 꺾으신 그분만큼 그의 진노에서 여러분을 보호할 수 있는 자가 어디 있겠습니까? 여러분이 폭정 아래 신음하는 것을 그냥 보지 못하신 그분만큼 여러분을 따뜻하고도 부드럽게 다스리실 자가 과연 누구겠습니까? 한마디로 말해서, 여러분을 구원하시기 위하여 자기 목숨을 드리신 그분 외에 여러분을 다스릴 권세를 가진 자가 또 누구겠습니까? 모든 원수들에게서 구원받았으니, 여러분은 사는 날 동안 내내 두려움이 없이 거룩함으로 그를 섬겨야 마땅할 것입니다. 그런데 그리스도께서 이 모든 고난을 당하사 여러분을 사탄의 종노릇 하던 집에서 구원해 내시고 여러분을 그의 집에 속한 자들 중에 속하게 하사 그를 섬기는 자로 받아들이셨는데 ― 이는 사람이나 천사가 본성적으로 감당할 수 있는 최고의 영예로운 일입니다만 ― 여러분이 이 모든 복을 얻고 나서 여러분의 그 사랑하는 구주님을 대적하는 반역의 행위에 가담한다면, 이 얼마나 안타까운 일이겠습니까? 그리스도께서는 분명 여러분에게서 그보다 나은 대접을 받아 마땅하다고 여기실 것입니다. 자신의 충직한 신하들이 호위하는 가운데가 아니면 임금이 안전하게 거할 곳이 어디겠습니까? 그런데 쇠사슬과 감옥에서 구해낸 자들을 그의 충직한 신하들로 삼으셨으니, 그들로서는 더욱더 그를 섬겨야 마땅하지 않겠습니까? 오오 그리스도인 여러분, 마귀와 그에게 속한 자들은 자기들 하고 싶은 대로 한다 해도, 여러분은 거기에 가담해서 사랑하는 구주님을 배반해서는 안 됩니다. 하지만 배반자가 되지 말라고 명하는 것은 거의 필요 없는 일입니다. 여러분의 정맥 속에 충직한 피가 흐르고 있다면, 혹시 그의 거룩한 법의 조그만 한 조각이라도 거역하게 되면 여러분 자신의 마음이 여러분을 내리칠 것입니다. 불타는 숯을 가슴에 품고 있을 수가 없듯이, 여러분이 사랑하는 임금을 향하여 역심을 속에 품고 있을 수가 없는 것입니다. 아닙니다. 여러분이 깊이 생각하기를 바라는 것은 지극히 고상한 일입니다. 곧, 어떻게 하면 여러분의 마음속에서와 세상 속에서 그리스도의 이름을 더 높이 우러를까 하는 것을 생각하는 것입니다. 다윗은 평화로이 임금의 자리에 오르자, 평화로운 때에 궁궐을 부패시키고 더럽히기 십상인 그런 쾌락거리들로 자신을 즐겁게 하기를 궁리하지 않고, 오히려 어떻게 하면 그를 길러 주셔서 보좌에 오르게 하신 그 하나님을 향한 자신의 열심을 나타내 보일까를 궁리하였고, 그리하여 그를 예배할 성전을 짓기를 도모하였습니다. 그리고 하나님은 이런 다윗의 마음을 아주 기꺼이 받으셨습니다(삼하 7장). 그런데 그리스도인 여러분, 이 시대 속에서 여러분이 하나님의 영광을 위하여 도구가 되어 행할 수 있다고 생각되는 것이 하나도 없단 말입니까? 자기 임금에게서 무엇을 얻을 수 있는지에 대해서만 생각하고 자신이 임금을 위해 무엇을 할지에 대해서는 전혀 생각하지 않는다면, 그것은 선한 신복이 아닙니다. 그리고 하나님의 존귀하심보다는 자기 자신의 행복에 대해서 생각이 더 많은 사람은 참된 그리스도인이 아닙니다. 신복들이 자기들의 즐거움을 위해 어떻게 하는 것이 가장 좋은가를 마음대로 선택할 수 있다면, 모두가 임금의 궁궐에서 살기를 바랄 것입니다. 하지만 임금의 존귀가 그런 것보다 더 우선되어야 하기 때문에, 선한 자들은 임금을 섬기는 일을 위해 궁궐의 호의호식을 마다하고 전쟁터에서 목숨을 걸 수 있으며, 또한 그들이 행하는 존귀한 일에 대해서 임금께 감사할 수 있는 것입니다. 그러므로 복된 사도 바울은 자신이 영광에 들어갈 날이 연기되어, 이 땅에서 환난을 당하는 형제들과 함께 더 오래 거하며 복음의 전진을 위해 일하기를 바랐습니다. 하나님이 구원의 사랑으로 우리를 어둠의 임금의 권세에서 건지시고 그의 사랑하는 아들의 나라로 옮기셨으니, 이 하나님을 향하여 진정 감사의 마음을 증명해 보일 좋은 기회가 우리에게 주어져 있으니, 우리의 삶은 과연 살 만한 값어치가 있는 것입니다. 그러니 그리스도인 여러분, 때를 잃지 말고 하나님을 위하여 행하고자 하는 일을 속히 행하기를 바랍니다.

여러분이 혹 국가의 관리입니까? 그렇다면 여러분이 과연 누구의 편인가가 금방 드러날 것입니다. 여러분이 정녕 사탄에 대한 충성을 버리고 그리스도를 여러분의 임금으로 삼았다면, 사탄의 이름을 지니고 그의 색깔을 취하고 행진하는 모든 것들에 대해 여러분 자신이 원수임을 선포하십시오. 명령을 잘 숙지하고, 여러분의 직책에서 감당해야 할 임무가 무엇인지를 잘 깨닫고 나서 하나님을 위해 열심히 일을 행하십시오. 임금의 검이 여러분의 손에 쥐어져 있습니다. 그것을 사용하십시오. 그리고 그것을 어떻게 사용할지를 잘 생각하십시오. 검을 빼들어야 할 때가 왔는데도 게으름과 비겁함으로 칼집에 그냥 두어 녹이 슬게 만들어서도 안 되고, 폭력의 피로 검을 물들게 해서도 안 되고, 불공평과 부정으로 검이 휘어지게 해서도 안 될 것입니다.

여러분이 혹 복음 사역자입니까? 여러분의 임무는 고귀합니다. 여러분은 사신입니다. 그것도 하찮은 임금의 사신이 아니라, 위대하신 하나님께서 그의 반역한 신복들에게 보내시는 사신입니다. 하나님의 아들도 천국에서 그 역할을 하시기 위해 보내심을 받으시는 것을 마다하지 않으셨고, 그리하여 "언약의 사자"라 불리셨습니다(말 3:1). 그렇습니다. 만일 우리의 사신이요 대언자로서 하늘에 아버지와 함께 거하도록 부르심을 받지 않으셨다면, 그는 오늘까지도 이 땅에 거하시며 사명을 감당하고 계실 것입니다. 그러므로 이제 그가 육체로는 이 땅에 계시지 않으므로, 그가 이 땅에 계실 때에 친히 시작하신 일, 곧 죄인들을 향한 일을 계속 수행할 책무가 여러분에게, 또한 다른 몇몇 사람들에게 맡겨져 있는 것입니다. 그러니 그리스도께서 그렇게 마음을 쏟고 계신 그 일에 충성을 다하는 것 외에 그가 기뻐 받으시는 일이 또 어디 있겠습니까? 그리스도의 사신인 여러분, 언제나 그리스도의 환한 기쁨의 얼굴을 대면하기를 바라십니까? 그렇다면 여러분에게 주어진 일에 힘쓰고, 여러분이 보내심을 받는 자들과 그리스도의 사이에 평화의 언약이 맺어지는 복된 결과가 생기도록 수고하시기 바랍니다. 그렇게 했는데도 죄인들이 돌아오지 않고 복음의 강령들이 그들에게 봉인된 상태 그대로 있다면, 아브라함이 그의 종들에게 말한 것처럼, 여러분은 여러분의 맹세에 대해 깨끗할 것입니다. 이스라엘이 모이지 않는다 해도, 여러분은 여호와 보시기에 존귀할 것입니다.

그리고 그저 평범한 그리스도인이라도, "나는 마른 나무에 불과하니 국가 관리나 복음 사역자처럼 열매를 맺을 수가 없으니 나의 임금 그리스도를 위해 아무것도 할 수 있는 것이 없다"는 식으로 말해서는 안 됩니다. 비록 정의의 검으로 다른 이들의 죄들을 형벌할 임무는 받지 못했다 할지라도, 여러분은 성령의 검으로 여러분 자신의 죄를 죽이는 일에는, 또한 다른 이들을 위하여 탄식하며 부르짖는 일에는, 열심을 보일 수 있습니다. 비록 강단에서 그 죄인들을 정죄할 수는 없으나, 거룩한 삶의 능력을 통하여 그들을 납득시키고 심판할 수는 있고, 또 반드시 그렇게 해야 합니다. 롯이 소돔 사람들에게 그런 심판자였습니다. 비록 여러분이 설교하고 세례를 베풀도록 보내심을 받지는 않았으나, 그렇게 보내심을 받은 자들에게 놀랍게 도움이 될 수도 있을 것입니다. 그리스도인의 기도가 관리의 검과 복음 사역자의 검을 동시에 예리하게 갈아 주는 것입니다. 오오 그리스도인 여러분, 그리스도의 영역이 확장되기를 위해 기도하고 또 기도하십시오. 말씀을 듣기만 하지 말고 기도하십시오. 주의 나라가 임하기를 위해서 말입니다. 사랑이 많은 임금은 신복들이 지나가면서 지르는 함성과 선한 축복의 말을 크게 만족스럽게 여깁니다. 비록 천하지만 충성스런 가슴으로부터 울려 퍼지는 "임금 만세!"의 함성이, 마음에 내키지 않으면서 억지로 임금에게 바치는 기부금보다 훨씬 더 값어치가 있는 것입니다. 그리스도인 여러분, 여러분의 임금은 그의 모든 신복들이 그에 대해 어떻게 생각하는지를 잘 알고 계신 분입니다. 그는 거짓으로 그에게 굴복하는 수많은 무리들이 그의 신복이 아니요, 오히려 그를 진정으로 사랑하고 그의 통치를 달갑게 여기는 자들이, 혹시 스스로 임금을 선택하고 스스로 날마다 지키며 살법을 선택할 권한이 주어진다면 당연히 다름 아닌 그 자신을 임금으로 선택하며 또한 이미 그의 입으로부터 받은 그 법을 선택할 그런 사람들이 그의 신복이라는 사실을 귀하게 여기시는 분이십니다. 다윗은 그가 백성의 마음을 얻어서 그가 무엇을 하든지 백성들이 다 기뻐하는 것을 보고 분명 크게 만족히 여겼을 것입니다 (삼하 3:36). 또한 하나님이 무엇을 행하시든 다윗이 그것을 기뻐하는 것을 보시고 하나님께서도 흡족히 여기셨을 것입니다. 백성이 자기의 다스림 아래서 그렇게 했듯이 다윗 역시 하나님의 다스림과 처분 아래 있는 것을 만족히 여겼으니 말입니다. 그에게 가장 쓰라린 환난이 임할 때에 그가 심령의 고요함을 그대로 유지했던 것을 봅니다: "종이 여기 있사오니 선히 여기시는 대로 내게 행하시옵소서"(삼하 15:26). 이 얼마나 충성된 자세입니까! 하나님이 합당치 않다고 하시면 기꺼이 보좌를 버릴 마음이었고, 혹 유배를 당한다 해도 하나님의 선한 뜻을 따라 살기를 바랐던 것입니다.

—

둘째 대지

[권세들 … 을 상대함이라]

이 둘째 대지에서는 사탄을 그의 힘과 권력에 준하여 제시하며 그를 권세들이라 부릅니다. 이것은 첫째 대지에다 무게를 실어줍니다. 만일 그가 임금이면서도 성도들을 두렵게 할 수 있는 세력을 일으킬 능력이 없다면 임금이라는 이름은 과장된 것이요 무시해도 무방한 것이 되고 말 것입니다. 하지만 그는 자신의 위엄에 걸맞는 권세를 갖고 있습니다. 그리고 이 사실이 다음과 같은 다섯 가지 구체적인 사실에서 드러납니다. 첫째, 그의 이름들이요, 둘째, 그의 본성이요, 셋째, 그의 숫자요, 넷째, 그의 질서와 통일성이요, 다섯째, 그에게서 비롯되는 능력 있는 역사들입니다.

사탄은 세상의 초보적이며 감각적인 부분에 대해서만이 아니라 지성적인 부분, 곧 사람의 영혼에 대해서도 큰 권세를 발휘합니다.

첫째. 사탄에게는 큰 권세가 있는 이름들이 있습니다. 그는 "강한 자"라 불립니다(눅 11:21). 그는 아담의 후손들 모두의 항거에도 불구하고 그의 집의 평화를 유지할 만큼 강합니다. 이 땅 위에 그 누구도 이 강력한 자를 상대할 능력이 없습니다. 그리스도께서 하늘로부터 임하셔서 그와 그의 역사를 무너뜨리셔야만 합니다. 그렇지 않으면 싸움은 이미 패배한 것입니다. 그는 우는 사자라 불리는데, 사자라면 숲속을 완전히 장악하고 있는 짐승입니다. 그가 울면 모두가 두려워 떱니다. 플리니우스(Pliny)의 말처럼 그가 짐승들 사이에 다니면서 먹이를 고르는 동안 그 짐승들은 아무런 저항도 하지 못하고 그냥 죽은 듯이 서 있습니다. 사탄이 바로 그런 사자입니다. 그는 자기가 원하는 대로 죄인들을 사로잡아 끌고 갑니다(딤후 2:26). 그는 문자 그대로 그들을 산 채로 취합니다. 사냥꾼이 별로 힘들이지 않고 새들을 그물 속으로 유인하여 취하듯이, 혹은 정복자가 싸울 의지를 상실하고 완전히 항복한 겁쟁이 원수를 취하듯이 말입니다. 그런 비겁자들은 마귀가 죄인들을 찾아 나서기가 무섭게 그에게 항복해 버리고 맙니다. 하지만 몇몇 고귀한 심령들은 그를 용감하게 대적하며 피를 흘리기까지 죄와 싸우는데, 지극히 높으신 하나님의 자녀들이 바로 그들입니다. 그는 "큰 붉은 용"이라 불립니다. 그는 꼬리로, 곧 그의 도구들인 악인들을 사용하여 하늘의 별들 삼분의 일을 쓸고 다닙니다. 그는 또한 "공중 권세를 잡은 임금"으로도 불립니다. 임금이 자기 신복들을 소집하여 싸움터로 보내어 자기를 위하여 싸우게 하듯이, 마귀는 공중 권세를 그렇게 부릴 수 있기 때문입니다. 한 마디로 말해서, 그는 "이 세상의 신"이라 불립니다(고후 4:4). 죄인들이 그를 신처럼 경배하며, 마치 성도들이 하나님을 두려워하듯이 그를 두려워하기 때문입니다.

둘째. 마귀의 본성이 그의 권세를 보여줍니다. 그의 본성은 천사와 동일합니다. "능력이 있 … 는 여호와의 천사들이여 여호와를 송축하라"(시 103:20). 천사들에게 힘이 주어집니다(시 78:25). 그들은 천사들의 양식을 먹었습니다. 곧, 권능자의 양식 말입니다. 두 가지 면에서 이런 천사적인 본성의 능력이 드러나는데, 곧 그 우월함과 그 영성(靈性)이 그것입니다.

1. 그 우월함. 천사들은 피조물 가운데 으뜸입니다. 사람도 천사보다 약간 못한 상태에 있습니다. 그런데 창조 세계에서는 우월한 자가 열등한 자에 대해 권세를 행사합니다. 짐승들이 초목들에 대해서, 사람이 짐승들에 대해서, 천사들이 사람에 대해 권세를 행사하는 것입니다.

2. 그 영적인 본성. 사람의 연약함은 그의 육체에서 비롯되는 것입니다. 그의 영혼은 큰 일을 위해 지음 받았으나 육체 덩어리와 함께 있어서 가라앉아 있으므로 어쩔 수 없이 그 연약한 파트너에게 맞는 힘으로 노를 저어갈 수밖에 없습니다. 그러나 마귀는 본성이 천사이므로 그런 약점이 없고, 육체적인 부분에서 나오는 연기(煙氣)로 그 예리하고도 선명한 이해력이 방해를 받지도 않고, 발꿈치에 티눈이 있어서 움직임을 더디게 만드는 법도 없습니다. 마귀의 움직임은 바람처럼 불꽃처럼 신속하기 그지없습니다. 그렇습니다. 영적인 존재이므로 마귀는 육체적인 힘에 저항을 받지도 않습니다. 불이나 검에게 해를 받지도 않습니다. 마노아에게 나타났던 천사는 희생제물을 태운 불 속에서 하늘로 올라갔습니다. 그런데도 망령이 난 자들과 오늘날의 미신적인 자들은 그들의 육신적인 제마법(除魔法)으로 마귀를 다스릴 수 있다고 생각하고 있고, 그리하여 로마교도들의 각종 성물이나 십자가 긋기나 성수(聖水) 같은 것들이 등장하였습니다. 그렇습니다. 유대인들조차도 부패한 시대에 부적들이나 할례를 통해서 마귀를 겁주어 쫓아낼 수 있다고 생각하였고, 그리하여 일부는 "밤의 두려움으로 말미암아 각기 허리(혹은 '사타구니' ― 역주)에 칼을 찼느니라"라는 아가서 3:8 같은 구절을 할례를 지칭하는 것으로 해석하기도 했습니다. 사타구니에 칼을 찬다는 것을 할례를 뜻하는 것으로 보았고, 그리하여 할례가 밤에 두려움을 가져오는 악령들을 물리치는 하나의 마법으로 베풀어진 것이라는 허망한 사고를 갖게 된 것입니다. 하지만 안타깝게도 마귀는 이런 것에 전혀 개의치 않습니다. 하나님의 규례라도 우리가 육체적인 자만심으로 그것을 하나의 마법으로 만들어 버리면 마귀는 그것에 대해서도 전혀 개의치 않습니다. 복음서에서 마귀에 대해 말씀하듯이, 그는 이런 족쇄와 사슬에 자주 매여 있었습니다만, 그가 그 사슬을 제거하였으니, 그 어떤 사람도 그를 그렇게 묶어 놓을 수가 없습니다. 욥이 리워야단에 대해 말한 것처럼 그는 철(鐵)을 마치 지푸라기처럼, 구리를 썩은 나무처럼 취급하는 것입니다. 사탄보다 강한 자라야

만 그를 묶어놓을 수 있는데, 영들의 아버지이신 하나님 외에는 그보다 더 강한 자가 없습니다. 마귀는 타락함으로써 본래 처음 거룩하고도 복되게 창조된 상태보다 상대적으로 많은 권세를 상실하였습니다. 하지만 그의 본성적인 능력은 그대로 지니고 있습니다. 그는 여전히 천사요 따라서 천사의 능력을 지니고 있는 것입니다.

셋째. 마귀들의 숫자가 그들의 힘을 더해 줍니다. 모래보다 가벼운 것이 어디 있겠습니까? 하지만 숫자가 많으면 가벼운 모래라도 무거워지는 법입니다. 이(lice)보다 작은 벌레가 어디 있겠습니까? 하지만 애굽 사람들에게 미친 재앙 가운데 이 재앙만큼 큰 것도 없었습니다. 그러니 그처럼 막강한 본성을 지니고 있고 또한 그 숫자도 그토록 많으니, 마귀는 그야말로 엄청난 힘을 갖고 있는 존재가 아닐 수 없습니다. 마귀는 온 지면을 가득 에워싸고도 남을 만큼 숫자가 많습니다. 사탄이 그의 졸개들을 포진시키지 않은 곳은 하늘 아래 한 군데도 없습니다. 가는 곳마다 이 저주받은 영들에게 주시를 받고 홀림을 당하지 않는 사람이 하나도 없습니다. 그렇습니다. 특별한 경우에 사탄은 한 사람을 지키기 위해 군대를 보낼 수도 있습니다(막 5장의 경우처럼). 그러니 한 사람을 지키는 데에도 그렇게 많은 숫자를 할당시킬 수 있다면, 사탄의 병력 전체의 숫자는 대체 얼마나 되겠습니까? 자 말씀해 보십시오. 천국을 향한 우리의 행진이 과연 어렵지 않습니까? 과연 우리가 그리로 가기를 바라고 그리로 향하고 있다면 그 행진이 어렵다는 것을 느낍니다. 왜 그렇습니까? 이처럼 온 지면에 흩어져 있는 저 무수한 마귀의 무리들의 영역들을 통과해야 하기 때문입니다.

군인들이 해산되어, 이리저리 헤매는 주정뱅이 군인들이 길바닥에 가득한 경우는 그리로 지나가는 것이 매우 위험합니다. 게다가 사방에서 살인자들과 강도들에 대한 이야기가 들립니다. 이 지옥의 세력들은 천사들 중에서도 반란과 불순종으로 인하여 하늘에서 추방되었고 그 영광스런 지위에서 쫓겨난 일파들입니다. 이들은 그 이후 이 땅에서 뿔뿔이 흩어져서 사람들에게, 특히 천국을 향해 행진하는 자들에게, 위해를 가하기 위해 애쓰고 있는 것입니다.

넷째. 그들의 질서와 통일성으로 인하여 그들의 숫자가 가공할 위력을 갖습니다. 그들 사이에 사랑이 있다는 말은 할 수 없습니다. 그 사랑이라는 천상의 불길이 마귀의 가슴속에 있을 수는 없으니 말입니다. 하지만 그들 사이에는 질서와 통일성이 있습니다. 이들은 하나님과 사람을 대적하는 계획에서 모두 일치합니다. 그러므로 그들의 통일성은 사랑이 아니라 미움과 정략에 기반을 둔 것입니다. 그들은 하나님과 그의 자녀들을 향한 미움으로 가득 차 있고 또한 그들이 계획에서 일치되어 있지 않으면 그들의 왕국이 도저히 설 수 없다는 당위성이 그들에게 있습니다. 이들이 이러한 사악한 형제애로 똘똘 뭉쳐 있다는 사실은 우리 주님의 선명한 증언에서도 드러납니다. 그는, 사탄은 사탄과 더불어 싸우지 않는다고 말씀하셨습니다. 마귀의 군대에서 살육이 일어났다는 이야기를 들어본 일이 있습니까? 아니면 이 타락한 천사들 중에 한 영혼을 그냥 자의로 그리스도께 양보했다는 이야기는 들어보았습니까? 마귀들은 숫자가 많습니다. 하지만 이들은 모두 그 사악한 영에 있어서는 하나입니다. 마귀들은, "내 이름은(우리 이름이 아니라) 군대니"라고 말했습니다(참조. 막 5:9 — 역주). 마귀는 리워야단이라 불립니다. "여호와께서 그의 견고하고 크고 강한 칼로 … 리워야단을 벌하시 … 리라"(사 27:1). 리워야단은 서로 굳게 결속하여 있다는 뜻을 함유하고 있으며, 이 단어는 לוה(라바), 즉 서로 연결되어 있다는 뜻의 "라바"에서 파생된 것으로서 고래를 묘사하는 데 주로 쓰입니다. 고래의 힘은 그 비늘에 있는데, 이것이 서로 아주 촘촘히 잘 연결되어 있어서, 고래는 말하자면 갑옷을 두르고 있는 셈입니다. 그러므로 이 저주받은 영들은 서로 하나가 되어 계략을 꾸미며, 그 수족들도 자기들과 같이 하나로 묶으려 애를 씁니다. 그냥 복종하는 것만으로는 만족하지 않고, 마녀들처럼 할 수 있는 대로 그 종들이 자기들에게 진심으로 대할 것을 분명하게 맹세하도록 만드는 것입니다.

다섯째. 성경에서 이 악령들이 행하는 것으로 묘사되는 능력 있는 역사들이 그들의 권능을 드러내 줍니다. 이 역사들은 초보적이고 감각적인 혹은 지성적인 세계에 대해서 일어나는 것들입니다. 초보적인 세계에서도 그들의 역사가 일어납니다. 공중의 권세 잡은 이 임금이 이 초보적인 세계에서 일으키는 끔찍한 일들을 성경 말씀에서 보십시오. 물론 한 숨의 공기도, 한 방울의 물도, 불꽃도 그 스스로 지을 수는 없습니다. 하지만 카릴 목사(Master Caryl)가 욥기 1장에 대해 말씀한 대로, 그가 놓임을 받으면 하나님의 창고로 가 그것들을 사용하여 그 어느 누구도 하나님 앞에서 할 수 없는 일들을 행할 수 있습니다. 바다에 소용돌이를 일으켜 그 깊은 것들이 드러나고 마치 주전자의 물이 끓어오르듯이 부글부글 끓게 만들 수도 있고, 공기를 뒤흔들어 폭풍우를 일으켜서 마치 하늘과 땅이 맞닿을 것처럼 만들 수도 있습니다. 그가 입으로 한 번 혹 불어 버리자 집이 폐허가 되고 욥의 자녀들이 거기에 깔려 죽었습니다. 그렇습니다. 그는 하나님의 창고에 가서 하늘을 열어 그 끔찍한 천둥과 번개를 일으켜 사람들을 벌벌 떨게 할 수도 있고, 실제로 일상적인 자연 현상보다 더욱 무섭게 벼락을 내려뜨릴 수도 있습니다. 굉장한 파괴력을 지닌 폭약을 발명한 것에서 보듯 사람의 기술로도 굉장한 일을 할 수 있습니다. 하지만 사탄은 그보다 훨씬 더 자신의 힘을 드러낼 능력이 있는 것입니다. 또한 감각적인 세계에서도 그의 권능이 크게 드러납니다. 돼지 떼의 경우에서 보듯이 짐승들이 떼 지어 깊은 물 속으로 달려들게 만들 뿐 아니라, 사람의 육체에 대해서도 그 악한 힘을 발휘하기도 합니다. 욥의 경우를 보면, 쓰라린 피부병으로 고생하였으나 그것은 단순히 자연적인 질병의 현상이 아니었고 사탄이 그의 육체에 낸 이빨 자국이었습니다. 그의 상처는 갑자기 극심하게 곪았는데, 만일 그것이 자연적인 현상이었다면 그보다 훨씬 더 상처가 더디게 곪았을 것입니다. 뿐만 아니라 복음서에서는 악귀에 들린 자들이 그에게서 극심하게 괴로움을 당하는 것을 봅니다. 그러나 마귀에게 이것은 그저 작은 일일 뿐입니다.

그의 큰 악의는 사람의 영혼에 대해 발휘됩니다. 저는 이것을 지성적인 세계라 부릅니다. 그가 육체에 잔인한 고통을 가하는 것은 영혼에 해를 가하고자 함입니다. 그리스도께서는 이 땅에 계실 때에 사람의 육체들을 불쌍히 여기사 그 질병들을 고치셨는데, 이는 그들의 영혼의 유익을 위한 일이었습니다. 그들의 육신적인 욕구들에 합당한 자비를 베푸셔서 그들로 하여금 주께서 그들의 육체에게 그렇게 자비를 베푸셨으니 그들의 영혼을 위해서 베푸시는 자비도 더욱 기꺼운 마음으로 받아들이도록 하시기 위함이었던 것입니다. 마치 어린아이들에게 무언가 그들이 좋아하는 것을 주어서 그들로 하여금 자기들이 싫어하는 일을 — 학교에 가는 일이나 공부하는 일 따위를 — 하도록 회유하는 것과도 같다 할 것입니다. 마귀는 그리스도께서 온유하신 그만큼 잔인합니다. 그러니 마귀는 육체와 영혼에게 유익이 되는 것은 결코 원하지 않습니다. 그러면서 육체에게 잔혹한 일을 행하여 영혼이 그것으로 영향을 받도록 만듭니다. 육체의 괴로움으로 인하여 영혼이 곧 무너져 내릴 것임을 잘 알고 있는 것입니다. 영혼은 육체라는 지붕 아래 거하기 때문에 육체의 탄식과 신음으로 인하여 그 평화와 안정이 깨어질 수밖에 없고, 그래서 육체의 신음을 결코 가볍게 들을 수가 없기 때문입니다. 그러니 잠을 자지 못한 상태에서는 말도 어눌해지듯이 영혼이 무언가 죄악된 일을 저지른다 해도 이상할 것이 전혀 없습니다. 이것이 바로 마귀가 성도에 대해 의도하는 가장 밑바닥에 깔린 계획인 것입니다. 그리고 다른 어리석은 영혼들에게도 괴로움을 줍니다만, 하나님의 허락을 받아 마귀가 자기의 능력을 발휘하여 그들의 재산과 가축과 그들의 몸을 치게 되면 그들에게 두려움과 공포가 생기고 그리하여 그를 신처럼 떠받들게 됩니다. 그렇습니다. 우리 가운데도 그런 이유로 사탄이 마음의 보좌에 앉아 있음을 분명히 드러내 보이는 이들이 많습니다. 마치 이스라엘 중에 하나님이 계시지 않기라도 하는 것처럼 어려운 일이 생기면 자기 의사들 — 곧, 점쟁이들 — 에게 달려가 도움과 해결을 구하는 것입니다. 사탄이 사람의 영혼에게 자기의 뜻을 관철시키는 방법은 바로 그들의 육체를 쳐서 그들을 사로잡는 것 외에 다른 것이 아닙니다. 하지만 사람의 처지가 그렇게 형편없이 되어 버린다는 것을 생각할 때에, — 사람의 영혼이 얼마나 낮은 데까지 가라앉는지, 또한 밝은 집이었던 육체가 이제 영혼의 감옥이 되어 버렸고, 본래 영혼의 종이었던 육체가 이제 그 주인이 되어버린 것을 생각할 때에 — 사탄이 그런 일을 능히 할 수 있다는 것이 전혀 이상한 일이 아닌 것입니다.

　　그러나 그 외에도 사탄은 영으로서 더 가깝게 영혼에게 다가가며, 또한 능력이 월등한 영으로서 그보다 더 낮은 피조물인 사람에 대해 더 큰 능력을 행사합니다. 그리고 무엇보다도 사람의 타락으로 인하여 영혼 속에 들어와 있게 되었으므로, 사람에게 전보다 더 큰 능력을 행사할 수 있게 되었습니다. 그러므로 하나님의 반대를 만나지 않는 한 그는 사람에게 모든 일을 행합니다. 악인들은 그를 섬기는 자들인데, 어떤 의미에서 하나님께서 성도들 중에 행하시는 일을 사탄이 그들 속에서 행한다고 말할 수 있습니다. 하나님께서는 성도들 중에 효과적으로 일하십니다(갈 2:8; 살전 2:13). 사탄 역시 불순종의 자녀들 속에서 효과적으로 일합니다(엡 2:2). 여기 에베소서의 본문에 나타나는 단어가 그 앞의 구절들에서도 동일하게 사용되고 있습니다. 성령께서 성도들 속에서 효과적으로 역사하시듯이, 사탄은 악인들 가운데서 효과적으로 역사하는 것입니다. 그의 미혹의 역사는 "강합니다"(살후 2:11. 한글개역개정판에는 번역되어 있지 않다 — 역주). 그의 역사는 목적을 이루지 못하고 되돌아오는 법이 없습니다. 성령께서는 빛을 비추십니다. 그러나 사탄은 "믿지 아니하는 자들의 마음을 혼미하게" 합니다(고후 4:4). 성령은 성도들을 충만히 채우십니다(엡 5:18). 그러나 베드로는 아나니아에게, "어찌하여 사탄이 네 마음에 가득하였느냐"(행 5:3)라고 책망합니다. 성령은 지식과 의의 열매들로 충만히 채우십니다. 그러나 사탄은 투기와 모든 불의로 가득 차게 만듭니다. 성령은 위로로 충만히 채우시나, 사탄은 악인을 두려움과 공포로 가득 채웁니다. 사울의 경우 악령으로 인하여 괴로움을 당하였고, 유다의 경우는 사탄이 그 속에 들어갔다고 말씀하며 또한 자기의 욕심을 채우고 난 후(암논이 다말에게서 욕심을 채운 것처럼) 그에게 열린 자비의 문을 닫아 버리고 스스로 주님의 배반자가 되고 스스로 목을 매게 된 것입니다. 성도들은 그의 권능에 호락호락 넘어가지 않습니다. 그래서 그는 주로 그들을 향하여 분노를 쏟아냅니다. 악인들은 그가 발로 짓누르고 있으나, 성도들과는 그가 힘을 들여 싸워야 합니다. 그런데 하나님께서 옆으로 물러나시면 성도들은 도무지 그의 상대가 되지 못합니다. 그는 그들 중 가장 강한 자들을 죽게 했고, 그리하여 성도들은 그 양심에 피를 흘리며 하나님께 떨며 부르짖습니다. 사탄은 죄에 빠지게 만드는 유혹자로서도 막강한 힘을 발휘합니다. 그는 그리스도인이 정욕에 싸여 있는지 혹은 두려움 가운데 있는지 그의 처지를 정확히 알고 있고 또한 그의 내적인 감각들 속에까지 불을 던질 수 있고, 또한 지칠 줄 모르는 끈기로 이들을 폭발시킬 수 있으므로, 혹시 처음에는 그리스도인에게 자기가 바라는 반응이 나타나지 않더라도 마치 폭약 가루들을 사용하듯이 그들 속에 불길을 지피려 애를 쓰는 일이 지극히 일상적으로 나타납니다. 그러나 결국에 가서는 오랫동안 포위하고 계속해서 집요하게 공격하여 그리스도인을 꺾어서, 그에게 완전히 굴복하게 하지는 못하더라도 최소한 그와 화해하도록 만드는 것입니다. 그리하여 사탄은 흔히 영혼을 조급함 속에 빠뜨려 기진맥진하게 만드는 것입니다.

[적용]

첫째 적용. 오오 여러분, 그러니 여러분의 교만의 화려한 깃털을 떨어내십시오. 여러분이 가진 능력 중에 여러분이 자랑스럽게 내세우는 것이 무엇이든 간에 그것을 제거해 버리십시오. 아담의 자손 중 누구보다도 여러분이 가진 것이 많다 할지라도 그것을 이 마귀들의 능력과 비교해 보십시오. 대체 그 모든 것이 무엇이란 말입니까? 여러분이 자랑하는 것이 육체의 힘입니까? 참 안타깝습니다. 마귀들의 영적인 힘에 비할 때, 과연 연약한 육체의 힘이 무엇이란 말입니까? 여러분은 마치 거인에게 어린아이만도 못하고, 사람에게 벌레만도 못합니다. 만일 하나님이 그들을 그냥 두신다면 그들은 여러분을 찢어 산에다 던져 버릴 수 있고, 온 세상을 혼란 속에 빠뜨릴 수 있습니다. 여러분의 재능이 다른 이들보다 낫다는 것을 자랑합니까? 마귀가 지극히 지혜로운 사람들을 바보로 만드는 것을 보지 않습니까? 마치 지혜로운 자가 천치바보를 현혹시켜서 빛을 어둠이라 믿게 만들고, 쓴 것을 단 것으로, 단 것을 쓴 것이라 믿게 만드는 것처럼, 그는 얼마든지 그렇게 할 수 있습니다. 마귀의 재능은 얼마나 놀랍습니까? 이성적인 사람을 회유하여, 정말 어처구니없게도 자신의 붉은 예복을 던져 버리고 거름을 끌어안게 만들 수 있는 것이 마귀가 아닙니까? 제 말은, 죄를 끌어안음으로써 자기 자신을 낮게 만들고자 하는 희망으로 하나님과 또한 그와 함께 누리는 그 영광스러운 행복을 저버리게 만드는 것입니다. 그런데 마귀는 사람이 무죄한 상태에서 최고의 지혜를 갖고 있을 때에 그에게 그런 짓을 행한 것입니다. 전쟁을 통해 업적을 이룸으로써 얻은 지위와 위엄 같은 것이 여러분의 자랑거리입니까? 가령 여러분이 나라들을 정복하고 온 세상에 법을 세울 수 있다고 칩시다. 그러나 그렇다 할지라도 위로부터 임하는 은혜가 없다면 여러분은 마귀의 종이 될 수밖에 없을 것입니다. 그리고 그 자신은 이런 엄청난 권능에도 불구하고 저주받은 영이요, 하나님의 피조물 가운데 가장 비참한 존재입니다. 자신이 가진 그런 권능으로 악을 행하기밖에 못하니 더욱 비참한 존재입니다. 마귀가 타락할 때에 그의 모든 천사적인 능력들을 다 상실했더라면, 오히려 그 상실로 인하여 더 얻는 것이 있었을 것입니다. 그러므로, 오오 여러분, 두려워해야 합니다. 여러분이 어떠한 능력을 가졌더라도 그것을 오직 하나님을 위해서만 사용하여야 합니다. 여러분의 육체가 강건합니까? 그러나 과연 그 강건함을 누가 소유하고 있습니까? 하나님이십니까, 아니면 여러분의 정욕입니까? 어떤 이들은 술을 마시는 일에 강하고, 죄를 짓기에 강합니다. 그러므로 "너희 결박이 단단해질까 하노라"(사 28:22). 여러분이 하나님과 그의 교회를 섬기는 일을 행할 능력 있는 위치에 있는데도, 그렇게 행할 마음이 없고, 오히려 하나님과 교회를 대적할 마음이 있습니까? 그렇다면 여러분과 마귀가 동일한 재판정에서 심판을 받게 될 것입니다. 여러분은 마치 무슨 목적을 갖고서 지옥으로 가려 하는 것처럼 짐을 가득 싣고 그리로 향하고 있습니다. 하지만 능력은 있으나 은혜가 없는 경우처럼 사람에게 비참한 처지가 없습니다. 세상의 위대한 자들이 이 땅에서는 용감한 모습을 뽐냅니다. 대장군이나 군대장관들이 휘하의 부대의 머리에 서 있는 것처럼 자랑스럽게 서 있습니다. 그들에게 일반 병졸들은 정말 하찮은 존재들입니다. 그러나 군대가 싸움에 패하여 모두 포로로 잡혀가게 되면, 그들의 붉은 장군복과 투구들이 내동댕이쳐진 모습으로 군대의 가장 하찮은 병졸들 앞에 지나가는 것만도 기뻐해야 할 처지가 되고 마는 것입니다. 그때가 되면 마귀들과 또한 세상의 임금들과 위대한 자들은 가련한 밀고자들이 형벌을 선고받듯이 그렇게 형벌을 선고받기만 해도 행복하게 여겨야 할 것입니다. 그러나 그 재판정에서는 그들의 직위와 위엄과 부귀가 낱낱이 드러나게 됩니다. 그러나 그리하여 그들에게 영광이 돌아오는 것이 아니라, 더욱 극심한 부끄러움과 정죄가 돌아오게 되는 것입니다.

둘째 적용. 이는 천국에 들어가는 것이 정말 손쉬운 일이라고 생각하는 사람들의 어리석음을 잘 보여줍니다. 마귀가 그렇게 막강하며 또한 천국으로 향하는 길에 그들이 가득 깔려 있다면, 새 예루살렘의 성벽에 우리의 깃발을 꽂기 위해서는 크나큰 어려움을 겪어야 하는 것이 당연지사일 것입니다. 그러나 천국으로 향하는 여정을 위하여 자기들이 준비한 것들을 보며 달리 생각할 자들이 당연히 많을 것입니다. 어떤 사람이 외투를 입지 않고, 혹은 아주 얇은 것을 입고 걸어가는 것을 보면 여러분은, "저 사람은 아주 궂은 날씨를 전혀 걱정하지 않는구나"라고 말할 것이고, 또한 먼 길을 홀로 말을 타고 가거나 아니면 무장을 하지 않고 가는 것을 보면, 여행 중에 강도를 만날 것을 전혀 예상하지 못한다고 생각할 것입니다. 그들에게 물어보면 모두 한결같이 천국으로 향하여 길을 가고 있다고 대답할 것입니다. 하지만 성도들과 동행하는 것을 생각하는 사람이 어찌 그리 적은지 모릅니다. 마치 여행 중에 그런 동행이 전혀 필요 없기라도 한 것처럼 말입니다. 대다수가 무장 같은 것을 아예 하지도 않고 벌거벗은 채로, 이름뿐인 신자라는 말을 듣기에도 부족한 상태로 길을 갑니다. 어떤 이들은 성경적인 근거도 전혀 없이 자기들 멋대로 무턱대고 하나님의 자비를 기대하는 것으로 스스로 만족합니다. 그런데 그런 기대는 마치 녹슨 총과 같아서 막상 사용하려 하면 아무런 소용이 없습니다. 그러니 그들이, 정신을 차리지 않으면 곧바로 그들을 망쳐 버릴 수많은 사기꾼들과 협잡꾼들을 만나게 될 것이라고 말해도 전혀 잘못이 아닐 것입니다. 과연 여러분의 영혼을 속이고 할 수 있는 대로 영광의 면류관을 여러분에게서 벗겨내고자 노리는 자가 하나도 없단 말입니까? 선지자의 사환이 사마리아를 포위한 군대를 보고 겁에 질렸습니다만, 그보다 더 많은 마귀들이 여러분을 에워싸고 있는 것을 보지 못한다면, 여러분은 그 사환보다 더 눈이 먼 것입니다. 그 마귀들은 여러분의 세상적인 일에 방해하지 않을 것입니다. 오히려 죄악된 술수를 쓰도록 여러분을 도와 줄 것입니다. 그러나 일단 여러분이 그리스도와 그의 은혜를 따르기로 결심하면, 그들은 여러분을 정면으로 대적할 것입니다. 마치 바울의 대적들이 그랬던 것처럼, 그들은 할 수 있는 대로 여러분의 영혼의 생명을 없애기로 맹세하고 나서고 있습니다. 그들은 정말 절박한 처지에 있습니다. 자기들의 마지막 운명이 돌이킬 수 없다는 것을 알고 있습니다. 그러니 할 수 있는 만큼 좋은 대가를 받고 자기들의 목숨을 팔려 합니다. 그러니 그리스도께서 여러분의 보호자로 옆에 계시는데도 여러분의 영혼을 그들의 손에 팔아 버린다면 이 얼마나 어리석은 일이겠습니까? 그리스도를 떠나면 여러분은 이미 패한 존재입니다. 여러분 혼자서는 결코 사탄과 맞설 수도 없고, 설사 사탄과 힘을 합하더라도 하나님과 맞설 수는 없는 것입니다. 그리스도와 함께 하십시오. 그러면 여러 대적들 가운데 가장 무서운 자, 곧 하나님께로부터 구원을 얻게 됩니다. 그렇습니다. 하나님께서 여러분의 친구가 되시며 그가 다른 원수들과의 싸움에서 여러분을 굳게 지켜 주실 것입니다.

셋째 적용. 성도들에게 말씀드립니다. 사탄의 막강한 힘에 대해 성경이 제시하는 이 사실로 인해 두려움에 빠지는 일이 없기를 바랍니다. 하나님을 두려워하지 않는 자들이나 그를 두려워하게 하십시오. 오오 그리스도인 여러분, 여러분이 섬기는 하나님은 벌레로도 산을 치게 하실 수 있는 분이십니다. 그러니 여러분 앞에 아무리 산더미 같은 사탄의 권세와 교만이 있다한들 그게 무슨 힘이 있겠습니까? 사탄이 여러분에게 줄 수 있는 가장 큰 상처는 바로 여러분의 가슴속에 자기에 대한 거짓 두려움을 조장하는 것입니다. 베르나르(Bernard)의 말처럼, 숲속의 짐승들 중에는 힘이 막강하여 사자가 싸우기를 꺼려하는데도 불구하고 막상 사자가 으르렁거리면 두려워 떠는 짐승들이 있습니다. 이와 마찬가지로, 그리스도인도 곤경에 처할 때에 그리스도로 말미암아 사탄을 발 아래 밟을 수가 있는데도 불구하고 싸움을 시작하기도 전에 사탄을 생각하며 벌벌 떠는 것입니다. 그러므로 사탄의 권능에 대해 올바로 깨닫기를 힘쓰십시오. 그러면 이 사자가 여러분이 침울한 상태에서 상상하던 것처럼 그렇게 용맹스럽게 보이지 않을 것입니다. 여러분, 사탄의 권능에 대해 두려움이 엄습할 때마다 다음의 세 가지를 생각하여 자유함을 얻기를 바랍니다.

생각할 점 1. 사탄의 권세는 다른 이에게서 받아온 권세라는 사실입니다. 그가 스스로 그것을 지니는 것이 아니라 다른 이에게서 위탁받아서 갖고 있는 것입니다. 그에게 권세를 위탁하신 이는 다름 아닌 하나님이십니다. 땅의 것이나 지옥의 것이나 모든 권세가 그의 것입니다.

(1) 그리스도인 여러분, 이 진리를 믿음으로 받아들이시면 우선 사탄의 권세가 절대로 여러분을 해치지 못하리라는 확신을 갖게 될 것입니다. 여러분의 아버지께서 과연 그의 자녀인 여러분을 해치게 하시려고 그에게 검을 들려 주셨겠습니까? 하나님께서는, "보라 숯불을 불어서 자기가 쓸 만한 연장을 제조하는 장인도 내가 창조하였고 파괴하며 진멸하는 자도 내가 창조하였다"고 말씀하시고, 따라서 그의 백성들을 "치려고 제조된 모든 연장이 쓸모가 없을 것이라"고 하십니다(사 54:16, 16). 하나님께서 그의 원수들에게 무기를 주신다면, 분명히 말씀드립니다만, 그들 자신에게는 그 무기들이 별로 유익이 없을 것입니다. 빌라도는 그리스도의 목숨을 죽이거나 살릴 수 있는 권한이 자기에게 있으니 그리스도가 자기에게 겁을 먹게 할 수 있을 것이라고 생각하였으나, 그리스도께서는, "위에서 주지 아니하셨더라면" 그가 아무 일도 할 수 없다고 대답하셨습니다(요 19:11). 곧, "네 권한을 인치시는 분이 누구인 줄을 내가 알고 있으니, 아무리 네가 악을 행하려 해도 소용이 없다"는 뜻입니다.

(2) 이 점을 생각하면, 안에서 사탄에게 괴로움을 당하고 바깥에서 그의 졸개들에게서 고통을 당할 때에 우리의 심령이 온유함과 고요함을 얻을 것입니다. 사탄이 공격하고 사람이 박해하지만, 그 둘에게 그럴 힘을 주시는 분은 곧 하나님이십니다. 다윗은, 그가 자기를 저주하는 것이 여호와의 명령대로 행하는 것이라고 했습니다. 욥은 말하기를, 주신 이도 여호와시요, 취하여 가시는 이도 여호와시라고 합니다. 오오 그리스도인 여러분, 여러분에게 채찍을 때리는 간수를 바라보지 마십시오. 그가 잔인할 수도 있습니다. 하지만 그가 받은 명령서를 읽어 보시고, 그것이 누구에게서 온 것인지를 생각하십시오. 그러면 가장 밑바닥에서 하나님 아버지의 손길이 역사하는 것을 깨닫게 될 것입니다.

생각할 점 2. 사탄의 권세는 제한된 권세라는 사실입니다. 사탄의 권세는 두 가지 면에서 제한적인 권세입니다. 자기가 원하는 일을 다 행할 수도 없고, 자기가 할 수 있는 일을 다 행하지도 못한다는 것입니다.

(1) 그는 자기가 원하는 일을 다 행할 수가 없습니다. 그가 원하는 것은 끝이 없습니다. 그가 원하는 것은 비단 이 땅에만 해당되는 것이 아닙니다. 천국에도 해당됩니다. 그는 한때 자기의 동료였던 천사들을 끌어내리고 그 영광스러운 성전을 도끼와 망치로 무너뜨리고, 하나님을 보좌에서 끌어내리고 자기 자신을 대신 앉

히기를 소원합니다.

(a) 이 바보는 마음속으로 "하나님이 없다"고 말합니다. 그러나 아무리 그의 속에 악의로 가득하여 간절히 원한다 해도, 이 일뿐 아니라 다른 갖가지 일들도 행할 수 없습니다. 그는 한낱 피조물에 불과하며 따라서 자기의 역량에 한계가 있어서 거기에 매여 있고 그것을 벗어날 수가 없습니다. 그러니 하나님은 안전하시며, 따라서 여러분도 안전합니다. 여러분의 생명이 그리스도와 함께 하나님 안에 감추어져 있기 때문입니다. 그리스도께서는 "내가 살아 있"으니 "너희도 살아 있겠음이라"고 말씀하십니다(요 14:19). 여러분이 그의 마음 판에 새겨져 있습니다. 그가 하나를 빼어 버리시면 다른 것도 같이 빼어 버리실 수밖에 없는 것입니다.

(b) 또한 그는 하나님의 존재를 해칠 수 없을 뿐더러 하나님의 가슴속을 엿볼 수도 없습니다. 사람의 가슴도 알지 못하는데, 하물며 하나님의 생각들을 어떻게 알겠습니까? 점성술사들도 그들의 주인도 느부갓네살의 꿈을 알아맞히지 못했습니다. 사람들이 열쇠가 없이는 아무도 들어가지 못하는 골방에서 사사로이 일을 도모하듯이, 하나님께서도 그의 마음을 마치 홀로 거하시는 안방처럼 지키시며 자기 이외의 모든 존재들에게 잠그두십니다. 그러므로 혹시 하나님께서 사탄을 취하사 앞일을 예언하게 하실 때라도, 하나님이 그에게 가르쳐 주시지 않거나 혹은 제2의 원인을 통해서 도움을 받거나 하지 않으면 그 혼자서는 도무지 그 일을 할 수 없는 것입니다. 그러므로 그는 자기의 신용을 유지하기 위해서 아주 애매모호하게 말을 전합니다. 그래서 그 내용이 무슨 일이 일어나든 거기에 끼워 맞추어지게 하는 것입니다. 또한 그가 사람의 상태에 대해 대담하게 말하기도 하지만, 그럴 때에도 그의 말에 무게를 둘 필요가 전혀 없습니다. 사탄은 욥을 가리켜 외식자라고 했으나, 하나님께서는 그런 말을 하는 사탄이 오히려 거짓말쟁이임을 입증하셨습니다.

(c) 뿐만 아니라 사탄은 자기가 아는 하나님의 목적들과 계획들을 방해할 수가 없습니다. 그는 그리스도께서 육체로 오실 것을 알고 있었고, 그리하여 악의로 이를 저지하려 했으나, 그의 오심을 막지 못했습니다. 그의 마음속에 갖가지 방도들이 있었으나 그리스도에 관한 여호와의 계획이 그대로 시행되었고, 또한 사탄과 그의 졸개들은 자기들이 생각한 대로 욕심을 실행에 옮겼으나 그로 인하여 오히려 그들을 대적하는 하나님의 계획이 이루어진 것입니다.

(d) 사탄은 여러분의 뜻을 빼앗을 수가 없습니다. 그는 여러분의 뜻을 거슬러

죄를 짓도록 명령할 수 없습니다. 그가 할 수 있는 것은 영혼을 부추기는 일입니다. 곧, 마치 바람이 불어 파도가 더 속히 나아가게 만드는 것처럼, 마음이 속히 움직이도록 부추길 수는 있습니다. 하지만 마음이 흘러가는 경로와 방향을 완전히 바꾸어 놓을 수는 없는 것입니다.

(2) 사탄의 권세는 제한적이어서 자기가 할 수 있는 일을 다 행하지 못합니다. 하나님은 그가 기뻐하시는 대로 그의 진노를 다 발하시며, 그리고 그의 성도들을 향하신 사랑의 목적이 발휘되도록 하시며, 그 다음에 그 나머지를 억제하셔서 홍수의 문을 닫으십니다. 하나님께서는 언제나 사탄이 성도에게 자기의 일을 마음껏 다 할 수 있기 전에 그를 취하여 가십니다. 만일 하나님이 내버려 두시면 사탄은 마음껏 그리스도인을 강탈하고 또한 간교한 속삭임으로 평안을 어지럽힐 수 있습니다. 그러나 그는 하나님의 명령 아래 있습니다. 그는 성도들이 위로의 아름다운 잔치 자리에 앉아 있는 동안 마치 개처럼 식탁 옆에 서 있습니다. 그러나 감히 그들의 즐거운 분위기를 어지럽히지 못합니다. 왜냐하면 주인의 눈이 그를 주시하고 있기 때문입니다. 이 점을 생각하지 못하면 하나님께 찬양을 드리지도 못하고 또한 위로도 잃어버리게 됩니다. 하나님께서 임무를 다하는 가운데 얻는 위로를 잠가두셨기 때문입니다. 그러나 그리스도인이 사탄의 권세가 무엇이며 누가 그 권세를 주관하시는가를 생각하면 언제나 그 입에 찬양의 노래가 나오게 됩니다. 사탄의 권세가 빼앗고 불태우며 죽이고 육체를 괴롭히며 정신을 혼란하게 했습니까? 이런 상황 속에서 내가 사탄의 손길에서 구원받은 사실에 대해 나는 과연 누구에게 감사해야겠습니까? 내가 그렇게 잘 피하게 된 것이 과연 무엇 때문입니까? 사탄이 욥보다 나를 더 사랑하기 때문일까요? 아니면 내가 그의 시야에서 벗어나 있거나 아니면 내가 그의 곁에서 함께 행하고 있기 때문일까요? 사탄의 용기가 식어졌기 때문일까요, 아니면 그의 분노가 가라앉았기 때문일까요? 아닙니다. 이런 이유들 때문이 아닙니다. 사탄은 한 사람의 성도가 아니라 모든 성도를 향하여 분노를 발합니다. 그의 눈이 여러분을 주시하고 있고 그의 팔이 여러분에게 닿을 수 있는 거리에 있습니다. 그의 심령이 위협받는 것도 아니요, 그가 삼켜 버린 그 무수한 자들로 인하여 위(胃)가 불편한 상태에 있는 것도 아닙니다. 아닙니다. 그는 언제나 똑같이 예리합니다. 아니 더욱 날카롭게 여러분을 주시하고 있습니다. 이제 하나님이 곧 자신을 취하여 가실 것을 보고 있고, 또한 세상의 종말이 그렇게 속히 다가오고 있는 것을 보고 있기 때문입니다. 여러분이 사탄의 손길을 잘

피하게 된 것은 오로지 하나님 덕분입니다. 그의 눈이 여러분을 살피고 계시기 때문인 것입니다. 선한 성도가 잠들어 있다 해도 하나님은 깨어 계시다는 것을 사탄이 잘 알고 있습니다. 하나님이 변함없이 살피고 계시기 때문에 여러분이 잡아먹히지 않은 것입니다. 혹시 하나님께서 단 한순간이라도 한눈을 파신다면, 굳이 홍수가 일어나지 않아도 여러분은 이 용의 입에서 나오는 것에 빠져 죽고 맙니다. 아니, 온 세상이 다 그렇게 되고 마는 것입니다.

생각할 점 3. 사탄의 권세는 성도들을 섬기는 권세입니다. 사탄의 권세는 하나님께서 성도들을 섬기고 그들에게 유익을 주도록 지정하신 권세입니다. 교만한 앗수르 사람에 대해서, "그의 뜻은 이 같지 아니하며 그의 마음의 생각도 이 같지 아니하나" 자신이 유혹하는 자들을 멸절하려는 뜻이 그의 마음에 있다고 말씀하는 것은 사실입니다(사 10:7). 그러나 그가 어떻게 생각하든 간에, 루터(Luther)가 뉘른베르크 의회(the diet at Nurenberg)에서 개신교도들을 대적하여 통과된 법령에 대한 소식을 듣고 스스로를 위로하며 말한 것처럼, "거기서는 그렇게 정해졌으나, 하늘에서는 전혀 달리 정해졌습니다." 사탄이 성도의 은혜들을 망가뜨리고 그 영혼들을 파괴시키려 하나, 성도는 하나님께서 그들에 대해 평화롭게 여기시며, 또한 마귀가 아무리 발광해도 하나님의 계획이 이루어진다는 생각으로 위로를 얻는 것입니다. 하나님께서는 그의 성도 중 어떤 자를 마귀의 감옥에 맡기실 때에 다음과 같은 명령서를 작성하여 주십니다: "이런 자를 사탄에게 내어줄지니 이는 육신은 멸하고 영은 주 예수의 날에 구원을 받게 하려 함이라"(고전 5:5). 그러므로 시험받은 성도들은, "우리의 생각대로 망한 것은 아니나, 우리가 망하였도다"라고 말하게 됩니다. 이 리워야단 자신은 그들을 삼켰다고 생각하지만, 사실은 하나님께서 (큰 물고기를 요나에게 보내신 것처럼) 성도들을 땅에 안전하게 데려가도록 하시기 위해 그를 그들에게 보내신 것입니다. "그들 중 지혜로운 자 몇 사람이 몰락하여 무리 중에서 연단을 받아 정결하게 되며 희게 되어 마지막 때까지 이르게 하리니"(단 11:35), 그의 자녀들이 시험에 빠지도록 허락하실 때에 하나님의 의도가 바로 이런 것입니다. 우리가 의복들을 다루듯이, 하나님의 자녀들이 잔치 자리에서 묻히는 얼룩들을 물에 씻고 문지르고 바깥에 널어 깨끗하게 하시려는 것입니다. 성도들은 대부분 평안함과 풍요로움과 번영 가운데서 얼룩을 묻힙니다. 그리고 그 얼룩은 사탄의 혹독한 시련을 당하고 거기서 벗어날 때만큼 깨끗하게 회복되는 때가 없는 것입니다. 우리는 굳이 사탄을 두려워하지 않으려고 애를 쓸 필요가 없습니다. 그가 주는 시험들이 결국 우리의 유익을 위하여 사용되며 그 목적에 기여한다는 사실로 위로를 얻어야 합니다. 우리가 그리스도의 것이니 모든 것이 우리의 것입니다. 그는 우리에게 생명도 주셨고 죽음도 주셨습니다. 하나님이 천국을 여러분의 기업으로 주셨고, 또한 거기에 이르기까지 여러분을 돕기 위해서 바울과 게바와 사역자들과 갖가지 규례들을 주셨고, 세상을 주시되 그 모든 괴로움까지도 함께 주셨습니다. 그렇습니다. 그 임금도 함께 주셨고, 그 임금의 분노와 권세까지도 다 함께 주셨는데, 이 모든 것이 동일한 목적을 위한 것입니다. 이것은 과연 수수께끼에 싸인 신비한 사랑이요 지혜입니다. 그러나 여러분에게는 그리스도의 성령이 계시니 그와 함께 그 신비를 열어 볼 수가 있는 것입니다.

———

셋째 대지

[이 어둠의 세상 주관자들 … 을 상대함이라]

이 말씀은 우리의 큰 원수 마귀에 대한 묘사 중에 셋째 대지에 해당되는 것으로, 그의 제국의 적절한 좌소를 그 세 가지 경계와 더불어 제시해 줍니다. 그는 "만유의 주"가 아닙니다. 이는 하나님만이 홀로 지니시는 고유한 칭호입니다. 그러나 그를 가리켜 이 어둠의 세상 주관자라고 하는데, 이는 그의 제국의 때와 장소와 신민들이 이 세상에 한정되어 있음을 보여줍니다. 첫째, 이 임금이 통치권을 행사하는 때입니다. 곧, 그가 "이 세상"에서, 즉 장차 올 세상이 아니라 지금 그가 통치한다는 것입니다. 둘째, 그가 통치하는 장소가 "이 세상", 즉 천국이 아니라 이 밑의 땅이라고 합니다. 셋째, 그가 통치하는 신민들 혹은 사람들이 이 낮은 세상에 있는 사람들 전부가 아님을 보여줍니다. 그들은 이 세상의 어둠이라는 말에 들어 있습니다.

[사탄이 통치하는 때]

첫째. [사탄의 제국은 그 때가 한정되어 있음.] 그가 통치하는 때가 이 세상이라
고 합니다. 곧, 나중이 아니라 지금 그가 통치한다는 것입니다. 본문의 이 "세상"이
라는 단어는 마치 작은 괄호처럼 지극히 작은 점과 같은, 양쪽으로 펼쳐지는 광대
한 영원 사이에 끼어 있는 짧은 시간을 뜻하는 것으로 볼 수 있습니다. 이를 가리
켜 때로 "이 세상"(즉, 현세 — 역주)이라 부릅니다(딛 2:12). 이 시간의 무대 위에서
이 가짜 왕이 임금 역할을 합니다. 그러나 이 세상의 종말에 그리스도께서 오사 그
의 무대를 허무실 것이요, 그렇게 되면 그가 치욕을 당하게 됩니다. 면류관이 벗겨
지고, 그의 검이 부러질 것이며, 조롱과 수치를 당하게 될 것입니다. 그렇습니다.
임금 노릇을 해왔으니 이제 지옥에서 갇힌 자가 되는 것입니다. 성도들을 괴롭히
는 것도 악인을 다스리는 것도 더 이상 하지 못하게 되고 악인들과 함께, 또한 악
인들은 그와 함께, 즉각적으로 시행되는 하나님의 진노를 그대로 당하게 될 것입
니다. 그리스도께서는 바로 이러한 목적을 이루기 위한 특권과 사명을 받으셨고,
"그가 모든 통치와 모든 권세와 능력을 멸하시"기까지(고전 15:24) 결코 그것을 포
기하시지 않을 것입니다. 그때에 그는 그의 나라를 아버지께 바치실 것이요 "모든
통치와 모든 권세와 능력을 멸하"실 것입니다. "그가 모든 원수를 그 발 아래에 둘
때까지 반드시 왕 노릇 하실" 것이기 때문입니다(25절). 사탄은 이미 버려진 상태
요 그의 마지막 멸망이 다가와 있습니다. 아담이 최초로 죄를 범하였으나, 그에 대
한 완전한 형벌은 세상의 종말에 가서야 비로소 시행될 것이듯이 말입니다. 마귀
는 이 사실을 알고 있습니다. 이는 그의 행동의 근본이 되는 강령의 일부입니다.
그렇기 때문에 그는 그리스도께 왜 정한 때가 되기도 전에 자기를 괴롭히려 오셨
냐고 떨며 물었던 것입니다.

첫째 적용. 이는 악인에게는 나쁜 소식입니다. 여러분의 임금들이 그의 보좌에
오래 앉아 있을 수가 없다니 말입니다. 죄인들은 지금 그 임금의 통치 아래에서 즐
거운 시간을 보내고 있습니다. 그리스도의 제자들이 슬피 울고 있는 동안 이들은
즐거워하고 있습니다. 성도들이 누더기를 입고 지내는 동안 이들은 비단 옷을 입
고 있습니다. 임금들이 신하들에게 갖가지 혜택들을 베풀지만, 마귀는 그보다 더
그 추종자들에게 만족감을 줍니다. 그는 상급도 줍니다: "이 모든 것을 네게 주리
라." "내가 그대를 높여 크게 존귀하게 하리라"라고 발락은 발람에게 말했습니다.

오오, 사탄이 이런 황금 갈고리로 죄인들을 꿰어 끌고 다니는 것을 보니 이상한 일입니다. 하지만 인간 본성의 타락을 생각하면 이상한 일도 아닙니다. 사탄이 그 미끼를 명예나 쾌락으로 제시하기만 하면, 마치 개가 빵부스러기를 탐하듯이, 죄인들의 마음이 거기에 홀딱 빠지고 맙니다. 빵 한 조각으로 그들을 죄로 이끄는 것입니다. 오오 마귀가 약속하는 불의의 삯을 연모하는 나머지 위대하신 하나님이 경고하시는 그 처절한 삯을 두려워할 줄 모르다니, 사람의 마음이 어찌 이다지도 악하단 말입니까! 가끔 뼈 조각을 탐하는 사냥개를 보게 되는데, 주인이 뼈 조각을 멀리 던지면 강물 속이라도 개의치 않고 뛰어듭니다. 그리고 그 속에서 아우성친 다음 물에서 나오는 모습을 보면 뼈 조각이 가라앉아서 그렇게 고생해놓고도 겨우 입 속에 물만 머금고 나올 뿐입니다. 죄인들도 이처럼 자기들이 바라는 쾌락과 명예와 이득을 잡기 위해, 하나님의 말씀의 경고들 속을 헤매며 아우성칩니다. 그리고 때로는 그렇게 탐내고 찾던 것들까지도 잃어버리기도 합니다. 발락이 발람을 존귀하게 해주겠다고 했으나 하나님이 그것을 막으셨습니다(민 24:11). 하지만 이 땅에서는 그들이 아무리 바삐 움직여도, 회개가 없이는 그들 자신을 영원토록 잃어버릴 것이 분명합니다. 그런 것들을 기필코 갖겠다고 결심하는 자들은 마귀의 올무에 걸리게 되고, 그 어리석고 해로운 정욕에 이끌려 결국 파멸과 멸망에 이르고 마는 것입니다(딤전 6:9). 오오 가련한 죄인들이여! 마귀에게 휩쓸려가기 전에 먼저 이 멋져 보이는 허황된 것들에다 무슨 권리를 줄 수 있는지를 물어보는 것이 지혜로운 일이 아니겠습니까? 그것들을 여러분에게 값없는 재산으로 주려는 것이겠습니까? 그가 여러분과의 거래에 안전을 보장하고 법의 소송이 없도록 만들어 줄 수 있겠습니까? 아니면 그가 두 번의 삶을 값을 주고 사게 하여 한 번 죽어도 그 다음 세상이 또 남아 있게 만들어 줄 능력이 있습니까? 가련한 죄인들이여, 안타깝습니다. 머지않아 그가 여러분을 속였다는 것을 알게 될 것이고, 그에게서 여러분이 얻을 것이 하나도 없다는 것을 알게 될 것입니다. 그러니 그와 거래하는 자는 그것을 잘 보아야 합니다. 이 큰 임금은 자기가 줄 것이 무엇인지를 여러분에게 그렇게도 떠벌리지만, 그 자신이 무너지고 말 것입니다. 그러니 이 가련한 임금의 궁궐도 가련하게 되고 말 것입니다. 사탄과 그의 졸개들이 함께 얼마나 처절하게 울부짖게 될지 모릅니다. 하지만 죄인은 이렇게 말합니다. 죄와 사탄이 제공해주는 쾌락과 명예는 지금 누리는 것이지만, 그리스도께서 약속하시는 것들은 기다려야 얻는 것이라고 말입니다. 바울은 말씀하기를, 데마는 "이 세상을 사랑하"

였다고 합니다(딤후 4:10). 죄인들이여, 그것은 지금 현존하는 것입니다. 그러니 그것이 나중에 여러분의 것이 될 것이라고 말할 수가 없습니다. 여러분의 지금의 행복은 지나가고 있습니다. 하지만 성도들의 행복은 비록 미래에 속하여 있으나 오고 있으며 절대로 사라지지 않습니다. 고작 죽 한 그릇과 현재 누리는 감각적인 즐거움을 얻고자 그런 고귀한 나라의 권리를 팔아 버릴 사람이 누구겠습니까? 자기 목구멍으로 넘긴 것 외에는 아무것도 관심이 없는 사람 외에는 그럴 사람이 아무도 없을 것입니다.

> Haec habeo quae edit, quae exacurata libido Hausit.
> (내가 먹은 것과 무엇이든 내가 마셔서 욕망을 채운 것 말고는
> 내게 있는 것이 없다).

키케로(Cicero)가 한 이 말은 사람의 무덤보다는 소(牛)의 무덤에 써놓는 것이 더 합당할 것입니다. 하나님과 시간을 약속하고 거래하는 것이 마귀와 현찰로 거래하는 것보다 못하다고 생각하니, 정말 악한 자입니다. 테르툴리아누스(Tertullian)는 로마인들이 어떻게 그렇게 어리석은 야망을 갖는지 의아해합니다. 그들은 오로지 마지막에 집정관이 되는 영예를 얻기만을 바라고 싸움터에서 온갖 어려움을 다 이기는데, 그 기쁨은 그 해가 끝나기 전에 다 사라지고 마는 것이라는 것입니다. 그런데 죄인들은 차라리 후에 하나님의 영원한 진노를 받을지언정 여기서는 조금도 어려움을 견디려 하지 않고, 나중에야 어떻게 되든 자기들의 정욕을 만족시켜주는 짧은 잔치와 연회를 즐기는 일에만 정신이 팔려 있으니, 이 얼마나 처절하게 미친 짓인지 모릅니다. 그 잔치와 연회의 즐거움은 대개 한 시간도 가지 못하는 것인데도 말입니다.

둘째 적용. 오오 그리스도인 여러분, 작은 싸움이 아주 치열할지 모르지만 오래 갈 수가 없다는 것을 기억하고 사탄과의 싸움에서 힘을 얻으십시오. 사탄이 여러분을 시험하고 그의 사악한 졸개들이 괴롭혀도 그렇게 하라고 하십시오. 조금만 지나면 그들의 악한 협잡들이 다 사라질 것입니다. 구름이 여러분의 머리 위를 휘어감고 있지만, 조금 후에는 날씨가 개어 영원한 영광의 태양이 떠오르게 되는 것입니다. 그리스도와 함께 한두 시간만 살필 수 없겠습니까? 며칠 동안만 싸움터를 지킬 수 없겠습니까? 여기서 굴복해 버리면 여러분은 영원토록 망하고 맙니다. 조

금만 견디면 싸움이 끝나고 여러분의 원수가 다시는 공격해 오지 못하게 됩니다. 믿음에게 명하여 약속의 열쇠 구멍을 들여다보고, 이기는 자를 위하여 예비된 것들이 무엇인지를 보고 이야기해 달라고 하십시오. 믿음에게 명하여 면류관을 얻은 성도들의 환희의 외침을 듣지 못하는지 이야기해 달라고 하십시오. 그들은 마치 전리품을 나누는 자들처럼 이 땅에서 행한 모든 섬김과 고난에 대해 상급을 받고 있는 것입니다. 그런데도 다른 쪽에 서서 마치 물이 튀기는 것처럼 고난과 시험들로 인하여 발을 적실까 하여 영광을 향하여 달리기를 두려워하고 머뭇거리겠습니까?

[사탄이 통치하는 장소]

둘째. [사탄의 왕국은 그 장소에 한정되어 있음.]   마귀가 통치하는 장소는 이 세상입니다. 즉, 하늘이 아니라 이 낮은 이곳입니다. 그는 하늘이 아니라 이 낮은 세상의 통치자입니다. 마귀가 아무리 높이 오른다 해도 공중 이상 높이 오를 수가 없습니다. 그는 공중의 권세를 잡은 임금입니다. 그러니 그는 위의 세계와는 아무런 관계가 없습니다. 하늘은 마귀를 두려워하지 않습니다. 그러므로 그 문이 항상 열려 있습니다. 이 마귀는 과거에 쫓겨난 이후 절대로 그 거룩한 곳을 감히 들여다보지 못하였고, 이 낮은 땅에서만 방랑하는 존재처럼 여기저기를 다닐 뿐입니다. 하나님의 임재로부터 내쫓겼으니, 천국을 향해서 나아가는 성도들에게 할 수 있는 대로 악행을 행하는 것일 뿐입니다. 하지만 성도들이 거하게 될 그곳에 사탄의 권세가 이르지 못한다는 것이야말로 크게 기뻐해야 할 일이 아닌가요? 그리스도인 여러분, 여러분이 값어치를 두는 것 중에 거기에 없는 것이 과연 무엇입니까? 여러분의 그리스도가 거기 계시고, 여러분이 그를 사랑한다면 여러분의 마음도 거기서 그 사랑하시는 분의 가슴속에 살고 있는 것입니다. 그리스도 안에 있는 여러분의 친구들과 친족들이 거기에 있고, 아니면 그곳에 가기를 기다리고 있으니, 다볼에 함정이 있고 그리로 가는 중에 사탄의 계교들이 있으나, 여러분은 그들과 더불어 아버지의 집에서 즐겁게 만나게 될 것입니다. 오오 친구들이여, 그 나라에 들어갈 권세를 얻으십시오. 그러면 공중을 나는 사탄의 연(鳶)이 도무지 여러분에게 닿지 못할 것입니다. 욥이 바로 이 때문에 행복한 사람이 되었습니다. 마귀가 그를 약탈하여 피골이 상접하게 만들었고 거의 헤어날 수 없을 정도로 그를 괴롭힐 그

때에도 그는 죽음과 마귀들을 대하면서 그리스도가 그의 구원자이심을 단언할 수 있었습니다. 그는 눈물을 가득 머금은 눈으로 서서 그리스도를 바라보았습니다. 그를 자신의 분깃으로 바라보았던 것입니다. 자신이 가진 값어치 있는 모든 것들을 한꺼번에 빼앗기는 사람은 과연 슬픔이 큽니다. 하지만 성도에 대해서는 결코 이런 말을 할 수가 없습니다. 마귀는 말하자면 욥의 모든 것이 들어 있는 지갑을 빼앗아갔고, 그리하여 그는 곤경에 빠졌습니다. 하지만 하늘의 하나님이 계셔서 그의 모든 것을 다시 회복시키신 것입니다. 여러분이 지금 현재 지갑 속에 용돈을 조금 갖고 있습니다. 여러분의 믿음의 활동, 여러분이 하나님의 자녀라는 증거, 거기서 흘러나오는 위로와 임무를 다하는 열심 등이 그것입니다. 그런데 사탄이 한동안 여러분을 괴롭히고 가진 용돈을 다 빼앗아갈 수도 있습니다. 그러나 등록부에까지 손을 대어 생명책에서 여러분의 이름을 지워 버리는 일은 결코 할 수 없습니다. 여러분의 믿음을 완전히 무너뜨린다거나 하나님과의 관계를 무효로 만든다거나 할 수는 없습니다. 흐르는 물을 잠시 막을 수는 있으나 물의 근원인 샘에서 얻는 위로까지 말려 버리지는 못합니다. 또한 사사로운 약점들을 갖고 여러분을 극심하게 괴롭힐 수는 있으나, 죄와의 모든 싸움에서 얻는 복된 결과들을 가로막을 수도 없습니다. 이 모든 것들은 하늘에 하나님의 고귀한 보석들 가운데 간직되어 있으며, 하늘의 하나님께서 "구원에 이르도록 믿음으로 말미암아 그의 능력으로" 우리를 지키시리라고 말씀하고 있는 것입니다(벧전 1:5).

[사탄의 통치를 받는 그의 졸개들]

　셋째. [사탄의 제국의 졸개들은 제한되어 있음.]　마귀의 통치권의 세 번째 경계는 그의 졸개들과 관련된 것인데, 그들이 여기서 "이 세상의 어둠"으로 묘사되고 있습니다. 곧, 어둠 가운데 있는 자들이라는 것입니다. "어둠"이라는 단어는 "흑암 중에 행하여 빛이 없는 자"(사 50:10)라는 말씀에서 보듯 때때로 무언가 큰 괴로움 중에 있는 자의 비참한 처지를 표현하는 뜻으로도 사용되고, 때로는 모든 죄의 본질을 표현하는 뜻으로 사용되기도 합니다. 그리하여 에베소서 5:11에서는 죄를 가리켜 "어둠의 일"이라 부릅니다. 그리고 때로는 "밤의 어둠"이나 "눈의 어둠" 등의 표현에서 보듯 구체적으로 무지(無知)의 죄를 뜻하기도 합니다. 이 모든 의미가 다 가능하겠으나, 여기서는 주로 마지막 것을 의미한다고 여겨집니다. 외적인 십자가 때문이든 혹은 내적인 좌절감 때문이든 슬픔이라는 어둠 속에 있는 영혼 속에 사탄이 거짓을 일으켜 부추긴다 해도, 그 영혼이 그 때에 죄의 어둠 속에 있지 않은 이상, 사탄이 그의 원수가 되어 마음의 평안은 어지럽힐 수 있으나 임금이 되어 그를 다스릴 수는 없습니다. 오직 죄만이 사탄을 보좌에 올려놓는 것입니다. 그러므로 저는 이 부분을 다음과 같이 두 가지로 해석하고자 합니다. 첫째로, 죄의 어둠 전반을 뜻하는 것으로 취할 것입니다. 그리고 둘째로, 좀 더 구체적으로 무지의 어둠을 뜻하는 것으로 취할 것입니다. 이렇게 보면, 이 부분의 의미는, 마귀의 통치가 죄와 무지의 상태 속에 처한 자들 위에 임하여 있는 것이지, 죄악되거나 무지한 자들 위에 임하여 있는 것이 아니라는 것입니다. 만일 죄악되거나 무지한 자들 위에 마귀가 통치자로 군림하여 있다면, 다른 이들은 물론 성도들까지도 그에게 통치를 받는 것이 될 것입니다. 하지만 마귀의 통치는 죄의 상태 속에 있는 자들 위에 군림하는 것입니다. 사탄의 노예들이 소유하고 있는 죄와 무지의 충만한 상태를 더욱 선명하게 표현하고자 "어둠의 주관자"라는 표현을 사용하고 있는데, 이 표현이 이 점을 잘 보여줍니다. [가르침은 두 가지입니다. 첫째는, 죄의 상태 속에 있는 영혼은 모두가 사탄의 통치 아래 있다는 것이요, 둘째는, 다른 죄보다 무지의 죄가 영혼을 사탄의 노예로 만든다는 것입니다. 그러므로 여기서 이 점을 주로 표현해 주고 있는 "어둠"이라는 단어를 사용하여 모든 죄들을 지칭하고 있는 것입니다.

[죄의 상태에 있는 영혼들은 사탄의 통치 아래 있음]

첫째 가르침. 죄의 상태 속에 있는 영혼은 모두가 사탄의 통치 아래 있습니다. 여기서 두 가지를 살펴볼 필요가 있습니다. 첫째, 죄를 어둠으로 표현하는 이유. 둘째, 죄의 상태에 있는 영혼이 마귀의 통치 아래 있음을 보여주는 갖가지 모습들.

첫째. 죄를 어둠으로 표현하는 이유.

1. 죄를 가리켜 어둠이라 부를 수 있는 것은, 죄의 근원과 일상적인 원인이 어둠에 있기 때문입니다. 죄의 외적인 원인은 사탄입니다. 사탄이야말로 죄를 부추기는 자입니다. 그는 저주받은 영으로 어둠의 사슬에 매여 있습니다. 죄의 내적인 원인은 영혼의 몽매함과 어둠에 있습니다. 그리스도께서 그를 죽이는 자들에 대해 말씀하신 것처럼, 누구든지 죄를 지을 때에는 몰라서 죄를 짓는 것이라고 말할 수 있

습니다. 사람이 자신이 노래를 위해 파는 그 영혼이 얼마나 가치 있는 것인지를 안다면, 하나님과 또한 그의 거룩한 길들의 영광스럽고 아름다운 본질과, 그리스도 안에 있는 하나님의 비할 바 없는 사랑과, 또한 죄의 저 해롭기 그지없는 본질을 안다면, 이 모든 것들을 설교를 들어서 영혼의 창문에 빛이 비쳐졌다가 번갯불처럼 곧바로 사라져가는 식이 아니라, 계속해서 비치는 빛을 통해서 알게 되었다면, 마귀의 장사는 완전히 망하고 말 것입니다. 아무리 가련한 사람도 이런 두꺼비 같은 더러운 것을 가슴에 품으려 하지는 않을 것이니 말입니다. 그러나 죄는 위장을 하고 다가옵니다. 그래서 환영을 받는 것입니다.

2. 죄가 어둠인 것은 그것이 영혼 속에 어둠을 가져다주기 때문인데, 죄는 본성적으로도 법적으로도 영혼 속에 어둠을 드리웁니다.

(1) 죄는 본성적으로 영혼 속에 어둠을 드리웁니다. 죄에는 이성(understanding)을 거스르는 추악한 성질이 있습니다. 영혼에게 있어서 이성은 육체에게 있어 눈과 입과도 같아서, 마치 눈이 흰 것을 검은 것과 구별하듯이 사물을 분별하고 참을 거짓과 구별하며, 또한 입이 고기를 맛보듯이 말(言)들을 시험합니다. 눈의 시력을 나쁘게 하는 것들이 있고 또한 입맛을 망가뜨려서 단 것을 쓴 것과 구별하지 못하게 만드는 것들이 있는 것처럼, 여기서 죄가 영혼을 혼미하게 하고 어지럽혀서, 전에는 다른 이들에게서 나타나는 불합리하고 비열한 행위들을 볼 수 있던 사람이 이 어지러운 술에 취한 나머지 — 이성을 완전히 상실한 사람처럼 — 그 사악한 것들을 보지 못하게 되고, 또한 그런 악행에 대해 자신의 이성을 발휘할 줄을 모르게 되는 것입니다. 그리하여 사울은 양심이 더러워지기 전에는 신접한 여인을 죽여 마땅한 자로 여겼으나, 다른 악한 죄들로 인하여 양심이 짓밟힌 후에는 오히려 스스로 나아가 신접한 여인에게 물으러 가는 것입니다.

(2) 죄는 법적으로 영혼 속에 어둠을 가져다줍니다. 하나님께서 귀를 열어 가르침을 받게 하시려 하나, 빛을 거역하고 하나님의 학교에서 도망하여 마귀의 학교로 달려간 자들에게 그들이 "지식 없이 죽을 것"(욥 36:10, 12)이라고 경고한 바 있습니다. 무엇이라고요? 사람이 일보다는 노는 데 더 정신이 팔려 있는데도 등을 계속 켜 놓고 허비해야 하겠습니까?

3. 죄를 어둠이라 부를 수 있는 것은 그것이 어둠 속으로 달려 들어가기 때문입니다. 협잡꾼들은 자기들의 저주받은 이단 사설들을 은밀하게 갖고 들어옵니다. 이들은 마치 불량품을 파는 상인들과도 같습니다. 시장에는 기준이 정확하게 있어

서 모든 물품들을 조사하기 때문에 거기에 드러내놓고 물건을 내지 못하고 은밀하게 뒷거래를 합니다. 도덕적인 사악함에서도 마찬가지입니다. 죄인들은 맹수들처럼 밤에 나가 먹잇감을 잡아오나, 드러나는 것을 싫어하고, 그리하여 쉽게 자신이 노출되는 곳에는 가기를 꺼려합니다. 죄인들에게는 진리의 빛 이상 끔찍한 것이 없습니다. 왜냐하면 그들의 행위가 악하기 때문입니다(요 3:19). 벨릭스는 바울의 말이 어찌나 가슴을 찌르는지 그의 설교를 감당할 수가 없었고, 그리하여 황급히 핑계를 대고는 편안한 시간에 다시 바울의 말씀을 듣겠다며 미루었습니다. 하지만 다시는 편안한 시간을 찾지 못하였습니다. 더운 나라들에서 태양빛이 아무리 괴롭다지만, 강력한 말씀 선포를 듣고 있는 자들에게 진리가 주는 괴로움보다 더할 수는 없습니다. 그러므로 더운 나라들에서는 태양이 내려쬐일 때에 사람들이 거의 바깥에 나가지 않고, 혹시 나가야 할 경우에는 태양열에서 머리를 보호하도록 방비를 하고 나갑니다만, 이처럼 죄인들도 할 수 있는 대로 말씀 선포를 피하려 합니다. 그러나 혹 인간 관계를 위해서나 혹은 다른 육신적인 이득 때문에 그 자리에 반드시 가야 할 상황이라면 설교 시간에 잠을 잔다든가 아니면 사탄이 그런 때에 주의를 다른 데로 쏠리게 하기 위하여 보내는 어리석은 상상으로 그 시간을 보냄으로써, 아니면 양심을 찌르기보다는 이빨 빠진 말씀으로 아첨하고 가려운 곳을 긁어주는 듣기 좋은 설교자를 택하여 그의 설교를 들음으로써, 진리의 능력을 가로막고, 그리하여 쓰라린 눈으로 빛을 바라보려 하는 것입니다. 이런 자들은 진리가 선포되는 것을 좋아하지만 그것이 자기들의 생각과 어긋나면 곧바로 그것에 대해 등을 돌려 버립니다. 이들은 검이 아주 멋진 칼집에 들어 있을 때에는 그것을 손에 잡고 이리저리 보며 좋아하지만, 막상 칼집에서 검을 빼면 도망쳐 버리는 것입니다.

4. **죄는 그 불편함 때문에도 어둠이라 부를 수 있습니다.** 여기에는 세 가지 면이 있습니다.

(1) 어둠이 불편한 것은 그 속에서는 아무 일도 할 수 없기 때문입니다. 흑암 재앙이 임할 때에 애굽 사람들은 아무 일도 할 수 없어 그저 가만히 앉아 있을 수밖에 없었습니다. 이런 상황은 활동적인 사람에게는 아주 곤욕스럽습니다. 이와 마찬가지로 죄의 상태에 있는 사람은 아무 쓸모 없는 존재입니다. 그는 하나님께서 받으실 만한 일을 할 수가 없고, 하나님께서 손에 쥐어주시는 모든 것을 망쳐 버립니다. 마치 창문이 닫힌 가게 안에서 이리저리로 뛰어다니는 사람처럼 일을 옳게

하는 법이 없습니다. 죄의 상태 속에서 살다 죽는 모든 죄인의 무덤에는 다음과 같은 글귀가 씌어질 수도 있을 것입니다: "평생토록 단 한 시간도 하나님을 위해 일을 해드린 적이 없는 사람이 여기 잠들다."

(2) 어둠이 불편한 것은 그 속에서 아무것도 누릴 수가 없기 때문이기도 합니다. 방안에 아무리 진기한 그림이 있다 하더라도 방안이 캄캄하면 무슨 소용이 있겠습니까? 죄의 상태에 있는 영혼은 아무리 많은 것을 소유하고 있다 해도 하나도 누리지 못합니다. 이것은 정말 안타까운 일이지만 거의 생각도 하지 못합니다. 하나님과 원수 된 처지에 있는 사람은 잔마다 온통 원한으로 가득 채우려 할 것입니다. 온통 지옥의 냄새를 풍깁니다. 풍성히 차린 잔치에 참석해 있어도, 불이 나서 온통 냄새를 풍기며 자기와 자기 집을 태우려 하는 상황에서는 그 잔치를 도무지 즐길 수가 없는 것입니다.

(3) 어둠이 불편한 것은 그것이 두려움으로 가득 채우기 때문입니다. 밤에 느끼는 두려움은 그야말로 끔찍스럽습니다. 죄의 상태는 두려움의 상태입니다. 빚을 많이 진 사람들은 마음의 평안이 없고, 잠들 때에도 낮의 염려와 근심이 너무 깊이 가라앉아서 밤에도 고민으로 편안한 쉼을 누리지 못합니다. 악인에게는 평화가 없습니다. 양심이 잠들어 있을 때도 뒤척거리며 선잠을 자다가도 공포의 발작 때문에 자주 깨어납니다. 지극한 번영을 누리고 있을 때에도 마치 익은 곡식이 가득한 밭의 새 떼처럼 불쑥불쑥 놀랍니다. 두려움 속에서 먹고 두려움 속에서 마십니다. 어려움을 당하면 더 큰 어려움이 올 것이라고 여기며 이 구름이 얼마만큼 넓게 퍼질지, 그리고 그를 어디로 데려갈지 알지 못합니다. 지옥으로 데려가는지 아닌지도 알지 못하여, 마치 어둠 속을 가며 다음 걸음을 잘못 디뎌서 구덩이에 빠지지 않을까 하여 전전긍긍하는 사람처럼 두려움에 떠는 것입니다.

5. 죄를 어둠이라 부를 수 있는 것은 그것이 완전한 어둠으로 인도하기 때문입니다. 완전한 어둠이란 어둠이 극한에 이른 상태입니다. 죄가 최고조에 달해 있는 상태요, 진노 역시 최고조에 달해 있는 상태입니다. 죄나 진노나 모두 총체적이고 영원한 상태입니다. 여기서는 평안과 괴로움이, 고통과 편안함이 뒤섞여 있습니다. 죄도 있지만 회개에 대한 생각도 있습니다. 죄도 있지만 용서에 대한 희망도 있습니다. 그러나 거기서는 진노의 불길이 사그라짐이 조금도 없이 활활 타오를 것이요, 죄가 고통과 평행선을 달릴 것입니다. 지옥의 새들은 모자란 아이 같은 존재가 아닙니다. 그것들로 인한 고통 때문에 죄를 짓게 되고, 죄를 지으면 고통이 더 가

중됩니다. 고통도 죄도 꺼지지 않고 영원토록 서로에게 불을 지피는 것입니다.

둘째. 죄의 상태 아래 있는 자들이 사탄의 통치 아래 있다는 것이 어떻게 나타나는지를 살펴봅시다. 죄인들을 가리켜 마귀의 자녀들이라 부르는데(요일 3:10), 아버지가 아니면 과연 누가 그 자녀를 다스리겠습니까? 그들은 노예들입니다. 그렇다면 주인이 아니면 과연 누가 그 노예들을 다스리겠습니까? 그들은 마귀의 소굴입니다. 사람이 자기 집에서가 아니면 어디에서 호령하겠습니까? "내 집으로 되돌아가야지"(마 12:44). 마귀는 마치 이렇게 말한 것과도 같습니다: "내가 하나님의 성도들 사이를 이리저리 다녔고 이 집 저 집을 기웃거렸으나, 아무도 나를 반겨주지 않으니 도무지 쉴 수가 없다. 그런데 어디로 가야 나를 반겨줄 지를 아니 내 집으로 가야겠다. 거기서는 내 마음대로 모든 것을 주무를 수 있으리라." 그리고 들어와 보니 집이 텅 비었고 깨끗이 청소가 되어 있어서, 마음껏 즐기기 안성맞춤입니다. 노예들은 주인이 집으로 돌아오는 것에 대비하여 깨끗하게 집을 손질해 놓습니다. 특히 여기서 마귀가 일곱을 더 데리고 들어오는 것처럼, 주인이 손님을 모시고 올 때면 더욱 깨끗하게 해 놓는 것입니다.

죄인을 보십시오. 그에게는 온통 마귀가 다스리는 것밖에는 없습니다. 마귀는 전인(全人)을 다스립니다. 그들의 마음이 그들을 그렇게 묶어 놓는 것입니다. 사물들에 대한 죄인들의 인식은 사탄에 의해서 이루어집니다. 그는 마귀의 안경을 쓰고 죄를 바라봅니다. 마귀의 주석을 참조하고 말씀도 읽습니다. 죄인은 아무것도 그 본연의 색깔로 보지 않고, 계속해서 착각 속에 있는 것입니다. 악인의 지혜는 "귀신의 것"(약 3:15. δαιμονιώδης)이라고 말씀합니다. 왜냐하면 귀신에게 가르침 받은 지혜요, 또한 귀신처럼 악을 행하는 데에만 지혜롭기 때문입니다. 그가 죄인들의 의지들을 향하여 명령합니다. 그들을 억지로 끌어가지는 않으나, 지극히 효과적으로 그들을 유인해 가는 것입니다. 그리스도께서는, "네가 마귀의 일을 행하는도다"라고 말씀하셨습니다. 여러분은 여러분의 길을 가기로 결심한 상태인데, 마귀가 여러분의 마음을 사로잡습니다. 그러면 여러분이 그의 말을 순종하게 되는 것입니다. 그러므로 그리스도께서 그의 보좌를 회복시키려고 오실 때에, 심령이 반기를 들고 일어납니다. 마치 에베소 사람들이 바울의 설교를 듣고, 그를 물리치고 아데미 여신을 높이라고 외친 것처럼 말입니다. "우리는 이 사람이 우리의 왕 됨을 원하지 아니하나이다." "전능자가 누구이기에 우리가 섬기랴?" 그는 그들의 모든 지체들을 다스립니다. 그러므로 그들을 가리켜 불의의 병기라 부릅니다.

모두가 마귀를 섬기고 있으니 말입니다. 한 나라의 병기들이 침략하는 원수들을 막아 임금을 지키기 위해 사용되는 것처럼 말입니다. 머리는 계략을 짜내는 데 쓰이고, 손은 행동하는 데에, 발은 몸을 위로 아래로 신속히 이동시켜 제자리에 가도록 하는 데 쓰입니다. 마귀가 죄인이 가진 모든 것들을 장악하고 사용하는 것입니다. 이 가련한 지체는 하나님이 오셔서 동전 한 푼을 빌려 달라거나 혹은 배가 너무 고프니 빵조각 하나만 달라고 간청하셔도, 욕심이 가득하여 구제를 베푸는 손이 말라 버려 있으므로 손을 뻗어 베풀어 주지를 않습니다. 하지만 사탄이 부르면, 지갑도 활짝 열고 마음도 엽니다. 나발은 다윗과 그의 부하들에게는 부스러기도 나누어줄 줄 몰랐으나, 마치 임금처럼 잔치를 벌여 자기의 탐욕스러움과 술에 취하고자 하는 욕구를 충족시킬 수 있었습니다. 마귀는 그들의 시간을 장악하고 있습니다. 하나님이 부르셔서 임무를 행하게 하시고, 기도하게 하시고, 말씀을 듣게 하시면, 이들은 단 한 시간도 그 일을 위해서 할애할 마음이 없습니다. 그러나 흥겨운 모임이나 선술집에서 친구들과 노닥거리는 일을 위해서는 모든 것을 다 내팽개치고 그리로 달려가 자기 주인을 섬깁니다. 아내와 자식들이 배가 고파 울부짖어도 그 몹쓸 사람은 그야말로 그들의 피를 부어 마시고, 자기의 정욕의 발 아래 그들의 활력을 내버리는 것입니다. 죄인은 "불의에 매인 바 되어" 있으니 그것에 순종할 수밖에 없는 것입니다. 마치 "미련한 자가 벌을 받으려고 쇠사슬에 매이러 가는 것"처럼(잠 7:22), 그는 자기 정욕을 좇아간다고 말씀합니다. 손발이 묶인 행악자는 스스로 자기 팔과 다리의 묶은 것을 풀고 도망할 수가 없습니다. 이처럼 죄인도 그의 정욕에 묶여 있어서 스스로 풀고 도망할 수가 없습니다. 그들은 노예들입니다. 그들의 지체는 "죄의 도구"입니다. 일꾼이 도끼를 들어올리면 도끼가 저항을 하지 못합니다. 하나님이 "안 된다!"고 말씀하시지 않는 한 사탄이 이처럼 그들을 자기 마음대로 사용하는 것입니다.

["죄의 상태에 있는 심령이 사탄의 통치 아래 있다"는 가르침의 적용]

　죄의 상태 속에 있는 각 사람의 처참한 상태를 보십시오. 그는 사탄의 통치와 지옥의 권세 아래 있습니다. 이런 상태의 비참한 현실을 과연 어떻게 말로 옮길 수 있으며, 누가 마음으로 지각할 수 있겠습니까? 그리스도께서는 "멸망의 가증한 것"이 성소 안에 서 있는 것을 보게 될 비참한 날에 대해 예언하시고(마 24장), 이어서 유대에 있는 자는 산으로 피하라고 말씀하셨습니다. 그들은 비록 가중하나 사람들에 불과했습니다. 그들은 손으로 지은 성전에 서서 그것을 더럽히는 것에 불과했습니다. 그러나 마귀들은 사람의 영혼 속에서 자기들의 깃발을 흔들어대고, 물질적인 천국보다 더 영광스러운 그 마음의 보좌를, 오직 하나님만이 앉으시도록 지음 받은 그것을 더럽힙니다. 그리스도께서 말씀하신 그들은 사람의 육체에까지 잔인한 일을 행하고, 그들을 죽이고 고통을 가했습니다. 그러나 이 마귀들은 사람들의 고귀한 영혼들을 말살시키는 것입니다. 다윗은 하나님의 대적들을 저주하면서, 사탄이 그 오른손에 있게 해 주시기를 기도합니다. 돼지 떼들이 마귀에게 사로잡혀 거의 자포자기 상태로 소리를 지르면서 바다로 돌진해 들어가는 것을 보면서도 죄인들이 두려워 떨지 않는 것이 이상합니다. 한 사람의 영혼이 이 모든 돼지 떼들보다 더 귀하지 않습니까? 여러분의 마음과 심령을 사탄이 사로잡고서 여러분을 정욕에 빠뜨려 멸망을 향해서 달려가게 하고 있다는 것이야말로 얼마나 끔찍한 일이겠습니까? 오오 가련한 사람이여! 이 얼마나 안타까운 변화입니까? 정당한 주님이신 하나님의 온유하시고 평화로운 통치 아래는 있으려 하지 않고, 오히려 그 졸개들의 피로 자기의 모든 법을 기록하는 이 폭군의 잔인함 속에 빠져 오히려 그 하나님을 대적하여 반역을 일으키다니 말입니다. 오오 죄인들이여, 무엇 때문에 이 가시나무 그늘 아래 계속 앉아 있겠습니까? 그러다가는 결국 영원한 불이 임하여 그것에 삼킴을 당하기밖에 더하겠습니까? 여러분, 그리스도께서 싸움터에 계십니다. 하나님께서 여러분의 권리와 자유를 회복시키시기 위하여 그를 보내신 것입니다. 그의 임금의 군기(軍旗)가 복음 속에서 휘날리고 있습니다. 임금의 선언이 주어졌습니다. 마귀의 통치에 지치고 영적인 종 노릇의 비참한 사슬에 묶여 괴로움을 당하며, 영혼 깊숙한 곳에까지 이 죄의 철장이 깊이 박혀 있어서 그것을 지각하고 괴로움을 당하는 가련한 죄인들일지라도, 그리스도께 고침을 받고자 그에게로 나아오면 하나님의 공의의 심판으로부터, 마귀의 진노와 죄의 권세로부터 그들을 보호하실 것임을, 한 마디로 그들이 그 영광스러운 안식을 얻게 될 것임을 선언하신 것입니다(마 11:28).

처절한 폭군의 압제에 눌리게 되면 대개 사람들은 변화를 바라게 되고, 어떤 제의든 자유의 희망을 주는 것이면 낯선 자가 제시하는 것이라도 받아들일 마음이 생기게 됩니다. 그 낯선 사람 역시 기존의 폭군과 똑같이 악할 수도 있으나, 지금 당하는 압제가 너무도 극심하므로 사람들은 변화를 바라게 되는 것입니다. 마치 병상에 누워 있는 환자가 별로 나아질 것이 없다는 것을 알면서도 침상을 바꾸고 싶어 하는 것처럼 말입니다. 그런데 어째서 구원이 여러분 죄인들에게 달갑지 않습니까? 그 구원은, 여러분에 대해 무슨 꿍꿍이가 있는지 염려해야 마땅한 낯선 자가 제시하는 것이 아니고, 여러분에게 도무지 악의를 가질 수 없는 여러분의 가장 가까운 혈족이 제시하는 것입니다. 하지만 그 구원을 제시하기 위해서는 먼저 자신의 육체를 미워하여야만 합니다. 과연 누가 그렇게 한 일이 있습니까? 분명히 말씀드리면, 그는 그렇게 하지 않으셨습니다. 그는 우리와 동일한 육체를 지니사 우리의 구속자의 자격을 갖추셨으나 우리가 지닌 죄악된 본성은 지니지 않으셨습니다(히 2:14, 15). 우리의 육체에게 잔인한 것은 바로 죄입니다. 스스로 순결하신 그분에게서 순결한 긍휼과 자비 외에 무엇을 달리 기대할 수 있습니까? 잔인한 것은 바로 "악인의 긍휼"입니다(잠 12:10). 여러분 믿으십시오. 그리스도께서는 자신이 노예들이 아니라 그를 따르는 백성들의 왕이시라는 것을 자신의 존귀로 여기십니다. 그가 오신 것은 여러분을 자유하게 하기 위함이지, 여러분을 굴레 속에 집어넣기 위함이 아닙니다. 여러분을 임금으로 만들기 위함이지, 노예로 만들기 위함이 아닙니다. 그리스도께서는 결코 그의 신복이 아닌 자들 이외에는 그 누구에게도 악담을 하시지 않습니다. 사탄의 역사와 그리스도의 역사를 모두 시험해 본 자들에게 물어보십시오. 과연 누구의 역사가 진정 유익한 것인지를 그들이 가장 확실하게 답변을 해줄 것입니다. 영혼이 사탄의 소굴에서 벗어나 그리스도의 나라로 옮겨와 거기 있는 감미로운 것을 한 번이라도 경험하게 되면, 그는 다시는 과거의 치욕스런 곳으로 돌아가지 않습니다. 사람들은 말하기를, 춥고 가난한 북방에서 나온 사람들은 따뜻한 남쪽을 너무나도 좋아하여 다시 고향으로 돌아가는 자가 거의 혹은 전혀 없다고 합니다만, 마치 이들처럼 말입니다. 사탄의 손아귀에 넘겨지는 것보다, 혹은 자신의 정욕의 권세 아래 빠지는 것보다 은혜를 누리는 심령에게 더 끔찍한 것이 어디 있겠습니까? 그것들에게 빠지느니 차라리 불타는 용광로에다 몸을 던지는 편을 택할 것입니다. 하나님의 자녀의 큰 간구는 하나님의 집에서 자신에게 채찍을 때릴지언정 거기서 자신을 내쫓아 다시 사탄의 먹이가 되게 하지는 말아 주시옵소서 라는 것입니다,

오 죄인들이여, 그리스도의 종들의 특권이 무엇이며 그리스도께서 성도들을 얼마나 온유하고 부드럽게 쓰시는지를 여러분은 아십니까? 이것은 그리스도께로 나아와 그를 여러분의 주와 구주로 영접하기까지는 도무지 알 수 없는 것입니다.

이것을 안다면 여러분은, 계속해서 그리스도 앞에서 그를 섬기는 자들이야말로
세상에서 유일하게 복된 자들이라고 말하게 될 것입니다. 그의 법은 사탄의 법처
럼 그의 신복들의 피가 아니라 그 자신의 피로 씌어져 있습니다. 그의 모든 명령들
은 은혜로 점철된 행위들이요, 그것들을 지키도록 부름을 받았다는 것이야말로
은혜인 것입니다. 여러분에게는 믿고 고난당하는 복이 주어져 있습니다(빌 1:29).
그가 명령하시는 모든 것을 행하기를 성도가 어찌나 존귀하게 여기든지, 하나님
께서 또 다른 일을 하게 하시면 그것을 자신이 행한 조그만 봉사에 대해 하나님께
서 상급을 베푸신 것으로 여기는 것입니다. 다윗은 이렇게 말씀합니다: "내 소유는
이것이니 곧 주의 법도들을 지킨 것이니이다"(시 119:56). 그가 얻은 큰 상급이 무
엇이었습니까? "여호와여 내가 밤에 주의 이름을 기억하고 주의 법을 지켰나이다"
(55절). 그리고 그 다음에 "내 소유가 이것이니"라고 말씀합니다. 그는 과거에 순
종함으로 말미암아 미래에 법을 지킬 더 큰 힘과 지혜를 얻었습니다. 여러분, 그러
니 그는 자신의 고난에 대해 좋은 상급을 받은 것이 아니고 무엇이겠습니까? 그리
스도인은 그의 손에 "거룩함에 이르는 열매"가 있는 것이요, 그는 이 땅에서 일하
는 동안 그 열매를 먹으며, 또한 그 열매로 배를 불리다가 마지막 "영생"을 충만
한 상급으로 얻는 것입니다(롬 6:22). 예수 그리스도는 그의 백성들이 그의 다스림
아래서 열심히 수고하고 풍성하게 자라는 것을 보기를 기뻐하는 분이십니다. 그
러나 죄인들은 그를 두려워하는 나머지, 그가 감옥 문을 여시고 그들에게 이리로
오라고 명하시는데도, 그들은 그가 베푸시는 복된 자유를 누리기보다는 마귀의
명령에 귀를 기울이는 쪽을 택합니다. 그러나 성도들 중에는 "더 좋은 부활을 얻고
자 하여 심한 고문을 받되 구차히 풀려나기를 원하지 아니" 한 자들도 있다는 것이
결코 놀랄 일이 아닙니다(히 11:35). 하지만 정말 수수께끼 같은 일은, 버림받은 심
령들이 정욕의 사슬과 또한 주 예수를 믿지 않으면 반드시 그들을 정죄하시겠다
는 하나님의 불변하는 작정에 매여서 사형장으로 끌려가는 중인데도 구원받기를
거부한다는 것입니다! 이는 정말 하늘도 땅도 놀랄 일입니다. 죄 가운데서 죽으면
죽음보다 더 나은 부활을 소망할 수가 없습니다. 아니, 그들은 자기들에게 부활이
라는 것이 없다고 굳게 믿는 것 같습니다. 일단 무덤 속에 묻히고 나면 자기들이
무사할 것이라고 여기고 있으니 그리스도의 제의를 그렇게 가볍게 여기는 것도
무리가 아닙니다. 그러나 죄인들은 이것을 분명히 알아야 합니다. 무덤이 그들을
붙잡아 둘 수 있는 것이 아니고, 마지막 심판 날에 심판주가 그들을 불러 심판대

앞에 세우게 될 것입니다. 무덤은 죄인들을 공의의 손에서 보호해 주는 성소의 역할을 하기 위한 것이 아니었습니다. 아니 오히려 무덤은 시련의 날에 심판을 위해 내보내기까지 그들을 가두어 두는 밀폐된 감옥인 것입니다. 그 때가 오면 죄인들은 무덤에서 끌려나와 그리스도와 그의 은혜를 멸시한 사실에 대해 직고하여야 할 것입니다. 오오 여러분, 지금 여러분이 여러분의 왕이 되지 못하도록 거부하고 있는 그분이 심판주로 계시는 것을 보게 되면 얼마나 깜짝 놀라겠습니까? 복음이 다른 사람들에 대해서는 무죄를 증언하여 구원을 얻게 하면서도 여러분에 대해서는 정죄를 위하여 증언하는 것을 들으면, 얼마나 놀라겠습니까? 죄인들이여, 그 날에 대체 어떻게 하렵니까? 그리스도께 자비를 구하며 비명을 지르겠습니까? 안타깝게도 선고가 행해지면 즉시 여러분의 얼굴이 가려질 것입니다. 정죄 받은 죄수들은 말을 할 수가 없습니다. 그때에는 눈물도 소용이 없습니다. 그리스도의 마음에도, 여러분 자신의 마음에도, 그때에는 전혀 회개의 여지가 남아 있지 않습니다. 혹은 여러분이 과거의 주로 섬기던 자에게 호소하려 할 수도 있겠지요. 그를 섬기다가 여러분의 심령이 망해 버렸으니 아합에게 하듯 "오오 왕이여 도우소서"라고 그에게 부르짖으렵니까? 그러나 아뿔싸! 그도 여러분과 마찬가지로 정죄를 받는 처지인 것을 두 눈으로 똑똑히 보게 될 것입니다. 지금 그리스도의 통치 아래로 영접 받을 수 있는 동안에 마귀의 다스림을 끊어 버리는 편이 더 낫지 않겠습니까? 저 세상에까지 그냥 두었다가 막상 그때 가서 헛되게 수고하는 것보다, 차라리 자비와 은혜를 얻어야 할 지금 그것을 위해 눈물을 쏟고 부르짖어야 하지 않겠습니까?

[죄의 종으로 출생한 자가 어떻게 그리스도의 나라로 옮겨갈 수 있는가]

질문. 하지만 혹시 여러분이 이렇게 말할 수도 있을 것입니다. 곧, 죄의 종으로 출생하였고 그렇게 오랜 세월동안 죄의 저주받은 다스림 아래서 살아온 내가 어떻게 죄의 권세와 통치에서 벗어나 그리스도의 나라로 옮겨갈 수 있겠습니까?라고 말입니다.

답변. 이 큰 일의 어려움은 그리스도를 설득하여 여러분을 그의 신복으로 받으시게 하는 데 있는 것이 아닙니다. 그는 진실한 마음으로 그의 그늘 아래로 오는 자를 거부하시는 법이 없습니다. 그런 자를 거부하는 것은 그의 계획에 맞지 않습니다. 의사가 자기에게 오는 환자를 꾸짖으며 쫓아 보냅니까? 변호사가 고객을 쫓아 보냅니까? 아니면 장군이 원수에게서 벗어나 자기편이 되려고 오는 자들을 쫓아 보냅니까? 결코 그렇지 않습니다. 성경은 말씀하기를, 다윗이 싸움터에 있을 때에, "환난 당한 모든 자와 빚진 모든 자와 마음이 원통한 자가 다 그에게로 모였고 그는 그들의 우두머리가 되"다고 합니다(삼상 22:2). 그리스도께서도 이와 마찬가지로 사탄의 통치에 진정 염증을 느끼고 그것을 혐오하여 그에게로 나아오는 자는 누구든지 받아주시는 것입니다. 그러나 문제는 여러분을 정욕과 사탄에 그렇게 빠져 있는 상태에서 건져내는 데 있습니다. 그 일이 이루어지기 전에는 그리스도께서 여러분을 그의 신복으로 여기지 않으시고 오히려 염탐꾼으로 보실 것입니다. 죄인들의 경우는 종들과 비슷합니다. 종들과 그 주인 사이에 갈등이 있고 서로 간에 언성이 높아질 수도 있고, 그럴 때면 그들이 이제 급히 짐을 꾸리고 사라지겠구나라고 예상할 것입니다. 그러나 그들은 금방 기분이 풀려서, 이튿날 아침이면 어제 일은 다 잊어버리고 언제 그랬냐는 듯이 예전과 똑같이 열심히 일을 하는 것입니다. 오오 죄인들이 그들의 정욕을 벗어 버리려 하고, 자기들이 회개하고 개혁하겠다고 하며 옛 주인들에게 경고를 주는 것이 얼마나 잦은지 모릅니다. 그러나 며칠 후에는 자기들의 회개를 회개하고 자기들의 개혁을 다시 뒤집습니다. 그렇습니다. 그들은 무언가 격정에 취한 상태에서 그런 생각과 말을 한 것이니, 다시 본 모습으로 돌아오면 전에 한 생각과 말을 뒤집어 버리는 것이 전혀 무리가 아닙니다. 그런데 사탄은 죄인들을 계속 자기 손아귀에 잡아두기 위해 갖가지 책략들을 사용하므로, 그 중에 몇 가지만 지적하고자 합니다. 그것들을 이긴다면, 여러분을 사탄의 권세와 통치에서 끌어내 오는 것은 전혀 어려운 일이 아닐 것입니다.

[사탄의 통치에서 벗어나기 위해서 이겨야 할 사탄의 책략]

첫째. 사탄은 죄인들로 하여금 그의 통치 아래 있는 자기들의 처지가 얼마나 비참한지에 대해 **진지한 생각들을** 갖지 못하도록, 혹은 그들의 마음을 흔들어 그를 섬기지 못하게 만들 소지가 있는 이야기들을 다른 이들에게서 듣지 못하도록, 최선을 기울입니다. 그의 책략들이 무엇이고 어디로 이끄는지를 생각하지 않는 자는 급하게 그것들을 바꾸는 것을 좋아하지 않습니다. 모세가 와서 이스라엘 백성에게 그들의 처참한 종살이와 또한 그들을 향하신 하나님의 은혜로운 생각들에 대해 말씀하였지만, 그들은 전혀 요동하지 않았습니다. 오히려 모세가 사라져주기를 바라기 시작했습니다. 바로는 곧바로 모세로 인하여 어떤 결과가 생겨날지를 미리 알고서 계교를 써서 이스라엘 백성들의 임무를 배로 늘여 사고를 방지하고자 합니다: "너희가 게으르다 게으르다 그러므로 너희가 이르기를 우리가 가서 여호와께 제사를 드리자 하는도다 이제 가서 일하라 짚은 너희에게 주지 않을지라도 벽돌은 너희가 수량대로 바칠지니라"(출 5:17, 18). 바로의 말은 마치 이런 뜻과도 같습니다: "광야에 나가서 은밀하게 모반을 꾸밀 기회를 삼으려 하니, 모세와 너희가 시간이 남아도는 모양이로구나. 내가 그 매듭을 끊어주겠다. 그들에게 일거리를 더 많이 주라. 그들을 흩어서 온 땅을 다니며 짚을 모아들이게 하라. 그래야 그들이 서로 작당하여 나를 섬기는 데에서 벗어날 마음을 갖지 않으리라." 이와 마찬가지로 사탄은 죄인들에 대해 집착이 매우 강합니다. 그래서 말씀을 전하는 그리스도인과 거룩한 규례가 죄인의 마음을 빼앗지 않을까 하여 염려하는 것입니다. 그리하여 죄인은 이 둘에 대해 주의를 기울이지 않으며 천국이나 지옥에 대해 생각하지 않습니다. 그리고 사탄은 그런 생각을 가능한 한 줄이기 위하여 죄인의 손에 가득 일을 맡깁니다. 죄인은 곡식을 쉬지 않고 갈고, 제분기는 조금도 쉬지 않고 돌아갑니다. 죄인이 깨어나면 곧바로 사탄이 그와 함께 있어서 무언가 악한 생각들을 그의 몹쓸 마음에 가득 채워 놓습니다. 그 생각들은 마치 아침에 살랑살랑 부는 바람 같아서 낮 동안에 다른 이들이 그에게 풍길 수 있는 좋은 냄새에 오염되지 않도록 막아 줍니다. 그리고 하루 종일 그를 감시합니다. 마치 종이 도망하지 않을까 염려하여 주인이 그를 계속 감시하듯이 말입니다. 그리고 밤이 되면 그는 마치 꼼꼼한 간수가 죄수에게 족쇄를 단단히 채우고 또한 그가 들어 있는 방문을 자물쇠로 잠그듯이 하며, 무언가 악행을 하지 않고서는 잠자리에 들지 못하게 만듭니다. 아아, 이 얼마나 불쌍한 처지입니까! 노예라도 그렇게 심하게 감시하지는 않을 것입니다. 마귀가 여러분을 그렇게 지킬 수 있는 한, 여러분은 분명 그의 것일 수밖에 없습니다. 탕자는 제정신이 들고 나서야 비로소 그의 아버지께로 나아왔습니다. 그는 돼지 여물을 먹고 사는 자기의 처지가 얼마나 비참한가를 생각했습니다. 그러나 아직 그것에서 완전히 질리지는 않았습니다. 집으로 돌아가서 아버지 앞에 나아가도록 자신을 낮출 은혜만 있었더라도 그는 늘 해오던 습관을 정말 손쉽게 바꿀 수 있었을 것입니다. 그런데 이제, 이제야 겨우, 그가 돌아갑니다. 그러니 가련한 죄인이여 결심하십시오. 조용히 앉아서, 여러분의 처지가 어떤지 또한 사탄의 굴레를 예수 그리스도의 감미로운 다스림과 바꾸기만 해도 어떤 변화가 생길지를 생각하리라고 말입니다. 먼저 여러분의 영혼에게 물어보십시오. 마귀가 이 처절한 감옥에 여러분을 가두고 여러분의 비참한 생명을 닳아빠지게 했으니, 과연 그가 저 세상에서는 행복한 상태에 있게 해 줄 수 있겠으며, 고통과 화(禍)로 가득한 처지에서 여러분을 구해 줄 수 있겠습니까? 그가 그렇게 해 줄 수 없다면, 그렇게 해 줄 수 있고 또한 기꺼이 그렇게 해 주기를 원하는 예수 그리스도라는 분이 계시지 않습니까? 그리고 그렇다면, 그토록 복된 변화를 이룰 수 있는데도 이런 괴로움의 그늘 아래 머물러 있다는 것이 여러분의 고귀한 영혼에게 그야말로 잔인한 짓이 아니겠습니까? 이런 몇 가지 생각들이 여러분의 영혼에게 지속적으로 와 닿는다면 — 하나님께서 그것들을 불러일으키십니다 — 그것들이 마귀의 감옥의 터를 뒤흔들게 되고, 그렇게 되면 여러분은 마치 불타는 집에서 도망쳐 나오듯이 황급히 그에게서 피하여 나오게 될 것입니다.

둘째. 사탄은 하나님께서 죄인을 사탄의 통치에서 건져내기 위하여 보내시는 사자들과 제안들을 그의 수족들이 대적하도록 만듭니다. 모세가 와서 이스라엘을 애굽의 종살이에서 건져내고자 할 때에 얀네와 얌브레가 일어나 그를 대적하는 것을 봅니다. 바울이 총독에게 복음을 전할 때에, 마귀가 궁궐에 있는 총독의 부관을 시켜 그를 가로막습니다. 곧, 간교함과 악독함이 가득한 사람 엘루마가 바로 그 자였습니다. 하나님께서 죄인과 대화하시면서 그리스도께로 나아오도록 설득하고 계실 때에 마귀는 반드시 누군가를 동원하여 그 일을 무산시키고자 애씁니다. 속된 친구들이나 과거에 악한 일을 함께 행하던 옛 친구들이 그들의 마음을 흔들어놓습니다. 마귀가 자기의 뜻을 관철시키기 위해 이들을 보내어, 새로운 길에서 그를 끌어내기 위해 애씁니다. 만일 이것이 통하지 않으면, 옛 연인으로 하여금 그에 대해 분노를 쏟아 붓게 하여 그를 배도의 상태 그대로 있게 만듭니다. 그리고 이것도 통하지 않을 시에는 허풍쟁이 설교자들을 보내어, 이들로 하여금 마치 욥의 친구들처럼 온갖 아첨과 영혼을 죽이는 교훈들을 쏟아 붓고, 이리저리 그의 상처를 "가볍게" 고쳐 주도록 하는 것입니다. 언제나 똑같이 사탄의 굴레에서 벗어나기를 바라면, 이 모든 것들을 조심해야 합니다. 속된 친구들과 친지들의 간청에 휩쓸리지 않도록 마음을 단단히 하십시오. 결심하십시오. 여러분의 자식들이 만일 여러분을 그리스도에게서 떨어뜨려 놓으려고 발에 매달린다 할지라도 그들을 물리치리라고 말입니다. 여러분의 아버지 어머니가 그리스도께로 가지 말라고 여러분을 붙잡고 놓치 않는다 해도 그들에게 등을 돌리리라고 말입니다. 이처럼 좋은 일로 그들의 사랑을 저버리는 경우가 어디 있겠습니까? 그리고 악행을 함께 하던 형제들에 대해서는, 그들의 동의를 얻기까지 그들과 함께 머물려는 뜻은 없겠지요? 그리고 그 다음에는 마귀에게도 물어보십시오. 천국에 대한 소망으로 인하여 사소한 부끄러움이나 속된 이스마엘 족속의 몇몇 초라한 여자들을 견딜 마음이 없다면, 여러분에게는 천국이 별 가치가 없는 것입니다. 그들더러 여러분의 얼굴에 침을 뱉으라고 하십시오. 그리스도께서 닦아 주실 것입니다. 그들더러 비웃으라고 하십시오. 그렇게 되면 여러분이 승리하게 됩니다. 그들이 죽을 때까지 여러분의 모범을 따르지 않으면, 치욕이 그들의 것이 될 것입니다. 사람들과 천사들 앞에서 하나님께서 친히 그들의 얼굴에 치욕을 뱉으시고, 그들을 지옥에 던져 넣으실 것입니다. 그리고 마지막으로, 이 아첨꾼들의 올무에서 도망치십시오. 그들은 혀를 나불거리며 흐리멍덩한 교훈들로 죄인들의 양심을 앓을 뿐이지만, 여러분은 그리스도께 존귀한 존재입니다. 그들에게 자문을 구하지 마십시오. 그들이 다니며 여러분을 편안하게 해 주고 여러분의 상처들을 보살펴 줄 수도 있습니다. 하지만 그로 인하여 여러분의 상처가 터지게 되고, 그로 인하여 여러분이 죽을 수도 있는 것입니다.

셋째, 사탄은 죄인을 느긋하게 하여 일을 뒤로 미루도록 만들려고 애씁니다. 회개에 대해 그저 뜨내기 같은 생각을 하는 것쯤은 겁내지 않습니다. 죄인들이 자기들의 계획을 이야기하는 것도 그냥 내버려 둘 수 있습니다. 그렇게 해서 시간을 얻을 수 있으니 말입니다. 그리고 그의 교묘한 기술로 그런 생각들이 머리에 떠오르지 못하게 하고 그리하여 실질적인 결단으로 영글지 못하도록 막는 것입니다. 지옥에 있는 자들 중에 회개에 대한 생각을 해보지 않은 자들은 거의 없습니다. 하지만 사탄이 교묘하게 역사하여 그들이 회개하고자 해도 진지하게 그렇게 할 시점을 찾지 못하도록 만드는 것입니다. 진정 사탄의 손아귀에서 벗어나고자 한다면, 어디서 이 경고의 말씀을 받든지 당장 문 밖으로 뛰어나와 목숨을 걸고 도망쳐야 합니다. 여러분의 정욕이 채워져 기쁨을 누리는 중이라 할지라도 결코 그냥 머물러 있어서는 안 됩니다. 브렌티우스(Brentius: 1449-1570. 16세기 독일의 개혁자 중의 한 사람 ― 역주)는 아내와 자녀들과 함께 저녁 식사를 하던 중 상원의원인 그의 사랑하는 친구에게서 쪽지를 받았는데, 거기에는 "피하라! *cito, citus, citissime*(빨리, 더 빨리, 가능한 한 최대로 빨리)"라고 씌어 있었습니다. 그는 쪽지의 말대로 사랑하는 가족들을 남겨두고 몸을 피하였습니다. 여러분도 그처럼 해야 합니다. 그렇지 않으면 나중에 떠나지 않은 것을 후회해도 이미 때가 늦을 수도 있습니다. 헤롯은 동방박사들에게 나중에 자신에게 오라고 하였으나, 그들은 밤에 환상을 보고 다른 길로 돌아갔습니다. 오오 알코올 중독자여, 술친구들에게로 돌아가지 마십시오. 간음하는 자여, 매춘부에게로 돌아가지 마십시오. 탐욕이 가득한 자여, 고리대금과 불법적인 재물로 돌아가지 마십시오. 다른 길로 돌아서고 절대로 마귀에게 틈을 주지 마십시오. 성경은 "회개하라"라고 명령합니다. 이 명령법에는 미래 시제가 없습니다. 하나님은 "오직 오늘이라 일컫는 동안에"라고 말씀하십니다. 그러나 마귀는 "내일"이라고 말합니다. 여러분, 누구를 따르렵니까? 하나님입니까, 아니면 마귀입니까? 나중에 하겠다고 말합니다만, 지금은 왜 하지 못한단 말입니까? 동전 한 닢을 얻을까 하여 하나님과 함께 하루 이틀 정도 있는 것입니까? 천국은 동전 한 닢 같은 하찮은 것이 결코 아닙니다. 그리고 여러분이 말하는 내일이라는 것이 과연 무엇입니까? 여러분, 인생에서 하루밖에는 살지 못합니다. 여러분도 알겠지만, 회개할 내일을 도대체 어디서 찾을 수 있습니까? 므두셀라만큼 살날이 많다 해도, 죄는 부모로부터 물려받는 것이요, 그런 유의 질병은 나이가 들면 들수록 더욱 심해지는 것입니다. 오랜 세월 죄에 익숙해진 죄인들은 오랜 세월 동안 왕의 통치를 받아온 백성들과 비슷해서, 현재의 상태가 괴롭고 힘들어도 변화보다는 차라리 현 상태 그대로 있기를 바라는 법입니다. 혹은 집을 떠나 하루 종일을 걸어온 여행객과도 비슷해서, 지금까지 온 길을 거꾸로 돌아가 일을 바로잡기보다는 차라리 울타리를 넘고 도랑을 건너더라도 새로운 길을 모색하고자 할 것입니다.

넷째. 사탄은 그리스도와 **타협**하려고 애씁니다. 양심이 편안하지 않으면, 사탄은 그것을 위해 무언가를 양보합니다. 마치 바로가 모세에게 양보한 것처럼 말입니다. 재앙으로 인하여 큰 괴로움을 겪은 후 그는 이스라엘 백성들이 나가도록 허락합니다. "바로가 이르되 내가 너희를 보내리니 너희가 너희의 하나님 여호와께 광야에서 제사를 드릴 것이라"(출 8:28). 그러나 "너무 멀리 가지는 말라"라고 단서를 붙입니다. 사탄은 이렇듯 양보하기도 합니다. 죄인이 기도할 수도 있고, 말씀을 들을 수도 있고, 선한 고백을 할 수도 있습니다. 너무 멀리 가지만 않는다면 그렇게 하도록 내버려 둡니다. 그러나 밤이 되면 사탄이 다시 그를 사로잡습니다. 아침 기도에 하나님을 찾아도, 철야기도는 사탄이 장악합니다. 그러니 하루가 그렇게 나뉘어도 사탄이 만족하는 것입니다. 죄인이 양심의 가책을 받아 자신의 생활을 개혁하고 변화시키고자 하는 생각을 갖더라도 그렇게 하도록 허락합니다. 하지만 바로가 이스라엘 백성이 가더라도 그들의 어린 자식들은 볼모로 뒤에 남겨 두라고 한 것처럼(출 10:11), 사탄도 아무리 사소한 것이더라도 무언가 한두 가지 죄는 남겨 두도록 만듭니다. 그러니 마귀의 손아귀에서 벗어나려 한다면, 결코 그와 타협하지 마십시오. 그리스도께서 임금이 되시거나 아니면 전혀 아무 존재도 아니시거나 둘 중의 하나뿐입니다. 나중에 다시 돌아가 가져와야 하는 수고를 하지 않도록 아무것도 뒤에 남겨 두지 말아야 합니다. 그러므로 모든 죄 하나 하나에 대해 영원히 작별을 고하고, 마음에 순전하고도 확고한 목적을 가지십시오. 그렇지 않으면 아무것도 한 것이 아닙니다. 바울은 그의 믿음과 의향 가운데 한 가지만 가진 것이 아니라, 그 둘을 함께 가졌습니다(딤후 3:10). 시내 산에서 율법을 반포하실 때, 하나님께서는, 말하자면, 이스라엘에게 그를 향한 충성 맹세를 하게 하신 것입니다. 그때에 그는 자신이 그들을 어떠한 법으로 다스리실지를 말씀하셨고, 그들은 그것에 대해 동의를 표하였습니다. 이것은 하나의 혼인 언약이었습니다. 하나님과 이스라엘은 이를 통해 엄숙하게 임금과 신복으로 함께 혼인한 것이요, 하나님은 그들로 하여금 이것을 상기하게 하십니다(렘 2장). 그런데 여기서 주목하십시오. 하나님께서는 이를 행하시기 전에 그 백성들을 애굽에서 건져내 오셨습니다. 하나님의 율법과 바로의 우상 숭배의 관습들을 함께 순종할 수는 없었습니다. 그리하여 그는 먼저 그들을 애굽에서 나오게 하시고, 그 다음에 그들과 엄숙하게 혼인 언약을 맺으셔서 그들을 그의 소유된 민족으로 삼으신 것입니다. 그리스도께서 여러분과 혼인하시기 전에 먼저 여러분이 과부가 되어 있어야 합니다. 그는 결코 다른 이의 아내의 옆에 누우시지 않으실 것이니 말입니다. 가련한 죄인이여, 한 가지 물어보겠습니다. 그리스도가 누구신지, 그의 감미로운 통치가 무엇인지, 진지하게 생각해 본 일이 있습니까? 그리고 죄와 사탄에 대한 내적인 혐오와 그리스도에 대한 선한 뜻을 갖고서 죄와 사탄을 버리고 그리스도를 여러분의 주로 택하고자 하는 뜻이 진정 여러분의 마음속에 있습니까? 여러분의 심령이 이렇게 말합니까? "그에게 나아갈 방법을 알면 리브가처럼 '가겠나이다' 라고 말하겠다. 하지만, 안타깝게도 나는 감옥에 갇힌 가련한 죄수요, 나의 족쇄를 풀어 버리고 그리스도께 나아갈 자유를 얻을 수가 없다"라고 말입니다. 자, 가련한 자여, 감옥살이 가운데서 마음속으로 진정 탄식하고 있습니까? 그렇다면 그대의 구원이 문 앞에 와 있음을 알고 위로를 받으십시오. 애굽에서 이스라엘의 탄식을 들으신 하나님께서 그대의 탄식도 들으실 것이요, 반드시 오셔서 그대를 정욕의 손아귀에서 구원하실 것입니다. 그대와 사랑을 나누는 체하면서 그대의 마음을 온통 어지럽히고 난 다음 물러가서 다시는 오지 않는 이들도 있지만, 그리스도께서는 결코 그렇게 행하시지 않습니다. 그리스도께서는 여러분의 마음을 얻으신 다음 여러분을 진실하게 대하시며, 모든 희생을 감수하고 여러분을 그 처절한 감옥에서 구원해 내십니다. 그렇습니다. 친히 여러분을 위하여 오시는 수고를 아끼지 않으시고 혼인 의복을 여러분에게 입히시고 기쁨으로 그의 아버지의 집으로 여러분을 데려가실 것이요, 거기서 여러분은 그의 법 아래 있는 신복(臣僕)으로서만이 아니라 그의 사랑 가득한 가슴속에서 그의 신부로 살게 될 것입니다. 여러분의 행복에 무엇이 더해질 수 있을까요? 여러분의 임금이 여러분의 남편이 되시고, 또한 그 임금이 다른 모든 이들을 신하로 두고 계신 분이요 친히 세상의 임금이 되신다면, 이 얼마나 놀라운 일이겠습니까? 그러나 그분은 너무도 자비로우셔서 그의 지극한 위엄에도 불구하고 보잘것없는 존재인 여러분과 전혀 거리낌 없이 친숙하게 대화할 수 있도록 자신을 낮추시는 분이십니다. 그러므로 하나님은 그의 위대하심을 나타내는 이름과 친숙한 관계를 나타내는 이름을 함께 지니고 계시며, 후자의 이름이 전자의 이름을 친근한 것으로 만들어 주는 것입니다. "너를 지으신 이가 네 남편이시라. 그의 이름은 만군의 여호와이시며 네 구속자는 이스라엘의 거룩한 자시라 그는 온 땅의 하나님이라 일컬음을 받으실 것이라"(사 54:5). 자신을 낮추시는 그 큰 사랑을 지극히 두려운 공포의 칭호들과 더불어 자신을 낮추시는 그 큰 사랑에 대한 약속을 피조물에게 전하기 위하여 하나님께서 친히 몸을 굽히고 임하사 보잘것없고 초라한 심령과 함께 거하시니, 이보다 어떻게 더 낮아지실 수 있겠습니까? 이는 과연 보잘것없는 심령더러 "나와 함께 거하라"고 말씀하시는 것보다 훨씬 더한 것입니다. 걸인을 불러 궁궐에서 살게 하는 것은, 임금이 친히 그 걸인의 오두막에서 그와 함께 거하는 것과는 도무지 비할 수가 없는 일입니다. 그런데 하나님께서는 지극히 위엄 있는 칭호들로써 이 약속을 전하고 계십니다: "지극히 존귀하며 영원히 거하시며 거룩하다 이름 하는 이가 이같이 말씀하시되 내가 높고 거룩한 곳에 있으며 또한 통회하고 마음이 겸손한 자와 함께 있나니 이는 겸손한 자의 영을 소생시키며 통회하는 자의 마음을 소생시키려 함이라"(사 57:15). 그런데 어째서 "지극히 존귀하며 영원히 거하시며 거룩하다 이름 하는 이"라는 칭호들을 쓰십니까? 성도들이 그 칭호들에 대해서 갖기 쉬운 두려움을 제거하기 위함이 아니고 무엇이겠습니까? 비천한 심령은, "지극히 존귀하고 영원히 거하시는 이가 과연 보잘것없는 벌레 같은 자를 돌아보실까?"라고 말합니다. 통회하는 자는, "거룩하신 하나님이 과연 나처럼 부정한 피조물에게 가까이 오실까?"라고 말합니다. 이사야 선지자 자신은 하나님을 뵙고서 자신이 망하게 되었다고 부르짖으며, 하나님 앞에서 이와 유사한 자세를 보였습니다(사 6장). 그런데 하나님께서 그런 칭호들을 앞에 붙여 놓으사, 피조물로 하여금 그의 위엄과 거룩하심을 알게 하십니다. 그것들이 우리에게는 정말 몸서리치도록 두렵게 여겨지나 그것들이 그의 사랑을 가로막지 않는다는 것을 알게 하시는 것입니다. 그렇습니다. "너희의 남편은 어찌나 자비로운 임금이신지, 그의 성도들이 그를 사랑의 이름들로 부르는 것을 기뻐하신다"는 것입니다. "네가 나를 내 남편이라 일컫고 다시는 내 바알이라 일컫지 아니하리라"(호 2:16).

[무지의 상태 속에 있는 영혼은 사탄의 통치에 굴복하여 있음]

둘째 가르침. 다른 죄들보다 무지(無知)가 영혼을 사탄에게 종노릇하게 만듭니다. 지식이 있는 사람도 사탄의 종일 수 있으나, 무지한 자는 달리 도리가 없습니다. 지식이 마음을 선하게 만드는 것은 아닙니다. 하지만 지식이 없으면 선하게 되는 것이 불가능합니다. 무지한 사람이 범할 수 없는 죄도 있습니다만, 그런 사람이 범하지 않을 수 없는 죄가 더 많습니다. 지식은 열쇠요(눅 11:52), 그리스도께서 문이십니다(요 10장). 그리스도께서 천국을 여시고, 지식이 그리스도를 엽니다. 세 가지 구체적인 사항을 통해 이 점이 더 확실하게 드러납니다. **첫째,** 무지는 문을 열어 죄가 들어오게 만듭니다. **둘째,** 무지는 죄를 안으로 들어오게 하는 동시에 죄를 영혼 속에 가두며 또한 영혼을 죄 속에 가둡니다. **셋째,** 무지는 죄를 가두는 동시에 모든 문을 닫아서 도움의 수단들이 접근하지 못하게 만듭니다.

첫째. 무지는 사탄에게 문을 열어 주어 그가 정욕의 군대들과 함께 들어오도록 만듭니다. 눈먼 자가 경비하면, 그 도시는 곧 함락당하고 맙니다. 무지한 사람은 죄를 범하며, 마치 술에 취한 롯처럼 언제 미혹하는 자가 들어오고 언제 나가는지도 모릅니다. 그는 잠자며 걷는 자 같아서, 자기가 어디에 있는지 무엇을 하는지도 모릅니다. 그리스도께서는, "아버지 저들을 사하여 주옵소서 자기들이 하는 것을 알지 못함이니이다"라고 말씀하십니다(눅 23:34). 사도 바울은 고린도전서 15장에서 몇몇 사람들의 향락적인 생활을 책망합니다. 다른 사람들은 죽을 것을 생각하면 죄를 두려워하고 멀리하는데 이들은 죽을 것을 생각하고 오히려 죄를 더 부추기는 것입니다: "내일 죽을 터이니 먹고 마시자"(고전 15:32). 그리고는 이런 얼토당토않은 사고의 원인을 제시합니다. 곧, 모두가 하나님을 알지 못하기 때문이라는 것입니다. 무지한 사람은 겉모양은 사람이지만 마음속은 짐승입니다. 선지자는 그 땅에 지식이 없다고 말씀합니다(호 4:1), 그런데 많은 이들이 이 눈먼 장군을 따라 맹세하고 거짓말하고 죽이고 도둑질하면서도 자기들이 무슨 짓을 하는지를 모릅니다. 디모데후서 3:6에서 우리는 "어리석은 여자"와 "죄를 중히 진" 자와 "끝내 진리의 지식에 이를 수 없는" 자에 대한 말씀을 봅니다. 쓴 열매로 가득한 나무들이 여기에 있습니다. 그런데 그 나무들을 그렇게 쓴 열매로 가득하게 만들어 주는 그 썩은 뿌리가 무엇입니까? 바로 무지인 것입니다.

둘째. 무지는 죄가 들어오게 할 뿐 아니라, 죄를 영혼 속에 가두며 또한 영혼을 죄 속에 가둡니다. 무지한 자는 깨달음의 빛이 전혀 들어오지 않는 사탄의 소굴 깊숙한 곳에 누워 있습니다. 어둠은 잠을 재촉하며, 눈먼 사람과 조는 양심은 함께 갑니다. 폭풍이 일어나면, 깨어 있는 뱃사람들은 엎드려 그들의 신에게 기도합니다. 그러나 잠자는 자는 전혀 두려움이 없습니다. 무지는 영혼을 어리석음의 뚜껑 속에서 잠들어 있게 만듭니다. 하나님께서는 짐승 속에 자신을 해하려고 다가오는 위협에 대한 본능적인 두려움을 심어 놓으셨습니다. 가서 짐승을 구덩이 속에 던져 보십시오. 그 속에서 나오려고 발버둥을 치며, 구덩이에 대한 혐오를 본능적으로 드러내는 것입니다. 그런데 짐승보다 더 고귀하며 더 많은 위험에 노출되어 있는 사람에게는 하나님께서 그것을 경계하는 두 가지 파수꾼을 세우셨습니다. 위험에 대한 본능적인 두려움과, 또한 스스로 어처구니없는 행동을 할 때에 안면을 뒤덮는 본능적인 수치가 그것입니다. 그런데 무지한 사람은 이 두 가지 파수꾼을 피해 버렸습니다. 그래서 죄를 지으면서도 얼굴이 붉어지지 않습니다. 자기의 잘못을 알지 못하기 때문입니다. 그에게 수치를 주어야 할 그것을 오히려 자기가 통제하기를 바랍니다. 그는 두려워하는 법도 없습니다. 자기에게 닥치는 위험을 알지 못하기 때문입니다. 그러니 마치 어린아이가 파도가 자기를 삼켜 버리게 될 줄도 모르고 파도와 장난을 치듯, 자기 죄와 장난을 치는 것입니다. 양심은 죄인을 일깨우는 하나님의 경보입니다. 지식이 있는 사람의 귀에도 이 경보가 항상 울리는 것이 아닙니다. 하나님께서 규례 가운데서 말씀하시거나 혹은 섭리로 충격을 가하실 때처럼 특별한 시각에는 대개 그 경보가 꺼지도록 하나님이 조정해 놓으셨기 때문입니다. 그러나 무지한 심령에게는 경보가 전혀 울리지 않습니다. 태엽이 다 풀리면 시계가 돌아갈 수가 없습니다. 이처럼 양심은 오로지 자기가 아는 것에 대해서만 증언해 줄 수 있을 뿐입니다.

셋째. 무지는 모든 회복의 수단을 가로막습니다. 친구들과 목사들이, 심지어 그리스도께서도 친히 바깥에 서 계시지만, 그를 도울 수가 없습니다. 그러니 온갖 위협과 약속들이 무용지물입니다. 위협도 두려워하지 않고, 약속도 전혀 흥미가 없습니다. 그것들에 대해 전혀 무지하기 때문입니다. 천국으로 향하는 길은 어둠 속에서는 찾을 수가 없습니다. 그러므로 하나님께서 행하시는 첫 번째 일은 빛을 던져주시는 일입니다. 그리하여 영혼이 자기의 현재 위치를 알고 또한 현재의 감옥에서 벗어나는 길이 어디인지를 알게 하시는 것입니다. 이것이 없으면 아무리 피하려고 애써도 모두가 허사가 되고 마는 법입니다. 무언가 희미한 빛 정도는 모든 사람에게 다 있습니다. Non dantur purae tenebrae(절대적인 어둠은 주어지지 않는다). 이것은 건전한 철학이며 동시에 건전한 신학이라고 생각합니다. 이런 밤중의 빛 정도로도 많은 죄들을 발견할 수도 있고, 그 죄들에 대해 양심의 찔림이 일어날 수도 있고, 그리하여 그런 넓은 물에 빠져 죽지 않고 한 쪽으로 비켜서게 될 수도 있습니다. 죄 가운데 어떤 것들은 너무도 잔인하고 희생이 커서, 완전히 기진맥진해 있는 심령도 때때로 자기들의 죄악된 처신들이 지겨워질 수도 있습니다. 하지만 하나님께로 나아가는 참된 길 되시는 그리스도를 알지 못한다면, 그리스도께로 나아가는 유일한 길인 믿음과 회개가 없다면, 이 모든 것이 무슨 소용이 있겠습니까? 그런 사람은 이처럼 온갖 소동을 일으킨 후에도 사탄에게서 피하기는커녕 오히려 입술을 깨물고 다른 길을 달려갈 것입니다. 어떤 길들은 처음에는 여행객에게 바른 길인 것처럼 보이지만 전혀 알아채지 못하도록 미세하게 구부러져서, 사람이 한참 그 길을 가다가 이제 집에 가까이 왔을 것이라고 생각하여 자세히 살펴보면 처음 길을 시작한 곳으로 다시 돌아가 있는 것을 알게 되는 경우도 있습니다. 그리스도를 모르고 그로 말미암는 생명의 길에 대해 무지한 심령에게는 반드시 이런 일이 벌어지는 것입니다. 수년 동안 선한 행실과 맹목적인 헌신과 자기 개혁 등을 통해서 천국을 향해 나아왔으니 이제는 천국이 눈에 보일 정도가 되었으리라고 기대하지만, 여전히 처음 출발할 때와 똑같은 자리에 있으며, 여전히 사탄의 종이 되어 있는 것을 보게 되는 것입니다.

[적용]

첫째 적용. 이는 부모 된 여러분들에게 말씀해 줍니다. 여러분이 자녀들을 일찍부터 주의 교양과 훈계로 양육하고 훈련시킬 필요성이 얼마나 큰지를 아실 것입니다. 이러한 어둠의 사슬들이 그들의 뇌리에서 사라지기까지는 그들을 마귀의 감옥에서 건져내올 수 있는 가능성이 전혀 없습니다. 무지한 영혼만큼 길이 잘 들여진 마귀의 노예는 없습니다. 그런 자들은 사탄보다 앞서 나가기도 합니다. 마치 어리석은 양이 자기를 도살하는 자를 보고도 그가 누구인지 그가 자기를 어디로 데려가는지도 모르고 그보다 앞서 나가듯이 말입니다. 마귀가 여러분의 자녀들을 도살장으로 몰아가는 것이 보이는데도, 그들을 그의 손아귀에서 건져내려 애쓸 수가 없단 말입니까? 여러분 자신의 혈육을 상대로 그렇게도 완악한 마음을 갖다니, 이 얼마나 몹쓸 부모들인지 모릅니다. 자, 여러분의 의무를 다하도록 자극을 받으려면, 다음 내용들에 주의를 기울이기 바랍니다.

첫째. 여러분의 자식이니, 그들의 고귀한 영혼을 돌보아야 할 의무가 여러분에게 있습니다. 그 자식은 육체보다는 영혼입니다. 그러므로 성경은 영혼을 전인(全人)을 의미하는 뜻으로 사용하고 있습니다. 아브라함과 롯은 하란에서 얻은 모든 영혼들과 더불어 나아갔습니다(창 12장). 이와 마찬가지로 모든 영혼들이, 즉 모든 사람들이, 야곱과 더불어 애굽으로 갔다고 합니다. 육체는 그저 칼집에 불과합니다. 어떤 사람에 자기 칼을 여러분에게 맡기면서 안전하게 보관해 달라고 부탁하면, 여러분은 칼은 던져 버리고 칼집만 보관하고 있겠습니까? 그런데도 부모들은 흔히 자녀들을 보살피고 사랑하는 것에 대해서, 자녀들을 잘 먹이고 가르쳐서 부모가 죽은 후에도 그들이 사람답게 살도록 해 주는 것을 중요하게 여기며 또한 자녀들의 사회적 위치와 세상적인 지위에 따라서 처신함으로써 사람의 겉모양에 대해서만 관심 갖습니다. 물론 이것도 좋은 일이긴 합니다. 하지만 그러는 동안 무엇보다 가장 중대한 문제를 잊고 있는 것은 아닌지 모르겠습니다. 자녀들이 그리스도인으로 살고 또한 그들 스스로 하나님과 사람에 대한 의무를 잘 행하는 법을 알도록 해 주는 데에는 아무런 노력도 기울이지 않으니 말입니다. 그러기 위해서 지켜야 할 거룩한 규례에 대한 지식이 없이 어떻게 그렇게 할 수 있겠습니까? 다윗은 이것이 없이는 아무것도 효과가 없다는 것을 알고 있었던 것이 분명합니다. 그리하여 그는, "청년이 무엇으로 그의 행실을 깨끗하게 하리이까?"라고 질문하며, 이어서 "주의 말씀만 지킬 따름이니이다"라고 답변합니다(시 119:9). 그런데 그들이 교육을 받지 않았다면 어떻게 자기들의 행실과 말씀을 함께 비교할 수 있겠습니까? 우리 자녀들은 머리나 마음에 성경을 새긴 채로 출생한 것이 아닙니다. 그러니 본능적인 애정을 갖고서 가르칠 수 있는 우리 부모가 아니면 대체 누가 그들의 선생이 되어야 하겠습니까? 다른 문제로 어머니가 하는 이야기를 가끔 들었습니다. "그의 어머니인 내가 아니면 과연 누가 내 아이의 고통을 함께 하겠으며, 나만큼 그 아이를 애지중지 다룰 수 있는 자가 누구랴?" 그러니, 자녀들에게 하나님이나 그의 말씀을 알려주지 않는 부모들은 정말 몹쓸 부모들입니다. 하나님께서 다른 사람들을 일으켜 그 부모들보다 그들을 향하여 더 자비한 마음을 갖게 하시지 않는 이상, 그들의 하는 일이 결국 자기 자녀들을 필연적으로 멸망하고야 말 처지에 집어넣는 것 외에 무엇이 있겠습니까? 나침반도 없이 바다로 나간 배가 가라앉거나 암초에 부딪쳤다는 이야기를 듣는 것이 이상한 일이겠습니까? 아니, 그렇지 않습니다. 하나님에 대한 지식도 하나님께 대해 행하여야 할 의무에 대한 지식도 전혀 없이 유혹의 바다인 세상에 내던져지는 자들이 죄와 멸망 속에 빠지리라는 것은 지극히 당연한 이치입니다. 부모 된 여러분, 하나님을 두려워하면서 생각해 보십시오. 여러분의 자녀들은 영혼들이고, 하나님께서는 이들을 여러분에게 맡겨 돌아보게 하셨습니다. 여러분이 고작, "주여 여기 제 자녀들이 있사오니 이들을 부유하게 살게 하옵소서"라고밖에는 말하지 못한다면, 마지막 날에 여러분이 하나님께 내놓을 것이 너무나 초라할 수밖에 없습니다. 여러분이 자녀들에게 남겨 준 그 녹슨 은(銀)이 여러분의 어리석음과 죄를 증언하게 될 것입니다. 곧, 여러분이 녹스는 것에 대해서만 관심을 가진 나머지 자녀들의 생각에 영원히 남게 될 그 하나님에 대한 지식을 풍성하게 넣어 주는 일에는 전혀 관심이 없었다는 것을 말입니다. 자녀들에게 돈보다 지식을 더 많이 남겨 주었다면 여러분은 복된 부모일 것입니다.

둘째. 자녀들을 하나님의 길로 훈육하고 가르치는 것이 성도들이 언제나 행해온 일이었다는 것을 생각하여야 합니다. 다윗이 그의 아들 솔로몬에게 다음과 같이 교훈하는 것을 보게 됩니다: "내 아들 솔로몬아 너는 네 아버지의 하나님을 알고 온전한 마음과 기쁜 뜻으로 섬길지어다"(대상 28:9). 그는 임금이어서 그 일을 궁궐의 훈육관에게 맡길 수 있었습니다만, 그렇게 하지 않고 친히 자기의 입술로 아들에게 그 말씀을 일러 주었습니다. 다윗의 아내 밧세바 역시 자신의 의무를 잊지 않았습니다. 그녀의 자애로운 권고가 기록되어 있습니다(잠 31장). 그녀는 더욱 진지하고 엄숙하게 그 임무를 행하기 위하여, 어머니의 애틋한 심정을 불러일으켜서 아들로 하여금 그녀가 하는 말을 깊이 마음에 새기도록 하고 있습니다: "내 아들아 내가 무엇을 말하랴? 내 태에서 난 아들아 내가 무엇을 말하랴? 서원대로 얻은 아들아 내가 무엇을 말하랴?"(2절). 그처럼 간절한 마음에서 나오는 권면이야말로 진정 마음에 와 닿는 것입니다. 그 애틋한 사랑의 표현과 더불어 교훈의 말씀을 섞어 제시하는 것이 얼마나 감동적인지를 모르는 부모는 자녀들을 그냥 내버려 둡니다. 하나님께서는 주린 자에게 우리의 영혼을 내주라고 명령하십니다. 이는 냉랭하고 인색한 마음으로 우리의 지갑을 꺼내어 주는 것보다 훨씬 더한 것입니다. 그러니 우리는 우리의 교훈과 더불어 우리의 영혼을 함께 내주어야 하는 것입니다. 어릴 때부터 디모데에게 성경을 심어 주었던 그의 어머니와 외조모에 대해서 무슨 말이 더 필요하겠습니까? 하나님과 또한 그에게로 향하는 길을 자녀에게 알려 주는 일에 관심을 두지 않는 자는 자신이 과연 성도인지를 의심해 보아야 한다고 봅니다. 제가 아는 어떤 이들은 자기들은 속되면서도 자녀들에게 좋은 교육을 시키기 위해 매우 신경을 쓰는 것을 보았습니다. 그러나 성도 중에서 자기 자녀가 하나님을 알든 말든 상관이 없는 사람은 한 번도 본 일이 없습니다.

셋째. 우리 자녀들을 훈육하지 않는 것은 지극히 불의한 처사입니다. 우리는 불의로 진리를 막는 자들에 대한 말씀을 읽습니다. 다른 사람들보다도 이 구원 얻는 진리들에 대한 지식을 닫아걸고 하나님이 맡겨 주신 자기 자녀들에게 주지 않는 부모들이야말로 그런 자들입니다. 이들은 이중적인 불의를 저지르는 것입니다.

1. 그들은 그 자녀들에게 불의합니다. 자녀들은 그 부모에게, 자기들을 위해 세상적인 재산을 쌓아주는 데 수고하고 애쓰는 것은 물론 진리들을 훈육하는 데에도 그 이상으로 신중하게 임할 것을 주장할 수 있습니다. 자녀의 물질적인 필요를 공급해 주지 않거나, 재산을 모은 후에 그것을 감추어 두고 자녀의 필요에 대해 모른 체하는 자가 있다면, 그는 분명 그 자녀에게 불의를 행하는 것일 것입니다. 그렇다면, 그 자신이 하나님에 대해 무지한 삶을 살고 그리하여 자녀의 영혼을 위하여 아무것도 공급해 줄 수 없는 자는 그보다 더 불의할 것이며, 또한 스스로 지식을 쌓아두고 있으면서도 자녀에게서 그것을 감추는 자는 가장 불의한 자일 것입니다.

2. 그들은 하나님께 불의합니다.

(1) 자녀들에게 지불해 주라고 받은 달란트를 자기들의 손에 그냥 쥐고 있었다는 점에서 그렇습니다. 하나님께서 아브라함에게 자기 자신을 계시하실 때에 그는 아브라함의 자손들을 염두에 두고 계셨습니다. 그러므로 하나님께서는 아브라함의 손에 약속을 주시고 소돔을 멸하실 그의 목적을 그에게 알려 주시는 것을 봅니다. 하나님은 이렇게 말씀하십니다: "내가 하려는 것을 아브라함에게 숨기겠느냐?" "내가 그로 그 자식과 권속에게 명하여 여호와의 도를 지켜 공의와 정의를 행하게 하려고 그를 택하였나니 이는 나 여호와가 아브라함에게 대하여 말한 일을 이루려 함이니라"(창 18:17, 19). 교회는 처음 가정에서 시작되었고, 부모가 자녀들과 가족을 하나님의 진리 안에서 경건하게 보살핌으로써 보존되었습니다. 이를 통하여 하나님을 아는 지식이 대대로 이어졌고, 그리하여 교회가 그렇게 작은 단위에만 한정되는 것은 아니지만 각 가정이 교회에게는 작은 온상의 역할을 하는 것입니다. 온상을 조심스럽게 가꾸지 않으면 포도원이 곧 썩어 버립니다. 오오 그리스도인 여러분, 여러분이 티끌 속에 누울 때에 여러분의 자녀들이 들 포도의 썩은 가지가 되고 하나님을 알지 못하는 세대가 되기를 바랄 수 있겠습니까? 무신론은 심어줄 필요가 없습니다. 자녀들의 뇌리에 신앙을 심어주고자 애쓰지 않는 것만으로도 그들은 족히 무신론자들이 되어 버릴 것입니다. 정원사가 자기 정원에 씨를 뿌리고 가꾸는 일을 소홀히 하는 것만으로도 가라지가 돋아나올 충족한 빌미가 되는 것입니다. 신앙과 무신론의 차이가 바로 여기에 있습니다. 신앙은 심어 주지 않으면 자라지 않고 또 심어 준 후에도 물을 주지 않으면 죽어 버립니다. 그러나 무신론과 무신앙(無信仰)은 가라지와 같아서 심어 주지 않아도 자라고, 뽑아 주지 않으면 죽지도 않습니다. 지극히 조심스럽게 모든 수단을 다하여 그것들을 뽑아내려 해도 잘 되지 않습니다. 그러므로 부모 된 여러분이 여러분의 자녀들을 가르치지 않는다면, 그것은 하나님께 정말 불의를 행하는 것이 됩니다. 왜냐하면 자녀들의 삶 가운데 하나님을 아는 지식을 심어 주고 무신론과 무신앙의 가라지를 빼버릴 가장 좋은 호기를 그냥 소홀히 하고 지나쳐 버렸기 때문입니다. 어린 가라지가 가장 쉽게 돋아나는 법입니다. 어린 시절의 단순한 무지는 나이가 들면 악의가 가득한 무지가 되어 버립니다. 그러므로 어릴 때 신앙으로 훈육하지 않으면 나이가 들어 목사들이 가르치려 해도 그들을 조롱할 것입니다.

(2) 여러분의 자녀를 하나님을 알도록 훈육시키지 않는다면 여러분은 하나님

게 불의를 행하는 것입니다. 여러분이 그리스도인 부모라면 여러분의 자녀들이 다른 사람들의 자녀와는 달리 하나님과의 언약 관계 속에 서 있는 것입니다. 그런데 하나님의 자녀가 마귀의 교육으로 양육 받아야 되겠습니까? 무지야말로 마귀가 불순종의 자식들의 마음을 온통 묶어 놓는 도구입니다. 하나님의 자녀들이 그보다 나은 양육을 받아야 옳지 않겠습니까? 하나님은 유대인의 자녀들을 자신에게 낳은 자녀로 대하십니다: "네가 나를 위하여 낳은 네 자녀"(겔 16:20). 하나님께서는 그 백성과 맺은 언약으로 말미암아 그들과 혼인한 것이요, 따라서 아내가 그 남편에게 자녀를 낳아 주듯이 그 자녀들이 하나님의 자녀들인 것입니다. 그러므로 하나님께서는 유대인의 자녀들을 자기 자녀라 부르시며, 그들 중에 있는 끔찍한 악에 대해 책망하시며, 그들이 자녀들을 하나님의 자녀로 기르지 않고 몰록에게 바쳤고, "나의 자녀들을 죽여 우상에게 넘겨 불 가운데로 지나가게 하였다"고 말씀하시는 것입니다(21절). 유대인들의 자녀와 마찬가지로 그리스도인의 자녀들도 하나님의 자녀가 아닙니까? 하나님께서 옛 언약을 변경하시고 철회하셨습니까? 그래서 여러분이 감히 여러분의 자녀요 또한 주님의 자녀들인 자들을 죽입니까? 바로 무지가 그들을 죽이는 피 묻은 칼이 아닙니까? "내 백성이 지식이 없으므로 망하는도다"(호 4:6). 세례의 엄숙한 규례를 통해 그들을 하나님께 드리고 하나님과 사람 앞에서 그들이 주의 언약의 종들이 되기를 바랐으면서도, 그 다음에 그들을, 몰록에게는 아니나 마귀에게 드리고는 그에게 얽매어 놓고 그들의 주(主)가 누구신지, 그의 종들로서 그들이 감당해야 할 의무가 무엇인지를 그들에게 전혀 가르치지 않으니, 그러면서도 떨리지 않습니까? 여러분의 입으로 인해서 하나님이 여러분을 정죄하실 것입니다.

넷째. 부모 된 여러분, 자녀들을 가르치지 않으면 그 자녀들이 범하여 죽음에 이르는 그 모든 죄들에 대해 여러분 자신이 책임을 져야 한다는 것을 명심하십시오. 우리가 대리자를 시켜서 죄를 범하고 다른 이들이 행한 사실을 우리 자신의 것으로 삼을 수도 있습니다. "네가 칼로 헷 사람 우리아를 치되 암몬 자손의 칼로 죽이고"(삼하 12:9). 그러니 자녀들을 하나님을 경외하도록 조심스럽게 훈련시키지 않는다면, 그 악한 자녀들의 피비린내 나는 검으로 그리스도를 찢고 그를 계속해서 죽이는 죄를 범하게 될 수도 있는 것입니다. 어느 이교도는 학생이 자기를 모욕하자 그 스승에게 달려들어서 그를 쳐 죽였답니다. 이 사람에 대해서 무언가 할 말이 있을 것 같습니다. 사실 그 사람이 지극히 큰 잘못을 범한 것일 수도 있습니다. 자녀가 안식일을 범하면, 그것은 그 자녀의 죄입니다만, 그 아버지가 하나님의 계명이 무엇인지를 그에게 전혀 가르치지 않았다면 그의 죄가 더 큽니다. 그러니 부모가 자녀의 죄에 대해 보조적인 책임이 있다면 부모는 그 책임을 면키가 어려울 것이고, 더 먼저 큰 형벌을 받게 될 것입니다. 그 큰 날 그 자녀들에게서 얼마나 안타까운 일을 당하게 되겠습니까? 그때에 그들이 여러분을 자기들의 고귀한 영혼을 살해한 자로 지목하고 비난하고, 그들의 피를 여러분의 문간에 뿌리며, 그들을 제대로 가르치지 않은 것에 대해 여러분의 면전에서 저주를 퍼붓지 않겠습니까? 물론 때에 맞게 회개함으로써 여러분의 영혼은 그 날에 심판을 면하게 되겠지만, 그래도 하나님께서는 자녀들에 대한 임무를 소홀히 한 것에 대해 이 땅에서 책망하실 수 있는 것입니다. 자녀들이 부모에게 무거운 십자가가 되는 경우가 얼마나 많습니까? 여러분이 그들에게 하나님을 향한 의무를 가르치지 않았으니, 그들이 여러분에게 행할 의무를 모르는 것이 당연한 일입니다. 혹은 여러분이 살아 있는 동안 자녀들이 그렇게 되는 것을 보지 않으면, 자녀들이 지옥을 향하여 나아가는 것을 보면서 슬픔 중에 무덤으로 내려갈 수밖에 없을 것입니다. 어떤 이들은 롯이 소돔에서 그렇게 머뭇거린 것은 그의 사위들이 그곳에 남아 불 속에서 멸망하는 것을 그냥 두고 떠날 수가 없었기 때문이라고 생각하기도 합니다. 선한 사람인 롯은 분명 그 일이 괴로웠을 것이고, 그리하여 어떻게 하든지 그들을 설득하기 위해 천사가 끌어내기까지 그 곳에서 머뭇거렸던 것입니다. 거룩한 부모들로서는, 그들이 소돔과 같은 이 세상을 떠나기 전에 그 자녀들이 하나님께서 죄인들의 머리 위에 퍼부으실 그 불길에서 벗어나는 것을 보기를 바라는 바람보다 더 간절한 것이 없을 것입니다. 그러나 사자가 여러분을 거기서 이끌어갈 때가 얼마나 속히 이를지 모르는 것입니다. 그러니 자녀들과 함께 있는 동안 그들을 하나님께로 이끄는 일에 최선을 다하기를 바랍니다.

둘째 적용. 복음 사역자들에게 말씀해 줍니다. 이를 통하여, 좌우를 분간하지 못하는 여러분의 교회 내의 수많은 무지한 심령들을 향하여 안타까운 심정이 생겨나게 되기를 바라마지 않습니다. 이것이야말로 나라를 파괴시키는 무서운 것이요, 목사들은 모든 관심과 힘을 쏟아 이것을 막아야 합니다. 다른 무엇보다도 이 영적 어둠의 질병이야말로 사람들을 지옥으로 쓸어가는 심각한 요인입니다. 지식과 깨달음의 빛이 있는 곳에는 대개 죄인들이 악을 행할 때에 거기에 따르는 괴로움과 고통을 지각하게 되고, 그리하여 이따금씩 그 중에 몇몇이 의사를 찾고, 심령

의 괴로움을 느껴서 목사 등을 찾아 상담을 청하기도 합니다. 그러나 무지한 심령
은 그런 것에 대한 느낌조차 전혀 없습니다. 목사가 그런 무지한 심령이 가르침을
바라서 자신을 불러줄 것을 기대한다면 그것은 오산입니다. 그들이 여러분에게
오기를 기대하지 말고 여러분이 그들을 찾아가야 합니다. 이런 이들은 질병보다
는 치료를 더 두려워하고, 자기들의 무지를 치료받기보다는 오히려 그것을 숨기
는 일을 더 궁리하는 자들입니다. 우리는 이들을 정말 더 불쌍히 여겨야 합니다.
정작 그들은 자기 자신을 거의 불쌍히 여기지 않기 때문입니다. 물론 우리가 수많
은 교인들을 대해야 하므로, 한 사람 한 사람을 특별히 신경 쓰고 그들의 문제를
일일이 해결해 줄 만한 시간도 정력도 없다는 것은 인정합니다. 하지만 달리 우리
의 양심을 충족시켜 줄 방법이 없습니다. 하지만 이 점을 생각합시다. 곧, 우리가
하고자 하는 일을 일일이 최상의 상태로 할 수는 없지만, 우리가 할 수 있는 일을
하지 않고 있어서는 안 된다는 것입니다. 어떤 사람들은 자기들이 도저히 감당할
수 없을 만큼의 많은 임무가 주어지는 것을 보고, 지레 질려서 그냥 넋 놓고 앉아
아무 일도 하지 않습니다. 하지만 우리는 상황이 아무리 힘들더라도 이런 사람들
처럼 해서는 안 됩니다. 내가 소유한 큰 집이 낡아 무너져 내리는 것이 보이는데
가진 돈은 별로 없을 경우에는, 집이 무너지도록 그냥 내버려 두는 것보다는 손이
닿는 대로 여기 조금, 저기 조금이라도 수리해 나가는 것이 낫습니다. 한꺼번에 모
든 일을 다 할 수가 없으니 말입니다. 여러 목사들이 전임자들이 교인들을 수리할
거리가 많은 상태로 남겨 두어서 할 일이 정말 많다고 불평할 수도 있을 것입니다.
옛날 유대인들의 사정이 그랬습니다. 성벽을 쌓기 전에 먼저 쓰레기더미에서 돌
을 새로 다듬는 작업을 해야 했습니다. 그러나 그들은 일을 계속하였습니다. 반드
시 일을 마쳐야 한다는 마음이 그들에게 있었기 때문입니다(느 4장). 오오 여러분,
우리 마음이 하나님을 향한 열정과 또한 사람들의 심령을 향한 연민으로 가득 차
있기만 하면, 하루에 겨우 벽돌 한 장밖에는 쌓을 수 없는 상황이라 할지라도 일어
나 그 일을 행할 것이며, 이때에 하나님께서 우리와 함께 하실 것입니다. 어쩌면
사람들이 무례하고 지독하게 무지할 수도 있습니다. 마치 채석장의 돌들처럼, 베
어진 채로 그냥 널려 있는 다듬어지지 않은 나무들처럼 말입니다. 그래서 평생을
일해도 여러분이 바라는 만큼 완벽하게 일을 이루지 못할 수도 있을 것입니다. 하
지만 다윗이 솔로몬을 위해 행했던 것처럼, 여러분도 그들을 가르치며 교훈하는
일에 진력하여 뒤에 다른 사람이 와서 성전을 지을 수 있도록 재료를 준비해 놓을

수도 있는 것입니다. 한 목사가 오랜 동안 지식과 깨달음의 씨를 뿌려 놓은 곳에 다른 목사가 부임하여 회심의 역사를 통하여 거두어들이는 것은 지극히 정상적인 일입니다. 하나님께서 그의 일꾼들과 함께 정산하실 때에, 밭을 간 자와 씨를 뿌린 자도 곡식을 거두어들인 자들과 마찬가지로 상급을 받게 될 것입니다. 욥은 자신이 "눈 먼 자에게 눈"이 되었다고 말합니다만, 눈먼 심령에게 눈이 되는 것이야말로 정말 복된 일입니다. 지식과 명철로 그 백성을 양육하는 목사들이야말로 하나님께서 친히 그의 마음에 합한 목자들이라 부르시는 자들입니다(렘 3:15). 그러나 그 교인들의 무지에 일조하는 목사들에게는 화가 있을 것입니다. 목사가 그 교인들의 무지에 일조할 수도 있습니다.

첫째. 그 자신의 무지를 통해서. 지식이 없이는 목사가 될 수가 없을 만큼 지식은 목사의 임무와 소명에 근본적인 요소입니다. "내 백성이 지식이 없으므로 망하는도다 네가 지식을 버렸으니 나도 너를 버려 내 제사장이 되지 못하게 할 것이요 네가 네 하나님의 율법을 잊었으니 나도 네 자녀들을 잊어버리리라"(호 4:6). 목사에게 지식이 없다는 것은 다른 무엇으로도 보충해 줄 수 없는 심각한 결함입니다. 아무리 온유하고 인내하며 너그러우며 흠이 없어도, 말씀을 올바로 분변하는 능력이 없다면, 그는 목사로서 자질이 없는 것입니다. 무엇이든 그것에 지정된 목적을 위해서 좋을 때에 그것이 좋은 법입니다. 손잡이에 제아무리 진기한 다이아몬드가 박혀 있어도, 물건을 제대로 자르지 못하면 그것은 칼이 아닙니다. 아무리 멋있는 종(鐘)이라도 소리가 나지 않으면 종이 아닙니다. 목사의 큰 임무는 다른 이들을 가르치는 것이요, 그 입술로 지식을 전하여야 합니다. 다른 이들이 자기들의 직업에 대해 전문적인 자질을 갖추고 있듯이, 목사는 그 이상으로 하나님의 일들에 정통해야 합니다. 목사들을 가리켜 등불이라 부릅니다. 그런데 등불이 어둠과 다를 바 없다면 그 백성의 어둠이 얼마나 극심하겠습니까? 그리스도의 손에 쓰임 받는 별들의 밝기가 모두 동일한 것이 아니라는 것을 잘 압니다. 다른 사람들보다 은사와 은혜의 영광이 더 큰 사람도 있습니다. 그러나 목사라면 누구나, 마치 그리스도께서 나셨을 때에 동방박사들이 별을 보고서 그의 나심을 분별한 것처럼, 말씀을 근거로 죄인들에게 그리스도와 구원에로 나아가는 안전하고도 참된 길을 제시해 줄 수 있는 정도의 빛은 반드시 지니고 있어야 하는 것입니다. 오오 여러분, 서툰 돌팔이 의사들처럼 사람들을 죽이는 것으로 생활을 유지하는 방편으로 삼는다면 얼마나 서글픈 일이겠습니까? 하물며 우리의 무지로 인하여 사람의 영혼을 망치면서 오히려 그것으로 육신적인 생활을 꾀하는 것이겠습니까? 나침반을 다루는 일에 전혀 자질이 없는 사람이 선장의 직무를 수행하고 있다면, 이는 불쌍한 승객들에게는 정말 잔인한 처사가 아닐 수 없는 것입니다.

둘째. 임무를 소홀히 함으로써. 유모가 그 가슴에 갓난아기를 먹일 젖이 없는 것이나, 젖이 있으면서도 그 아기를 품에 안고 먹이지 않는 것이나 마찬가지입니다. 입이 있으면서도 말하지 않고, 입술이 있어도 지식으로 그 백성을 먹이지 않는 게으른 목자에게는 화가 있습니다(슥 11:17). 떡이 앞에 있는데도 먹지를 않는다면 그것은 백성의 죄일 것입니다. 그러나 목자인 우리가 때를 따라 양식을 주지 않는다면, 우리에게 화가 미치는 것입니다. 오오 여러분, 주님께서 우리에게 떡을 사서 백성을 먹이도록 능력과 돈을 주셨는데, 우리가 그 돈을 게으름의 수건으로 꼭꼭 싸두고 있다면, 그들을 가르치고 교훈하고 있어야 할 시간을 우리의 쾌락을 위해 허비하거나 다른 육신적인 이득을 위하여 쓰고 있다면, 과연 우리에게 임무를 맡기신 주님께 무어라고 대답하겠습니까? 주인이 집에 돌아올 때에 종이 집의 열쇠를 갖고 다른 곳에 가 있고 그 때문에 가족들이 양식이 없어 굶고 있는 것이 보이면, 그 종은 주인에게 준엄한 책망 외에 받을 것이 없을 것입니다.

셋째. 유익이 없는 설교를 통해서. 곧, 온전한 깨달음을 주는 것이 아니라 오히려 더 혼란하게 만드는 그런 불건전한 가르침을 전하여 교인들의 무지에 일조하는 경우도 있습니다. 그들의 생각을 거짓된 색깔을 칠해 놓는 것보다는 차라리 그저 단순한 무지 속에 있도록 그냥 내버려 두는 편이 낫습니다. 겉으로 번지르르하고 화려하게 설교하더라도, 돼지 여물로 탕자의 배를 채워 주는 것 이상으로 교인들의 영혼에 적절한 양식을 주지 못하는 경우가 허다합니다. 나중에 알고 보면, 영혼에 유익을 주는 일에는 전혀 무익했다는 것이 드러나는 것입니다. 혹은 설교의 내용이 너무도 높이 날아가서, 가련한 교인들은 서서 그것을 높이 올려다보면서도 마치 설교자의 모습이 보이지 않는 것 같이 느껴지고 결국 설교에서 무엇을 얻었는지 도무지 분간이 되지를 않는 경우도 있습니다. 혹은, 지각이 잘 훈련되어 있는 고매한 신자들을 위한 진리들만을 전하는 자들도 있습니다. 이런 설교는 회중 가운데 서너 명의 탁월한 성도들을 세우는 일에는 훌륭할 수 있습니다. 그러나 그러는 동안 연약한 교인들은 — 이들은 스스로를 지도할 능력도 일천하고 스스로를 세울 수 없는 자들이니 이들이야말로 우선적으로 돌보아야 할 대상들입니다 — 잊혀진 채로 있습니다. 밑바닥에서 건물의 기초를 세우는 일을 하고 있는 일꾼이 받침대를 성 바울 교회의 첨탑만큼이나 높은 곳에 세워 놓는다면 그 사람은 분명 지혜롭지 못한 일꾼일 것입니다. 건물이 높이 올라가는 만큼 받침대도 거기에 맞추어 올라가야 하는 것이니 말입니다. 바울이 그의 가르침에서 전진하는 만큼, 그 말씀을 듣는 이들도 지식에서 전진하는 것입니다: "그러므로 우리가 그리스도의 도의 초보를 버리고 … 완전한 데로 나아갈지니라"(히 6:1-2). "우리가"라고 말씀합니다. 그렇습니다. 교인들이 설교자와 보조를 맞출 수 있도록 하는 것이 좋은 것입니다. 청중들의 능력을 벗어나서 진리들과 교리적인 개념들을 설교하는 것은 마치 유모가 아기의 입에 들어가지도 않는 큰 숟가락으로 아기에게 음식을 먹이는 것과도 같습니다. 그런 설교를 통해서 우리 자신과 상당한 수준에 올라 있는 몇몇에게는 만족을 줄 수도 있지만, 그동안 교인들 중에 무지한 자들은 도대체 어떻게 되겠습니까? 양쪽을 모두 고려하는 자야말로 신실한 청지기일 것입니다. 바울이 자신에 대해 말씀한 것처럼 설교자는 "헬라인이나 야만인이나 지혜 있는 자나 어리석은 자에게 다 빚진 자"(롬 1:14)입니다. 설교자는 듣는 이들의 정도에 알맞도록 진리를 준비할 책임이 있는 것입니다. 지혜로운 자들도 받을 몫이 있습니다. 하지만 가족 중에 더 연약한 자들도 함께 양식을 먹도록 인내하는 것이 필요한 것입니다.

넷째. 목사가 그 생활의 추문으로 인하여 가르침을 더럽힘으로써 백성들의 무지에 일조하는 경우도 있을 수 있습니다. 마치 요리사의 용모가 지저분하여 사람들이 그의 더러운 손가락에서 나오는 것을 먹기를 꺼려하게 만드는 것처럼 말입니다. 혹은 설교자의 거만한 처신으로 인하여 일반 교인들이 그에게 감히 나아오지 못하게 되는 경우도 있을 수 있습니다. 목사의 소명을 충실히 이행하는 자는 어부처럼 조심스러워야 합니다. 영혼들이 겁을 먹고 떠나게 하는 일을 해서는 안 되고, 오히려 모든 심령들을 불러들이고 초청하여 그물에 잡히도록 만들어야 하는 것입니다.

셋째 적용. 무지한 자들에게 말씀해 줍니다. 무지한 심령이 과연 사탄의 노예입니까? 무지한 자들이여, 이 사실에 자극을 받기 바랍니다. 여러분이 앉아 있는 어둠과 게으름의 자리를 박차고 일어나 이 어둠에서 속히 나오거나, 아니면 완전한 어둠 속으로 내려가기를 결심하거나 둘 중의 한 가지를 택하기 바랍니다. 하만은 표정이 일그러져 더 이상 그 상태로 왕의 존전에 머물러 있어서는 안 된다는 것을 알았습니다. 여러분이 무지한 가운데 살고 있다면, 그것은 여러분이 하나님의 진노 아래 있다는 뜻입니다. 하나님은 지옥에 던질 자들에게 진노하사 그들의 눈을 덮개로 가리십니다: "만일 우리의 복음이 가리었으면 망하는 자들에게 가리어진 것이라"(고후 4:3). 한 곳에서는 죄인들이 "지식 없이 죽을 것이니라"라고 경고하며(욥 36:12), 다른 곳에서는 그들이 죄 가운데 죽으리라고 말씀합니다(요 8:21). 지식 없이 죽는 자는 과연 그의 죄 가운데서 죽는 것입니다. 그러니 위대하신 하나님께서 피조물에게 베푸시는 처절한 심판 중에 이보다 더한 것이 어디 있겠습니까? 감옥에서 죽거나 시궁창에서 죽더라도, 자기 죄 가운데서 죽는 것보다는 낫습니다. 여러분, 여러분의 죄 가운데서 죽으면 죄 가운데서 다시 살아날 것입니다. 티끌 속에서 잠자고 있으니, 부활의 아침에 그 상태로 일어날 것입니다. 여러분이 그리스도가 없는 무지한 자라면, 그 상태 그대로 심판대 앞에 서서 심판을 받을 것입니다. 죄인들이 자기들에게서 떠나 주시기를 구하는 그 하나님이 그때에는 그들이 알 만한 가치가 있는 존재가 되실 것입니다. 그들 자신이 판단해도 말입니다. 그러나, 그때에 그 하나님이 그들이 과거에 한 말들을 그들의 입에 다시 던지시면서 그에게서 떠나갈 것을 명하실 것입니다. 그가 그들을 알기를 원하지 않으신다는 것입니다. 오오 죄인들이여, 마지막에 분명히 보게 될 것입니다. 여러분이 이 땅에서 하나님을 모르고 지내는 것은 정말 끔찍한 결과를 초래하지만, 하나님 편에서는 천국에서 여러분과 함께 있지 않아도 괜찮으시다는 것을 말입니다. 여러분, 낮이 지나가기 전에 커튼을 걷고 그리스도께서 여러분의 얼굴에 비추시는 복음의 빛을 바라보시기 바랍니다. 지혜가 거리에서 외치는 것을 들으시기 바랍니다. 그리스도께서 그의 성령과 그의 사자들의 음성 가운데서 여러분의 창문가에서 말씀하시는 것을 들으시기 바랍니다: "너희 어리석은 자들은 어리석음을 좋아하며 거만한 자들은 거만을 기뻐하며 미련한 자들은 지식을 미워하니 어느 때까지 하겠느냐? 나의 책망을 듣고 돌이키라 보라 내가 나의 영을 너희에게 부어 주며 내 말을 너희에게 보이리라"(잠 1:22-23). 죄인들이여, 여러분의 바보 같은 무지에 대해 무어라 말하겠습니까? 이 죄를 덮어줄 여러분의 겉옷이 어디 있습니까? 주의 말씀이 희귀했고, 공개적인 이상도 없었고, 마을이나 나라에서 성경을 발견하지 못했던 때가 있었습니다. 그때에는 지식의 나무가 금지된 열매였고, 그리하여 누구도 교황의 허가가 없이는 그것을 맛보지 못했었습니다. 어느 한 구석에서 성경의 낱장 하나 둘을 얻을 수 있었다면, 비록 자기 가슴을 의지하는 아내에게조차 무서워서 말을 할 수 없었지만, 그 사람은 정말 복된 사람이었습니다. 그러나 지금은 여러분의 집에 그 말씀이 있습니다. 여러분이 친히 보관하고 있어서 그것을 교회에서 매 주일마다 펼쳐 볼 수 있습니다. 그리고 여러분 중 많은 이들에게 목사의 사역이 있습니다. 그들은 사사로이 열정적으로 애쓰며 여러분에게 권면합니다. 여러분의 영혼을 돌아보고 교훈을 받으라고 말입니다. 그들은 여러분이 그들에게로 나아와 빛을 받지 않는 것 때문에 안타까이 애곡합니다. 무지한 자가 나아와 빛을 구하지 않을까 하여 불쌍한 목사가 그의 서재에 앉아 있기를 어느 때까지 하겠습니까? 변호사들에게는 고객들이 있고, 의사들에게는 환자들이 있습니다. 이들에게는 한밤중에라도 사람들이 나아가 자문을 구합니다. 그런데 의복과 육체보다도 훨씬 값어치가 있는 영혼이 무시되고 있고, 의복과 육체가 다 소진할 때까지도 목사를 생각하는 일도 거의 없으니, 이 얼마나 안타까운 일입니까! 어쩌면 의사가 그들을 사망한 자로 인정하게 되면, 그때에 비로소 우리가 다가가 위로로 그 눈을 감겨 주어야 할지도 모릅니다. 생전에 한 번도 그리스도를 진리 가운데서 보지 않은 그런 눈을 말입니다. 그렇게 하지 않으면, 그들이 천국으로 향하는 길에 대해 전혀 아무것도 모르는데도 불구하고, 우리가 성수를 그들에게 뿌려 주거나 천국을 위하여 그들에게 기름을 발라 주지 않는다는 것 때문에 우리더러 잔인하다고 비난할 것입니다. 아아 가련한 자들이여! 하나님께서 친히 그들에 대해 처절한 심판을 말씀하시는데 우리가 과연 그들에게 무슨 위로의 말을 해 줄 수 있단 말입니까? 지극히 높으신 하나님의 법을 뒤바꾸어, 그가 정죄하시는 자들을 구원해 줄 권한이 우리에게 있기라도 하단 말입니까? "맹인에게 길을 잃게 하는 자"의 머리에 저주가 임한다는 것을 기억하지 못합니까(신 27:18)? 맹인 된 여러분이 천국으로 향하는 길에서 아주 멀리 있는데도 불구하고, 여러분이 영원한 죽음에 이르는 길에 서 있다는 것을 하나님이 아시는데도 불구하고, 오히려 여러분을 격려하면서, 그대로 계속 나아가면 결국 마지막에 천국에 이르리라고 확신을 준다면 우리에게 대체 무슨 저주가 임하겠습니까? 말씀에 기록된 대로, 우리도 하나님의 법을 바꿀 수 없고, 하나님께서도 그것을 뒤집지 않으십니다. 사도의 말씀처럼, 그리스도께서 "하나님을 모르는 자들과 우리 주 예수의 복음에 복종하지 않는 자들"에게 형벌을 내리시기 위하여 타오르는 불 속에서 임하실 것인데(살후 1:8), 바로 그 저주 받은 자들의 명단에서 여러분의 이름을 읽게 될 것입니다. 그러므로 여러분, 하나님을 두려워하며, 이 말씀에서 자극을 받으시기 바랍니다. 이 세상에서 여러분의 나이나 성별이나 계급이나 처지가 어떻든지 간에, 그리스도 안에서 하나님을 아는 구원 얻는 지식을 위하여 수고하게 되기를 바랍니다. 그를 아는 것이 영생인 것입니다.

여러분, 젊습니까? 세상의 갖가지 근심에 싸이고 청년의 정욕에 빠지기 전, 여러분의 육신이 아직 강건하고 기억력이 왕성할 때에 속히 하나님을 구하시기 바랍니다. 정욕의 발이 수백만 명을 멸망에 파묻었습니다. 그 발이 여러분을 똑같은 길로 이끌어가도록 서서 준비하고 있습니다. 그러니 그것을 막는 은혜가 임하여 하나님을 아는 지식을 여러분의 마음에 심어서 그 마수(魔手)에서 건지지 않으면 여러분도 그렇게 될 수밖에 없습니다. 오늘 아침에 한 모금 맛을 본 것이 다른 이들의 부패한 모범에서 얻을 수 있는 나쁜 맛에 오염되지 않도록 막아 줄 수도 있습니다. 여러분이 이 세상에 얼마나 오래 머물러 있을지 여러분은 모릅니다. 여러분이 들어갈 수 있는 묘소를 찾을 수 있을지 없을지도 모릅니다. 그러니 하나님과 그의 법에 대해 무지한 상태로 죽는다면, 과연 여러분이 어떻게 되겠습니까? 작은 나뭇가지와 오래된 통나무들이, 젊은 죄인들과 늙어 메마른 죄인들이 함께 만나 불에 탑니다. 여러분이 여기서 좀 더 오래 머문다 해도, 지금 여러분이 배우지 않으면, 하나님께서도 그때에 여러분을 가르치지 않으실 것입니다. 혹은 나중에 늙어서 하나님을 만나게 된다면, 열매를 거두고 수확하여야 할 때에 이제 겨우 씨를 뿌리고 있는 셈이니 참 안타까운 일일 수밖에 없습니다. 하나님 알기를 배우십시오. 그리하면 오랫동안 그와 교제를 통해 여러분 스스로 위로를 얻게 될 것입니다.

여러분, 늙고 무지한 처지에 있습니까? 안타깝고 정말 안됐습니다. 여러분의 삶이 시들었고, 여러분의 명절에 불이 꺼져가고 있습니다. 여러분의 육체가 티끌을 향하여 고개를 숙이고 있고, 이를테면 자연이 여러분을 위해 조종을 울리고 있으며, 어둠 속을 지나가는 사람처럼 죽음이 여러분을 어디로 데려갈지 전혀 모르는 처지에 있습니다. 하지만 이런 상태로 그냥 죽는다면, 여러분의 가련한 영혼은 오랜 짐을 그대로 등에 짊어지고라도 이 땅에 다시 한 번 살았으면 하고 바라게 될 것입니다. 노년의 고통과 질병은 참 쓰라립니다. 하지만 정죄 받은 영혼은, 만일 하나님께서 이 노년의 괴로움 중에 그냥 누워 있게 하셔도 오는 세상의 처절한 고통을 피하게 해 주신다면 하나님께 감사를 드릴 것입니다. 여러분, 오는 세상으로 나아가기 전에 깊이 생각하십시오! 남은 시간이 적을수록 지식을 얻는 일에 더욱 부지런히 매진하여야 할 것입니다. 면죄시(免罪詩:라틴어 성서 시편 51:1. 죄인이 이것을 읽을 수 있으면 사형이 면제되었다 — 역주)를 읽지 못하면 교수형을 면치 못한다는 것을 가련한 죄수가 스스로 알고 있으니, 굳이 그에게 그것을 배우라고 간절히 간청하지 않아도 그 스스로 그렇게 할 것이라고 생각할 수도 있을 것입니다. 그냥 복음의 진리를 머리로 습득하는 것이 구원을 가져다주는 것은 아닙니다. 하지만 그것들을 아예 모르면 분명 그 영혼이 정죄를 받게 되는 것입니다.

여러분, 가난합니까? 여러분의 궁핍함은 여러분의 죄도 비참함도 아닙니다. 하지만 참된 보화가 어디에 있는지를 모르는 무지는 여러분의 죄입니다. 여러분이 하나님께 속하여 있다면, 그래서 지식과 믿음이 풍성하다면, 아무리 가난해도 여러분은 복된 사람입니다. "가난하여도 지혜로운 젊은이가 늙고 둔하여 경고를 더 받을 줄 모르는 왕보다 나으니"(전 4:13). 그렇습니다. 여러분은 진정 복된 사람입니다. 세상의 군왕들이 자신들의 처지를 올바로 깨닫는다면, 여러분이 아무리 헐벗었다 할지라도 자기들이 입은 화려한 예복을 벗어 던지고 여러분의 옷을 입기를 원할 것입니다. 그들의 예복은 그들에게 치욕을 안겨 주게 될 것이지만, 여러분은 천국에서 새로운 예복을 입고 더 나은 상태로 변모할 것입니다. 그 때에는 여러분이 이 세상에서 가난한 자였다는 것이 전혀 문제가 되지 않습니다. 그러나 이 세상에서 그렇게 풍요롭고 위대했으나 하나님께는 그렇게 궁핍했고, 그들의 영혼이 거지같았던 그들에게는 괴로움과 고통이 될 것입니다.

여러분, 부자입니까? 지극히 높으신 하나님을 아는 지식을 위하여 힘쓰기 바랍니다. 솔로몬은 여러분 천 명이 가진 것보다 세상의 재물을 더 많이 가졌으나, 그는 하나님께 간절히 구하였습니다. 하나님께 지식을 간청했던 것입니다(대하 1:10). 이 세상의 외형적인 즐거움은 모두 *vaginae bonorum*(복의 껍질들)이요, 모든 괴로움은 *vaginae malorum*(악의 껍질들)에 지나지 않습니다. 많은 사람들이 자기들의 세상적인 위대함을 근거로 하나님을 알 의무가 면제되는 특권을 누리는 것처럼 생각하는 것 같습니다. 마치 자기들이 부유하니 하나님께서 마땅히 자기들을 구원하셔야 하는 것처럼 여기는 것입니다. 하지만 여러분, 여러분 중에 거기에 오기를 원하는 사람이 많지 않습니다. 솔직히 말씀드리면, 위대한 자들 중에 구원 얻게 될 자의 숫자가 얼마나 적은지를 생각하면 두려워 떨게 될 것입니다. 구원받는 자 중에는 위대한 자도 별로 없고, 부유한 자도 별로 없습니다. 어째서 구원받는 이들이 그렇게 적을까요? 그것은 구원 얻는 지식을 가진 사람이 그렇게 적기 때문입니다. 오오, 세상은 그들의 땅과 재물을 보고 그들을 향해 박수치며 심지어 숭배하기까지 하지만, 정작 그들에게서 드러나는 것은 무신론, 무지, 바보 같은 야만성밖에 없고, 그들의 믿음에 대해 아무런 증거도 내보일 수가 없습니다. 가난한 그리스도인 한 사람이라도 그런 사람 100명을 부끄럽게 하고 신앙을 가르칠 것입니다. 만일 천국이 집과 땅으로 값 주고 사야 하는 것이라면, 이들은 예수 그리스도의 가난한 제자들에게서 가져갈 것입니다. 그들의 주위에 그것을 사려고 항상 대기하고 있는 자들이 수없이 많기 때문입니다. 하지만 이 돈은 천국에서는 통용되지 않는 것입니다. "영생은 곧 유일하신 참 하나님과 그가 보내신 자 예수 그리스도를 아는 것이니이다."

질문. 하지만 무지한 심령이 어떻게 지식에 이를 수 있겠습니까?

답변 1. 여러분의 무지에 대해 깊이 안타까워하는 것입니다. 라오디게아 사람들처럼 눈이 멀어 있으면서도 그것을 모르는 자들도 있습니다(계 3:17). 무지가 마음의 눈을 멀게 하듯이, 교만은 그들의 무지 앞에 눈이 멀게 합니다. 그리하여 그것을 알지 못하는 것입니다. 그들은 자기들 자신을 어찌나 높이 보는지 다른 이들이 그들의 그런 상태를 의심하면 그것을 악의가 있는 것으로 여깁니다. 이런 사람들은 대부분 지식의 길에서 멉니다. 이들은 자기들이 사람들에게 배우기에는 너무나 선하고, 하나님께 가르침 받기에는 너무나 악하다고 여깁니다. 그리스도의 학교로 들어가는 문은 낮은데, 이들은 굽힐 수가 없습니다. 그 학교의 선생은 친히 너무도 겸손하고 비천하셔서, 교만한 학생은 가르치시지 않습니다. 그러므로 먼저 여러분 자신이 보기에 바보가 되십시오. 여러분보다 훨씬 더 지혜로운 사람도 다음과 같이 고백하였습니다: "나는 다른 사람에게 비하면 짐승이라 내게는 사람의 총명이 있지 아니하니라. 나는 지혜를 배우지 못하였고 또 거룩하신 자를 아는 지식이 없거니와"(잠 30:2, 3). 여러분이 자신을 똑바로 직시하여 여러분의 마음의 짐승 같은 무지를 인정하고 그로 인하여 얼굴이 붉어질 때에 비로소 그리스도의 학교에 들어가기에 합당하게 되는 것입니다. 그들이 부끄러워하면 그때에 그들에게 성전의 형상을 보여주라고 말씀합니다(겔 43:10).

답변 2. 여러분이 가진 적은 지식에 충실하는 것입니다. 이것은 죄요 저것은 의무라는 것을 납득하십니까? 그 빛을 바짝 따르십시오. 이 작은 지식이 자라서 얼마나 커질지 여러분은 모릅니다. 우리는 어린 자녀들에게 먼저 적은 것을 주어 사용하게 하고, 그들이 그것을 잘 사용하면, 나중에 더 많은 것을 더해 줍니다. 하나님 나라는 그 시작이 작습니다. 하나님께서는 이스라엘의 지식이 야만적임을 책망하셨습니다(렘 10:14). 그는 그들의 무지함이 야만적이라고 말씀하시지 않습니다. 그

들이 제대로 알지 못하여 범죄하였다는 뜻이 아닙니다. 그랬다면 그들에게 변명의
여지가 있었을 것입니다. 하지만 그들은 바른 것을 이미 알고 있으면서도, 아로새
긴 형상을 숭배하는 야만적이고 터무니없는 짓을 행한 것입니다. 지식이 있으면서
도 그것을 죄에게 팔아먹는 자는 결코 지식이 있는 것이 아닙니다: "만일 그들이
순종하지 아니하면 칼에 망하며 지식 없이 죽을 것이니라"(욥 36:12). 어두운 등경
속에 등불을 가두어 두면 밖으로 빛이 나오지 않습니다. 마찬가지로 빛이 양심 속
에 갇혀서 행실로 드러나지 않는 것입니다. 이방인들이 불의로 진리를 막는다고
말씀합니다만(롬 1:18), 그들에게서 듣는 그 다음 소식은 바로 그들의 생각이 허망
하여지고 미련한 마음이 어두워졌다는 것입니다(21절).

    답변 3. 은혜의 보좌로 나아가는 것입니다. 무릎을 꿇고 공부하는 사람이 최고의
신학생입니다. 지식은 하나님의 선물이요 모든 빛은 하늘로부터 오는 것입니다.
하나님은 빛의 아버지이시며, 기도는 영혼을 하나님의 보호 아래 있게 만듭니다.
누구든지 지식이 부족하면, 하나님께 그것을 구하여야 합니다. 이것은 그냥 지식
만이 아니고, 그 지식을 사용하는 지혜입니다. 공부는 위대한 성경학자로 만들 수
있지만, 기도는 지혜로운 그리스도인을 만들어 줍니다. 기도를 통해 거룩한 지식을
습득하는 것이요, 그것이 없이는 지식이 온전한 선물이 될 수 없고, 그저 $\delta\omega\rho o\nu\ \alpha\delta$
$\omega\rho o\nu$(선물이지만 선물이 아닌 것)으로 그치는 것입니다. 그러니 겸손한 담대함으
로 기도하십시오. 하나님께서는 간구하는 모든 자에게 그것을 주시되, $\alpha\pi\lambda\omega\varsigma$(풍
성하게, 넘치도록) 주십니다. 교만한 사람은 무지하여 연약한 자를 부끄럽게 하지
만, 하나님은 그와 같지 않으시며, 무지한 자를 힘써 가르치시는 분이십니다. 여러
분의 간구는 하나님을 매우 기쁘시게 합니다. 솔로몬이 비슷한 처지에서 하나님께
간구한 사실을 기억하시고, 여러분 자신도 그와 같이 응답을 얻을 것을 약속하십
시오. 그리스도의 학교는 값이 없는 학교입니다. 그에게 나아오는 자는 누구든 거
부하시지 않고, 따라서 그에게 나아오는 자들은 그 학교의 규율에 복종하게 됩니
다. 물론 모든 사람이 동일한 수준의 지식으로 응답받지는 않습니다. 모든 사람이
솔로몬과 같은 지위에 있으면 되는 것이지, 모두가 솔로몬만큼의 지식을 가질 필
요는 없습니다. 하지만 그리스도께서 보내시는 제자는 아무리 미천하다 할지라도
천국의 학교에 들어가기에 합당할 만큼의 구원 얻는 지식은 반드시 구비하게 될
것입니다. "주의 교훈으로 나를 인도하시고 후에는 영광으로 나를 영접하시리니"
(시 73:24).

　　답변 4. 시간을 들여 진리를 부지런히 찾아야 합니다. 진리는 깊숙이 자리 잡고 있으니 반드시 파내어야 합니다. 사람이 낙원에서 쫓겨난 상태이니, 죄를 제외하고는 수고가 없이는 할 수 있는 것이 없습니다. 그러니 이 지식의 보화를 얻기 위해서도 삽과 곡괭이가 필요한 것입니다. 우리는 "성경을 찾으라"라는 명령을 받고 있습니다. 또한 "많은 사람이 빨리 왕래하며 지식이 더하리라"(단 12:4)라고도 말씀합니다. 이는 상인들에게서 빌려온 은유적 표현으로서, 상인들이 이익을 얻을 것이 있다는 소식을 들으면 땅 끝까지라도 달려가는 등, 재물을 얻기 위해서 이곳저곳을 다니며 바삐 움직이는 모습을 그리는 것입니다. 이처럼 우리도 이런저런 임무를 위해 바삐 움직여야 합니다. 한때는 성경을 읽고, 그 다음에는 읽은 것에 대해 묵상하고, 그 다음에는 묵상한 내용에 대해 기도하고, 모든 것이 끝나면 자문을 구합니다. 이것은 무슨 뜻이며, 그대는 이것을 어떻게 이해합니까?[에피쿠로스 학교가 아니라 그와의 교제가 위대한 사람을 만든 것입니다.] 설교자의 설교 전체를 통해서보다도 더 많은 빛을 그와의 짧은 대화를 통해서 얻는 경우가 왕왕 있습니다. 여러분, 여러분이 추구할 수 있는 범위 내에서 지식을 얻는 모든 수단을 강구하기를 바랍니다. 그런데 이처럼 지식을 구함에 있어서 다음 세 가지를 준수하여야 합니다.

　　1. 여러분이 지향하는 목표가 순결하고 거룩해야 합니다. 어떤 사람들은 지식을 위하여, 혹은 재물을 위하여 수고하다가 그것을 얻으면 자기들이 얻은 지식을 마치 돈 가방을 바라보듯이 흐뭇하게 바라보고만 있고 그 지식을 자기들의 유익과 다른 이들의 유익을 위해 사용할 마음을 전혀 갖지 못합니다만, 이것은 지독한 악(惡)입니다. 이런 사람들처럼 그저 아는 것을 목표로 삼아서는 안 됩니다. 사색적인 지식은 라헬처럼 아름다우나 메마른 것입니다. 다른 사람들에게 여러분의 뛰어난 지식의 수준을 알리고 그들에게서 칭찬받는 것을 목표로 삼아서는 안 됩니다. 정말이지 그것은 지식을 추구하는 목표로서는, 특히 그리스도 안에서 하나님을 아는 지식의 목표로서는, 너무도 천한 것입니다. 이방인이 철학적인 지식을 얻기 위해 연구하고는 그의 모든 수고를 이 시장에 가져가서 사람들에게 내놓고 그들에게서 지혜자라는 이름을 얻는 것으로 상을 얻었다고 생각하는 것을 보면, 비록 천하기는 하지만 그대로 용납할 수는 있습니다. 하지만 하나님을 알고 그를 즐거워하는 것이 무엇인지를 아는 사람이 천한 사람의 허망한 한두 마디에 스스로 만족한다면, 이것은 정말 어리석은 짓입니다. 지식을 위해 수고하되, 그 지식을

통해서 여러분이 아는 그 하나님을 두려워하게 되어야 합니다. 다윗은 이렇게 말씀합니다: "여호와여 주의 율례들의 도를 내게 가르치소서 내가 끝까지 지키리이다"(시 119:33). 하나님의 말씀이 우리의 혀가 아니라 우리의 발에 빛이 된다고 말씀하는데, 이는 그저 말로 떠들게 하기 위함이 아니라 발로 따라 행하게 하기 위함인 것입니다. 지식을 위해 힘쓰십시오. 그러나 그것이 여러분 자신의 이름을 널리 펼치기 위함이 아니라 하나님의 이름을 높이기 위함이어야 합니다. 다윗이 약속하고 있듯이, 하나님의 율례를 깨달으면 그의 놀라운 행사를 이야기할 것이요, 그 위대함을 소리 높여 외쳐서 다른 이들을 일깨워 그들로 하여금 하나님을 찾게 하여야 하는 것입니다.

2. 목표가 올바로 세워지면 그것을 향하여 끊임없이 노력하여야 합니다. 그리스도의 신비는 하루에 다 배울 수 있는 것이 아닙니다. 계속 주를 알고자 하면, 그때 우리가 그를 알게 될 것입니다(호 6:3. 참조. 영어흠정역 — 역주). 어떤 이들은 그럴 생각이 나서 성경을 들여다보고 한두 장을 읽고 난 다음, 다시는 읽지 않고 그대로 한 주일을 보냅니다. 마치 일주일에 하루는 학교에 가고 그 후에는 내내 무단결석하는 소년들처럼 말입니다. 그런 자들이 지식에 번성해지지 않는 것이 이상한 일이겠습니까? 베르나르(Bernard)는 다음과 같이 멋지게 말씀합니다: "말씀을 연구하는 것과 그냥 말씀을 읽는 것은, 날마다 서로 사랑으로 대화를 나누는 자들의 우정이 여관에서 낯선 사람과 얼굴을 마주치거나 혹은 거리에서 지나가며 낯선 사람과 인사를 나누는 것과 다른 것만큼 서로 다른 것이다." 정말 지식을 얻고자 하면, 이따금씩 만나 말씀과 인사를 나누는 정도여서는 안 됩니다. 날마다 그 말씀과 함께 걸으며 그 말씀과 대화를 나누는 데로 나아가야 하는 것입니다. 아브라함이 그의 장막 문에 서 있는데 세 천사가 그를 찾아왔습니다. 그들은 그에게 낯선 자들이었습니다. 그러나 아브라함은 그들을 장막으로 영접하여 그들을 환대하였습니다(창 18:2). 그러자 그 셋 중 하나이셨던 그리스도께서 — 이는 여호와라는 이름이 여러 곳에서 그에게 주어지며 또한 그가 사라를 위해 행할 일을 약속하시는데(10절) 하나님이 행하실 것이라고 말씀하지 않고(만일 그가 창조함 받은 천사였다면 그렇게 말씀했을 것입니다만) 그가 할 것이라고 말씀하는 것으로 알 수 있습니다 — 아브라함에게 그 자신을 드러내시고 그의 비밀들을 그에게 계시하시기 시작하신 것입니다. 말씀을 그저 가볍게 읽고, 마치 장막 문에서 그저 가볍게 인사만 하고 그치듯 하지 않고, 말씀과 좀 더 친밀해지기를 간절히 원하여 그 말씀을

자주 묵상함으로써 그의 심령 속에 영접하여 환대하는 사람이 다른 누구보다도 하나님의 말씀 속에서 그의 비밀을 대하고 누리게 되는 것입니다. 다윗은 말씀이 꿀과 꿀 송이보다 달다고 했습니다. 말씀은 꿀로 가득 차 있어서, 조금 읽어도 이 따금씩 꿀이 방울져 떨어집니다. 그러나 묵상을 통해 계속 나아가지 않으면 그 달콤한 꿀 대부분을 그냥 내버려 두는 것입니다.

3. 반드시 바른 순서와 방법을 취하여야 합니다. 예술과 학문에는 초보적인 내용도 있고 좀 더 심원하고 깊은 내용도 있습니다. 그러므로 처음 시작할 때에 가질 바른 목표는 먼저 원리를 배우는 일입니다. 고등학생 때에 좋은 학생인 적이 없었던 사람은 대학에서도 좋은 학생이 될 수 없다는 말을 흔히 합니다. 이와 마찬가지로 기독교의 기본 내용을 제대로 교훈 받지 못한 자는 결코 견고한 그리스도인이 될 수 없습니다. 수많은 사람들이 그렇게 옹골차지 못한 것은 바로 그것이 결핍되어 있기 때문입니다. 마치 유리를 불어 갖가지 모양으로 만들듯이 거짓 교사들이 불어 주는 대로 이 방법 저 방법을 전전합니다. 그러나 그들을 견고하게 붙들어 주는 중심이 없습니다. 여러분, 지금까지 오류에 빠져 왔고, 또한 연약하기 그지없는 입으로만 진리를 떠드는 자들이 가르치는 소위 깊은 진리들의 미로 속에서 길을 잃어버린 상태에 있다면, 이를 치욕으로 여기지 말고, 다시 뒤로 돌아가 하나님의 말씀의 기본 원리들을 더 잘 배우기를 바랍니다. 테르툴리아누스(Tertullian)가 말한 것처럼, 자기들의 구원보다는 자기들의 명성을 더 신경 쓰는 사람들이 너무나도 많습니다. 자기들의 무식을 조심스레 고치기보다는, 오히려 무식한 자들로 보이는 것을 부끄러워하여 그것을 숨기기에 급급한 자들이 너무나 많은 것입니다.

답변 5. 신적인 지식에 이르기를 바라면, 말씀 사역에 참여하십시오. 이것을 무시하며 말씀이 선포되는 곳에 나아오지 않는 자들은 마치 태양을 보고자 하면서도 그것에게 등을 돌리는 사람과 같습니다. 하나님을 알기를 바라면, 배우는 곳으로 그가 지정하신 곳에 나와야 하는 것입니다. 그런 수단이 없는 곳에는 물론 하나님께서 특별한 수단을 베푸십니다. 이는 마치 마을에 학교가 없을 때에는 아버지가 집에서 자녀를 가르치지만, 마을에 공립학교가 있으면 자녀를 그리로 보내는 것과도 같습니다. 바울은 말씀하기를, 하나님께서는 우리를 통해서 각처에서 그를 아는 지식의 냄새를 나타내신다고 합니다(고후 2:14). 사람들이 자기들 좋은 대로 성령에 대해 이야기하도록 내버려 두십시오. 예언을 멸시하는 자는 결국 성령을 소멸하는 자입니다. 이 둘은 서로 긴밀하게 연결되어 있습니다(살전 5:19-20). 성령을 소멸하지 말고, 예언을 멸시하지 마십시오. 그러나 말씀 선포의 수단 아래 그 냥 앉아 있는 것만으로는 안 됩니다. 끔찍한 경험이 이를 가르쳐 줍니다. 태양빛 아래서도 살갗이 타지 않는 이들이 있습니다. 마찬가지로 말씀의 빛이 이글이글 타오르며 선포되는데도 옛 모습 그대로, 전혀 복음의 날을 보지 못한 자들만큼이 나 무지하고 속된 상태 그대로 있는 이들이 있습니다. 그러므로 말씀에서 무언가 영적인 유익을 얻으려면, 어떻게 들어야 하는지를 주의하여야 합니다.

1. 깨어 듣는 자여야 합니다. 설교 시간 대부분을 잠자고 있거나 혹은 자다가 깨 다가 하기를 반복하며 듣는 자가 설교를 듣기 전이나 들은 후나 별 변화가 없이 돌 아가는 것이 이상한 일이겠습니까? 그런 사람은 하나님이 혹 그의 마음에 무언가 를 계시하신다 해도, 분명 꿈에서 계시를 받는 것일 것입니다. 하나님께서는 옛 조 상들에게 자신을 계시하셨습니다만, 그들이 규례 아래서 속되게 잠자고 있을 때 에 그렇게 하신 것이 아닙니다. 그런 불경(不敬)을 조심하십시오. 그처럼 말씀을 듣는 시간에 편안히 잠을 청하는 자들이나 혹은 그것 때문에 스스로 깊이 겸비해 지지 않는 사람은 그들이 그 규례를 얼마나 하찮고 가볍게 여기는가를 스스로 드 러내는 것입니다. 전해지는 메시지가 여러분을 깨어 있도록 만들지 않는다면, 그 것은 여러분이 그 메시지를 가볍게 여기고 있다는 것이요, 그 메시지의 주인이신 하나님 자신을 가볍게 여기고 있다는 뜻입니다. 이방인 왕의 처신에서 책망을 받 아야 옳을 것입니다. 에훗은 에글론에게 그저 "내가 하나님의 명령을 받들어 왕에 게 아뢸 일이 있나이다"라고만 말했을 뿐인데, 그 말을 듣고 왕이 그 좌석에서 일 어났다고 합니다(삿 3:20). 그런데 여러분은 털썩 자리에 주저앉아 잠을 청합니다. 위대하신 하나님께 어떻게 그렇게 감히 모욕적인 행동을 한단 말입니까? 여러분, 식사 시간에, 혹은 돈을 세면서, 잠에 빠진 적이 몇 번이나 있습니까? 그런데 하나 님의 말씀이 그것들보다 가치가 없단 말입니까? 그처럼 설교 시간에 잠자는 자들 이 지옥 불에 대한 꿈을 꾸지 않는 것이 이상합니다. 옆에서 촛불이 타오르는데 잠 에 빠지는 것이 얼마나 위험천만한 일인지 잘 알 것입니다. 그렇게 잠을 자다 침대 가 불에 탄 사람들도 있습니다. 그런데 이보다 더 위험한 것은 말씀의 촛불이 여러 분 바로 가까이에서 그렇게 환하게 비치고 있는데 거기서 잠을 자는 것입니다. 유 드고처럼 졸다가 떨어져 죽으면 어떻게 되겠습니까? 유드고를 다시 살린 바울의 이적이 여기에는 없습니다. 그런데 과거 유드고처럼 다시 살아나지 않으면 여러 분의 안전이 어떻게 보장되겠습니까?

2. 주의를 기울여 듣는 자여야 합니다. 깨어 있기는 하지만, 눈이나 마음이 이리
저리 두리번거린다면, 눈을 뜨고 잠자는 것과 무엇이 다르겠습니까? 종이 깨어 있
지만 주인의 일을 돌보지 않는다면, 침대에 누워 잠을 자고 있는 것과 마찬가지일
것입니다. 한 영혼에게 말씀으로 유익을 주기로 작정하실 때에, 하나님은 그를 이
끄사 전해지는 말씀을 주의 깊게 귀담아 듣게 하십니다. 루디아에게서 보듯이, 그
녀는 바울이 하는 말씀을 주의 깊게 들었습니다. 그리고 "백성이 다 그에게 귀를
기울여 들었다"고 말씀합니다(눅 19:48). 그들이 그에게 시선을 집중시켰습니다.
마치 벌들이 꽃에 몰려들거나 혹은 새끼 새들이 먹이를 바라고 어미의 부리에 모
든 것을 집중시키듯이 말입니다. 그렇게 하는 심령이 말씀에서 빛과 생명을 얻는
것입니다. "아들들아 … 명철을 얻기에 주의하라"(잠 4:1). 그러므로 말씀을 들을
때에 변덕스런 마음을 거기에 든든히 고정시키고 듣기를 힘써야 합니다. 여호사
밧이 말씀 듣기를 위해 기도했다고 말씀하듯이 말입니다. 그리고 돌아가기 전에
여러분이 영적인 결핍을 마음으로 깊이 지각하게 되고, 특히 하나님의 일들에 대
한 여러분의 무지와 또한 그로 인한 여러분의 핍절한 상태를 지각하게 되어, 마음
에 깊은 감동을 받기를 위해 힘써야 하는 것입니다. 루디아가 말씀을 주의 깊게 듣
고 있을 때에 하나님께서 그의 마음을 열어 주신 것입니다(행 16:14). 정신은 의지
의 명령에 따라 움직입니다. 우리 마음이 제시하는 그것을 생각하는 것입니다. 마
음에 그 무지함에 대한 지각이 전혀 없거나 혹은 하나님을 향한 간절한 바람이 없
는 사람은 설교자의 말씀을 듣지 않고, 그의 마음이 그의 정신을 다른 길로 보내
버리는 것이 당연한 일입니다. 하나님께서는 말씀하시기를, 그들이 내 앞에 내 백
성으로 앉아 있으나 그들의 마음은 그들의 탐욕을 좇아 나아간다고 합니다. 그들
은 자기들의 영혼에게 유익이 되는 것을 들을 의도나 간절한 바람이 전혀 없이 와
앉아 있습니다. 그런 의도나 바람이 있다면, 전적으로 거기에 전력을 기울일 것입
니다. 그러나 그렇지 못합니다. 그들의 탐욕이 그들의 마음을 사로잡고 있습니다.
그러니, 게으른 어떤 종은 주인을 기다렸다가 주인을 예배당 좌석으로 안내한 다
음 자신은 바깥으로 나가서 선술집에서 친구들과 잡담을 즐기다가 설교가 거의
끝날 무렵에야 들어와 주인을 기다린다고 하는데, 그들이 마치 이 종처럼 처신하
는 것입니다. 사람들이 말씀을 듣는 규례에 나아오지만, 대부분 그들의 생각이 이
와 같이 움직입니다. 거리로, 시장터로, 가게로 빠져나갑니다. 그들의 생각이 이곳
저곳을 헤매지만, 정작 그들의 당면한 임무인 말씀 듣는 일에는 생각이 없습니다.

그리고 그 이유는 하나님과 그의 말씀보다 그것들이 그들의 마음을 사로잡고 있기 때문인 것입니다.

3. 들은 것을 잘 보존하며 듣는 자여야 합니다. 그렇지 못하면 그 일을 처음부터 다시 시작해야 할 것입니다. 들을 것을 곧바로 잊어버리는 자들에게 진리란 물 위에 도장을 찍는 것과 다를 바 없습니다. 도장을 떼는 순간 그 찍힌 것이 사라지고 맙니다. 일단 설교가 끝나면, 모든 것이 다 사라지고 마는 것입니다. 그러므로 들은 내용을 기억에 고이 간직하기를 바랍니다. 그러기 위해서는,

(1) 진리를 사랑하는 마음으로 받아야 합니다. 사랑으로 듣는 자는 결코 듣고 잊어버릴 수가 없습니다. 사랑이 기억을 돕기 때문입니다. "여인이 그 자식을 잊을 수 있으며, 처녀가 그 장신구를 잊을 수 있으며, 신부가 그 예복을 잊을 수 있습니까?" 그럴 수 없습니다. 너무나 사랑하여 도저히 잊을 수가 없습니다. 하나님의 진리들이 여러분에게 그렇게 귀하다면, 다윗처럼 그것들을 밤낮으로 생각할 것입니다. 심지어 기억력이 희미하여 들은 말씀을 일일이 다 기억하고 반복하지 못할 경우에도, 그리스도인은 그 능력과 냄새는 그 심령 속에 간직하는 법입니다. 마치 설탕이 포도주 속에 녹아 있을 때에 그것을 볼 수는 없지만 맛은 볼 수 있는 것처럼 말입니다. 고기를 먹고 소화를 시키면 먹기 전의 모양 그대로는 찾을 수 없지만, 사람이 그것으로 기운을 얻고 강건해져서 이전보다 더 잘 걷고 일하므로 그것이 사라진 것이 아님을 알듯이, 그리스도인이 심령으로 들은 진리들을 그의 삶 속에서 맛보고 볼 수 있는 것입니다. 혹시 목사가 믿음이나 죄를 죽이는 일이나 회개 등에 대해 구체적으로 무슨 말씀을 했는지를 물어보면, 대답을 하지 못할 수도 있습니다. 그러나 이것은 알 수 있습니다. 그의 마음이 죄로 인하여 더 깨어지며, 더욱더 약속들을 의지하고, 세상을 더 버리게 되는 것 말입니다. 한 훌륭한 여자는 설교를 듣고 나올 때에 설교에서 기억나는 것이 무엇이냐는 질문을 받고 대답하기를, 많은 것을 기억하지는 못하지만 집으로 돌아오자마자 변화시켜야 할 일들이 무엇인지에 대해서는 들었다고 했다고 합니다.

(2) 들은 내용에 대해 묵상하여야 합니다. 이를 통해서 다윗은 그의 스승들보다 더 많은 지혜를 얻었습니다. 설교에서 어떤 진리가, 어떤 성경이 전보다 더 분명하게 제시되었는가를 살피고, 시간을 들여 은밀하게 그것과 대화를 나누십시오. 그리하여 여러분이 그것을 친숙하게 깨닫도록 하십시오. 설교 후에 묵상하는 일은 씨를 뿌린 후에 써레질을 하는 것과 같습니다. 그 들은 바 진리들을 묵상을 통해서

흙으로 잘 덮어 주는 것입니다. 그렇게 하지 않으면 새들에게 집어 먹히거나 쓸려가 버릴 소지가 다분합니다. 설교에서 많은 증거들이 제시되지만, 설교가 끝난 후에는 거의 펼쳐보지 않고 그냥 버려두는 예가 허다한 것 같습니다. 만일 그렇다면, 여러분은 실제 그렇지도 않으면서 다른 이들에게 훌륭한 영혼의 장사꾼으로 보이게 만드는 것입니다. 그것은 마치 가게에 와서 굉장히 많은 물건을 예약해 놓고 돌아가서는 다시 그 물건들을 찾으러 오지 않는 것과도 같습니다. 오오 그런 일을 하지 않도록 조심하십시오. 외식하는 자는 결국 철저하게 자신을 속이는 것입니다.

(3) 죄악된 것을 기억에서 지워 버려야 합니다. 새로운 계산서를 쓰고자 할 때에는 기존에 휘갈겨 쓴 내용을 먼저 지워 버립니다. 하나님의 진리들과 또한 천박스럽고 죄악된 모든 것들은 서로 반대되는 것이요, 이들은 서로를 밀어냅니다. 그러므로 이 중 하나를 지니려면, 다른 것을 제거해 버려야 하는 것입니다.

넷째 대지

[영적인 사악함을 대적함]

넷째 대지로 "영적인 사악함"(한글개역개정판은 "악의 영들"로 번역함 — 역주)이라는 단어가 제시되어 있고, 또한 그들과의 싸움 혹은 전쟁이 "상대함이라"라는 말로 표현되어 있습니다. 헬라어로는 $\pi\rho\grave{o}\varsigma$ $\tau\grave{\alpha}$ $\pi\nu\varepsilon\nu\mu\alpha\tau\iota\kappa\grave{\alpha}$ $\tau\tilde{\eta}\varsigma$ $\pi\sigma\nu\eta\rho\acute{\iota}\alpha\varsigma$인데, 이를 직역하면 "사악함의 영적인 것들(혹은 영물[靈物]들)을 상대함이라(against the spirituals of wickedness)"로 번역할 수 있을 것입니다. 어떤 이들은 이를 "악한 영들을 상대함이라(against wicked spirits)"로 번역하는데(한글개역개정판이 이를 취함 — 역주), 이것이 옳기는 하나 충족하지는 못합니다. 여러 해석자들과 더불어 저는 이것이 마귀의 영적인 본성과 사악함을 뜻하기도 하지만, 그보다는 우선적으로 이 악한 영들이 가장 비근하게 성도들을 강력하게 격발시켜 일으키는 그 죄들의 본질과 종류를 뜻한다고 봅니다. 그것들은 사악한 영물들입니다. 곧, 악한 죄인들이 돼지처럼 떼지어 속에서 뒹구는 그런 심각한 육체적인 죄악들이 아니라, 영화(靈化)된 죄입니다. 왜냐하면 본문이 *"πνέυματα"*(영들)이 아니라 *"πνευματικα"*(영적인 것들, 영물들)이라고 되어 있기 때문입니다. 이 말씀들은 세 가지 교리적인 결론들을 제시해 줍니다. 첫째, 마귀들이 영들이라는 것입니다. 둘째, 마귀들이 극히 사악한 영들이라는 것입니다. 셋째, 이 사악한 영들은 주로 영적인 사악함을 발휘하여 성도들을 성가시게 하고 그들에게서 죄를 촉발시킨다는 것입니다.

[마귀의 영적인 본질]

첫째 가르침. 마귀들은 영들입니다. "영"이란 성경에서 다양하게 쓰이는 단어입니다. 무엇보다, 이 단어는 선하거나 악하거나 간에 천사들의 본질과 본성을 제시하는 뜻으로 흔히 사용되며, 그들을 가리켜 영들이라 부릅니다. 거룩한 천사들에 대해서는, "모든 천사들은 섬기는 영 … 이 아니냐?"(히 1:14)라고 말씀하며, 또한 "한 영이 나아와 여호와 앞에 서서 말하되 내가 그를 꾀겠나이다"(왕상 22:21)라고 말씀하기도 하는데, 여기서 "한 영"이란 바로 악한 천사 곧 마귀를 뜻합니다. 마귀를 가리켜 부정한 영, 더러운 영, 거짓의 영 등으로 부르는 경우가 얼마나 많습니까! 죄가 그들의 본질을 바꾸어 놓은 것이 아닙니다. 만일 그랬다면 누군가의 말처럼, 죄악을 범한 그 본성과 본질은 형벌을 받을 수 없을 것이었습니다.

첫째, 마귀는 영입니다. 즉, 그의 본질은 비물질적(非物質的)이요 단순하며, 육체 있는 존재들처럼 물질과 형태로 구성된 복합체가 아닙니다. 부활하신 그리스도께서는 자기들이 영을 보았다고 생각하던 제자들에게 말씀하셨습니다: "나를 만져 보라 영은 살과 뼈가 없으되 너희 보는 바와 같이 나는 있느니라"(눅 24:39). 마귀들이 그처럼 비물질적이 아니었다면, 그들이 어떻게 사람의 몸 속에 들어가 그 사람을 사로잡을 수 있었겠습니까? 그런데 성경은 그들이, 심지어 한 군단이나 되는 마귀들이 한 사람 속에 들어간 사실을 말씀해 주고 있습니다(눅 8:30). 한 육체는 그런 식으로 다른 육체 속으로 들어갈 수가 없는 것입니다.

둘째, 마귀들은 영적인 실체들(spiritual substances)이지, 어떤 이들이 터무니없이 주장하듯 우리에게서 일어나는 악한 움직임이나 악한 성질들이 아닙니다. 사두개인들과 또한 그들을 따르는 자들은 그런 존재가 선하거나 악하거나 간에 천사라는 것을 부인합니다. 그러나 이는 허황된 공상에 지나지 않으므로, 이를 주장하는 것은 우리의 이성을 무시하고 성경도 부인하는 것이 될 것입니다. 성경은 그들의 창조에 대해(골 1:16), 그 중 일부가 최초의 지위에서 타락한 사실에 대해(유 6), 또한 택함 받은 천사들이라 불리는 다른 천사들의 지위에 대해, 하나님의 얼굴을 바라보는 천사들의 복된 상태와 또한 그들의 임무 — 그들은 주인의 상속자들을 돕는 종들로서 성도들을 섬기도록 보내심을 받았다(히 1:14) — 에 대해, 그 큰 날 심판 때까지 어둠의 사슬에 매여 있는 타락한 천사들의 비참한 처지에 대해, 또한 이들의 현재의 일 — 곧, 허용된 범위 내에서 사람들의 영혼과 육체에 악을 행하는 것 — 에 대해 가르치고 있습니다. 이 모든 것이 그들의 존재를 분명하게 보여줍니다. 그러나 안타깝게도 사람이 육체 가운데 너무도 젖어 있어서, 육체의 눈에 보이지 않는 것을 쉽게 믿으려 하지를 않습니다. 동일한 이유로 사람은 눈에 보이지 않는 하나님 자신의 존재 역시 부인하는 것입니다.

셋째, 그들은 온전한 영적 실체들로서, 각자 개별적으로 존재합니다. 그러므로 이들은 사람들의 영혼과는 구별됩니다. 사람들의 영혼은 사람의 몸 속에 존재하도록 되어 있고, 몸과 더불어 하나의 완전한 사람을 이룹니다. 그러므로 몸에서 분리되어도 영혼이 존재하지만 그러나 다시 그 몸과 연합하고자 하는 성향을 지니는 것입니다.

넷째, 그들은 비록 온전한 영적 실체들이지만, 유한하며 피조물에 불과합니다. 오직 하나님만이 창조되지 않으시고, 무한하시며, 절대적으로 단순하신 영이십니다. 그렇습니다. 그는 다른 모든 영들의 아버지이십니다. 자, 이제 마귀의 이러한 영적 본성에서 우리는 다음을 보게 됩니다:

[우리가 상대하여야 할 원수가 얼마나 끔찍한가]

첫째, 그들은 영들로서 대단한 지적 능력을 지니고 있습니다. 안타깝게도 사람은 육체라는 이 어두운 감옥 속에 있는 동안에는 천사의 완전한 상태가 어떤 것인지를 알기에 충분한 빛을 누리지 못합니다. 그들이 다른 모든 피조물보다 지식에서 뛰어나다는 것은 우리가 잘 알 수 있습니다. 그들은 영들로서 그들을 지으신 하나님의 본성에 가장 가깝기 때문입니다. 하늘이 땅으로부터 아무리 높이 솟아 있어도 천사들이 그 지식으로 땅 위의 사람들보다 월등한 것에는 미치지 못합니다. 사람이 그 재능으로 하늘의 별들의 높이를 가늠하는 기술을 배웠다지만, 천사들이 사람보다 지식에서 얼마나 월등한가를 분간할 수 있는 사람이 과연 누구겠습니까? 그들이 과거 거룩한 천사이던 시절에 지녔던 지식의 많은 부분을, 아니 심지어 그 전부를 상실한 것은 사실입니다. 그리하여 지금 그들이 지닌 하나님 지식은 그 향취가 없어졌고, 또한 그 지식을 자기들의 유익을 위해 사용할 능력도 없어졌습니다. 유다가 악인에 대해 한 말씀이 그들에게도 적용될 수 있을 것입니다. 그들이 본성적으로 아는 것이 있지만 그 지식들을 갖고서 그들은 자신들을 부패하게 만드는 것입니다. 그들은 하나님의 거룩하심을 알지만, 택함 받은 천사들처럼, 또한 처음 창조되었을 때에 그 자신들이 그랬던 것처럼, 그 지식으로 그를 사랑하지는 않습니다. 그러나 그들 자신이 아무리 바보들이라 하더라도, 그들은 이 땅의 성도들이 도무지 감당할 수 없을 만한 예리함을 지니고 있습니다. 하나님께서 우리를 위해 역사하시지 않으면 우리는 도저히 마귀들을 감당할 수가 없는 것입니다.

둘째, 그들은 영들로서 눈에 보이지 않으며, 그들이 다가오는 것도 눈에 보이지 않습니다. 그들이 다가와도 여러분의 눈에는 그 원수가 보이지 않습니다. 사실 그렇기 때문에 무지한 세상이 그를 거의 두려워하지를 않습니다. 그러니 이것이 그의 최대의 강점이 됩니다. 오오, 사람들이 마귀의 환영을 보거나 밤에 스산한 소리를 들으면, "마귀다! 마귀다!"라고 외치며 두려움으로 정신을 잃을 정도가 되어 버립니다. 그러나 사실 그들은 그를 마음에 지니고 있고 하루 종일을 그와 동행하면서도 그를 두려워하지 않습니다. 여러분이 교만한 마음으로 야망에 불타서 명예의 최고봉에까지 기어오르고 있을 때에, 여러분을 그 자리에 있게 만드는 것이 과연 마귀가 아니고 무엇이겠습니까? 음란한 마음이 더럽고 추한 온갖 방식으로 크게 발휘될 때에, 사탄 말고 누가 그런 음란한 생각을 품게 만들었겠습니까? 여러분이 격한 감정에 휩싸여 입으로 끓는 분노와 화를 토해낼 때에, 지옥이 아니면 어디서 그런 불길이 솟아나겠습니까? 여러분이 마치 돼지 떼처럼 절벽을 향해 급히 달려가고 술에 취하여 토해낸 것으로 주위를 어지럽힌다면, 과연 마귀 외에 누가 여러분을 그렇게 만들겠습니까?

셋째, 그들은 영들로서 불멸(不滅)합니다. 다른 원수들에 대해서는 결국 "그들이 네 목숨을 노리고 있다"는 이야기를 들을 수도 있습니다. 요셉이 천사들에게서 헤롯에 대해 들은 것처럼 말입니다. 박해하는 사람들은 한두 번은 무대에 나타납니다. 그리고 죽으면 사라지고 그 모든 궤계들이 종식됩니다. 그러나 마귀는 죽지 않습니다. 여러분이 무덤에 이르기까지 해를 줍니다. 그리고 여러분이 죽어도 저 세상에서 그들이 여러분을 만나고 거기서도 여러분을 정죄하고 고통을 줄 것입니다.

넷째, 그들은 영들로서 그 활동에 지치는 법이 없습니다. 사람들의 경우는 싸움이 끝나면 이긴 자는 자리에 앉아 숨을 고를 시간을 갖게 마련이고, 제때에 적을 뒤쫓지 못하면 추격을 멈출 수밖에 없습니다. 그렇습니다. 어떤 이들은 사람들의 피에 젖고 기진맥진하여 그들의 나라들을 포기해 버리기도 합니다. 자기들이 바라던 대로 뜻을 이룰 수가 없으니 그렇게 하는 것입니다. 디오클레티아누스 황제는 자기가 행한 일이 그저 잔디를 깎은 것에 불과하여 그 잔디가 계속 다시 길게 자라나서 어찌할 수가 없다는 것을 깨닫고 — 테르툴리아누스가 순교한 그리스도인들에 대해 이렇게 표현하였습니다만 — 하는 수 없이 황제의 규를 던지고 그 일을 포기하였습니다. 카를 5세 황제 역시 루터교인들을 박멸할 수가 없어서 같은 이유로 그 일을 포기했다고 합니다. 그러나 마귀의 의지는 절대로 꺾어지지도 않고, 악을 행하다가 지치지도 않습니다. 그는 처음 세상을 이리저리 다니기 시작한 이래로 한 번도 가만히 있은 적이 없습니다. 그러니 만일 마귀보다 무한히 더 능력이 많으신 하나님이 우리 뒤에 계시지 않으신다면, 대체 우리가 어떻게 되겠습니까?

[마귀들의 극한 사악함]

둘째 가르침. 마귀들은 극히 사악한 영들입니다. 이론적으로는 본문에서처럼 악하다고 하며, 또한 죄와 관련하여 탁월하다는 것을 나타내고자 "악한 자"(혹은 "사악한 자")라 불립니다(마 13:19). 하나님만큼 거룩한 자가 아무도 없으므로 그를 가리켜 거룩한 자라 부르는 것처럼, 마귀도 죄에 있어서 그만큼 사악한 자가 없으므로 그를 가리켜 악한 자라 부르는 것입니다. 몇 가지 구체적인 사실들을 통해서 마귀의 죄의 지극함을 살펴보고 사람들이 범하는 죄와 죄인들의 경중의 정도를 살펴보기로 합니다. 거룩함에서 하나님께 가까울수록 더 거룩한 것이요, 마귀와 같을수록 더 악한 것입니다.

구체적인 사실 1. 이 타락한 천사들은 죄를 지어낸 자들입니다. 이들은 최초로 창조자이신 하나님을 대적하여 반역의 나팔을 울린 자들이요, 그 이후 세상을 가득 채운 그 모든 죄를 부추겨 일으킨 장본인들입니다. 그러니 도대체 이 죄의 전모를 어떻게 낱낱이 다 이를 수 있겠습니까? 하나님께서 이를테면 모든 피조물 중에서 가장 높은 지위에 세우신 그 고귀한 존재가, 하나님과 가장 가까이 있고, 하나님의 영화로운 왕권 외에는 모든 것을 다 알게 해주신 자요 하나님의 궁정에서 가장 총애를 받는 자가 아무런 이유도 없이, 누군가에게 사주를 받은 것도 아닌 처지에서 하나님의 왕좌를 탈취하려는 이 대담하고도 신성모독적인 시도를 감행하였으니, 마귀는 사람과 천사들이 생각할 수 있는 것보다 더 검은 존재인 것입니다. 그를 가리켜 "거짓의 아비"라 부릅니다(요 8:44). 어떤 기술을 창안해 낸 자를 그 아버지라 부르는 것처럼 말입니다. "수금과 퉁소를 잡는 모든 자의 조상(아버지)"인 유발은 음악을 창안해 내었습니다. 그런데 마귀의 죄는 끔찍할 정도로 더 무거운 것입니다. 왜냐하면 그들은 다른 존재에게 유혹을 받지 않은 상태에서 홀로 죄를 지었기 때문입니다. 사람은 이처럼 무거운 정도의 죄를 범할 능력이 없습니다만, 사람들 중에는 이런 점에서 마귀의 범죄와 흡사하게 죄를 짓는 이들도 있습니다. 바울은 그런 자들을 가리켜, "악을 도모하는 자"("악을 창안해 내는 자"라는 뜻 — 역주)이라 표현합니다(롬 1:30). 사실 죄는 사람에게 이미 오래된 현상입니다. 그러나 다른 직업과 기술의 경우처럼 유명한 자들이 일어나 다른 이들이 창안해 낸 것에다 다른 새로운 요소들을 가미하여 그 직업과 기술을 이를테면 새로운 것으로 만드는 일이 있습니다만, 이와 마찬가지로 오래된 죄들에 사악함을 더 중하게 가미하여 그 죄들을 새로운 것으로 만드는 악명 높은 자들이 세대마다 있는 법입니다. 부정함은 처음부터 있어온 오랜 죄입니다만, 소돔 사람들은 전혀 새로운 방식으로 더러운 짓을 행하였고, 그리하여 오늘날까지 그 이름이 쓰이고 있습니다(동성애자를 영어로 "sodomite"라고도 부른다 — 역주). 어떤 이들은 새로운 오류들을 창안해 내고, 또 어떤 이들은 자기들 스스로 말을 만들어 새로운 맹세들을 창안해 냅니다. 이들은 케케묵은 방식으로 맹세하는 것을 비웃습니다. 또 어떤 이들은 새로운 박해의 방법들을 만들어 냅니다. 율리아누스(Julian) 황제는 그의 이전의 모든 사람들과는 전혀 다른 자기만의 방법을 만들어 냈습니다. 그리고 세상이 끝날 때까지 각 시대마다 죄를 짓는 정도가 계속 심해질 것입니다. 이스마엘을 비롯하여 옛 세상의 조롱하던 자들은 그저 어린아이에 불과하고 지난 시대의 조롱하는 자들과 잔인한 욕쟁이들은 서툰 자들에 불과해집니다. 그러니 하나님을 자극하여 새로운 형벌을 창안해 내시도록 하지 않으려면, 여러분이 새로운 죄를 창안해 내는 데에 기지를 발휘하지 않도록 조심하여야 할 것입니다. "불의한 자에게는 환난이 아니겠느냐? 행악자에게는 불행이 아니겠느냐?"(욥 31:3). 소돔이 새로운 방식으로 죄

를 범하였으니, 하나님께서도 새로운 방식으로 — 위로부터 그들에게 지옥을 보
내시는 방식으로 — 그들을 멸하셨습니다. 어떤 이들은 새로운 생각과 기괴한 오
류들을 창안해 내었고, 하나님께서는 그들의 기괴한 오류에 어울리게 그들의 몸
에 기괴한 것들을 타고나게 만들기도 하셨습니다.

　구체적인 사실 2. 그들은 죄를 창안해 낸 자들일 뿐 아니라, 여전히 세상에서 주
요하게 활동하는 유혹자들이요 죄를 조장하는 자들입니다. 그러므로 그들을 가리
켜 헬라어로 '호 페이라존'(ὁ πειράζων), 즉 "유혹하는 자", 혹은 "미혹하는 자"라
부르며, 누가 죄를 범하든 간에 그 죄를 가리켜 "마귀의 일"이라 부릅니다(요일
3:8). 주인이 일꾼들의 손을 이용하여 집을 지어도, 그 집이 그 주인의 이름을 지니
고 있듯이 말입니다. 그러므로 죄를 짓도록 다른 이들을 부추기는 일이 없도록 조
심하여야 합니다. 그렇게 하면 여러분이 몸소 마귀의 일을 그의 손에서 빼앗는 것
이 됩니다. 마귀가 원하여 죄를 짓도록 사람들을 부추기는 것은 어쩔 수 없습니다.
그러나 여러분 자신이 그처럼 되어서는 안 되는 것입니다. 다른 이들을 미혹하여
죄를 범하게 하는 것은 여러분 스스로 죄를 범하는 것보다 더 악한 짓입니다. 이는
그 사람의 속에서 죄가 크게 자라나 그가 그것을 알면서도 의도적으로 죄를 행하
게 되었음을 말해 줍니다. 초목이나 꽃들은 다 자라나 익기 전에는 씨앗을 흘리지
않고, 생물들은 다 자라기 전에는 번식하지 않습니다. 다른 이들을 미혹시키는 이
자들은 자기들의 악한 생각과 행위들을 확산시키며, 이를테면 마귀를 위하여 씨
앗을 뿌려서 세상에서 그 지옥의 아비의 이름이 널리 유지되도록 하는 것이 아니
고 무엇이겠습니까? 그러니 그들 속에서 죄가 강력하게 역사하고 있는 것입니다.
많은 이들이 비록 자기들 스스로는 술에 취하거나 마구 맹세할 만큼 자기 영혼에
게 잔인하게 대해도, 자기의 자식이나 종은 그렇게 되지 않기를 바랍니다. 그러니
자기 자식들에게 마귀처럼 맹세하고 거짓말하고 술 취하고 간음을 행하도록 가르
치는 자가 있다면 그런 사람은 인간의 탈을 쓴 마귀가 아니고 무엇이겠습니까? 그
런 사람을 만나면 두려워하지 말고 그를 마귀의 자식이라 부르십시오. 엘루마가
총독을 그릇 회유하자 바울은 그를 가리켜 "모든 거짓과 악행이 가득한 자요 마귀
의 자식이요 모든 의의 원수"라고 불렀습니다(행 13:10). 오오 여러분, 다른 사람
을 미혹하는 것이 대체 무슨 짓인지 아십니까? 제가 말씀드리겠습니다. 그것은 저
지르고 난 다음 회개한다고 해서 해결될 수 있는 일이 아닙니다. 오류의 독을 한
사람에게 주입하는 것이요, 한 사람을 마귀의 학교에 입학시키는 짓입니다. 그러

니 뒤늦게 잘못을 깨닫고 그 오류와 그 어리석음을 버린다 해서 문제가 해결되는 것은 아닙니다. 과연 나중에 잘못된 것을 바로잡고 그 사람들을 다시 돌아오게 할 수 있겠습니까? 오오 가련한 자여, 이 일은 여러분의 능력 밖의 일입니다. 어떤 사람이 전에는 교황주의를 버리라고 설득했다가 이제는 돌이켜 다시 교황주의로 돌아갈 것을 종용한다면, 그런 자에게 여러분은 아마도 이렇게 말할 것입니다: "전에 한 이야기를 뒤집으니, 다시는 그대의 말을 듣지 않으리라." 여러분 때문에 어떤 사람이 지옥 길로 향하고 있는데, 뒤늦게 그것을 깨닫고 그 사람을 돌이키려 하나 도무지 그가 돌아오지 않고 있다면 여러분의 마음이 얼마나 아프겠습니까? 아마 라멕처럼 부르짖을지도 모릅니다: "나의 상처로 말미암아 내가 사람을 죽였고 나의 상함으로 말미암아 소년을 죽였도다"(창 4:23). 아니, 여러분이 무덤에서 이미 잠들어 있을 때에, 여러분으로 말미암아 미혹 받았던 사람이 다른 이들을 미혹하며 또한 그것을 추천한 자로서 여러분의 이름이 거론될 수도 있을 것입니다. 그렇게 되면, 물론 의미는 좀 다르지만, 아벨이 죽었으나 말하는 것과 같을 것입니다. 여러분이 죽었으나 대대로 살아 있는 다른 사람들 속에서 계속 죄를 범하게 될 수도 있는 것입니다. 한 사람의 오류로 인하여 작은 불길 하나가 지펴지면, 그것을 끄는 데에는 오랜 동안의 각고의 세월이 소요됩니다. 그리고 이제 꺼졌다고 생각하면, 곧 다시 불길이 피어오르는 것입니다.

　　구체적인 사실 3. 그들은 그냥 악한 것이 아니라 그 악한 것에 극한 악의가 있습니다. 마귀는 '호 페네로스'(ὁ πονερός), 즉 "악한 자"라는 이름을 갖고 있는데, 이는 곧 그의 극한 악의 — 다른 이들을 괴롭히고 해치려는 열정 — 를 나타내 줍니다. 마귀가 영혼들을 죄로 유인하지만 그것은 그렇게 함으로써 자신이 무슨 유익을 얻기 때문이 아닙니다. 죄에게서 무슨 기쁨이나 평화를 갖기에는 그는 너무나 많은 빛을 받고 있습니다. 그는 자신의 최종 운명을 알고 있습니다. 그리고 그것을 생각하며 두려워 떱니다. 그러나 그러면서도 자신의 악의로 가득한 본성 때문에 영혼을 멸망에 빠뜨리려는 격렬한 열정을 갖고서 그 일을 전력을 다하여 행하는 것입니다. 미친 개가 날뛰며 양 떼를 뒤쫓아가서 한 마리씩 물어 죽이는 경우도 있습니다만, 양이 죽어도 그 개는 그 고기를 먹을 수가 없습니다. 그냥 죽이는 일 자체를 위해 죽이는 것입니다. 이와 마찬가지로 사탄도 사람을 향하여, 특히 성도들을 향하여, 할 수만 있다면 그리스도의 양 떼 중 한 사람도 살려두지 않을 심사로 끝없이 휘몰아치는 것입니다. 하나님을 향한 사탄의 악의가 어느 정도인지, 하나님을 완전한 미움으로 미워합니다. 그런데 하나님께 나아가 직접 주먹을 날릴 수가 없으므로 그의 성도들을 공격하여 간접적으로 하나님을 공격합니다. 그 악한 팔이 하나님에게는 다가갈 수 없으니 땅 위의 이 훌륭한 성도들을 향해 뻗어오는 것입니다. 하나님의 생명이 어떤 식으로든 그들의 생명과 연관되어 있다는 것을 잘 알고서 그리하는 것입니다. 하나님은 그의 존귀가 없이는 사실 수 없습니다. 그리고 그의 긍휼하심이 높임을 받거나 조롱을 당하는 데에 따라서 그의 존귀도 똑같이 높임을 받거나 조롱을 당하게 됩니다. 이것이 하나님께서 사람들의 구원에서 그렇게 높이 드러내시기를 바라시는 속성이므로, 사탄이 다른 무엇보다 이것을 해치려 하는 것입니다. 그러므로 이 악한 영들에 대해 말할 수 있는 최악의 사실은 그들이 악의로 하나님을 공격하며 하나님의 긍휼하심의 영광을 해치려 한다는 것입니다.

[적용]

첫째 적용. 이로써 우리는 사람의 본성의 절박한 사악함의 실상을 더 충실하게 볼 수가 있습니다. 사람의 본성의 실상은 알기가 어렵습니다. 절대로 한꺼번에 다 볼 수가 없기 때문입니다. 그것은 하나의 원천(源泉)이어서, 그 광대함이 실질적인 죄의 흐름이 아니라 — 실질적인 죄는 눈에 보이며 또한 아주 작아 보입니다 — 끊임없이 공급하여 그 흐름을 계속 유지시켜 주는 샘에 있습니다. 하지만 우리 마음의 진정한 본 모습을 보게 해 주는 안경이 여기에 있습니다. 마귀 속에 있는 악함의 그 엄청난 기울기와 높이가 보이십니까? 그런데 그 모든 것이 각 사람의 마음속에 있습니다. 이 땅에서 가장 순한 죄인에게 있는 가능한 악이 마귀들 자신들에게 있는 것보다 결코 덜하지 않습니다. 그러므로 하나님께서 그의 새롭게 하시는 은혜로 사전에 방지하지 않으시면, 여러분이 누구든 간에 언젠가는 여러분에게서 그것이 드러나게 될 것입니다. 여러분이 아직은 깃털이 다 자란 상태가 아니고, 날아오르는 용이 되기에는 여러분의 날개도 아직 다 자라지 못했습니다. 그러나 여러분은 한 부류입니다. 이 뱀의 씨가 여러분 속에 있습니다. 마귀는 자기와 같은 자식을 낳는 법이니 말입니다. 여러분은 아직 죄가 완전히 무르익기에 적절한 땅에 서 있지는 않습니다. 지옥으로 옮겨지고 난 후에야 비로소 그 충만한 상태에 이르게 될 것입니다. 여러분이 여기서는 몇 가지 죄에 대해 부끄러워 얼굴이 붉어지고 다른 이들의 악행을 두려움으로 참을 정도로 소녀처럼 온순하지만, 거기에 가서 여러분의 처지가 마귀의 처지처럼 절박한 것을 보게 되면, 온갖 신성모독의 말을 내뱉는 등 마귀와 똑같은 악행으로 여러분의 본색을 드러낼 것입니다. 인도 사람들은 그들이 죽으면 일그러진 마귀의 모양으로 변형된다는 생각을 갖고 있어서, 그들의 언어에서는 죽은 사람과 마귀가 같은 단어로 표현됩니다. 죽기 전에도 이미 죄로 인하여 악인이 마귀를 닮았지만, 죽게 되면 과연 그들의 모습이 더욱 완전하게 그를 닮게 됩니다. 이 땅에서는 색칠을 하여 그 본색을 가리고 있으나, 죽게 되면 그것이 다 불길에 사라져 버리기 때문입니다. 성도들은 천국에서 기민함, 사랑, 하나님을 섬기는 변함없는 모습 등에서 천사들과 같아질 것이고, 정죄받은 자들은 죄와 형벌에서 마귀와 같을 것입니다. 이 한 가지 점만으로도 죄인을 낮추어 절대로 자기 자신을 높게 생각할 수 없게 만들 수 있을 것입니다. 악한 삶을 사는 사람을 낮추고 그의 행동이 악하다는 것을 그에게 납득시키고 그로 하여금 자신의 행실이 악하다는 것을 고백하게 만들기는 쉽습니다. 하지만 어느새 그가 숲속으로 들어가서 그를 놓치게 됩니다. 그는 이렇게 말할 것입니다. "그래, 옳다. 내가 하지 말아야 할 일을 하고 있으니, 하나님 나를 용서하옵소서. 하지만 내 마음은 선하다." 죄인이여, 그대의 마음이 선합니까? 그렇다면 마귀의 마음도 마찬가지입니다. 마귀의 본성이 악하며, 그대의 본성 또한 그와 똑같이 악합니다. 그대의 얼굴의 뾰루지들이 부패한 본성의 열기가 그대의 속에서 솟아나고 있음을 보여줍니다. 그러니 복음의 치료약, 곧 그리스도의 피가 그대에게 뿌려지지 않으면 그대는 나병환자로 죽을 수밖에 없습니다. 그리스도 이외에는 그대에게 새 마음을 줄 자가 없습니다. 그리고 새 마음을 얻기까지 그대는 날마다 더욱 악해질 수밖에 없습니다. 죄는 나이가 들수록 더욱 심해지는 일종의 유전병과도 같습니다. 어린 죄인이 자라 늙은 마귀가 되는 것입니다.

둘째 적용. 또한 이는 성도들에게도 유용합니다. 특히 하나님께서 때에 맞게 부르셔서 그의 속에서 마귀의 소굴을 미리 제압하신 이들에게는 더욱 그렇습니다. 때로는 죄가 청년의 죄악들로 표출되기 전에 미리 하나님의 성령께서 어려서부터 그런 죄를 취해 가기도 하시니 말입니다. 그런데, 그런 사람은 다른 사람들이 흔히 범하는 그런 노골적인 죄를 범하지 않습니다. 그러니 자기 자신의 죄도, 혹은 하나님의 긍휼하심도 잘 가슴에 와 닿지 않을 수도 있습니다. 오오, 그런 사람은 여기 마귀의 본성의 거울 속에서 자기 자신의 마음의 사악함을 보아야 합니다. 그렇게 되면 자기 자신이 므낫세 혹은 지극히 악한 죄인만큼 하나님의 긍휼하심에 빚진 자임을 깨닫게 될 것입니다. 자신의 허물을 용서하셨거니와 그 저주받은 본성이 발휘되지 않게 막아서 피비린내 나는 죄들을 범하여 하나님의 진노의 불길을 자초하는 일이 없도록 하셨으니 말입니다. 여러분이 극심한 죄악들을 행하지 않았다는 것은 하나님의 은혜로우신 역사하심 덕분이지 여러분의 본성이 선하기 때문이 아닙니다. 여러분의 본성에는 마귀의 도장이 찍혀 있어서 하나님께서는 그것 때문에라도 여러분을 깨뜨려 버리실 수도 있었습니다. 마치 새끼 뱀을 보면 그것들이 후에 자라서 우리를 물게 될 것을 알기 때문에 그것들을 잡아 죽이듯이 말입니다. 의회가 터져 산산조각 나지 않았기 때문에 포크스(Fawkes)가 부당한 일을 당한 것이라고 말할 자가 누구겠습니까? 그 대량 살육을 위한 재료들이 그에게 제공되었고, 그가 도화선과 화약을 지참한 채 그리로 보내졌으니 당연히 폭발이 일어나게 되어 있었다는 말입니다. 하나님께서 처음 여러분을 사로잡으셨을 때에 그 반역의 무기들, 곧 하나님을 향한 적개심으로 가득 채워진 그런 본성이, 아직은 폭발되지 않은 화약처럼 여러분 가슴속에 가만히 있지만 때가 되면 그 본색을 드러내어 폭발을 일으키게 될 그런 죄악된 본성이 여러분에게 없었다고 말할 수 있겠습니까? 오오 그리스도인 여러분, 이것을 생각하시고, 여러분의 그 사악한 본성으로 인하여 스스로 겸비하시기를 바랍니다. 그리고 이렇게 말씀하십시오. "하나님이 그처럼 적절한 시기에 — 여러분의 본성이 하나님과 그의 법들을 대적하여 싸움을 일으키기밖에 하지 않았을 그 때에 — 마치 아비가일을 다윗에게 보내신 것처럼 그의 성령과 은혜를 여러분에게 보내셨으니 그를 찬송할지로다"라고 말입니다.

셋째 적용. 또한, 마귀들이 하나님 자신을 대적하여 그렇게도 악하게 날뜁니까? 오오 여러분, 죄에 대해 올바른 생각을 가지십시오. 그러면 죄를 미워하게 될 것입니다. 우리가 그토록 쉽게 죄에 휩쓸리는 이유는 사람을 죄에게로 끌어가고자 하는 그의 밑바닥의 궤계를 우리가 깨닫지 못하기 때문입니다. 군대와 함께 전쟁을 하는 것처럼 사람들과 함께 죄를 범하는 것입니다. 대장들이 북을 울려 자원자들을 구하면서 그들에게 마땅한 값과 전리품을 약속합니다. 그러면 이것을 믿고 병사들이 앞다투어 나아옵니다. 하지만 어째서 전쟁을 하는지, 누구와 전쟁을 하는지, 무엇을 위해서 전쟁을 하는지를 생각하는 사람은 거의 없습니다. 사탄도 죄를 범하도록 사람들을 미혹하면서 자기를 섬기는 자에게 황금 같은 약속들을 제시합니다. 그러면 어리석은 심령들이 여기에 빠집니다. 하지만, "내가 누구를 상대하여 죄를 짓는가?" "나를 죄에게로 이끄는 마귀의 목적은 무엇일까?" 같은 질문을 하는 이들은 거의 없습니다. 마귀가 여러분이 즐거움을 누리고 이득을 얻기를 바라서 여러분으로 하여금 죄를 범하도록 유도한다고 생각하십니까? 안타깝게도, 마귀는 그보다 훨씬 더한 계략을 갖고 있습니다. 마귀는 배도하면서 하나님을 상대로 전쟁을 선포했습니다. 그러니 여러분을 이끌어 죄를 범하게 함으로써 자신의 입장을 비호하게 만들고, 그리하여 자기의 교만과 정욕을 변호하게 하여 여러분의 영혼의 생명을 위험에 빠뜨리고자 하는 것입니다. 위대한 터키 왕이 자기의 종들이 떼를 지어 죽어나가는데도 전혀 아랑곳하지 않고 성을 함락시키고자 하는 자신의 계획을 계속 밀고 나가는 것처럼, 마귀는 여러분의 영혼이 정죄를 받든 말든 전혀 괘념치 않습니다. 그런데도 하나님을 대적하는 마귀의 싸움에 가담하여 감히 싸움터로 나아가렵니까? 오오 땅이여, 주의 임재 앞에 떨지어다. 이 무자비한 요압은 절대로 아무도 살아 돌아오지 못하는 싸움터에 여러분을 몰아넣는 것입니다. 오오 여러분, 하나님의 총알들이 날아드는 곳에 서지 말기를 바랍니다. 여러분의 무기들을 내던지십시오. 그렇지 않으면 여러분은 죽습니다. 다른 사람들이 어떻게 처신하든, 성도 여러분, 의도적으로 죄를 범할 생각일랑 끔찍스럽게 혐오하여야 합니다. 죄를 범하게 되면 여러분이 결국 하나님을 대적하여 싸우는 마귀를 돕는 꼴이 되는 것입니다. 자녀가 무기를 들어 자기 아버지를 겨누는 것처럼 어색한 것이 또 어디 있겠습니까?

[영적인 악으로 그리스도인을 더럽히기 위한 사탄의 계략]

셋째 가르침. 이 악한 영들은 주로 영적인 사악함으로 성도들을 성가시게 하고 미혹합니다. 죄는 두 가지 면에서 영적이라고 말할 수 있을 것입니다. 첫째로, 죄들을 행하는 주체(the subject)와 관련해서도 그렇고, 둘째로, 죄들이 관계되는 대상(the object)과 관련해서도 그렇습니다.

죄가 영적인 성격을 띠는 첫째 면 ―죄들을 행하는 주체

죄는 그것을 행하는 주체로 인하여 영적인 성격을 지닌다 할 것입니다. 영혼 혹은 마음이 죄가 행해지는 무대가 될 때에 이것은 영적인 죄이니, 곧 모든 불순한 생각, 악한 정서와 욕망들이 그것입니다. 그 대상은 육체적인 정욕이지만, 그대로 영적인 죄입니다. 왜냐하면 그것이 순전히 영혼과 마음의 행위이며 겉모양으로 드러나지 않기 때문입니다.

[그것들은 마음의 죄들임]

사탄은 할 수 있는 대로 그리스도인을 부추겨 마음의 죄를 짓게 하도록 애를 씁니다. 그리스도인의 가슴속에 이러한 내적인 죄의 움직임을 심어 놓습니다. 그러므로 사탄은 이것들이 없으면 아무 일도 행하지 못하는 것입니다. 이를테면 그것들이 새끼 마귀들이 되어 그리스도인을 혼란에 빠뜨립니다. 한 가지 움직임 혹은 다른 화살이 그리스도인을 가로막습니다. 그리하여 바울은 자기 자신에 대해, "선을 행하기 원하는 나에게 악이 함께 있는 것이로다"라고 말씀하는 것입니다. 이것들이 중간에 가로막을 때마다 뒤로 돌이킨다면, 그리스도인은 절대로 천국을 향한 여정을 계속할 수가 없습니다. 이제 마귀의 군대가 깨어졌고 그의 호령하는 권능도 사라졌으니, 마귀가 하나님의 자녀들을 상대로 벌일 수 있는 주된 게임은 이것밖에는 없습니다. 곧, 자신의 요새에 웅크리고 있던 그가 거기서 나와 이런 악한 제안들을 갖고서 그리스도인들의 뒤통수를 치는 것입니다. 그리스도인의 영혼이 과거 자신의 종 되었을 때처럼 자신을 신임하지 않는다는 것을 그는 잘 알고 있습니다. 과거 그때에는 아무리 고되고 힘들며 또한 비열한 일도 그의 명령이 주어지면 실행하였습니다. 하지만 지금은 영혼이 그의 종살이에서 벗어나 있으니, 다른 이의 종을 마치 자기 종처럼 여기고 그에게 명령하는 따위의 일은 생각조차 해서는 안 됩니다. 아닙니다. 그가 할 수 있는 일은 가장 적합한 때를, 곧 그리스도인이 가장 덜 의심할 때를, 노리는 것밖에는 없습니다. 그리고 그 때가 오면 무언가 죄악된 생각을 멋지게 포장하여 그 영혼의 눈 앞에 제시하는 것입니다. 그렇게 하여 그리스도인이 자기도 모르는 사이에 이 개구쟁이 같은 것을 덥석 받아들고 생각으로 그것을 갖고 장난을 치고 놀게 만들고, 결국 그것을 얼싸안고 자기 것으로 만들게 만드는 것입니다. 그는 이것이 그 영혼을 더럽힐 것을 잘 알고 있습니다. 그리고 이 개구쟁이 같은 죄악된 생각이 창문가로 가서 더 큰 도둑이 들어오도록 문을 열게 될 수도 있는 것입니다. 혹은 그렇게까지 성공하지는 못하더라도, 이 마음의 죄악에 대한 죄책감이 — 그렇습니다. 이는 은혜를 입은 마음에 안타까운 고뇌를 갖게 만듭니다. 은혜는 그 본질이 순결하여 더러운 모든 것과는 상극이니 말입니다 ─ 그 영혼을 따라다녀서 마치 산 사람이 썩은 냄새가 나는 시체와 함께 사슬에 매여 있어서 어디로 가든 그 시체를 끌고 다닐 수밖에 없는 것처럼 될 것입니다. 그리고 그리스도를 향한 그의 사랑이 지극하므로, 그의 사랑하는 그리스도를 그토록 대적하며 더럽히는 그런 죄악된 생각들이 자신에게 있다는 것이 너무나도 놀랍고 두려워 견딜 수가 없습니다. 그렇기 때문에 사탄은 영혼의 죄악된 부분을 파헤치기를 그렇게 바라는 것입니다. 마치 더러운 쓰레기더미를 뒤적거려 놓아서 거기서 더러운 물이 흘러나와 역겨움을 갖게 만드는 것처럼 말입니다.

[적용]

   첫째 적용. 이로써 여러분의 영적인 상태를 시험해 보기 바랍니다. 사탄이 이 악한 영적인 생각들을 갖고서 나아와 그것들을 여러분에게 심어 주려고 할 때에 여러분은 어떻게 합니까? 여러분의 심령의 더러운 것을 제거하여 여러분의 손을 깨끗하게 할 수 있습니까? 아니면 이 마음의 죄들을 상대로 씨름합니까? 저는 그 악한 손님들이 여러분의 문간에 나아오는지를 묻는 것이 아닙니다. 악인의 가슴속에 거룩한 생각들이 있어서 그들을 자극하는 경우도 있듯이, 지극히 악한 죄들도 그리스도인의 문간을 스쳐 지나가기도 하고 문안을 들여다보기도 하는 법이니 말입니다. 제가 묻는 것은 여러분의 마음이 이 손님들을 맞아들이고 환영하는가 하는 것입니다. 요지는 이렇습니다. 여러분이 그 악한 손님들과 함께 거리를 활보하는 모습을 남에게 보이고 싶지는 않습니다. 창녀와 손을 맞잡고 마을을 돌아다니려 하지 않는 것처럼 말입니다. 그리고 무작정 이웃의 집에 들어가 살인을 저지르거나 재물을 강탈하려는 생각도 없습니다. 하지만 여러분 자신의 집 안에서, 여러분의 영혼의 은밀한 곳에서는 얼마든지 부정한 정욕을 생각에 품고 그 정욕과 함께 마음으로 어리석은 짓을 범할 수 있지 않습니까? 이웃을 여러분의 소굴로 불러들여 거기서 악의로, 마음으로 그를 갈가리 찢고서, 여러분의 마음으로 살인이다! 살인이다라고 외칠 수도 있지 않습니까? 요컨대, 여러분의 마음속에 어느 한 가지 죄를 숨기고서 말씀과 성령께서 그 죄를 찾을 때에 그 목숨을 구해 줄 수도 있지 않겠습니까? 마치 라합이 정탐꾼들을 숨겨놓고서 그를 찾는 여리고 왕의 사자들에게 그들이 다른 곳으로 가버린 것처럼 이야기하여 돌려보낸 것처럼 말입니다. 어쩌면 여러분이 그 죄들을 오래 전에 보내 버린 것처럼, "그 음행자, 그 살인자는

여기 없소!'라고 말할 수도 있을 것입니다. 그리고 그동안 줄곧 여러분의 심령 속
에 그 죄들을 꼭꼭 감추고 애지중지할 수도 있는 것입니다. 이것을 알아야 합니다.
그렇지 않으면 날이 이르러 이를 알게 될 것이요 결국 큰 대가를 치르게 될 것입니
다. 하나님의 생명이나 그리스도의 사랑이 조금이라도 여러분의 가슴속에 있다
면, 여러분의 심령 속에서 그 악한 죄들이 움직이는 것을 막을 수는 없다 할지라
도, 그것들을 감추어두고 그것들을 가슴속에서 키우고 자라게 하지는 않을 것입
니다. 그리고 힘이 모자라 그것들에 압도될 때에, 이 영혼을 파괴하는 존재들을 물
리치도록 하늘의 도우심을 구하려 할 것입니다.

둘째 적용. 오오 성도 여러분, 이 악한 영적인 것들을 맹렬히 대적하며 그것들을
상대로 씨름함으로써 하나님을 향한 여러분의 충성을 보여주기를 바랍니다.

생각할 거리 1. 그리스도인 여러분, 마음의 죄도 다른 죄와 똑같이 죄입니다. "미
련한 자의 생각은 죄요"(잠 24:9). 천한 육체 속에 있는 수은(水銀)이나 증류된 물
속에 있는 수은이나 모두 독입니다. 부정함이나 탐심이나 살인은 외형적인 행동
으로 나타나는 경우나 마음속에 있는 경우나 상관없이 다 악한 것입니다. 지옥에
속한 곳은 그 하나하나가 다 지옥인 것입니다.

생각할 거리 2. 여러분의 영혼은 성령의 좌소(座所)입니다. 성령께서는 마음 전
체를 그의 거처로 취하십니다. 그런데 그의 집이 그의 머리를 밀어내는 것을 보게
되면 그는 거기서 떠나시게 됩니다. 성령께서 함께 계시는 것이 괴롭지 않은 이상
여러분의 성령을 더럽히지 마십시오.

생각할 거리 3. 사람이 손으로나 외형적으로 범하는 죄보다 마음으로 범하는 죄
가 더욱 악할 수도 있습니다. 마음과 심령이 많이 분출될수록 죄악된 행위가 더욱
악해집니다. 마음속으로 타락하는 것은 그저 타락하는 것 이상입니다. 유혹을 받
아 다시 죄에 빠지는 것 때문에 괴로워할 때에, 자신의 발은 다시 미끄러지지만 그
의 마음은 다시 미끄러지지 않고 하늘과 그리스도를 동시에 바라본다면, 이는 가
련한 영혼에게 위로가 됩니다. 그러니 마음으로 잘못을 범하는 것이 머릿속에 잘
못을 품고 있는 것보다 더 악한 법입니다. 그러므로 하나님께서는 다음과 같이 이
스라엘의 죄를 더욱 무거운 것으로 선포하십니다: "그들이 항상 마음이 미혹되어
내 길을 알지 못하는도다"(히 3:10). 그들의 마음이 그들을 오류에 빠뜨렸고 그리
하여 그들이 우상 숭배를 좋아하게 되었습니다. 그리고 곧 그들이 가장 좋아하는
그것을 믿게 되었습니다. 그러나 반대로, 마음과 심령이 거룩한 일에 가 있을수록,

비록 외형적인 표현상으로는 다른 이들에게 못 미친다 할지라도 거기에 진정 선한 것이 더욱 있게 됩니다. 그리스도께서 친히 판단하실 때에 과부의 동전 두 닢이 다른 모든 이들의 헌물보다 뛰어난 것이었습니다. 그러므로 죄에 있어서도 사람이 보기에는 생각이나 감정으로 저지르는 내적인 죄의 행위가 겉으로 드러나는 행위보다 가볍게 보이지만, 하나님 보시기에는 오히려 그보다 훨씬 더 무거운 것이라고 추정할 수도 있는 것입니다. 베드로는 마술사 시몬의 죄를 악한 생각에 있는 것으로 간주했습니다. 마음에 품은 것이 말로 드러난 것이라고 본 것입니다. 그리하여 그에게 이렇게 말씀하였습니다: "주께 기도하라 혹 마음에 품은 것을 사하여 주시리라"(행 8:22). 사울은 모든 것을 진멸하라는 명령을 받고도 아각을 살려두었고 양과 소 떼 중 가장 좋은 것들을 남겨 두는 죄를 범하였습니다. 이 죄는 다윗의 간음과 살인에 비하면 훨씬 가벼운 죄였습니다. 그러나 사울의 죄는 다윗의 죄보다 훨씬 더 큰 것으로서 심지어 점치는 것과 동일한 것이었습니다(삼상 15:23). 그리고 자신의 죄를 교묘히 위장하려 한 것이 그의 마음에서 나온 것이 아니고 무엇입니까? 그러니 그의 죄는 다윗이 가장 깊은 유혹을 받고서 범한 것보다 오히려 더 악한 것이었습니다.

생각할 거리 4. 사탄이 여러분의 심령 속에 들어와 더럽힌다면, 그런 상태에서 벗어나는 것이 얼마나 어려울지를 생각하십시오. 여러분이 이미 그의 따뜻한 국물을 맛보았으니, 십중팔구는 결국 자리에 앉아 그것을 다 먹게 될 것입니다. 이미 맛을 보아 입안이 다 오염되어 버렸을 테니 말입니다. 그렇게 즐기며 마음이 정욕에 대한 생각으로 뜨거워 있는 동안 불길이 일어나 여러분의 입술을 태우거나 아니면 그보다 더 나쁜 일이 일어나지 않는다면 오히려 이상한 일일 것입니다.

[이런 유의 사탄의 유혹들을 대적하는 데 유용한 도움들]

질문. 이런 유의 사탄의 유혹들을 대적하고자 할 때에 과연 우리를 도울 수 있는 것이 무엇일까요?

답변. 이런 질문을 하는 것을 보니 그리스도인이라 생각됩니다만, 마음으로 진정 이런 질문을 한다면, 그대는 과연 그리스도인일 것입니다. 그리스도인 외에 과연 이런 질문에 대한 답을 진지하게 원할 자가 어디 있겠습니까? 육신적인 사람도 그런 유혹에서 구원받기를 구하기도 하겠지만, 그런 사람은 자신의 기도가 응답되는 것을 원치 않을 것입니다. 아우구스티누스가 스스로 고백한 것처럼, "아직은 괜찮습니다, 주님"이라고 마음으로 외칠 것입니다. 자녀들이 우리 몸의 소산이듯이 죄는 과연 영혼의 소산입니다. 그러니 우리 눈에 아주 좋게 보이는 법입니다. 아니 더 나아가 죄인은 죄를 살려두려고 아들을 죽일 수도 있습니다(미 6:7). 그리고 죄 중에서도 이 마음의 죄만큼 애착이 가는 것이 없는 법입니다.

1. 그것들은 죄악된 마음의 첫 소산이며, 따라서 영혼의 가장 큰 힘이 그것들에게 드리워져 있기 때문입니다.

2. 외형적인 행위보다는 마음이 행동 범위가 넓기 때문입니다. 교만한 사람이라도 키가 작으면 자기가 하고픈 만큼 세상에서 자랑하고 남들에게 뽐낼 수가 없습니다. 그러나 마음속으로는 얼마든지 무대를 세워놓고 자기가 하고픈 만큼 자신을 멋진 왕자로 그 위에 올려놓을 수가 있습니다. 악의가 가득한 사람은 마음으로 몇 분 안에 자기가 죽이고 싶은 사람을 다 죽일 수 있습니다. 마치 천사가 산헤립의 수많은 군대를 하룻밤 새에 전멸시킨 것처럼 말입니다. 네로 황제는 단번에 로마의 수많은 사람들을 죽일 수 있었습니다.

3. 다른 죄들이 마음을 떠날 때에도 이 죄들은 그대로 심령에 남아 있습니다. 죄인이 알코올 중독과 온갖 더러움으로 자기 몸을 망쳐서 폐인이 되어 지금까지 해오던 방식으로는 더 이상 마귀의 진영을 좇아갈 수 없게 되면, 이 저주받은 정욕들은 과거에 행한 못된 장난질과 쾌락거리들에 대한 이야기들로 그 사람을 즐겁게 해줍니다. 한 마디로 말해서, 이 내적인 마음의 정욕들을 소멸시킬 수 있는 것은 오로지 하나님을 향한 양심밖에는 없습니다. 다른 외형적인 죄들은 죄인으로 하여금 사람들 앞에서 수치를 당하게 만듭니다. 그러므로 마치 그리스도를 믿는 사람이 사람들의 칭찬을 좋아하여 감히 그리스도를 공개적으로 고백하지 못하는 것처럼, 죄인들도 자기들의 명예에 금이 갈까 두려워 자기들의 정욕을 공개적으로 드러내지 않는 것입니다. 그런데 그들이 하늘이 보고 있다는 것을 잊어버리고 있거나 혹은 하늘이 자기에게 해를 줄 수 있다는 것을 스스로 납득하지 않거나 하면, 아무런 두려움이 없습니다. 지평선이 화창해 보입니다. 그러니 마음껏 악을 행할 수 있고, 그리하여 마음속의 죄악들이 감싸지고 포용되는 것입니다. 그러므로 여러분의 마음이 이런 것들을 저항하고 있다면, 위험을 무릅쓰고라도 저는 여러분을 그리스도인이라 부르고 싶습니다. 그리고 이런 죄에 대해 저항할 도움을 얻기 위해서 다음과 같은 일을 추구하십시오.

첫째 도움. 기도에서 진지하게 하나님과 대면하시고, 여러분의 마음의 생각과

욕망을 그것으로 정리하십시오. 혀도 제어하기가 그렇게 힘든 것이라면, 하물며
마음이야 어떻겠습니까? 마치 벌집에서 벌들이 날아오고 용광로에서 불똥이 튀어
나오듯이 온갖 무수한 생각들이 거기서 나오니 말입니다. 하나님의 도우심이 없
이는 어느 누구도, 아무리 거룩한 사람도, 마음을 제어할 수가 없는 것입니다. 그
러므로 다윗은 이 점에서 하나님의 도우심을 위하여 그렇게 자주 부르짖은 것을
봅니다. 거룩한 다윗은 자신의 마음이 자기의 기술이나 능력 밖에 있음을 알고 있
었던 것이 틀림없습니다. 그리하여 그는 그렇게 자주 하나님께 나아갔던 것입니
다. 하나님께서는 그의 자녀들의 발걸음을 지키시겠다고 약속하셨습니다. 그러나
하나님께서는 그들이 과연 자기에게 마음을 드리는지를 보시는 것입니다. "너의
행사를 여호와께 맡기라 그리하면 네 생각들이 견고히 세워지리라"(잠 16:3. 한글
개역개정판은 "네가 경영하는 것이 이루어지리라" — 역주). 신앙의 규례를 향하여 얼굴을
돌리고 있습니까? 거기서 반드시 사탄을 만나게 될 것입니다. 사탄이 온갖 세상적
인 생각들로 여러분을 어지럽혀서 모든 것을 망가뜨리려 할 것입니다. 여러분이
어디로 향하고 있는지, 여러분이 두려워하는 것이 무엇인지를 입술로 하나님께
알려드리십시오. 하나님의 역사하심 아래 있을 때만큼 영혼이 질서정연하게 전진
하는 때가 없는 것입니다.

　둘째 도움. 여러분의 외적인 감각 기관들을 강력하게 경계하십시오. 그것들이
야말로 사탄이 날아와 앉는 자리들입니다. 그 중에서도 특히 눈과 귀가 그렇습니
다. 그 기관들로 받아들이는 것들을 조심하십시오. 허망한 대화는 마음이 무언가
자국을 남기지 않고 지나가는 경우가 거의 없습니다. 공기가 깨끗하지 못하면 신
선한 것들이 부패하는 경향이 있듯이, 불건전한 대화는 순결한 정신을 부패시키
는 것입니다. 그러므로 깨끗한 공기 속에서 숨쉬기를 힘쓰기 바랍니다. 그리고 눈
을 이리저리 돌리지 마십시오. 허황된 것들을 보게 되면 허황된 생각이 드는 법입
니다. 욥은 눈과 마음의 생각이 나란히 나아간다는 것을 알았습니다. 그리하여 생
각을 지키고자 눈과 약속하는 것입니다(욥 31:1).

　셋째 도움. 하루 동안 자주 여러분 자신에 대해 생각하고, 여러분의 마음의 상태
를 관찰하십시오. 조심성 있는 주인이라면 이따금씩 자기 일터를 들여다보고 일
꾼들이 어떻게 하고 있는지를 살필 것입니다. 지혜로운 그리스도인이라면 이와
같이 할 것입니다. 학교에서 시끄러운 소리가 들리면 그것으로 선생이 거기 없다
는 것을 알 수 있습니다. 우리 가슴속에 있는 어지러운 상태의 상당 부분이 우리가

우리 마음을 살피기를 소홀히 하는 데에서 비롯되는 것입니다. 그러면 여러분의 심령을 들여다볼 때에 다음과 같은 세 가지를 살피기 바랍니다.

1. 여러분의 마음의 생각하는 바가 선한지 악한지를 살피십시오. 그 생각들이 교만하고 불결하고 수상하여 악하다는 것이 드러나면, 그것들을 여러분이 끔찍이 여긴다는 것을 보이시고, 여러분의 영혼이 그처럼 하나님을 욕되게 하고 여러분 자신을 망치는 그런 생각들을 품은 것에 대해 통렬하게 꾸짖으십시오. 그리고 그런 악한 것들과 이웃한 것에 대해 마음으로 통회하십시오. 그렇게 하면 이로써 여러분이 하나님께 신실한 자라는 증거가 드러나게 될 것입니다. 다윗이 아브넬을 위하여 슬피 울자, "온 백성과 온 이스라엘이 넬의 아들 아브넬을 죽인 것이 왕이 한 짓이 아닌 줄을" 알았다고 합니다(삼하 3:37). 여러분이 그 악한 생각들에 대해 슬피 운다면, 이로써 그 생각들이 여러분이 아니라 사탄에게 속하는 것임이 드러나게 될 것입니다.

2. 여러분의 생각들이 전반적으로 악하지 않다면, 그 생각들이 공허하거나 경박스럽거나 허망하여 하나님의 영광과 여러분과 다른 이들의 선에 전혀 도움이 되지 못하는 것은 아닌지를 살피십시오. 그리하여 그렇다는 것이 드러나면, 그것들 속에 여러분을 향한 사탄의 흉악한 계략이 있음을 곧바로 인지하십시오. 그것들은 여러분의 목적이 아니라 사탄의 목적을 위한 것들입니다. 그것들은 여러분이 더 나아지지 못하도록 가로막고자 하는 사탄의 도구들입니다. 물레방아 옆에서 흐르는 물은 아무런 유익이 없습니다. 이처럼 하나님의 일을 행하도록 도움을 주지 않는 생각들은 모두 폐물입니다. 벌은 빨아낼 꿀이 없는 꽃에는 앉지 않습니다. 그리스도인도 마찬가지여야 합니다. "하나님을 위해 할 일은 그렇게 많고 시간은 그렇게 적은데 어째서 이렇게 한가하게 앉아 있으랴"라고 여러분의 영혼에게 말하여야 할 것입니다.

3. 여러분의 마음을 분주하게 만드는 것들이 선하다는 것이 확실하면, 그것이 시기적으로나 방법적으로 선한지를 살피십시오. 그렇지 못하면 그것들이 부패해지니 말입니다.

(1) 그것들이 시기적으로 선합니까? 시절을 따라 맺는 과실이 선한 과실입니다. 그리스도께서는 그의 어머니가 그에게 청한 일을 좋아하셨습니다(요 2:4). 그러나 그의 때가 아직 오지 않았습니다. 선한 생각들과 묵상들이 어떤 성경 해석들처럼 ― 선한 진리이지만 해석이 불합리한 경우처럼 ― 자리를 잘못 잡는 경우도 있습

니다. 그 해석들은 그 본문에 합당치 않습니다. 이와 마찬가지로 생각 자체는 선하나 시기에 맞지 않는 것들이 있는 법입니다. 말씀을 들어야 할 때에 듣지 않고 기도하는 것이나, 혹은 기도해야 할 때에 설교를 즐기고 있는 것이나, 모두 하나님이 원하시는 것 대신 전혀 엉뚱한 것을 드려서 결국 그에게서 빼앗는 것이 되는 것입니다.

(2) 그 방법이나 자세가 선합니까? 마음으로는 선한 것을 생각하면서도, 실제로 행함에서는 그것을 망쳐 버릴 수도 있습니다. 어쩌면 여러분이 죄를 가지고 장난하고 마음으로 그것들을 지각하면서도 그동안 그것에 대해 안타까움을 가질 수도 있습니다. 그러나 이는 약속에 의지하여 여러분의 믿음을 약화시키는 것이요, 이는 여러분의 죄입니다. 정맥을 가르다가 동맥까지 끊어내어, 사람을 죽게까지는 하지 않아도 팔을 못쓰게 만드는 의사라면 정말 돌팔이 의사일 것입니다. 아니면, 여러분이 가족을 생각하고 그들을 위하여 쓸 것을 공급하고 있습니다. 이 일은 여러분이 마땅히 하여야 할 일입니다. 이것을 소홀히 하면 여러분은 불신자보다 훨씬 더 악한 자들입니다. 그런데 그런 생각들이 너무도 산만하고 미심쩍어서 도무지 확실한 공급을 보장할 수가 없을 수도 있습니다. 그렇게 되면 하나님이 그 모든 책임을 지시게 됩니다. 그가 여러분을 보살피고 계시니 말입니다. 오오 우리의 임무가 우리의 죄와 얼마나 가까이 있는지 모릅니다! 영혼을 안정시키기에 필요한 만큼 모래주머니를 가져다 놓도록 조심해야 합니다. 모래주머니가 조금만 많아도 영혼이 불신앙의 파도 밑으로 가라앉아 버릴 것이니 말입니다. 이는 마치 그 자체로는 매우 신선하나 1, 2도(度)만 차거나 덥거나 해도 변하여 독(毒)이 되어 버리는 그런 것과도 같습니다.

죄가 영적인 성격을 띠는 둘째 면 ─죄들이 관계하는 대상

죄들이 관계하는 그 대상으로 인해서도 그 죄들을 가리켜 영적이라 부를 수 있습니다. 우상 숭배, 오류, 영적인 교만, 불신앙 등, 육신적이지 않고 영적인 것들에 대해 바울은 영의 더러움이라 부르며, 그것들을 육체의 더러움과 구별하고 있습니다(고후 7:1).

이는 영혼 속에서 행해질 뿐 아니라 영적인 대상물들과 관계되는 죄들로, 육체적인 정욕으로 나타나는 것과는 다른 것들입니다. 육체적인 정욕으로 나타나는 죄들의 경우는 영혼이 육체를 홀리는 뚜쟁이 역할밖에는 하지 않고 육체의 쾌락에 그저 옆에서 감응하는 정도로만 참여합니다. 육체가 고통을 당할 때에 영혼은 옆에서 함께 감응하는 것을 통해서만 그 고통을 느끼듯이, 육체의 쾌락도 역시 영혼이 직접 맛볼 수는 없고 다만 육체의 가까이에서 그 기쁨을 감응하는 것밖에는 없으니 말입니다. 그러나 마음을 더럽히는 영적인 악의 경우에는 영혼이 자기 영역 속으로 들어가 직접 그것을 경험합니다. 육체적인 정욕 가운데 영적인 죄와 결부되지 않는 것이 거의 없습니다. 땅의 짐승들의 종류 가운데 바다에서도 유사한 종류가 없는 것이 없다고들 말하듯이 말입니다. 그러므로 사람의 마음은 육체적인 정욕들을 채우는 영적인 죄들을 만들어 낼 수 있습니다. 음행과 육체적인 부정(不貞)과 결부되는 것으로 우상 숭배가 있습니다만, 이것을 성경은 영적인 간음이라 부르고, 이에 근거하여 적그리스도의 자리를 영적인 소돔이라 부릅니다. 정욕적인 술 취함과 결부되는 것으로는 마음의 술 취함이 있는데, 이는 오류로 판단이 완전히 흐려진 경우를 가리키며, 마음이 온갖 근심과 두려움으로 취해 있는 경우도 있습니다. 또한 육체적인 교만, 즉 미모나 재물이나 명예 등에 대한 교만과 결부되는 것으로는 은사나 은혜 등에 대한 영적인 교만이 있습니다. 그런데 사탄은 특별히 이런 것들로써 그리스도인을 공격합니다. 그러나 이것들에 대해 일일이 다루려면 여기서 허락하는 것보다 더 상세한 강론이 필요합니다. 여기서는 그저 두세 가지만 택하여 다루기로 하겠습니다.

첫 번째 영적인 악 — 원리상의 오류

사탄은 오류가 있는 원리들을 갖고서 마음을 더럽히고자 애씁니다. 그는 복음이 처음 심어질 때에도 역사했습니다. 그리스도께서 알곡을 뿌리시자마자 가라지를 뿌려놓은 것입니다. 그리하여 심지어 사도 시대에도 이것이 자라 악독한 오류들이 생겨났고, 그리하여 사도들은 그 모든 서신들에서 손에 갈고리를 들고 사탄의 이러한 계획을 무력화시키고자 힘썼던 것입니다. 그런데 사탄은 사람들의 마음을, 특히 믿음을 고백하는 자들의 마음을, 오류로 더럽히고자 세 가지 계획을 갖고 역사합니다.

첫째 계획. 하나님을 상대로 직접 악의를 쏟을 수는 없으므로 사탄은 하나님이 높이 존귀히 여기시는 그의 진리를 더럽힘으로써 그를 대적합니다. "이는 주께서

주의 말씀을 주의 모든 이름보다 높게 하셨음이라"(시 138:2). 모든 만물 하나하나
가 하나님의 이름을 지니고 있습니다만, 그의 말씀과 그 속에 담긴 진리에는 하나
님의 칙서가 담겨 있으며, 따라서 하나님은 모든 만물보다도 그의 말씀을 존귀하
게 여기십니다. 세상과 그 속에 있는 만물이 어떻게 되는지를 돌보시는 것보다는
그의 말씀을 더 귀히 지키시고 그의 진리를 보존하시는 것입니다. 머지않아 우리
는 세상이 불길에 휩싸이는 것을 보게 될 것입니다. "천지는 사라지되 오직 주의
말씀은 세세토록 있도다." 하나님이 원하시면 현재와 같은 세상을 얼마든지 지으
실 수 있습니다. 그러나 또 다른 진리는 만드실 수가 없습니다. 그러므로 이 진리
의 일점일획도 잃어버리지 않고 지키시는 것입니다. 사탄은 이를 알고서 이 진리
를 더럽히고 불건전한 가르침으로 그것을 왜곡시키는 데에 총력을 기울입니다.
말씀은 하나님을 바라보는 유리와도 같습니다. 우리는 말씀을 통해 그를 보고서
그의 성령으로 말미암아 그를 닮은 모습으로 변화해 가는 것입니다. 만일 이 유리
에 금이 간다면 하나님에 대해 우리가 갖게 되는 사고도 변질될 것입니다. 하지만
말씀은 본래 정결한 것으로 하나님의 모든 영광의 모습을 우리의 눈으로 바라보
게 하는 것입니다.

　　둘째 계획. 사탄은 성도를 이 영적인 오류의 죄 속으로 이끌어가기 위해 애쓰는
데, 이것이야말로 성도들에게 있는 경건의 능력을 파괴시키지는 못한다 할지라도 그것
을 약화시키는 지극히 교묘하고도 효과적인 수단입니다. 사도는 능력의 마음과 건
전한 마음을 한데 묶어서 제시합니다(딤후 1:7. 한글개역개정판은 '절제하는 마음' ─
역주). 사실 거룩의 능력은 실질적으로 판단의 건전함에 많이 좌우됩니다. 경건은
진리의 자식이므로, 그것이 활력 있게 움직이게 하려면 다른 것이 아닌 그 어미의
젖으로 양육해야 합니다. 그렇기 때문에 사도는, "갓난아기들 같이 순전하고 신령
한 젖을 사모하라 이는 그로 말미암아 너희로 구원에 이르도록 자라게 하려 함이
라"라고 권면합니다(벧전 2:2). 그런데 이 젖이 조금만 변질되어도 결코 영양을 줄
수가 없는 것입니다. 모든 오류는 아무리 순진하게 보이는 것이라도 담쟁이덩굴
처럼 영혼을 휘감아 그 사랑의 힘을 거룩에게서 멀어지게 만드는 법입니다. 호세
아 선지자는 음행과 포도주가 마음을 빼앗아간다고 말씀합니다만, 오류가 바로
영적 간음인 것입니다. 바울은 자신이 성도들을 그리스도께로 중매하였음을 말씀
합니다. 그런데 성도가 오류를 받아들이면, 그것은 그리스도의 침상에 낯선 자를
들이는 것과 같습니다. 부정한 사랑은 본질상 아내의 마음을 남편에게서 빼앗아

가서 그녀는 남편보다는 부정한 연인과 함께 있는 것을 즐거워하게 됩니다. 그런
데 이것이 오늘날 이루어지고 있는 것을 보지 않습니까? 많은 이들이 여러 가지 진
리를 위해서보다도 한 가지 오류를 위해서 더 열정적으로 싸우는 것이 보이지 않
습니까? 많은 사람들이 마음으로 하나님의 길에서 벗어나 있으며, 또한 그리스도
의 규례들과 그의 사자들에 대한 사랑이 식어져 버렸으니 이 얼마나 이상한 일인
지 모르겠습니다! 그런데 이 모든 현상이 무언가 부패한 원리를 가슴에 받아들인
데에서 비롯되는 것입니다. 그 부패한 원리가 그리스도와 그의 진리를 가로막습
니다. 마치 하갈과 그의 아들이 사라와 그 아들에게 횡포를 부렸듯이 말입니다. 사
실 그리스도께서는 아브라함처럼 그들을 문 밖으로 내쫓기 전에는 절대로 영혼과
사랑을 나누시지 않습니다. 오류는 많은 이들이 생각하듯이 순진무구한 것이 결
코 아닙니다. 그것은 육체에 해를 주는 상한 음식과도 같습니다. 그것은 심령에 해
를 주고 몸 전체를 손상시키며, 쓰라린 상처를 터뜨리지 않고서는 사라지는 법이
거의 없는 것입니다. 그리스도께서는 한 영혼을 세상의 오염 너머로 이끌어 가십
니다. 그러나 오류는 그 영혼이 피하여 온 그 정욕의 손에게로 다시 그 영혼을 넘
겨 주는 것입니다.

셋째 계획. 사탄은 한 영혼을 이 영적인 죄로 이끌어갈 때에, **교회의 평화를 어지**
럽히기를 도모합니다. 이 전함(戰艦)이 교회 가운데 나아오면, 교회의 평화가 찢어
지고 깨어져 버립니다. 사도 바울은, "너희 중에 분쟁이 있다 함을 듣고 어느 정도
믿거니와 너희 중에 이단이 있어야 너희 중에 옳다 인정함을 받은 자들이 나타나
게 되리라"(고전 11:18, 19. 한글개역개정판은 '이단' 을 '파당' 으로 번역함 — 역주)라고
말씀하여, 이단의 존재가 자연히 분쟁으로 이어진다는 것을 암시하고 있습니다.
오류끼리는 진리를 상대할 때 외에는 서로 잘 화합하지 못합니다. 진리를 상대할
때면 빌라도와 헤롯이 서로 그랬던 것처럼 서로 쉽게 친구가 됩니다. 그러나 진리
를 이긴 것 같게 되면, 서로 간에 싸움이 재개되고 결국 공멸하고 맙니다. 그러므
로 오류가 진리와 가까이 있으면서 그렇게 큰 문제를 일으키는 것이 전혀 이상한
일이 아닙니다. 오오 여러분, 십 수년 전만 해도 그리스도인들 사이에 얼마나 아름
다운 고요함과 평화가 있었는지 모릅니다. 이런 점에서 그 복된 날들을 되돌아보
고 그때에 그리스도인들이 하나됨과 사랑 가운데서 행한 일을 기억하는 것이 아
주 즐거운 일이라 생각됩니다. 물론 그때에도 어려움이 있었습니다만 그렇게 불
편한 것을 몰랐습니다. 그 옛날 성도들을 박해하던 자들은, "이들이 얼마나 서로

사랑하는가를 보라"라고 말했는데, 이 당시 박해자들은 안타깝게도, "전에 그렇게
도 서로 사랑하던 이들이 이제는 서로의 목을 물어뜯을 태세가 되었구나"라고 비
아냥거릴지도 모릅니다.

[적용]

[모두에게 드리는 권면의 말씀] 모든 이들을 향해서는 권면의 말씀으로 이를 적
용하고자 합니다. 특히 여러분이 그저 그리스도를 말로 높이는 것을 넘어서서 그
리스도의 이름을 스스로 지니고 있으니 말입니다. 여러분, 이 영혼의 오염을, 이
머리의 치명적인 마비상태를 경계하기를 바랍니다. 이런 경계가 필요 없다고 생
각하지 말기를 바랍니다. 이것이야말로 현 시대의 질병이니 말입니다. 이 질병이
이미 시작되었습니다. 아니, 널리 퍼져가고 있습니다. 이 질병의 증상이 없는 무리
나, 교회가 없습니다. 바울은 우리 모두가 흠모하는 고귀한 설교자였습니다. 그런
데 그가 설교 중에 늘 이 점을 성도들에게 강조하고 있습니다. 아니, 이것이 그의
설교의 일부였습니다. 그는 또한 우리 설교자들에게 이 일의 중요성을 강조하여
말씀하고 있습니다: "여러분은 자기를 위하여 또는 온 양 떼를 위하여 삼가라 성령
이 그들 가운데 여러분을 감독자로 삼고 하나님이 자기 피로 사신 교회를 보살피
게 하셨느니라 내가 떠난 후에 사나운 이리가 여러분에게 들어와서 그 양 떼를 아
끼지 아니하며 또한 여러분 중에서도 제자들을 끌어 자기를 따르게 하려고 어그
러진 말을 하는 사람들이 일어날 줄을 내가 아노라"(행 20:28-30). 그러므로 여러
분, 경계해야 합니다. 그리고 그 다음 그는 자신의 모범을 제시합니다. 여러 해 동
안 설교할 때마다 이 점을 함께 강조하였고, 밤낮으로 눈물로 각 사람을 경계하였
다는 것입니다. 우리가 떠나간 후에 어떤 사기꾼들이 일어나게 될지를 굳이 예언
할 필요가 없습니다. 이미 이 무리에 속한 많은 자들이 활동하며 제자들을 자기들
에게로 끌어들이고 있습니다. 이들에 대해 경계시키는 것이 우리의 임무라면, 여
러분의 임무는 살피고 삼가는 것입니다. 그리하여 사탄이 온 나라를 속이려고 온
힘을 기울이고 있는 이때에 여러분이 그 유혹에 빠지는 일이 없도록 하는 것입니
다. 삼가라는 명령을 그리스도께로부터 직접 받은 제자들처럼 여러분도 이 누룩
에 쉽게 마음을 주지 않을 수 있겠습니까? 갈라디아와 고린도 교회의 많은 이들이
거짓 교사들에게 미혹되어 다른 복음에게로 넘어갔는데, 여러분은 과연 이 유명
한 교회들보다 낫습니까? 사탄이 정통이 되어 버렸습니까, 아니면 영혼을 사냥하

는 그의 수족들이 그 간교함을 상실해 버렸습니까? 한 마디로, 여러분의 부패한 마음과 오류 사이에 상호 교감이 있지는 않습니까? 이 가라지들이 여러분의 밭에서 자연스럽게 자라도록 만드는 그런 기질이 여러분에게 있지는 않습니까? 많은 이들이 이 원수에게 무릎을 꿇은 것이 보이지 않습니까? 그들은 자기들의 믿음을 보며 우쭐하여 그 원수를 제거하지 말았어야 했다고 여깁니다. 이들에게 다음과 같이 말했다면 이들은 아마 크게 거슬림을 받았을 것입니다: "여러분은 안식일을 거룩히 여긴다고 하면서도, 오히려 안식일을 깎아내리는 자들입니다. 여러분은 펠라기우스주의자들이라는 이름을 경멸하지만, 실제로 펠라기우스주의자들입니다. 겉으로는 선지자들을 그렇게 존귀하게 여기는 것처럼 보이지만, 실제로 여러분들은 예언 그 자체를 멸시하는 자들입니다. 집 안에서 반드시 기도하고서야 집 바깥으로 나가지만, 그러면서도 가정의 의무들을 문 밖에다 내던져 버릴 자들입니다." 하지만 이런 자들이, 아니 이들보다 더한 자들이, 일어날 것입니다. 그러니 그리스도인 여러분, 여러분 자신도 그렇게 넘어지는 일이 없도록 삼갈 필요가 있지 않겠습니까?

권면 1. 마음을 철저히 변화시키는 일에 가장 큰 주의를 기울이기를 바랍니다. 문제의 뿌리가 여러분 속에 있으면, 그리고 그리스도를 믿는 살아 있는 믿음이 마음의 근저에 자리 잡고 있으면, 여러분은 안전합니다. 물론 여러분이 전적으로 오류에서 자유롭다는 말은 아닙니다. 그러나 확신하건대, 여러분의 영혼이 정죄받아 마땅할 몹쓸 오류에 빠지는 일은 없다는 것입니다. 사도 요한은 말씀합니다: "그들이 우리에게서 나갔으나 우리에게 속하지 아니하였나니 만일 우리에게 속하였더라면 우리와 함께 거하였으려니와"(요일 2:19). 이는 마치, 그들이 겉으로 입으로도 고백하고 또한 우리와 똑같이 성령의 역사도 그들에게 있는 것 같으나, 거룩하게 하시는 성령의 기름 부음은 그들에게 절대로 없다는 뜻과도 같습니다. 그러나 사도는 신실한 자들이 그들의 떠나감으로 인하여 그들 자신도 넘어지지 않을까 염려하지 않도록 20절에서 그들을 구별짓고 그들을 위로합니다: "너희는 거룩하신 자에게서 기름 부음을 받고 모든 것을 아느니라." 어떤 특정한 진리를 그냥 아는 것과 기름 부음을 통해서 그 진리를 아는 것은 서로 전적으로 다른 것입니다. 외식자도 특정한 진리를 알 수 있습니다. 그러나 기름 부음을 통해서 그 진리를 아는 일은 오직 성도에게만 있는 것입니다. 바로 이 기름 부음이 영혼에게 그리스도를 아는 냄새가 있게 하는 것입니다. 빛을 받기는 하나 기름 부음을 통해서 생기를 얻지 못하는 자들은 사기꾼들에게 아주 좋은 먹잇감입니다. 오오, 마음이 은혜로 확고히 세워지는 것이 얼마나 좋은 일인지 모릅니다! 사도께서 가르치듯이(히 13:9) 이것이 닻이 되어 온갖 이상스런 교리들로 인하여 떠내려가지 않고 든든히 서 있도록 지켜 주는 것입니다.

권면 2. 여러분 자신을 죽이는 일을 계속 행하십시오. 육체를 날마다 십자가에 못 박으십시오. 이단은 영적인 죄이지만 사도는 이를 육체의 행위에 속하는 것으로 말씀하는데(갈 5:20), 이는 이단이 육체적인 동기에 의해서 생겨나고 육신적인 양식과 연료를 통해서 영양을 공급받기 때문입니다. 육체가 밑바탕에 깔리지 않고서는 사람이 절대로 이단으로 돌아서는 법이 없습니다. 이단들은 자기들의 배를 섬기거나 아니면 교만의 정욕을 섬기는 것입니다. 때로는 진리를 지키는 대가가 불과 고난으로 다가오므로, 그들은 이단을 통해서 재산을 지키고 자기들의 목숨을 구하려 하는 것입니다. 아무리 눈에 잘 보이지 않아도 짚 속에 먼지가 끼어 있는 법입니다. 그러므로 이단들이 육체로 귀결되는 것이 전혀 이상한 일이 아닙니다. 육체에서 나왔으니 말입니다. 머리 속의 수액(rheum)은 위(胃)로부터 치밀어 오르는 것이니, 다시 그리로, 혹은 폐로 돌아가서 결국 그것을 해치고 상하게 만듭니다. 육신적인 정욕은 그 기운을 지성으로 올려 보냅니다. 그리고 그것을 감싸고서 이런저런 원리들을 진리로 받아들이라고 회유합니다. 그런데 이것들을 받아들이게 되면, 그것들이 그 생명 속으로 떨어져서 속된 궤양을 일으켜 그 사람을 부패하게 만드는 것입니다. 그러므로 그리스도인 여러분, 육체와 결부된 것을 끊어내고 자유인이 되어, 육신적인 두려움이나 희망을 만족시키는 일에 결부되지 않게 되었다면, 그때에 비로소 여러분이 확실한 진리의 편이 될 것입니다.

권면 3. 말씀 사역에 신실하게 동참하십시오. 사탄은 대개 귀를 막아서 건전한 가르침을 듣지 못하게 만들고, 그 다음에 귀를 열게 하여 부패한 가르침을 받아들이게 만듭니다. 이것이 사람들이 진리를 배반하는 방법입니다: "그 귀를 진리에서 돌이켜 허탄한 이야기를 따르리라"(딤후 4:3, 4). 사탄은 마치 간교한 도둑과 같아서 영혼을 길가에서 유인하여 구석진 곳으로 데려가 거기서 진리를 강탈해 갑니다. 그리하여 한 가지 거룩한 규례를 거부하게 되면, 다른 모든 규례들이 주는 복을 빼앗겨 버리는 것입니다. 진리 가운데로 인도해 주시기를 위해서 기도하지 않습니까? 그러나 여러분이 말씀에 대해 귀를 막아 버리면, 하나님께서 그 기도를 들어 주시지 않을 것입니다. 자식을 사랑하는 자는 그 자식이 학교를 무단으로 결석하고 못된 아이들과 함께 노는 것을 보면 때려서라도 그를 학교로 돌려보낼 것입니다. 하나님께서 한 영혼을 사랑하시면, 수치와 고통을 주어서라도 그를 말씀에게로 돌아가게 만드실 것입니다.

권면 4. 이상스러운 낯선 가르침을 들으면, 그것이 아무리 기분을 좋게 하는 것이라도, 성급하게 그것을 받아들이지 마십시오. 마음을 열어 그것을 받아들이기 전에 무언가 더 나은 증언을 확보해야 합니다. 사도는 사실 낯선 사람들을 대접하라고 명령합니다. 그러는 중에 모르는 사이에 천사들을 대접한 이들도 있기 때문입니다(히 13:2). 그러나 동시에 그는 다른 낯선 가르침에 이끌리지 말라고 경고하고 있습니다(9절). 그렇게 낯선 가르침에 이끌려 마귀들을 대접한 자들이 분명 있으니 말입니다. 물론 어떤 가르침이 낯설다 하여 그것 때문에 그 가르침을 거부하는 것으로는 모자랍니다. 오히려 우리는 기다리고 살펴서 그 옳고 그름을 확증하여야 합니다. 바울 사도는 갈라디아 사람들이 그들을 그리스도의 은혜에로 부르신 그분에게서 그렇게 속히 벗어나서 다른 복음을 따르는 것을 보고 놀라움을 표시하였습니다. 그들은 좀 더 기다렸다가 바울에게 그것을 보이고 그의 판단을 물어야 했습니다. 그런데, 사기꾼이 시골에 들어와 짐 보따리를 풀어놓기가 무섭게 곧바로 그 모든 물건들을 사 버리는 것입니다! 오오 형제 여러분, 그런 새로운 교훈들을 거듭거듭 곱씹어 보고 말씀을 살피고, 우리 자신의 기분을 믿지 말고 다른 이들에게 조언을 받는 것이 더 지혜로운 일이 아니겠습니까? 여러분의 목사가 그다지 미덥지 못하다면, 여러분이 찾을 수 있는 가장 거룩하고 겸손하고 확실한 그리스도인들에게 가서 조언을 구하십시오. 오류는 마치 생선과 같아서, 바로 먹어 치우지 않으면 곧 상하여 냄새를 피우게 됩니다. 그런 위험한 오류들이 처음 뉴잉글랜드 지방에서 생겨났을 때, 교회들이 얼마나 불안정하여 흔들렸는지 모릅니다. 무슨 금광이라도 찾아낸 것처럼 온갖 아우성이 가득했었습니다. 그러나 얼마 후 그 오류의 본색이 드러나고 그것이 교회들과 규례들과 경건의 능력을 파괴시키는 것이라는 사실이 깨달아지자, 그 오류에 빠졌던 이들 중에 하나님을 경외하는 이들이 수치와 괴로움 속에 다시 돌아왔던 것입니다.

두 번째 영적인 악 — 영적 교만

사탄이 특히 성도들에게서 촉발시키는 두 번째 영적인 사악함은 바로 영적 교만입니다. 복된 천사였던 그 자신을 저주받은 마귀가 되게 만든 것이 바로 이 죄입니다. 이것이 그 자신이 범한 죄였으므로 그는 주로 이것을 사람들에게 전수하려고 애씁니다. 그리고 우리의 첫 조상에게서 성공을 거두었고 그 이후로 이 죄가 사람의 마음속에서 일종의 통치권을 행사하며, 선한 것과 악한 것 모두를 이용하여 자기에게 굴복시키려 하고 있습니다.

첫째. 이 죄는 악을 이용합니다. 교만이 다른 죄들의 수고에 끼어듭니다. 그 다른 죄들은 교만을 용감하게 만들려 합니다. 마치 신민들이 국가를 떠받치고 군주의 위엄을 위해 애쓰는 것처럼 말입니다. 사람들이 다른 이들을 기만하고 속이고 탈취하고 억압하는 것을 흔히 보게 되는데, 무엇 때문에 그렇게 하는 것일까요? 그것은 교만을 유지하기 위한 지위를 얻기 위해서 그렇게 하는 것입니다. 또 어떤 이들은 아양 떨고 아첨하며 거짓말하고 그럴싸하게 꾸며댑니다. 왜 그럴까요? 조금이라도 존귀를 얻어 교만을 만족시키기 위함입니다.

둘째. 이 죄는 선한 것을 이용합니다. 성령께서 성도들의 마음에 그의 은혜의 나라를 전진시키는 일에 사용하시는 바 하나님의 도구들과 그의 규례들을 이용하기도 합니다. 이것들이 교만에게 자신을 팔아먹는 일이 허다합니다. 사람이 기도에 매우 열정적이며 힘써 설교에 임하면서도 내내 교만을 상전으로 섬기고 있을 수도 있습니다. 주인이 하나님이신데도 말입니다. 교만의 죄는 지극히 거룩한 행위들을 본거지로 삼고, 덕행의 옷자락 아래에 자신을 숨길 수도 있습니다. 그러므로 사람이 구제를 행하면서도, 교만이 그 이면에 숨어 있는 은밀한 우상이 되어 그 때문에 그 자신의 보화를 그렇게 아낌없이 내주는 것일 수도 있는 것입니다. 이 죄를 굶겨 죽이기란 매우 힘듭니다. 이 죄가 먹지 못하는 것이 거의 없기 때문입니다. 교만한 마음은 아무리 비천한 것에도 우쭐거리며 높아지고, 아무리 거룩하고 성스러운 것이라도 속되게 만듭니다. 감히 성소의 대접 속의 물까지도 마셔 버립니다. 아니, 다른 죄들의 시체들을 먹고 살지언정 결코 굶어죽지는 않습니다. "우리의 악행에서 샘솟아나는 죄는 피하기가 지극히 어렵다." 이 앞잡이 교만은 영혼을 부추겨 몇 가지 죄들을 대적하도록 합니다. 아니, 어떤 면에서 그것들을 죽이도록 합니다. 그리고는 그 죄들의 머리들을 자랑스럽게 들어보이며, 사람들이 뛰어난 자신의 공적을 자랑하며 스스로 우쭐하게 되도록 하는 것입니다. 스스로 교만하여 자신이 세리와 같지 않다고 떠벌린 바리새인처럼, 교만은 제대로 경계하지 않으면 어디서나 활개를 치고 세력을 확장해 나갈 것입니다. 하나님의 도우심이

없다면, 사람이 가진 것이나 행하는 것 가운데 이 교만의 죄에게 먹히지 않을 것이
하나도 없을 것입니다. 하지만 저는 이런 정도로 이 문제를 다루고 싶지는 않습니
다.

교만은 아름다움, 힘, 부귀 등과 같이 속된 대상들에 대해서는 물론 영적인 대
상에 대해서도 역사합니다. 이 후자에 대해 좀 더 말씀드리고자 합니다. 물론 성도
들이 전자의 교만에도 빠질 수는 있습니다. 그 어떠한 죄도 가볍게 여겨서는 안 됩
니다. 그러나 그런 경우는 흔하지 않습니다. 왜냐하면 대개 우리가 속한 상태와 소
명에 합당한 그런 덕목과 관련하여 교만이 개입되기 때문입니다. 음악가는 자신
이 다른 사람들보다 뛰어난 음악적인 기술을 지닌 것에 대해 자랑스러워합니다.
학자도 물론 악기를 다룰 수도 있습니다. 하지만 그것을 자랑스러워하지는 않습
니다. 오히려 그것은 자신의 격에 맞지 않는 것이라 생각합니다. 그는 자신의 고매
한 지식과 사상을 자랑스러워하는 것입니다.

그런데 그리스도인이 그리스도인으로서 갖는 삶은 사람이 사람으로서 갖는 삶
보다 월등합니다. 그러므로 그는 자신의 격에 맞지 않는 것들에는 가치를 두지 않
고, 그리스도인의 부르심에 어울리는 더 고상하고 더 높은 것들에 가치를 둡니다.
자연인이 명예나 아름다움 등 자신의 자연적인 상태에 합당한 덕목을 자랑스러워
하듯이, 그리스도인은 주로 자신의 삶에 합당한 덕목들로 우쭐해지기가 쉬운 것
입니다. 여기서 세 가지를 살펴보겠습니다. 첫째, 은사들의 교만이요, 둘째, 은혜
의 교만이요, 셋째, 특권의 교만입니다. 이것들이야말로 사탄이 특별히 성도를 얽
어매려고 애쓰는 것들입니다.

[영적 교만의 첫째 종류 — 은사들의 교만]

은사들이란 하나님의 성령께서 그리스도의 몸을 세우기 위하여 사람들에게 부
어주시고 구비시켜 주시는 초자연적인 능력들을 뜻합니다. 이 은사들에 대해서
사도는 그것들이 매우 다양하며 그 모든 것이 동일한 한 성령께로부터 오는 것임
을 말씀합니다(고전 12:4). 마치 수(繡)를 놓은 듯 땅에 형형색색의 식물과 꽃들이
가득하여 사람들에게 즐거움을 주지만, 시민 사회에서와 그리스도인의 교제에서
사람들을 서로서로에게 유익하게 만들어 주는 각종 자연적이며 영적인 은사들만
큼 다양하지는 못합니다. 그리스도인은 사회적인 존재가 되도록 되어 있고, 따라
서 그리스도인들 사이의 이 영적인 공동체를 더 잘 운용하도록 하기 위하여 하나

님께서는 각 사람이 형제들과 갖는 관계의 자리에 적합한 은사들을 지혜롭게 또한 은혜로이 베풀어 주시는 것입니다. 마치 몸 안의 혈관들이 그 위치에 따라 크기도 하고 작기도 한 것처럼 말입니다. 그런데 사탄은 할 수 있는 만큼 이 은사들을 못쓰게 만들어서 그리스도인의 교제와 일을 망치게 만들려고 애씁니다. 그리스도인 서로 간에 은사들과 은혜들이 역사하여 그 일이 유지되기 때문입니다. 은사들에 관한 교만은 다음 두 가지 방식으로 그리스도인의 일을 저해합니다. 첫째, 은사들의 교만이 우리가 다른 이들에게 그렇게도 유익을 끼치지 못하는 원인이 됩니다. 둘째, 은사들의 교만이 우리가 다른 이들에게서 그렇게도 유익을 얻지 못하는 원인이 되기도 합니다.

첫째. 은사들의 교만이 우리가 다른 이들에게 그렇게도 유익을 끼치지 못하는 원인이 되는데, 이에 대해 세 가지를 말씀드릴 수 있습니다.

1. 교만이 사람의 주의를 어지럽혀서 최종의 목표를 겨냥하지 못하도록 만듭니다. 교만이 장악하게 되면, 사람이 기도하고 설교하나 다른 이들에게 유익을 끼치는 것보다는 오히려 다른 이들에게서 칭찬받는 것을 목표로 삼게 됩니다. 듣는 이들의 생각과 마음에서 그리스도보다는 자기 자신이 보좌에 앉게 되기를 바라고 이를 위해 애쓰게 되는 것입니다. 교만이 사람을 우쭐하게 만들어 자신의 고매한 사상과 관념들이 사람들의 흠모의 대상이 되기를 바라게 만들고, 스스로 몸을 숙여 낮추어 진리들을 있는 그대로 평이하게 전하지 못하도록 만듭니다. 평이한 내용 위에다 무언가 멋진 레이스를 붙여놓아야만 직성이 풀리는 것입니다. 그런 사람은 가려운 귀를 긁어줄 수는 있어도 영혼에게 진정한 유익을 줄 가능성은 거의 희박한 것입니다. 그런데 안타깝게도 그런 사람은 이 말을 들으려 하지 않습니다.

2. 사람이 설교하든, 기도하든, 상담을 하든, 이 교만이라는 이세벨이 그 뒤에 도사리고 있다는 생각이 들면, 선한 자든 악한 자든 듣는 이의 마음에 경멸감이 생기게 됩니다. 은혜를 입은 심령에게 이것은 매우 역겨운 죄요, 음식이 건전한데도 불구하고 그 음식을 전달하는 도구에게서 나타나는 교만에 대한 혐오감으로 인하여 그 음식에 대해 구역질을 내게 만드는 경우가 다반사입니다. 이것은 분명 그 도구들의 연약함입니다. 하지만 자신들의 교만으로 인하여 다른 이들을 시험에 들게 만드는 자들에게는 화가 있을 것입니다. 아니 스스로도 악하고 똑같이 교만을 가진 이들도 자기들이 좋아하는 다른 사람이 자기들과 같은 것을 보면 좋아하지 않을 뿐더러, 그것에 자극을 받아 더욱더 악한 쪽으로 나아가는 법입니다.

3. 은사들의 교만은 그 은사들을 사용하는 중에 우리에게 베풀어지는 하나님의 축복을 빼앗아갑니다. 겸손한 사람도 그 우편에 사탄이 있어서 그를 대적할 수 있습니다. 그러나 교만한 사람은 그 어떠한 일을 하든 간에 하나님께서 친히 그의 우편에 계셔서 그를 대적하신다는 것을 알아야 합니다. 하나님께서는 말씀을 통하여 교만한 자가 자신이 어디에 있든지 하나님께서 그를 만나 대적하시리라는 것을 알게 하셨습니다. 하나님은 "교만한 자를 물리치"십니다(약 4:6). 훌륭한 은사들은 라헬처럼 아름답습니다. 하지만 교만은 그것들을 그녀처럼 아이를 낳지 못하는 상태로 만드는 것입니다. 우리가 우리 자신을 옆으로 제쳐야 합니다. 그렇지 않으면 하나님께서 친히 우리를 옆으로 제치실 것입니다.

둘째. 은사들의 교만이 우리가 다른 이들에게서 그렇게도 유익을 얻지 못하는 원인이 되기도 합니다. 교만은 심령을 가득 채우고, 가득 채워진 심령은 하나님께로부터도 유익한 것을 취하지 않습니다. 그러니 사람에게서는 더더욱 그렇습니다. 그런 사람은 매우 까다롭습니다. 아무리 건전한 설교도 잘 받아들이지 않고, 아무리 풍성한 기도도 제대로 마음에 와 닿지 않습니다. 이 사람은 진수성찬이 있어야만 성에 찹니다. 설교를 듣고 기도를 들어도 자기에게 있는 것이 더 낫다고 생각합니다. 그러니 그런 사람이 선한 것을 받아들이기를 좋아하겠습니까? 우리가 늘상 보다시피, 건전한 음식이면 무엇이든 다 잘 먹는 평범한 농부가, 결벽증이 있고 신경질적이고 까다롭고 궁궐의 음식에만 길들여진 사람보다 훨씬 더 건강하며, 또한 그런 까다로운 사람이 평생토록 할 수 있는 것보다 그런 농부가 하루에 더 많은 일을 하는 법입니다. 이와 마찬가지로 사람의 기술이 많이 개입되지 않은 평이한 진리들과 규례들을 통해서도 영적인 양식을 잘 받아들이는 겸손한 그리스도인이, 진기한 은사들이 넘치는 화려한 양식을 좋아하는 세련된 신앙 고백자들보다 하나님을 더 많이 누리며, 또한 하나님을 위해서 더 많은 일을 할 수 있는 것입니다. 고린도 교회는 다른 교회들보다 은사들로 유명했습니다만(고전 1장), 은혜에 있어서는 그렇지 못했고, 그리하여 다른 어느 교회들보다 더 이 문제로 책망을 받았습니다(고전 3:2). 바울은 그들을 가리켜 그리스도 안에 있는 육신적인 어린아이들이라 부릅니다. 너무도 연약하여 사람들이 먹는 밥을 제대로 소화시키지도 못하는 상태라는 것입니다. 바울은 이렇게 말씀합니다: "내가 너희를 젖으로 먹이고 밥으로 아니하였노니 이는 너희가 감당하지 못하였음이거니와 지금도 못하리라." 왜 그렇습니까? 이유가 무엇입니까? 그 이유는 여기에 있습니다: "너희는 아직도 육신에 속한 자로다 너희 가운데 시기와 분쟁이 있으니 어찌 육신에 속하여 사람을 따라 행함이 아니리요"(3절). "어떤 이는 말하되 나는 바울에게라 하고 다른 이는 나는 아볼로에게라 하니 너희가 육의 사람이 아니리요"(4절). 교만이 그들을 부추겨 자기들의 생각에 따라 어떤 이는 이 설교자를, 또 어떤 이는 다른 설교자를 택하여 그들 속에 파당을 짓게 만든다는 것입니다. 그러나 이것은 잘 자라는 길이 아닙니다. 교만은 사랑을 파괴하며, 든든히 서지 못하는 사랑은 잃어버린 것이나 마찬가지입니다. 그런데 마귀는 이 교만이라는 동력을 이용하여 교회 안에 가짜 역사를 일으켜왔습니다. 잔키우스(Zanchy)는, 제네바의 어떤 사람이 어찌나 칼빈의 설교를 듣고 싶어 하는지 자기 친구에게, "바울이 설교한다 해도 나는 바울을 버려 두고 칼빈의 설교를 듣겠네!"라고 했다는 이야기를 한 적이 있습니다. 다른 사람에게 있는 은사들에 대해서도 그처럼 신성모독에 가까운 교만이 나타날 수 있다면, 자기 자신이 그런 은사를 갖고 있을 때에는 그 교만이 얼마나 더하겠습니까?

[적용]

1. [비천한 은사들을 지닌 이들에게]　사탄이 이처럼 성도들을 부추겨 은사들에 대하여 영적인 교만을 갖게 만듭니까? 비록 지닌 은사들은 비천하지만 진정 은혜를 누리는 여러분에게 한 말씀 드리겠습니다. 여러분의 처지에 대해 만족하십시오. 다른 이들이 기도를 정말 잘 하기도 하고 하나님의 진리들을 잘 가르치는 것을 보면서, 여러분 스스로 한 구석으로 기어들어가서, 내 기억력은 왜 이리 약할까, 나의 생각은 왜 이리 무딜까, 내 심령은 왜 이리 빈곤하여 은밀하게 기도하는 중에도 마음을 하나님께 온전히 표현하지를 못할까, 하면서 상심하고 슬퍼할지도 모릅니다. 그 사람들은 얼마나 복된 사람들일까 하고 생각하면서, 반대로 여러분의 처지에 대해 불평할 마음이 생겨나는지도 모릅니다. 자, 여러분, 이렇게 말할 수는 없겠습니까? "내가 말은 잘 하지 못하나 그래도 내게는 믿음이 있다, 진리에 대해 토론할 수는 없지만 진리를 위해 기꺼이 고난을 당할 마음은 되어 있다, 설교 내용을 다 기억할 수는 없지만 언제나 죄를 미워하고 그리스도를 항상 더 사랑하고자 하는 마음으로 말씀을 듣고 있다, 주여 내가 주를 사랑하는 줄을 주께서 아시나이다"라고 말입니다. 그리스도인 여러분, 정말이지 여러분이 더 좋은 부분을 지니고 있습니다. 여러분의 비천한 은사 속에 얼마나 놀라운 자비가 서려 있는지, 혹은 다른 이들의 더 좋아 보이는 은사들로 인해서 그들이 얼마나 더 많은 유혹에 노출되는

지를 별로 생각하지 못하는 것입니다. 제가 보기에는 그런 은사를 여러분에게 주시지 않는 것이 오히려 하나님의 자비일 수도 있습니다. 요셉이 채색옷을 입어 다른 형제들보다 멋지게 치장하였으나, 오히려 이 때문에 그는 큰 괴로움을 당했습니다. 그것 때문에 포수들이 그의 옆구리에 화살들을 쏘아댄 것입니다. 그러므로, 귀한 은사들은 사람들의 눈에 보기에 성도를 조금 더 높이 보이게 만들지만, 오히려 이 때문에 낮은 처지에 있는 여러분에게는 오지 않는 갖가지 유혹이 닥치게 되는 것입니다. 형제들로부터 오는 투기가 얼마며, 사탄의 악의가 또 얼마며, 그들 자신의 마음의 교만은 또 얼마겠습니까? 감히 말씀드립니다만, 그런 사람들만큼 천국에 들어가는 것이 어려운 사람이 없습니다. 그들에게 닥치는 파도와 폭풍을 견디느라 고생 고생해야 합니다. 하지만 해변에서 기어 다니는 여러분은 바람을 피하며 천국으로 향하는 것입니다. 이는 마치 재산이 별로 없는 존귀한 영주(領主)와도 같습니다. 영주는 재물이 하나도 없는데 비천한 사람이 돈이 많은 경우가 많으니, 영주가 자신의 영주직을 필요로 하는 그런 자들에게 빌려줄 수도 있습니다. 큰 은사들과 재능들은 사람들 사이에서는 큰 존귀한 재산이지만, 그런 많은 이들이 비천한 은사를 지닌 형제들에게 와서 은혜와 위로를 빌려갈 수도 있습니다. 어쩌면 설교자가 보잘것없는 이웃에게 은혜와 위로를 빌려갈 수도 있는 것입니다. 오오 비천한 그리스도인 여러분, 투덜거리거나 그들을 부러워하지 마십시오. 오히려 그들을 불쌍히 여기고 그들을 위해 기도하십시오. 다른 어떤 이들보다 그들이 그것을 필요로 합니다. 그들의 은사들은 여러분의 것이요, 여러분의 은혜는 여러분 자신을 위한 것입니다. 여러분은 마치 대리인을 바다로 떠나보내는 상인과도 같습니다. 그러나 그 대리인은 몸소 바다에서 온갖 역경을 거치고 다시 돌아오는 것입니다. 여러분은 기도로 그 대리인과 함께 하며, 그의 은사들을 위해 도움을 베풀지만, 그가 받는 교만의 유혹은 받지 않는 것입니다.

2. [큰 은사들을 지닌 이들에게] 사탄이 여러분을 은사의 교만을 갖도록 유혹합니까? 그러니 보통 이상의 특별한 은사들을 하나님으로부터 받은 여러분에게 드릴 말씀이 있습니다. 교만을 조심하십시오. 그것이 지금 여러분을 사로잡는 올무입니다. 사탄이 일하고 있습니다. 할 수만 있다면, 여러분의 무기를 여러분 자신을 향하여 쓰도록 만들려 하고 있습니다. 여러분의 안위는 여러분의 겸손 여하에 달려 있습니다. 이 잠금 장치가 풀려 버리면 지옥의 군대가 여러분을 향하게 됩니다. 여러분이 누구를 상대하여 싸우는지를 기억하십시오. 곧, 영적인 사악한 존재들

입니다. 그들의 작전은 여러분을 추켜올려서 더 처참하게 무너지게 만드는 것입니다. 그러니 더욱 이를 대적하여 마음을 가다듬어야 합니다. 이러한 은사의 교만에 대해 몇 가지 마음을 낮추는 생각할 거리들을 덧붙이고자 합니다.

생각할 거리 1. 이 영적인 은사들은 여러분의 것이 아닙니다. 그런데 여러분, 다른 이의 것을 갖고서 교만해지렵니까? 하나님이 은사들을 베푸신 분이 아니십니까? 그렇다면 그가 곧 여러분의 은사들을 깨뜨리실 수도 있지 않습니까? 호리병박을 가졌다고 교만하여 있는 여러분, 그것이 사라지고 나면 어찌하겠습니까? 그렇게 되면 분명 짜증을 내고 화를 낼 것이고, 결국 은사들이 없이 지나가게 될 것입니다. 은사는 은혜와는 형편이 다릅니다. 은혜는 하나님께서 값없이 베풀어 주시고, 이생과 내생의 약속이 있습니다. 하지만 은사들은 하나님께서 뜻대로 베푸시고 거두어 가시는 것입니다. 아버지가 자기 자녀를 내쫓는 일은 없지만, 자녀가 교만하여 거드름을 피우면 그가 입고 있는 채색옷과 장식품들을 얼마든지 빼앗아버릴 수도 있는 것입니다.

생각할 거리 2. 은사들은 그저 여러분 자신만을 위한 것이 아닙니다. 마치 태양빛이 자기 자신이 아니라 다른 존재들을 위해서 비치는 것이듯이, 여러분이 지닌 모든 은사들은 다른 이들을 위한 것이요, 그리스도의 몸을 세우기 위한 것임을 알아야 합니다. 가령 어떤 사람이 여러분의 손에 상당한 금액의 돈을 쥐어주며 다른 이들에게 나누어 주라고 부탁했다 합시다. 그런데 여러분이 여러분의 금고에 그 돈을 넣어두고, 내가 부자가 되었다 하고 스스로 뻐긴다면 이 얼마나 어처구니없는 일이겠습니까? 불쌍한 자여, 여러분은 그저 하나님의 명을 집행하는 자 이상 아무것도 아닙니다. 그러니 여러분에게 주어진 모든 임무를 감당하고 가진 것을 다 지불하고 나면, 여러분에게 남는 것이 거의 없을 것이고, 따라서 스스로 교만하여 자랑할 거리가 하나도 없는 것입니다.

생각할 거리 3. 그리스도인 여러분, 여러분이 지닌 은사들에 대해 여러분 스스로가 책임을 지게 될 것을 알아야 합니다. 자, 교만한 자가 무슨 얼굴로 하나님을 바라보겠습니까? 가령 어떤 사람이 유언을 집행하도록 집행자를 세웠는데, 이 집행자가 다른 사람이 남긴 유산을 지불하는 것이 아니라 자기가 선물로 주는 것처럼 지불을 한다고 합시다. 그리스도께서는 승천하시며 그의 자녀들이 받도록 선물들을 남기셨습니다. 여러분의 손에도 그 중 한 몫이 주어져 있습니다. 그런데 교만한 사람이 그것들을 모두 나누어 주되 그리스도께서 남기신 유산으로서가 아니라 자기 자신의 것으로 나누어 주어, 모든 것이 자기의 것인 것처럼 만들어 버립니다. 이 얼마나 가증스런 일이겠습니까! 그리스도의 존귀를 마치 우리 자신의 것인 양 행세하는 것이니 말입니다!

생각할 거리 4. 여러분의 은사가 여러분을 하나님 앞에서 높여 주는 것이 아닙니다. 사람들은 여러분의 기도를 들으며 수려한 표현과 그 깊은 내용에 감탄할지 모르지만, 여러분의 기도가 하나님 앞에 나아갈 때는 이 모든 것들이 잘려나가고 맙니다. 그리스도께서는 "여자여 네 믿음이 크도다"라고 말씀하셨습니다만, 여러분의 언어를 칭찬하시지는 않습니다. 우리가 행하는 임무들을 그것을 이루는 갖가지 요소들로 분류해 보면 좋을 것입니다. 은혜가 거기에 얼마나 공헌하고 있으며, 어떤 은사들이 거기에 발휘되고 있으며, 또한 어떤 교만이 개입되고 있는지, 등을 잘 따져서 모든 이질적인 요소들을 다 갈라내고 나면, 우리의 임무들 가운데 은혜가 역사하는 부분이 얼마나 적은지를 잘 보게 될 것입니다.

생각할 거리 5. 여러분이 여러분의 은사로 인하여 교만해 있는 동안 여러분의 은혜가 허약해지고 못쓰게 된다는 것을 생각하십시오. 그런 사람들은 낟알들이 아주 가볍고 얇아서 지푸라기 속에 휩싸여 들어가는 곡식과도 같습니다. 은사들을 지나치게 높이 추켜세우게 되면 은혜가 지나치게 무시되기 십상입니다. 그러므로 겸손으로 옷 입으라는 명령이 우리에게 주어진 것입니다. 우리의 의복이 우리 몸의 부끄러운 부분들을 가려주고, 겸손이 영혼의 아름다움을 덮어 줍니다. 의복이 없이는 연약한 육체가 살 수 없듯이, 은혜도 겸손이라는 의복이 없이는 살 수가 없는 것입니다. 겸손이 없으면 찬양의 마음이 사라집니다. 하나님을 찬양하여야 할 때에 여러분 자신을 높이 추켜세우게 되는 것입니다. 겸손이 없으면 그리스도인의 사랑도 무너지고, 마음을 다하여 성도들과 교제할 수도 없게 됩니다. 교만한 사람은 다른 사람과 함께 걸을 만한 여유가 없습니다. 다른 이들의 은사들이 자기의 갈 길을 가로막고 있다고 생각하기 때문입니다. 교만은 입맛을 떨어지게 만듭니다. 그러니 다른 사람의 그릇에서 떠온 음식에서 맛을 느낄 수가 없는 것입니다.

생각할 거리 6. 교만은 무언가 큰 죄 혹은 무언가 큰 고난의 선구자입니다. 하나님께서는 교만이 그의 정원에서 자라는 것을 도무지 용납하시지 않습니다. 그러니 다른 이들을 통해서 그것을 뽑아 버리실 것입니다. 어쩌면 여러분이 무언가 큰 죄에 빠져서 큰 수치를 입고 다시 돌아오도록 하나님께서 허용하실 수도 있습니다. 하나님께서는 때로 육체의 가시를 사용하셔서 마음의 교만의 방광을 찌르기도 하시고, 혹은 무언가 큰 고난을 베풀기도 하시는데, 그 목석은 바로 "사람의 교만을 막으려 하심"(욥 33:17, 19)입니다. 말(馬)이 길이 들지 않아서 제멋대로 혈기를 부리면, 그 위에 올라타고 달리게 하여 길을 들여 그 다음부터 안전하게 타고 다닙니다. 여러분의 교만 때문에 하나님의 존귀가 손상될 위험에 처하면, 그 때에는 막대기를 기대하십시오. 십중팔구 여러분이 자랑스러워하는 바로 그 일에 가장 쓰라린 고통이 임하게 될 것입니다. 히스기야 왕은 자기의 보화를 자랑했습니다. 그러자 하나님께서는 갈대아 사람들을 보내서서 그를 약탈하게 하십니다. 요나는 자기의 박 넝쿨을 아꼈습니다. 그러자 그것이 시들어 버렸습니다. 여러분이 은사의 교만으로 크게 부풀어 있습니까? 그렇다면 그것들이 터져 버릴 위험에 처해 있다는 것을 알아야 합니다. 최소한 그것들을 칭찬하여 여러분을 우쭐하게 만든 그 다른 사람들은 여러분에 대한 생각을 뒤집어 버릴 것입니다.

[이 원수가 나아오는 세 가지 문]

질문. 하지만 어떻게 하면 이를 막을 수 있겠습니까?

답변. 이미 말씀했으니, 여기서는 원수가 여러분에게 나아오는 두세 가지 문을 지적하는 것만 하겠습니다. 여러분이 그리스도께 신실하다면 이것을 보기만 해도 자극을 받아 거기에 넘어가지 않을 것입니다.

첫째 문. 우리의 은사들을 생각하는 데에 이런 유의 교만이 서려 있습니다. 우리 자신의 얼굴을 보며 은밀하게 만족해하다가 결국 그것과 사랑에 빠지는 것입니다. 눈이 온통 음녀(淫女)에게 가 있어서 죄를 끊을 수 없는 사람들의 이야기를 접하곤 합니다만, 교만한 마음은 온통 자기 자신으로 가득 차 있습니다. 자기 자신의 능력이 그의 앞에 그림자를 드리우고 있어서 어디를 가든지 그것이 눈에 들어오는 것입니다. 자기가 어떤 사람이고 자기에게 있는 다른 사람보다 뛰어난 것들에 대한 생각뿐이고, 자화자찬으로 가득합니다. 설교할 때에는 그런 생각이 끼어들 여유가 거의 없다고 여겨지지만, 심지어 그런 설교에서조차 자기를 자랑하게 된다는 베르나르(Bernard)의 고백처럼 말입니다. 교만이 그의 귀에다, "베르나르여, 잘 하였도다"라고 속삭인다는 것입니다. 그러니 그리스도인 여러분, 그런 식의 교만을 부추기는 자들의 아첨을 경계하십시오. 마치 곰을 피하여 도망치듯 그런 생각들에서 도망치십시오. 마귀가 여러분을 그런 산꼭대기에 세워놓고 여러분의 영적인 업적과 능력들의 영광스러운 모습을 여러분 앞에 펼쳐 보이면, 여러분의 연약한 머리는 교만으로 부풀어올라 그것들을 죽 둘러볼 것입니다. 그러니 이런 유혹을 이기려면 여러분 자신의 부족한 것들을 마음속에 계속 생생하게 간직하도록 힘써야 할 것입니다. 발작 증세가 있는 사람들은 그런 발작이 날 때 — 달콤한 향기로 인하여 발작이 일어나는 경우도 많습니다만 — 를 대비하여 치료약을 지니고 다닙니다. 그런 사람들에게 달콤한 향기는 정말 위험천만한 것입니다만, 사람들의 박수와 칭찬은 여러분의 영혼에게 그보다 더 위험한 것입니다. 그러므로 여러분의 가슴에 그런 생각들을 품지 않도록 조심하시고, 또한 아첨으로 여러분의 그 훌륭한 능력의 달콤한 향기를 여러분에게 풍겨대는 그런 사람들과 함께 자리에 앉지 않도록 조심하기를 바랍니다.

둘째 문. 자신의 모습을 드러내고자 하여 앞으로 나서는 데에서 이런 유의 교만이 나타납니다(삼상 17:28). 다윗의 형들은 다윗이 그렇게 하고 있다고 잘못 오해하였습니다만, 마음의 교만과 사악함이 이 문을 차고 나오는 것입니다. 그리스도를 따르던 속된 무리들은 그리스도께 자기 자신을 내보이라고 청했습니다. 교만은 기어오르기를 좋아합니다. 삭개오처럼 그리스도를 보기 위해서가 아니라 자기 자신을 내보이기 위해서 말입니다. 그러나 솔로몬은 이렇게 말씀합니다: "미련한 자는 명철을 기뻐하지 아니하고 자기의 의사를 드러내기만 기뻐하느니라"(잠 18:2). 교만은 자신이 유명하게 되기를 바랍니다. 그리하여 많은 사람들과 사귀러 밖으로 떠돌아다닙니다. 하지만 겸손은 홀로 있기를 기뻐하는 것입니다. 잎사귀들이 열매를 덮고 그늘을 드리우고 있어서 먼저 잎사귀를 부드럽게 들어올려야만 그 열매들이 보이는 것처럼, 섭리의 손길에 의하여 겉으로 드러나고 발휘되기까지 겸손과 거룩한 정숙함이 영혼의 탁월한 능력들을 감추고 있어야 하는 것입니다. 벌거벗은 젖가슴과 벌거벗은 등에 대해서도 자랑하는 마음을 갖듯이, 벌거벗은 은사들에 대해서도 교만이 있습니다. 겸손이야말로 다른 모든 은혜들을 덮어 가려주는 필수적인 휘장인 것입니다. 그러므로 1. 그리스도인 여러분, 공적인 임무를 위하여 앞으로 나설 때마다 항상 여러분에게 부르심이 있는지를 살피기를 바랍니다. 하나님께서 여러분을 부르실 때에 기꺼이 응답하면 그것은 순종입니다. 하지만 하나님이 말씀하시기도 전에 달려가는 것은 교만입니다. 2. 부르심을 받을 때에 이 원수를 대적할 하나님의 능력을 간절히 구하기를 바랍니다. 교만이 두려워 임무를 그만두지는 마십시오. 그것을 피하는 체하는 것에서 오히려 교만이 드러날 수도 있습니다. 하나님이 주시는 힘으로 교만을 대적하며 나아가십시오. 불순종보다 순종이 교만을 이길 가망이 더 많은 것입니다.

셋째 문. 다른 이들의 은사들을 부러워하는 데에서도 이런 유의 교만이 모습을 드러냅니다. 그들의 은사들이 우리 자신의 은사를 가려서 우리의 은사들이 바라는 만큼 잘 드러나지 않는 것처럼 말입니다. 이것은 좋은 땅에 왕성하게 자라는 가라지와도 같습니다. 아론과 미리암은 모세가 누리는 존귀를 견딜 수가 없었습니다(민 12:1). 그들이 모세가 구스 여자를 아내로 맞은 것을 문제 삼아 거론했지만, 사실 그들의 심중에는 모세가 누리는 존귀가 문제였습니다. 2절이 이 점을 잘 보여줍니다: "여호와께서 모세와만 말씀하셨느냐 우리와도 말씀하지 아니하셨느냐?" 그들은 모세가 지나치게 존귀를 많이 누리고 행사한다고 여겼고, 하나님께서 그들보다도 그를 더 많이 사용하신다는 것을 불쾌하게 여겼습니다. 혼합된 무리들과 비천한 자들 중에서는 육체에 대한 욕심이 터져 나왔습니다만(민 11:4, 5), 이러한 교만과 투기는 지위와 경건에서 지극히 고매한 위치를 점하고 있는 자들의 가슴속에서 불길을 지폈던 것입니다. 그러나 고귀한 하나님의 종들이 유혹에 빠져들어간 것을 볼 때에, 우리 비천한 존재들은 얼마나 더 열심히 우리의 마음을 살펴야 하겠습니까! "우리 속에 거하는 영이 시기하기까지 사모한다"(약 4:5. 한글개역개정판은 "하나님이 우리 속에 거하게 하신 성령이 시기하기까지 사모한다" ― 역주). 우리의 부패한 본성이 언제나 발동하여 이 죄를 범하게 만드는 것입니다. 우리 마음과 이 죄를 서로 갈라놓는 것은, 사랑하는 연인들을 서로 만나지 못하도록 막는 것만큼이나 힘듭니다. 지푸라기는 조그만 불똥에도 불이 붙습니다만, 다른 사람의 뛰어난 은사나 은혜를 보면 마음에서 곧바로 투기의 불이 지펴지는 법입니다. 인류의 첫 살인도 바로 투기에서 비롯되었습니다. 투기야말로 부패한 본성이 드러난 첫 창구였던 것입니다. 가인의 투기가 아벨의 살인으로 귀결되었습니다. 자 여러분, 과연 이 죄를 정복하고자 하십니까?

1. 하늘의 도우심을 구하십시오. 사람의 마음이 투기로 가득 차 있음을 말씀하자마자 사도는 곧바로 인간의 욕심보다 무한히 강력한 은혜의 샘이 있음을 보여줍니다. "너희는 우리 속에 거하는 영이 시기하기까지 사모한다 하신 말씀을 헛된 줄로 생각하느냐? 그러나 더욱 큰 은혜를 주시나니"(약 4:5, 6). 그러므로 이 죄 아래 얌전히 앉아 있지 마십시오. 이 죄는 이길 수 없는 것이 아닙니다. 하나님은 죄를 이길 만한 은혜를 능히 주실 수 있습니다. 여러분에게 있는 교만을 능가하도록 더 많은 겸손을 주실 수 있습니다. 이 은혜를 간절히 구할 만큼 여러분 자신을 낮

추십시오. 그러면 다른 이들에게 있는 하나님의 은사나 은혜를 악하게 투기할 만큼 교만해지지 않을 것입니다.

2. 여러분의 생각 속에서 이 죄를 할 수 있는 만큼 검고 추한 것으로 간주하십시오. 그리하여 그것이 여러분 앞에 나타나면 더욱더 그것을 혐오하게 되도록 하십시오. 그 진정한 모습을 보기만 해도 ― 지혜 있게 그것을 잘 살피면 ― 그것을 사랑하는 마음이 사라질 것입니다. 왜냐하면,

(1) 이처럼 다른 이들의 은사들을 시기하는 것은 하나님을 지극히 멸시하는 것이기 때문입니다. 그것도 여러 가지 방면에서 그렇습니다.

(a) 형제의 은사들을 시기하면, 그것은 누구에게 무슨 은사를 줄지를 여러분이 하나님에게 가르치러 드는 것과도 같습니다. 저 크신 하나님께서 은사를 나누어 주시기 전에 여러분에게 자문을 구하거나 문의하시는 것이 마땅하기라도 한 것처럼 말입니다. 감히 이런 시기하는 마음으로 하나님 앞에 서려 하십니까? 그런 사람에게 그리스도께서는 이렇게 말씀하십니다: "내 것을 가지고 내 뜻대로 할 것이 아니냐?"(마 20:15) 그리스도께서는 마치 이런 뜻으로 말씀하신 것과도 같습니다: 그들의 것이 아니라 내 것을 갖고서 내가 내 뜻대로 베풀어 주는데 사람이 트집 잡을 것이 무엇이란 말인가?

(b) 이는 하나님의 선하심을 욕되게 하는 것입니다. 이는 여러분 이외에 그 누구에게라도 하나님께서 선을 베푸실 뜻을 가지시는 것이 여러분에게 거슬린다는 뜻입니다. 하나님이 선하시다는 것 때문에 여러분의 눈이 아리는 것입니다. 하나님의 선하심을 바라지 않습니까? 어쩌면 그분이 하나님이 아니시면 좋겠다고 말할지도 모르겠습니다. 선하심을 버리시는 순간 그는 하나님이시기를 그만두시는 것입니다.

(c) 그렇게 되면 여러분은 하나님의 영광과 원수가 되고 맙니다. 하나님의 영광을 높이 세워야 하는데 오히려 그것을 더럽히니 말입니다. 모든 은사는 하나하나가 다 하나님의 탁월하심을 드러내는 광선이라 할 것입니다. 모든 광선이 다 태양의 영광을 드러내듯이, 하나님께서 베푸신 모든 은사들도 하나님의 영광을 선포하는 것입니다. 그런데 투기는 하나님의 그런 영광된 모습을 더럽히고 망가뜨리려 애씁니다. 언제나 무엇이든 다른 이의 훌륭한 것을 무시하고 폄하하려 하니 말입니다. 하나님은 미리암을 벌하셔서 그의 죄를 드러내 보이셨습니다. 미리암은 하나님의 은사들과 은혜를 훌륭하게 발휘하는 모세를 시기하여 그를 깎아내리려

하였습니다. 그러나 하나님께서 미리암을 정면으로 치셨습니다(민 12장). 구역질 나는 각질이 그녀를 온통 뒤덮게 하신 것입니다. 여러분, 하나님의 존귀를 드러내고 높이기를 진정 바랍니까? 그런데 어째서 고개를 내밀고서 다른 이들의 은사들을 통해서 하나님이 영광 받으시는 것을 즐거워하지 않는단 말입니까? 이교도들도 자기보다 다른 사람이 존귀와 권력의 자리를 차지할 때에 그것을 기꺼이 받아들이고, 나라에 자기보다 더 존귀한 자들이 훨씬 많다는 것이 기쁘다고 말하는 경우가 많다면, 하물며 그리스도인이 자기 이외에 다른 사람이 하나님을 존귀하게 할 자로 합당하게 나서서 일하는 것을 보고 투기하고 가슴 아파해서야 되겠습니까?

(2) 다른 이들의 은사들을 시기하면, 이는 여러분의 형제에게 악을 행하는 것입니다. 사랑의 법으로 하면 형제의 선을 여러분 자신의 것과 똑같이 기뻐해야 하고, 또한 여러분 자신보다 형제의 존귀를 더 높여야 하는 것이 마땅한데, 그렇게 하지 않으니, 이는 사랑의 법을 어기는 죄를 범하는 것입니다. 똑같은 사람을 사랑도 하고 시기도 할 수는 없습니다. 마치 몸에 열이 가득하여 불타오르는 것이 유익한 자연의 열기와 어긋나듯이, 그만큼 시기는 사랑과 어긋나는 것입니다. "사랑은 … 시기하지 아니하며"(고전 13:4). 사랑하는데 어떻게 시기할 수 있겠습니까? 그러나 형제를 사랑하기를 그만두면, 이제 그를 미워하고 죽이기를 시작하게 됩니다. 결국 나중에 살인자가 될 텐데, 이것이 두렵지 않습니까?

(3) 다른 이들의 은사들을 시기하면, 여러분 자신을 위해서도 최악의 일을 도모하는 것이 됩니다. 여러분이 하나님을 어찌할 수는 없습니다. 하늘을 향하여 뱉은 것이 결국 반드시 여러분의 머리 위에 떨어지게 되어 있습니다. 여러분이 시기하는 그 형제를 하나님께서 여러분의 시기로부터 막으십니다. 그 형제가 하나님께서 그에게 베푸신 것 때문에 욕을 당하고 있으니 말입니다. 하나님께서는 이처럼 요셉을 시기하는 형들의 손길에서 보호하시고 그의 대의를 이루셨고, 다윗을 악한 사울의 시기로부터 보호하셨습니다. 그러니 여러분 자신만 큰 상처를 받게 되는 것입니다.

(a) 다른 이들의 은사를 통하여 여러분이 거두어들일 수 있는 것들을 빼앗기는 것입니다. "시기가 사라지면 네 것이 내 것이요, 내 것이 네 것이라"는 옛말이 참입니다. 그런데 마치 거머리처럼 — 거머리는 나쁜 피를 뽑아낸다고들 합니다만 — 여러분은 불만을 갖고서 고작 여러분의 마음을 붓게 만들고 나중에는 분쟁과 싸

움 중에 다시 토해내고 말 것을 빨아먹는 것입니다. 그리스도의 설교를 듣는 바리새인들과 기타 유대인들의 반응에서 보는 대로, 고귀한 설교를 듣거나 은혜로운 기도를 듣고서 하나님께서 사용하시는 도구를 상대로 트집이나 잡고 있다면, 이 얼마나 안타까운 일이겠습니까!

(b) 여러분의 삶의 기쁨을 여러분 스스로 강탈하는 것입니다. "잔인한 자는 자기의 몸을 해롭게 하느니라"(잠 11:17). 시기하는 사람은 고의로 자기 몸을 해칩니다. 다른 이들의 존귀와 명예를 가시로 삼아 자기 마음속에다 박아 놓습니다. 그리고는 항상 고통과 고뇌로 그것들을 생각합니다. 그리고 항상 고통이 있으니 한탄이 있을 수밖에 없습니다.

(c) 여러분 자신을 유혹의 입 속에 던지는 것입니다. 이것처럼 마귀를 유리하게 만드는 것이 없습니다. 이것이야말로 거의 모든 죄가 자라나는 줄기인 것입니다. 요셉을 시기한 그의 형들이 그를 없애기 위해 무슨 짓이든 못하겠습니까? 요셉의 곡식 단에 절하는 것을 도저히 견디지 못하도록 만든 그들의 교만이 오히려 그들을 더욱 낮추어서 지옥만큼이나 낮게 만들어 마귀의 도구가 되게 하여 그 사랑하는 동생을 노예로 팔게 만든 것입니다. 하나님께서 그를 보호하지 않으셨다면, 요셉은 그렇게 팔려가는 것보다 차라리 그 자리에서 형들에게 죽임을 당하는 편이 더 나았을지도 모릅니다. 사울은 다윗을 향하여 얼마나 무능하고 또한 잔인한 모습을 보였습니까? 시기가 그의 마음의 보좌에 앉으니 그렇게 된 것입니다! 여인들의 노래에서 자기보다 다윗이 더 칭송을 받았다는 이야기를 들은 그 날부터 그는 그 소리를 생각에서 빼낼 수가 없었습니다. 오히려 자신에게 아무런 잘못을 범한 적이 없고 오히려 목숨을 걸고 골리앗을 물리쳐서 자신의 왕좌를 보존시켜 주는 큰 역할을 감당한 이 무죄한 사람을 죽이려는 의도가 사울의 마음을 지배하였던 것입니다. 오오 이것은 피비린내 나는 죄입니다! 이것은 온갖 잡다한 다른 죄들이 형성되는 자궁으로서, 시기와 살인과 사기와 악의와 불의로 가득한 것입니다(롬 1:29). 그러므로 여러분, 마귀와 그의 수족들을 환영하여 맞이하기로 결심하지 않았다면, 마음속에 들어와 자리를 잡기 전에 그를 대적하기를 바랍니다.

[영적 교만의 둘째 종류 — 은혜의 교만]

사탄은 또한 은혜의 교만을 통해서도 그리스도인을 공격합니다. 은혜가 교만해질 수 없다는 것은 사실입니다. 하지만 성도가 자신의 은혜로 인하여 교만해지는 일은 얼마든지 가능합니다. 은혜에 있어서는 그리스도인이 가진 것이나 행하는 것이 하나도 없지만, 그 속에서 이 교만이라는 벌레가 자라난다는 말입니다. 우리가 사는 세상은 부패가 가능합니다. 그러므로 여기에 있는 모든 것은 부패할 가능성이 있습니다. 마치 서늘한 방에 보관해 두는 물건들도 썩는 것처럼 말입니다. 은혜를 순결하게 지키고 보존해 주는 것은 은혜의 본질 그 자체가 아니라 언약의 소금입니다. 천국에서는 정말이지 모든 것이 안전할 것입니다. 그러나 어떻게 성도가 자기의 은혜를 자랑한다는 말을 들을 수 있겠습니까? 사람이 자기의 은혜를 신뢰하게 되면, 그의 영혼이 그의 은혜를 자랑스러워하게 됩니다. 신뢰와 믿음은 주권자이신 하나님의 면류관에 속한 누구도 범접할 수 없는 꽃입니다. 심지어 사람들 중에서도 임금의 면류관에는 엄숙한 위엄이 결부되어 있습니다. 임금을 세우면, 그 임금은 그의 지위의 확고한 특권으로서 그에게 신뢰와 믿음을 바칠 것을 기대합니다. 그러므로 다른 이에게 보호해 주기를 구한다면, 이는 말하자면 다른 임금을 세우는 것과도 같습니다. "너희가 참으로 내게 기름을 부어 너희 위에 왕으로 삼겠거든 와서 내 그늘을 신뢰하라"(삿 9:15. 한글개역개정판은 "내 그늘에 피하라" — 역주). 그러므로 사람이 하나님 이외의 그 어떠한 것에다 신뢰를 둔다면, 이는 왕자나 임금이나 우상을 별도로 세우고 그것에게 하나님의 영광을 바치는 것이 되는 것입니다. 우리가 정욕에게 면류관을 씌우지 않고 은혜에게 면류관을 씌운다고 해서 죄가 가벼워지는 것이 아닙니다. 저주받은 마귀를 예배하는 것이나 거룩한 천사를 예배하는 것이나 모두 똑같이 우상 숭배요, 우리의 배(腹)를 신으로 삼는 것이나 우리의 은혜를 신으로 삼는 것이나 모두 똑같이 우상 숭배입니다. 아니, 오히려 죄가 가중됩니다. 하나님이 은혜를 베푸셨으니 그 결과로 그에게 영광이 돌아가야 마땅할 텐데 그렇지 못하니 오히려 그 은혜를 이용하여 그에게서 영광을 빼앗는 것이 되기 때문입니다. 여러분의 종에게 많은 보화를 쥐어줄수록, 그가 그것을 갖고 도망하게 되면 여러분이 그만큼 더 큰 손해를 입게 되는 것입니다. 모르긴 몰라도, 아마 아들 압살롬이 아니고 블레셋 사람이 그의 왕위를 빼앗으려 했다면, 다윗이 오히려 더 잘 견뎠을 것입니다. 그런데, 성도가 자기의 은혜를 신뢰하는 일이 어떻게 해서 일어날까요? 첫째로, 자기 은혜의 힘을 신뢰하여 그렇게 됩니다. 둘째로, 자기 은혜의 값어치를 신뢰하여 그렇게 됩니다. 하지만 일종의 간사한 신뢰, 혹은 확대 해석을 통해서 신뢰의 냄새를 풍기는 그런 것도 있습니다. 사탄은 아주 교묘하게 공격하는 것입니다.

은혜의 교만은 우리의 은혜의 힘을 신뢰하는 것임

첫째, 그리스도인이 자기의 은혜의 힘을 신뢰하다가 자기의 은혜를 자랑하게 될 수도 있습니다. 은혜의 힘을 신뢰하는 것이 곧 은혜의 교만이 되는 것입니다. 이것은 우리 주님께서 그렇게도 높이 말씀하셨던 심령의 가난과 정반대되는 것입니다(마 5장). 심령이 가난한 사람은 자신의 영적인 거지의 상태와 아무것도 아닌 상태를 지속적으로 지각하며 살며, 그리하여 자기 스스로는 삶을 유지할 수 있는 것이 하나도 없다는 것을 알고서 마치 가난한 자가 부자의 손에 의지하듯 그리스도께 의지하게 됩니다. 바울이 바로 그런 사람이었습니다. 그는 어떤 일도 자기 스스로는 할 수 없다는 것을 알고 있었고, 그리하여 그리스도께서 모든 것을 지니고 계신다는 것을 세상에 알리기를 부끄러워하지 않았습니다. "우리의 만족은 오직 하나님께로부터 나느니라"(고후 3:15). 그렇습니다. 여러 해 동안 사역을 감당한 후에도 이 거룩한 사람은 자기가 잡은 것이 하나도 없음을 보고 있습니다: "나는 아직 내가 잡은 줄로 여기지 아니하고"(빌 3:13). 그는 여전히 앞을 향하여 달려가고 있습니다. 어떻게 사느냐고 그에게 물어보십시오. 그러면 그는 그리스도께서 그를 위하여 집을 지켜 주신다고 말할 것입니다. "이제는 내가 사는 것이 아니요 오직 내 안에 그리스도께서 사시는 것이라"(갈 2:20). 거지에게 고기와 의복을 어디서 얻느냐고 물어보십시오. 그러면 그는, "나의 선하신 주인께 감사할 따름이지요"라고 말할 것입니다. 그런데 사탄은 주로 자신의 능력에 대해 교만한 자신감을 갖게 하여 영혼을 우쭐하게 만들려고 애씁니다. 이것이야말로 그 영혼을 올무에 빠지게 만드는 가장 효과적인 수단입니다. 하나님의 자녀들이 교만해지고 스스로 거들먹거리게 되면 그들을 사탄의 손에 넘기시는 것이 하나님의 방법인데, 사탄이 이를 잘 알고 있습니다. 하나님께서는 히스기야를 시험하기 위하여 그로 하여금 유혹을 당하게 하셨습니다(대하 32:31). 왜 그러셨을까요? 하나님은 전에 환난 중에 그를 시험하신 바 있습니다. 왜 이런 시험이 필요했을까요? 오오 환난을 당한 후 히스기야의 마음이 우쭐해졌습니다. 그리하여 하나님께서는 시험하는 자를 보내사 혼자서 공격을 당하게 하셨습니다. 아마 히스기야는 자신에게 있는 은혜를 자랑스럽게 여기고 있었을 것입니다. 전에 행했던 것 같이는 절대로 다시 행하지 않으리라 생각했을 것입니다. 이때에 하나님께서는 그가 얼마나 연약한 존재인가를 깨닫게 하시는 것입니다. 베드로는 "모두 주를 버릴지라도 나는 버리지 않겠나이다"라고 하며 허풍을 떨어서 스스로 자기 등을 때리는 채찍을 만듭니다. 이에 그리스도께서는 그저 긍휼을 베푸사 사탄을 그에게 세우사 그를 때려눕히게 하십니다. 그리하여 자신의 믿음의 연약함을 깨닫고서 그 높은 교만의 자리에서 끌려 내려오도록 하시는 것입니다. 그리스도인 여러분, 여기서 제가 말씀하고자 하는 것은 다만 이런 유의 교만을 조심하라는 것입니다. 다윗이 그의 나라의 힘을 믿고 마음이 우쭐해져서 백성의 인구를 조사하고자 하는 것을 직감하고 요압이 그에게 무어라고 했는지를 아시지요? "이 백성이 얼마든지 왕의 하나님 여호와께서 백배나 더하게 하사 내 주 왕의 눈으로 보게 하시기를 원하나이다. 그런데 내 주 왕은 어찌하여 이런 일을 기뻐하시나이까?"(삼하 24:3). 여호와께서 왕의 은혜의 힘을 백배나 더하게 하시기를 바랍니다. 하지만 왕은 어찌하여 이런 일을 기뻐하십니까? 어찌하여 왕께서 우쭐해지십니까? 그것이 은혜가 아니던가요? 종이 주인의 말을 타면서 마치 자기 말을 타는 것처럼 교만해지겠습니까? 아니면 진흙으로 된 담장이 햇빛을 받는다고 해서 그 때문에 교만해지겠습니까? 여러분에게 있는 은혜 하나하나에 대해, 젊은 종이 주인에게 "아아 주인님, 이것은 빌려온 것입니다"라고 말한 것처럼 말하지 않겠습니까? 아니 여러분에게 있는 은혜는 빌려온 것일 뿐 아니라, 그것을 빌려 주신 주인의 기술과 힘이 없이는 결코 사용할 수 없는 것입니다. 이 점을 주의하십시오. 헛된 생각들이 여러분 속에 깃들어 시험에 빠지는 일이 없도록 하십시오. 이것은 온갖 죄들이 속히 들어와 가득 채우게 될 소지가 다분한 범죄인 것입니다.

1. 이는 곧바로 여러분을 느슨하게 만들고 임무를 소홀히 하게 만듭니다. 영혼으로 하여금 일하고, 기도하고 듣도록 유지시켜 주는 것은 곧 자신의 부족함에 대한 인식입니다. 집이나 창고에 부족한 것이 있기 때문에 시장에 나갑니다. 집에 있는 것을 사기 위해서 시장에 가는 사람은 아무도 없습니다. 야곱은 아들들에게, "너희는 애굽으로 가서 거기서 곡식을 사오라 그러면 우리가 살고 죽지 아니하리라"라고 말씀합니다. 핍절한 그리스도인은 이렇게 말합니다: "영혼아 네 하나님께로 올라가라. 네 믿음이 미약하고 네 인내가 거의 소진하였으니, 은혜의 보좌에게 청하라. 네 비둘기를 갖고 규례들에 임하며 무언가 공급함을 받으라." 그런데 창고가 가득하여 교만해진 영혼에게는 다른 노래가 있습니다: "영혼아, 편안히 있으라. 여러 날 동안 먹을 풍성한 양식이 그대에게 있도다. 의심하는 심령은 기도할 것이나 그대의 믿음은 강하도다. 연약한 자는 젖을 구하나 그대는 이미 장성하였도다." 이 이상 더 나아가지 않는다면, 곧 규례들을 경멸하는 데로 나아가지 않는다면, 그

래도 문제가 덜할 것입니다. 그런데 고린도교인들은 그런 데에까지 나아갔습니다: "너희가 이제는 배부르며 이제는 풍성하며 우리 없이도 왕이 되었도다"(고전 4:8. 한글개역개정판은 "이제는"을 "이미"로 번역함 — 역주). 여기서 "이제는 … 이제는"이라는 단어에 강조점을 두고 있는 것을 주시하십시오. 그들이 이제는 풍성하게 되었다는 것입니다. 이는 마치 이런 뜻과도 같습니다. 전에는 만일 바울이 그곳에 와서 말씀을 전한다는 소문이 그 성에 퍼졌다면, 그때에는 그들이 가득 모여서 그의 말씀을 들었을 것이고 그리하여 하나님을 찬양하였을 것이지만 그때는 그들이 가난하고 핍절한 상태였고, "이제는" 그들이 배부르고 풍성하여졌고, 큰 것들을 이미 성취한 처지가 되어 있다는 것입니다. 그러나 바울은 여전히 그저 평범한 사람에 불과하니, 배고픈 사람에게는 가서 격려할 수도 있겠지만, 그들은 이미 다 만족을 누리고 있는 상태라는 것입니다. 마음이 이런 상태가 되어 있으면, 그 뒤에 오는 결과는 뻔한 것입니다.

2. 은혜의 힘을 신뢰하게 되면 여러분의 영혼이 대담해지고 무모하게 됩니다. 겸손한 그리스도인은 가련한 그리스도인입니다. 그는 자기의 연약함을 알며, 이것이 그를 두려워하게 만듭니다. 그는 이렇게 말합니다. "나는 머리가 약하니 복잡한 논쟁에 얽히면 오류와 이단에 빠질 수도 있다. 그러니 그런 것이 있는 곳에는 감히 나아가지 않겠다. 나의 연약한 머리가 혼란에 빠질 것이니 말이다." 자신 있는 사람은 주는 것을 다 받아 마십니다. 아무것도 두려워하지 않습니다. 진리에 확고히 서 있어서 이단의 무리가 한꺼번에 달려들어도 그를 무너뜨리지 못할 것입니다. 그러나 겸손한 자는, "나는 마음이 가볍고 약하니, 악한 타락한 무리들 중에는 감히 나아가지 않으리라. 결국 저 악한 사람이 나를 홀려 내가 그 악행에 빠지고 말 것이니 말이다"라고 말합니다. 그러나 자기의 은혜의 힘을 신뢰하고 자만하는 사람은 감히 마귀의 소굴에 들어가는 모험을 감행합니다. 베드로도 이처럼 그리스도의 원수들의 소굴에 들어갔습니다. 그런데 그가 어떤 상태로 거기서 나오게 되었는지 여러분도 잘 알 것입니다. 그리스도께서 적절한 시기에 사랑의 손길로 그를 제어하지 않으셨다면, 그 소굴에서 곧바로 그의 믿음이 곧바로 살해당하고 말았을 것입니다. 절제해야 할 대상이 앞에 있는 경우라면 그것을 절제해야 하겠지만, 그렇지 않을 때에는 그냥 절제하는 것만으로는 족하지 않고 술집이나 사창가로 들어가서 거기서 절제해야 한다는 식으로 허풍을 떠는 철학자들의 이야기를 들어본 적이 있습니다. 마치 마귀의 소굴에 들어가서 거기서 마귀를 때려 부셔

야 한다는 식입니다. 그러나 그런 철학자들은 모르고 있지만, 그리스도인은 그보다 훨씬 가까이에 있는 원수를 잘 알고 있습니다. 그러니 마귀에게 도전하기 위해서 구태여 자신의 문지방을 넘어갈 필요가 없습니다. 그 자신의 가슴속에 정욕이 있습니다. 그러니 그것에게 유리한 고지를 내주지 않도록 싸우는 것만 해도 하루 종일 힘이 듭니다. 그리스도인 여러분, 한 가지만 빼고 여러분이 범하지 못할 죄가 없습니다. 어떤 사람이 자신에 대해, "클래펌(Clapham)이 병에 걸려 죽는다면, 클래펌이 믿음이 없었노라고 말하라"는 말을 들었습니다. 이는 대담한 발언이었습니다. 그러자 그 말을 들은 이 사람은 전염병에 걸린 사람들에게로 담대하게 나아갔습니다. 진정 그리스도인이라면 여러분이 영적인 질병에 걸려 죽는 일은 없습니다. 하지만 한동안 심각한 죄로 인한 영적 질병의 상처들이 그에게 남아 있을 수는 있습니다. 이것만 해도 얼마나 안타까운 일입니까? 그러니 여러분의 하나님과 겸손히 행하기를 바랍니다.

3. 이처럼 여러분의 은혜의 힘에 대해 자고하게 되면, 연약한 형제들의 갖가지 연약함에 대해 잔인하고도 거칠게 대하게 됩니다. 그러나 이는 성도에게는 전혀 어울리지 않는 죄악입니다. "사람이 만일 무슨 범죄한 일이 드러나거든 신령한 너희는 온유한 심령으로 그러한 자를 바로 잡으라"(갈 6:1). 하지만 어떻게 하면 그런 온유한 심령을 갖게 될까요? 그 다음에 이어지는 말씀을 주목하십시오. "너 자신을 살펴보아 너도 시험을 받을까 두려워하라." 사람이 어째서 연약하고 비천한 자에게 그렇게 막 대하게 될까요? 자기들은 절대로 그렇게 되지 않을 것이라고 생각하기 때문입니다. 많은 이들이 왜 그렇게 남을 예리하게 판단할까요? 자기들의 은혜를 너무도 신뢰하는 나머지 자기들은 절대로 그런 오류에 빠지지 않으리라고 여기기 때문입니다. 오오, 여러분에게는 몸이 있고, 죄의 몸이 여러분에게 있습니다. 그러니 두려워하십시오. 베르나르는 신자의 죄에 대한 추문이 들리면 이렇게 말하곤 했다고 합니다: "오늘은 그가 넘어졌으나, 내일은 내가 넘어질지도 모르지."

은혜의 교만은 우리의 은혜의 값어치를 의지하는 것임

둘째, 그리스도인은 자기에게 있는 은혜의 값어치를 의지함으로써 은혜의 교만에 빠질 수도 있습니다. 곧, 그 은혜의 값어치를 의지하여 하나님께서 자기를 받아주신다고 여기는 것입니다. 성경은 우리에게 본래부터 있는 은혜를 "우리의 의"라고 부르며(물론 하나님께서 이를 이루는 원인이십니다만), 이를 그리스도의 의와 대비시킵니다. 그리고 오직 그리스도의 의를 "하나님의 의"라 부르는 것입니다 (롬 10:1-4). 그런데 이처럼 본래부터 우리에게 있는 은혜에 의지하는 것은 우리 자신의 의를 하나님의 의보다 더 높이는 것입니다. 그러니 이처럼 엄청난 교만이 또 어디 있겠습니까? 사실이 그렇다면, 성도는 천국에 들어갈 때에, "이 천국은 내가 세운 것이로다. 나의 은혜가 이를 값 주고 샀으니"라고 말하게 될 것이요, 그렇게 되면 하늘의 하나님은 천국에 있는 자기의 피조물의 세입자가 되어 버리실 것입니다. 그러나 그렇지 않습니다. 하나님께서는 우리의 구원의 순서를 다른 방식으로 진행하셨습니다. 은혜의 방식입니다. 하지만 우리 속에 본래부터 있는 은혜가 아니라, 우리에게 베푸시는 은혜입니다. 우리에게 본래부터 있는 은혜도 그 자리와 역할이 있어서 구원에 수반됩니다(히 6:9). 하지만 그 은혜가 구원을 얻게 하는 것은 아닙니다. 그리스도의 역사가 구원을 이루는 것이지 우리의 본래적인 은혜가 그렇게 해주는 것이 아닙니다. 이스라엘 백성이 시내 산에서 여호와를 기다리고 있을 때에 그들에게는 경계가 주어졌습니다. 모세 외에는 그 누구도 그 산에 올라가 하나님과 대면해서는 안 되었습니다. 산에다 발을 디디지도 못했습니다. 이를 어기면 죽게 되어 있었습니다. 이처럼 사람의 모든 은혜들이 하나님을 기다립니다. 그러나 믿음 이외에는 — 이 믿음도 은혜이지만, 이는 심령을 그 자신의 의복을 입은 모습으로 드리지 않습니다 — 그 어떠한 은혜도 감히 산 위로 올라가 하나님께 받아주시기를 도전해서는 안 되었습니다. 하지만 여러분은 아마, "이 모든 것이 무슨 필요가 있는가? 자기의 은혜를 의지할 사람이 어디 있는가?"라고 말할 것입니다. 안타깝습니다만, 완전히 깨끗하게 행하여 자기 자신의 의를 갖고서 자유로이 나아올 그리스도인이 어디 있습니까? 자기 믿음의 키를 똑바로 잡아 정확한 경로를 따라가며, 이따금씩 임무를 그르치거나 은혜를 거스른 적이 전혀 없는 그런 사람이 있다면, 정말 희귀한 선장일 것입니다. 아브라함도 하갈에게 들어갔습니다. 그리고 아브라함의 믿음의 자녀는 완전하게 율법에 대해 죽지 않았습니다. 그러니 때때로 하갈의 팔베개를 하고 있는 모습이 눈에 띄기도 할 것입니다. 우리의 순종의 갖가지 양태에 따라서 우리의 믿음이 이리저리 흘러가는 것을 봅니다. 이것이 충만한 것 같은 때에는 우리 믿음이 봄날을 맞아서 두려움의 산들을 다 뒤덮습니다. 하지만 임무를 행하다가 이것이 시드는 것 같으면, 우리 믿음의 요단 강이 말라 버리고 우리의 심령이 벌거벗은 상태가 되고 맙니다. 마귀는 그리스도를 향하여 앙심을 품고 있습니다. 그런데 그리스도께서 오시는 것도 애를 써서 막아보았지만 막을 수 없었고, 또한 그가 오신 후에 그에게 영향력을 행사하여 그의 뜻을 바꾸어 보려 했으나 하지 못하였으므로, 이제는 좀 더 교묘한 방법으로 우리의 의를 그의 의와 뒤섞어서 그의 고난의 영광과 또한 그의 충족한 의의 영광을 흐리게 만들려고 애를 씁니다. 그리하여 이 믿음으로 말미암는 칭의(稱義)의 교리야말로 성경의 그 어떠한 교리보다 더 강력하고도 열정적인 반대와 저항을 받아온 것입니다. 사실 다른 많은 오류들은 이 칭의의 교리를 무시하게 만들기 위해 사용된 얄팍한 수단에 불과했습니다. 그리고 마지막으로 이 진리를 도저히 숨길 수가 없자 ― 이 진리가 교회에서 마치 태양빛만큼이나 강력하게 비치고 있습니다 ― 이 교리를 실천적으로 적용하는 일을 방해하려고 공작합니다. 곧, 우리로 하여금 우리 자신의 원리들에 합당하게 살지 못하도록 만들려 하는 것입니다. 우리의 판단으로는 오직 그리스도로 말미암아서만 하나님께서 우리를 받으신다고 고백하면서도 동시에 우리의 실천으로는 우리 자신을 혼란에 빠지게 만드는 것입니다.

이를 위하여 그는 마음속에 있는 두 가지 교만을 이용합니다. 그 하나는 예의를 차리는 교만(a mannerly pride)이라 부를 수 있고, 다른 하나는 자신을 칭찬하는 교만(self-applauding pride)이라 부를 수 있을 것입니다.

첫째, 예의를 차리는 교만이 있는데, 이는 습관적으로 겸손을 위장하는 데에서 나타나며, 또한 사람이 처음 그리스도께 나아올 때부터 그 모습을 드러내며, 약속을 받지 못하도록 가로막고, 혹은 후에 하나님과 동행하는 일상적인 생활에서도 그리스도께 의지하여 편안히 살지 못하도록 방해합니다.

1. 가련한 사람이 자기 자신의 무가치함과 크나큰 불의에 대한 인식으로 인하여 약속을 받아들이지 못하는 경우. 그 사람에게 죄 용서에 대해 이야기합니다. 하지만 안타깝게도 그는 자기 자신의 더러움에 대한 생각으로 가득 차 있어서 도무지 그를 납득시킬 수가 없습니다. 무엇이라고요? 하나님께서 그같이 형편없는 자를 그 많은 크고 가증스러운 죄들을 한꺼번에 제거하시고 가슴으로 안아주신다고요? 하나님을 상대하여 그토록 오랫동안 반역하여온 그 사람을 그의 사랑 안에 받아주신다고요? 그로서는 이것을 도저히 믿을 수가 없습니다. 그리스도께서 죄를 사하시기 위하여 행하시고 당하신 일을 들어도 위로를 얻을 수가 없습니다. 그런 사람은 그런 생각들이 쓴 뿌리에서 솟아나는 것이라는 점을 생각하는 일이 거의 없습니다. 그토록 여러분 자신을 비난하고 여러분의 죄를 가중시키는 것이 잘하

는 일이라 생각합니까? 사실 여러분의 죄를 아무리 까맣게 색칠해도 충분하지 못합니다. 그리고 여러분 자신을 아무리 낮고 천하게 보아도 충분하지 못합니다. 하지만 하나님과 그리스도께서 여러분에게 무슨 잘못을 행하셨기에 하나님의 긍휼하심과 그리스도의 공로를 그렇게 무가치하게 여긴단 말입니까? 여러분의 구주님을 그렇게 깎아내리는 것 말고는 여러분이 자신의 죄를 깊이 인식하고 있다는 것을 드러내 보일 방법이 없단 말입니까? 사탄을 대적하고 위대한 승리를 거두신 하나님을 정죄하고 또한 그리스도와 그의 피로 하여금 사탄 앞에서 수치를 당하시게 하지 않고서는 여러분 자신을 비난할 수가 없습니까? 한 마디로 말해서, 여러분이 정말 죄로 인하여 완전히 망해 버린 비참한 상태에 있다 할지라도, 하나님께서 그 죄들을 용서하시는 영광을 지니시고 또한 그리스도께서 죄 용서를 이루시는 존귀를 누리시기를 바라지 않습니까? 아니면 여러분이 누가복음에 나오는, 땅을 팔 힘도 없고 부끄러워 구걸하지도 못하는 사람을 닮았습니까(눅 16:3)? 여러분 자신의 의로는 천국을 얻을 수가 없습니다. 그런데도 도무지 그리스도의 공로에 의지하여 구할 생각이 없을 만큼 여러분의 심령이 그렇게 단호합니까? 그렇습니다. 하나님의 손에서 그것을 취하십시오. 하나님께서 친히 복음에서 여러분께 구하시며, 또한 자신과 화목하라고 여러분에게 청하고 계시지 않습니까? 오오, 여러분, 그처럼 겸손해 보이는 휘장 이면에 그런 교만이 숨겨져 있으리라고 과연 누가 생각이나 했겠습니까? 거지가 부자의 손에서 빵을 받아들기보다는 차라리 굶어죽기를 택한다면, 악을 행한 범죄자가 자비로운 군주에게 용서를 구하기보다는 차라리 교수형을 택한다면, 이는 정말이지 지독한 교만입니다. 하지만 이보다 무한히 더 지독한 교만이 있습니다. 바로 죄 가운데서 멸망해 가면서도 하나님의 자비와 그리스도의 구원의 손길을 거부하는 것이 그것입니다! 아비가일은 자신이 다윗의 아내가 되기에 합당치 못하다고 생각했으나, 다윗은 자기에게는 고귀한 분이라 생각하여 다윗의 청을 겸손하게 수락하여 속히 그의 사자들을 따라나섰습니다. 이것은 정말 아름다운 마음의 모습입니다. 여러분 자신의 추악함을 지각하여 낮게 엎드리면서도 믿으며, 우리 자신을 고귀하게 보는 교만한 모든 것을 버리면서도 자비를 얻을 소망을 모두 버리지 않고 우리를 향하여 오라고 청하시는 그리스도께로 속히 나아가는 것 말입니다. 그리스도께서 그의 사자들을 명하여 가련한 죄인들을 초청하여 오게 하며 "모든 것이 다 준비되었다"고 말하도록 하시는데, 그를 계속 세워 두는 것이야말로 그 속에 모든 당치 못한 교만이 숨어 있는 것입니다. 하지만 여러분은 아직도 이렇게 말할지도 모르겠습니다. 곧, 여러분이 그것을 거부하는 것을 교만 때문이 아니고 하나님께서 과연 여러분처럼 추악한 자를 영접해 주시리라는 것이 믿기지 않기 때문이라고 말입니다. 여러분, 조금만이라도 진정으로 이렇게 바꾸어 생각해 보기를 바랍니다. 여러분의 마음속에 약속의 은택을 얻고자 하는 욕심이 있고 또한 그것을 버릴 생각도 없으며 게다가 여러분이 자신의 죄에 대해 그렇게 소리치면서도 동시에 지옥과 은밀한 거래를 주고받을 수 있을 만큼 굉장한 외식자일 수도 있습니다. 혹은 그렇지 않으면 여러분에게 더 심한 교만이 있는 것이 분명합니다. 여러분의 독단적인 불신앙 이외에는 복음의 저 분명하고도 확실한 많은 약속들을 거부할 만한 것이 여러분에게 아무것도 없으니 말입니다. 하나님은 악인에게 그의 길을 버리고 하나님께로 나아올 것을 명하시며, 그에게 나아오면 풍성한 죄 용서를 주시겠다고 하십니다. 그런데도 여러분은 이것을 믿지 못하겠다고 합니다. 그러면 누구의 말이 진실입니까? 둘 중의 하나는 거짓말쟁이일 수밖에 없습니다. 여러분이 하나님과 그의 약속을 상대로 말한 것에 대해 여러분 스스로 수치를 당하든지 — 이것이 가장 합당한 길일 것입니다 — 아니면 모든 불신자가 하듯이(요일 5:10) 교만하고도 망령되게 하나님을 거짓말을 하는 자로 만들어야 할 것입니다. 그러나 아닙니다. 하나님은 그들 "앞에 있는 소망"이신 그리스도께로 피하는 가련한 죄인들에게 더 큰 안전을 보장해 주시고자, 그들에게 강력한 위로가 있을 것임을 맹세하여 말씀하십니다(히 6:17-18). "하나님이 우리를 위하여 친히 맹세하시니, 오오, 우리는 복된 자로다. 그러나 하나님이 맹세하시는데도 그를 믿지 않으면, 오오, 이 비참한 우리의 처지를 어찌하랴!"

2. 영혼이 큰 도약을 감행하여 그리스도와 함께 있으며 평안과 생명의 상태 속에 들어와 있다 할지라도, 사탄은 그리스도인의 일상적인 임무와 순종의 삶 속에서 이런 예의를 차리는 교만을 이용하여 그를 방해하고 그의 평안과 위로를 가로막습니다. 오오 수많은 고귀한 영혼들이 얼마나 활기도 없고 기쁨이 없는 상태로 나날을 보내고 있는지 모릅니다! 그 원인이 어디에 있는지를 살펴보면, 그들의 모든 기쁨이 그들의 불완전한 의무들과 허약한 은혜들의 틈새로 빠져 나가는 것을 알게 될 것입니다. 하고픈 만큼 꾸준하고도 충실하게 기도할 수가 없고, 바라는 만큼 그렇게 생활할 수가 없습니다. 말씀에 나타나 있는 거룩한 기준에 자기들이 얼마나 모자라며, 또한 은혜에서 더 뛰어난 다른 이들이 그들의 앞에 세워 놓은 삶의

패턴들에 자기들이 얼마나 못 미치는지를 봅니다. 그렇다고 해서 약속들을 완전히 던져 버리거나 그리스도 안에 있는 모든 소망을 아예 포기하게 되지는 않습니다만, 이로 인해서 갖가지 안타까운 두려움과 의심이 생겨나고, 그리스도께서 베푸시는 잔치 석상에 앉으면서도 과연 그들이 음식을 먹어도 되는지 먹어서는 안 되는지 분간이 되지를 않는 것입니다. 한 마디로, 이로 인하여 기쁨을 잃어버리게 되고, 또한 그리스도께서는 영광을 얻지 못하게 됩니다. 그들이 그의 안에서 기뻐하면 이로써 그가 영광을 받으시게 되는데 그들이 기뻐하지 못하니 결국 그가 영광을 받지 못하시는 것입니다. 그리스도인 여러분, 제 말은 여러분이 여러분의 은혜들과 임무들에서 결점들이 보여도 그것에 대해 슬퍼하지 말아야 한다는 뜻이 아닙니다. 아니, 그런 결점들에 대한 안타까움과 슬픔이 없다면 여러분은 신실한 자로 인정받을 수가 없습니다. 은혜를 입은 마음은 — 우리의 새로워진 상태가 현재의 모습으로는 첫 창조 이후의 사람의 근원적인 거룩함에 훨씬 못 미치는 것입니다 — 슬피 울고 탄식하지 않을 수가 없습니다. 마치 유대인들이 둘째 성전을 바라보며 그랬던 것처럼 말입니다. 하지만, 그리스도인 여러분, 여러분의 불완전한 은혜들로 인해서 눈에서 눈물이 흐르더라도 — 영혼은 자신의 수의(壽衣)를 입은 채로 부활하게 되니 말입니다 — 기뻐해야 합니다. 그렇습니다. 그리스도를 믿는 믿음으로 여러분의 이 모든 결점들을 이기고 승리하여야 합니다. 여러분 자신으로는 불완전하나 그리스도 안에서 여러분은 완전한 것이니 말입니다(골 2:10). 둘째 성전은 첫째 성전보다 규모가 작고 보잘것없었으나 거기에는 첫째 성전에 없던 그리스도의 임재가 있었고, 그리하여 첫째 성전보다 더 영광스러웠습니다(학 2:9). 하물며 은혜를 입은 마음의 이 영적인 성전에 그리스도의 임재가 있어서 그의 의를 전가하여 모든 부족한 것들을 다 덮어주니, 그 영혼이 최초의 사람보다 더 영광스럽지 않겠습니까? 이것이야말로 — 그리스도께서 백합화에 대해 말씀하신 것처럼(마 6:28) — 우리가 수고도 길쌈도 하지 않고 입은 우리의 의복입니다. 아담은 그의 창조함 받은 모든 왕적인 기품으로도 이러한 의복을 입지는 못했습니다. 지극히 연약한 신자라도 그의 영혼에 입은 의복이 아담의 의복보다 나은 것입니다. 그러니 그리스도인 여러분, 여러분 자신의 연약함을 깨닫고 앉아서 고민하며 그리스도 안에서 기뻐하기를 거부하는 상태에 있다면, 잘 생각하기를 바랍니다. 그리고 그리스도와의 혼인을 통해서 여러분이 누리게 된 그 고귀한 특권들을 생각하고 편안히 살기를 바랍니다. 여러분 속에 무언가 이런 영적인 교만이 작용하고 있는 것을 드러내지는 않습니까? 오오, 이리저리 생각으로 방황하지 않고 기도할 수 있다면, 절뚝거리지 않고 걸을 수 있다면, 흔들리지 않고 믿을 수 있다면, 여러분 스스로 즐거워할 수 있고 또한 활기 있게 걸을 수 있습니까? 하지만 여러분, 여러분은 순전히 그리스도께로부터 위로를 얻는 것이 아니라, 그 위로의 근거를 여러분 자신에게 두고 있는 것 같아 보입니다. 오오, 다윗처럼 이렇게 말씀하는 것이 얼마나 더 나은지 모르겠습니다. "내 집이" — 내 마음이 — "하나님 앞에 이 같지 아니하나, 하나님이 나와 더불어 영원한 언약을 세우사 만사에 구비하고 견고하게 하셨나이다. 이것이 나의 모든 소원이요 나의 모든 확신이옵니다. 그리스도여! 내가 내 모든 죄들을 대적하옵니다. 그리스도께서 나의 모든 부족함을 채우시니, 그가 나의 모든 것이요 모든 것 위에 모든 것이옵니다." 사실, 우리의 모자람과 연약함에 대한 모든 불평들이 있지만 그로 인해서 우리 마음이 그리스도를 기꺼이 의지하는 데에서 벗어나게 된다면, 그 불평들은 그저 행위 언약에 근거하는 데에서 나오는 교만의 언어 이외에 아무것도 아닙니다. 오오, 우리의 모국어가 그렇게도 자연스러우니 그것을 잊어버리기가 얼마나 어려운지요! 그러므로 그 언어가 그리스도의 영을 얼마나 근심하게 만드는지를 지각하기를 힘쓰기 바랍니다. 만일 아내가 자기에 대한 사랑을 표현하고 그를 즐거워하지는 않고 밤낮으로 계속해서 죽은 전 남편을 생각하며 슬피 울기만 한다면, 그 남편이 무어라고 말하겠습니까? 성경인 하나의 언약인 율법과 그리스도를 두 남편에 비유합니다. "너희도 그리스도의 몸으로 말미암아 율법에 대하여 죽임을 당하였으니 이는 다른 이 곧 죽은 자 가운데서 살아나신 이와 혼인하여 우리가 하나님을 위하여 열매를 맺게 하려 함이라"(롬 7:4. 한글개역개정판은 "다른 이 곧 죽은 자 가운데서 살아나신 이에게 가서"로 번역함 — 역주). 자, 여러분 자신의 의의 결점에 대해 슬퍼하는 나머지 그리스도 안에서 즐거워하는 것이 방해를 받게 되면, 이는 다른 남편을 애타하며 우는 것과 다를 바 없습니다. 그리스도께서는 이를 기뻐 받으실 수가 없습니다. 그리스도의 품안에 있기를 기뻐하지 않는 것이며, 동시에 여러분의 옛 남편인 율법과 함께 있는 것에서 더 행복을 찾는 것이기 때문입니다.

둘째, 자기를 칭찬하는 교만이 있습니다. 이 교만은 마음이 은밀하게 부추겨 높여져서 자신이 행하는 임무나 순종의 행위를 인하여 하나님께서 자신을 받으신다고 약속하게 되고, 또한 갖가지 도움이 있는데도 불구하고 자신의 행위들에서 벗어나 자신의 기대의 무기를 온전히 그리스도께 두고자 하지를 않는 데에서 나타납니다. 영혼의 눈이 그런 눈짓을 하는 것은 언제나 간음입니다. 아니, 우상 숭배입니다. 그리스도인 여러분, 어느 때든 여러분의 마음이 은밀하게 꼬임을 받거나 — 욥이 다른 유의 우상 숭배에 대해 말씀한 것처럼 — 여러분의 입으로 여러분의 손에 키스를 하게 되면, 즉 여러분이 행하는 임무와 여러분 자신의 의에 홀딱 빠져서 그것들을 신뢰하고 의지하며 속으로 그것들을 경배하게 되면, 이는 정말이지 심각한 악행이 아닐 수 없습니다. 이는 위에 계신 하나님을 부인하는 처사이기 때문입니다. 이는 하나님께서 천국 문에 새로운 열쇠를 맞추어 놓으셨는데, 여러분이 옛 열쇠로 그 문을 열려고 하는 것이나 마찬가지입니다. 여러분이 의롭다 하심을 얻은 상태에 처음 들어간 것이 오로지 하나님의 긍휼로 말미암은 일이라는 것을 인정하지 않습니까? 여러분은 "그리스도 예수 안에 있는 속량으로 말미암아 하나님의 은혜로 값없이 의롭다 하심을 얻은 자 되"었습니다(롬 3:24). 그러면 여러분이 이제 하나님과 화목되었으니, 과연 여러분이 행하는 임무나 거룩한 행위를 하나님이 받으시는 것이 과연 누구 덕분입니까? 여러분의 행위나 여러분의 순종이나 여러분 자신 덕분입니까, 아니면 그리스도 덕분입니까? 사도 바울은 또한 이렇게도 말씀합니다: "그로 말미암아 우리가 믿음으로 서 있는 이 은혜에 들어감을 얻었"도다(롬 5:2). 그리스도께서 여러분이 행하는 모든 일에 관여하시고 여러분을 이끌어 주지 않으시면, 단언하건대 여러분에게는 그 문이 닫혀 있는 것입니다. 은혜를 얻지 못했을 때 이상으로 지금 은혜를 누리고 있을 때에도 여러분에게 공로가 없는 것입니다. "하나님의 의가 나타나서 믿음으로 믿음에 이르게 하나니…오직 의인은 믿음으로 말미암아 살리라"(롬 1:17). 우리는 그리스도로 말미암아 살아났을 뿐 아니라 또한 그리스도로 말미암아 사는 것입니다. 마치 사람의 폐가 공기를 빨아들이듯이, 믿음은 계속적으로 용서하시고 도우시고 위로를 주시는 하나님의 긍휼을 빨아들이는 것입니다. 천국으로 향하는 길은 처음부터 마지막까지 은혜와 긍휼로 포장되어 있는 것입니다.

　　[적용]
　무엇보다 이런 사탄의 장난을 경계하고 잘 살피며, 여러분 자신의 의를 의지하지 않도록 삼가기를 바랍니다. 여러분은 기우뚱거리는 벽 아래에 서 있습니다. 여러분에게 있는 은혜들과 임무들에 틈이 생기고 갈라지는 것이 보이면, 곧바로 물러서야 합니다. 그렇지 않으면 그것들이 여러분의 머리 위로 쏟아지고 말 것입니다. 천국으로 향하는 가장 큰 계단은 우리의 문 바깥에 있고, 우리의 문지방 너머에 있습니다. 집에 불이 났는데, 집안에 있는 몇 가지 물건을 갖고 나오려 하다가 목숨을 잃은 사람들이 많습니다. 불길을 헤치며 그것들을 꺼내오려다가 그들 자신이 멸망하고 만 것입니다. 그런데 자기들이 애지중지하는 것들을 — 자기들의 선행이나 임무들을 — 지닌 채로 천국에 들어가려 하다가 영혼을 잃어버린 자들은 그보다 더 많습니다. 마치 뒤를 돌아보며 머뭇거리던 롯의 아내처럼 자기가 신뢰하던 것들을 두고 떠나기가 싫어서 머뭇거리다가 스스로 멸망해 버리는 것입니다. 오오 여러분, 여러분 자신의 것을 불길 속에 버려두고 거기서 속히 나오십시오. 벌거벗은 상태로 그리스도께로 피하십시오. 그에게 금(金)이 있습니다. 그것은 여러분이 지닌 것처럼 불 속에 녹아 버리고 찌꺼기가 남는 그런 것이 아닙니다. 하나님의 의라는 맹렬한 불의 시험을 통과한 순결하고도 완전한 금입니다. 여러분, 동시에 두 곳에 있을 수는 없습니다. 여러분 자신의 의 가운데 있거나 아니면 그리스도의 의 가운데 있거나 둘 중의 하나를 택하여야 합니다. 여러분보다 보여줄 것이 더 많았던 이들도 모든 것을 던져 버리고 그리스도께로 나아가 긍휼을 구하였습니다. 바울의 말씀을 읽어 보십시오(빌 3장). 그가 많은 것을 가졌고 많은 일을 행하였으나, 그 모든 것은 찌꺼기와 쓰레기였습니다. 그 자신을 그리스도께 드렸고, 그리고 그의 안에서 안식을 누린 것입니다. 하나님이 친히 땅의 사람들 중 거룩한 사람임을 인정하신 욥도 이렇게 증언하고 있습니다: "나는 온전하다마는 내가 나를 돌아보지 아니하고 내 생명을 천히 여기는구나"(욥 9:21). 그는 이미 자신의 불완전함을 인정한 바 있습니다만, 이제 이렇게 가정하는 것입니다 — 사실 이런 가정은 해서는 안 되는 가정입니다만 — "만일 내가 완전하더라도, 나는 나 자신의 영혼을 알지 아니하리라. 나 스스로 우쭐하게 만들어 나의 거룩함을 자신하는 나머지 그것으로 하나님께 탄원하게 만드는 그런 어처구니없는 생각은 품지도 아니하리라." 우리가 흔히 쓰는 말처럼, 스스로 안다고 뻐기는 사람 이외에는 모두 훌륭한 부분을 지니고 있는 것입니다. 여러분 자신의 은혜를 이런 식으로 알지 않도록 조심하기를 바랍니다. 여러분 스스로 그 은혜를 보며 교만해지는 것만큼 여러분의 은혜와 위로에 큰 상처를 주는 것이 없는 것입니다.

[그리스도인이 본래적인 은혜의 행위에 의지해서는 안 되는 이유]

첫째, 여러분이 그렇게 그것에 의지하는 한, 여러분의 은혜가 활기를 잃어버릴 수밖에 없습니다. 율법적인 사고는 은혜의 우군(友軍)이 아닙니다. 아니, 그리스 도의 시대에 바리새인들을 통해서 나타났듯이 오히려 그 철천지원수입니다. 은혜 는 율법으로 말미암아 오는 것이 아니라 그리스도로 말미암아 옵니다. 아무리 오 랫동안 율법에 의지하여 애써도 은혜의 생명이 여러분의 영혼 속에 들어오거나 여러분의 은혜 속에 계속해서 생명이 있게 되는 것이 아닙니다. 이 은혜를 누리려 면, 여러분 자신이 믿음으로 그리스도의 날개 아래 있어야 하는 것입니다. 오직 복 음 안에 있는 그리스도의 영으로부터 이 자비로운 자연의 열기가 임하여 여러분 의 영혼을 부화시켜 거룩한 생명을 누리게 만들고, 여러분이 누리고 있는 것을 더 욱 활기 있게 만드는 것입니다. 그런데 여러분 자신의 행위와 봉사에 대한 모든 기 대를 완전히 버리고 율법의 그늘에서부터 벗어나기 전에는 여러분이 그리스도의 날개 아래 있을 수가 없습니다. 르우벤의 저주를 아시지요? 그가 아버지의 침상에 올라 더럽혔기 때문에 탁월하지 못하리라는 것 말입니다. 다른 지파들이 크게 성 장할 때에 그의 지파는 적은 숫자로 그냥 머물러 있었습니다. 여러분 자신의 행위 를 의지하여 그리스도께 누를 끼치고 있으니, 어떻게 은혜에서 탁월할 수가 있겠 습니까? 어쩌면 여러분은 오랫동안 믿음을 시인해 왔으나 아직 하나님, 겸손, 하늘 을 향한 마음의 자세, 자신을 죽이는 것 등을 향한 사랑에서 거의 성장이 없는 상 태일지도 모르겠습니다. 그렇다면, 여러분이 입으로 하는 그 고백의 뿌리를 파내 어 거기에 과연 무엇이 도사리고 있는지를 ― 거기에 율법적인 원리가 있어서 그 것이 여러분 자신의 행세를 해온 것은 아닌지를 ― 살펴보는 것이 합당할 것입니 다. 여러분이 행하는 임무나 봉사 같은 것들을 다 짊어지고 하나님과 함께하겠다 고 생각해 온 것은 아닙니까? 여러분 자신의 행위들에 지나친 희망을 걸어온 것은 아닙니까? 아아 안타깝습니다! 이것은 던져 버려야 할 쓸모없는 흙입니다. 그 대신 복음의 원리를 방안에 깔아놓아야 합니다. 이렇게 해 보십시오. 그리고 은혜의 봄 이 여러분에게 임하지 않는지를 보십시오. 다윗은 부유하고 강력하던 자들이 갑 자기 쇠하여 무너질 때에 자신은 어떻게 해서 든든히 서게 되었는지를 말씀해 줍 니다: "이 사람은 하나님을 자기 힘으로 삼지 아니하고 오직 자기 재물의 풍부함을 의지하며 자기의 악으로 스스로 든든하게 하던 자라 하리로다." "그러나 나는 하 나님의 집에 있는 푸른 감람나무 같음이여 하나님의 인자하심을 영원히 의지하리 로다"(시 52:7-8). 다른 이들이 자기들의 의와 봉사들의 풍부한 것들을 의지하고 그리스도를 자기들의 힘으로 삼지 않을지라도, 여러분은 그 모든 것을 버리고, 그리스도 안에 있는 하나님의 긍휼하심을 신뢰하십시오. 그러면 그들이 쇠하고 메마를 때에 여러분은 푸른 감람나무 같게 될 것입니다.

둘째, 그리스도인 여러분, 본래적인 은혜의 활동에 의지하고 여러분 자신의 행위와 여러분 자신의 의에서 떨어져 있지 않으면, 참된 위로에서 활기를 찾을 수가 없습니다. 복음의 위로는 복음의 뿌리 곧 그리스도께로부터 나오는 것입니다. "하나님의 성령으로 봉사하며 그리스도 예수로 자랑하고 육체를 신뢰하지 아니하는 우리가 곧 할례파라"(빌 3:3). 그런데 자기 자신에게 있는 거룩함에 의지하는 자는 그리스도에게서가 아니라 자기 자신에게서 위로를 얻으려 하는 사람입니다. 그는 그리스도의 가슴이 아니라 자기 자신의 가슴을 빨며, 그리하여 그리스도를 젖이 없이 메마른 유모로 만들어 버리는 것입니다. 그러니 그런 메마른 나무에게서 무슨 위로가 자랄 수 있겠습니까? 성령님은 우리의 교사시요 모사이시요 또한 우리의 위로자이십니다. 그런데 성령께서 가르치실 때에 무슨 새롭고 다른 진리를 가르치시는 것이 아니라 말씀 속에 있는 그리스도 자신의 진리를 취하셔서 가르치시듯이, 그가 위로하실 때에도 그리스도 자신의 것을, 곧 우리의 의가 아니라 그리스도의 의를 취하셔서 그것으로 위로를 주시는 것입니다. 그리스도께서 성령의 위로의 질료(質料)요 근거가 되시는 것입니다. 영혼에게 신선함을 주는 음료는 거기에 그리스도가 녹아 있는 것들로 몇 가지 약속들이 결부되어 있습니다. 곧, 우리의 행위가 아니라 그리스도의 역사요, 우리의 고난이 아니라 그리스도의 고난이요, 우리의 거룩함이 아니라 그리스도의 거룩함이 그것입니다. 그는, "영혼아, 즐거워하라! 네가 거룩하도다"라고 말씀하시지 않습니다. 오히려 "영혼아, 승리하라! 그리스도께서 의로우시며 주께서 네 의가 되시도다"라고 말씀하십니다. "영혼아, 네가 멋지게 기도하니, 두려워하지 말라"라고 말씀하시지 않고, "아버지 앞에서 너의 대언자(代言者)가 계시니 의로우신 자 예수 그리스도시라"라고 말씀하십니다. 그러므로 성령께로부터 위로를 받는 첫 걸음은 바로 우리 자신을 의지하는 모든 위로거리들을 다 내던져 버리는 것입니다. 성령님께 가르침을 받고자 하는 자는 먼저 바보가 되어야 합니다. 즉, 자기 자신의 명철에 의존해서는 절대로 안 된다는 말입니다. 이와 마찬가지로, 성령님께 위로를 얻고자 하는 자 역시 자기 자신에 의존하는 모든 것을 다 비워야 하고 자기 자신의 위로거리들에 의지해서도 안되는 것입니다. 의사가 환자에게 그가 과거에 쓰던 모든 의약품이나 방법들을 다버리고 새롭게 치료에 임하라고 주문하듯이, 성령께서도 불쌍한 영혼을 위로하러 오서서도 먼저 과거에 의지하던 옛 의사들을 다 보내 버릴 것을 주문하시는 것입니다. 오오, 영혼은 이렇게 말할 겁니다. 나는 지금껏 이런 임무, 저런 순종의 일을 다 행하여 왔으니 이제 모든 것이 잘 될 것이고 위로를 얻을 것을 확신하며, 지금도 이 임무를 행하고 있고, 거룩한 삶을 살고 있다는 식으로 말입니다. 그러나 성령께서는, "내가 네게 무언가를 해주기를 바라면, 네가 의지하던 이 모든 것들을 다 버려야 하느니라"라고 말씀하십니다. 그래야만 영혼이 성령께서 베푸시는 위로들을 받기에 합당하게 되는 것입니다. 그러므로 형제 여러분, 여러분이 내적인 평안을 사모하니 만큼, 여러분이 아무 그릇에서나 위로를 퍼내려 하지 않도록 조심하기를 바랍니다. 은혜는 한정된 것이요, 따라서 무한정 유익을 줄 수가 없습니다. 옆으로 새나가므로 오래 지니고 있을 수가 없습니다. 여러분 자신의 은혜에서 위로를 얻으려 하면, 그것은 마치 깨어진 접시에 물을 담아 마시는 것과 다를 바 없습니다. 혼합된 것이니 약할 수밖에 없고, 약한 은혜는 강한 위로를 줄 수가 없습니다. 하지만 여러분에게는, 특히 힘든 싸움에서는, 강력한 위로가 필요합니다. 그리고 마지막으로, 여러분이 그것에서 퍼내는 은혜는 훔쳐온 것이어서 정직하게 그것을 누릴 수가 없고, 훔쳐온 위로는 여러분에게 활기를 줄 수가 없는 것입니다. 오오, 자녀가 후히 주시고 꾸짖지 아니하시는 아버지께로부터 더 자유로이 더 충만하게 받을 수 있는데, 아버지께 구하지 않고 그것을 도둑질하려 한다면 얼마나 어리석은 일이겠습니까? 여러분이 여러분의 의와 임무로부터 위로를 훔쳐내고자 합니다만, 보십시오. 그것이 그리스도 안에서 값없이 준비되어 있습니다. 그러니 그 충만한 보고(寶庫)로부터 여러분의 믿음으로 지닐 수 있을 만큼 충족한 위로를 얻을 수 있고, 그 위로를 가져가지 못하도록 막을 자도 없습니다. 그렇습니다. 그리스도를 통하여 위로를 얻고자 하면 할수록 그리스도께서는 더욱더 진심으로 여러분을 환영할 것입니다. 하나님은 말씀하십니다. 입을 크게 열라. 그러면 내가 채우리라라고 말입니다.

[영적 교만의 셋째 종류 — 특권의 교만]

이 악한 영들이 그리스도인을 무너뜨리려고 애쓰며 이용하는 영적 교만의 셋째 종류는 바로 특권의 교만입니다. 이 교만이 개입되는 세 가지 경우를 들면 다음과 같습니다. 첫째, 하나님께서 어떤 사람을 부르사 존귀한 자리에 오르도록 하시거나, 혹은 무언가 특별한 일을 행하도록 그를 사용하시는 경우. 둘째, 하나님께서 어느 성도에게 그의 진리나 대의를 위하여 고난을 당하는 존귀를 베푸시는 경우. 셋째, 하나님께서 비범한 사랑을 나타내시고 영혼을 기쁨과 위로로 가득 채우시는 경우. 이런 특권들은 모두에게 동등하게 베풀어지는 것이 아니며, 따라서 그것들이 나타나는 경우 사탄이 교만으로 공격할 유리한 고지를 점하게 되는 것입니다.

첫째 특권. 하나님께서 어떤 사람을 부르사 존귀한 자리에 오르도록 하시거나, 혹은 무언가 특별한 일을 행하도록 그를 사용하시는 경우가 이에 해당합니다. 사람이 높은 위치에 올라 있을 때에 그 마음의 겸손을 유지하기 위해서는 사실 큰 분량의 은혜가 필요합니다. 사도는 복음의 사역자의 자질에 대해 말씀하면서, "새로 입교한 자"나 혹은 새신자여서는 안 된다고 말씀하는데, 이는 "교만하여 마귀를 정죄하는 그 정죄에 빠질까 함"이라고 합니다(딤전 3:6). 이는 이런 뜻과도 같습니다. "이 소명은 존귀한 것이므로 겸손으로 잘 균형 잡지 못하면, 사탄이 약간의 공격만 해도 이 죄에 빠지고 말리라." 그리스도께서 처음 복음 전도를 위해 칠십 명을 내보내셨는데, 이들은 이적적으로 사탄을 이기고 돌아왔습니다. 그러나 그들이 뱀의 머리를 밟고 있는 동안에도 그는 다시 돌이켜 그들을 교만으로 넘어뜨리려 하였습니다. 주님은 이를 아시고, 그들이 의기양양하여 돌아와 자기들이 큰 이적들을 행하였음을 이야기하자, 그처럼 자랑하지 말라고 말씀하셨습니다. 그것이 헛된 자랑이 되어 버리기 십상이기 때문이었습니다. 그는 그들에게 이렇게 명하셨습니다: "귀신들이 너희에게 항복하는 것으로 기뻐하지 말고 너희 이름이 하늘에 기록된 것으로 기뻐하라"(눅 10:20). 이는 말하자면 다음과 같은 뜻입니다: "너희의 소명의 존귀함이나 너희의 사역의 성공이 너희를 구원시켜 주는 것이 아니다. 마귀들에게 던져진 자들이 있을 것인데, 이들이 다가와 '주여, 주여, 주의 이름으로 우리가 마귀들을 내쫓았나이다'라고 말하리라. 그러니 그런 일에 가치를 두지 말고 너희가 과연 나의 택한 자라는 것을 너희 스스로 확증하라. 저 큰 날에 이 모든 것보다 그것이 너희를 견고하게 하리라."

둘째 특권. 둘째 특권은, 하나님께서 어느 특정한 사람에게 그의 진리를 위하여 고난을 당하는 존귀를 베푸시는 경우입니다. 이것은 정말이지 큰 특권입니다. "그리스도를 위하여 너희에게 은혜를 주신 것은 다만 그를 믿을 뿐 아니라 또한 그를 위하여 고난도 받게 하려 하심이라"(빌 1:29). 하나님께서는 그의 성도들에게 하찮은 선물을 주시지 않습니다. 그러므로 육신적인 눈에는 보이지 않으나 반드시 그 속에 무언가 고귀한 것이 있는 법입니다. 여러분도 인정하다시피 믿음은 큰 선물입니다. 그러나 인내는 그보다 더 큽니다. 인내가 없다면 믿음은 별 가치가 없을 것입니다. 그러나 고난 중의 인내는 더더욱 존귀합니다. 그리하여 우리 잉글랜드의 순교자 중에 화형대에서 죽지는 않았으나 감옥에서 그리스도를 위하여 죽은 존 케얼레스(John Careless)는 이렇게 말하였습니다: "그 존귀는 어찌나 귀한지 천사들에게는 허락되지 않았습니다. 그러니 하나님, 내가 그것에 대해 감사하지 못했음을 용서하여 주소서." 감옥에 넣는 것으로도 성도가 겁을 먹지 않으면, 사탄은 감옥 속에서 그를 우쭐하게 만들려고 애를 씁니다. 그 자신에 대해 처량한 생각을 갖게 하지 못하면, 사탄은 그에게 아첨하여 그 자신에 대해 교만하게 만들려 합니다. 하나님께로부터 환난을 당하면 조급해지기 쉽습니다. 그러나 하나님을 위하여 환난을 당하게 되면 교만하게 되기 쉬운 법입니다. 그러므로 그리스도인 여러분, 사탄의 이러한 유혹에 대항하여 여러분 자신을 든든히 세우기를 힘쓰기 바랍니다. 고난을 당하는 일에 부르심을 받게 될 때가 언제 여러분에게 닥칠지 모릅니다. 그런 구름이 오래지않아 일어나는 경우가 많습니다. 자, 진리를 위하여 고난을 당하는 영광을 누릴 때에 여러분의 마음을 겸손하게 유지하기 위해서는 다음을 생각하시기를 바랍니다.

1. 사람이 보기에는 여러분이 이런 고난을 당하는 것이 합당하지 않고, 그래서 여러분이 무고하게 고난을 당한다는 사실을 자랑하게 될 수도 있습니다. 그러나 여러분 속에 있는 죄를 생각하면 그 고난이 하나님께로부터 임하는 정의로운 환난이라는 것을 고백하지 않을 수가 없습니다. 그러므로 이 점을 생각하고 여러분 스스로 겸비해야 합니다. 똑같은 고난일지라도 사람의 편에서 보면 순교가 될 수 있지만, 하나님 편에서 보면 죄에 대한 아버지의 채찍일 수도 있는 것입니다. 오직 그리스도 외에는 죄 없이 고난당하는 자가 하나도 없습니다. 그러므로 그리스도 외에는 아무도 고난당하는 것을 자랑해서는 안 됩니다. 그리스도께서는 자기 자신의 고난을 자랑하시나, 우리는 그의 고난을 자랑하는 것입니다. "내게는 우리 주 예수 그리스도의 십자가 외에 결코 자랑할 것이 없으니"(갈 6:14). 존 브래드퍼드(John Bradford: 1510-1555. 잉글랜드의 순교자로 메리 여왕 때에 화형대에서 순교하였음 — 역주)는 이 사실을 깊이 인식하고서 진리를 위해 고난당하면서도 겸손했습니다. 고난당하면서 그처럼 즐거워하고 하나님을 찬양한 사람이 없었지만, 고난 중에 그보다 더 겸손했던 사람이 없었습니다. 그가 어떻게 해서 이런 겸손의 자세를 유지할 수 있었을까요? 그의 경건한 편지들을 읽어 보십시오. 그러면 그가 자신의 죄

들과 또한 에드워드 왕 치세 때의 개신교도들의 죄들에 대해 얼마나 안타까워하고 슬퍼했는지를 거의 모든 편지에서 볼 수 있습니다. 그는 이렇게 말씀합니다: "이제 하나님께서 그의 막대기를 교황주의자들의 손에 들리우실 때가 되었다. 우리가 얼마나 교만해졌고, 형식적이 되어 버렸고, 열매를 맺지 못하는 메마른 상태가 되었는지, 은혜의 수단들이 주는 자유는 누리면서도 그것들을 혐오하고 멸시하는 것이 현실이 되어 버렸다. 그러므로 하나님께서 박해의 수레바퀴를 가져다 우리 위에 두신 것이다." 자신이 진리를 위해 고난당하는 존귀를 누리는 것을 생각하면서 그는 하나님께 감사하였고, 동시에 자기의 죄를 바라보면서 그는 겸손한 자세를 유지했던 것입니다.

　2. 그리스도를 위해 고난당하는 동안 누가 여러분을 지키고 이끄는지를 생각해 보십시오. 그런 일을 위해 충족하게 역사하는 것이 과연 여러분의 은혜입니까, 아니면 그리스도의 은혜입니까? 진리를 위해 증언하도록 부르심을 받을 때에 누가 여러분으로 하여금 담대히 증언하게 해 줍니까? 여러분의 영혼입니까, 아니면 그리스도의 영입니까? 여러분이 박해하는 자가 되지 않고 박해를 당하는 자가 되는 일이, 믿음을 부인하고 그리스도와 그의 복음을 배반하는 자가 되지 않고 믿음을 고백하는 자가 되는 일이 과연 어떻게 해서 일어납니까? 이 모든 일은 하나님께로 말미암는 것입니다. 여러분이 하나님을 위해서 재산이나 신용이나 혹은 목숨까지 포기했다고 해서 그 때문에 하나님이 여러분에게 빚을 지시는 것이 아닙니다. 여러분의 목숨이 천 개가 된다 해도, 그 모든 목숨에 대해 여러분이 하나님께 빚을 지는 것입니다. 그러니 하나님께서 여러분을 그렇게 부르신 것에 대해 여러분은 하나님께 무한히 빚을 지는 것입니다. 그렇게 부르심을 받는 것에 놀라운 존귀와 상급이 있으니 말입니다. 하나님께서는 여러분이 여러분의 정욕 가운데 살다가 그 모든 것들로 인하여 버린 바 되도록 그냥 두실 수도 있었습니다. 중죄, 강간, 살인 등을 저질러 마귀의 대의를 위하여 사형장에서 목숨을 잃는 자들이 얼마나 많습니까? 하나님께서 그의 은혜를 물리시고 여러분 자신의 변덕과 불신앙에 따라 살도록 두시면, 금방 여러분의 본색이 드러나게 될 것입니다. 그리스도를 위해 열정적으로 헌신하는 믿음의 챔피언들도 그리스도께서 옆으로 물러나시면 그들이 얼마나 연약한 존재가 되는지를 잘 배워왔습니다. 그리스도의 대의를 위한 결단과 믿음에 대해 위대한 증언을 하였으나 — 심지어 온 몸이 묶인 채 화형대에 올라 이제 불이 지펴지기 직전까지 갈 만큼 그리스도의 이름을 위하여 거의 죽음에

이르렀으나 — 그때에 마음이 흔들려 무너진 이들도 있습니다. 잉글랜드 순교자 중의 거룩한 벤브리지(Benbridge)는 장작들을 발로 차면서, "취소하겠습니다. 취소하겠습니다"라고 외쳤습니다. 그러나 그로부터 며칠 후 이 사람은 위로부터 새로운 능력을 힘입고서 믿음이 다시금 강건해져서 기꺼이 화형대에서 죽을 수 있었습니다. "우리를 위해 한 번 죽음을 이긴 자는 언제나 우리 속에 있는 죽음을 이기는 자이다." 그러니 여러분의 힘이 되시는 그분 외에 누구를 노래하겠습니까? 여러분 자신을 칭찬하지 말고 그를 찬양하십시오. 그것은 하나님의 이름 가운데 하나입니다. 그는 "그 백성의 힘의 영광"이라 칭함을 받으십니다(시 89:17). 여러분에게 힘을 주사 그를 위해 고난을 감당하게 하시는 하나님께 영광을 돌릴수록, 여러분 자신을 자랑하는 것이 덜해지는 것입니다. 감사하는 마음과 교만한 마음이 한 가슴속에 동시에 거할 수가 없는 법입니다.

3. 교만이 여러분의 모든 고난에게 얼마나 더러운 오점을 남기는지를 생각하십시오. 교만을 안타까워하고 저항하지 않으면, 근본적인 성격이 바뀌고 마는 것입니다. 순교자를 만드는 것은 형벌이 아니라 대의(大義)라는 옛말이 있습니다만, 우리는 더 나아가, "하나님 앞에서 순교자를 만드는 것은 그저 대의만이 아니라 선한 대의를 위하여 당하는 고난에서 드러나는 순전한 마음의 자세다"라고 말할 수 있을 것입니다. 여러분이 몸을 불사르도록 내준다 해도 그리스도를 위해 고난당하는 자다운 겸손한 마음이 여러분에게 없다면, 여러분 스스로 장사치가 되어 버리는 것입니다. 그것은 하나의 자기를 부인하고 또 다른 자기를 세우는 것입니다. 재산과 목숨을 잃는 것을 감수하지만, 그저 무언가 칭찬을 얻고 사람들에게 존귀함을 얻고자 하나의 비석을 세우기 위해 그렇게 하는 것입니다. 이는 마치 자기의 용맹스러운 명성을 위하여 죽음의 위험 속으로 담대히 들어가는 병사와도 같아서, 신앙의 모습 뒤에 숨어 있는 교만을 드러내는 것과 다를 바 없습니다. 하지만 이는 신앙을 돕는 것이 아니라 더욱 악화시키는 것입니다. 여러분이 진정 하나님께서 받으실 만한 희생을 드리기를 바라면, 하나님의 진리를 위해 여러분의 목숨을 드릴 각오가 되어 있어야 하고, 동시에 여러분의 교만도 희생시킬 각오가 되어 있어야 합니다. 그렇지 않으면 한 가지 불에서 나와서 다른 불 속으로 빠져 들어갈 수도 있습니다. 여기서는 사람에게서 고난을 당하며 복음의 챔피언처럼 보이지만, 다른 세상에서는 여러분의 고난을 통해서 오히려 하나님의 영광을 가로챈 것으로 하나님께로부터 고난을 당하게 될 것입니다.

셋째 특권. 셋째 특권은 하나님께서 그의 사랑을 일상적인 경우보다 더 크게 나타내시는 경우입니다. 이럴 경우도 그리스도인이 교만으로 인하여 은밀하게 마음이 우쭐하게 될 위험이 있습니다. 사실 하나님의 사랑이 그렇게 나타날 때에 일어나는 순전하고도 자연스런 효과는 그렇게 은혜를 받은 영혼이 겸손해지는 것입니다. 막달라 마리아에게서 보듯이, 자기에게 베풀어지는 것을 보고서 자신의 죄를 바라보게 되고 그리하여 자신을 안타까이 여기게 되는 것입니다. 그늘 속에서 단단히 굳어 있고 얼어 있던 마음이 사랑의 태양빛 속에 던져지니, 그런 만큼 그 사람의 눈에서 교만이 감추어지는 것입니다. "그 때에 너희가 너희 악한 길과 너희 좋지 못한 행위를 기억하고 너희 모든 죄악과 가증한 일로 말미암아 스스로 밉게 보리라"라고 하나님께서 말씀하십니다(겔 36:31). 그리고 25절에서 나타나듯이, 하나님께서 그들의 모든 부정한 것에서 그들을 구원하고자 하실 때에 이런 일이 일어나는 것입니다. 그러나 그럼에도 불구하고 아무리 선한 사람의 경우도 아직 부패의 찌끼가 남아 있으므로, 사탄으로서는 하나님께서 그렇게 사랑을 드러내시는 것을 기회로 삼아 그리스도인에게 교만을 조장시키는 것이 불가능하지 않은 것입니다. 보혜사께서 항상 성도의 가슴속에 거하시는 것은 사실입니다. 그러나 그가 주시는 기쁨은 왔다가 금방 다시 사라집니다. 그 기쁨은 성령께서 신자를 배불리 먹이시는 특별한 잔치 음식과도 같습니다. 하지만 그 의복은 곧 낡아지고 맙니다. 우리가 일용할 양식으로 그것들을 감당하지 못하기 때문이 아니면 무엇 때문이겠습니까? 잠시 천국을 바라보고, 규례에 참여할 때나 환난을 당할 때에 이따금씩 사랑을 체험함으로써, 실망 가운데 있던 그리스도인들이 힘을 얻습니다. 그러면 그들은 거기에다 초막을 짓고 계속해서 그런 체험의 빛 가운데 거하려 합니다. 그리고 더 나아가 자기들의 본연의 모습을 잊어버리고 자기들이 누리는 그 위로들을 자기들 스스로 좌지우지할 수 있는 것처럼 생각하기가 쉬운 것입니다. 거룩한 바울이 잠시 동안의 천국 체험을 통해서 이런 교만에 빠질 위험이 있었고, 이를 방지하기 위하여 하나님께서 그에게 육체의 가시를 주사 고통 받게 하셨다면, 우리는 어떻겠습니까? 그처럼 굉장한 음식을 오랫동안 먹게 되면 우리 역시 교만해지고 방종해지지 않겠습니까? 그러므로 그리스도인 여러분, 여러분 자신을 살펴야 할 필요가 있다면 바로 이때가 — 위로가 주위에 가득하고 하나님께서 여러분을 그의 사랑의 무릎에 앉히시고 지극히 귀여워하실 때, 곧 하나님께서 지극히 분명하게 그의 얼굴빛을 비추실 때가 — 그때입니다. 이때에 여러분 자신을 잘 살피고 경계하여, 교만의 죄가 도둑처럼 여러분의 기쁨을 앗아가는 일이 없도록 해야 하는 것입니다. 이를 방지하기 위해서는 다음을 잘 행하여야 합니다.

1. 여러분이 누리는 위로를 기준으로 여러분의 은혜를 가늠하지 않도록 경계해야 합니다. 여러분이 강력한 위로를 받고 있으니 여러분의 은혜도 강하다는 그릇된 생각을 갖지 않도록 말입니다. 사탄이 그런 생각을 조장하여 여러분으로 하여금 우쭐하게 만들고 미래를 위하여 임무를 다하는 일에 게으름을 피우게 만들려고 호시탐탐 노리고 있습니다. 물론 위로가 있다는 것은 여러분에게 은혜가 있다는 사실을 증명해 주는 것이기는 합니다. 그러나 그 은혜가 어느 정도인가는 드러내 주지 않습니다. 연약한 어린아이가 강한 사람보다 더 자주 넘어질 수 있고, 또한 실제로 더 자주 넘어지는 법입니다.

2. 여러분이 현재 누리는 위로로 여러분 자신에게 박수를 치지 말고 그것을 하나님의 영광을 위하여 사용하도록 힘쓰기를 바랍니다. 천사는 선지자에게, "일어나 먹으라. 네가 갈 길을 다 가지 못할까 하노라"라고 말씀했습니다. 하나님께서 사랑과 위로를 나타내시는 것은 우리를 강건하게 하사 일을 감당하게 하시기 위함입니다. 우리에게 주어진 위로를 바라보며 즐거워하는 것과 우리를 위로하시는 성령님의 능력을 힘입어 — 믿음의 거성들이 이 포도주로 새로운 힘을 얻었듯이 — 우리에게 주어진 임무와 순종의 경주를 더욱 힘 있고 민첩하게 경주하는 것은 서로 전적으로 다른 것입니다. 교만한 사람은 자기가 얼마나 부자인가를 보려고 돈을 세느라 시간을 보내는 것으로 자기의 교만을 드러냅니다. 하지만 지혜로운 자는 그 돈을 기반으로 투자하는 것으로 자기의 지혜를 드러내는 것입니다. 자기에게 있는 위로를 자랑하는 자는 자기가 가진 것을 잃어버리고 맙니다. 하지만 자기에게 있는 위로를 사용하여 임무를 충실히 감당하는 자는 자기가 가진 것에다 다른 것을 더 얻게 되는 것입니다.

3. 여러분에게 주어진 위로가 지속되는 것은 전적으로 하나님께 달려 있다는 것을 기억하십시오. 어제 여러분에게 미소가 있었다고 해서 오늘도 여러분에게 기쁨이 있으리라는 보장이 없습니다. 어제 빵을 먹어 힘을 얻었다고 해서 오늘도 그런 것이 아니고, 오늘도 빵을 더 먹어야 하는 것처럼 말입니다. 새로운 것을 얻어서 새로운 위로를 얻어야 합니다. 하나님께서 그의 얼굴을 가리시면, 지금 누리는 위로도 곧바로 시야에서 사라지고 그 맛도 잊어버리게 되는 것입니다. 우리가 때때로 경험하는 기쁨의 감정이나 심령으로 느끼는 하나님의 사랑의 그 포근한

정서 등을 보존하고 유지하는 것은 우리의 기술이나 우리의 능력을 넘어서는 것입니다. 하나님의 임재가 그런 것들을 가져다주므로, 그가 가실 때에 그것들도 함께 갖고 가십니다. 마치 태양이 질 때에 밝은 빛도 함께 사라져가는 것처럼 말입니다. 태양이 창문가에 빛을 비출 때에 그 태양빛을 집안에 가두어 두어 계속해서 방안이 환하게 빛나게 하리라고 생각하는 사람이 있다면, 우리는 정말 웃음을 금치 못할 것입니다. 마찬가지로, 지금 위로가 내게 있으니 다시는 내가 심령이 어둠 속에 있지 않으리라고 생각하는 사람이 있다면, 그 역시 어리석은 사람이 아닐 수 없는 것입니다. 신자들에게 있는 위로는 마치 이스라엘 백성이 누린 만나와도 같습니다. 그것은 시장에서 사온 보통 빵이나 식료품과는 다릅니다. 보통 빵이나 식료품은 찬장 속에 넣어두었다가 언제고 원하는 때에 꺼내 먹을 수가 있습니다. 하지만 만나는 하늘에서 내린 것입니다. 하나님께서 이스라엘 백성을 낮추시기 위하여 만나를 베푸신 것입니다: "네 조상들도 알지 못하던 만나를 광야에서 네게 먹이셨나니 이는 다 너를 낮추 … 려 하심이었느니라"(신 8:16). 하나님께서 만나로 그들을 낮추시고자 하신 것은 만나가 정말 보잘것없는 음식이기 때문이 아니었습니다. 만나는 "천사들의 양식"이라 불릴 만큼 맛있는 음식이었습니다(시 78:25. 한글개역개정판은 "힘센 자의떡" — 역주). 곧, 천사들이 먹고 힘을 얻을 만큼 진기한 음식이라는 뜻입니다. 하나님께서 만나로 이스라엘 백성을 낮추고자 하신 것은 오히려 만나를 공급하신 방식 때문이었습니다. 곧, 날마다 필요한 분량만 손으로 주워 먹을 수 있었고 남는 것을 저장할 수가 없었습니다. 그들의 찬장 열쇠를 하나님께서 쥐고 계셨던 것입니다. 즉각적인 필요를 위해 그들은 언제나 하나님 앞에 서서 그에게 의지하여야 했던 것입니다. 하나님께서는 영적인 위로 역시 동일한 목적으로 우리에게 베풀어 주십니다. 곧, 그 위로를 통하여 우리를 낮추고자 하시는 것입니다. 자, 이 두 번째 종류의 영적인 악(영적 교만)에 대해서는 이 정도로 마치기로 합시다.

외식, 불신앙, 형식적인 자세 등 다른 것들도 다룰까 생각했었으나, 주제가 일반적인 것이어서 이미 말씀한 것들도 일종의 사족(蛇足)으로 — 그것도 너무 긴 사족으로 — 여길 수도 있을 것이라 생각되었습니다. 그리하여 영적인 악에 관한 이 대목을 이렇게 결말짓고자 합니다. 아직 자연인으로서 거룩함을 얻지 못한 상태에 있는 자들에게 자극을 주기 위해 한 말씀 드립니다. 사탄이 신자들을 큰 시험거리들로 공격한다는 것을 말씀했습니다만, 그리스도인들을 향한 사탄의 주요 계획이 동일한 죄들에 있다는 것을 진지하게 생각하기를 바랍니다. 여러분이 결국 버림을 받게 된다면, 여러분의 시든 양심과 눈먼 생각과 회개치 않는 마음이 여러분을 그렇게 망치게 만든 것일 것입니다. 마귀도 알고 있습니다만, 다른 죄들은 이런 것들의 전주곡에 불과합니다. 마귀가 여러분을 다른 죄들에 빠지게 만드는 것은 결국 이런 죄에 빠지게 만들기 위함입니다. 이 다른 죄들은 두 가지 방식으로 영적인 죄들의 전주곡 역할을 합니다.

첫째로, 그 죄들은 죄인을 아주 자연스럽게 영적인 죄에 빠지게 만듭니다. 생각을 눈멀게 하고, 양심을 어리석게 하며, 마음을 완악하게 만드는 것이 바로 죄의 본질입니다. "너희 중에 누구든지 죄의 유혹으로 완고하게 되지 않도록 하라"(히 3:13)는 말씀이 이를 암시해 줍니다. 여행자의 발길이 도로의 흙을 굳게 만들듯이, 육신적인 탐욕에 따라 행하게 되면 마음이 죄로 완고하게 굳게 됩니다. 그것들이 양심을 무디게 만들어, 때가 되면 죄인이 감각을 잃어버리고, 그리하여 아무런 감각이 없이 정욕을 마음에 지닐 수가 있게 됩니다. 마치 정신이상자들이 살에 핀을 꽂고도 아무런 통증이나 후회가 없는 것처럼 말입니다.

둘째로, 그 죄들은 하나님을 자극하여 죄인들을 이 죄들에게 내버리시는 법적인 조치를 취하시게 만듭니다. 성경은, "그들에게 부러지지 않는 굳은 마음을 주시고"(애 3:65. 한글개역개정판은 "거만한 마음"으로 번역함 — 역주)라고 하고, 이어서 "그들에게 저주를 내리소서"라고 말씀합니다(애 3:65). 마귀가 죄인들을 이 지경에까지 빠뜨리게 되면, 그들은 자물쇠와 열쇠로 단단히 묶인 상태가 된 것입니다. 이 죄들은 정죄의 선구자들입니다. 하나님께서 여러분의 마음을 도무지 부러지지 않는 단단히 굳은 상태로 버려두시면, 그것은 거기에다 은혜의 씨앗을 심지 않으시려 하신다는 아주 안타까운 징조입니다. 오오 죄인들이여, 기도하십시오. 마술사 시몬이 베드로에게, "나를 위하여 주께 기도하여 말한 것이 하나도 내게 임하지 않게 하소서"(행 8:24)라고 부탁한 것처럼 말입니다. 하나님께서 여러분의 마음을 부드럽게 하시기 위하여 베푸시는 것들을 여러분이 거부하지 않도록 조심하기를 바랍니다. 마음을 완악하게 하시는 하나님의 역사는 우리 자신이 우리 마음을 굳게 하는 것에 대한 하나의 결과요 또한 그것에 대한 형벌인 것입니다. 프로스퍼(Prosper)는, "사람이 속된 것들은 자기 뜻과 상관없이 잃어버릴 수 있으나, 신령한 것들은 그렇지 않다"고 말했습니다만, 이는 지극히 옳은 말입니다. 하나님께서는 사람의 뜻을 거슬러 누구의 마음을 굳게 하시거나 누구를 정죄하시는 법이 없는 것입니다.

———

다섯째 대지

["하늘에 있는" 것들]

이 단어들은 우리의 철천지원수에 대한 묘사 가운데 맨 마지막에 해당하는 것인데, 그 정확한 의미는 다소 모호합니다. 원어로 보면, '엔 토이스 에푸라니오이스'(ἐν τοῖς ἐπουρανίοις), 즉 "하늘의"라고 하여 오로지 형용사만이 표현되어 있기 때문입니다. 이처럼 완전한 표현이 아니므로, 번역자들은 이를 "높은 곳에 있는"(in high), 혹은 "하늘의 처소들에 있는"(in heavenly places) 등으로 번역합니다. 마치 사도의 의도가 이 우리의 원수가 우리의 위에서 아주 유리한 위치를 차지하고 있다는 것을 나타내고자 하는 것이었던 것처럼 말입니다. 사실 대부분의 주석가들이 이런 방향을 취하고 있습니다만, 몇몇 고대와 오늘날의 주석가들은 이를, "하늘의 처소들에 있는"(in heavenly places)으로 읽지 않고, "하늘의 것들에 속한"(in heavenly things)의 뜻으로 읽습니다. 곧, 사도가 말씀하고자 한 것은 우리가 통치자들과 권세들과 싸우는 주요 문제가 바로 하늘의 것들이라는 것이라고 보는 것입니다. 오쿠메니우스(Occumenius)는, 사도께서 사용한 ἐν τοῖς ἐπουρανίοις라는 문구는 "우리가 씨름하는 것은 사사롭고 하찮은 것들에 대한 것이 아니고 하늘의 것들에 대한 것이다"라는 뜻을 담고 있다고 봅니다. 그는 계속해서, 천국 그 자체와 우리의 양자됨에 대한 것이라고 말합니다. 크리소스톰(Chrysostom) 역시 같은 방향을 취합니다. 곧, "하늘의 것들에 속한", 즉 하늘에 속한 하나님의 것들을 뜻하는 것으로 보는 것입니다. 무스쿨루스(Musculus)와 기타 오늘날의 주석가들도 그를 따르고 있습니다. 이런 해석에 대해 제시되는 근거들은 아주 무게가 있습니다.

첫째 근거. 다른 곳에서는 이 단어가 장소가 아니라 물건을 뜻하는 것으로 쓰인

다는 것입니다(히 8:5). 이 단어는 신약 성경에 거의 20회 정도 사용되는데, 하늘의
장소를 뜻하는 것으로는 한 번도 사용되지 않고, 언제나 하늘에 속한 것들과 영적
인 것들을 뜻하는 것으로 사용되는 것을 보게 됩니다. 사실 이 단어는 천상의 것들
(super-celestial)을 뜻하며, 혹시 장소의 의미로 사용되더라도, 마귀가 타락 이후
한 번도 간 적이 없는 그런 장소를 뜻할 것입니다.

둘째 근거. 사탄이 우리보다 장소적으로 위에 있다고 해서 그가 무적의 힘을 지
니고 있다는 식의 논리는 별 타당성이 없어 보입니다. 사람들의 경우는, 고지(高
地)를 점령하고 있거나 적들보다 높은 장소에 있다는 것이 다소간 유리한 조건이
됩니다만, 영들의 경우는 전혀 여기에 해당되지 않습니다. 그러나 이것을 사물을
뜻하는 것으로 보면, 이 모든 묘사들에 큰 무게가 더해집니다. 우리는 통치자들과
권세들과 영적인 사악함 등과 씨름하는데, 이는 땅에서 얻을 수 있는 장난감처럼
하찮은 것들을 위함이 아니고 — 이것들은 얻든지 잃어버리든지 별 상관이 없습
니다 — 하늘이 베풀어 주는 것들을 위함입니다. 우리의 대적이 그러하고 상급이
그러하니, 이 싸움을 어떻게 이끌어나가야 하는 것이 지극히 신중을 기해야 할 문
제가 되는 것입니다. 이 말씀을 이런 뜻으로 살펴보겠습니다. 다음을 주목하기를
바랍니다.

[신자들이 추구하는 상급은 하늘의 것임]

가르침. 우리가 사탄과 씨름하여 얻을 주된 상급은 하늘의 것입니다. 그러므로 사
탄의 주요 목적은 그리스도인에게서 하늘에 속한 모든 것들을 망가뜨리고 빼앗는
데 있습니다. 사실 그리스도인이 지닌 모든 것, 혹은 그리스도인으로서 바라는 모
든 것이 다 하늘에 속한 것입니다. 세상은 그리스도인에게 근본적으로 외부에 속
하는 것입니다. 그의 존재와 행복이 그렇습니다. 세상은 그리스도인에게 외인(外
人)이요 그의 기쁨이나 슬픔에 관여하지 않습니다. 세상의 모든 부귀와 명예를 한
사람에 쌓아 보십시오. 그렇게 한다고 해서 그 사람이 그리스도인이 되는 것이 아
닙니다. 그리스도인에게 그 모든 것을 쌓아 보십시오. 그렇게 한다고 해서 그가 더
나은 그리스도인이 되는 것이 아닙니다. 또한 그 모든 것들이 사라져서 — 새들마
다 깃털만 남아서 — 벌거숭이가 된다 해도, 그는 여전히 그리스도인일 것이고,
어쩌면 더 나은 그리스도인일 수도 있을 것입니다. 에라스무스(Erasmus)의 말 중

에 아주 유명한 말이 있습니다만, 그가 진심으로 이 말을 했다면 그의 위트만큼 그의 양심도 훌륭했을 것입니다. 그는 말하기를, "힘없는 말이 무거운 등짐을 바라지 않는 것처럼 나도 재물과 명예를 바라지 않는다"라고 했습니다. 아마도 바른 정서를 지닌 그리스도인이라면 누구나 그의 마음과 같을 것이라 생각됩니다. 그리스도인이 누리는 외적인 것들만을 혹은 그것들을 주로 공격했다면, 사탄은 그에게 별로 상처를 가한 것이 못됩니다. 그리스도인은 그것들을 값어치 있게 보지 않으며, 그 자신도 그것들에게서 별로 대접을 받지 않으니 말입니다. 이는 마치 사람이 옷을 벗은 후에 그 옷을 마구 때려서 그 사람에게 상처를 주려는 것이나 마찬가지입니다. 은혜의 성령께서 성도의 마음속에서 능력적으로 역사하는 한, 그는 세상에 대한 정욕도 세상에서 얻는 즐거움도 다 벗어 버린 것입니다. 그러므로 그런 공격들에 대해 별로 느낌이 없습니다. 그러므로 사탄이 성도에게서 빼앗기 위해 호시탐탐 노리는 것은 그가 누리는 하늘의 보화들인 것입니다.

첫째. 그리스도인의 본성은 하늘에 속한 것입니다. 그는 위로부터 난 자입니다. 그리스도께서 하늘로부터 임하신 주님이시듯이, 그의 자녀들도 하늘에 속하며 따라서 거룩합니다. 그런데 사탄의 계획은 바로 이것을 더럽히고 꺾어놓는 것입니다. 그가 사냥하려는 것은 바로 이 새로운 피조물의 고귀한 생명입니다. 그는 한때 자신의 천사의 본성을 그렇게도 영광스럽게 비추어준 그 거룩의 아름다움을 잃어버렸습니다. 그래서 지금 진짜 배도자(背道者)답게 그리스도인에게 있는 바 과거에 자기가 잃어버린 그것을 망가뜨리려고 애쓰는 것입니다. 이 전쟁의 씨앗이 그리스도인의 본성 속에 심어져 있습니다. 여러분은 거룩합니다. 그런데 사탄은 그것을 도무지 견딜 수가 없습니다. 카이사르(Caesar)는 로마의 시민들과 싸울 때에 그의 병사들에게, "얼굴을 가격하라"라고 말했다고 합니다. 로마 시민들이 자기들의 아름다움을 사랑하니, 그것을 망가뜨리되 완전히 망가뜨리라고 했다는 것입니다. 영혼은 하나님의 형상이 찍혀져 있는 얼굴이요, 거룩이 우리를 과연 하나님을 닮도록 만들어 주는 이 얼굴의 아름다움입니다. 사탄이 이것을 알며, 하나님이 이것을 사랑하시고, 또한 성도가 이것을 귀중하게 간직하고 있습니다. 그러므로 사탄은 이것을 상처내고 일그러뜨리기 위해 애를 쓰는 것입니다. 단번에 그리스도인의 영광을 수치로 만들어 버리고 또한 하나님의 형상을 깨뜨림으로써 하나님께 치욕을 안기려고 그렇게 하는 것입니다. 우리를 하나님처럼 만들어 주는 그것을 우리에게서 강탈해 가고자 하는 이 원수를 상대로 혼신의 힘을 다해 싸우는 것이 가치가 없는 일이겠습니까? 여러분, 나하스가 길르앗 야벳 사람들에게 제시한 그 몹쓸 평화 조약의 전제 조건을 잊었습니까? 그는 자신이 그 온 주민의 오른쪽 눈을 빼어 온 이스라엘에게 치욕을 안겨주기 전에는 평화는 없다고 했습니다. 이에 대해 어떤 반응이 있었습니까? 삼상 11:6을 읽어 보십시오. 눈을 빼버린 얼굴이 흉측하기는 하나, 거룩을 잃어버린 영혼만큼은 심하지 않습니다. 사탄으로서는 우리에게서 거룩을 빼앗아가기 전에는 결코 평화 조약을 맺을 마음이 없는 것입니다. 이런 점을 생각할 때에, 여호와의 성령께서 그리스도인에게 임하시고 이 저주받은 영에 대해 그의 진노를 크게 발하시리라 여겨집니다. 그의 진노는 사울의 진노와, 또한 나하스를 향한 이스라엘 사람들의 진노와 도무지 비교할 수 없을 것입니다.

둘째. 그리스도인이 하는 사업이 하늘에 속한 것입니다. 그리스도인이 취급하는 상품은 바로 그 하늘에 속한 나라의 성장입니다. "우리의 시민권은 하늘에 있는지라"(빌 3:20). 각 사람의 처신은 그의 직업에 어울리기 마련입니다. 이 땅에 속한 일을 행하는 자는 땅의 일들에 신경을 쓰고, 하늘에 속한 일을 행하는 자는 그 일에 온 신경을 집중시킵니다. 사람마다 자기의 일을 돌아본다고 사도께서 말씀하고 있습니다. 장사꾼이 자기 가게에서 나와 있는 모습을 이따금씩 볼 수도 있을 것입니다만, 그때에 그는 마치 물에서 나온 물고기 같아서 자기 일터에 다시 돌아가기 전에는 결코 본 모습일 수가 없습니다. 그리스도인이 세상에 관여하는 것이나, 세상에 속한 자들이 하늘에 속한 일들에 관여하는 것이나, 모두 제 본연의 모습이라고 할 수가 없습니다. 자기들이 속한 일터로 돌아가야만 제 모습을 찾게 되는 것입니다. 그런데 사탄은 그리스도인의 이 하늘에 속한 일을 멈추게 하기 위하여 특별히 애를 씁니다. 그리스도인이 몇 년 동안만이라도 방해가 없이 하늘과의 자유로운 교역을 행할 수 있다면, 그는 곧 부자가 될 것입니다. 이 땅이 도무지 감당할 수 없을 만큼 부자가 될 것입니다. 그러나 그는 이 해적 사탄의 손길로 인하여 또한 주위 사람들의 배신을 통해서 가슴속에 큰 손해들을 겪습니다. 마치 이 강도와 교류하는 불성실한 종들처럼 이 세상에서는 보잘것없는 처지가 될 수밖에 없습니다. 자신의 이윤 가운데 많은 부분이 소실되니 말입니다. 그리스도인의 하늘에 속한 사업이 문 안에서 이루어질 수도 있고, 문 바깥에서 이루어질 수도 있습니다만, 어느 곳에서도 자유롭지 못합니다. 사탄이 어디서든 사탄이 발꿈치를 노리고 있기 때문입니다.

1. 문 안의 경우. 이는 하나님과 그 자신의 영혼 사이에 은밀하게 이루어지는 내적인 사업이라 부를 수 있을 것입니다. 그리스도인은 문 안에서 겉으로 알려지지 않는 사업을 행합니다. 그가 어디에 있었는지를 세상이 알기 전에 그는 천국에 가 있으며, 갖가지 생각과 하늘의 묵상들 속에서 그의 집이 풍성하게 장식되어 있습니다. 만나는 사람이 그의 마음속에 무언가 영적인 생각을 불러일으키고 그런 문제를 관찰하게 되는 하나의 본문이 됩니다. 듣는 설교마다 홀로 있을 때에 더욱 깊이 묵상하게 만드는 재료가 됩니다. 섭리를 통해 일어나는 일마다 마치 돛에 부는 바람과 같아서 그의 마음을 움직여 무언가 하늘에 속한 처신이나 혹은 시의적절한 처신을 하도록 만들어 줍니다. 어느 때에는 하나님의 긍휼하심을 생각하고 기쁨에 가득 차며, 또 어느 때에는 자기 죄를 깨닫고서 경건한 슬픔에 젖어듭니다. 때로는 하나님을 찬양하며 높이며, 때로는 자신의 죄악성을 바라보며 하나님 앞에서 자신을 책합니다. 한동안은 하나님의 언약을 직시하며 그 약속들이 주는 위로를 누리기도 하나, 또 어떤 때는 거룩한 경외심으로, 언약의 경고들에 대한 두려움으로, 마음이 가득 차기도 합니다. 세상에 속한 자들은 밑에서 먼지를 핥고 있는 동안, 그리스도인은 이렇게 높이 걷는 삶을 삽니다. 그리스도인이 이런 사업을 통해 얻는 이 하늘의 진주 한 개만 해도 세상에 속한 자가 평생토록 땀 흘리며 수고하여 얻는 것보다 훨씬 더 값어치가 있습니다. 다른 사람들이 머리를 두는 그 곳에 그리스도인은 발을 디디고 서 있는 것입니다. 그는 달(月) 위를 걸으며, 해(日)로 옷을 입고서 땅 위의 사람들을 내려다봅니다. 마치 높은 언덕 위에 있는 사람이 계곡이나 늪에 사는 자들을 바라보듯이 말입니다. 그는 그 사람들이 육신의 정욕과 이득의 안개 속에 파묻혀 있는 것을 봅니다. 그는 하늘의 순전한 공기를 마시지만, 모든 폭풍과 질고에서 완전히 자유로울 만큼 그렇게 높은 곳에서 살지는 않습니다. 안타깝게도 자신의 죄로부터, 또한 바깥의 사탄으로부터 폭풍이 수없이 몰아칩니다. 하나님의 자녀들의 마음이 너무나 무뎌져 있고, 그들의 생각이 산만하고 임무를 행하는 데로 집중되지 않고 오히려 악하고 더러워져 있어서, 입술을 더럽힐까 두려워서, 또한 다른 이들에게 역겨움을 줄까 두려워서 그들 스스로 자신들의 정체를 감히 드러내지도 못하는 처지에 있는 경우가 많습니다. 그렇지 않다면 그들에게서 나오는 저 안타까운 탄식과 신음소리들은 대체 어떻게 이해해야 하겠습니까? 그리스도인은 마음으로는 묵상하고 기도하고 말씀들을 듣고 이와는 다른 삶을 살기를 바라고 사모합니다. 그렇지 않습니까? 그렇습니다. 분명 그러기를 바

랍니다. 하지만 우리를 시험하는 마귀가 있고 또한 우리가 그에게 틈을 주는 식의 삶을 계속하고 있는 한, 우리의 형편은 그럴 수밖에 없습니다. 우리가 마음의 샘을 깨끗하게 하고자 애쓰는 순간, 마귀 역시 그것을 다시 중단시키고자 힘씁니다. 그러므로 우리는 두 가지 일을 동시에 해야 합니다. 임무를 수행하는 것과 우리를 대적하는 마귀를 경계하는 것이 그것입니다. 그러니 우리 손에 쟁기와 검을 동시에 들고 있어야 합니다. 건물을 세우고자 힘쓰는 동안 다른 이들이 계속해서 가로막는 경우는 정말 열심히 수고해야 하는 것입니다.

2. 문 바깥의 경우. 문 바깥에서 행해지는 그리스도인의 사업 역시 하늘에 속한 것입니다. 그리스도인의 인간 관계, 직업 관계, 이웃과의 관계를 보십시오. 이 모든 분야에서 그는 하늘에 속한 사업가입니다. 그의 인생의 큰 사업은 무언가 선을 행하거나 선을 받는데 있습니다. 그러니 이것을 주거나 취해가지 않는 회사는 그와는 상관이 없습니다. 팔거나 사는 것이 없는 곳에 무엇 때문에 상인이 있겠습니까? 누구나 자기 직업에 따라 일을 가장 신속하게 처리할 수 있는 곳에 자리를 잡으려고 애쓰기 마련이고, 그렇게 하는 자가 가장 이윤을 잘 낼 가능성이 높은 법입니다. 그리스도인은 어느 곳을 택하든지 남편이나 아내, 하인 등 자기와 가까운 자들 중에 하늘에 속한 자신의 사업에 알맞고 또한 자기에게 걸림돌이 되지 않을 자들과 함께합니다. 그는 거룩한 사람들을 가장 가까운 측근으로 삼습니다. 자기가 사는 마을에 성도가 있으면, 그 성도를 찾아내고 그 사람과 함께 일을 도모하는 것입니다. 그리고 이런 측근들, 혹은 다른 모든 이들과의 처신에 있어서 그의 주된 일은 하늘을 위하는 것이요, 또한 그의 속에 하늘에 속한 원리가 내재해 있어서 그로 하여금 그런 성향을 갖게 만듭니다. 그런데 이에 대해 지옥이 경계합니다. 무엇이라고요? 자기 혼자 천국에 들어가는 것으로 만족하지 않고, 거룩한 모범과 은혜로운 말씨와 진지한 대화와 적절한 책망을 통해서 다른 사람과 교역하며 그들도 함께 천국으로 데리고 가기 위해 애쓴다고요? 사자는 이런 소식을 접하고서 그의 굴에서 미쳐 날뜁니다. 그러므로 마귀는 이런 사람에게 곧바로 달려가 그를 저지하려 하는 것입니다. 바울은 말씀하기를, 내가 가려 했으나 사탄이 나를 가로막았다고 했습니다(살전 2:18). 하나님을 증거하며, 자신이 하나님을 위하여 사업하는 상인이라는 것을 자신의 삶의 모습으로 드러내는 자에게는 마귀의 사주를 받는 대적이 넘쳐나는 것입니다.

셋째. 그리스도인의 소망이 모두 하늘에 속한 것입니다. 그는 세상이 주는 것에는 전혀 기대를 걸지 않습니다. 사실 그는 자기가 신앙을 통해서 얻을 수 있는 것이 이 땅에 속한 것밖에 없다면 자기야말로 모든 사람들 중에서 가장 비참한 사람이라고 생각할 것입니다. 아닙니다. 그가 기대하는 것은 바로 천국과 영생입니다. 혹시 그가 한 푼도 유산으로 남겨줄 수 없을 정도로 가난하다 할지라도, 그는 자기 자신이야말로 이 땅의 가장 위대한 군주의 자녀보다도 더 큰 상속자라고 여깁니다. 이 유산을 그는 믿음으로 바라보고, 또한 그것이 가져다줄 영광에 대한 소망으로 즐거워할 수 있습니다. 이 세상의 위대한 사람들의 허황된 영광도 그에게는 부러워할 것이 못됩니다. 그 자신이 비천한 처지에 있으나 자신의 그런 처지를 잊어버리고 그들의 온갖 찬란한 모습들을 측은하게 여길 수 있습니다. 며칠만 지나면 그의 등에서 십자가가 사라지고 또한 그들의 머리에서도 면류관들이 사라질 것이고, 그때가 되면 그는 모든 영광을 다 받을 것이나 그들의 몫은 이미 다 소멸된 상태가 될 것을 잘 알기 때문입니다. 이런 것들이 그에게 어찌나 큰 기쁨을 주는지, 다른 사람들과 마귀가 그를 비참하게 여길지라도 그 자신은 결코 자신을 그렇게 보지를 않을 것입니다. 마귀는 그리스도인이 천국을 향하여 나아가면서 자신이 미래에 누리게 될 즐거운 복락에 대한 소망으로 가득 차 있는 것을 보기가 너무나도 괴롭습니다. 그리하여 마귀는 자신이 할 수 있는 만큼 격렬한 폭풍우들을 일으키고 그리하여 그리스도인이 그 복된 포구에 이르지 못하도록 막거나 ─ 그리스도인은 그 복된 포구에 이르기를 가장 사모하며 그것에 대해 완전한 절망에 빠지지 않습니다 ─ 혹은 그리스도인의 항해를 힘겨운 겨울철의 항해로 만들고자 합니다. 바울도 겨울철에 항해하다가 막심한 어려움을 겪었습니다. 그리하여 마귀가 격렬하고도 강력한 유혹으로 그리스도인을 공격하여 그리스도인이 기쁨과 위로 등 고귀한 것들을 던져 버리지 않을 수 없도록 만드는 경우가 매우 많습니다. 그렇습니다. 때로는 그리스도인이 시험의 스트레스로 인하여 자신이 구원받을 소망이 완전히 사라진 것 같이 느껴서 배에서 떠날 생각까지 하게 되기도 합니다. 자, 이렇게 해서 우리가 과연 무엇 때문에 마귀들과 싸우는지를 보았습니다. 이제 적용으로 넘어갑시다.

[적용. 네 부류의 사람들에게 주는 책망의 말씀]

첫째 적용. 이는 네 부류의 사람들에게 주는 책망의 말씀입니다.

첫째 부류. 먼저 이 천국의 상급을 위하여 사탄과 싸우는 것과 거리가 멀고, 오히려 천국의 상급을 거부하는 자들에게 주는 책망의 말씀입니다. 이들은 힘을 들여 천국을 취하기는커녕 오히려 힘으로 그것을 멀리 합니다. 우리 주님께서 거리에 서서 "회개하라, 천국이 가까이 왔느니라"라고 부르짖으신지가 얼마나 오래 되었습니까? 복음이 제시되어 우리 귀에 울린 지가 얼마나 오래 되었습니까? 그런데도 오늘날까지 수많은 마귀에 현혹된 심령들은 맹렬하게 지옥을 향하여 나아가며 아무리 설득해도 돌아오려 하지를 않습니다. 이들은 하나님의 자녀라 불리기를 거부하며, 또한 그리스도께서 베푸실 그 영광스런 자유를 마다하고 오히려 마귀에게 종노릇하기를 선택하며, 한동안 있다가 사라질 죄의 쾌락거리들을 천국의 풍성한 복락보다 더 큰 보배로 여깁니다. 카이사르(Caesar)의 철천지원수였던 카토(Cato)에 대해 이런 이야기가 있습니다. 그는 카이사르가 전쟁에서 승리하는 것을 보고서, 그의 앞에 무릎을 꿇고 자비를 구하기가 싫어서 격렬하게 스스로 목숨을 끊었습니다. 카이사르는 이 이야기를 듣고 안타까움에 북받쳐서, "오오 카토여, 그대는 어찌하여 그대의 목숨을 구해줄 영광을 내게 주기를 그렇게 꺼렸단 말인가?"라고 외쳤다고 합니다. 그리스도께서 그들의 영혼을 구원할 존귀를 누리시는 것을 꺼리는 사람들이 얼마나 많은지 모릅니다. 죄인들이여, 그리스도의 은혜를 거부하는 것에 대해 다른 무슨 이유를 댈 수 있겠습니까? 천국과 복락이 바람직한 것들이 아닙니까? 죄와 비참보다 더 좋지 않습니까? 그런데 어째서 그것들을 받아들이려 하지 않습니까? 아니면 그것들이 그리스도의 피 속을 헤엄쳐서 나아오기 때문에 죄와 비참보다 더 나쁩니까? 오오 그리스도께서 그렇게도 은혜로운 일을 감당하셨는데, 그를 그렇게 대하다니, 이는 정말 몹쓸 짓입니다. 그는 그를 붙잡으러 온 병사들에게, "너희가 강도를 잡는 것 같이 칼과 몽치를 갖고 나왔느냐?"라고 말씀하셨습니다만, 여러분에게도 그가 똑같은 말씀을 하실 것입니다. 그가 여러분의 죄를 여러분에게서 훔쳐 가시고, 방에 천국을 남겨두고 가실 것이니, 이 점만을 본다면 그를 도둑이라 할 수도 있겠지요. 오오, 하나님의 사랑으로 말씀합니다. 여러분이 대체 무슨 일을 하고 있는지를 생각해 보십시오. 여러분은 지금 영원한 생명을 물리치고 있는 것입니다. 그리고 그렇게 함으로써 여러분 자신을 그것을 스스로 얻을 가치가 없는 자로 판단하고 있는 것입니다(행 13:48).

둘째 부류. 사탄의 수족이 되어 천국에 속한 것을 사람에게서 빼앗아 가는 자들에게 책망합니다. 도둑 중에는 바람잡이라 불리는 자들이 있는데, 이들은 도둑질을 할 대상자를 물색하다가 그런 사람을 찾으면, 다른 사람을 보내어 그 사람을 약탈하게 하고 자기는 그 현장에 전혀 나타나지 않습니다. 마귀는 정말이지 "큰 바람잡이"입니다. 그는 그리스도인이 어떻게 행하는지를 관찰합니다. 그가 어느 곳에 자주 가며 누구와 잘 어울리며, 그의 품속에 어떤 은혜나 천국의 보화를 지니고 다니는지를 면밀하게 살핍니다. 그리고 이것이 파악되면, 자기의 수족들을 보내어 자기의 계획을 시행합니다. 욥의 경우 그는 욥에게 있는 탁월한 은혜들을 알고서, 어떻게 하면 하늘에 속한 그의 보화들을 빼앗아 갈 수 있을지를 면밀하게 궁리합니다. 그러니 그의 아내와 친구들이 아니면 그 일을 수행할 자가 누구였겠습니까? 그들의 말이라면 그가 수긍하고 들을 것이라고 여긴 것입니다. 오오 형제 여러분, 여러분이 혹 마귀를 위해서 이런 일을 행하지는 않았는지 여러분의 양심에게 물어보시기 바랍니다. 어쩌면 여러분의 자녀나 종이 한때는 천국을 향하는 자였으나, 여러분에게 짓눌려 이제는 그야말로 속된 자가 되어 있을지도 모릅니다. 혹은 여러분의 아내가 여러분을 만나기 전에는 하나님의 백성의 길을 활기차게 걷고 있었으나, 여러분의 냉랭한 토양에 옮겨진 이후 여러분의 그 공허하고 무미건조한 처신과 세상적이며 형식적인 생활에 젖어서 이제는 은혜도 위로도 다 상실하고 말았을지도 모릅니다. 오오 여러분, 하나님의 심판대 앞에서 이것이 여러분에게 얼마나 큰 참소거리가 되겠습니까? 다른 사람의 돈이나 보석을 빼앗았다면 그들의 은혜와 위로를 빼앗는 것보다 차라리 더 나을 것입니다.

　셋째 부류. 천국의 상급을 위하여 수고하는 중에 몹쓸 게으름을 보이는 많은 이들에 대해서도 책망합니다. 모두가 마지막에 결국 영혼이 구원받기를 바라지만, 그것을 위해 열심히 수고함으로 그러한 바람의 진정성을 드러내 보여주는 사람이 어디 있습니까? 본향에 이르지 못하도록 중간에 가로막고 있는 사탄과 치열한 싸움을 벌이는 자가 어디 있습니까? 그들의 무기는 어디에 있습니까? 그 무기들을 사용하는 기술은 어디에 있으며, 마귀들을 상대하고자 하는 결연한 의지는 어디에 있으며, 또한 그 기술을 마음으로부터 날마다 발휘하여 싸움을 싸우는 것은 어디에 있습니까? 안타깝게도 그런 경우가 정말이지 희귀합니다. 집집마다 신앙을 가졌다고 대문에 표를 붙여 놓았다고 해서 그 집안에서 참 신앙을 찾을 수 있는 것이 아닙니다. 만일 바라고 원하는 것만으로도 천국에 들어갈 수 있다면, 그런 사람들이 모두 천국에 들어갈 것입니다. 하지만 씨름하고 싸우는 것이나 신앙을 추구하고 거기에 진력하는 것과 거리가 너무 멀고 따라서 천국과도 거리가 너무 먼 사람들이 허다한 것입니다. 어떤 농부는 여름철 대낮에 한가로이 잔디 위에 누워서, "아아, 이게 일이라면 좋을 텐데! 하루 일을 이렇게 여기 누워서 한다면 좋을 텐데!"라고 하며 탄식했다고 하는데, 그 사람들의 마음이 마치 이와 똑같습니다. 그리하여 게으름 중에 자기들의 인생을 허비하며 마음으로, "아아, 이게 천국으로 향하는 길이라면 좋을 텐데!"라고 이야기하면서, 정작 그런 은혜를 누릴 수단은 전혀 강구하지 않습니다. 독일의 한 위대한 군주의 이야기를 읽은 적이 있습니다. 그보다 힘이 막강한 대적이 쳐들어오자, 그를 돕고자 주위의 친구들과 동맹국들이 몰려들어 큰 군대가 준비되었습니다. 그런데 그는 자기는 그들에게 지불할 돈이 없다고 했답니다. 그러나 사실은 돈을 쓰는 것이 너무 아까웠던 것입니다. 결국 어떤 이들은 실망하여 퇴각하였고, 다른 이들은 용맹스럽게 전투에 임하지 않았습니다. 결국 그는 자기 왕국에서 쫓겨나고 말았는데, 그 후에 그의 궁궐에 들어가 보니 곳곳에 금은보화가 가득했다는 것입니다. 마치 병든 환자가 의사에게 값을 지불하기가 싫어서 그냥 죽듯이, 그도 망하고 말았습니다. 하나님을 잃어버린다는 것이 과연 얼마를 잃어버리는 것인가를 깊이 생각할 만한 여유가 있었는데도 불구하고 그렇게 하지 못하여 정죄 받게 되는 영혼들은, 사실은 자기들에게 영생을 얻을 수단과 재능과 기회가 주어졌으나 그들 자신이 그것들을 사용할 마음이 없어서 그렇게 정죄 받게 되었다는 것을 기억하고서 자기들의 비참한 처지를 더욱더 뼈저리게 괴로워할 것입니다.

넷째 부류. 이는 신앙과 관련하여 떠들썩하게 왁자지껄하는 자들에 대해서도 책망합니다. 이들은 마치 천국이 자기들의 마음 전체를 완전히 독점하고 있는 양 신앙적 임무들에 대해 지극히 철저하게 따지느라 바쁩니다. 겉으로 신앙의 모습을 보이는 데에 앞장섭니다. 하지만 마치 독수리처럼 하늘 높이 날아오르지만 그들의 먹이는 언제나 땅 아래에 있으며, 항상 거기에 눈이 가 있습니다. 그런 사람들은 전에도 항상 있었고 앞으로도 항상 있을 것입니다. 천국 백성인 체하고 외형적인 모습으로는 말하자면 천국의 언어와 임무들로 아름답게 포장하고 있으나 그들의 마음은 외식으로 점철되어 있어서 그것으로 다른 이들을 속이고 대부분 자기들 자신도 속이는 자들 말입니다. 이런 사람들이 하나님의 성도들과 함께 뒤섞여 있는 것입니다. 이런 이들은 세상이 보기에는 성자(聖者)들일지 모르나, 그리스도께서 보시기에는 마귀들인 것입니다. "내가 너희 열둘을 택하지 아니하였느냐 그러나 너희 중의 한 사람은 마귀니라!"(요 6:70). 그런데 정말이지 마귀 중에서도 입으로 신앙을 고백하는 마귀나 설교하는 마귀나 기도하는 마귀만큼 악한 마귀는 없습니다. 오오 여러분, 마음을 분명하게 하십시오. 신앙이란 여러분의 눈만큼이나 예민하여, 조롱당하고도 아무렇지도 않게 조롱당하고 있을 수가 없습니다. 벨사살이 성소의 기명들을 갖고 주연에 젖어 있을 때에 그에게 떨어진 보응을 기억하십시오. 하나님께서 거룩한 물건들을 세상적인 목적에다 팔아넘긴 자들을 찾아 보응하심으로써 그의 임재를 확실히 드러내신 것입니다. 이세벨은 나봇의 포도원을 삼키기 위하여 금식도 하고 기도도 하나, 결국 그것에 오히려 자신이 삼켜 버린 바 되었습니다. 암논은 자기 여동생을 취하고 싶어서 몸살을 앓았고, 그의 형 압살롬은 자기 아버지의 왕좌를 탈취하고 싶어서 안달이 났습니다. 그는 자기의 반역 행위를 감추기 위하여 신앙을 핑곗거리로 삼습니다. 곧, 헤브론으로 가서 거기서 자기가 서원한 내용을 갚게 해 달라고 아버지에게 청하였습니다. 거기서 모의를 꾸미려 했던 것입니다. 그런데 그는 그 외식으로 인하여 망하고 말지 않았습니까? 거룩한 하늘의 것들의 겉모양을 갖고서 세상적이며 악한 일을 꾸미는 모든 자들에 대해 심판이 결코 더디지 않을 것입니다. 이런 무리들에 대해 사도는 "그들의 심판은 옛적부터 지체하지 아니하며 그들의 멸망은 잠들지 아니하느니라"라고 말씀하며(벧후 2:3), 또한 이들에 대해 하나님은 이렇게 말씀하십니다: "나 여호와가 친히 응답하여 그 사람을 대적하여 그들을 놀라움과 표징과 속담 거리가 되게 하여 내 백성 가운데서 끊으리니 내가 여호와인 줄을 너희가 알리라"(겔 14:7, 8).

[천국이야말로 그리스도인이 사모해야 할 제일가는 상급이라는 것을 어떻게 알 수 있을까]

둘째 적용. 여러분이 가장 중요하게 추구하는 것들이 하늘에 속한 것들인지 아니면 이 땅에 속한 것들인지를 시험해 보아야 합니다. 여러분, 우리의 영적인 상태와 처지에 대해 무지해서는 안 됩니다. 우리의 생각들을 자주 살펴야 하고, 우리 마음속에 있는 것들을 관찰해야 할 것입니다. 그러면 우리가 어떤 음식을 가장 즐겨하는지를 알게 될 것이고, 여러분의 영혼에게 가장 기쁨을 주는 양식이 되는 것이 천국인지 아니면 이 땅인지를 알게 될 것입니다. 과연 천국이 여러분이 바라는 가장 중요한 상급이라는 것을 어떻게 알 수 있느냐 묻는다면, 저로서는 다음 두 가지를 시험 거리로 제시할 수 있을 것입니다.

첫째 시험. 여러분은 일편단심으로 천국을 사모합니까? 여러분, 천국과 또한 천국으로 이끄는 것들을 위해 씨름하고 있습니까? 하나님께서는 땅의 것들도 나누어 주기를 기뻐하십니다. 모든 사람들이 다 땅의 것들을 조금씩 갖고 있고, 아무도 다 가진 사람은 없습니다. 하지만 천국의 보화는 전체를 깨뜨려 작은 부분들로 나누게 하시지 않습니다. 천국을 소유하려면 그리스도를 소유해야 합니다. 그리스도를 소유하려면 그의 희생과 그의 섬김을 좋아해야 합니다. 거룩함이 없으면, 행복도 없는 것입니다. 하나님께서 사람의 요구에 맞도록 천국의 보화를 수많은 부분들로 잘라놓으셨다면, 아마 고객들이 차고 넘칠 것입니다. 발람은 그 한 조각을 좋아했습니다. 그는 의인으로 죽기를 바랐습니다. 그러나 사는 동안은 점쟁이로 살고자 했습니다. 그러나 그렇지 않습니다. 하나님은 이리저리 기웃거리는 상인 같은 자들은 대하지 않으십니다. 하나님께서 제시하시는 모든 것을 다 기꺼이 두 손으로 받는 자만이 하나님을 위하는 자요, 하나님도 그를 위하시는 것입니다. 거룩함과 행복을 레아와 라헬 두 자매에 비유하기도 합니다. 행복은 라헬처럼 더 아름답게 보입니다. 심지어 육신의 정욕으로 가득 찬 사람도 그것과 사랑에 빠질 수 있습니다. 하지만 거룩함은 레아처럼 언니로서 동생처럼 아름답습니다. 하지만 이 땅에서는 무언가 불리한 점이 있는 듯 보입니다. 그녀의 눈이 회개의 눈물로 충혈되어 있고, 그녀의 얼굴도 자기를 죽이는 일을 통하여 찡그려져 있습니다. 그러나 천국의 법으로는 언니를 취하기 전에 동생을 먼저 취할 수가 없습니다. 먼저 충혈된 눈을 가진 레아 — 거룩함과, 또한 회개 및 자기를 죽이는 극심한 임무들 — 를 받아들이지 않고서는 아름다운 라헬 — 곧, 천국과 행복 — 을 누릴 수가 없는 것입니다. 그러니 여러분, 어쩌시겠습니까? 그리스도와 및 그의 은혜와 결혼하는 것으로 만족하고, 그 다음에 — 흥할 때나 어려움을 겪을 때나 시험들을 이기며 섬기며, 번영의 뜨거운 열기도 견디고 역경의 차가움도 견딘 후에 — 그 나머지를 품에 안을 때까지 기다릴 수 있겠습니까?

둘째 시험. 과연 여러분이 천국과 천국의 것들을 위해 씨름하고 있다면, 심지어 이 땅의 일에서도 천국에 합당한 마음과 행동거지를 보일 것입니다. 어디서든 그리스도인을 만나면, 그는 거기서 천국을 향하여 가고 있습니다. 그의 지극히 낮은 행동들의 가장 밑바닥에도 천국이 있는 것입니다. 자, 다음 세 가지 구체적인 사실들에서 여러분의 마음을 관찰하기를 바랍니다. 곧, 이 땅의 것들을 얻는 데서, 그것들을 사용하는 데서, 그것들을 지키는 데서 과연 천국에 합당한 자세와 방식이 드러나는가 하는 것을 살피시기 바랍니다.

(1) 이 땅의 것들을 얻는 문제와 관련하여 여러분의 마음을 관찰하기 바랍니다. 천국이 과연 여러분의 가장 첫째가는 상급이라면, 이것들을 모아들이는 일에서 여러분이 천국의 법의 다스림을 받을 것입니다. 육신적인 정욕으로 가득 찬 사람을 보십시오. 낚시 바늘로 꿰든 갈고리로 낚든 그는 마음에 정한 것을 반드시 얻고야 말 것입니다. 게하시의 입에 거짓말이 아주 잘 어울렸고, 그것으로 그의 호주머니가 가득해졌습니다. 이세벨은 한 조각 포도원을 얻기 위해 감히 하나님을 조롱하고 무죄한 사람을 죽였습니다. 압살롬은 왕권을 얻기 위해서 못할 일이 없었습니다. 은혜가 없는 사람을 묶어두기에는 하나님의 담장은 너무나 낮습니다. 그러나 천국을 목표로 두는 심령은 천국의 법의 다스림을 받으며, 따라서 다윗이 사울을 향하여 행한 일들에서 보듯이 비록 왕권을 얻고자 하나 결코 천국의 길에서 벗어나는 일을 감히 하지를 않습니다. 그렇게 하면 그것은 그 자신의 중대한 계획을, 곧 하나님께 영광 돌리고 그를 즐거워하며 그의 영혼이 행복을 누리는 그것을 스스로 그르치는 것이기 때문입니다. 바로 이런 조건에 걸려서 하나님의 종들이 세상의 부귀와 영화를 거부해 왔습니다. 모세는 바로의 궁궐의 모든 영화를 버리고 바로의 공주의 아들이라 불리기를 거부하였습니다. 아브라함은 소돔 왕이 자기를 부요하게 해 주는 것을 경멸하고 이를 거부하였습니다(창 14:23). 자신이 탐욕을 충족시키는 자라는 의심을 피하고자 한 것입니다. 다른 날 그는 전리품으로 부요해졌으나, 그의 혈족을 구하러 왔다는 말밖에는 듣지 않았습니다. 느헤미야는 백성들이 가난에 찌든 자들이라는 것을 알고서 나라를 유지하기 위해 세금이나 공물을 받지 않았습니다. 그가 여호와를 경외하였기 때문에 그렇게 한 것입니다. 여러분은 이런 자세로 행하고 있습니까? 하나님께서 허락하시는 것 이상으로 재물이나 명예를 구하려 하지 않고, 천국에 대한 소망으로 굳게 서려 하십니까?

(2) 이 땅의 것들을 사용하는 문제와 관련하여 여러분의 마음을 관찰하기 바랍니다. 이 땅의 것들을 사용하는 데에서 여러분은 천국에 속한 자세를 드러내 보이고 있습니까?

(a) 성도는 이 땅의 것들을 사용하여 천국의 목적을 이룹니다. 여러분은 보화를 어디에 쌓고 계십니까? 그것을 여러분의 게걸스럽게 먹어치우는 배(胃)에게나, 여러분의 매와 여러분의 개(犬)에게 바칩니까, 아니면 그것을 그리스도의 가난한 지체들의 가슴속에 저장합니까? 여러분의 명예와 권세를 어디에다 사용합니까? 경

건한 자들의 손을 강건하게 하는 데 쓰십니까, 아니면 악인의 힘을 키우는 데 쓰십니까? 여러분의 다른 세속적인 소유물들도 마찬가지입니다. 은혜 가운데 거하는 심령은 그것들을 하나님을 위하여 사용하는 것입니다. 성도가 이런 것들을 구하며 기도할 때에, 그는 항상 무언가 천국에 속한 목적을 염두에 둡니다. 다윗이 목숨을 위하여 기도하지만, 그것은 그저 살겠다는 것이 아닙니다. 살면서 하나님을 찬양하겠다는 것입니다(시 119:175). 압살롬이 반역하여 자신의 왕좌에서 쫓겨났을 때에, 다윗의 바람과 소망이 무엇이었습니까? "왕이 사독에게 이르되 보라 하나님의 궤를 성읍으로 도로 메어 가라 만일 내가 여호와 앞에서 은혜를 입으면 도로 나를 인도하사 내게 그 궤와 그 계신 데를 보이시리라"(삼하 15:25). 여러분, 주목하십시오. 그는 "나의 면류관을, 나의 궁궐을 보게 하라"라고 하지 않고, 하나님의 궤와 하나님의 집을 보고자 했던 것입니다.

(b) 은혜를 입은 심령은 이 땅의 것들을 구하되 거룩한 무관심으로 구하며, 마음의 열정과 열심을 천국에 속한 것들에 집중시킵니다. 이 땅의 것들을 사용하되, 마치 사용하지 않는 것처럼 사용합니다. 그의 머리와 마음이 더 높은 일들에 — 어떻게 하면 하나님을 기쁘시게 하며, 어떻게 하면 하나님의 은혜 가운데서 정진하며, 어떻게 하면 그리스도의 규례들에 참여하여 그와 더 친밀한 교제를 누릴까 하는 것 등 — 관심을 집중시키고 있습니다. 이런 모든 일을 위하여 배의 돛을 활짝 펴고, 힘을 다해 노를 젓고, 모든 힘을 모으는 것입니다. 다윗도 이와 같이 전진하였습니다: "내 영혼이 주를 갈망하며 내 육체가 주를 앙모하나이다"(시 63:1). 그리고 언약궤 앞에서 그는 온 힘을 다해 춤을 추었습니다. 그러나 육신에 속한 심령은 이와 정반대입니다. 그의 열정은 세상을 위한 것이요, 그의 무관심은 하나님의 일들을 향하여 발휘됩니다. 그는 기도를 해도 마치 전혀 기도하지 않는 것처럼 합니다. 자기 가게에서는 땀을 흘리지만, 골방에서는 냉랭하기 그지없습니다. 오오, 그를 설득하여 하나님을 예배하는 임무를 다하도록 하고, 혹은 규례에 참여하도록 인도하기가 얼마나 힘든지 모릅니다. 날씨가 어떻든 그는 언제나 시장으로 향합니다. 비가 와도 번개가 쳐도, 눈이 와도 그는 변함없이 그리로 갑니다. 하지만 조금만 비가 와도, 날씨가 조금만 추워도, 그것을 핑계로 교회에는 가지 않습니다. 세상의 사업에 관계할 때에는 마치 우상을 섬기는 대장장이가 우상을 쳐서 만들 때처럼 진지하기 그지없습니다. 선지자는 그런 대장장이에 대해 이렇게 말씀합니다: "그의 힘센 팔로 그 일을 하나 배가 고프면 기운이 없고 물을 마시지 아니하면

피로하니라"(사 44:12). 구두쇠는 자신의 세상적인 일에 어찌나 열정을 쏟는지 그 일에 열중하느라 자기 몸을 괴롭히고 제 때에 영양분 섭취도 거를 정도입니다. 일이 바빠 부엌에 가지도 않고 자기 상점에서 그냥 식사를 해결합니다. 하지만 하나님께 예배할 때에는, 식사 시간이 지났다는 이유만으로도 설교를 지겨워하고 설교자에 대해 화를 내는 것입니다. 설교는 사라져야 하고 대신 음식이 있어야 하는 것입니다. 자신의 쾌락과 육신적인 소일거리를 좇는 사람들의 모습이 이렇습니다. 즐거워하는 오락에 열중하면서는 시계를 보는 법도 없고, 하루가 언제 지나가는지도 모릅니다. 밤이 이슥해지면 그 일을 그만두어야 하는 것 때문에 화를 냅니다. 그러나 천국에 관한 일에서는, 그 사람이 얼마나 벌을 서는지 모릅니다. 도무지 시간이 뒤꿈치로 굼벵이 걸음을 한다는 생각밖에 없습니다. 설교 시간에 하는 일이라곤 시계를 보고 시계의 유리가 어떻게 움직이는지를 보는 것밖에 없습니다. 사람이 자기를 속이지 않고 그대로 자신을 들여다본다면, 과연 바삐 움직이는 것이나, 힘겹게 잡아당기는 것이나, 혹은 느릿느릿 움직이는 것 등으로도 얼마든지 자기의 마음이 어디를 향하고 있는지를 잘 알 수 있을 것입니다. 마치 배를 저어가면서, 과연 자기 배가 조류를 거슬러 올라가는지 아니면 조류를 타고 가는지를 알 수 있듯이 말입니다.

(c) 그리스도인은 이 땅의 것들을 사용하되 거룩한 두려움을 갖고 사용합니다. 땅이 하늘을 빼앗아가지 않을까, 또한 자신이 겉으로 누리는 것들이 자신의 천국을 향한 관심을 사라지게 만들지 않을까 하는 거룩한 두려움이 그에게 있는 것입니다. 그는 두려움 가운데서 먹고, 두려움 중에 일하며, 두려움과 더불어 자신의 풍성한 것들을 즐거워합니다. 욥이 자기 자녀들이 죄를 범하였을까 두려워 그들을 위하여 희생 제사를 드린 것처럼, 그리스도인은 기도로써 자신의 이 땅에서 누리는 것들을 거룩하게 하며, 그렇게 해서 그것들에게 얽어 매이는 데에서 벗어나는 것입니다.

(3) 이 땅의 것들을 지키는 문제에 관하여 여러분의 마음을 관찰하기 바랍니다. 그리스도인은 이 땅의 것들을 얻을 때에 지켰던 법과 동일한 천국의 법을 그것들을 지키고 유지하는 데에서도 지킵니다. 그는 하나님의 뜻이 아니면 감히 이 세상에서 부귀를 누리거나 명예를 누리려 하지 않습니다. 이와 마찬가지로 하나님의 뜻이 아니면 자기가 가진 것을 지키고 유지하려 하지도 않습니다. 그는 처음 이 땅의 것들을 주신 하늘 아버지께서 그것들을 요구하실 때까지만 그것들을 지킬 뿐입니

다. 하나님께서 그것들을 계속 그에게 허락하시고 또한 그의 자손들에게까지 허락하시면, 하나님을 찬양하며 그것들을 지켜갑니다. 그리고 하나님께서 그것들을 취하여 가서도 그는 여전히 하나님을 찬양하기를 원합니다. 하나님께서 때때로 세상의 큰 것들을 성도들에게 주기도 하시는데, 이때에 하나님의 의도는 주로 그를 위하여 그것들을 거부함으로써 그를 향한 사랑을 더 잘 표현하도록 하기 위함입니다. 하나님께서는 모세를 바로의 궁궐에서 키우셨으나, 그 이례적인 섭리의 의도는 결코 그로 하여금 그곳에서 세상적인 사치와 화려함 속에서 정착하게 하는데 있었던 것이 아닙니다. 육신적인 사람은 그런 섭리를 마치 하나님께서 자기를 애굽의 보좌에까지 오르게 하시기 위해 주신 좋은 기회라고 생각합니다. 그리고 어떤 이들은 때가 되면 그렇게 될 것이라고 이야기도 합니다. 그러나 그러한 섭리는 그 모든 것을 다 내던짐으로써 그의 믿음과 자기 부인을 더욱더 귀하게 드러낼 기회인 것입니다. 모세는 그렇게 함으로써 주의 귀한 백성들 가운데서 큰 귀감이 되었습니다(히 11:24, 25). 진정 은혜를 누리는 심령은 그리스도를 위하여 드리는 것 말고 다른 방식으로는 세상의 것들을 사용할 수 없다고 여기는 법입니다. 반역자 가룟 유다는 마리아가 향유를 주께 드리지 말고 시장에다 팔았더라면 더 좋게 쓰였을 것이라고 생각했습니다만, 정작 그 선한 여인 자신은 귀한 향유 한 병이 더 없어서 사랑하는 주님의 머리에 붓지 못하는 것을 안타까워했습니다. 그러므로 그리스도인은 세상에서 누리는 갖가지 것들의 목에다 희생제사에 쓰는 칼을 들이대고서, 어느 때든 하나님이 부르시면 그것들을 드릴 준비를 갖추고 있어야 하는 것입니다. 믿음과 선한 양심이 파선되는 위험을 감수하기보다는 그것들을 버려야 합니다. 그것들의 우선순위가 가장 낮기 때문에, 그것들과 가장 먼저 결별하는 것입니다.

나봇은 자신이 물려받은 소유인 포도원을 팔기보다는 왕의 분노를 감수하였고, 또한 결국 그로 인하여 목숨까지 버렸습니다. 그리스도인은 장차 올 세상에 대한 소망을 보전하기 위해서라면 이 세상에서 지닌 모든 것을 기꺼이 버릴 자세가 되어 있습니다. 야곱은 형 에서를 만나러 가면서 종들에게 가축들을 들려서 먼저 보냈고, 자신과 아내들은 뒤에 따라갔습니다. 자신이 가장 사랑하는 것들만이라도 분노한 형에게서 구해야겠다는 생각이었던 것입니다. 그리스도인의 경우 무언가를 구할 수 있는 상황이라면 자신의 영혼과 그리스도 안에 있는 것과 천국을 구하려 하며, 그 나머지 것들은 다 사라지더라도 개의치 않습니다. 그것들이 사라질

때에 그는 에서가 야곱에게 말한 것처럼 "내게 있는 것이 많으니"(창 33:9. 한글개역
개정판은 "내게 있는 것이 족하니"로 번역함 — 역주)라고 하지 않고, 야곱이 에서에게 말
한 것처럼 "내 소유도 족하오니", "내가 원하는 모든 것을 가졌사오니"(창 33:11)라
고 말할 수 있습니다. 그리고 다윗의 말처럼, "이것이 나의 구원이요 나의 원하는
전부라"(삼하 23:5. 한글개역개정판은 "나의 모든 구원과 나의 모든 소원을 어찌 이루지 아니
하시랴 — 역주)라고 말할 수 있습니다. 자, 여러분의 마음이 다음과 같은 것에 초
점을 맞추고 있는지 시험해 보시기 바랍니다. 곧, 여러분의 경우 과연 이 땅에서
즐기는 것들에 대해 천국이 법이 되고 있는가? 하는 것입니다. 여러분의 천국에
속한 본질과 천국에 속한 소망을 지키기 위해서라면 여러분의 명예나 재물, 아니
여러분의 목숨까지라도 버릴 마음이 있습니까? 온전한 이 땅의 삶과 선한 양심 중
에 하나밖에는 지킬 수가 없다면, 과연 둘 중에 어느 것을 지키겠습니까? 헨리 5세
의 아버지는 왕위를 찬탈하여 스스로 왕이 된 자였는데, 그가 죽어가면서 아들을
불러서 말하기를, "사랑하는 아들아, 왕관(그의 머리맡에 있는 베개 위에 놓여 있었습니
다)을 취하라. 내가 어찌 그것을 얻었는지는 하나님이 아시느니라"라고 했고, 아들
은 이에 대해, "아버지께서 그것을 어떻게 얻었는지는 상관없습니다. 이제 내가 이
것을 가졌으니 지킬 수 있을 때까지 나의 검이 이것을 지킬 것이옵니다"라고 대답
했다고 역사가가 전합니다. 이것이 사실이라면 정말 생소한 대답이 아닐 수 없습
니다. 악행으로 땅을 지키는 자는 천국을 기대할 권리가 없는 것입니다.

[하늘과 하늘에 속한 것들을 추구하라는 권면]

  셋째 적용. 천국과 천국에 속한 모든 것이 사탄이 방해하여 우리로 하여금 찾지
못하게 만들려는 것들입니까? 이 사실을 직시하고서, 더욱 열심히 천국을 위하여
싸워야 하겠습니다. 이 땅에 속한 하찮은 것들과 이 세상에서 배를 채우게 해줄 수
있는 것들만을 약탈하러 오는 대적과 상대하는 것이라면, 천국에 대한 소망이 있
는 심령에게 갈등이 있을 수 있을 것입니다. 과연 이 땅의 것을 지키기 위해 그 대
적과 싸우는 것이 가치 있는 일인가 하는 고민이 생길 것입니다. 하지만 그리스도
와 천국은 그 어떤 조건으로도 결코 결별할 수 없을 만큼 고귀한 것입니다. 솔로몬
은 어머니 밧세바가 아도니야에게 아비삭을 아내로 주도록 청할 때에, "그를 위하
여 왕권도 구하옵소서"라고 말하였습니다(왕상 2:22). 마귀가 이런 것들을 여러분

에게서 빼앗아 간다면, 과연 그가 여러분에게 무슨 가치를 남겨둘 수 있겠습니까? 그런데 저는 어떤 사람은 하나님이 자기를 그냥 내버려 두시고, 자기가 가진 이 땅의 것들을 취하여 가지 마시기를 원하였다는 이야기를 들은 적이 있습니다. 아니 어쩌면 이렇게 더러운 짐승 같은 자가 있을까요? 이는 사람의 음성이 아니라, 육신적인 쾌락의 똥과 오물 더미 위에 뒹굴며 영원히 돼지 여물과 함께 갇혀 지내기를 바라는 돼지의 목소리입니다. 그러니 이런 것들을 벗어나 천국의 궁정에 거하고 친히 하나님이 그의 성도들과 함께 누리시는 그 고귀한 천국의 복락에 들어가는 것보다 그처럼 추한 것을 바라는 것입니다. 이처럼 돼지 같은 마음을 지닌 짐승 같은 자들에게는 하나님께서 돼지의 얼굴을 주셨다 해도 지극히 정당한 일이었을 것입니다. 그런데 안타까운 것은 사람의 얼굴 모습을 지니고 싶어 하는 자를 만나기가 극히 어렵다는 것입니다. 물론 생각을 그대로 말로 표현하리만큼 불경스럽고 파렴치하지는 않지만, 세상의 대부분 사람들이 — 육신적이고 세속적인 모든 사람들이 — 똑같은 마음 자세를 갖고 있습니다. 사람들의 삶 자체가 그들의 마음속에 있는 것을 분명히 말해 줍니다. 곧, 여기 있는 것이 좋다는 것입니다. 천국에 예비되어 있는 모든 저택들보다는 차라리 이 땅에다 천막을 지을 수 있으면 더 좋겠다는 것입니다. 다윗은, "악인의 죄가 그의 마음속으로 이르기를 그의 눈에는 하나님을 두려워하는 빛이 없다 하니"(시 36:1)라고 말씀합니다. 이성을 지닌 사람의 마음속에도 구더기 같은 속된 것이 있어서, 천국과 천국의 고귀한 것들이 그들의 눈에, 혹은 그들의 생각에 없다고 말할 수 있지 않겠습니까? 오오, 사람들의 행실 가운데 이런 것들에 대해 얼마나 깊은 침묵이 있는지 모릅니다! 천국은 대다수 사람들에게는 낯선 존재입니다.

어느 길로 가야 그리로 갈 수 있는지 묻는 사람도 거의 없고, "어떻게 하여야 구원을 얻을 수 있는가?"라고 진지하게 질문하는 사람은 더더욱 없습니다. 마치 지금 천국에 있는 복된 영혼들 중에서 다시 이 땅에서 살기를 바라는 자가 없는 것처럼, 이들도 천국을 얻을 바람이 전혀 없습니다. 안타깝습니다! 그들의 머리에는 온통 다른 것들이 가득 들어 있습니다. 마치 이스라엘 백성이 지면에 흩어져서 지푸라기를 모으고 또한 그 모은 지푸라기를 골라내느라 바빴던 것처럼, 이들은 세상을 얻기 위해 수고하느라 바쁘고 또한 그 얻은 것으로 자기들을 즐겁게 하느라 바쁩니다. 그러니 사람들을 세상에서 떼어내어 천국과 천국에 속한 것을 구하게 하기 위해서 사용할 수 있는 논지는 다음 몇 가지 정도가 전부입니다.

1. **첫째 논지.** 이 땅의 것들은 여러분에게 반드시 필수적인 것이 아닙니다. 필수적인 것이란 다른 것들로 대체하여 공급될 수 없는 것입니다. 그런데 이 땅에서 누리는 것들은 모두가 그보다 더 나은 것들을 바랄 여지가 있는 것들입니다. 천국에는 빛은 있으나 태양은 없고, 풍요한 잔치는 있으나 음식은 없고, 영광스러운 예복은 있으나 의복은 없으며, 아무것도 모자란 것이 없으나 그럼에도 불구하고 이 세상의 영광은 하나도 거기에 없습니다. 그렇습니다. 심지어 이 땅에 있는 동안에도 이것들을 보상받을 수 있습니다. 혹시 여러분이 육체의 연약함 중에 있을지 모르지만 건강을 지니고 있는 것보다 더 나을 수도 있는 것입니다. "그 거주민은 내가 병들었노라 하지 아니할 것이라 거기에 사는 백성이 사죄함을 받으리라"(사 33:24). 세상적인 명예는 없으나, 그리스도에 속한 귀한 성도들과 더불어 믿음으로 선한 평판을 얻을 수도 있습니다(히 11장). 그렇게 되면, 그 사람의 이름이야말로 이 땅의 귀인들보다 더 나은 것입니다. 세상에서 가난하나 은혜에서 풍성할 수도 있습니다. "자족하는 마음이 있으면 경건이 큰 이익이 되"는 법입니다(딤전 6:6). 한 마디로 말해서, 세속적인 삶과 작별하고 영원한 삶을 찾는다면, 과연 이런 변화를 통해서 잃는 것이 무엇이겠습니까? 하지만 천국과 천국에 속한 것들은 그 어떠한 것으로도 보상받을 수 없는 것입니다.

여러분의 가슴속에 천국에 속한 영혼을 지니고 있다고 합시다. 만일 그것을 잃어버린다면, 과연 어디서 다른 영혼을 얻겠습니까? 천국은 오로지 하나밖에는 없습니다. 그러니 그것을 놓치면 과연 어디에 거할 수 있겠습니까? 지옥을 거처로 삼을 수밖에 없습니다. 여러분을 그리로 인도할 수 있는 것은 오직 한 분 그리스도밖에는 없습니다. 그러니 그를 거부하면, "다시는 속죄하는 제사가 없습니다"(히 10:26). 오오 사람들이 이런 사실들을 깊이 생각한다면 얼마나 좋겠습니까? 죄인들이여, 세상으로 나가서, 과연 이것들을 대신할 다른 좋은 것들이 있는지를 보십시오. 세상이 그 즐거움과 쾌락거리로 여러분을 흥겹게 만들어 줄 수도 있을 것입니다. 그러나 그리스도와 천국을 잃어버린 것에 대한 보상치고는 너무나 보잘것없습니다! 여러분이 얻을 수 있는 것이 겨우 이것밖에 없습니까? 사탄이 여러분에게서 천국과 복락을 빼앗아 가고는 여러분이 사형장에 끌려가는 동안 겨우 이런 것을 꽃다발로 주어 냄새나 맡게 한단 말입니까? 이것들이 과연 지옥의 불을 꺼주겠으며, 그 지옥의 불꽃들을 서늘하게 식게 만들어주겠습니까? 완전히 이성이 마비된 사람이 아니고서야 그리스도와 천국 대신 이런 아무것도 아닌 장난감을 취하러 들겠습니까? 사탄은 덜거덕 소리 내는 것들과 거품들을 갖고 여러분의 상상을 만족시키면서, 그의 손을 여러분의 보화 속에다 들이대고 유일하게 필수적인 것을 여러분에게서 강탈해 가는 것입니다. 존재하는 것보다 구원 얻는 것이 더 필수적입니다. 지옥에 있게 될 것이면 차라리 존재하지 않는 편이 더 나은 것입니다.

  2. 둘째 논지. 이 땅의 것들은 우리가 아무리 수고해도 과연 얻을 수 있을지 없을지가 너무나도 불확실한 것입니다. 세상이 수천 년의 역사를 지니고 있지만, 마지막에 큰 재산을 반드시 얻게 될 틀림없는 사업의 수단을 지닌 상인이 있은 적도 없고, 군주의 총애를 받아 승진할 것이 보장되는 그런 오류 없는 처세 방법을 보유한 그런 신하도 있은 적이 없습니다. 세상의 복은 그 상을 얻는 자가 몇 명 되지 않습니다. 대다수의 사람들은 열심히 수고해도 고통밖에는 얻지 못하고, 자기들의 어처구니없는 어리석음을 후회하며 탄식할 수밖에 없습니다. 뛰어다니는 거위를 잡으려고 쫓아다니지만 결국에 가서는 그것들에게서 속임을 당하고 마는 것입니다. 그러나 천국과 천국에 속한 것들의 경우에는 다음과 같은 분명하고도 확실한 법칙이 세워져 있습니다. 곧, 말씀의 권고를 따르기만 하면 길을 잘못 가는 법도 없고 또한 끝까지 가지 못하고 중도에서 넘어지는 법도 없다는 것입니다. "무릇 이 규례를 행하는 자에게와 하나님의 이스라엘에게 평강과 긍휼이 있을지어다"(갈 6:16). 사실 달리고도 이 상을 얻지 못하고, 찾아다니나 찾지 못하며, 문을 두드리나 문을 열지 못하는 자들이 있습니다. 그러나 그것은 자세가 잘못 되었거나 시기가 잘못 되었기 때문에 그런 것입니다.

  (1) 첫째 부류. 천국을 얻고 싶어 하는 사람이 있습니다. 하지만 이들의 경우 하나님께서 그들을 구원하시려면 그들의 죄도 함께 구원하셔야 합니다. 그들이 자기들의 죄와 결별하기를 원치 않기 때문입니다. 그러니 천국이 어떻게 하나님과 그런 자들을 함께 둘 수 있겠습니까? 여러분 스스로 판단하시기를 바랍니다. 그들이 한쪽 문으로 들어오면, 그리스도와 및 그와 함께한 모든 거룩한 심령들은 다른 문으로 도망쳐 버릴 것입니다. 감사할 줄 모르는 몹쓸 자들은 잔치의 즐거움을 망가뜨릴 그런 것들을 함께 지니고 가서 결국 함께 식탁에 앉아 있는 모든 하객들의 기분을 상하게 만들 수 없다면, 그렇습니다, 잔치의 주인이신 하나님까지도 그 자리에서 몰아낼 수 없다면, 아무리 천국의 영광스러운 잔치 자리라도 거기에 참여하려 하지를 않습니다.

  (2) 둘째 부류. 이들도 천국을 소유하고자 합니다. 하지만 룻기 4:3-4에 나오는

사람처럼 합니다. 곧, 혈족인 엘리멜렉의 땅을 갖고 싶어 하고, 그 값을 치를 마음도 있으나, 룻과 결혼하여 그것을 얻을 마음은 없습니다. 그리하여 그것을 놓쳐 버리는 것입니다. 어떤 사람들은 자기 자신의 의로 천국과 구원을 확보할 수 있을 것으로 여기고 그것을 열심히 추구합니다. 그들이 행하는 온갖 선행으로, 그들이 이행하는 온갖 임무들로 천국과 구원을 사려 하는 것입니다. 그러나 결국 멸망하고 맙니다. 왜요? 그리스도와 가까이 하여 그의 권리로 천국을 취하지 않기 때문입니다.

(3) **셋째 부류.** 어떤 이들은 그리스도로 말미암아 천국과 구원을 얻는 것에는 만족하나, 그들의 열정이 너무나 빈약하고 무기력하여 그를 얻을 수단을 왕성하게 사용하지를 못합니다. 이들은 마치 게으름뱅이와 같아서 굶어죽고 맙니다. 너무도 손이 게으른 나머지 앞에 놓인 음식을 손으로 잡아 입에다 넣는 것도 귀찮아서 하지 않기 때문입니다. 그들은 세상일에 온통 신경이 가 있습니다. 너무 심하게 거기에 매어달립니다. 멀든 가깝든 세상일 때문에 터벅터벅 걸어다닙니다. 그렇게 바삐 다니다가 숨이 가빠오면 잠시 서서 선지자의 말씀처럼 땅의 티끌을 사모합니다(암 2:7). 그러나 그리스도와 또한 그의 안에 있는 구원에 대해서는 얼마나 등한시 하는지 모릅니다. 기도하고 마음을 관찰하고 그리스도의 은혜와 성령을 향하여 주리고 목마른 심정이 일어날 때에 그들의 온 신경에 침투하는 일종의 경련 같은 것이 있습니다. 이렇게 온통 세상에 관심이 가 있는 그들이 갑자기 고요해지고 그런 것들을 향하여 마음이 움직이는 기미가 전혀 없어진다면 그것이 이상한 일일 것입니다. 이들이 그리스도와 천국에 대해 마음을 쓰지 않는데, 그들이 그리스도와 천국을 얻지 못한다는 것이 이상한 일이겠습니까?

(4) **마지막 부류.** 어떤 이들은 그리스도와 천국을 얻고자 하는 열심은 충분한데, 집 주인이 일어나 문을 닫아 버린 후에 문 앞에 서서 문을 열어 달라고 계속 아우성칩니다. 저 세상에서는 그 어떠한 복음도 선포되지 않습니다. 오오 가련한 심령들이여, 육신의 정욕들을 버리고 또한 여러분 자신의 의에 대한 헛된 자랑을 던져 버리고 속히 그리스도께로 달려가라는 권고가 여러분들에게 주어지고 있고, 그리스도의 그 놀라우신 위엄에 사로잡혀 있고 또한 여러분 자신이 그리스도와 또한 그로 말미암는 구원을 절실하게 필요로 하고 있으며, 여러분의 목숨보다도 더욱 간절히 그를 사모하고 있습니다. 그러니 여러분, 하나님의 이름으로 말씀드립니다. 속히 그에게로 달려가십시오. 선한 위로를 가지십시오. 그가 여러분의 이름을

불러 그에게로 나아오라고 하고 계십니다. 와서 여러분의 영혼이 쉼을 얻으라고
하고 계십니다. 그 말씀 속에 여러분의 영혼이 영원한 복락을 누리게 될 것이라는
분명한 보장이 있습니다. 그에게 나아오는 자는 절대로 그가 버리지 않으실 것이
요, 다른 누가 그를 그에게서 빼앗아 가게 하지도 않으실 것입니다. 그리스도께서
는 삭개오에게, "오늘 구원이 이 집에 이르렀도다"라고 말씀하셨습니다(눅 19:9).
가련한 여러분, 마음을 열어 그리스도를 영접하시는 여러분에게 구원이 임합니
다. 여러분은 이미 영생을 얻었습니다. 지금 천국 도성에서 다니는 저 영광에 들어
간 성도들이 영생을 누리는 것과 똑같이 여러분도 확실하게 영생을 얻은 것입니
다. 오오 여러분, 인도(India)에 비용이 들지 않는 사업이 있고, 그 곳에 가는 모든
사람에게 황금이 보장되어 있고 또한 안전한 항해도 보장되어 있다면 그냥 집에
머물러 있을 사람이 어디 있겠습니까?

　그러나 안타깝게도 이 땅에서는 그런 일이 있을 수가 없습니다. 그러나 천국에
대해서는 이보다 무한히 더한 말을 할 수가 있습니다. 그런데도 확실한 보장도 없
는 이 세상의 사업에 대한 희망에서 벗어나 천국을 향하려는 사람이 얼마나 적은
지 모릅니다. 사람들의 마음속에 있는 절박한 무신론 말고 과연 어디서 그 이유를
찾겠습니까? 그들은 아직도 성경이 과연 진실을 말씀하는지 혹은 그렇지 않은지
에 대해 확실히 납득하지 못하고 있습니다. 과연 하나님이 그의 말씀 속에 새로운
땅을 두셨고 거기서 찬란한 영적인 보화들을 캘 수 있다는 것을 확실한 것으로 신
뢰할 수 있을지에 대해 마음을 정하지 못하고 있는 것입니다. 하나님이여, 과거 선
지자의 사환들에게 행하신 것처럼 이 믿지 못하는 세상의 눈을 뜨게 하사 그들로
하여금 우리 마음속에 있는 이것들을 보게 하시옵소서. 모세는 눈에 보이지 않는
그리스도를 믿음으로 보았습니다.

　3. **셋째 논지.** 이 땅의 것들은 그것들을 갖고 있다 해도 그것들에 대해 확신을 가
질 수가 없습니다. 마치 새처럼 날아다닙니다. 울타리 안에 있다가도 금방 그 너머
로 도망하므로 누구도 그것들을 자기 것이라 부를 수가 없습니다. 오늘은 부유하
지만, 내일이면 얼마든지 가난해질 수 있습니다. 건강한 상태로 잠자리에 눕지만,
한밤중이 되기 전에 죽음의 고통에 사로잡힐 수도 있습니다. 자라나는 자손들에
게 희망을 걸고 위로를 얻다가도, 얼마 지나지 않아 욥의 종 가운데 하나가 문 밖
에 서서 그들이 모두 죽었다는 소식을 전하게 될 수도 있습니다. 지금은 존귀를 누
리지만 후에 땅에 묻혀서 조롱과 모욕을 당하게 될지 누가 알겠습니까? 성경은 수

많은 사람들의 무리를 물(水)에 비합니다. 세상의 위대한 자들이 이 물 위에 앉아 있다는 것입니다. 배가 파도 위를 떠가듯이, 그들의 존귀도 한 숨에 떠나가고 무리들의 호의도 지나갑니다. 그러니 파도에 떠다니는 사람이 과연 얼마나 오래 그 자리에 앉아 있을 수 있겠습니까? 다윗이 배에 대해 말하는 것처럼, 한때는 하늘에까지 솟아오르다가 곧바로 깊은 곳에까지 빠져 들어가는 것입니다. "우리는 왕에 대하여 열 몫을 가졌다"라고 이스라엘 사람들이 말합니다(삼하 19:43). 그런데 바로 그 다음 절에서 세바는 반역의 나팔을 불며, "우리는 다윗과 나눌 분깃이 없으며 이새의 아들에게서 받을 유산이 우리에게 없도다"라고 외칩니다. 그러자 곧바로 사람들의 관심이 완전히 다른 쪽으로 쏠립니다. 모든 이스라엘 사람들이 "다윗 따르기를 그치고 올라가 비그리의 아들 세바를 따르니" 말입니다. 이처럼 사람들이 거의 한순간에 다윗을 올렸다가 다시 내려 버렸습니다. 그러니 이 변화무쌍한 세상이 주는 것 외에 다른 확실한 분깃이 없는 사람은 정말이지 가련한 사람이 아닐 수 없습니다. 이 땅에서 즐기던 모든 것들과 작별을 고할 슬픔의 시간이 바로 앞에 다가와 있으니 말입니다. 에글론의 신하들이 그의 죽음 앞에서 했던 것처럼, 우리는 그것들이 우리 앞에서 죽어 넘어지는 것을 보고, 그것들이 없는 것으로 인해 슬피 울게 될 것입니다. 이 헛된 세상이 주는 기쁨은 마치 어머니의 무릎에서 웃는 어린아이의 웃음과 같아서 결국 울음으로 끝나게 될 것이 확실합니다. 그러니 영원토록 있을 천국과 천국에 속한 것들을 무시하고 그런 헛된 것들에 매어달리는 것이 얼마나 어리석은 일이겠습니까? 오오 여러분, 부자가 베개를 베고 누워서 스스로 편안히 있는 모습을 기억하십니까? 그가 편안히 누워 있는 침상이 그의 몸의 온기로 따뜻해지기도 전에 죽음의 소식이 그에게 전해집니다. 하나님께서 그를 그렇게 부르신 것입니다. 그때에 그는 양심의 고뇌로 인하여 몸서리치며 괴로워합니다.

　오오 여러분, 우리가 말하고 있는 그 천국에 속한 것들에 대해 진지한 관심을 갖기만 해도, 이런 일이 여러분에게 일어나지는 않을 것입니다. 천국은 결코 흔들림이 없는 나라입니다. 그리스도께서 영구한 그 분깃이 되시며, 그의 은혜와 위로는 끊어지지 않는 확실한 물줄기와 같아서 영생에 이르도록 샘솟아나는 것입니다. 이스라엘 백성의 육신적인 욕구를 채워 주는 양식이었던 메추라기들은 곧바로 사라졌으나, 그들에게 믿음을 세우도록 물을 마시게 해 준 그 반석이 뒤이어 주어졌습니다. 이 반석은 바로 그리스도이십니다. 그를 확실히 붙잡으십시오. 그러면 그가 여러분을 확실히 붙잡으실 것입니다. 여러분이 병들어 누워 있을 때 세상의 기쁨은 여러분 곁에서 차갑게 누워 있을 것입니다. 다윗이 의복을 입고 있었으나 그를 따뜻하게 해 줄 온기가 거기에 전혀 없었던 것처럼 말입니다. 그러나 그때에 그리스도께서 여러분의 병상 곁을 지키실 것이요, 여러분의 품에 누워 따뜻한 위로로 여러분의 마음을 새롭게 일으키실 것입니다. 모든 외부적인 지각들이 잠겨 있어서 사랑하는 친구들의 얼굴을 볼 수도 없고, 그들이 주는 따뜻한 위로와 권면의 말도 전혀 들을 수 없을 때에라도, 그리스도께서는 닫혀 있는 문들을 통과하여 여러분들에게 임하셔서 이렇게 말씀하실 것입니다: "내 사랑하는 아들아 네게 평강이 있을지어다. 죽음이나 마귀들을 두려워하지 말라. 내가 너와 함께 있어 네 마지막 숨결을 받을 것이요, 나의 천사들을 네 곁에 있게 하여 네 영혼이 네 육체에서 벗어나자마자 그들이 나의 사랑의 품으로 네 영혼을 데려와 누이게 할 것이요 거기서 내 피로 값 주고 샀고 또한 내 사랑이 너를 위해 예비해 놓은 그 영원한 기쁨으로 네게 먹이리라."

4. 넷째 논지. 세상적인 것들은 헛되며 또한 만족스럽지 못합니다. 지나치게 많은 것을 가질 수는 있지만, 절대로 만족하는 법은 없습니다. 지겨워하는 경우는 많으나 만족하는 경우는 전혀 없습니다. 그것들이 우리 가슴속에 거하는 이 불멸의 영들의 방대한 욕구를 도무지 맞추어주지 못하니 어찌 아니 그렇겠습니까? 영은 육체도 뼈도 없고, 물질적인 것들로 양식을 삼지도 않습니다. 그런데 세상이 가진 것이 과연 무엇입니까? 그저 육체적인 즐거움 몇 가지로 뒤덮여 있는 뼈 몇 조각 외에 무엇이 더 있습니까? "낮은 자가 높은 자에게서 축복을 받"는 것이지(히 7:7), 높은 자가 낮은 자에게서 축복을 받는 것이 아닙니다.

그러므로 이것들은 사람의 본성에 훨씬 못 미치는 저급한 것들이므로, 사람이 복을 받기 위해서는 이것들이 아니라 더 높은 자를, 곧 영들의 아버지이신 하나님 자신을 바라보아야 하는 것입니다. 하나님께서 이것들을 주신 것은 우리로 하여금 그것들을 즐기게 하기 위함이 아니라 그것들을 사용하게 하기 위함이었습니다. 그런데 우리가 하나님께서 전혀 그것들 속에 집어넣으신 적이 없는 것들을 그것들에게서 짜내어 즐길 수 있다고 생각하다니, 이 얼마나 어리석은 일입니까! 그것들은 마치 적절하게 부풀어 오른 가슴과도 같아서 달콤하고도 신선한 좋은 젖을 냅니다. 그러나 그것들을 지나치게 세게 비틀면 거기서 공기나 피(血)밖에는 나올 것이 없습니다. 거기에 없는 것들을 거기서 얻기를 기대하다가는 거기에 있

는 것들마저 잃어버리고 말 것입니다. 그것들로 자기 자신을 즐겁게 하려고 온갖
힘을 다 쓰는 사람만큼 그것들에게서 만족을 얻지 못하는 사람이 없습니다. 생물
의 지방은 겉 표면에 떠 있습니다. 그런데 겉 표면으로 만족하지 못하고, 깊이 죽
들이키면 더 많이 즐길 수 있다고 생각하여 그렇게 하게 되면 크나큰 실망을 맛보
게 될 것입니다. 그러나 이 땅의 생물에게 등을 돌리고 천국으로 시선을 향하게 되
면, 이런 모든 두려움들은 얼마든지 피할 수 있습니다. 그리스도를 얻고 또한 그를
통하여 천국의 소망을 얻기 위해 힘쓰십시오. 그것이 만족을 얻는 올바른 길입니
다. 여러분 앞에서 그 소망을 보게 될 것이고, 그 길을 걷는 동안 그것을 기대하며
즐거워할 것이고, 그리고 한 걸음을 내디딜 때마다 그만큼 거기에 더욱 가까워지
는 것을 알게 될 것입니다. 오오 얼마나 멋진 변화를 보게 될는지 모릅니다. 마치
병든 사람이 계속 병든 상태로 불순한 환경 속에 있다가 거기서 나와 신선한 공기
를 마시는 것처럼, 여러분의 심령이 새로운 활기를 얻고 말할 수 없는 만족과 평안
을 누리게 될 것입니다. 그리스도를 얻게 되면 다음과 같은 일이 일어납니다.

1. 여러분의 모든 죄에 대한 죄과가 사라집니다. 전에는 그것 때문에 웃음을 잃
었었는데 말입니다. 어린아이 같이 춤추며 뛰놀다가도 핀 같은 것에 찔리면 즐거
움이 사라지고 고통으로 한숨짓게 되지만, 이제 여러분에게서 활기를 빼앗아 갔
던 그 핀이 제거된 것입니다.

2. 여러분의 본성이 새로워지고 거룩해집니다. 사람이 건강할 때가 아니면 대
체 언제 편안함을 누리겠습니까? 또한 하나님께서 사람을 창조하신 그 바른 정서
가 그에게서 회복된 상태가 아니라면 과연 거룩이 무엇이겠습니까?

3. 여러분이 하나님의 자녀가 됩니다. 그렇게 위대하신 임금의 아들이나 딸이
되다니 도대체 기뻐하지 않을 수가 있겠습니까?

4. 여러분에게 천국의 영광을 얻을 권리가 생깁니다. 여러분은 조만간 거기서
영원토록 여러분의 기업을 소유하게 될 것이니, 그게 과연 얼마나 엄청난 것인지
아무도 모릅니다. 니케포루스(Nicephorus)는 악바루스(Agbarus)라는 위대한 사람
에 대해 말하기를, 그는 그리스도께서 행하신 이적들에 대한 이야기를 많이 듣고
서 한 화가를 보내어 그의 초상화를 그리게 했는데, 그 화가가 돌아와 하는 말이
그리스도의 얼굴에 있는 빛나는 광채 때문에 도저히 그릴 수 없다고 했다고 합니
다. 이 이야기의 사실여부는 차치하고라도, 확실한 것은 영광을 얻으신 그리스도
의 얼굴에 그토록 놀라운 광채가 있다는 사실입니다. 성도들이 천국에서 그와 더

불어 누릴 그 복락은 이 죽을 육체를 지고 살고 있는 우리로서는 올바로 생각하기는커녕 표현조차도 할 수 없는 것입니다. 거기에 가면 가장 잘 알 수 있게 됩니다. 그때가 되면 이 땅에서는 거기서 보는 것의 절반도 듣지 못했다고 고백하게 될 것입니다. 현재 우리가 갖고 있는 생각들은 장차 거기서 누리게 될 그 영광과 도무지 비교가 되지 않습니다. 마치 화가의 그림 속에 있는 태양이 하늘에 떠 있는 진짜 태양과 도무지 비교가 되지 않는 것과 마찬가지입니다. 사실이 이와 같을진대, 어째서 양식이 아닌 것을 위해 돈을 쓰며, 진정한 만족을 주지 못하는 것을 위해 — 아니 진정한 만족을 주는 것을 오히려 가로막는 것을 위해 — 그렇게 수고한단 말입니까? 이 땅의 것들은 마치 쓰레기와 같습니다. 자양분이 못되는 것은 물론, 자양분을 제공하는 것들에 대한 식욕마저 빼앗아 가는 것입니다. 이런 것들로 오염되어 있는 심령은 천국과 천국에 속한 것들의 맛을 즐길 수가 없습니다. 만나는 천사들의 양식이라 불릴 만큼 맛이 있었지만, 애굽의 음식에 길들여진 사람들에게는 그저 가벼운 떡 이상 아무것도 아니었습니다.

그러나 오오 여러분이 누구든 간에, 이 신령한 것들은 여러분의 생각에 따라 그 가치가 좌우되지 않습니다. 세상에 속한 것들은 대부분 여러분의 판단에 따라 그 가치가 좌우되지만, 천국에 속한 것들은 세상의 헛된 사람들이 값을 매기는 데에 따라서 그 가치가 오르락내리락하는 것이 아닌 것입니다. 황금을 티끌처럼 여기십시오. 그러면 그것에 아무리 왕의 인장이 찍혀 있더라도 그것은 티끌에 지나지 않게 됩니다. 한껏 부풀어 올라 있는 세상적인 명예를 — 교만한 자들이 자랑하며 허세를 부리는 그것을 — 헛된 것으로 여기십시오. 그러면 그대로 됩니다. 그러나 그리스도를 아무리 저급하게 여긴다 해도 그의 가치는 한 치도 떨어지지 않습니다. 여러분이 바라보는 천국을 사람들이 아무리 희미하고 하찮게 여긴다 해도 그래도 여전히 천국입니다.

마치 돌아온 탕자처럼 여러분이 제정신이 들어, 짚더미와 떡 중에 무엇이 합당한 음식이며 또한 들판에서 돼지와 함께 지내는 것과 아버지의 집에서 지내는 것 중에 어떤 것이 과연 합당한 삶인지를 제대로 깨닫게 되면, 이 천국에 속한 것들의 가치를 제대로 판단하는 법을 알게 될 것입니다. 그때가 오기까지 가서 할 수 있는 대로 세상의 시장에서 이윤을 남기십시오. 하지만 이 세상의 그 어떠한 상점에서도 여러분의 영혼에 참된 만족을 주는 이 진기한 진주를 찾으려 하지는 마십시오. 이 세상의 상점에 있지도 않은 그것을 찾느라 거기서 헛고생을 하고난 후에 부끄

러움 중에 돌아오지만, 그것이 주어졌을 때 그것을 취하려 하지 않은 것 때문에 그
것을 놓쳐버리는 것보다, 그것을 취할 수 있을 그 때에 가서 그것을 취하는 것이
훨씬 더 낫지 않겠습니까?

지침 3

전신갑주를 취하라는
두 번째 권고와 이를 강화시키는 논지

"그러므로 하나님의 전신갑주를 취하라
이는 악한 날에 너희가 능히 대적하고
모든 일을 행한 후에 서기 위함이라"(엡 6:13).

사도는 이 말씀으로 앞에서 언급한 권면(11절)을 다시 반복하면서, 기왕에 12절에서 원수에 대해 제시한 구체적인 사항들에서 한 걸음 더 나아가 힘을 주어 그것을 강조합니다. 그는 성실한 정찰병처럼 사탄의 큰 능력과 악의에 대해 충실하게 보고하며, 또한 그가 성도들을 향하여 얼마나 위험한 계략을 갖고 있는지를 드러낸 바 있습니다. 사탄은 천국에 속한 모든 자들을 망치려는 계략을 갖고 있습니다. 그런데 여기서 그는 두 번째로 경계하며, 또한 그들에게 "무장하라! 무장하라!"라고 외칩니다. "그러므로 하나님의 전신갑주를 취하라"는 것입니다. 이 부분의 말씀에서 두 가지를 생각하게 됩니다. 첫째, "그러므로 하나님의 전신갑주를 취하라"라는 권고와, 둘째, 이 권고에 힘을 실어주기 위한 논지입니다. 그리고 이 논지는 다시 두 가지입니다. 첫째는 "악한 날에 너희가 능히 대적하기 위함"이요, 둘째는 "모든 일을 행한 후에 서기 위함"입니다. 곧, 능히 싸우게 하고, 또한 승리하게 하기 위함이라는 것입니다.

제 1 부

두 번째 권고

"그러므로 하나님의 전신갑주를 취하라"(엡 6:13).

첫 번째 전반적인 권고의 골자는 11절에서 다룬 것과 동일하므로 그냥 지나가기로 합시다. 다만 두 가지 주목할 만한 사실들만을 가볍게 다루기로 하겠습니다. 그 하나는 동일한 권고를 그렇게 속히 다시 반복한다는 사실이요, 다른 하나는 사도가 여기서 사용하는 동사가 11절에서 사용되는 것과 다르다는 사실입니다. 거기서는 "입으라"가 쓰였는데, 여기서는 "취하라"가 쓰이고 있습니다.

첫 번째 주목할 만한 사실:
[사도는 어째서 동일한 권고를 그렇게 빨리 다시 반복하고 있는
가? 또한 목사들은 어떤 진리들을 계속해서 선포해야 하는가?]

여기서 동일한 권고를 그렇게 빨리 다시 반복하고 있다는 점을 주목하기 바랍니다. 권고할 내용을 권고하지 못했기 때문이 아니라 열정이 풍성하여 하프의 같은 현(絃)을 재차 연주하고 있는 것입니다. 못을 많이 박는 일에 온통 관심을 쏟는 나머지 그 중의 하나도 제대로 든든하게 박지 않는 사람보다, 한 개의 못을 박고 그것을 다시 망치로 내려쳐서 확실하게 박는 사람이 더 나은 목수입니다. 한 가지 진리를 대충 다루다가 황급히 다른 진리로 넘어가는 식으로 설교하여 그 중 어느 하나도 확실하게 전하지 못하는 설교자는 양심을 찌를 가능성이 별로 없습니다. 청중은 설교자만큼 신속하게 움직이지 못합니다. 한 번 진리를 던져놓는다고 해서 그것을 곧바로 깨닫게 되는 것이 아닙니다. 한 가지 주제를 제시하고는 그 주제를 상세히 설명하고 강력한 적용을 통해 양심에 호소하기도 전에 또 다른 주제를 제시하는 식으로 설교할 경우, 여러 다양한 진리들이 전해지기는 해도 청중들이 그 내용을 따라갈 수가 없습니다. 설교의 내용이 일관성이 있어서 한 가지 필수적인 진리를 선명하게 제시하고 그것을 강조하고 여러 번 반복하여 양심에 호소하여야 하는 것입니다. 이런 설교의 경우는 전체의 주제가 일치하며 그 한 부분을 기억하게 되면 뒤이어 다른 부분에 대한 기억이 함께 되살아납니다. 그러나 전자의 설교의 경우는 여러 진리들이 제각각이어서 기억이 희미할 수밖에 없는 것입니다. 짧게 힌트만 주고 다른 주제로 넘어가는 식은 학자들은 좋아할 수 있지만, 그 외의 사람들에게는 별로 유익이 없습니다. 그런 식은 학교에 적당합니다. 그러나 강단에서는 후자의 방식이어야 합니다. 가령 의복을 사기 위하여 상점에 들어갔다고 합시다. 어떤 직원은 한두 벌 아주 적합한 의복을 골라서 입어보고 여기저기 잘 살펴보도록 합니다. 그러나 다른 직원은 상점에 있는 의복을 모조리 다 끄집어내려 쌓아놓고 골라서 입어보라고 합니다. 그러면 그 중 어느 하나도 제대로 입어볼 수가 없습니다. 여러분이라면 이 두 직원 가운데 누구를 선호하겠습니까? 자, 진리들을 강조하는 것이 이처럼 유익하므로, 설교자가 동일한 진리를 거듭거듭 설교하는 것이 합당하지 않은 것이 아닙니다. 바울은 여기 11절과 13절에서 동일한 권고를 거듭 반복하고 있고, 다른 곳에서는 동일한 내용을 거듭거듭 듣는 것이 그에게는 "수고로움이 없고" 또한 듣는 사람들에게는 "안전하다"고 말씀하는 것입니다 (빌 3:1). 자, 이렇게 우리의 설교 사역에서 자주 설교해야 할 진리들에는 세 가지 종류가 있습니다.

첫 번째 종류. 근본적인 진리들, 혹은 반드시 알고 믿어야 할 진리들이 포함되어 있는 흔히 말하는 요리문답의 주제들입니다. 건물 전체의 무게가 상부구조를 이루는 진리들이 아니라 이 기초를 이루는 진리들에 드리워져 있는 것입니다. 어느 나라에든 그것이 없이는 일상적인 생활 유지가 불가능한 그런 필수 상품들이 있는데, 우리나라의 경우는 양모나 곡물 등이 이에 해당합니다. 생활유지에 필수적인 것이 아닌 다른 상품들이 아무리 국가를 아름답게 장식해 주고 그 부(富)를 더해준다 해도, 그것들보다는 이런 필수품들을 더 장려하는 것이 마땅한 일일 것입니다. 여기서도 마찬가지입니다. 신령한 신비들에 대한 지식을 통하여 그리스도인을 풍요롭게 하며 그들의 삶을 아름답게 장식시켜 주는 다른 것들이 있고, 또한 목사들은 이것들에 대해 수고를 기울이는 것이 당연합니다. 그러나 끊임없이 신실하게 가르치고 해명해야 할 가장 중요한 내용은 바로 복음의 주요 진리들입니다. 이것들은 진리의 경계를 제시해 주는 지계표(地界表)라 할 수 있습니다. 마을들이 서로 연하여 경계하고 있으므로, 주민들이 이따금씩 젊은이들을 데리고 그 경계 지역을 다니며 잘 보여주지 않으면, 노인들이 가고 나면 그 다음 세대가 자기들의 경계가 어디인지를 알지 못하는 나머지 이웃들의 경계를 침범하여 결국 자기들의 모든 권리들을 상실해 버리고 말 것입니다. 근본적인 진리 중에는 무언가 악한 이웃과, 즉 이단(異端)과 연하여 경계하지 않은 것이 하나도 없습니다. 근자에 들어서 오류의 영이 그렇게 진리에게 침투해 들어오게 된 이유는 바로 우리가 일반 성도들과 함께 그 경계를 따라 걸어가며 그들로 하여금 그 근본적인 요강들을 접하게 해 주고, 그것들에 대해 올바른 판단력을 갖도록 해주어야 하는데도 그렇게 하지 않았기 때문입니다. 그리고 일반 성도들의 잘못도 많습니다. 그들이 그런 일을 어찌나 혐오하는지, 그런 문제를 다루는 설교에 대해 아예 관심을 거두어버리고, 그저 어린아이들에게나 필요한 양식으로 간주해 버리기 때문입니다.

두 번째 종류. 목사들이 보기에 일반 교인들의 판단과 그들의 삶 속에서 사탄이나 혹은 그의 수족들이 가장 많은 해를 끼치는 진리들도 자주 선포해야 합니다. 설교자는 그의 서재에 있는 책들만큼이나 그가 맡은 성도들을 부지런히 읽고 공부해야 합니다. 그러다가 그것들을 발견하면, 성실한 청지기답게 그들에게 전달해 주어야 합니다. 바울은 갈라디아 사람들이 거짓 사도들에게서 잘못된 가르침을 받아 심지어 그 중대한 칭의(稱義)의 진리와 관련하여 율법으로 다시 돌아가 버린 사실을 주목합니다. 그가 그 한 가지 문제를 얼마나 강하게 강조하는지를 보십시오. 우리 교인들은 우리가 동일한 오류 혹은 죄를 그렇게도 자주 그렇게도 많이 질책하는 것을 불평합니다. 그렇다면 잘못은 그들에게 있습니다. 그들 자신이 그 오류나 죄에서 떠나지 않는 것이니 말입니다. 마땅에 도둑이 들어와 있을 때에 개(犬)가 그 도둑을 향하여 계속해서 짖는다고 합시다. 과연 누가 그 개를 탓하겠습니까? 아닙니다. 아닙니다. 그저 한두 번 죄에 대해 경계해서 될 일이 아닙니다. 목사가 똑같은 내용을 계속해서 설교하는 것에 대해 교인들이 목사의 게으름을 탓한다 해도, 목사는 계속 인내하며 그렇게 반대하는 자들을 권면하고 책망하여야 할 것입니다. 혹 하나님께서 나중에 그들로 하여금 진리를 깨닫게 하여 회개하게 하실지도 모르므로 그때까지 계속 기다리며 인내하는 것입니다. 우리는 나팔처럼 목소리를 높여야 합니다. 싸움이 계속되고 있는데 목소리를 죽이면 되겠습니까? 아니면 나가서 싸워야 하는데 퇴각 나팔을 불 수 있겠습니까?

세 번째 종류. 일상적으로 적용하고 실행하는 진리들. 이는 마치 식탁의 떡과 소금과도 같은 진리들입니다. 식탁에 무엇이 오르든 간에, 이것들은 반드시 올라 있어야 합니다. 베드로 사도는 이것을 염두에 두고 말씀합니다: "너희가 이것을 알고 이미 있는 진리에 서 있으나 내가 항상 너희에게 생각나게 하려 하노라"(벧후 1:12). 보다시피 그는 앞에서 하루도 시행하지 않고는 지나갈 수 없는 그런 필수적인 은혜와 임무들에 대해서 말씀했었습니다. 그것들이 성도들로 하여금 순전한 마음을 갖도록 항상 자극해 준다는 것이었습니다. 사람이 일상적인 음식을 지겨워하고 희귀한 음식만 먹으려 하면 이는 그 사람의 상태가 정상이 아니라는 신호입니다. 사람이 단단한 고기를 먹기보다 무언가 풀뿌리 같은 것을 자꾸 먹어댄다면 이는 위장에 병이 있다는 것입니다. 이 까다로운 시대의 영적인 질병 상태가 얼마나 심각한지 모릅니다. 제정신이 들어서 문제를 살펴보고 안타까워하는 사람이 거의 없으니 말입니다. 오오 여러분, 날마다 사용하는 그런 맛나는 진리들이 이미 많이 들어 익히 잘 알고 있다고 해서 그 진리들에 대한 설교들을 듣고 행하기를 지겨워하지 마십시오. 믿음과 회개는 세상 끝까지 전하고 들어야 할 유익한 진리입니다. 설교자가 천국과 또한 천국에 들어가는 길에 대해 거듭거듭 설교한다고 그에게 불평한다면, 이는 하나님께서 천국과 또한 그리로 들어가는 길을 하나밖에는 만들어 놓으시지 않았다고 하며 그에게 항변하는 것과 다를 바 없는 것입니다. 여러분의 마음이 겸손하고 또한 여러분의 취향이 신령하다면, 옛 진리들이라도 그것들을 들을 때마다 항상 새롭게 여겨질 것입니다. 이를테면 천국에서는 성도들이 모든 기쁨의 포도주를 단 하나의 수도꼭지에서 받아 마시고, 영원토록 그렇게 마실 것입니다. 하지만 결코 그 맛이 밋밋해지는 법이 없습니다. 성도들의 영혼을 가득 채우는 대상은 오직 하나님 한 분밖에 없고, 또한 그들은 결코 그에 대해 지겨워하는 법이 없습니다. 그런데 어떻게 이 땅에서 그 하나님과 그의 사랑에 대해 듣기 지겨운 것이 있을 수 있겠습니까? 그렇다고 해서 제가 주의 포도원에서 그저 빈둥거리는 일꾼들을 두둔하는 것은 결코 아닙니다. 복음의 일을 담당하면서 자기의 달란트를 게으름 속에나 이 땅의 분주한 다른 일들 속에 파묻어 버리고는 한 주간 내내 세상적인 일에 힘쓰고 관여하다가 주일이 닥치면 성도들에게 내놓을 것이 없어 여러 해 전에 주물러 놓은 오래되어 곰팡이내나는 빵조각 한두 개 정도를 내놓는 것이 고작인 그런 사람들을 두둔할 생각은 추호도 없습니다. 이런 자는 선한 청지기가 아닙니다. 옛것들이 있습니다. 하지만 창고에서 꺼내다 놓을 새 것들은 대체 어디 있단 말입니까? 목사가 자기의 창고를 가득 채우는 일에 수고하지 않는다면, 그 사람이야말로 교구에서 가장 악독한 도둑입니다. 고아들의 재산을 증식시키도록 모든 임무를 위탁받은 사람이 아무렇게나 일하여 그것들을 다 허비한다면 이는 정말 악한 일입니다. 그러나 목사가 자기의 은사들을 계발하지 않는다면 이는 더욱 악한 것입니다. 목사의 은사들은 부요한 영혼과 가난한 영혼 모두의 유익을 위해 주어진 것이요, 마치 공금(公金)과도 같은 것입니다. "여전히 백성에게 지식을 가르"치는, 즉 백성들의 지식을 높이기 위해 계속해서 한결같이 힘쓰고 수고하며, 또한 "깊이 생각하고 연구하여 잠언을 많이" 짓는 설교자야말로 과연 지혜로운 설교자라면(전 12:9), 자기의 시간을 게으름 속에 허비하거나, 혹은 자기의 은사들을 성심으로 계발하여 성도들에게 은사와 은혜들을 더 베풀어 주는 일에 힘쓰지 않고 오히려 어떻게 하면 성도들의 재산을 자기의 것으로 만들까를 연구하는데 시간을 소비하는 설교자가 있다면 그 사람은 정말 어리석은 설교자라는 것이 반드시 드러나게 될 것입니다.

두 번째 주목할 만한 사실:
[아무리 훌륭한 성도라도 받은 은혜들이 쇠락할 수도 있음.
그리고 그 은혜들을 회복하기에 힘써야 할 이유]

이 권고에서 주목할 만한 두 번째 사실은 사도가 사용하는 동사(아나람바네테)에서 볼 수 있습니다. 이 동사는 그저 취하는 것만이 아니라 다시 취하는 것, 혹은 과거에 잃어버린 것을 회복하는 것, 혹은 현재는 그만둔 어떤 일을 다시 재개하는 것을 뜻합니다. 사도는 지금 에베소의 성도들에게 말씀하고 있는데, 그들 중 대부분은 회심을 통해서나 믿음의 첫 행위를 통해서 처음 이 전신갑주를 입어야 할 사람들은 아니었습니다. 그들은 이미 그런 단계를 지난 사람들이었습니다. 그러므로 사도는 그들과 또한 세상 끝날까지 있게 될 신자들을 염두에 두고서 그 이상의 의도를 갖고 있습니다. 곧, 그들이 이미 전신갑주를 착용하고 있으나 그 중에 느슨하게 늘어진 부분을 더 바짝 조이게 하는 것입니다. 임무 중에 소홀한 점이나 혹은 은혜 중에 쇠락한 부분을 정상으로 회복하게 하는 것입니다. 그러므로 여기서 다음을 살펴볼 수 있습니다.

　가르침. 그리스도인은 자신의 상한 전신갑주를 고치는 데에, 곧 쇠락해 가는 자신의
은혜들을 회복하는 데에 특별한 주의를 기울여야 한다는 것입니다. 이 전신갑주는 얼
마든지 상하고 마모될 수 있습니다. 몇 가지 안타까운 실례를 들어보겠습니다. 야
곱이 죄악된 계략을 사용하여 축복을 가로챘을 때, 그의 진리와 성실의 허리띠가
느슨하게 풀어진 것이 아니었습니까? 그는 그 때에 남의 것을 가로챈 탈취자였습
니다. 하나님의 때를 기다리는 것이 좋았을 것입니다만, 그렇게 하지 않아서 그 나
름대로 보응을 받았습니다. 그는 자기 아버지를 속였습니다. 그런데 라반이 그를
속여 라헬 대신 레아를 주지 않았습니까? 우리아 사건에서는 다윗의 의의 호심경
이 어떻게 되었다고 보십니까? 그것이 완전히 뚫려서 그 거룩한 다윗이 처참하게
상처를 받지 않았습니까? 그리고 거의 1년 동안이나 그런 상태에 있다가, 신실한
명의(名醫) 나단이 와서 그의 상처를 보고 그 위에 성난 죽은 살을 제거해 주고서
야 비로소 제정신이 돌아와 자기 죄를 철저하게 깨닫게 되지 않았습니까? 요나는
어떻습니까? 그는 거룩한 선지자였으나 하나님께서 그를 니느웨로 보내시자 오히
려 자기의 뜻을 따랐습니다. 곧, 기다렸다는 듯이 온 마음으로 기꺼이 그 명령에
순종해야 했으나 그는 첫 부르심에 곁길로 간 것입니다. 선한 왕 히스기야의 경우
는 소망의 투구가 매질을 당하여 그의 머리에서 거의 벗겨질 지경이 되었습니다.
그는 죽을 병이 들었을 때에 자신이 "산 자의 땅에서 다시는 여호와를 뵈옵지 못
하"리라고 생각하였습니다(사 38:11). 하나님께서 자기를 붙잡으셔서 마치 "사자
같이" 그의 "모든 뼈를 꺾으"실 것이요 결국 그를 "끝내"실 것으로 여겼던 것입니
다(13절).
　심지어 믿음으로 유명한 아브라함마저도 불신앙과 신뢰하지 못하는 변덕스러
움이 그의 용맹스럽던 그의 마음에 다가온 적이 있었습니다. 그러니 이런 경우 그
리스도인은 그의 전신갑주를 신속히 수리하도록 최선을 기울여야 합니다. 난타당
해서 찌그러진 투구는 전혀 쓸모가 없어, 투구가 아예 없는 것과 다를 바 없습니
다. 은혜가 쇠락해져 있는 것은 마치 사람이 병에 걸려 다리를 쓰지 못하는 것과도
같습니다. 무언가 방법을 써서 그런 상태를 치유하지 않으면, 그 은혜가 별로 소용
이 없고 또한 그것에서 위로를 얻지도 못하는 것입니다. 그리하여 그리스도께서
는 바울의 에베소서를 받는 이 에베소 교회를 향하여, "어디서 떨어진 것을 생각하

고 회개하여 처음 행위를 가지라"라고 권고하시는 것입니다(계 2:5). 쇠락한 처지에 있는 그리스도인은 동시에 몇 가지나 잘못을 범하는 것일까요?

첫째로, 하나님께 잘못을 범하는 것이고, 그것도 아주 위중한 잘못을 범하는 것입니다. 왜냐하면 그의 피조물들이 세상에서 발휘하는 모든 다른 달란트들보다도 그의 성도들에게 베풀어진 은혜를 통하여 그에게 더 많은 존귀가 돌아가기 때문입니다. 어떤 의미에서 하나님께서는 세상에서 행해지는 온갖 노골적인 죄악들보다 오히려 그의 성도들의 은혜들이 쇠락하는 것을 더 못 견뎌하십니다. 그들은 자기들에게 주어진 달란트들을 악용하여 하나님에게서 기름과 아마와 양모 같은 것밖에는 탈취해가지 않습니다. 하지만 그리스도인은 그의 믿음과 열정과 인내와 자기 부인과 성실함 등으로 하나님께 영광을 드려야 하는데, 그가 쇠락해 있으면 결국 그 영광을 그에게서 빼앗는 것이 되는 것입니다. 가령 한 주인이 한 종에게는 돈을 맡기고 또 다른 종에게는 자기 아이를 맡겼다고 합시다. 한 종이 부주의하여 돈을 탈취당한 것보다, 다른 종이 태만하여 그의 사랑하는 아이가 상처를 받거나 거의 죽을 뻔한 일을 당하는 것을 더욱더 불쾌히 여기지 않겠습니까? 은혜는 성령으로 말미암아 난 새로운 피조물입니다. 그런데 이것이 그리스도인의 부주의한 처사로 인하여 상하거나 해를 당한다면, 세상에게서 홀대를 당하는 것보다 이것이 오히려 하나님의 마음에 더 불쾌감을 주게 될 것입니다. 세상에게는 이런 은혜 같은 것이 애초에 맡겨지지도 않았으니 말입니다.

둘째로, 은혜가 쇠락하여 있는데도 이를 치유하고자 힘쓰지 않는 자는 그와 함께 은혜를 나누는 형제들에게 잘못을 범하는 것입니다. 자기 몸의 어느 지체에 상처가 났을 때에 이를 치유하려 하지 않는 자는 그의 온 몸에게 잘못을 범하는 것입니다. 우리는 "서로 사랑하라"는 명령을 받고 있습니다(요이 5). 그런데 서로에 대한 사랑을 어떻게 보여주겠습니까? 바로 그 다음 말씀이 이를 가르쳐 줍니다. "또 사랑은 이것이니 우리가 그 계명을 따라 행하는 것이요"(6절). 우리가 죄를 범하면 이로 말미암아 우리의 형제들이 함께 꼬임을 받거나 혹은 마음에 근심하게 될 것이니 이는 형제를 향하여 사랑을 보이는 것이라 할 수 없습니다. 누구든지 은혜가 무엇이며 죄가 무엇인지를 아는 사람은 은혜가 쇠락하도록 내버려 두면 죄가 부추겨지지 않을 수가 없다는 것을 아는 법입니다.

셋째로, 그리스도인이 자기의 망가진 전신갑주를 고치려 하지 않고 자신의 쇠락해 있는 은혜를 회복시키려 애쓰지 않는다면, 이는 자기 자신에게 잘못을 범하는 것입니다. 이로써 그는 자신의 기업에 대한 증거를 상실하며, 최소한 그 증거를 지워 버려서 그것을 선명하게 지각하지 못하도록 만듭니다. 쇠락해가는 그리스도인은 의심하는 그리스도인이 될 수밖에 없습니다. 외식자에게서 나타나는 공통적인 증상은 닳아 없어지고 황폐해진다는 것입니다. 참된 은혜는 땅에 심겨진 나무처럼 잘 자라지만, 외식자는 마치 땅에 박아놓은 나무말뚝 같아서 계속 썩어가는 것입니다. 이것이 바로 마귀가 수많은 가련한 심령들을 옭아매어 여러 해 동안 그것을 푸느라 애를 쓰게 만드는 매듭이 아니겠습니까? 여러분이 그리스도인이라면 마땅히 자랄 것입니다. 올바른 성도들은 계속해서 강건해지는 법인데, 여러분은 강건한 데에서 연약한 데로 내려갑니다. 그들은 시온을 향하여 올라갑니다. 모든 규례와 섭리가 천국으로 가까이 가게 하는 계단이 됩니다. 그러나 여러분은 언덕을 내려가고 있고, 처음 믿을 때보다 오히려 여러분의 구원에서 더 멀어져 있습니다. 여러분, 마귀의 손에 지팡이를 쥐어주고 그의 입에 논증거리를 주어서 그것으로 여러분의 구원을 가로막게 하면서 그런 상황을 그대로 견디는 것이 과연 지혜로운 일이겠습니까? 만일 어떤 어린아이의 생명을 담보로 재산을 보유하고 있어서, 그 아이가 죽을 경우 그 재산이 몰수된다면, 그 어린아이를 정성을 다하여 극진히 돌보는 것이 마땅할 것입니다. 머리가 아프면 당장 의사에게 데려가 치료를 할 것입니다. 그런데 여러분, 여러분이 그 영광스러운 재산에 소망을 걸고 있다는 증거가 대체 무엇입니까? 여러분 속에 계신 그리스도가 바로 그 재산이 아닙니까? 이 새로운 피조물이 — 이것이 그리스도를 닮았으니, 그리스도라 부를 수도 있을 것입니다 — 천국의 영광을 유업으로 받을 젊은 상속자가 아닙니까? 그러니 그가 아프거나 약해져 있으면, 모든 수단을 강구하여 회복시켜야 하지 않겠습니까? 그가 회복되기 전에는 여러분은 편안히 살 수도 없고 편안히 죽을 수도 없습니다. 편안히 살지를 못합니다. 결핵에 걸린 사람은 삶에서 거의 기쁨이 없습니다. 건강한 사람처럼 음식을 먹어도 감미로움을 느끼지 못하고 일에서도 즐거움을 찾을 수가 없습니다. 믿음이 능동적이며 왕성하게 발휘될 때에는 믿음에게 주어진 약속이 얼마나 감미로운지 모릅니다. 양심에 가책이 없고 또한 시험에 빠져 힘이 약해지지도 않았을 때에는 주의 계명의 멍에가 얼마나 쉬운지 모릅니다. 그러나 쇠락한 상태에서는 약속을 맛보지도 못하고, 계명 하나하나가 다 힘겹고 주를 위한 임무 하나하나가 부담이 됩니다. 가는 길이 그렇게 좋을 수가 없는데도, 그는 마치 발목이 삔 사람처럼 절뚝거리며 고통스럽게 걷습니다. 그런 사람은 제대로 살지도 못하고 제대로 죽을 수도 없습니다. 마치 집세를 낼 돈이 없는 세입자에게 집세를 내야 할 날이 닥치는 것을 견디지 못하듯이, 그런 사람은 죽음이 임박했다는 소식을 견딜 수가 없습니다. 그 때문에 다윗은 하나님께 시간을 구하였습니다. "주는 나를 잠시 남겨 두사 건강을 회복하게 하소서."

그리스도인이 쇠락해가는 자신의 은혜들을 회복시키도록 힘써야 할 이유를 말씀하였으니, 이제 그리스도인에게 권면의 말씀을 드리는 것이 매우 적절할 것입니다.

첫째. 그리스도인이 자기 자신에 대해 그릇되게 판단하는 일이 없도록, 그의 은혜가 쇠락해 있는 상태를 제대로 분별하는 일에 대해 지침을 주는 말씀을 드리겠습니다.

둘째. 그리스도인이 자신의 은혜의 쇠락한 상태를 발견했을 때에 과연 어떻게 다시 원 상태로 회복시킬 수 있을지에 대해 지침을 주는 말씀을 드리겠습니다.

[우리의 은혜의 쇠락한 상태를 판단하는 일에 대한 권면의 말씀]

첫째. 그리스도인이 자신의 상태를 그릇되게 판단하지 않도록 그의 은혜의 쇠락한 상태를 올바로 분별하는 일에 대한 지침이 되는 권면의 말씀을 드리겠습니다.

그리스도인이 자신의 은혜가 쇠락하고 있는지를 어떻게 판단할 수 있을까요? 첫째로, 저는 이것을 먼저 부정적인 면에서 답변을 드리면서, 은혜가 쇠락하고 있다고 보아서는 안 될 경우들에 대해 말씀하겠습니다. 둘째로, 긍적적으로 답변을 드리면서, 은혜가 쇠락하고 있는 것을 확신할 수 있는 경우들에 대해 말씀드리겠습니다.

첫째로, 먼저 부정적인 면을 살펴보고, 은혜가 쇠락하여 있다고 여겨서는 안 될 상황에 대해 몇 가지 구체적인 경우들을 들어 말씀하겠습니다.

1. 그리스도인 여러분, 여러분 자신이 부패하여 있다는 느낌이 강해지고 있다고 해서 여러분의 은혜가 약해졌다고 판단해서는 안 됩니다. 흔히 가련한 심령들이 탄식의 밑바닥에 이런 하소연이 깔려 있는 경우가 많습니다. 오오, 지금처럼 그들이 교만을, 외식을, 기타 부패한 것들을 절실하게 느껴본 일이 과거에 없었습니다. 그들 이외에는 아무도 그들이 이런 문제로 괴로워하는 줄을 모릅니다. 자, 이처럼 안타깝게 탄식하는 여러분에게 한 가지 물어보겠습니다. 여러분이 지금 이런 부패거리들로 인하여 괴로워하고 있지만, 그 전에도 이런 부패거리들이 여러

분에게 있었다는 생각은 안 드십니까? 그저 형식적으로 기도하면서 그것 때문에 괴로워하지 않은 적이 얼마나 많습니까? 육신의 정욕들에 휩싸여 있으면서도 지금처럼 하나님 앞에 여러분 자신을 낮추지 않은 경우가 얼마나 많습니까? 하나님과 여러분의 영혼 사이에서 신실하게 처신하십시오. 그리고 하나님을 위한답시고 여러분 자신을 매도하여 거짓 증언으로 거짓을 고하지 마십시오. 만일 여러분의 경우가 이러하다면, 이는 여러분의 은혜가 쇠락하고 있는 것이 아니라 오히려 자라고 있다는 아주 고무적인 증표일 것입니다. 죄에 대한 인식이 급속히 자라고 있다면, 그것은 오히려 왕성히 활동하는 영혼에게 수반되는 현상입니다. 그런 영혼만큼 자신의 마음 상태에 대한 탄식으로 가득 차 있는 사람은 없습니다. 지극히 작은 죄가 그 영혼에게 끼어 있고, 그것 때문에 그들은 그 어느 때보다 자기 자신을 더럽고 추하게 여깁니다. 그러나 사실은 그들 속에서 죄가 늘어나 있는 것이 아니라, 그리스도를 향한 그들의 사랑이 진보하여 자기 자신들을 그렇게 판단하게 된 것뿐입니다. 태양이 강렬하게 빛을 발할 때에는, 서리가 있고 눈이 덮여 있더라도 오래 가지 않고 곧 태양빛에 녹아 버립니다. 오오 그리스도의 사랑이 여러분의 영혼에 강렬하게 빛을 발한다는 것은 정말 값진 증표입니다. 그 어떠한 부패거리도 여러분의 가슴속에 오래 남아 있지 못하고 녹아내려서 안타까움과 쓰라린 탄식으로 나옵니다. 죄가 얼은 채로 단단히 박혀 있어서 그것에 대한 안타까운 느낌이 거의 없다는 것, 이것이 바로 부패한 상태에 있는 영혼의 모습인 것입니다.

2. 여러분에게서 위로가 사라졌다고 해서 그 때문에 은혜가 부패하였다고 생각하지 않도록 주의하십시오. 태양빛을 볼 수 없는 곳에도 태양의 영향력이 여전히 있고 또한 강력합니다. 금광(金鑛)이나 은광(銀鑛)에서는 태양빛을 볼 수 없으나, 그런 광물들은 태양에 의해서 조합되어 생겨난 것들입니다. 이와 마찬가지로 하나님의 얼굴의 빛이 지극히 적어보일 때에도 여전히 여러분 속에서 은혜가 왕성하게 역사할 수도 있는 것입니다. 우리 구주께서, "나의 하나님, 나의 하나님!"이라 부르짖으실 때만큼 그의 믿음이 더 승리했던 적이 있습니까? 비록 기쁨의 관점에서 보면 그때는 한밤중과도 같았으나 그때야말로 믿음이 절정에 달해 있었던 때였던 것입니다. 어쩌면 여러분이 거룩한 규례에 참여하였으나 예전처럼 위로의 양털로 흠뻑 젖어 있지 못하고, 그 때문에 전보다 은혜가 왕성하게 역사하지 않는다고 결론지을 수도 있을 것입니다. 다른 요인이 없다면, 이 경우 여러분 속에 있는 하나님의 은혜를 정말 잘못 대하는 것이 될 것입니다. 위로는 여러분이 행하는

임무와 별개의 것이기 때문입니다. 위로는 하나님께서 주실 수도 있고 주지 않으실 수도 있는 하나의 혜택입니다. 그렇습니다. 연약한 자에게는 위로를 주시나 강한 자에게는 주지 않으실 수도 있는 것입니다. 길을 가는 나그네는 해가 환히 비칠 때보다는 해가 비치지 않을 때에 더 빨리 길을 가고 말을 달립니다. 그렇게 하면 여정이 더 힘들지만, 어떤 때는 오히려 더 급히 서두르기도 합니다. 뜨거운 햇빛은 사람을 나른하게 하고 빈둥거리게 만들지만, 어둠과 추위가 찾아오면 더욱 속력을 내게 되는 것입니다. 마치 그늘에서 자라는 꽃들처럼 은혜 중에도 그늘에서 더 왕성하게 발휘되는 것들이 있으니, 겸손, 하나님을 의지함 등이 그것입니다.

3. 실제로 은혜가 쇠락한 것이 아닌데도 시험이 늘어나는 것 때문에 은혜가 쇠락하였다고 생각하기 쉬운데, 이런 잘못을 범하지 않도록 조심하시기 바랍니다. 가령 어떤 사람이 등에 무거운 짐을 지고는 등짐을 지지 않고 달렸던 어제만큼 빨리 달리지 못한다고 하여 자신이 어제보다 허약해졌다고 생각한다고 합시다. 그러면 여러분은 그의 오류가 무엇인지를 금방 이야기해 줄 수 있을 것입니다. 시험이라는 것이 언제나 동일한 무게로 그리스도인의 어깨를 짓누르는 것이 아닙니다. 그러므로, 사탄이 여러분을 향하여 발하는 공격의 무게가 그저 일상적인 수준을 넘어서지 않는지를 — 여러분에게 다가오는 시험이 예전보다 더 힘 있고 격렬한지 아닌지를 — 잘 살피기를 바랍니다. 시험이 약할 때보다 시험이 강해질 때에는 좀 더 견디기 힘들지만 약할 때보다 은혜가 더욱 강하게 역사하여 시험을 극복하게 할 수도 있습니다. 같은 배라도 가벼운 짐을 싣고 바람을 잘 받아 나아갈 때는 순항을 하지만, 짐을 가득 싣고 바람과 파도를 거슬러 갈 때는 속력이 나지 않고, 그나마 선원들이 더 많은 수고를 감수해야 배가 겨우 움직이는 것입니다.

둘째로, 긍정적인 면을 살펴보고, 은혜가 쇠락하여 있다고 결론지어야 할 상황에 대해 말씀하겠습니다. 이는 주로 다음 세 가지 문제와 결부됩니다. 1. 죄에 대한 시험. 2. 하나님께 드리는 예배와 관련된 각종 의무들. 3. 세상사에 대한 마음 자세.

1. 죄에 대한 시험과 관련해서는 세 가지 경우를 말씀할 수 있습니다.

(1) 여러분이 예전만큼 제대로 깨어 있지 않아서 죄가 슬그머니 기어들어오는 것을 제대로 발견하지 못하는 경우. 한때 다윗은 마음에 감동을 받아 사울의 옷자락을 찢었으나, 다른 때는 밧세바를 흘깃 보고서 거기에 사탄이 드리운 올무가 있다는 것을 눈치 채지 못하고, 계속 죄에 빠져 들어갔습니다. 그의 속에 있는 은혜가 무뎌져 있었고, 그의 마음에 과거처럼 거룩한 상태를 유지하지 못하고 있었던

것입니다. 원수가 문 앞에 와 있는데 초병이 성 내에 원수의 접근 사실을 알리고 경계를 주지 못한다면, 이는 그가 잠들어 있어서 경계 상태가 느슨해졌거나 아니면 더욱 악한 상황임을 보여주는 증표인 것입니다. 만일 은혜가 깨어 있었다면, 여러분의 양심이 그런 완악한 상태에 빠지지 않았을 것이고, 제대로 역할을 감당했을 것입니다.

(2) 죄에 대한 시험을 발견하고서도 여러분의 마음이 닫혀 있어서 그것에 대해 기도하지 않고, 혹은 예전처럼 열정과 거룩한 분노로 그것을 처리하지 않는다면, 이는 정욕이 여러분의 은혜를 짓눌러서 전신갑주를 입고자 하는 자세를 갖추지 못하게 하고 있다는 것을 보여주는 아주 좋지 않은 증표입니다. 여러분의 정서가 매수를 당하였고, 그리하여 여러분이 냉랭해져서 은혜의 보좌 앞에 나아가 여러분의 원수를 이길 방도를 구하지 않는 것입니다.

(3) 여러분이 죄에 대한 시험을 대항하면서, 혹은 죄에 대해 슬퍼하면서, 여러분 자신에게 제시하는 가장 강력한 논증거리가 예전처럼 복음적이지 못하고 육신적일 경우. 그리스도를 사랑하기 때문에 사탄이 그런 죄에 대해 시험할 때에 여러분이 그를 향하여 불을 토했던 일을 기억할지 모르겠습니다. 하지만 지금은 그 거룩한 불이 식어져서, 그것을 대적할 만한 다른 육신적인 동기가 따로 없으면 그것을 대적하기보다는 위험을 무릅쓰고 그것에 이끌려 가버립니다. 그리하여 죄에 대해 슬퍼하는 경우에도 거기에 무언가 몹쓸 동기가 끼어 있을 가능성이 얼마든지 있는 것입니다. 하나님을 거슬러 행하였을 때에 그를 향한 사랑 때문에 일어나는 순전한 회한으로 인하여 눈물을 흘리는 것이 아니라 양파 때문에 눈이 아려서 눈물을 흘리는 경우도 있는데, 이는 안타까운 부패를 웅변적으로 드러내는 것입니다. 죄를 대적하고 죄에 대해 눈물을 흘리는 일에 그런 육신적인 동기들이 함께 뒤섞여 있을수록, 은혜의 쇠락 정도가 더욱 심한 법입니다. 다윗이 여러 벌의 옷을 겹겹이 입고서도 온기를 별로 느끼지 못했는데, 이는 몸의 자연적인 열기가 쇠락해져 있다는 증표였습니다. 그 때 그는 열병을 앓으며 땀을 흘리고 있었던 것입니다. 이처럼 은혜가 쇠락하는 때에는 많은 사람들이 그리스도를 향한 사랑이 과거 청년 때의 왕성한 활력을 잃어서, 예전에는 안식일을 범하는 것이나 의복에 대해 자랑하는 것이나 가정의 임무들을 소홀히 하는 것 등의 각종 죄들에 대해 거룩한 분노와 불타는 열정을 토해냈던 사람들이 이제는 그 죄들을 대적하기보다는 오히려 그것들을 겹겹이 입고서 거기서 열기를 유지하려고 온갖 소동을 벌이지 않는

가 하는 생각이 듭니다.

2. 하나님께 드리는 예배와 관련된 각종 의무들과 관련해서도 세 가지 경우를 말씀할 수 있습니다.

(1) 어떠한 의무에서든 하나님과의 하나 된 교제를 갖고자 하는 기꺼운 의욕과 열의가 예전만큼 마음에 없는 경우입니다. 하나님의 성령의 역사로 마음에 그의 얼굴을 구하는 열의가 있었던 때가 기억날 수도 있을 것입니다. "주여, 주의 얼굴을 구하옵니다." 육신적인 사람은 안식일이나 설교 시즌이 끝나기를 갈망하지만 그때에 여러분은 안식일이나 설교 시즌이 오기를 계속 갈망했습니다. 하지만 지금은 공적인 규례든 은밀한 사사로운 규례든 그것들에 대해 예전처럼 가슴이 뛰지를 않습니다. 음식을 보고도 식욕이 없다면 이는 몸 상태가 쇠락해 있는 것일 수밖에 없습니다. 신령한 욕구를 가진 심령은 계속해서 갈구합니다. 그런 아기는 어머니를 쉽게 내버려 두지 않고 계속해서 젖을 달라고 부르짖는 법입니다.

(2) 영적인 의무들에 대한 관심과 주의가 쇠퇴하여 있고, 또한 영적인 실패에 대한 감각을 보존하는 데 대한 관심이 쇠락해 있다면, 이때야말로 의무를 행하는 중에 여러분 자신을 점검해야 할 때입니다. 얼마나 자주 의무를 행하느냐가 아니라 얼마나 신령한 자세로 의무를 행하느냐 하는 것이 영적 활기를 불러일으키는 것입니다. 그러므로 이 점에 소홀히 하게 되면, 곧 머지않아 은혜가 마치 폐병이 걸린 모습처럼 되고 말 것입니다. 여러분, 어쩌면 여러분이 자신의 마음을 철저하게 살폈는데, 여러분이 기도에서 만족을 얻지 못한 때가 있었을지도 모릅니다. 그때에 여러분은 마치 사람이 혹시 녹슬어 통용되지 않는 동전이 끼어들어 친구에게 손해를 줄까 하여 자기가 지불하는 돈을 일일이 살피는 것처럼, 하나님께 온전한 의무를 드릴 뿐 아니라 효용성이 있도록 믿음이 찍혀 있고 열정과 순전함이 있어서 복음에 합당한 그런 의무를 드리려고 했을지도 모릅니다. 그런데 지금은 주의를 기울이지 않고 다분히 형식적이 되고 말았습니다. 오오 가련한 형제여, 명심하십시오. 만일 계속해서 그렇게 주의를 기울이지 않으면 그런 영적인 상태 속에서 속히 여러분 자신이 녹아 버리고 말 것입니다. 그런 식으로 의무를 행하면, 천국과의 교류가 망가지고 맙니다. 하나님께서 여러분이 이처럼 하찮게 행하는 의무들을 받으시지 않으실 것이니 말입니다.

(3) 그리스도인이 예전에 비해서 하나님과의 하나 된 교제에서 영적인 자양분을 거의 얻지 못할 경우입니다. 예전에는 여러분이 기도와 설교를 듣는 일과 금식

에서 얻은 자양분을 보여줄 수 있는 때가 있었을지도 모릅니다. 하지만 지금은 경우가 달라졌습니다. 건강한 상태에서는 하나님과의 하나된 교제가 그리스도인에게 갑절의 힘을 줍니다. 믿음에 힘을 주고, 그리하여 순종하는 우리의 삶에 힘이 생깁니다. 그런데 여러분, 예전처럼 기도하고 설교를 듣지만, 힘을 얻어 약속을 부여잡는 것도 약하고, 여러분의 부패한 상태를 깨닫고 마음이 상하는 것에도 전만큼 힘이 없습니까? 무엇이라고요? 여러분, 열정이 예전만큼 일관성이 없고 여러분이 제자리에서 벗어나 있다고 느끼십니까? 즉시 산에서 내려와 하나님의 율법의 돌비를 던져 깨뜨려 버리십시오. 여러분의 속에서 나오는 열기에 썩은 것이 있어서 그것이 발휘되어 여러분에게 주어지는 자양분을 삼켜 버리는 것이 분명합니다.

3. 세상사에 대한 여러분의 마음 자세와 관련해서도 세 가지 경우를 상정할 수 있습니다.

(1) 예전에는 세상의 일들을 대하면서도 여전히 자유롭고 신령한 기질을 유지하고 하나님의 임재 속으로 되돌아가곤 했는데 지금은 그렇지 못한 경우입니다. 전에는 여러분의 가게와 가정 일에서 벗어나 골방으로 들어가면 영적인 임무들을 행하기에 더 나은 자세를 갖출 수 있었을지도 모릅니다. 그런데 지금은 사정이 달라져서 갖가지 세상일에 대한 상념들을 떨쳐 버릴 수가 없고 오히려 그것들이 여러분의 심령에 꽉 달라붙어 있어서 기도와 말씀읽기를 해도 이 땅의 냄새가 거기에 섞이게 됩니다. 이런 상태라면 정말 안타깝게 여겨야 마땅합니다. 사람이 쇠약해지면 몸이 더욱 굽어지게 됩니다. 여러분이 마음을 세상적인 것으로부터 신령한 임무들에게로 높이 들어올릴 수 없다면, 이는 무언가 그런 쇠약함이 여러분에게 있다는 증거입니다. 세상적인 것들은 우리로 하여금 시험을 대적하도록 돕기 위해 주어진 것들입니다. 그러므로 그것들이 오히려 우리에게 올무가 된다면 우리 자신에게 문제가 생긴 것입니다. 잠을 자고 났는데도 오히려 더 나른하다면, 몸상태가 정상이 아닙니다. 잠은 사람을 새롭게 회복시켜 주는 것이니 말입니다. 운동을 하는데도 몸이 찌뿌드드하여 일을 할 수 없다면, 우리 몸에 문제가 있는 것입니다. 영적인 상태도 마찬가지입니다.

(2) 여러분 개인의 직업에 합당하게 부지런히 일하지만 동기가 이기적인 데 있을 경우입니다. 어쩌면 과거에는 주로 하나님의 계명에 순종하기 위하여 여러분의 상점에서 일하고 서재에 틀어박혀 있었을지 모릅니다. 그때에는 육신적인 관

심사들이 여러분에게 별로 영향을 미치지 못했습니다. 그런데 지금은 하나님을 위해서보다는 여러분 자신을 위해 더 열심히 일을 하고 있습니다. 오오 여러분, 이 것을 주의하기 바랍니다.

(3) 여러분 개인의 직업에서 육신의 욕구가 잘 채워지지 않아 실망할 일이 생길 때에 예전처럼 그것을 잘 견디지 못하는 경우입니다. 혹은 여러분이 세상에 속한 일을 별로 하지 않고 설교하는 일을 해왔으나 그 일에서 별로 높임을 받지 못하고 있고, 이런 상황을 견디는 법을 잘 모르고 있을 수도 있습니다. 예전에는 홀로 하나님께로 나아가서 여러분의 모든 소원을 그에게 아뢸 수 있었지만, 지금은 여러분에게 주어진 육신적인 상태와 처지에 만족을 하지 못하며, 하나님께서 여러분에게 허락하신 것 이상의 것들에게로 마음이 기울어집니다. 이것은 은혜가 쇠락하여 있음을 보여주는 것입니다. 다른 이들보다도 어린아이들과 노인들을 — 이들은 몸이 쇠약해지는 만큼 더욱 고집스러워지고 그리하여 어떤 점에서는 또다시 어린아이가 되어 버립니다 — 기쁘게 하기가 더욱 어렵습니다. 그러므로 쇠락해가는 여러분의 은혜를 다시 회복시키기를 힘쓰기 바랍니다. 이 머리털이 자라게 되면, 여러분의 힘도 그만큼 함께 자랄 것이요, 그리하여 하나님의 섭리가 어떤 식으로 드러나든 그것을 받아들이고 거기에 따르게 될 것입니다.

[쇠락해가는 은혜를 회복시키기 위한 지침들]

둘째. 그리스도인이 자신의 은혜가 쇠락하고 있음을 발견할 때에 원 상태로 회복시키는 일에 대해 몇 가지 지침을 주고자 합니다.

여러분의 은혜의 쇠락의 원인을 성실하게 조사하기 바랍니다. 그리스도인의 전신갑주는 두 가지 방식으로 쇠락합니다. 하나는 격렬한 싸움 때문에 쇠락합니다. 그리스도인이 죄에 대한 시험에 넘어질 때에 은혜가 쇠락하게 됩니다. 그 다음은 기름 같은 수단을 사용하여 계속해서 갈고 닦아서 깨끗하게 하고 윤이 나게 하는 일을 소홀히 할 때에 그런 일이 일어납니다. 그러니 여러분의 경우는 쇠락의 원인이 이 가운데 어떤 것인지를 살펴보기 바랍니다. 이 두 가지가 동시에 일어날 소지도 많습니다.

첫째 지침. 여러분이 죄를 범하여 그 때문에 은혜가 타격을 입어 쇠약해졌다면, 이를 원 상태로 회복시키기 위해서는 세 가지 임무를 행하여야 합니다.

임무 1. 회개를 새롭게 하여야 합니다. 그리스도께서는 에베소 교회에게, "회개하여 처음 행위를 가지라"라고 권고하십니다(계 2:5). 이는 비단 의무로 명령하신 것만이 아니라, 다시 회복하기 위한 수단으로 처방하신 것입니다. 이는 "처음 행위를 가지도록 회개하라"는 말씀과도 같습니다. 이와 마찬가지로 여호와께서는 타락한 이스라엘을 향하여, "말씀을 가지고 여호와께로 돌아오"라고 명하시고(호 14:2), 또한 이어서 그가 그들을 취하여 죄악에서 회복시키실 것을 말씀하십니다. "내가 그들의 반역을 고치고 기쁘게 그들을 사랑하리라"(4절). 회개하는 심령에게는 치유의 약속이 있습니다. 그러므로 그리스도인 여러분, 가서 여러분의 마음을 살피십시오. 여러분의 집에 도둑이 들었다든지 살인자가 숨어 있어서 밤에 여러분의 목에 칼을 들이밀 것을 안다면 집을 샅샅이 뒤지지 않겠습니까? 여러분에게 심한 상처를 낸 죄가 발견되면, 그것에 대한 부끄러움과 수치로, 또한 그 죄를 향한 분노로, 여러분의 마음을 가득 채우려고 애써야 합니다. 그리고 그런 안타까운 탄식의 마음을 갖고 나아가 마음을 깨뜨리는 고백을 통하여 여호와께 그것을 토로하여야 합니다. 이것을 행하기를 바랍니다. 그렇지 않으면 사탄이 여러분을 대신하여 하나님께 여러분을 참소할 것입니다.

임무 2. 회개를 새롭게 하고 난 다음에는 죄 용서에 대한 약속을 믿는 믿음을 새롭게 하는 것을 잊어서도 안 되고 지체해서도 안 됩니다. 회개란 상처를 깨끗이 씻어 진물을 없애는 것과 마찬가지인데, 만일 믿음이 함께 있어서 그 상처를 회복시켜 주는 일이 없으면, 그 가련한 사람이 힘과 건강을 회복할 수 없습니다. 죄로 인해서도 영혼이 죽지만, 쏟아져 나오는 탄식으로도 죽을 수 있습니다. 마치 힘을 주는 고기에 대해 사람들이 이야기하듯이 믿음은 살을 돋게 하는 특징이 있습니다. 약속을 먹고 힘을 얻게 만들어 주며, 또한 그것은 "완전하여 영혼을 소성"시켜 주는 것입니다(시 19:7). 비록 여러분의 피부와 뼈가 상하였고 모든 힘을 다 소진하였다 해도, 믿음은 금방 여러분을 회복시켜 주며 또한 모든 은혜로 하여금 그 직능을 기꺼이 감당하도록 해주는 것입니다. 믿음은 약속으로부터 평안을 빨아들입니다. 그리하여 "믿음으로 얻는 평안"이라고 불립니다. 평안으로부터 기쁨이 흘러납니다. "우리가 믿음으로 의롭다 하심을 받았으니 … 하나님과 화평을 누리"며(롬 5:1). 그리고 "하나님의 영광을 바라고 즐거워하"는 것입니다(2절). 그리고 기쁨은 힘을 가져다줍니다. "여호와로 인하여 기뻐하는 것이 너희의 힘이니라"(느 8:10).

임무 3. 이 두 가지에다, 여러분의 은혜를 망가뜨리는 정욕들을 죽이기를 날마다 힘쓰는 것으로 뒷받침해야 합니다. 가라지들과 꽃들이 함께 활기 있게 자랄 수는 없습니다. 은혜가 왕성하고도 자유롭게 활동하지 못하면, 무언가 반대되는 정욕에게서 압박을 받고 있다고 결론지어야 합니다. 그 정욕이 은혜의 활기를 짓누르고 무겁게 만드는 것입니다. 마치 불필요한 체액이 우리 몸의 자연적인 활기를 약화시키므로, 그것들을 제거하기 전에는 우리가 무언가 일에 몰두할 의욕이 나지를 않듯이 말입니다. 그러므로 그런 것을 제거하는 일을 꾸준히 하여야 합니다. 이 일은 마치 봄철과 가을철에 한 차례씩 약을 쓰는 것처럼 일 년에 하루나 이틀 정도 해서 되는 일이 아닙니다. 교황주의자들이 사순절 기간에 하듯이, 혹은 우리 중에 입으로는 신앙을 이야기하나 삶이 건전하지 못한 자들이 성례일 전에 하루 정도 금식을 하는 체하며 자기들의 열심을 시끄럽게 드러내고는 그 나머지 날들을 온통 정욕을 채우며 평안히 지내듯이, 그런 식으로 행할 일이 아닙니다. 그렇습니다. 했다가 그만두었다 하는 것은 어린애 장난입니다. 날마다 성령으로 말미암아 정욕을 죽여야 하는 것입니다(롬 8:13). 이 일을 양심적으로 행하십시오. 마치 일하는 사람이 자기 일터에 날마다 나아가 일하듯이 그렇게 꾸준히 여러분의 마음을 살피고, 모든 수단을 다 사용하여 죄를 찾아내고, 죄가 드러나는 대로 그것으로 인해서 여러분 자신을 낮추고, 이 죽이는 도끼로써 그 뿌리를 잘라내어야 합니다. 그리하면 하나님의 축복으로 과연 여러분의 은혜의 처지가 아주 나은 상태로 놀랍게 변화하는 것을 보게 될 것입니다. 지금은 여러분이 창백하여 있어서 축 처진 여러분 자신의 얼굴을 여러분의 양심이라는 안경을 통해 보기가 겁나겠지만, 그 때에는 그러한 두려움과 공포에 대한 걱정이 없이 여러분의 양심에 기쁨이 가득한 상태로 감히 여러분 자신을 들여다보게 될 것입니다. 여러분의 은혜가 여러분을 기쁘게 해 주지는 않더라도 여러분이 그리스도 안에 있다는 증거가 될 것이고, 그로 말미암아 여러분은 담대하게 그리스도 안에 있음을 주장하게 될 것입니다. 그러나 은혜와 더불어 온갖 정욕들이 함께 자라나 있는 흐트러진 그리스도인은 도구가 없어 가라지를 잘라내지 못하여, 과연 자신의 은혜가 참된 것인지 아닌지를 의심하면서 자신이 영접을 받을 것인지에 대해 확신이 없어서 문 앞에 서서 두려워 떨 것입니다.

　　둘째 지침. 여러분 자신을 살펴보아서, 만일 경솔하게 죄를 범하여 공격을 받은 것 때문이 아니라 제대로 닦지 않은 것 때문에 여러분의 전신갑주가 망가진 것을 알게 되면 — 대부분이 이 경우에 해당됩니다. 아무리 전신갑주의 상태가 좋더라도 녹이 슬면 곧바로 망가지고, 심각한 죄뿐 아니라 은혜를 소홀히 해도 그 은혜가 쇠락하고 마는 것이니 말입니다 — 은혜를 강화시키도록 하나님께서 지정하신 수단들을 부지런히 사용하여야 합니다. 화목(火木)을 흐트러뜨리는 것이 불을 끄는 방법이라면, 화목을 가지런히 쌓아두는 것 말고 불길을 보존시키는 방법이 또 어디 있겠습니까?

1. 하나님의 말씀을 가까이하고 더욱 자주 그 말씀과 친숙하게 지내기를 바랍니다. 다윗은 그의 속에 있는 은혜가 식어지기 시작할 때에 무엇으로 그의 영적인 삶을 새롭게 하고 그의 영혼을 천국의 열기 속에 있게 했는지를 말씀합니다. 곧, 하나님의 말씀이 그를 새롭게 했다고 말씀합니다. 말씀이야말로 그가 앉아서 햇볕을 쏘인 양지바른 곳이었습니다. 말씀은 각 사람에게 행동하기에 적절한 대상물을 항상 제시하여 그리스도인의 은혜를 이끌어 냅니다. 말씀은 그리스도인들을 정신이 들게 만드는 큰 능력을 갖고 있습니다. 마치 친한 친구가 찾아오면 잠들어 있다가도 졸리는 기운이 싹 가시고 맑은 정신이 되어 친구와의 만남을 즐기게 되는 것처럼 말입니다. 사랑하는 대상물이 앞에 있으면 사랑하는 마음이 발휘됩니다. 우리가 어떤 사람을 사랑하게 되면, 그 사람을 보거나 혹은 그 사람을 생각나게 하는 어떤 물건을 보면 그 사랑이 더욱 촉발됩니다. 누군가를 미워하면, 그 사람이 우리 앞에 있을 때에 더욱 분통이 터져 오르는 법입니다. 그런데 하나님의 말씀은 그리스도인의 은혜들과 그 대상물들을 함께 엮어 줍니다. 사랑이 그리스도를 바라보면서 그 스스로 더욱 즐거워하게 됩니다. 그리스도께서 그의 사랑과 사랑스러움 속에서 거기에 제시되기 때문입니다. 여기서 그리스도인은 거울로 보듯이 자신의 죄를 보게 되어 스스로 우쭐해지지 않습니다. 그리고 마음속에 경건한 슬픔과 죄에 대한 혐오가 있는데도 불구하고, 그것들 때문에 그리스도께서 자신을 위해 희생하신 것이 얼마인지에 대해 읽을 때에 과연 그것이 겉으로 드러나지 않을 수가 있겠습니까?

2. 말씀으로부터 묵상에로 나아가시기 바랍니다. 이것은 마치 불에다 풀무로 바람을 불어넣는 것과도 같습니다. 전혀 활동이 없어서 속에서 숨이 막혀 있던 은혜가 묵상을 통해서 겉으로 터져 나올 것입니다. 이 은혜의 불길을 즐기는 동안, 여러분의 생각이 거하는 그 주제의 성격에 따라 여러분의 심장이 속에서 뜨겁게 달아오를 것입니다. 그러므로 그리스도인 여러분, 날마다 여러분에게 닥치는 모든 세상사에서 벗어나, 가능하다면 하나님과 여러분 사이에 일어난 그 지극히 놀라운 일들을 다시금 돌아보는 시간을 갖기를 결심하시기 바랍니다.

(1) 그 날 그 날 천국으로부터 어떤 유익과 어떤 자비가 여러분에게 임했는지를 여러분의 영혼에게 물어보시고, 그 다음 빌라도처럼 그 자리에서 떠나지 말고 하나님의 은혜로우신 역사가 여러분을 어떻게 다루어오셨는지에 대해 여러분의 영혼에게서 보고를 받기까지 그대로 머물러 있으십시오. 여러분이 지혜로이 관찰하고 또한 그 관찰한 바를 신실하게 적용한다면, 여러분의 양심이 증언할 것입니다. 곧, 하루 종일 마개가 열려 있어서 하나님의 자비로운 역사가 미치는 것을 바라보고, 또한 하나님의 풍성한 보고(寶庫)에서 지금 막 꺼내온 따끈따끈한 새 동전을 계속 세는 동안, 과거에 임했던 자비로운 역사들이 여러분에게 몰려와 생각 속에 깊이 자리를 잡고, 그리하여 몇 년 전, 혹은 몇 개월 전에 하나님께서 베푸셨던 일들을 여러분에게 새롭게 이야기해 줄 것입니다. 사실 과거에 진 빚들을 마지막까지 갚지 않고 내버려 두어서는 안 됩니다. 그리스도인 여러분, 이따금씩 과거의 은혜들을 다시 떠올리고 생각하십시오. 그러면 이를 통해 여러분의 심령이 풍성하게 채워질 것입니다. 이런 경우 그리스도인은 마치 어떤 상인의 돈을 대신 관리하고 있는 사환과도 같은 입장이 됩니다. 그 사환은 자기 주인더러, 주인의 큰 재산은 자기가 관리하고 있고 현재 재정이 든든히 서 있으니 주인은 그 재산에 대한 염려에서 해방받기를 바란다고 말합니다만, 그러나 그 주인은 절대로 한가히 놀고 있는 일이 없습니다. 그리스도인의 손에는 언제나 큰 자비의 보화가 들려져 있습니다. 그리고 그의 양심이 이따금씩 운명 상태를 점검하고 하나님께서 자신을 위해 행하신 일들을 살피도록 촉구합니다. 그러나 이제 하나님의 자비로운 역사가 다 동났다고 말하는 법은 거의 없습니다. 그러니 자기에게 임하고 있는 하나님의 은혜로우신 역사를 살피는 일을 중지하는 사람의 영적 상태가 뒤처진다는 것이 이상한 일이겠습니까? 자기가 받는 것들에 대해 살피고 생각하는 일이 거의 없는 사람에게 어떻게 감사가 있을 수 있겠습니까? 마음이 상하여 힘들 때에 주님께로부터 얻는 그 풍성한 선한 것들과 또한 작은 힘든 일을 묵상함으로써 얻어지는 그런 지극히 강력한 논지가 없는 사람이라면 과연 하나님께로부터 환난이 임할 때에 어떻게 그것을 참고 견딜 수 있겠습니까? 하나님의 자비의 역사에게서 그렇게 멀리 떨어져 있는 사람이, 과연 어떻게 하나님을 향하여 사랑의 불길을 태울 수 있겠습니까? 하나님의 자비의 역사를 가까이서 접하는 것이 그 불길을 지속시키는 연료가 되니 말입니다. 이는 다른 모든 은혜거리들에 대해서도 그대로 적용됩니다.

(2) 여러분 자신에 대해 생각하면서 여러분 자신의 처신에 대해 — 하루 종일 하나님을 향하여, 또한 사람을 향하여 여러분의 처신이 어떠했는지를 — 진지하게 생각하기를 바랍니다. 엘리사는 종에게, "네가 어디서 오느냐?"라고 물었습니다만, 여러분도 여러분의 영혼에게 그렇게 물어보시기 바랍니다. "오 나의 영혼아, 네가 어디 있었느냐? 오늘 너는 하나님을 위해 무엇을 행하였으며 어떻게 행하였느냐?" 그리고 이렇게 여러분의 마음을 살필 때에 여러분의 임무를 제대로 행하지 못하여, 마치 야곱이 라헬의 그럴듯한 변명에 넘어갔듯이 여러분 자신의 처신을 완전하게 샅샅이 살피지 못하지는 않는지, 또한 엘리 제사장이 자기 아들들을 제대로 징계하지 못했듯이 여러분 자신을 철저히 징계하지 못하는 것은 아닌지를 잘 살펴야 합니다. 여러분 자신의 행위를 조심스레 살피기를 바랍니다. 여러분은 지금 여러분의 죄로 인하여 해(害)를 입으시는 하나님을 위해서 여러분 자신을 판단하는 것이니 말입니다. 여러분이 이 일을 제대로 행하지 않으면, 하나님께서 친히 여러분을 정의롭게 갚으실 것입니다.

3. 묵상으로부터 기도로 나아가시기 바랍니다. 묵상하는 사람은 기도로 나아가기 마련입니다. 묵상이 그리스도인을 이끌어 기도로 나아가게 하고, 또한 묵상이 기도를 돕는 것입니다. 묵상을 통하여 자신의 은혜들을 자극하고 심령을 영적인 열기로 채워 놓지만, 이것은 그저 불을 지피기 위해 장작을 가지런히 준비해 놓는 것에 불과하다는 것을 그는 잘 알고 있습니다. 위로부터 불이 임하여 지펴져야 하는데, 이는 오직 기도로써 이루어지는 것입니다. 별은 태양과 연결되어 있을 때에 가장 큰 영향력을 발휘한다고들 합니다만, 하나님과 가장 긴밀하게 연결되어 있고 그와 하나 된 교제 가운데 있을 때만큼 성도의 은혜들이 강력하게 역사하는 때가 없는 것입니다. 하나님과 더불어 그토록 강력히 역사하는 규례이니만큼 우리 자신에게 강력한 영향력을 발휘하지 않을 수가 없을 것입니다. 그것은 하나님을 가만히 쉬시도록 두지 않고 그를 일으켜 그의 백성을 구원하시게 할 것이니, 이것이 그리스도인의 은혜를 자극하고 고무하는 수단이 된다는 것이 이상한 일이겠습니까? 다윗의 시편에서 그가 기도를 시작하는 단계에서는 심령에 검은 구름이 끼어 있으나 기도를 해가는 동안 조금씩 뜨거워지고 구름이 사라지기 시작하다가 마지막 부분에 가서는 지극히 고양된 믿음의 역사와 찬양의 탄성이 터져 나오는 경우를 얼마나 자주 봅니까? 다만 한 가지, 그리스도인 여러분, 형식적인 기도를 삼가시기 바랍니다. 이것은 기도를 하지 않는 것만큼이나 은혜에 해로운 것입니

다. 붕대로 상처를 싸매는 것은 적절한 일이요 좋은 일이지만, 차가운 상태로 싸매게 되면 유익을 주기보다는 오히려 상처를 덧나게 만드는 법입니다.

4. 이 모든 일들과 더불어, 함께 생활하고 있는 성도들과 교제하는 일을 더하시기 바랍니다. 이웃과 아주 동떨어진 외딴 집에 도둑이 드는 것은 별로 이상스런 일이 아닙니다. 성도들과 교제하며 행하는 자는 무리지어 길을 가며, 그는 집에 집이 연하여 있는 도시에 사는 자인데, 예루살렘이 바로 그와 같다고 합니다. 욥의 자녀들이 속에 갇혀서 죽임을 당한 그 집은 광야에서 불어오는 바람에 의해서 사방으로 내리침을 당한 것을 보게 됩니다. 그 집은 홀로 서 있었던 것 같습니다. 마귀는 이 귀한 성도의 교제의 규례를 방해하고, 또한 이로써 은혜의 성장까지도 가로막는 방법을 잘 알고 있습니다. 사도는 "믿는 도리의 소망을 굳게 잡는" 것과 또한 "서로 돌아보아 사랑과 선행을 격려하는" 이 두 가지 임무를 한데 묶어서 말씀합니다(히 10:23-24). 성도 간의 교제를 저버리는 것은 사실상 배도(背道)로 나아가는 아주 위험한 발걸음입니다. 그렇기 때문에 데마에 대해서 그가 "이 세상을 사랑하여 나를 버렸다"고 말씀하는 것입니다. 오오 여러분, 이 한 가지 점에서만도 사탄이 최근 우리에게 얼마나 큰 악을 행하였는지 모릅니다! 이 성도의 교제가 어떻게 되었습니까? 두세 사람이 함께 한 마음으로 행하는 일을 대체 어디서 볼 수 있습니까? 전에는 기꺼이 함께 고난을 당하던 사람들이 이제는 아버지의 식탁에 함께 앉지도 않고, 함께 기도하는 모습도, 서로를 위해 기도하는 모습도 거의 볼 수가 없게 되어 버렸습니다. 전에는 그리스도인의 가슴에 다른 성도가 누웠건만, 이제는 그 사람의 숨결조차 이상스럽게 여겨집니다. "이것이 애가(哀歌)라 후에도 애가가 되리라"(겔 19:14).

제 2 부

권고를 강화시키는 논지

"이는 악한 날에 너희가 능히 대적하고
모든 일을 행한 후에 서기 위함이라"(엡 6:13).

　이제 우리는 사도가 자신의 권고를 강화시키기 위해 도입하는 논지를 다루게
되었습니다. 그 논지는 두 가지인데, 그 첫째는 전투의 때와 관련된 것입니다: "이
는 악한 날에 너희가 능히 대적하기 위함이라." 그리고 둘째는 그렇게 전신갑주를
입은 그리스도인에게 임할 전쟁의 복된 결말, 곧 확실한 승리에 관한 것입니다: "모
든 일을 행한 후에 서기 위함이라."

———

첫째 논지 :
이는 전투의 때에 관한 것임

"이는 악한 날에 너희가 능히 대적하고."

　하지만 이 악한 날이란 무엇입니까? 어떤 이는 이 악한 날이 그리스도인이 이
땅에서 눈물과 땀으로 보내는 인생 전체를 포괄하는 것으로 봅니다. 이렇게 보면,

본문의 논지는 다음과 같게 됩니다. 곧, 여러분의 인생은 이를테면 괴로움과 시련이 계속되는 나날이 될 것이니, 인생의 마지막까지 인내로 경주할 수 있도록 하나님의 전신갑주를 취하기 바랍니다. 야곱도 자신의 생애 전체를 이런 식으로 표현합니다: "짧고 험악한 세월을 보내었나이다"(창 47:9). 그리스도인에게 악한 날이라는 이름으로 부르기에 합당할 만큼 곤란한 일을 겪지 않는 그런 화창한 날이 과연 며칠이나 있습니까? 날마다 그 날의 몫이 있습니다. 그 날의 괴로움은 그 날로 족합니다. 구태여 내일의 슬픔과 고뇌를 가져와서 지금 지고 있는 짐에다 덧붙일 필요가 없습니다. "일용할 양식"을 말씀하지만, 성경은 또한 "날마다" 져야 할 십자가를 말씀합니다(눅 9:23). 그 십자가를 만들라고 말씀하지 않고 그 십자가를 지라고 말씀합니다. 흔히 그렇게 하기 쉽습니다만, 우리 스스로 십자가를 만들 필요가 없습니다. 하나님께서 그의 섭리 가운데 우리를 위하여 십자가를 주시며 우리더러 그것을 지라고 명령하십니다.

그러나 그것을 내려놓는 것에 대해서는 아무 말씀도 없습니다. 십자가와 우리가 함께 눕게 될 때까지 십자가를 져야 하는 것입니다. 우리의 괴로움과 우리의 인생은 이 세상에서 늘 함께 합니다. 함께 살고 함께 죽는 것입니다. 기쁜 일이 오면 슬픔이 발꿈치에 있습니다. 지팡이와 막대기가 함께 가는 것입니다. 욥은 마귀가 그의 풍부함과 호사스러움을 불평하고 탓할 만큼 큰 번영을 누려서 그의 해(日)에는 그림자가 없을 것 같았습니다만(욥 1:10), 그 선한 사람 욥마저도 그가 최고로 번영을 누릴 당시 자신에 대해 다음과 같이 말하는 것을 보게 됩니다: "나에게는 평온도 없고 안일도 없고 휴식도 없고 다만 불안만이 있구나"(욥 3:26). 그의 침대가 마음으로 원할 수 있을 만큼 한껏 부드러울 때에도 무언가 그의 평온을 깨뜨리는 문젯거리가 그에게 있었고, 그때에도 이쪽저쪽으로 밀리고 치여 휴식이 없었다는 것입니다. 누군가가 욥에게 다가가, 이처럼 좋은 처지에 있으니 정말 복되다고 하면서, "욥이여, 당신의 몫으로 그 정도를 갖고 있으니 만족스럽겠군요. 이 모든 것이 안정되어 있고 당신 뒤에 상속자도 있으니, 얼마나 만족스럽겠습니까!"라고 말하면, 그는 아마 마르틴 루터의 말처럼, "하나님께서 이런 것들로 나를 괴롭게 하지 않으시면 좋겠습니다"라고 말했을 것입니다. 이 낮은 땅에서의 성도의 상태가 이렇기 때문에, 그들의 삶과 또한 그들이 즐기는 모든 화려한 것들이 사실상 그들의 십자가입니다. 그것들이 그들로 하여금 면류관을 얻지 못하도록 막기 때문입니다. 군이 무언가를 더 보태지 않아도, 우리의 인생은 이미 악한 날입니다.

우리가 최고선에게서 벗어나 있기 때문입니다. 이런 상태는 세상이 보상해 줄 수도 없고, 세상과 더불어는 누릴 수 없는 것입니다. 이 악한 날에 좋은 점이 있다면, 오로지 그것이 짧다는 것뿐입니다. 우리의 인생은 "악한 날"일 뿐이지만 오래 가지 않습니다. 이 마지막 때에 하나님께서 사람의 삶의 많은 조건들을 축소시켜 놓으셨다는 것은 분명 자비입니다. 이때에 그리스도와 천국에 대해 그렇게도 많은 내용들이 전해지고 있으니, 위의 세계의 영광에 대해 그렇게 많이 알고 있으면서도 거기에 가지 못하고 옛 조상들처럼 이 땅에 오랫동안 남아 있어야 했다면 성도들이 인내하며 견디기가 정말 어려웠을 것입니다. 오오 그리스도인 여러분, 다음과 같은 사실로 서로를 위로하시기 바랍니다. 여러분의 인생이 갖가지 괴로움들로 악하지만 그것이 짧다는 것입니다. 몇 계단만 나아가면 비(雨)에서 벗어나게 됩니다. 인생 중에 만나는 악한 일들과 관련해서 성도와 악인은 서로 큰 차이가 있습니다. 둘 다 이 세상에서 비를 만나 몸이 젖습니다. 그러나 한 사람은 비를 맞다가도 곧 거기서 벗어나게 되지만, 다른 사람은 또 다른 폭우 속으로 들어가게 됩니다. 그리고 더 멀리 갈수록 더욱 상황이 나빠집니다. 성도도 악인과 마찬가지로 이 세상에서 괴로움을 겪습니다. 그러나 그는 곧 폭우에서 벗어나게 됩니다. 죽음이 오면 그는 맑고 밝은 날을 맞게 됩니다. 그러나 악인은 갈수록 상황이 더 악화됩니다. 이 땅에서 맞는 것은 그저 몇 방울 정도이지만, 나중에는 크나큰 폭풍을 만나게 되니 말입니다. 지옥에서 하나님의 진노가 쏟아지는 것을 맞게 될 것이고, 위로부터 하나님의 의로우신 분노가 임하고 아래로부터는 그들 자신의 괴롭고 쓰라린 양심이 소리쳐 깊고 깊은 공포가 열리게 될 것입니다.

다른 이들은 이 문구를 좀 더 제한된 의미로 보아서, 우리 인생 가운데 특히 환난과 고통을 만나는 특정한 때를 의미하는 것으로 이해합니다. 베자(Beza)는 이를 우리의 역경의 때(*tempore adverso*)를 뜻하는 것으로 읽습니다. 우리의 인생 전체는 우리의 가장 맑은 날, 즉, 천국의 그 복락의 상태와 비교하면 악한 날이요, 그 영광스러운 아침과 비교하면 밤일 수밖에 없습니다. 하지만 우리 인생 중의 한 부분을 다른 부분과 비교하여 하나는 선하고 하나는 악하다고 말할 수도 있습니다. 이 땅에서는 온갖 잡다한 일들을 다 만나니 말입니다. 이 땅의 성도들에게 역사하는 하나님의 섭리들은, 이 낮은 땅에 있는 동안은, 여러 가지 요소들이 뒤섞여 있고 가지각색이며, 스가랴의 이상에 나오는 "점박이" 말이 이를 가리킵니다(슥 1:8. 한글개역개정판은 "자줏빛 말"로 번역함 — 역주). 붉은 색과 흰 색이, 평화와 전쟁이, 기뺨과 슬픔이 우리 삶에 뒤섞여 있는 것입니다. 이 땅은 천국과 지옥 사이에 있는 중간 지대입니다. 그러니 이곳에서의 우리의 삶도 그렇습니다. 양쪽에 다 참여합니다. 인생의 여정이 끝날 때까지 우리는 산을 오르락내리락합니다. 그렇습니다. 아버지의 집에서 가장 가까운 곳에 가장 깊은 골짜기가 있습니다. 바로 죽음입니다. 마치 작은 물줄기들이 큰 강으로 흘러들어가듯이 인생의 다른 모든 괴로움들이 그리로 빠져 들어가고, 거기서 마쳐지고, 거기서 삼킨 바 됩니다. 이것이 포괄적인 악이므로, 저는 여기서 바로 그것을 뜻하고 있다고 봅니다. 정관사가 두 번 사용되는 것이 ─ 그 날, 그 악한 날(εν τη ημερα τη πονηρα) ─ 이를 돋보이게 해 줍니다. 물론 중간에 겪게 되는 다른 환난의 날들이 여기서 제외되는 것은 아닙니다. 이 날들은 여러 많은 작은 죽음들일 뿐이며, 그 하나하나가 우리의 생명의 한 부분을 채어갑니다. 아니면 뒤에 오게 되는 이 공포의 왕에게로 들어서기 전에 일어나는 에피소드들일 뿐인 것입니다.

이제 이 문구의 의미를 살펴보았으니, 이제는 사도가 하나님의 전신갑주를 취하라는 권면을 강화시키기 위해 사용하는 첫 논지의 힘을 살펴보도록 합시다. 이는 다음과 같이 세 가지 무게 있는 정황에서 드러납니다.

첫째, 이 환난 날의 본질과 성질. 이는 악한 날입니다. 둘째, 말씀의 문맥에 함축되어 있는 바 이 악한 날의 불가피성. "너희가 악한 날에 능히 대적하기 위함이라." 사도는 이를 피할 희망을 완전히 닫아 버립니다. 사도의 말씀은 마치 이런 뜻과도 같다 하겠습니다. '너희에게 이를 피할 길은 없다. 그러니 싸움을 면하리라는 생각은 아예 하지 말라. 너희가 전신갑주를 입든 입지 않든 악한 날이 반드시 올 것이니라.' 셋째, 이 전신갑주의 필요성. "능히 대적하고." 그것을 벗어나 도망칠 수 없듯이, 전신갑주로 무장하지 않고서는 이를 견뎌낼 수도 없고, 우리에게 닥치는 강력한 공격을 대적할 수도 없습니다. 이에 대해 몇 가지 세부적인 내용들을 말씀할 수도 있으나, 그저 간략하게 이것들을 한데 모아 한 가지 결론을 제시하고자 합니다.

[환난과 죽음의 날은 어떤 점에서 악한가]

가르침. 각 사람은 환난과 죽음의 악한 날을 위하여 스스로 무장하고 대비할 필요가 있습니다. 이는 피할 수 없이 반드시 당할 수밖에 없으니 말입니다. 이에 대해서는 세 가지 대지가 있습니다. 첫째, 환난과 죽음의 날은 악한 날입니다. 둘

째, 이 악한 날은 피할 수가 없습니다. 셋째, 각 사람은 이 악한 날에 대비할 필요
가 있습니다.

첫째 대지. 환난 날, 특히 죽음의 날은 악한 날입니다. 여기서 환난이 어떤 점에서
악하며 어떤 점에서 악하지 않은지를 살펴야 할 것입니다.

1. 도덕적으로 혹은 본래적으로 악한 것은 아닙니다. 만일 이런 의미에서 악하
다면, 하나님께서 그것을 지어내신 장본인이실 수가 없을 것입니다. 그의 본성은
지극히 순결하므로 그런 악이 그에게서 나올 수가 없습니다. 태양 빛이 밤을 만들
어 낼 수가 없는 것처럼 말입니다. 그러나 하나님은 이 환난이라는 악이 자신의 행
위임을 단언하십니다. "내가 이 족속에게 재앙을 계획하나니"(미 2:3). 그리고 더
나아가서 그는 그 자신 이외에 우리에게 악을 행할 수 있는 자가 아무도 없다고 생
각하게끔 환난을 그 자신의 역사로 말씀하십니다. 그 자신의 "행하심이 없는데 재
앙이 어찌 성읍에 임하겠느냐?"(암 3:6)라고 하실 만큼 그것은 그가 영화로이 누리
시는 그의 대권(大權)입니다. 그러니 성도들의 십자가가 모두 천국에서 만들어진
다는 것은 정말 성도들을 위하여 좋은 일입니다. 그렇지 않다면 지금처럼 그들이
등에 환난의 짐을 지고 가기에 합당하지 못할 것입니다. 그러나 죄의 악에 대해서
는 하나님의 책임이 결코 아닙니다. 하나님께서는 이 선머슴을 그의 문간에 내려
놓지 말 것을 철저하게 당부하십니다. 죄의 악은 사탄이 조장하는 것으로서 그가
우리의 불순한 마음을 따라 일으키는 것입니다. "사람이 시험을 받을 때에 내가 하
나님께 시험을 받는다 하지 말지니 하나님은 악에게 시험을 받지도 아니하시고
친히 아무도 시험하지 아니하시느니라"(약 1:13).

2. 만일 환난이 그처럼 본래 악한 것이라면 어떤 점에서도 그것이 우리가 바라
는 대상일 수가 없을 것입니다. 그러나 환난은 때때로 우리의 바람의 대상일 수도
있고, 또한 실제로 대상이기도 합니다. 우리는 죄를 짓기보다는 환난을 택하여야
합니다. 그렇습니다. 아무리 작은 죄라도 죄를 범하기보다는, 아무리 환난이 크다
할지라도 환난을 받기를 바라야 할 것입니다. 모세는 잠시 죄의 쾌락을 누리는 것
보다 하나님의 백성들과 환난 받기를 택하였습니다. 갖가지 시험을, 즉 환난을 만
날 때에 즐거워하라고 성경은 명령하고 있습니다. 하지만 어떤 점에서 환난의 날
을 가리켜 악한 날이라 부를 수 있을까요?

(1) 악이 지각에 쓰라림을 주므로, 성경에서는 그것이 기쁨과 위로와 반대되는
것으로 제시됩니다. "우리가 평화를 찾았으나, 보라 좋지 않도다." 즐거운 마음은

선한 마음이라 불리며, 슬픈 심령은 악한 심령이라 불립니다. 사람의 본성에는 자신의 즐거움에 반하는 모든 것을 혐오하는 성향이 있는데, 환난과 괴로움이 바로 그런 역할을 행하기 때문입니다(히 12:11). 환난은 그것이 있는 동안에는 즐겁지 않고 괴롭습니다. 그것은 약(藥)처럼 감각에게는 유쾌하지 않습니다. 그러므로 솔로몬은 병들어 있는 악한 날들에 대해 이야기하면서 그날들이 본질적으로 너무도 역겨워서 "아무 낙(樂)이 없다"라고 말할 지경이라고 합니다(전 12:1). 우리 삶의 기쁨을 빼앗아 가니 말입니다. 자연인의 기쁨은 번영의 태양을 통해 맺는 꽃과 같아서 번영과 더불어 피고 집니다. 물론 성도들은 환난 중에만큼 더 큰 기쁨을 누리는 때가 없는 것이 사실입니다. 그러나 그들에게는 그런 환난을 보내시는 선하신 하나님이 계십니다. 그렇지 않다면 그들 역시 다른 이들과 똑같이 환난 중에 슬퍼하고 괴로워할 것입니다. 가시나무에서 포도가 열리는 것이나 광야에서 만나를 얻는 것이나 자연적으로는 가당치 않습니다만, 환난으로부터 위로가 샘솟아난다는 것도 어불성설이기는 마찬가지입니다. 만일 하늘에서 이적적으로 만나가 내리는 일이 없었다면, 이스라엘 사람들은 아무리 기다려도 그런 떡을 먹을 수 없었을 것입니다. 하나님께서는 이런 처지를 택하셔서 자신의 사랑의 전능하심을 더욱 확실하게 드러내신 것입니다. 엘리야가 이적을 확실히 드러내기 위하여 먼저 나무와 제물 위에 물을 쏟아 붓게 하여 도랑에까지 흥건히 고이도록 만들고 난 후에 기도를 통하여 하늘로부터 불이 임하여 모든 것을 다 태우게 했던 것처럼, 하나님께서는 그의 자녀들에게 환난의 홍수를 부으시고 그 다음에 그들의 가슴속에서 내적인 기쁨이 타오르도록 하셔서 그 모든 슬픔들을 말려 버리시는 것입니다. 그렇습니다. 하나님께서는 그들이 당하는 바로 그 환난의 물결을 통해서 그들의 신령한 기쁨에 더욱 감미로운 음악을 더하십니다. 그러나 그렇다 해도 여전히 하나님은 선하시고, 또한 환난은 악한 것입니다.

(2) 환난의 날이 악한 날인 것은 이 날이 우리 인생에 어떤 죄악된 악들이 지나갔는지를 기억나게 만들기 때문입니다. 망각의 무덤 속에 이미 여러 해 전에 묻혀 버린 옛적의 죄들에 대한 기억을 이 환난의 날이 되살아나게 만드는 것입니다. 환난의 밤이 되면 사람의 양심에 그런 망령들이 들어와 거닐곤 합니다. 캄캄한 밤에는 두려운 대상들에 대한 공포가 더해집니다만, 이와 마찬가지로, 환난의 처지에다(이것 자체만도 매우 불편합니다) 우리 죄에 대한 두려움이 덧붙여지고, 죄들이 기억 속에 되살아나는 것입니다. 족장들이 지은 죄가 괴로움 속에서 그들에게 다

시 밀려올 때만큼 그 죄가 섬뜩하게 보인 적이 없었습니다(창 42:21). 그런 상황에서는 그 어느 때보다도 죄인이 자신의 죄에 대한 진노를 더욱 생생하게 인지하게 되는 법입니다. 괴로움이 심판인 듯이 여겨집니다. 그렇습니다. 괴로움을 당할 때에 죄인은 그것을 그 자신을 하나님 앞에 세우기 위해서 보내심을 받은 종으로 이해하게 되고, 그리하여 그의 심령 속에 처절한 혼란과 경악(驚愕)이 생겨나는 것입니다. 환난의 날에 과연 자기들의 죄들이 눈앞에 보이는 것을 어떻게 견딜 수 있으며, 자기들의 삶의 모습들이 설교에서처럼 적나라하게 드러나는 것을 어떻게 견딜 수 있겠습니까! 오오 사람들이 이것을 생각하게 되면 좋겠습니다! 선지자처럼 그 죄들을 바라보면서도 그것들에게 승리할 수 있는 사람이야말로 정말 복된 사람이라 할 것입니다. "내가 비유에 내 귀를 기울이고 수금으로 나의 오묘한 말을 풀리로다. 죄악이 나를 따라다니며 나를 에워싸는 환난의 날을 내가 어찌 두려워하랴?"(시 49:4, 5).

(3) 환난의 날은, 전에는 보이지 않았으나 마음속에 많은 악이 있음을 발견하게 만듭니다. 환난과 괴로움은 사람을 뒤흔들고 휘저어놓습니다. 바닥에 무언가 가라앉아 있는 것이 있으면, 환난 때에 그것이 드러나게 됩니다. 때로는 전에는 선한 것처럼 보였던 마음이 실제로는 아주 형편없다는 것이 드러나기도 합니다. 외식하는 자가 겉에 칠해 놓은 것이 이런 몹쓸 상황 때문에 다 씻겨서 그 속이 드러나는 것입니다. 괴로움을 당할 때 부패한 본성이 스스로 드러나는 법인 것입니다. 입으로 믿음을 시인하던 사람들이 박해가 올 때에 희생과 괴로움을 감수하지 않으려고 믿음을 완전히 저버리는 경우를 보기도 하고, 또 어떤 이들은 괴로움 중에 "자기의 왕 자기의 하나님을 저주"(사 8:21)하는 이들도 있습니다. 악한 심령으로서는 환난을 베푸시는 하나님에 대해 좋게 생각한다는 것이 불가능한 법입니다. 삯군은 주인이 막대기를 들어 자기를 치려 하면 자기 일을 던져두고 도망쳐 버리는데, 거짓된 마음 역시 이런 식으로 하나님을 대하는 것입니다. 그렇습니다. 사람이 하나님께 은혜를 받을 때에도, 대부분의 경우 그 사람의 부패성은 그 자신이 생각하는 것보다 더욱 강하고, 그가 지닌 은혜는 더욱 약한 것으로 드러납니다. 베드로는 바다 위에서 처음에는 아주 용감하게 걸어갔으나 풍랑이 일자 물속으로 빠져 들어가기 시작하였습니다. 그리고 그때에 비로소 그는 자신이 전에 생각하던 것보다 그 자신의 마음속에 불신앙이 더욱 많다는 것을 보게 됩니다. 우리의 영혼에게 쓰라린 환난은 마치 집에 비가 몰아치는 것과도 같습니다. 지붕에 이런저런

틈과 구멍이 있는 것을 전혀 모르다가 여기저기서 비가 새는 것을 볼 때에 비로소 그 사실을 알게 되는 것입니다. 우리의 부패성이 얼마나 죽지 않고 살아 있는지, 혹은 우리의 은혜가 얼마나 허약한지를 인지하지 못하고 있다가, 환난과 시련을 당하면서 비로소 우리 마음의 상태가 어떤지를 좀 더 충실하게 알게 되는 것입니다. 그렇기 때문에 스스로 지극한 환난을 당해 본 사람들이야말로 어느 누구보다도 자기 자신을 낮추어 생각할 줄 알고, 또한 연약한 다른 이들을 향하여 그토록 측은한 마음을 갖고 그들에 대해 참고 견딜 줄을 아는 것입니다. 그들은 시련 중에 수많은 칼의 공격을 만났기 때문에, 자기들 자신의 은혜에 대해서는 낮게 바라볼 줄 알며, 형제들에 대해 부드럽게 존중해 줄 줄을 알고, 그들의 연약함을 비판하여 밀어내기보다는 그들을 동정할 줄을 아는 것입니다.

(4) 환난의 날은 바로 악한 자 사탄이 와서 시험하는 때입니다. 주님의 비유에서 마태복음에서는 "환난"의 때라 불리는 것(13:21)이, 동일한 비유가 나타나는 누가복음에서는 "시험"의 때라 불립니다(8:13. 한글개역개정판은 "시련"으로 번역함 — 역주). 사실 환난과 시험은 서로 연결되는 것입니다. 하나님께서 우리에게 환난을 주실 때에 사탄이 우리를 시험하는 일이 덧붙여지지 않는 때가 거의 없습니다. 그리스도께서는 이렇게 말씀하십니다: "이제는 너희 때요 어둠의 권세로다"(눅 22:53). 그리스도께서는 동시에 사람에게서는 고난을 당하시고 마귀에게서는 시험을 당하셨습니다. 동생이 축복을 받은 것을 시기한 에서는 마음속으로 이렇게 말했습니다: '아버지를 곡할 때가 가까웠은즉 내가 내 아우 야곱을 죽이리라'(창 27:41). 환난의 때는 곧 애곡의 날입니다. 사탄은 환난의 때를 기다려서 우리에게 악을 행하는 것입니다.

(5) 환난의 날에는 나쁜 일이 있고 나쁜 결과가 있는 경우가 허다합니다. 그래서 이런 점에서 그 날은 악한 날이기도 합니다. "끝이 좋으면 모든 것이 좋은 것이다"라고들 말합니다. 환난은 그리스도인에게 선한 결과를 냅니다. 그들을 교정시키는 막대기가 평화로운 의의 열매를 맺게 하는 것입니다. 그러니 그리스도인들은 환난들을 선하다고 할 수 있습니다. 환난은 오로지 나쁜 피만 흘러나오게 하는 선한 도구인 것입니다. "환난 당한 것이 내게 유익이라"라고 다윗은 고백합니다. 한 경건한 여인이 자기가 당한 환난들을 자기 자녀들에게 비유했다는 이야기를 읽은 적이 있습니다. 자녀들을 뱃속에 잉태하고 있을 때에도 큰 고통이 있습니다. 그러나 그런 고통이 없이 태어난 자녀는 없습니다. 모두가 고통 가운데 태어나니

말입니다. 이와 마찬가지로 환난도 그것을 참고 견디는 중에 큰 고뇌가 따르지만, 고통 없이 지나가는 환난은 없다는 것입니다. 그러나 악인들에게는 다음의 사실과 관련하여 결과가 나쁘게 나타납니다. (a) 죄와 관련하여. 이들은 환난으로 인하여 더욱 악해지고, 더욱 회개할 줄 모르고, 죄 가운데 완악해지며, 더욱 대담하게 악행을 범합니다. 애굽에 재앙이 임할 때마다 바로의 마음은 더욱 완악해졌습니다. 바로는 한때 자기를 위하여 기도해 달라고 모세에게 청하기도 했으나, 결국 다시 한 번 더 자기 앞에 나타나면 죽이겠다고 모세를 위협하였습니다. 오오, 이런저런 질병이나 기타 심판을 받은 후에 죄악 중에 더욱 심하게 빠지는 경우를 얼마나 많이 보는지 모릅니다! 어린아이들이 학질을 겪은 후에 키가 자라지만, 환난을 당한 후에 정욕이 자라는 것에는 미치지 못합니다. 발꿈치에 묶여 있던 사슬이 풀리자마자, 얼마나 탐욕스럽고도 게걸스럽게 먹이를 좇는지 모릅니다! 약이 효과를 발휘하지 못하면 질병이 낫지 않는 것은 물론 그 약의 독소가 몸 속에 그대로 남기도 합니다. 환난을 당한 후에 그 환난의 독소가 심령 속에 남아 그것이 정욕으로 터져 나오는 경우가 많은 것입니다. (b) 괴로움과 관련하여. 악인에게 임하는 환난은 그보다 더 큰 또 다른 환난을 만들어 냅니다. 그리고 맨 마지막에 가장 큰 환난이 오게 되는데, 그것이 그를 찢어 불에 던지기에 좋게 만들 것입니다. 마치 주정뱅이가 이 경관 저 경관에게서 취조를 당하듯이, 죄인은 이 환난 저 환난으로 채찍을 맞습니다. 그러다가 결국 지옥에 들어가게 되는데, 그곳이야말로 그가 지속적으로 거할 적절한 장소요, 거기서 모든 괴로움이 끝이 없는 하나의 극한 괴로움으로 귀결되게 될 것입니다.

둘째 대지. 이 악한 날은 피할 수가 없습니다. 마치 태양이라는 마차가 달려가고 밤이 올 때에 그것을 가지 못하게 막을 수가 없고, 저녁 땅거미가 지는 것을 따라가려 해도 할 수가 없듯이, 이 악한 날이 우리 모두에게 임하는 것을 도무지 피할 수가 없습니다. "바람을 주장하여 바람을 움직이게 할 사람도 없고 죽는 날을 주장할 사람도 없으며 전쟁할 때를 모면할 사람도 없으니"(전 8:8). 사람들 사이에서는 징집 명령을 받을 때에 그것을 모면할 방법들이 있습니다. 나이나 재산이나 육체의 허약함, 혹은 군주의 보호 등을 핑곗거리로 제시할 수가 있습니다. 그리고 이런 것들이 통하지 않으면 우리 대신 다른 사람을 보내든지, 뇌물을 손에 쥐어주든지 하면 징집을 모면할 수도 있습니다. 하지만 이 징집 명령은 너무나도 철저하여 면제가 전연 불가능합니다. 다윗은 기꺼이 자기 아들 대신 자기가 죽기를 바랐습니다. 그는, "내 아들 압살롬아 내 아들 내 아들 압살롬아 차라리 내가 너를 대신하여 죽었다면, 압살롬 내 아들아 내 아들아"라고 외칩니다(삼하 18:33). 하지만 그렇게 할 수가 없었습니다. 반드시 젊은 용사 압살롬이 죽어야 했습니다. 우리 자신이 직접 싸움터에 나아가고, 직접 죽음을 보아야 하는 것입니다. 어떤 이들은 마치 자기 자신이 면제를 결정하는 담당관이기라도 한 것처럼 자기들은 이 날에서 면제되었다고 확언하기를 좋아하는 것을 봅니다. 자기들은 죽음과 언약을 맺었고, 지옥과 협정을 맺었노라고 말합니다. 극한 재앙이 지나가도 자기들에게는 임하지 않을 것이라고 합니다.

그리고 마치 관리에게 뇌물을 먹인 채무자처럼 그들은 체포를 두려워하지도 않고 대담하게 밖을 나다닙니다. 그러나 하나님은 그들이 언약을 맺자마자 그가 그것을 무효로 만드실 것임을 그들에게 말씀하십니다. "너희가 사망과 더불어 세운 언약이 폐하며 스올과 더불어 맺은 맹약이 서지 못하여 넘치는 재앙이 밀려올 때에 너희가 그것에게 밟힘을 당할 것이라"(사 28:18). 하나님이 그 언약을 인치지 않으시는데 어떻게 그것이 효력이 있겠습니까? 이 악한 날에 대하여 한 가지 하나님의 법이 있는데 이것이 아담의 최초의 죄에 대하여 효력을 발생하였으며, 그리하여 인류의 목에 치명적인 칼날이 드리워졌고, 그때 이후로 인류의 심장의 피가 터져 나오는 수문(水門)이 열렸습니다. 하나님께서는 사람이 피하지 못하게 하기 위하여 우리의 형질과 본성 속에 죽음의 씨앗을 심어 놓으셨고, 그리하여 우리 자신에게서 도망치지 못하는 것처럼 죽음으로부터도 도망칠 수가 없게 되었습니다. 구태여 벌목꾼이 와서 억지로 우리를 쳐내지 않아도 우리는 죽임을 당하게 되어 있습니다. 나무의 본질 속에서 그 나무를 망치는 벌레가 자라나는 것처럼, 우리 속에도 본성적인 약점들이 있어서 우리를 무너뜨려 결국 티끌이 되게 하는 것입니다. 우리의 생명이 처음 잉태될 때부터 우리의 죽음이 키워져온 것입니다. 잉태한 여인이 그 산고(産苦)의 시각이 다가오는 것을 막을 수 없듯이 — 일단 잉태한 후에는 반드시 그 시각이 오게 되어 있습니다 — 사람은 죽음의 시각이 다가오는 것을 막을 수가 없습니다. 사람이 생애 중에 겪는 모든 고통과 아픔들은 그저 인간의 수많은 죽어가는 본성의 탄식들일 뿐입니다. 그것들은 사람의 몸이 와해될 때가 다가오고 있다는 신호들인 것입니다. 여러분이 궁궐에 살며 온갖 화려한 것들을 누리는 군주라 해도, 죽음은 여러분의 모든 호위병들을 통과하여 여러분의 궁궐에 들어와서 하나님께서 여러분에게 주시는 결정적인 메시지를 전해 줍니다. 그렇습니다. 죽음이 그 단검(短劍)으로 여러분의 마음을 찌를 것입니다. 여러분의 건강을 점검해 줄 여러 의사들이 여러분 주위를 에워싸고 있다 할지라도, 죽음이 오게 되면 의사들의 기술과 여러분의 본성 모두가 여러분을 죽음에게 내줄 수밖에 없습니다. 여러분의 힘이 지극히 왕성하여 즐거운 마음으로 음식을 먹을 때에도, 여러분에게 양분을 제공하는 바로 그 음식이 죽음의 보증물이 됩니다. 그것들이 여러분 속에 찌꺼기를 남기게 되고, 때가 되면 그 찌꺼기들이 여러분의 목숨을 거두어가니 말입니다. 오오, 죽음의 지팡이가 우리를 때려 눕혀서 마침내 우리가 무덤 속에 눕게 되는 죽음의 날! 이 날은 정말이지 피할 수가 없습니다. 하나님께서는 첫째 아담과 둘째 아담에게 빚이 있습니다. 첫째 아담에게는 죄의 삯이요, 둘째 아담에게는 그가 당하신 고난에 대한 상급입니다. 이 둘 모두를 완전히 지불하는 일은 저 세상에서 이루어질 것입니다. 그러므로 죽음이 사람을 그리로 데려가지 않으면, 첫째 아담의 후손인 악인들은 그들의 죄의 삯을 완전히 지불받지 못하게 될 것이며, 그렇게 되면 하나님께서 갚아야 할 빚을 갚지 못하시게 되니, 하나님은 반드시 그들을 그리로 데려가실 것입니다. 그리스도의 자손인 경건한 자들 역시도 그리스도의 피값을 다 받지 못하게 될 것입니다. 그리스도께서는 세상이 시작되기 전 하나님께서 그들을 위해 그에게 주신 영생의 약속이 아니었다면 결코 피를 흘리지 않으셨을 것입니다. 이런 이유 때문에 하나님께서는 이 날이 확실히 오게 하신 것입니다. 이 날에 하나님께서는 양쪽 모두에게 의무를 이행하실 것입니다.

셋째 대지. 이 악한 날이 도무지 피할 수 없이 우리에게 다가오고 있으니, 각 사람은 마땅히 이 악한 날을 효과적으로 맞이하도록 대비하여야 할 것입니다. 그리고 이는 다음 두 가지 점에서 그러합니다. 첫째, 의무의 관점에서 그러하며, 둘째, 지혜의 관점에서 그러합니다.

첫째. 의무의 관점에서 볼 때에 우리는 마땅히 이 날을 대비하여야 합니다.

1. 이 날을 대비하고 우리 스스로 무장하는 것이 위대하신 하나님을 향한 우리의 충성에 합한 일입니다. 가령 임금이 어떤 신하에게 한 성(城)을 맡겼는데, 원수가 그 성을 함락시키기 위하여 성을 포위하러 온다는 이야기를 듣고도 방어를 위하여 무장을 갖추고 대비하지 않아서 그 성이 함락되었다고 합시다. 그런 신하가 어떻게 대역죄(大逆罪)를 모면할 수 있겠습니까? 태만히 성을 넘겨 주었고, 그로 인하여 임금의 명예를 원수의 손에다 넘겨 준 것이 아닙니까? 우리의 영혼이 바로

이 성입니다. 그러니 우리 한 사람 한 사람은 하나님을 위하여 이를 지켜야 하는 것입니다. 우리는 사탄이 우리의 영혼을 노린다는 정보를 갖고 있습니다. 그리고 그가 자신의 어둠의 권세를 모두 동원하여 다가올 때가 바로 그 악한 날인 것입니다. 자, 우리에게 맡겨진 임무를 충실히 감당하려면, 서서 방어하여야 하고, 강력하게 대처할 수 있도록 무장을 든든히 하여야 하는 것입니다.

2. 하나님께서 바로 이 목적을 위하여 현재 우리에게 주시는 기회들과 수단들을 잘 선용하여 적절히 돌려드리기 위해서도 우리는 그 날을 위해 철저히 대비하여야 합니다. 하나님께서 이 큰 일을 위하여 우리에게 주시는 그 도움거리들을 그냥 허비해 버린다면 그것은 정말로 부끄러운 하나님을 향한 배은망덕이 아닐 수 없습니다. 감옥에서 자기를 구원하기 위하여 보내준 돈을 감옥에서 태만하게 다 써버리는 사람이 있다면, 모두가 이 사람에게 소리를 지를 것입니다. 하나님께서 죽음의 시각에 우리를 각양 정욕과 사탄의 격한 공격에서 구원하시기 위하여 은혜로이 베푸신 그 달란트들을 우리의 정욕과 사탄에게 내놓다니, 부끄러워 얼굴이 붉어지지 않습니까? 그 악한 날에 대비하여 전신갑주를 구비하고 착용하게 하기 위함이 아니라면, 대체 성경이 무엇 때문에 있고, 설교자들과 그들의 설교들은 대체 무엇 때문에 있단 말입니까? 한 마디로, 하나님께서 우리의 생애를 연장시키시고 한동안 계속해서 우리를 산 자의 땅에 두시는 의도가 무엇이겠습니까? 반역을 도모할 시간을 더 갖게 하기 위함이겠습니까, 아니면 이 헛된 세상의 쾌락에 얽힌 끈을 풀 시간을 더 갖게 하기 위함이겠습니까? 이 땅의 명예와 부귀 같은 허망한 나비들을 잡는 데 보내라고 그 귀중한 시간을 우리에게 주시겠습니까? 결코 그럴 수 없습니다. 주인들은 자기 종들에게 등불을 밝히라고 하고는 일을 해도 아무 소득이 없는 그런 일을 시키지는 않습니다. 우리가 여기서 보내는 그 귀중한 시간에 합당한 일은 과연 오로지 하나님을 영화롭게 하며 그리하여 마침내 우리의 영혼을 구원하는 그런 일일 것입니다. 위대하신 하나님이 지니신 목적은 이 세대의 사람들이 대개 생각하는 그런 것보다 훨씬 더 위대한 것입니다. 하나님의 행하심을 올바르게 판단하려면, 그 행하심에 대한 하나님 자신의 해석을 그대로 취하여야 합니다. 사도 베드로는 우리더러 "우리 주의 오래 참으심이 구원이 될 줄로 여기라"라고 명령하면서(벧후 3:15), 물론 정확히 단어가 일치하지는 않지만 사도 바울의 말씀을 인용합니다: "혹 네가 하나님의 인자하심이 너를 인도하여 회개하게 하심을 알지 못하여 그의 인자하심과 용납하심과 길이 참으심이 풍성함을 멸시하

느냐?"(롬 2:4). 이 두 곳 모두에서 우리는 순간순간 참으시고 우리에게 시간을 주시는 하나님의 의도가 무엇인지를 배우게 됩니다. 그것은 우리에게 주어진 회개의 기회인 것입니다. 우리의 현재 모습 그대로는 죽음과 심판이 우리에게 전혀 좋은 소식이 될 수 없음을 하나님께서는 알고 계십니다. 우리는 여하한 경우에도 그악한 날을 환영할 수가 없습니다. 그러므로 자비가 나서서 불쌍한 피조물을 하나님의 품에 받아 주시도록 탄원하고, 또한 그 생애에다 조금만 시간을 더 주셔서 이로 말미암아 그가 심판대 앞에 서기 전에 자극을 받아 회개할 수 있게 되도록 해달라고 간청하는 것입니다. 이렇게 해서 우리가 매일을 살고 있습니다. 이 땅에 사는 시간이 날마다 계속해서 더해지고 있는 것입니다. 그러니 이 시간 하나하나를 제 목적에 합당하게 써야 할 강력한 의무가 우리에게 있지 않겠습니까?

둘째. 지혜의 관점에서 볼 때에도 이 날을 대비하여야 합니다. 사람의 지혜는 다음 두 가지에서 지극히 탁월하게 드러납니다. 1. 자신이 선택하고 최고의 관심을 기울이는 문제에서. 2. 자신이 선택하고 최고의 관심을 기울이는 것을 위해 정당하게 시간을 쏟는 점에서.

1. 지혜로운 사람은 가장 중요하며 자신에게 가장 영향을 미치는 것을 선택하여 그것을 위하여 최선의 관심과 노력을 기울입니다. 바보들과 어린아이들만 장난감과 하찮은 것들에 관심을 갖습니다. 솔로몬이 성전을 짓는 일에 온 정성을 기울였듯이, 이들은 흙이나 종이로 집을 짓는 일을 위해 바쁘고도 진지하게 일합니다. 지혜로운 이들에게 큰 사업이 적절하게 여겨지듯이, 이 어리석은 아이들의 지각에는 이 초라한 장난감들이 적절하게 느껴지는 것입니다. 그런데 악한 날이, 특히 죽음의 악한 날이 얼마나 중요한지, 사람이 그 날에 대해 어떻게 처신하느냐 하는 것에 따라 그 사람이 바보인가 지혜로운 자인가 하는 것이 판명됩니다. 마지막 끝이 모든 처신의 성격을 규명해 주고, 그것에 선하다거나 악하다거나 하는, 혹은 지혜롭다거나 어리석다거나 하는 이름을 붙여 줍니다. 죽음의 악한 날이 우리의 마지막 날이듯이, 그 날은 또한 우리 인생의 모든 행동들의 마지막이기도 합니다. 우리의 삶이 이 마지막의 한 날을 위하여 존재해 온 것이니, 그 마지막의 모습이 우리의 본 모습이 될 것입니다. 우리 삶의 여러 가지 것들이 — 우리가 좇아온 여러 권면들과 계획들이 — 마지막에 드러나 결국 복된 죽음에 이르게 된다면, 정말이지 우리는 지혜로운 사람들로 나타날 것입니다. 하지만 우리가 다른 일들을 위해 갖가지 경건한 계획들과 수고들을 행한 후에 그 때를 제대로 준비하지 못한다면, 결국 어리

석은 자들로 죽는 것에 만족할 수밖에 없을 것인데, 어리석은 자로 죽어가는 자만큼 바보는 없을 것입니다. 그리스도인은 이 땅에 살 동안 세상이 보기에는 어리석은 자처럼 보입니다. 하지만 죽음이 올 때에 지혜로운 세상은 자기들이 그를 잘못 오해했었다고 고백하고, 오히려 자기들이 어리석었음을 고백할 것입니다. "우리 어리석은 자들이 그의 삶을 미친 것으로, 또한 그의 종국을 명예롭지 못한 것으로 여겼도다. 그러나 그는 이제 하나님의 자녀 중의 하나가 되어 있고 그의 분깃이 성도들 가운데 있지 않은가? 그러므로 우리가 진실의 길에서 벗어나 오해한 것이로다"(지혜서 5:4, 5). 비록 이 본문이 구약 외경에 나타나는 것이지만(apocryphal), 죄인들은 그 내용이 정경(正經)의 권위가 있는 것임(canonical)을 알게 될 것입니다. 성도들이 이 세상의 일에 있어서는 세상을 따라가지 못하는 것이 과연 사실입니다만, 이는 놀랄 일도 아니고 그 때문에 성도들이 지혜 없는 자가 되는 것도 아닙니다. 구두수선공의 구두 수선 기술이 학자보다 뛰어나다고 해서 그 학자의 지혜가 부족한 것이 아니듯이 말입니다. 자신의 전문 분야에서 더욱 탁월해지려면 전문 분야가 아닌 다른 일들에 대해서는 별로 주의를 기울일 수가 없는 것이 당연한 일입니다. 사람이 짐승보다 이성적인 사고력에서 뛰어나지만, 감각에 있어서는 짐승이 사람보다 훨씬 더 탁월한 것처럼 말입니다. 그러므로 그리스도인이 세상의 사업 문제에서는 다른 이들에게 뒤지는 일이 얼마든지 가능합니다. 그는 더욱 고상한 목표를 바라보고 있으므로 세상의 일들에 대해서는 일종의 불개입(不介入: non-attendance)의 자세로 대하니 말입니다. 그는 이런 문제들에 그다지 관심을 쏟지 않습니다. 마지막에 잘 죽을 수 있고 그리하여 부활의 날에 지혜로운 자로 인정받으면 결국 그것으로 만사형통인 것입니다(유 15). 그리스도인은 자신이 지혜로운 자였음이 드러날 그 마지막 날까지 오래 기다리지 못하는 것을 합당치 못한 일이라 여깁니다. 하나님께서 마지막 그 날이 와서 마침내 자신의 영화로운 본성이 다 드러나기까지 기꺼이 기다릴 수 있으시니 말입니다. 그 날이 오면 불경한 자들은 결국 하나님을 향한 자기들의 생각과 말들이 어리석었음을 납득하게 될 것입니다. 그 이전에는 그렇게 되지 않을 것이나 그 때에 가서는 납득하게 될 것입니다.

2. 지혜로운 사람은 자신이 목적하는 바를 이루기 위하여 정당하게 시간을 쏟아 관심과 노력을 기울입니다. 시장이 문을 닫을 때에 물건을 사러 오는 자는 어리석은 자입니다. 그 악한 날이 올 때가 큰 관심사이므로 제때에 그 날에 대해 대비하는 것

이 무엇보다 중요하고, 반드시 그 날이 오기 전에 그렇게 해야 합니다. 사자(使者)가 문으로 들어와 우리에게 나쁜 소식을 전해 줄 것인데 그 문이 많아 도대체 그 중에 어떤 문을 두드릴지 우리는 알 수가 없습니다. 어디서 그를 맞게 될지도 알 수 없습니다. 침대에서 그에게 붙잡힐지, 혹은 집 안에서일지, 밭에서일지, 친구들과 대화하며 위로를 받는 도중일지, 아니면 원수들에게 공격을 당하여 괴로움이 심할 때일지 전혀 알 수가 없습니다. 낮에 그런 일을 당할지, 아니면 밤에 그런 일을 당할지, 혹은 우리의 나이가 오전일지, 정오일지, 혹은 저녁때일지도 모릅니다. 그는 하루 중 언제나 일하고 있으니, 여러분이 기도하거나 설교하는 도중에 올 수도 있습니다. 그러니 떠나가 속된 일을 행하고, 그것으로 하나님의 이름을 더럽힌다면 그것은 안타까운 일일 것입니다. 어쩌면 여러분이 그런 속된 일을 하는 도중에 그를 만나게 될 수도 있으니 말입니다. 컵을 손에 들고 물을 벌컥 들이킬 때에 죽음이 여러분을 내리칠 수도 있고, 친한 친구들과 선술집에 앉아 농담을 주고받는 중에 임할 수도 있고, 집 주위를 이리저리 다니며 여러분의 무덤을 파고 있는 중에 죽음이 임할 수도 있습니다. 짐승처럼 살아왔으니 짐승처럼 죽는 것입니다. 요컨대, 하나님께서 무슨 악한 것을 도구로 사용하셔서 우리를 치실지 우리는 모른다는 것입니다. 누군가의 잔혹한 폭력을 사용하여 그 일을 이루실지, 혹은 우리 장기(臟器)와 몸의 질병을 사용하여 그리하실지, 치명적인 질병으로 갑자기 그리하실지, 아니면 오랜 동안 이어지는 지병을 통해서 그리하실지, 몸이 멀쩡하게 살아 있는데 갑자기 질병이 머리를 강타하여 이성을 상실하게 만드실지 우리는 모릅니다. 우리가 너무나도 처참한 지경에 빠져서 우리의 친구들이 우리가 그들에게 숨을 내쉬거나, 혹은 그들이 우리의 모습을 쳐다보는 것조차 두려워할 정도가 될지, 혹은 사탄의 시험으로 그런 괴로움이 더 가중되고 겁에 질린 우리의 양심에 두려움이 더하게 될지, 그렇지 않을지, 아무도 모르는 것입니다. 그 악한 날이 언제 어디에서 임하며, 또 그 날의 형편이 어떨지 과연 누가 알겠습니까? 하나님께서는 이것을 감추셔서 우리로 하여금 모든 상황에 대비하도록 하시는 것입니다. 카이사르(Caesar)는 자신이 언제 어디로 갈지를 휘하의 병사들에게 절대로 알려 주지 않았습니다. 만일 우리가 그런 것들을 알게 되면 끊임없는 두려움으로 굉장한 고통을 받게 될 것입니다. 그러니 그런 것들을 모르므로, 우리는 깨어 면밀히 대비하여야 하는 것입니다. 배가 바다 한가운데에서 풍랑을 만나 위 아래로 흔들리고 있을 때에 배에 물이 새는 것을 막는 작업을 한다면 이는 이미 때가 늦은 것입니다. 배가 항구에 정박하고 있을 때에 이미 완료했어야 하는 일입니다. 임종의 자리에서 이리저리 흔들리고 있을 때에야 비로소 천국을 향하여 가도록 영혼을 바로 세우는 일을 시작한다면, 이 또한 정말 때가 늦은 일입니다. 급하게 하는 일치고 제대로 되는 일이 거의 없습니다. 갑자기 밤중에 집 꼭대기에 불이 나서 황급하게 집을 뛰쳐나오는 사람은 보통 때처럼 가만히 서서 의복을 제대로 입을 여유가 없습니다. 한 쪽 스타킹을 절반쯤만 신고 나머지 한 쪽은 전혀 신지도 못한 채 뛰쳐나올 수도 있습니다. 임종의 자리에서 비로소 양심이 지옥 불에 대해 외치고 가슴을 쳐서 그제야 저 세상을 위해 준비하기 시작하는 그런 가련한 인생들은, 정말 미안한 말입니다만, 제대로 의복도 갖추지 못한 채 저 세상으로 들어가고 맙니다. 하지만 어쩌면 좋습니까! 의복을 제대로 갖출 시간이 없지만 그래도 저 세상으로 가야만 합니다. 그리고 이곳에서 꾸물거리다가 마지막에 황급히 회개한 것에 대해 지옥에서 한가로이 후회하게 될 것입니다. 이제 이 점을 적용해 보기로 합시다.

[적용]

적용 1. 이는, 그 악한 날을 대비하기는커녕 그 날에 대해 생각조차 하지 않는 자들에게 책망을 줍니다. 마치 어린아이가 어둠 속으로 데려가서 거기 그냥 내버려둠을 당하기를 바라지 않는 것처럼, 이들은 이 문제에 대한 논의에 끌려들어가기를 원치 않습니다. 죽음이나 혹은 죽음에로 이어지는 것을 생각하는 것이 이들에게는 죽음 그 자체와 같은 것이니 말입니다. 어리석게도 유언을 하면 그 순간 죽어야 한다고 생각하는 자들이 있는데, 이들은 죽음의 날을 묵상하고 대비하는 것이 그 슬픈 날을 재촉하는 것이라 생각하는 것입니다. 바로가 모세 일행을 전혀 반기지 않았던 것처럼 이들도 그 날을 묵상하는 것을 전혀 반기지 않습니다. 그러므로 이들은 바로가 모세에게 한 말처럼 "너는 나를 떠나가고 스스로 삼가 다시 내 얼굴을 보지 말라"(출 10:28)라고 말합니다. 양심이 일깨워 죽음에 대해 생각하게 만들어도, 죽음에 대한 두려움 때문에 그 모든 생각들을 잘라내고 버리는 것입니다. 그리고 마침내 그들의 양심을 완전히 장악하여 일종의 무신론에 이르게 됩니다. 마치 겨울철에 파리가 희귀하듯, 이들이 죽음의 문제들에 대해 생각하고 말하는 것을 보기가 희귀합니다. 그러니 그저 즐겁고 유쾌한 것들 이외에는 그 어떠한 주제에도 마음을 쏟지 않는 것입니다. 그처럼 유쾌하고 속된 생각들이 들어와 마음속에 자리를 차지하게 되면, 그것들이 다른 모든 생각들을 명하여 뒤로 숨게 만드는 것입니다. 안타깝습니다! 이 가련한 심령들이여, 만일 이 죽음과 심판의 악한 날이 상상이 만들어 낸 허구여서 아무런 근거도 없이 그저 공상으로 지어낸 것뿐이라면, 여러분의 그런 처신도 무리가 없을 것입니다. 모든 괴로움이 그저 우리의 생각에서 비롯되는 그런 어려운 일들도 물론 세상에 있습니다. 사람들의 조롱과 질책 때문에 마음이 불편하다면, 그런 일을 생각하지 않으면 그만입니다. 그런 일은 아무것도 아니니 말입니다. 하지만 이 악한 날에 대한 생각은 다릅니다. 여러분의 마음에서 그것을 제하여 버린다 해도 그저 짧은 위안밖에는 얻을 수가 없습니다. 그렇게 그 날을 가볍게 여겨 버린다고 해서 그 날이 오는 것을 막을 수 있는 것도, 그 날이 올 때에 쓰라림이 없게 할 수 있는 것도 아닙니다. 여러분은 마치 배에 타고 있는 승객과도 같습니다. 잠들어 있든 깨어 있든 배에 몸을 맡기고 배와 함께 항해할 수밖에 없는 것입니다. 어리석은 새가 자기 머리를 갈대 속에 처박고는 이제 사냥꾼을 볼 수 없으니 그에게서 안전하게 피했다고 여기는 것처럼 해서는 안 됩니다. 여러분은 확연히 드러나는 하나님의 보응의 표적물입니다. 여러분은 그를 보지 못할지라도 하나님께서 여러분을 보고 계시며 여러분을 목표로 삼고 계시는 것입니다. 그렇습니다. 이 날을 생각하지 않는다면, 오히려 그렇게 해서 불가피하게 멸망할 수밖에 없는 처지에 여러분 자신을 몰아넣고 있는 것입니다. 우리의 안전을 위한 첫 걸음은 우리에게 닥칠 위험을 염두에 두고 생각하는 것입니다.

　　적용 2. 이는, 그 악한 날을 생각하기는 하나 그 날이 아주 멀리 있으니 대비할 필요가 별로 없다고 여기는 자들에게 책망을 줍니다. 이들은 그 날에 대한 생각을 멀찌감치 떨어뜨려서 그런 생각이 별로 힘을 쓰지 못하게 함으로써 그 날을 깊이 지각하거나 그것에 대해 두려움이 생겨 마음이 무거워지지 않도록 만들어 놓습니다. 대포의 구멍에 서 있으면 몸이 갈기갈기 찢겨 버리지만, 포탄의 사정거리 바깥에 있으면 별로 염려할 필요가 없습니다. 그 악한 날을 멀리 두면 둘수록 그것이 주는 인상도 약해지는 법입니다. 죄인들은 이렇게 말합니다. "사실 그 날이 오는 것은 어찌할 수 없다. 우리가 자연에 빚을 지고 있으니 반드시 갚아야 한다. 질병이 올 것이고, 그 다음에 죽음이 이어질 것이고, 그 다음에는 심판이 올 것이다"라고 말입니다. 그러나 안타깝게도 그들은 아직 이 손님들을 맞고 싶지 않습니다. 그저 한참 후에나 올 것들로 예언하고 있을 뿐입니다. 중간에 수많은 아름다운 날들이 이어지기를 희망합니다. 사람들은 이처럼 자기들 자신에게 아주 친절합니다. 우선 그들은 그 날이 한참 후에나 오기를 바라고, 그 다음에는 대담하게도 자기들의 희망대로 그렇게 될 것이라고 스스로 약속합니다. 그리고 일단 그렇게 약속하고 나면, 노년의 겨울밤이 임하여 더 이상 노닥거리며 인생의 쾌락거리들을 즐기지 못할 때가 되기까지 정산(定算)의 시간을 뒤로 미루어 놓고 그 허망한 자기들의 희망을 기준으로 사는 것이 전혀 무리가 아닙니다. 그리고는 그 악한 날에 그들이 제대로 설 것이라고 여깁니다. 기고만장한 자여, 도대체 누가 그 시간의 그 긴 끈을 잘라 버리도록 허락을 해 주었단 말입니까? 그것은 그대의 것이 아니라 하나님의 것이 아닙니까? 세를 놓을 권리가 누구에게 있습니까? 세입자입니까, 아니면 땅주인입니까? 그대가 그대의 인생을 일구어가지만 그대는 주인이 아니라는 것을 잊었습니까? 뒤로 미루어 놓게 만드는 것이야말로 사탄의 방책입니다. 악한 날을 당장 예상한다면 결코 아무런 대비가 없는 채 그냥 앉아 있지 않을 것입니다. 여러분도 모르는 사이에 죽음이 임하는데, 인생이 길다고 이야기하면서 여러분의 영혼으로 하여금 일을 하지 않고 게으름을 피우고 짐을 다 내려놓고 그냥 쉬게 만들고 있으니 대체 어찌된 일입니까? 얼마나 크나큰 수치를 당하려고 그런 창녀와도 같은 마음을 품습니까? 남편이 멀리 가고 없어 스스로 정욕을 채우려 하지만, 남편이 예상보다 일찍 돌아와 여러분이 잠자리에서 정욕을 불태우고 있는 것을 보게 되면 대체 어찌하겠습니까? 여러분, 분명히 말씀드립니다만, 갑작스런 멸망이 있다는 것을, 특히 안정되어 보이는 자들에게는 더하다는 것을, 알아야 합니다.

성경을 읽어보십시오. 주인이 더디 오는 것을 기회로 삼아 자기 자신의 쾌락을 따르는 그런 유의 죄인들에 대해서 이렇게 경고하고 있습니다: "생각하지 않은 날 알지 못하는 시간에 그 종의 주인이 이르러"(마 24:48, 50, 51). 죄인들이 갑작스런 패망을 피한다면 하나님은 죄인들을 다루시는 그의 일상적인 방도를 벗어나 행하실 것입니다. 안정된 상태에서 무언가 갑작스런 큰 심판을 당하는 당혹스런 처지가 되지 않고 그대로 지속되는 사례가 과연 성경에 나타나느냐 하는 것은 물을 필요도 없는 사실입니다. 소돔 사람들의 경우는 어떻습니까? 아침에 하늘이 맑더니 몇 시간도 채 안 돼서 갑자기 하늘에서 불이 쏟아져 다 타 죽고 재가 되지 않았습니까? 부주의한 라이스 사람들은 생각도 하지 않은 때에 죽임을 당하였습니다(삿 18장). 아각은 자신이 두려워하던 일이 사라지는 것을 보고서 만면에 웃음을 띠었으나 그 두려워하던 일이 다시 돌아와 그는 칼로 쪼갬을 당하는 죽음을 당하였습니다(삼상 15:32, 33). 아말렉은 싸움에서 승리를 거두었으나 그 승리의 기쁨이 식어지기 전에 다윗에게 살육을 당하고 말았습니다. 느부갓네살은, "이 큰 바벨론은 내가 능력과 권세로 건설한 것이 아니냐?"(단 4:30)라고 하며 자기 궁궐에서 거만을 떨고 있었으나, 그 말이 채 끝나기도 전에 하늘로부터 다음과 같은 음성이 임하게 됩니다: "느부갓네살 왕아 네게 말하노니 나라의 왕위가 네게서 떠났느니라"(32절). 그리고 "바로 그 때에 이 일이 느부갓네살에게 응하"였고, 그가 사람에게 쫓겨나서 소처럼 풀을 먹는 처지가 되었습니다(33절). 부자는 여러 해 동안 자신을 찬양하며 잘 살았으나, 몇 시간 내에 사망하여, 끝내 지옥에서 아우성치는 처지가 되고 맙니다(눅 16:19-23). 예, 그렇습니다. 몇 사람만 제외하고 온 세상이 홍수에 빠져 죽습니다: "홍수가 나서 그들을 다 멸하기까지 깨닫지 못하였으니"(마 24:39). 임금들과 도시들과 온 세상이 그런 식으로 갑작스럽게 패망하는데, 그대는 과연 누구기에 그대 자신에게는 그런 일이 일어나지 않을 것이라고 하고 있단 말입니까?

적용 3. 이는, 양심이 계속 마음을 때리기도 하고 또한 바울이 벨릭스 앞에서 말씀한 내용에 대한 설교를 듣고서 마음에 일깨움을 받기도 하여 자기들의 의지와 달리 두려움으로 떨며 이 악한 날을 자주 생각하나, 그러면서도 마음의 정욕이 너무도 강하여 양심의 온갖 책망에도 불구하고 정욕을 채우기 위해 계속 달려가고, 절박한 심정으로 죄악된 습성을 계속 따라가는 자들을 책망해 줍니다. 이런 자들은 정말 안타깝기 그지없는 자들입니다. 양심의 감옥을 깨뜨리고 벗어나 죄악을 범하면서도 안정을 누리는 자들은 마치 술주정뱅이들이 술을 마시며 조금도 흔들림이 없이 쾌락을 즐기듯이, 이들도 그렇게 죄를 지으면서 쾌락을 누립니다. 하지만 이 사람은 위(胃)가 병든 자와 같아서, 달콤하게 술을 한 모금 마시지만 양심이 이를 자주 토해내니, 죄를 지으면서도 고통과 고뇌가 늘 함께 있습니다. 오오 이 가련한 자여, 대체 그게 무슨 짓인지를 생각하기 바랍니다. 그 악한 날을 대비하여 스스로 무장하기는커녕 오히려 여러분 자신을 대적하여 그 악한 날로 무장하고 있다니요! 머지않아 여러분이 눕게 될 침상에 여러분 스스로 침과 바늘을 꽂아 놓는 것이나 다를 바 없습니다. 결국 여러분이 던져질 그 맹렬한 용광로에다 장작더미들을 던져 넣는 행위입니다. 게다가 마치 가시 울타리처럼 여러분을 가로막아 정욕을 추구하지 못하도록 하기 위하여 하나님께서 긍휼로 여러분 앞에 두시는 그 양심의 소리들을 모두 외면하고서 이런 짓을 저지르고 있으니 이 얼마나 안타까운 일이겠습니까! 그러니 여러분, 계속 이런 상태로 나아가면, 지금은 죄가 주는 쾌락을 여러분의 양심이 빼앗아 가지만, 나중에는 그 양심이 형벌의 극한 고통의 끔찍함을 더욱 배가시켜 줄 것이라는 것을 아서야 할 것입니다.

　적용 4. 이는 물론 다른 사람들보다 더 격렬하고도 끔찍하게 죄를 범하지는 않지만, 그러나 여전히 전혀 무장이 없는 상태 속에서 안일하게 있는 자들을 책망해 줍니다. 이들은 폭풍이 부는 날을 대비하여 그리스도를 피난처로 삼아 그에게로 날아가는 일이 없습니다. 왜요? 오른손에 거짓을 갖고 있고, 재로 밥을 먹기 때문입니다. 마음이 속임을 당하여 그리스도를 찾는 일을 계속 마다하는 것입니다. 거짓된 희망과 자신감으로 충만한 자들이 그렇게도 많다는 사실을 알면 정말 두려움으로 떨게 될 것입니다. 모세와 똑같이 아무런 주저함도 없이 향을 들고 나아간 고라처럼 대담하게 나아갑니다. 심지어 죽음의 입구에 이르기까지도 전혀 주저함이 없습니다. 그러다가 갑자기 멸망에 삼킨 바 됩니다. 이 땅에서는 거짓된 피난처를 끝까지 의지하였으나 결국 속았다는 것을 깨닫고 지옥에 보내지는 것입니다. 오오 여러분, 여러분이 누구든, 여러분이 자랑하는 것이 무엇이든, 그것이 이 땅에서 가장 거룩한 성도의 고결한 처신이라 할지라도, 그것이 그 악한 날을 대비하는 여러분의 피난처라면, 여러분은 망하고 말 것입니다.

　홍수가 올 때에 그리스도 외에는 구원이 없습니다. 그렇습니다. 그리스도 안에 거하는 것이 유일한 구원의 길입니다. 제아무리 그럴듯한 고백이 있더라도 방주 바깥에 있다면 구원을 얻을 수가 없습니다. 옛 세상 사람들이 목숨을 부지하기 위해 어떻게 했는지를 알 것 같습니다. 어떤 이들은 이 언덕으로, 어떤 이들은 저 높은 나무 위로 달려 올라갔습니다. 하지만 파도가 들이닥쳐서 결국 홍수에 모두 삼켜 버리고 말았습니다. 그리스도 외에 다른 방도를 구하며 도움을 얻으려 한다면, 여러분의 마지막이 그럴 것입니다. 하지만 방주가 여러분을 기다리고 있습니다. 그렇습니다. 여러분의 문 앞에서 여러분이 들어오기를 기다리고 있습니다. 노아는 비둘기를 방주에 들이려 손을 내밀었지만, 그리스도께서는 피난처를 얻고자 그에게로 날아드는 자들을 영접하시고자 그보다 더 기꺼운 마음으로 손을 내밀고 계신 것입니다. 오오 여러분, 거짓된 허영을 구하느라 여러분에게 베풀어진 이 자비를 거부하지 마시기 바랍니다.

　적용 5. 여러분이 누구든, 과연 여러분이 이 악한 날을 막을 자세를 갖추고 있는가 스스로 자문하시기 바랍니다. "그대는 과연 이 악한 날에 대해 준비가 되어 있는가? 그대는 그 날에 결국 빼앗길 것들과 어찌 이별할 것이며, 또한 그 날이 가져다 줄 것을 어찌 환영하고 받아들이겠는가?'라고 진지하고도 엄숙하게 여러분의 영혼에게 물어보시기 바랍니다. 죽음이 임하여 여러분이 즐기던 모든 육신적인 쾌락거리들을 다 빼앗아갈 것이요, 어쩔 수 없이 여러분은 그것들에 대해 정산을 하게 될 것입니다. 오오 여러분, 그 쾌락거리들을 떠나 버릴 준비가 되어 있으며, 또한 평안과 확신으로 그 정산서(定算書)를 읽을 준비가 되어 있습니까? 여러분의 건강과 힘이 쇠약함과 기진함으로 바뀌는 것이, 안일하게 보내던 그 달콤한 밤들이 불안에 휩싸여 이리저리 흔들리는 것으로 바뀌는 것이, 고운 현악기에 맞추어 흥얼거리던 여러분의 흥겨운 목소리가 한숨과 탄식으로 바뀌는 것이 몸서리치게 두렵지 않습니까? 오오, 그 사랑스럽고 친근한 가족들을 두고 떠나야 한다는 생각을 하면서 어떻게 그들을 바라볼 수가 있겠습니까? 그렇습니다. 여러분을 내리쳐서 영혼과 육체에 치명적인 위해를 가하게 될 그 칼을 가는 모습을 지켜보는 것과도 같을 것입니다. 여러분이 지금 심장에서 먼 쪽의 지체들이 거반 죽어 있는 처지에 있어서 이제 금방 죽음이 심장에까지 임하게 되고, 그리하여 결국 마지막 숨을 거두고 육체에서 벗어날 때가 코 앞에 다가와 있다는 것을 생각하십시오. 이런 일이 피할 수 없이 반드시 일어나게 되리라는 사실 때문에 여러분 스스로 그것을 대항하여 완악하게 처신할 수도 있습니다. 내세가 있는지 없는지에 대해 확신이 없는 이교도들의 경우는 그런 식의 처신이 죽음에 대한 공포의 예리함을 다소나마 누그러뜨리는 데에 도움이 되기도 할 것입니다. 그렇게라도 하지 않으면 아마 놀란 마음이 더 깊은 충격을 받을 것이니 말입니다.

그러나 내세를 믿고 또한 죽음 이후에 심판이 있어서 영원 복락이나 영원 형벌 중 한 가지 불변의 상태에 들어갈 수밖에 없다는 것을 믿는다면, 일깨움을 얻은 여러분의 양심으로서는 그런 식으로 안일하게 대처하며 마음을 놓고 있을 수는 없을 것입니다. 오오 여러분, 그러니 여러분이 하나님 앞에 설 때에 그가 "그대에게 영원 형벌을 선고하지 말아야 할 이유가 무엇인지에 대해 그대는 무어라고 답하겠는가?'라고 물으시면 과연 그 위대하신 하나님께 무어라 대답할 것인가를 생각하시기 바랍니다. 이 문제에 대해 신중히 생각하지 않는다면, 정말이지 이는 우리 영혼을 불성실하게 대하는 것입니다. 그리고 어떻게 하면 그 악한 날을 미리 잘 대비하여 그 처절한 심판대 앞에 담대히 설 수 있으며, 또한 그 날에 대한 두려움 때문에 평생을 그것에 종노릇하는 삶을 살지 않을 수 있는지를 물어본다면, 다음 몇 가지 지침을 잘 새기기 바랍니다.

1. 이 악한 날에 복된 결과를 얻어 그 위대하신 하나님 앞에서 행해지는 심판을 견디고자 하는 마음이 여러분에게 있다면, 그리스도와 언약 관계 속에 있게 되기까지 절대로 마음을 놓지 마십시오. 다윗이 죽으면서도 산 위로를 지녔던 것은 하나님께서 그와 맺으신 언약에서 비롯된 것이었습니다. 이것이야말로 그가 바라던 모든 것이었고, 그의 구원의 모든 것이었습니다. 그리스도께서 여러분을 그의 것으로 소유하시리라는 견고한 근거가 없는데 과연 어떻게 두려움 없이 다가오는 세상을 향하여 머리를 내밀 수 있겠습니까? 천국을 유업으로 받는 자들이 있는 것처럼 지옥을 유업으로 받는 자들도 있습니다. 천국의 초석은 언약 속에 뿌리를 박고 있으며, 천국의 모든 거처들은 그와의 언약 속에 있는 사람들을 위해 예비된 것입니다. "나의 성도들을 내 앞에 모으라 그들은 나와 언약한 이들이니라"(시 50:5). 하지만 어떻게 하면 이러한 언약 관계 속에 있게 될 수 있을까요? 먼저 죄와 맺은 언약을 깨뜨리십시오. 여러분은 본질상 죄와 및 사탄과 언약을 맺은 종입니다. 물론 마녀들처럼 말로 형식을 갖추어 이 언약을 확증한 것은 아니지만, 여러분이 사탄의 일을 행해왔고 또한 여러분의 정욕의 명령에 복종하며 불의의 상급을 — 정욕을 따라 행하므로 얻어지는 쾌락과 육신적인 이득을 — 받아왔으니, 사실상 이미 여러분 스스로 죄와 언약을 맺고 있음을 선언한 것입니다. 그러므로 하나님과의 언약 관계 속에 들어가기를 원하면, 이 언약을 깨뜨려야 합니다. 지옥과의 언약과 천국과의 언약은 서로 공존할 수가 없는 것입니다.

2. 여러분 스스로 그리스도와 약혼하시기 바랍니다. 은혜의 언약은 하나님께서 오로지 그리스도의 신부에게만 주시는 혜택인 것입니다. 리브가는 이삭의 아내가 되기로 약속하고서야 비로소 값진 보석과 의복을 받았습니다(창 24:53). 하나님의 모든 약속은 그리스도 안에서 '예'와 '아멘'이 되는 것입니다(고후 1:20). 일단 그리스도를 영접하게 되면, 그와 더불어 그 약속들을 얻게 되는 것입니다. 나무를 소유한 자가 그 나무에서 나는 모든 열매의 소유권을 지니는 법이니 말입니다. 그런데 그리스도와 여러분의 혼인을 뒤죽박죽 만들어 그리스도를 잃어버리고 결국 아무것도 아닌 상태가 되지 않으려면, 그리스도께서 그와 약혼하는 사람 누구에게나 기대하시는 것이 과연 여러분에게 있는지를 살피는 일이 필요할 것입니다. 그러므로 우선, 여러분이 그리스도를 과연 마음을 다하여 사랑할 수 있는지를 살피기 바랍니다. 그리스도께서 모든 신령한 위엄 중에 계시니 거듭거듭 그를 바라기를 바랍니다. 그분의 위엄을 여러분의 마음에 가득 품고 계십니까? 그의 거룩하신 본

성과 그 모든 천상의 은혜들을 볼 때에 그를 더욱 흠모하게 됩니까? 아니면 그가 그렇게 아름답고 거룩하지 않으시다 해도 그를 더 좋아할 수 있겠습니까? 그렇습니다. 여러분의 마음이 그를 향한 사모함으로 불타오르십니까? 마치 부부가 서로를 사랑하듯 그런 심정으로 그를 사랑할 수 있습니까? 여인이 한 남자를 친구로서 사랑할 수도 있습니다만, 이는 그를 남편으로 맞을 정도로 사랑하는 것과는 다른 것입니다. 친구로서의 사랑은 다른 사람을 향해서도 똑같이 발휘될 수 있습니다. 하지만 부부간의 사랑은 다른 사람을 향한 사랑을 용납하지 않는 것입니다. 여러분은 과연 마음으로 다른 모든 것을 버리고 오로지 그리스도를 붙들 수 있습니까? 그리스도께서 여러분의 아버지와 아버지 집을 떠나 멀리 데려가신다 해도 그 따뜻한 예수님과 기꺼이 함께 가겠노라고 진정 마음으로 고백할 수 있습니까? 그의 권능이 모든 원수들 ― 죄와 진노와 지옥 ― 에게서 여러분을 보호해 주리라는 확신이 있습니까? 그리하여 오직 그의 피의 공로로, 또한 그의 전능하신 팔의 능력으로, 구원을 얻도록 여러분의 영혼의 사활을 결연히 그의 손에 맡길 수 있습니까? 현세와 내세에서 여러분을 위해 세심히 보살피시는 하나님의 능력을 의지하고 계십니까? 그리하여 그가 여러분을 위해 행하시겠다고 약속하신 일을 그대로 용인하고 받아들일 수 있습니까? 요컨대, 여러분이 그리스도를 소유하고 계신다면, 그를 사랑하는 것은 물론 그를 위하여 새로이 맺어진 여러분의 모든 친족들까지도 사랑하여야 합니다. 그리스도와 혼인함으로써 새로이 친족이 된 이들을 말입니다. 성도들을 기꺼이 여러분의 친형제라 부를 수 있습니까? 그들을 마음으로 사랑하고, 과거에 그들을 향하여 가졌던 모든 거리끼는 것들을 잊어버리고 그들을 마음으로 사랑할 수 있습니까? 그들 중에는 가난하고 박해받는 이들도 있습니다. 하지만 그리스도께서는 그들을 형제라 부르기를 부끄러워하지 않으셨습니다. 그러니 여러분도 그들을 부끄러워해서는 안 됩니다. 여러분이 지금까지 드린 이 질문들에 합당한 마음 자세를 갖고 있다면, 여러분과 그리스도가 서로 아내와 남편이 된다고 감히 선언할 수밖에 없습니다. 비천한 영혼이여 ― 영광된 그리스도의 신부를 비천하다고 말할 수 있을지 모르겠지만 ― 가십시오. 가서 신랑이 여러분을 위해 오시기를 기대하는 마음으로 위로를 얻으십시오. 그리고 악한 날이 다가오고 죽음 그 자체가 가까이 오면, 그것을 두려움으로 바라보지 말고, 오히려 나이 많은 야곱처럼 여러분을 신랑께로 데려가 그의 품에 안기게 해 줄 마차가 오는 것으로 보고 새로운 힘을 얻기를 바랍니다. 신랑께서 천국에서 크나큰 존귀와 위엄 가운데 계시다는 것을 알고 있으니, 여러분이 그리로 갈 때에 그가 능히 여러분을 반가이 맞아주실 것이라 확신할 수 있습니다. 그리스도의 소유가 됨으로써 "모든 것"이 다 우리 것이 됩니다만, 사도는 죽음도 그 가운데 하나라는 사실을 잊지 않습니다. 그렇습니다. "죽음이 우리의 것입니다." 과연 그렇습니다. 그렇지 않다면, 우리는 죽음을 절대로 선물로 바라볼 수 없고, 오히려 심판으로 보아야 했을 것입니다. 여러분, 이제 여러분은 그 악한 날이 여러분에게 해를 가할 위험에서 완전히 벗어났습니다. 하지만 그 악한 날을 기다리며 위로 중에 행하기 위해서는 아직 할 일이 남아 있습니다. 은혜를 입은 사람들도 거룩한 살핌이 없으면 불안에 빠져서 얼마든지 그 악한 날에 대한 두려움과 염려 때문에 시달릴 수도 있습니다. 다윗은 한때는 "사망의 음침한 골짜기"를 다니기를 두려워하지 않았으나, 다른 때는 그리로 끌려가는 것이 두려운 나머지, "내가 떠나 없어지기 전에 나의 건강을 회복시키소서"(시 39:13)라고 부르짖기도 했습니다. 어린 아이는 자기 아버지를 사랑하면서도 때로는 집으로 가는 것이 두려워지게 만드는 그런 일을 행하기도 하는 법입니다. 그러니 그리스도인 여러분, 악한 날을 바라보며 위로 가운데서 살고자 하십니까? 그렇다면 다음을 실천하기 바랍니다.

(1) 이 세상의 삶에 대해, 또한 그것을 즐거워하게 만드는 것들에 대해, 죽기를 날마다 더욱더 힘쓰십시오. 오랜 동안 쓰라린 질병을 앓다가 기력이 쇠진한 상태에 있는 사람의 경우는 단 며칠 자리에 누워 힘을 다해 저항하다가 마지막을 맞는 사람의 경우만큼 죽음이 그리 애절하게 다가오지 않는 법입니다. 이와 마찬가지로, 이 세상의 삶과 거기에 속한 것들에 대한 애착이 오랜 세월 동안 약해지고 사라진 그리스도인의 경우도, 이 세상의 삶에 대해 애착이 큰 사람보다 이 세상과 작별하는 일이 더 쉬운 것입니다. 모든 그리스도인이 다 똑같은 정도로 이 세상에 대해 죽는 것은 아닙니다. 바울은 자신이 날마다 죽노라고 말씀합니다. 그는 언제나 그의 마음을 더욱더 이 세상 바깥으로 보내기를 힘써왔으므로, 정작 죽음을 맞게 되는 때가 이르러서는 그의 모든 애착이 사라져 있어서 기꺼이 세상과 작별할 수 있었던 것입니다. "내가 드려질 준비가 되어 있도다"(딤후 4:6). 치아를 뽑을 경우, 단단히 뿌리박혀 있을수록 그것을 뽑는 고통도 더 클 것입니다. 오오 여러분, 이 세상에 대한 애착의 뿌리들을 느슨하게 하십시오. 그러면 그 나무가 더욱 쉽게 넘어질 것입니다.

(2) 부지런히, 또한 하나님 앞에서 신실하게, 여러분의 지위와 부르심에 대해

조심스럽게 스스로 확증하기를 바랍니다. 그리스도인으로 여정을 계속하는 가운데 여러분의 마음의 상태에 대해 생각이 확고할수록 악한 날이 다가올 때에 더욱 든든히 설 수 있습니다. 선한 히스기야는 죽음의 때가 가까웠다고 생각하고는 이렇게 구하였습니다: "여호와여 구하오니 내가 진실과 전심으로 주 앞에 행하며 주께서 보시기에 선하게 행한 것을 기억하옵소서"(왕하 20:3). 이런 마음이 우리의 확신의 근거가 될 수는 없습니다만, 책망하는 양심보다는 더 나은 벗이 될 것입니다. 우리의 삶이 외식과 불성실로 부패되어 있을수록 죽음이 다가오는 시기에 우리의 믿음도 그만큼 약해질 것입니다. 밭에서 하루 종일 아버지가 맡긴 일을 부지런하고 신실하게 감당하다가 밤에 집으로 돌아오는 아들과, 하루 종일 게으른 아이들과 어울려 노닥거리다가 돌아오는 아들은 서로 큰 차이가 있습니다. 전자는 아버지 앞에 담대하게 설 수 있지만, 후자는 아버지가 자기보고 하루 종일 어디 있었냐고 물을까 두려워 슬그머니 숨어서 잠자리에 들 것입니다. 오오 여러분, 여러분의 삶을 살피시기 바랍니다. 지금 영국에는 예전의 어느 때보다 큰 시험의 때가 닥쳐와 있습니다. 그 어느 때보다 조심스럽게 순전함을 지킬 용기가 더욱 필요한 때입니다. 그렇기 때문에 가슴속에 내적인 평안을 간직하고 세상을 떠나는, 특히 시험과 환난의 풍파 속에서 자신의 지위와 부르심을 지켜온 그런 그리스도인이 그렇게 희귀한 것입니다.

(3) 여러분의 심령으로 그 악한 날에 대한 생각들과 친숙해지십시오. 이 뱀을 자주 다루십시오. 날마다 그 날을 진지하게 묵상하며 행하시기를 바랍니다. 보기에 징그럽다고 그것들에게서 도망해서는 안 됩니다. 그렇게 하기 때문에 그것에 대한 두려움이 더 커지는 것입니다. 환난이나 죽음에 대한 생각을 두려워할 때에는 여러분의 심령을 다스려야 합니다. 마치 여러분이 올라타려 할 때에 깜짝 놀라며 버둥거리는 여러분의 나귀를 다루듯이 말입니다. 나귀가 깜짝 놀라며 뒷걸음질친다고 해서 여러분이 그것에 놀라서 뒤로 물러서지는 않습니다. 그렇게 하면 상황을 더 악화시키게 될 뿐입니다. 오히려 나귀가 두려워해도 아랑곳하지 않고 올라타서 나귀를 제압하는 것입니다. 여러분이 그리스도인인 이상 그 악한 날은 여러분이 두려워 벌벌 떨 만큼 그렇게 무서운 대상이 아닙니다. 여러분의 마음을 그것에 가까이 가져가시기 바랍니다. 그리스도께서 하신 일을 여러분의 심령에 보여주어서 그 쏘는 것을 제하여 버리시기 바랍니다. 그 날에 대한 두려움을 극복하게 하기 위하여 어떠한 감미로운 약속들이 우리에게 주어져 있는지, 우리의 소

망이 무엇인지를 보여주십시오. 그리하면 여러분의 심령이 만족을 얻고 안정을 찾게 될 것입니다. 하지만 그 날에 대한 생각들을 기피한다면, 두려움이 계속 커져서 여러분이 더욱더 그것에 얽매이게 될 뿐일 것입니다.

———

둘째 논지 :
이는 싸움의 복된 결말에 관한 것임.

"모든 일을 행한 후에 서기 위함이라"(엡 6:13)

이제 우리는 사도께서 교훈을 강화시키기 위하여 사용하는 둘째 논지에 이르렀습니다만, 이는 싸우는 동안에는 신자들의 뇌리에 맴돌고 있으나 마지막에 가서는 그들이 반드시 얻어 누릴 그 영광스러운 승리에서 취한 것입니다. 이는 "모든 일을 행한 후에 서기 위함이라"라는 말씀 속에서 제시되고 있습니다. 이 말씀은 짧으나 완전합니다.

첫째. 관찰하십시오. 천국은 화려한 미사여구(美辭麗句)로 얻어지는 것이 아닙니다. "모든 일을 행한 후에." 있지도 않은 믿음을 허망하게 자랑하는 자는 무너지지만 행함이 있는 그리스도인은 반드시 서게 됩니다. 대개 행함이 가장 적은 자들이 신앙에 대해 이러쿵저러쿵 말을 많이 합니다. 거룩한 삶의 증거를 보이지 않는 신앙 고백은 헛된 것입니다. 순종이 없는 희생은 망령된 것입니다. 그런 것은 하나님께서 가장 귀하게 여기시는 것을 그에게서 빼앗는 것과 마찬가지입니다. 한 위대한 장군은 원수에 대해 불평하는 한 병졸을 내리치면서, 원수에 대해 불평하지 말고 그와 싸워 그를 죽이는 것이 그의 할 일이라고 했다고 합니다. 하나님께서 주로 원하시는 것은 마귀에 대해 아우성치고 기도나 말로 죄에 대해 탄식하는 것이 아니라, 그것과 싸우고 그것을 죽이는 것입니다. 그렇게 하지 않는 것은 모두가 허공을 치는 것일 뿐입니다. 그런 자에게는 그의 육체에도 싸운 흔적이 없고, 아직 사라지지 않은 정욕과 씨름한 자국도 없습니다. 그러나 바울에게는 증거가 있었습니다. 그의 몸에 정욕을 죽이기 위해 내리친 검고 푸른 자국들이 증거로 남아 있었던 것입니다. 하나님을 위하고 또한 죄와 싸우기 위한 열심을 분명한 증거로 드러내 보이는 것도 없이 하늘의 임금의 자녀가 되기를 바라십니까? 이것이 과연 작은 문제입니까? "듣고 잊어버리는 자가 아니요 실행하는 자니 이 사람이 그 행하는 일에 복을 받으리라"라고 사도는 말씀합니다(약 1:25). 주목하십시오! "그 행하는 일 때문에"가 아니라 "그 행하는 일에"라고 합니다. 그가 자신이 행하는 그 순종의 길에서 복을 만날 것이라는 것입니다. 헛되게 말만 늘어놓는 사람은 다른 사람을 실망시킵니다. 그의 잎사귀를 보고 열매를 기대하나 열매가 하나도 없으니 말입니다. 그리고 마침내는 자기 스스로도 실망하게 됩니다. 자신이 천국에 이른다고 생각하나, 결국 거기에 이르지 못할 것이니 말입니다. 테르툴리아누스 (Tertullian)는 '하나님께는 행동으로는 잘 나타나지 않아도 마음으로 하나님을 두려워하고 그를 경외하면 그것으로 족하다'라고 생각하는 사람들에 대해서 말씀합니다. 그런 이들은 그 이상 더 악하게 죄를 짓고 더 악하게 하나님을 믿고 그를 두려워할 수가 없습니다. 테르툴리아누스는 말하기를, 이런 사람은 음녀의 역할을 하면서도 순결한 체하고, 아버지를 위해 독(毒)을 준비하면서도 의무를 다하는 체하는 자라고 합니다. 그는 또한 말하기를, 그들이 동시에 믿기도 하고 죄를 짓기도 하면, 하나님께서도 모순된 방식으로 그들을 사하실 것임을 알아야 한다고 합니다. 곧, 하나님께서 그들을 사하시지만, 그들은 그 모든 죄들로 인하여 지옥에 던져질 것이라는 것입니다. 마지막에 든든히 서기를 바라시면, 선지자의 말씀처럼 (렘 7장) 거짓된 말을 신뢰하지 말고 주께서 행하라고 여러분에게 맡기신 그 일을 건실히 행하여야 할 것입니다.

둘째. 관찰하십시오. 하나님은 그리스도 안에서 그의 자녀들을 자비로이 여기사 그들의 연약한 수고를 신실함과 인내와 더불어 받아 주십니다. 마치 그것들이 완전한 순종인 것처럼 말입니다. 그래서 여기서 그들이 "모든 일"을 행한 것으로 말씀하는 것입니다. 오오 그러니 누가 그런 주님을 섬기려하지 않겠습니까! 사환들이 그 주인들에 대해 불평하는 말을 가끔씩 듣습니다. 주인이 너무나 완고하고 철저하여 아무리 최선을 다하여 섬겨도 도대체 그들을 기쁘게 할 수가 없다고 말입니다. 그러나 하나님께서는 이런 불평을 늘어놓을 수가 없습니다. 여러분 모습 그대로 최선을 다하여 신실하게 그를 섬기면, 하나님은 은혜로우사 여러분의 최악의 섬김까지도 용서해 주시는 것입니다. 다윗은 이러한 복음의 자비를 잘 알고 있었습니다. 그는 이렇게 말씀합니다. "내가 주의 모든 계명에 주의할 때에는 부끄럽지 아니하리이다"(시 119:6)라고 말입니다. 곧, 내 눈이 주의 모든 계명을 향하여 있을 때에 부끄러움을 당하지 않으리라는 말씀입니다. 길을 가는 나그네는 자신이 가고자 하는 그 곳에다 시선을 둡니다. 아직은 거기에 이르지 않았으나 그곳을 목표로 삼으며, 거기에 이르기 위해 자신의 온 힘을 들입니다. 하나님의 모든 계명에 대한 성도의 마음이 이와 같습니다. 온전한 순종에 더욱더 가까이 가기 위해 온 힘을 쏟는 것입니다. 그러니 이런 심령은 결코 부끄러움을 당하지 않습니다. 하지만 연약하다는 핑계로 자신의 나태함을 가리려 하는 자들에게는 화가 있을 것입니다. 그렇습니다. 열심과 힘을 세상이나 자기들의 정욕을 채우는 데에 모두 소비하고서, 정작 하나님을 섬기는 일에는 자기들이 연약하니 더 이상 힘을 쏟을 수가 없다고 둘러대는 자들 말입니다. 이런 자들은 마치 프랑스의 프랑수아 1세에게서 사형을 당한 두 사람과 같은 일을 하나님께 당하게 될 것입니다. 이들은 오른 손을 잘라내고는 이를 근거로 자기들이 불구자(不具者)이니 군함(galley)에서 복무할 수 없다고 주장하였고, 결국 이로 인하여 이들은 교수대(gallow)로 보내졌습니다. 이처럼 많은 이들이 성령께서 베푸시는 도움을 거부하고 또한 자기들에게 주어진 것들을 허비하여 결국 스스로를 불구로 만들고서, 외식하는 자가 받는 형벌을 받게 될 것입니다. 하나님께서는 성도가 연약함 중에 신실하게 섬기는 것과 거짓된 마음이 꾸며내는 것을 완전하게 가려내십니다. 자, 이제 이런 문제들은 잠시 접고, 이 말씀 속에 함유되어 있는 네 가지 요점을 간략하게 말씀드리겠습니다.

첫째. 인내가 필수적이라는 점입니다. "모든 일을 행한 후에"라고 말씀합니다.

둘째. 모든 일을 행하기까지 인내하기 위해서는 하나님의 전신갑주가 필수적이라는 점입니다. 전신갑주가 없이도 모든 일을 행할 수 있다면, 어째서 이를 위해 전신갑주를 취하라고 명하겠습니까?

셋째. 이 전신갑주를 입으면 반드시 끝까지 인내하여 마침내 승리를 얻으리라는 점입니다. 그렇지 않고 이 전신갑주의 보호가 확실하지 않다면, 그것을 취하라는 명령이 별 의미가 없을 것이니 말입니다.

넷째. 성도의 인내의 복된 결과가 나타납니다. 싸움에서 그들이 감내한 모든 고통과 인내를 풍족하게 보상해 주는 복스러운 결과 말입니다. 곧 "모든 일을 행한 후에 서게" 되리라는 것입니다.

여기서 우리는 네 가지 확실한 가르침을 얻게 됩니다. 첫째, 그리스도의 군병
된 자는 반드시 인내한다는 것입니다. 둘째, 마음에 역사하는 참된 은혜가 없이는
인내가 있을 수 없다는 것입니다. 셋째, 참된 은혜가 있을 때에 영혼이 인내한다는
것입니다. 넷째, 이 싸움이 종결될 때에 서게 된다는 것입니다. 곧, 싸움에서 감내
한 모든 수고와 어려움에 대해 풍성한 보상을 받게 되리라는 것입니다.

첫째 가르침
[인내가 필수적임]

이 말씀에서 인내가 필수적이라는 점이 드러납니다. "모든 일을 행한 후에."
가르침. 그리스도의 군병된 자는 사탄과 싸우는 이 평생의 싸움에서 반드시 끝까지
인내한다는 것입니다. "모든 일을 행한 후에"가 죽음과 더불어 싸운 이후에 옵니
다. "악한 날에 너희가 능히 대적하고", 그 다음에 "모든 일을 행한 후에"가 뒤따라
이어지는 것입니다. 그 악한 날과의 싸움이 있기 전에는 결코 모든 일을 행한 것이
라 할 수 없습니다. "맨 나중에 멸망 받을 원수는 사망이니라"(고전 15:26). 여기서
"행하다"라는 단어는 일을 종결짓고 문제를 완전히 매듭짓는다는 뜻을 함유합니
다. 그러므로 빌립보서 2:12의 "너희 구원을 이루라"는 말씀은 그 일을 완전히 매
듭지으라는 뜻입니다. 절반쯤만 나아가는 그리스도인이 되지 마십시오. 끝까지
그리스도인으로 종결짓는 그런 그리스도인이어야 합니다. 끝까지 나아가는 그리
스도인이야말로 참된 그리스도인입니다. 밭을 취하는 자가 아니라 밭을 일구어
나가는 자가, 거룩한 싸움을 시작하는 자가 아니라 그 싸움을 견실히 싸워나가는
자야말로 성도라는 이름에 합당한 자입니다. 이런 점에서 그리스도인에게 명예로
운 퇴각(退却)이라는 것은 없습니다. 그리스도의 군대의 규율에는, 물러서서 전신
갑주를 내려놓으라는 식의 퇴각 명령은 한 마디도 없습니다. 그렇습니다. 죽음으
로 인하여 모든 것이 종결되기까지 전신갑주를 취하고 결연히 서서 싸워야 하는
것입니다.
첫째. 우리 모두가 인내할 것을 언약하였고 서원하였으므로 인내가 필수적입니다.
예전에 군인들은 군인 본연의 자세를 잃지 않고 성실하게 상관에게 복종할 것을
맹세하곤 했습니다. 이것을 가리켜 군대의 맹세(*sacramentum militare*)라고 불렀

습니다. 그런 맹세가 모든 그리스도인 각자에게 해당되는 것입니다. 성도에게 이것이 본질적인 문제이므로, 성도를 가리켜 이렇게 묘사합니다. "나의 성도를 모으라 곧 나와 언약한 자니라"(시 50:5). 이 언약에 무조건적으로 동의하기 전에는 그리스도인이 아닙니다. 그리스도의 이름을 믿는 믿음을 고백할 때에 우리는 우리 자신을 그리스도의 점호 명부에 올려놓는 것이요, 그리하여 그의 모든 원수를 대적하여 그와 함께 살고 그와 함께 죽을 것임을 약속하는 것입니다. "각 나라마다 자기 신의 이름으로 행할 것이나 우리는 우리 하나님의 이름으로 행하리라." 그러면 우리 하나님의 이름으로 행한다는 것이 무엇입니까? 죄와 사탄과 영원토록 대적하여 하나님의 이름이 그려져 있는 그의 복음의 깃발 아래서 싸우는 것이 아니고 무엇이겠습니까? 그리스도께서는 어떠한 조건으로 우리를 그의 제자로 받아들이시는지를 말씀하십니다. "아무든지 나를 따라 오려거든 자기를 부인하고 자기 십자가를 지고 나를 좇을 것이니라"(마 16:24). 우리의 모든 것을 포기하고 그의 처분에 우리 자신을 완전히 맡겨서, 그 이후부터 그의 명령에 대해 아무런 논란이 없고 전적으로 그의 권위 아래 있고 그의 말씀에 따라 가고 오게 되기 전에는 우리를 받아들이지 않으시리라는 것입니다.

둘째. 우리의 원수가 끝까지 인내하며 우리를 대적하므로 인내가 필수적입니다. 마귀의 마음에는 휴전이란 없습니다. 우리 원수의 진영에는 전쟁 중의 휴식이란 없습니다. 원수가 한 성을 계속 공격하고 있는데 성 안에 있는 자들이 방어하기를 그만둔다면, 과연 그 결과가 어찌 될지는 자명합니다. 벧엘로 보냄을 받은 선지자는 여로보암의 유혹을 뿌리치고 자신의 소임을 잘 이행하였습니다. 그러나 돌아오는 중 늙은 선지자의 꼬임에 빠져서 결국 사자에게 죽임을 당하였습니다. 이처럼 한 가지 유혹에서는 피하나 결국 끝까지 인내하지 못하고 망하는 자들이 많습니다. 어느 때는 원수의 칼날을 피하나 그 다음에는 그 칼날에 죽임을 당하는 것입니다. 요아스는 젊은 시절 소망이 있었으나, 그 소망은 오래 가지 못하였습니다. 솔로몬이나 아사 등에게서 보듯이, 많은 귀한 하나님의 종들 중에 마지막 날에 첫날처럼 강력하게 저항하지 않으므로 어리석게 망하는 것을 봅니다. 사실 줄을 길게 늘어뜨리면 그것이 축 처지지 않도록 똑바로 유지하기가 매우 어렵습니다. 양끝에서 그 줄을 오래 붙잡고 있기도 어렵습니다. 손끝이 저려서 도무지 힘을 쓰지 못하게 되고 맙니다. 그러므로 우리 믿음의 도리를 붙들라고 우리에게 그렇게 자주 명하는 것입니다. 그러나 우리가 넘어질 때에 원수가 우리를 붙잡으려고 노리고 있는 것을 알게 되면, 넘어지지 않기 위해 더욱더 힘쓰게 될 것입니다.

셋째. 생명과 영광의 약속이 인내하는 심령에게 분명히 주어져 있으므로 인내가 필수적입니다. 목표점에 면류관이 놓여 있습니다. 그러므로 경주의 종착점에까지 이르는 자가 그것을 차지하게 됩니다. "이기는 자와 끝까지 내 일을 지키는 그에게 … 주리니"(계 2:26). 특정한 국지적인 싸움이 아니라, 모든 전쟁에서 이기는 자에게 그렇게 하겠다는 말씀입니다. "너희에게 인내가 필요함은 너희가 하나님의 뜻을 행한 후에 약속하신 것을 받기 위함이라"(히 10:36). "나는 선한 싸움을 싸우고 나의 달려갈 길을 마치고 믿음을 지켰으니, 이제 후로는 나를 위하여 의의 면류관이 예비되었"도다(딤후 4:7, 8). 이 바울의 말씀에서 "이제 후로는"에 큰 강조점이 있습니다. 왜 그렇습니까? 그것이 전부터 이미 예비되어 있지 않았습니까? 예, 그랬습니다. 하지만 지금까지 인내하였고 목표점에 가까이 와 있어서 이제 본향이 눈앞에 있고 이제 죽을 준비가 되어 있으니, 이제야말로 그 약속을 더욱 견고하게 붙잡는 것입니다. 그렇습니다. 은혜를 입은 심령은 승리를 얻을 때마다 그 전보다 더 그의 구원에 가까이 가 있는 것입니다. 왜냐하면 그는 그의 경주의 종착점에 더 가까이 가 있기 때문입니다(롬 13:11). 경주의 종착점에 도달할 그때야말로 그 약속된 구원을 받으리라고 약속된 그때입니다. 오로지 그때에 가서야 비로소 면류관이 그의 머리에 드리워지는 것입니다.

[적용]

여기서 오늘날 믿음을 고백하면서도 배도(背道)하는 수많은 사람들을 생각할 때에 안타깝게 탄식하지 않을 수 없습니다. 이런 영적인 치명적 질병이 오늘날처럼 만연한 때가 없었습니다. 지금 이 질병에 걸려 있는 자들이 얼마나 많습니까? 그리고 이로 인하여 잠에 빠진 자들은 또 얼마나 많습니까? 이 전쟁과 혼란의 시대에 상인들도 많이 망하였지만 겉으로 신앙을 고백하던 자들 중에서 망한 자들은 더 많습니다. 신앙을 고백하다가 중도에 물러선 자들이 몇 명이라도 없는 교회가 어디 있습니까? 이들은 누에와 별로 다르지 않습니다. 꽁지까지 실을 내고는 마침내 고치에서 몸이 빠져나와 그저 보통 날파리가 되어 버리는 누에 말입니다. 이들이 보여주는 신앙적인 모습과 그들의 탁월한 은사와 아름다운 은혜들을 보고 우리는 감탄을 하여 마지않습니다. 마치 제자들이 성전을 바라보며 그 돌들의 모양이 얼마나 멋진가를 그리스도께 아뢰듯이 말입니다. 그러나 지금은 그 돌 하나도 다른 돌 위에 남아 있지 않습니다. 그처럼 여러분과 교제하며 천국을 향하여 나아가는 찬란한 모습들을 보여준 자들이 그 후에 어려움을 당할 때에 마귀 쪽으로 넘어가서 신성모독자들이 되고, 세속적인 자들이 되고, 무신론자들이 되리라고, 과연 누가 상상이나 했겠습니까? 오오 이 얼마나 안타까운 변화인지 모릅니다. "의의 도를 안 후에 받은 거룩한 명령을 저버리는 것보다 알지 못하는 것이 도리어 그들에게 나으니라"(벧후 2:21). 하나님의 길에다 그런 모욕과 부끄러움을 드리우는 것보다 차라리 천국으로 나아가는 길에 아예 발걸음을 들여놓지 않은 편이 더 나았을 것입니다. 사탄을 섬기는 것이 무엇이며 하나님을 섬기는 것이 무엇인지를 안 다음에 하나님을 배역하고 마귀에게로 넘어간 자는 사탄과 하나님을 서로 비교하였을 것이고, 자신이 떠나온 하나님보다 자신이 선택한 마귀가 더 낫다고 성숙한 판단으로 선언한 것일 것입니다. 그러니 이보다 더 무거운 죄를 어떻게 범할 수 있으며, 또한 어떻게 이보다 더 무서운 진노를 받아 지옥에 떨어질 수가 있겠습니까? 이들이야말로 하나님이 미워하시는 자들입니다. 싫어하는 자들은 물러가며, 그렇게 물러가면서 자신의 모습을 점점 더 경멸합니다. "뒤로 물러가면 내 마음이 그를 기뻐하지 아니하리라"(히 10:38). 배도자를 가리켜 "하나님의 아들"을 짓밟는다고 말씀합니다(히 10:29). 그를 자기 발바닥의 티끌보다 더 나을 것이 없는 존재로 여기는 것입니다. 그런데, 그가 짓밟았듯이 그 역시 짓밟힘을 당할 것입니다. 하나님께서 친히 그의 발을 그의 위에 놓으실 것이기 때문입니다. "주의 율례들에서 떠나는 자는 주께서 다 짓밟으셨으니"(시 119:118. 한글개역 개정판은 "주께서 다 멸시하셨으니"로 번역함 — 역주). 그러니 과연 누가 먼저 지치겠습니까? 짓밟힘을 당하는 자는 그를 짓밟는 그 사람의 온 무게를 지고 견딥니다. 하나님의 발에 밟힌다는 것은 곧 하나님의 진노의 온 무게에 완전히 눌림을 당하는 것을 뜻합니다. 그처럼 버림받은 가련한 심령이라니, 정말 안타깝고 애처롭기 짝이 없습니다. 그들은 동정의 대상이요 그들에게서는 안타까운 기도가 있어야 마땅합니다. 그들이 비록 그리도 비천하게 떨어져 있으나 아직 지옥에 들어간 것은 아닙니다. 이따금씩 우리는 높은 곳에서 떨어진 유두고가 다시 살아나는 것을 봅니다. 그러니 서 있는 여러분, 넘어질까 조심하시기 바랍니다.

둘째 가르침

[인내하기 위하여 하나님의 전신갑주가 필수적임]

"모든 일을 행한 후"까지 인내하기 위해서는 하나님의 전신갑주가 필수적입니다. 전신갑주가 없이도 인내할 수 있다면 무엇 때문에 끝까지 전신갑주를 취하라고 명하겠습니까?

가르침. 마음에 참된 은혜가 없이는 인내란 있을 수가 없다는 것입니다. 하나님의 전신갑주가 없는 영혼은 인내할 수 없습니다. 이 하나님의 전신갑주가 무엇인지는 제가 몇 가지 부분으로 말씀드렸고, 여기서 사도가 그렇게 말씀하고 있기도 합니다. 하나님의 성령의 거룩하게 하시는 은혜들이 곧 이 전신갑주입니다. 이 은혜들이 속에서 역사하지 않으면, 결코 이 그리스도인의 경주의 모든 단계들을 통과할 수도 없으며 또한 싸워야 할 모든 싸움들을 다 싸우고 승리를 얻을 수도 없는 것입니다. 조명이라든지 깨달음이라든지 갑작스런 회한이라든지 감정적인 뜨거움 같은 일상적인 성령의 은사들도 잠시 동안 하나님을 위한 열정의 선한 모습과 신앙적인 진보의 모습을 보이게 할 수 있습니다. 하지만 이런 것들의 효력은 금방 소진되고 맙니다. 요한복음 5:35에서는 세례 요한을 따르던 자들이 그의 열정적인 사역을 통하여 어느 정도 빛과 열기를 받았다고 기록하고 있습니다. 하지만 그것이 얼마나 오래 지속되었나요? "너희가 한때 그 빛에 즐거이 있기를 원하였거니와"라고 말씀합니다. 그들에게 지극히 아름다운 색깔들이 그려졌지만, 거기에 기름기가 없으므로 금방 다시 씻기고 만 것입니다. 어리석은 처녀들도 슬기로운 처녀들과 마찬가지로 그리스도께서 오실 그 귀한 날을 기대하며 등불을 환히 밝혔습니다.

그런데 아뿔싸! 그가 임하시기 전에 등불이 꺼져 버렸습니다. 그러니 전혀 소용이 없었습니다. 돌밭은 좋은 땅보다 더 두드러져 있었습니다. 씨가 거기에 떨어지자 마치 곡식이 금방 거두어지기라도 할 것처럼 순이 돋았습니다. 하지만 냉기가 가득한 서리가 몇 차례 내리자 순이 죽어 버리고, 결국 추수의 날이 처절한 슬픔의 날이 되고 맙니다. 이 모든 실례들은 — 성경에 이런 실례가 더 많습니다만 — 견고한 은혜와 영혼 속에서 역사하는 하나님의 생명의 원리가 없이는 결단코 인내하지 못한다는 것을 증명해 줍니다. 겉모양만 있는 자들과 말로만 고백하는 자들이 제아무리 스스로 천국에 이를 소망이 있다고 하며 자신에게 약속한다 해도, 그들의 수명이 짧은 영혼에게 천국은 너무도 멀어서 그들 자신은 도무지 거기에 도달할 수가 없다는 것을 알게 될 것입니다. 그 이유들은 다음과 같습니다.

　첫째 이유. 이들에게는 그리스도인의 삶의 과정에서 인내하게 해 줄 힘을 그리스도로부터 공급받게 해 주는 하나님의 생명의 원리가 결핍되어 있습니다. 은혜를 입은 영혼으로 하여금 인내하게 해 주는 것은 바로 그리스도께로부터 지속적인 힘을 공급받는 데 있습니다. 마치 팔과 발이 몸에 붙어 있어서 필수적인 영양소를 심장으로부터 공급받을 때에 그것들이 계속 살아 있는 것처럼 말입니다. 바울은, "이제는 내가 사는 것이 아니요 오직 내 안에 그리스도께서 사시는 것이라"(갈 2:20)라고 말씀합니다. 즉, 내가 사는 것이지만 그리스도의 공급하심을 받아 사는 것이라는 뜻입니다. 그가 내 영혼을 붙드시며, 내 삶 속에 은혜가 지속되도록 하신다는 것입니다. 그런데 육신적인 사람에게는 이런 그리스도와의 연합이 없으니, 시간이 지남에 따라 황폐해지고 소진되는 것입니다. 그에게는 계속해서 서 있을 만한 뿌리가 없습니다. 시체가 일단 썩기 시작하면 다시는 회복시킬 수가 없고, 날마다 더 악화되어 결국 완전한 부패 상태에 이르고 맙니다. 아무리 연고를 바르고 회칠을 해도 소용이 없습니다.

　하지만 생명의 원리가 거기에 있으면, 한 지체가 상처를 받아도, 본성적으로 진액이 공급되어 연고를 바르는 것 같은 도움을 받아 상처가 치유됩니다. 은혜를 얻은 사람과 은혜가 없는 사람에게도 이와 동일한 차이가 있습니다. 이 점에서 그들이 서로 상반되는 것을 보십시오. 의인은 "일곱 번 넘어질지라도 다시 일어나"지만, 악인은 "재앙으로 말미암아 엎드러"진다고 합니다(잠 24:16). 즉, 넘어지되 다시 일어날 힘이 없어 더 완전하게 넘어진다는 뜻입니다. 가인은 죄를 범하자, 마치 산 위에서 돌이 굴러 내려가듯이, 계속해서 더 멀리 떨어지고 멈추지 않다가, 결국 절망의 구렁텅이에 빠지고 맙니다. 동생을 시기하더니, 악의를 품게 되고, 거기서 살인을 범하게 되고, 경망스럽게도 하나님께 감히 거짓말을 하고 얼굴을 붉혔으며, 거기서 더 나아가 절망에 빠집니다. 과연 그렇습니다. "악한 사람들은 더욱 악하여져서"(딤후 3:13). 그러나 성도의 경우는 넘어지더라도 다시 일어납니다. 넘어질 때에 그에게 생명의 원리가 있어서 그리스도께 부르짖으며 자극을 받아 그리스도께 도움을 구하게 되기 때문입니다. 베드로는 물에 빠져 들어가면서 "주여, 나를 구원하소서"라고 외쳤고, 즉시 그리스도의 팔이 그를 구원하였습니다. 그리스도께서는 그의 불신앙을 꾸짖으셨으나, 그를 도우신 것입니다.

　둘째 이유. 중생하지 못한 심령은 현재 자신에게 있는 성령의 일상적인 은사들이 계속 있으리라는 확신이 없습니다. 그들은 자기들이 누리는 세상적인 것들과 똑같은 방식으로 그 은사들을 대합니다. 육신적인 사람은 지극히 풍성한 식탁을 받을 때에 다음 식사 때에도 똑같이 그런 식탁을 받을 것이라는 식의 약속을 할 수가 없습니다. 하나님께서는 이런 것들을 악인에게도 주십니다. 우리가 구걸하는 자에게 빵 부스러기나 하룻밤 거처를 제공해 주듯이 말입니다. 그것은 우리가 베푸는 호의입니다. 그러니 우리가 그것을 주지 않는다고 해서 구걸하는 자가 우리를 고소할 수가 없습니다. 그러니 성령의 일상적인 은사들의 경우도 하나님께서는 반드시 그들에게 주셔야 할 의무도 없으시고 또한 그것들을 지속적으로 공급하셔야 할 의무도 없으신 것입니다. 여러분이 하나님의 일들에 대해 어느 정도 지식을 갖고 있지만, 그럼에도 불구하고 마지막에 지식이 전혀 없이 죽을 수도 있습니다. 여러분은 사슬에 매인 죄인입니다. 억제시키는 은혜가 여러분을 지키고 있습니다. 하지만 이 은혜가 사라져 여러분이 속박에서 풀려나 마음껏 정욕을 발산시킬 수도 있는 것입니다. 그러니 언젠가 기도하는 데에서 저주하는 데에로, 양심의 가책을 받는 데에서 양심이 완전히 죽어 버린 데에로, 떨어질 수도 있다면 과연 그런 사람이 어떻게 인내할 수 있겠습니까?

셋째 이유. 중생하지 못한 사람은 신앙에 바삐 몰두해 있는 동안에도 그 이외에 다른 중요한 관심거리들을 갖고 있으므로, 언젠가는 거기에 착념하다가 반드시 넘어지게 되어 있습니다. 세상에 개입되어 있으니, 좋은 시장에 갈 수 있는 처지가 되면 그리로 떠나 버리는 것입니다. 둘 다 가질 수가 없으니, 결국 자기가 가장 애착을 갖는 것이 과연 무엇인지를 드러내게 되는 것입니다. 데마는 우리를 버리고 이 세상을 좇아갔습니다. 또 어떤 이는 자기 정욕에게 노예가 되어 있어서 그 정욕이 부르면 갈 수밖에 없습니다. 신앙 고백도, 양심도, 하나님도 다 저버리고 말입니다. 헤롯은 요한을 두려워했고, 그래서 많은 일들을 했습니다. 그러나 사랑이 두려움보다 더 강한 법이니, 헤로디아를 향한 사랑이 요한에 대한 두려움을 이기게 되고, 그로 인하여 결국 요한의 머리를 잘라 버리게 되었습니다. 양심이 온유하여 거기에 소망적인 싹이 있었으나 그것이 잘려 버리고 결국 자신의 본색이 완전히 드러난 것입니다. 그런 자에게서는 이런저런 원망의 뿌리가 돋아나는 법입니다. 영혼의 본색이 속된 것이면, 한동안은 이런저런 외적인 원인 때문에 무언가 신앙적인 색깔이 그 사람의 얼굴에 나타날 수도 있지만, 결국에는 반드시 본래의 자리로 돌아가고 마는 것입니다.

이는 모든 최종적인 배도의 근본 뿌리가 무엇인지를 보여줍니다. 곧, 마음의 철저한 변화의 결핍이 배도의 근본 뿌리입니다. 배도자(背道者)는 전에 지니고 있던 은혜를 상실하는 것이 아니라, 자기에게 전혀 은혜가 없었다는 것을 발견하는 것입니다. 그러니 그 사람이 파산한다는 이야기를 듣는 것이 이상한 일이 아닙니다. 처음 시작부터 그런 상태였으니 말입니다. 많은 사람들이 다른 이들이 자기들에 대해 갖고 있는 생각들을 근거로 삼아 스스로 성도라고 여기며 신앙의 임무들을 행합니다. 다른 사람들이 그들이 그리스도인일 것이라는 희망을 갖고 있으므로 그것을 근거로 자기들이 그리스도인이라 믿는 것입니다. 그러니 그들의 관심사는 그들과는 거리가 먼 신앙의 일들에 대한 열심을 통하여 다른 이들이 자기들에게 갖고 있는 기대와 신뢰를 유지하는 것입니다. 하지만 이들은 신앙을 유지시켜 주는 내적인 견고한 은혜를 얻기를 구하는 일이 없고, 그리하여 결국 망하고 마는 것입니다.

그러므로 하나님을 두려워함으로 과연 우리가 무엇을 근거로 신앙을 고백하는지를 살펴야 합니다. 겉으로 드러나는 우리의 열심에 걸맞는 그 무엇이 우리 속에 있습니까? 우리가 든든한 기초 위에 서 있습니까? 하부의 기초는 너무나 허약한데, 그 위에다 너무나 무거운 건물을 세우는 것은 아닙니까? 나무는 땅 속의 뿌리가 뻗어나가는 만큼 땅 위의 가지들이 뻗어나간다고 하는데, 참된 은혜 역시 마찬가지입니다. 오오 여러분, 돌밭에 떨어진 씨가 무엇 때문에 시들어 죽는지를 기억하십시오. 바로 뿌리가 없어서였습니다. 왜 뿌리가 없었습니까? 돌이 가득했기 때문이 아니고 무엇입니까? 죄로 말미암아 여러분 자신이 낮아지기에 족할 만큼 쟁기질이 깊게 행해지기를, 그래서 여러분의 마음을 죄에서 찢어놓기를 바랍니다. 죄를 사랑하는 데에서 효과적으로 벗어난 심령은 다시 죄와 완전히 친구가 되는 법이 없습니다. 한 마디로 말해서, 신앙적인 임무들을 행하는 데에서 여러분이 온전히 경주하도록 만들어 주는 그 귀한 원동력을 진지하게 발견하기를 바랍니다. 자기들의 빚이 얼마고 자기들에게 남아 있는 잔고가 얼마며, 그리하여 모든 빚을 청산하고 나면 자기들의 소유라 할 만한 것이 얼마인지를 확실히 알고자 애쓰는 사람들처럼 행하기를 바랍니다. 여러분의 세상적인 관심사와 이익과 하나님에 대한 노예 같은 두려움, 행복을 바라는 이기적인 열정 같은 것이 여러분에게 얼마나 있는지를 알고 또한 이런 것들에 할애된 부분을 다 제하고서, 하나님을 향한 두려움, 하나님을 향한 사랑 같은 것은 얼마나 남아 있는지를 따져 보시기 바랍니다.

아무것도 남아 있지 않다면 여러분은 아무것도 아닙니다. 남아 있기는 한데 많이 남아 있지 않다면, 여러분은 연약한 그리스도인일 것입니다. 그리고 하나님의 불로 시험하게 되면 다른 모든 것은 마치 "풀"이나 "짚"처럼 불에 다 타버릴 것입니다.

셋째 가르침
[이 전신갑주를 입으면 확실히 인내하게 됨]

이 전신갑주로 무장하면 반드시 마지막까지 인내하고 이기게 된다는 사실이 나타납니다. "모든 일을 행한 후에 서기 위함이라"고 하는데, 이 전신갑주가 반드시 보호해 주지 못한다면 이런 명령이 별로 소용이 없을 것입니다.

가르침. 마음에 참된 은혜가 없이는 인내가 있을 수 없다는 것입니다. 이 하나님의 전신갑주를 입은 심령은 누구나 서서 인내할 것입니다. 혹은, 그러므로 참된 은혜는 절대로 사라지지 않는다는 것입니다. 그리스도인은 나면서부터 승리자입니다. 지옥문이 그를 이기지 못합니다. "무릇 하나님께로부터 난 자마다 세상을 이기느니라"(요일 5:4). 이 승리가 언제부터 정해지는지를 주목하십시오. 그가 나면서부터라고 합니다. 그의 새로운 본성 속에 승리가 심겨져 있습니다. 하나님의 씨가 그가 죄나 사탄에게 잡아먹히지 않도록 지켜줄 것입니다. 그리스도께서 다시는 죽지 않도록 다시 사신 것처럼, 그는 영혼들을 죄의 무덤으로부터 살리사 다시는 영적인 죽음의 권세 아래 들어가지 않도록 하시는 것입니다. 이 하나님의 거룩한 자들은 "썩어짐을 볼" 수가 없습니다. 그러므로 믿는 자에게 영생이 있노라고 현재시제로 말씀하는 것입니다. "사백 년 후에 온 율법"이 아브라함에게 주어진 약속을 헛되게 하지 못했듯이, 중간에 무슨 일이 일어난다 해도 그것들이 영생의 약속이 성취되는 것을 방해할 수는 없습니다. 세상이 창조되기 전에 이미 그들을 위해서 그 영생의 약속이 그리스도께 주어졌기 때문입니다. 만일 성도가 어떤 연유로든 잘못되어 이 영생에 이르지 못하는 일이 발생한다면, 이에 대한 원인은 다음 세 가지 중 하나일 수밖에 없습니다. 하나님께서 그리스도인을 버리시고 그의 은혜와 도우심을 그에게서 물리실 수도 있기 때문이거나, 아니면 신자가 하나님을 저버릴 수도 있기 때문이거나, 혹은 사탄이 그를 하나님의 손에서 빼앗아갈 수도 있기 때문일 것입니다. 그 이외의 원인은 모르겠습니다. 그런데 이 세 가지 원인 모두 어불성설입니다.

첫째. 하나님께서는 절대로 그리스도인을 저버리실 수가 없기 때문입니다. 시험받은 심령들이 하나님께서 자기들을 버리신다는 두려움을 느끼고 그런 이야기를 하기도 하지만, 그들은 잘못 알고 있는 것이고, 욥과 다윗에게서 보듯이 그들의 그런 말은 부끄러운 것입니다. 오오 위대하신 하나님께서 그의 자녀에게 얼마나 놀라운 안전을 베풀어 주셨는지 모릅니다.

1. 그는 "내가 과연 너희를 버리지 아니하고 너희를 떠나지 아니하리라"(히 13:5)라고 약속하십니다. 그 약속에는 다섯 가지 부정적인 내용이 있고, 또한 우리 믿음에 그것을 확정짓도록 인쳐 주는 내용이 또한 그만큼 있습니다. 그 자녀를 향하신 하나님의 사랑과 특별한 은혜의 목적과 관련해서 그의 마음에 후회하신 적도 없고 후회하실 수도 없다는 것을 그가 친히 우리에게 확신시켜 주십니다. "하나님의 은사와 부르심에는 후회하심이 없느니라"(롬 11:29). 심지어 신자들이 그를 향하여 범죄할지라도, 그는 그것 때문에 그들을 버리실 생각을 하시는 것이 아니라 그들의 범죄를 줄이실 생각을 하십니다. "그의 탐심의 죄악으로 말미암아 내가 노하여 그를 쳤으며 또 내 얼굴을 가리고 노하였으나 그가 아직도 패역하여 자기 마음의 길로 걸어가도다. 내가 그의 길을 보았은즉 그를 고쳐 줄 것이라"(사 57:17, 18). 아무리 성도들이 실패한다 할지라도 그 물(水)이 하나님의 사랑의 불길을 꺼뜨릴 수는 없는 것입니다. 하나님은 그가 사랑하시는 자를 끝까지 사랑하시는 것입니다.

2. 하나님은 믿지 못하고 근심하는 우리의 마음에 더욱 확신을 주시고자, 맹세로 그 자신의 약속을 인치십니다. 이사야 54:8-10을 보십시오. "내가 넘치는 진노로 내 얼굴을 네게서 잠시 가리웠으나 영원한 자비로 너를 긍휼히 여기리라 네 구속자 여호와께서 말씀하셨느니라. 이는 내게 노아의 홍수와 같도다 내가 다시는 노아의 홍수로 땅 위에 범람하지 못하게 하리라 맹세한 것 같이 내가 네게 노하지 아니하며 너를 책망하지 아니하기로 맹세하였노니." 그렇습니다. 그는 계속해서 이렇게 말씀하십니다. "산들은 떠나며 언덕들은 옮겨질지라도" — 하늘과 땅의 모든 체제가 다 녹아내리는 세상의 마지막을 뜻합니다 — "나의 자비는 네게서 떠나지 아니하며 나의 화평의 언약은 흔들리지 아니하리라." 그런데, 이것이 유대인들에게만 속한 무슨 특별한 약속인 것처럼 생각하는 일이 없도록 해야 합니다. 왜냐하면 이것은 하나님의 소유된 그의 모든 종에게 일일이 다 해당되는 것이기 때문입

니다. "이는 여호와의 종들의 기업이요 이는 그들이 내게서 얻은 공의니라 여호와의 말씀이니라"(사 54:17). 그렇게 세심하게 역사하셔서 그의 자녀들이 반드시 마침내 기업을 얻도록 하시는 하나님이시니, 스스로 재기를 부려 그의 그러한 역사를 무력하게 하고 약화시키며 그의 뜻을 저버리느라 바쁜 자들의 일거수일투족을 그는 다 알고 계십니다. 그들이 뇌물을 받았다면, 그보다 더 사탄의 대의를 세우는 것이 없을 것입니다.

3. 하나님은 신자들에게 행하신 이 약속들을 그들의 중보자이신 그리스도께 실제로 성취시키십니다. 세상이 시작되기 전에 하나님께서는 그들을 위하여 그리스도께 영생의 약속을 주셨고, 이제 그들이 그 영생을 누리게 될 그 영광스런 자리를 그들의 대변자이시요 중보자이신 그리스도께 드려서 실제로 소유하게 하셨습니다. 그가 천국으로부터 우리를 위해 이 땅에 오셨으니, 그리로 다시 돌아가셔서 거기서 하나님께서 옛적에 약속하신 그 기업을 취하시고 소유하게 되셨습니다. 그가 자신의 죽으심으로 그 기업에 대한 값을 단번에 지불하셨으니 이는 마땅한 일입니다. 그러니 신자의 마음에 하나님의 사랑에 대해 두려워할 이유가 어디 있단 말입니까? 하나님께서 언약하신 내용 전체가 신자를 위하여 이미 그리스도께 행해져서 신자를 향한 그의 사랑이 든든히 서 있는 것이 보이니 말입니다. 하나님께서는 그리스도를 부르시고, 거룩하게 하시고 우리를 위하여 그가 이루신 그 크신 일을 높이 기리셨습니다. 뿐만 아니라 그는 그리스도를 부활시키시고 다시 하늘로 받아들이시고 지극히 높은 위엄의 오른편에 앉게 하사 그의 의로우심을 증명하셨고, 이로써 그리스도께서는 친히 하나님의 약속하신 바를 우리를 위해 소유하실 뿐 아니라 그 모든 권세를 모든 신자들에게 주시는 것입니다.

둘째. 언약에 제시된 사실로 인하여 신자는 절대로 하나님을 저버릴 수가 없기 때문입니다. 신자가 스스로 인내하지 못하지 않을까 하여 두려움을 갖는 것은 자기 자신의 편에서만 바라보기 때문일 것입니다. 마음에 갖가지 두려움과 떨림이 있으니 결국에는 하나님을 버리게 될 것이라고 느끼는 것입니다. 천국으로의 여정은 길고, 그의 은혜는 연약합니다. 그래서 그는, "오오 이 적은 은혜가 사라져 결국 내가 영광에 이르지 못할 수도 있지 않을까?"라고 말합니다. 그런데 이와 관련해서도 하나님의 언약 속에 이런 의심의 구름을 말끔히 제거해 주는 그런 내용이 있는 것입니다.

1. 이를 방지하기 위한 목적으로 신자들에게 하나님의 영이 베풀어집니다. 그리

스도께서는 그의 모친에게는 요한을 남겨 두셨으나, 그의 성도들에게는 그의 영을 남겨 두셔서 그들을 가르치고 지키게 하셔서 그들이 천국으로의 여정에서 실패하지 않도록 하시는 것입니다. 오오 이 얼마나 아름다운 일인지 모릅니다. "내 신을 너희 속에 두어 너희로 내 율례를 행하게 하리니 너희가 내 규례를 지켜 행할지라"(겔 36:27). 그들이 하나님의 율례를 행하면 하나님의 신(혹은 하나님의 영)을 그들에게 두시겠다고 말씀하지 않습니다. 아닙니다. 그의 영이 계셔서 그들로 하여금 그렇게 행하게 하시겠다는 것입니다. 하지만 우리가 하나님의 영을 근심하게 하여 그가 진노하셔서 우리를 떠나시고 그리하여 우리가 하나님의 도우심의 역사가 없어 망하게 될 수도 있지 않겠습니까? 그러나 그런 일은 없습니다. 하나님의 영께서 성도의 그런 죄악을 인지하시고 일시적으로 도우심을 물리시고 떠나게 하실 수는 있습니다. 하지만 그의 보살피심을 완전히 물리시는 일은 절대로 없습니다. 아이가 이맛살을 찌푸리게 할 때에 그 어머니가 그 아이가 넘어지기까지 홀로 내버려 두어서 그 아이가 울면서 다시 어머니의 품에 돌아오게 하는 일은 얼마든지 있을 수 있습니다. 하지만 그 아이가 불행에 빠지는 일이 없도록 그 어머니의 눈이 여전히 그를 살피는 것입니다. 성령께서 삼손에게서 물러가시자 그는 블레셋 사람들의 손에 붙잡혔고, 그리하여 그가 하나님께 부르짖었습니다. 그러자 성령께서 그에게 다시 힘을 주시는 것을 봅니다. 그렇습니다. 성령의 직무는 성도들과 언제나 항상 함께 거하시는 것입니다. "내가 아버지께 구하겠으니 그가 또 다른 보혜사를 너희에게 주사 영원토록 너희와 함께 있게 하시리니"(요 14:16).

  2. 우리의 연약한 은혜를 위하여 하나님께서 인내를 주시도록 하는 것이 그리스도의 간구의 주된 내용입니다. 그리스도께서는 베드로에게, "내가 너를 위하여 네 믿음이 떨어지지 않기를 기도하였노니"라고 말씀하신 바 있습니다. 하지만 그것은 오로지 베드로에게만 베풀어진 특권이 아니었을까요? 어리석은 자녀들이 그런 두려움과 질투를 갖는 일이 없도록 방지하기 위하여 그리스도께서는 바로 그 다음 말씀에서 베드로에게 이렇게 명하십니다. "너는 돌이킨 후에 네 형제를 굳게 하라"(눅 22:32). 즉, 네 믿음을 위한 나의 기도의 효력과 힘을 느끼면, 그 복된 소식을 네 형제들에게도 전하여 그들의 마음도 강건해지도록 하라는 뜻입니다. 그러니 그리스도께서 그 기도를 하신 것이 베드로뿐만 아니라 일반 성도들을 위한 것이기도 한 것이 아니라면, 그 기도가 과연 그들을 강건하게 한 것이 어디 있었겠습니까? 그리스도께서 과연 우리를 위해 기도하십니까? 예, 그렇습니다. 그가 살아

계셔서 우리를 위해 기도하시는 것이 아닙니까? 그렇다면 그렇게 많은 그리스도의 기도가 있는 자녀들이 어떻게 망할 수 있겠습니까? 성도들의 기도는 강력한 능력이 있습니다. 야곱은 하나님과 더불어 씨름했고 능력을 얻었습니다. 이것이 그의 칼과 활이 되어 — 그가 아모리 사람에게서 취한 밭에 대해 한 말에 빗대어 말하자면(창 48:22) — 이로써 그가 하나님과 능력으로 씨름한 것입니다. 엘리야도 이 열쇠를 통하여 하늘이 열리게 하고 닫히게 하였습니다. 연약한 성도들의 기도도 그리스도의 이름으로 행해질 때에 천국에서 그런 응답을 받아서, 그들이 하나님의 보화를 얻고 그들의 믿음의 팔로 안을 수 있을 만큼 많은 것을 얻을 수 있었다면, 오오 여러분, 그리스도의 간구는 얼마나 능력이 있겠습니까? 그는 하나님의 아들이시요, 그것도 이 땅에서 자신의 위대한 사명을 완수하신 순종의 아들이십니다. 그런 그가 이제 그의 아버지께서 친히 그더러 구하라고 하신 그 일을 위하여 아버지께 간구하십니다. 그렇습니다. 다른 것이 아니라 전부터 아버지와 동일한 뜻을 갖고 계신 그 일을 위해 간구하시는 것이요, 또한 그리스도께서 위하여 간구하시는 자들을 똑같이 사랑하고 계신 아버지께 간구하고 계신 것입니다. 사탄에게 물러가라고 명하십시오! 그리스도께서 간구를 그만두셨다거나 그리스도의 간구를 아버지께서 거부하셨다는 이야기를 듣기 전에는 결코 여러분의 믿음이 연약하니 망할 것이라는 식으로 말하지 말기 바랍니다.

셋째. 사탄이 신자를 하나님의 손에서 빼앗을 수 없기 때문입니다. 사탄이 과연 그리스도인을 뽑아내고 그와 본향 사이를 가로막을 수 있는지 보십시다. 다른 곳에서 이 문제에 대해 말씀을 한 바 있으니, 여기서는 간단히 줄여 말씀해도 무방하리라 여겨집니다. 사탄의 공격에 대비하여 풍부한 조치가 취해집니다. 성도는 하나님의 전능한 능력의 영원한 팔에 싸여 있습니다. 그러니 저주받은 마귀가 하나님을 상대로 무엇을 할 수 있단 말입니까? 하나님께서 그를 사슬로 옭아매셨으니 그는 도저히 그것을 떨어 버리지 못하는 것입니다. 혹시라도 하나님께서 든든히 심어 놓으신 진노의 화살을 과연 그의 양심에서 뽑아낼 수 있다면, 이 사실을 생각하십시오. 하나님께서 정하신 때 외에는 여러분을 시험하지 못하는 자가 과연 어떻게 여러분을 이길 수 있겠습니까? 만일 하나님께서 사탄이 그의 진정 사랑하시는 그리스도인을 공격하도록 때를 정해 놓으신다면, 그 때야말로 그가 반격을 받아 지극한 부끄러움을 당하게 될 때일 것입니다.

[적용]

적용 1. 그러므로, 오늘은 신자였다가 내일은 신자가 아닐 수도 있고 지금은 베드로이지만 얼마 후에는 유다가 될 수도 있다는 식의 가르침을 물리치십시오. 오오 이 얼마나 역겨운 것인지 모릅니다. 이는 복음 언약(the gospel- covenant)에 나타나는 하나님의 주된 계획을 거스르는 것이요, 그리스도의 존귀를 어그러뜨리는 것이며, 또한 성도의 마음의 위로에 상처를 주는 원리인 것입니다.

1. 이는 복음 언약에 나타나는 하나님의 계획을 욕되게 하는 것입니다. 첫 번째 언약으로는 사람이 그렇지 못했습니다만, 하나님의 계획은 분명 그의 자녀를 마지막에 떨어져나가지 않도록 확고하고도 안전한 상태 속에 있게 하는 것임을 우리가 압니다. 로마서 4:16을 보십시오. "그러므로 후사가 되는 이것이 은혜에 속하기 위하여 믿음으로 되나니 이는 그 약속을 그 모든 후손에게 굳게 하려 하심이라." 사람의 변화무쌍한 본성으로 인하여 첫 번째 언약이 연약하여 하지 못했기 때문에, 하나님께서는 의도적으로 전혀 다른 본질과 체제에 속한 새 언약을 행하셨으니, 이는 행위로가 아니라 믿음으로 되는 것입니다. 왜요? 사도는 "그 모든 후손에게 굳게 하기" 위함이라고 말씀합니다. 곧, 믿음으로 말미암아 아브라함의 가족의 일원으로 입양되어 약속의 자녀가 되는 심령 가운데 하나라도 그 약속의 복을, 즉 영생을(딛 1:2) 기업으로 물려받지 못하는 자가 없도록 하기 위함이라는 것입니다. 그리고 이 모든 일은 그 약속이 첫 언약이 그랬던 것처럼 가변적이고 앞뒤가 맞지 않는 사람의 순종에 기초하는 것이 아니라, 은혜, 즉 그리스도 안에서 하나님께서 지니신 그의 불변하는 선하신 뜻에 기초하기 때문에 가능한 것입니다. 그런데 만일 성도가 마지막에 떨어질 수도 있다면, 이 언약 속에 있는 그 약속이 옛 언약의 약속만큼도 확실하지 않은 것이 되고, 결국 하나님께서는 그가 의도하신 바를 얻지 못하시게 되는 것입니다.

2. 이는 그리스도의 존귀를 어그러뜨리는 것입니다. 왜냐하면 성도들을 구원하는 일이 그에게 맡겨져 있기 때문이요, 또한 그가 그 일에 관심을 갖고 계시기 때문입니다. 첫째. 성도들을 구원하는 일이 그에게 맡겨져 있기 때문입니다. 그는 그들에게 영생을 주시도록 하기 위한 목적으로 아버지께서 그들을 그에게 주셨다고 말씀하십니다. 그렇습니다. 그가 만민을 다스리는 권세를 지니신 것이 오직 이 한 가지 일을 이루도록 하기 위한 것이라고 말씀하시는 것입니다(요 17:2). 그는 그런

임무를 받으사 그들을 자기의 양으로 소유하시며 그들 하나하나를 다 아시며 "저희에게 영생을 주노니 영원히 멸망치 아니할 터이요 또 저희를 내 손에서 빼앗을 자가 없으니라"라고 약속하십니다(요 10:27, 28). 그러니 이 모든 일에도 불구하고 그리스도의 양이 마지막 배도의 수렁에 빠져 죽을 수도 있다고 말한다면, 과연 이들이 그리스도의 존귀를 제대로 대하는 것일 수 있겠습니까? 둘째. 그가 각 성도의 구원에 관심을 갖고 계시기 때문입니다. 그리스도의 영광이 그의 성도들의 영생과 직결되어 있습니다. 아담이 타락했을 때에 하나님은 거기에 결부되지 않으셨습니다. 그러나 그리스도께서는 믿는 영혼 하나하나와 그렇게 긴밀하게 연합되어 계시니 어떻게 결부되지 않을 수 있겠습니까? 하나님과 아담 사이에는 일종의 교제의 맹약이 있었습니다. 그러나 그리스도와 그의 성도들 사이의 연합과 같은 것은 아니었습니다. 그리스도와 그의 성도들이 한 그리스도를 이루며, 그런 점에서 그의 교회가 그리스도라 불립니다. "몸은 하나인데 많은 지체가 있고 몸의 지체가 많으나 한 몸임과 같이 그리스도도 그러하니라"(고전 12:12). 그리스도와 그의 지체들이 한 그리스도를 이루는 것입니다. 그러니 그리스도의 한 조각이 마침내 지옥에서 불타는 일이 과연 있을 수 있겠습니까? 그리스도께서 절름발이 그리스도가 되실 수 있겠습니까? 이런저런 지체가 떨어져나갈 수가 있겠습니까? 그리스도께서 그의 신비로운 지체들과 결별하시면 곧바로 그의 영광과도 결별하시는 것이 됩니다. 각 지체가 육체에 장식을 더해주고 존귀를 더해주니 말입니다. 교회를 가리켜 "그리스도의 충만"이라 부릅니다(엡 1:23). 그리스도의 충만에 결핍이 있다고 생각한다면, 이 얼마나 그리스도를 욕되게 하는 것이겠습니까? 한 지체가 결핍된 사람이 어떻게 충만하며 완전할 수 있겠습니까?

3. 이는 성도들의 마음의 위로에 상처를 주며 또한 그들의 기쁨이 피를 흘리게 하기 때문입니다. 바울은 자신이 하나님의 말씀의 풍성한 포도주에 사람의 교만의 물을 끼얹지 않았다고 말씀합니다(고후 2:17). 아닙니다. 그는 성도들에게 순전한 복음을 주었습니다. 그렇습니다. 안타깝게도 성도가 은혜에서부터 타락할 수 있다는 이 원리야말로 하나님의 약속의 달콤한 포도주에 물을 끼얹는 것입니다. 영혼을 소생시키는 위로가 그들에게서 솟아나옵니다만, 이런 위로는 그리스도 안에서 신자들에게 베풀어져서 그들이 영원토록 누리게 되는 그 확실한 구원에서 나오는 것입니다. 그리하여 그것을 가리켜 "다윗의 확실한 긍휼"(행 13:34. 한글개역개정판은 "다윗의 거룩하고 미쁜 은사"로 번역함 — 역주)이라 부릅니다. 곧, 결코 사라지

지 않을 긍휼이라는 것입니다. 이것이 과연 성도의 마음을 기쁘게 만드는 포도주인 것입니다. 성도가 죄를 범하여 집에서 매를 맞는 일은 있으나 문 바깥으로 완전히 내쫓기는 법은 없습니다. 하나님께서 다윗의 씨를 예표로 삼아 그에게 이를 약속하셨기 때문입니다. "그러나 나의 인자함을 그에게서 다 거두지 아니하며 나의 성실함도 폐하지 아니하"리라(시 89:33). 그리고 이어서, "그 후손이 장구하"리라고 말씀하십니다(36절). 만일 신자를 그리스도 안에 있는 하나님의 사랑과 분리시킬 수 있는 것이 있다면, 그것이 그의 잔 밑바닥에 구멍을 뚫어 그의 모든 기쁨이 새어나가도록 만들 것입니다. 그렇게 되면 신자는 환난과 시험을 만날 때마다 그것들이 자기를 죽이고 그리하여 악인의 저주가 성도의 몫이 되는 일이 생길 수도 있다고 생각하여 두려워하게 될 것입니다. 그의 생명이 끊임없이 의심 가운데 매달리게 되고, 자신이 결국 타락할 것이라는 무서운 기대감이 그의 현재의 소망이 주는 기쁨을 먹어치워 버릴 것입니다. 그러니, 이런 마음의 상태는 양자의 영을 지닌 신자의 상태와, 또한 말씀을 깨닫고 믿음의 경주를 하는 자에게 새 언약의 은혜가 주는 충만한 소망의 확신과, 전혀 반대되는 것입니다.

적용 2. 이 진리는 과연 싸움이 끝날 때까지 인내하게 될 것인가에 대한 갖가지 두려움으로 괴로움을 당하는 연약한 신자들의 의기소침한 심령을 다시 회복시켜 주는 고귀한 양약이 됩니다. 가엾은 자여, 용기를 내십시오. 하나님께서는 그의 언약궤에 속한 각 심령의 생명을 그리스도께 주셨습니다. 여러분의 영원한 안전이 이미 그리스도께 담보되어 있는 것입니다. 그리스도께서는 그 사랑하시는 자를 끝까지 사랑하십니다(요 13:1). 그가 "그의 권능의 날에" 여러분을 그의 깃발 아래서 행진하게 하시며 죄와 지옥을 상대로 하는 그의 싸움을 싸우게 하지 않으셨습니까? 여러분의 반역의 마음을 이겨 그에게로 향하게 하신 그의 동일한 권능이 여러분의 안팎의 모든 원수들을 이기고 물리칠 것입니다. 여러분이 상한 갈대라 말하지 마십시오. 그가 이 권능으로 사탄의 머리를 깨뜨리시고, 여러분의 영혼 속에서 완전한 승리를 거두시기까지 쉬지 않으실 것이니 말입니다. 그는 몇몇 부상당한 자들을 일으켜 강한 성을 함락시키실 수 있는 분이시니(렘 37:10), 상한 심령을 회복시켜 죄와 마귀들을 상대로 얼마든지 승리하게 하실 수 있는 것입니다. 이스라엘 진영 전체가 안전하게 가나안으로 들어가기까지 언약궤가 계속해서 요단 강 한가운데에 서 있었습니다(수 3:17). 하나님의 언약도 이와 마찬가지입니다. 그 언약궤는 그 하나님의 언약을 예표하는 것에 불과합니다. 그렇습니다. 그리스도께서 서 계셔서 성도들이 천국에 들어가기까지 그들의 안전을 보장하시는 것입니다. 단 한 명이라도 신자가 중도에 망한다면, 그 언약 전체가 그와 함께 망하고 맙니다. 그리스도와 성도는 동일한 기업을 함께 상속받는 자로서 하나로 연합하여 있는 것입니다. "자녀이면 또한 상속자 곧 하나님의 상속자요 그리스도와 함께 한 상속자니"(롬 8:17). 그리스도께서 상속자라는 것이 확고하면, 하나님의 자녀가 상속자라는 사실에 대해서도 논란이 있을 수가 없는 것입니다. 그리스도께서 천국에서 나오신다거나 혹은 그가 천국에서 자신의 상속권을 팔기를 원하신다는 이야기를 들으면 그 때에는 여러분이 그리로 가는 것을 두려워해야겠지요. 하지만 그런 이야기가 없으면, 절대로 천국으로 가는 문제에 대해 두려워해서는 안 될 것입니다. 그리스도께서 그의 상속권을 파시는 일이 절대로 없을 것이니, 그와 함께 한 상속자인 여러분도 상속권을 팔 수 없고, 여러분이 상속권을 놓치는 일도 있을 수가 없는 것입니다.

적용 3. 이 진리에 대해서는 한두 가지 조심해야 할 것이 있습니다. 성도에게는 은혜로부터 떨어질 두려움이 전혀 없지만, 다른 이들이 이 편안한 가르침의 꼭대기로부터 조심성 없는 안일함과 건방진 대담함에로 떨어질 큰 위험이 있는 것입니다. 그러므로 싸우는 것이 매우 절실합니다. 우리가 든든하게 서서 영혼의 안전이 지켜지고 또한 이 진리가 제시하는 유쾌한 전망을 직시하도록 말입니다. 꽃에 벌이 날아와 꿀을 빨아먹고 나면, 거미가 그 꽃에 독을 드리우는 법입니다. 성도에게 은혜를 회복시켜 주는 것이 악인에게는 오히려 정욕을 부추기는 것입니다. 바울이 율법에 대해 말씀하는 사실을 복음에 대해서 말씀할 수도 있을 것입니다. 죄가 복음의 은혜와 또한 그 은혜가 베풀어 주는 귀한 약속들을 기회로 삼아서 육신적인 심령을 속이며 그의 안에서 온갖 악한 것을 이루어 내는 것입니다. 복음의 은혜로 그 뿌리에 물을 주는 자에게서처럼 죄가 그렇게 교묘하게 자라는 일이 없습니다. 이 가르침이 두 가지로 악용될 수 있습니다. 1. 임무를 게을리하게 만들 수도 있습니다. 2. 자유롭게 죄를 짓게 만들 수도 있습니다. 이 두 가지 모두 조심해야 합니다.

1. 이 진리 — 즉, 그리스도인이면 절대로 은혜에서 떨어질 수 없다는 — 를 기회로 **임무를 게을리하는** 상태에 빠지지 않도록 조심하십시오. 이를 방지하기 위해서 세 가지 구체적인 사실을 말씀드리겠습니다.

(1) 물론 떨어져 멸망할 것에 대한 두려움이 없어야 하고 또한 그렇지 않으면

그리스도인이 아니지만, 그럼에도 불구하고 다른 논지들이 있어서 끊임없이 왕성하게 임무를 수행하도록 우리를 독려해 줍니다. 무엇이라고요? 상속자의 지위를 박탈당하고 문 밖으로 내쫓길지도 모른다는 두려움 이외에는 그 어떠한 것도 자녀로 하여금 아버지의 일에 열심을 내게 만드는 것이 없다고요? 성도의 마음에서 열심히 임무를 감당하도록 만드는 더 나은 동기가 반드시 있습니다. 그렇지 않다면 신앙이란 침울한 것일 수밖에 없습니다. 오오 성도 여러분, 여러분 스스로 한 번 말씀해 보십시오! 과연 여러분이 기도하고 또한 듣는 것이 오로지 여러분 자신의 안전을 보장받는 것밖에 없습니까? 하늘로부터 사자가 임하여 천국이 여러분의 것이라고 말해 준다면, 과연 여러분은 여러분의 영적인 일들을 다 제쳐두겠습니까? 천국에 이르기까지 하나님과 더 깊이 사귀든 말든 더 이상 관여하지 않겠습니까? 오오 이런 이야기가 어불성설로 들리지 않습니까! 그리스도인의 가슴속에는 도무지 하나님과 자신 사이에 서먹서먹한 것이 자라도록 내버려둘 수 없게 만드는 그런 모종의 원리들이 새겨져 있는 것입니다. 그는 새 생명의 법 아래 있고, 그것이 그를 본성적으로 하나님과의 교제를 사모하도록 만들어 줍니다. 자녀가 그 사랑하는 아버지의 얼굴을 보기를 사모하듯이 말입니다. 그러므로 그리스도인에게는 모든 임무 하나하나가 하나님을 친히 뵙고 그를 즐거워하는 수단인 것입니다.

(2) 이 진리를 기회로 삼아 임무를 게을리하는 것은 그리스도인의 행위 및 권면과 상반되는 것입니다. (a) 그리스도인의 행위와 상반되는 것입니다. 그리스도께서는 그 아버지의 사랑을 절대로 의심하지 않으셨고 또한 그가 당하는 모든 시험과 고뇌와 고난이 결국 복된 결말을 맞이하게 될 것에 대해 전혀 의문을 갖지 않으셨지만, 그럼에도 그는 기도하시고 또한 지극히 간절히 기도하십니다(눅 22:44). (b) 그리스도인의 권면 및 명령과 상반되는 것입니다. 그리스도께서는 베드로에게 사탄이 제자들을 밀 까부르듯 하려고 요구하였다고 말씀하시면서 "내가 너를 위하여 네 믿음이 떨어지지 않기를 기도하였노니"라고 하시며 그를 위로하십니다(눅 22:31, 32). 우리 주님이 그렇게 기도하셨으니, 베드로와 나머지 제자들은 구태여 그들의 안전을 위하여 삼가거나 기도할 필요가 없었을 것입니다. 그러나 그렇지 않았습니다. 이 말씀 후에 주님은 그들에게 임무를 행할 것을 촉구하십니다: "유혹에 빠지지 않게 기도하라"(40절). 그리스도께서 그들을 위하여 기도하신다는 사실로 인하여 그들이 자기들은 기도할 필요가 없다는 안일함에 빠지는 것이 아

니라, 오히려 그 사실로 인하여 그들 자신이 그 똑같은 자비를 위해 기도할 때에 강건한 믿음을 갖게 되는 것이었습니다. 그리스도께서 성도들을 위하여 하늘에서 하시는 기도들은 이미 모두 들으신 바 되었습니다. 그러나 하나님께서는 성도들 자신의 기도들에 대해 보내시는 응답을 통해서 그의 기도들을 이루시는 것입니다. 그리스도인이 땅에서 하나님께서 맡기신 임무를 게을리하며 사는 한, 그는 그리스도께서 하늘에서 그를 위해 간구하시는 자비를 받기를 믿음으로 기대할 수가 없는 것입니다.

(3) 물론 그리스도인은 완전하고도 최종적인 배도에 빠지지 않도록 보장을 받지만, 안타깝게도 그의 양심이 상하며 그의 은혜가 약화되며 복음이 부끄러움을 당하는 처지에 빠질 수도 있다는 것을 생각하십시오. 이것으로도 그리스도인이 계속해서 자기를 살피도록 만들기에 족합니다. 게다가 대개 성도가 실족하는 일이 임무를 게을리하는 데에서 시작되니 더욱 그렇습니다. 세상의 직업인의 경우도, 자신이 늘 해오는 일에 부주의해지고, 상점을 비우고 외출하는 일이 잦아지고, 재산을 운영하는 갖가지 일들이 자꾸 지연되는 일이 맨 먼저 일어납니다. 이처럼 그리스도인들도 처음에는 임무에서 빠지기부터 하고, 그 다음에 은혜들과 위로들이 부패하고, 때로는 추문 같은 것들에 빠지게도 되는 것입니다. 먼저 광택을 잃어버리고, 그 다음에 녹이 스는 것입니다. 그리스도인의 경우도 활력 있는 임무 수행 속에서 나타나는 그 은혜의 광택이 사라지고, 그 다음에 그 은혜의 힘이 사라지는 것입니다.

2. 이 진리를 기회로 자유로이 죄를 범하는 잘못에 빠지지 않도록 조심하십시오. 은혜가 넘친다고 해서 죄를 범하겠습니까? 하나님께서 그의 약속으로 확실한 것을 보장하셨다고 해서 우리가 느슨해지겠습니까? 절대로 그럴 수 없습니다! 마귀 이외에는 그 어느 누구도 이런 논리를 가르칠 자가 없습니다. 죽음이 창문가에 다가와 들여다보고 있는 동안에도 흥청망청 마셔대던 몹쓸 유대인들이 바로 이처럼 굉장한 죄에 빠졌습니다: "내일 죽을 터이니 먹고 마시자." 자기들의 무신론을 그런 식으로 드러낸 것입니다. 그러니, 하나님의 약속의 보호하심을 누리면서 죄를 짓는 자나 하나님의 영원한 사랑을 오히려 죄를 지을 기회를 삼는 자는 대체 얼마나 굉장한 죄의 상태에 빠져 있는 것이겠습니까? "우리가 반드시 살고 구원을 받을 것이니 먹고 마시자"라고 하는 것입니다. 하나님의 은혜의 약속으로부터 그런 저주 받은 결론을 이끌어 내는 그런 마음속에는 은혜가 거할 수 없습니다. 성도들

은 그리스도를 그런 식으로 배우지 않았습니다. 우리가 은혜의 언약 속에서 그 고귀한 특권들을 누린다는 사실을 근거로 사도가 제시하는 논지는 그러니 죄에 빠져도 무방하다는 것이 아닙니다. 오히려 그런 약속들이 있으니 우리 자신을 육체와 영의 온갖 더러운 것에서 깨끗이 씻어야 한다는 것입니다(고후 7:1). 마음을 정결하게 하는 것이야말로 믿음의 본질이요, 약속들을 베풀어 주는 그 은혜의 본질입니다. 약속들에서 나타나는 하나님의 사랑에 대해 믿음이 우리 영혼에게 해주는 보고가 확실할수록, 더욱더 마음을 정결하게 해 줍니다. 왜냐하면 믿음은 사랑으로 역사하는 것인데 그 사랑이 그로 말미암아 더욱더 하나님을 향하여 불타오르며, 또한 일단 이 사랑의 불길이 솟아오르면 방이 너무 뜨거워져 거기 머물러 있을 수가 없어지기 때문입니다.

넷째 가르침
[성도들의 인내의 복된 결과]

이 말씀에는 성도들의 인내의 복된 결과가 제시되고 있는데, 그 복된 결과가 그들이 싸움 중에 겪은 모든 고통과 인내를 풍족히 보상해주고도 남습니다. 곧, 모든 일을 행한 후에 서리라는 것입니다.

가르침. 이 싸움의 끝에 서게 되는 것이 죄와 사탄을 상대로 하는 싸움에서 우리가 겪는 모든 고통과 어려움을 풍족하게 보상해 줄 것입니다. 세상의 전쟁에서는 싸우는 모든 사람이 다 그 전쟁의 결과물을 받는 것이 아닙니다. 전리품들이 몇 사람의 호주머니에 들어가는 것이 보통입니다. 일반 병사들이 대부분의 어려움을 당하지만, 별로 얻는 것이 없이 집으로 돌아갑니다. 큰 것을 얻고자 전쟁에서 싸우는데도 대다수의 경우는 빈손으로 돌아갑니다. 얻는 것이라고 해야 전쟁에서 얻은 상처를 치유하기에도 버겁고, 초라한 병원에서 굶어죽지 않고 살아남기에도 버거울 따름입니다. 그러나 이 싸움에서는 중간에 도망치는 자 외에는 그렇게 해를 입는 자가 아무도 없습니다. 그리스도의 진영에 속한 신실한 군사는 누구든지 영광스러운 상급을 받게 됩니다. 이러한 사실은 "모든 일을 행한 후에 서기 위함이라"라는 말씀에서 나타납니다. 그런데 여기서 "서다"는 세 가지 뜻이 있는데, 그것들이 함께 그 정확한 의미를 드러내 줍니다.

　첫째. 선다는 것은 승리자들로 선다는 뜻입니다. 패배한 군대는 그 원수 앞에 무
너지는 것이고, 승리자는 서는 것입니다. 그리스도인은 누구나 싸움의 마지막에
사라진 정욕과 또한 그 우두머리인 사탄을 이긴 승리자로 서게 될 것입니다. 이 땅
에서 그리스도인은 사탄에 대해 여러 차례 값진 승리를 경험합니다. 그러나 안타
깝게도 이 땅에서는 승리의 기쁨을 누리는 다음 순간 곧바로 원수로부터 새로운
공격이 임합니다. 하루는 잘 싸워 승리를 얻으나, 이튿날 또 다른 싸움에서 위험에
빠지게도 되는 것입니다. 그는 자신이 얻은 것을 지키기 위해 온갖 소동을 벌이게
됩니다. 그렇습니다. 그가 얻은 승리 자체가 그를 다시 싸움터로 보내어 피를 흘리
게 하는 것입니다. 마침내 시험을 이기지만, 그 싸움에서 그의 양심이 상처를 입게
되고 그 상처가 승리의 영광을 그늘지게 만드는 것입니다. 그리스도인이 무언가
안타깝게 자기 자신의 마음의 불성실함을 탄식하는 것이 없이 승리를 거두는 때
가 거의 없습니다. 그 마음이 배반하여 그를 원수의 손에 넘겨주어 그 날의 싸움에
서 거의 패배할 뻔했다고 여기지 않을 때가 거의 없는 것입니다. 그러나 가엾은 그
리스도인이여, 여러분에게 영원한 위로가 있음을 아시기 바랍니다. 여러분과 사
탄 사이의 싸움이 완전하고도 최종적으로 판가름 나게 될 그 복된 날이 다가오고
있으니 말입니다. 그 날에는 이 원수의 진영이 완전히 무너져 여러분을 향하여 단
한 개의 무기도 들지 못하게 되는 것을 보게 될 것입니다. 여러분은 그 원수의 고
지들을 발로 밟을 것입니다. 원수가 여러분을 향하여 그렇게도 공격의 화살을 날
리던 바로 그 곳을 말입니다. 모든 원수들이 완전히 무너지고 완전히 파괴되어, 여
러분의 가슴속에 단 한 가지 부패거리도 서 있지 않고 또한 그 속에 마귀가 숨어
기회를 엿보는 것도 없는 것을 보게 될 것입니다. 사탄이 다가올 때마다 여러분이
그렇게 두려워 떨었는데, 그 사탄이 여러분의 발 아래 굴복하게 될 것입니다. 그가
그렇게도 자주 여러분을 고개 숙이도록 만들고 여러분의 심령을 짓누르고 여러분
의 모든 영광을 짓밟아 왔는데, 이제는 그가 목을 내밀고 여러분에게 짓밟히게 될
것입니다. 우리가 삼가고 기도하며 울고 슬피 부르짖으며 또한 자신을 부인하고
죽이는 극심한 임무들을 행해온 결과로서, 또한 그리스도인의 싸움을 위해 우리
가 무엇을 희생해 왔든지 간에 그 결과로서, 이것 외에 더 기대할 것이 없다 할지
라도, 이것만으로도 우리의 수고는 주 안에서 결코 헛되지 않을 것입니다. 그렇습
니다. 이 싸움에서 우리가 들인 살핌과 기도가 얼마나 복되며, 우리가 만난 눈물과
상처들이 얼마나 귀한지 모릅니다. 그 결과로 마지막에 죄와 사탄에 대한 완전하

고도 영원한 승리를 얻으면 더 바랄 것이 없을 것입니다. 종노릇은 악한 것 중에도 가장 악한 것에 속합니다. 원수가 비열할수록 고귀한 영혼들에게는 종노릇이 더욱 처절합니다. 사울은 할례 받지 않은 블레셋 사람들의 손에 사로잡혀 그들에게 조롱과 치욕을 당하는 것을 피 흘리고 죽는 것보다 더 두려워하였습니다. 그런데 사탄보다 비열한 존재가 어디 있습니까? 죄보다 더 악독한 폭군이 어디 있습니까? 그러니, 우리의 모든 죄의 손에서와 사탄의 손에서 우리를 구원하신 하나님께 찬송을 드리게 될 그 날이야말로 지극히 영광스러운 날일 것입니다. 그러나 죄인이여, 그대에게는 그 날이 치욕의 날이 될 것입니다. 그 날에 성도들이 머리에 승리의 면류관을 쓰고 서 있는 것을 볼 것이요, 정작 그대는 쇠사슬에 매인 죄수처럼 지옥의 감옥으로 끌려가서 거기서 여러분의 정욕 아래에서 영원토록 종살이하게 될 것입니다. 그대에게는 그 이상 더 비참한 선고가 없을 것입니다. 여기서는 죄가 기쁨을 주지만, 거기서는 그것이 처절한 고통이 될 것입니다. 여기서는 죄가 쑥 내려가는 달콤한 사탕과 같지만, 거기서는 목구멍을 찌르게 될 것입니다. 여기서는 그대의 정욕을 채워줄 적절한 수단이 있었습니다. 교만이 거할 궁궐도 있었고, 그대의 탐욕스런 식욕을 채워줄 맛있는 잔치도 있었고, 금은보화와 집과 토지 등 그대의 탐욕을 채워줄 재물도 있었고, 그것들을 누리며 즐거워하는 마음으로 거기에 앉아 노닥거릴 수 있었습니다. 그러나 거기서는 이런 것들을 하나도 찾지 못할 것입니다. 지옥은 황량한 곳입니다. 그 어둠의 땅에는 죄인의 마음에 위로를 주고 새로움을 주는 것이 하나도 자라지 않습니다. 정욕은 그대로 있을 것이나, 그것이 탐하는 음식은 없을 것입니다. 죄를 향한 탐욕스런 굶주림이 심령 속에 가득한데 그것을 채워줄 만한 것이 하나도 없는 곳에 사슬에 매여 있으니, 얼마나 고통이 심하겠습니까! 스스로 세상을 다, 심지어 할 수 있다면 하나님까지도 손에 쥐고 싶어 하는 교만한 자가 지옥이라는 지하 감옥 속에 갇혀 있다니, 이 얼마나 쓰라리겠습니까! 악의가 가득한 죄인이 하나님과 그의 성도들을 향한 적의로 마음이 부풀어 있어서 성도들을 하나님의 품에서 빼앗아내고 또한 할 수 있는 능력만 있다면 하나님까지도 그의 보좌에서 끌어내리고 싶어 하지만, 손에 사슬이 채워져 있어서 자신이 그렇게도 미워하는 그들을 향하여 도무지 속수무책인 자신의 모습을 바라볼 때에, 오오 그 고통이 얼마나 크겠습니까! 오오 성도 여러분, 말씀해 보십시오. 여러분이 현재 경험하고 있는 죄에 대한 부분적인 승리가 정말 달콤하여 정욕에 짓눌려 있던 옛날의 상태로 되돌아가기보다는 수천 번 죽는다 해도 그것이 더 나을 것 같지 않습니까! 그렇다면 완전하고도 영원한 승리가 이루어져서 다시는 죄나 사탄과 관여할 일이 없게 되는 그 날이야말로 여러분 보기에 얼마나 영광스럽겠습니까!

둘째. 선다는 것은 그 큰 심판의 날에 의롭다 하심을 받고 무죄를 선고받아 선다는 뜻입니다. 이 문구는 성도들이 심판에 섬으로써 누리게 될 엄숙한 무죄 방면을 지칭하는 뜻으로 성경에 자주 쓰입니다. "악인이 심판에 서지 못하며"(시 1:5. 한글개역개정판은 "심판을 견디지 못하며"로 번역함 ― 역주), 즉 그들이 의롭다 하심을 받지 못하리라는 뜻입니다. "여호와여 주께서 죄악을 감찰하실진대 주여 누가 서리이까?"(시 130:3), 즉 누가 무죄 방면을 받으리이까? 라는 뜻입니다. 우리는 하나님께서 주신 사명을 갖고 이 세상에 왔습니다만, 그 위대하신 하나님께서는 예수 그리스도로 말미암아 세상을 심판하실 날을 정해 놓으셨습니다. 그 날은 엄숙한 날이 될 것이요, 이 땅을 살았던 자는 높은 자든지 낮은 자든지, 선한 자든 악한 자든지 간에, 이 땅을 산 자는 모두 다 한 가지로 모여 그리스도 안에 자신의 모습을 드러낼 것이요 그의 입으로부터 각기 자기들의 영원한 운명을 가름 받게 될 것입니다. 그리스도께서는 위엄이 가득한 영광의 예복을 입으시고 저 무서운 재판장의 자리에 오르시며, 마치 수많은 집행관들이 그가 선언하실 확실한 선고에 따라 그의 뜻을 실행하기를 위해 대기하고 서 있는 것처럼 찬란한 천사들이 그의 주위를 호위할 것이요, 그들은 그가 의롭다고 선언하셔서 그의 영광의 나라로 들어가게 하실 복된 자들은 인도하여 그리로 들어가게 할 것이요, 그가 정죄하실 자들은 손발을 묶어서 지옥의 꺼지지 않는 불꽃 속에 집어던질 것입니다. 바울이 이 문제에 대해 벨릭스에게 설교하였으나 그의 양심에 별 영향이 없었습니다만, 이것이 이상스런 일은 아닙니다. 오히려 누구든지 이 날을 생각해도 지각이나 느낌이 제대로 회복되지 않을 만큼 양심이 철저히 무기력하고 무감각한 상태에 빠져 있을 수도 있는 것입니다. 오오 여러분, 이 날에 무죄 방면을 받을 수 있는 남녀들이라면 과연 복되다고 여기지 않겠습니까? 재판장 되신 그리스도의 살아 있는 음성으로 무죄 방면 받게 될 그 복된 자들이 과연 어떤 자들일지 궁금하지 않습니까? 그런 복을 누리도록 택함 받은 자들의 명부를 찾으러 구태여 천국에까지 올라갈 필요는 없습니다. 이 땅에서도 그런 자들을 알 수 있습니다. 곧, 이 땅에서 사탄을 상대하여 주의 전신갑주를 입고 삶의 마지막에 이르기까지 주의 싸움을 싸우는 자들이 바로 그런 자들입니다. 이들이 모든 싸움을 마치고서 심판에서 서게 될 것입니다. 인간의 재판정에서도 — 병사가 임석하여 자기의 처신에 대해 심문을 받아 군주를 반역한 죄로 정죄를 받든지 혹은 성실하게 임무를 다한 것으로 무죄 방면을 받든지 둘 중 하나의 운명에 처하게 되는 군법회의 같은 것에서도 — 재판관에게 무죄를 선고 받을 때에 그 기쁨이 어떠하겠습니까! 아마도 무릎을 꿇고 자신의 목숨이 구원받은 것에 대해 하나님과 재판관에게 감사를 표하지 않을 수 없을 것입니다. 그런데 하물며 그리스도의 따뜻한 음성이 성도들의 귀에 들리며 사람들과 천사들 앞에서 그들의 의가 공적으로 선포된다면, 그 기쁨과 감격이 얼마나 더하겠습니까? 그렇게 되면 그들을 하나님과 그들 자신의 양심에게 고발하며 계속해서 그 날의 처절한 공포로 그들을 위협해온 사탄이 얼마나 망연자실해하겠습니까! 악인들이 그들의 중상과 거짓된 비방으로 성도들의 얼굴에 더러운 칠을 했었는데, 그리스도께서 친히 그의 손으로 그 더러운 것들을 닦아 주시며, 또한 그들이 외식하는 자들로 치부했던 그들을 그리스도께서 친히 신실한 자로 선포하시고 의로운 자로 인정하시니, 그 악인들이 얼마나 황망하겠습니까! 성도 여러분, 여러분이 세상으로부터 온갖 조롱을 받았고 또한 이 세상의 군주들로 인하여 온갖 괴로움을 견뎌 왔습니다만, 이 정도면 그 모든 조롱과 괴로움에 대해 족하게 보상받는 것 아니겠습니까? 하지만 이것이 전부가 아닙니다. 계속 살펴보십시다.

　셋째. 선다는 것은 또한 그들의 상급을 나타내는 것으로 성도들이 천국의 영광 가운데 선다는 뜻입니다. 임금들은 전쟁에서 자신을 위하여 탁월한 공적을 세운 신하들을 할 수 있는 만큼 최고로 치하하고 상을 베풀고자 할 때에 그들을 궁궐로 불러들여서 임금의 총애를 누리게 하고 계속해서 자신을 측근에서 보좌하도록 합당한 명예로운 지위를 부여하는 것이 상례입니다. 솔로몬은 "왕들 앞에 서"는 것을 신실한 신하에게 내리는 최고의 상급으로 정하는 것을 봅니다. 천국은 위대하신 하나님께서 자신의 궁궐을 지키시는 왕도(王都)입니다. 영화로운 천사들은 거기서 하나님 앞에 서 있는 것을 복으로 여깁니다. "나는 하나님 앞에 섰는 가브리엘이라"(눅 1:19), 즉 나는 위대하신 하나님을 시중들며, 궁궐의 신하들이 임금 주위에서 그렇게 하듯 하나님의 면전에 서 있는 하늘의 영들 가운데 하나라는 뜻입니다. 그런데 신실한 심령 모두가 각기 그런 영예를 누리게 될 것입니다: "만군의 여호와의 말씀에 네가 만일 내 도를 준행하며 내 율례를 지키면 네가 내 집을 다스릴 것이요 내 뜰을 지킬 것이며 내가 또 너로 여기 섰는 자들 중에 왕래하게 하리라" (슥 3:7). 선지자는 여기서 여호와를 위하여 거룩한 직무에 임하는 제사장들을 위

한 여러 개의 방들이 연하여 마련되어 있는 성전에 빗대어, 혹은 임금의 궁궐에서
임금을 보좌하는 임무를 맡고 각기 지위에 따라 처소를 부여받은 신하들에 빗대
어 말씀하는 것이라 하겠습니다. 이와 마찬가지로 모든 성도들도 — 여호수아가
이들의 대표입니다 — 이 땅의 짧은 생애 동안 맡겨진 여호와를 위한 봉사를 성실
히 감당한 후에 천국으로 부르심을 받아 하나님 앞에 서고, 천사들과 함께 영광의
처소를 부여받게 될 것입니다. 영광 가운데 여호와 앞에 서게 될 자들은 과연 복된
자들이 아닐 수 없습니다! 백작(伯爵), 후작(侯爵), 공작(公爵) 등, 지극히 지체 높
은 귀족들이라도 시골에 살며 모든 사람들에게 절을 받고 섬김을 받는 것보다는
비록 자신들이 맨머리로 무릎을 꿇어야 할 때가 많지만 임금 앞에 서는 것을 훨씬
더한 존귀로 여기는 법입니다. 그렇습니다. 그들은 임금이 그들더러 궁궐에 나아
오지 못하도록 금하는 일이 없기를 바랍니다. 자기들이 사는 곳에서 아무리 큰 재
물을 소유하고 존경을 받아도 그런 것으로는 절대로 만족하지 못하는 것입니다.
천국에서 시중드는 것이 땅에서 통치하는 것보다 낫습니다. 이 땅에서 주의 규례
속에 있는 것이야말로 하나님 앞에 서는 것입니다. 하나님을 예배하며 보내는 하
루가 다른 곳에서 보내는 수많은 날보다 훨씬 낫습니다. 오오 여러분, 그렇다면 과
연 영광 가운데 하나님 앞에 서는 것은 과연 어떻겠습니까! 설교나 성례 중에 왕께
서 그의 식탁에 앉아 계시는 동안 성도들의 감송향(甘松香)이 그렇게 향기로운 냄
새를 발한다면, 오오 천국에서 그의 식탁에 앉아 계시는 하나님을 바로 옆에서 보
좌할 때에는 그 기쁨이 얼마나 더하겠습니까! 천국은 하나님께서 애초에 그의 모
든 영광 가운데 있는 성도들이 거기서 그를 보고 그를 즐거워하게 하고자 하시는
의도로 지어 놓으신 임재의 방(chamber of presence)이었던 것이었습니다. 성도
들이 이 땅에서 온갖 괴로운 싸움을 싸운 후에 마지막에 면류관으로 누리게 될 그
천국의 환희의 상태를 자주 마음으로 생각하는 것보다 그들의 심령에 더 강력한
힘을 주는 것이 과연 있을까 싶습니다. 그것이 그들에게 총괄적으로 힘을 줄 것입
니다. 인간의 정욕들이 다른 온갖 논지들을 반박하고 물리쳐서 살아남는다 해도,
이 검(劍)이라면 그 시험의 힘줄을 잘라내고 그 정욕들의 머리를 쳐 떨어뜨리고도
남을 것입니다. 그 영광에 대해 생생하게 생각하고 그것에 대해 강한 소망을 갖고
있으면서 동시에 죄를 짓는다는 것은 거의 불가능한 일일 것이니 말입니다. 천국
에 대한 생각들이 그리스도인의 시야에서 사라진지 오래고, 그리하여 그 영광스
런 곳에 대한 소망이 대체 어찌되고 있는지 본인도 모르는 지경이 되면, 그 때에

무언가 우상을 세우고 — 모세가 없을 때에 이스라엘 백성이 금송아지를 세운 것
처럼 — 그 앞에서 춤을 추기 시작하는 법입니다. 그러나 천국이 시야에 들어오고
그리스도인의 마음이 천국에 대한 생각으로 뜨거워지면, 천국의 영광을 기대하는
성도를 설득하여 죄를 짓게 만드는 것보다 차라리 임금을 설득하여 그의 왕관을
시궁창에 내던지고 왕의 의복을 입은 채 움막에서 뒹굴게 만드는 것이 더 쉬울 것
입니다. 죄는 성도의 일이 아니라 마귀의 일입니다. 성도는 천국의 시민이요, 매
시간 하나님의 보좌 앞에서 천사들과 및 영화롭게 된 성도들과 함께 하나님의 보
좌 앞에 서도록 부르시는 명령을 기다리는 자들입니다. 이러한 사실은 그리스도
인의 마음에 용기를 주며, 또한 싸움이 극히 치열하며 사람들과 마귀들에게서 비
오듯 화살이 날아들 때에 이 모든 것이 천국으로 나아가기 위한 일임을 생각하게
만들어 주는 것입니다. 비록 우리가 불과 물을 통과하여 나아가지만 천국이야말
로 들어갈 가치가 있는 곳이니 말입니다. 다윗은 그를 조롱하는 미갈에게 이렇게
말씀했습니다: "이는 여호와 앞에서 한 것이니라. 저가 네 아비와 그 온 집을 버리
시고 나를 택하사 나로 여호와의 백성 이스라엘의 주권자를 삼으셨으니 내가 여
호와 앞에서 뛰놀리라. 내가 이보다 더 낮아져서 스스로 천하게 보일지라도 네가
말한바 계집종에게는 내가 높임을 받으리라"(삼하 6:21, 22).

그러니 그리스도인 여러분, 악인의 악의의 불길이 독사처럼 여러분에게 날아
와 치욕을 안기더라도 그것을 떨쳐 버리시겠습니까? 내가 기도하며 말씀을 듣고
나의 정욕을 죽이며 나의 육신적인 쾌락과 이익거리들을 부인하는 것은 바로 하
나님을 위해서 그렇게 하는 것입니다. 하나님께서 왕들과 군주들을 제쳐두시고
나 같은 비천한 죄인을 택하셔서 그의 앞에 영광 가운데 서게 하시니 말입니다. 그
러므로 나는 그보다 더 비천하게 되어도 마다하지 않을 것입니다. 오오 여러분, 하
나님을 즐겁게 누릴 또 다른 세계가 없더라도, 우리가 이 땅에 존재하는 동안 우리
의 창조주를 섬기는 것이 마땅하지 않겠습니까? 하늘과 땅은 하나님의 법을 성실
히 순종합니다. 그렇게 하나님의 뜻을 행한다고 해서 그것들이 상급을 받을 수 있
는 것도 아닌데 말입니다. 한 거룩한 사람은 말하기를, "지옥 불을 꺼뜨리고, 천국
을 불태우라. 그렇더라도 나는 내 하나님을 사랑하고 그를 경외하리로다"라고 했
습니다. 하물며 싸움이 끝나자마자 저 환희에 찬 하나님의 임재 속으로 여러분을
데려가기 위해 영원한 긍휼의 팔이 서서 대기하고 있으니, 얼마나 더 하나님을 사
랑하고 그를 경외해야 하겠습니까? 어떠한 상황에서도 여러분을 따라다니며 열심

히 일하며 여러분의 명령을 성실하게 이행하는 종들이 여러분에게 있습니까? 그들은 지치고 주린 상태로 밤에 집에 돌아와서 여러분에게서 따뜻한 눈길만 받아도 그것으로 만족해하며 감사해마지 않을 것입니다. 누군가가 다음과 같이 말했는데, 게으른 그리스도인들은 이 말을 듣고 부끄러워해야 마땅할 것입니다. "불쌍한 사냥개는 주인에게서 빵 부스러기나 뼈다귀 몇 개밖에는 받지 않고서도 이리저리 사냥을 다니는 주인을 따라 수백 마일이라도 가지 않습니까?" 한 마디로 마귀의 종들은 이보다 더합니다. 마귀는 그들에게 부스러기 하나도 주지 않고, 혀를 시원하게 해 줄 물 한 방울조차도 주는 일이 없는데도 그들은 마귀의 명령을 받고 모든 것을 걸고 행하지 않습니까? 그런데 그리스도인 앞에는 그 천국의 복락이 놓여 있고 그는 반드시 그리로 들어갈 것입니다. 그러니 그는 그것을 바라보면서 자기에게 주어진 경주를 경주하며 이 짧은 시험과 환난을 기꺼이 감내하지 않겠습니까? 예, 그렇습니다. 그 복락은 확실합니다. 그러니 그는 이 환난들이 "장차 우리에게 나타날 영광과 비교할 수 없느니라"라고 여기는 것입니다.

지침4

싸움에서 반드시 자리를 지켜야 함

"그런즉 서서"(엡 6:14).

사도는 13절에서 그리스도인 병사가 사용할 전신갑주가 과연 어떤 것인지를 — 곧 하나님의 전신갑주를 취하여야 한다는 것을 — 개괄적으로 제시한 바 있습니다. 그런데 인간적인 것에다 신성을 부여하고서 자기들의 가짜 것에다 하나님의 이름을 붙여놓는 일이 없도록, 자기들이 사사로이 위조해 놓은 것을 하나님의 전신갑주라고 부르는 일이 없도록(교황주의자들과 여러 육신적인 개신교도들이 하나님께서 한 번도 지정하신 일이 없는 그런 무기들을 만들어 내어 그것으로 마귀를 상대로 싸우려하는 일이 있습니다만), 과연 이 하나님의 전신갑주가 무엇인지를 좀 더 구체적으로 제시하면서, 그리스도인으로 하여금 이 원수를 상대로 싸움터에서 싸우도록 구비시켜 주는 그 전신갑주를 구성하는 각 부분들을 일일이 묘사하고 있습니다. 우리는 사도께서 여기서 제시해 놓은 순서를 따라서 그것들을 하나씩 다루어갈 것입니다. 다만 여기서 말씀하는 바 전신갑주의 각 부분을 사용하면서 취하여야 할 전반적인 자세에 대해서 먼저 간략하게 언급하고 지나가도록 하겠습니다. 그 자세는 "그런즉 서서"라는 문구에 나타나 있습니다. 이 단어는 바로 앞 절의 마지막 부분에 나타나는 것과 동일합니다. 하지만 그 동사의 태(態)나 시제(時題)는 그것과 전혀 다릅니다. 앞 절 마지막 부분의 경우는 싸움이 끝날 때에 얻어지는 승리를 나타내는 것이요, 여기의 경우는 싸움 중에 그리스도인이 취할 자세를 나타내는 것입니다. 이것은 하나의 군사적인 표현이요, 대장이 여러 다른 상황에서 병졸들에게 행하는 명령의 말이며, 따라서 그리스도인에게 요구되는 몇 가지 임무들을 내포하고 있습니다.

[사탄의 시험을 반드시 대적해야 함. 거기에 굴복할 위험성]

첫째. "선다"는 것은 원수와의 싸움에서 비겁하게 도망치거나, 반역하여 그에게 굴복하는 것과 반대되는 것입니다. 휘하의 부하들이 움츠러들기 시작하며 도망치거나 굴복할 기미가 보이면, 대장은 "서라!"라고 명령합니다. 즉, 남자답게 당당하게 서고, 명령을 듣고 용기를 얻어 원수를 상대로 너희의 심지를 굳건히 하고 그를 격퇴하라는 뜻입니다. 이 단어를 이런 뜻으로 취하면, 여기서 우리는 그리스도인에게 합당한 적절한 의무를 보게 됩니다.

가르침. 시험 중에 어떤 식으로든 사탄에게 굴복하지 말고 그를 단호히 물리쳐야 한다는 것입니다.

첫째 이유. 사탄을 대적하라는 확실한 명령이 있기 때문입니다. "믿음을 군건하게 하여 그를 대적하라"(벧전 5:9). 이 말씀이 뜻하는 바와 같이, 여러분 자신을 그를 상대로 하는 싸움에 개입시키고, 그가 언제 나타나든지 간에 그와 싸워야 하는 것입니다. 군인은 결과가 어떻게 되든지 간에 긴밀하게 명령을 수행하여야 합니다. 요압이 우리아를 최전방에 서게 하였을 때에, 우리아는 죽음이 코앞에 닥쳐오는 위험을 느꼈을 것입니다만 그는 요압 장군에게 이의를 제기하지 않습니다. 현장에서 목숨을 잃는다 할지라도 그로서는 복종할 수밖에는 없었던 것입니다. 터키 족들은 비겁한 것과 상관의 명령에 불복종하는 것을 가장 큰 죄로 간주한다고 합니다. 그런데 그리스도를 대장으로 섬기고 있고 또한 죄와 마귀를 대적할 원수로 두고 있는 우리가 그런 것들을 가벼운 허물 정도로 여긴다면 과연 그게 합당하겠습니까? 무언가 시험거리들을 대적하려면 거기에 상당한 희생이 따를 수 있습니다. 사도는, "너희가 죄와 싸우되 아직 피 흘리기까지는 대항하지 아니하였다"(히 12:4)고 말씀합니다. 곧, 피를 흘리는 지경에까지 이를 수도 있다는 뜻입니다. 그리고 그런 처지가 된다고 해도 죄와 싸워야 하는 것이 바뀌는 것도 아니요, 그냥 죄를 지어 버려서 고난을 모면해도 괜찮은 것이 아닌 것입니다. 로마의 장군은, 목숨을 부지하는 것이 아니라 돛을 올리는 것이 필요하다고 말했다고 합니다. 그런데 그리스도인이 외형적으로 위험을 만난다고 해서 자기 임무를 수행하기를 두려워하겠습니까? 군인은 그의 군주의 명예를 지니고 그와 더불어 싸움터에 나아가는 것입니다. 그리스도인도 마찬가지로 언제든 시험과 싸워야 할 처지가 되면 그의 하나님의 명예를 지니고 그리로 나아가는 것입니다. 그런 처지가 되면 과연 그가 하나님의 존귀를 얼마나 값어치 있게 여기는가 하는 것이 드러나게 됩니다. 다윗의 부하들은 다윗을 자기들의 목숨을 수만 번 잃고서라도 지켜야 할 만큼 가치 있는 분으로 여겼고, 그리하여 그들 모두가 죽임을 당하더라도 그를 절대로 위험에 빠뜨리게 만들지 않으려 했던 것입니다. 오오, 그러니 만일 우리가 사소한 조롱이나 일시적인 손해나 괴로움을 피하려고 하나님의 이름이 치욕을 당하도록 내버려 둔다면, 이 얼마나 하나님의 이름을 하찮게 여기는 것이겠습니까! 폼페이우스는 자기의 말 한 마디나 고갯짓 한 번이면 자기 병졸들을 명하여, 나중에 완전히 기진맥진해지더라도 지극히 가파른 암벽을 손과 무릎으로 열심히 기어오르게 만들 수 있다고 자랑했습니다. 하나님은 절대로 그의 종들의 피를 함부로 흘리게 하시는 분이 아닙니다. 하지만 그는 때때로 힘든 일과 예리한 시험을 통해서 그들의 충성심을 시험하셔서 그들의 신실함과 또한 거룩한 단호함으로 그를 위해 고난을 감내하는 것을 통하여 사탄에게 승리를 거두기도 하십니다. 사탄이 무례하게도 하나님께, 아무리 훌륭한 종도 하나님을 섬긴다고 하면서 결국은 자기 자신을 섬기는 것뿐이라는 식으로 말했던 것입니다. "욥이 어찌 까닭 없이 하나님을 경외하리이까?"(욥 1:9). 예리한 접전이 벌어지기만 하면 그가 하나님께 복종하기는커녕 오히려 당장 고개를 돌리고 하나님을 저주할 것이라는 식이었습니다. 그러므로 우리는 여호와께서 사탄을 이기시고 영광을 얻으시는 것을 봅니다: "네가 나를 충동하여 까닭 없이 그를 치게 하였어도 그가 여전히 자기의 온전함을 굳게 지켰느니라"(욥 2:3). 여호와의 이 말씀은 마치 이런 뜻과도 같다 할 것입니다. "사탄아 지금은 어떻게 생각하느냐? 욥이 네가 새빨간 거짓말쟁이임을 증명해 보이지 않았느냐? 네가 보듯이, 내게는 아무런 대가가 없이도 나를 섬기며, 다른 어떠한 것도 의지할 수 없을 때에도 순전하게 내게 순종하는 종들이 있느니라. 네가 그의 재산과 종들과 자녀들을 취하여 갔지만 그는 여전히 자기 자리에 서 있으니, 그에게서 뜻을 이루지도 못했고, 그의 순전함도 그에게서 빼앗지 못하였느니라."

둘째 이유. 하나님께서 우리에게 **전신갑주를 베푸시는 목적이 바로 우리로 하여금 용맹스럽게 서고 사탄의 시험에 굴복하지 않게 하시기 위함**이기 때문입니다. 성(城)을 방어하기에 충족한 무기가 제공되어 있는데도 그 성을 원수의 손에 넘겨 준다면, 이는 지극히 수치스런 일이요 신뢰를 저버리는 처사일 것입니다. 그렇기 때문에 그리스도인의 죄는 다른 사람의 죄보다 더 수치스러운 것입니다. 그는 죄를 대적할 수 있는 더 나은 조건을 부여받고 있기 때문입니다. 은혜가 없는 사람의 경우는 육신적인 쾌락이나 이득을 약속해 주는 죄가 다가올 때에 처음부터 거기에 굴복해 버리고 사탄에게 자신을 종으로 내주는 것이 전혀 이상스러운 일이 아닙니다. 그 가련한 불신자에게는 안타깝게도 그 죄를 격퇴시킬 장비가 전혀 준비되어 있지 않은 것입니다. 그는 그리스도에게서 전혀 감미로움을 맛보지 못합니다. 그러니 이 굶주린 영혼이 더 나은 양식이 없어서 마귀가 던져 주는 것을 덥석 받아먹는 것이 무엇이 이상하겠습니까? 저 세상에 대한 소망이 전혀 없는 자가 이 세상의 이득과 쾌락을 찾고 탐하는 것이 어찌 이상스런 일이겠습니까? 염소는 그 매어 있는 곳에서 먹이를 먹을 수밖에 없다고들 합니다. 그러니 죄인은 이 땅과 땅의 것들로 먹이를 삼을 수밖에 없습니다. 그의 육신적인 마음이 그런 것들에 매어 있으니 말입니다. 하지만 그리스도인은 이 시시한 세상이 약속하는 가짜와는 다른 참된 영광에 대한 소망을 품고 있습니다. 그렇습니다. 이 땅에서도 천국의 기쁨의 일부를 누릴 수 있도록 만들어 주는 믿음이 그에게 있을 뿐 아니라, 그 믿음이 바로 약속의 좋은 것들을 현실로 누리게 만들어 주는 은혜의 본질입니다. 이 투구를 쓰고 또한 방패를 높이 들고 있으므로 비 오듯 화살이 쏟아져 날아와도 그리스도인이 해를 받지 않는 것입니다. 하나님께서는 그리스도인이 시험에 굴복하는 것을 더욱 나쁘게 여기실 만한 이유가 있습니다. 하나님께서 방어를 위해서 그에게 은혜를 주셨으니 그 은혜들을 사용하기만 해도, 혹은 천국을 향하여 도움을 요청하기만 해도, 든든히 설 수 있었을 것이기 때문입니다. 하나님께서는 아담에게 "내가 네게 먹지 말라 명한 그 나무 열매를 네가 먹었느냐?"라고 말씀하십니다(창 3:11). 여기서 "네가"에 악센트가 있습니다. "낙원 전체가 네 앞에 있으니 네가 굶주림 때문에 그렇게 한 것은 분명 아니로다. 사탄을 잘 맞서도록 네게 베풀어진 그 열매들을 네가 먹었더냐?" 하나님께서는 그리스도인에게 이렇게 말씀하실 수도 있습니다: "네게 열쇠가 있으니 나의 찬장에 가서 얼마든지 음식을 꺼내 먹을 수 있었는데도 네가 마귀가 주는 음식을 먹었느냐? 마귀가 주는 부스러기들을 그렇게 잘 받아먹을 정도로 하늘 아버지께서 네 집을 굶주리게 하시느냐?"

셋째 이유. 그리스도인의 안전이 사탄을 대적하는 데 있기 때문입니다. 여기 베풀어지는 모든 장비는 영적 싸움을 싸우는 그리스도인을 방어하기 위한 것이지, 싸움을 회피하게 하기 위한 것이 아닙니다. 그러니 우리는 반드시 싸워야 합니다. 도

피하거나 굴복하게 되면 모든 싸움에 지는 것입니다. 훌륭한 장수들은 휘하의 군사들로 하여금 더욱 결연한 의지를 갖게 하기 위하여 때로 도피할 안전한 퇴로(退路)에 대한 희망을 완전히 꺾어놓기도 합니다. 잉글랜드를 정복한 노르만 족의 왕은 휘하의 군사들에게 싸우든지 죽든지 둘 중의 하나를 택하리라는 결연한 의지를 심어주기 위하여 그들이 잉글랜드의 해변에 상륙하자마자 그들이 보는 앞에서 배를 다 돌려보내었다고 합니다. 하나님께서는 비겁자가 자기의 안전에 대한 생각을 전혀 갖지 못하도록 하시고자 하나님의 군대의 등 뒤에 아무것도 남겨두지 않으십니다. "담대히 서라. 그러면 너희의 전신갑주로 모든 탄환들을 막으리라. 도망하라. 그러면 그것들이 네 심장에 들어와 박히리라." 싸움터는 정말이지 처절한 곳입니다. "나의 의인은 믿음으로 말미암아 살리라 또한 뒤로 물러가면 내 마음이 그를 기뻐하지 아니하리라"(히 10:38). 믿음으로 담대히 서는 자는 생명을 얻을 것이나, 뒤로 물러서고, 헬라어 단어(후포스테이레타이)가 암시하듯이, 본연의 색깔을 버리고 도망하는 자는, 그의 그런 행동이 그에 대한 하나님의 진노의 정당한 시행인 경우를 제외하고는, 하나님께서 그를 기뻐하지 않으실 것입니다. 그런 사람은 사탄과 대적하여 싸우는 데에서 하나님을 원수로 삼아 그를 대적하여 싸우는 데로 입장을 바꾸는 것이 아닙니까? 죄와 사탄을 대적하여 싸우는 일에는 물론 그것이 피 흘리기까지 싸우는 것이지만 그래도 거기에 위로가 있습니다. 하지만 복수하시는 하나님의 불 같은 분노 아래서는 아무도 견딜 수가 없는 것입니다. 사탄이 공격을 가해도, 하나님께서 그것을 없애 주실 수 있습니다. 하지만 하나님께서 공격하신다면 과연 누가 그것을 완화시킬 수 있단 말입니까? 비겁한 처신이나 반역 행위로 인하여 단두대에서 도끼로 죽임을 당하기보다는 차라리 왕을 위하여 싸움터에서 싸우다 죽기를 바라지 않을 사람이 어디 있겠습니까?

넷째 이유. 우리가 상대해야 할 원수가 오로지 대적하는 것밖에는 다른 대안이 없는 존재이기 때문입니다. 하나님이 원수가 되신다면 그에게 굴복하면 됩니다. 그러나 마귀는 오직 무력을 통해서 물리쳐야만 하는 존재입니다.

1. 그는 **비겁한 원수**입니다. 대담한 얼굴을 하고 사람을 시험하지만, 마귀는 가슴속에 두려움이 가득한 심장을 지니고 있습니다. 그가 도모하는 일이 하나도 이루어지지 않으니 말입니다. 마치 도둑이 집에서 도둑질을 하면서 빛을 볼 때마다, 혹은 이런저런 소리를 들을 때마다 두려움을 갖는 것처럼, 사탄은 성도의 심령이 일깨워져서 자기를 대적하는 자세를 취하는 것을 볼 때에 용기를 잃어버립니다.

그리스도인 여러분, 여러분이 사탄을 두려워하는 것 이상으로 그가 여러분을 두려워합니다. "내가 예수도 알고 바울도 알거니와"(행 19:15), 즉 내가 그들을 치욕스럽게 알거니와, 그들이 나와 겨루어 내게 치욕을 안겨 주었으니, 너희가 그들과 같다면 너희도 역시 두려워하리라는 뜻이 담겨 있습니다. 여러분, 믿으십시오. 마귀는 여러분의 믿음을 보고 두려워 떱니다. 마귀가 공격할 때에 기도로 천국을 향하여 도우심을 청하고, 그가 조장하는 움직임을 거부하며 용맹스럽게 믿음을 발휘하십시오. 그러면 반드시 그가 도망하는 것을 보게 될 것입니다. 성 안에 있는 군사들이 자기들을 에워싸고 있는 원수들이 흐트러진 상태에 있으므로 그들이 돌격해 나가면 반드시 와해되고 도망하리라는 것을 안다면, 그들이 용기가 백배하여 대적하지 않겠습니까? 하나님의 성령께서 — 그는 마귀의 진영을 어떻게 공략할지를 잘 알고 계십니다 — 각종 시험으로 괴로움을 당하는 각 심령에게 다음과 같은 정보를 보내십니다: "마귀를 대적하라 그리하면 너희를 피하리라"(약 4:7). 우리가 내주지 않으면 그는 우리를 해칠 수가 없습니다. 마귀는 제대로 잘 끌어당기는 존재가 못됩니다. 끌려오지 않는 것을 보면 — 심령이 굴복하지 않으면 — 마음에 용기를 상실해 버립니다. 최소한 잠시 동안은 그렇게 됩니다. 그리스도와의 싸움에서도 성경은 그가 "얼마 동안 떠났다"고 말씀하고 있습니다(눅 4:13). 마귀가 동일한 소송을 계속해서 진행하고 있다면, 그것은 그를 상대하는 자가 그에게 완전히 굴복하지는 않았다 할지라도 그를 단호하게 부인하지 않았다는 뜻입니다. 마귀는 사람에게서 조그만 것 하나라도 틈이 보이면 그것을 세심하게 이용하여 소송을 진행시키는 소송인입니다. 그에 대해 문을 닫아 버리고 그와의 대화 자체를 부인하는 것 외에는 그를 물리칠 길이 없는 것입니다.

2. 그는 살며시 침입하는 원수이니 대적하여 물리쳐야 합니다. 사도는, "해가 지도록 분을 품지 말고 마귀에게 틈을 주지 말라"고 말씀합니다(엡 4:26, 27). 군사들이 비겁하게도 성을 방어하기 위해 자기들에게 배치된 자리를 이탈하여 원수에게 틈을 주게 되면, 그들이 그 자리로 들어가 그것을 교두보로 아주 쉽게 성을 함락시킬 수 있게 됩니다. 그러므로 한 가지 시험에 굴복하게 되면 그것은 우리의 진지 속으로 마귀를 불러들여 그로 하여금 우리에게 더욱 악행을 가할 수 있도록 아주 유리한 고지를 차지하게 만드는 것입니다. 화난 사람이 도무지 생각을 하지 않고 그저 자기의 감정을 달래기 위해 날카롭고 쓰라린 말을 퍼붓기만 한다면, 그의 분노와 화가 그의 입술을 통해 표출되는 동안 마귀는 문이 열려 있는 것을 알고서 그에게

로 들어가 그가 상상한 것보다 더욱더 그를 부추기는 것입니다. 우리는 한니발 (Hannibal: 기원전 2세기경의 카르타고의 장군 — 역주)을 상대하는 것이 아닙니다. 그는 용맹스런 무사(武士)였으나 승리를 통해 얻어진 유리한 조건들을 잘 살려 이용하는 기술이 없었습니다. 우리가 상대할 자는 간교한 마귀입니다. 그는 자기가 점령한 고지를 절대로 쉽게 놓치는 법이 없습니다. 그러므로 우리로서 최선의 길은 그에게 맞장구치지 않는 것이요, 올무에 걸리는 일이 없도록 죄가 거하는 문 가까이에 가지 않는 것입니다. 불에 데고 싶은 생각이 없다면, 시험의 석탄 난로 가까이에 가지 말도록 합시다. 몸을 거멓게 그을리고 싶은 생각이 없다면, 태양 볕에서 있지 맙시다. 대담하게도 사탄에게 어느 한 가지를 양보하면서 다른 일에는 결코 양보하지 않겠다고 떠벌리는 자는 과연 이 뱀이 얼마나 교묘하며 용의주도한 존재인지를 잊고 있는 것입니다. 술주정뱅이들과 어울려 있고 죄가 범해지는 자리에 흔히 가 있으면서도 자기들은 그 자들과는 다르다고 하며, 순결하지 못한 것들을 눈으로 보면서도 스스로 순결하다고 하며, 시대의 온갖 부패한 교훈에 귀를 기울이면서도 스스로 믿음이 건전하다고 한다면, 과연 그들을 어떻게 신뢰할 수 있겠습니까? 이것은 정말로 큰 착각입니다. 작은 일에서 사탄을 저지할 능력이 없다면, 더 큰 일에서는 더 더욱 사탄을 저지하지 못합니다. 그렇게 할 것이라고 생각할 이유가 어디 있단 말입니까? 시험의 소용돌이 속에 던져지면 그 속에서 여러분 자신을 지킬 만한 은혜가 여러분에게 없는데도, 여러분 자신이 그 소용돌이의 힘을 견뎌 낼 것이라고 믿는단 말입니까? 여러분, 배 안에 있을 때에 바다에 빠지지 않도록 자신을 지키는 것이 바다에 빠진 다음 안전하게 배에 다시 올라오는 것보다 훨씬 더 쉬운 법입니다.

3. 그는 우리를 고발하는 원수입니다. 그러므로 정말로 어리석은 것은 바로 마귀가 얼마나 고발을 잘 하는 존재인지를 알면서도 그의 시험에 굴복하여 마귀의 입에 일거리를 주고 그로 하여금 하나님께 자신을 고발하게 만드는 것입니다. 어떤 이는 어리석게도 점술사에게 돈을 주는 한 그가 우리를 해치지 못한다고 말하기도 합니다. 하지만 확실한 사실은 마귀에게 전혀 친절을 보여주지 않는 한, 마귀가 여러분을 해칠 수가 없다는 것입니다. 그가 여러분을 고발할 수가 없으니 말입니다. 그러므로 거룩한 욥의 다음과 같은 결단을 취하기를 바랍니다: "내가 내 공의를 굳게 잡고 놓지 아니하리니 내 마음이 나의 생애를 비웃지 아니하리라"(욥 27:6). 마귀의 부르짖는 소리가 문 안에서 들리지 않는 이상 신자에게 슬픈 일이

아닙니다. 마귀가 아니라 양심이 역사하여 우리를 끌어내리기 때문입니다. 오오 여러분, 양심이 여러분을 비웃지 않게 하십시오. 그러면 여러분은 안전할 것입니다.

[그리스도인의 임무 — 자기 자리에 서 있어야 함, 그리고 배회(徘徊)의 위험성]

둘째. "선다"는 것은 각자 자기의 직능에 따라 부여된 적절한 자리를 지키고 선다는 뜻이며, 따라서 모든 무질서나 자기 자리에서 이탈하여 배회하는 것과 반대되는 것입니다. 군대의 대장은 휘하의 병사들이 자기들의 지위와 질서를 따라 행진하거나 싸우는 것을 볼 때에, 든든히 서라고 명령합니다. 이런 문제에 있어서 군대의 질서는 지극히 철저합니다. 그 누구도 특별한 명령이 없이 임의로 자기 자리를 이탈하는 것이 허용되지 않습니다. 비록 큰 승리를 얻었더라도 병사가 자기 자리를 이탈하여 싸운 것 때문에 목숨을 잃는 경우도 있었습니다. 만리우스(Manlius)는 자기 아들을 죽였는데, 다른 과실 때문이 아니라 바로 자기 자리를 이탈한 것 때문이었습니다. 그러므로 다음을 주목합시다.

가르침. 그리스도인은 각자 하나님께서 그에게 지정해 주신 특정한 자리에서 질서를 지키며 서기를 주의해야 한다는 것입니다. 마귀의 방법은 먼저 질서를 깨뜨려놓고 그 다음에 패망하게 하는 것입니다. 질서란 무리와 함께 있는 것을 전제합니다. 그러므로 홀로 행하는 자는 자기의 지위를 따라 행할 수가 없습니다. 그러므로 그리스도인이 서 있어야 하는 자리와 직무는 그가 소속되어 행하는 사회 혹은 무리와 관계되는 것입니다. 그리스도인은 세 가지 무리와 관계를 맺는다고 볼 수 있는데, 교회와 국가와 가정이 그것입니다. 이 모든 사회에는 거기에 합당한 직무와 자리가 있습니다. 교회에는 직분자들과 일반 회원들이 있고, 국가에는 관리들과 백성들이 있고, 가정에는 주인과 종, 부모와 자녀, 남편과 아내가 있습니다. 이 사회들이 잘 유지되는 것은 질서가 잘 지켜지느냐에 달려 있습니다. 모든 바퀴들이 서로 부딪치지 않고 제자리에서 잘 굴러갈 때에, 구성원 각자가 자기 자리에서 임무를 다하여 전체 사회의 유익에 기여할 때에 해당 사회가 잘 유지되는 것입니다. 그러나 좀 더 구체적으로 말하면, 사람이 다음 세 가지를 행할 때에 그 사람이 자기 자리에서 질서 있게 서 있는 것이라 하겠습니다.

첫째. 자기의 자리에 속하는 특정한 임무를 잘 이해할 때에. "슬기로운 자의 지혜는 자기의 길을 아는 것"이니라(잠 14:8). "자기의 길"이라고 합니다. 즉, 자기가 걸어 가야 할 특정한 길을 뜻하는 것입니다. 여정의 목적지가 런던이라면, 요크(York)로 가는 길을 잘 알고 있다 해도 아무런 도움이 되지 않습니다. 하지만 우리는 우리 자신이 가야 할 길과 일보다는 다른 사람의 길과 일을 알려고 애쓰기가 얼마나 쉬운지 모릅니다. 종이 주인을 위해서 자기가 해야 할 일이 무엇인지를 알려고 하기보다 주인의 임무가 무엇인지를 더 알려고 합니다. 교인들은 자기들이 그들을 가르치는 자들에게 주 안에서 해야 할 일에 대해서보다는 자기들을 가르치는 목사가 해야 할 일에 대해서 더 많이 관심을 갖는 경우가 많습니다. 다른 사람의 임무를 알고 또한 다른 사람의 태만에 대해 탄핵하고 질책하는 것이 우리의 여정을 안전하게 마치도록 해주는 것이 아닙니다. 아닙니다. 우리 자신의 임무를 제대로 행하는 것이 중요한 것입니다. 그런데 우리 자신이 해야 할 임무를 알지 못하고서 어떻게 그것을 행할 수 있겠습니까? 솔로몬이 자신의 지혜를 드러내 보인 것은 다름이 아니라 하나님께 지혜를 구한 사실입니다. 그는 자기 자리에서 행하여야 할 임무를 잘 행할 수 있는 지혜를 구한 것입니다.

둘째. 우리 자리에 속하는 임무를 안 다음 양심적으로 그 일에 헌신하고 그 일에서 하나님을 위하여 우리 자신을 드릴 때에. 바울이 디모데에게 자기 자리에서 임무를 다할 것을 권고했다면, 각 그리스도인이 자기 자리에서 자기의 임무를 다해야 하는 것입니다. 그리스도인으로서 자기의 자리와 소명에 속한 "이것들을 묵상하고" 또한 자기 임무를 행하는 일에 "전심전력하여야" 하는 것입니다(딤전 4:15). '엔 투토이스 이스티', 즉 "그것들 속에 있어라", 네 마음이 네 일에 있게 하고, 전적으로 거기에 사로잡혀 있으라는 것입니다. 우리가 속한 자리와 일터에서 실천되지 않으면, 신앙이 어리석은 것이 되고 그저 아무것도 아닌 허황된 사상으로 전락해 버리고 맙니다. 그러나 그저 입으로만 신앙을 고백할 뿐 스스로 그리스도인임을 증명할 것이 하나도 없는 사람들이 많습니다. 이들은 마치 나무껍질이 나머지 모든 것보다 값이 더 나가는 계피나무와 같다 할 것입니다. 이들에 대해 사도는 다음과 같이 말씀합니다: "그들이 하나님을 시인하나 행위로는 부인하니 가증한 자요 복종하지 아니하는 자요 모든 선한 일을 버리는 자니라"(딛 1:16). 사도가 말씀하는 선한 일이 무엇을 뜻하는지는 디도서 2장의 말씀에서 나타나는데, 거기서 그는 그리스도인들이 그들이 처한 구체적인 자리와 관계 속에서 행하여야 할 임

무들을 제시합니다. 선한 그리스도인과 불순종하는 아내나, 경건한 사람과 불성
실한 종이나 임무를 다하지 않는 자녀는 서로 결코 양립(兩立)할 수 없는 모순인
것입니다. 가정에서 올바르게 행하지 않는 자는 교회에서도 외식하는 자일 뿐입
니다. 자기 가게에서 그리스도인이 아닌 자는 골방에서도 그리스도인이 아닙니
다. 무릎을 꿇고 기도한다 해도 말입니다. 어느 한 부분에서 신앙이 상처가 나면,
모든 부분에서 그것이 느껴지는 법입니다. 한 쪽에서 신앙이 쇠퇴하면, 다른 쪽에
서도 절대로 활기를 발휘할 수가 없습니다. 신앙에서 그릇 행하는 자들이 모두 동
일한 식으로 그릇 행하는 것이 아닙니다. 우리의 자연적인 삶에서도 볼 수 있듯이,
어떤 이들은 위로 올라가면서 죽고 어떤 이들은 밑으로 내려가면서 죽습니다. 맨
끝에 있는 발이 먼저 죽고, 그 다음에 증상이 다리로 올라가고, 마지막에는 신체의
급소로까지 번져가고, 또 어떤 경우는 상체의 부분들이 먼저 손상을 입고 아랫부
분으로 퍼져가기도 합니다. 겉모양의 신앙도 마찬가지입니다. 어떤 경우는 하나
님께 예배하는 일에나 말씀을 듣고 기도하는 따위의 일에서는 매우 열심을 보이
는 것 같으면서도, 자기들의 특정한 직업의 임무들과 또한 자기들의 지위와 관계
로 인하여 사람들에게 해야 할 임무들은 등한시하는 데에서부터 쇠퇴의 증상이
나타납니다. 그러나 다른 사람들은 후자의 임무들은 철저히 행하는 모습을 보이
지만, 전자의 임무에서 쇠퇴의 증상이 나타나기도 합니다. 둘 다 똑같이 영혼을 파
괴시키고, 둘 다 경건의 능력을 말살시킵니다. 자신의 자리에서 하나님께와 사람
에 대해 주어진 임무를 온전히 양심적으로 행하는 자가 질서 있게 제자리에 서 있
는 자인 것입니다.

　셋째. 질서 있게 서 있으려면 우리의 자리와 소명의 경계를 지키는 것이 필수적입
니다. 이스라엘 백성들은 각 사람이 "자기의 진영의 군기"를 따라 "진을 치라"는
명령을 받았습니다(민 2:2). 헬라어 칠십인역본은 이를 '카타 타그마' 번역하는데,
곧 "질서를 따라"라는 뜻입니다. 하나님께서는 그의 성도들의 군대에서 자리를 이
탈하여 이리저리 배회하는 자를 용납하지 않으시는 것입니다. "하나님이 각 사람
을 부르신 그대로 행하라"(고전 7:17). 우리는 하나님께서 우리를 불러주신 그 길
에서 행하여야 합니다. 그러므로 각자 "자기 일을 하라"고 명령하시는 것입니다
(살전 4:11). 군대 대장의 일은 낮은 병졸의 일과 다르며, 국가 관리의 일은 휘하 시
종들의 일과 다르며, 목사의 일은 교인들의 일과 같지 않습니다. 군주에게는 정의
로운 일이 다른 사람에게는 살인이 될 수도 있는 것입니다. 그것들은 "우리 자신의

일들"입니다. 곧, 우리의 일반적이며 특수한 부르심의 범위 내에 속한 일들인 것입니다. 이 일들을 벗어난다면, 그것은 우리의 관구(diocese)를 벗어나는 것입니다. 모든 사람이 각자 자기 자리를 안다면, 얼마나 세상이 조용해지겠습니까! 바다가 자기 자리를 지킨다면, 홍수가 없을 것입니다. 사람들이 자기 자리를 지킨다면, 이 불행한 세대에 만연되어 있는 온갖 죄나 비참의 홍수 같은 것이 보이지 않게 될 것입니다. 그러나 우리의 변화무쌍한 영혼들을 우리 자신의 경계들 내에 담아둘 수 있는 제방(堤防)이라면 정말이지 강력한 제방임에 틀림없습니다. 베드로는 자기 일이 아닌 일에 호기심을 가졌다가 그리스도께로부터 날카로운 책망을 받았습니다: "네게 무슨 상관이냐?"(요 21:22). 그리스도의 이 말씀은 마치, "베드로야, 이것은 네가 상관할 일이 아니니 네 자신의 일에나 관심을 가져라"라는 뜻과도 같습니다. 어떤 이의 견해에 따르면, 베드로가 이 말씀으로 책망을 받음으로써 후에 바로 그러한 죄를 그렇게 악하게 보고 그 죄에 대해 그렇게 철저하게 책망하게 되었을지도 모를 일입니다. 그는 베드로전서 4:15에서 "남의 일을 간섭하는 자"를 살인자나 도둑질하는 자와 동급으로 열거하고 있습니다. 자, 각 사람으로 하여금 자기 자리를 지키게 하고 또한 자기의 위치를 깨뜨리지 않고 거기서 질서 있게 서 있도록 설득하기 위해서는 다음과 같은 다섯 가지 고려 사항들이 도움이 될 것이라 생각됩니다. 특히 성경 속에 있는 하나님의 말씀을 권위로 받아들여 그 말씀에 준하여 결론짓고 생각을 결정하는 이들에게는 특히 더욱 유익할 것이라 여겨집니다.

[든든히 서도록 모두를 설득하기 위해 유념할 다섯 가지 고려 사항]

고려 사항 1. 여러분이 자기 자리를 벗어나서 행하는 일을 하나님께서 받아들이지 않으신다는 것을 생각하십시오. "믿음이 없이는 하나님을 기쁘시게 못"하는데, 그런 일은 부르심을 받지 않고 자의로 행하는 것이니 결코 믿음으로 행하는 것일 수가 없기 때문입니다. 하나님께서는 그가 명령하시지 않은 일을 여러분이 행한 것에 대해 여러분에게 감사하시지는 않습니다. 어쩌면 여러분이 선한 의도를 갖고 그런 일을 행한 것일 수도 있습니다. 웃사도 선한 의도로 언약궤를 붙잡았습니다만, 하나님께서 그의 열심을 어떻게 대하셨습니까? 사무엘하 6:7을 보십시오. 사울도 자기의 희생 제물에 대해 그럴듯한 이야기를 꾸며댈 수 있었지만, 그것이 아무런 도움이 되지 않았습니다. 우리는 우리가 무슨 일을 행하는지를 자문해야 하지만, 또한 그 일을 우리에게 요구하는 자가 누구인지도 물어야 합니다. 단언하건 대, 하나님께서는 마지막에 우리에게 바로 그 질문을 하실 것이요, 만일 우리가 정 당히 명령받은 사실을 제시하지 못하면 그 일이 우리에게 화가 될 것입니다. 우리 의 임무가 아닌 일로 바삐 움직이고 있는 동안에는 우리의 임무를 등한시할 수밖 에 없으니 말입니다. 여자는 다음과 같이 고백합니다: (그들이) "나에게 노하여 포 도원지기로 삼았음이라. 나의 포도원을 내가 지키지 못하였구나"(아 1:6). 그들의 포도원과 자기 자신의 포도원을 동시에 지킬 수는 없었던 것입니다. 다른 사람의 달구어진 쇠를 때리는 동안 우리 자신의 쇠가 식어지는 것입니다. 하나님께서 우 리에게 명하신 일을 버려두고 그가 전혀 명하신 적이 없는 일에 매달린다면, 이는 분명 하나님께서 기뻐하지 않으십니다. 며칠 동안 학교에 출석하지 않은 학생을 불러 주의를 줄 때에, 그 학생이 그동안 아무개의 공장에서 일을 했노라고 변명한 다면 과연 이것을 선생이 받아들이고 용납하겠습니까? 아닙니다. 그 학생의 일은 학교에서 할 일이지 공장에서 할 일이 아닌 것입니다.

고려 사항 2. 우리의 자리와 부르심을 벗어나게 되면, 그것은 하나님의 보호하심 아래서 벗어나는 것입니다. 성경은 "네 모든 길에서 너를 지키게 하실 것"이라고 약 속합니다(시 91:11). 그러니 우리의 정해진 길에서 벗어나게 되면, 그것은 그의 날 개 아래에서 벗어나는 것입니다. 이에 대해 아주 훌륭한 말씀이 있습니다: "너희는 각각 부르심을 받은 그 곳에서 하나님과 함께 거하라"(고전 7:24. 한글개역개정판은 "너희는 각각 부르심을 받은 그대로 하나님과 함께 거하라" — 역주). 여기서 "하나님과 함 께 거하라"는 문구를 주목하십시다. 하나님과 함께 행하기를 사모하니 만큼 우리 는 반드시 우리의 자리와 부르심을 지켜야 합니다. 거기로부터 한 걸음 벗어나면 그만큼 하나님께로부터 벗어나는 것입니다. 비천한 자리와 보잘것없는 부르심을 지키면서 하나님의 감미로운 임재를 누리는 것이 궁궐에 들어가 하나님 없이 사 는 것보다 나은 것입니다. 아마도 한 거룩한 감독의 이야기를 들어보셨을 것입니 다만, 그가 여행 중에 한 여관에 들어가게 되었는데 주인과 잠시 이야기하던 중에 그가 무신론자나 무신론적인 생각이 매우 강한 사람이라는 것을 알고는 사환에게 이르기를, 그곳에는 하나님이 계시지 않으니 거기서 묵지 않을 것이라고 하면서 즉시 말을 데려오게 했다는 것입니다. 어느 곳이든 어느 일이든 간에 여러분이 부 르심을 받지 않은 곳에 있거나 부르심을 받지 않은 일을 하고 있다면, "하나님이 그곳에 혹은 그 일에 계시지 않는다"고 말해도 될 것입니다. 하나님께서 임재하사 도우시거나 보호하실 것을 도무지 기대할 수 없는 곳에 거한다면, 그것은 정말 대담한 모험이 아닐 수 없습니다. "자기 자리를 떠나 유리하는 사람은 보금자리를 떠나 떠도는 새와 같으니라"(잠 27:8. 한글개역개정판은 "고향을 떠나 유리하는 사람은"으로 번역함 — 역주). 하나님께서는 둥지 안에서 알을 품고 있는 새를 해하지 말도록 특별히 배려하셨습니다만(신 22:6), 밖에서 날아다니는 새에 대해서는 아무런 배려도 하시지 않습니다. 우리 자리에서 임무를 행할 때에는 천국의 말씀을 통해 우리의 안전이 보장되어 있습니다. 그러나 우리가 방황하게 되면 그것은 스스로를 위험에 빠뜨리는 것입니다. 그때에 우리는 마치 자기 영역을 벗어난 시므이와 같이 되어 심판을 자초하게 될 것입니다. 우리 자리에서 감당해야 할 임무를 소홀히 하거나 버려두는 것과 또한 부르심을 받지 않은 일을 행하는 것은 똑같이 위험한 일입니다. 고라와 그 일당들이 자기들의 것이 아닌 것을 찬탈하는 것을 땅이 견디지 못하고 그들을 삼켜 버렸듯이, 바다도 하나님께서 행하라고 부르신 자리와 일을 벗어나 도망하고 있던 선지자 요나를 대적하여 증언하며 그를 가라앉히지 않을 수 없었습니다. 오오, 천사들이 그들을 지으신 하나님께서 지정해 주신 자기 자리와 임무를 저버리자, 하늘도 그들을 품어 주지 않았습니다. 이것이 천사들이 "자기 처소를 떠났다"(유 6)는 말씀에 대한 가장 합당한 해석이라 여겨집니다. 수많은 심령들의 패망이 바로 이 문간에서 일어납니다. 먼저 그들이 자기들의 지위를 깨뜨리고, 그렇게 되면 계속해서 더한 시험 속으로 이끌려 들어가는 것입니다. 압살롬은 먼저 야망이 가득하여 울타리를 넘보았습니다. 그는 왕이 되고자 하였고, 이런 종잡을 수 없는 욕망으로 자신의 자리를 넘어서게 되고, 그리하여 반역과 근친상간과 살인 등의 피비린내 나는 죄들이 들어왔고, 이것들이 열매를 맺어 결국 그를 하나님의 복수의 손길에 사로잡히게 만들었던 것입니다. 사도는 질서와 군건함을 서로 연결시키고 있습니다: "내가 육신으로는 떠나 있으나 심령으로는 너희와 함께 있어 너희가 질서 있게 행함과 그리스도를 믿는 너희 믿음이 군건한 것을 기쁘게 봄이라"(골 2:5). 군대가 질서를 긴밀히 유지하고 있고, 각 병졸마다 자기 자리에서 자기 임무를 충실히 이행하며 자기의 일에 만족한다면, 그 군대는 그야말로 난공불락일 것입니다. 오늘날 오로지 주어진 질서를 깨뜨리는 것만으로 그 군건함에서 이탈하는 자들이 얼마나 많습니까?

고려 사항 3. 다른 사람의 일을 행하지 않은 것 때문에 책망을 받는 일은 결코 없을 것입니다. "네가 보던 일을 셈하라"(눅 16:2), 즉 네 자리에서 네게 맡겨진 일을 셈하

라는 뜻입니다. 사실 우리가 다른 사람이 자기 자리에서 죄를 짓고 악행을 범하는
데에 방조자가 될 수도 있습니다. "그들과 함께 하는 자가 되지 말라"고 말씀합니
다(엡 5:7). 매우 주의하지 않으면 우리가 다른 사람과 함께 하여 그 사람의 죄에
연루되기도 합니다. 그러므로 우리는 "주여 나의 다른 죄들을 용서하옵소서"라고
한 저 거룩한 사람의 기도에 우리 모두 "아멘"이라고 말할 수 있습니다. 상인들이
자기의 상품이 아닌 물건들을 팔 수도 있습니다. 이와 마찬가지로 우리도 여러 가
지로 다른 사람들의 손을 빌려서 죄를 짓기도 합니다. 특히 우리의 자리와 관계상
우리의 형제가 자기의 임무를 다하도록 도와주어야 하는데 그렇게 하지 않을 경
우가 그렇습니다. 그러나 우리가 우리 자리에 속하지 않는 일을 행함으로써 다른
사람의 태만을 조장하지 않는다면, 그것은 우리의 죄가 아닙니다. 국가의 관리들
이 하나님을 경외함으로 다스리도록 그들을 위하여 기도하여야 합니다. 그러나
그들이 그렇게 행하지 않는다고 해서 우리가 그들의 자리를 차지하고 그들의 일
을 행할 수는 없는 것입니다. 하나님께서 요구하시는 것은 바로 우리의 자리에서
성실히 임하는 것입니다. 사과나무에 사과가 주렁주렁 열리면 그만입니다. 사과
가 그 나무에게서 기대할 수 있는 정당한 열매이니 말입니다. 사과나무에 무화과
나 포도가 열리지 않는다고 해서 그 나무를 탓할 수는 없습니다. 무화과나 포도는
그것들이 열리기에 합당한 나무에게서나 기대할 수 있는 것입니다. "철을 따라"
자기의 "열매를 맺는" 자가 하나님의 과수원에 속한 열매 맺는 나무인 것입니다
(시 1:3).

고려 사항 4. 우리의 자리와 부르심에 속하지 않는 일을 행하느라 고난을 당하면 위
로가 없습니다. 무슨 일을 시작하기에 앞서서 먼저 우리 자신에게 진지하게 물어보
는 것이 필요합니다. 항해 중에 폭풍이 몰아칠 경우 우리에게 무슨 대책이 있는지
를 말입니다. 끝까지 감당할 수 없고, 또한 중도에 우리에게 닥칠 갖가지 어려움과
손해를 보상받지 못하는 일에 관여한다는 것은 어리석은 일일 것입니다. 정당하
게 우리에게 맡겨진 일로 인하여 고난당하는 경우가 아니면 하나님께서 우리를
고난에서 구해 주시기를 기대할 수가 없을 것이고, 따라서 위로도 없을 것입니다.
교회는, "우리가 종일 주를 위하여 죽임을 당하게 되며 도살할 양 같이 여김을 받
았나이다"라고 말합니다(시 44:22). 그러나 만일 우리가 우리의 부르심과 자리에
서 벗어나 고난을 당한다면, 우리가 "주를 위하여" 이렇게 저렇게 고난을 당한다
고 말할 수가 없고, "우리 자신을 위하여" 고난을 당한다고 해야 할 것입니다. "자

기가 하는 일을 자기가 받는다"는 속담을 잘 아시지요? 사도는 남의 일을 간섭하
는 자로 고난을 받는 것과 "그리스도인으로" 고난을 받는 것은 서로 전연 다른 것
임을 말씀하면서(벧전 4:15, 16), 그리스도인으로 고난을 받는 사람들에게, "부끄
러워 말고 도리어 그 이름으로 하나님께 영광을 돌리라"고 말씀합니다. 남의 일을
간섭하는 자들에 대해서는 살인자들과 도둑들과 한 패거리로 취급합니다. 그러니
그들은 부끄러워하고 두려워해야 마땅할 것입니다. 목수가 자신이 맡은 작업을
하는 중에 도끼로 발을 베거나 상처를 입으면 편안한 마음으로 잘 견딜 것입니다.
하지만 목수의 일과는 아무런 상관도 없으면서 괜히 공구를 갖고 장난치다가 상
처를 받는 사람은 부끄러움을 당할 수밖에 없는 것입니다. 그리스도인이 하나님
께서 그더러 가라고 하신 길을 가는 중에 환난이나 박해를 받으면, 그리스도를 위
하여 고난 받는 저 거룩한 사람이 행한 것처럼 성경을 보여주고 "이 책이 나를 핍
절하게 했고, 이 책이 나를 감옥에 가게 했다오", 즉 진리에 대한 믿음과 성경의 명
령들에 대한 순종으로 인하여 핍절하게 되었고 감옥에 갔다고 말할 수 있을 것입
니다. 그리고 병사가 왕을 섬기다가 사지(四肢)를 잃어버릴 경우 왕이 그를 먹여
살리는 것처럼, 하나님께서 그의 고난에 대해 보상해 주실 것을 확신을 갖고 기대
할 수가 있습니다. 그러나 자기 자리를 이탈하였다가 고난을 당하는 자는 그 고난
으로 인하여 쓰라림을 당할 것이요, 그 고난에 대한 책망 이외에는 하나님께로부
터 아무것도 기대할 수가 없을 것입니다. 아이가 하루 종일 빈둥거리며 쏘다니다
상처를 입고 밤에 지친 얼굴로 집에 돌아올 경우, 집에서 떠나 있었던 것 때문에
회초리를 맞는 것 외에는 아이가 아버지에게서 달리 기대할 것이 아무것도 없는
것처럼 말입니다. 저 박식한 독일의 요하니스 푼키우스(Johannis Funccius)는 이
사실에 마음이 크게 짓눌렸습니다. 그는 왕의 궁궐에서 복음을 전하는 목사였다
가 자기 왕을 섬기는 국가의 장관이 되었는데 마지막에 어떤 이의 악한 조언으로
인하여 재판을 받아 사형을 당하였습니다. 그는 죽기 전, 자신의 본연의 소명을 떠
난 일에 대해 매우 애통해하면서 다른 사람들을 경계시키기 위하여 다음과 같은
이행시(二行時)를 남겼습니다.

Disce meo exemplo mandato munere fungi,
Et fuge ceu pestem πολυπραγμοσυνην.
그대의 자리와 부르심을 지키기를 내게서 배우라,

간섭자가 있으면 역병(疫病)으로 여겨 도망할지어다.

고려 사항 5. 많은 이들을 이끌어 자기들의 자리와 부르심에서 벗어나게 만드는 것은 그릇된 영입니다. 모세나 기드온, 비느하스 등의 성경 속의 인물들에서 보듯이 몇몇 하나님의 종들이 하늘로부터 받은 바 일들을 탁월하게 행하는 능력이 있다는 것을 저도 인정합니다. 그러나 그런 능력이 없으면서 그 비슷한 것을 갖고 있는 체하는 것은 위험한 일이요, 또한 지금 하늘로부터 그런 능력을 직접 부여받기를 기대하는 것도 합당치 못한 일입니다. 하나님께서는 그런 능력들을 일상적인 방식으로 베푸시며 또한 그에 대한 규범을 그의 말씀 속에 제시하시니 말입니다. 일상적인 수단을 사용하지 않고 극히 이례적인 방식으로 부르심 받기를 기대할 수도 있고, 또한 이례적인 방식으로 가르침 받기를 기대할 수도 있습니다. 누구든 선지자들과 사도들처럼 이적적인 은사들을 받은 것이 보이면, 직접 하나님의 부르심을 받았다는 그들의 주장이 순전하다고 생각할 것입니다. 확실히 말하건대 이례적인 부르심과 이례적인 가르침이 함께 병행된다는 것을 말씀에서 발견하게 됩니다. 자 그러면, 많은 이들을 이끌어 자기 자리와 부르심에서 벗어나게 만드는 그 그릇된 영이 어떤 것인지를 살펴보도록 합시다. 그것은 항상 똑같지 않습니다.

(1) 때로는 나태함이 그런 역할을 합니다. 자기가 해야 할 일을 소홀히 하게 되면, 이어서 자기와는 전연 상관없는 일에 관여하도록 설득당하기 십상입니다. 사도는 이 점을 분명히 지적하고 있습니다. "그들은 게으름을 익혀 집집으로 돌아다니고 게으를 뿐 아니라 쓸데없는 말을 하며 일을 만들며 마땅히 아니할 말을 하나니"(딤전 5:13). 나태한 사람은 어슬렁거리며 돌아다니길 잘 합니다. 그는 문지방에다 발을 들여놓고 쉽게 다른 곳을 기웃거리다가 금방 다른 사람의 경내로 들어갑니다. 그는 한가하게 있다가 마귀의 속삭임에 솔깃합니다. 자기 자리에서 하나님을 섬기지 않는 자는 제대로 서지 못하고, 마귀가 그에게 자기 심부름을 시킵니다. 그를 시켜 다른 사람의 밭에 낫을 갖다 대게 만드는 것입니다.

(2) 교만과 불만이 사람들로 하여금 자기 자리를 벗어나게 만듭니다. 어떤 이들은 이것 때문에 매우 불행합니다. 그들의 마음이 너무나도 크게 부풀어 있어서 하나님께서 그들에게 제시하신 자리가 도무지 만족스럽지 못합니다. 그들의 부르심이 매우 비천하고 낮을 수도 있습니다. 하지만 그들의 심령은 하늘을 찌를 듯이 높은 데에 올라가 있어서, 자기들의 처지에 맞게 마음을 낮추기를 힘써야 하는데도

그들은 오히려 자기들의 교만한 마음에 맞도록 자기들의 처지를 높일 궁리를 하는 것입니다. 그들은 그처럼 답답한 한계 속에 갇혀 있으니 자기들은 정말 불행한 자들이라고 생각합니다. 사실 교만한 마음에게는 온 세상이라도 걷기에 너무 비좁습니다. *oestuat infoelix angusto limite mundi* (그것이 세상의 좁은 경계 내에 불행을 던져 넣습니다). 알렉산더에게 세상은 그저 작은 집에 불과했습니다. 그러니 그들이 무리 중에 숨어 있고, 희미한 구석에 그냥 누워 있겠습니까? 자기들의 가치를 세상에 알리기 전에 죽으려 하겠습니까? 아닙니다. 그런 것을 참을 수가 없습니다. 그러니 무대 위에 올라가 이런저런 식으로 자기들을 드러내려 합니다. 고라와 그를 따르던 무리들이 제사장을 그리도 사모했던 것은 그의 일 때문이 아니라 그 일에 뒤따르는 제사장의 존귀 때문이었습니다. 그들은 이것을 나누어 갖기를 간절히 바랐고, 다른 이들이 그것을 갖고 자기들에게서 도망치는 것을 보고 싶지 않았습니다. 압살롬이 자기 아버지의 왕위를 침을 흘리며 탐했던 것은 정의를 행하고자 하는 열정 때문이 아니었습니다. 비록 그가 자기의 야망을 그런 식으로 포장하기는 했지만 말입니다. 교회와 국가의 이런 지위들은 아름다운 꽃과도 같아서, 모든 시대마다 교만한 심령들이 그것들을 자기 정원에 심어 놓고자 하는 야망을 가져왔으나, 그 꽃들은 본래 자기의 토양에서만큼 결코 활짝 핀 적이 없습니다.

(3) 셋째로 그것은 불신앙입니다. 웃사는 바로 이것 때문에 흔들리는 언약궤를 멈추게 하려고 거기에 손을 대고 말았습니다. 언약궤는 오직 레위인이 메도록 되어 있었고, 그는 절대로 그것에 손을 대어서는 안 되었는데 말입니다. 민수기 4:15을 보십시오. 안타깝습니다! 그의 믿음이 언약궤보다 더 위험하게 흔들렸습니다. 언약궤가 넘어질 것을 두려워하다가 자기 자신이 땅에 떨어지고 말았습니다. 우리가 죄로써 하나님의 영광이나 진리나 교회를 뒷받침해 줄 필요가 전혀 없는 것입니다.

(4) 어떤 경우는 오해에서 비롯된 열정이기도 합니다. 자기들이 어떤 일을 할 수 있다고 해서 그 일을 해도 무방하다고 생각하는 사람들이 많습니다. 설교할 수 있으니 설교를 해도 괜찮다고 합니다. 사용하기 위한 것이 아니라면 무엇 때문에 은사를 받았겠습니까? 성도들이 은사들을 잃어버릴 필요는 없습니다. 목사의 사역에서 발휘될 것이 아니더라도 그 어떠한 은사도 잃어버릴 필요는 없습니다. 사사로운 그리스도인도 넓은 밭에서 형제들을 섬길 수가 있습니다. 하나님께서 처놓

으신 울타리를 무너뜨려서 그 결과로 무질서를 조장할 필요는 없습니다. 출애굽기 22장의 유대인의 율법은 울타리에 불을 놓았는데 그 불이 밭의 곡식을 불태우게 되면 그 사람이 비록 울타리에만 불을 놓았고 곡식을 태울 의도는 없었다 할지라도 그 불탄 곡식에 대해 보상을 해주도록 하고 있는데, 그 이유는 그럴 의도는 없었더라도 울타리에 불을 놓은 것 때문에 곡식이 불에 탔기 때문입니다. 오늘날 사사로운 그리스도인이 목사의 임무를 스스로 취하여 행하는 경우가 많은데, 그들이 교회 안에서 우리 중에 있어 왔고 또한 여전히 있는 그런 큰 소요를 일으킬 의도가 있었다고 감히 말하고 싶지는 않습니다. 결코 그렇게 생각해서는 안 됩니다. 하지만 오오 여러분, 저는 정말이지 그들이 그런 소요를 조장했다는 혐의를 벗게 해주고 싶습니다. 분명한 것은 목사의 소명과 일반 교인들의 소명 사이에 세워 놓으신 울타리에 그들이 불을 놓았다는 것입니다. 만일 목사직이 그리스도의 교회 내의 고유한 직분이라는 것을 인정한다면 — 저는 말씀이 그 사실을 인정하도록 요구한다고 봅니다만 — 동시에 그 직분이 아무나 행하여도 괜찮은 일이 아니요 반드시 그 직분에 부르심을 받은 자 외에는 행할 수 없는 일이라는 것도 인정해야 할 것입니다. 나라 안에 왕이 시키는 임무를 감당할 수 있는 사람이 많이 있지만, 사신(使臣)의 직무는 왕께로부터 보냄을 받았고 또한 왕의 신임장(信任狀)을 제시할 수 있는 자 외에는 아무도 행해서는 안 되는 것입니다. 하나님께로부터 목사의 직무를 위한 부르심을 받지 않은 자도, 그런 부르심을 받은 자만큼 진리를 잘 전할 수도 있습니다. 하지만 오직 부르심을 받고서 말씀을 전하는 자에 대해서만 그가 권위를 갖고서 선포한다고 말하며, 또한 그들은 부르심을 받지 않고 그저 자기들의 능력에만 의지하여 스스로 말씀을 전하는 자들과는 다르다고 말할 수 있을 것입니다. 여러분, 목사의 일을 좋아하십니까? 그렇다면 목사의 직분을 받아서 그 일을 정당하게 행할 수 있기를 바라지 않을 이유가 어디 있습니까? 여러분 스스로 목사의 일을 감당할 수 있는 은사가 있다고 생각하십니까? 그렇다면 여러분 자신보다는 교회가 더 확실하게 그 사실 여부를 판단할 수 있지 않겠습니까? 그리고 교회가 시험을 통하여 여러분을 목사직에 임직시킨다면, 여러분을 목사로 인정하여 교제의 악수를 나누지 않을 사람이 어디 있겠습니까? 여러분이 능력이 있다면 그리스도의 밭에서 수고하는 수많은 일꾼들 중에 여러분의 도움을 받아들이지 않을 사람이 별로 없을 것입니다. 하지만 여러분이 지금 무작정 능력대로 행하면 신중한 그리스도인들로 하여금 여러분에 대해 의혹을 갖도록 만들게 됩니다. 이미 왕의 군대가 들판에 배치되어 있는데, 거기에 또 다른 사람이 들어가서 원수를 상대하여 함께 싸워 왕을 섬긴다고 해서 부당한 일은 아닐 것입니다. 하지만 자기 스스로 군대의 선봉에 서서 왕이 보낸 장군들의 명령을 받거나 스스로 그들과 합류하기를 거부한다고 합시다. 그 사람 자신은 자기가 직무를 잘 하려 한다고 말하겠지만, 과연 그 사람이 행하는 일이 유익을 줄지, 아니면 질서를 깨뜨려서 군대에 해악을 끼칠지 심히 의심스러운 것입니다.

[그리스도인은 반드시 서서 살펴야 함]

셋째. "선다"는 것은 여기서 잠자는 것이나 게으름 피우는 것과 반대되는 것입니다. 서 있는 것은 깨어서 주위를 살피는 자세입니다. 병사들이 비스듬히 누워 잠들어 있는 것을 보면, 대장은 "무기 들고 일어서!"라고 명령합니다. 즉, 일어서서 살피라는 뜻입니다. 병사가 보초를 서는 임무를 부여받을 경우는 죽지 않는 한 절대로 잠들어서는 안 됩니다. 이 경우 잠들게 되면 죽어 마땅합니다. 군대 전체가 편안히 잠잘 수 있게 하기 위해서 그는 깨어 있어야만 합니다. 그런데 그가 잠든다면 그것은 군대 전체의 목숨을 위험에 빠뜨리는 것입니다. 한 높은 장군은 깨어 보초를 서고 있어야 할 한 병사가 잠들어 있는 것을 보고서 검으로 그를 내리치고는 자신이 당연한 일을 했다고 생각했습니다. 그러면서 그는 자신의 가혹한 처사에 대해, 그 병사가 하고 있는 그대로 하도록 버려두었을 뿐이라고 변명합니다. 그 병사가 죽은 것 같이 잠들어 있는 것을 보고는 그를 죽음 속에서 잠들어 있게 버려두었다는 것입니다. 그 어느 누구보다도 그리스도인 군사에게는 경계하고 살피는 것이 더욱 절실합니다. 다른 병사들은 그들이 상대하여 싸우는 원수들 역시 똑같이 잠이 필요하지만, 그리스도인의 철천지원수인 사탄은 항상 깨어 있어서 두루 다니며 깜짝 놀라게 만들 대상을 항상 찾아다니기 때문입니다. 사탄이 이처럼 항상 깨어 있다면, 어느 때라도 그리스도인이 영적으로 잠들어 있다면 이는 지극히 위험스런 일이요, 안일하며 부주의한 처사일 것입니다. 그리스도인이 직무 중에 변절하거나 직무를 등한시하는 경우가 아니고서는 이 원수에게서 해악을 당하는 일이 거의 없습니다. 그의 중생하지 못한 부분이 그를 배반하든지, 아니면 은혜가 깨어 있지 못하여 적시에 그 원수를 발견하고 대적할 준비를 갖추게 하지 못하든가 둘 중의 하나입니다. 그가 완전히 깨어 검을 들이댈 준비를 갖추기 전에 이미 원수가 그를 향하는 것입니다. 성도가 잠들어 있는 때는 과연 사탄이 시험하는 때입니다. 사자가 잠들어 있으면 그 위에 온갖 파리들이 겁도 없이 날아드는 법입니다. 노아가 잠들어 있을 때, 그 때를 기회로 삼아 그의 배은망덕한 아들이 그의 벌거벗은 것을 드러내었습니다. 유두고는 깊이 잠들어 있다가 삼층에서 떨어져 죽었습니다. 이와 같이 그리스도인이 안일한 가운데 잠들어 있으면, 곧 그의 영적인 힘의 상당 부분을 잃어버리고 깜짝 놀라게 될 것입니다. "여호와로 인하여 기뻐하는 것"이 그의 "힘"인데(느 8:10), 그가 창과 무기를 — 즉, 은혜를 — 빼앗기거나 최소한 당장 발휘하지 못하여, 은혜를 모르는 자들에게 그의 그리스도인답지 못한 벌거벗은 모습이 적나라하게 드러나 수치를 당하게 될 것입니다. 무자비한 요압이 백성을 계수하는 다윗의 허세를 눈치 챌 수 있었는데, 이때에 다윗의 은혜가 잠들어 있지 않았던가요? 그렇습니다. 그리스도인이 자신의 고귀한 모습을 드러내는 데에서 밑바닥으로 떨어져서 아주 추잡스러운 행위를 보임으로써 다른 이들이 과연 그에게 은혜의 생명이 있는지에 대해 의문을 갖는 데에까지 이를 수도 있습니다. 그러므로 그리스도인은 깨어 일어나 서 있어야 할 필요가 있는 것입니다. 잠은 육체적으로도 그렇지만 영적으로도 정상적인 감각을 훔쳐갑니다. 지혜로운 처녀들도 어리석은 처녀들과 마찬가지로 잠에 빠졌습니다. 마치 꾸벅꾸벅 졸고 있는 자에게 깨어 일어나 걸으라고 명령하듯이, 여러분은 게으르고 나태한 상태에 빠지지 말고 여러분 자신을 일깨워 행동하게 해야 합니다. 게으름과 나태함으로 거기에 굴복하면 그것이 여러분을 장악하게 될 것입니다. 여러분 자신을 일깨워 임무를 행하십시오. 그러면 잠이 달아날 것입니다. 다윗은 먼저 혀를 일깨워 노래를 부르고 그의 손을 일깨워 수금을 타게 했습니다. 그러자 그의 마음이 함께 깨워졌습니다(시 62:8). 사자는 잠에서 깨어나면 먼저 꼬리로 자기 자신을 내리쳐서 자신을 자극하고 용기를 일깨운 다음, 먹이를 좇아간다고 합니다. 우리에게는 자신을 자극시키고 일깨워 가능한 모든 조심과 부지런함을 사용하도록 하기에 충족한 처지에 있는 것입니다.

[그리스도인이 서서 살펴야 하는 이유]

첫째. 그리스도인의 일은 비몽사몽간에 하기에는 너무도 진지한 일이요 또한 아무렇게나 두서없이 행하기에는 너무도 중요한 일입니다. 깊은 강변이나 가파른 절벽의 가장자리를 걷는 자는 깨어 정신을 똑바로 차리고 있어야 합니다. 그리스도인이 걷는 길은 너무도 좁고 또한 굉장히 위험하므로 잘 분별할 수 있는 민첩한 눈과 올바른 방향을 지시해 줄 수 있는 한결같은 눈이 필요합니다. 어떠한 임무나 은혜를 보더라도, 모두가 실라와 카립디스(Sylla and Carybdis) 처럼 위험한 양 극단 사이에 놓여 있는 것을 보게 됩니다. 믿음은 하나님의 큰 역사인데 그 길이 교만의 산(山)과 절망의 심연(深淵) 사이로 지나갑니다. 인내는 하루도 없어서는 안 될 필수적인 은혜입니다. 그것이 없다면 우리는 모두 제자리에 있을 수가 없습니다. 이것이 우리를 지켜줌으로써, 사람에게서 감각을 앗아가는 아둔한 어리석음의 마비 상태에도, 또한 하나님의 손길을 느끼기에 족한 감각을 지니고 있으면서도 사람에게서 이성을 앗아가 하나님께로 얼굴을 돌리고 찌푸린 심정으로 격노하여 전능하신 하나님의 화살을 하나님 자신에게로 겨냥하게 만드는 그런 불만에 가득 찬 발작성 흥분 상태에도 빠지지 않게 되는 것입니다. 나머지 다른 것에 대해서도 똑같이 말할 수 있을 것입니다. 진리들 가운데 바로 옆문에 모종의 오류가 함께 있지 않은 것은 없습니다. 그리스도인의 임무 가운데 원수의 소굴 바로 가까이까지 접근하지 않고서 행할 수 있는 것은 없습니다. 임무를 행하려 할 때에 원수가 곧바로 경계하며 그리스도인을 대적하러 나오는 것입니다. 그러니 그리스도인이 항상 마음을 살펴야 마땅하지 않겠습니까?

둘째. 서서 살피는 일이 아무리 힘들고 귀찮다 해도 그것으로 인해 얻어지는 유익은 그 불편함과 도무지 견줄 수가 없습니다.

1. 서서 살핌으로써 사탄이 여러분에 대해 갖고 있는 계획들을 무산시키게 됩니다. 강도가 들지 않도록 집을 지키는 것이 합당한 일이라면, 마귀에게 농락당하지 않도록 마음을 지키는 것은 더더욱 합당한 일입니다. "시험에 들지 않게 깨어 … 라"(마 26:41). 잠자다가 목이 찔리는 사람은 정말이지 잠 때문에 너무도 큰 대가를 치르는 것입니다. 물론 상처가 깊지 않으면 결국에는 치유될 수도 있겠지만 말입니다. 하룻밤을 깨어 있지 못한 것 때문에 여러 날 밤을 훨씬 더 불편한 상태로 깨어 있을 수밖에 없게 될 수도 있습니다. 그러니 악행이 일어나지 않도록 깨어 살피고 지키는 것이 그런 일을 당한 후에 상처 때문에 어쩔 수 없이 잠을 자지 못하고 뜬 눈으로 지새는 고통을 당하는 것보다 낫지 않습니까? 다윗은 영적으로 잠들어 있는 상태에서 타락하여 얼마나 큰 상처를 받았는지 여러분은 잘 알고 있습니다. 저녁때에 침상에서 일어나 지붕 위를 노니는 그의 모습이 잠든 중에 걸어다니는 사람의 모습이 아니고 무엇이었겠습니까(삼하 11:2-6)? 그가 자신의 죄에 대해 그렇

게도 애통해하면서 탄식하는 것에서(이것이 그가 지은 여러 탄식의 시편의 배경이 되고 있습니다), 과연 이 거룩한 사람이 얼마나 많은 밤을 고뇌와 고통으로 지새웠을지 충분히 짐작하고도 남습니다.

2. 서서 살핌으로써 잠든 상태의 악함을 가장 잘 배우게 됩니다. 잠든 사람은 자신이 코를 곤다는 사실도, 그것이 주위 사람들에게 얼마나 불편과 괴로움을 주는지도 모릅니다. 그러나 깨어 있는 사람은 그것을 잘 지각합니다. 잠든 사람은 다른 사람이 그를 해하려고 옷을 벌거벗겨도 그것을 모릅니다. 하지만 깨어 있는 사람은 그것을 알고 수치를 느끼고 몸을 가립니다. 이와 마찬가지로 여러분이 영적으로 깨어 있을 때에는, 마음을 살피지 않고 그저 입으로만 신앙인인 체하는 자들의 갖가지 어울리지 않는 삶의 갖가지 모습들이 눈에 띄지 않을 수 없고, 그들이 사탄과 또한 자기들 자신의 정욕에게 해를 당하는 것을 보고서 안타까운 마음이 여러분에게 가득하게 될 것입니다. 그들은 마치 무례한 종들과 같아서 여주인에게 — 이는 이제 잠들어 있는 은혜를 뜻합니다만 — 안심을 시켜놓고는 자기들 멋대로 놀며 시간을 보냅니다. 여주인이 있으니 행동거지를 더 조심해서 섬겨야 하는데도 말입니다. 그렇습니다. 그들이 벌거벗고 있어서 지나가는 이들이 그들이 그리스도인이라는 것에 대해 조롱하는 것을 보면, 정말이지 당혹스러움으로 인하여 얼굴이 벌겋게 달아오를 것입니다. 그런데, 다른 사람에게 있는 것을 보면서 얼굴을 붉히며 안됐다고 혀를 차는 그것이 여러분 자신에게는 없다는 것을 주목하시기 바랍니다. 만일 여러분이 영적으로 잠자는 상태라면, 그런 모든 당혹스런 일들을 여러분 자신이 당하게 될 것입니다. 왜 아니 그렇겠습니까? 잠이 모든 사람들을 똑같이 만들어 줍니다. 잠든 상태에서는 지혜로운 자나 어리석은 자나 똑같이 자신의 안전을 도모할 지혜가 없고, 강한 자나 약한 자나 똑같이 자기 자신을 방어할 수가 없습니다. 졸음이 여러분의 눈에 드리우게 되면, 여러분에게는 밤이 온 것입니다. 이 영적인 잠이 장악하고 있는 한, 여러분이 아무리 훌륭한 성도라도 다른 사람들과 똑같아지고 마는 것입니다.

3. 서서 살핌으로써, 다른 분을 초청하여 여러분과 함께 계시게 하며 그리하여 여러분의 시간이 감미롭게 될 것이니, 곧 여러분의 사랑하는 구주가 그분입니다. 쉽게 잠에 빠지는 그리스도인들은 불평하면서 천국의 귀한 것들을 누리는 즐거움을 상실하지만, 여러분들은 아버지의 나라의 일들에 대한 그분의 감미로운 말씀과 가르침으로 인하여 그렇게 되지 않고, 오히려 천국의 귀한 것들을 누리게 될 것입니

다. 육체보다 자신의 영혼을 더 사랑하는 자치고 밤중의 다윗의 잠보다 다윗의 찬송들을 더 원하지 않을 자가 어디 있겠습니까? 또한 그리스도께서 임재하시지 않는 상태에서 게으름 부리며 조는 처지에 있는 것보다, 영혼이 깨어 있는 상태에서 그리스도의 위로의 임재를 체험하기를 바라지 않을 자가 어디 있겠습니까? 그리스도께서 함께 계시기를 기뻐하시며 또한 그의 마음을 열어 주시는 자는 바로 영혼이 깨어 있는 자인 것입니다. 친구들이 잠자는 시간을 택하여 그들을 방문하지는 않습니다. 아닙니다. 그들과 함께 있을 때에 그들이 조는 것을 감지하게 되면, 그들이 편히 잠을 자도록 그들을 떠날 시간이 되었다고 생각할 것입니다. 과연 그리스도 역시 이와 마찬가지이십니다. 신부가 잠에서 깨어나 온전한 정신을 유지하고 그의 사랑을 받아들이기에 적합한 상태가 될 때까지 그리스도께서 그에게서 물러가 계시는 것입니다. 조는 사람의 손에다 아무리 달콤한 포도주 잔을 들려주어도 십중팔구 포도주가 다 엎질러질 것입니다. 그렇습니다. 황금이 들어 있는 지갑을 그의 손에 들려주어 보십시오. 아침이 되면 어젯밤에 여러분이 그에게 준 것을 거의 기억조차 하지 못할 것입니다. 그러므로 영혼이 잠자는 상태에 있게 되면, 그리스도인은 유익을 상실하게 되고 그리스도는 그가 베푸신 긍휼에 대해 마땅히 받으셔야 할 찬송을 받지 못하시게 되는 것입니다. 그러므로 그리스도께서는 영혼이 깨어 있을 때에 그와 함께 머무시며 그의 값진 사랑을 베푸시며, 그리하여 우리에게 유익을 끼치시고 그리하여 우리로 하여금 그처럼 유익을 주신 그에 대해 찬양하게 하시는 것입니다.

[그리스도인이 어떻게 서서 살펴야 할까?]

질문. 하지만 그리스도인이 어떻게 서서 살펴야 할까요?

답변 1. 끊임없이 살펴야 합니다. 성막의 하나님의 "등불"은 "끊이지 않게" 켜놓아야 했습니다(출 27:20; 30:8). 즉, 밤마다 항상 켜놓도록 되어 있었습니다. 다른 여러 곳의 용례로 볼 때에 이런 의미로 보는 것이 합당하리라 봅니다. 그런데 이 세상에서의 우리의 삶이 캄캄한 시험의 밤이 아니고 무엇이겠습니까? 그리스도인 여러분, 이 어두운 시간을 지나는 동안 여러분의 등불이 꺼지지 않도록 조심하시기 바랍니다. 원수가 여러분에게 다가서지 못하도록 말입니다. 그는 여러분을 볼 수 있습니다만, 어둠 속에서는 여러분이 그를 대적할 수가 없는 것입니다. 영적인 졸음으로 인하여 여러분의 눈이 감겨지면 여러분이 그의 분노의 아주 확실한 표적이 됩니다. 주위를 살피며 경계하려 하지만 오래가지 못합니다. 그러나 마귀는 바로 그 때를 노리는 것입니다. 마귀는 사도들이 잠자는 때를 알고 있었고, 그 때에 떠나서 그들을 "밀 까부르듯" 하고자 하였습니다(눅 22장). 그들의 질서가 다소간 깨어지고, 그들의 영혼의 눈이 감겨지기 시작하는 것을 본 것입니다. 정직한 사람들이 잠자리에 들면 도둑은 그때에 일어납니다. 확신하건대, 성도들이 살피기를 중단할 때에 마귀가 시험을 시작하는 것입니다. 지팡이가 내던져지면, 그때에 늑대가 모습을 드러냅니다. 영혼이 그 위험을 멀리멀리 던져 버리고 가장 안전한 상태에 누워 있을 바로 그때야말로 그 위험이 가장 가까이에 있는 때인 것입니다. 그러므로 거룩한 살핌의 임무를 끊임없이 계속하기를 힘쓰기 바랍니다. 이것이 없으면 모든 것을 망치고 맙니다. 여러분 중에 어떤 이들은 어떤 죄에 심각하게 빠져서 그것 때문에 큰 상처를 받은 후에 한동안 매우 조심하며, 발을 어디에 디딜지, 어떻게 걸을지, 어떤 동료와 함께 걸을지 등에 대해 매우 신중하게 처신하는 것처럼 보입니다. 그러나 양심의 쓰라림이 사라지자마자 그처럼 조심하며 경계하던 것이 없어지고 예전의 부주의하던 상태로 다시 돌아가는 것입니다. 마치 어떤 가게 주인이 물건들을 도난당한 후에 며칠 동안은 문을 단단히 잠그고 밤늦게까지 앉아서 가게를 지키지만 그 이후에는 다시 별 신경을 쓰지 않는 것과도 같습니다. 또한 현재 환난 중에 있거나 혹은 큰 어려움을 이기고 난지 얼마 되지 않은 사람들도 있습니다. 주변에서 불타는 냄새가 나거나 자기들의 괴로운 기억을 되살려 주는 것이 있을 때에는 이들이 얼마나 세심하게 조심하는지 모릅니다. 뜨거운 방에 갇혀 있다가 나온 사람이 공기에 매우 민감한 것처럼 이들은 죄에 대해 매우 민감합니다. 시험이 다가오는 기미만 보여도 움츠러듭니다. 그런데, 이들이 얼마나 속히 마음이 다시 굳어져서 아무런 자책도 없이 다시 죄들을 범하는지 모릅니다. 조금 전만 해도 그 죄의 기미만 있어도 괴로워하고 근심했었는데 말입니다. 요세푸스(Josephus)는 그의 「유대 상고사」(Antiquities)에서, 홍수가 난 후 몇 년 동안 노아의 아들들이 높은 산꼭대기에 거주하였다고 말하고 있습니다. 다시 홍수가 나서 물에 빠져 죽을까 두려워 감히 낮은 땅에 거처를 정하지를 못했다는 것입니다. 그런데 세월이 흐르면서 다시 홍수가 올 기미가 보이지 않자 그들은 위험을 감수하고 시날 평지로 내려갔고, 거기서 지내면서 점차 예전에 있었던 두려움이 사라졌고, 그들은 감히 하나님을 대적하고자 하는 대담하고도 교만하기 짝이 없는 일을 시도하였으니, 하늘에까지 닿도록 탑을 세우고자 한 것이었습니다(창 11:2-

4). 처음에는 그렇게도 두려워하여 홍수에 빠져죽을까 두려워 산 아래로 감히 내려가지 못했던 그들이 이제는 하늘의 하나님이 친히 행하실 모든 미래의 역사들을 대적하여 자기들 스스로 안전책을 강구하게 된 것입니다. 이처럼 하나님의 심판들이 사람의 심령에 깊은 인상을 남겨서 한동안은 다시 심판을 당할까 두려워 죄에서 멀리하는 것을 ― 이들이 산꼭대기에 거주했던 것처럼 ― 흔히 보게 됩니다. 그러나 화창한 날씨가 계속되고 구름이 모여들어 폭풍이 불어올 기미가 전연 보이지 않게 되면 사람들이 다시 과거의 사악한 행위들에게로 다시 내려가게 되고, 더욱 대담해져서 감히 하늘을 대적하게까지도 될 수 있는 것입니다. 그러나 여러분이 과연 그리스도인이라면, 계속해서 살피고, 경계를 늦추지 말기를 바랍니다. 여러분, 지금까지는 잘 달려 오셨습니다. 오오 여러분, 게으른 여행객처럼 길가에 누워 잠을 청해서는 안 됩니다. 본향에 이르러 모든 위험에서 완전히 벗어날 때까지 여러분의 휴식 시간을 뒤로 미루어 두기 바랍니다. 여러분의 하나님께서는 창조의 마지막 날의 일이 완성되기까지 쉬지 않으셨습니다. 그러니 여러분도 여러분의 구원의 역사가 완성되었다고 말할 수 있을 때까지 중단 없이 깨어 일하여야 하는 것입니다.

답변 2. 전반적으로 다 살펴야 합니다.

1. 여러분의 전인(全人)을 살피십시오. 정직한 파수꾼은 마을 전체를 다 돌며 살핍니다. 이 집이나 저 집만을 골라서 살피지 않습니다. 이와 같이 여러분도 여러분의 전인을 포괄적으로 살펴야 합니다. 하나님께서 명하시면 몸에 있는 땀구멍이라도 질병이 침투하기에 충분합니다. 그러니 여러분의 영혼의 한 기능이나 몸의 한 부분이라도 원수가 들어오도록 허용하여 여러분의 영적인 안위가 위협받을 수도 있는 것입니다. 그런데 전인을 두루두루 다 살피는 경우가 별로 없으니 안타까울 따름입니다. 영혼의 어느 한 기능을 경계하지 않거나 육체의 한 부분을 돌아보지 않고 빠뜨리는 경우가 태반입니다. 어느 한 부분에 대해서는 아주 민감하나 또 다른 어느 부분에 대해서는 무관심합니다. 어쩌면 여러분은 불순한 언어 행위로 다른 사람들의 귀를 괴롭게 하지 않도록 입술 문에 파수꾼을 세워놓고 있을지도 모릅니다. 그러나 여러분의 마음의 성전 문에 파수꾼을 세우는 것은 어찌하고 있습니까(대하 23:6)? 여러분의 마음이 정욕으로 더러워지는 것은 아닙니까? 여러분 자신을 지켜서 이웃의 지갑에 손을 대지 않도록 하고, 이웃의 집에 들어가 도둑질하지 않도록 하는 일은 잘 하고 있을지 모릅니다. 하지만 여러분의 마음이 이웃

에 대한 부러움에 휩싸여 하나님께서 그들에게 허락하신 것들에 대해 그에게 투정하고 있지는 않습니까? 기도할 때에 여러분의 겉모양이 경건한 모습을 갖추도록 매우 조심합니다. 하지만 기도할 때에 여러분의 영혼이 맡은 역할을 제대로 하고 있는지에 대해서는 과연 세심하게 살피고 있습니까?

2. 모든 일에서 살피십시오. 사도께서, "범사에 감사하라"고 명하고 있다면, 범사에 살펴서 하나님께서 찬양 받지 못하시는 일이 없도록 하는 일도 우리에게 합당할 것입니다. 살피지 않기 때문에 하나님께 제대로 찬양을 돌리지 못하는 경우가 태반이니 말입니다. 아무리 작은 행위라도 그 행위를 통해서 하나님이나 혹은 사탄을 섬기게 되지 않는 것은 거의 없습니다. 그러므로 아무리 사소한 일이라도 우리가 관심을 갖고 살펴야 하는 것입니다. 어떤 사람은 "영생을 먹고 마셨다"는 말을 들었는데, 그는 과연 거룩한 사람이었습니다. 곧, 그는 모든 일에서 자신을 거룩하게 살폈고, 그렇게 살피는 동안 그는 천국에 있었던 것입니다. 하나님께서는 그 지으신 모든 만물 중에 아무리 작고 하찮은 것이라도 그의 섭리로 살피십니다. 참새 한 마리나 머리카락 한 올까지도 살피시니 말입니다. 그러니 말 한 마디나 행동 하나하나까지 빠뜨리지 말고 살펴야 하는 것입니다. 여러분이 한가롭게 행한 말과 생각들로 말미암아 여러분이 심판을 받게 될 것입니다. 그런데도 그것들을 살피지 않으시렵니까?

답변 3. 지혜롭게 살펴야 합니다. 어느 곳을 가장 철저하게 살펴야 할지를 아는 것이 지혜롭게 살피는 길인데, 계명 가운데 가장 비중이 큰 임무를 가장 첫째로 살펴야 할 것입니다. "박하와 회향과 근채의 십일조"도 소홀히 해서는 안 됩니다만 "율법의 더 중한 바 정의와 긍휼과 믿음"을 소홀히 하여 작은 임무에서는 세심히 행하고 더 큰 임무에서는 끔찍한 악행을 범해도 보지 못하는 일이 없도록 주의해야 하는 것입니다(마 23:23).

1. 가장 중요한 부문에서부터 시작하십시오. 그리스도인 여러분, 율법과 복음에서, 그를 예배하는 일에서, 여러분의 일상생활에서 하나님과 사람에게 행하여야 할 이 주된 임무들에다 주안점을 두고 살피기 바랍니다. 그리고 그 주된 일을 살핀 다음에는 그 주변의 것들을 소홀히 하지 마십시오. 주인이 바깥에 나가면서 종에게 그가 돌아올 때까지 그 아들을 돌볼 것과 집 주변을 곱게 단장할 것을 명하였다고 합시다. 주인이 돌아왔는데. 그 종이 아들 돌보기를 소홀히 하여 그가 불에 뛰어들어 죽었거나 불구가 되어 있었다면, 그 종이 집 뜰을 깨끗이 쓸어놓고 집 단장

을 곱게 한 일에 대해 그에게 고맙다고 하겠습니까? 아닙니다. 주인은 아들을 돌보는 일을 주 임무로 종에게 맡긴 것입니다. 그러니 모든 임무를 다 할 수 없다면 다른 모든 임무를 제쳐두고라도 아들을 돌보았어야 했습니다. 최근 들어서 우리 가운데 예배와 관련된 몇 가지 주변적인 문제들에 대해 큰 열정이 일어났습니다. 하지만 과연 어린 아이를 — 곧, 기독교의 주요 임무들을 — 돌보는 자는 누구입니까? 오늘날 이 암울한 시대만큼 사랑과 구제와 자기 부인과 천국 지향의 사고가, 혹은 거룩의 능력을 볼 수 없었던 적이 있습니까? 안타깝게도 이것들이 마치 어린 아이처럼 분쟁과 분열의 불길 속에서 죽어가는 큰 위험에 빠져 있습니다. 작은 일들에 치중하는 왜곡된 열정으로 인하여 우리 중에 이런 현상이 일어난 것입니다.

2. 여러분 스스로 가장 취약하다고 여기는 것들과 가장 실패를 많이 했던 것들에 대해 보통보다 더 세심하고 꼼꼼하게 살피기를 바랍니다. 성(城)의 가장 취약한 부분에 가장 강력한 파수꾼들이 필요하며, 우리 몸에서도 가장 연약한 부분을 가장 주의 깊게 관찰하고 따뜻하게 보호해야 합니다. 여러분의 은혜의 직물이 강하고 균형이 잘 잡혀 있더라도, 어느 부분에 받침대가 가장 필요한지를 금방 지각하지 못한다면 이는 참 이상한 일일 것입니다. 이런저런 식으로 한 쪽으로 쏠리기 마련이기 때문입니다. 여러분의 몸이 그렇게 튼튼하지 못하면, 이 부분에는 수액이 넘치고 저 부분에는 금이 가고 있다는 것을 알기 마련입니다. 여러분의 영혼에 대해서도 그렇게 알 수 있습니다. 자, 이런 일에서 교훈을 받아, 여러분이 가장 약하다고 여겨지는 부분을 더욱 면밀히 살피기 바랍니다. 여러분의 머리가 — 즉, 여러분의 판단이 — 약합니까? 여러분 자신을 살피시고, 여러분의 연약한 몸이 감당할 수 없는 독주를 — 즉, 높고도 고결한 개념들과 생각들을 — 마셔대는 자들과 함께 어울리지 마시고, 그들과 함께 독주를 마시지 못하는 것을 억울하게 생각하지 마십시오. 그런 독주는 마음보다는 머리에 작용합니다. 그러므로 그런 독주를 늘 마셔대는 사람들은 그들의 영혼이 건강한 자들이 못됩니다. 항상 센물(strong water)을 마시며 사는 자들의 육체가 건강하지 못한 것처럼 말입니다. 여러분이 감정을 다스리는 면에서 무기력합니까? 감정들이 강하고 격렬한 만큼 우리가 허약한 것입니다. 그러므로 마치 초가집에 거주하는 사람이 집이 불에 타지 않도록 굴뚝에서 날리는 작은 불꽃 하나도 놓치지 않고 살피듯이, 그 감정들을 면밀히 살펴야 할 것입니다. 오오 여러분, 여러분의 입에서 무슨 말이 나오는지를, 혹은 여러분과 대화를 나누는 상대방에게서 무슨 말이 나오는지를 잘 살피시기 바랍니

다. 이것은 작은 도구에 불과하지만 사람의 본성 전체가 이것 때문에 불에 휩싸이게 되기도 합니다. 이웃집이 불길에 휩싸이면 우리도 지붕에 올라가 물을 뿌리거나 아니면 젖은 담요를 가져다 덮습니다. 다른 사람의 입에서 불꽃이 터져 나오면, 여러분 자신의 격한 심령에 물을 끼얹으십시오. 이를 위해서 감정을 누그러뜨려주고 분노를 삭이는 성경 말씀과 여러 논지들을 항상 지니고 다니기를 바랍니다. 그리고 여러분이 약하다고 여기는 다른 구체적인 면들에 대해서도 이와 같이 하시기 바랍니다.

지침 5

하나님의 전신갑주의 부속품들: 첫째 부품 ─ 그리스도인의 영적 허리띠

"진리로 너희 허리띠를 띠고"(엡 6:14).

사도는 에베소 교인들에게, 그리고 모든 그리스도인에게, 원수와의 싸움에서 취하여야 할 자세를 명한 다음, 이제는 앞에서 그저 개략적으로만 언급했던 그 전신갑주의 구체적인 부속품들을 열거하고 있습니다. 그 첫째는 진리의 허리띠입니다 ─ "진리로 너희 허리띠를 띠고." 여기서 두 가지를 살펴야 할 것입니다. 첫째는, 진리란 무엇을 뜻하는가 하는 것이요, 둘째는 허리란 무엇이고, 진리로 띠를 띤다는 것은 무엇을 뜻하는가 하는 것입니다.

말씀의 간략한 해설

첫째. 여기서 진리란 무엇을 뜻하는가 하는 것입니다. 어떤 이들은 이를 그리스도로 이해합니다. 그가 다른 곳에서 "진리"라 불리시니 말입니다. 그러나 여기서는 그렇게 이해하는 것이 합당치 않다고 봅니다. 사도는 여기서 전신갑주의 갖가지 부속품들을 열거하고 있는데, 이것들은 서로 별개입니다. 그러나 그리스도를 가리켜 전신갑주의 한 가지 부속품이라고 할 수는 없습니다. 그는 그의 안에서 우리가 완전해지는 전체에 해당되시며, 따라서 그를 갑옷 전체에 비유합니다. "주 예수 그리스도로 옷 입고"(롬 13:14). 즉, 군사가 그의 전신갑주로 무장하듯이 그리스도로 옷 입고 무장하라는 뜻입니다. 어떤 이들은 진리를 교리적 진리(truth of doctrine)를 뜻하는 것으로 보며, 또 어떤 이들은 마음의 진리, 즉 진실함(sincerity)을 뜻하는 것으로 보기도 합니다. 제가 보기에는 이 두 가지를 서로 절충하는 이해가 맞는 것 같고, 그래서 저는 그런 의미로 취할 것입니다. 사실 허리띠를 완전하게 이해하기 위해서는 이 둘이 다 필요합니다. 하나만 갖고는 안 됩니다. 진리를 대적하면서도 겉으로는 좋은 모습과 일종의 진실함을 보일 수도 있습니다. 많은 이들이 진실한 마음으로 압살롬을 따랐으나 그것은 오류를 따르는 것이었습니다. 의도는 좋았으나 결과적으로 악을 행한 것입니다. 표적이 아무리 뚜렷하고 크다고 해도 활 쏘는 사람이 기술이 없으면 제대로 맞출 수가 없듯이, 아무리 선한 의도가 있다 해도 그로 인해서 선한 행동이 나오는 것이 아닙니다. 사울이 그리스도의 교회를 박해할 때에 그는 자신이 하나님을 위해 선한 봉사를 한다고 생각했으나, 하나님께서는 그의 열정을 기뻐하시지 않았습니다. 또한 우리가 마음속에 진리를 담고 있지 않으면, 진리를 우리 편으로 삼는 것만으로는 안 되는 것입니다. 예후는 우상 숭배를 대적하여 크나큰 열정으로 행하였지만, 그 자신의 외식 때문에 다시금 내쫓겼습니다. 그러므로 두 가지 모두가 절실히 필요합니다. 올바른 목표를 지향하기 위해서는 진실함이 필요하고, 그 목표로 나아가는 올바른 길을 걸어가기 위해서는 진리의 말씀에 대한 지식이 필요한 것입니다.

둘째. 진리의 띠를 띠어야 할 허리란 여기서 무엇을 뜻하는가 하는 것입니다. 허리는 띠와 같습니다. 띠가 영적인 것이므로, 허리도 영적인 것일 수밖에 없습니다. 베드로가 여기 바울의 말씀을 해석하는 데에 도움이 됩니다: "너희 마음의 허리를 동이고"(벧전 1:13). 이 띠를 띠어야 할 것은 바로 우리의 심령과 마음입니다. 그러므로 우리의 심령과 마음이 허리에 비유되는 것이 매우 합당하다 할 것입니다. 허리는 육체의 힘이 자리 잡고 있는 주요 기관입니다. 하마에 대해서 성경은 말씀하기를, "그것의 힘이 허리에 있다"고 합니다(욥 40:16). 허리와 몸의 관계는 마치 용골(龍骨)과 배(船)의 관계와 같습니다. 배 전체가 그것과 연결되어 있고 그것을 통해서 지탱됩니다. 이와 같이 몸 전체가 허리와 연결되어 있습니다. 허리가 무너지면 온 몸이 무너집니다. 그러므로 "허리를 꺾는" 것이 멸망과 패망을 뜻하는 표현으로 사용됩니다(신 33:11). 허리가 약한 사람은 온 몸이 약한 사람입니다. 조금이라도 피곤하거나 지치면 우리는 본능적으로 허리에다 손을 갖다 대고 허리를 떠받칩니다. 우리의 주된 힘이 거기에 있기 때문입니다. 우리의 마음과 심령의 활동이 제대로 힘과 기능을 발휘하고 있느냐에 따라서 우리가 연약한 그리스도인이기도 하고 강한 그리스도인이기도 한 것입니다. 진리를 선명하게 깨달으며 또한 진실하고 왕성한 의지가 거룩하고 선한 것을 견고히 지향하고 있다면, 이 사람은 강한 그리스도인입니다. 그러나 마치 목표물을 제대로 분간하지 못하는 희미한 눈처럼 진리의 개념들에 대한 깨달음이 희미하고 불분명하다면 — 문제를 바로 보고 사고하지를 못하고 그리하여 마치 바늘이 두 자석 사이에서 흔들리듯이 의지가 이리저리 흔들리며 불안정하다면 — 그 사람은 연약한 자요, 따라서 그가 행하는 모든 일이 다 그럴 것입니다. 심장이 허약하면 중간에 끊어지는 등 박동이 비정상이 됩니다. 이와 마찬가지로 진리를 아는 힘이 마음에 없으며 또한 스스로 거룩하고 선하다고 알고 있는 것을 추구할 의지의 결단력이 없으면, 사람의 경로가 우왕좌왕하게 되는 것입니다.

그러므로 첫째로, 정신에 관계되는 교리적 진리와, 둘째로, 의지에 관계되는 마음의 진리 혹은 진실함을 모두 사용하는 것이 이것들을 하나로 묶고 세워 주는 것입니다. 마치 육체의 허리를 띠로 동이듯이, 이 둘이 영혼을 감싸고 묶어 줄 때에 그렇게 되는 것입니다. 비록 허리가 온 몸의 힘이지만, 허리에는 한데 묶고 힘을 모으도록 해 주는 띠가 보조 도구로 필요합니다. 띠가 없으면 사람들이 스스로를 긴장시켜 어떤 일을 위해 힘을 발휘하려 할 때에 허리가 느슨하여 이리저리 떨리는 것을 경험하게 됩니다. 그러므로 "허리가 항상 떨리는" 것이 허약함을 나타내는 표현으로 쓰이는 것입니다(시 69:23). 이처럼 우리의 생각과 마음에는 이런 띠가 필요합니다. 그래야 우리가 행하는 모든 일에서 힘을 발휘할 수가 있게 됩니다. 띠가 없으면 아무 일도 왕성하게 행할 수가 없는 것입니다.

제 1 부

마음의 띠인 교리적 진리

교리적 진리, 혹은 "진리의 말씀"이라 불리는(엡 1:13) 말씀의 진리에서부터 논의를 시작하겠습니다. 진리의 말씀은 곧 진리의 하나님이신 그 하나님의 말씀이기 때문입니다. 그리스도인은 누구든지 이 진리를 허리띠로 삼아 동여야 마땅합니다. 베드로는 이렇게 말씀합니다: "너희는 믿음을 굳건하게 하여 그[마귀를 대적하라"(벧전 5:9). 곧, 진리 안에서 굳건하게 되어 마귀를 대적하라는 뜻입니다. 여기서 "믿음"은 우리 믿음의 대상물, 곧 복음의 가르침 속에서 선포되는 하나님의 진리를 지칭합니다. 이것은 바로 "성도에게 단번에 주신 믿음의 도"(유 3)입니다. 즉, 그들이 믿고 굳게 붙잡도록 그들에게 전해진 진리를 뜻하는 것입니다. 그리고 이처럼 진리 안에서 굳건하게 되는 것이 얼마나 중요한 일인지를 사도 베드로는 위에서 언급한 본문 바로 그 다음 절에서 그들을 위한 그의 격렬하고도 진지한 기도를 통해서 보여주고 있습니다. 곧, "굳건하게 하시며 강하게 하시며 터를 견고하게 하시리라"는 말씀이 그것입니다(벧전 5:10). 동일한 목적을 위해 여러 단어들을 거듭 열거하고 있다는 사실에서, 사탄과 그의 수족들로 인하여 불안정하게 흔들릴 위험이 얼마나 크며 따라서 그들이 믿음 안에서 견고히 서서 흔들리지 말아야 할 필요성이 얼마나 큰가 하는 것이 암시되어 있습니다. 서신서들에서 이 주제만큼 자주 교훈되는 것이 없습니다. 게다가 격렬한 싸움이 벌어지는 때에는 믿음을 굳건하게 지켜주는 띠가 없이는 바람에 불려 날아가지 않고 우리가 믿음 가운데서 지켜질 수가 없는 것입니다. 그런데, 사탄이 그리스도인들에게서 진리를 빼앗아가기 위해 도모하는 계획이 두 가지이듯이, 허리띠로 진리를 동여매는 데에도 두 가지가 필요합니다. 첫째로, 사탄은 거짓 교사들의 모습 속에서 뱀으로

다가와 우리를 속이고 진리 대신 오류를 받아들이도록 힘씁니다. 이런 계교를 방어하기 위해서는 우리가 진리에 대한 깨달음으로 허리띠를 동여야 합니다. 곧, 그리스도의 진리 가운데서 확고한 판단력을 갖고 있어야 하는 것입니다. 둘째로, 사탄은 때때로 잔혹한 박해자의 모습 속에서 사자로 다가와서 불과 창으로 그리스도인들을 겁주어 진리를 버리게 만들기 위해 애씁니다. 그러니 이것을 막기 위해서는 의지의 진실함으로 무장해야 합니다. 곧, 죽음과 위험에 직면해서도 진리에 대한 우리의 신앙 고백을 그대로 견지하리라는 거룩한 결단을 갖고 있어야 하는 것입니다.

첫째 허리띠 띠기

[진리에 대해 확고한 판단을 갖기 위해 힘쓰는 것이 그리스도인의 임무임]

사탄이 거짓 교사들의 모습을 통해 뱀으로 다가와서, 우리를 속여 오류를 진리로 받아들이게 만들려고 애쓰고 있으므로, 이것으로부터 우리를 지키기 위해서는 우리가 진리의 깨달음으로 허리띠를 동이는 것이 필요합니다. 곧, 그리스도의 진리들에 대해 확고한 판단을 갖는 것이 필요합니다. 그리스도인은 누구나 진리에 대한 확고한 판단을 얻는 일에 각별한 관심을 가져야 합니다. 베뢰아 사람들은 바울이 전한 교리에 대하여 만족스런 판단을 갖기 위하여 성경을 탐구한 사실로 높이 평가를 받습니다. 그들은 이성을 넘어서는 것을 무턱대고 믿지 않았습니다. 그들의 믿음은 부지런히 성경을 살피고 성경의 증거를 통하여 납득하여 얻은 판단의 결과였습니다(행 17:11). 그들은 "이것이 그러한가 하여 날마다 성경을 상고하"였다고 합니다. 그들은 전도자가 가르치는 교리를 기록된 말씀에 견주어 확인하였고, 그리하여 "그 중에 믿는 사람이 많았다"고 합니다(12절). 전에는 믿지 않았었는데, 이제는 감히 믿지 않을 수가 없게 된 것입니다. 몇몇 이단들의 가르치는 방식에 대해 테르툴리아누스(Tertullian)가 한 말이 기억납니다. 그는 그들은 설득을 통해 가르치지 가르침을 통해 설득하지를 않는다고 했습니다. 이는 곧, 그들은

말로 호소하고 꾀어서 듣는 이들로 하여금 애착을 갖게 하지, 그들을 납득시켜서
자기들이 전하는 내용에 대해 정당한 판단을 갖게 하지를 않는다는 뜻입니다. 간
음하는 자가 자기를 상대하여 음행할 여자에게 자기의 행위가 합법적이라는 것을
납득시키려 한다면, 이는 정말로 힘든 일일 것입니다. 그러니 그는 다른 방법을 씁
니다. 먼저 무언가 관능적인 교묘한 술책을 써서 그 여자의 감정을 자극합니다. 일
단 여자가 거기에 속아 넘어가면 나머지에 대해서는 별 문제를 삼지 않게 됩니다.
감정이 쉽사리 자기편에 유리하도록 판단하게 만들기 때문입니다. 자, 오류는 마
치 도둑처럼 창문을 타고 들어옵니다. 하지만 진리는 집 주인처럼 정당한 깨달음
의 문으로 들어오기를 즐겨하며, 그리로 들어와서는 양심으로 들어가고, 그리하
여 의지와 감정에까지 들어가는 것입니다. 사실 진리를 접하고 그것을 소유하였
으나 아직 깨달음을 통하여 그 탁월함과 천상의 아름다움을 제대로 보지 못한 사
람은 그 진리의 진정한 천상적인 가치를 누릴 수가 없습니다. 이 경우 진리는 마치
변장을 하고 다니는 왕자와도 같습니다. 아무도 그를 알아보지 못하니 그를 존귀
하게 대할 수가 없는 것입니다. 오직 진리를 아는 자들만이 그 진리를 사랑하고 귀
하게 여기는 법입니다. 그리고 진리를 알기를 사모하지 않는 것은 곧 진리를 멸시
하는 것이요, 그런 자는 진리를 아는 만큼 그것을 거부하는 것입니다. 자기에게 있
는 진리를 제대로 알지 못하는 자는 어렵지 않게 진리에 대해 속일 수 있습니다.
무지한 자에게 진리와 오류는 모두 하나일 뿐이요, 그러므로 모두 진리라는 이름
으로 불리는 것입니다. 어두운 밤에 야곱이 보기에 레아와 라헬은 둘 다 비슷했습
니다. 사실 성경은, "야곱이 아침에 보니 레아라"라고 말씀합니다(창 29:25). 이와
마찬가지로 아침에 바른 깨달음을 갖고 보니, 그제야 속임을 당한 자가 자기 품에
다른 여자가 있는 것을 알게 되고, "아뿔싸! 내가 오류를 진리로 잘못 취하였다니!"
라고 외치게 되는 것입니다. 아마 여러분은 탐욕이 가득한 사람의 이야기를 들은
적이 있을 것입니다. 탐욕스런 사람이 자기가 갖고 있는 수많은 황금 주머니들을
껴안기만 했지 실제로 주머니들을 개봉하여 황금을 사용한 적은 한 번도 없었습
니다. 그런데 도둑이 들어 그의 황금을 훔쳐가고 그 대신 주머니 속에 조약돌들을
가득 넣어두었는데, 그 사람은 그것도 모르고 황금이 있을 때와 똑같이 행복해했
다는 것입니다. 주머니 속을 들여다보지 않으니 그럴 수밖에는 없었을 것입니다.
그러므로 무지한 사람은 자기에게 진리가 있든 오류가 있든 전혀 다를 게 없습니
다. 그에게는 둘 다 똑같이 보입니다. 눈먼 사람에게는 낮이나 밤이나 다 똑같은

것처럼 말입니다. 자 여기서 좀 더 구체적인 말씀을 드려야겠습니다.

[그리스도인이 진리에 대해 확고한 판단을 갖기 위해 힘써야 하는 이유]

저는 세 가지 이유만을 제시하겠습니다. 그 첫째는 거짓 교리의 저주받을 본질 때문이며, 그 둘째는 거짓 교리에로 이끄는 미혹하는 자들의 교묘함 때문이며, 그 셋째는 확고한 판단을 갖추는 것이 그리스도인의 전인에게와 또한 그의 삶의 여정 전체에 미치는 전폭적인 영향 때문입니다.

첫째 이유. 거짓 교리의 저주받을 본질 때문입니다. 다른 죄와 마찬가지로 거짓 교리들도 고귀한 영혼의 생명을 앗아갑니다. 머리에 있는 종양은 위에 있는 종양 이상으로 치명적입니다. 기초가 되는 진리들에 대한 부패한 판단은 썩은 마음과 똑같이 확실하게 사람을 죽이는 법입니다. 그리스도께서는 이세벨의 자녀들을 "사망으로 … 죽이리니"라고 말씀하십니다(계 2:23). 그의 자녀들이 과연 누구입니까? 그가 내어주는 음행의 잔을 마시고 그의 부패한 교리들을 포용하는 그의 제자들이 아니고 누구겠습니까? 하지만 어떤 이들은 이것을 믿지 않습니다. 그들은 삶이 매우 철저하고 롯이 손님들을 대하듯 도덕의 문제에서는 매우 민감한 듯 보이지만, 그들의 원리들과 판단에 있어서는 매우 느슨하여 어떠한 부패한 가르침이라도 그들에게 다가오면 그것들과 함께 어울려 자신을 더럽히는 자들입니다. 그들은 우리들로 하여금 이 문제는 그리 중요한 것이 아니고 다른 죄들의 경우처럼 영혼이 결부되는 문제가 아니라고 생각하도록 만들려 합니다. 마치 마지막 심판의 날에 그런 따위의 문제에 대해서는 ─ 곧, 우리가 어떤 생각을 갖고 있었으며, 우리의 믿음이 건전했는지, 등에 대해서는 ─ 질문이 주어지지 않을 것처럼 말입니다. 한 마디로 이들은 마치 거짓 교리들이 그저 순진무구한 것에 지나지 않는 것처럼 여깁니다. 선지자의 국솥에다 죽음의 독을 가져다준 들호박 같은 것(왕하 4:39, 40) ─ 이것을 온전한 음식에다 섞은 것뿐인데 거기서 몹쓸 독이 퍼졌습니다 ─ 이 아니라, 국솥에 함께 섞어도 좋지도 않고 나쁘지도 않은 풀 같은 것이라고 보는 것입니다. 그렇습니다. 어떤 이들은 목소리를 높여 말하기를, 무슨 종교를 통해서든 사람이 구원받을 수 있으며 자기는 자기에게 주어진 빛을 따르는 것뿐이라고 합니다. 이들은 아주 자비가 많은 사람들이 아닙니까? 함께 정죄를 받을 동료들을 가능한 한 적게 하고자 하여, 성경이 지옥의 길이라고 말씀하는 갖가지 길들을 천국으로 가는 길로 제시하고 있으니 말입니다. 그러나 이것은 그리스도의 가르침과는 반대되는 것입니다. 그는 생명을 얻는 길은 오직 그로 말미암는 길밖에는 없다고 말씀하십니다. "내가 곧 길이요 진리요 생명이니"(요 14:6). 그들의 가르침은 사도 요한의 가르침과 정면으로 대치되는 것입니다. 그는 오직 한 가지 교훈, 곧 그리스도의 교훈밖에는 없으며, 이것을 붙잡지 않는 자는 버림받은 자임을 분명히 가르치고 있습니다. "지나쳐 그리스도의 교훈 안에 거하지 아니하는 자는 다 하나님을 모시지 못하"느니라(요이 9, 10). 하나님을 모시지 못하는 자가 과연 지옥에서 얼마나 멀겠습니까? 죽기 전에 하나님을 모시지 못한 자는 죽을 때에 마귀가 그를 갖게 됩니다. 자, 여러분 때가 오고 있습니다. 아니, 속히 오고 있습니다. 지금은 여기서 사람들이 부패한 교훈들을 아무리 좋게 여기고 선호해도, 그때가 되면 완악한 이단들이 그리스도께로부터 회개하지 않는 술주정뱅이와 똑같은 심판을 받게 될 것입니다. 이 두 부류의 사람들이 동일한 정죄를 받는 것을 볼 수 있습니다. 이들이 지옥에 들어갈 자들로 함께 제시되니 말입니다. 사도는 "전에 너희에게 경계한 것 같이 경계하노니 이런 일을 하는 자들은 하나님의 나라를 유업으로 받지 못할 것"이라고 말씀하는데, 이단의 이름이 그런 자들 중에 들어 있는 것이 보이지 않습니까(갈 5:20, 21)? 근본적인 교리들에 대한 무지는 정죄받아 마땅한 것이고, 근본적인 교리들에 대한 오류는 그보다 훨씬 더 치명적인 것입니다. 1 파운드의 무게가 저울을 움직인다면, 1스톤(16파운드)은 당연히 저울을 움직일 것입니다. 가벼운 죄가 지옥으로 들어가게 만든다면, 무거운 죄가 지옥행을 피하게 해준다는 식의 생각이 과연 이성적으로 합당하겠습니까? 오류는 무지보다도 훨씬 더 진리와 거리가 멉니다. 오류는 무지에다 죽음을 덧붙여놓은 것입니다. 거의 먹지 않거나 전혀 먹지 않는 자는 죽음이 임박합니다. 그러니 맹렬한 독을 먹는 자는 그보다 더한 것입니다. 사도는 "호색하는 것"과 "멸망하게 할 이단"에 대해 말씀하면서 이것들이 그것들을 취하는 자들에게 "급속한 멸망"을 가져다준다고 말씀합니다(벧후 2:1, 2. 한글개역개정판은 "임박한 멸망"으로 번역함 ― 역주). 이 부패한 교리들로 인하여 오는 멸망을 강조하기 위하여 그는 그것을 "급속한 멸망"이라 부르고 있다는 것을 주목하기 바랍니다. 모든 강물이 발원지로부터 흘러 결국 바다로 들어갑니다. 그런데 그 중에 어떤 강은 다른 강보다 유속(流速)이 더 빨라서 바다에 더 속히 들어가기도 합니다. 다른 이들보다 지옥에 더 빨리 들어가고 싶습니까? 그러면 자신을 부패한 교리의 물 속에 던져 넣으십시오. 그러면 오래지 않아 지옥에 들어가고 말 것입니다.

둘째 이유. 협잡꾼들이 너무도 교묘하기 때문에 그리스도인은 그리스도의 진리에 대한 판단을 군건하고 강하게 하여야 합니다. 그들은 다른 이들의 믿음을 파괴시키는 기술이 아주 훌륭한 자들입니다. 세상에는 어떤 사람의 말처럼 사악한 유식(有識)이 있는데, 어떤 이들이 이것을 갖고서 사람들의 정신을 부패하게 만드는 것입니다. 하나님의 성령께서 그것들을 밝히 드러내시며, 때로는 그것들을 그럴 듯한 말로 포장하여 가짜 상품을 파는 상인에 비유하십니다. 베드로후서 2:3에서는 이들이 "지어낸 말을 가지고" 영혼들을 "팔아넘긴다"(한글개역개정판은 "이득을 삼으니"로 번역함 — 역주)고 말씀합니다. 또한 때로는 포도주에다 물을 섞어 파는 파렴치한 행상들에 비유하기도 하며(고후 2:17), 때로는 능숙한 손기술로 주사위를 조작하는 야바위꾼들에 비유하기도 하며(엡 4:14), 또한 마술로 홀리는 마녀들에 비유하시기도 합니다. 사도는 "누가 너희를 홀리더냐?"라고 말씀합니다(갈 3:1. 한글개역개정판은 "누가 너희를 꾀더냐"로 번역함. — 역주). 오늘날 사람들이 그들의 마술에 홀려서 온갖 이상스런 일들이 일어났습니다만, 이런 마술의 공격을 막는 장치로 확고한 판단보다 더 나은 것이 어디 있습니까? 사도는 디모데후서 3:8에서 당시 미혹하던 자들을 모세를 저항하였던 술사 얀네와 얌브레에 빗대어 말씀하면서, 그들이 쳐놓은 올무에 빠지는 자들이 어떤 유의 사람들인지를 보여줍니다. 그들은 "항상 배우나" 절대로 "진리의 지식에" 이르지 못합니다(7절). 그리고 사도는 디모데를 향하여, "나의 교훈… 을 네가 충실히 알았다"고 말씀합니다(10-11절). 이는 마치, "너는 그렇게 속아 넘어가는 자들보다는 복음의 교훈에 확고히 뿌리를 박고 있도다"라는 뜻과도 같습니다. 사실 미혹자들이 노리는 자들은 주로 이리저리 흔들리는 연약한 자들입니다. 솔로몬의 말씀처럼, "새가 보는 데서 그물을 치면 헛일"이니 말입니다(잠 1:17). 마귀는 아담보다는 하와를 택하여 공략하였고 — 하와가 훨씬 더 다루기가 수월했기 때문입니다 — 그 이후 계속 동일한 방식을 취해오고 있습니다. 그는 울타리가 가장 낮은 곳을, 저항이 가장 약한 곳을 택하여 그리로 기어들어가려고 힘쓰는 것입니다.

가장 미혹을 잘 받는 자들 중에 세 가지 종류가 있습니다. 1. 그들은 "순진한 자들"이라 불립니다. "교활한 말과 아첨하는 말로 순진한 자들의 마음을 미혹하느니라"(롬 16:18). 이런 자들은 의도는 좋으나 지혜가 없어서 악의를 가진 자들을 가려

내지를 못합니다. 무턱대고 아무에게나 서약을 하고 누가 주는 잔이라도 혹시 독이 들었는지도 전혀 의심하지 않고 그냥 덥석 받아 마시는 것입니다. 2. 그들은 "어린 아이"라 불립니다. "우리가 이제부터 어린 아이가 되지 아니하여 … 온갖 교훈의 풍조에 밀려 요동하지 않게 하려 함이라"(엡 4:14). 어린 아이는 무엇이나 그냥 믿어 버리고, 그럴듯한 말을 하기만 하면 누구의 말이든 다 쉽게 믿습니다. 이들은 달콤하기만 하면 무엇이든 다 좋다고 생각합니다. 독에다 설탕을 묻혀서 주면 이들은 쉽게 받아먹습니다. 이들은 자기들 자신의 원칙이 아니라 다른 이들의 원칙에 따라서 이리저리 움직이는 것입니다. 어린 아이는 선생이 말하는 대로 책을 읽고, 문장을 이해하고, 수업 내용을 따라갑니다. 그러면서 선생이 가르치는 것이니 그것이 옳다고 생각합니다. 이와 마찬가지로 말씀에 대한 지식이 적은 자들은 그들이 보기에 좋다고 생각되는 자들에게 쉽게 이끌려 그들이 원하는 대로 아무데로나 끌려갑니다. 교리를 달콤하게만 만들어 주면, 그냥 꿀꺽 삼켜 버립니다. 마치 이삭이 그랬던 것처럼 눈으로 본 것이 아니라 그냥 감각으로 느낀 것을 근거로 축복을 해주는 것입니다. 이런 판단, 저런 도리를 받아들인 후 그들이 큰 기쁨을 찾았다고 해서 그냥 그것들에 대해 박수를 보냅니다. 그들이 느끼는 위로와 감동이 과연 참되고 바른 것인지를 말씀에 근거하여 시험할 능력이 없기 때문에, 이들은 자기들의 느낌을 통해서 그 참됨 여부를 결정짓고 그렇게 믿어버리며, 그리하여 이 가련한 자들은 오류를 진리로 착각하고서 그것을 축복하는 것입니다. 3. 이들은 "굳세지 못한 자들"로 불립니다 — "굳세지 못한 영혼들을 유혹하며"(벧후 2:14). 이들은 뿌리가 제대로 박히지 못했고 원칙이 분명히 서 있지 못한 자들입니다. 이들이 진리를 믿고 고백하지만 그것을 제대로 깨닫고 거기에 닻을 든든히 내리지 못하고 있으므로, 바람의 처분에 따라 이리저리 흔들리며, 현 시대가 선호하고 대다수의 사람들이 부르짖는 그런 사고들의 흐름에 휩쓸려 갈 수밖에 없습니다. 죽은 고기가 흐르는 물결을 따라 흘러가듯이 말입니다.

셋째 이유. 우리가 진리에 대한 확고한 판단을 얻기 위해 힘써야 할 이유는, 그것이 전인에게 전포괄적인 영향을 미치기 때문입니다.

1. 기억(memory)에 영향을 미칩니다. 기억은 깨달음에 상당히 도움을 받습니다. 도장(印)을 강하게 찍으면 찍을수록 밀랍(蜜蠟)에 더 깊은 자국이 나는 법입니다. 기억이란 사물의 형상들을 지니고 있는 기능입니다. 그것은 우리가 받아들이는 것을 보관하는 것이요, 나중에 꺼내어 사용하고자 하는 것들을 쌓아 두는 창고

인 것입니다. 그러므로 어떤 사물에 대한 지식이 선명하고 확실할수록 그것이 더 깊이 쌓이고 또한 더 확실하게 기억 속에 자리를 잡게 되는 것입니다.

2. 감성(affections)에 영향을 미칩니다. 진리는 빛과 같아서, 그 빛줄기를 굴절시켜 감성에 전달해 주는 깨달음의 렌즈가 고르고 또한 고정되어 있을수록 속히 불길을 일으키는 법입니다. "우리에게 성경을 풀어 주실 때에 우리 속에서 마음이 뜨겁지 아니하더냐?"(눅 24:32). 그리스도께서 고난당하시기 전에도 그들은 그의 말씀을 들었었고 그에게 말씀을 받아 전하기도 했었습니다만, 성경 말씀과 깨달음이 함께 열려지는 지금처럼 만족과 확신을 준 적은 없었고, 그리하여 그들의 마음에 불길이 일어난 것입니다. 공중의 태양은 그 빛이 비치지 않는 곳까지도, 즉 지구의 속 내부까지도 영향력을 미칩니다만, 의의 태양이신 그리스도께서는 오로지 그의 빛이 나아가는 곳에만 영향을 미치십니다. 그가 진리의 빛줄기를 깨달음 속에 비추사 그것을 일깨워 주시며, 영혼이 이 날개들 아래 앉아 있는 동안, 마음을 살리는 열기가 그 가슴속에서 일어나는 것입니다. 그러므로 그리스도께서 성령을 보혜사로 약속하시지만, 동시에 그는 납득시키시는 자로 오사 진리를 가르치심으로써 위로하시는 것을 보게 됩니다(요 16:13). 그러므로 이리저리 흔들리는 수많은 영혼들이 그 마음속에 하늘의 기쁨의 열기가 그렇게 적은 이유는 분명히 복음의 언약의 본질과 소유권을 깨닫는 빛이 적기 때문인 것입니다. 영혼이 진리의 빛에서 멀리 떨어져 서 있을수록 위로의 열기에서도 멀리 떨어져 있을 수밖에 없는 것입니다.

3. 굳건한 판단은 삶과 처신(life and conversation)에 강력한 영향을 미칩니다. 눈이 발걸음을 인도합니다. 길을 보지 못하는 자는 아주 불안하게 걸을 수밖에 없고, 옳고 그름에 대한 판단이 제대로 서 있지 않은 사람도 아주 불편하게 처신할 수밖에 없습니다. 움직이는 것은 반드시 움직이지 않는 그 무언가를 기반으로 삼아야만 합니다. 땅이 발 밑에서 빙빙 돌아가고 있다면, 사람이 걸을 수가 없을 것입니다. 그런데 우리가 깨닫는 원리들이, 말하자면, 우리의 모든 행동들의 기반이 되는 터전입니다. 그러니 만일 그것들이 휘청거리고 비틀거린다면, 우리의 생활과 실천은 더더욱 그럴 것입니다. 손이 흔들리면 직선을 그을 수가 없는 것처럼, 판단이 정리되어 있지 못하면 일관성 있는 처신이 나올 수가 없는 것입니다. 사도는 견실한 것과 흔들리지 않는 것을 "주의 일에 풍성한 것"과 연결시킵니다(고전 15:58). 제가 잘못 이해하는 것이 아니라면, 여기서 바울은 주로 부활의 진리에 대

한 견실한 판단을 뜻합니다. 몇몇 사람들이 부활의 진리에 대한 판단이 흔들리고 있었던 것입니다. 우리를 강한 그리스도인으로 만들어 주는 것은 갖가지 개념들을 많이 알고 있는 것이 아니라 진리 안에 확고히 서 있는 그것입니다. 마치 키는 삐죽 크면서 키에 비해 몸이 홀쭉한 자가 아니라, 모든 관절이 서로 잘 연결되고 한데 잘 어울려 역할을 하는 사람이 튼튼한 사람인 것처럼 말입니다. 어떤 사람이, "사람이 보고 판단하는 바가 바로 그 사람이다. 어떤 이들은 그들이 지닌 빛에 못 미치기도 하지만 아무도 그 빛을 넘어서지는 못한다"라는 말을 했는데, 참 일리가 있습니다. 이런 말을 할 수 있을지 모르겠지만, 온전히 깨닫지 못하고 이리저리 논쟁 중에 있는 진리는 머릿속에서 멈추어 버려서 마음속에서 역할을 할 수가 없고, 따라서 생활 가운데서 실천할 수도 없는 것입니다. 그러나 머릿속에서 분명하게 정리되고 의지와 감성으로 받아들이게 되면, 든든히 뿌리가 박혀서 생활 속에서 강력한 효력을 발생하게 되는 것입니다. 복음이 데살로니가 사람들에게 "큰 확신으로" 이르렀다고 말씀합니다(살전 1:5). 즉, 그 진리에 대한 증거를 통하여 임하였다는 뜻입니다. 그리하여 그 복음이 그들에게 얼마나 능력 있게 역사했는지를 보게 됩니다: "너희는 많은 환난 가운데서 성령의 기쁨으로 말씀을 받아 우리와 주를 본받은 자가 되었으니"(6절). 그들은 그 교리가 하나님의 것임을 확신하였고, 극도로 어려운 환난 속에서도 이러한 확신으로 말미암아 기쁘게 나아가게 되었던 것입니다.

[적용]

적용 1. 진리에 대한 판단을 굳건히 하도록 힘쓰기보다는 오히려 자기들의 오류 속에서 자기 자신들을 굳게 세우는 데에 열심을 내는 자들은 책망을 받으려고 기를 쓰는 것입니다. 어떤 이들은 성경에 제시되어 있는 대부분의 구원 얻는 진리들보다도 오히려 자기들이 취한 한 가지 오류를 수호하느라 전력을 기울이기도 합니다. 그렇습니다. 그들은 자기들이 고백하는 모든 진리들을 수호하기보다는 화형대에서 죽는 한이 있어도 자기들이 취한 한 가지 오류를 수호하려고 애를 쓰는 것입니다. 아우구스티누스는 그가 마니교도였을 당시의 자기 모습에 대해 이렇게 말하였습니다: "오 주님, 당신이 아니라 나의 오류가 나의 하나님이었사옵니다." 오오, 오류를 수호하는 데에 깊이 빠져 있는 사람을 굴복시키기란 얼마나 어려운지 모릅니다. 우리 주님께서 바리새인들의 입을 다물게 하신 일이 얼마나 많습니까? 하지만 그들 중에 돌이켜 회개한 자는 거의 혹은 전혀 없었습니다. 너무도 교만하여 도무지 자기들의 오류를 철회하지 않은 것입니다. 무엇이라고요? 그들이 방패를 내려놓고 모세의 자리에서 내려와서 자기들이 지금껏 하나님의 말씀이라고 가르쳐온 것들이 이제 다 거짓이라고 고백한다고요? 어림도 없는 일입니다. 그들은 차라리 지금까지 해온 일을 할 수 있는 만큼 계속 밀고 나갈지언정, 수치스럽게 돌이키지는 않습니다. 그들이 수치로 여긴 것은 자기들의 오류 자체가 아니었습니다. 오히려 그들은 그 오류를 인정하고 고백하는 것을 수치로 여긴 것입니다. 어떤 사람이 매춘부의 집에서 나오다가, 그런 추잡한 집에서 나오는 것을 사람들이 보면 수치스럽지 않느냐는 질문을 받고 다음과 같이 아주 기발하게 대답을 했다고 합니다: "아니요, 들어갈 때가 수치스럽지, 나올 때는 그렇지 않습니다. 나올 때는 오히려 정직한 것이지요." 오오 여러분, 오류에 빠지는 것도 나쁜 일이지만 그것을 고집하는 것을 더욱 나쁜 일입니다. 오류에 빠지는 것은 그대가 연약한 사람인 것을 보여줍니다. "오류를 범하는 것이 인간적입니다." 그러나 오류를 고집한다면, 그것은 그대를 마귀와 똑같게 만드는 것입니다. 마귀는 처음 타락할 때부터 이날까지 항상 동일한 모습이니 말입니다.

적용 2. 이는 다른 이들의 판단을 뒤흔들고자 애쓰는 자들 ― 그리스도인의 허리에 두른 띠를 벗기려는 자들 ― 을 책망합니다. 그들은 마귀의 질문을 갖고 다가옵니다. "그렇지, 그런데 과연 하나님이 그렇게 말씀하시더냐? 이것이 진리인 것이 확실하냐? 목사들이 속이는 것은 아니냐?"라고 하며, 교묘하게 그리스도인들의 마음속에서 진리를 향하여 의혹과 의심을 조장하려고 애쓰는 것입니다. 갈라디아 사람들 가운데 문제를 일으킨 자들이 바로 그런 자들이었는데, 바울은 그들을 "스스로 베어 버리기를" 원하였습니다(갈 5:12). 그들은 복음의 가르침에 관하여 마음속에 거리낌을 조장하여 갈라디아 사람들을 흔들어 놓으려 하였습니다. 이것은 결국 믿음에서 이탈하게 만들고자 하는 아주 교묘한 술법입니다. 그러므로 그들을 가리켜 "다른 이들의 믿음을 망하게 하는 자들"이라 부르는 것입니다(딤후 2:13; 딛 1:11). 토대가 느슨해지면 집 전체가 무너질 위험이 있습니다. 그런데 만일 누가 여러분의 집의 기초를 무시하여 말한다면, 과연 그의 의도가 정직하다고 생각할 수 있겠습니까? 복음의 위대한 진리들을 의심하도록 만드는 자들이 바로 그런 자들과 같은 것입니다. 그러나 오늘날처럼 이완된 시대에서 이런 일은 그저 작은 과오에 불과합니다. 그렇지 않다면 그렇게 많은 미혹자들 — 저는 이들을 영적인 불량배요 방탕아들이라 부르고 싶습니다만 — 이 마치 집시들처럼 마음대로 이리저리 다니며 순진한 심령들을 홀려서 멸망에 빠뜨리는 일이 허용되지 않았을 것입니다. 오오 여러분, 2, 3실링 정도의 물건을 도둑질하는 자는 재판정에서 목숨을 구걸해야 하고 때로는 교수형을 받기도 하는데, 구원 얻는 진리의 보고를 가련한 심령들에게서 강탈해 가고 온 가족의 믿음을 뒤집어엎는 자들은 거만하게 고개를 내밀고 자기들의 무사한 것을 자랑하고 있으니, 정말이지 안타깝습니다. 왕에 대한 모독은 반역죄로 처벌받는데 하나님을 향한 신성모독에 대해서는 아무런 조처가 없다니, 정말 안타까운 일입니다. 사람들보다 하나님께서 그의 진리를 더 사랑하시니 정말 좋습니다. 그렇지 않다면 그런 악독한 자들이 이 세상에서도 오는 세상에서도 피하게 될 것입니다. 그러나 하나님께서 친히 그런 자들을 대적하심을 선포하셨습니다. 그러므로 사람들에게서 진리를 강탈해 가는 자들이 심판대 앞에 서서, 금과 은을 강탈한 자들보다 더 악한 자들로 정죄 받게 될 날이 올 것입니다. 하나님께서 그들을 어떻게 벌하실지를 보십시오. "여호와의 말씀이라 그러므로 보라 서로 내 말을 도둑질하는 선지자들을 내가 치리라"(렘 23:30). 사람들을 꾀어, 신실한 하나님의 종들이 그들에게 전해 준 진리들을 버리게 만드는 거짓 선지자들을 그렇게 하시겠다는 것입니다. 하나님께서 심판주로 앉으실 때에는 신성모독자와 미혹자를 위하여 변호해 줄 자가 아무도 없을 것입니다.

적용 3. 이는 오늘날처럼 불안정한 시대에 수많은 이들이 갖고자 애쓰는 그런 판단의 이상스런 변덕스러움과 불안정함을 드러내 줄 것입니다. 수많은 사람들이 머리 속에 갖고 있는 진리들은 별들처럼 하늘에 고정되어 있는 것이 아니라, 별똥별들처럼 공중에서 춤을 추는 것들입니다. 그것들은 대리석에 새겨진 글자들이 아니라 땅의 티끌에 써놓은 글자들 같아서 미혹자들이 입김만 불어도 그냥 일그러지고 맙니다. 어떤 이들은 결혼할 뜻을 갖고 이성을 사귀지를 않고 새 사람이 나타나면 그 즉시 전에 사귀던 사람을 버리는데, 생각을 마치 이와 같이 하는 이들이 많습니다. 오늘날처럼 어지러워 현기증 나는 시대가 없었습니다. 유행을 따르는 사람들에 대해서, 만일 그들이 몇 년 전의 자기들의 그림을 보면 지금 자기들이 입고 있는 의복과 차림새가 너무 달라 자기들의 모습을 전혀 알아보지 못할 것이라는 말이 있습니다만, 이들의 생각이 마치 그와 같다 할 것입니다. 신앙을 가졌다고 말하는 이들 중에서, 그들이 십여 년 전에 지녔던 신앙적 원리들 몇 가지를 취하여 지금 그들이 지니고 있는 것들과 비교해 보면 전혀 딴 사람 같은 이들이 많을 것입니다. 이런저런 원리들을 잘라내고 바꾸었기 때문에 그들의 신조 전체가 완전히 바뀌어 버린 것 같을 것입니다. 그러니 옛 신앙을 저버리고 새로운 세례를 추구하는 자들이 그렇게 많은 것도 전혀 무리가 아닙니다. 그들이 저버리는 옛 신앙이 그릇되거나 혹은 그들이 새로 품게 된 새 신앙이 참되기 때문에 그렇게 하는 것이 아닙니다. 과거에 받아들이고 고백하던 그 진리에 대해 무지하기 때문이거나, 아니면 그것을 받아들인다고 한 그들의 고백이 불성실하기 때문입니다. 처음에 진리를 받아들일 때나 지금 버릴 때나 모두 기초가 약하니 그저 손쉽게 받아들이고 손쉽게 버리는 것이 전혀 무리가 아닙니다. 또한 진리를 고백하면서도 그것을 사랑하거나 깊이 새기지 않은 이들에게서 하나님이 진리를 거두어가시고 그들을 버려두사 오류에 빠지게 하시는 것이 전혀 이상한 일이 아닙니다. 본성적인 빛이 있으면서도 하나님을 영화롭게 하지 않는 이교도들을 하나님이 그들로 하여금 버림받은 분별없는 마음에 버려두사 도덕적으로 터무니없는 일을 행하게 하실진대, 하물며 성경적인 진리의 계시된 빛을 받고서도 하나님을 만홀히 여기는 자들은 영적으로 사악한 것에 버려지고 또한 오류와 거짓을 진리로 믿도록 되는 것이 얼마나 더 합당하겠습니까? 올바로 판단한다면, 오류의 미로에서 방황하며 헤매면서도 스스로 진리의 길에 행하고 있다고 여기는 자들에게 무서운 저주가 있을 것입니다.

질문. 그러나 혹자는 다음과 같이 질문할 수도 있을 것입니다. 위대하고 훌륭한 이들도 판단이 상당히 불확실하다면, 그저 보통 신자가 이처럼 진리에 확고한 판단을 소유한 상태에 이르는 것이 어떻게 가능하겠습니까?

답변 1. 사람들을 서로 구별해야 합니다. 훌륭한 사람들 중에서도 확고한 경건성이 결핍되어 있어서 하나님의 진리들에 대해 전혀 정리되지 않은 모습을 보이는 자들이 많습니다. 머리는 똑똑하나 마음이 정직하지 못한 자만큼 속히 오류에 빠지는 자가 없습니다. 아무리 비옥한 땅이라도 제대로 경작하지 않으면 온갖 잡초들이 무성해지기 마련입니다. 그처럼 거룩함이 없는 자들이 오류의 길에 앞장서 왔고, 무지하고 연약한 자들이 그들의 뒤를 따라왔습니다. 그들은 유식한 자들로서 그 부패한 마음으로부터 오류를 토해내면 무식한 자들이 그것을 핥아먹는 것입니다. 그러니 확고한 판단을 갖는 것에 대해 절망하지 마십시오. 여러분이 정직하고 올바른 마음을 갖고 또한 수단들을 양심적으로 사용하기를 바라고 있으면 됩니다. 여러분에게 다음과 같은 약속이 여러분의 편이니 말입니다. "여호와를 경외함이 지혜의 근본이라 그의 계명을 지키는 자는 다 훌륭한 지각을 가진 자이니"(시 111:10).

답변 2. 진리들을 서로 구별해야 합니다. 어떤 것들은 근본적인 진리들이고, 또 어떤 것들은 보조적인 진리들입니다. 그런데 경건성이 뛰어난 자들 가운데 몇몇 보조적이며 주변적인 진리들에 관해서는 어둠 속에 있는 자들이 많습니다. 그것들이 말씀 속에 신비하게 들어 있기 때문입니다. 그러나 근본적인 진리들에 대해서는 경건한 자들 중에 아주 아름다운 조화가 있습니다. 그러니 여러분, 여러분도 주어진 수단들을 신실하게 사용하면 그런 근본적인 진리들에 대해 확고한 판단을 갖게 될 것입니다. 우리의 육체를 위해서도 하나님께서는 그 생명을 보존하는 데에 필수적인 것들은 세련된 취향과 맛에 관계되는 것들보다 훨씬 더 흔하고 그리하여 값도 훨씬 더 싸도록 그렇게 만드셨습니다. 우리의 영혼에 대해서도 마찬가지입니다. 만일 우리의 주식인 빵이 사탕과자들처럼 구하기가 힘들다거나 혹은 물이 포도주만큼 얻기가 힘들다면, 대부분의 사람들은 굶어죽고 말 것입니다. 이와 마찬가지로 구원을 얻기에 필수적인 진리들이 다른 몇몇 진리들처럼 깨닫기도 힘들고 성경에서 명확하게 찾기도 어렵다면, 이적을 통해서 도움을 얻지 않는 한 수많은 연약한 그리스도인들이 분명 멸망하고 말 것입니다. 그러나 구원을 얻는 복음의 진리들은, 부패한 마음으로 시냇물을 휘저어 더럽혀 놓는 그런 자들 이외에는 누구나 쉽게 알 수 있도록 선명하게 제시되어 있는 것입니다.

[진리에 대해 확고한 판단을 갖기 위한 지침들]

그러면 그리스도의 진리에 대한 나의 판단을 확실하게 세우려면 어떻게 해야 할까요?

지침 1. 진리들을 깨닫고자 함에 있어서 여러분의 목표가 순전해야 합니다. 거짓되고 악한 마음과 불건전한 판단은 마치 얼음과 물처럼 서로가 서로에 의해서 생겨납니다. 사람들의 판단들이 변덕스러운 것은 그들의 마음의 교활함에서 비롯됩니다. 안정된 사고와 이중적인 마음이 서로 만나는 경우는 거의 없습니다. 다음의 말씀이 이 사실을 충실히 보여줍니다: "이 교훈의 목적은 청결한 마음과 선한 양심과 거짓이 없는 믿음에서 나오는 사랑"이라고 합니다(딤전 1:5). 그런데 그 다음에 이어지는 말씀을 주목하십시오. "사람들이 이에서 벗어나" — 원문의 뜻을 따르면, 사람들이 이를 목표로 두지 않아 — "헛된 말에 빠졌다"고 합니다(6절). 그들은 진리를 받으면서 거룩의 능력을 목표로 둔 적이 없었습니다. 그리하여 진리로 말미암아 사랑과 믿음과 기타 은혜들에서 진보를 이루고자 하지를 않았습니다. 그들이 이처럼 그릇된 목적과 목표를 가졌으니, 올바른 길에서 이탈하는 것이 이상한 일이 아닙니다. 부패한 마음은 쉽사리 판단을 매수하여 자기편으로 만들 수 있습니다. 지금에는 이것이 진리입니다. 하지만 원하는 대로 갈아치우니 한 달 후에는 진리가 아니게 됩니다. 많은 이들에게는 자기들의 관심사를 충족시켜 주는 것이 진리입니다. 그들은 자기들의 주머니 끈이나 자기들의 선호도에 맞추어 판단합니다. 그러므로 그런 이들은 메리 여왕 시대의 바람개비처럼, 자기들의 육신적인 관심사가 바뀔 때마다 기꺼이 새로운 노래를 부르는 것입니다. 사랑이 진리를 받아들이면 그것을 붙잡다가 세상적인 관심사를 향한 욕심이 생기면 그 진리를 내던져 버립니다. 그것이 더 이상 도움이 되지 않으니 말입니다. 암논은 다말을 연모하였으나, 그녀를 얻자 곧 그녀에 대해 싫증이 났습니다. 오늘날 마치 암논이 다말을 싫증내는 것처럼 이런저런 진리들과 규례들을 혐오하여 차버리는 경우들이 보이지 않습니까? 몇 년 전만 해도 그것들을 좋아하고 아꼈지만 그것들을 진정으로 사모한 적이 없었던 탓에 그렇게 내어버리니 정말 끔찍한 일이 아닐 수 없습니다.

지침 2. 말씀 사역의 자리에 참석하십시오. 말씀 사역이 지정된 한 가지 큰 목적은 우리를 진리 가운데 세우기 위함입니다. "어떤 사람은 목사와 교사로 삼으셨으니 이는 성도를 온전하게 하 … 려 하심이라"(엡 4:11, 12). 그리고 다음의 말씀을 주목하십시오. "이는 우리가 이제부터 어린 아이가 되지 아니하여 사람의 속임수와 간사한 유혹에 빠져 온갖 교훈의 풍조에 밀려 요동하지 않게 하려 함이라"(엡 4:11, 12). 길을 안내하는 자에게서 도망하는 자는 곧 바른 길에서 벗어나고 맙니다. 하나님께서 이 시대에 그의 신실한 사역자들을 주신 것은 결코 하찮은 일이 아닙니다. 그들이 떠나 버리면 사람들의 이마에 오류의 나병이 곧바로 나타날 것입니다. 그리고 말씀 사역을 받을 때에 설교의 적용 부분과 아울러 교리적인 부분에 진지하게 주의를 기울이기를 바랍니다. 적용 부분은 여러분을 뜨거운 그리스도인으로 만들어 줄 것이요, 교리적인 부분은 여러분을 견고한 그리스도인으로 만들어 줄 것입니다. 견고한 지식이 없이 뜨거운 감정만 있는 것은 마치 아무 음식도 올려놓지 않은 채 그냥 프라이팬을 불로 달구는 것과도 같습니다. 레위인들이 "하나님의 율법책을 낭독하고 그 뜻을 해석하여 백성에게 그 낭독하는 것을 다 깨닫게 하였다"고 말씀합니다(느 8:7, 8). 씨를 심는 것이 물 주는 것보다 앞서며, 이와 마찬가지로 가르침이 권면보다 먼저 있어야 합니다. 교인들이 배우는 것도 우리가 설교하는 것과 똑같은 방식으로 이루어지기 마련인 것입니다.

지침 3. 어느 개인이나 파당에 여러분의 판단을 종속시키지 마십시오. 영적인 의미의 저당 잡힌 상태가 있는데, 많은 이들이 이런 상태에서 자기들의 판단과 원칙들을 저당 잡힌 채 망해 버렸습니다. 그 누구의 판단에도 묶여 있지 않도록 하십시오. 여러분의 아버지를 따라 진리를 따져보고 금(金)을 달아볼 수도 있을 것입니다만, 다른 사람의 믿음이 아닌 여러분 자신의 믿음으로 살아야 합니다. 여러분 스스로 진리를 보기를 힘써야 합니다. 건물이 그 기초 위에 세워져 있지 않고, 옆에 있는 버팀대에 기대고 있거나 옆집에 기대고 있다면, 결코 든든히 서 있을 수가 없습니다. 버팀대나 옆집이 무너지면 그것도 따라서 무너질 것입니다. 사람의 권위를 의지하지 말고, 말씀의 증거에 의지하여 판단을 내리기를 바랍니다. 사람의 권위는 그저 버팀대에 불과하고, 하나님의 말씀의 증거야말로 든든한 기초인 것입니다. 여러분의 판단을 위해서 사람의 말보다 성경 말씀을 더 많이 인용하십시오. 어느 학식 있는 사람이 이렇게 말했다는 식으로 하지 말고 성경 말씀이 이렇게 말씀한다고 하십시오. 그러나 그러면서도 너무 다른 쪽으로 기울어져서 경건과 학식에서 존중받아야 마땅한 사람들의 판단을 업신여겨서는 안 됩니다. 사람을 업신여기는 것도 아니고 그렇다고 사람을 신격화시키는 것도 아닌 그런 처신이 분명히 있습니다. 사람들이 진리를 배반하고, 또한 오류에 대해서는 "호산나"를 부르고 진리에서 대해서는 "십자가에 못 박으라"고 소리치기도 합니다만, 사람을 흠모하는 것이 그렇게 만드는 경우가 허다합니다. 에우세비우스(Eusebius)는 요세푸스의 보도를 근거로 헤롯 — 사도행전 12:23에 나타나는 벌레에 먹혀 죽은 그 헤롯 — 에 대해 다음과 같이 말하였습니다. 곧, 헤롯이 화려한 예복을 차려 입고 단상에 올라와 백성들에게 연설을 하고 있었는데, 그의 은빛 예복이 햇빛을 반사하여 번쩍여서 보는 이들의 눈을 어지럽게 했는데, 그 중 몇 사람들이 헤롯을 위해, "이는 사람의 음성이 아니라 하나님의 음성이로다"라고 외치며 아첨했다는 것입니다. 사실 모습과 언변이 뛰어나 연설을 할 때에 빛이 나는 것 같은 사람들이 있습니다만, 이들의 이런 점들 때문에 그들을 흠모하는 자들의 판단이 흐려져서 그들이 말할 때에 거기에 신적인 권위가 있다고 생각하기가 매우 쉽습니다. 특히 예전에 그들이 하나님의 도구로 쓰임 받아 사람들의 심령에 큰 유익을 끼쳤을 경우에는 더욱 그러기가 쉽습니다. 오오 여러분, 그러므로, "사람을 사람으로 사랑하고 높이 받드는 것이", 사람을 사람으로 존경하면서도 그들의 오류까지 함께 사랑할 위험에 빠지지 않는다는 것이 극히 어려운 일입니다. 아우구스티누스 (Augustine)는 과거 알리피우스(Alypius)를 도와서 한 가지 오류에서 벗어나도록 한 적이 있었습니다만, 알리피우스는 고백하기를, 그런 일이 있었기 때문에 자신이 아우구스티누스를 통해서 또 다른 오류에게로 — 마니교 신앙(Manicheism)에로 — 그렇게도 쉽게 끌려 들어갔었다고 하였습니다. 그가 과거에 자신을 오류에서 벗어나게 했으니, 이번에도 자기를 오류에로 이끌지는 않을 것이라고 생각한 것입니다. 그러므로 이 땅의 그 어느 누구에게도 아버지라 부르지 마십시오. 그 누구도 멸시하지 마십시오. 그러나 그 누구도 숭배하지 마십시오.

지침 4. 호기심을 삼가십시오. 고상한 것들을 헛되이 탐하며 새로이 제시되는 의견마다 귀를 기울이는 자는 절반은 이미 오류에 빠져 있는 것입니다. 성경은 "귀가 가려운" 상태에 대해 말씀합니다(딤후 4:3). 이처럼 귀가 가려운 증세는 흔히 오류의 딱지가 생기는 것으로 귀결됩니다. 다말은 어슬렁거리며 돌아다니다가 순결을 잃고 말았습니다. 마음의 순결은 그 믿음이 건전한 데 있는 것입니다. 그런데 온갖 사람들과 어울리며 전해지는 모든 가르침에 귀를 기울이는 자들은 바로 이 믿음의 건전함을 잃어버릴 위험이 다분합니다. 처음에는 듣는 자가 되고, 그 다음에는 그들의 제자가 되어 버리는 것입니다. 호기심을 갖고서 모든 이단 사상과 견해들을 대화로 접하다가 결국에는 회의론자가 되어서 그 어떠한 것도 진리로 받아들이지 못하고 또한 견고히 설 수가 없게 되어 버리는 자가 많습니다. 아우구스티누스는 스스로 고백하기를, 마니교도들의 온갖 오류들과 환상들을 섭렵하다보니 결국 암브로시우스(Ambrose)가 전하는 진리 자체에 대해서도 두려움이 생겼다고 하였습니다. 그는, 돌팔이 의사에게 계속 고통을 겪다보면 결국에는 유능한 의사의 손에 자기를 맡기는 것도 두려워하게 된다고 말하였습니다. 여러분, 무엇이든 다 받아들이다가 나중에 아무것도 믿지 못하게 되는 일이 없도록 조심하시기 바랍니다.

지침 5. 하나님께서 확고한 판단을 세워 주시기를 겸손히 구하십시오. 자기들이 길을 너무나도 잘 아니 물어볼 필요가 전혀 없다고 생각하는 여행자들만큼 길을 빨리 잃어버리는 자들이 없습니다. 신앙이 있다는 자들 중에서도 자기들의 깨달음

만을 의지하면서 하나님을 인정하지도 않고 날마다 그에게 구하지도 않는 자들만
큼 진리에서 벗어날 위험이 큰 자들이 없습니다. 교만을 조심하십시오. 지금에는
아무리 높이 날아오르는 것 같아 보여도 교만은 결국에는 오류나 속된 처지의 구
렁텅이에 빠지게 될 것입니다. 그곳이 하나님께서 그것을 위해 만드신 침대입니
다. 그러니 하나님께서 지정하신 그곳에 누워 있을 수밖에 없는 것입니다. 그런 자
들은 이성이 돌아오면 — 하나님께서 그들을 위해 그런 긍휼을 예비해 놓으셨다
면 — 당황스러움을 느끼고 부끄러움에 빠질 수밖에 없고, 그리하여 느부갓네살
처럼 전에 그리도 하찮게 여겨 무시해 버렸던 하나님을 인정하게 되고 "지극히 높
으신 자를 찬송"하게 됩니다. 오오 여러분, 그러므로 교만을 조심하십시오. 머지않
아 교만이 여러분을 은혜의 보좌에서 낯선 자로 만들 것이니 말입니다. 교만은 구
걸하는 것을 절대로 좋아하지 않습니다. 교만은 진리를 얻고자 하는 겸손한 간구
를, 이기기 위해 진리에 대해 언쟁을 벌이는 것으로 만들어 버립니다. 그리하여 승
리를 얻고자 다투다가 언쟁의 열기 속에서 진리를 잃어버린 이들이 많은 것입니
다. 그러므로 여러분, 진리를 볼 수 있는 눈을 주시는 하나님께서 손까지도 주셔야
우리가 진리를 얻고서 그것을 굳게 붙잡을 수 있다는 것을 마음속 깊이 새기시기
를 바랍니다. *Quoe habemus ab eo, tenere non possumus sine eo*(베르나르), 즉
하나님께로부터 얻은 것은 하나님이 없이는 지킬 수가 없다는 것입니다. 그러므
로 계속해서 하나님과 친하게 지내시기를 바랍니다. 그렇게 하지 않으면 머지않
아 진리가 여러분과 친하게 지내지 않게 될 것입니다. 하나님은 빛이시므로 그에
게서 등을 돌리는 순간 여러분은 어둠 속으로 들어가는 것입니다. 진리에 대해 맹
렬하게 따지고 언쟁을 벌일 때보다는 진리를 위해 경건하게 기도할 때가 우리가
진리를 발견하고 그것을 지키기에 더 유리한 자리에 서 있는 것입니다. 언쟁은 심
령을 어지럽히고 가라앉아 있는 격정의 먼지를 불어 일으킵니다. 그러나 기도는
마음을 안돈시키고 언쟁으로 인하여 끓어올라 있는 격정들을 가라앉힙니다. 확신
하건대 바람이 불고 구름이 잔뜩 낀 날보다는 고요하고 화창한 날에 더 멀리 바라
볼 수 있는 것입니다. 사람이 말을 많이 하고 별로 쉬지를 않을 때에 그 사람의 뇌
가 오래가지 못할 것이라고 심히 우려하게 됩니다. 이와 마찬가지로 진리 가운데
로 인도해 주시기를 겸손하게 간구하지는 않고 진리에 대해 말과 논쟁만 많이 하
게 되면, 하나님께서 정의로 벌하사 그 사람의 교만을 영적인 미치광이 상태로 만
드셔서 결국 진리와 오류를 분별하지 못하게 되고 말 것입니다.

지침 6. 신앙을 고백하는 이들 가운데 판단과 견해에 차이가 있는 것을 보더라도 거기서 거리낌을 받지 않도록 하십시오. 특히 오늘날과 같이 의견이 갈라져 있는 때에 교황주의자들이 우리의 발 앞에 바로 이 돌을 던지고 있습니다. 이들은 말하기를, 너희들 중에 그렇게도 다양한 판단과 의견이 있는데 과연 그 중에 진리가 어떤 것인지를 어떻게 아느냐고 합니다. 어떤 이들은 이것에 걸려 넘어지는 나머지, 과거 한때 고백했던 진리를 떠나 버리고 신앙 문제에 대한 이견(異見)의 광풍(狂風)에 휘말려서 — 무신론의 바위에 내던져지지는 않는다 해도 — 마음의 안정을 잃고 이리저리 방황하면서 이 광풍이 그치기까지, 그리고 이처럼 이견으로 인하여 서로 흩어진 이들이 신앙의 문제들에 대해 하나의 통일된 의견을 갖게 되기까지, 그 어느 곳에도 판단의 닻을 내리지 않으리라고 결심하는 경우도 있습니다. 그런데 이런 결심이 얼마나 어리석으며 또한 영혼에 해를 끼치는지 모릅니다. 어느 누군가가 아주 잘 이야기했습니다만, 이는 마치 성(城) 내의 모든 시계들이 정확하게 동시에 열두시를 치게 되기 전에는 아무것도 먹지 않겠다고 맹세하는 것만큼이나 어리석고 해로운 것입니다. 그 모든 시계들이 동시에 열두시를 치기를 기대하는 것이 모든 사람이 신앙 문제에서 통일된 의견을 갖기를 기대하는 것보다 차라리 나을 것입니다.

지침 7. 여러분이 판단을 통해 굳게 붙들고 있는 진리 하나하나가 여러분의 마음에 효력 있게 역사하는 것을 느끼기까지 쉬지 마십시오. 진리가 지성 속에 선명하게 다가올수록 기억이 더 선명하게 남게 되고, 진리가 의지에 강하게 역사할수록 판단 속에서 더욱 확고하게 자리를 잡게 됩니다. 아무리 훌륭하고 고귀한 물건이라도 사람이 거의 혹은 전혀 사용할 수가 없다면, 그 사람에게는 그것이 별 가치가 없습니다. 아무리 진기한 고서(古書)들이 있어도 야만적인 군인들의 손에 들어가면 화려한 겉표지 이외에는 거의 값어치를 인정받지 못할 것입니다만, 그것들을 읽고 유익을 얻을 수 있는 사람들이 그것을 얻으면 그야말로 크나큰 상으로 여겨서 애지중지 보관할 것입니다. 이와 마찬가지로 진리도 그것을 대하는 사람들에 따라 그렇게 달리 대우를 받습니다. 만일 진리가 그것과 함께 수고하고 거기서 힘과 능력을 얻을 그런 자에게 비치면, 이 사람은 그 진리를 판단 속에 굳게 세울 것이니 그 진리가 그의 마음에 얼마나 그 진리가 효과적으로 역사하겠습니까? 그러나 겸손하게 하고 위로를 주고 거룩하게 하는 그 진리의 신적인 효력을 전혀 알지 못하는 자에게 전해지면 그 진리는 얼마 가지 못하고 문 밖에 버려져 새 주인을 찾아야 하는 신세가 될 것입니다. 그런 자들이 자기들이 발견한 그 빛과 더불어 춤을 출 수도 있으나, 얼마 지나지 않아서 그들 스스로 그 빛을 꺼뜨려 버릴 것입니다. 한때는 원죄와 사람의 본성의 보편적인 부패성을 진리로 믿었다가 이제는 그것을 부인하는 사람의 이야기를 들은 적이 있습니다만, 그는 그 진리들로 자신을 혐오하고 낮출 정도로 그것을 마음에 새긴 적이 한 번도 없었거나, 아니면 게으름과 나태함으로 점점 그것에 싫증을 느끼다가 결국 그 마음속에서 역사하는 진리의 효능을 상실하였고 결국 그 자신의 판단에서도 그 진리 자체를 잃어버렸거나 둘 중의 하나일 것입니다. 오늘날과 같은 어지러운 시대에 신앙을 고백하는 자들이 옛 원리들을 내동댕이쳐 버린 구체적인 사례들이 정말로 많습니다. 시편을 노래하는 일을 임무로 여기고 실천해온 이들 중에서 오늘날 그것을 그만두어 버린 자들이 많습니다. 그러니 그런 이들에게 이런 질문을 해보는 것도 합당할 것입니다. 전에 그런 임무를 행하는 중에 하나님과의 따뜻한 교제를 누린 일이 전혀 없었는지, 입술을 벌려 시편을 찬송하면서 하늘로부터 내리는 진한 감동을 얻어 마음이 하나님께로 나아가며 즐거워 춤을 춘 일이 한 번도 없었는지를 말입니다. 분명히 말씀하지만, 경건한 사람이 이런 질문에 "아니요"라고 대답한다면 지극히 이상한 일일 것입니다. 자 그리스도인 여러분, 성소의 문에서 하나님을 만나본 일이 있습니까? 여러분 모두 그런 일이 있으리라고 믿습니다. 여러분 다시 묻겠습니다. 진리를 감히 내던지기 전에 여러분의 마음이 먼저 식어지고 형식적이 되어 버리지 않았습니까? 그리고 만일 그렇다면 — 분명 그럴 것입니다만 — 여러분 중에 진정 하나님을 경외하는 분들은 다음 네 가지 질문들에 대해 깊이 생각해 보기를 바랍니다 (요일 2:23, 24).

질문 1. 내가 오류 가운데 있으며 또한 그런 어둠의 상태가 그들이 임무를 행하는 중에 부당하게 소홀히 하고 가볍게 처신한 것에 대한 하나의 형벌로 주어진 것이라는 두려움은 없습니까?

질문 2. 사람들이 진리를 대적하여 제시하는 그 미약한 증거를 근거로 진리에 대한 믿음을 버리는 것보다는, 과거에 임무 중에 얻었던 그 생생한 감동을 다시 회복하고 거기서 옛날에 발견했던 감미로움과 기쁨을 다시 누리게 되기를 힘쓰는 것이 더 낫지 않을까요?

질문 3. 다른 임무를 행함으로써 지금껏 소홀히 했던 임무가 활기를 회복하고 심령에 새로운 맛을 계속 주지 않겠습니까?

질문 4. 혹시 하나님께서 다른 어떤 규례에 대한 열정이 식어지도록 허용하신다면 — 하나님의 뜻이면 이를 금하실 수도 있습니다만 — 사탄이 갖가지 논리들을 끌어 모아서 그것에 대해 거리낌을 갖게 만들고, 그리하여 때가 되면 결국 그것을 내던지도록 만들기가 매우 수월하지 않겠습니까? 이런 질문들을 하는 데에는 그만한 이유가 있습니다만, 이 시대가 이를 말해 줄 것입니다. 오늘날 모든 규례들이 차례로 하나씩 의심을 받고, 이 사람은 이 규례를 버리고 저 사람은 저 규례를 버리는 일들이 일어나고 있습니다. 어떤 이는 찬송을 부르지 않고, 또 어떤 이는 자기 자녀를 세례 받게 하지를 않습니다. 또 어떤 이들은 물세례도, 성찬도 부인합니다. 그리고 또 어떤 이는 말씀을 듣는 규례 자체를 거부하고 즉석에서 행하는 가르침을 받아야 한다고 주장하기도 합니다. 이런 식으로 규례들과 진리들을 받으면서도 잘못 대하여 그것들이 우리에게 죽은 존재가 되어 버리면, 우리가 그것들을 — 과거에 그것들이 우리 눈에 아무리 아름다워 보였다 해도 — 눈에 보이지 않도록 파묻어 버리기를 바라고 요구할 수도 있게 되는 것입니다. 안타깝게도 이런 일들이 마음에서 일어나고 있으니 이것들을 마음에 깊이 생각하여야 하며, 비록 제가 강론의 순서에서 이 지침을 가장 마지막에 드렸습니다만 여러분의 신앙적인 관심과 삶에서 이 지침을 중요성이 가장 낮은 것으로 취급해서는 안 될 것입니다.

둘째 허리띠 띠기

[자유롭고도 담대하게 진리를 공언하는 것이 그리스도인의 임무임]

사탄이 때때로 무자비한 박해자들을 통하여 사자처럼 다가와 불과 쇠몽치로 그리스도인들에게 겁을 주어 진리에서 떠나게 만들려고 애를 쓰기 때문에, 이런 계교를 이기기 위해서는 죽음과 위험이 닥칠 때에도 거룩한 결단으로 우리의 신앙을 지키도록 진리로 허리띠를 띠는 것이 필요합니다. 진리가 공격을 받는 두 번째 방식은 힘과 폭력을 통한 것입니다. 곧, 마귀가 미혹하는 자의 여우 같은 모습을 버리고 박해자들의 사자 같은 모습으로 나아오는 것입니다. 세상에서 가장 피비린내 나는 비극들이 교회의 무대에서 행하여졌고, 가장 비인간적인 대학살과 살육이 순진무구한 그리스도의 양 떼들에게 범하여졌습니다. 세상에서 최초로 살해당한 사람은 성도였고, 그것도 신앙 때문에 그런 일을 당했습니다. 루터(Luther)가 말씀한 것처럼, 세상 끝날까지 가인이 아벨을 죽이는 일이 일어날 것입니다. 이 땅에 있는 악인들의 가슴속에 증오의 불씨가 남아 있는 한, 혹은 마귀가 지옥에서 그것으로 불길을 일으키는 한, 박해의 불길은 절대로 꺼질 수가 없습니다. 그러므로 그리스도인은 두 번째 방식으로도 진리로 허리띠를 동여매어야 합니다. 이는 첫 번째 방식만큼이나 필수적이며, 또한 진리를 공언하는 데에서 취하여야 할 방식입니다. 논리의 힘으로 진리를 버리도록 할 수 없자, 박해의 불길을 통해 강제로 진리를 버리도록 된 이들이 많습니다. 정통적인 판단과 사상을 가졌다고 해서 사람이 진리를 위하여 화형대에 올라 고난을 받을 수 있는 것이 아닙니다. 만일 그랬다면 우리 잉글랜드의 「순교록」(Martyrology)에 나오는 대로 저 가련한 스미스(Smith)는 그의 친구에게 — 이 친구는 스미스를 통해 가르침을 받았고 그 진리를 위해 기꺼이 고난당할 자세가 되어 있었습니다 — 그토록 비겁한 대답을 하지는 않았을 것입니다. 그는 말하기를, 그것이 진리인 것은 사실이지만 그것을 위해 몸을 불태울 수는 없다고 했다는 것입니다. 머릿속에 진리가 있으나 거룩한 용기가 없는 사람은 마치 칼고기(sword fish)와 같습니다. 플루타르크(Plutarch)는 이에 대해서, 머릿속에 칼이 있지만 그것을 사용할 마음이 없다고 했습니다. 성령의 검을 빼들고 서서 죽음과 위험을 맞아 자유로이 진리를 공언할 수 있는 거룩한 담대함을 하늘로부터 부여받게 되면 아무도 그 사람을 감당할 수 없습니다. 여러분, 바로 이것이 "진리로 허리띠를 띠는" 것입니다. 그러므로 진리로 허리띠를 띠는 이 두 번째 방식에서 다음을 주목하기 바랍니다.

가르침. 진리에 대해 확고한 판단을 갖는 것은 물론 **진리를 한결같이 공언하는** 것이 성도의 의무라는 것입니다. 이를 사도는 강조하고 있습니다: "우리 믿음의 고백을 흔들림 없이 굳게 붙들자"(히 10:23, 한글개역개정판은, "우리가 믿는 도리의 소망을 움직이지 말며 굳게 잡고"로 번역함 — 역주). 사도는 당시의 위험한 상황에서 박해를 두려워하여 성도들의 집회를 꺼리고 거절하는 자들을 염두에 두고 말씀하는 것입니다. 그는 그런 것을 "흔들리는 것"이라 부릅니다. 머뭇거리는 자들은 배도의 옆문에 있는 것입니다. 고요할 때에는 배의 돛을 활짝 폈다가 바람이 불면 돛을 접어버리는 식이어서는 안 됩니다. 버가모 교회에 대해 주님은 그들의 담대한 신앙의 절개를 칭찬하셨습니다. "네가 어디에 사는 것을 내가 아노니 거기는 사탄의 권좌가 있는 데라 네가 내 이름을 굳게 잡아서 내 충성된 증인 안디바가 너희 가운데

곧 사탄이 사는 곳에서 죽임을 당할 때에도 나를 믿는 믿음을 저버리지 아니하였
도다"(계 2:13). 버가모는 사탄이 국가 관리의 자리에 앉아 있는 곳이었습니다. 그
러므로 그곳에서는, 그리스도인이 된다는 것은 죽음에 해당하는 중대한 문제였습
니다. 그렇습니다. 이미 그들의 눈 앞에서 몇 사람이 피를 흘렸습니다. 그런데 이
런 상황에서도 그들은 진리를 부인하지 않았습니다. 하나님께서는 이 점을 칭찬
하신 것입니다. 바울은 디모데에게 엄히 명령합니다. "오직 너 하나님의 사람아 이
것들을 피하고 의와 경건과 믿음과 사랑과 인내와 온유를 따르라"(딤전 6:11). 다
른 이들은 세상의 것을 따라 헤매지만, 너는 영적으로 풍성한 것들을 쌓아두고, 그
들이 세속적인 것들을 찾아 헤매듯이 그것들을 열렬히 따르라는 것입니다. 하지
만 이런 일이 평화롭게 행해질 수 없다면 어떻게 하겠습니까? 좋은 시절이 오기까
지 창문을 모조리 닫아걸고 공식적인 고백을 뒤로 제쳐두고 홀로 가만히 신앙을
유지해 가야 옳겠습니까? 그래서는 안 됩니다. 12절에서 사도는 "믿음의 선한 싸
움을 싸우라"고 명령합니다. 비겁하게 네 신앙 고백을 철회하지 말고, 목숨과 모든
것을 걸고 그것을 지키라는 것입니다. 그리고 13절에서는 결코 물러서지 못하도
록 확실하게 명령하고 있습니다: "만물을 살게 하신 하나님 앞과 본디오 빌라도를
행하여 선한 증언을 하신 그리스도 예수 앞에서 내가 너를 명하노니." 이는 마치
이런 뜻과도 같습니다: "부활시에 그리스도의 얼굴을 대면하여 위로를 얻으려면
— 그는 진리를 부인하거나 철회하지 않고 그의 목숨을 드리셨으니 — 진리의 편
에 서고 흔들리지 말고 너의 본색을 드러내라."

　　아우구스티누스의 「고백록」(Confession) 8권 2장에는 빅토리누스(Victorinus)
라는 사람의 이야기가 나옵니다. 그는 연설로 로마에서 유명한 사람으로 원로원
의원들에게 연설을 가르쳤습니다. 이 사람은 늙어서 기독교로 개종하였고, 당시
경건으로 이름 높은 심플리키아누스(Simplicianus)에게 다가와 귀에다 대고 나직
하게, "나도 그리스도인입니다"라고 속삭였습니다. 그러자 이 거룩한 사람은 다음
과 같이 대답했습니다. "그대가 교회에서 그리스도인들과 함께 있는 것을 보기까
지 나는 그대의 말을 믿지도 않고 그대를 그렇게 대하지도 않을 것이오." 그러자
그는 웃으면서, "그렇다면 저 교회당의 벽들이 그리스도인인가요? 나의 신앙을 공
개적으로 표명하여 세상이 나에 대해 알게 하지 않고서는 내가 그리스도인이 될
수 없다는 말씀입니까?" 그는 나이는 많았으나 아직 어린 회심자였던 탓에 두려움
으로 인하여 그렇게 말한 것입니다. 그러나 얼마 후 신앙이 더 견고해지고, 또한

자신이 그렇게 계속 그리스도를 부끄러워하면 그리스도께서도 그의 아버지와 거룩한 천사들의 영광 중에 오실 때에 그를 부끄러워하시리라는 사실을 진지하게 생각한 후에, 다시 심플리키아누스에게 와서 이렇게 말했습니다. "교회에 갑시다. 이제 나는 진정으로 그리스도인이 될 것입니다." 교회에서 그저 사사로이 자신의 신앙을 고백하더라도 얼마든지 받아들여질 수 있었을 텐데도 그는 공개적으로 자신의 신앙을 고백하면서 말하기를, 자신은 구원의 문제가 아닌 연설법도 공개적으로 가르쳐 왔었는데 신실한 자들의 회중 가운데서 하나님의 말씀을 인정하기를 두려워하겠습니까?라고 했습니다. 하나님께서는 마음과 입의 신앙을 함께 요구하십니다. "사람이 마음으로 믿어 의에 이르고 입으로 시인하여 구원에 이르느니라"(롬 10:10). 마음으로 믿지도 않으면서 입으로 시인한다면 이는 고약한 외식입니다. 그러나 입으로 공언하지 않으면서 믿음이 있는 체한다면 이는 외식이요 또한 비겁한 짓입니다.

　이유. 이 점에 대해 한 가지 이유만을 제시하고자 하는데, 그것은 곧 하나님께서 그의 진리에 관하여 그의 성도들에게 큰 신뢰로 의탁하셨다는 것입니다. 이것은 모든 반대자들을 대항하여 지켜가라는 철저하고도 엄숙한 명령과 더불어 하나님께서 그의 성도들에게 주시는 큰 보고(寶庫)입니다. 우리가 하나님께 의탁하는 것들이 있고, 하나님께서 우리에게 맡기시는 것들이 있습니다. 하나님께서 우리를 위해 지켜 주시도록 우리가 그의 손에 의탁하는 큰 것은 바로 우리의 영혼입니다. "내가 의탁한 것을 그 날까지 그가 능히 지키"시리라(딤후 1:12). 하나님께서 우리에게 맡기시는 것은 주로 그의 진리입니다. 그러므로 마치 우리가 신뢰할 수 있는 친구에게 돈을 맡기듯이 그것을 성도들에게 "주셨다"고 말씀하는 것입니다: "성도에게 단번에 주신 믿음의 도를 위하여 힘써 싸우라"(유 3). 사도는 유대인들에 대해 말씀하면서, "그들에게 하나님의 말씀이 맡겨졌다"라고 합니다(롬 3:2. 한글개역개정판은 "그들이 하나님의 말씀을 맡았음이니라"로 번역함. — 역주). 그들이 하늘의 보고를 맡은 것입니다. 그리하여 바울은 디모데에게, 건전한 말씀의 본을 굳게 붙잡을 것을 권면하면서, 그것을 가리켜 그에게 맡겨진 아름다운 것이라 부릅니다(딤전 1:13, 14). 임금의 면류관과 보석들의 관리를 책임 맡은 자가 그 중 하나도 유실되지 않도록 조심스럽게 자신의 책무를 감당하는 것이 마땅하다면, 하나님의 면류관과 보배를 책임 맡은 그리스도인은 더욱더 조심스럽게 그 책무를 감당해야 할 것입니다. 진리의 말씀이야말로 위대하신 하나님께서 사람에게 자신에 관하여 주시는 증언입니다(시 19:7; 사 8:20; 히 12:1; 계 11:3). 성도들은 하나님이 다른 이들 위에 택하신 증인들이요, 하나님은 사람들 앞에서 자유롭고도 거룩한 공언을 통하여 그의 진리를 보증하는 임무를 그들에게 부여하시며, 그리하여 그들을 가리켜 하나님의 증인들이라 부르는 것입니다. 말씀에서 이탈하여 오류를 계속 유지하는 자는 하나님께 대하여 거짓 증언을 하는 것입니다. 두려움 때문에나 수치 때문에 진리를 버리거나 자신의 고백을 숨기는 자는 하나님의 증언을 부인하는 것입니다. 그러니 이것이 얼마나 처절한 죄이며 또한 이것이 과연 하나님을 얼마나 욕되게 하는 것인지를 누가 말로 다 표현할 수 있겠습니까? 사람의 경우에도 이런 일은 정말 끔찍한 범죄일 것입니다. 어떤 사람이 억울하게 법정에서 재판을 받는데, 다른 사람이 한 마디만 하면 그 사람의 무고함이 명백하게 밝혀질 텐데도 불구하고 법정에서 공개적으로 진실을 밝히는 것으로 인하여 자신이 약간의 위험을 무릅써야 한다는 것 때문에 아무 진술도 하지 않아서 그 사람이 정죄 받게 되었다면, 과연 어떻겠습니까? 그렇다면 하나님 자신이 그의 진리로 인하여 사람의 법정에 서 계신데도, 자신의 입장을 공언하여 진리를 수호할 책무를 맡은 자가 사람들에게 해를 당하지 않으려고 입을 다물어서 그 진리가 부당한 선고를 받도록 내버려 둔다면, 이 사람의 죄가 과연 얼마나 크겠습니까?

반론. 하지만 이런 짐은 그리스도인의 등에 지우기에는 너무나 무거운 것 같습니다. 우리 모두가 진리를 부인하거나 진리에 대한 고백을 숨기기보다는 모든 것을 다 걸고 우리에게 귀한 모든 것을 다 버릴 각오를 해야 하겠습니까? 그의 종들이 그런 힘든 일을 견디도록 하시려면 그리스도께서는 그저 몇몇 제자들에게만 그런 일을 맡기시지 않을까요?

답변. 사실 혈과 육에게는 그것이 어렵습니다. 천국으로 향하는 길에서 우리가 넘어가야 할 가장 높은 계단에 속합니다. 육신적인 마음은 넘어질 수밖에 없습니다(마 13:21). 그리하여 천국을 잃어버리는 것도 싫고 그렇다고 이런 힘든 일을 감내하고 싶지도 않은 자들은 자기들 나름대로 천국으로 향하는 좀 더 쉬운 길을 모색하여온 것입니다. 그리하여 브리스길라파(Priscillianists) 등의 오랜 이단들이 생겨났습니다. 이들의 주된 신앙은 겉으로 신앙 고백을 거의 하지 않음으로써 자기들의 본색을 드러내지 않는 것이었습니다. 이들은 내가 맹세하든 거짓 맹세하든, 내 마음은 맹세에 얽매이지 않는다는 몹쓸 원리를 따라서, 말을 할 수도 있고 말한 것을 취소할 수도 있고, 맹세할 수도 있고 또한 거짓으로 맹세할 수도 있다는 식으로 생각했습니다. 그러므로 이들은 마음속에서 진리를 붙들지 않은 것입니다. 박해의 광풍을 피해갈 수 있는 그런 좋은 길이 있었다면 피를 흘림으로써 진리에 인을 친 선지자들이나 사도들이나 기타 여러 거룩한 순교자들은 얼마나 바보들이겠습니까? 진리를 위하는 사람들이 겪는 그 작은 괴롬 거리를 제거하기 위해 감히 진리를 그토록 혐오스럽게 모독하는 방법을 만들어 내다니, 본성 자체가 양심에 새겨놓은 그 모습을 일그러뜨리다니, 이 사람들은 정말 대담한 사람들이 아닐 수 없습니다. 신(神)의 빛이 들어오는 그 동일한 창문으로 우리도 하나님의 빛을 받아 그의 이름으로 행하는 것입니다. 이교도들도 누구나 이 사실을 알고 있습니다: "만민이 각각 자기의 신의 이름을 의지하여 행하되"(미 4:5). 소크라테스(Socrates)는 오로지 하나의 신밖에는 없다는 것을 목숨을 걸고 지켰고, 자기 목숨을 위하여 변론하는 중에 이렇게 말했다는 것입니다: "이 진리를 다른 이들에게는 가르치지 않고 나 혼자서만 간직하겠다는 조건으로 내 목숨을 살려 주겠다고 하면, 나는 받아들이지 않겠노라."

  자 여기서 본성적인 양심이 강력하게 역사하는 것을 보십시오! 그렇게 약한 본성의 활에서 그렇게 멀리까지 쏘았으니, 그런 이들이 성경의 지식을 상당히 체득한 것이 아니겠습니까? 우리가 만나는 모든 사람을 두려워하여 마치 도망하는 군인들처럼 우리의 본색을 감추고, 우리의 신앙 고백을 호주머니 속에 집어넣고 아무에게도 드러내지 않는다면 금방 신앙이 아무것도 없는 공허한 것이 되어 사라지고 말 것입니다. 하나님께서 그의 진리를 마음껏 공언하라고 하시는 것이, 주인이 그의 사환에게 자기의 옷을 입고 거리에서 그를 따르라고 명령하는 것보다, 혹은 군주가 그의 신하들을 싸움터로 불러서 침략하는 원수를 상대로 싸움을 싸움으로써 그들의 충성심을 공포하게 하는 것보다 더한 것이 무엇입니까? 사람이 그런 것을 요구하는 것은 합당하고, 하나님이 그런 것을 요구하시면 지나친 것이 됩니까? 아닙니다. 결코 지나치지 않습니다. 사실 우리가 우리 자신을 위하여 하나님께 요구하는 것만큼도 되지 않습니다. 사람들과 천사들이 둘러서서 보게 될 그 큰 날에 하나님께서 우리를 향한 그의 사랑을 공언하시기를, 그리고 사탄과 및 우리의 죄들을 대적하여 우리를 위해 증언해 주시기를 바라지 않는 자가 어디 있겠습니까? 하나님께서 그 어떤 법으로써가 아니라 그 자신의 값없는 약속으로써 우리에게 주시겠다고 하신 그것은 그에게서 기대하면서, 우리가 그에게 지불해야 할 그 수많은 것들은 다 부인한다는 것이 말이 되겠습니까? 이 땅에 있는 동안 그저

얼마간 고난을 당하는 것뿐인데, 하나님의 얼굴이 구름에 약간 가려서 보이지 않
고 괴로움을 당하는 우리를 그냥 버려두시는 것 같을 때에 우리는 얼마나 수심에
잠깁니까? 환난 중에 있는 여러분의 영혼을 아시는 하나님께 과연 보여드릴 친절
이 하나도 없단 말입니까? 그의 진리가 고난을 당할 때에 그리스도께서는 그의 모
든 친구들이 일어나 그것을 지키기를 바라지 않으시겠습니까? 오오 여러분, 그리
스도의 종들 가운데 그처럼 유약하고 소심함이 있어서 세상적인 안락함과 쾌락거
리들을 약간 희생시켜서 그리스도와 그의 진리를 섬기는 일조차 하지 못한다면,
정말 수치스런 일이 아닐 수 없을 것입니다.

[적용]

   그러므로 진리의 허리띠를 든든히 띠고서, 박해가 올 때에 의기소침해지지 말
고 죽음과 위험이 다가와도 그 진리를 결연하게 공언할 수 있게 되어야 할 것입니
다. 그런데 감사하게도 죽음과 위험이 아직은 다가오지 않았습니다. 지금은 싼 값
에 진리를 얻을 수 있습니다만, 얼마나 속히 그 값이 치솟아 오를지 우리는 모릅니
다. 진리는 언제나 같은 값에 얻을 수 있는 것이 아닙니다. 진리는 어떤 값을 치르
더라도 사야 합니다. 그러나 그 어떤 조건에도 팔아서는 안 됩니다. 여러분 분명히
말씀드립니다만, 악인의 마음에 박해의 영이 있어 왔고 지금도 있으며 세상 끝날
까지 있을 것입니다. 또한 사탄이 욥에게 음흉한 손길을 내밀기 전에 그를 생각하
고 있었던 것처럼 지금도 불경한 자들의 심령에 박해의 생각이 일어나고 있습니
다. 사탄과 그의 도구들의 생각과 욕심 가운데 진리를 신실하게 공언하는 자들을
대항하여 죽음의 엔진들이 끊임없이 일을 준비하고 있는 것입니다. 그들이 무슨
일을 행할지, 그들의 악의를 실행에 옮기기 위해 어떤 힘을 발휘해야 하며 어떤 기
회를 이용해야 하는지가 이미 결정되어 있습니다. 그렇습니다. 이미 절반은 우리
가 박해에 돌입해 있는 것입니다. 사탄은 먼저 오류의 영으로 임하고, 그 다음에는
박해의 영으로 임합니다. 먼저는 사람들의 사고를 오류로 부패하게 만들고, 그 다
음에는 진리를 공언하는 자들을 향한 분노가 그들의 마음속에서 끓어오르도록 만
드는 것입니다. 오류는 지옥의 자식인 까닭에 도무지 평화로울 수가 없습니다. 그
것이 평화롭다면 그 아비와는 모습이 전혀 달라질 것입니다. 밑에서부터 오는 것
은 순결할 수도 없고 평화로울 수도 없습니다. 그런데 하나님께서 얼마나 이 음흉
한 오류의 영이 득세하도록 하셨는지, 아무리 광범위하게 변명한다 할지라도 이

불행한 시대의 적나라한 모습을 도무지 가릴 수가 없을 정도입니다. 그러므로 지금이야말로 우리가 진리의 허리띠를 떠야 할 시기입니다. 그렇습니다. 진리를 담대히 공언하는 것으로 허리띠를 든든히 떠야 할 것입니다. 지금은 많은 이들이 진리를 향하여 박수를 보내고 있으나, 그 진리로 인하여 감옥에로 향하는 길이 보일 때에는 그 모든 이들이 한결같이 진리를 따르지는 않을 것입니다. 진리를 전파하거나 진리에 대해 논란을 벌이지만, 그들이 모두 진리를 위해 고난을 당하지는 않을 것입니다. 논증은 날이 무딘 검과도 같아서 전혀 해를 주지 않습니다. 피를 흘리게 하지도 않습니다. 하지만 우리가 고난을 당할 때에는 진리의 원수들의 예리한 공격을 통해서 우리의 논증의 진정성이 시험을 받게 됩니다. 이 시험을 이기려면 그저 재치 있는 혀나 날카로운 기지나 논리적인 사고력 같은 것으로는 안 됩니다. 그보다 더한 무엇이 필요합니다. 그럴 때에 지혜자가 어디 있으며, 논쟁가가 어디 있으며, 은사와 재기가 출중한 자들이 어디 있습니까? 안타깝게도 그들은 마치 비겁한 군인들처럼 그 싸움의 현장에 없을 것입니다. 싸움터에 아무 원수도 없고, 진리를 위하는 것이 손해와 위험을 무릅쓰는 일이 아니라 오히려 이득이 되고 사람들의 칭송을 얻는 일이 될 때에는, 최고의 훈련을 받은 출중한 군사로 전면에 나서던 사람들이었는데 말입니다. 아닙니다. 하나님께서는 어리석은 자들을 택하셔서 이런 일에서 지혜로운 자들을 부끄럽게 하십니다. 곧, 비천한 그리스도인을 택하사 그로 하여금 믿음과 인내와 진리를 향한 사랑으로, 능력이 출중하나 은혜가 없는 자들을 부끄럽게 하시는 것입니다.

[진리를 공언함으로써 진리의 허리띠를 든든히 띠기 위한 지침들]

하지만 우리가 어떻게 하면 진리를 공언함으로써 진리의 허리띠를 든든히 띠게 되겠습니까? 이에 대한 답변은 두 가지입니다. 첫째는, 진리를 향한 순전한 사랑으로 불타오르는 그런 마음을 얻기를 힘쓰는 것입니다. 그리고 둘째는, 진리를 향한 사랑으로 불타오르는 마음에다 진리를 배반하는 모든 자들을 위하여 하나님께서 예비해 두신 진노에 대한 두려움으로 가득한 마음을 더하기를 힘쓰는 것입니다.

첫째 지침. 진리를 향한 순전한 사랑으로 불타오르는 그런 마음을 얻기를 힘쓰십시

오. 오직 이것만이 진리의 원수들을 상대할 수 있습니다. 그 원수들이 할 수 있는
것은 고작해야 묶는 것과 죽이는 것입니다. 그러나 사랑은 죽음보다도 강해서 죽
음 그 자체의 심장까지도 죽이는 것입니다. 사랑은 모든 일을 쉽게 만들어 줍니다.
아무리 쓰라린 명령이 주어져도 사랑은 그 고난에 대해 불평하는 법이 없습니다.
야곱이 라헬을 향한 사랑으로 낮의 뜨거운 열기와 밤의 쓰라린 추위를 얼마나 가
벼운 마음으로 견뎠습니까! 사랑은 위험을 무릅쓰게 합니다. 요나단은 자기에게
주어질 왕권을 다윗을 위하여 발 밑에 던져 버리고 분노하는 아버지의 화에 맞서
싸웠습니다. 사랑하는 대상을 지키기만 하면 사랑은 결코 자신을 패배자로 여기
지 않습니다. 자신의 희생을 무릅쓰고 그 사랑하는 자를 섬기기 위해 위험천만한
일도 감내합니다. 다윗이 미갈을 위해 자기 목숨을 걸었던 것처럼 말입니다. 하물
며 그리스도와 그의 진리처럼 그렇게 모든 것을 초월하는 그런 대상을 향하여 사
랑이 불타오를 때에는 얼마나 더하겠습니까! 그런데 사람에게서 숨으로 내쉬어나
오는 것이라곤 그저 허약한 심령밖에는 없고, 그런 아름다운 존재들에게서 비치
는 것이라곤 그저 희미한 광선밖에는 없으니 정말 안타깝습니다. 이 사람들이 온
갖 위험을 무릅쓰고라도 그들의 사랑의 법에 복종하지 않을 수 없다면, 하물며 그
리스도를 향한 사랑으로 가득 찬 심령은 얼마나 더 거기에 복종하여야 하겠습니
까! 그리스도를 향한 사랑이 성도들로 하여금 그들의 재물과 친척들은 물론 그들
의 몸까지도 기꺼이 버리게 만들었고, 그것들을 잃는 것이 손해가 아니라 조금이
라도 진리를 거스르면서 그것들을 소유하고 있는 것이 손해라고 여기게 만든 것
입니다. "그들은 죽기까지 자기들의 생명을 아끼지 아니하였도다"라고 말씀합니
다(계 12:11). 여기서 주목하십시오. 인생의 몇 가지 위로거리들을 잃어버리는 정
도가 아니라 "죽기까지"라고 했습니다. 진리를 위해 결별해야 할 때가 되면, 그들
은 생명조차도 원수로 간주했습니다. 팔이나 다리 때문에 몸의 나머지가 위험에
처하게 되면, 그 팔이나 다리를 사랑하지 않고 잘라내도록 요청합니다. 이 고귀한
심령들은, "진리를 어둡게 하고 그 진리와 그리스도를 향한 우리의 사랑이 의심받
게 된다면, 우리는 도저히 살 수가 없으니 아무리 극악한 죽음이라도 기꺼이 당하
리라"라고 말합니다. 다윗의 목숨이 경각에 달려 있을 때에 그에게 용기를 준 것은
바로 이것이었습니다: "악인들이 나를 멸하려고 엿보오나 나는 주의 증거들만을
생각하겠나이다"(시 119:95). 육신적인 마음이라면 지금 위험에 처하여 있는 자기
의 재산이나 아내나 자녀, 혹은 최소한 자기의 목숨이라도 돌아보았을 것입니

다. 그러나 다윗의 마음은 더 나은 것에 가 있었습니다. 그는 하나님의 증거들을 돌아보았습니다. 묵상 중에 그것들을 음미하는 동안 감미로움이 그의 심령 속에 쏟아 부어져서 도저히 그것을 담아둘 수 없어, "내가 주의 법을 어찌 그리 사랑하는지요!"(97절)라고 외쳤고, 이로써 그는 진리를 붙듦으로써 그에게 닥친 온갖 고난 거리들을 가볍게 여기게 되었습니다. 세상이 보기에는 그저 하나의 생각에 지나지 않는 것(그들은 이렇게 부릅니다만) 때문에 사람들이 그토록 온갖 위험을 무릅쓴다는 것이 정말 큰 미스터리입니다. 그리하여 바울을 심문하던 자들은 그가 정신이 나갔다고 생각했습니다. 그리고 빌라도가 그리스도께 물은 질문은 진지한 것이 아니고 그저 그를 멸시하는 뜻으로 물은 것인 듯합니다(요 18장). 우리 구주께서는 그에게 그가 이 세상에 오신 목적은 바로 "진리에 대하여 증언하려 함"이라고 대답하셨습니다(37절). 그러자 빌라도는 그리스도께, "진리가 무엇이냐?"라고 묻고는 곧바로 나가 버렸습니다(38절). 이는 마치 이런 뜻과도 같습니다: "네 목숨이 경각에 달려 있는데 과연 지금이 진리에 대해 생각할 때냐? 대체 그 진리라는 것이 무엇이기에 네가 그렇게 그것에 모든 것을 다 걸고 있단 말이냐?" 그러나 은혜를 받은 자들은 거룩한 멸시의 자세로 이렇게 묻는 것이 더 합당할 것입니다: "부귀와 명예가 무엇이기에, 이 속이는 세상의 사라져가는 쾌락이 무엇이기에, 목숨이 무엇이기에, 이것들이 진리와 겨루는 자리에 있어야 한단 말이냐?" 오오 여러분, 여러분이 과연 여러분의 호주머니와 신용과 목숨과 모든 것을 걸고 사랑하는 대상이 과연 무엇인지를 살펴보시기 바랍니다. "사람은 누구나 자기의 사랑이 이끄는 데로 가는 법입니다." 여러분의 사랑이 세상을 향한 것이라면 그것을 위해 여러분의 삶을 소비할 것입니다. 여러분의 사랑이 진리를 향하고 있다면, 진리가 공격을 당할 때에 거기에 넘어지지 않고 가슴으로 그 공격을 가로막을 것입니다. 진리를 향한 여러분의 사랑이 진실하도록 유의하여야 합니다. 그렇지 못하면 감옥 문 앞에서 그 사랑이 여러분을 떠나 버릴 것이요, 가장 확실하게 입장을 드러내어야 할 때에 가서 여러분으로 하여금 진리와 결별하도록 만들 것입니다. 진리를 사랑하는 체하지만 맹렬한 시험에는 끝까지 견디지 못할 사람들이 있는데, 이들에는 다음과 같이 세 가지 유형이 있습니다.

[진리를 사랑하는 체하는 자들의 세 가지 유형]

첫째 유형. 육신적인 이익을 위해 진리를 포용하는 자들입니다. 때로는 진리가 자신을 받아들이는 대가로 이 세상의 동전으로 잘 갚아주고, 그리하여 모든 사람이 자기 집으로 진리를 영접하여 들입니다. 이들은 진리를 사랑하는 것이 아니라 진리로 인하여 얻어지는 보석을 사랑하는 것입니다. 헨리 8세의 치세 때에 많은 이들이 수도원에 대하여 매우 열정적으로 반대했습니다만, 그들은 수도원에서 자행되는 우상 숭배를 미워한 것이 아니라 수도원의 땅을 탐하여 그렇게 했던 것입니다. 진리를 진정 사랑하는 사람은 별로 없습니다. 그리고 오로지 그 적은 무리들만이 진리와 더불어 진리를 위하여 고난을 당할 것입니다. 그 외에 다른 사람들은 진리가 가져다주는 세상적인 이득이 다 소진되고 나면, 더 이상 진리와 함께 하는 것을 지겨워하는 것을 봅니다. 이런 부엌의 불은 이익이나 신용 등의 고약한 연료가 제공되는 정도 이상으로는 번지지 않습니다. 벌거벗은 진리를 사랑하지 못하면, 진리를 위해서 여러분 자신이 벌거벗는 것도 견디지 못할 것입니다. 치욕을 당하는 진리를 사랑하지 못한다면, 그 진리를 위해 치욕을 당하는 것도 견디려 하지 않을 것입니다. 그러니 진리를 따르는 자는 진리 그 자체에 기대를 거는 것입니다.

둘째 유형. 진리를 칭송하고 높여 부르지만 자세히 살펴보면 그저 진리를 높이 추켜세우는 것 외에는 아무것도 하지 않는 자들입니다. 이들은 진리와 거리를 두고, 진리가 그들 가운데로 들어와 그들에게 법이 되는 것을 원치 않습니다. 마치 어떤 여자가 자기에게 구애하는 어떤 남자와 즐겁게 지내며 그에 대해 좋게 말하며 그와 대화를 나누면서도 정작 그와 결혼하는 것은 원치 않는 것처럼 말입니다. 필레인(φιλειν), 즉 진정 사랑하는 것은 카타필레인(καταφιλειν), 즉 그저 입을 맞추는 것과는 서로 전혀 별개의 것입니다. 부콜케루스(Bucholcerus)는 자주 말하기를, 그리스도에게 입 맞추는 이들은 많으나, 그를 사랑하는 이는 적다고 했습니다. 그리스도를 향한 참된 사랑은 부부간의 사랑 같은 것입니다. 한 사람이 마치 남편을 좋아하듯 그리스도를 향하여 속으로 좋아하게 되어 그 영혼을 그에게로 드리고, 그리스도의 성령의 다스림을 받고 그의 진리의 말씀을 순종하면, 이는 그리스도와 그의 진리를 사랑하는 자입니다. 그러나 진리가 아무런 명령도 주지 못하며 다스림도 행하지 못한다면, 마음속에 진리를 향한 사랑이 거하지 않는 것입니다. 순종하지 않는 여자는 남편을 사랑하는 아내일 수가 없습니다. 남편을 향한 사랑이 순종하도록 만들어 주기 때문입니다. 이와 마찬가지로 영혼 속에 진리를 향한 사랑이 있으면 그 사랑이 진리에 대해 순종하도록 강제력을 발휘하는 것입니다. 그러므로 진리에 순종하지 않는 자는 진리를 사랑하기는커녕 오히려 진리를 두려워하는 자요, 진리를 위해 고난당하는 자가 아니라 진리를 박해하는 자라는 것이 조만간 드러날 것입니다. 히에로니무스(Hieronimus)의 말처럼, 누구를 두려워하면 그를 미워하며, 누구를 미워하면 그가 멸망하기를 바라는 법입니다. 사울은 다윗을 두려워했고, 그리하여 그를 멸망시키려고 더욱더 부지런히 쫓아다녔습니다. 헤롯은 요한을 두려워했고, 그로 인하여 그의 목숨을 거두었습니다. 노예 같은 두려움은 패역한 마음으로 하여금 진리를 그의 양심 속에 가두어두게 만듭니다. 그리고 진리를 가슴속에 가두어두는 자는, 진리의 증인으로서 스스로 감옥에 갇히는 일이 거의 없을 것입니다.

셋째 유형. 진리의 원수들을 대적하여 타오르는 열정이 전혀 없는 자들입니다. 사랑이 열정으로 무장하고 나아갑니다. 이 열정이 바로 진리를 반대하는 모든 자들을 향하여 사랑이 빼어드는 단검인 것입니다. 열정이 없는 자는 사랑하는 것이 아닙니다. 그런데 올바른 열정은 마치 불처럼 역사하며, 그 힘을 최고로 발휘하면서도 언제나 그 위치와 영역을 지킵니다. 그 열정이 진리의 원수들을 벌하는 데에로 폭발되지 못하고 그리스도인 개개인의 가슴속에 갇혀 있게 되면, 그것이 속에서 더 끓어올라서 마치 뼛속에 불길이 타오르는 것처럼 그리스도인 자신의 심령을 태우게 됩니다. 그렇습니다. 진리가 오류나 세속의 발에 밟히는데도 자신이 아무런 도움이 되지 못하는 상황이 안타까워서 망연자실하게 되는 것입니다. 상대방을 열정적으로 사랑하는 자에게 그 사랑하는 상대방을 여의고 혼자 남게 된다는 것은 결코 즐거운 일이 아닙니다. 그런 사람들은 그 사랑하는 자들이 없이 홀로 외로운 삶을 사느니 차라리 그들의 무덤 속으로 들어가 함께 티끌 속에 묻히고 싶은 심정입니다. 그리스도께서 제자들에게 나사로가 죽었다고 말씀하시자, 도마는 "우리도 주와 함께 죽으러 가자"(요 11:16)라고 했습니다. 확실히 단언하건대, 진리를 열정적으로 사랑하는 자라면 진리가 땅에 떨어진 악한 시절을 사는 것을 정말로 침울한 일로 받아들일 것입니다. 언약궤를 빼앗겼다는 소식을 접하고서 엘리는 깜짝 놀라 영혼이 그의 몸에서 떠나갔습니다. 죽음을 달라고 엄숙하게 구했던 엘리야의 간구에서도 이런 심정이 드러난다 할 것입니다: "여호와여 넉넉하오니 지금 내 생명을 거두시옵소서"(왕상 19:4). 이 거룩한 사람은 저 악한 시대들에 위대한 종들이 어떤 일들을 당했는지를 보았습니다. 우상 숭배자들은 승승장구하였고, 신실한 하나님의 종들은 짐짝처럼 끌려가 죽임을 당했습니다. 그리하여 이 열정적인 선지자는 더 이상 고통 중에 살아서, 하나님의 이름과 그의 진리와 그의 종들에게 지극한 친절을 보여야 했을 자들이 오히려 그들을 짓밟는 이 처참한 상황을 보느니 차라리 지금 세상을 떠나는 것이 더 낫겠다고 생각한 것입니다. 그러나 마치 군주의 자리에 올라 권세를 발휘하는 것처럼, 진리의 대의를 실현시킬 수 있는 권세가 열정의 손에 주어진다면, 그때에는 진리의 원수들이 "그가 공연히 칼을 가지지 아니하였"다(롬 13:4)는 것을 알고 느끼게 될 것입니다. 열정적인 군주처럼 팔을 들어 진리를 구원하고 수호할 것이요, 또한 모독이나 오류, 혹은 불경(不敬) 같은 것들이 진리를 공격할 때에 그것들을 여지없이 무너뜨릴 것입니다. 오오 여러분, 자기 자신의 일에서는 그렇게도 말이 없이 있던 저 온유한 사람 모세(민 12장)가 백성들이 우상 숭배를 범하자 얼마나 격렬하게 의분을 일으켰는지 모릅니다! 그의 마음이 얼마나 불같이 일어났는지, 그가 그들을 정말 사랑하였음에도 불구하고 죄를 범한 자들에게 공의로운 처벌을 시행하여 자신의 열정을 표출시키기 전에는 그들을 위하여 입을 열어 하나님께 간구할 수도 없었고 또한 그들이 제기하는 하소연들을 들어줄 수도 없었습니다. 그런데 이런 사람들이, 아니 오직 이런 사람들만이, 부르심을 받을 때에 진리를 위해 고난을 당할 사람들입니다. 이들은 진리가 고난을 당하는 것을 그냥 보고만 있지 않습니다. 할 수 있는 대로 진리를 돕고자 애씁니다. 그러나 진리와 오류가 난투극을 벌이는 것을 보면서도 마치 갈리오처럼 중립적인 자세를 갖고서, 진리를 구하기 위해 최선의 노력을 기울이지 않고(국가의 관리이면 자기들의 힘과 권세를 발휘하고, 목사라면 설교를 통해 오류를 배격하고 진리를 높이며, 그저 평범한 그리스도인이라면 상황이 좋든 나쁘든 간에 진리를 위해 자유로이 증언하고 그 싸움을 위해 열정적으로 기도하고 애정을 갖고 진리의 편을 듦으로써) 마치 씨름판에서 구경하는 자들처럼 누가 쓰러지든지 전혀 괘념치 않고 그냥 방관하고만 있는 자들은 진리를 위해 많은 고난을 당하기를 도무지 기대할 수 없는 자들입니다. 자신의 권세로 얼마든지 진리의 원수의 입을 막을 수 있는 위치에 있으면서도 그럴만한 열정이 전혀 없는 국가의 관리가, 과연 그에게 죽음과 위험이 닥치는 상황에서 스스로 입을 벌려 그 진리를 공언하겠습니까? 강단에서 진리를 위해 변론할 만한 사랑도 용기도 없는 목사가 과연 화형대 위에 서면서까지 진리를 변호한다는 것을 생각이나 할 수 있겠습니까? 진리의 편에 섰다가 상처를 받아본 일이 없어서 진리를 동정하는 마음이 전혀 없는 그런 일반 그리스도인이 진리가 잔악한 박해자들의 손에 마구 가격을 당할 때에, 박해자의 편에 서서 그 진리를 업신여기지 않고 오히려 죽음을 무릅쓰고 진리를 대신하여 자신이 몸으로 가격을 당하려 하겠습니까? 마음속에서 타오르던 사랑의 불길이 사라지면 부패한 사상을 지닌 자들이 진리에 대해 악을 행하는 것을 보고도 마음에 깊은 탄식도 없고 마음이 녹아지지도 않을 것입니다. 잔악한 사람들의 손 아래에 있으니 그들을 불태워 재로 만들 수 있는 그런 불길이 어디에 있겠습니까? 거룩한 불길이 심령 속에서 불타오르는 거룩한 불길을 계속 유지하고자 힘쓰는 자가 아니면, 절대로 자기 몸에 다가오는 불길을 견딜 수가 없는 것입니다. 진리를 위하여 눈물을 흘리지도 못하는데 어떻게 진리를 위해 피를 흘린단 말입니까?

질문. 어떻게 하면 하늘에 속한 진리에 대한 사랑의 불길이 마음속에 타오르도록 할 수 있느냐고 묻는다면, 저는 다음과 같은 답변을 드리고 싶습니다.

답변 1. 여러분의 속마음이 진리와 화합하게 되도록 힘쓰십시오. 비슷하다는 것이 사랑의 근거입니다. 육신적인 마음은 진리를 좋아할 수가 없습니다. 진리와 전혀 비슷하지 않기 때문입니다. 육신적인 마음을 지닌 자들도 진리를 사랑할 수 있으나, 마치 어떤 사람이 알렉산더 자신을 사랑한 것이 아니라 그가 왕이기 때문에 사랑한 것처럼 그런 식으로밖에는 사랑할 수 없습니다. 진리가 존귀와 위엄을 드러내어 자기에게 좋아 보일 때에는 그것을 사랑하나, 벌거벗은 진리 그 자체를 사랑하지는 않습니다. 땅에 속한 심령이 하늘에 속한 진리를 사랑한다는 것이, 거룩하지 못한 마음이 순결한 진리를 사랑한다는 것이 어떻게 가능하겠습니까? 사람들이 머릿속에 담고 있는 교의와 원리들이 그들의 마음과 정서의 원리들과 충돌하고 갈등을 일으킨다는 것은 정말로 안타까운 일입니다. 정통적인 판단을 갖고 있으면서 동시에 비정통적인 마음을 갖고 있는 경우 말입니다! 판단과 의지가 서로 그렇게 어긋나 있으니, 분명 진리에 대한 사랑이 거의 없는 것이 틀림없습니다. 양심의 진리가 마음의 정욕을 책망하고 위협합니다! 그리고 마음의 정욕이 다시 양심의 진리를 통제합니다! 마치 서로 싸우는 부부가 한동안 함께 동거하면서도 서로에 대한 만족이 없는 것처럼, 불신앙자는 쉽게 설득을 당하여 결국 진리에게 이혼증서를 내밀고 그를 내보내 버립니다. 마치 아하수에로 왕이 다른 왕후를 맞으려고 왕후 와스디를 내보낸 것처럼, 이들은 진리를 내보내고 자기의 부패한 마음에 잘 들어맞고 중간에 그 마음과 갈등을 조장하지도 않는 다른 원리들을 취하는 것입니다. 오늘날처럼 방탕한 시대에는 이처럼 진리와 결별하는 이들이 많습니다. 건전한 판단을 지니고 있는 동안에는 평안한 마음으로 죄를 범할 수가 없습니다. 진리가 항상 그들을 책망하여 그들의 판단을 마음과 일치시키도록 역사하므로, 진리를 버리고 자기들의 정욕에 적합한 원리들을 취한 것입니다. 하지만 여러분, 진리가 마음을 새롭게 하여 여러분을 변화시키는 능력을 발휘하여, 마치 접붙인 가지가 원 줄기에 붙어 그 줄기의 본성대로 바뀌듯이 그렇게 여러분을 동화시키고 그 자신과 같은 열매를 맺게 한다면, 여러분이야말로 진리와 절대로 결별하지 않을 사람일 것입니다. 진리와 결별하기 전에 먼저 하나님의 성령께서 여러분 속에 심어놓으신 그 새로운 본성과 결별해야 할 것이니 말입니다. 이제 여러분과 진리 사이에는, 아니 여러분과 그리스도 사이에는 절대로 깨어질 수 없는 친밀한 하나 된 연합(union)이 있습니다. 하나님께서 제정하신 결혼의 규례에 얼마나 강력한 힘이 함께하는지를 잘 알고 있습니다. 한 달 전만 해도 서로 전혀 알지 못했을 두 사람이 사랑으로 서로 마음을 같이하게 되고 또한 결혼을 통해 하나가 되면, 이제 친구들과 부모들을 떠나서 둘이 서로 하나 된 연합을 누릴 수 있게 됩니다. 이런 강력한 힘이, 아니 그보다 훨씬 더 큰 능력이, 이 영혼과 그리스도의 ― 영혼과 진리의 ― 신비한 결혼에 함께하며, 그리하여 회심하기 전에는 그리스도나 그의 진리를 위해서라면 한 푼도 잃어버리지 않으려고 애쓰던 자가 이제는 성령의 은밀한 역사로 말미암아 그리스도와 그의 진리와 하나로 연결되었고, 그를 새롭게 하여 그리스도를 닮도록 하는 역사가 이루어지고 있어서, 세상과 목숨 같은 모든 것들과 작별을 고하고 그리스도와 그의 진리만을 따를 수 있게 된 것입니다. 한 순교자는 어떤 사람이 그에게, "아내와 자녀들을 사랑하지 않습니까? 그들과 작별하는 것이 싫지 않습니까?"라고 묻자, 이렇게 대답했다고 합니다: "예, 그들을 정말 애틋하게 사랑합니다. 내가 섬기는 브런즈윅 공작(Duke of Brunswick)이 아무리 고귀하다 해도 그를 위해서라면 절대로 그들과 작별하지 않을 것입니다. 그러나 그리스도와 그의 진리를 위해서라면 기꺼이 그들과 작별하겠습니다."

답변 2. 여러분의 마음이 하나님을 향한 사랑으로 더욱더 불타오르게 되기를 힘쓰십시오. 그리하면 그의 진리를 향한 애틋한 사랑이 생겨날 것입니다. 사랑은 그 사랑하는 대상자가 귀하게 여기고 아끼는 것을 살피고 그를 위하여 그것을 사랑하는 법입니다. 다윗은 요나단을 사랑하여 그의 후손 중에 누가 있는지를 살폈고, 요나단을 생각하여 그에게 친절을 베풀고자 하였습니다. 하나님을 향한 사랑 역시 영혼으로 하여금 하나님께서 귀히 여기사 가까이 두시는 것이 무엇인지를 살피게 하며, 또한 그것에 대해 친절을 보임으로써 그를 향한 사랑을 표현하게 하는 것입니다. 조금만 살펴보면, 위대하신 하나님께서 진리의 머리에 지극히 높은 값을 지정해 놓으신 것을 발견하게 됩니다. "이는 주께서 주의 말씀을 주의 모든 이름보다 높게 하셨음이라"(시 138:2). 이는 하나님을 알게 해주는 하나님의 이름입니다. 모든 피조물 하나하나에, 심지어 하찮은 들풀에게도, 하나님의 이름이 있고 그 이름을 통해서 하나님이 자신을 알게 하십니다. 그런데 하나님의 말씀에게는, 그리고 거기에 기록된 진리에게는, 하나님의 이름을 지니는 다른 모든 것들보다 뛰어난 고귀한 이름을 주셨다는 것입니다. 다음 몇 가지를 생각해보면 하나님께서 진리에게 부여하시는 그 귀한 가치를 가늠해 볼 수 있을 것입니다.

(1) 하나님께서는 백성들에게 그의 말씀과 진리를 내리실 때, 그들이 받을 수 있는, 혹은 그가 주실 수 있는, 가장 큰 자비 가운데 하나를 주시는 것임을 언급하십니다. 그는 그것들을 가리켜 "내 율법의 큰 것들"(호 8:12. 한글개역개정판은 "내 율법을 만 가지로"로 번역함 — 역주)이라 부르십니다. 하나님의 진리를 누리는 사람들은 그리스도 자신의 판단으로 "하늘에까지 올려진" 자들인 것입니다. 사람이 하나님께로부터 무엇을 받아 누리든 간에 이것을 받아 누리지 못하면, 그것은 마치 이삭의 유산은 누리지 못하고 하갈의 떡덩이와 물 부대 — 이는 이스마엘의 몫이었습니다 — 만 누리는 것과도 같다 할 것입니다. 그의 은사들의 경중을 어떻게 가늠할지를 잘 알고 계신 하나님께서는 야곱에게 보여주신 그의 말씀과 이스라엘에게 주신 증언들에 대해서 말씀하시면서 "어느 민족에게도 이와 같이 행하지 아니하였다"고 하십니다(시 147:20). 그렇게도 풍성하고 은혜롭게 대우하지 아니하셨다는 뜻입니다.

(2) 하나님께서 그의 진리를 보존하시기 위해 특별한 관심을 기울이시는 것을 생각해 보십시오. 무엇을 잃어버리든 그의 진리는 반드시 돌아보십니다. 바다에서 배가 파선할 경우나 큰 불길이 땅을 뒤덮을 때에 사람들은 별 가치가 없는 것들은 버려두고 자기들이 가장 귀하게 여기는 것들을 골라서 보존하려 합니다. 그런데 하나님께서는 모든 큰 혁명들과 변화들과 나라들과 교회들의 흥망성쇠 가운데서도 그의 진리는 여전히 보존해 오셨습니다. 수만의 성도들의 목숨이 사라졌으나, 모든 성도들보다 마귀가 더욱 이를 갈며 미워하는 그것은 바로 하나님의 진리입니다. 그런데 이 진리는 살아 있고, 영원토록 살아서 마귀의 악의를 이기고 승리할 것입니다. 그러니 만일 진리가 하나님께서 귀하게 아끼시는 것이 아니었다면, 그것을 지키기 위해서 그의 성도들을 희생시키고 피를 흘리게 하지는 않으셨을

것입니다. 아니 그보다 그의 아들의 피를 흘리게 하지도 않으셨을 것입니다. 그러나 그 아들이 세상에 오신 것은 그의 삶과 죽으심을 통하여 "진리에 대하여 증언하려 함"이었던 것입니다(요 18:37). 한 마디로 하면, 장차 하늘과 땅에 크나큰 재해가 일어나며 열기로 인하여 체질이 다 녹아내려 세상이 종말을 맞게 될 그 때에도 진리는 조금도 해를 입지 않을 것이요, 오히려 "주의 말씀은 세세토록 있을" 것입니다(벧전 1:24).

(3) 진리의 원수들에 대해 하나님께서 극심히 대하실 것을 생각해 보십시오. 진리에 무엇을 덧붙이거나 진리에서 무엇을 제하여 내는 자들을 향하여 처절한 저주가 선포되고 있습니다(계 22:18). 덧붙이는 자들은 진리의 말씀에 기록된 모든 재앙들을 자초하게 되고, 제하여 내는 자들은 생명책에서와 거룩한 성에서 그 이름이 제하여질 것이요, 그 책에 기록된 모든 선한 약속들에서 배제될 것입니다. 이 모든 자들은 하나님이 얼마나 진리를 귀하게 여기시는지를 여실히 보여줍니다. 사실 진리가 무엇인지를 생각해 보면 진리가 기록된 말씀에서 비쳐 나온다는 것도 전혀 무리가 아닙니다. 진리는 영원 전부터 그가 취하셨고 또한 그의 마음속에서 역사해 온 하나님의 생각들과 계획들의 요체입니다. 이러한 그의 말씀의 성취로서가 아니고서는 그 어떠한 일도 일어나지 않습니다. 그것은 우리가 하나님을 알고 사랑할 수 있도록 하나님께서 친히 자신의 존재와 본성에 대해 사람의 아들들에게 제시하실 수 있는 가장 충만하고도 완전한 내용입니다. 위대한 군주들은 그들이 청혼하고자 하는 자들에게 사신들을 통해서 자기의 초상화를 보내곤 했습니다. 하나님은 무한히 완전하신 분이시므로, 그 자신 이외에는 그 어느 누구도 사실 그대로 그를 그릴 수가 없습니다. 그런데 하나님께서 친히 그의 말씀 속에서 정확하게 자신을 그려 놓으셨고, 그리하여 그 말씀을 통해서 그의 모든 성도들이 그에게 매료되어온 것입니다. 그러니 하나님의 진리를 버리는 자는 곧 진리의 하나님을 저버리는 것입니다. 사람이 하나님을 그의 보좌에서 끌어내릴 수는 없습니다만, 진리를 향하여 분노를 발하는 것이야말로 그것에 가까운 일을 행하는 것이라 할 것입니다. 그런 일은 말하자면 하나님의 초상화를 사형시키는 것과도 같은 것입니다. 하나님께서 그의 진리를 그렇게 높이 기리시며 또한 그를 사랑하는 우리가 그 진리를 굳게 붙들어야 하는 데에는 그만한 이유가 있는 것입니다.

답변 3. 모든 것을 초월하는 진리의 탁월성을 많이 묵상하십시오. 눈이 마음에 영향을 미칩니다. 눈이야말로 사랑이 들어오는 창문이니 말입니다. 진리의 고유한 아름다움을 보는 영적인 눈이 있는 사람치고 진리를 사랑하는 마음이 없는 사람이 하나도 없었습니다. 바로 이렇게 해서 다윗의 마음이 진리의 말씀에 대한 사랑으로 가득 차게 되었습니다: "내가 주의 법을 어찌 그리 사랑하는지요! 내가 그것을 종일 묵상하나이다"(시 119:97). 생각이 진리에 가 있게 되자, 그의 사랑이 그 진리에게로 이끌려 가게 된 것입니다. 다윗은 하나님의 말씀의 진리에 대해 묵상하는 것과 세상이 그렇게도 고귀하다고 외치는 다른 좋은 것들이 서로 큰 차이가 있다는 것을 발견했습니다. 피조물 가운데 완전한 어떤 것들을 생각하며 즐거움을 얻기도 하지만, 이런 즐거움은 하나님의 진리를 묵상하는 것과 비교하면 아주 미숙하고 메마르기 짝이 없는 것이라는 것을 안 것입니다. 그는 이내 세상의 훌륭한 것들이 적혀 있는 책을 내던져 버립니다. 오래 머물고 음미할 만한 가치가 있는 것을 거기서 찾을 수가 없기 때문이었습니다. 그는 "모든 완전한 것의 끝을 보았다"고 말합니다(96절. 한글개역개정판은 "모든 완전한 것이 다 끝이 있어도"로 번역함 — 역주). 그는 지금 세상의 끝에 서 있습니다. 조금만 생각을 계속해 나가면 세상의 모든 영광의 밑바닥까지 볼 수 있을 상황입니다. 그러나 하나님의 진리들을 그의 생각 속에 떠올리자, 그가 흠모하고 감미롭게 묵상하기에 족한 고귀한 것을 만나게 됩니다. "주의 계명들은 심히 넓으니이다"(96절). 큰 배들이 좁은 강이나 얕은 물에서는 다닐 수가 없듯이, 하나님과 천국에 대해 참된 큰 지식을 갖고 있는 사람은 피조세계에서는 제대로 몸을 움직이고 자신을 설명할 만한 충분한 공간을 찾을 수가 없습니다. 은혜를 얻은 심령은 곧 땅에 닿아 좌초되어 서 버리고 맙니다. 그러나 하나님을 묵상하고, 그의 말씀을, 복음의 신비한 진리들에 대한 묵상을 시작하면, 곧바로 넓은 물과 자신을 빠뜨리기에 충분한 바다와 같은 곳을 찾게 되는 것입니다. 여기서 저는 하나님의 진리들의 탁월성을 여러 가지를 근거하여 보여드릴 수 있을 것 같습니다. 그것들이 흘러나오는 그 근원과 샘인 하나님의 진리에 근거하든지, 혹은 반대로 모습이 일그러진 괴물 같은 오류에 근거하든지 해서 말입니다. 그러나 저는 오로지 이 진리들에서 발견하게 될 몇 가지 매력적인 속성들에 대해서만 묵상하도록 안내하고자 합니다. 시편 19:7 등에서 그런 속성들을 많이 만날 수 있을 것입니다.

진리는 순결합니다. 그 때문에 다윗이 그것을 사랑하게 되었습니다(시 119:140). 그것이 순결할 뿐 아니라, 그것을 포용하는 영혼을 순결하고 거룩하게 만듭니다. "그들을 진리로 거룩하게 하옵소서 아버지의 말씀은 진리니이다"(요

17:17). 하나님께서는 순결한 물로 더러운 영혼을 깨끗이 씻으십니다: "맑은 물을 너희에게 뿌려서 너희로 정결하게 하되 곧 너희 모든 더러운 것에서와 모든 우상 숭배에서 너희를 정결하게 할 것이며"(겔 36:25). 더러운 진흙투성이의 물이 얼굴을 깨끗하게 해줄 수 없듯이, 오류도 영혼을 깨끗하게 해줄 수가 없는 것입니다.

진리는 확실하며, 그 기반이 든든합니다(시 19:7). 우리 영혼의 온 무게를 다 그 위에 놓아도 금 하나 가지 않고 든든히 서 있습니다. 진리를 굳게 붙드십시오. 그러면 그 진리가 여러분을 굳게 붙들 것입니다. 감옥이든 유배든, 아니 심지어 화형대에 오르게 되더라도 진리가 여러분과 항상 함께 있을 것이고, 진리를 섬기는 중에 어떠한 처지에 있든지 간에 그 진리가 여러분의 혐의를 함께 져줄 것입니다. 여호수아는 이렇게 말합니다: "너희의 하나님 여호와께서 너희에게 대하여 말씀하신 모든 선한 말씀이 하나도 틀리지 아니하고 다 너희에게 응하여 그 중에 하나도 어김이 없음을 너희 모든 사람은 마음과 뜻으로 아는 바라"(수 23:14). 진리가 무엇을 약속했든지 간에, 그것을 여러분의 호주머니 속의 돈처럼 여기십시오. 폴리캅(Polycarp)은 말하기를, "나는 지난 80여 년 동안 하나님을 섬겨 왔는데, 그가 과연 선하신 주인이심을 알았다"고 했습니다. 그러나 진리를 저버리고서 진리의 공급을 제대로 받지 못한다고 생각하게 되면, 반드시 실망을 만나게 될 것입니다. 수많은 이들이 좋아 보이는 약속들로 치켜세움을 받아 진리를 떠납니다만, 그런 후에 유다가 유대인들에게 당하는 것 같은 처지를 당하게 되는 것을 봅니다. 그가 그들의 피비린내 나는 손에 주님을 팔아넘기고 나자, 그들은 그 책임을 그에게 떠맡기며 "네가 당하라"고 했습니다(마 27:4). 박해자들은 반역 자체는 좋아하지만 반역자는 미워하는 법입니다. 그렇습니다. 그들은 자기들의 마귀에 속한 악의를 보이고자, 어떤 이들이 진리를 부인하여 양심에 상처를 입게 되면 영혼과 육체를 한꺼번에 멸하는 것을 완전한 보복으로 여겨 그들을 무참히 살육하고 그 일을 자랑스러워하는 경우가 많습니다.

진리는 자유로우며, 그것을 굳게 붙드는 영혼을 자유롭게 합니다. "진리가 너희를 자유롭게 하리라"(요 8:32). 그리스도께서는 유대인들에게 그들이 종노릇하고 있음을 말씀하는데, 이는 그 교만한 사람들이 한 번도 꿈꾸어 본 적이 없는 사실이었습니다. "너희는 너희 아비 마귀에게서 났으니 너희 아비의 욕심을 너희도 행하고자 하느니라"(44절). 죄인들은 모두가 그런 노예들입니다. 그들은 마귀가 시키는 일을 할 수밖에 없고, 마치 어린아이가 회초리를 손에 든 아버지를 화나게 하지 못하듯이, 감히 마귀의 뜻을 거역할 수가 없습니다. 몇몇 주술사들은 자기들 자신의 마음이 불편하여 견딜 수가 없어서 어쩔 수 없이 새끼 귀신들을 보내어 다른 이들에게 악행을 하게 했노라고 고백하였습니다. 그들 자신이 그 귀신들에게 극심한 고통을 받기 때문에 그들을 내보내어 악행을 하게 하지 않을 수 없었다는 것입니다. 정욕에게 계속 빨아 먹히고 있는 자는 항상 그 정욕을 만족시켜 주지 않으면 도무지 쉴 수가 없습니다. 세상에 이처럼 불쌍한 노예가 또 있겠습니까? 그런데 여러분, 마귀가 모든 자물쇠를 ─ 곧, 정욕을 ─ 가져다 한 죄인을 가두어놓아서 그가 마귀의 감옥 중에서도 가장 든든히 잠긴 캄캄한 지하 감옥 속에 갇혀 있다 할지라도, 이 불쌍한 노예가 그리스도의 진리를 접하여 그 진리에게 마음을 열기 시작하기만 해도, 그 감옥의 터가 흔들리고 그 문들이 저절로 열리는 소리가 들리게 되고, 그를 움조이던 사슬들이 발 밑으로 떨어지게 될 것입니다. 진리는 그 자체가 매어 있을 수가 없을 뿐더러, 죄의 감옥 속에 갇혀 있는 영혼 속에 거할 수도 없습니다. 그러므로 진리와 영혼이, 아니 오히려 그리스도와 영혼이, "진리"로 말미암아 한데 모이고 서로 일치하게 되면, 그 불쌍한 영혼이 기쁨으로 머리를 들고 일어나게 됩니다. 이 영적인 감옥살이에서 구원받고 감옥에서 벗어날 때가 가까이 왔고, 아니 그 날이 이미 왔고, 자물쇠에 열쇠가 꽂혀 그가 해방되게 되었으니 말입니다. "예수 안에 있는 진리"를 접하고서 그것이 가져다주는 자유도 모른 채 문외한의 상태 그대로 그냥 있게 된다는 것은 도무지 불가능한 일입니다(엡 4:19-21).

한 마디로, 진리는 승리합니다. 진리는 위대하며 결국 마지막에 이길 것입니다. 이것이 하나님의 위대한 작정이요, 따라서 수많은 세밀한 계략과 계획이 사람들의 마음에 있지만 주의 계획대로 모든 일이 이루어질 것입니다. 아무리 계란들을 오래 품고 있어도 그 모든 계란들이 썩고 마는 것입니다. 아뿔싸! 아무리 그들의 악의가 가만히 앉아서 무슨 계획을 가슴에 품어도 그것을 부화시킬 힘이 그들에게는 없습니다. 때로는 진리의 원수들이 이 낮은 세상의 용병들을 동원하여 공격을 감행하여 진리가 땅에 떨어지고 진리의 증인들이 살육을 당하는 일도 있습니다(계 11:9). 하지만 그들을 계속 무덤 속에 가두어 두는 일은 그 박해자들의 능력을 벗어나는 것입니다(계 11:9). 전에 한 번도 생각해 보지 않았던 자들이 일어나 진리의 편에 서서 땅에 묻기를 금할 것입니다. 박해자들은 자기들의 승리를 기념하기 위해 대리석에 새기는 불편을 감수할 필요가 없습니다. 먼지만으로도 족할 것입니다. 그 승리가 결코 오래 가지 못할 것이기 때문입니다. 증인들이 거리에 죽은 채로 누위 있고, 진리가 그들에게 속수무책으로 앉아 있는 것은 "사흘 반 동안"뿐입니다. 그러나 그 후에는 그들이 다시 일어나 행하며 진리가 다시 승리를 얻는 것입니다. 박해자들이 그 증인들의 후계자들을 죽일 수 있다면, 그들의 일이 강하게 설 것이요 또한 자기들이 이루어놓은 것을 다시 끌어내릴 자를 두려워할 필요도 없다고 생각할 수도 있을 것입니다. 그러나 그들의 일이 하늘에 노출된 채로 있을 것이요, 따라서 바벨에서 행했던 그들의 일처럼 쉽게 파괴될 수 있을 것입니다. 이기는 쪽에 서기를 좋아하지 않을 사람이 어디 있겠습니까? 진리를 여러분의 편으로 삼으십시오. 그러면 여러분이 승리를 얻게 됩니다. 진리가 병들었다는 소식은 들을 수 있을지 모르나, 진리가 죽었다는 소식은 절대로 없을 것입니다. 아닙니다. 오히려 잠깐 살다가 죽는 것은 오류입니다. "거짓 혀는 잠시 동안만 있을 뿐"이지만(잠 12:19), 진리의 시대는 하나님의 영원하심과 평행을 이루어 나아가는 것입니다. 진리는 반드시 살아서, 그 무덤을 만드느라 그렇게 바삐 움직이던 자들의 머리들이 티끌 속에 누워 있는 것을 보게 될 것이요 또한 그들의 무덤 위를 거닐게 될 것입니다. 진리가 살 것이라고 제가 말씀했나요? 그렇습니다. 지금 진리와 함께 또한 진리를 위하여 기꺼이 고난을 당하는 자들과 함께 평화로이 통치할 것입니다. 그러니 그리스도인 여러분, 그리스도께서 승리의 병거를 타고 천성에 들어가서서 거기서 면류관을 쓰시고, 그와 그의 진리가 이 땅에서 싸움을 벌일 때에 싸움터를 지킨 자들과 더불어 그의 보좌에 앉으실 때에 거기에 함께 하게 될 수많은 승리자들의 반열에 들어가고 싶지 않습니까? 그렇다면 여러분, 지금 고난당하는 진리의 얼굴을 뒤덮고 있는 눈물과 피를 여러분의 생각 속에서 닦아내고, 영광 가운데서 보듯이 그 진리를 여러분의 눈에 가져다 대십시오, 그렇게만 해도, "죽음보다 강한" 사랑으로 그 진리를 붙들지 않을 수가 없을 것입니다.

둘째 지침. 만일 진리를 공언하는 것에 대해 위협하는 저 잔혹한 사람들의 분노로 인하여 여러분의 마음에 불안과 염려가 가시지 않고 남아 있다면, 진리를 향한 사랑으로 불타오르는 마음에다, 진리를 배반하는 모든 자들을 위하여 하나님께서 예비해 두신 진노에 대한 두려움으로 가득한 마음을 더하기를 힘쓰기를 바랍니다. 우연히 손가락을 데었을 때에 그것을 불에다 대면 더 뜨거운 불길이 손가락의 뜨거움을 사로잡습니다. 이와 마찬가지로 사람의 분노의 불길 때문에 여러분의 생각과 마음에 근심과 괴로움이 있을 때면, 두려워하는 자들을 위하여(계 21:8), 또한 진리의 본 모습에서 물러나 도망하는 모든 자들을 위하여(히 10:39) 하나님께서 예비하신 지옥 불에다 얼마동안 갖다 대십시오. 그러면 사람의 분노에 대한 감각이 없어질 것입니다. 거룩한 사람은 이렇게 말했다고 합니다: "오 황제여, 저를 용서하소서. 제가 폐하의 명령에 복종하지 않으면 폐하께서는 저를 감옥에 가두실 것이지만, 하나님의 명령에 복종하지 않으면 그는 저를 지옥에 가두실 것입니다." 다윗의 다음과 같은 진술도 살펴볼 만합니다: "고관들이 거짓으로 나를 핍박하오나 나의 마음은 주의 말씀만 경외하나이다"(시 119:161). 그는 자기를 박해할 이유가 없는 자들을 두려워할 이유가 없었던 것입니다. 하나님의 진노를 마음에 두는 자에게는 말씀 속에서 경고하시는 분의 위협이 이 땅의 가장 큰 자가 그에게 가할 수 있는 최악의 해악보다 더 무서운 것입니다. 사람의 분노가 아무리 격렬하다 할지라도 살아 계신 하나님의 진노에 비하면 온화한 기후 정도밖에는 안 되는 것입니다. 그 둘을 다 느낀 자들만이 그것이 어느 정도인지를 증언할 수 있을 것입니다. 사람이 아무리 격렬히 분노해도 하나님의 사랑을 접하지 못하도록 가로막을 수는 없습니다. 원수들이 이를 갈며 불길 속에 집어넣어도 성도들은 하나님의 사랑으로 인하여 노래를 부를 수 있습니다. 그러나 하나님의 진노 아래 있는 사람은 마치 잠긴 오븐 속에 갇힌 자와도 같습니다. 그 뜨거운 열기가 나가고 신선한 바깥 공기가 그에게로 들어올 틈이 전혀 없는 것입니다.

제 2 부

마음의 진실함 혹은 순전함이
의지를 위한 허리띠임

"진리로 너희 허리띠를 띠고."

이제 우리는 군인의 허리띠라는 제목으로 그리스도인들에게 제시되는 두 번째 종류의 진리를 다루게 되었는데, 그것은 곧 마음의 진실함(truth of heart)입니다. 여기서 알고자 하는 것은, 첫째로, 마음의 진실함이란 무엇을 뜻하는가? 라는 것이요, 둘째로, 어째서 마음의 진실함을 허리띠에 비하는가? 라는 것입니다.

첫째. 마음의 진실함이란 무슨 뜻인가? 라는 것입니다. 마음의 진실함을 저는 순전함(sincerity)이라는 뜻으로 이해합니다. 성경에서 이런 뜻을 취하고 있습니다: "참 마음 … 으로 하나님께 나아가자"(히 10:22), 즉, 순전한 마음으로 나아가자는 뜻입니다. 우리는 흔히 이 둘을 서로 연관시켜서 하나가 다른 하나를 설명하는 것으로 봅니다. "여호와를 경외하며 순전함과 진실함으로 그를 섬기라"(수 24:14. 한글개역성경은 "순전함"을 "온전함"으로 번역함 — 역주). 성경은 또한 "순전함과 진실함의 떡"에 대해서도 말씀합니다(고전 5:8). 외식은 겉을 그럴듯하게 포장한 거짓입니다. 순전하지 못한 마음은 반쪽짜리 마음입니다. 마치 속에서 굴러가는 톱니바퀴들과 바깥에서 움직이는 바늘들이 서로 어긋나는 시계처럼, 마음의 내적인 상태와 움직임이 겉 사람의 말과 행실과 일치하지 않는 상태입니다.

둘째. 어째서 마음의 진실함을 허리띠에 비하는가? 라는 것입니다. 허리띠, 특히 군인의 허리띠의 두 가지 용도와 연관지어 볼 때, 순전함 혹은 마음의 진실함은 허리띠에 비하여 논하는 것이 매우 적절합니다.

첫째. 허리띠는 전신갑주의 연결부위를 덮는 하나의 장식물로 상체에 착용하는 것입니다. 연결부위가 눈에 보이면 무언가 어울리지 않는 것을 느끼게 되는데, 이것을 허리띠가 막아 주는 것입니다. 하체를 보호하는 장구들이 여기서 — 곧 허리부분에서 — 상체와 든든히 묶여지게 됩니다. 그런데 그 장구들을 긴밀하게 연결시키고 잠가놓을 수가 없고 장구들 사이사이에 조금씩 간격이 생길 수밖에 없기 때문에, 그 간격이 생기는 부분을 넓은 허리띠로 덮어서 어색한 모든 것을 가리는 것입니다. 그런데 허리띠가 군인에게 하듯이 순전함도 그리스도인에게 동일한 역할을 합니다. 성도의 은혜들이 그렇게 긴밀하게 서로 연결되어 있지도 않고 그의 삶이 그렇게 엄정하지도 못해서 아무리 훌륭한 사람이라도 결점들과 부족한 점들이 발견되기 마련인데, 순전함이 이 모든 것들을 덮어서 부끄러움을 당하지 않게 하고 또한 그 부족한 점들 때문에 위험에 노출되지도 않게 해 주는 것입니다.

둘째. 허리띠는 힘을 모으는 데에 사용됩니다. 허리띠를 착용하여 허리를 단단히 고정시킴으로써 군인이 싸우거나 행진하거나 할 수 있습니다. 의복이 피부에 착 달라붙을수록 따뜻한 온기를 전달하듯이, 허리띠를 단단히 맬수록 허리가 더 많은 힘을 받게 됩니다. 그러므로 하나님께서는 사람이나 백성을 약하게 만드시겠다고 경고하시면서, "내가 왕들의 허리를 풀리라"(사 45:1)라고 말씀하시며, 또한 "강한 자의 띠를 푸시며"(욥 12:21)라고도 하십니다. 그런데 이런 점에서도 순전함을 군인의 허리띠에 비하는 것이 합당하다 하겠습니다. 영혼을 힘으로 무장하게 해주고 또한 영혼이 능력 있게 행하고 또한 고난을 당하게 만들어 주는 것은 바로 은혜입니다. 사실 각 은혜의 힘이 그렇게 만들어 준다 할 것입니다. 우리의 은혜들에 외식이 많이 끼어 있을수록 그만큼 힘이 약해집니다. 순전한 믿음이 바로 강한 믿음이요, 순전한 사랑이 바로 힘 있는 사랑입니다. 은혜에게 외식이란 나무에게 벌레와도 같고, 철에게 녹과도 같아서, 부패하게 하여 약화시키는 것입니다. 여기의 이러한 은유를 이렇게 놓고 보면 다음과 같은 두 가지 교리적인 결론을 얻게 됩니다만, 저는 이 문제를 다루면서 허리띠에 대해 말씀드릴 내용을 모두 이 두 가지 결론에 집약시켜 말씀드리고자 합니다. 첫째는, 마음의 순전함 혹은 진실함은 우리의 모든 길에서 그리스도인의 모든 부족한 점들을 덮어 준다는 것입니다. 그리고 둘째는, 마음의 진실함 혹은 순전함은 모든 삶의 과정에서 그리스도인을 강건하게 하는 데에 탁월하게 사용된다는 것입니다.

제 1 장
순전함은 그리스도인의 부족한 점을 덮어줌

"진리로 너희 허리띠를 띠고."

마음의 순전함 혹은 진실함은 우리의 모든 삶에서 그리스도인의 모든 부족한 점들을 덮어 줍니다. 다음과 같은 방법으로 이 부분을 다루겠습니다. 첫째, 그리스도인의 부족한 점을 덮어주는 진실함과 순전함이란 무엇인가를 살펴보겠습니다. 둘째, 순전함이 덮어 주는 부족한 점들은 어떤 것들인가를 생각해 보겠습니다. 셋째, 순전함이 어떻게 그것들을 덮어 주는가를 살펴보겠습니다. 넷째, 어째서 순전함이 이런 역할을 하는지 그 몇 가지 이유들을 살펴보겠습니다.

[그리스도인의 부족한 점을 덮어주는 순전함은 과연 무엇인가?]

첫째 질문. 그리스도인의 부족한 점을 덮어 주는 진실함과 순전함이란 무엇인가? 라는 것입니다. 여기서 우리는 순전함을 두 가지로 구분해야 하는데, 하나는 도덕적인 순전함이요. 또 하나는 복음적인 순전함입니다.

[도덕적 진실함과 올바름]
순전함의 첫째 유형. 도덕적 진실함과 올바름이 있는데, 이것은 들에 피어 있는 꽃에 비할 수 있을 것입니다. 왜냐하면 거칠고 황량한 인간의 본성 가운데서 자라나기 때문입니다. 거룩하게 하는 구원 얻는 은혜가 조금도 없는 사람도 행동 중에 올바름과 진실함의 모습을 보일 수도 있다는 것은 부인할 수 없는 사실입니다. 아비멜렉이 사라를 취하면서 취한 행동이 그 마음의 올바름으로 행한 일이라는 것을 하나님께서 친히 증언하십니다. 하나님은, "네가 온전한 마음으로 이렇게 한 줄을 나도 알았으므로"(창 20:6)라고 말씀하십니다. 곧, 아비멜렉이 이 일에서 정직한 의도를 갖고 행하였다는 뜻입니다. 그는 사라가 아브라함의 아내라는 것을 알지 못하였었고, 또한 아브라함에게 해를 주고자 하는 의도로 그런 일을 행한 것이 아니었던 것입니다. 요압은 비록 잔혹한 사람이었으나 랍바를 정복하는 일과 관련해서 다윗에게 매우 올바르고도 정의롭게 대하였습니다. 그는 자기의 군주인 다윗의 명예를 도둑질하여 자기 것으로 만들 아주 유리한 위치에 있었는데도 불구하고 그렇게 하지 않았던 것입니다(삼하 12:26-29). 은혜의 역사에 대해서는 전혀 문외한인 자들이 그렇게 올바르게 처신한 실례는 이 외에도 얼마든지 많습니다. 그러나 이런 것은 여기서 우리가 다루고자 하는 그런 올바름과는 다른 것입니다. 이처럼 올바르고 정직한 처신은 사람들 앞에서는 매우 사랑스럽고 칭찬할 만하게 보입니다. 그러나 여호와께서는 그런 자들에 대해서, 엘리압에 대해서 사무엘에게 하신 말씀과 같은 말씀을 하시리라 생각됩니다. 그는, "그의 용모와 키를 보지 말라"고 하셨습니다. 곧, 그런 것을 보고 여호와께서 인정하실 것으로 여기지 말라고 하시는 것입니다. 아닙니다. 그는 그런 자들을 버리셨습니다. 그가 보시는 것은 사람이 보는 것 같지 않습니다. 하나님의 눈은 사람보다 더 깊이 보는 것입니다(삼상 16:7). 이러한 올바름에는 두 가지 큰 결점이 있는데, 이 때문에 하나님께서는 그것을 받지 않으십니다.

결점 1. 이 올바름은 선한 뿌리에서, 즉 새로워진 마음에서 비롯되어 자라는 것이 아닙니다. 이것은 마치 도덕적인 사람이 쓰는 붓의 털과도 같아서, 그가 아주 곱게 글씨를 쓰는데도 옆으로 번지고 점들을 만들어 냅니다. 이것은 나아만에게 있던 나병과도 같습니다. "그는 큰 용사이나 나병환자더라"(왕하 5:1)라는 사실 때문에 궁정에서의 그의 위대한 존귀와 전쟁터에서의 그의 용맹이 다 소용이 없었습니다. 이와 마찬가지도 그저 도덕적이기만 한 사람의 행실이 아무리 훌륭하다 할지라도, "그러나 그는 그리스도가 없고 은혜가 없는 사람이로다"라는 것이 결정적인 흠이 되는 것입니다. 그런 사람의 올바름은 이 세상에서 다른 이들에게 유익을 주지만, 정작 저 세상에서 자기들 자신에게는 전혀 유익을 주지 못합니다. 이러한 도덕적인 정직함을 통해서 이들은 그들과 관계하는 이들에게 도움을 주지만, 그것이 하나님께서 그들을 받으시도록 만들어 주는 것이 아닙니다. 사실 하나님께서 전혀 은혜가 없는 사람들에게 무언가 양심의 권위를 남겨두셔서 그것에 대해 두려워하게 하시고 또한 일정한 정직의 한계 내에 있도록 그들을 지키지 않으셨다면, 이 세상은 마치 야생 짐승들이 우글거리는 숲이 사람의 거처가 되지 못하는 것처럼 성도들이 거할 만한 곳이 되지 못했을 것입니다. 거룩하게 하는 은혜가 결핍된 사람들의 올바름이 그런 것입니다. 이들은 그들 속에 있는 원리에 이끌려서 자기들이 행하는 선한 것에 안주하는 경향을 보이기보다는 오히려 그들을 겁주는 양심의 강력한 빛에 의하여 이끌림을 받는 것입니다. 하나님께서 아비멜렉에 대해 그렇게 변호하셨지만, 그 자신은 자기 속에 참으로 선한 것이 있었던 것이 아니요 오히려 그의 정직함이 하나님의 억제하시는 역사에서 비롯된 것임을 아직 모르고 있었습니다. "내가 너를 막아 내게 범죄하지 아니하게 하였나니 여인에게 가까이 하지 못하게 함이 이 때문이니라"(창 20:6).

결점 2. 이 도덕적인 올바름은 사람을 진정 올바르게 만드는 데에 절대적으로 필요한 그 주된 목적에 결핍이 있습니다. 그 주된 목적이란 바로 하나님의 영광입니다. "너희가 먹든지 마시든지 무엇을 하든지 다 하나님의 영광을 위하여 하라"(고전 10:31). 활 쏘는 사람이 목표물보다 짧게 쏘든지, 길게 쏘게 되면 게임에 지는 것입니다. 터무니없는 외식하는 자는 길게 쏘는 자요, 지극히 올바른 도덕군자는 짧게 쏘는 자입니다. 올바른 도덕군자가 구체적인 당면한 목표에 있어서는 목표물을 제대로 조준할 수도 있고, 또 실제로 그런 경우가 많습니다만, 궁극적인 목적에 있어서는 항상 실패하고 맙니다. 이렇듯 종이 그 주인에게 충실하며 그에게 해를 가하는 일을 상상조차 하지 않으며, 주인의 이윤을 기쁨으로 추구하고 열심히 충성할 수도 있습니다. 하지만 이 모든 일에서 하나님을 전혀 바라보지도 않고 그를 생각하지 않을 수도 있습니다. 그렇게 되면 결국 그 모든 일은 전혀 가치가 없게 되어 버립니다. 하나님이야말로 최고로 여기고 생각해야 하는데, 그가 그 모든 일에서 완전히 배제되기 때문입니다. 종들이 "기쁜 마음으로 섬기기를 주께 하듯 하고 사람들에게 하듯 하지 말라"는 명령을 받습니다만(엡 6:7), 이는 사람들에게 하는 것을 주된 것으로 생각해서는 안 된다는 뜻입니다. 주인을 생각하고 그를 섬기는 것이 종의 의무인 것은 옳습니다. 하지만 주인을 섬김으로써 결국 하나님을 영화롭게 하는 데에로 귀결되어야만 한다는 것입니다. 땅의 주인을 기쁘게 하고자 할 때에, 그 목표를 다 이루고서는 그냥 거기에 멈추어 서는 것이 아니라 계속 나아가서 — 마치 눈이 하늘과 구름을 통과하여 태양에게까지 나아가 거기서 멈추듯이 — 하나님께로 향해야 하는 것입니다. 곧, 그가 사람에게 의무를 다하고 충성을 다하는 이유가 바로 그에게 영광을 돌리기 위한 주목적 때문이어야 한다는 말입니다. 그런데 하나님께로부터 나오는 원리가 아니고서는 영혼을 높이 이끌어 하나님을 목표로 삼게 해줄 수가 없습니다. 이 두 가지가 함께 긴밀하게 연관되어 있는 것을 보십시오. "너희로 지극히 선한 것을 분별하며 또 진실하여 허물없이 그리스도의 날까지 이르고, 예수 그리스도로 말미암아 의의 열매가 가득하여 하나님의 영광과 찬송이 되기를 원하노라"(빌 1:10, 11). 여기서 다음과 같은 점들을 관찰할 수 있습니다. (1) 올바른 순전함은 의의 열매를 가득 맺어서 하나님께 찬송이 되는 그런 순전함이라는 것입니다. 곧, 하나님의 영광을 모든 처신들의 목표로 삼는 그런 순전함이라는 것입니다. (2) 그런 열매는 "그리스도로 말미암아"서가 아니고서는 맺힐 수가 없다는 것입니다. 사람들이 자기들의 힘으로 행하는 일은 자기들 자신을 위해 하는 것입니다. 자기들이 맺는 열매를 자기들이 먹고, 자기들이 행한 일에 대한 찬양도 자기들이 받습니다. 그런데 그리스도인은 오직 모든 일을 그리스도로 말미암아 행하며, 모든 일을 그리스도를 위하여 행합니다. 그는 그리스도로부터 수액을 공급받으며, 그리스도에게로 접붙임을 받아 열매를 맺게 됩니다. 그러므로 그는 자기가 맺는 모든 열매를 그에게 돌리는 것입니다. 그러니 자연인의 도덕적인 올바름은 그 자체가 근본적인 결함이 있는 것이요, 따라서 우리의 다른 결점들을 숨겨 주고 덮어 주는 허리띠가 될 수 없습니다. 그러나 또 다른 순전함을 다루기 전에, 이러한 올바름에 대하여 지금까지 다룬 내용을 잘 유념하도록 두 가지 주의사항을 말씀드리고 싶습니다. 그 하나는 순전한 그리스도인을 위한 것이요, 또 하나는 그저 도덕적인 올바름만을 지닌 사람들을 위한 것입니다.

[두 가지 주의사항]

1. 순전한 그리스도인이 주의해야 할 점. 하나님의 거룩하게 하시는 은혜가 결핍되어 있는 육신적인 사람들 중에서 올바른 일들을 행하는 것을 보십니까? 오오 여러분, 은혜의 성령께서 마음에 거하시는 여러분이 은혜가 없는 자들에게서 부끄러움을 당하지 않도록 명심하십시오. 그들이 책망 받지 않는 일에 여러분이 게으름을 피우게 되면 부끄러움을 당할 수밖에 없습니다. 그들 중에는 거짓말하는 것을 경멸하는 자들이 많습니다. 그런데 성도가 진실이 아닌 것을 말한다는 책망을 들어야겠습니까? 그들은 자기들의 도덕적인 원칙들에 매여 평화를 이루고 살려고 애를 씁니다. 그러니 과연 성도의 그릇된 행위를 따라서 이웃에게 해를 준다든지, 남을 속인다든지, 압제에 대해 과도한 반응을 보이는 것을 그들이 용납하겠습니까? 여러분의 의(義)가 그들이 보여주는 최고의 의를 능가하지 못하면, 여러분은 그리스도인이 아닙니다. 그들은 아무리 잘해도 그리스도와 천국은 누릴 수가 없습니다. 그런데도 그들이 그런 행위들에서 여러분을 능가하도록 내버려 둘 수 있

습니까? 모든 학생에게서 바보 천치라고 놀림을 당할 정도가 되면, 선생은 그의 가운을 던지고 스스로 학자라는 이름을 버려야 합니다. 그저 도덕적인 원칙들 이외에는 기댈 것이 아무것도 없는 연약한 평범한 시민이 그리스도와 그의 은혜를 누리는 체하는 자를 능가하게 되면, 그는 그리스도인이라는 자신의 고백을 철회하고 자기의 본연의 모습을 세상에 알려야 할 것입니다. 때로는 어떤 특정한 일에서는 성도가 시험을 받아 육신적인 사람보다 뒤떨어지는 일이 일어나기도 한다는 것을 저도 인정합니다. 마치 달리기를 잘 하는 탁월한 군인이 발이 찔렸다든지 혹은 무언가 마비 증상이 있든지 하여 평소에는 전혀 상대도 되지 않던 사람에게 뒤처지는 일이 얼마든지 있는 것처럼 말입니다. 도덕적인 사람들이 한때 시험 중에 있는 성도를 능가하는 아주 서글픈 사례들을 얼마든지 볼 수 있습니다. 한 가지 두드러진 실례를 아비멜렉이 사라에게 하는 말에서 볼 수 있습니다. 그는 아브라함이 자기 오라비라고 하는 사라의 애매모호한 거짓 진술을 듣고서, 그녀에게 이렇게 말했습니다. "내가 은 천 개를 네 오라비에게 주어서 그것으로 너와 함께 한 여러 사람 앞에서 네 수치를 가리게 하였노라"(창 20:16). 그 다음에 이어지는 말씀을 주의 깊게 보시기를 바랍니다: "이같이 하여 그녀가 책망을 받았더라"("thus she was reproved." 한글개역개정판은 아비멜렉의 말이 계속되는 것으로 보아 "네 일이 다 해결되었느니라"로 번역함 — 역주). 어떻게 책망을 받은 것일까요? 아비멜렉은 선의의 말과 돈을 제공하였을 뿐인데, 어떻게 사라가 책망을 받았다는 것입니까? 그는 사라와 아브라함에게 보호를 약속했고 — 아무도 사라에게 그릇 행하여 아브라함에게 해를 끼치지 못하도록 했습니다 — 아브라함에게 풍성하게 베풀었습니다. 자, 이렇게 따뜻한 말과 풍성한 돈이 제공되었으나, 이 모든 일에서 우리는 아주 예리한 책망을 발견하게 됩니다. 사라는 자신이 거짓되게 행하여 죄를 범한 바로 그 일에서 아비멜렉이 올바르게 행한 사실로 인하여 책망을 받았습니다. 참되신 하나님과 그를 예배하는 일을 전혀 모르는 이방인이었던 그가 그렇게도 공정하고도 정직하게 행하여 그녀를 손대지 않고 돌려보냈다는 것입니다. 그녀가 다른 남자의 아내였다는 것을 알고 나서 그들이 자기를 속였다는 것 때문에 — 더욱이 그들이 자기의 호의를 받으며 지냈고 자기와 모르는 사이가 아니었음에도 불구하고 자기를 속였으니 — 분노에 휩싸여서 그들에게 복수할 생각에 사로잡히기는커녕 오히려 그들에게 그런 친절과 호의를 베풀었으니, 사라의 마음에는 아주 예리한 자책이 생겨날 수밖에 없었을 것입니다. 특히, 이교도인 그가 이 모든 일을 행하고, 자기는 — 하나님을 아는 지식에로 부르심을 받았고, 하나님과 언약을 맺은 관계에 있고, 선지자의 아내였던 자기는 — 남편이 별 근거도 없이 추측한 위험을 두려워하여 그렇게 심령이 위축되어 두 가지 죄를 — 거짓말을 한 죄와 또한 순결을 잃어버릴 위험에 자신을 빠뜨린 죄를 — 동시에 범하였으니 그럴 수밖에 없었을 것입니다. 그 두 가지 죄 중에 가벼운 것이 정작 그들이 두려워했던 그 일보다 더 나쁜 것이었습니다. 이런 일들이 함께 어우러져서 큰 책망이 되었고, 그리하여 사라 자신은 물론 아브라함까지도 하나님과 사람 앞에서 가슴깊이 부끄러움을 느꼈을 것입니다. 뿐만 아니라, 아비멜렉이 아브라함을 사라의 남편이 아니라 사라의 "오라비"라고 부른 것도 그녀에게 아주 예리한 책망을 주었습니다. 아비멜렉이 자기들에게서 얼마나 지독하게 속아왔는가 하는 것을 그 말에서 새삼 상기하게 되었을 것이니 말입니다. 이렇게 해서 경건한 사라가 한 속된 임금에게서 책망을 받은 것입니다. 오오 그리스도인 여러분, 악인의 입에 여러분을 책망할 말을 심어 주는 일이 없도록 주의하기 바랍니다! 그들이 여러분을 책망할 수는 없습니다만, 하나님은 탓할 수 있습니다. 성도라면 그리스도의 선하신 이름이 여러분 자신의 목숨보다 더 사랑스럽지 않습니까? 그런데 그 선하신 이름을 위하여 여러분의 행실을 삼가십시오. 특히 세상 사람들과의 일상적인 관계에서 행실을 삼가기 바랍니다. 여러분이 골방에서 무슨 일을 하는지 그들은 모릅니다. 교회 안에서 여러분이 어떤 모습인지도 그들은 상관하지 않습니다. 그저 여러분과 갖는 관계를 통해서만 여러분을 판단합니다. 여러분의 가게에서 여러분이 보여주는 이런저런 모습들을 보고 여러분에 대해 생각하고 여러분의 그리스도인 됨을 판단하는 것입니다. 그러므로 사람에게 올바르게 행하기를 힘써야 합니다. 이를 통해서 몇몇을 얻을 수도 있고, 다른 이들을 판단할 수도 있습니다. 롯이 소돔 주민들에게 한 것처럼 철저한 처신으로 악한 세상을 괴롭게 하는 것이 오히려 다윗이 한때 타락하여 행했던 것처럼 추문거리를 만들어 세상에서 조롱과 책망을 받는 것보다 낫습니다. 여러분에게서 비치는 거룩한 빛을 보지 못하는 자들이 금방 여러분의 촛불 속에 도둑이 있는 것을 찾아내어 여러분에게 손가락질을 하게 될 것입니다.

2. 두 번째 주의 사항은 도덕적으로 올바르기만 하고 그 이상 아무것도 아닌 자들에게 해당되는 것입니다. 여러분의 올바름이 올무가 되어 복음적인 올바름을 얻지 못하는 일이 없도록 주의하기 바랍니다. 복음서에 나오는 청년 관원이 그랬던 것으로 보입니다. 그가 그렇게 선하지 않았다면 오히려 더 낫게 처신했을 가능

성이 훨씬 더 많았을 것입니다. 그의 정직함과 도덕적인 올바름이 오히려 그를 망하게 했고, 그것들이 그를 우쭐하게 만들었고, 그 자신이 그것들 속에 갇혀 버렸던 것입니다. 그는 바리새인으로서 자신의 정직함에 대해 자신감을 갖고서 그리스도를 멀리하게 되었으나, 그보다는 차라리 세리가 되어 자신의 죄를 지각하고서 그리스도께로 이끌림을 받았더라면 훨씬 더 좋았을 것입니다. 그의 정직과 도덕적인 올바름은 오히려 가라지들입니다. 많은 이들이 그런 가라지들을 갖고서 자기들 자신을 구원할 수 있다고 생각하여, 자기들을 물 속에 계속 가라앉혀 두어 결국 멸망에까지 이르는 것을 봅니다. 솔로몬은, "네가 스스로 지혜롭게 여기는 자를 보느냐? 그보다 미련한 자에게 오히려 희망이 있느니라"라고 말씀합니다(잠 26:12). 이와 마찬가지로 자기의 의를 자랑스럽게 여기는 자보다 오히려 지극히 큰 죄인에게 희망이 있는 것입니다. 일단 뇌에 질병이 생기면 치료가 더욱 힘들어집니다. 이런 정신 나간 자에게는 그리스도를 제시할 수가 없습니다. 여러분, 다른 사람들이 행하는 그런 불의한 길에서 벗어나 있습니까? 어쩌면 여러분은 나름대로 정직하고 올바르게 처신하고 있고 또한 어떤 일에서도 거짓되게 행하는 것을 치욕스럽게 여기고 있을지도 모릅니다. 이것은 정말 감사한 일입니다. 하지만 여러분 자신이 과연 그런 처신에서 복이 있는지를 주의 깊게 살펴야 합니다. 여기에 위험이 도사리고 있습니다. 그로 인하여 "지나치게 지혜자가 될" 소지가 다분하니 말입니다. 이는 아주 위험한 구덩이입니다. 솔로몬은 천국으로 향하는 모든 이들에게 이 구덩이에 대해 경고하고 있습니다(전 7:16). 모자라는 것도 그렇지만, 지나친 것도 패망으로 이끄는 법입니다. 그렇기 때문에 "어찌하여 스스로 패망하게 하겠느냐?"라는 말씀이 같은 구절에서 이어집니다. 교만한 자여, 그대는 그대 자신이 천국에 들어가기에 족하다고 생각할지 모르나, 결코 그렇지가 않습니다. 산꼭대기에 서 있는 사람은 다음 산꼭대기에 매우 가까이 와 있는 것 같아 보이지만, 지금 있는 곳에서부터 산 아래로 다시 내려가지 않고서는 절대로 그 다음 산꼭대기에 이를 수가 없는 것입니다. 여러분이 지금 시민적인 의로운 처신과 도덕적인 올바름이라는 산꼭대기에 자신 있게 서 있으니, 여러분의 교만한 눈이 보기에는 이제 여러분이 천국의 하나님의 거룩한 산과 거의 비등한 높이에 도달해 있는 것 같을 것입니다. 그렇습니다. 이제 한 걸음만 내디디면 그리로 손쉽게 옮겨갈 수 있을 것처럼 그 곳이 그렇게 가까워 보일지도 모릅니다. 그렇지만 여러분 분명히 말씀드립니다만, 중간에 가로막고 있는 간격이 너무나 커서 절대로 그리로 옮겨갈 수가 없습

니다. 더 안전하고 더 가까운 길은 여러분의 자기 확신이라는 그 산에서 — 사탄
이 여러분의 목을 부러뜨릴 계획으로 여러분을 그 산에 올려놓은 것입니다 — 내
려가서 그저 보통의 일상적인 길을 걸어가는 것입니다. 천국에 들어간 모든 이들
이 다 그 길로 걸어갔습니다. 그 길이란 바로 그리스도와 그의 의(義)를 의지하는
길입니다. 그리스도의 의는 바로 사람이 자신의 벌거벗은 영혼을 그것으로 감싸
게 하고 그것에 믿음을 두도록 하기 위해 베풀어지는 것입니다. 그렇게 하면 전에
는 이교도의 도덕적인 정직함과 같은 것에 지나지 않았던 여러분의 올바름이 그
리스도인의 올바름으로 탈바꿈하게 되고 그리하여 복음적인 은혜가 될 것입니다.
하지만 마지막으로 한 가지 더 말씀드릴 것이 있습니다. 곧, 지금까지 오른손으로
그렇게 든든히 붙잡고 있었던 그 거짓을, 즉 여러분 자신의 의(義)를 버리지 않고
서는 절대로 그리스도의 의를 붙잡을 수가 없다는 것입니다. "맹인이 겉옷을 내버
리고 뛰어 일어나 예수께 나아"왔다고 말씀합니다(막 10:50). 여러분도 그렇게 하
십시오. 그리고 예수께 나아오십시오. 그러면 그가 환영하실 것입니다.

[복음적 진실함과 올바름]

순전함의 둘째 유형. 이제 마음의 진실함 혹은 순전함의 둘째 유형으로 넘어가고
자 하는데, 저는 이것을 복음적 올바름(evangelical uprightness)이라 부르고 싶습니
다. 이것은 오직 그리스도의 정원에서만, 혹은 은혜를 누리는 영혼의 울타리 내에
서만 자라는 식물입니다. 앞에서 말씀드린 도덕적인 올바름과 구별하기 위해서,
이를 "경건한 순전함", 혹은 "하나님의 진실함"이라는 명칭으로 부르기도 합니다.
"우리가 세상에서 하나님의 거룩함과 진실함으로 행하되 육체의 지혜로 하지 아
니하고 하나님의 은혜로 행함은 우리 양심이 증언하는 바니 이것이 우리의 자랑
이라"(고후 1:12). 그런데 이 복음적 순전함을 두 가지 점에서 경건한 순전함이라
부를 수 있습니다. 1. 그것은 하나님께 속한 것이기 때문입니다. 2. 그것은 하나님
을 목표로 삼고 그 목적이 하나님 안에 있기 때문입니다.

1. 그것은 하나님께 속한 것이기 때문입니다. 이것은 하나님의 피조물이요, 오직
하나님의 성령으로 말미암아서만 마음에 생겨납니다. 바울은 앞에서 언급한 구절
(고후 1:12)에서, 그 계통을 훌륭하게 설명해 줍니다. 앞부분에서 그는 "하나님의
진실함"으로 행하는 것을 말씀하고, 이어서 뒷부분에서는 그것을 "하나님의 은혜
로 행함"이라 부릅니다. 그리고 그것을 "세상에서 육체의 지혜로" 행하는 것 — 이

는 도덕적인 사람의 시계의 큰 바퀴입니다 — 과 반대되는 것으로 말씀합니다. 이 모든 것이 결국 무슨 뜻입니까? 이러한 순전함이 이 땅의 그 어떠한 것에서도 생겨 나지 않고 오직 은혜에서만 생겨나는 것이라는 뜻이 아니고 무엇이겠습니까? 그 러나 이것이 다가 아닙니다. 이 "하나님의 진실함"은 신적인 기원을 갖고 있을 뿐 아니라 — 외식하는 자가 누리는 혜택이나 성도가 누리는 혜택 등 초자연적인 일 상적인 은사들이 모두 신적인 기원을 갖고 있습니다 — 거룩하게 하시는 성령께 서 오직 택한 자에게만 역사하셔서 이루어 가시는 새로운 피조물의 일부분입니 다. 그것은 언약의 은혜입니다. "내가 그들에게 한 마음을 주고 그 속에 새 영을 주 며"(겔 11:19). 이 "한 마음"이 외식하는 자에게는 결핍되어 있는 것으로 말씀 속에 서 늘 나타나는 것입니다.

2. 그것은 하나님을 목표로 삼고 그 목적이 하나님 안에 있기 때문입니다. 복음적인 올바름을 지닌 심령이 가장 중요하게 여기는 최고의 궁극적인 목적은 바로 어떻 게 해서든 하나님을 기쁘시게 하는 것입니다. 이처럼 경건하고 순전한 사람은 다 른 이들에게서 실망을 얻기도 하지만, 그런 것에 전혀 개의치 않습니다. 마치 인도 에서 진기한 은금 보화를 가득 실어오는 것을 목표로 삼고 출항했다가 결국 그 목 적을 이루고 귀환한 상인이 항해 중에 양말대님이나 신발 끈을 잃어버린 것 때문 에 상심하는 일이 없는 것처럼 말입니다. 주인의 눈이 종의 손에 가 있는 것처럼 — 가게에 오는 외인들이 싫어하든 좋아하든 간에 그 종이 주인의 의도대로 일을 행할 수 있게 되면 그의 바람대로 된 것입니다 — 경건한 순전함이 있는 사람은 주께서 그를 판단하시는 것을 그대로 받아들입니다. 그런 사람은 멀리도 가까이 도 쏘지 않으며, 그 어떤 것에도 자신을 적응시키기를 위해 궁구하지도 않으며, 부 자든 가난한 자든 그들의 환심을 사려 하지도 않으며, 오로지 그의 생각을 하나님 께로 집중시킵니다. 하나님이야말로 그의 사랑과 두려움과 믿음과 기쁨의 주요 대상이시기 때문입니다. 그는 지혜로운 궁사가 목표물을 정확히 지향하는 것처럼 모든 노력을 자기의 목표에 집중시키며, 하나님께 자신을 온전히 드릴 수 있을 때 에 자신이 활을 가장 잘 쏜 것으로 간주합니다. 거룩한 바울의 말을 들어보십시오. 이것은 그저 그의 개인적인 생각만이 아니라 모든 신실한 신자들의 상식입니다: "우리는 몸으로 있든지 떠나든지 주를 기쁘시게 하는 자가 되기를 힘쓰노라"(고후 5:9). 세상의 진실한 자는 사람에게 그릇 행하지 않는 자입니다. 많은 이들이 이런 수준에 도달하여 사람에게 행한 자신의 올바른 처신을 근거로 하나님 앞에서 자

신을 당당하게 내세웁니다. 그러나 이웃에게서 한 푼도 도둑질하지 않는 사람 가운데, 이웃이 가진 전 재산보다 더 큰 문제들에서 하나님 앞에서 악명 높은 도둑의 역할을 하는 이들이 있는 것입니다. 이들은 하나님께서 특별히 자신의 것으로 정해 놓으신 시간을 — 즉, 안식일을 — 훔쳐다 자기들의 사사로운 요구들을 만족시키는 데 사용하기도 합니다. 그 날이 하나님의 것이라는 사실이 일주일의 나머지 날들이 우리 것이라는 주장보다 훨씬 더 강력한 근거가 있는 데 말입니다. 또 어떤 이들은 사람들과 거래하는 데에서 전혀 거짓말을 하지 않습니다 — 우리 중에 이런 진실함이 더 많이 있다면, 세상이 좀 더 살기 좋아질 것입니다만 말입니다. 그런데 바로 이 사람들이, 그저 도덕적으로 올바른 것 이상을 넘어서지 못하는 이 사람들이, 하나님께는 거짓말을 수시로 해 대면서 전혀 지키지 않습니다. 실제로 이행하고자 하는 진지한 생각도 전혀 없이 하나님께 기도할 때마다 그저 무턱대고 이런저런 약속들을 남발하는 것입니다. 하나님의 이름을 거룩히 여기겠다고 하고는 그 이름의 속성 하나하나마다 얼굴에 흙을 뿌립니다. 하나님의 뜻이 이루어지기를 위해 기도합니다만, 자기들이 거룩해지는 것이 그의 뜻이라는 것을 알면서도 거룩하지 못한 마음과 본성으로 만족해하며, 그들의 속사람은 완전한 패망의 상태 속에 누워 있는데도 그저 세상 사람들과의 관계에서 예의바르고 정의롭게 행하여 그들의 생활의 겉면을 — 말하자면, 거리에 서서 사람들을 대면하는 그 부분을 — 아름답게 치장하면 그것으로 족하다고 여깁니다. 그러나, 사람의 것들을 사람에게 돌릴 뿐 아니라 하나님의 것들을 하나님께 드리기를 사모하는 자가 참된 하나님의 사람입니다. 그렇습니다. 먼저 하나님께 진실하며, 그 다음에 하나님을 위해서 사람에게 진실한 사람 말입니다. 선한 요셉은 자기의 정체를 모르는 그의 형제들이 그에게서 모진 일을 당할까 두려워할 때에, 그에게서 그런 가혹한 일을 당할지도 모른다는 의혹을 그들에게서 씻어 주기 위해서 어떻게 조치했습니까? 그는 그들에게 이렇게 말했습니다: "나는 하나님을 경외하노니 너희는 이같이 하여 생명을 보전하라"(창 42:18). 그의 말은 이런 뜻과도 같습니다: "나는 하나님을 경외하는 사람이니, 공정하고 올바른 것 이외에는 아무것도 내게서 기대하지 말라. 너희는 내가 위대한 사람이고 너희는 중재할 친구도 하나 없는 가련한 외인들이니 내가 내 힘을 사용하여 너희의 권리를 빼앗을지도 모르겠다고 생각할 수도 있으나, 내게 대하여 그렇게 생각하여 스스로 괴롭게 할 필요가 없도다. 내가 너희보다 위에 있는 것처럼 보이지만 나보다 무한히 높으신 분이 내게 있고 내가 그를 경외하니, 나는 너희에게 거짓으로 대할 수가 없도다." 고린도후서 1:12에서 "진실함"을 뜻하는 헬라어 단어 εἰλικρίνεια는 강조형으로서, 태양빛으로 사물을 시험해 보는 것에서 빌려 온 은유입니다. 의복 같은 것을 살 때 어두컴컴한 가게 바깥으로 그것을 갖고 나와서 햇빛에 비추어서 혹시 조그만 구멍 같은 것이 없는지를 살피는 것이나, 혹은 누군가의 말처럼 독수리가 자기 새끼를 태양을 향하여 높이 들어올려서 그것이 태양을 기꺼이 바라볼 수 있으면 자기 새끼가 맞고 그렇지 못하면 가짜 새끼로 판단하는 것을 생각하면 될 것입니다. 과연 경건한 순전함이 있는 자는 하늘을 올려다보며, 자신의 생각과 판단과 감정과 행실들을 말씀을 통해서 비치는 빛 앞에 설 수 있는지의 여부로 판단받기를 바라는 것입니다. 궁창에 있는 태양이 우리를 인도하여 이 세상에서 이리저리 다니게 해주듯이, 말씀이야말로 하나님께서 영혼들을 인도해 주는 모든 빛을 모아놓은 큰 광명체인 것입니다. 그의 생각이나 판단이나 감정, 행실 등이 말씀에 합하여 부끄러움 없이 그것을 바라볼 수 있게 되면, 순전한 영혼은 용기 있게 일을 진행해 나갑니다. 그렇게 되면 그 어떠한 것도 그를 막을 수가 없습니다. 그러나 이것들 중에 어느 하나라도 말씀의 빛을 견디지 못하고 — 아담이 할 수만 있다면 하나님을 보려 하지 않은 것처럼 — 말씀의 시험을 통과할 수가 없게 되면, 그는 그 자리에서 가던 길을 멈춥니다. 그렇게 되면 그 어떠한 육체의 논리도 그를 설득할 수가 없습니다. 그는 육체를 섬기는 것이 아니라 하나님을 섬기는 것이요, 오직 그를 보내시는 하나님의 뜻을 행하는 것이 그의 목표이기 때문입니다. 사물은 그 첫째가는 원리들과 일치할 때에 참되고 올바른 것입니다. 복사본은 원본과 일치해야만 진짜입니다. 하나님의 뜻이 우리의 모든 뜻의 표준이며, 따라서 하나님의 뜻을 기준으로 자신의 감정과 행동들을 측정하고 통제하기를 힘쓰는 사람이 바로 순전한 사람인 것입니다. 그러므로 다윗을 가리켜 "하나님의 마음에 맞는 사람"이라 부르는데, 이는 그의 순전함을 나타내는 다른 표현일 뿐이며, 하나님의 성령께서 그가 올바른 사람이라고 부르신 것과 마찬가지입니다. 그가 마음에 하나님의 마음의 조각과 형상을 지니고 있고 마치 그의 마음이 말씀의 인(印) 위에 새겨져 있는 것과도 같다 할 것입니다. 하지만 여기서는 이 정도로 줄이겠습니다. 이 정도면 복음적인 올바름이 무엇인지를 알 수 있으리라 여겨집니다.

[순전함은 과연 어떤 부족함을 덮어 주는가?]

둘째 질문. 순전함은 과연 어떤 부족함을 덮어 주는가? 하는 것입니다. 이에 대한 저의 답변은 모든 부족함을 다 덮어 주고, 특히 죄악된 부족함을 덮어 준다는 것입니다.

부족함의 첫째 유형. 몇 가지 외형적이며 세속적인 특권들이 있는데, 그것들에 빠지면 ─ 이 헛된 세상이 그것들에게 그 고유한 가치보다 더 큰 탁월한 가치를 부여하므로 ─ 다른 사람들에게 멸시는 아니더라도 치욕을 당할 소지가 다분합니다. 그런데 순전한 은혜가 있으면, 그것이 그 모든 것들을 상당히 가려주고, 그 당사자로 하여금 다른 이들에게 멸시를 받기보다는 오히려 하나님과 천사들과 지혜로운 사람들 앞에서 더 풍성한 존귀를 얻게 해 줍니다.

1. 아름다움. 이것은 온 세상이 좋아 헤매는 큰 우상입니다. 온 세상이 마치 요한계시록 13장의 그 짐승을 따르듯이 그것을 따라 다닙니다. 그런데 하나님께서 어떤 이들의 영혼을 다른 이들보다 더 추한 집에 ─ 즉, 육체에 ─ 두시면, 그들의 이런 추한 육체적인 모습 때문에 다른 이들이 편견을 갖고서 그들을 멸시하게 됩니다. 그런데 순전함을 지닌 은혜가 있으면, 그 은혜가 죄악된 본성의 캄캄한 구름을 통과하여 빛을 드러냅니다. 사람의 지혜가 그의 얼굴에 광채가 나게 해 주는 것입니다(전 8:1). 이성이 있는 사람이라면, 선술집 문 앞에 간판 삼아 장식으로 공중에 매달아놓은 텅 빈 술통보다는 귀한 포도주가 가득 들어 있는 창고 안의 술통을 더 귀하게 여기고 그것을 택하는 것이 당연한 일이 아니겠습니까? 순전한 은혜가 마음에 가득 차 있지 않으면, 아무리 본성이 겉면을 아름다운 미모로 장식해 놓았다 해도 그 사람은 여전히 별 가치가 없는 존재일 수밖에 없습니다. 참된 은혜가 없는 아름다운 사람은 멋지게 보이나 역겨운 가라지에 불과합니다. 그러나 순전한 마음은 외형적인 아름다움이 그것을 돋보이게 해 주지 않아도, 잎사귀가 그렇게 세련되게 색칠되지는 않았으나 달콤한 향기를 발하는 꽃과도 같습니다. 그런 꽃은 눈으로 볼 때보다는 손으로 잡을 때 더 좋고, 바라보는 것보다는 냄새를 맡을 때 더 좋습니다. 순전한 영혼에게는 가까이 갈수록 그가 더 좋은 것을 알게 됩니다. 참된 은혜에게 외형적인 부족함이란 마치 오래된 지저분한 건물이 품위 있고 훌륭한 집 앞에 서 있어서 지나가는 여행객이 멀리서 볼 때에는 그 오래된 건물이 그 집의 영광을 가리지만 가까이 가서 보는 사람은 그 아름다움을 보고 그것을 흠모

하게 되는 것과도 같다 할 것입니다. 또한,

2. 초라한 가문과 수치스러운 혈통은 세상에서 크게 멸시를 받습니다. 자, 가문과 출생이 아무리 초라하고 수치스럽다 해도, 진실한 은혜가 임하면 그것이 그 사람을 아름답게 장식해 줍니다. 혈통을 깨끗하게 하며 집을 아름답게 해 주는 것입니다. "네가 내 눈에 보배로웠으므로, 네가 존귀하였도다"(사 43:4). 순전함이 존귀의 표적이 됩니다. 비록 초라한 오두막집일지라도 거기서 이 별이 빛나는 것이 보이면 거기에 위대한 임금이 거하신다는 것을 알게 되는 것입니다. 순전함이 사람을 높은 가문과 — 다름 아닌 높으신 하나님의 가족과 — 연결을 맺게 해주며, 이러한 새로운 연결을 통해서 그의 수치스런 이름이 제거되고, 새 이름이 그에게 주어집니다. 하나님의 이름을 지니게 되고, 진실한 믿음으로 그가 하나님과 관계를 맺게 됩니다. 그러니 하늘 하나님의 자녀나 그리스도의 신부의 출생이 수치스럽다고 감히 말할 자가 누구겠습니까? 또한,

3. 초라한 지갑도 초라한 가문과 마찬가지로, 아니 그보다 더 멸시를 받기 십상입니다. 어떤 이들은 초라한 가문에서 태어나 멸시를 받았으나 세월이 흐르면서 두둑한 지갑을 통해서 그런 수치를 모면하기도 합니다. 처음에는 작은 샘에서 물이 흘러나오지만 시간이 지나면서 그 물길이 몇 마일을 지나 더 넓은 강으로 흘러들어가면, 그 작은 샘은 시야에서 사라지고 또 그것을 궁금해하지도 않는 것입니다. 그러나 빈곤은 그 자체가 이 교만한 세상 사람들의 귀에 치욕스럽게 들립니다. 그런데, 소문이 자자할 정도로 가난한 사람이라도 참된 경건의 동맥이, 순전한 은혜가, 그의 마음에 흐르는 것이 발견되기만 해도, 거기에 풍부한 보고(寶庫)가 있는 것이요, 그것이 세상이 감히 멸시하지 못하도록 그를 높이 세워줄 것입니다. 그런 사람은 자기 집에 돈이 하나도 없다는 말은 할 수 있어도, 자기에게 보물이 하나도 없고 그래서 부요하지 않다는 말은 할 수가 없습니다. 그 사람은 분명 부요합니다. 하나님의 보고에 들어가는 열쇠를 지니고 있습니다. 순전한 심령은 하나님 안에서 부요합니다. 하나님의 소유가 그의 것입니다. "네가 그리스도의 것이니 모든 것이 네 것이로다." 또한,

4. 다른 것을 더 거론하지 않더라도, 앞에서 언급한 것들보다 정신적인 능력과 재능들이 사람들에게 더 칭송을 받습니다. 사실 이것들은 다른 것들보다 사람의 숭고한 기능 — 즉, 이성 — 의 수준과 잘 들어맞기 때문에 그 자체가 탁월성을 지니고 있습니다. 다른 것들은 영적인 본질에 있어서 이것들보다 수준이 지극히 낮

습니다. 마치 기드온의 용사들이 몸을 숙이고 무릎을 구부리기 전에는 물을 마실수 없었던 것처럼, 사람이 먼저 자기 자신을 이성적인 영혼의 그 높은 수준 아래로 극히 낮추지 않고서는 그런 것들을 음미할 수가 없는 것입니다. 그러나 지식이나 정신적 능력이나 재능은 사람의 머리를 높이 올려주고 그의 고귀함을 하나도 잃지 않도록 해주는 것처럼 보이므로, 지혜자의 세계에서는 정신적으로 빈약하고 지성적인 능력이 초라한 사람만큼 멸시를 당하는 사람이 없습니다. 자, 그런데 순전함이 이 모든 사람 중에 가장 수치스러워 보이는 이 사람의 정신적인 벌거벗음을 어떻게 가려주는지를 보십시다. 그리스도인 여러분, 여러분의 처지는 어떠하십니까? 여러분의 능력이 미약하고 지성이 얄팍한 것 때문에 자리에 앉아 슬피 울며 탄식하고 있습니까? 하지만 여러분이 얼마나 복된 사람인지 모릅니다. 다른 모든 사람들과는 도무지 비교할 수 없는 정직하고도 순전한 마음이 여러분에게 있지 않습니까? 주위 사람들의 현란한 능력에 눈이 부셔서 여러분에게 있는 그 고귀한 특권을 보지 못하는 것이 아닙니까? 그들의 진주는 머릿속에 밖에는 없고 그리하여 오히려 그 진주들 때문에 그들이 역겨운 존재들이 될 수도 있습니다. 하지만 여러분의 진주는 마음속에 있습니다. 그리고 그것이 은혜의 진주이니만큼 그것은 "값진 진주"인 것입니다. 사람들의 헛된 생각에는 여러분의 미약한 능력이 보잘 것없지만, 여러분에게는 순전한 마음이 있으니 하나님의 마음에서 더 높이 여김을 받는 것입니다. 그리고 여러분은 비록 그들이 가진 정신적인 능력은 없지만, 그래도 천국으로 향하는 길을 발견할 것입니다. 그러나 그들은 큰 능력이 있음에도 불구하고 지옥으로 굴러 떨어지고 말 것입니다. 여러분이 갖고 있는 순전함이 그들에게는 없기 때문입니다. 여러분의 재능은 보잘것없지만 그래도 그것 때문에 천국의 영광을 누리지 못하게 되지는 않습니다. 그러나 그들은 거룩하지 못한 재능들과 능력들을 갖춘 것 때문에 지옥의 수치와 비극을 더욱 크게 당하게 될 것입니다. 한 마디로 말해서, 이 땅에서는 여러분의 능력이 미약하고 지성도 보잘것없다 할지라도, 장차 천국에 가게 되면 여러분의 순전한 마음이 더 나은 능력을 얻게될 것이라는 것을 깨닫고 위로를 얻기 바랍니다. 그들은 이 땅에서 더 많은 것을 아는 두뇌를 가졌으나 장차 지옥에서 더 좋은 마음을 만나지 못할 것이요, 오히려 악한 자들과 더불어 영원토록 고통의 멍에를 지게 될 것입니다. 자, 이에 대해서는 이 정도면 족하리라 여겨집니다.

부족함의 둘째 유형. 이제 순전함이 덮어주는 부족함의 둘째 유형을 다룰 차례가 되었습니다만, 그것은 바로 죄악된 부족함입니다. 이 죄악된 부족함은 최악의 부족함일 수밖에 없습니다. 그것이 가장 아름다운 부분, 곧 영혼을 얼룩지게 만들기 때문입니다. 얼굴에 흙이 튀기면 다른 부분에 흙이 튀기는 것보다 더 흉측스럽습니다. 얼굴이 가장 아름다운 부분이기 때문입니다. 그러므로 영과 혼을 얼룩지게 하고 검게 하는 것처럼 흉측스러운 것이 없습니다. 영과 혼이 사람의 아름다움의 가장 고귀한 좌소(座所)가 되는 것이 하나님의 의도이기 때문입니다. 그런데 영혼을 가장 더럽히고 일그러지게 만드는 것은 바로 영혼의 고귀한 완전함을 가장 가로막는 것일 수밖에 없는데, 영혼의 고귀한 완전함은 본래 창조될 때부터 다름 아닌 바로 성령의 신기한 연필로 그려진 거룩의 아름다움이었고, 또한 여전히 거룩의 아름다움일 수 있습니다. 그러니 그것을 망가뜨리는 것이 죄라 불리는 그 영혼의 괴물이 아니고 무엇이겠습니까? 이것이 사람의 아름다운 외모를 망가뜨려서 이제는 하나님께서 창조하신 그 아름다운 모습이 사라지고 말았습니다. 마치 사라의 외모가 출중하여 위대한 왕들이 그녀를 탐했고 또한 그녀의 남편은 어디를 가든지 자기 아내 때문에 목숨을 잃을까 전전긍긍했었는데, 죽은 이후의 사라에게서는 그런 얼굴을 전혀 볼 수 없었던 것처럼 말입니다. 아니, 오히려 지금 지옥에 있는 저주받은 마귀가 전에 하늘에 있을 때의 거룩한 천사의 모습을 완전히 잃어버린 것과 같다고 해야 옳겠습니다. 죄로 말미암아 사람의 본성에게 가해진 이 상처를 바로 그리스도께서 그의 택하신 자들에게서 그의 은혜로 치유하시는 일을 행하셨습니다. 이 땅에서 이미 치유가 시작되었습니다만 흠과 티가 전혀 남아 있지 않을 정도로 완전한 치유가 다 이루어지는 것은 아닙니다. 그런데 이 순전함이 손가락을 펴서 그런 큰 부족함을, 아직도 남아 있는 흠과 티를 덮어 주는 것입니다. 그러나 다음과 같은 질문이 제기될 수도 있을 것입니다.

[순전함이 어떻게 성도의 부족함을 덮어 주는가?]

셋째 질문. 순전함이 어떻게 성도의 죄악된 부족함을 덮어 주는가? 하는 것입니다. 이에 대해서는 첫째로, 부정적으로, 어떻게 덮어주지 않는지를 설명하고, 둘째로, 긍정적으로, 어떻게 덮어 주는지를 설명하겠습니다.

첫째. 부정적으로, 순전함이 어떻게 성도들을 덮어 주지 않는지를 다음과 같이 몇 가지로 살펴보겠습니다.

1. 순전함이 성도의 부족함을 덮어 주지만, 그들의 죄악된 본성을 제거해 주지는 않습니다. 생각들이 이리저리 산만하게 방황하는 것은 성도에게서나 다른 이들에게서나 죄입니다. 가라지는 어디서 자라든 간에 가라지입니다. 아무리 아름다운 꽃 중에서 자라도 가라지는 가라지인 것입니다. 그러므로 성도의 죄들이 덮어진다고 해서 그것들이 죄가 아니라고 생각한다면 이는 잘못입니다.

2. 순전함이 성도의 부족함을 덮어 주지만, 그렇다고 해서 그리스도인이 다른 이들보다 사소한 죄들을 더 많이 범해도 하나님 앞에서 얼마든지 허용된다는 식으로 생각하게끔 근거를 마련해 주는 것은 아닙니다. 사실 그렇게 허용하신다는 것은 하나님의 거룩하심에도 위배되고, 또한 그런 것이 자기들에게 허용된 것처럼 처신하는 것도 성도의 순전함에 어긋나는 것입니다. 아버지가 자식을 사랑하고 관용하여, 자식이 그를 섬기는 중에 포도주를 엎지른다든가 유리잔을 깨뜨린다든가 하는 이런저런 실수들을 범해도 눈감아 주기도 하지만, 자식이 부주의하거나 고의로 마음껏 포도주를 엎지르고 유리잔을 깨뜨릴 수 있도록 사전에 허락해주는 경우는 없을 것입니다. 자신은 상처를 줄 의도가 전혀 없었는데도 그런 의도와는 달리 친구에게 상처를 주었을 경우 사람이 그 친구에게 쉽게 용서를 청할 수 있습니다만, 그렇다고 해서 그 상처받은 사람이 상처를 준 사람에게 사전에 미리 자기에게 그렇게 상처를 줄 수 있도록 허락해 주는 경우는 없는 것입니다.

3. 순전함이 성도의 부족함을 덮어 주지만, 하나님이 그것들을 보시지 못하게끔 덮어 주지는 않습니다. 그렇게 본다면 그것은 하나님의 전지(全知)하심을 모욕하는 것이기도 하고 동시에 그의 긍휼하심을 욕되게 하는 것이기도 합니다. 하나님께서 먼저 죄로 보시지 않고서 어떻게 그것을 용서해 주실 수가 있겠습니까? 하나님께서 그의 자녀들의 죄를 보심은 물론이요, 그에게는 다른 이들보다 그 자녀들의 부족한 것들이 더욱 역겹습니다. 그 자녀들이 너무도 사랑스럽고 또한 그와 가까이 있기 때문입니다. 왕의 내실에 거름더미가 있다면 그것이 궁궐에서 먼 곳에 있는 거름더미보다도 훨씬 더 왕에게 역겨움을 줄 것입니다. 그리스도인의 가슴이야말로 하나님의 궁궐이요 보좌요 성전입니다. 그가 거기서 영원토록 안식을 취하십니다. 그러므로 거기에 죄가 있게 되면 그 죄의 냄새가 그를 매우 역겹게 할 수밖에 없는 것입니다.

4. 순전함이 성도의 부족함을 덮어 주지만, 그들이 그것들을 고백하고 그것들로 인하여 낮아지고 그것들에 대해 용서를 구할 필요가 없도록 만들어 주지는 않

습니다. 동전 한 닢을 빚졌어도 금화(金貨)를 빚진 것과 마찬가지로 빚을 신 사실은 같습니다. 그러니 그 사실을 인정해야 합니다. 연약하여 죄를 범하면 그것은 연약함에 기인한 죄이지만, 그것을 감추고 완악하게 그것을 고집하면 그것이 파렴치한 죄가 됩니다. 욥은 극심한 곤경 속에서 시종일관 자신의 순전함을 주장했으나, 그 고난이 극심한 중에 자신의 부족함을 깨닫고서 무릎을 꿇고서 이렇게 말하게 됩니다: "내가 스스로 거두어들이고 티끌과 재 가운데에서 회개하나이다"(욥 42:6).

5. 순전함이 성도의 부족함을 덮어 주지만, 그것이 하나님 앞에서 공로가 되어 그것 때문에 하나님께서 우리의 다른 실수들과 부족함을 덮어 주지 않으실 수 없게 되는 것이 결코 아닙니다. 만일 절대적으로 완전한 순종이라는 것이 있다손 치더라도, 그것도 과거의 죄들을 용서 받게 해 줄 만한 공로가 될 수는 없습니다. 그러니 하물며 불완전한 순종으로 — 우리의 순전함도 엄밀한 의미에서 불완전한 것일 수밖에 없습니다 — 어떻게 현재의 죄들을 용서받을 수 있겠습니까? 만일 전혀 죄를 범하지 않았다 해도 우리는 피조물들로서 마땅히 하나님의 율법에 대해 완전한 순종을 드릴 의무가 있습니다. 그런데 그런 순종이 어떻게 죄의 빚을 갚아 줄 수 있단 말입니까? 죄를 범하기 이전부터 이미 우리가 그런 완전한 순종의 빚을 하나님께 지고 있으니 말입니다. 그러니 복음의 순종, 곧 우리의 순전함은 더더욱 죄의 빚을 갚아줄 수가 없습니다. 우리가 하나님께 빚지고 있는 그 완전한 순종에도 턱없이 모자라니 말입니다. 20파운드를 빚진 사람이 그 돈을 다 갚는다고 해도 그것으로 상대방에게 무언가를 더해 준 것이 아닙니다. 그렇다면 그 20파운드 중 20페니만 갚았을 경우는 더더욱 상대방에게 더해 준 것이 없습니다. 채권자가 빚을 받기 위해서 채무자에게서 자기가 원하는 것들을 취해 가고는, 빚을 절반은 갚은 것이니 그 정도면 족하다고 말할 수도 있습니다. 이런 경우 채무자가 더 이상 빚을 갚을 의무가 없어질 것입니다. 그러나 하나님께서는 피조물들과 그런 식으로 타협하시지 않습니다. 하나님이 그렇게 타협하시리라는 말씀이 대체 어디에 나옵니까? 하나님께서는 처음 행위 언약에서 행하신 것처럼 복음 언약에서도 빚 전체를 다 갚아야 한다는 것을 철저하게 지키고 계십니다. 과거에는 완전한 의(義)로 율법을 지킬 것이 요구되었었습니다. 율법을 어기면 충만한 저주가 임하는 것이었습니다. 그런데 복음 언약에서도 마찬가지입니다. 다만 여기서는 자물쇠의 홈들이 바뀌었을 뿐입니다. 첫 언약에서는 하나님께서 피조물 개인이 직접 이행

하든지 견디든지 할 것을 요구하셨으나, 복음 언약에서는 우리의 보증인이신 그리스도께서 이를 이행하시고, 또한 순전한 믿음으로 그를 믿고 자기를 그에게 드리는 순전한 자들에게 그 이행하신 것들을 전가시키셔도 그가 만족하시는 것입니다.

둘째. 긍정적으로, 순전함이 어떻게 성도의 부족함을 덮어 주는지를 살펴봅시다.

1. 순전함은 죄를 용서하시는 긍휼과 결부되어 있습니다. 우리의 모든 죄와 허물들을 덮어 주시는 분은 그리스도이십니다. 예, 과연 그렇습니다. 하지만 그는 오직 순전한 자들만 자신의 옷으로 덮어 주십니다. "허물의 사함을 받고 자신의 죄가 가려진 자는 복이 있도다 … 여호와께 정죄를 당하지 아니하는 자는 복이 있도다"(시 32:1, 2). 누구도 이 점을 의심하지 않습니다. 하지만 그가 누구입니까? 그 다음의 말씀에서 나타납니다. 그는 바로 "마음에 간사함이 없는" 자입니다. 그리스도의 의가 우리의 불의의 벌거벗음과 수치를 덮어 주는 의복이요, 이 의복을 입는 것은 바로 믿음이라는 은혜입니다. 하지만 무슨 믿음입니까? 그것은 바로 바울이 말씀하는 것처럼 "거짓이 없는 믿음"입니다(딤후 1:5). 내시는 "물이 있으니 내가 세례를 받음에 무슨 거리낌이 있느냐?"라고 말합니다(행 8:36). 이에 대한 빌립의 대답을 주목하기 바랍니다: "네가 마음을 온전히 하여 믿으면 가하니라"(37절. 한글개역개정판 난외주를 보라 — 역주). 이는 마치, 외식적인 마음 이외에는 가로막을 것이 없다는 뜻과도 같습니다. 오로지 거짓된 마음이 긍휼의 문을 닫아버리는 것입니다. 순전한 자의 허물을 덮으시겠다고 약속하시는 그분께서는 또한 외식하는 자의 불경을 드러내시겠다고도 경고하십니다. "굽은 길로 행하는 자는 드러나리라"(잠 10:9). 곧, 그 사실이 드러나 그에게 치욕이 되리라는 말씀입니다.

2. 순전함이 있으면 그 사람에게 죄가 뒤섞여 있음에도 불구하고 하나님께서 그 사람을 거룩하고 의로운 자로 인정해 주십니다. 성도가 순전하다고 해도 여전히 하나님께서 성도의 죄를 좋아하지 않으시는 것처럼, 하나님께서는 죄가 있다고 해서 그를 성도가 아닌 자로 취급하시지 않는 것입니다. 롯의 갖가지 연약함에도 불구하고 하나님께서는 그를 의로운 자로 인정하십니다. 욥이 갖가지 죄를 범하였음을 성경이 기록하고 있지만, 그럼에도 불구하고 그는 온전한 자로 인정받습니다. 그의 마음의 자세가 순전하였고, 그의 삶의 기조가 거룩하였기 때문입니다. 그는 죄를 택하여 즐긴 것이라기보다는 시험으로 인하여 갑자기 죄를 범하게 된 것이었습니다. 순전함이 있다고 해서 하나님의 눈이 가려져서 성도의 죄를 보

지 못하시게 되는 것이 아닙니다만, 그럼에도 불구하고 순전함이 있으면 하나님
께서 그 죄를 진노에 가득 찬 눈이 아니라 불쌍히 여기는 눈으로 보시게 되는 것입
니다. 마치 남편이 자기 아내가 전반적으로 자기에게 충실한 것을 알고 있으면 아
내의 다른 약점들에 대해서는 관용을 베풀며, 그 전반적인 충실함을 높이 생각하
여 그녀를 좋은 아내로 인정하는 것처럼 말입니다. 하나님께서는, "이 모든 일에
욥이 범죄하지 아니하였다"라고 말씀하십니다(욥 1:22). 그리고 그의 싸움이 거의
끝나갈 즈음 하나님께서는 그를 싸움터에서 불러내시면서, 그의 경건성을 문제
삼으려고 무진 애를 썼던 그의 친구들에 대해 증언하시는 중에, 그의 종 욥이 그에
대해 한 말이 정당하였음을 말씀하셨습니다. 과연 욥이 감히 자기에 대해 한 말보
다 더한 말씀을 하나님께서 그에 대해 하신 것입니다. 욥은 자신이 무지하여 투정
과 불평의 말을 했음을 고백하며 이렇게 외칩니다: "내가 스스로 한하고 티끌과 재
가운데서 회개하나이다"(욥 42:6). 욥은 자신의 순전함이 온갖 안타까운 허물들과
뒤섞여 있음을 보았고, 그리하여 마지막에 자신에게 있는 은혜의 영광을 찬미하
기보다는 부끄러움으로 자신의 죄들을 고백하는 것입니다.

　　하나님의 자녀들을 향하신 하나님의 긍휼하심은 그들이 그들 자신과 그 형제
들에 대해 갖는 사랑보다 몇 배나 더 큽니다. (1) 그들 자신에 대해. 여러분, 탕자 ─
회개하는 자의 상징입니다만 ─ 의 아버지가 자유로이 그 돌아온 아들에게 제일
좋은 옷을 입혀 주고 그렇게 화려한 연회를 열어 주었습니다만, 탕자 자신이 감히
아버지께 그런 것들을 요구할 수 있었겠습니까? 결코 아닙니다. 부엌에 조그만 자
리를 마련해 주는 정도가 그가 감히 요구할 수 있는 최상의 것이었습니다. 집의 가
장 낮은 종들의 하나로 여겨 주는 것 정도가 전부였으니, 얼마나 불쌍합니까! 아버
지께서 자기를 그렇게 반겨 주리라고는 도무지 생각할 수가 없었습니다. 제일 좋
은 옷이라니요! 그는 오히려 밧줄이나 회초리를 예상했을 것입니다. 연회라니요!
오오, 도무지 예상하지 못한 환영이었습니다. 만일 누군가가 중도에 그를 만나서,
아버지가 그가 돌아오면 그의 얼굴을 보지 않고 곧바로 그를 묶어 유치장에 가두
고 거기서 여러 달 동안 매를 때리고 떡과 물만 주어 먹게 한 후에 그를 다시 불러
대면하고 집으로 맞아들이기로 결심하였다는 소식을 전해 주었더라도, 처절한 굶
주림 속에 있는 그로서는 분명 그것을 좋은 소식으로 받아들였을 것입니다. 그러
나 하나님께서는 악인에 대해서는 예상치 못한 형벌을 베푸시지만, 순전한 자들
에게는 예상치 못한 사랑과 긍휼을 표현하시는 것입니다. 그의 사랑은 그들이 가

질 수 있는 최고의 기대치를 뛰어넘습니다. 입맞춤과 제일 좋은 옷과 연회 등이 모두 하루에 다 베풀어졌습니다. 그것도 그가 돌아온 첫 날에, 그가 범한 배역한 악행들이 아직 기억에 생생하고 또한 그가 뒹굴던 돼지우리의 거름더미의 역한 냄새가 그대로 남아 있는 때에, 그런 자비가 베풀어진 것입니다! 하늘 아버지께서 성도의 순전함을 얼마나 귀하게 여기시는지요! (2) 또한 하나님의 긍휼하심은 그 자녀들이 서로서로에 대해 갖는 사랑보다 더 큽니다. 삶에서 드러나는 갖가지 허물들로 인하여 성도로 여기고 싶지 않은 이들에 대해서도 하나님께서는 그들의 순전함을 보시고 그의 순전한 자녀로 여기십니다. 성경은 아사의 허물을 묘사하면서도, 거의 동시에 하나님께서 그를 온전한 자로 인정하셨음을 말씀하는 것을 봅니다(대하 15:17). 하나님께서 그 선한 사람에 대해 명확히 하셨으니 아주 잘된 일입니다. 만일 성경에 그의 삶의 적나라한 이야기만 기록되어 있고 하나님께서 그를 인정하셨다는 분명한 증언이 없었다면, 선한 사람들이 그의 경건성에 대해 의심하고도 남았을 것입니다. 뿐만 아니라 그와 더불어 많은 이들이 — 하나님께서 친히 성도임을 인정하셨기 때문에 성도라는 사실에 전혀 의심이 없는 이들이 — 사람들의 판단에서 그 경건성이 의심을 받을 수밖에 없게 되었을 것입니다. 엘리야 자신도, 하나님을 향한 열심과 그를 경배하고자 하는 열정을 갖고서 공개적으로 그런 모습을 드러내고 그리하여 자기처럼 당대의 우상 숭배를 향하여 단호하게 반기를 드는 사람을 아무도 만나지 못하여, 하나님께 안타깝게 탄식합니다. 마치 배도가 완전히 보편적으로 만연되어 있어서 경건한 자는 오로지 자기 자신만 남았다고 생각한 것입니다. 그러나 하나님께서는 이 거룩한 사람에게 더 좋은 소식을 주십니다: "내가 이스라엘 가운데 칠천 인을 남겼으니 다 바알에게 무릎을 꿇지 아니하고 다 바알에게 입 맞추지 아니한 자니라"(왕상 19:18). 이 말씀은 마치 이런 뜻과도 같습니다: "엘리야야 네 스스로 위로를 받으라. 내 백성의 숫자가 크지도 않지만 이 불경한 시대에 네가 우려하는 것처럼 그렇게 성도가 없는 것도 아니니라. 그들의 믿음이 연약하여 감히 너와 같이 이 시대의 죄악들과 싸우지 못하는 것은 사실이고, 이에 대해서 네가 상을 잃지 않을 것이라. 그러나 저 밤의 제자들, 곧 두려움 때문에 어두컴컴한 초롱 속에 자기들의 빛을 담아 두는 자들에게도 어느 정도 순전함이 있어서 그런 우상 숭배들로 자신을 더럽히지 않고 있으니, 내가 저들을 내쫓지 아니하리라." 그렇습니다. 우리더러 양들을 따뜻하게 돌볼 것을 명하시는 하나님께서는 그 자신이 친히 양들에게 훨씬 더 따뜻하신 것입니다. 요한일서 2:12-14을 보시기 바랍니다. 거기에는 "아비들"과 "청년들"과 "어린 자녀들"(한글 개역개정판은 그냥 "자녀들"로 번역함 — 역주) 등 세 부류의 사람들이 나타나는데, 하나님의 성령께서는 이를 통하여 하나님이 그들을 따뜻하게 보살피신다는 사실을 보여줍니다. 여기서 먼저 "어린 자녀들"을 언급하는 것도 그렇고(12절), 또한 다른 두 부류의 사람들보다는 그들에게 가슴어린 용서의 자비를 약속하시는 것도 그렇습니다. "내가 너희에게 쓰는 것은 너희 죄가 그의 이름으로 말미암아 사함을 받았음이요." 하지만 아비들과 청년들의 죄도 역시 사함을 받지 않습니까? 예, 그렇습니다. 누가 그것을 의심하겠습니까? 그러나 그들에게는 어린 자녀들에게처럼 그 약속을 분명하게 언급하지 않습니다. 어린 자녀들은 자기들의 허물들을 지각하여 이 약속에 대해 의심하여 가슴으로 받아들이지 못하기가 더 쉬우나 아비들과 청년들은 그런 상태를 넘어서서 더 성장한 상태이기 때문입니다. 예, 그렇습니다. 성령께서는 그들의 죄가 사함을 받았음을 분명한 어조로 말씀해 줄 뿐 아니라 마음에 떨림이 있어서 이 복된 소식을 그대로 받지 못하고 속에서 반신반의하는 그들의 처지를 생각하사, 또다시 분명하게 "너희 죄가 그의 이름으로 말미암아 사함을 받았음이요"라고 말씀하시는 것입니다. 곧, 그들의 죄들이 이 약속을 믿지 못하도록 끌어내리지만, 그들의 가장 큰 죄의 이름보다도 더 크신 하나님의 이름으로 사함을 받았다는 것입니다.

3. 순전함이 있으면 그 사람이 은혜의 보좌 앞에서 인정함을 받으므로, 그 어떤 죄악된 연약함도 하나님께 환영받지 못하도록 방해할 수가 없습니다. 하나님께서 우리의 기도에 귀를 기울이지 않으시도록 막는 것은 허물을 지니고 있다는 사실이 아니라 마음으로 그 허물을 높이 존중한다는 사실입니다. 이 시험을 극복하려고 애를 써온 이들이 적지 않습니다. 자기들 속에 너무도 많은 죄악된 허물들이 있는 것을 보고서도 담대하게 기도할 수도 있고, 혹은 하나님께서 들으실 것을 엄두도 내지 못하고서 기도를 원하지만 할 수가 없어서 기도를 하지 않는 이들도 있습니다. 마치 가난한 사람들이 의복이 제대로 없는 것 때문에 부끄러워하여 교회의 집회에 나오지 못하는 것처럼 말입니다. 이런 두려움 때문에 임무를 제대로 행하지 못하는 자들을 위해서 약속들이 — 이 약속들이야말로 기도의 유일한 근거요, 기도에서 우리가 탄원할 주요 요인입니다만 — 가장 낮은 정도의 은혜에도 알맞도록 맞추어져서 베풀어지는 것입니다. 그러므로 마치 잘 그린 그림이 방 안에서 그것을 관람하는 모든 이들에게 다 똑같이 좋게 보이듯이, 복음 언약의 약속들도

그리스도 안에서 순전히 하나님을 바라보는 모든 이들에게 미소를 보내는 것입니다. "너희에게 백향목 같은 믿음만 있어도"라고 말씀하지 않습니다. 오히려, "만일 너희에게 믿음이 겨자씨 한 알 만큼만 있어도 이 산을 명하여 여기서 저기로 옮겨지라 하면 옮겨질 것이요 또 너희가 못할 것이 없으리라"(마 17:20)라고 합니다. 그리스도를 믿는 지극히 작은 믿음도 순전하면 지극히 강한 믿음과 똑같이 진정 산 같은 죄책을 심령에서 옮겨 사라지게 하는 것입니다. 그러므로 모든 성도들이 "동일하게 보배로운 믿음"을 가졌다(벧후 1:1)고 말씀하는 것입니다. 창세기의 이야기에서는 사라의 믿음에 대한 언급이 나타나지 않으나, 신약 성경에서는 귀한 것으로 언급되고 있습니다(히 11:11). 하나님께서는 믿음이 더 강한 아브라함과 마찬가지로 사라 역시 신자로 인정하시는 것입니다. 하나님께서 귀하게 인정하시겠다고 약속하시는 사랑은 과연 어떤 사랑입니까? "우리 주 예수 그리스도를 순전한 사랑으로 사랑하는 모든 자에게" — "스랍들의 사랑으로 사랑하는 모든 자에게"가 아니라 — "은혜가 있을지어다"(엡 6:24. 한글개역개정판은 "우리 주 예수 그리스도를 변함없이 사랑하는 모든 자에게"로 번역함 — 역주)라고 말씀하지 않습니까? "그 정도로 놀랍게 거룩한 자는 복이 있나니"라고 말씀하지 않습니다. — 그랬다면, 성도들 가운데 거기에 해당되는 자가 별로 없을 것입니다. 아마 대다수의 사람들은, "나는 그렇게 거룩하지 못하니 내게는 해당되는 것이 없구나"라고 하면서 물러갔을 것입니다.

하지만 성도들 중에 아무도 자기의 분깃을 잃어버리지 않게 하기 위하여 성경은, "의에 주리고 목마른 자는 복이 있나니"(마 5:6)라고 말씀하면서 하나님의 모든 자녀들을, 심지어 오늘 그리스도께 새로 거듭난 지극히 어린 아기 같은 자들도 포용합니다. 새로 회심한 자들도 순전하게 의와 거룩에 주리는 것입니다. 이 순전함의 도장(印)이 우리 마음에 찍혀 있는 한, 은혜의 보좌 앞에 나아가 약속을 활용하고자 할 때에 우리의 연약함들 때문에 우리가 하나님께 영접 받을 것을 의심하는 일이 있어서는 안 된다는 것을 보여주고자 하는 것이 아니라면, 이렇게 세심하게 우리의 연약함을 배려하셔서 약속들을 주시는 이유가 무엇이겠습니까? 사실 순전함이 성도에게 그렇게 효용이 없다면, 이 땅을 살았던 과거의 성도나 앞으로 살게 될 미래의 성도나 간에 아무도 하나님께서 받으시는 기도를 드릴 수 없을 것입니다. 왜냐하면 이 땅을 사는 성도치고 두드러지는 허물이 없는 자가 과거에도 하나도 없었고, 앞으로도 하나도 없을 것이기 때문입니다. 사도는, 기도를 통해서 하늘과 땅에서 위대한 이적을 행했던 엘리야가 그렇게 위대한 인물이었으나 하나 님께서는 그에게서도 감추어진 허물을 곧바로 들추어내실 수 있었다는 것을 우리 가 알기를 바랐습니다. 사실, 그의 기도들이 그렇게 놀랍게 응답 받은 것이 그의 위엄과 인물됨, 그리고 무언가 그 자신의 탁월한 면 때문이라고 여기지 않도록 하 기 위해서, 하나님의 성령께서는 그가 초라한 다른 형제들과 똑같은 상태였다는 점을 분명히 말씀하시는 것입니다: "엘리야는 우리와 성정이 같은 사람이로되 그 가 비가 오지 않기를 간절히 기도한즉 삼 년 육 개월 동안 땅에 비가 오지 아니하 고, 다시 기도하니 하늘이 비를 주고 땅이 열매를 맺었느니라"(약 5:17, 18). 연약 할지라도 순전함이 있으면 기도 가운데 응답의 열쇠를 돌릴 수 있는 것입니다.

[어떻게 해서 순전함이 성도의 부족함을 덮어 주는가?]

넷째 질문. 이제 어떻게 해서 순전함이 성도의 부족함을 덮어 주게 되는지를 살펴 보겠습니다.

첫째 이유. 순전함은 복음 언약의 은혜로부터 흘러나오는데, 그 은혜가 완전무결 한 순종을 요구하는 율법의 맹렬한 모든 요구를 마음의 순전함과 진실함으로 용 해시켜서 그것을 완화시켜 주기 때문입니다. 그리하여 하나님께서는 아브라함과 언약을 맺으실 때에 스스로 이렇게 표현하십니다: "나는 전능한 하나님이라 너는 내 앞에서 행하여 완전하라", 혹은 순전하라(창 17:1). 이는 마치 이런 뜻과도 같습 니다: "아브라함아, 내가 네게서 무엇을 기대하는지를 보라. 그리고 네가 내게서 무엇을 기대할 수 있는지를 보라. 나는 '네가 네 앞에 나를 두는 것'을, 네 삶의 온 과정에서 나를 기쁘게 하고 나에게 인정받기를 위해 순전하게 힘쓰기를 바라느니 라. 너는 내 손을 의지하고, 순종하는 너를 보호하시고 또한 네가 완전한 순종에 이르지 못할지라도 너를 용서하시는 등 '전능한 하나님'이 너에게 행하실 수 있는 일들을 신뢰할 것을 스스로 약속하라. 내 앞에서 오직 마음의 진실함으로 행하라. 그러면 그리스도 안에서 내가 너와 너의 순전한 노력을 받아 주리라. 그러면, 만일 아담이 무죄의 상태에서 자신의 위치를 지키고 죄를 범하지 않았더라면 그에게 베풀어 주었을 그런 호의를 네게 베풀어 주리라." 그렇습니다. 순전한 마음은 이 언약 덕분에 ─ 그리스도께 의지하여 그 언약이 그를 지탱시켜 주고 또한 그를 지 켜줍니다만 ─ 하나님과 교류할 수 있고, 또한 그 앞에서 상당히 자유롭고 친숙하게 행할 수 있습니다. 하나님과의 관계가 전에 아담이 하나님과 가까이 있을 때보다도 훨씬 더 가까워졌기 때문입니다. 사도는, "만일 우리 마음이 우리를 책망할 것이 없으면 하나님 앞에서 담대함을 얻고"(요일 3:21)라고 말씀합니다. "담대함을 얻고"란 παρρησίαν ἔχομεν, 즉 우리가 얼굴의 담대함을 지닌다는 뜻입니다. 그 언약이 지금 유효하므로, 우리 속에 죄가 있다 해도 그것 때문에 양심이 우리를 정죄할 수도 없고, 또한 혹시 우리가 죄를 보유하고 있다는 것을 제대로 알게 된다 해도 우리를 정죄하지 않을 것입니다. 사도 요한의 양심이 그를 깨끗하게 해주었습니다. 그렇습니다. 그는 죄가 자기 속에서 요동치는 것을 알면서도 동시에 하나님 앞에서 즐거워하고 거룩하게 영광을 돌릴 수 있었습니다. 그렇습니다. 양심은 우리 자신의 가슴속 은밀한 법정에서 심판하도록 하나님께서 세워놓으신 것이므로 무슨 선고를 내리든 율법에 매여서 내리게 되어 있습니다. 그리스도께서도 마지막 날에 그와 똑같은 기준으로 세상에 대해 무죄를 선고하시거나 정죄하실 것입니다. 그런데 우리가 장차 그리스도의 심판대 앞에서 우리 삶에 대해 심판을 받을 때에, 우리가 순전하였느냐 그렇지 않았느냐 라는 것이 큰 관건이 될 것이며, 또한 그리스도께서는 수천 가지 죄가 반대한다 할지라도 순전한 심령을 정죄하지 않으실 것이니, 우리의 마음도 우리를 정죄할 수 없는 것입니다.

그러나 여기서 질문이 있을 수 있습니다. 곧, 처음 아담의 경우에는 단 한 번 그를 피했을 뿐인데도 그런 지극히 작은 실패도 용서받을 수 없는 것으로 인정하실 정도로 그렇게 철저하게 대하셨던 그 하나님께서 복음 언약에서는 어떻게 그렇게 아량을 베푸셔서 그렇게도 불완전한 성도들의 순종을 그냥 받아주시는가? 하는 것입니다. 다음 두 가지 구체적인 사실들을 통해서 이 질문에 답을 드릴 수 있을 것입니다.

1. 아담 안에서 인류와 맺으신 언약에는, 사람이 이행하여야 할 완전한 순종의 부분에 대해 하나님께 보증해 줄 보증인이 아무도 없었습니다. 그러므로 하나님께서는 아담을 그렇게 엄정하게 대하실 수밖에는 없었습니다. 하나님께서는 아무에게서도 자신의 영광을 되찾으실 수가 없었고, 따라서 아담 자신이 자신의 죄에 대한 책임을 전적으로 다 지불해야 했던 것입니다. 그러나 복음 언약의 경우에는 보증인이 계십니다. 의로우신 그리스도께서 보증인이 되사 그리스도인의 삶 가운데서 발생하는 모든 허물과 잘못들에 대해 하나님께 책임을 지시는 것입니다. 주 예수께서는 성도들이 회심 이전에 지은 모든 죄들을 스스로 지실 뿐 아니라, 회심

이후에도 연약함 때문에 지게 되는 모든 이런저런 빚들까지도 다 지십니다. "만일 누가 죄를 범하여도 아버지 앞에서 우리에게 대언자가 있으니 곧 의로우신 예수 그리스도시라. 그는 우리 죄를 위한 화목 제물이니"(요일 2:1, 2), 그러므로 하나님 께서는 그의 공의를 거스르지 않으시면서 성도들의 빚을 변제하실 수 있습니다. 성도들의 보증인이 그 빚을 다 갚으시기 때문입니다. 그리스도께서 갚아 주신다 는 것은 성도들에게는 과연 자비요 그리스도 자신에게는 공의인 것입니다. 오오, 자비와 공의가 이렇게 서로 만나 입을 맞추다니, 이 얼마나 복된 연합인지 모릅니 다!

2. 첫 언약에서 하나님께서 사람에게 충만하고도 완전한 순종을 요구하신 것 은, 그가 그런 순종을 이행할 충만한 능력과 힘을 지닌 완전한 상태에 있었기 때문 입니다. 그러니 하나님께서는 그가 심으신 그대로 거두고자 하신 것입니다. 그러 나 복음 언약의 경우는 하나님께서 먼저 신자에게 충만한 은혜(full grace)가 아니 라 진정한 은혜(true grace)를 주입시키시는 것이요, 따라서 충만한 순종이 아니라 순전한 순종을 기대하시는 것입니다. 그는 우리의 성정(性情)을 고려하십니다. 이 렇게 말할 수 있을지 모르겠지만, 신자는 누구든지 하나님의 회계장부에서 하나 님께서 애초에 심어주신 은혜의 분량에 따라 등급이 매겨지는 것입니다.

둘째 이유. 둘째 이유는 이런 마음의 기질에 대한 하나님의 크신 사랑과 또한 그가 그런 유의 마음을 받으신다는 사실에서 얻을 수 있을 것입니다. 그러한 사실에 이어 서, 그들의 갖가지 허물들을 보시면서도 그것들을 덮어 주시는 하나님의 은혜의 역사가 뒤따릅니다. 에스더는 왕의 부름이 없는데도 아하수에로 왕 앞에 나아감 으로써 국법을 어겼습니다. 그러나 왕이 그녀를 사랑하여 그런 과실을 기꺼이 용 서하였습니다. 그녀가 그 위대한 군주에게 그렇게 큰 호의를 입었다 해도, 그녀가 받은 호의는 순전한 심령이 위대하신 하나님께서 얻는 사랑보다는 못할 것입니 다. 왕이 에스더의 아름다움을 기뻐하였으나, 하나님께서 순전한 심령을 기뻐하 시는 것에는 결코 미치지 못하는 법입니다. "행위가 온전한 자는 그의 기뻐하심을 받느니라"(잠 11:20). 하나님께서는 마음이 그의 마음에 합한 자를 그의 거룩하신 본성의 기질에 합당한 자로 여겨 가까이하십니다. 그러므로 그런 사람에게서 그 자신의 탁월하심의 광채가 조금이라도 나타나는 것을 보시는 것으로 완전히 만족 하시고, 그를 기뻐하시며 그를 취하시고 높이 올리사 그의 사랑의 가슴으로 품으 십니다. 여호나답이 자기에게 행한 충성에 대한 보답으로 예후가 그를 자기의 병거에 태웠습니다만(왕하 10장), 하나님께서는 그 사람을 그보다 훨씬 더 병거에 태우시는 것이라 하겠습니다. 성경에서 그저 올바르다는 진술로써 의인이라 일컫는 사람 가운데, 그 의로움을 보여주는 몇 가지 정황이 나타나지 않는 경우는 거의 없고, 대개는 마치 묘소 주변에 값비싼 장식과 조각들을 설치해 놓아서 지나가는 사람들에게 거기에 묻힌 사람이 그저 범상한 사람이 아니라는 것을 알려주는 것 같은 그런 정황들이 나타납니다. 하나님께서는 욥의 의로움을 말씀하시면서, 그는 당대에 둘도 없는 자라고 말씀하십니다: "그와 같이 온전하고 정직하여 하나님을 경외하며 악에서 떠난 자는 세상에 없느니라." 그처럼 막대한 재산을 지닌 자가 없었다는 사실도 앞에서 언급한 바 있습니다. 그러나 하나님께서 사탄을 상대하셔서 그가 어떻게 자신을 섬긴 종인지를 말씀하실 때에, 그는 "네가 내 종 욥을 주의하여 보았느냐 그와 같이 부자인 자가 없느니라"라고 말씀하시지 않았습니다. 다만 "그와 같이 온전하고 정직한" 자가 없다고 하셨습니다(욥 1:8).

하나님께서 갈렙의 의로움을 말씀하실 때에 그가 얼마나 그를 높이시는지를 보십시오. "그러나 내 종 갈렙은 그 마음이 그들과 달라서 나를 온전히 따랐은즉 그가 갔던 땅으로 내가 그를 인도하여 들이리니 그의 자손이 그 땅을 차지하리라"(민 14:24). 이 말씀은 마치 이런 뜻과도 같습니다: "이 사람은 내가 나의 종으로 소유하고 특별히 아끼기에 부족함이 없는 자로다. 이는 투덜거리는 이스라엘의 무수한 백성들보다 더한 가치를 지닌 자로다." 그는 마음이 다른 백성들과 다르다고 합니다. 곧, 그의 마음의 탁월함과 고귀함이 나머지 사람들보다 훨씬 뛰어났다는 뜻입니다. 그런데 이 사실이 어디서 나타났습니까? 그 다음에 이어지는 말씀이 이에 대해 답해 줍니다: "나를 온전히 따랐은즉." 자, 여러분, 하나님께서 직접 이 사람을 크게 칭찬하신 것은 바로 그의 순전함에 있었습니다. 특히 그가 가나안 땅을 정탐하는 일에서 그가 순전하게 처신하였던 것입니다(수 14:7, 참조 9절). 그는 결과를 달리 보고하려는 큰 유혹을 받았었습니다. 이스라엘 백성들은 그들의 임무에 크게 염증을 느끼고 있었으므로 만일 그가 최악의 소식을 전해 준다면 그들에게 크게 환영을 받을 수 있었을 것입니다. 그런 소식을 통해서 그 백성들은 자기들을 그런 곤경에 빠뜨린 모세를 향하여 터뜨려온 자기들의 불평에 대해 무언가 구실을 제시할 수 있었을 것이니 말입니다. 그리고 정탐 임무를 맡은 열두 사람 중에 열 사람이 이 백성들의 불만을 정당화시켜 주는 보고를 했습니다. 그러므로 그들과 상반되는 보고를 하게 되면, 그는 거짓말쟁이라는 의혹을 받게 됨은 물론 분노

한 백성들 중에서 목숨까지도 위태로워질 것이었습니다. 그러나 이 거룩한 사람
은 용기백배하여, 자기에 대한 신뢰를 저버리지 않았을 뿐 아니라 하나님을 신뢰
하여 담대히 말했습니다. 그는 "성실한 마음으로 그에게" ― 즉, 그에게 임무를 맡
겨 보낸 모세에게 ― "보고하였"습니다(수 14:7). 곧, 자기의 안위를 염려하거나 이
익을 따지지 않고, 다만 그의 양심에 진실하게 생각하는 바를 그대로 말씀한 것입
니다. 그리고 이것이야말로 그의 순전함을 보여주는 훌륭한 증거였으므로 모세는
이것을 가리켜 "하나님을 온전히 따른 것으로" 말씀합니다(9절. 한글개역개정판은
"내 하나님 여호와께 충성하였은즉"으로 번역함 ― 역주). 여호와께서는 이것을 보시고서
성경이 존재하는 한 영구히 존재하게 될 고귀한 기념비를 그의 머리 위에 세우시
는 것입니다.

　한 가지 실례만 더 들겠습니다. 그리스도께서는 나다나엘을 처음 보시고 참지
못하시고서 자신이 그를 얼마나 귀히 여기시는지를 말씀하십니다. "보라 이는 참
으로 이스라엘 사람이라 그 속에 간사한 것이 없도다"(요 1:47). 마치 마리아가 인
사할 때에 엘리사벳의 뱃속에 있던 아기가 기뻐 뛰놀았듯이, 그리스도께서도 나
다나엘이 오는 것을 보시고 그렇게 기뻐하는 심정으로 이런 말씀을 하시는 것 같
습니다. 나다나엘에 대해 일부러 아첨하신 것이 아니라 ― 그리스도께서는 그가
얼마나 겸손한 사람인지를 잘 알고 계셨습니다 ― 그의 속에 있는 그리스도 자신
의 은혜를, 특히 순전함의 은혜를 증언하시고, 그리하여 하나님께서 그의 머리에
얼마나 값진 은혜를 베푸셨는지를 알고서 그가 마치 지혜로운 상인처럼 그 은혜
를 더욱 풍성하게 저장하게 하고자 하신 것입니다. 그의 일편단심이 그를 "참 이스
라엘 사람"이 되게 한 것입니다. 바리새인들 가운데서 그럴듯해 보이는 모습과 화
려한 겉모양들을 많이 볼 수 있었습니다. 그러나 이들은 치졸한 협잡꾼들이요 모
사꾼들의 무리였습니다. 그들 중에 몇몇이 그리스도께 나아와, "선생님이여 우리
가 아노니 당신은 참되시고 진리로 하나님의 도를 가르치시며 아무 꺼리는 일이
없으시니 이는 사람을 외모로 보지 아니하심이니이다"(마 22:16)라고 하며 그의
순전함을 치켜세웠습니다만, 이때도 그들은 외식을 행한 것에 지나지 않았습니
다. 그들은 그를 높이 치켜세운 다음 함정에 빠뜨리려는 계획을 갖고서 그렇게 한
것입니다. "어떻게 하면 예수를 말의 올무에 걸리게 할까"를 서로 상의하고서 그
리스도께 나아온 것입니다(15절). 그러나 선한 나다나엘은 그리스도께 나아올
때에 그런 계획이 전혀 없었습니다. 다만 자신이 찾던 메시야를 만나고 그에게서

영생을 찾고자 하는 생각뿐이었습니다. 그러므로 그가 그 당시 사람들에게 공통적으로 나타나는 오류 — 갈릴리에서는 선지자가 나올 수 없으며(요 7:52), 메시야처럼 위대한 인물은 더더욱 갈릴리의 나사렛 같은 이름 없는 곳에서는 나올 수 없다는 — 속에 갇혀 있기는 하였으나, 그리스도께서는 그의 무지와 오류로 인하여 그에 대해 편견을 갖지 않으시고, 그의 마음의 정직함과 올바름을 보시고 그를 판단하신 것입니다.

[순전함으로부터 필수적으로 나오는 두 가지 효과]

이제 하나님께서 어째서 이 순전함이라는 은혜를 그렇게도 기뻐하셔서 그것이 있는 자를 그렇게도 사랑하시는지 무언가 그 연유를 살펴보자면, 순전함에는 그것과 분리할 수 없는 두 친구가 있는데, 그것들은 순전함에서 흘러나오는 효과들로서, 이것들이 하나님과 사람으로부터 사랑을 이끌어 내는 역할을 합니다.

첫째 효과. 순전함은 사람에게 의지를 갖게 합니다. 사람이 온갖 연약함으로 인하여 그 임무를 온전하게 수행할 수 없을 때에도, 임무를 다하기 위해 발 끝으로 서서 안간 힘을 다합니다. 주인의 손에 들려 있는 매가 끈에 묶여 있는데도 불구하고 주인의 신호에 따라 날개를 펴고 먹이를 향하여 돌진하는 것처럼 말입니다. 이처럼 순전한 심령은 연약한 요인들로 인하여 방해를 받으면서도 그 임무를 다하고자 하는 강력한 욕구에 자극을 받습니다. 온전한 마음과 하고자 하는 의지가 있는 정신은 하나가 되어 있는 것입니다. 다윗은 그의 아들 솔로몬에게, "너는 네 아버지의 하나님을 알고 온전한 마음과 기쁜 뜻으로 섬길지어다"(대상 28:9)라고 권고하였습니다. 거짓된 마음은 변하는 마음이어서, 할 수만 있으면 자기의 일을 뒤로 물립니다. 막대기가 이미 드리워진 다음에 일을 시작한다면 별 소용이 없습니다. 그런데 외식하는 자들은 마치 회초리를 때리지 않으면 제대로 돌아가지 않는 팽이와도 같습니다. 하지만 순전한 심령은 항상 전진할 준비를 갖추고 있습니다. 임무를 행할 기술이나 힘이 없을 때에도 임무를 행하고자 하는 의지는 항상 있는 것입니다.

레위 사람들이 자기들 자신을 성결하게 함에 있어서 제사장들보다 마음이 더 온전하였다고 말씀합니다(대하 29:34). 그것이 어떻게 나타났습니까? 그들이 임무를 향하여 더 열의가 있었고 의지가 있었습니다. 레위 사람들은 선한 왕의 입에서 개혁에 관하여 말이 떨어지기(10절)가 무섭게 일어나 자기들 자신을 성결하게 하였습니다. 그러나 제사장들 가운데는 그 일에 별 마음을 쓰지도 않고 열의도 없는 자들이 있었습니다(34절). 이들은 마음속의 경건함보다는 정치적인 자세를 더 드러내 보였습니다. 먼저 세월이 흘러서 일이 어떻게 되는지를 보기까지 그냥 머물러 있고자 한 것입니다. 개혁의 일은 살얼음판 같은 것에 지나지 않으므로, 비겁한 자들은 감히 자기들이 나서기 전에 다른 이들이 먼저 그것을 내리쳐 시험하여 그 안전성을 확증시켜 주기를 바랍니다. 그러나 순전한 심령은 그렇지 않습니다. 한 번 여행을 시작하면 날씨에 전혀 상관없이 여정을 계속하는 진짜 여행자처럼, 순전한 사람은 구름을 바라보지 않으며, 가만히 서서 이런저런 부정적인 요인들을 생각하고 따지지 않습니다. 오히려 하나님의 말씀을 보증으로 삼고서 의연히 전진하며, 동일한 하나님의 반대 명령 이외에는 그 어떤 것으로도 결코 돌이키지 않는 것입니다. 그의 마음이 하나님의 뜻과 하나가 되어 있습니다. 하나님께서, "내 얼굴을 찾으라"라고 하시면, 곧바로 "여호와여 내가 주의 얼굴을 찾으리이다"라고 반응합니다(시 27:8). 다윗은 마치 주께서 말씀하시면 이 임무를 떠나 주께서 기뻐하시는 임무를 행하리라고 말씀하는 것 같습니다. 순전한 심령이 임무를 행할 때에 연약한 상태로 행할 수도 있습니다. 그러나 바로 이 기꺼운 마음의 의지야말로 하나님께서 기뻐하시는 것입니다. 아버지가 어린 아들에게, 가서 그 아이가 힘을 다해야 겨우 들 수 있는 어떤 물건을 갖고 오라고 명할 때에, 그 명령을 힘들게 여겨 망설이는 모습이 전혀 없이 곧바로 달려서 그 물건을 들려고 안간힘을 다 쓰는 것을 보면, 아버지가 얼마나 감동을 받겠습니까? 왜 그것을 가져오지 못하느냐고 꾸중하는 것이 아니라, 그 아들의 기꺼운 마음을 보고서 기뻐할 것이며, 그 아들의 연약함을 오히려 측은히 여겨 직접 가서 그를 도와줄 것입니다. 그리스도께서도 제자들의 연약한 모습에 대해 그처럼 측은히 여기시고 감싸 주십니다: "마음에는 원이로되 육신이 약하도다"(마 26:41). 오오 여러분, 떨어지는 꿀처럼 억지로 짜지 않아도 속에서부터 우러나오는 이러한 순종이 비록 적다해도 하나님의 식탁에서 감미로운 맛을 내는 법인데, 순전한 순종이 바로 그와 같은 것입니다.

둘째 효과. 순전함은 사람으로 하여금 하나님께 매우 개방적인 자세를 갖게 하고 또한 스스럼없이 그에게 나아가게 만들어 줍니다. 순전한 심령은 비록 여러 가지 부족한 점들이 있어도 하나님 앞에서 하나도 숨기거나 감추기를 원치 않습니다. 하나님께서는 이 점을 크게 기뻐하십니다. 그리고 그런 심령이 감추지 않고 드러내는 그런 부족한 점들을 하나님께서 친히 덮어 주십니다. 우리가 우리 죄를 고백하면 그는 신실하시고 의로우사 우리를 용서하십니다(요일 1:9). 아우구스투스는 한 악명 높은 해적의 머리를 가져오는 자에게 굉장한 돈을 주겠다고 선언하였으나, 그 해적이 이 소식을 듣고 직접 그에게 찾아와 그의 발 아래 머리를 내어놓자, 그가 과거에 저질렀던 과실들을 용서해 줄 뿐 아니라 그의 큰 신뢰를 자비로이 여겨 그에게 상을 베푸는 크나큰 아량을 보였습니다. 하나님께서 진실로 이와 같이 행하십니다. 하나님은 모든 죄와 불의에 대하여 그의 진노가 나타나지만, 그의 앞에서 자기를 낮추고 스스럼없이 나아옴으로써 그의 긍휼하심을 존귀하게 하는 자를 팔을 뻗어 내리치실 수가 없는데, 바로 순전한 마음이 그렇게 하는 것입니다. 사실 외식하는 자는 죄를 범하였을 때에 그것을 감춥니다. 아간이 "금덩이"를 감추었듯이 말입니다. 라헬이 그 아버지의 우상을 품고 앉아 있었던 것처럼 그는 자기의 정욕을 품고 앉아 있습니다. 그런 사람이 자기의 정욕을 멀리하고 스스럼없이 하나님께 그것들을 드러내놓기란 암탉을 그 둥지에서 멀리 있게 만드는 것만큼이나 어려운 일입니다. 하나님께서 친히 드러나게 하시면 모를까, 그 스스로는 그것들을 드러내는 법이 없습니다. 이처럼 순전한 마음과 거짓된 마음의 기질적인 차이를 보여주는 것으로는 삯을 받는 종과 자식의 차이보다 더 나은 것이 없을 것 같습니다.

　종이 유리잔을 깨뜨리거나 혹 주인의 물건을 망가뜨리게 되면 그는 그 사실을 주인에게서 숨기느라 전력을 기울입니다. 그리하여 그 조각들을 어두컴컴한 곳 등 아무도 발견하지 못할 것으로 생각되는 곳에 던져 버리고는, 발각되지 않도록 일을 처리했으니 이제는 괜찮다는 식의 생각을 가질 뿐, 자신이 주인에게 행한 잘못에 대해서는 전혀 개의치 않습니다. 이처럼 외식하는 자는 자기 죄를 하나님이 보시지 못하도록 감추어둘 수만 있으면 스스로 행복한 사람이라고 여깁니다. 반역의 사실 자체를 싫어하는 것이 아니라 다만 자신이 반역자라는 사실이 알려지는 것을 두려워할 뿐입니다. 그러므로 전능하신 하나님의 눈을 가린다는 것이 손바닥으로 태양을 가려서 빛이 비치지 않게 하려는 것처럼 도무지 터무니없는 일인데도, 외식하는 자는 그런 일을 감행합니다. 그런 자들에 대해 화(禍)가 선포되는 것을 봅니다: "자기의 계획을 여호와께 깊이 숨기려 하는 자들은 화있을진저"(사 29:15). 이런 자들은 자기들이 죄를 범하고도 그 죄를 해결하여 평안을 얻고자 하는 데에는 관심이 없고, 그저 스스로 평안한 척하며 하나님 앞에서 점잖게 서 있는 그런 죄인들입니다. 마치 게하시가 주인 앞에서 행한 것처럼, 이들은 마치 자기들이 마땅히 있을 곳 외에는 절대로 아무 곳에도 가보지 않은 것처럼 처신합니다. 하나님께서는 바로 이런 자들을 의도적으로 수치스럽게 하실 것입니다. 유대인들은 스스로 거룩한 백성으로 여기며 자기들을 의로운 자로 여기고 또한 지극히 진실되고 참인 사실을 고백하기보다 자기들의 혐의점에 대해 증명해 보이라는 식으로 하나님을 대하였으니, 과연 그들의 외식은 도를 넘는 것이었습니다. 그런데 하나님께서는 그들을 책망하십니다: "네가 어찌 말하기를 나는 더럽혀지지 아니하였다 바알들의 뒤를 따르지 아니하였다 하겠느냐? 골짜기 속에 있는 네 길을 보라 네 행한 바를 알 것이니라"(렘 2:23). 여러분은 과연 하나님 앞에서 여러분 자신을 의롭다고 여기는 그런 뻔뻔스러움이 없습니까? 여러분이 저지른 그 악한 행위들을 그럴듯하게 포장해서 제시하는 그런 외식적인 마음은 없습니까? 그러면서도 성도들로 불리고 더럽혀지지 않은 백성으로 여겨지기를 바라지 않습니까? 여기서 잘 살펴보시기 바랍니다. 얼마 지나지 않아서 자기들의 죄를 감추는 이 외식적인 백성이 얼마 지나지 않아서 충분한 수치를 당하게 됩니다. "도둑이 붙들리면 수치를 당함 같이 이스라엘 집 곧 그들의 왕들과 지도자들과 제사장들과 선지자들이 수치를 당하였느니라"(26절). 즉, 물건을 훔친 도둑이 처음에는 가증스럽게도 자신의 혐의 사실을 부인하다가, 조사해 보니 도둑 맞은 물건이 그에게서 발견되고 그 자신의 혐의 사실이 입증되어, 도둑질한 사실로 인해서도 수치를 당하고, 또한 그러면서도 자기의 무고함을 계속 고집한 뻔뻔스러움으로 인해서도 수치를 당하는 등 두 배나 수치를 당한다는 뜻입니다. 이 백성이 그렇고, 또한 모든 외식하는 자들이 그렇습니다. 편안하고 안락할 동안에는 대담하게 허풍을 떨고 자기들의 본 모습을 감추고 오히려 그것에 대해 경멸하나, 그들에게 때가 오고 있습니다. 그들이 드러나게 될 그들의 달(月)이(2:24. 한글개역개정판은 "그 발정기"로 번역함 — 역주), 즉 하나님의 고함소리가 그들을 잡아채고, 그에 대한 공포가 그들의 양심을 샅샅이 살펴서 그들이 그렇게도 완고하게 부인하던 그 사실을 그들 자신과 다른 사람들에게 확연히 드러내고, 그들이 어떤 속임수와 사기로 자기들의 죄를 발뺌해왔는지를 드러내게 될 그 때가 오고 있다는 것입니다. 이렇게 될 때에 얼마만한 수치가 그들의 얼굴을 덮고 그들의 고개를 숙이게 할지는 쉽게 예상할 수가 있습니다. 하나님께서는 스스로 아주 지혜롭게 게임을 하고 있다고 생각하는 자들을 바보로 만드시는 것을 좋아하십니다. 이들은 아합처럼 자신을 위장하고 하나님을 대적하여 싸우니, 결국 사람으로 인정받지 못할 것입니다.

그러나 순전한 사람은 이와는 전연 다른 경로를 취합니다. 어린 아이가 무슨 과실을 범했을 때에 다른 이들이 아버지에게 가서 고자질하기까지, 혹은 아버지가 사실을 알고서 이맛살을 찌푸리며 꾸중을 하기까지 기다리지 않고, 곧바로 자발적으로 ― 다른 어떤 요인도 아닌 오로지 사랑하는 아버지를 향하여 가진 사랑과 또한 자신이 범한 과실로 인하여 순간순간 마음의 안타까움이 점점 더 커지는 것에 자극을 받아 ― 아버지께 나아가 자기의 과실을 스스럼없이 다 고백하여 ― 만일 마귀 자신이 그의 뒤를 따라와 그가 남겨둔 것들을 들추어내려 한다 해도 더 이상 들추어낼 것이 없을 만큼 있는 사실을 다 고백하여 ― 자기의 아픈 마음을 가볍게 하듯이, 순전한 사람은 이렇게 하나님께 고백합니다. 그리고 자신의 죄를 그렇게 단순하게 고백하는 것은 물론 거기에 안타까운 회한까지 흘러내리므로, 하나님께서는 그의 사랑하는 자녀가 자기에게서 좋은 소식이 속히 당도하지 않으면 거의 절망에 빠질 지경까지 갈 위험에 처한 것을 보시고, 그의 죄를 꾸짖으시는 것이 아니라 오히려 통회하는 그의 마음을 위로하여 주실 수밖에 없는 것입니다.

첫째 적용
[외식의 가증스러운 본질, 하나님이 이를 혐오하심]

순전함이 모든 결점들을 다 덮어 줍니까? 그렇다면 외식은 갖가지 그럴듯한 것들로 아무리 치장한다 해도 결국 영혼을 까발리고 벌거벗겨서 하나님 앞에 수치가 되게 만듭니다. 이것은 지극히 아름다운 완전한 것들에 앉는 지저분한 딱지와도 같아서 영혼의 성격 자체를 뒤바꾸어 놓습니다. 하나님께서 보시기에는 이것이 우리의 아름다운 얼굴에 앉아 있는 나병이나 얼룩진 천연두 자국 이상으로 역겹습니다. 유다의 두 왕 아사와 아마샤의 성격이 서로 달리 나타나는 것을 볼 수 있습니다. 아사에 대해서 성경은, "다만 산당은 없애지 아니하니라. 그러나 아사의 마음이 일평생 여호와 앞에 온전하였으며"(왕상 15:14)라고 말씀합니다. 그는 은혜를 받은 사람으로 평가를 받습니다. 갖가지 과실이 있었으나 그럼에도 불구하고 그의 마음이 온전하였다는 것입니다. 마치 순금(純金)이 그 가벼움 때문에 갖가지 이물질들이 뒤섞이는 것이 허용되는 것처럼 순전함도 그렇습니다. 그의 부족한 점들이 언급되는 것은 그의 명예를 더럽히고 다른 사람들이 그에 대해 편견을 갖도록 만들기 위함이 아니라, 오히려 마치 호기심 많은 화가가 다른 부분의 아름다움을 더 돋보이게 하기 위하여 의도적으로 갖가지 얼룩진 것들을 표현하는 것과도 같다 할 것입니다. 그러므로 그의 과오들은 그의 순전함을 더 크게 빛내기 위해 기록되어 있는 것입니다. 그렇기 때문에 아사가 이처럼 죄들을 범했음에도 불구하고 하나님께서 친히 그에 대해 높이 평가하시는 것입니다. 그러나 아마샤에 대해서는, 그가 "여호와께서 보시기에 정직하게 행하기는 하였으나 온전한 마음으로 행하지 아니하였더라"라고 말씀합니다(대하 25:2). 그의 행위들 자체는 선했습니다. 하지만 그 행위들에서 나타나는 그의 마음의 상태와 성향은 악하였습니다. 바로 이 "그러나"가 모든 것을 역겹게 만들고 그의 올바른 것을 그릇된 것으로 뒤바꾸어 놓는 것입니다. 그의 외식이 어떤 식으로 나타났는지를 다음의 말씀에서 알 수 있습니다: "아마샤가 여호와 보시기에 정직히 행하였으나 그의 조상 다윗과는 같지 아니하였으며 그의 아버지 요아스가 행한 대로 다 행하였어도"(왕하 14:3). 그는 한동안 그의 조상 다윗처럼 처신하였으나 그 태도에서는 요아스를 모방하였습니다. 요아스의 선행은 그의 선한 삼촌 여호야다의 죽음에서 드러났듯이 하나님보다는 사람을 기쁘게 하기 위해 계산된 것이었습니다. 아마샤는 다윗의 의로움을 따르지 않고 요아스를 따라 행한 것이었습니다. 이렇게 해서 아사는 갖가지 과실들이 있음에도 불구하고 의로운 자로 칭찬을 받으며, 아마샤는 올바른 일을 행하였어도 외식으로 인하여 정죄를 받는 것입니다.

여러분, 순전함이 관건입니다! 이것이야말로 다른 모든 은혜들의 생명이요, 모든 임무들에 생명을 불어넣는 것이요, 또한 생명이 몸을 아름답고도 윤기 있게 만들어 주듯이 순전함도 영혼을 그렇게 만들어 주는 것입니다. 오오 여러분, 순전한 마음의 숨결에서 나오는 기도! 이것이야말로 천국의 기쁨인 것입니다. 순전함이 빠져 버린 기도는 어떨까요? 하나님께서는 그런 기도에 대해 마치 아브라함이 사라에 대해 한 말과 똑같이 말씀하십니다. 사라가 살아 있을 때 그는 그녀를 극진히 사랑하고 품에 안았습니다. 그러나 그녀가 죽자 "나의 죽은 자를 내 앞에서 내어다 장사하게 하"겠다고 합니다(창 23:8). 마치 무슨 독 있는 썩은 고기를 보듯이 눈을 돌리고, 코를 막습니다. "헛된 제물을 다시 가져오지 말라 분향은 내가 가증히 여기는 바요 월삭과 안식일과 대회로 모이는 것도 그러하니 성회와 아울러 악을 행하는 것을 내가 견디지 못하겠노라 내 마음이 너희의 월삭과 정한 절기를 싫어하나니 그것이 내게 무거운 짐이라 내가 지기에 곤비하였느니라"(사 1:13-14). 하나

님께서 그리도 혐오하시며 소리치시는 그 역겨운 것이 대체 무엇입니까? 바로 외
식 이외에 아무것도 아닙니다. 여러분 과연 그것은 정말로 가증스러운 것일 수밖
에 없습니다. 하나님께서 그 자신이 제정하신 규례들을 그렇게 혐오하여 말씀하
시고 그것들을 느후스단(왕하 18:4)으로 만들어 버리시니 어찌 아니 그렇겠습니
까? 외식으로 행하니, 기도가 기도가 아니고 깨뜨려 산산조각 내어 마땅한 우상에
불과해집니다. 믿음이 믿음이 아니고 허망한 착각과 상상 이상 아무것도 아닌 것
이 되어 버립니다. 회개가 회개가 아니고 그저 큰 소리로 떠드는 거짓말이 되어 버
리는 것입니다. "그들이 그에게 구하며 돌이켜 하나님을 간절히 찾았"다고 말씀합
니다(시 78:34). 그러나 하나님의 성령께서 이에 대해 어떻게 말씀하시는지를 보
십시오: "그러나 그들이 입으로 그에게 아첨하며 자기 혀로 그에게 거짓을 말하였
으니 이는 하나님께 향하는 그들의 마음이 정함이 없으며 그의 언약에 성실하지
아니하였음이로다"(36, 37절). 하나님께서는 이 역겨운 냄새 때문에, 그 자신이 거
하실 그의 "영원한 거처"가 되리라고 말씀하셨던 바로 그 곳에 대한 그의 사랑을
거두어 가셨습니다. 외식 때문에 그 불행한 백성에게 지극한 하나님의 진노가 임
한 것입니다. 그들에게 그의 진노를 시행하게 될 그 잔악무도한 앗수르 사람들에
게 하나님께서 어떤 말씀으로 그 일을 명하시는지를 주목해 보시기 바랍니다. "앗
수르 사람은 화 있을진저 그는 내 진노의 막대기요 그 손의 몽둥이는 내 분노라.
내가 그를 보내어 외식하는 나라("an hypocritical nation". 한글 개역개정판은 "경건하
지 아니한 나라"로 번역함 — 역주)를 치게 하며 내가 그에게 명하여 나를 노하게 한 백
성을 쳐서 탈취하며 노략하게 하며 또 그들을 길거리의 진흙 같이 짓밟게 하려 하
거니와"(사 10:5-6; 또한 렘 7:10-13을 보라). 이 비참한 백성에게는 그들이 어떻게
그렇게 무서운 종말을 맞게 되었는지를 밝혀줄 검시관이나 배심원조차도 필요 없
습니다. 이들은 "외식하는 나라"였으니 말입니다. 그들은 바로 그것 때문에 죽어
간 것입니다.

하나님께서는 마음으로는 정욕을 그대로 품고 있으면서 입술로 그를 예배하며
시치미 떼는 가증한 것으로 그를 정면에서 조롱하는 것을 그냥 보시지 않습니다.
그보다는 차라리 "멸망의 가증한 것"(마 24:15)이 그의 성전에 서 있어서 모든 것
을 망하게 하는 것을 보는 것이 더 낫습니다. 이 두 가지 악 가운데 하나님께서는
후자를 그래도 더 용납하실 수 있는 것으로 여기십니다. 그의 종이 아닌 벨사살 왕
이 뻔뻔스럽게도 성소의 기명들을 가져다 자기의 우상 신들에게 드려 욕되게 하

는 것보다는, 그의 종들이라 여김을 받는 백성이 저주받을 외식으로 그를 섬겨 그들 자신을 더럽히는 것이 더욱 용납할 수 없는 일인 것입니다. 하나님이 모욕을 당하신다면, 겉으로 그를 존귀하게 여기는 모양을 차리면서 속으로 그렇게 그를 모욕하는 그 사람에게 화가 있을 것입니다. 하나님께서는 여러 종류의 죄인 중에서도 외식하는 자를 특별히 지목하셔서, 자신이 직접 처리하시며 또한 심지어 이 세상에서도 다른 이들보다 더 특별한 방식으로 그들을 쳐서 증언하실 것을 말씀하십니다. 도둑이나 강도 등의 죄인들에 대해서는 하나님께서 국가의 관리가 그들을 다루도록 조처하셨습니다. 그러나 외식하는 자는 아주 은밀하게 죄를 범하는 자이므로 오직 하나님만이 가려내실 수 있고, 그리하여 그가 그 일을 행하셨습니다. "이스라엘 족속 … 중에 누구든지 나를 떠나고 자기 우상을 마음에 들이며 죄악의 걸림돌을 자기 앞에 두고 자기를 위하여 내게 묻고자 하여 선지자에게 가는 모든 자"(겔 14:7)라고 말씀합니다. 이는 외식하는 자에 대한 탁월한 묘사가 아닐 수 없습니다. 그는 마음으로 하나님을 부인하는 자입니다. 마음이 온통 우상들과 정욕들에게로 가 있습니다. 그러면서도 하나님의 규례들에 참여하여 하나님께 묻는 일에 누구보다 앞장섭니다. 하나님께서는 이런 자를 향하여 이렇게 말씀하십니다: "나 여호와가 친히 응답하여." 어떻게 응답하시겠다는 말씀입니까? "그 사람을 대적하여 그들을 놀라움과 표징과 속담 거리가 되게 하여 내 백성 가운데에서 끊으리니 내가 여호와인 줄을 너희가 알리라"(8절). 곧, 그에게 임할 하나님의 심판이 너무도 놀라워, 다른 이들이 그것을 보고 하나님의 진노에 대해 놀라워하고 그것이 큰 화젯거리가 되리라는 뜻입니다. 하나님께서는 이렇듯 외식하는 자를 이생에서 벌하시는 경우도 많습니다. 아나니아와 삽비라는 거짓말을 했다가 하나님께서 치셔서 죽었습니다. 유다는 외식적인 거래를 통해서 아무것도 얻지 못하고 오히려 그 때문에 스스로 목을 매달아 죽었습니다. 그리스도에게 외식하는 자로 역할을 하였으나, 종국에는 스스로 자기의 사형집행인이 되어 자기에게 마귀 역할을 한 것입니다. 가면이 벗겨지기 전에는 외식하는 자가 어느 때든지 세상에서 숨어 다니지만, 결국에는 하나님의 진노가 그에게 임하게 되고 지옥에 들어가게 됩니다. 거기서는 이제 결국 지옥에 들어오게 되었으니, 과거에 자기가 천국을 향하여 나아가는 것으로 생각하고 자기에게 신뢰를 보냈던 주위의 사람들을 속인 것이로구나 하고 생각해도 아무런 위로가 되지 않을 것입니다. 이 땅에 있을 때에 사람들에게 좋은 인상을 남겼다고 해서 그것이 지옥의 불길을 식혀 주지는 않을 것입니다. 이미 그가 외식하는 자로 간주되어 지옥에 자리를 잡고 그 주요한 손님이 되어 있으니 말입니다. 다른 모든 죄인들은 정죄를 받는 면에서 외식하는 자의 동생뻘밖에는 안 됩니다. 진노의 큰 상속인 외식하는 자의 밑에서 하나님의 공의가 부여하는 진노의 몫을 각자 받는 것입니다. 마태복음 24:51에서는 주인이 악한 종을 "엄히 때리고 외식하는 자가 받는 벌에 처하리라"고 말씀하는 것을 봅니다.

질문. 하지만 하나님께서는 어째서 외식하는 자에게 그렇게 진노하시는 것일까요? 야생 짐승들처럼 날뛰고 노략질하며, 마치 하나님을 그의 보좌에서 끌어내리려는 듯 늑대들처럼 온갖 신성모독과 끔찍한 불경으로 하늘을 향하여 입을 벌리기를 두려워하지 않는 다른 죄인들에 비해서 외식하는 자는 그나마 길이 잘 든 것 같으니 말입니다. 외식하는 자는 그렇게 대낮에 죄를 범하고, 압살롬처럼 그렇게 노골적으로 자기 장막을 치는 무례는 저지르지 않습니다. 그가 악하다면 그것은 한구석에 숨어서 있을 때뿐입니다. 그는 마치 처녀가 부끄러워 얼굴이 발개지는 것 같이 수줍어하므로 그의 죄가 드러나지 않고, 외부에서도 볼 수가 없습니다. 아니 다른 사람들은 자기들의 갖가지 죄들을 인정하지만 그는 그것들을 부인하며, 무신론적인 세상이 조롱하고 멸시하는 갖가지 임무들을 스스로 행하며 삽니다. 그런데 어째서 이처럼 다른 이들 앞에서 성도처럼 사는 이 외식자들이 하나님께는 더 역겹단 말입니까?

답변. 겉모양만 보는 사람들이 외식자를 보면 처음에는 성도로 여길 수도 있을 것입니다. 그가 다른 사람들에게 좋게 보이도록 하기 위해 점잖은 복장을 하고 지나가므로, 그는 과연 낯선 이들에게는 성도라 불리지만 그를 더 잘 아는 자들에게는 마귀인 것입니다. 그는 기술적으로 자기의 본성적인 결점을 숨기는 아주 기발한 불구자와 비슷합니다. 마치 가짜 머리카락으로 대머리를 가리는 사람이나 인공적인 눈으로 자신의 실명(失明) 상태를 숨기는 사람처럼 말입니다. 다른 이들에게 무언가 멋진 사람으로 칭송받게끔 야단을 떱니다만, 그런 가식적인 모든 것이 사라지고 그의 본 모습이 그대로 드러나는 침실에서 그가 어떻게 행하는지를 열쇠구멍으로 보기만 해도 그가 정말 끔찍한 괴물이라는 것이 여지없이 드러날 것입니다. 무대 위에서 다른 사람들 앞에서 성도의 역할을 행할 때에만 그럴듯한 복장을 하는데, 그것을 벗고 있을 때에 그 외식자의 진면목이 드러나는 것입니다. 외식하는 자가 그렇게 옷이 벗겨지는 것을 보는 것만도 끔찍할 것입니다. 사람들과 천사들 앞에서 벌거벗긴 채 서 있게 될 때에 과연 그 사람의 심정이 어떻겠습니까!
이 세대는 하나님께 너무나도 역겨운 상태이므로 그들 가까이에 서 있는 것도 안
전하지 못합니다. 백성들이 고라와 다단과 아비람의 겉으로 드러난 열정을 보고
서 무리를 지어 그들을 따랐습니다. 그러나 모세는 그들이 어떤 사람들인지를 백
성들보다 더 잘 알고 있었습니다. 그리하여 백성들을 명하여 그 악한 자들과 함께
불에 타 죽을 생각이 아니라면 그들의 장막에서 떠나라고 했습니다. 그런 끔찍한
외식에 대해서 하나님의 징벌이 곧 임할 것을 예상했기 때문입니다. 그런데 죄가
"지극히 죄악되다"는 것이 확실히 드러나게 하기 위하여, 그 죄악성이 가중되는
몇 가지 요인들을 말씀드리겠습니다. 그런 요소들에 갖가지 이유들이 함께 결부
되어 하나님께 그렇게 역겹게 되는 것입니다.

[외식의 죄악성을 가중시키는 몇 가지 요인들]

첫째 요인. 외식은 본성의 빛 자체를 거스르는 죄라는 것입니다. 하나님이 계시다
는 것을 납득하게 해 주는 그 빛은 또한 그를 섬겨야 할 것도, 그것도 진리 안에서
그를 섬겨야 하고, 아니면 아무런 소용이 없다는 것을 말씀해 줍니다. 그리하여 베
드로는 스스로 죄를 감추는 몹쓸 사람 아나니아에게 이렇게 말씀한 바 있습니다:
"아나니아야 어찌하여 사탄이 네 마음에 가득하여 네가 성령을 속이고 땅 값 얼마
를 감추었느냐? … 사람에게 거짓말한 것이 아니요 하나님께로다"(행 5:3, 4).

둘째 요인. 외식은 한 가지 죄로 볼 수가 없고, 오히려 다른 죄들의 죄악성으로 보
아야 합니다. 순전함이 은혜들 가운데 속한 것처럼 외식은 죄 가운데 속한 것입니
다. 그런데 다른 모든 은혜들을 아름답게 해 주는 것은 한 가지 은혜가 아니라 하
나의 장식입니다. 믿음의 고귀함은 그것이 "꾸밈이 없다"는 데에 있고, 사랑의 고
귀함은 그것에 "거짓이 없다"는 데에 있습니다. 그러므로 죄의 가중스러움은 바로
외식을 통해서 범해질 때에 드러나는 것입니다. 다윗은 그를 조롱하는 동료들의
죄를 더욱 위중한 것으로 말씀합니다. 그들은 한담을 나누면서 시시때때로 그를
향하여 욕설과 조롱을 퍼붓지 않으면 성이 차지 않는 듯 끊임없이 그를 놀려댔고,
다윗은 그들을 "외식적으로 조롱하는 자들"(시 35:16. 한글개역개정판은 "망령되이 조
롱하는 자"로 번역함 ― 역주)이라고 합니다. 그들은 속사정을 잘 보지 못하는 자들이
들을 때에는 마치 그를 칭송하는 것처럼 여겨지게끔 만드는 그런 언어로 자기들
의 조롱을 잘 포장하여 아주 교묘하게 그를 모욕한 것입니다. 이들은 지극히 미워

하는 자들을 가장 극심하게 조롱하고자 할 때에 오히려 그 사람을 치켜세우는 방법을 쓴 것이요, 따라서 이 "외식적으로 조롱하는 자들"은 모든 조롱하는 자들 중에서도 으뜸이 되어 마땅할 것입니다. 열병(熱病)들은 그 속에 있는 부패의 정도에 따라 그 악성의 정도를 따집니다. 그러나 외식은 마음의 부패와 썩음 그 자체입니다. 어느 죄든지 이 부패한 요소가 많을수록 더 악한 죄가 됩니다. 다윗은 그의 죄악의 허물에 대해 말씀합니다. "내가 이르기를 내 허물을 여호와께 자복하리라 하고 주께 내 죄를 아뢰고 내 죄악을 숨기지 아니하였더니 곧 주께서 내 죄악을 사하셨나이다"(시 32:5). 여기서 죄란 십중팔구 밧세바와 간음한 일과 우리아를 살해한 일을 일컫는 것일 것입니다. 그는 이에 대해 오랫동안 침묵하였으나(3절) 그 죄를 고백하자마자 곧바로 사함을 얻었다고 합니다(5절). 그는 나단 선지자가 그의 죄에 대해 지적하자마자 그 죄를 고백하였고, 또한 나단과의 대화 이후에 쓴 시편 51편에서 나타나듯이 계속해서 그 죄를 고백할 의도를 갖고 있었던 것입니다. 그런데 다윗은 죄를 사하시는 하나님의 자비를 더욱 돋보이게 하기 위하여, 그가 자기의 죄만이 아니라 그 죄의 허물까지 사하셨다고 말씀하고 있습니다. 그 허물이란 대체 무엇이었을까요? 이 아주 미묘한 죄에 대해 말할 수 있는 최악의 사실은 거기에 상당한 외식이 결부되어 있었다는 것입니다. 그는 그런 외식을 통해서 가증스럽게도 하나님과 사람을 마음대로 갖고 놀았습니다. 주저하지 않고 말씀드립니다만, 바로 이것이 그의 죄의 "허물"이었습니다. 그가 흘린 피보다도 바로 이것이 그의 죄를 더 붉게 만든 것입니다. 저는 거기에 강조점이 있다고 봅니다. 이 거룩한 사람 다윗에 대한 다음의 증언에서 나타나듯이, 하나님께서도 이 죄의 사악함을 제시하고자 하실 때에 그 죄의 사실 자체보다는 그 사실에서 드러난 외식을 보신 것 같기 때문입니다: "다윗이 헷 사람 우리아의 일 외에는 평생에 여호와 보시기에 정직하게 행하고 자기에게 명령하신 모든 일을 어기지 아니하였음이라"(왕상 15:5). 이것 말고도 다윗이 취한 다른 그릇된 처신들이 있지 않았습니까? 그렇다면 하나님의 성령께서는 오직 이 일 이외에는 다윗이 행한 모든 일이 다 하나님께 인정받을만한 의로운 일이었음을 선언하고 계신 걸까요? 아니요, 그렇지 않습니다. 성령께서는 이 훌륭한 하나님의 종이 범한 다른 죄들도 기록하고 계십니다. 그러나 여기서는 그 모든 다른 죄들이 수면 밑으로 가라앉고, 오직 이 죄만이 그의 생애의 유일한 오점으로 언급되고 있습니다. 하지만 그 이유가 무엇입니까? 그것은 분명 이 죄가 다른 모든 죄보다 순전함이 결핍되어 있고, 또한 그가 범한 다른 모든 죄들을 합쳐도 이 한 가지 죄에서 나타나는 외식에 미치지 못하기 때문일 것입니다. 다른 죄들의 경우는 그의 처신은 잘못되었으나, 마음은 더 올바른 상태였습니다. 그러나 여기서는 그의 순전함이 안타깝게도 크게 다쳐 있었습니다. 순전한 습관 그 자체가 완전히 망가진 것은 아니지만 오랫동안 무감각 상태에 빠져 전혀 활동을 하지 못하는 상태였던 것입니다. 그 순전함의 은혜가 가격을 받아 나머지 모든 은혜들의 생명이 되는 피가 쏟아졌으니, 정말로 깊은 상처를 받은 것입니다. 하나님의 긍휼하심과 그의 언약이 그를 자극하므로 그의 자녀로 하여금 이 상처로 인하여 죽는 일이 없도록 하시는 것이 — 즉, 사람 편에서 회개가 없기 때문에나 혹은 하나님 편에서 죄를 사하시는 자비가 없어서 그 자녀가 이 죄로 인하여 완전히 멸망하는 일이 없도록 하시는 것이 — 얼마든지 합당하지만, 하나님께서는 상처의 자국이 계속 남아 있도록 하는 방식으로 그 상처를 치유하셨습니다. 그 죄에 무언가 표시가 남게 하여 다른 이들로 하여금 외식이 하나님께 얼마나 가증스러운 것인지를 알도록 하신 것입니다.

셋째 요인. 외식자가 신앙적인 습관을 지키며 생활하고, 다른 이들에게 없는 경건의 모양이 그에게 있고, 또한 다른 이들이 무시하는 갖가지 임무들을 행한다는 것을 생각하면 외식자의 죄의 사악함이 상당히 감면되는 것처럼 보이기도 하지만, 사실 이런 요인들은 그것을 감면해주는 것은커녕 오히려 그 사악함을 더욱더 가중시키는 것입니다. 외식자를 두 가지 점에서 살펴봅시다. 첫째로 그가 가담하는 일들을, 혹은 둘째로 그가 주장하는 일들을 살펴볼 수 있습니다. 이 두 가지는 모두 고귀하고 거룩한 일들이요 따라서 이 일에 죄가 개입된다면 이는 결코 범상한 죄일 수가 없을 것입니다. 외식자가 가담하는 일들은 하나님을 예배하는 임무들입니다. 그리고 그가 주장하는 일들은 하나님과의 관계, 그리스도 안의 지위, 성령의 위로 등입니다. 이것들은 값이 큰 것들입니다. 그러니 이 일들에 대해 실패하는 것 역시 그 높은 본질에 어느 정도는 맞을 수밖에 없습니다. 속된 사람은 도무지 이런 것들을 행하는 체하거나 주장하지 않습니다. 그런 사람은 그렇게 미세한 실을 뽑아낼 수가 없습니다. 그가 다루는 기계로는 두껍고 투박한 실밖에는 뽑아내지 못하기 때문입니다. 그는 하나님에 대해서도 무지하고 하나님의 길에 대해서도 완전히 외인(外人)이므로, 그가 아무리 불경을 범할지라도 외식자가 범하는 불경만큼 값이 큰 진노를 받게 되지는 않는 것입니다.

[외식자가 가담하는 일들과 주장하는 일들]

첫째. 외식자는 하나님을 예배하는 임무에 가담합니다. 유다는 다른 사도들과 함께 유월절 잔치 자리에 앉으며, 가장 거룩한 그 모임에 마치 자기가 최고의 손님이라도 되는 것처럼 자신 있게 자기 자신을 그 자리에 환영합니다. 마음이 상한 세리가 성전에 들어가자마자 교만한 바리새인도 성전에 들어갑니다. 그러나 외식자가 이런 일들을 통해서 무엇을 행하는지는 다 알려집니다. 주님께서 아십니다. 그가 모르신다면, 외식자들이 기도하는 동안 마치 개가 짖는 소리나 늑대가 우는 소리를 들으시는 것처럼 여기시며 그들을 그렇게 가증스럽게 여기시지는 않으실 것입니다. 다윗이 하프를 탈 때에 신비한 역사가 일어나 침울해하는 사울의 끓어오르는 악한 심령을 안돈케 한 사실을 우리는 알고 있습니다. 그런데 하나님을 예배하는 임무 중에 이들이 타는 하프 소리가 얼마나 투박하고 조잡하기에 그 온유하신 하나님의 성령께서 그들을 향하여 격하게 화를 발하실 수 있단 말입니까? 다음 두 가지만 생각해 보아도 이것이 전혀 이상할 것이 없음을 알게 됩니다.

1. 외식자는 그가 행하는 모든 임무 중에 하나님을 조롱합니다. 그리고 하나님께서는 모든 일 중에서 이것을 가장 용납하시지 않습니다. 하나님은 조롱을 받으실 분이 아닙니다. 그리스도께서도 무화과나무를 저주하시며 이 가르침을 전하셨습니다. 무화과나무가 잎이 푸르러서 지나가는 사람이 열매를 따러 가까이 가나 전혀 열매를 얻지 못하고 부끄럽게 돌아가니, 이로써 그 나무가 여행객을 조롱한 것입니다. 그 나무가 열매는 물론 잎사귀도 없었다면, 그런 저주는 면했을 것입니다. 거짓말은 무엇이든 그것을 받는 자들을 조롱하는 것입니다. 왜냐하면 그를 속임으로써 그를 바보로 만들기 때문입니다. 들릴라는 삼손에게, "당신이 나를 희롱하여 내게 거짓말을 하였도다"라고 말합니다(삿 16:10). 이는 곧 "당신이 나를 바보로 만드는도다"라는 뜻입니다. 외식자는 그가 외식으로 하나님을 섬길 때에 과연 자기가 그를 무엇으로 만들려 하는지를 진지하게 생각해 보아야 할 것입니다. 하나님의 명령은 그 어떤 것이라도 공허한 것으로 여겨서는 안 됩니다. 그런데 외식자가 바로 그런 일을 행하여 하나님을 조롱하는 것입니다. 그는 마음은 텅 비고 입만 가득한 채로 하나님께 나아옵니다. 겉모양만 보면, 외식자가 순전한 그리스도인을 능가하는 경우가 많습니다. 외식자는 정말이지 "예식의 달인"(a master of ceremonies)이라 부름직합니다. 그는 임무를 행하는 중에 오로지 혀와 무릎으로만 구애하여 하나님을 즐겁게 하려 하니 말입니다. 이것이 얼마나 하나님께 역겨

운지는 심지어 지혜 있는 사람도 그런 일을 당할 때에 그것을 모욕으로 알아 무시해 버린다는 사실로도 알 수 있습니다. 마음은 없으면서 친절한 체하는 것보다는 차라리 전혀 친절한 체하지 않는 것이 더 낫습니다. 사람이 임무를 행할 때에 하나님께서 보시는 것은 바로 마음입니다. 좋은 포도주라면 나무로 깎은 잔으로도 마실 수 있습니다. 그러나 아무리 번쩍이는 잔이 건네져도 포도주가 거기에 담겨 있지 않다면, 그 잔을 건네받은 사람은 그것을 건네준 사람이 자기를 조롱하고 있다고 밖에는 여기지 않을 것입니다. 그리스도께서는 사데 교회를 향하여, "내 하나님 앞에 온전한 것을 찾지 못하였도다"라고 준엄하게 꾸짖으셨습니다(계 3:2). 원문의 뜻은 문자적으로, "내 하나님 앞에 가득 찬 것을 찾지 못하였도다"라는 뜻입니다. 순전함이 우리의 임무와 모든 행위들을 가득 채워 주는 것입니다. 여기서 "내 하나님 앞에"라는 문구를 주목하십시오. 이는 이 교회가 사람들 앞에서 크게 인정받을 수 있는 그런 경건의 겉모습을 지니고 있었다는 것을 암시해 줍니다. 사데 교회는 "살았다 하는 이름은 있"었으나, 그 행위들이 하나님 앞에서 가득 차지 못했습니다. 그리스도께서는 사람이 조사할 수 있는 것보다 더 깊이 그들을 찌르시고, 또한 그들의 속을 꿰뚫어 판단하시는 것입니다.

2. 외식자는 하나님을 예배하는 임무를 행하되, 무언가 비열한 계획 같은 것을 갖고서 행합니다. 하나님께서는 그의 거룩한 규례들이 외식자의 정욕을 만족시키는 데에 이용되는 식의 매춘 행위를 경멸하시니, 이 점이 그를 하나님 앞에서 더욱 가증스럽게 만듭니다. 외식자는 하나님의 규례들을 그저 자기의 물레방아를 돌려주는 시냇물 정도로 이용하며, 자기의 육신적인 계획들을 말끔히 이루어 주는 도구로 이용할 뿐입니다. 압살롬은 가슴속에 악한 음모를 품었는데 이는 맹독을 지닌 독사가 자기의 알을 이용하여 반역하는 것 이상으로 크나큰 반역이었습니다. 그는 자기가 환난 때에 여호와께 행했던 옛 맹세를 시행하고자 한다는 구실로 헤브론으로 황급히 나아갔습니다(삼하 15:7, 8). 과거에 진 빚들을 갚을 생각을 하다니, 그는 누가 보아도 아주 성실하게 자란 사람이었습니다. 그러나 그 몹쓸 사람의 의도는 다른 데 있었습니다. 그가 그리로 간 것은 신앙이라는 날개 아래 자기의 반역을 숨기고서 거기서 무언가 명성을 쌓아서 곧 그 반역을 현실화시키는 데에 도움을 얻고자 함이었던 것입니다. 압살롬은 자기의 이름을 기념해 줄 아들이 없이 죽었는데, 이것이 그의 저주받은 외식을 물려받을 자가 하나도 남아 있지 않고 그리하여 세상이 그 끔찍스러운 죄에 대해 무지한 복된 상태가 되게 하기 위함이었다

면 얼마나 좋겠습니까? 그러나 안타깝게도 이것은 그저 공허한 소망에 지나지 않습니다. 이런 종류의 외식은 아직도 살아 있습니다. 그렇습니다. 언제나 하나님께 드리는 예배에 가담하여 대담하게도 하나님의 얼굴에 먹칠을 하고 있습니다. 사람들이 가마를 타고서 사람들의 눈에 띄지 않고 자기들의 정욕을 충족시키는데, 외식자들처럼 가마를 잘 이용하는 자들이 없습니다. 그러니 그토록 높고도 거룩한 목적을 위해 규례들을 제정하신 그 하나님께서, 그 규례들로 마귀를 섬겨서 그것들을 더럽히는 외식자를 지극히 가증스럽게 여기신다는 것이 무슨 이상한 일이겠습니까? 여러분이 아주 값진 잔치에 손님을 초대했는데, 그가 그 잔치의 산해진미를 먹지는 않고 그것들을 모두 식탁 밑에 있는 자기 개들에게 다 던져 준다면, 그 손님을 어떻게 좋아할 수 있겠습니까? 외식자야말로 하나님의 거룩한 것들을 개들에게 던져 주는 자들입니다. 하나님께서는 마치 풍성한 잔치에 초대하시듯 우리를 그의 규례들로 초대하시고, 거기서 그 자신과의 감미로운 교제를 누리도록 하십니다. 그런데 외식자는 하나님이 마련하신 식탁에 앉아서 스스로 그 진미를 맛보는 것이 아니라 전부 다 자기의 정욕들에게 던져 줍니다. 어떤 이는 자기의 교만에게, 또 어떤 이는 자기의 탐심에게 던집니다. 그 규례들에 나아오는 목적이 이런 정욕을 채우고자 하는 것 외에는 없습니다. 그러니 이 외식자가 범하는 불경이 얼마나 끔찍스런 것인지 모릅니다. 하몰과 그의 아들 세겜은 성읍 백성들을 설득하여 할례를 받게 하고자 하여, 할례를 받으면 모두 부자가 될 것이라는 식의 논리를 전개합니다. "우리 중의 모든 남자가 그들이 할례를 받음 같이 할례를 받아야 그 사람들이 우리와 함께 거주하여 한 민족 되기를 허락할 것이라. 그러면 그들의 가축과 재산과 그들의 모든 짐승이 우리의 소유가 되지 않겠느냐?"(창 34:22, 23). 이런 논리가 얼마나 좋아 보입니까? 엄숙한 규례에 임하는 그런 고귀한 일을 설득시키는 논리로서 정말 좋아 보이지 않습니까? 외식자가 바로 이런 식의 논리로 처신합니다. 그들은 신앙적인 임무를 행하는 자리가 아니라 마치 마(馬)시장이나 우(牛)시장에 가는 사람처럼 말하는 것입니다. 사실 대개 외식자들은 이처럼 자기들의 의도를 드러내어 세상이 그 마음에 있는 바를 세상이 다 읽도록 하지는 않습니다. 그러나 메리 여왕이 칼리스(Callis)에 대해서 "그녀를 쪼개도 그 마음속에 그것이 남아 있으리라"라고 말한 것처럼, 허영이나 세상적인 이익 등 무언가 비열하고 저급한 것들이 모든 외식자들의 가슴속에 새겨져 있는 것이요, 그리하여 그들은 신앙적인 임무들에서 그것들을 가장 주요한 목표로 삼는 것입니다.

둘째. 외식자들이 어떤 것들을 자기 것으로 주장하는지를 살펴보기 바랍니다. 하나님과의 관계, 그리고 그리스도 안에 속하여 있다는 것 등인데, 이는 결코 작은 특권들이 아닙니다. 외식자보다 성령의 은혜와 위로가 자기 것인 듯이 주장하는 자가 어디 있습니까? 우리는 바리새인들에게서 이것을 봅니다. 그들의 목적은 이름을 얻는 것이었습니다. 용맹으로 유명한 땅의 위인들처럼 세상적인 위엄 같은 것이 아니라, 거룩하다는 명성을 얻는 것이었습니다. 그리고 그들은 그 이름을 얻었습니다. 그리스도께서 말씀하시듯이, "그들은 자기 상을 이미 받았느니라"(마 6:2). 그들은 위대한 성도로 여김을 받았고, 겉모양으로 나타나는 그들의 거룩함으로 인하여 무수한 사람들에게서 아낌없이 박수를 받았습니다. 그리하여 "오직 두 사람만 구원을 받을 수 있다면, 그 중에 한 사람은 바리새인이다"라는 격언이 있을 정도였습니다. 그들은 입으로는 하나님을 안다고 고백하나 행위로는 그를 부인했습니다(딛 1:15). 대담하게도 자기들이 하나님을 알고 또한 자기들이 그의 가장 아끼는 자들이라고 허풍을 떨지만, 그들의 삶은 천국과는 정반대되는 모습을 하고 있었습니다. 요한계시록 3:9에서는 이들처럼 스스로 유대인이라 하나 실상은 그렇지 않고 거짓말하는 자들을 만나게도 됩니다. 외식자는 성도로 인정받기를 그렇게 강렬하게 바라는 나머지 대개는 다른 이들에게서 나타나는 진정한 은혜들을 탄핵하기를 주저하지 않습니다. 그것들이 자기들이 이름을 얻는 데에 큰 방해거리가 된다고 여기기 때문입니다. 이들은 마치 헤롯처럼 처신합니다. 에우세비우스(Eusebius)는 헤롯이 자기의 비천한 출생을 괴로워하다가 유대인들의 고대 족보들을 불태워 버렸다고 기록하고 있습니다. 그렇게 하는 것이 자기의 출생이 고귀한 체하는 그의 주장을 변호하는 데 더 좋기 때문에 그렇게 했다는 것입니다. 이처럼 자기를 치켜세우는 외식자의 죄를 과연 누가 완전히 다 드러낼 수 있겠습니까? 그런 악한 불한당 같은 자를 하나님과 관계 있는 자로 치부하다니, 이는 정말 하나님을 크게 욕되게 하는 죄라 아니할 수 없습니다. 그리스도께서는 분명 아무리 비천한 성도들이라도 그의 형제라 칭하기를 부끄러워하시지 않습니다. 그러나 자기 이름이 이처럼 마음이 썩은 외식자와 연관되는 것은 결코 용납하시지 않습니다. 마치 자기의 초상이 조잡한 금속에 찍히는 것을 군주가 도무지 용납할 수 없듯이 말입니다. 저 유명한 가짜 왕자 퍼킨 워벡(Perkin Warbeck)이 얼마나 큰 수치와 조롱을 당했습니까? 그는 약간의 왕궁의 경험도 있었고 또한 어떻게 흉내를 낼지를 배우기도 하여, 이 나라의 국왕 에드워드 4세의 아들 행세를 하며 다녔습니다. 그러나 얼마 동안 왕자로 사칭하다가 자신의 비천한 신분이 발각 나게 되고, 그리하여 큰 문서를 핀으로 등에 꽂은 채로 곳곳마다 다니며 온갖 치욕을 당하였고, 결국 교수대(絞首臺)에서 자신의 연극의 마지막을 장식하고 말았습니다. 그러나 이 모든 것도 외식자가 받을 몫에 비하면 아무것도 아닙니다. 그는 이 땅에서 그럴듯한 경건함으로 스스로 마치 천국 태생인 것처럼 — 하나님의 자녀인양 — 처신하여 다른 이들을 농락하였으니, 그 큰 날에 사람들과 천사들에게서 조롱과 야유를 받고 그 후에는 지옥의 가장 깊은 곳에 떨어지는 노골적인 치욕을 당하게 될 것입니다.

외식자야말로 모든 죄인 중에서도 말로 이 세상에서 가장 큰 악을 행하는 자요, 따라서 저 세상에서도 가장 극한 고통을 받게 될 것입니다. 외식자는 스스로 성도인 것처럼 행세하여 다른 이들이 도무지 따라오지 못할 유리한 위치에서 두 가지 악행을 저지릅니다. 그 하나는 자기에 대한 신뢰가 살아 있고 사람들이 자기를 하나님의 자녀로 인정해 줄 때에 저지르는 것이요, 나머지 하나는 자기의 명성에 금이 가고 자기의 본색이 — 자기가 외식자라는 사실이 — 드러날 때에 저지르는 것입니다. 가면을 쓰고 있을 때에는 속이는 자로서 악행을 저지릅니다. 마키아벨리(Machiavelli. 1469-1527: 이탈리아의 정치가 — 역주)는 왕들에게 종교의 모습을 이용할 것을 추천한 바 있습니다만, 종교야말로 사람들을 자기들의 손아귀에 넣을 때에 쓰는 가장 손쉬운 미끼인 것입니다. 종교의 깃발이 세워지면 사람들이 앞 다투어 그것에다 보조를 맞추니 말입니다. 에훗은 에글론 왕을 죽이고자 할 때에 그의 앞에 나아가도록 문을 활짝 여는 방법으로 여호와께서 왕에게 주실 말씀이 있다고 속이는 방법보다 더 확실한 것을 생각할 수가 없었습니다. 그 메시지가 왕에게 기대를 불러일으키고 신뢰감을 주었고, 그리하여 결국 그 왕을 처단할 수 있는 기회가 생겼습니다. 모든 사람이 물러나고 자기만 홀로 왕과 대면하게 되었습니다. 그렇습니다. 왕이 일어나 여호와께로부터 오는 말씀을 듣고자 할 것이요, 그리하여 그를 찌를 더없는 기회가 오게 되는 것입니다. 오늘날 몇 사람이 아주 고결한 성도인 체한다면 어떨까요? 문이 닫힌 것을 알게 되는 경우가 별로 없을 것입니다. 오늘날에는 그런 자들이 너무나도 크게 환영을 받고, 오류들을 무턱대고 믿고 받아들이는 경우가 허다하니 말입니다. 심지어 택한 자들에게도 위험이 있습니다. 오류를 전하는 자가 성도라고 스스로 외치고 또한 하나님께로부터 메시지를 받았다는 것을 빙자하여 다가오기 때문입니다.

외식자가 그 역할을 아주 멋지게 감당하여 실제로 유익을 주는 경우도 있을 수 있습니다. 그의 아주 그럴듯한 고백과 천상의 강론, 기도나 설교에서 드러나는 훌륭한 은사 등이 순전한 심령에게 큰 영향을 줄 수도 있고, 그리하여 그에게 진짜 유익이 될 수도 있는 것입니다. 무대에서 연극을 하는 배우처럼 그의 눈물이 가짜일 수도 있으나, 그 겉으로 드러나는 열정적인 모습이 보는 이들에게 진정한 탄식을 불러일으켜 그리스도인의 참된 은혜들을 얻게 하고 또한 그것들을 불러일으키는 수단이 될 수도 있는 것입니다. 그러나 그럴 때에 그 그리스도인은 그 외식자의 오류에 사로잡힐 위험이 훨씬 커집니다. 왜냐하면 그가 기왕에 은혜나 위로를 얻는 데에 큰 도움을 주었기 때문에 그가 제시하는 모든 것들을 아무런 의심 없이 그냥 받아들이기가 쉽기 때문입니다. 그리하여 외식자가 유익을 줄 수도 있으나 결국에는 그것으로 더 큰 상처를 얻게 될 수도 있는 것입니다. 시스라는 야엘이 주는 버터와 젖을 먹고 잠이 들어 그녀에게 죽임을 당했으니, 차라리 그것을 먹지 않았더라면 훨씬 더 나았을 것입니다(삿 4:19-21). 마찬가지로 오늘날 많은 이들이 외식자가 보여주는 은사들과 그럴듯해 보이는 은혜들을 맛보고 그 달콤한 포도주에 취하여 그들을 흠모하고 그들을 칭송하고 박수를 보내다가 결국 잠이 들어서 관자놀이에 말뚝이 박히는 ― 즉, 오류에 완전히 빠지는 ― 불운을 맞게 되고 그것으로 인하여 심판을 받게 되기가 얼마나 쉬운지 모릅니다. 외식자가 행하는 또 다른 악행은 그의 본 모습이 드러났을 때에, 즉 그가 하나님의 길과 하나님의 종들에게 방해거리라는 사실이 밝혀졌을 때에 행하는 것입니다. 삼손에 대해서, "삼손이 죽을 때에 죽인 자가 살았을 때에 죽인 자보다 더욱 많았더라"(삿 16:30)라고 말씀합니다만, 과연 외식자는 살아 있을 때보다 오히려 그의 본색이 드러났을 때에 ― 곧 가면으로 드러난 그가 죽을 때에 ― 더 많은 해를 끼치는 법입니다. 악한 세상은 성도들을 때릴 막대기를 찾다가 찾지 못하자 이제는 외식자를 통해서 성도들에게 막대기를 들이댑니다. 거짓 형제의 옷에 더러운 흙이 묻어 있는 것을 보고는 신앙을 고백하는 모든 사람들의 얼굴에 흙이 묻은 것으로 간주해 버립니다. 외식자 한 사람을 잣대로 모든 신자들을 판단하는 것이 합당한 듯이 여기는 것입니다. 그리하여, "그들 중에 하나도 나은 자가 없고 모두 똑같은 한패거리이다"라는 비열한 언사가 나오는 것입니다. 사실 이것은 정말 터무니없는 논리이며, 마치 이따금씩 은화(銀貨) 꾸러미에서 동화(銅貨)가 나오는 것을 보고서 통용되는 동전 중에 제대로 된 은화가 하나도 없다고 말하는 것과도 같은 것입니다. 그런데 불경한 세상은 이런 식의 터무니없는 언사를 늘어놓습니다. 자기의 외식을 통해서 세상으로 하여금 성도들에게 화살을 쏠 빌미를 만드는 자에게 화가 있을진저, 살아서 원수들에게 하나님을 모독할 기회를 제공하느니 차라리 그러기 전에 목에 연자맷돌을 걸고 바다에 던져졌더라면 더 나았을 것입니다.

둘째 적용
[모두에게 주는 권면 — 스스로 순전한지 그렇지 않은지를 살피라]

순전함이 성도의 모든 연약한 것들을 다 가려줄까요? 이는 각자 자기의 길을 시험하고 자기의 마음을 면밀히 살펴서 과연 자신이 순전한지 아니면 외식적인지를 따져보아야 할 필요가 있음을 보여줍니다.

첫째 논지. 여러분 자신의 마음을 살필 필요가 있습니다. 왜냐하면 모든 것이 — 심지어 내세에서 누리게 될 그 모든 가치 있는 것들이 — 여러분의 마음에 달려 있기 때문입니다. 영원토록 제대로 서느냐 아니면 망가지느냐 하는 것이 마음에 달려 있습니다. "여호와여 선한 자들과 마음이 정직한 자들에게 선대(善對)하소서. 자기의 굽은 길로 치우치는 자들은 여호와께서 죄를 범하는 자들과 함께 다니게 하시리로다"(시 125:4, 5). 외식자는 반드시 그런 종말을 맞게 될 것입니다. 세상에서는 그가 성도인 체하고 경건한 자의 무리 중에 있으나, 하나님께서 그들을 "죄를 범하는 자들과 함께 다니게 하실" 것입니다. 그들 중에 있는 것이 그에게 훨씬 잘 어울립니다. 그 날에는 오직 순전함만이 통할 것입니다. 사도 바울은 말씀합니다: "내가 너희에게 속히 나아가서 교만한 자들의 말이 아니라 오직 그 능력을 알아보겠으니, 하나님의 나라는 말에 있지 아니하고 오직 능력에 있음이라. 너희가 무엇을 원하느냐? 내가 매를 가지고 너희에게 나아가랴, 사랑과 온유한 마음으로 나아가랴?"(고전 4:19-21). 오오 형제 여러분, 바울이 아니라 그리스도께서 속히 우리에게 오실 것입니다. 그는 허망한 신자라는 이름을 갖고 우쭐하여 있는 자의 말이나 사탕발림 같은 언사가 아니라 능력을 알아보실 것이요 마음을 측정하여 그 속에 무엇이 있는지를 알아보실 것입니다. 그러니 여러분, 여러분께는 그리스도께서 매를 가지고 나아오시겠습니까? 아니면 사랑으로 나아오시겠습니까? 오서서 여러분을 외식자로 심판하시겠습니까, 아니면 신실한 종으로 칭찬하시겠습니까? 장사를 시작하느라 온갖 고통을 감내하고는 가게를 열었는데 물건이 모두 가짜인 것이 드러나 그것들을 전부 몰수당하고 자신은 나라와 국민을 우롱한 죄로 감옥에 갇힌다면 그 사람은 정말이지 시간을 헛되이 보낸 것이 아니겠습니까? 외식자가 평생토록 행한 모든 일이 그 큰 그리스도의 날에는 가짜로 밝혀질 것이요, 따라서 그는 하나님과 사람을 속인 죄로 반드시 지옥이라는 저 무서운 감옥, 지옥에 갇히고 말 것입니다. 그 날에 모든 사람의 행위가 낱낱이 드러날 것입니다. 그 날이 그것을 선포할 것입니다. 순전한 그리스도인도 외식으로 얼룩진 부분은 그의 행위의 상급을 잃어버릴 것입니다. 그러나 외식자는 그의 행위와 더불어 그의 영혼까지도 잃어버릴 것입니다.

둘째 논지. 외식이 마음 가까이에 있는 것으로 여겨질 때에는 여러분의 길을 시험해 보는 것이 필요합니다. 매우 조심하지 않으면, 여러분 자신에 대해 거짓된 판단을 내리기가 아주 쉽습니다. 국회의 지하 저장고를 조사하러 보냄을 받은 자들은 먼저 석탄과 겨울의 땔감들밖에는 보지 못합니다. 그런데 그것들을 제거하러 가서 다시 조사해 보니 거기에 마귀의 부엌에 쓰일 만한 물건들이 가득 들어 있는 것을 보게 됩니다. 다시 조사해 보고서야 불법의 미스터리가 밝혀지고 수많은 화약통들이 숨겨진 것이 드러난 것입니다. 자기들이 몇 가지 경건의 임무들을 행하고 무언가 열정을 갖고서 신앙을 표현한다는 것을 근거로 모든 것이 좋다고 외치며, 스스로 선한 그리스도인이라고 인정하는 자들이 많습니다만, 그런 것들을 들추어 내기만 해도 그 밑바닥에 가득 숨겨져 있는 더러운 외식이 드러나는 경우가 얼마나 많은지 모릅니다. 외식이 순전함의 바로 옆문에 자리를 잡고 있어서 발견되지 않고 지나쳐지는 경우가 허다합니다. 지옥이 천국과 그렇게 가까운 곳에 있을 수 있다는 의심을 전혀 하지 않는 것입니다. 순전함이라는 은혜가 마음의 아주 깊은 곳에서 연약한 것들과 함께 숨어 있는 경우가 많습니다. 마치 아름다운 제비꽃이 계곡 어디에나 혹은 시냇가 어느 곳에 가시와 엉겅퀴들과 함께 숨어 있는 것처럼 말입니다. 그러므로 그 순전함의 은혜 대신 외식이라는 가라지가 자라는 일이 없도록 조심해야 하고 또한 지혜를 발휘하여야 하는 것입니다.

셋째 논지. 그렇게 여러분의 마음을 살피는 것이 필요한 이유는 그런 일이 실제로 가능하기 때문입니다. 여러분에게 끝없는 일을 하라고 하는 것이 아닙니다. 사람의 마음은 마치 엉킨 비단 실타래 같아서 풀기가 쉽지 않습니다만, 주어진 수단을 성실하게 사용하면 풀 수가 있고 또한 순전함 혹은 외식의 밑바닥에서부터 다시 가지런히 감을 수가 있습니다. 사탄과 그의 가혹한 친구들이 그의 심령을 극히 어지럽히고 이전의 평온한 상태를 흐트러트리려고 마치 수없이 돌을 던져대듯이 온갖 반대 논리들을 제시하였으나, 욥은 맨 밑바닥에서 이 고귀한 보배가 찬란하게 빛을 발하는 것을 볼 수 있었습니다. 그렇습니다. 히스기야는 무덤 문 앞에까지 갔으나 자기의 마음을 살핌으로써 심령을 새롭게 할 수 있었습니다. 여러분, 우리가 정직한 소원을 갖고 우리의 마음을 살필 때에 하나님께서 반드시 우리를 도우십니다. 이것이야말로 우리에게 큰 격려가 아닐 수 없습니다. 검사는 어떤 집이 의심이 갈 때에 그 집을 살필 수 있도록 수색영장을 발부하는 것은 물론, 필요할 경우 다른 이들을 명하여 그 일에 함께 가담하도록 할 것입니다. 이와 마찬가지로 말씀과 목사들과 성령이 여러분을 도와 이 일을 행하도록 할 것입니다. 다만 이 일에서 하나님을 조롱하는 일이 없도록 조심을 다하시기 바랍니다. 마치 수사 대상자를 찾고서도 고의로 찾지 못했다고 보고하는 파렴치하고 부정직한 경찰관처럼, 외식이 있는지를 살피는 일에서도 외식을 행하는 자가 있다면 그 사람은 이 죄로 인하여 정죄를 받아 마땅할 것입니다. 자, 이 문제와 관련하여 좀 더 만족할 수 있게 하고 또한 이 살피는 일에 도움을 드리고자 합니다. 선인과 악인 모두가 잘못된 판단을 할 수가 있습니다. 육신적인 불신자는 자기 마음이 선하고 정직하다고 스스로 아첨할 수도 있고, 또한 순전한 심령이 자기가 외식자가 아닐까 하는 두려움에 사로잡힐 수도 있습니다. 이 두 가지 경우 모두 사탄이 개입하여 악용합니다. 그러므로 저는 **첫째로**, 외식자가 자기의 썩은 집을 숨기고 스스로 아첨하는 몇 가지 근거들을 제시하고 또 그것들의 거짓된 점들을 제시할 것입니다. **둘째로**, 연약한 그리스도인이 자기가 외식자가 아닐까 하여 두려워하는 몇 가지 근거들을 제시하고, 그 약점을 제시할 것입니다. 그리고 **셋째로**, 외식자가 절대로 도달하지 못했고 또 도달할 수도 없는 순전함의 적극적인 모습들을 제시할 것입니다.

[외식자의 아첨의 근거들과 그 거짓된 점들]

첫째. 외식자가 자기의 썩은 집을 숨기고 스스로 아첨하는 몇 가지 근거들을 제시하고 또 그것들의 거짓된 점들을 제시하고자 합니다. 외식자는 자기의 마음이 순전하다고 하며 자기를 변호할 것입니다. 자 그런데, 그가 무슨 근거들로 그것을 입증할까요?

거짓 근거 1. 외식자는, "다른 사람이 외식을 행하는 것을 내가 도무지 견딜 수 없으니, 나는 분명 외식자가 아니다"라고 말할 것입니다.

답변. 내가 다른 사람의 외식을 견디지 못하지만, 그 이유가 거룩하다는 것을 입증할 수 있기 전에는 그것이 외식자가 아니라는 충분한 증거가 되지 못합니다. 예후는 여호나답에게 마음이 진실한지를 물었으나(왕하 10:15), 바로 그 때에 그 자신이 거짓된 마음을 품고 있었습니다. 사람이 다른 사람의 외식에 대해 분노를 발하며 그것을 탄핵하면서 자기 스스로도 시종일관 그런 외식을 행하는 것은 거의 언제나 있는 일입니다. 유다는 다말에게 얼마나 가혹하게 분노를 발하였습니까? 그는 화가 난 나머지 그녀를 끌어내어 불사르라고 명하기까지 합니다(창 38:24). 그러니 주위에 있던 사람들 중에 과연 유다를 순결한 자로 여기지 않을 사람이 어디 있었겠습니까? 그러나 그녀를 더럽힌 장본인은 바로 유다 자신이었습니다. 그러므로 이런 유의 열정에 아주 큰 속임수가 개입되어 있을 가능성이 얼마든지 있는 것입니다. 때로는 사람이 자신이 처한 상황에 떠밀려서 자기 스스로는 전혀 하지 않을 그런 일을 하게 되기도 합니다. 마치 운동의 제일 원인이 별들의 운동을 좌우하듯이 말입니다. 그렇기 때문에 국가의 관리들이 술주정뱅이나 욕쟁이들에게 법규를 부과하여 공공질서를 유지시키고, 또한 예의를 무시하여 소요를 일으키지 않도록 그들을 제어하는 경우가 많습니다. 다른 사람이 세상의 눈으로 보기에 치욕스러운 죄를 범하였을 때에 그에 대해서 열기를 토하면서도, 그 죄가 공개되고 또한 그 죄를 범한 당사자가 자기와 관계가 있을 때에는 그 열기가 그냥 사라져 버리는 경우도 있습니다. 유다의 경우가 그렇습니다. 그는 자기 며느리나 그 며느리가 가문에 가져다 준 오점이나 모두 눈앞에서 사라지기를 바랐습니다. 어떤 이들은 자기 자신의 오점을 잘 숨기고 또한 자기 행위들이 의혹을 덜 받게 하기 위해서 다른 이들의 오점을 격렬하게 비난하기도 합니다. 압살롬은 자신의 정치적 목적을 이루는 발판을 마련하기 위하여 아버지의 통치를 비난하였습니다. 예후는 이세벨의 타락한 행위들을 격렬하게 탄핵하였으나, 사실은 그녀의 그런 죄악을 혐오했다기보다는 스스로 왕이 되고자 하는 마음이 더 컸습니다. 한 마디로 말해서, 그런 비난 속에는 복수심이 상당히 많이 개입되어 있고 그리하여 사람의 죄가 아니라 그 죄를 범한 개인에 대해 화살을 날릴 수도 있는 것입니다. 안토니우스(Antony)는 아우구스투스(Augustus)를 대항하여 큰 열정이 있었으나, 그 폭군(暴君: the tyrant)은 혐오하였으나 폭정(暴政: the tyranny)은 흠모하였다는 것입니다.

거짓 근거 2. 외식자는, "나는 위험 속에서도 담대하고 두려움이 없으니, 나는 분명 외식자가 아니다"라고 말합니다. "의인은 사자 같이 담대하니" 말입니다(잠 28:1).

답변. 여러분의 담대함을 근거로 여러분의 순전함을 결론짓는 것보다 여러분의 순전함으로 여러분의 담대함을 시험해 보는 것이 더 낫습니다. 성령과 그리스도의 말씀이 옆에서 보증함으로써 죽음과 위험 앞에서도 진실로 자신감을 갖고 흔들리지 않는 마음을 갖는 것은 정말 훌륭한 일입니다. 이런 경우는 사람이 자기 속에 있는 소망의 이유를 제시할 수가 있습니다. 바울도 이에 대해서 말씀하고 있듯이 말입니다. 로마서 5:1-4에 그것이 나타나는데, 이는 로마인의 용기가 아니라 그리스도인의 용기입니다. 이러한 용기는 정말이지 천국과 연결되는 것인데, 여러 방들을 거쳐서 이 용기를 갖게 됩니다. 믿음이 그를 그 모든 방으로 들어가게 하는 열쇠입니다. 우선 믿음이 칭의(稱義)의 문을 열고서, 예수 그리스도로 말미암아 하나님과의 화평과 화목의 상태 속에 들어가게 합니다: "우리가 믿음으로 의롭다 하심을 받았으니 우리 주 예수 그리스도로 말미암아 하나님과 화평을 누리자"(롬 5:1). 그 다음 이를 통하여 또 다른 방 ─ 곧, 하나님의 은혜라는 접견실(the presence-chamber) ─ 으로 들어가, 본디 반역자였으나 죄를 용서받은 자의 자격으로 하나님께 가까이 나아가게 됩니다: "그로 말미암아 우리가 믿음으로 서 있는 이 은혜에 들어감을 얻었으며"(2절), 즉 우리가 죄를 사함 받았고 또한 그리스도를 믿는 믿음으로 하나님과 화목하게 된 것은 물론, 이제 그리스도의 날개 아래서 말하자면 하나님의 궁정으로 이끌림을 받아 그의 은혜 안에서 우리의 임금이신 그의 앞에 그의 총애하는 자들로 서게 된다는 것입니다. 그리고 이 방을 지나 세 번째 방으로 들어가게 되고 거기서 "하나님의 영광을 바라고 즐거워하게" 됩니다(3절). 그저 이 땅에서 하나님의 은혜와 사랑, 그리고 그와의 교제를 누리는 것만이 아니라, 이것들을 근거로 장차 우리가 누리게 될 천국의 영광을 향하여 우리 마음속에 견고한 소망이 심어지게 되는 것입니다. 그리고 이제는 앞의 모든 방들을 지나온 자들 이외에는 아무도 이를 수 없는 가장 은밀한 내실로 인도받게 되는 것입니다: "이뿐 아니라 우리가 환난 중에도 즐거워하나니"(3절). 이 문들을 통과하여 들어오지 않았다면 여러분은 도둑이요 강도이며, 여러분 스스로 하나님을 빙자하여 너무 성급하게 그런 자신감을 얻은 것일 수밖에 없습니다. 하나님께서 과연 여러분을 영원토록 잘 되게 하실 뜻을 갖고 계신다면, 그는 이런 성급한 담대함에 대해 쓰라린 마음을 갖게 하실 것입니다. 야곱으로 하여금 아버지의 축복을 가로챈 일에 대해 쓰라린 마음을 갖게 하신 것처럼 말입니다. 그러니 여러분, 위험 중에 담대함과 자신감이 있다는 것만으로 만족하지 말고, 그것이 여러분의 무지함과 양심의 어리석음에서 온 것이 아니라 과연 그것을 딛고 설 수 있을 만한 성경적인 토대와 기반이 있는지를 확실히 살피기를 바랍니다. 여러분의 담대함이 무지함과 양심의 어리석음에서 온 것이라면 여러분은 정말 안타까운 처지에 있는 것입니다. 여러분의 담대함이 술에 취한 자의 담대함처럼 오래가지 못하고 사라질 것이니 말입니다. 술 취한 자는 달(月)에까지 깡충 뛰어오를 수 있다고 호기를 부리고, 깎아지른 절벽이나 웅덩이 같은 곳에도 두려움 없이 대담하게 올라섭니다. 그러나 술이 깨고 정신을 차리면 자기가 술에 취해서 했던 행동들을 보기조차 두려워하며 떠는 것입니다. 나발은 술에 취하여 있을 때에는 아무것도 두렵지 않았습니다. 그러나 이튿날 아침 술이 깨어 아비가일이 전하는 이야기를 듣고서는 낙담하여 몸이 마치 돌처럼 굳어 버렸습니다(삼상 25:37). 그러므로, 마치 판사가 졸다가 잘못 재판하여 자기의 송사가 잘못 되어 버린 자가 "조는 판사에게로부터 깨어 있는 판사에게로 항소"하듯이, 저도 지금 여러분에게 그런 심정으로 말씀드립니다. 여러분, 지금 여러분의 양심이 어리석어서 죽음에 대해 담대하고 두려움이 없습니까? 그리고 이를 근거로 여러분의 의로움을 주장합니까? 여러분의 양심이 잠들어 있어서 지금 그런 판단을 합니다만, 저는 그 양심이 잠에서 깨어날 때에 내리게 될 선고에 호소하고자 합니다. 이 세상에 있는 동안에 여러분이 여러분의 잘못을 깨닫고 그것을 고치기를 충심으로 바랍니다.

거짓 근거 3. 또 다른 외식자는 이렇게 말합니다: "나는 골방에서 홀로 은밀한 임무들을 행하고 있으니 나는 외식자가 아닌 것이 분명하다. 외식자는 무대 위에서 있을 때를 제외하고는 아무것도 행하지 않는다. 그것이 외식의 포장된 모습이다. 박수를 받고자 세상의 환심을 사고, 그리하여 바깥에서 모든 일을 행하는 것이다."

답변. 은밀한 신앙적인 임무들을 아예 무시해 버린다면, 이는 외식자의 행위임이 분명합니다. 하지만 은밀한 중에 임무들을 행한다고 해서 그것이 순전한 사람임을 증명해 주지는 않습니다. 이 점에서 외식은 마치 애굽에서 나온 개구리들과 같습니다. 어느 곳도 개구리가 없는 곳이 없었습니다. 심지어 침실에도 있었습니다. 가장 은밀한 내실에까지 개구리들이 기어들어간 것입니다. 이와 마찬가지로 외식도 공개석상은 물론 은밀한 골방의 임무에까지 끼어드는 것입니다. 물론 그런 임무들을 행하는 장소는 은밀하겠지만, 외식자들은 바깥에까지 널리 알려지도록 만드는 방식으로 그 임무들을 행합니다. 마치 암탉이 알을 품고 은밀한 곳으로 들어가지만, 거기서 꼬꼬댁 하며 울어서 자기가 어디에 있으며 무엇을 하고 있는지를 사방에 알리는 것처럼 말입니다. 그러나 이런 것이 없다 할지라도 그것으로 족한 것이 아닙니다. 외식자들 중에 다른 이들보다 실을 아주 미세하게 감는 자들이 있으니 말입니다. 어느 분야든 다른 이들보다 뛰어난 기술을 지닌 자들이 있기 마련인데, 외식에 있어서도 마찬가지입니다. 항상 다른 이들을 속이는 막돼먹은 외식자는 그의 신앙이 대개 겉모양에만 있습니다. 그러나 외식자 중에도 자기 스스로도 멋진 모습을 지니려고 애를 쓰며 또한 양심을 자기편으로 만들기를 진심으로 바라는 자들이 있는데, 이들은 안팎의 모든 것들을 완전히 연결시켜 자기 자신과 또한 자기의 사랑하는 정욕들을 서로 분리시키지 않으려고 모든 일을 다 행합니다. 은밀한 기도나 기타 임무들을 행할 때에도 다른 무엇보다도 사람의 정욕들을 손상시키지 않도록 하는 방식으로 행합니다. 칼이 예리하기는 하지만, 칼 자체가 사람을 죽이는 것이 아니라 그 칼에 가해지는 힘이 사람을 죽이는 것입니다. 그렇습니다. 우리 마음을 살피는 일이나 우리의 길을 시험하는 일이나, 우리 가슴속에 있는 죄들을 향한 말씀의 경고들을 진지하게 묵상하는 일 등의 은밀한 임무들이 있는데, 이 일들을 우리 자신에게 면밀히 적용시킴으로써 그 칼로 죄를 강하게 가격할 수 있습니다. 그런데 외식자는 그 칼을 아주 여리고도 쉽게 사용함으로써 그의 정욕들이 "아아!" 하며 소리치고 쓰러지는 일이 없게 할 수가 있습니다. 그러므로 일을 완결 짓도록 더 깊이 살피는 것이 필요한 것입니다.

거짓 근거 4. 또 어떤 사람은 이렇게 말합니다: "나는 은밀한 중에 나의 죄 문제를 위하여 기도하는 것은 물론 그 죄들과 싸우며, 또한 죄를 이기고 극복한 몇 가지 승리의 결과물들을 증거로 보여줄 수도 있으니, 나는 분명 외식자가 아니다. 한때는 선술집을 그냥 지나치지 못하고 정욕 때문에 그리로 끌려들어갔으나, 지금은 나의 정욕을 정복하여 그곳을 쳐다보지도 않고 지나갈 수 있게 되었으니 정말 감사한 일이다."

답변. 그대가 그렇게 말한다면 정말 잘 된 일입니다. 이웃의 모든 술꾼들도 똑같이 그렇게 말할 수 있기를 소원합니다. 그래서 마귀를 위해서 술집을 운영하는 자들이 손님이 없어서 문을 닫게 되었으면 좋겠습니다. 이런 일은 국가의 관리도

하지 않고 또 할 수도 없는 일이니 말입니다. 그런데 그런 일을 하는 중에 선한 것이 망쳐진다면 안타까운 일이 아니겠습니까? 그러나 그런 일이 아주 흔하며, 그대의 경우도 그럴 수 있습니다.

1. 그대에게 묻겠습니다. 그렇게 해온 지가 얼마나 되었습니까? 정욕은, 혹은 정욕에 따라 행동하는 일은, 마치 오한(惡寒)와도 같습니다. 사람이 질병이 있으면서도 오한의 증상이 항상 나타나는 것은 아닙니다. 사람에 따라서는 정욕이 있으면서도, 마치 오한처럼, 그것이 겉으로 속히 나타나지 않는 경우도 많습니다. 강물은 언제나 한 가지 방식으로만 흐르는 것이 아닙니다. 강물이 흐르다가 어느 때는 물이 줄어듭니다. 그러나 물이 불지 않고 줄어들 때에도 물이 전혀 사라지는 것이 아닙니다. 이처럼 정욕의 파도가 높아질 때도 있고, 낮아질 때도 있습니다. 그럴 때에 사람은 그것에서 벗어났다고 여깁니다만, 곧 다시 그것이 그에게 찾아오는 것입니다. 바로가 기분이 좋아져서 모세와 이스라엘 백성에게 애굽에서 나가라고 명령했습니다만, 그가 이내 마음을 고쳐먹고 다시 완악하게 되리라고 누가 생각했겠습니까? 이처럼 바람이 강하게 부는 시절이 오면, 여러 항구에 부는 동풍처럼 강력한 바람이 불어와 우리의 정욕이 깨끗하게 사라지는 것 같아 보입니다. 마치 썰물이 되어 해변의 모래가 낱낱이 드러나듯이 말입니다. 그러나 그 다음 순간 다시 바닷물이 들어와 다시 물 속 깊이 잠겨 버리는 것입니다. 그러나 둑을 쌓아 오랫동안 물길을 막아놓을수록 좋을 것입니다. 하지만 그대가 절대로 정욕대로 행동에 옮기지 않고 술에 취하지도 않는다고 해도, 이것이 그대를 외식자의 오명을 벗게 해 주기에 족하지는 않을 것입니다. 그러므로,

2. 다시 묻겠습니다. 그대가 그렇게 정욕을 이기게 된 큰 동기가 무엇입니까? 지금 그대가 선술집에 발을 끊고 있지만, 그렇게 발을 끊게 만든 동기나 그리로 들어가게 만든 동기나 어떤 점에서 모두 똑같이 나쁠 수도 있습니다. 대개의 경우 한 정욕이 다른 정욕을 희생시키기밖에 하지 않습니다. 술을 퍼마시는 것을 금하여 절약한 돈을 화려한 의복으로 몸을 치장하는 일에다 쓰는 경우가 허다합니다만, 이것은 그저 한 정욕을 채우기 위해 다른 한 정욕을 희생시키는 것일 뿐입니다. 선술집에서 발을 끊게 만든 것이 하나님입니까, 아니면 사람입니까? 하나님입니까, 아니면 그대의 돈지갑입니까? 하나님입니까, 아니면 그대에 대한 평판입니까? 하나님 이외에 다른 어떤 것 때문에 선술집에서 발을 끊게 되었다면, 선술집에 있을 때보다 지금 거기서 발을 끊었을 때가 오히려 외식자라는 이름이 그대에게 어울릴

것입니다. 또한 하나님 때문이라면, 하나님에 대해 무슨 염려가 있기에 그렇게 선술집에서 발을 끊게 되었습니까? 어떤 이들은 어떤 특정한 죄에 대한 하나님의 진노가 두려운 나머지 선술집의 환영만 보아도 무서워하고 다시는 거기에 있기를 원치 않고 최소한 오랜 기간 동안 거기에 가는 일을 감히 행하지 못하기도 합니다. 어떤 사람의 경우는 두려워하는 것이 선술집 자체가 아니라 그 환영이기도 하고, 또 어떤 이의 경우는 그가 피하려 하는 것이 죄가 아니라 그 죄를 둘러싼 하나님의 진노이기도 합니다. 요컨대, 그대가 이 죄악된 행위를 그만두었을 수도 있습니다만, 그대가 그것을 미워하고 하나님을 사랑하여 그 때문에 그것을 그만둔 것입니까? 이제 한 가지는 피했습니다만, 그 대신 다른 것과 사귀게 되지는 않았습니까? 한 가지 악한 행실을 버렸습니다만, 그대가 이미 알고 있던 임무를 취하여 행하고 있습니까? 밭의 물을 다 빼버리고는 거기에 씨나 나무를 심지 않는다면 이는 나쁜 농부일 수밖에 없습니다. 밭이 온통 물에 잠겨 있는 것이나, 물을 빼놓고는 거기에 아무것도 심지 않는 것이나 똑같은 것입니다. 악을 행하기를 그만두고서 선을 행하기를 배우지 않는다면 어떻겠습니까? 그대가 품삯과 이윤을 얻기를 바라면, 밭에서 가라지를 제거하는 것만으로는 안 되고 곡식이 풍성해야 합니다. 그대가 술취하지 않고, 부정하지 않고 기타 죄를 범하지 않는 것만으로는 그대가 그리스도 안에서 구원받은 건전한 상태요 또한 그리스도로 말미암아 천국에 가게 될 것이라는 것을 입증할 수가 없습니다. 거기서 더 나아가서 그대가 거룩하고 은혜로워야 하며, 거짓이 없는 믿음과 순전한 사랑과 기타 은혜들이 그대에게 있어야 하는 것입니다.

[연약한 그리스도인이 자신의 순전함에 대해 의혹을 갖는 근거들과 그 허위성]
둘째. 이제 연약한 그리스도인이 자기가 외식자가 아닐까 하고 두려워하는 근거들과 그 근거들의 허약함을 제시하고자 합니다. 다시 말하면, 순전한 심령들이 스스로 외식자임을 입증하려 하고, 그리하여 한동안 자기들이 외식자라는 생각을 갖게 되는 일이 많은데, 그런 생각의 그릇된 근거들을 살펴보겠다는 말입니다.
그릇된 근거 1. 가련한 심령은 말합니다: "나는 분명 외식자다. 그렇지 않다면 나의 처지가 이렇지는 않을 것이다. 내가 외식자가 아니라면 하나님께서도 이렇게 연이어 나를 가격하지 않으실 것이고, 사탄도 이렇게 나를 이용하지 않을 것이다." 욥의 친구들이 욥의 순전함을 깎아내리기 위해 쏘아댄 화살들이 바로 이것이었습니다. 때로는 사탄이 순전한 심령을 완전히 압도하여, 그 스스로 탄식하며 이처럼 이야기하게 되는 경우도 있습니다: "하나님이 우리와 함께 계시다면 어째서 이런 일들이 우리에게 일어날까? 하나님이 그의 은혜로 우리 가운데 계시다면, 어째서 그가 우리를 대적하시는 모습을 보이실까?"

답변. 하나님께서 여러분을 불길 속에 던지신다는 사실은 여러분에게 불순물들이 있다는 것을 입증해 줍니다. 그러므로 여러분이, "내가 오랜 동안 용광로 속에 있었으니 내게 불순물이 상당히 많았다는 증거다"라고 말한다면, 저도 반대하지 않겠습니다. 하지만 여러분이 환난과 괴로움을 당한다고 해서 그것 때문에 여러분 스스로 "외식자"라고 한다는 것은 정말 의아스럽습니다. 악인들이 이런 논리를 이용하여 연약한 그리스도인들을 "외식자"로 만들어 버리는 경우가 많습니다만, 그리스도인이 이런 논리를 자기 자신에게 사용해서는 안 된다고 봅니다. 원주민들이 독사가 바울의 손을 물고 있는 광경을 보고 곧바로 그를 "살인자"로 단정했으나, 바울은 자신에 대해 그렇게 생각하지 않았습니다. 그리스도인 여러분, 여러분이 환난과 시험 중에 있을 때에, 동일한 처지에 있는 동료 형제들에게 해주곤 했던 것과 동일한 권고와 조언을 여러분 자신에게 해주십시오. 그러면 이런 함정에서 벗어나게 될 것입니다. 하나님의 손길이 여러분의 이웃에게 있다고 해서 오로지 그 일 하나만으로 여러분이 그를 외식자라고 생각합니까? 그렇지 않습니다. 오히려 그를 동정하고 그를 도와줄 것이요, 또한 혹시 이런 논리 때문에 의혹들이 발생하게 되면 그것들을 없애 주도록 힘쓸 것입니다. 그리스도인이 다른 이들에게 얽혀 있는 매듭이나 가책 같은 것은 아주 부드럽고 매끄럽게 잘 풀어주면서도 정작 자신이 그런 처지에 있게 될 때에는 그런 매듭이나 가책 같은 것에서 헤어나지 못하고 괴로워하는 경우가 많은데, 이는 참 모순적인 일입니다. 다른 이들을 도와서 높은 층계를 건너가게 해 주면서도 정작 자기 자신은 그리로 건너가지 못하는 것입니다. 하나님께서는 우리가 서로를 필요로 하도록 일들을 주장하십니다. 다른 이들을 위해 산파 역할을 하는 유능한 여자라도 정작 자기에게는 산파 역할을 할 수 없습니다. 다른 이들의 마음에 평안을 주는 사자(使者)의 역할을 하는 자라도 정작 자기 자신에게는 그런 메시지를 전할 수가 없습니다. 그리스도인 여러분, 환난이 있다고 여러분이 외식자인 것은 아닙니다. 오히려 환난이 전혀 없다면 여러분 스스로 버린 자라 여기는 것이 더 안전할지도 모릅니다. 이 문제는 분명합니다. 다만 그런 환난을 통해서 하나님께서 무언가 더 큰 목적을 이루시고자 여러분의 눈을 가려두서서 여러분이 보지를 못하는 것입니다. 그런데 어쩌면 여러분이 이렇게 말할 수도 있을 것입니다. 여러분 자신을 외식자라고 생각하는 것은 단순히 환난이 있기 때문이 아니라, 너무도 오랜 동안 환난을 당하고 어둠 속에 있어 왔으므로 여러분의 심령에 하나님의 사랑에 대한 지각이 전혀 없게 되었기 때문이라고 말입니다. 하나님의 감미로운 미소가 임하여 여러분의 환난을 가볍게 해준 적이 한 번도 없었습니다만, 모든 것이 정상이고 여러분이 과연 하나님의 순전한 자녀라면 여러분의 천부께서 여러분이 탄식하며 있도록 그냥 버려 두시겠으며, 또한 여러분을 돌아보사 그의 감미로운 임재로 여러분의 환난을 가볍게 해주지 않으시겠습니까? 앞의 문제, 즉, 여러분의 환난이 길다는 것에 대해서는 하나님께서 그의 성도들이 당할 환난의 기간의 기준을 정해 놓으신 것이 없으므로, 우리 스스로도 그런 기준을 만드는 것이 합당치 않습니다. 그런데 하나님의 징계들을 시간적으로 한정지어 놓고는 우리의 생각으로 정해 놓은 그 기간을 넘어서면 우리가 외식자라고 간주하게 되면, 우리가 그런 기준을 만드는 것이 되는 것입니다. 그 다음 문제에 대해서는, 하나님께서는 그의 사랑을 손상시키지 않으시면서 그 사랑을 한동안 숨기실 수 있다는 것을 알아야 합니다. 하나님의 사랑을 보장받은 그의 자녀들이 그들이 원하는 때에 하나님께서 그들을 찾아오셔서 그들을 팔로 안아주시지 않는다는 것 때문에 그 사랑에 대해 의혹을 제기한다면 하나님께서 이를 정말이지 한심하게 여기실 것입니다. 요컨대, 환난이 치료의 목적으로 오는 것일 수도 있습니다. 여러분의 영적인 건강을 위협하고 활기찬 경건 생활을 방해하는 무언가 부패한 요인들을 그 환난을 통해서 제거하고자 하실 수도 있다는 말입니다. 그리하여, 마치 의사가 환자들에게 감미품들을 금하듯이, 그 치료가 끝나기까지 하나님께서 그의 사랑이 드러나지 않도록 보류해 두실 수도 있는 것입니다.

  그릇된 근거 2. 시험 중에 있는 심령은 이렇게 말합니다: "내가 외식자인 것은 아닐까 하여 두렵다. 내가 외식자가 아니라면 어째서 이런 부패한 것들과 정도(正道)에서 이탈한 모습들이 내게서 발견되겠는가? 올바른 자는 갈수록 강해지는데 나는 거꾸로 강한 데서 약한 데로 나아가는구나." 어떤 그리스도인들은 — 이들은 세상에 갇혀 있는 사람과도 같습니다 — 하는 일이 바라는 만큼 잘 되지 않고 무언가를 잃게 되면, 거듭거듭 그런 말을 합니다. 무슨 손해를 보면 동네방네 다 이야기하다가도 무언가 일이 잘 되어 이익을 얻으면 자기들만 알고 다른 이들에게 이야기하지 않습니다. 그리스도인이 정직하려면, 잃는 것뿐 아니라 얻는 것까지도 이야기해야 할 것입니다. 그러나 여러분에게 부패한 것이 있다는 사실은 당연한 것으로 간주하고, 그것에 대한 답변으로 곧장 넘어가기로 합시다.

답변 1. 순전한 심령이 갈수록 강하게 자란다는 것은 사실입니다. 하지만 어떻게 자랍니까? 마치 나무가 자라나 키가 커지고 몸집이 불어나는 것과 같습니다. 나무가 자라면서 나뭇잎이 떨어지며, 겨울철에는 한동안 성장이 멈추기도 하는 것을 우리는 잘 알고 있습니다. 이와 마찬가지로 순전한 심령이 무언가 시험을 만나 잠정적으로 성장이 멈출 수도 있습니다. 베드로는 그리스도를 말로 부인하였고, 부인하는 것에서 더 나아가 그를 모른다고 맹세하였고, 또한 그를 안다면 스스로 저주를 받겠다고도 했습니다. 이럴 때에 그는 결코 강하게 자라고 있었던 것이 아닙니다. 그러나 봄이 오면 나무가 되살아나고 여름이 되면 겨울에 잃었던 것보다 더 많은 것을 받아 자라게 됩니다. 순전한 심령도 이와 같습니다. 베드로는 그의 은혜가 그냥 주저앉아 있었으나 얼마 후에는 다시 강력한 힘으로 일어나 시험거리들을 뒤흔들며 사람들에게서 어떠한 잔혹한 일을 당하더라도 도무지 무너지지 않게 되었습니다만, 순전한 심령도 이와 같이 결국에는 안정을 얻게 될 것입니다. 사도는 다음과 같이 기도하고 있습니다: "모든 은혜의 하나님 곧 그리스도 안에서 너희를 부르사 자기의 영원한 영광에 들어가게 하신 이가 잠깐 고난을 당한 너희를 친히 온전하게 하시며 굳건하게 하시며 강하게 하시며 터를 견고하게 하시리라"(벧전 5:10).

답변 2. 순전한 심령의 부패와 외식자의 부패는 서로 큰 차이가 있습니다. 외식자는 속에서 하나님의 길을 싫어하여 그것을 거부합니다. 그러므로 그들을 가리켜 "마음이 굽은 자"라고 부릅니다(잠 14:14). 하나님의 길이 자기의 정욕을 채워주고 또한 세상적인 관심사를 이루는 데에 도움이 될 때에는 그 정도만큼 겉으로 열정을 보입니다. 그러나 그런 것이 사라지면, 조금씩 열정이 사그라지기 시작하고 마침내 냉랭해집니다. 그렇습니다. 마치 암논이 다말에 대해 염증을 낸 것처럼, 자기가 말로 고백한 것들을 마음으로 혐오하는 것입니다. 외식자가 타락하기 시작하면 그 속도가 매우 빠릅니다. 돌이 언덕 아래로 굴러 떨어지듯이 밑바닥에 닿기 전에는 멈추지를 않습니다. 자 여러분, 자유롭게 말해 보십시오. 하나님의 길에 대해 속으로 싫어하는 것이 여러분에게 있다고 감히 말하겠습니까? 여러분이 전처럼 뜨겁고도 간절하게 기도하지 못할 수도 있습니다만, 그 기도의 임무를 예전처럼 좋아하지 않기 때문에 그런 것입니까? 기쁨으로 말씀을 듣지 못합니다만, 그렇기 때문에 더 안타까운 마음으로 말씀을 듣지 않습니까? 한 마디로 말해서, 아내나 남편에게 "내가 잘지라도 마음은 깨었다"(아 5:2)라고 말할 수 없습니까? 즉, 현재 쇠하여 가는 상태가 유쾌하지 않고 거기서 벗어나기를 마음으로 바라고, 일어나 활동하고픈 간절한 바람이 있지만 ─ 여러분의 마음은 깨어 있지만 ─ 자신을 흔들어 현재 잠에 취하여 있는 그 상태에서 깨어나도록 할 수가 없는 처지인 것입니다. 이런 상태라면 여러분은 외식자가 아닙니다.

그릇된 근거 3. 가련한 심령은 이렇게 말합니다: "내가 임무를 행하나 항상 두 마음이 있으니 내가 외식자가 아닐까 두렵다. 기도하고 말씀 듣고 묵상할 때에 항상 무언가 더러운 정욕이 생각 속에 끼어들어서, 임무를 행하는 중에 하나님과의 은밀한 교제를 온전히 누릴 수가 없다. 나 자신을 칭찬하는 교만한 생각이 일어나기도 하고, 세상적인 생각으로 땅에 떨어지기도 한다. 이쪽이든 저쪽이든 그런 생각이 없을 때가 거의 없다. 그런 해로운 생각들이 거짓된 외식적인 마음의 추한 것에서 나오는 것이 아니고 무엇이랴?"

답변. 이런 생각들이, 혹은 이보다 더 악한 생각들이 일어나 마음을 뒤흔든다는 사실만으로 그 마음이 외식적이라고 해야 한다면, 최고의 성도에게도 화가 있을 것입니다. 그러므로 이것들이 여러분에게 있다는 사실이 아니라, 여러분의 마음이 이것들을 향하여 어떻게 행동하고 반응하느냐를 근거로 여러분의 영적 상태에 대해 결론을 내리도록 조심하여야 합니다. 그러므로 다음 몇 가지 질문에 답해 보시기 바랍니다. 그러면 이런 생각들 때문에 심령이 안개 속에 희미해져 있는 상태에서도 여러분의 순전함을 보게 될지도 모르겠습니다.

(1) 임무를 행하는 중에 그런 생각들이 생겨날 때에 여러분은 얼마나 그것들을 친근하게 맞아줍니까? 그런 생각들이 여러분이 기대하면서 맞을 준비를 해온 귀한 손님들입니까? 여러분이 임무를 행하러 가는 것이 이 손님들을 만나기 위해서입니까? 아니면 그들이 무례하게 갑자기 쳐들어와 강제로 여러분을 몰아서 ─ 경우가 다르기는 하지만 그리스도께서도 베드로에 대해 이 사실을 예언하셨습니다만(요 21:18) ─ 원치 않는 곳으로 끌고 가는 것입니까? 만일 그렇다면 어째서 여러분의 순전함을 의심한단 말입니까? 마귀가 대담한 침입자이며, 자기에게 자리에 앉으라고 명령할 자가 아무도 없는 곳에는 아주 대담하게 들어간다는 것을 알지 못합니까? 그리고 그런 심령을 그는 자기 집으로 여기고 그 속에서 쉼을 얻을 수 있습니다(눅 11:24). 가령 여러분이 집에서 무릎을 꿇고 기도 중일 때에 불량배

들이 집으로 들어와 여러분이 기도하는 동안 내내 방안에서 왁자지껄 소리지르며 소동을 피운다면 어떻겠습니까? 여러분이 방해를 받지 않을 수가 없을 것입니다. 그런데 이들이 소란을 일으킨다고 해서 그것 때문에 여러분의 임무 수행에 순전함이 없다고 문제 삼을 수가 있겠습니까? 정말이지 방 안에서 소요가 있거나 가슴속에서 소요가 있거나 다를 게 없습니다. 방 안에서 떠드는 자나 가슴속에서 떠드는 자나 그 영혼이 좋아할 리가 없는 것입니다.

(2) 그 생각들이 함께 있을 때에 그저 만족하고 그대로 앉아 있습니까, 아니면 그것들이 들어오기가 무섭게 가능한 모든 수단을 써서 그것들을 제거하려 합니까? 순전함은 영혼 속에 그런 것들이 있는 것을 보고 그냥 가만히 앉아 있을 수가 없습니다. 그러나, 주인의 집에 도둑들이 들었을 때에 신실한 종은 비록 자기 힘으로는 그 도둑들의 힘과 숫자를 이기지 못하여 그들을 문 밖으로 쫓아낼 수가 없더라도 은밀하게 밖으로 도움을 요청하며 온 마을 사람들을 동원하여 그들을 제압하려 할 것입니다. 이와 마찬가지로 순전한 영혼은 기도를 사자(使者)로 삼아 하늘을 향하여 긴급 메시지를 보냅니다. 순전한 영혼은 그런 생각들이 방해할 때에는 자기 자신이 요나처럼 지옥의 뱃속에 있는 것처럼 여기며, 또한 도움의 손길이 임하여 그것들의 손아귀에서 벗어나면 마치 사로잡혀 있던 롯이 아브라함에 의해서 구조 받고서 기뻐한 것처럼 기뻐하고 즐거워하는 것입니다.

반론. 하지만 여러분이 이렇게 말할지도 모르겠습니다: "그 생각들을 쫓아내 달라고 하늘을 향해 외쳤는데도 기도에 대한 응답이 전혀 없고, 전과 똑같이 그것들이 계속 괴롭히고, 그 때문에 내 마음이 아무것도 아닌 것이 아닌가 하는 두려움이 커진다. 그렇지 않다면 내 기도가 응답되었을 것이고 그런 몹쓸 생각들이 사라졌을 것이 아닌가?"

답변. 바울도 육체의 가시를 제거해 주시기를 주께 세 번 간구했으나 응답을 얻지 못했으니 그도 역시 그렇게 말해야 마땅했을 것입니다(고후 12:8). 그러나 하나님은 그렇기 때문에 여러분이 외식자라고 말씀하지 않습니다. 오히려 여러분의 순전함을 입증할 좋은 기회를 제시해 주십니다. 이는 하나님께서 이스라엘 백성을 대하신 방식과 크게 다르지 않습니다. 이스라엘 백성들은 하나님께서 주변의 이방 민족들을 속히 몰아내시기를 기대하였으나 그는 그렇게 하지 않으시고 마치 옆구리의 가시처럼 그들을 남겨 두셨습니다. 왜 그렇게 하셨을까요? 하나님께서 친히 그 이유를 말씀하시는 것을 들으십시오: "이는 이스라엘이 그들의 조상들이 지킨 것 같이 나 여호와의 도를 지켜 행하나 아니하나 그들을 시험하려 함이라"
(삿 2:22). 이와 같이 하나님께서 이런 부패한 것들을 여러분에게 남겨 두시는 것
은 여러분이 결국 무너져서 그것들과 친구가 될 것인지, 아니면 그것들과 계속해
서 싸워나가고 그것들을 상대하여 기도를 계속할 것인지를 시험하고자 함입니다.
이런 인내를 통해서 여러분이 과연 순전하다는 것을 여러분 스스로 입증하게 되
는 것입니다. 거짓된 마음은 절대로 그렇게 하지를 않습니다. 자기가 구하는 바를
마음으로 바라지 않는 자는 금방 응답을 얻습니다. 외식자는 자기의 부패한 것들
을 해결해 달라고 기도할 때에 그의 의지가 그렇게 기도하게 하는 것이 아니라 그
저 양심에 못 이겨 그렇게 하는 것입니다. 마치 종이 주인이 전하라고 준 메시지가
마음에 들지 않지만 감히 그를 거역할 수가 없어서 주인의 명을 따라 메시지를 전
하러 가서 그것을 받을 사람의 집 문을 두드리지만, 실제로 그 사람이 그 메시지를
듣는 것이 아주 싫어서 아주 흐릿하게 전하는 것처럼 말입니다. 그 종은 그저 메시
지를 전달했다는 보고를 주인에게 하기 위해서 억지로 그 일을 행하는 것입니다.
외식자의 기도가 바로 이와 같습니다. 그는 그저 자신이 정욕을 없애 달라고 기도
했다고 둘러대어 자기 양심을 입막음하기 위해서 기도하는 척할 뿐입니다. 기도
를 끝내면 기분이 좋습니다. 그러나 기도한 그 문제가 되돌아오면, 곧 그 일이 이
루어지지 않으면 더 기분이 좋은 것입니다. 그러므로 기도 중에 여러분의 마음의
움직임을 관찰하시고, 기도가 당장 응답되는지의 여부가 아니라 그 마음의 움직
임으로 여러분이 순전한지 혹은 그렇지 않은지를 판단하십시오. 하나님께서는 그
가 들어주시기보다는 들어주시지 않는 것이 더 낫다고 여기시는 일을 여러분이
구하여도 그 간구를 친절하게 받아주실 수 있습니다. 여러분은 여러분의 모든 부
패거리들을 단번에 제거하고, 마음속의 정욕이나 바깥의 마귀로 인해서 방해받는
것이 없이 전심으로 하나님의 일을 하기를 바라겠지요? 그렇지 않습니까? 하나님
께서는 여러분의 그런 열정을 높이 인정하십니다. 다윗도 하나님을 위해 성전을
지을 생각이 있었습니다. 그러나 하나님께서는 다윗의 시대에는 그의 집을 짓는
것이 적절치 않다고 여기셨고, 그 일을 솔로몬의 평화로운 치세 때에 이룰 일로 보
류해 놓으셨습니다. 그러니 여러분이 그렇게 바라고 요구하지만 그는 이 세상의
삶에서는 그것을 이루어 주시지 않습니다. 이처럼 모든 죄악된 것에서 벗어나는
일은 위에 있는 도성의 특별한 성격에 속하는 것이므로 그 도성의 거주민이 된 영
광을 입은 성도들 이외에는 아무도 누릴 수 없는 것이니 말입니다. 주께서는 주의

뜻이 하늘에서 이룬 것처럼 땅에서 이루어지기를 위하여 기도할 것을 우리에게 가르치셨습니다. 그러나 이 기도에 대한 완전한 응답은 우리가 그 도성에 이를 때에 임할 것임을 알아야 합니다. 그러므로 여러분, 다윗이 성전 건축을 위한 기도에 대해 불가하다는 응답을 들었을 때에 행한 것처럼 행하기를 배우기 바랍니다. 그는 하나님이 그의 시대에 성전을 건축하는 일을 허락하지 않으셨다고 해서 하나님의 사랑과 은혜를 의심하지도 않았고, 성전 건축을 위한 재료들을 준비하는 일을 그만두지도 않았습니다. 오히려 자신이 이룰 수 없는 일인 것을 알면서도 그 일을 위해 자기가 할 수 있는 일을 행하였습니다. 그러므로 여러분도 기도 응답이 없다고 해서 하나님에 대한 신뢰를 저버리거나 하나님을 위해 애쓰는 일을 그만두는 일이 있어서는 절대로 안 됩니다. 여러분에게 있는 각양 부패거리들을 죽이고, 또한 지금 현재 받은 하나님의 은혜들로 창고를 채워서 비록 지금은 완전하지 못하고 세련되지 못하였으나 장차 그가 이루실 천국의 성전에서 사용하실 수 있도록 준비하여야 할 것입니다. 그 성전에서는 우리의 연약한 은혜들이 하나님의 권능과 지혜로 말미암아 완전히 개선되어 완전히 거룩한 그 성전의 영광된 구조물의 일부가 될 것이고, 하늘의 천사들이 그 놀라운 작품을 보고 그것을 칭송할 것이니, 솔로몬의 성전을 사람들이 보고 그 충만한 영광에 놀란 것보다 더 월등할 것입니다.

그릇된 근거 4. 그러나 시험 받는 심령은 이렇게 말합니다: "하지만 때때로 내 양심으로 나 자신의 속마음을 점검해 보았는데, 내가 이 임무를 외식적으로 행하였고 또한 그런 일에서 내 마음의 굉장한 거짓됨이 드러났습니다. 내 마음이 나를 정죄하는데, 어떻게 내가 외식자가 아닐 수 있겠는가?"

답변. 두 가지 구분해야 할 것들을 제시하고 그것들을 이 경우에 적용시킴으로써 이 문제를 돕고자 합니다. (1) 올바른 규범 위에서 판단하는 양심과, 또한 그릇된 규범 위에서 판단하는 양심을 서로 구분해야 합니다. (2) 올바른 규범을 따르며 또한 그 규범을 어떻게 사용할지에 대해 올바른 지식이 있는 양심과, 또한 올바른 규범으로 판단하나 그 사용법에 대해 올바른 지식이 없는 양심을 서로 구별해야 합니다.

(1) 올바른 규범 위에서 판단하는 양심과, 또한 그릇된 규범 위에서 판단하는 양심을 서로 구분해야 합니다. 양심이 하나님의 말씀에 근거하여 명령할 때에, 그때에는 올바른 규범 위에서 판단하는 것입니다. 양심이란 하급의 일꾼에 불과하므로 주

어진 법에 따라서 직무를 담당할 수밖에 없는데, 바로 하나님께서 지정하시고, 권
위를 부여하여 시행하게 하시는 것이, 다시 말해서, 하나님의 말씀이 바로 그 법입
니다. 그러므로 우리의 양심이 하나님의 말씀에 근거할 때에는 그 명령과 금지, 그
정죄와 사면을 존중하여야 합니다. 그러나 그렇지 않을 경우는, 마치 하위의 법정
에서 정의로운 판결을 받지 못할 경우 더 높은 법정에 호소할 수도 있는 것처럼,
양심의 판단에게서 물러나 하나님의 말씀에 호소할 수도 있고 또한 호소하여야
하는 것입니다. 그리고 양심이란 본성적으로 다른 것과 마찬가지로 부패한 것이
며, 또한 사탄이 양심을 이용하여 선인과 악인, 경건한 자와 불경한 자를 모두 속
이는 예가 허다하다는 것을 알아야 합니다. 지금은 양심이 모든 것이 잘 되고 있다
고 말한다고 하지만, 후에 그 책이 펼쳐질 때에 스스로 속임을 당했다는 것을 알게
될 사람들이 많을 것입니다. 그 때에는 양심이 그들의 손에 쥐어주는 것 같은 그런
무죄 방면이 그 책에 기록되어 있지 않다는 것을 알게 될 것입니다. 반면에 은혜를
얻은 심령들 중에는 자기들의 영적인 상태에 대한 두려움 속에서 나날을 보내고
어지러운 양심이라는 어두컴컴한 지하 감옥에서 사슬에 매여 지내온 후에 그 날
에 무죄 선고를 받게 되고, 또한 그렇게 거짓으로 자기들을 감옥에 가두고 그들의
양심을 어지럽히고 마음의 평안을 앗아간 사탄을 향하여 행동을 취하게 될 자들
이 많을 것입니다. 이제 여러분에게 묻겠습니다. 누가 여러분의 양심에게 여러분
을 외식자로 간주하라고 합니까? 말씀이 여러분을 외식자로 정죄합니까? 여러분
의 양심이 그리스도의 법에서 나오는 말씀을 통해서 여러분이 외식자임을 입증해
줍니까? 아니 오히려 사탄이 여러분에게 그런 두려움이 있는 것을 악용하고 또한
죄 의식에 깊이 빠져 있는 여러분의 유약한 심령에 장난질을 쳐서, 여러분 자신이
악하다는 어떤 지각이 여러분 속에서 일어나면 그것을 무조건 믿어버리게끔 만드
는 것이 아닌가요? 제가 확신하기로는 그런 경우가 허다합니다. 몇몇 연약한 심령
들이 가슴속에 품고 있는 두려움이나 경각심은 마치 나라를 어지럽힐 의도를 갖
고 있는 자들이 조장해 내는 갖가지 큰 풍문들에 대해 이따금씩 제시되는 보도들
과도 같습니다. 사람들의 입에서 이런저런 이야기나 불평들을 듣습니다만, 그런
것을 꼭대기까지 추적해 들어가 보면 아무런 근거도 혹은 그런 이야기나 불평들
을 증언해 줄 신뢰성 있는 출처도 찾을 수 없습니다. 이 경우도 그렇습니다. 시험
받는 그리스도인의 가슴속에 풍문이 있고, 말하자면 "나는 외식자요, 내 마음은 아
무것도 아니요, 내가 행하는 일은 모두가 꾸며낸 것이다"라는 소음이 그의 귀에서

계속해서 들려옵니다. 그러나 이 사람이 진지하게 그 일을 따지고 살피며, 자신의
영혼을 재판정에 불러 세우고서, 우리의 순전함을 시험하는 데에 사용하도록 말
씀이 제시해 놓은 그 질문들을 근거로 조사해 보아도, 그런 혐의를 가질 만한 근거
가 전혀 나타나지 않으며, 결국 그것이 그에게 괴로움과 두려움을 주기 위해서 지
옥에서 오지만 마지막에는 그에게 아무런 해도 주지 못할 거짓된 경보라는 것을
알게 됩니다. 그것은 마치 정치가의 거짓말과도 같습니다. 그들은 나중에 가서는
거짓이었다는 것이 드러나게 되더라도, 지금 어떤 목적을 위하여 사람들이 그런
거짓말을 사실로 믿도록 만드는 것입니다. "그대는 성경 전체에서 무슨 약속을 근
거로 그대가 구원받은 자라고 믿는가?"라는 한 가지 진지한 질문을 던져도, 고약
한 외식자로 하여금 아무 말도 하지 못하게 할 수 있습니다. 이와 마찬가지로, 다
윗처럼 "내 영혼아 네가 어찌하여 낙심하며 어찌하여 내 속에서 불안해하는가?"
(시 42:5)라고 자문하며 왜 그렇게 불안해하는지 그 성경적인 근거를 제시하라고
자기 자신에게 요구하기만 해도, 자신이 외식자일지도 모른다는 불안에 싸여 있
는 가련한 심령을 구원하기에 족할 것입니다. 사탄이 아무리 더러운 것을 던져놓
아서 감히 그 위에 발을 디디지 못하게 만들어 놓는다 할지라도, 순전한 심령은 밑
바닥에 자신의 믿음에 대한 확고한 근거가 있는 법입니다. 그러나 다음의 것도 구
별해야 합니다.

　(2) 올바른 지식을 갖고 있는 양심과 그릇된 지식을 갖고 있는 양심을 서로 구별해
야 합니다. 양심이 올바른 규범을 택하는 점에서는 정상적이지만, 구체적인 자신
의 사정에 이 규범을 어떻게 사용할지에 대해서는 제대로 지식이 없을 수도 있습
니다. 사실 성도의 양심이 성경으로 가득 차 있고 때때로 성경에 근거하여 판단을
내리지만, 그 해석이 매우 그릇될 수도 있습니다. 그 가련한 심령은 "마음에 간사
함이 없고 여호와께 정죄를 당하지 아니하는 자는 복이 있도다"(시 32:2)라는 본문
을 대하고 이렇게 말합니다: "아아, 이 본문은 나를 대적하여 말씀하는구나. 여기
서는 순전한 심령이 마음에 간사함이 없다고 말씀하는데, 내게는 간사함이 많으
니 나는 순전한 심령이 아니로구나." 그런데 이것은 정말이지 아주 약하고 그릇된
추론입니다. 위의 본문에서 간사함이 없다는 것은 마음에 속이는 것과 외식이 조
금도 없다는 뜻이 아닙니다. 인간의 타락 이후에는 오직 그리스도 자신 외에는 썩
을 육체를 입고 사는 자 중에 그런 자가 하나도 없었습니다. 엄밀한 의미에서는 죄
가 없다는 것이 간사함이 없다는 것과 동일한 것이요, 이것은 "죄를 범하지 아니하

시고 그 입에 거짓도 없으신"(벧전 2:22) 주 예수 그리스도만이 누리시는 고유한 특권입니다. 그러므로 성도들에 대한 묘사에서 동일한 문구가 사용되는 것을 보면 ― 예컨대, 레위의 경우("그의 입에는 진리의 법이 있었고 그의 입술에는 불의함이 없었으며 그가 화평함과 정직함으로 나와 동행하며 많은 사람을 돌이켜 죄악에서 떠나게 하였느니라"(말 2:6))와 나다나엘의 경우("이는 참으로 이스라엘 사람이라 그 속에 간사한 것이 없도다"(요 1:47))처럼 ― 우리는 이를 오직 그리스도와 천국의 영광을 입은 성도들에게만 적용되는 의미로 보아서는 안 되고, 오히려 이 땅의 불완전한 상태에 있고 또한 바깥의 마귀와 속의 죄의 몸과 싸우는 연약한 그리스도인에게 적당하도록 좀 더 낮은 의미로 보아야 할 것입니다. 연약한 여러분, 그 본문들에서 하나님의 성령께서 그의 성도들에게 있는 은혜에 대해서 그렇게 높고도 과장되게 말씀하는 것으로 읽고 있다면, 눈을 씻고 다시 살펴보기 바랍니다. 그러면 성령께서 성도들의 은혜를 죄가 온통 뒤섞인 상태에서 완전히 벗어나 있는 그런 완전한 것으로 말씀하시지 않고, 오히려 성도들의 작은 은혜를 마치 완전하고 외식이 전혀 없는 것처럼 말씀하셔서, 그가 그 은혜를 아주 높이 기리신다는 것을 표현하셔서 의기소침해 있는 심령들과 실수를 범하는 그들의 마음을 ― 자기들에게 외식만 있고 순전함이 전혀 없다고 여기기 때문에 의기소침해 있고 실수를 범하는 ― 위로하고자 하신 것이라는 것을 알게 될 것입니다.

오오 그리스도인 여러분, 하나님께서는 자신이 연약한 자에게 베푸시는 애틋한 사랑 때문에 여러분의 큰 부패거리들을 간과하지 않으시지만 그러면서도 그 부패거리들에 뒤섞여 있는 참된 은혜를 보시는 것처럼, 함께 섞여 있는 외식을 두려워하여 여러분에게 있는 작은 은혜를 간과해서는 안 된다는 것을 여러분이 깨닫기를 바라시는 것입니다. 롯이 이방 왕들에게 사로잡혀 있을 때에도 아브라함은 그의 친족인 그를 사랑하고 아꼈습니다. 이와 마찬가지로 여러분에게 있는 작은 은혜가 안타깝게도 가슴속에서 원수와 함께 멍에를 메고 있을 때에도 여러분의 하나님께서는 그 은혜를 마치 피붙이처럼 사랑하고 아끼십니다. 그러므로 그 큰 그리스도의 날 책이 펼쳐질 때에 말씀도 환히 열리고 또한 여러분의 양심의 판단도 함께 열릴 것임을 알고 위로를 얻기 바랍니다. 그리스도께서 그 둘을 모두 해석해 주실 것입니다. 그 때에는 여러분이 사탄의 그럴듯한 설명을 가미시켜 읽어서 기왕에 괴로움 중에 있는 여러분의 심령을 더욱 괴롭게 만들어온 그런 의미는 무너질 것이요, 오로지 그리스도께서 뜻하시는 의미만이 서게 될 것입니다. 분명

히 말씀드리지만, 그리스도께서는 이미 이 땅에 계실 때에 제자들과 사랑의 대화
를 나누셔서 그가 연약한 은혜에게 너무도 큰 친구시라는 것을 선언하신 바 있고,
또한 그들에게 있는 그의 은혜에 대해 값없이 증언해 주셨습니다. 그들이 지식과
실천 모두에 있어서 그저 투박하고 연약하기 그지없는 그리스도인들일 뿐임을 하
나님께서 아시지만 말입니다. 그러니 여러분, 지금 그렇게 칭찬하시고 그렇게 따
뜻하게 안아주시는데 나중 그때에 가서 정죄하고 내치실 것이라고 여기고 두려워
할 필요가 하나도 없습니다. 그렇습니다. 그가 하늘로 올라가고자 하실 때에 그의
어린 양들을 온유하게 대하시고 극진히 보살피신 주님이시니, 다시 오실 때에도
그 양들에게 그와 동일하게 대하실 것임을 믿어 의심치 않습니다.

[마음의 진실함 혹은 순전함의 네 가지 특성]

셋째. 이제는 외식자가 결코 행하지 못했고 또한 도달할 수도 없는 순전함의 적극적
인 특성들을 제시해드리고자 합니다. 외식자들이 착용하고 자기들의 꾸민 얼굴에
매혹되어 스스로 순전하다고 뽐내어 왔고, 또한 순전한 심령의 온화한 얼굴과 자
연스런 아름다움을 일그러지게 하여 그에게 비쳐오는 하나님의 은혜에 대해 의심
하게 만든 그 아첨의 안경을 깨뜨렸으니, 이제는 계속해서 몇 가지 윤곽들을, 그리
고 진실한 마음, 곧 경건한 순전함의 몇 가지 의심 없는 특성들을 제시하고자 합니
다. 이를 근거로 하면 각자 자신의 처지에 대해 더 나은 판단을 할 수 있을 것입니
다.

첫째 특성. 순전한 마음은 새 마음입니다. 외식을 가리켜 "묵은 누룩"이라 부릅
니다. "새 덩어리가 되기 위하여 묵은 누룩을 내버리라"(고전 5:7). 일단 밀가루 반
죽에 누룩이 들어가면 그 맛이 절대로 사라지지 않습니다. 부패한 본성 역시 그 본
성 자체가 바뀌지 않는 한 절대로 외식적인 모습이 사라지지 않습니다. 마음이 새
로워져야지, 그렇지 않으면 옛 상태가 그대로 있을 수밖에 없는 것입니다. 한동안
그것을 감추고, 다른 이들에게 그 불쾌한 것이 드러나지 않게 하기 위해서 무언가
방법을 쓸 수는 있습니다. 마치 꽃과 향기들을 썩는 시체 곁에다 두어서 그 냄새를
가시게 하는 것처럼 말입니다. 하지만 썩는 시체와 부패한 마음은 그대로 변하지
않고 있는 것입니다. 공작새 고기에 대해서 사람들은 말하기를, 그것을 원하는 만
큼 익혀도 차가워지면 그 살이 다시 날 것이 된다고 합니다. 그렇습니다. 이와 마
찬가지로 육신적인 마음이 스스로 고도의 경건을 보이도록 자신을 다그쳐서 열정

으로 뜨거운 모습이 겉으로 드러난다 해도, 조금만 지나면 다시 옛 상태로 돌아가고 옛 모습을 다시 드러내 보여서, 그 경건이 아무것도 아니요 헛된 것임이 나타나고 맙니다. "한 마음"과 "새 마음"은 모두 하나님의 언약의 자비입니다. 마음을 "하나"로 만들기 위해 "새" 마음이 약속되고 있는 것입니다: "내가 그들에게 한 마음을 주고 그 속에 새 영을 주며"(겔 11:19). 하나님께서는 한 영을 주시겠다고 약속하십니다. 곧, 하나님과 사람에게 순전한 영, 외식의 표지인 분리된 마음 — 한 마음과 또 한 마음 — 과는 반대되는 영을 주시겠다는 것입니다. 그런데 어떻게 그 마음을 주실까요? 그는 계속해서 말씀하십니다: "그 속에 새 영을 주며." 구체적으로 어떻게 하시겠다는 것일까요? "그 몸에서 돌 같은 마음을 제거하고 살처럼 부드러운 마음을 주어"라고 하십니다. 이 말씀을 다음과 같은 의미로 해석하면 좋을 것입니다: "내가 한 마음을 주리니, 곧 새롭게 만들어 주리라. 마치 여러 조각의 오래된 은(銀)이나 동판으로 하나의 그릇을 만들고자 할 때에 먼저 용광로에 던져 녹여서 그 모든 재료가 하나로 용해되도록 한 다음 그것을 부어 하나의 그릇으로 만들듯이, 그렇게 마음을 녹이고 부드럽게 하리라." 과연 그렇습니다. 본성적으로 사람의 마음은 매우 분리되고 깨어진 존재요, 이리저리 흐트러지고 조각나 있어서 이런저런 정욕에게로 나뉘어 있습니다. 한동안은 마치 레아가 야곱을 붙잡아놓은 것처럼 한 가지 허영이 그를 붙잡습니다. 그러다가 그것을 위해 수고하고 공을 들인 다음에는 다시 다른 것에게로 마음을 쏟습니다. 사람도 그의 애착도 이처럼 나뉘어 있는 것입니다. 그런데, 택한 자들 — 곧, 하나님께서 그의 거룩한 사용과 섬김을 위해 거룩히 구별하사 존귀의 그릇들로 작정하신 자들 — 은 그가 그의 말씀의 불 속에 던져 넣으시고 거기서 부드럽게 하시고 녹이시며, 변화시키시는 그의 영으로 말미암아 그들을 새롭게 만드시고, 이를테면 거룩한 하나로 만드십니다. 그리하여 전에는 하나님과 나뉘어 있었고 세상과 그의 정욕들 속에 잃어버려져 있어서 하나님도 그 정욕들 가운데 하나로 여겼던 그의 마음이 그것들에게서 벗어나 전적으로 하나님께로 모아지게 됩니다. 그 마음은 한 가지 눈으로 하나님을 바라보며 모든 일을 전적으로 하나님을 위하여 행하는 것입니다. 그러므로 과연 여러분의 마음이 순전한지를 알려면, 여러분의 마음이 그렇게 새롭게 되었는지를 확인하여야 할 것입니다.

하나님께서 여러분을 그의 용광로 속에 던지신 일이 있습니까? 그의 말씀이 마치 불처럼 여러분을 사로잡아서 여러분의 굳은 마음이 부드러워지고 불순물로 가득한 심령이 녹아져서, 전에 마치 금속의 불순물처럼 여러분의 심령에 붙어 있던 그 단단한 외식과 교만과 불신앙을 이제 보게 되었습니까? 또한 그것을 볼 뿐만 아니라, 그것이 여러분의 심령으로부터 절단되어 떨어져나가는 것도 보았습니까? 그리하여, 전에는 여러분 스스로 선한 상태에 있다고 자화자찬하였으나 이제는 여러분의 어리석음을 탄식하며, 또한 여러분이 행한 모든 일에서 하나님께 역겨운 냄새를 풍기운 존재였음을 마음 깊이 고백하고 있습니까? 전에는 여러분의 의로운 시민생활, 교회 출석, 가정에서 몇 가지 임무들을 대충 행하는 것 등등이 여러분의 눈에 그렇게 번지르르하고 멋있어 보여서 이제 천국이 여러분에게 완전히 보장되어 있는 것으로 생각했는데, 이제는 가슴속에서는 정욕을 채우고 가장 애틋한 애착으로 그것들을 먹이면서도 그처럼 겉모양으로 외식을 행함으로써 얼마나 하나님을 조롱했었는지를 생각하고 탄식하고 있습니까? 한 마디로 말해서, 여러분의 마음이 녹아져서 이런 것들에 대해 탄식하는 것뿐 아니라, 과거에 온갖 정욕들에게 나뉘어져 있고 산만해져 있던 그 마음이 이제는 하나가 되어 하나님의 이름을 경외하고 있다고 말할 수 있습니까? 여러분의 목적이, 다른 모든 것을 버리고 오직 하나님께 인정된 자로 여러분 자신을 드리겠다는 것 한 가지뿐입니까? 여러분의 사랑이 오직 그리스도만을 사랑하고 그에게 사랑받겠다는 것 한 가지뿐입니까? 여러분을 새롭게 하시는 하나님의 권능으로 말미암아 여러분의 애착의 흐름이 이와 같이 한 줄기로 모아져서 힘차게 흘러가고 있다면, 여러분은 주께 속하여 있는 복된 사람입니다. 여러분 속에 아직 많은 부패가 있고 그것이 여러분의 흐름을 어지럽히고 하나님을 향하여 나아가는 여러분의 영혼의 자유로운 경로를 막으려 하지만, 여러분은 과연 하나님 앞에서 순전한 심령입니다. 여러분의 부패성 때문에 어려움이 있을 수도 있습니다. 산과 바위들이 가로막고 있어서 강물이 가장 가까운 경로를 취하여 일직선으로 바다로 흘러들어가지 못하고 그것들을 피하느라 그 경로가 이리저리 굽어지고 돌아가듯이, 여러분에게 남아 있는 부패한 것들이 이따금씩 가로막아서 순종의 길에서 벗어나게 만들기도 합니다. 그러나 순전한 마음은 이 모든 제약에도 불구하고 강물처럼 그 경로를 따라 계속 나아갈 것이요, 하나님께로 완전히 나아가기까지 여러분을 떠나지 않을 것입니다. 하나님이 마음에 완전히 새겨져서 여러분이 절대로 그를 잊어버릴 수가 없을 것이니 말입니다. 그러나, 만일 그렇게 외식이 드러난 일도, 그것에 대한 혐오감에 젖어 본 일도 한 번도 없고, 가슴속에 새로운 원리가 들어와 영혼의 성향이 바뀌어 본성적으로 애착을 가졌던 것들과는 전혀 어긋나는 것에 마음이 끌리는 일도 없고, 겉으로 그럴싸한 모습을 보이고 있다고 하여 여러분 자신에 대해 좋은 생각만 갖고 있고, 또한 여러분 스스로 순전하며 여러분의 마음이 진실하다는 것을 당연한 일로 받아들이고 있다면, 감히 말씀드립니다만, 여러분은 부정한 외식자입니다. 세상은 여러분을 성도로 대할 수 있습니다만, 하나님 보시기에 여러분은 절대로 성도가 아닙니다. 아무리 멋지고 세련되게 여러분 자신을 치장하여 그리스도인처럼 보인다 해도, 여러분의 얼굴은 성도의 얼굴이나 마음은 외식자의 마음일 뿐입니다. 속에 마귀와 죄가 거한다면, 겉에 천사의 표지가 걸려 있을지라도 아무런 소용이 없는 것입니다. 낡은 의복의 단을 새롭게 줄인다고 해서 그것이 새 의복이 되지는 않습니다. 그저 새것처럼 보이기만 할 뿐입니다. 조금만 비용을 더 들이면 오랫동안 입을 수 있는 새 의복을 살 수 있는데도, 굳이 곧 누더기가 되어 버릴 낡은 의복을 고집하며 그것을 세련되게 고치는 데에 큰 비용을 쓴다면 그것은 지혜로운 일이라 할 수 없을 것입니다. 그러니 여러분이 행하는 모든 일들이 인정받고 여러분도 구원받도록 새 마음을 얻기를 힘쓰는 것이, 새 마음이 없는 것 때문에 여러분이 고되게 행한 모든 신앙적인 일들과 여러분 자신까지 잃어버리는 것보다 더 낫지 않겠습니까?

둘째 특성. 순전한 마음은 **투명한 마음**이요 단순한 마음이며, 접힌 것이 없는 마음 (a heart without folds)입니다. 외식자는 뱀과 같은 부류입니다. 그는 뱀처럼 몸을 접었다 폈다 하면서 앞으로 나아갈 수 있습니다. 곧, 자기 자신의 모습을 다른 사람들에게 드러내기를 원치 않는다는 것인데, 거기에는 그럴만한 이유가 있습니다. 자기 자신을 드러내지 않고 숨길 때에 자신이 가장 신용을 얻는다는 것을 알기 때문입니다. 외식자는 "자기의 계획을 여호와께 깊이 숨기려 하는 자"(사 29:15)요, 그 "속뜻과 마음이 깊은" 사람입니다(시 64:6). 그들의 속뜻과 마음의 의도가 그들이 하는 말과 얼마나 거리가 먼 지는 아무도 모릅니다. 순전한 마음은 맑은 시냇물과 같아서 그의 하는 말의 밑바닥까지 다 들여다볼 수 있고, 그의 혀로 그의 마음을 가늠할 수 있습니다. 마음의 질병이 혀의 반점들에서 드러난다고들 하지만, 외식자는 더러운 마음을 지니고 있으면서도 얼마든지 깨끗한 혀를 보여줄 수 있습니다. "너를 볼 수 있도록 말을 하여라"라는 금언이 있습니다만, 이 금언을 지은 이는 외식자에 대해서는 생각하지 못했습니다. 외식자는 말을 해도 그를 도무지 볼 수 없으니 말입니다. 그는 자신의 악행을 두터운 구름으로 가리고 있는데,

그 중에서 가장 두터운 구름이 바로 그의 신앙적인 말과 번지르르한 신앙 고백입니다. 가슴속에 진실한 마음을 품고 있는지 그 여부를 알고 싶으십니까? 투명하게 드러나는 마음이 여러분에게 있는가를 보십시오. 고린도후서 1:12과 일치되는지를 보십시오. 바울을 비롯한 그리스도의 신실한 사자들은 고린도 사람들 가운데서 "하나님의 거룩함과 진실함으로" 처신하였습니다. 거짓 사도들은 마음속에 은밀한 상자 같은 것을 숨겨두고 그 속에 그들의 은밀한 계획들을 감추어 두었으나 그들에게는 그런 것이 없었습니다. 그런데 이런 순전한 마음의 투명성은 다음과 같은 세 가지 구체적인 점들에서 나타납니다.

(1) 순전한 마음은 자기 자신을 투명하게 대하며, 이는 다음 두 가지에서 주로 나타납니다.

(a) 자기 자신을 살피고 샅샅이 뒤지는 데에서 나타납니다. 지극한 기술과 능력으로 이를 행합니다. 라헬이 라반의 우상을 숨겨놓고 있으면서도 다른 핑계를 대며 그를 속인 것 같은 그런 식의 처신은 그냥 내버려 두지 않습니다. 하나님께 선한 보고를 드릴 수 있도록 자기 영혼에 대한 보고서를 마련합니다. 하나님의 권위로 영혼이 그 직무를 행하는 것이니 말입니다. 이런 사람은 혹시 어떤 육신의 정욕이 그의 눈을 피하고 숨어 있지 않을까 하여, 혹은 하나님의 지극히 작은 은혜 한 가지라도 거짓 대하거나 부인하여 그것을 짓밟지는 않을까 하여 얼마나 두려워하는지 모릅니다! 다윗은 하나님을 생각하면 마음이 새로워지고 지극한 기쁨이 있곤 했으나, 하나님을 생각함으로 오히려 마음에 근심이 생길 때가 있었습니다. "내가 하나님을 기억하고 불안하여 근심하니"(시 77:3). 그럴 때에 이 거룩한 사람은 무엇이 문제인가를 궁구하며, 자기 자신을 깊이 살핍니다. 앞으로 뒤로 다니며 하나님께서 과거에 자신을 어떻게 대하셨는지를 찾고 샅샅이 마음을 뒤집니다. "마음으로 생각하며 부지런히 살피며"(6절. 한글개역개정판은 "내가 내 마음으로 간구하기를"로 번역함 — 역주) 자기 속에 평안을 어지럽히는 요인을 발견하기까지 절대로 멈추지 않습니다. 자신의 위신을 염려하여 그런 문젯거리를 부드럽게 만드는 따위의 일은 생각조차 하지 않고, 그 도둑을 공격하며 자기의 죄를 책망하고 의롭다 하실 하나님께, 전에 그렇게 깊이 생각했던 그 하나님께 그 죄를 자복합니다. "내가 말하기를 이는 나의 잘못이라"(10절). 이는 마치 이런 뜻과도 같습니다. "여호와여 내 가슴속에서 풍랑이 일게 만들었고 그동안 근심 가운데서 나를 지극히 불편하게 만든 그 요나를 이제 보옵나이다. 나를 그렇게 끌어내렸고 나의 괴로움을 안타

깝게 느끼도록 만든 것이 바로 나의 이 불신앙이옵니다. 그것이 나로 과거의 경험들을 바라보지 못하게 했사옵니다. 그러니 그 불신앙을 잊고 있는 동안 주께 도무지 나아갈 수 없었나이다." 정말로 정직하고 투명한 영혼의 살핌이 아닐 수 없습니다. 오오 여러분은 과연 이 거룩한 다윗과 비슷한 점이 무엇입니까? 여러분은 이와 같이 여러분의 영혼을 살핍니까? 마치 여러분의 집에 숨어 있는 살인자를 찾으려고 샅샅이 뒤지는 것처럼, 메리 여왕 치세 때에 교황주의자들이 개신교도들을 찾아 칼과 창으로 찔러 죽이려고 혈안이 되어 그들을 찾아 다녔듯이, 그렇게 진지하게, 여러분의 죄를 찾아내고자 하는 열의를 갖고서, 그렇게 여러분의 영혼을 살피고 있습니까? 아니면, 이 일을 할 때에 너무 멀리 찾아다니는 것을 싫어하지는 않습니까? 혹시 그냥 넘어가고 싶은 것들이 있는데 그것들이 여러분의 눈에 띄지는 않을까, 여러분의 양심이 여러분에 대해 불쾌한 보고를 하지는 않을까 하여 전전긍긍하면서 말입니다. 테르툴리아누스(Tertullian)는 이교도 박해자들에 대해 "그들은 그리스도인들이 하는 말을 듣지 않으려 했는데, 이는 그들의 말이 들리면 그들의 대의명분이 정당하다는 것이 드러나 얼굴을 들고 떳떳하게 그들을 정죄할 수가 없어지기 때문이라"고 했습니다. 그러나 순전한 심령은 자신의 진정한 상태를 알기를 정말로 사모하여, 스스로 최선을 다해 자신을 살펴서 그의 양심이 그를 무죄 방면해 줄 때에도 그것으로 만족하지 않고 혹시 자기 자신에 대한 사랑 때문에 자기의 눈이 가려져서 결국 양심이 자신에 대해 그렇게 좋게 보고하게 된 것은 아닐까 염려하며, 하늘로부터 도우심을 촉구하며, 하나님께서 자신을 살펴 주시기를 구합니다. "여호와여 내가 주를 미워하는 자들을 미워하지 아니하오며 주를 치러 일어나는 자들을 미워하지 아니하나이까?"(시 139:21). 그리고 그의 양심이 이에 대해 대답합니다: "내가 그들을 심히 미워하니 그들은 나의 원수들이니이다"(22절). 그러나 다윗은 자신의 이런 간결한 증언에 전혀 만족하지 않고 하나님께 아룁니다: "하나님이여 나를 살피사 내 마음을 아시며 나를 시험하사 내 뜻을 아옵소서. 내게 무슨 악한 행위가 있나 보 … 소서"(23, 24절). 지혜로운 의사들이라면 아무리 의술이 탁월하다 해도 자기들 자신의 건강에 대해서는 자신의 판단을 신뢰하지 않을 것입니다. 이와 마찬가지로 순전한 그리스도인들도 그들 자신의 영혼의 상태에 대해 자신의 판단을 신뢰하지 않고, 하나님께서 판단하시기를 구합니다. 오직 하나님의 판단이 모든 문제들을 매듭짓는 것입니다. 다윗처럼 자신의 문제를 위해 하나님께 기도하고 그에게 맡기고 난 후, 그가 하실 말씀을 듣습니다.

그러므로 그들은 지극히 예리한 조사의 사역에 자신들을 맡기며, 그들의 양심이 완전히 벌거벗겨지고 그들의 마음이 환히 드러날 때에 그렇게 기쁠 수가 없습니다. 마치 한 사마리아 여인이 그리스도께서 하시는 말씀을 듣고서 동네 사람들에게 다니며, 자기의 행한 모든 일을 그가 말씀해 주었다고 하며 그를 전했던 것처럼 말입니다(요 4:29). 그러나 거짓된 마음은 그런 말을 듣는 것을 좋아하지 않습니다. 설교자가 자기의 생활 영역에 들어와 자기의 양심의 상태를 드러내면 그가 사생활을 침해하고 있다고 여깁니다. 마치 할 수만 있다면 그 일로 인해 설교자를 상대로 무슨 조치를 취하려 하기까지 합니다. 헤롯이 그랬습니다. 요한이 자기의 아픈 곳에다 손가락을 대자, 헤롯은 그것을 견디지 못했습니다. 요한이 두려웠고 그를 의식했으나, 그를 사랑한 적은 없었습니다. 그리하여 결국 상황에 이끌려 그의 머리를 잘라 버렸고, 그리하여 자신의 근친상간의 치부를 감히 드러내고 책망한 혀를 제거해 버린 것입니다.

(b) 참된 마음은 자기 자신을 살피는 데에서도 투명하지만, 또한 자신의 죄를 드러내는 증언이 있을 때에, 또한 이에 대해 양심이 "영혼아 이 일에서는 네 교만이 드러나고, 저 일에서는 네 고집과 조급함이 드러나는구나"라고 말할 때에도 자기 자신을 투명하게 판단합니다. 이런 사람은 머지않아 자신을 판단하게 되고, 그것도 자기 자신에 대해 맹렬하고도 혹독하게 판단합니다. 자신이 욕되게 한 그 하나님을 향한 열정으로 말미암아 자기 자신에 대한 연민은 완전히 자취를 감추어 버리는 것입니다. 그는 자기 자신을 낮추고 비천하게 여기되, 마치 레위 자손들이 형제들에게 공의를 시행할 때에 형제도 자매도 돌아보지 않고 그 일을 행한 것처럼 합니다(출 32:26-28). 과연 이러한 영웅적인 행동이 순전한 심령이 자기 자신을 판단할 때에 나타나는 것입니다. 그는 자기의 죄에 대한 거룩한 분노로 완전히 가득 차 있어서, 좀 더 관대하게 판단해 주기를 바라는 혈과 육의 외침에 대해 전혀 귀를 기울이지 않습니다. 다윗은 이렇게 말씀합니다: "내가 여호와께 죄를 범하였노라" (삼하 12:13); "종의 죄를 사하여 주옵소서 내가 심히 미련하게 행하였나이다"(삼하 24:10). 그는 또한 자기 자신을 사람이라 부를 가치도 없다고 여겨 자신을 짐승으로 칭하기도 합니다: "내가 이같이 우매 무지함으로 주 앞에 짐승이오나"(시 73:22). 그러나 거짓된 마음은 양심이 이런저런 것을 지적하고 또한 그 원인에 대해서 가슴속에 이런저런 불편함이 있는 것을 지각하고, 자기 자신을 시험대에 올려놓아야 할 상황이 되면, 판단 자체를 깨어 버리고 잠정적으로 판단을 유보하고

그냥 한가하게 있습니다. 그리하여 증인이 되는 양심이 판단을 연기하고 뒤로 계속 미루는 중에 그 일 자체가 지리멸렬해지고, 별 목적도 없이 모습을 드러내기보다는 차라리 집에 그냥 머물러 있는 쪽을 택하며, 결국 양심이 증언을 중단해 버리게 됩니다. 자신의 증언이 전혀 효과를 내지도 못하고 범법자에 대해 판단이 내려지지도 않으니 말입니다.

(2) 참된 마음은 자기 자신을 대할 때에는 물론 하나님을 대할 때에도 투명합니다. 이는 여러 가지로 나타납니다만, 한 가지만 예로 들면 은혜의 보좌 앞에 나아가 간구하는 데에서 나타납니다. 외식자는 기도할 때에 거짓을 꾸며댑니다. 하나님께서 주셔도 그에게 감사하지 않을 것을 구하는 것입니다. 죄악을 없애 달라고 구하는 그의 기도 자체가 죄악이니 불가사의한 일입니다. 우리의 마음이 투명한지 그렇지 않은지는 다음 두 가지 구체적인 사실에서 나타납니다.

(a) 여러분의 간구가 응답되지 않을 때에 과연 심령이 깊이 상하는지, 아니면 간구가 응답되든지 되지 않든지 별로 상관하지 않는지를 관찰하십시오. 가령 죄를 없애 달라거나 어떤 은혜를 달라고 기도한다고 합시다. 이때에 그 기도가 응답이 없이 오랜 동안 지속될 때에 여러분의 마음 상태가 어떻습니까? 이런 상황이 되면 여러분의 외식이나 순전함이 드러납니다. 만일 여러분이 순전하다면, 하늘로부터 무언가 소식을 들을 때까지 매 순간이 매 시간이 되고, 매 시간이 매일이 되고, 매일이 매년이 될 것입니다. "희망하는 바가 지연되면 마음이 괴로워지는 법입니다." 병자가 의사를 부르러 사람을 보내고 난 후 그가 속히 오기를 애타게 기다리지 않겠습니까? 아마도 심부름을 하는 자가 의사를 만나지 못한 것은 아닐까, 혹 의사가 함께 오지 않는 것은 아닐까, 혹 약을 가지고 오기 전에 그가 죽는 것은 아닐까 하며 전전긍긍할 것입니다. 수천 가지의 염려가 그를 괴롭힐 것이며, 오로지 그가 오기만을 학수고대할 것입니다. 순전한 심령도 이와 같이 그 간구하는 바가 응답되기까지 안타까운 심정이 가득하여 시간을 보냅니다. 한나는 엘리 제사장에게, "나는 마음이 슬픈 여자라"(삼상 1:15)고 말했습니다. 왜 그렇습니까? 해마다 하나님께 기도를 드렸는데 안타깝게도 아직 응답이 오지 않았기 때문입니다. 순전한 심령도 이와 같이 말합니다: "내 마음이 쓰리다. 부드러운 마음과 믿는 마음을 달라고 몇날며칠을 기도했건만 그것을 얻지 못했도다. 나의 기도가 진실하지 못 했는가 염려스럽다. 그렇지 않다면 나의 간구가 이렇게 오랫동안 허공을 치고 있을 수가 있겠는가?" 이런 심령은 두려움과 괴로움으로 가득합니다. 마치 진기한

물건을 가득 실은 배를 바다에 내보낸 상인이 배를 직접 눈으로 보거나 배에 대한 소식을 듣기까지 뭍에서 밤잠을 자지 못하는 것처럼 말입니다. 하지만, 기도를 올리고 나서 그 기도한 일에 대한 염려와 생각을 곧바로 떨쳐 버릴 수 있다면, 여러분의 기도가 마치 어린아이가 종이쪽지에다 이런저런 것을 긁적거리는 것과 ── 어린아이들은 그렇게 긁적거리고는 이내 옆으로 제쳐두고 더 이상 생각하지 않습니다만 ── 다를 바 없다면, 이런 것들에 대한 무응답을 하나님께로부터 얼마든지 취할 수 있고 또한 마치 남자가 자기가 진심으로 사랑하지 않는 여자에게 구애했다가 그녀에게서 아무런 답을 얻지 못할 때에 그냥 냉담해져서 차갑게 돌아서고 마음에 상처를 받지도 않고 쓰라림을 얻지도 않는 것처럼 한다면, 여러분의 경우가 과연 이와 같다면, 여러분에게서 거짓 마음이 역사하고 있는 것입니다. 그러니 하나님께서 여러분의 기도가 아니라 여러분의 마음의 은밀한 욕망대로 응답하셔서 이루어 주시는 일이 없도록 조심하시기 바랍니다. 하나님께서 그렇게 하신다면, 여러분은 영원히 망해 버리고 말테니 말입니다.

(b) 하나님께 달라고 구하는 그것을 얻도록 여러분 자신이 수고를 기울이는지를 관찰하십시오. 거짓된 마음은 하나님에게 일을 시키고는 자신은 그냥 가만히 앉아 있습니다. 마치 수레가 비탈길을 굴러가는데, "제우스여 도우소서!"라고 외치고는 팔을 뻗어 수레를 붙잡지도 않고 가만히 있는 사람처럼 말입니다. 마치 이스라엘 사람들이 골리앗에게 한 것처럼 공격을 하지도 않고 그냥 쳐다보고 있습니다. 부패한 것들을 죽이고 없앤다면 좋은 일입니다만, 그것들과 대면하고 모든 수단을 사용하여 그것들을 물리치려는 수고를 기울이는 데에서는 너무도 게으름과 비겁함에 젖어 있으니, 그냥 그것들에게 종노릇하고 묶여 있는 것과 똑같이 그저 한심할 따름입니다. 그러나 순전한 심령은 양심적으로 온 수고를 기울입니다. "우리의 마음과 손을 아울러 하늘에 계신 하나님께 들자"(애 3:41). 베르나르(Bernard)는 "기도하고 힘써 노력하자"라고 말했습니다. 외식자는 혀만 나불거리지만 순전한 심령은 발로 걷고 손을 움직여 일하는 것입니다.

(3) 순전한 심령은 그 투명함과 단순함을 사람들에게 드러내 보입니다. 사도 바울은 고린도 사람들에게, "우리가 세상에서 특별히 너희에 대하여 하나님의 거룩함과 진실함으로 행하되 육체의 지혜로 하지 아니하고"(고후 1:12)라고 말씀합니다. 그리스도인은 마음을 머리에게 ── 양심을 정략에게 ── 굴복시킬 수 없는 자입니다. 그는 선행 중에 자신을 하나님께 의탁하며 다른 사람들을 두려워하지 않습니

다. 그러므로 그는 겉의 피부를 좋게 유지하려고 양심에 구멍을 뚫는 따위의 일은 감히 행하지를 못하며, 자기의 의도를 감추지 않고 자유롭고도 공개적으로 하나님께 그대로 아룁니다. 그러나 외식자는 돛을 항상 바꾸고, 자기의 정략과 세상적인 관심사에 따라서 그 색깔을 달리합니다. 해안이 뚜렷이 보이고 당장 앞에 위험이 없으면 다른 이들처럼 신앙적인 모습을 보이다가도, 위험스런 요인이 보이면 곧바로 방향을 바꾸어 다른 경로를 따라가고, 아무렇지도 않게 하나님과 사람을 마구 속입니다. 그는 세상적인 안전을 보장해 주는 길을 바른 길로 간주하는 것입니다. 그러나 올바른 자는 이와 정반대입니다: "악을 떠나는 것은 정직한 사람의 대로이니"(잠 16:17). 이 길이야말로 이 참된 여행자가 다니는 길입니다. 어느 때든 그 길에서 그 사람이 보이지 않으면, 그것은 그 사람이 예기치 않게 길을 잃었기 때문이고, 그럴 경우 그는 다시 그 길을 찾아오기까지 절대로 그냥 가만히 있지 않습니다.

셋째 특성. 순전하고 참된 마음을 지닌 그리스도인은 **한결같습니다.** 교리적인 진리가 그 반대의 다양한 오류들 — 진리들 사이에는 조화와 일치가 있으나 오류들 사이에는 없습니다 — 과 다르듯이, 마음의 진실함 혹은 순전함도 동일한 특성을 통해서 외식과의 차별성을 보여줍니다. 사실 마음의 진실함은 교리적인 진리의 복사판이요 필사본과도 같다 하겠습니다. 이 둘은 서로 일치합니다. 마치 사람의 얼굴 모습과 거울에 비친 그 얼굴 모습이 서로 일치하듯이, 인장(印章)에 새겨진 것과 그 인장을 찍을 때에 나타나는 것이 서로 일치하듯이 말입니다. 그러므로 말씀 속의 진리(truth)가 한결같고 조화로울진대, 그것의 복사판인 마음의 진실함(truth) 역시 그럴 수밖에 없는 것입니다. 순전한 그리스도인은 그의 나아가는 삶의 모습이 그 자신과 똑같습니다. 즉, 한 가지 색만 있는 사람입니다. 얼룩덜룩 염색을 해 놓아서 흔들 때마다 색깔이 달라지는 그런 사람과는 다른 것입니다. 순전한 그리스도인의 순종에는 다음과 같이 세 가지 한결 같은 모습이 있습니다. 그는 그의 순종에 수반되는 대상(對象, object), 주체(主體, subject), 그리고 갖가지 정황들에 대해서 한결같습니다.

(1) 순전한 그리스도인은 **대상에 대해서 한결같습니다.** 외식자는 한 가지 임무는 행하지만 다른 임무는 무시합니다. 마치 공처럼 생긴 물체처럼 한 점에서는 하나님의 법과 닿아 있으나 — 어떤 특정한 명령에 대해서는 아주 열심을 보이는 듯하나 — 나머지 부분에서는 만나지 않습니다. 하지만 순전한 마음은 그 열정과 수고

에서 하나님의 법과 전적으로 밀접하게 닿아 있습니다. 올바른 자의 발이 "평탄한 데에" 서 있다고 말씀합니다(시 26:12). 그는 다리를 저는 자가 기우뚱거리며 어색하게 걷듯이 그렇게 걷지 않습니다. 솔로몬은 "저는 자의 다리는" 한 쪽은 길고 다른 한 쪽은 짧아 고르지 않다고 말씀하는데, 그런 자는 "평탄한 데에" 서 있지 못합니다. 그러나 순전한 심령에게는 그런 일은 없습니다. 순전한 사람은 양쪽 발과 다리가 똑같아서, 하나님의 온전한 뜻에 대해서 똑같이 양심적으로 관심을 쏟습니다. 외식자는 오소리처럼 발 하나가 다른 것보다 짧습니다. 혹은 절름발이 말처럼 네 발 모두를 땅에 디디고 설 수가 없고, 언제나 최소한 발 하나는 펴서 땅에 디디지를 못합니다. 바리새인들은 십계명의 첫째 돌판에 대해서는 굉장한 열심을 보이는 체하였습니다. 그들은 아주 유별난 모습으로 기도하고 금식하였습니다만, 그들은 자기들의 경건을 보이기 위해 기도한 것이요, 또한 하루 종일 금식한 다음에는 가난한 과부를 희생시켜 그의 집을 삼켜 버립니다. 압제와 약탈로 금식을 마감하다니, 그리고 그 금식으로 인하여 게걸스런 식욕을 갖게 되는 것밖에 없으니, 이 얼마나 안타까운 금식입니까? 경건을 가장하고서 다른 사람들의 재산을 삼켜 버리니 말입니다. 도덕론자는 사람들과의 관계에서는 아주 철저합니다만 하나님에 대해서는 아주 도둑 같은 심보를 갖고 행합니다. 이웃에게는 조금도 잘못을 범하지 않습니다만, 하나님에게서는 더 큰 것들을 도둑질하는 것을 아무렇지도 않게 여깁니다. 그는 하나님께 사랑과 경외와 믿음의 정당한 빚을 지고 있으면서도, 도무지 자기의 양심으로 그것들을 갚게 하지를 않는 것입니다. 성경은 대개 성도 — 경건한 사람 — 를 특정한 한 가지 임무나 한 가지 은혜를 따라 묘사합니다. 때로는 그의 성격을 "맹세하기를 무서워하는 자"(전 9:2)로 표현하기도 하고, 때로는 "형제를 사랑하는 자"(요일 3:14) 등으로 표현하기도 합니다. 왜 그렇습니까? 한 가지 임무를 양심적으로 행하는 경우에는 다른 어떤 임무에 대해서도 기꺼이 행할 마음이 갖추어져 있기 때문입니다. 하나님께서 그의 모든 계명들을 동일한 권위로 세우신 것처럼 — 그렇기 때문에 "하나님이 이 모든 말씀으로", 한 계명 한 계명을, "말씀하여 이르시되"(출 20:1)라고 말씀합니다만 — 모든 은혜를 함께 베풀어 주시고, 어느 한 가지 특정한 법이 아니라 보편적인 원리인 전체의 법을 그의 자녀들의 마음에 기록하셔서 모든 법에 똑같이 마음이 끌리도록 하십니다. 그러므로 만일 모든 법을 다 좋아하는 것이 아니라면, 그 어떤 법에 대해서도 순전하지 못한 것입니다.

(2) 순전한 그리스도인은 **주체에 대해서 한결같습니다.** 새로움을 얻은 사람은 전인(全人)이 한 길로 움직입니다. 영혼의 모든 능력들과 기능들이 힘을 합쳐서 아름답게 조화를 이룹니다. 이성이 진리를 발견하면, 양심이 하나님의 이름으로 — 양심이 하나님의 도구이므로 — 의지에게 극한 권위를 발휘하여 그 진리를 따르도록 명령을 내립니다. 그러면 의지(will)는 양심이 문을 두드리자마자 자신을 열고 진리를 받아들입니다. 그리고 감정(affections)은 의지가 진리를 환영하는 것을 보고서 성실한 하녀처럼 그 진리를 격조 있게 섬기고 보살필 준비가 되어 있음을 표현합니다. 그러나 외식자의 경우는 그렇지 않습니다. 한 기능이 다른 기능과 충돌을 일으킵니다. 모든 기능과 능력이 서로 우애 있게 어떤 일을 도모하는 경우가 한 번도 없습니다. 이성이 진리의 빛을 받아 이런 진리 저런 임무를 알게 되어도 양심에게 뇌물을 먹여 그 본연의 기능을 수행하지 못하게 하여, 그 진리나 임무를 무시하는 것에 대해 책망하지 못하도록 만드는 경우가 허다합니다. 이를테면 진리가 심령 앞에 서 있는데, 양심이 그것을 위하여 문을 두드려 영혼을 깨워 그 진리를 안으로 들이도록 하지 않는 것입니다. 혹 양심이 굴복하여 진리의 대의를 호소하고 또한 그 진리를 받아들이도록 무언가 조치를 취한다 해도, 그 환영받지 못하는 손님을 맞기 위해 온갖 일로 바삐 움직여야 하는 고통 때문에 이맛살을 찌푸리며 퉁명스럽게 문전박대하거나 — 심통이 나 있는 아내가 자기가 좋아하지 않는 사람을 남편이 데리고 왔을 때에 흔히 하는 것처럼 — 아니면 은밀한 적개심을 교묘하게 속에다 감추고서 그저 겉으로만 대접하는 체하는 것입니다.

(3) 순전한 심령은 **그의 순종의 정황들에 대해서 한결같습니다.** 곧, 시간과 관계하는 장소, 사람, 자세 등 그의 거룩한 삶의 갖가지 정황들에 대해서 한결같은 것입니다. 그는 시간에 대해 한결같습니다. 그의 신앙은 정해진 시간에만 입는 예복 같은 것이 아닙니다. 아무 때든 그를 만나면 언제나 한결같습니다. 주일에도 거룩하고 주중에도 거룩합니다. "정의를 지키는 자들과 항상 공의를 행하는 자는 복이 있도다"(시 106:3). 난로 옆에 앉아 있을 때에는 얼굴이 벌겋게 되었다가 일어서면 금방 사라져 버리는데 이것은 그 사람의 안색이 그런 것이 아니라 열기 때문에 생기는 표지입니다. 선한 모습과 경건한 모습을 접하려면 시간을 잘 맞추어야지 그렇지 않으면 아무것도 보지 못하는 사람들도 있습니다. 이들은 일 년에 몇 개월만 볼 수 있는 꽃과도 같고, 혹은 오전에만 환자를 보고 오후에는 대개 술에 취해 있기 때문에 오전에 가야만 만날 수 있는 의사와도 같습니다. 이처럼 외식자는 오전에

는 성도의 모습을 하고 무릎을 꿇고 있습니다만 그런 시간이 끝나면 밤중에 다시 그런 일을 하기 전까지는 도무지 그의 삶의 모습에서 하나님을 거의 볼 수가 없습니다. 한 번 태엽을 감아줄 때에만 돌아가고 그 이후에는 하루 종일 그냥 서 있는 시계는 무용지물입니다. 영적인 운동을 항상 지속할 열의가 없는 마음 역시 이와 같습니다. 시계가 돌아가지 않고 서 있는 경우가 두 가지인데, 이 둘은 서로 현격한 차이가 있다 싶습니다. 그 하나는 시계 자체가 잘못 제작된 경우인데, 이 경우는 근본적으로 다시 제작하지 않는 한 영원히 그 상태 그대로 있을 수밖에 없습니다. 또 하나는 올바로 제작되었으나 톱니바퀴 사이에 무언가 이물질이 끼거나 약간의 흠집이 나 있는 경우인데, 이 경우는 그것만 제거해 주면 다시 제대로 돌아갑니다. 이와 마찬가지로 순전한 심령과 외식자도 이 두 경우만큼 서로 큰 차이가 있습니다. 순전한 심령도 영적인 운동에 있어서, 그리스도인다운 여정에 있어서 방해를 받을 수도 있습니다만, 그것은 현재 무언가 시험거리가 그를 가로막고 있기 때문입니다. 그러나 끊임없는 거룩한 활동에로 이끌리는 성향을 지니고 있고 또한 현재의 방해거리가 제거되면 곧바로 경건의 모습에게로 본성적으로 돌아간다면, 그는 새로운 본성을 지닌 사람입니다. 그러나 외식자는 그의 본성과 영적인 체제 자체에 결함이 있습니다. 끊임없는 영적인 움직임을 지속시켜 주는 은혜의 원리가 그에게는 없는 것입니다.

또한 순전한 그리스도인은 관계하는 장소와 사람에 대해서도 한결같습니다. 어디를 가든지 그는 자신의 규범을 지니고 다니며 그것으로 그의 진면목이 드러납니다. 집 안에서나 가장 가까운 친족들 중에 있을 때나, 다윗은 다음과 같은 결심으로 행하였습니다: "내가 완전한 마음으로 내 집 안에서 행하리이다"(시 101:2). 바깥으로 그를 따라가 보아도 그는 자신의 양심을 지니고 가고, 마치 아브라함이 산을 올라갈 때에 종에게 잠깐 밑에서 기다리고 있으라고 명령한 것처럼, 그렇게 양심을 두고 나가는 일이 없습니다. 로마인들에게는 각 사람이 어디를 가든지 모자나 겉옷에 자신의 직업을 상징하는 배지를 달고 다녀서 자기의 신분을 드러내도록 하는 법이 있었습니다. 순전한 그리스도인은 자신의 거룩한 신분의 배지를 절대로 떼어두려 하지 않습니다. 어떠한 장소도 어떠한 사람도 그를 이끌어 거룩한 길에서 벗어나게 하지를 못합니다. 사실 그의 양심이 그의 사리분별을 죽이지는 않습니다. 그는 장소와 장소, 사람과 사람을 구별하여 처신하는 법을 알고 있습니다. 그러므로 혹 난폭한 죄인들과 조롱하는 자들 가운데 던져질 때에 그는 진주를 그들에게 던져서 짓밟히고 찢기도록 만들어서 그의 신앙이 조롱을 당하게 하지 않습니다. 그러나 동시에 자신의 사리분별이 자신의 올바른 처신을 위험에 빠뜨리는 일이 없도록 매우 조심히 행합니다. 다윗은, "내가 완전한 길에서 지혜롭게 행하리이다"(시 101:2. 한글개역개정판은 "완전한 길을 주목하오리니"로 번역함 — 역주)라고 말씀합니다. 즉, 나의 올바름이 온전히 유지되도록 할 수 있는 대로 지혜롭게 처신하리라는 뜻입니다. 그렇습니다. 그런 장소, 그런 사람들은 마치 완전히 메마른 지역과도 같아서 은혜를 아는 심령으로서는 도무지 거주할 수가 없는 곳입니다. 이곳은 속된 것이 너무도 뜨겁게 열기를 뿜고 있으므로 시의적절한 조언이나 책망을 통해서 순전함이 자신을 드러내고 그리하여 성도가 안전하게 보호를 받는 일이 도무지 불가능한 곳입니다. 그러므로 그런 죄를 저항할 열정도 없고, 선을 행하는 것은 없고 오직 악만이 있는 그런 곳에서 물러나서 자신을 보호하고자 하는 뜻도 없는 사람은 자신의 순전함에 대해 의문을 가져 마땅할 것입니다.

넷째 특성. 순전한 그리스도인은 전진하며, 천국에 이르기까지 결코 그의 여정을 끝내지 않습니다. 그는 항상 움직이며, 앞을 향하여 나아가는 일에 열의와 수고를 아끼지 않습니다. 작은 은혜에 감사하지만, 동시에 많은 분량의 은혜를 받아도 그것으로 만족하지 않습니다. 다윗은 이렇게 말씀합니다: "나는 … 깰 때에 주의 형상으로 만족하리이다"(시 17:15). 그는 하나님의 집의 각종 규례에 참여하면서 감미로운 즐거움을 많이 누렸습니다. 하나님의 영께서 사자가 되사 하나님의 식탁의 진미들을 그에게 많이 가져다주셨으니, 곧 세상이 알지 못하는 내적인 위로거리들이었습니다. 그러나 다윗은 그것으로 족한 것이 아니었습니다. 그의 갈증을 완전히 만족시켜 줄 수 있는 것은 오직 천국뿐이었으니 말입니다. 가울인들(the Gauls)은 이탈리아의 포도주를 처음 맛보고는 그 예리한 감미로움에 완전히 매료된 나머지 그리로 가서 포도주를 사들이는 것에 만족하지 못하고 그 포도주가 생산되는 그 땅을 정복하기로 결심했다고 합니다. 이와 마찬가지로 순전한 심령은 이 땅에서 하나님이 제정하신 각종 규례들에 참여하여 멀리서 하나님과 교제하며 사귐으로써 이따금씩 하늘로부터 은혜와 위로를 조금씩 받는 것으로는 부족하다고 여기고서 그 거룩한 땅, 그 복된 곳을 정복하여 그 나라에서 그 나라의 포도주를 마실 생각을 갖고 그 일을 도모하는 것입니다. 그리하여 높고 고귀한 일을 도모하게 됩니다. 곧, 어떻게 하면 날마다 더 은혜가 충만해지고, 어떻게 하면 날마다 천국을 향하여 더 가까이 올라갈까를 궁리하고 실행하는 것입니다. 하늘을 목표로 삼는 자는 그저 나무 정도를 맞추려 하는 자보다 더 높이 활을 쏘아 올리는 법입니다. 사도 바울은 말씀합니다: "나는 푯대를 향하여 그리스도 예수 안에서 하나님이 위에서 부르신 부름의 상을 위하여 달려가노라"(빌 3:14). 다른 이들은 바울이 이룬 것을 흠모하였습니다. 오오 바울이 받은 은혜를 받을 수 있다면, 그것으로 그들은 행복할 것이었습니다. 그러나 그는 더 많은 것을 얻지 못한다면 자신을 매우 불행한 자로 간주할 마음이었습니다. 그는 자신이 목표로 삼고 달려 나가는 그것을 얻지 못했다고 고백합니다. 상이 중도에 주어지는 것이 아니라 달음질의 마지막에 주어집니다. 그러므로 그는 전속력으로 경주하며 그것을 올바름을 가늠하는 시금석으로 삼습니다. "그러므로 누구든지 우리 온전히 이룬 자들은" — 순전한 자들은 — "이렇게 생각할지니"(15절). 하나님의 일들에서 스스로 중단하는 자는 외식하는 자입니다. 그는 신앙 있는 자들 중에서 신앙을 논하도록 도울 수 있는 정도의 적은 지식은 갖고 싶어 합니다만, 그 이상의 것은 자기보다는 설교자에게 더 맞는 것으로 간주하고 관심을 갖지 않습니다. 공적인 규례에 참여하는 것 등 몇몇 겉으로 보여주는 것들은 좋아하고 또 이행합니다. 그리고 이웃들 사이에서 추한 냄새를 풍기는 죄들도 삼갑니다. 그러나 규례들에서 하나님 속으로 가까이 나아가 친밀한 교제를 누리기 위해 힘쓰며, 마음을 더 신령하게 하고 죄의 몸을 더욱 죽이기 위해 힘쓰는 따위의 일은 절대로 그의 계획 속에 들어 있지 않습니다. 마치 감히 부자가 되고픈 높은 꿈은 꾸지 못하면서 그저 온갖 술수를 써서 가게를 유지하고 감옥에 가지 않을 정도만 되면 족하다고 여기는 얄팍한 장사꾼 같이 처신하는 것입니다.

순전한 마음의 성격을 이렇게 제시하였으니, 이제는 이 내용을 적용시킬 필요가 있을 것입니다. 이것을 통해 양심이 여러분의 가슴에서 역사하여 여러분 자신의 영적인 상태를 시험하도록 하는 것이 필요할 것입니다. 자, 앞에서 제시한 내용을 통해 여러분 자신을 점검한 후에 양심이 제시할 보고서는 다음 세 가지 중 하나에 해당될 것입니다. 첫째, 양심이 여러분을 점검한 후에 여러분을 외식자로 정죄하든지, 둘째, 부지런히 여러분을 살핀 후에 여러분의 순전함을 증언하든지, 이것도 아니면, 셋째, 여러분을 살핀 후에 여러분을 무지한 자로, 의심 중에 있는 심령으로 간주할 것입니다. 곧, 순전하기는 하나 여러분 스스로 순전하다는 것을 감히 납득하지 못하는 상태에 있다고 간주하는 것입니다. 이 세 가지 중 어느 한 문(門)에서 여러분을 만나기 위해, 이제 이 세 가지 경우에 대해 하나씩 말씀드리겠습니다.

[시험 결과 순전하지 못하고 마음이
거짓된 것으로 드러난 자들에게 주는 지침]

첫째 부류. 먼저 시험 결과 그 양심이 자신을 외식자로 정죄하는 자들에 대해 말씀 드리겠습니다. 그들을 시험한 결과 증거가 너무도 확실하고 강력하여, 양심이 그들을 향하여, "이런 것들이 순전함의 증표들이라면 너는 외식자로다"라고 분명하게 말하지 않을 수 없습니다. 이에 해당되는 자들에게 권면의 말씀을 드리겠습니다. 곧, 순전하게 되기 위해서 여러분이 무슨 일을 해야 하는가 하는 것입니다.

지침 1. 현재 당하여 있는 이 참담한 처지를 여러분 자신이 마음으로 깊이 느껴야 합니다. 여러분의 안타까운 처지에 대해 무언가 감각이나 느낌을 갖게 되기 전에는 치유의 소망이 없습니다. 환자가 잠들어 있으면 약(藥)을 투여할 수가 없습니다. 그런데 이 질병은 영혼의 눈꺼풀을 무겁게 하고 양심을 잠들게 만드는 성질이 있습니다. 외식자가 외형적인 어떤 종교적인 임무에서 다른 이들보다 낫게 행한다는 것 때문에 마음이 속아 넘어가서 스스로 우쭐대는 생각을 갖게 되기 때문입니다. 위로부터 머리로 온갖 기분 좋은 망상들이 생겨 그의 영적인 감각을 옭아매어 일종의 아둔함에 빠지게 하고, 그리하여 기분 좋은 꿈을 꾸게 만들고 헛된 희망과 거짓된 기쁨으로 들뜨게 만들지만 그런 것들은 제정신을 차리면 곧바로 사라지고 말 것들입니다. 당대의 가장 악명 높은 외식자들인 바리새인들은 교만과 육신적인 자신감에 어쩌나 깊이 빠져 있던지 자기들과 비교하여 온 세상을 멸시하였고, 자기 자신들을 하나님 앞에서 자기 자신들을 칭찬하기를 두려워하지 않았습니다. 그렇습니다. 다른 모든 이들보다 자기들을 우월하게 여겼습니다. "하나님이여 나는 다른 사람들 곧 토색, 불의, 간음을 하는 자들과 같지 아니하고 이 세리와도 같지 아니함을 감사하나이다"(눅 18:11). 자기들보다 훨씬 못한 다른 이들보다 자기들이 하나님에게서 더 많은 존중을 받아 마땅하다고 하나님께 말씀하려는 듯이 말입니다. 그리하여 그리스도께서는 이 교만한 세대를 대하시면서 아주 이례적인 언사를 사용하십니다. 다른 이들에게는 고요하고도 부드러운 음성으로 말씀하셨으나, 그들을 향해서는 마치 구름 사이로 뇌성이 치는 것 같은 음성으로 말씀하신 것입니다. 같은 장(章)에서 우리의 온유하고 부드러우신 구주의 입에서 이런 끔찍한 뇌성 소리가 그들의 머리에 떨어지는 것이 몇 번이나 되는지요!"화 있을진 저 외식하는 서기관들과 바리새인들이여"(마 23장). 그는 이처럼 격한 화(禍)의 메 시지를 여덟 번 이상 그들을 향해 던지십니다. 이처럼 화를 계속 겹쳐서 말씀하심 으로써 외식자가 정죄 받을 것이 확실하다는 것은 물론 그들이 우선적으로 정죄 받을 것임을 보여주시고자 하신 것입니다. 그런데 그들 가운데 이 격한 말씀을 듣 고서 각성하고 회심한 것으로 나타나는 자가 몇 명이나 됩니까? 몇 명은 그렇게 되 었습니다. 그래서 이 질병이 아예 고칠 수 없는 불치의 병이 아니라는 것은 드러납 니다. 하지만 그 숫자가 매우 적습니다. 그러니 그 질병으로 멸망에 빠진 자가 더 많고, 아니면 우리 속에서도 그 질병이 자랄 수 있다는 것이 드러나니, 이런 사실 앞에서 우리가 두려워 떨어야 마땅할 것입니다.

베드로는 외식자를 어떻게 대할지를 주님께로부터 배웠습니다. 베드로는 이 질병에 완전히 빠져 있는 마술사 시몬을 향하여 말이 마치 식초와 쓸개에 담근 것 처럼 쓰디쓴 말을 내어던집니다: "하나님 앞에서 네 마음이 바르지 못하니 이 도에 는 네가 관계도 없고 분깃 된 것도 없느니라"(행 8:21). 베드로의 정죄의 메시지의 무게 중심은 시몬이 그 가슴속에 외식적인 마음을 지니고 있다는 사실에 실려 있 습니다. 물론 시몬의 마술 행위도 더럽고 추하지만 외식이 그보다 천 배나 더 악한 것이었던 것입니다. 시몬이 "악독이 가득하여 불의에 매인 바 되었"(23절)다는 것 을 입증해 준 것은 겉으로 드러나는 사실이 아니라 썩고 거짓된 속마음에서 솟아 나오는 것으로 하나님께서 베드로에게 그것을 분별할 수 있는 특별한 영을 주신 것입니다. 그러나 한 가지 점에서 시몬은 지옥에 들어가 있는 정죄 받은 영혼들보 다 낫다 할 것입니다. 그들은 이미 불 속에 있으나, 시몬은 물론 마치 짚단이 묶여 져 있듯이 불의에 매인 바 되어 불 속에 들어가기에 적당하지만 실제로 불에 던져 지지는 않았습니다. 그들에게는 이미 소망이 없습니다만, 시몬에게는 아직 "혹 마 음에 품은 것이 사함 받을" 여지가 많이 남아 있었던 것입니다.

한 가지 실례만 더 들어 봅시다. 곧, 외식적인 라오디게아 교회의 실례가 그것 입니다. 하나님의 성령께서는 나머지 모든 교회들보다 유독 이 교회를 더욱 날카 롭게 대하십니다. 다른 교회들에 대해서는 구체적인 잘못들을 거론하며 책망하시 면서도 무언가 그들에게서 칭찬할 거리들을 찾으십니다. 그러나 라오디게아 교회 의 경우는 이미 이 외식의 누룩으로 인하여 교만으로 잔뜩 부풀려져 있으므로 칭 찬 받을 만한 일은 하나도 언급하지 않으시고 처절하게 책망하십니다. 이는 이미 그 교회에 만연되어 있는 그 기질이 더욱 성해지지 않도록 하고 그 교회를 회복시킬 가망이 있는 유일한 수단인 그 책망의 날카로움을 무디게 만들지 않도록 하기 위함이었습니다. 무기력증에 빠진 자에게는 잠을 자게 하는 성향을 지닌 모든 것이 치명적이고, 외식자에게는 안심시켜 주고 달래 주는 모든 것이 위험합니다. 어떤 이는 무기력증을 치료하는 가장 확실한 길은 그것을 열병(熱病)으로 바꾸는 것이라고 말합니다. 확실히 말하지만, 외식자를 치료하는 가장 안전한 길은 그를 거짓된 평안에서 건져내어 자신의 진정한 비참한 처지를 깊이 지각하게 만드는 것입니다. 이것이 여러분의 첫 번째 일이 되도록 하십시오. 여러분의 죄의 위중함을 보시고, 여러분의 심령으로 하여금 그것에 대해 슬퍼하게 하십시오. 제사장이 나병 상태를 판별할 직무를 맡았습니다만, 사람이 제사장에 의하여 부정하다는 선고를 받게 되면, 그 나병 환자는 자기 옷을 찢고, 머리를 풀고 윗입술을 가리고 — 이는 곡하는 자들이 행하는 의식들이었습니다만 — "부정하다, 부정하다"라고 외치게 되어 있었습니다(레 13:45). 여러분도 정말로 곡하는 자가 되어 그렇게 하십시오. 앉아서 여러분의 마음의 이 질병 상태를 안타깝게 애도하십시오. "부정하다, 부정하다, 나여!"라고 슬프게 외치십시오. 여러분은 그 외식적인 마음 때문에 하나님이나 그의 성도들에게 가까이 나아가기에 적절하지 못하고, 마치 나병환자처럼 그들과 분리되어 있어야 합니다. 여러분이 만일 자리에 앉으면 그 자리가 오염되고 침대에 누우면 침대가 오염되는 등 여러분과 가까이하는 모든 것이 — 심지어 여러분이 먹는 고기와, 물을 마시는 물잔까지도 — 다 더러워지는 그런 끔찍한 질병에 걸려 있어서 모든 사람에게서 격리되어야 할 처지에 있다면, 그래서 그 참혹한 현실을 홀로 앉아 외로이 당하고 있다면, 과연 여러분의 안타까움과 슬픔이 얼마나 크겠습니까! 여러분, 여러분의 외식이 여러분을 바로 그런 상태로 몰아넣은 것입니다. 그것은 과연 지독한 역병이며, 주위 사람들에게보다는 하나님께 더 역겨움을 주는 그런 역병입니다. 그것이 마치 더러운 환부처럼 여러분이 행하는 모든 임무들과 선한 행위들에 퍼져서 그것들과 여러분 자신을 더럽히므로, 여러분이 외식자의 행위를 계속하는 동안 여러분이 헌물을 드리자마자 하나님께서는 그것을 마귀의 손에서 드려진 것으로 받으실 것입니다. 더 나아가서, 지금까지 여러분을 신뢰하여 한 형제자매로 여겨 교제해 온 하나님의 성도들이 이 사실을 알게 되면, 마치 역병의 증상들을 지닌 사람을 보고 대하듯이 여러분을 보고 그렇게 대하게 될 것입니다. 그러나 죽기까지 여러분의 그 질병 상태가 전혀 알려지지 않고 그리하여 성도들 중에서 여러분의 명망이 그대로 유지되고, 결국 죽을 때에 성도로 여겨진다 해도, 이 땅에서 성도들이 여러분에 대해 좋게 여긴다는 것이 지옥에 있는 여러분에게 무슨 도움이 되겠습니까? 누군가 이런 말을 했습니다. "오오 불쌍한 아리스토텔레스여, 그대가 없는 곳에서는 그대를 찬양하는데, 그대가 있는 곳에서는 불에 타고 있으니!" 곧, 이 위대한 이교도 철학자가 학식 있는 사람들에게서 존경을 받고 대대로 그의 명성이 유지되지만 정작 그 자신은 저 세상에서 비참한 처지에 있다면, 그것이 그에게 무슨 위로가 되겠느냐는 말입니다. 오오 불쌍한 외식자여, 이 땅에서는 그대가 성도들의 반열에 있으나, 지옥에서는 마귀들과 더불어 형벌을 받으리로다.

지침 2. 여러분의 외식적인 마음의 죄와 비참함에 대해 마음 깊이 자각하고 느끼게 되면, 여러분 자신으로는 여러분 자신을 치유할 수가 없다는 사실을 납득하여야 합니다. 외식은 악성 종기(腫氣)와도 같습니다. 구멍이 작으니 별 문제가 아닌 것처럼 보이지만, 그렇기 때문에 오히려 치료하기가 가장 어려운 상처 중에 하나입니다. 그 밑바닥의 뿌리를 찾기가 너무 힘들기 때문입니다. 오오 여러분, 여러분의 마음이 여러분을 속이는 일이 없도록 조심하십시오. 마음이 더 이상 거짓말을 하지 않고 외식을 행하지 않으리라고 약속하는 것은 매우 경솔한 일입니다. 오히려 마음이 하는 말을 신뢰하지 말라는 지혜자의 권면을 따르는 것이 합당합니다: "자기의 마음을 믿는 자는 미련한 자요"(잠 28:26). 여러분, 유능한 의사를 찾아가는 것이 급선무인데 그 수고와 비용을 감당하기 싫어서 가지 않다가 죽는 사람이 얼마나 많습니까? 자기 결심과 자기 개혁을 조심하십시오. 죄는 마치 왕의 악행과 같아서 우리 자신이 아니라 오직 하나님만이 고치실 수 있는 것입니다. 하늘의 도우심을 구하지 않고 스스로 서툰 솜씨로 자기의 마음을 고치려 하는 자는 결국 한 구멍은 막지만 더 심각한 구멍 두 개를 더 만들어 내게 될 것입니다. 한 가지 죄는 개혁하나, 그보다 더 위험한 더 많은 죄들의 손아귀에 빠지고 말 것입니다.

지침 3. 능력 있고 신실한 의사이신 그리스도께 나아가서 여러분의 치료를 그에게 전적으로 맡기십시오. 망하더라도 그의 문 앞에서 망하리라고 결심하십시오. 그러나 그에게 진료를 받은 자 가운데 잘못되는 자가 하나도 없고, 그는 치료를 위해 그에게 나아오는 자를 절대로 거부하신 적이 없다는 사실을 알고 위로를 받으십시오. 그가 외식자들을 책망하신 것은, 하나님께로부터 오는 권위가 하나도 없이 그냥 자기 이름으로 나아오는 돌팔이 의사는 믿으면서, 아버지의 이름으로 나아오며 또한 불쌍한 심령들을 치료하셨고 또한 그 일을 위한 인증서와 면허를 지니고 오는데도 불구하고 영생을 얻기 위해 그에게 나아오지 않음으로써 자기들의 목숨을 내던지려 하기 때문이었습니다(요 5:40, 43). 그에게 나아오지 않는 것 때문에 그들을 책망하셨으니, 그에게 나아오는 자들에게는 화를 내지도 않으실 것이요 또한 화를 내실 수도 없을 것입니다. 그의 부르심이 그렇습니다. 사람들은 손님들을 내쫓기도 하지만, 그는 그렇게 하시지 않습니다. 그리스도께서는 이 땅에 계실 때에 바리새인들 중에서는 별로 행하지 않으시고 세리들 및 죄인들과 많이 어울려 행하셨는데, 그것은 그들 중에서 하실 일이 더 많았기 때문임을 말씀하셨습니다 (마 9:11, 12). 사람들은 가장 빨리 이익을 낼 것이라고 생각하는 곳에서 사업을 펼칩니다만, 그리스도께서는 병든 심령들에게 의사가 되어 주시기 위해 오셨습니다. 바리새인들은 스스로 교만하여 잘 되고 있다고 여기고 있었으므로 그리스도께서는 그들 중에서는 별로 하실 일이 없다고 보셨습니다. 그리하여 그는 자기들의 질병 상태를 더 많이 느끼고 지각하는 자들에게로 가서서 그들을 대하신 것입니다. 불쌍한 여러분, 정신을 차리고 여러분의 저주받은 외식을 바라보며 탄식하고 있습니까? 또한 이런 탄식으로 인하여 그리스도의 도우심을 위하여 하늘을 향해 기도하게 되었습니까? 그렇다면 여러분의 의사이신 그리스도께서 금방 함께하실 것이니, 절대로 두려워하지 마십시오. 하늘로 올리신 이후로도 그는 이 일을 접지 않으시고 여전히 부지런히 이 일을 행하고 계십니다. 그가 하늘로부터 라오디게아 교회를 향하여, 외식의 질병에서 벗어나기 위해서는 어찌해야 하는지에 대해 탁월한 권고를 보내시는 것을 봅니다. "내가 너를 권하노니 내게서 불로 연단한 금을 사서 부요하게 하고 흰 옷을 사서 입어 벌거벗은 수치를 보이지 않게 하고 안약을 사서 눈에 발라 보게 하라"(계 3:18). 그의 말씀은 이런 뜻과도 같습니다: "라오디게아여, 그대는 거짓 것을 사들이면서 겉모양을 실체인양, 가짜 은혜를 참된 은혜인양, 그대 자신과 다른 이들을 속이고 있도다. 그대의 금은 불순물이요 그대가 입은 의복은 썩은 누더기이니, 그대의 수치를 감추어주는 것이 아니라 오히려 드러내는도다. 내게로 오라. 그리하면 그대를 위하여 예비된 더 낫고 더 값싼 것을 얻으리라." 여기서 값을 주고 사는 것이 언급되고 있지만, 이는 물건을 사는 자의 심정으로, 그것이 값을 치르고 사야 하는 것이라 해도 기꺼이 전 재산을 드리고 심지어 그대의 피를 드려서라도 그것을 얻고자 하는 그런 간절한 심정으로, 그리스도와 그의 은혜를 고귀하게 여기는 자세로 나아올 것을 뜻하는 것입니다. 갈한 심령이 채움을 얻을 것입니다. 다만 여러분의 갈증이 과연 바른 것이며 또한 그 갈증이 깊은 것인지를 살피기 바랍니다.

(1) 여러분의 갈증이 바른 갈증인지를 확인하십시오. 그저 양심의 갈증만으로 그치는 것이 아니라 마음의 갈증이어야 합니다. 이 두 가지 갈증을 일으키는 열기는 서로 매우 다릅니다. 지옥의 불이 양심에 불을 질러서, 죄책감을 지닌 죄인으로 하여금 하나님의 진노로 말미암아 자신의 가슴속에 지펴진 그 큰 불을 끌 수 있는 그리스도의 피를 향한 갈증을 갖게 만들 수도 있습니다. 그러나 마음속에서 친절한 열기를 일으켜서, 그리스도와 그의 성령께서 마음속에서 일어나는 정욕과 죄의 불길을 식혀 주고 꺼뜨려 주는 감미로운 은혜의 이슬을 내려 주시기를 간절히 사모하도록 만들어 주는 것은 오로지 천국의 불밖에는 없는 것입니다.

(2) 여러분의 갈증이 깊은 갈증인지를 살피십시오. 의사들은 위(胃)에 큰 열이 있어서 생겨나는 갈증 이외에 목이 마른 데서 오는 갈증에 대해서도 말하는데, 이 경우는 입에 물을 머금고 가글한 다음 속으로 삼키지 않고 다시 뱉으면 가신다고 합니다. 그런데 앉아서 복음 설교를 듣는 이들 중에도 이와 비슷한 경우가 있습니다. 설교 중에 이따금씩 가볍게 전해지는 말들이 사람들의 심령에 와 닿게 되고 또한 그들의 감정에 조그만 불씨를 지펴서, 갑자기 그리스도와 그의 은혜를 사모하는 심정이 나타나게 됩니다. 이럴 때 보면 이들이 천국을 향하여 급하게 나아갈 것처럼 보이기도 합니다. 그러나 강한 의지와 깊은 갈망보다는 일시적인 감정의 기복과 유약한 의욕인 까닭에 그 열기가 금방 식어 버리고 갈증이 가서 버립니다. 그리스도에 관한 설교를 듣고 있는 동안에는 약간의 감미로움을 맛보고 그토록 그를 즐거워할 수가 없지만, 집에 돌아가면 곧바로 그것을 다시 뱉어내고 마는 것입니다. 그러므로 여러분이 외식으로 인하여 완전히 버려진 상태에 있다는 것과, 또한 그리스도 안에 은혜가 충만하시므로 그야말로 과연 여러분의 그 몹쓸 질병을 고치실 수 있는 탁월한 분이시라는 것을 깊이 지각하기를 힘쓰시기를 바랍니다. 정말로 깊이 목마른 상태에 있는 사람은 여기저기서 조금씩 마시는 것으로는 도저히 만족하지 못하고, 비용이 얼마가 들든지 간에 갈증을 완전히 해결할 때까지 충만히 물을 마시기를 원합니다. 이처럼 그리스도와 그의 거룩하게 하시는 은혜 외에는 그 어떤 뇌물에도 물러서서는 안 됩니다. 은사들이나 신앙 고백이나 죄 용서 자체도 은혜와 분리되는 경우에는 그것들로 만족해서는 안 됩니다. 아니, 은혜를 조금 뿌려 주는 것으로도 만족해서는 안 되고, 지금 여러분을 짓누르고 있는 그

저주받은 정욕을 완전히 씻어 없애줄 수 있을 정도의 홍수 같은 은혜를 사모하여
야 합니다. 이런 자세를 갖게 되면 여러분이 약속 아래 — 천국의 보호 아래 — 있
게 되고, 여러분이 사모하는 것을 결코 잃어버리지 않게 될 것입니다. 만일 은과
금을, 세상적인 쾌락을 이런 정도로 구한다면, 여러분의 수고와 고통이 헛될 것입
니다. 또한 하나님께서는 마치 지옥에 있는 부자처럼 여러분의 탐욕스러운 정욕
이 지펴놓은 불꽃 속에서, 여러분이 혀를 식히고자 그렇게도 갈망하고 구하는 그
것을 한 방울도 얻지 못하고 괴로움 속에 소리를 지르게 하실 수도 있는 것입니다.
그러나 여러분이 갖고자 하는 것이 그리스도와 그의 은혜라면, 여러분은 분명 그
것들을 누리게 될 것입니다. "의에 주리고 목마른 자는 복이 있나니 그들이 배부를
것임이요"(마 5:6).

[시험 결과 순전한 것으로 드러난 자들에게 주는 바 진리의 허리 띠를 띠라는 권면. 또한 일상생활의 실천을 위한 지침]

둘째 부류. 이제는 양심으로 부지런히 살핀 결과 자신이 순전하며 그 마음이 참되고
올바르다는 분명한 증거가 드러난 자들에게 말씀을 드려야 할 차례입니다. 이들에게
남기고자 하는 권면의 말씀은 그들이 허리에 띠고 있는 띠를 일상생활에서 단단
히 졸라매라는 것입니다. 이 띠를 단단히 졸라매십시오. 곧, 일상생활에서 처신을
매우 조심하고 여러분의 올바름을 실천하라는 말씀입니다. 매일 아침마다 이 띠
를 띠기 전에는 옷을 제대로 입은 것이 아니라는 것을 생각하십시오. "띠를 띠지
않은 자는 복이 없는 자이니"라는 금언이 여기에 잘 들어맞습니다. 여러분이 순전
하지 못하면 그 날 여러분은 하나님과 함께하는 것이 아닙니다. 아브라함이 하나
님과 동행하려면 반드시 올발라야 했습니다. 그런데 하나님과 함께하지 않고서
하루인들 살 수 있겠습니까? 라헬은 합환채를 얻기 위해 남편을 떠나보내는 큰 값
을 치렀습니다. 무언가 세상적인 이득을 얻기 위해 순전함을 버린다면 그 영혼은
정말 형편없는 거래를 한 것입니다. 순전함이 사라지면 이어서 하나님도 사라지
실 것이 분명하니 말입니다. 그리고 하나님과 함께 동행하지 못하면 하나님께로
부터 그 어떤 복도 기대할 수가 없습니다. 약속들은 마치 값진 향수가 들어 있는
함처럼 꼭 닫혀 있다가 올바른 자에게 열려서 그의 머리에 부어지는 것입니다: "나
의 말이 정직하게 행하는 자에게 유익하지 아니하냐?"(미 2:7). 하나님의 말씀에

우리더러 속히 나아가라는 말씀이 없는 길로 행한다면 이는 분명 옳지 않은 걸음입니다. 어떤 이들은 아주 미신적이어서 산토끼가 지나가면 가던 길을 멈추고 그 날에는 더 이상 길을 가지 않습니다. 그런데 하나님의 말씀이 그의 길을 가로막을 때에도 감히 길을 계속 가는 자는 정말 대담한 자입니다. 말씀이 복을 주든지 혹은 저주하든지 둘 중의 하나요, 약속을 주든지 경고를 발하든지 둘 중의 하나입니다. 올바름으로 하나님 앞에 인정받는 영혼은 안전합니다. 그는 대낮에 적법한 일을 돌보는 여행자와도 같습니다. 상처를 입거나 해를 당하면 하나님께서 그와 함께 하실 것입니다. 약속이 그의 편에 있으니 그 약속에 호소하여 하나님께로부터 그 잃어버린 것을 회복할 것입니다. 하나님이 그를 해를 당하지 않도록 지키시니 말입니다. 이에 대해서 "여호와 하나님은 해요 방패이시라 여호와께서 은혜와 영화를 주시며 정직하게 행하는 자에게 좋은 것을 아끼지 아니하실 것임이니이다"라는 말씀을 기억하십시오(시 84:11). 그러나 여기서 제가 제시하고자 하는 것은 동기가 아니라 지침들입니다.

지침 1. 순전함을 실천하며 행하려면, 하나님을 바라보며 행하시기를 바랍니다. 루터는 모든 계명들이 첫 계명 속에 들어 있다고 말씀했는데, 이는 지극히 참되다 할 것입니다. 그의 말에 따르면, 모든 죄는 하나님을 모욕하는 것이며 따라서 첫 계명을 어기지 않고서는 다른 어떠한 계명도 어길 수가 없기 때문이라는 것입니다. "하나님을 거슬러 행동하기에 앞서서 하나님에 대해 잘못 생각하는 법입니다." 하나님께서는 아브라함으로 하여금 그의 순전함을 보전하게 하기 위한 주권적인 목적으로, 그에게, "너는 내 앞에서 행하여 완전하라"(창 17:1)라고 명하셨습니다. 모세는 애굽의 보화에 매수되지도 않았고, 그 큰 임금의 분노로 인하여 그의 순전함이 꺾이지도 않았고 그리하여 허리띠를 단단히 동여맸습니다만, 이는 "보이지 아니하는 자를 보는 것같이 하여 참았기" 때문이었습니다(히 11:27). 그에게는 바로보다 더 위대한 임금을 항상 눈앞에서 보았고, 이것이 그를 올바르게 처신하게 했습니다.

(1) 그리스도인이여, 하나님의 전지(全知)하심을 직시하고 행하십시오. 이것이 허리띠를 여미도록 해줄 것입니다. 여러분의 영혼에게, 하나님이 보고 계시다는 것을 명심하라고 말하십시오. 은밀한 중에 반역의 말이 오간다는 말을 흔히 합니다만, 신하들이 왕에게서 멀리 떨어져 있으니 왕이 듣지 못할 것이라고 생각할 때에 반역을 도모한다는 뜻입니다. 그런데 만일 왕이 창문가에서나 커튼 뒤에 있다는

것을 안다면, 충성된 말만을 할 것입니다. 다윗이 바로 이런 이유로 올바르게 처신하였습니다: "내가 주의 법도들과 증거들을 지켰사오니 나의 모든 행위가 주 앞에 있음이니이다"(시 119:168). 알렉산더의 군대장관들은 그의 주인 없는 좌석을 모셔놓고 그 앞에서 회의를 하며 정숙한 자세로 회의를 진행했다고 합니다만, 우리도 우리를 바라보고 계시는 하나님을 눈앞에 모시고 살아야 하지 않겠습니까? 유대인들은 그리스도의 얼굴을 가리고 그를 농락했습니다. 외식자도 마찬가지입니다. 먼저 마음으로 "하나님이 보시지 않는다"거나 최소한 그는 자기가 보는 것을 잊으신다고 말합니다. 그리고는 그를 대적하여 대담하게 죄를 범합니다(막 14:60). 그는 마치 머리를 갈대 사이에 처박고는 사냥꾼에게서 안전하게 피했다고 생각하는 어리석은 새와도 같습니다. 자기가 사냥꾼을 보지 못하니 사냥꾼도 자기를 보지 못할 것이라고 여기는 것입니다. "주를 내 눈에게서 감출 수는 있어도, 주께로부터 나 자신을 감출 수는 없나이다"(아우구스티누스). 여러분, 여러분의 무지와 불신앙으로 하나님을 감추어 여러분이 그를 보지 못하게 할 수는 있어도, 하나님이 여러분을 보시지 못하도록 여러분을 감출 수는 없는 것입니다. "우리의 결산을 받으실 이의 눈 앞에 만물이 벌거벗은 것 같이 드러나느니라"(히 4:13). 여러분이 상점에 있든 골방에 있든, 교회에 있든 시장터에 있든, 여러분이 행하는 모든 일에서 하나님과 상대할 수밖에 없다는 것과, 또한 하나님이 여러분을 상대하시라는 것을 기억하기 바랍니다. 그가 여러분을 일일이 보시며, 여러분이 어디서 와서, 마치 게하시가 그의 주인 엘리사 앞에서 행하듯이, 그의 임재 앞에 나아와 마치 아무 데에도 가지 않았던 것처럼 점잖게 그에게 예배드리는지를 다 아시니 말입니다. 그는 여러분의 생각을 다 아시며, 여러분으로 하여금 고백하게 해서 일일이 알아내는 수고를 하시지 않고도 얼마든지 그것들을 여러분의 눈 앞에 순서대로 제시하실 수가 있습니다. 그렇습니다. 마치 느부갓네살 왕이 꿈을 꾼 후에 그 꿈을 잊어버린 것처럼, 우리는 사십 년 혹은 오십 년이 지난 후, 과거에 그 때 그 장소에서 무슨 생각을 했었는지를 다 잊어버렸어도, 마치 태양광선 속에 티끌들이 보이듯이 하나님께서는 여전히 그 모든 것들을 환히 보고 계시며, 마치 세례 요한의 망령이 헤롯의 양심을 공포에 떨게 했듯이 얼마든지 그것들을 여러분의 양심 앞에 지나가게 하셔서 공포에 떨게 하실 수 있으며, 또한 그렇게 하실 것입니다.

(2) 하나님의 섭리를 직시하고 또한 그것이 여러분을 보살핀다는 것을 생각하고

행하십시오. 하나님께서는 아브라함에게 올바로 행하라고 명하시면서, 동시에 그의 믿음을 강건하게 하십니다. "나는 전능한 하나님이라 너는 내 앞에서 행하여 완전하라"라는 말씀은, "나를 위해 행하라. 그리하면 내가 너를 보살피리라"라는 뜻과도 같습니다. 하나님의 보살피심을 의심하기 시작하면, 그의 앞에서 행하는 우리의 순전함도 흔들릴 것입니다. 불신과 질투와 그 원인 속에 외식이 숨어 있는 법입니다. 영혼이 감히 하나님을 의지하지 않게 되면, 머지않아 하나님께 진실히 행할 수가 없게 됩니다. 아브라함은 아비멜렉을 질투하였고 그리하여 그를 속였습니다만, 우리도 하나님께 이처럼 행하는 것입니다. 하나님의 보살피심을 의심하게 되면, 우리 뜻대로 살게 되고 우리 스스로 일을 꾸미게 됩니다. 불신앙적인 이스라엘 백성들은 이렇게 말합니다: "일어나라 우리를 위하여 … 신을 만들라. 이 모세 … 는 어찌 되었는지 알지 못함이니라"(출 32:1). 이들은 아침까지 만나를 남겨두지 말라는 하나님의 명령을 가벼이 여겼습니다(출 16:19). 왜 그랬습니까? 하나님이 다시 만나를 주시리라는 것을 신뢰하지 못했기 때문입니다. 이것이야말로 마귀가 그리스도인을 때려 순전함을 버리도록 만들기 위해 오랫동안 사용해 온 무기입니다. 욥의 아내는 욥에게, "하나님을 저주하고 죽으라"라고 말합니다. 이는 마치 이런 뜻과도 같습니다: "아니 무엇이라고! 아직도 하나님을 위해 그대의 순전함의 아성을 지키려 하다니? 장군들도 지원군이 오지 않을 때에는 항복할 수 있다고 생각하며, 신하들도 왕이 보호해 주지 않는다면 자기들도 그를 섬길 의무가 없다고 여기는 법이다. 그대가 그렇게 오랫동안 괴로운 처지에 있고, 온갖 슬픔거리들이 사방으로 둘러싸고 있는데도, 오늘까지 하늘로부터 하나님이 그대를 보살피신다는 아무런 소식이 없으니, '하나님을 저주하고 죽으라.'" 그렇습니다. 그리스도께서도 동일한 시험을 당하셨습니다. 사탄은 그에게 돌이 변하여 떡이 되게 하라고 하였는데, 그로 하여금 아버지를 향한 신실함에서 물러서게 만들고자 그렇게 한 것입니다. 그러므로 필요한 것을 공급하시고 또한 우리를 보호하시는 하나님의 보살피심과 그의 섭리에 대한 우리의 믿음을 강건하게 하는 일이 얼마나 중요한지를 알 수 있습니다. 그가 그렇게 풍성하게 공급하신 것은 곧 그의 백성의 마음에서 모든 의심과 두려움을 제거하시기 위함이었던 것입니다. 약속들이 얼마나 적절하게 시행되는지, 마치 안전한 포구처럼 우리가 어느 해안을 향해하든지 ― 어떤 상황에 처하든지 ― 바다에 폭풍이 몰아치거나 원수가 우리를 추격해 오면 그 포구로 들어가 안전을 지키는 것입니다. 물론, 다른 보살피심이 전혀 보이지 않고 오로지 "여호와의 눈은 온 땅을 두루 감찰하사 전심으로 자기에게 향하는 자들을 위하여 능력을 베푸시나니"(대하 16:9)라는 말씀의 약속밖에는 없다 할지라도 이것만으로도 족하지만 말입니다. 하나님께서는 다른 이들을 보내어 살피게 하시지 않고, 직접 그의 눈으로 살피십니다. 친어머니처럼 자녀를 살피시니 그의 섭리가 직접적으로 역사하는 것입니다. 가나안 땅에 대해서, "네 하나님 여호와께서 돌보아 주시는 땅이라 연초부터 연말까지 네 하나님 여호와의 눈이 항상 그 위에 있느니라"(신 11:12)라고 말씀하는데, 순전한 심령에 대해서도 동일하게 말씀할 수 있을 것입니다. 또한 그의 눈이 두루 감찰하시니, 그의 섭리가 늘 깨어 역사하는 것입니다. 그 어떤 위험도, 시험도, 그를 피해갈 수가 없습니다. 신실한 파수꾼이 언제나 오르내리며 망을 보듯이, 하나님의 눈도 두루 감찰하는 것입니다. "이스라엘을" ― 순전한 심령은 진정 이스라엘입니다만 ― "지키시는 이는 졸지도 아니하시고 주무시지도 아니하시리로다"(시 121:4). 즉, 낮에 졸거나 밤에 주무시는 일이 전혀 없으시다는 말입니다. 여기서 두 가지 단어가 사용됩니다. 하나는 낮의 열기에 짧게 자는 낮잠을 뜻하는 것이요, 다른 하나는 밤에 자는 충분한 잠을 뜻하는 것입니다.

(3) 온 지면을 통틀어서 하나님의 보살피심이 전포괄적으로 시행됩니다. 그것은 모든 것을 아우르는 섭리입니다. 그러므로 단 한 명의 순전한 심령도 그의 보살피시는 역사에서 빠뜨려지는 법이 없습니다. 하나님이 그들의 숫자를 다 세고 계시며 모두를 똑같이 보살피시는 것입니다. 하나님이 어느 특정한 사람을 다른 이들보다 더 세심하게 살피시고 보살피신다고 생각하면, 그것은 하나님의 섭리의 아름다운 모습을 일그러뜨리는 것입니다.

(4) 하나님의 보살피심과 섭리는 효능이 있으며, 그리하여 친히 그의 백성을 위하여 행하시는 그의 강력한 역사하심이 드러납니다. 그의 눈이 두루 감찰하시는 것은 그저 위험 요소를 찾아내어 그것을 우리에게 알려주기 위한 것만이 아닙니다. 적이 쳐들어올 때에 보초병이 온 성을 두루 다니며 깨우지만, 그 스스로는 적들의 성난 공격을 막지 못하는 것처럼 말입니다. 로마의 수도를 위해서 거위도 그런 일을 했고, 사실 어린 아이라도 이런 일은 할 수가 있습니다. 그러나 하나님께서 감찰하시는 것은 우리에게 위험을 알려주시기 위함이 아니라, 그 위험에서 우리를 구원하시기 위한 것입니다. 성도들은 "행복한 사람"이 되어야 합니다. 그들은 "여호와의 구원을 … 얻은 백성"이기 때문입니다(신 33:29). 하나님은 그의 눈으로 보

기만 하시는 것이 아니라 그의 눈으로 싸우기까지 하십니다. 그는 애굽 사람들을 바라보고 계시다가 그들 위에 바다가 덮치게 하셔서 멸망시키신 것입니다.

지침 2. 순전함을 실천하며 살기 위해서는 **두려움이 아니라 사랑으로 행하기를 힘쓰기** 바랍니다. 오오, 종의 두려움과 순전함은 서로 어울릴 수가 없습니다. 이 중 어느 하나가 힘을 발휘하면 다른 하나는 쇠퇴할 수밖에 없습니다. 이 둘이 서로를 대적하는 것을 보십시오. "하나님이 우리에게 주신 것은 두려워하는 마음이 아니요 오직 능력과 사랑과 건전한 마음이니"(딤후 1:7. 한글개역개정판은 "건전한 마음"을 "절제하는 마음"으로 번역함 — 역주). 여기서 두려워하는 마음은 연약하고 무기력하며 — 겁에 질려 하나님과 그의 진리와 섬김에서 쉽게 움츠러들며, 또한 불건전하기까지 하며 — 크고 중요한 것을 신뢰하지 못하는 마음이라는 것이 암시되고 있습니다. 종이 열심히 일하는 것은 감히 달리 하지 못하기 때문이요, 그가 주인을 대적하는 음모에 쉽게 빠져드는 것은 그를 두려워하면서도 동시에 그를 미워하기 때문입니다. 이런 점은 터키인들 — 이들이 그리스도인들을 절대적인 노예로 삼아 노예선에서 부렸으나, 이들은 눈앞에 유리한 점이 보이면 난폭한 주인들의 목을 쳐서 자기들의 자유를 사는 경우가 허다했습니다 — 에게서도 볼 수 있고, 우리나라들에서도 신하들이 군주들을 사랑하기보다는 두려워하는 것을 흔히 볼 수 있습니다. 다른 사람을 옥좌에 앉히기를 정말 쉽게 하며, 자기들을 총애하는 자면 누구든지 왕으로 환영하는 것입니다! 하나님의 사랑의 끈에 이끌린 것이 아니라 그의 진노의 칼에 찔려 그에게 나아오는 자들은 얼마가지 않아서 그와 함께하는 것이 느슨해질 것입니다. 이스라엘이야말로 이에 대한 탁월한 실례라 할 것입니다: "하나님이 그들을 죽이실 때에 그들이 그에게 구하며 돌이켜 하나님을 간절히 찾았 … 도다. 그러나 그들이 입으로 그에게 아첨하며 자기 혀로 그에게 거짓을 말하였으니, 이는 하나님께 향하는 그들의 마음이 정함이 없으며 그의 언약에 성실하지 아니하였음이로다"(시 78:34, 36, 37). 그들은 하나님을 두려워하였고 자기들의 정욕을 사랑하였고, 그리하여 그들은 고비마다 하나님의 영광을 배반하였습니다. 마치 헤롯이 세례 요한을 두려워하면서도, 그의 머리를 베어 그가 사랑한 여인의 손에 들려준 것처럼 말입니다. 과연 이러한 종의 두려움이 성도의 가슴속에 너무도 많습니다. 그렇지 않다면 하나님께서 손에 채찍을 대시는 일이 그처럼 많을 수는 없을 것입니다. 하나님께서 이에 대해 그 백성들을 채찍질하시는 것을 보게 되는데, 그가 그들에게 극심하게 대하시는 이유는 바로 그들이 종처럼 두려운 마음을 갖고 있기 때문입니다. "이스라엘이 종이냐? 씨종이냐? 어찌하여 포로가 되었느냐?"(렘 2:14). 이 말씀은 마치 이런 뜻과도 같습니다. "내가 나의 사랑하는 자녀인 너를 마치 종과 노예를 대하듯이 마구 대하며, 그토록 무거운 심판을 네게 계속해서 가하여야만 할 이유가 무엇이겠느냐? 그 이유를 알고 싶으면 17절을 읽어 보라: '네 하나님 여호와가 너를 길로 인도할 때에 네가 그를 떠남으로 이를 자취함이 아니냐?' 내가 너를 이렇게 이례적으로 혹독하게 대하는 것은 네가 자취한 것이로다." 자녀가 자신의 신분을 잊어버리고 매를 때려야만 일을 한다면, 아버지는 그의 노에 같은 자세에 맞게 그를 대할 수밖에 없습니다. 하나님께서 마치 아버지가 그 자녀를 대하듯이 그렇게 사랑으로 인도하실 때에 이스라엘은 그를 떠났습니다. 사랑으로 인도하실 때에 그를 따르지 않으면, 두려움으로 그를 따르도록 만드시는 것도 전혀 무리가 아닙니다. 오오 그리스도인 여러분, 사랑으로 인도하실 때에 흔쾌히 따르십시오, 그러면 하나님께서 구태여 채찍으로 여러분을 두려움에 몰아넣어 인도하시는 일은 없을 것입니다. 사랑이 여러분을 그와 친밀하고 그에게 진실하도록 해줄 것입니다. 사랑의 성격은 바로 "자기의 유익을 구하지 아니하는" 것입니다(고전 13:5). 그러니 그리스도인이 자기의 유익이 아니라 그리스도의 유익을 좇는 것이 아니면 과연 순전하다는 것이 무엇이겠습니까? 요나단은 다윗을 진심으로 사랑했습니다. 그 때문에 그는 그 아버지에게서 진노를 초래했고, 친구와의 우정을 저버리기보다는 차라리 그 아버지가 그와 그의 후손에 대해 갖고 있던 나라에 대한 희망들을 던져 버리는 쪽을 택한 것입니다. 삼손은 자기의 힘의 근원이 어디에 있는지를 알려 주는 것이 목숨과 바꿀 만큼 중대한 일이었으나, 사랑하는 들릴라에게는 그 큰 비밀을 도저히 감출 수가 없었습니다. 사랑이야말로 세상을 정복하는 위대한 존재입니다. 여러분의 심령도 그리스도를 향한 사랑으로 그렇게 불타올라야 합니다. 여러분의 세상적인 관심사를 모두 떠나보내고 온전히 그리스도의 존귀를 위하여야 합니다. 아브라함은 사랑하는 이삭의 목숨을 구하기 위하여 그렇게 기꺼이 어린 양의 목에 칼을 들이댈 수가 있었습니다. 여러분도 여러분의 순전함을 살리기 위해 이에 못지않게 기꺼이 여러분의 목숨을 희생할 준비가 되어 있어야 하는 것입니다. 사랑을 불에다 비유합니다. 그것은 가까이 오는 모든 것을 자신에게 융화시키든지 혹은 태워버리든지 하는 성질을 지니고 있습니다. 모든 것을 불길 속에 집어넣든지 재가 되게 만듭니다. 이질적인 것이 그 단순하고 순수한 본질과 함께 오래 있을 수가 없습니다. 이와 마찬가지로 그리스도를 향한 사랑도, 그리스도께 욕이 되는 것이 그 가슴 가까이에 있는 것을 절대로 견디지 못하는 법입니다. 쾌락이든 이익이든, 혹은 무엇이든 간에, 그것을 줄이거나 아니면 버리거나 둘 중의 하나일 것입니다. 아브라함은 하갈과 이스마엘을 그 정당한 질서를 따라 사랑하였으나, 하갈이 그의 아내 사라를 조롱하고 이스마엘이 이삭을 업신여기고 괴롭히기 시작하자, 그들을 문 밖으로 내쫓아 버립니다. 그리스도를 향한 사랑이 있다면, 여러분은 그리스도를 대적하는 그 무엇과도 한 편이 되지 않고, 오히려 그를 대적하는 것을 대적하여 그의 편에 설 것이며, 그러는 동안 여러분의 순전함이 위험을 당하지 않을 것입니다.

지침 3. 순전함을 실천하며 살려면, 성도들을 향하신 하나님의 일편단심과 그의 순전하심을 자주 묵상하십시오. 우리로 하여금 하나님께 진실하도록 만드는 강력한 요인으로 우리를 향하신 그의 신실하심과 진실하심보다 더 강력한 것이 어디 있겠습니까? 압살롬은 비록 누구보다 못지 않은 악한 외식자였으나, 후새가 그에게 나아오자 그를 의심했습니다. "압살롬이 후새에게 이르되 이것이 네가 친구를 후대하는 것이냐? 네가 어찌하여 네 친구와 함께 가지 아니하였느냐 하니"(삼하 16:17). 다윗의 충실한 친구였던 후새가 이제는 그를 대적하는 반역의 무리에 가담하고 있으니, 이는 그의 양심이 보기에도 처절하고 치졸한 처사였던 것입니다. 이 말을 한 압살롬 자신부터가 이 사랑의 법을 더 위중하게 범하긴 하였으나, 그래도 그는 자기 외에 감히 그런 위중한 악을 범하는 자가 또 있다는 사실에 놀라움을 표시한 것입니다. 그러므로 그리스도인 여러분, 여러분의 마음이 무언가 불순한 일에 휩쓸리게 되면, 이 사실을 깊이 생각하십시오. 그러면 하나님과 그의 은혜에 속한 그 무언가가 여러분에게 있으면 그것이 여러분을 다시 돌이키게 해 줄 것입니다. 여러분의 심령에게 물으십시오. "이것이 내가 친구를 후대하는 것이냐?" 이렇게 처신하는 것이, 과거에도 현재도 그리고 미래에도 영원토록 네게 그처럼 훌륭한 친구가 되시는 하나님을 후대하는 것이냐? 하나님께서는 그의 백성이 죄를 범하자, 그들을 부끄럽게 하시고자 그들이 그를 그렇게 멀리 하고 홀대하도록 원인 제공을 한 일이 과연 있는지를 물으셨습니다: "나 여호와가 이와 같이 말하노라 너희 조상들이 내게서 무슨 불의함을 보았기에 나를 멀리 하고 가서 헛된 것을 따라 헛되이 행하였느냐?"(렘 2:5). 모세는 느보 산으로 올라가 죽기 전에 마지막으로 이스라엘을 크게 책망합니다. 그들은 처음 애굽에서 나온 때로부터 그 날까지 외식을 행하며, 투덜거리고, 하나님을 대적하여 끔찍한 반역을 저질러 왔습니다.

그런데 모든 사람에게 큰 중압감을 주고자 그는 말씀 첫 머리에서 그들이 그렇게 반역한 그 하나님이 과연 어떤 분이신지를 말씀합니다. 그는 그들이 거역해 온 그 하나님의 영광을 선포하여 그들의 죄악됨을 드러냅니다. "내가 여호와의 이름을 전파하리니 너희는 우리 하나님께 위엄을 돌릴지어다"(신 32:3). 그런데 그가 전파하는 그 하나님의 이름이 무엇인지가 분명히 드러나므로, 그들의 죄악이 더욱 가중되고, 그들이 사악한 그들의 본성을 깨닫도록 돕습니다. "그는 반석이시니 그가 하신 일이 완전하 … 신 하나님이시니 공의로우시고 바르시도다"(4절). 모세는 그들을 향한 모든 처신에서 나타나는 바 하나님의 마음의 진실하심과 순전하심을 실례로 들어서, 그들로 하여금 자기들의 처신에 대해 지극히 부끄럽게 여기도록 하고 있습니다. 그런데 이 한 가지 사실만으로도 마음에 울타리를 치고 순전함으로 하나님과 가까이 하도록 만들기에 족하므로, 여기서 하나님의 사랑의 진실하심과 순전하심이 어떤 분야에서 그의 성도들에게 나타나는지를 보여드리고자 합니다. 이 구체적인 내용 하나하나가 하나님께 순전하고도 올바르게 대하여야 할 강력한 논지를 우리에게 제공해 준다 할 것입니다.

(1) 하나님의 마음의 순전함은 그의 모든 경륜에서, 그가 행하시는 원리와 또한 그가 지향하시는 목적에서 나타납니다. 사랑이 그가 늘 행하시는 원리이며, 그 백성들의 선(善)이 그가 추구하시는 목적입니다. 사랑의 불길이 그의 마음에서 사라지는 법도 결코 없으며, 또한 그들의 선이 그의 눈에서 사라지는 법도 결코 없습니다. 그가 이맛살을 찌푸리시고, 입술로 꾸짖으시고, 손을 들어 내리치실 때조차도, 그의 마음은 사랑으로 불타오르며, 그의 생각은 그들과의 평화에로 모아집니다. 이는 다음의 본문에서 잘 드러납니다. "내가 이곳에서 옮겨 갈대아인의 땅에 이르게 한 유다 포로를 이 좋은 무화과 같이 잘 돌볼 것이라"(렘 24:5). 이것은 하나님께서 그의 백성에게 베푸신 가장 극심한 심판 가운데 하나였지만, 그런데도 이 심판에서 그는 긍휼을 계획하고 계시며 또한 그들에게 어떻게 하면 선대할까를 고려하시는 것입니다. 광야에서도 마찬가지였습니다. 모세가 그리로 그들을 데리고 와서 죽게 하였다고 그에게 소리칠 때에도, 그들은 상처를 입은 것보다는 두려움이 더 컸습니다. 하나님은 그들이 꿈꾸던 것보다 더 나은 것을 바라신 것입니다. 그의 의도는 그들을 낮추셔서 장차 그들에게 유익이 되게 하고자 하신 것이었습니다. 하나님께서 그의 백성들에게 어찌나 순전하신지, 그들의 안전을 위하여 그 자신의 영광을 그들에게 담보하기까지 하셨습니다. 하나님의 영광의 예복이 그들의

번영과 구원에 달려 있도록 하신 것입니다. 그의 백성에게 긍휼을 베풀고자 하시는 그의 의도된 생각을 이루시기까지 그는 그의 모든 위엄과 존귀하심을 드러내시지 않으실 것이요, 사실 드러내실 수가 없을 것입니다. 그는 자신이 그 백성들의 구원을 실제로 이루셔서 그와 그들이 같은 날 함께 영광 중에 나아오게 되기까지, 자신이 모든 영광 중에 세상에 나타나시는 시기를 연기하기를 기뻐하시는 것입니다. "여호와께서 시온을 건설하시고 그의 영광 중에 나타나셨음이라"(시 102:16). 아무리 구름이 깊게 드리운 날에도 태양은 여전히 찬란하게 비치고 있습니다. 그러나 밑의 세상의 시야를 가리고 있는 구름을 흩어 버리기 전에는 태양이 그렇게 찬란하게 나타나지를 않는 것입니다. 세상이 보지 못할 때에도 하나님은 여전히 영광스러우십니다. 그러나 그의 긍휼과 진실과 신실함의 영광이 그 백성의 구원을 통해서 드러날 때에 그의 영광이 찬란하게 드러나는 것입니다. 오오 그리스도인 여러분, 여러분이 하나님의 영광과 또한 그 가운데 있는 여러분의 복락을 순전하게 바라지 않는다면, 과연 어떤 부끄러움이 여러분의 얼굴을 덮어야 마땅하겠습니까?

(2) 그의 백성을 향하신 하나님의 진실함과 순전함은 그들을 향하여 그의 마음이 열려 있고 투명하다는 사실에서 나타납니다. 말이 없고 내성적인 사람은 그의 마음이 어떠한지를 주위의 친구가 제대로 알 수가 없고, 마치 구름이 낀 것처럼 불투명합니다. 그러나 이를테면 가슴에 수정 같은 창문을 지니고 다니는 사람은 친구가 그 마음속에 있는 생각을 곧바로 읽어낼 수 있을 것이요 또한 그 친구에 대해 전혀 의혹을 가질 이유가 없을 것입니다. 과연 하나님께서는 그의 성도들에게 이처럼 열린 마음을 갖고 계십니다. "여호와의 비밀이 그를 경외하는 자들에게 있음이여"(시 25:14. 한글개역개정판은 "비밀"을 "친밀하심"으로 번역함 — 역주). 그는 그의 마음 속으로 들어가서 우리를 향하신 그의 생각들이 무엇이며 또한 창세 때에 돌이 놓이기 전부터 그가 우리를 향하여 가지신 생각들이 무엇인지를 알 수 있는 그의 열쇠를 우리에게 쥐어주시는 것입니다. 그리고 "하나님의 깊은 것"을 아는 분이 다름 아닌 그의 성령이십니다(고전 2:10). 왜냐하면 그는 모든 일이 이루어지는 천상의 회의에 참여하셨기 때문입니다. 하나님께서는 삼위께서 우리의 구원을 위하여 합의하신 사랑의 경륜들의 골자를 바로 이 성령으로 하여금 성경 속에서 제시하고 선포하도록 하셨습니다. 뿐만 아니라 우리의 만족에 조금도 부족함이 없게 하시기 위하여 그 동일하신 성령을 그의 성도들 속에 거하게 하셔서, 그리스도께서 하

늘에서 우리의 소원들을 하나님께 아뢰시듯이 성령께서 그의 말씀 속에 담긴 하나님의 마음을 우리에게 해석해 주시도록 하셨고, 그리하여 마치 거울이 얼굴 모습을 그대로 나타내듯이 그 말씀이 하나님의 마음을 그대로 드러내는 것입니다. 진정한 친구라면 이처럼 투명한 마음에 대해서는 더 바랄 것이 없습니다만, 하나님께서는 그런 투명한 마음을 초월적인 방식으로 그의 백성들에게 드러내 보이십니다. 그들의 머리 위에 무슨 위험이 닥치기라도 하면, 그는 그것을 감추실 수가 없습니다. 다윗은 하나님의 말씀에 대해, "주의 종이 이것으로 경고를 받"는다고 말씀합니다(시 19:11). 하나님께서는 이런저런 사자를 보내서서 그의 성도들에게 경고하시고, 그들에게 닥친 위험이 속에 있는 죄로부터 오는 것인지, 바깥에 있는 원수들에게서 오는 것인지를 알려 주십니다. 히스기야는 마음의 교만으로부터 오는 위험에 빠져 있었습니다. 하나님께서는 그를 시험하셔서 그의 마음이 어떠한지를 스스로 알게 하셨고, 한 번 시험에 빠짐으로써 다시는 똑같은 시험에 빠지지 않도록 하셨습니다. 사탄은 베드로를 향하여 은밀한 계교를 갖고 있었고, 그리스도께서는 이를 베드로에게 알려 주셨습니다(눅 22:31). 그의 자녀 중 누군가가 죄로 인하여 그를 불쾌하게 할 경우 그는 거짓 친구들처럼 속에 있는 불쾌감과 은밀한 불만을 감추고 겉으로만 잘 대해 주는 식으로 행하시지 않습니다. 아닙니다. 그들을 향하여 전혀 악감정을 품지 않으시고, 그들에게 넌지시 그것을 말씀하시고 그것을 부드럽게 교정시켜 주시는 것입니다. 또한 그의 백성을 고난 속으로 이끄실 때에도 그는 여전히 그들을 사랑하십니다. 그러므로 그들을 어둠 속에 홀로 내버려 두셔서 그들로 하여금 그의 구원의 사랑을 전혀 알지 못하도록 하시는 법이 없습니다. 아닙니다. 감옥 속에서도 그들을 위로하시고, 미리 그들에게 그의 마음을 열어 보이십니다. 애굽과 바벨론에서 유대인 교회에게 닥쳤고 또한 적그리스도 아래서 복음 교회에게 닥쳤던 그 크나큰 재난들에서 이 점을 잘 볼 수 있습니다. 이 모든 재난에서 구원하실 것이라는 약속들을 사전에 먼저 그들에게 주신 것입니다. 그리스도께서도 이 땅에 계실 때에 그의 제자들에게 얼마나 자유롭고 또 얼마나 투명하셨습니까? 어떤 재난들이 그들에게 놓여 있으며 또한 그가 다시 오실 때에 그 결국이 얼마나 복될 것인지를 그대로 말씀하지 않으셨습니까! 왜 그러셨습니까? 그의 마음의 순전함을 그대로 믿고 확증하도록 하시기 위함이 아니면 무엇이겠습니까? "그렇지 않으면 너희에게 일렀으리라"(요 14:2)라는 그의 말씀이 이를 암시해 줍니다. 이 말씀은 마치 이런 뜻과도 같습니다. "너희들이 알기에 합당한 일을 숨긴다면, 혹은 사실과 다르게 알려 준다면, 이는 너희를 향한 나의 순전한 사랑에 부합되지 않는 일이리라." 또한 잠정적으로 그들에게 무슨 진리들을 숨기실 때에도 그것들을 숨기시는 이유를 그대로 밝히심으로 그의 정직함과 순전함을 드러내 보십니다. 그것들을 알려 주기 싫어서가 아니라 그들이 그것들을 감당할 수가 없기 때문이라는 것입니다. 그러니 그리스도인 여러분, 이 모든 사실들을 잘 깨닫고 더욱 투명한 마음으로 하나님을 대하기를 바랍니다. 그가 여러분에게 그렇게 솔직하고 투명하게 대하시는데, 여러분은 그에게 모든 것을 감추고 내성적으로 대하시겠습니까? 여러분의 하나님은 여러분에게 그의 생각을 그대로 풀어 놓으시는데, 여러분은 여러분의 영혼 전부를 그에게 쏟아 붓지 않겠습니까? 감히 여러분의 비밀들을 그에게 맡기지 않고 그의 사랑과 긍휼의 역사하심 앞에 여러분을 감추려 하겠습니까? 요컨대, 그 어떤 위험도 여러분에게 숨기지 않으시는 하나님의 사랑이 있는데, 여러분은 감히 여러분의 죄악된 정욕을 하나님 앞에 감추고 그를 대하려 합니까? 하나님은 그의 백성과의 의리를 정확하고도 진실하게 지키시는 분이시니, 그들에게서도 그와 비슷한 순전함을 기대하시는 것입니다.

(3) 그의 백성을 향한 하나님의 마음과 애정의 순전함은 그의 사랑이 변함없다는 사실에서 나타납니다. 하나님의 존재에 "회전하는 그림자도 없는" 것처럼, 그의 백성을 향한 하나님의 사랑도 마찬가지입니다. 그의 사랑에는 정점(頂點)이 없습니다. 변함없이 그대로 서 있기 때문입니다. 그의 사랑은 마치 기브아의 태양처럼 내려가지도 기울지도 않고 그 충만한 빛을 계속 발합니다. "내가 … 영원한 자비로 너를 긍휼히 여기리라 네 구속자 여호와께서 말씀하셨느니라"(사 54:8). 사람은 자기의 사랑에 대해 후회하기도 합니다. 뜨겁기 그지없었던 애정이 가슴속에서 식습니다. 사람의 사랑은 마치 화로 위의 불과도 같아서, 지금은 불길이 치솟지만, 얼마 후에는 깜박거리다가 사라지고 맙니다. 그러나 하나님의 사랑은 사 원소(四原素)의 불과 같아서 절대로 없어지지 않습니다. 사람의 사랑은 마치 강물과도 같아서 불어나기도 하고 줄어들기도 합니다. 하지만 하나님의 사랑은 바닷물과 같아서 언제나 충만하고, 불어나거나 줄어드는 법이 없습니다. 하나님께서 그의 사랑을 심으시면 그 어떠한 것도 그것을 제거할 수가 없습니다. 그것은 썩지도 않고 정복되지도 않습니다. 이 두 가지를 위해 여러 가지로 시도하지만 헛수고일 뿐입니다.

(a) 그의 사랑은 썩지 않습니다. 감히 하나님을 유혹하고, "이스라엘의 거룩한

자"를 매수하여 그의 백성을 버리고 그들에게서 손을 떼게 하려고 시도한 자들이 있었습니다. 발람은 하나님을 발락의 편으로 끌어들여 이스라엘을 대적하시게 만들려 했습니다. 그 일을 성사시키기 위해서 그는 제단을 연이어 쌓고 무수한 제물을 쌓는 등, 모든 일을 다 했습니다. 하나님의 입에서 그의 백성을 대적한 한두 마디의 말씀을 얻고자 하는 일인데 무엇인들 못했겠습니까? 그러나 하나님은 그의 백성을 버리지 않으셨습니다. 오히려 발람을 고용하고 그를 하나님께로 나아가게 한 그 민족을 향하여 진노를 발하셨습니다(신 23:4). 다음의 본문에서 우리는 하나님께서 그의 백성을 돌아보시고 그들을 향하여 순전하고도 변함없는 사랑을 계속해서 베푸시는 것을 볼 수 있습니다. "내 백성아 너는 모압 왕 발락이 꾀한 것과 브올의 아들 발람이 그에게 대답한 것을 기억하며 싯딤에서부터 길갈까지의 일을 기억하라"(미 6:5). 그들이 무엇 때문에 이것을 기억해야 합니까? "그리하면 나 여호와가 공의롭게 행한 일을 알리라 하실 것이니라." 즉, 나 하나님이 너희에게 얼마나 진실하고도 신실하게 대하셨는지를 알게 하기 위함이라는 뜻입니다. 때로 그는 자신이 그들에게 순전하게 대하신 사실을 근거로 그들도 그에게 순전하게 행하도록 촉구하기도 하십니다. 그는 그들에게 발락이 발람을 보내어 하나님을 회유하여 그 백성들을 저주하시게 하려 한 사실을 말씀합니다(수 24:9). 그러나 여호와께서는 "내가 발람을 위해 듣기를 원하지 아니하였"고(10절) 오히려 너희를 저주하기 위해서 온 자의 입술로 너희와 너희 자손을 축복하게 하였다고 말씀하십니다. 그런데 무엇 때문에 이런 이야기를 언급하시는 걸까요? 14절을 보십시오. "그러므로 이제는 여호와를 경외하며 온전함과 진실함으로 그를 섬기라." 이것이야말로 하나님의 진실하심과 신실하심의 사실에서 유추할 수 있는 지극히 자연스럽고 합리적인 추론인 것입니다. 오오 그리스도인 여러분! 하나님을 향한 여러분의 사랑을 이처럼 썩지 않는 것으로 만들지 않겠습니까? 여러분의 그 사랑을 결코 죽지도 않고 썩지도 않는 순전하신 하나님의 사랑의 향기로운 양념으로 버무려 여러분의 생각 속에 저장해 놓지 않겠습니까? 하나님이 여러분에게 진실하시다는 것을 믿으십시오. 그리고도 감히 할 수 있다면 하나님께 거짓으로 대하십시오. 신실함을 거짓으로 되돌려 준다는 것은 그야말로 지독한 배은망덕이요 야만입니다.

(b) 성도를 향한 하나님의 사랑은 정복되지도 않습니다. 하나님의 사랑을 가장 강하게 방해하는 것은 사람들이든 마귀들이든 그 백성의 원수들의 힘이 아니라 그 백성들의 죄입니다. 그 백성의 원수들이 힘과 분노를 합쳐서 날뛰어도 하나님은

전혀 꿈쩍하시지 않습니다. 그러나 그의 백성의 죄는 정말이지 하나님의 전능하심 자체를 시험대 위에 올려놓습니다. 하나님께서 그 원수들의 힘에 눌려 신음하거나 그 힘에 대해 탄식하시는 것은 한 번도 볼 수가 없습니다. 하지만 안타깝게도 그의 백성들의 죄와 불법에 대해서 탄식하시는 것은 자주 나타납니다. 바로 이것이 그를 무겁게 만듭니다. 이것들이 그의 마음을 아프시게 하고, 인간적인 언어로 표현하자면 마치 생각이 정지되어 도무지 어떻게 해야 할지 — 그들을 사랑해야 할지 버려야 할지, 그들을 죽여야 할지 살려야 할지 — 갈피를 잡지 못하는 처지인 것처럼 소리를 지르시게 만드는 것입니다. 자, 하나님께서 그 백성들로 하여금 자기들이 보인 배은망덕에 대해 더욱 깊이 분노하게 만들기 위해 이런저런 표현들을 사용하십니다만, 무슨 표현을 사용하시든 간에 그는 이 경우 어떻게 해야 할지 판단이 서지 않는 당혹한 처지에 계시는 것은 아닙니다. 그의 언약백성들이 정말 형편없이 처신할 때에도 그들을 향한 그의 생각들을 결정짓는 것은 바로 그의 사랑입니다(호 11:9). 마귀는 여호수아의 의복에 더러운 것이 묻은 것을 보고서 이제는 그를 내치기에 족하겠다고 여기고서 그가 얼마나 더러운지를 하나님께 이야기합니다(슥 3:6). 하나님으로 하여금 여호수아를 대적하게 만들 만한 정당한 사유를 제시한 것입니다. 그러나 그의 그러한 시도는 잘못된 것이었습니다. 하나님은 여호수아에게 진노하시기는커녕 그를 불쌍히 여기셨으니 말입니다. 그를 대적하시기는커녕 오히려 그를 위해 간구하시는 그리스도를 돌아보셨습니다. 그러니 그리스도인 여러분, 이 사실을 묵상하고 잘 생각하십시오. 여러분이 지은 죄로도 여러분과 하나님을 서로 이어주는 그 언약의 매듭을 끊어낼 수 없을 만큼 하나님의 사랑이 그렇게 견고합니까? 그렇다면 여러분이 그를 그렇게 멀리한다는 것이 부끄럽지 않습니까? 여러분은 하늘 아버지의 사랑의 형상이 그를 향한 여러분의 사랑에 더욱 선명하게 찍히게 하기를 힘써야 마땅할 것입니다. 그 누구도 그 어떠한 것도 여러분을 향하신 하나님의 사랑을 무너뜨릴 수 없는 것처럼, 그 어떠한 것도 그를 향한 여러분의 사랑을 일그러뜨리지 않도록 해야 합니다. 여러분의 심령으로 이렇게 이야기하십시오. "내가 죄악된 마음으로 하나님께 등을 돌렸을 때에도 그는 나를 버리지 않으셨으니, 혹 그가 그의 얼굴을 내게서 감추시더라도 나는 더욱 그에게 가까이 나아가야 하지 않겠는가? 내가 그를 욕되게 할 때에도 그는 나를 향한 그의 사랑의 불길이 계속 타올랐으니, 다른 이들은 그의 진리를 버리고 그의 이름을 욕되게 할지라도 나는 그의 진리와 이름을 증언하여야 하지 않겠는가?

하나님이 내 편에 서 계시고 내게 은혜를 베푸시며 또한 이처럼 타락한 자들을 향하고 계시니, 과연 내가 또다시 그의 성령을 근심하게 하며 나태함으로 그의 사랑을 부끄럽게 만들어야겠는가? 결코 그럴 수 없다! 그렇게 한다면 그것은 하나님의 사랑을 내 죄를 유지해 주는 연료로 만들어서 결국 하나님을 죄의 부속물로 만들고자 애쓰는 것과 다를 바 없으리라."

지침 4. 여러분의 순전함을 실천하며 살고자 하면, 고의적인 죄를 삼가십시오. 그런 죄들은 올바름에게 깊고 깊은 상처를 남깁니다. 그렇습니다. 그것과는 전혀 맞지 않습니다. "주의 종에게 고의로 죄를 짓지 말게 하사 그 죄가 나를 주장하지 못하게 하소서 그리하면 내가 정직하여 큰 죄과에서 벗어나겠나이다"(시 19:13). 단한 번 고의적인 죄의 행위를 범하는 것도 올바름을 실천하는 일에는 전혀 맞지 않습니다. 다윗에게서 이 점을 볼 수 있습니다. 그는 단 한 번의 가증스런 살인죄를 범함으로써 자신의 올바른 삶의 실천을 상실해 버렸고, 이스라엘 중의 어리석은 바보와 같은 자가 되었고, 그리하여 하나님께서 그의 올바름에 대해 우리에게 전반적으로 선한 증언을 하셨으나, 그것이 단 하나의 예외가 되었습니다. "이는 다윗이 헷 사람 우리아의 일 외에는 평생에 여호와 보시기에 정직하게 행하고 자기에게 명령하신 모든 일을 어기지 아니하였음이라"(왕상 15:5). 즉, 다윗이 범한 다른 죄에는 그런 고의성이 없었고, 그리하여 그 다른 죄들은 이 죄보다는 덜한 것으로 간주되며, 이 죄만큼 그의 올바름을 망가뜨리는 것으로 여겨지지 않는다는 것입니다. 또한 고의적인 한 가지 죄의 행위가 실질적인 올바름과 전혀 맞지 않는 것처럼, 습관적인 올바름은 습관적인 고의적 죄악과 결코 맞을 수가 없습니다. 고의적인 죄에 속하는 한 가지 행동이, 또한 이렇게 말할 수 있을지 모르겠지만 이 독이 든 잔을 한 번 마시는 것이, 은혜를 누리는 사람의 심령을 그렇게 안타깝게 오염시키고 그의 모습을 바꾸어 놓아서 그 사람이 아닌 것 같이 된다면, 날마다 그 잔을 마시는 일이야 얼마나 더 영혼의 올바름을 치명적으로 망가뜨려 놓겠습니까? 그러니 다니엘이 "뜻을 정하여 왕의 음식과 그가 마시는 포도주로 자기를 더럽히지 아니하리라 하"였던 것처럼(단 1:8), 여러분도 날마다 그 어떠한 고의적인 죄로도 여러분 자신을 더럽히지 아니하리라 라는 거룩한 결의를 다지지 않으렵니까? 과연 이것이야말로 "왕의 음식" — 즉, 친히 고의적인 죄를 범하기밖에 하지 않고 또한 사람들을 부추겨 그 음식을 먹고 스스로를 더럽히게 만들기 위해 노심초사하는 어둠의 임금 마귀의 음식 — 이니 말입니다. 아우구스티누스의 말처럼, "내가 잘못을 범할 수도 있겠으나 결코 이단은 되지 않으리라고 결심하였도다. 갖가지 과오가 내게 있을 수 있으나, 하나님의 은혜로 말미암아 고의적인 죄인은 되지 않도록 힘쓰리라"라고 말하십시오. 그리고 여러분이 고의적인 죄를 범하고 싶지 않으면, 사소한 연약한 것들을 가볍게 여기지 않도록 조심하여야 합니다. 다윗은 사울의 옷자락을 베면서 마음에 찔림을 얻어 즉시 일을 중지하고 기꺼이 그에게서 물러갔습니다. 그의 옷자락을 벨 때에 그의 정직한 양심이 그를 찔러서 사울의 목을 치고 그의 목숨을 거두는 우를 범하지 않도록 막은 것입니다. 그의 목숨을 거두는 것이 그의 의복을 베는 것보다 훨씬 더 나은 일이었는데 말입니다. 그러나 다른 때에 그의 양심이 무딘 상태에 있어서 제 역할을 하지 못할 때에는 다가오는 위험에 대해 경종을 울려주지도 못하고 그가 밧세바를 탐욕적으로 바라보도록 내버려두었고, 그리하여 선한 사람 다윗은 마치 가파른 언덕을 올라와서 감각도 사라졌고 머리도 어지러운 상태에 있는 사람처럼 스스로 회복하지 못하고 연이어 죄에 빠지고 결국 살인이라는 깊은 구덩이에 떨어지고 말았습니다. 강물이 얼어 있으면, 사람이 위험을 감수하며 그 위로 걸어가고 뛰어갑니다만, 얼음이 녹거나 깨어지면 감히 거기에 발을 들여놓지 않는 법입니다. 오오 여러분, 경건한 사람이라도 그 마음이 굳어져 약한 토대 위에 설 수 있을 정도가 되고 또한 그 바닥의 양심이 깨어지지 않으면, 그 사람이 어디까지 나아갈 수 있을지 모릅니다. 그가 어떤 죄에 빠질지를 생각하면 두려움과 떨림이 앞섭니다.

지침 5. 순전함을 실천하며 나아가기를 바라면, 세상에 대한 사랑과 두려움을 넘어서야 합니다. 하나님과 그리스도인의 영혼 사이에 세상이 끼게 되면 반드시 그리스도인의 순전함이 가려지고 마는 법입니다.

(1) 세상에 대한 사랑을 넘어서십시오. 이것이야말로 외식이 자라나기에 아주 적합한 뿌리입니다. 세상이 지닌 어떤 것에 격렬하게 마음이 가서 그것을 갖고자 하는 생각이 단호해지면, 사람이 아합처럼 그것들을 사모하여 전전긍긍하게 되고, 그렇게 되면 그 사람은 사탄이나 육체가 그 목적을 이룰 수 있도록 제시하는 악한 권고를 — 물론 그 권고는 그의 올바름과 순전함을 전혀 고려하지 않는 것입니다만 — 그대로 취할 큰 위험에 봉착하게 됩니다. 사냥꾼들은 산토끼를 잡을 수만 있다면 어떠한 길도 개의치 않습니다. 울타리도 타고 넘고 도랑도 건너뜁니다. 제 고백입니다만, 그리스도의 향수가 가슴속에 가득히 부어져서 그의 향기를 가득 지니고 있는 성도가 세상의 것에 대해 그렇게 강한 욕구를 갖고 있다는 것은 정

말이지 기이한 일입니다. 약속의 향기가 가득한 침상에서 강하게 흘러나오는 그 순전한 달콤한 향기가 있으므로 그리스도인은 세상의 것들을 탐하는 일을 하지 못하리라고 생각할 것입니다. 그 순전한 달콤한 향기가 다른 것들을 취하지 못하도록 방해할 것이니 말입니다. 그 순전한 달콤한 향기들 — 그리스도와 천국에서 퍼져 나오는 향기들 — 이 그리스도인의 감각을 가득 채우고 있어서, 그보다 추한 세상의 냄새를 풍기는 것들이 주는 즐거움은 그의 코에 유쾌한 기분을 가져다주지 못할 것입니다. 그리스도인이 영적인 감각을 그대로 유지하는 한 분명 그럴 것입니다. 하지만 안타깝게도 몸에 냉기가 돌듯이 머리가 활동을 멈추고 감각이 제 기능을 발휘하지 못하게 되면, 그의 부주의로 인하여 영적인 질병에 걸리게 되고, 결국 사물을 제대로 판단해야 할 감각들이, 곧 은혜들이, 장애를 일으키게 됩니다. 그리고 그리스도인이 이 순전한 향기들을 즐거워할 기분이 나지 않는 상태에 있게 되면, 마귀가 무언가 세상의 것들을 탐하도록 만들 호기를 갖게 되고, 그렇게 되면 육체가 금방 그런 것들을 탐하게 되어, 결국 후에 은혜가 약간 정상적으로 활동하게 되면 수치와 회한으로 가득 차게 되는 것입니다.

(2) 세상에 대한 두려움을 넘어서십시오. 사람을 두려워하면 올무에 빠지게 됩니다. 비겁한 자는 어떤 구멍이든 그리로 달려 들어갑니다. 그렇게 수치스러울 수가 없는데도 그는 자신이 두려워하는 그것에서 자신을 구하려고 그리로 빠져 들어가는 것입니다. 아무리 거룩한 사람이라도 이런 유혹의 힘에 눌리게 되면 다른 사람들과 똑같이 되어 버립니다. 아브라함은 두려움에 휩싸여 아비멜렉을 속입니다. 그렇습니다. 베드로도 자기 목숨이 아니라 자기의 명성이 조금 위험해질 것 같자, "복음의 진리를 따라 바르게 행하지 아니"하였습니다(갈 2:12). 그는 거룩한 사람에게 어울리는 올바른 처신을 하지 못하고 한 걸음 앞으로 나아갔다가 마치 그 길이 마음에 들지 않는 듯 다시 뒤로 돌아섰습니다. 이방인들과 함께 음식을 먹다가 금방 뒤로 물러선 것입니다. 자, 그가 그렇게 우왕좌왕하게 된 원인은 무엇이었습니까? 그의 마음에 변덕스런 두려움이 밀려온 것이 원인이었습니다. "그가 할례자들을 두려워하여 떠나 물러가매"(갈 2:12. 14절과 비교하라). 그는 외식을 행하였고 다른 이들도 함께 그처럼 외식을 행하게 만든 것입니다.

지침 6. 순전함을 실천하며 생활하려면, 일상생활에서 여러분의 마음을 철저하게 **점검하십시오.** 아무리 좋은 땅도 외식이라는 가라지로 얼룩져 있으므로 날마다 조심하여 그것을 살펴야 합니다. 비틀거리는 말을 타고 가는 사람은 고삐를 손으로 꼭 잡고 길을 잘 살피며 나아가야 합니다. 그리스도인 여러분, 여러분의 마음이 바로 그렇습니다. 정말 길이 좋아서 도무지 염려할 필요가 없을 것 같은 상황에서도 자주 비틀거립니다. 그러니 그것을 잘 살피고 철저하게 고삐를 잡고 제어해야 합니다. מכל־משמר — "모든 지킬 만한 것 중에 더욱 네 마음을 지키라"(잠 4:23). 주인과 함께 동행할 때에는 종이 제 길을 잘 지켜 갑니다. 그러나 혼자 심부름을 가게 되면, 변덕스럽게 이리저리 기웃거립니다. 여러분도 여러분 자신과 함께 동행하면, 곧 여러분 자신과 길을 잘 살피면서 행하면, 이리저리 기웃거리며 비틀거리는 생활이 방지될 수 있을 것입니다. 그런 의미에서 세상의 대부분의 사람들은 자기와 함께 행하지 않습니다. 자신의 생활에 대해 문외한입니다. 누구든지 자기와 함께 사는 자는 자기보다 더 잘 아는 법입니다만, 이는 정말이지 수치스런 일입니다. 여러분, 여러분 자신은 순전하므로 마음을 철저하게 살필 필요가 없다는 식의 헛된 생각을 품어서는 안 됩니다. 마치 여러분이 은혜 안에 있으니 여러분의 마음이 하나님과 여러분에 대해 거짓으로 장난 칠 수가 없다는 듯이 말입니다. 솔로몬은 "자기 마음을 의지하는 자"더러 어리석은 자라고 하지 않습니까? 여러분이 말처럼 과연 순전하다 해도 그것이 여러분을 계속 지켜 주지를 못하는 것입니다. 스스로 선하다고 부르짖는 정말 무감각한 마음을 지닌 자들은 무지한 자들이요 속된 자들입니다. 그러나 자신의 악함을 더 많이 살피고 그것에 대해 더욱 탄식하는 것이야말로 은혜로 말미암아 진정 선하게 된 마음의 선한 증거의 일부입니다. 그러므로 여러분의 마음을 자주 이렇게 점검하고, 그 결과를 엄숙하게 취하기 바랍니다. 종에게 이따금씩 그 손에 든 돈이 무슨 돈인지 물어보지 않는 사람은 결국 그 종을 도둑으로 만들고 마는 것입니다. 선한 여호야다 시대에 어떤 이들은 성전 수리를 위한 돈을 맡았는데, 그들이 어떻게 그 돈을 사용했는지를 회계하지 않았으니 "이는 그들이 성실히 일을 하였음이라"고 합니다(왕하 12:15). 하나님께서는 많은 달란트들을 — 건강, 자유, 안식일, 규례들, 성도의 교제 등을 — 여러분의 영적인 성전 수리를 위해, 곧 여러분 속에서 은혜가 역사하도록 하기 위하여, 여러분의 손에 맡기셨습니다. 이제 이것들 하나하나를 어떻게 소비하는지를 여러분 자신에게 물어보십시오. 그 중 일부를 소비하면서도 그 일은 조금도 진척이 없을 수도 있습니다. 여러분의 죄악된 마음에는 회계라는 것이 없으면 좋겠지만, 하나님께서는 반드시 여러분의 일을 회계하실 것입니다. 그러니 여러분, 조심하여 그 하나하나를 돌아보아야 합니다. 두 번째 부류의 사람들, 곧 살펴본 결과 그 순전함을 양심이 증언하는 자들에 대한 논의는 이 정도로 마치겠습니다.

[시험 결과 순전한 것으로 드러났는데도 여전히 의심 가운데서 침체해 있는 자들을 위한 권면과 위로]

셋째 부류. 이제는 세 번째 부류의 사람들에게 말씀해야겠는데, 이들은 의심 중에 있는 자들입니다. 곧, 사실상 순전한데도 자기들 자신이 그렇게 선한 상태에 있다는 것을 감히 인정하려 하지 않는 자들 말입니다. 이들은 자기 자신의 상태를 확증하기를 원하여 시험을 하였으나 자신이 과연 순전한지 그렇지 못한지에 대해 무지하고 잘 알지를 못합니다. 자, 이들에게 몇 마디 권면의 말씀을 드리고자 합니다. 주께서 이들에게 복을 주시기를 바랍니다.

권면 1. 여러분의 순전함을 증명해 주는 확실한 증거가 없다고 해서, 그것 때문에 사탄의 그릇된 유혹에 빠져 여러분이 외식자라고 결론짓지 않도록 조심하기 바랍니다. 그렇게 된다면, 이는 수많은 하나님의 사랑하시는 자녀들을 모욕하는 일이 될 것입니다. 이를 전제로 추론하는 것이 올바른 일이라면, 그들 중 많은 이들도 그들 자신에 대해 동일한 결론을 내려야 마땅할 것입니다. 스스로 보기에 자기들의 은혜의 진실성과 마음의 순전함이 현재 그들의 눈에 가려져 있지만 그 은혜와 순전함이 없는 것이 아닌 그런 귀한 영혼들이 있는 법입니다. 요셉의 형들은 자기들의 돈을 자루 속에 그대로 지닌 채 가나안으로 향했습니다. 그들은 이 사실을 알지 못했다가 여관에서 자루를 열어보고 그 사실을 알게 되었습니다(창 42:27). 이처럼 순전함이라는 보배를 속에 지니고 있으면서도, 아직 자루를 풀어보고 그 풍성한 것을 알게 되는 때가 되지 않아서 그것을 모르는 이들이 많습니다. 지금 천국에 있는 이들 중에서도 이 땅에 사는 동안 그들 속에 있는 은혜의 진실성에 대한 우려 때문에 이리저리 안타깝게 흔들렸던 자들이 많습니다. 거짓이 없는 믿음은 반드시 영혼을 방주이신 그리스도 안에 있게 하지만, 그 영혼이 그 방주 속에서 배 멀미를 할 수도 있는 것입니다. 우리 눈 앞에 분명하게 제시하여 그것을 소유할 수 있게 만들어 주는 것은 은혜가 하는 일이 아니라 그리스도께서 하시는 일입니다. 물건이 가지런히 정돈되어 있는 것도 중요하지만, 그것을 비추어 보게 해주는 빛이 있어야만 그것을 알 수 있습니다. 마찬가지로 은혜의 진실성이 있어야 하지만 동시에 빛 되신 성령이 계셔야 합니다. 그가 없으면 영혼이 어둠 속에서 헤맬 수밖에 없습니다. 그가 역사하셔야만 영혼을 빛 가운데로 인도하실 수 있습니다. 과연 성령이야말로 성도로 하여금 자신의 올바름을 보게 해주시는 유일하신 위대한 사자(使者)이신 것입니다. 그러나, 마치 어둠 속에서 아무것도 보지 못한다고 해서 눈이 잘못된 것이 아니듯이, 은혜의 진실성을 지각하지 못한다고 해서 그것이 없다고 할 수는 없는 것입니다. 그렇습니다. 이미 순전함이 자기에게 있는데도 불구하고 사람이 규례들마다 열정적으로 참여하여 그것을 얻으려고 애를 쓸 수도 있습니다. 마치 머리에 모자를 쓰고 있으면서도 그 모자를 찾으려고 온 집안을 샅샅이 뒤지고 다니는 사람처럼 말입니다. 여러분, "지금은 선명하게 보이지 않지만 내가 순전할 수도 있겠구나"라는 것을 실질적인 진리로 여러분의 심령 속에 확고히 품으시기 바랍니다. 이 진리가 물론 여러분에게 충만한 위로를 주지는 못하겠지만 그래도 확신이 오기까지 여러분의 약한 집을 지탱시켜 주는 지지대의 역할은 어느 정도 감당할 것입니다. 그 집을 고쳐 주지는 못하지만 집을 고치는 일꾼이 오기까지 그 집이 잘 서 있게는 해 줄 것입니다. 곧, 성령께서 오셔서 한 마디 따뜻한 말씀을 통하여 여러분의 생각을 교정시켜 주시고 여러분이 약속 위에 든든하게 서도록 해주시기까지 말입니다. 그 약속이야말로 견고한 위로의 진정한 근거요 토대인 것입니다. 오오 그리스도인 여러분, 여러분의 친구들에게 잔인하게 대하고 싶지 않으시지요? 마찬가지로 여러분의 영혼에게도 더 이상 잔인하게 대하지 마십시오. 여러분이 별로 좋아하지 않는 사람이 병이 나서 여러분의 집에 누워 있다고 가정합시다. 그렇습니다. 얼마나 병이 심한지, 살아 있느냐고 그에게 물어도 대답을 제대로 하지 못할 정도로 정신을 차리지 못하는 상태라고 합시다. 이럴 때에 여러분은 어떻게 합니까? 스스로 살아 있다는 말을 하지 못한다고 해서 그가 죽은 것으로 판단하여 그를 업고 나가서 관에 집어넣고 무덤에다 파묻습니까? 절대로 그렇게 하지 않을 것입니다. 그렇다면, 여러분이 지닌 은혜가 강력하지 못하여 지금 당장 스스로 살아 있다고 말을 하지 못한다고 해서 사탄은 여러분 자신을 절망의 구렁텅이에 몰아넣으려 하고 있으니, 이 얼마나 어처구니없고 무자비한 존재인지 모릅니다.

　권면 2. 여러분을 다시 보내어 정밀 검사를 받도록 해야겠습니다. 다시 한 번 자세히 살펴보십시오. 이 문제에서 사탄이 ― 그 요압이 ― 여러분을 장악하고서 여러분의 순전함에 대해 가슴속에 갈등을 갖게 하는 것은 아닌지를 말입니다. 사탄이 거짓된 소망으로 여러분을 우쭐하게 만들려다 제대로 되지 않으니, 이제 마지막

계교를 부려 거짓된 두려움으로 여러분을 겁주어 산만하게 만들려는 것이 아닌지
를 자세히 보아야 합니다. 여러분이 정말 악한 상태에 있던 때가 있었습니다만, 그
때에는 사탄이 수단을 부려 여러분 스스로 낫다고 생각하게끔 만들었습니다. 그
런데 이제는 여러분이 길을 바꾸어 과거에 가졌던 자신감을 버리고 그리스도와
대면하였고 또한 그리스도의 거룩한 길의 풍모를 여러분의 심령 속에 지녀서 그
것들을 강력하게 추구하는 상태에 있습니다. 그러니 사탄이 여러분을 외식자로
몰지는 못해도 여러분의 마음의 진실성을 문제 삼게 만들고 갖가지 두려움의 허
깨비들을 생각 속에 불어넣어 여러분을 고통스럽게 만드는 것입니다. 그러므로
과연 사탄이 전과는 다른 쪽에서 여러분을 공격하는 것은 아닌지를 자세히 살펴
보는 것이 충분히 가치 있는 일인 것입니다. 무대 위에서 연기하는 배우들이 아무
리 옷이 많다 해도, 마귀의 유혹하는 방법과 수단만큼 가짓수가 많지는 않습니다.
그런데 마귀는 보통 이런 옷을 잘 입고 나타납니다. 이것이 여러분 혼자만의 일이
라면, 여러분에게 있는 두려움이 바로 여러분 자신의 거짓된 마음에 대한 정당한
책망일 것이라는 의혹이 더 많을 것입니다. 그러나 수많은 다른 형제들 — 그들의
순전함을 감히 의심할 수 없는 이들 — 도 여러분과 같은 문제로 안타까워하는 것
을 보게 되고, 또한 그들의 처지가 여러분의 처지와 일치하는 것을 보게 됩니다.
여러분, 이렇기 때문에 다시 한 번 자세히 살펴볼 필요가 있습니다. 사탄이 "거짓
말하는 영"으로 나아와 더 이상 나쁠 수 없는 최악의 소식을 전하여 — 곧, 여러분
이 예수 그리스도를 사랑하는 체하나 실제는 그렇지 않은데 그렇게 생각하여 스
스로를 속이고 있다고 하여 — 여러분의 연약한 심령을 망쳐놓으려 하는 것은 아
닌지를 확인해 보아야 합니다. 이처럼 이 거짓 영은 — 마치 자기 아기를 그와는
전혀 관계없는 무고한 사람의 문 앞에 뉘어놓는 뻔뻔스런 음녀처럼 — 많은 사람
들에게 그들과는 거의 상관이 없는 혐의를 뒤집어씌웁니다. 그렇게 대담하게 정
죄하면 그것이 그리스도인의 심령에 들어가 박혀서, 이것을 이용하여 그가 바라
는 대로 가슴속에 또 다른 유혹을 심어 놓을 수 있는 문이 열리게 될 것을 알고서
그렇게 하는 것입니다. 대개의 경우 이 때문에 그리스도인이 임무를 행하지 못하
고, 또한 갖가지 규례에 참여하여 하나님의 임재 속에 들어가게 해 주곤 했던 마차
의 바퀴를 내동댕이쳐 버리게 됩니다. 자신이 순전하지 못하다는 의혹으로 인해
서 그렇게 되는 것입니다. 마귀는 이들에게 속삭입니다. 이런저런 임무를 행하며
하나님의 백성들과 어울리다가 여러분의 마음의 사악함이 그들에게 노출되는 것

보다는 차라리 집에 그냥 머물러 있는 것이 더 낫다고 말입니다. 뱀이 하와를 꾀어 금지된 나무의 열매에 손을 뻗어 먹게 만들었는데, 그 때 그의 피부와 꼬리가, 그가 여러분 그리스도인을 꾀어 하나님께서 먹으라고 명하신 그 열매들 — 곧, 하나님의 규례들 말입니다 — 을 만지거나 맛보지 못하도록 미혹할 때보다 더 부드러웠고 더 멋져보였습니까? 그러나 그리스도인 여러분, 제가 틀린 것이 아니라면, 하나님께서 원수로 하여금 그 마음을 드러내 보이게 하실 때에 여러분은 하나님을 찬송하여야 마땅합니다. 그것을 보고서 여러분의 순전함을 의심하게 하는 다른 유혹에 대해서도 그의 사악한 계교를 발견할 수 있는 빛을 얻을 수 있으니 말입니다. 여러분으로 하여금 두려움 중에 여러분 자신의 외식에 대해 소리 높여 탄식하게 만드는 것이 과연 무엇인지 깨닫지 못하시겠습니까? 마귀는 여러분이 규례들을 부지런히 행하는 것도, 규례들을 행하며 하나님과 교제하며 자라가는 것도 원치 않습니다. 그런데 이것 외에는 여러분을 망가뜨릴 길이 그에게 없는 것입니다. 그가 베푸는 다른 미끼는 여러분이 물지 않는다는 것을 잘 압니다. 또한 아무리 요리하고 세련되게 장식해 놓아도 죄는 여러분이 좋아하는 음식이 아니라는 것도 잘 압니다. 그러니 여러분 속에 있는 외식을 보고 두려운 생각을 갖게 하여 여러분을 겁주든지, 아니면 여러분 앞에 모자를 던져 버리고 여러분을 포기해 버리든지 둘 중의 하나밖에는 수가 없는 것입니다. 여러분, 여러분의 마음이 그렇게 거짓되고 여러분의 갖가지 임무들이 그렇게 외식적이라면, 과연 그가 그것들에 대해 그렇게 야단법석을 떨겠습니까? 그는 절대로 자기의 포대(砲隊)를 잘못 배치하는 법이 없습니다. 공격해야 할 원수도 없는 곳에다 그것들을 걸어놓지는 않는다는 말입니다. 여러분이 만일 외식적으로 기도하고 말씀을 듣는다 해도 그에게는 그것이 전혀 괴롭지 않습니다. 뿐만 아니라 그는 외식자에게 그 마음이 거짓되다는 이야기를 해줄 만큼 그렇게 친절하지도 않습니다. 외식은 그가 그들의 발을 옭아매어 놓은 사슬입니다. 그러므로 그는 안간힘을 다 써서 그 외식이라는 사슬의 존재를 감춥니다. 그 사슬이 서로 부딪치는 소리를 내어 그들의 양심이 일깨워져서 그것을 벗어 버리려고 애쓰게 되고 결국 자기의 감옥에서 도망할까 무서워 그것을 애써 감추는 것입니다. 그러므로 여러분, 선한 위로를 받으십시오. 여러분의 양심이 성경적인 증거를 근거로 여러분을 외식자로 정죄하지 않는다면, 마귀의 정죄를 두려워하지 마십시오. 여러분이 여러분의 삶에 대해 심판을 받게 될 때에 그는 거기에 있지 않을 것이고, 그의 증언도 그 날에는 아무런 가치가 없을 것입니다.

그런데 어째서 지금 그의 말로 인하여 눌리고 두려움을 갖는단 말입니까?

권면 3. 마음의 진실성과 순전함이 여러분에게 확신 있게 다가오도록 하는 수단들을 하나도 소홀히 하지 마십시오. 그런 확신을 가져야만 합니다. 이것이야말로 "받는 자밖에는 알 사람이 없는" "새 이름"이 기록된 "흰 돌"인 것입니다(계 2:17). 그러니 여러분, 그것을 상상 속의 것으로 생각하지 마시기 바랍니다. 마치 아무도 손으로 쥐고 있다고 말할 수 없는 철학자의 돌처럼 여겨서는 안 됩니다. 사도 바울은 아론의 흉배의 모든 보석보다 더 찬란하게 빛나는 흰 돌을 그의 양심에 갖고 있었습니다. "우리가 세상에서 특별히 너희에 대하여 하나님의 거룩함과 진실함으로 행하되 육체의 지혜로 하지 아니하고 하나님의 은혜로 행함은 우리 양심이 증언하는 바니 이것이 우리의 자랑이라"(고후 1:12). 그리고 욥도 확신을 갖고서 하나님께서 친히 그에 대해 갖고 계신 생각에 감히 호소하였으며 그 때에 심지어 하나님이 그의 무거운 손길로 그의 마음의 구석구석을 뒤지고 살피고 계셨는데, 이 때 그에게도 그 흰 돌이 없지 않았습니다. "주께서는 내가 악하지 않은 줄을 아시나이다"(욥 10:7). 여기서 주목하십시오. 그가 자기에게 죄가 있다는 것을 부인하는 것은 아닙니다. 그 죄들을 우리는 계속해서 고백해 왔습니다. 다만 그는 자기가 악하지 않다고, 즉 마음이 완전히 썩은 외식자는 아니라고 말씀합니다. 그는 하나님께서 비록 그에게 이런 영적인 중죄의 혐의를 뒤집어씌우기를 두려워하지 않는 마귀의 입을 막고 그를 부끄럽게 하기 위하여 자신을 속속들이 살피시고 시험하시지만, 그럼에도 불구하고 그가 자신을 외식자라고 단정하시지는 않으시리라는 것을 든든히 의지하고 그 위에 서는 것입니다.

반론. 그러나, 이들은 지극히 고상한 성도들이라서 자기들의 순전함을 보게 되고 또한 가슴에 이 "흰 돌"을 지니고 있지만, 보통의 그리스도인들도 그런 보석을 지니고 있다는 기대는 가질 수가 없다고 말할 수도 있을 것입니다.

답변. 이에 대해서는, 하나님의 자녀 중 지극히 약한 그리스도인도 그에게 그런 보석이 있다는 것을 증언해 주는 동일한 증인이 있다는 것을 생각하라는 말로 답하고 싶습니다. "하나님의 아들을 믿는 자는 자기 안에 증인이 있고"(요일 5:10. 한글개역개정판은 "증인"을 "증거"로 번역함 — 역주). 고상한 그리스도인만이 "하나님의 아들을 믿는 자"에 해당되는 것이 아니고 누구든지 하나님의 아들을 믿는 자는 다 거기에 해당된다는 점을 주목하십시오. "증인"은 누구에게나 동일합니다. 이 땅의 가장 훌륭한 성도의 마음에 거주하시는 그 동일하신 그리스도와 성령께서 여러분의 마음에도 거주하고 계십니다. 여러분에게도 동일한 피가 뿌려졌으며, 여러분도 동일한 물로 씻음 받았습니다. 주께서 기뻐하실 때에 이들이 그 가장 훌륭한 성도들에 대해서는 물론 여러분에 대해서도 은혜와 순전함을 똑같이 증언해 줄 수 있고, 또한 증언해 줄 것입니다. 다만 법정의 증인들이 재판장이 부를 때까지 자리에 앉아 있다가 재판장이 불러야 비로소 증인석에 나와 증언하듯이, 이들도 마찬가지입니다. 다만 언제 그렇게 증언할지는 하나님이 그의 뜻대로 정해 놓으셨습니다. 정반대의 경우도 이와 꼭 마찬가지입니다. 회개하지 않는 사악한 죄인마다 그 가슴속에 그를 정죄할 증인을 지니고 다닙니다. 그러나 그 증인은 아무 때나 말을 하고 그 죄인에게 슬픈 소식을 전해 주지는 않습니다. 하나님께서 죄인의 심령 속에 법정을 여시고 그 증인을 불러 증언하게 하실 때에만 그렇게 하는데, 그가 뜻하시는 때에 그 일이 일어날 것입니다. 여러분, 오직 수단들을 소홀히 하지 마시기 바랍니다. 그 몇 가지 수단들을 여기서 말씀드리겠습니다.

수단 1. 그리스도인 여러분 — 여러분이 이 이름에 합당한지 아닌지 모르겠으나 저는 여러분을 그렇게 불러야겠습니다 — 은혜가 더욱 자라도록 계속 전진하십시오. 어린아이가 자랄수록 그 모습이 올바로 영글어 가는데, 은혜도 마찬가지입니다. 은혜에 속한 갓 태어난 아기의 얼굴에는 노예 같은 두려움, 이기심 등 갖가지 불완전한 모습들이 가득하여 그것들 때문에 그의 진정한 모습이 감추어집니다. 그런데 그 아기가 자라면서 이런 것들이 조금씩 사라집니다. 은혜에 속한 온 몸이 자라는 동안 그리스도인의 영적인 사고가 농익어서, 자기 자신의 행동에 대해 돌아봄으로써 사탄이 자신의 순전함을 공격하여 제기하는 반론들에 대해 더욱 유능하게 판단할 줄 알게 됩니다. 순전한지 그렇지 않은지에 대해 생각이 들쭉날쭉 하는 상태에서 항상 이리저리 떠다니지 않고 갖가지 두려움을 넘어서는 상태로 자라날 것입니다. 왜냐하면 여러분의 은혜가 자라나는 것을 발견하는 그 동일한 빛으로 그 은혜의 진실성도 보게 될 것이기 때문입니다. 처음 하루가 밝아올 때에는 아침의 태양빛이 비치는 것인지 아니면 황혼의 빛이 비치는 것인지를 분간하기가 어렵습니다. 그러나 그 빛이 분명히 더 강해지고 더 환하게 드러나면 그것을 보고서 이제 날이 밝았다는 것을 알게 됩니다. 그려놓은 그림은 더 아름답게 바뀌지 않고, 그림 속에 있는 어린아이의 팔은 여러 달 혹은 여러 해 동안 서 있어도 힘이 더 강해지지 않습니다. 여러분의 사랑과 소망과 겸손과 경건한 후회가 더욱 자라게 하십시오. 그런데도 과연 여러분이 참된 은혜 가운데 있는지 그렇지 않은지에 대해 의심을 하겠습니까? 여러분의 은혜가 과연 어떤 것인지 어디서부터 온 것인지를 모른다면, 이것이야말로 정말 기이한 일입니다. 그리스도께서 나면서 눈 먼 자를 보게 하셨는데도 유대인들이 그가 누구신지를 몰랐던 것과 똑같습니다(요 9:2).

수단 2. 하나님께서 그의 섭리로 여러분으로 하여금 순전함의 증거를 보이고 시험해 보도록 부르실 때마다 기꺼이 받아들이십시오. 하나님께서 이런저런 유익을 주실 때가 있는데, 그것을 잘 받아들이고 깨달으면 사람이 자기의 마음과 그 속에 있는 하나님의 은혜에 대해 더 많은 것을 알게 됩니다. 그런데 이 유익들은 하나님께서 우리를 부르사 그를 위하여 우리 자신을 부인하게 하시는 그런 정황 속에 꼭꼭 싸매어져 있습니다. 그러나 그런 하늘의 부르심을 환영하고 신실하게 순종하십시오. 그러면 여러분의 마음에 대해 많은 것을 알게 될 것입니다. 그런 때에 은혜가 찬란하게 드러나, 마치 맑은 날에 빛을 비추는 태양의 모습처럼, 그 모습이 사람의 눈에 더욱 선명하게 보이기 때문이기도 하거니와, 또한 하나님께서 그런 정황을 택하셔서 그 자녀들의 은혜를 확연하게 시험하시사 그 진실성을 증언하시기 때문이기도 합니다. 종이 지극히 부지런히 주인의 일을 감당할 때 말고 언제 주인이 그 종을 친절하게 대하며 그를 칭찬하겠습니까? 종이 부지런히 주인의 일을 감당할 때에, 주인이 "잘 하였도다 착하고 충성된 종아"라고 말하는 것입니다. 하나님께서 혹 어느 때에 여러분을 부르사 자기를 부인하여 처신하게 하실지도 모릅니다. 그때에 하나님의 부르심에 응답하려면, 여러분의 명성이나 재산이나, 혹은 어린 자녀나 심지어 사랑하는 아내 등 여러분이 귀하게 누려온 이런저런 것들을 내던져야 할 것입니다. 그렇습니다. 그 모든 것들을, 아니 그보다 더한 것들을 다 포기하고 던져 버리지 않고서는 하나님이 행하라고 부르시는 그 일을 행할 수 없을지도 모릅니다. 자, 형제 여러분, 여러분이 극한 곤경에 처해 있다는 것을 생각하며 원망하거나, 여러분의 문 앞에 지금 서 있는 그 섭리를 보고서 조바심 내는 일이 없기를 바랍니다. 그것이 여러분에게 어떤 일을 해줄지를 알게 되면, 그것을 기꺼이 받아들이고, 아브라함이 세 천사를 자기 장막으로 영접하여 극진히 대접했듯이 그렇게 그것을 환영할 것입니다. 하나님께서 무슨 목적으로 그것을 보내시는지를 말씀드리겠습니다. 곧, 여러분의 순전함을 눈으로 보게 하기 위함이요, 또한 여러분이 보기를 그렇게 오랫동안 사모해 온 여러분 속에 있는 그 하나님의 은혜의 모습을 보게 해 주시기 위함인 것입니다. 요셉이 나이 많은 야곱을 위해 보낸 마차에 빗대어 말하자면, 이 섭리가 여러분에게 그런 마차를 대령시킵니다. 여러분은 그 마차를 타고 가면서 그 살아 있는 은혜를 보게 될 것입니다. 이미 오래 전에 슬픔 중에 그 은혜를 장사지냈었고 그 기억을 오랫동안 간직해 오고 있는 중인데 말입니다. 이런 일을 이룰 수 있는 수단이 있다는 사실 앞에 여러분의 심령이 다시 활기를 되찾지 않습니까? 아브라함은 그의 아들을 제물로 드리라는 부르심을 받았고, 그 일을 정직하게 행하러 갔습니다. 하나님께서는 그런 자기 부인의 행위를 칭찬해 주지 않으시고 그냥 지나치실 수가 없었습니다. 이때에 하나님이 아브라함에게 주시는 것이, 그의 올바름에 대한 증언이 아니고 무엇입니까? "그 아이에게 네 손을 대지 말라 그에게 아무 일도 하지 말라 네가 네 아들 네 독자까지도 내게 아끼지 아니하였으니 내가 이제야 네가 하나님을 경외하는 줄을 아노라"(창 22:12). 하나님은 그 전부터 그 사실을 알고 계셨습니다. 그러나 아브라함으로 하여금 그 말씀을 듣고서 자신이 순전하다는 것을 친히 하나님의 입을 통하여 확증하게 해주시기 위해서 그 사실을 말씀하신 것입니다. 어쩌면 하나님께서는 그저 말씀에만 근거하여 진리를 얻고 그것을 실천하기 위하여, 여러분더러 과거에 받은 교육도, 그로 인하여 생겨난 삶의 원칙들도, 지금까지 어울려온 사람들도 다 부인하고, 지금껏 높이 존경해온 사람들의 판단도 거부하고, 여러분 자신의 지혜와 생각까지 부인하라고 하실지도 모릅니다. 홀로 고상한 체하거나 교만의 자세를 보이거나 하지 않고 이를 행할 수 있다면, 이는 깊은 자기 부인의 행위입니다. 그리고 함께 어울려온 사람들을 떠나 홀로 행하므로 다른 사람들의 이목을 끄는 것을 두려워하고 또한 다른 많은 이들의 판단을 반대하는 것을 정말 싫어하며, 한마디로 평화를 사모하는 나머지 죄를 범하는 일이 아니라면 평화를 위해 그 어떠한 대가도 기꺼이 지불할 자세를 갖고 있는 그런 지극히 정직한 이들에게는 그런 일이 가장 힘든 일이기도 합니다. 그런 일에는 정말 크나큰 자기 부인이 필요합니다. 그렇기 때문에 이를 행하는 이들은 그들의 순전함에 대해 하나님이 증언해 주실 것을 기대할 수 있는 근거가 더 큰 것입니다. 하나님께서는 나다나엘에게 그렇게 하셨습니다. 그리스도께로 나아오는 것도, 그를 믿는 것도 모두 가로막는 온갖 장애물이 그를 가로막고 있었습니다. 그러나 그는 그리스도께로 나아왔고 또한 그를 믿었습니다. 그리고 그리스도께서는 그를 환영하시며 그의 올바름을 높이 증언하십니다: "보라 이는 참으로 이스라엘 사람이라 그 속에 간사한 것이 없도다"(요 1:47).

뿐만 아니라, 하나님께서 여러분더러 자기를 부인하라 하실 때에 그것이 여러분의 분노와 복수심을 버리라는 뜻일 수도 있습니다. 여러분의 순전함을 더 크게 드러낼 기회를 갖게 하시기 위하여 하나님께서 여러분의 원수를 이를테면 꽁꽁 묶어서 여러분 앞에 꿇어앉히실 수도 있습니다. 여러분의 뜻대로 소리 없이 그 원수를 처리할 수 있도록 섭리하실 수도 있고, 혹 다른 이들이 알게 된다 해도 그 원수가 여러분에게 저지른 그 추악한 잘못들과 또한 그 원수가 여러분의 손 안에 있게 되기까지의 정황들이 잘 맞아떨어져서 여러분이 그 일을 아주 통쾌하게 처리해도 얼마든지 다른 사람들이 그 일을 정당한 것으로 여길 수 있도록 — 특히 자세한 내막을 잘 알지 못하는 자들도 여러분의 불의와 죄보다는 오히려 여러분의 원수에게 임한 하나님의 공의의 심판을 더 뚜렷하게 보게 하고, 또한 여러분을 그 심판을 시행하는 도구로 바라보도록 — 섭리하실지도 모릅니다. 자, 여러분이 뜻대로 행할 수 있는 부드럽고 멋진 길이 여러분 앞에 펼쳐지고 또한 여러분의 부패한 본성도 하나님의 이름을 들먹거리며 더욱 확실하게 그 길을 따를 것을 촉구하며, 마치 다윗의 부하들이 다윗에게 한 말처럼, "보소서 여호와께서 당신에게 이르시기를 내가 원수를 네 손에 넘기리니 네 생각에 좋은 대로 그에게 행하라 하시더니 이것이 그 날이니이다"(삼상 24:4)라고 말하는 상황이 벌어질 수도 있습니다. 그럴 때에 여러분이 유혹을 이기고, 여러분의 원수인 그 사람에게 복수하기는커녕 오히려 그가 여러분에게 행한 악을 선으로 갚아줌으로써 그런 복수심을 가진 여러분 자신 — 이것이 더 큰 원수입니다 — 에게 복수할 수 있다면, 그리고 이를 통해서 또 다른 원수인 교만을 피함으로써 겸손한 승리자로 싸움터에서 나오고, 또한 이 승리의 기념물을 여러분 자신에게 돌리지 않고 하나님의 이름에 돌려 그를 찬송하며, 마치 다윗이 골리앗의 칼을 자기 집에 두어 자기의 공로를 자랑하지 않고 성막 안 "에봇 뒤"에 두어 하나님께서 친히 다윗의 손을 통하여 행하신 일의 기념물로 삼은 것처럼(삼상 21:9) 행할 수 있다면, 여러분은 과연 여러분의 순전함이 드러나는 일을 행하는 것이요, 이를 통해 여러분이 은혜 가운데서 높은 위치에 있음이 드러날 것이요, 조만간 하나님께서는 여러분이 과연 그렇다는 것을 여러분 스스로 알게 하실 것입니다. 다윗의 명성은 싸움터에서 원수들을 죽여 얻은 승리들보다는 오히려 그가 캄캄한 동굴 속에서 — 모든 정황이 복수를 통쾌하게 시행하도록 맞아떨어지는 상황에서 — 사울의 목숨을 살려둠으로써 자신의 복수심을 이기고 승리한 데에서 더 크게 드러나는 것입니다. 그는 피비린내 나는 싸움터에서 수없이 승리함으로써 그의 이름이 "땅에서 위대한 자들의 이름 같이 … 위대하게" 되었습니다(삼하 7:9). 그러나 이 자기 부인의 고귀한 행위를 통해서 그는 성경에서 거룩함으로 유명한 이들의 이름 같은 위대한 이름을 얻은 것입니다. 그리고 다윗의 이런 자기 부인이 아무런 칭찬 없이 그냥 지나간 것이 아니라, 하나님께서는 그의 원수 사울의 입을 통해서 그런 칭찬을 그에게 보내셨습니다. 자신의 치욕과 사악함을 스스로 자인하는 것인데도 불구하고 그는 참지 못하고 다윗을 거룩하고 의로운 사람으로 인정할 수밖에 없었습니다. 그는 "다윗에게 이르되 나는 너를 학대하되 너는 나를 선대하니 너는 나보다 의롭도다"라고 말하는 것입니다(삼상 24:17).

수단 3. 하나님이 제정하신 모든 규례들을 행하며 계속해서 하나님을 기다리십시오. 언제든 여러분의 순전함이 편안하게 시야에 들어오면, 거기에는 반드시 하나님의 성령의 역사가 개입되어 있는 것입니다. 그가 역사하시지 않으면, 하갈처럼 우물 옆에 앉아 있으면서도 그것을 보지 못합니다. 여러분의 땅을 돌아다니며 살피고 또 살펴도 그 속에 감추어진 보화를 찾지 못하는 것입니다. "우리로 하여금 하나님께서 우리에게 은혜로 주신 것들을 알게"(고전 2:12) 하시는 분은 바로 하나님의 성령이십니다. 마치 국가의 관리가 자기 집무실에 앉아 있듯이, 이제 성령께서 규례들 중에 계십니다. 그러니 우리에게 있는 은혜들의 진실성이 — 이것이 우리가 천국에 속해 있다는 증거입니다 — 우리의 양심에 인쳐지도록 하려면 그에게 호소해야 합니다. 그러므로 그리로 가서 거기서 기다리십시오. 씨를 뿌리는 일에 대해 지혜자가 하는 말씀처럼(전 11:6), 이것을 기다리는 것이, 혹은 저것을 기다리는 것이, 지금 기다리는 것이, 혹은 그 때에 기다린 것이 번성하여 이 목표를 위하여 여러분에게 성공을 가져다줄지 알지 못하기 때문입니다. 그렇습니다. 규례에 참여하는 중에, 여러분이 바른 문을 두드리고 있다는 것을 여러분 스스로 확증하고 고요히 위로를 받는 것으로 족합니다. 마치 에글론의 신하들처럼(삿 3:25) 오랫동안 문을 두드리는데도 그가 나오신다는 소식을 듣지 못할 수 있으나, 결코 여러분의 기다림이 부끄러움을 당하지 않고 머지않아 응답을 얻을 것입니다. 그들은 죽은 사람을 바깥에서 오랫동안 기다렸지만, 여러분은 기도와 눈물로 천국 문을 두드리는 소리를 일일이 다 들으시는 살아 계신 하나님을 기다리는 것입니다. 그는 과연 사랑의 하나님이십니다. 마치 요셉이 그의 형들에게 행한 것처럼 지금 당장은 그가 낯선 자처럼 행하시지만, 그는 긍휼이 풍성하셔서 결국 여러분의 목을 끌어 안고 그의 마음을 드러내 보이시고 여러분과 또한 여러분에게 있는 그의 은혜를 인정하실 것입니다.

　그러므로 여러분, 의기소침하지 말고 머리를 들고 기대감을 갖고 나아가십시오. 그러나 여러분이 하나님께 때를 정해드리는 것이 아니라는 것을 기억하십시오. 우리가 아무리 때를 정해 놓아도 태양은 자기 때에 뜹니다. 그리고 하나님께서 규례 중에서 여러분을 만나실 때 — 그리스도인 여러분, 때로 말씀을 듣거나 혹은 무릎을 꿇고 하나님과 씨름하고 있을 때에 하늘의 빛이 환히 비추고, 여러분의 심령이 살아나는 역사가 일어나기도 합니다 — 이때야말로 영혼의 만족을 위하여 나아갈 훌륭한 기회입니다. 태양이 나타나면 시간이 어떻게 되었는지를 알려고 해시계를 보러 달려갑니다. 혹은 어둠 속에 앉아 있을 때에 방에 촛불을 밝히면 그동안 어둠 속에서 보지 못했던 것들을 찾으려고 이리저리 살피게 됩니다. 이와 마찬가지로, 여러분, 여러분보다 앞서 간 형제자매들도 다 그렇게 했습니다만, 하나님이 물러가 계시는 많은 날보다도 바로 그런 때에 여러분의 영적 상태에 대해 더 많이 알 수 있는 것입니다. 그러므로 그런 때를 면밀히 살피고 그 때를 선용하기 바랍니다. 그러나 하나님께서 여러분의 보배를 눈에 보이지 않게 감추시더라도, 스스로 위로를 받으시기 바랍니다. 여러분의 눈에 보이지 않도록 꼭꼭 싸매어 두셨지만, 하나님께서는 여러분의 올바름을 알고 계시다는 사실로 위로를 받으시기 바랍니다. 다윗처럼 "내 영이 내 속에서 상할 때에도 주께서 내 길을 아셨나이다"(시 142:3)라고 이야기하십시오. 그러면 하나님께서 여러분과 함께 하실 것입니다. 하나님은, 여러분이 여러분 자신에 대해 갖는 그릇된 정죄 — 다른 사람들에게서 이런 정죄를 당하는 경우도 있습니다만 — 로 여러분을 정죄하시는 것이 아니라, 모든 것을 살피시는 그 하나님께서 여러분의 은혜에 대해 하실 수 있는 증언을 해주실 것입니다.

제 2 장
순전함이 그리스도인의 영을
강건하게 함

"진리로 너희 허리띠를 띠고."

순전함을 병사의 허리띠에 비유하는 첫 번째 이유를 말씀드렸고, 또한 이와 관련한 이 순전함의 은혜에 대해 말씀드렸으니, 이제는 이 은유법의 두 번째 근거 혹은 이유로 넘어가겠습니다. 이는 병사의 허리띠의 또 다른 용도, 즉 그의 허리를 강화시켜 주고, 그 허리띠 위에 두른 무장을 그에게 든든히 밀착시켜 준다는 사실에서 취한 것입니다. 허리띠를 띰으로써 병사는 더욱 힘차게 행진할 수 있고, 더 강하게 싸울 수 있게 되는 것입니다. 띠를 띠는 것은 성경적으로 힘을 뜻합니다. "주께서 나를 전쟁하게 하려고 능력으로 내게 띠 띠우사 일어나 나를 치는 자들이 내게 굴복하게 하셨나이다"(시 18:39). "그가 … 강한 자의 띠를 푸시며"(욥 12:21). 그러므로 순전함이 아주 적절하게 비유되고 있습니다. 순전함은 그리스도인을 그 생애 전반에 걸쳐서 세워주고 강건하게 해주는 은혜입니다. 반대로 외식은 마음을 약화시키고 그 안정을 흐트러트립니다. 두 마음을 품은 자는 모든 일에 정함이 없습니다(약 1:8). 육체의 경우도 그렇고 영혼의 경우도 그렇습니다. 육체는 갖가지 물질들이 혼합되어 있으므로 썩을 가능성이 있습니다. 그러나 천국에 있는 육체는 단일하며 혼합되어 있지 않으므로 부패하지 않습니다. 영혼이 순전함을 지닌 그만큼 천국의 순결함과 썩지 않음을 가진 것입니다. "우리 주 예수 그리스도를 변함없이 사랑하는 모든 자에게 은혜가 있을지어다"(엡 6:24). 여기서 "변함없이"는, ἐν ἀφθαρσίᾳ, 곧 "썩지 않음과 함께"(with incorruption)라는 뜻입니다. 각 은혜의 힘은 그 순전함에 있습니다. 그러므로 구태여 복잡하게 따지지 않아도, 이 허리띠의 두 번째 의미를 생각할 때에 자명하게 드러나는 요지는 다음과 같습니다.

가르침. 순전함은 우리의 모든 연약한 점들을 덮어 주는 것은 물론, 그리스도인의 전쟁 전체에서 영혼을 든든히 세워주고 또한 그 전쟁을 위해 영혼을 강건하게 하는 데에 탁월하며 또한 필수적이라는 것입니다. "정직한 자의 성실은 자기를 인도하거니와 사악한 자의 패역은 자기를 망하게 하느니라"(잠 11:3). 외식자는 자신을 구하기 위해 온갖 계략과 술수를 사용하는데도 결국 수치스럽게 무너져 쓸모없이 되어 버리지만, 순전한 처신을 감히 따르는 영혼은 순전함이 그를 이끌어 비록 위험 중에 있다 할지라도 그 모든 위험에서 안전합니다. 순전함은 외식자의 마음에는 없는 다음 세 가지 힘을 발휘하는데, 첫째는 보존시키는 힘이요, 둘째는 회복시키는 힘이요, 셋째는 위로하는 힘입니다.

[순전함은 보존시키는 힘이 있음]

첫째. 순전함은 보존시키는 힘(a preserving strength)이 있으니, 곧 영혼을 죄의 더러움에서 지켜 주는 것입니다. 유혹이 격렬하게 밀려오고 영혼을 공격할 때에, 거짓된 마음은 도망할 수밖에 없습니다. 도무지 견딜 수가 없기 때문입니다. 이스라엘의 외식에 대해 성경은 말씀합니다. 그들이 "마음이 정직하지 못하며 그 심령이 하나님께 충성하지 아니하는 세대"라고 합니다(시 78:8). 든든한 기초 위에 서 있지 않는 돌들은 오랫동안 든든하게 서 있을 수가 없습니다. 외식자의 가지에서 자라나는 이 쓴 열매들을 동일한 시편에서 더 많이 볼 수 있습니다. "그들은 지존하신 하나님을 시험하고 반항하여 그의 명령을 지키지 아니하며 … 배반하고 거짓을 행하여 속이는 활 같이 빗나"갔다고 합니다(56, 57절). 활이 느슨해져 있어 거기에 갈라진 틈이 있는 것을 보지 못하고 그냥 거기에 화살을 걸고 끝까지 잡아 당기면 활이 부러지고 맙니다. 거짓된 마음도 시험해 보면 그렇게 됩니다. 어떤 우화에 보면, 원숭이가 사람의 옷을 입고 서 있으나 땅콩을 던져주면 그 본성을 더 이상 숨기지 못하고 스스로 원숭이인 것을 곧바로 드러내게 됩니다. 이와 마찬가지로 거짓된 마음도 그 정욕을 발휘할 아주 좋은 기회가 제공되면 자신도 모르는 사이에 그 본색을 드러내는 것입니다. 그러나 순전함은 유혹을 만날 때에 영혼을 순결하게 지켜 줍니다. "바른 길로 행하는 자는 걸음이 평안하리라"고 말씀합니다(잠 10:9). 즉, 발이 튼튼한 사람처럼 땅을 힘 있게 밟고 가며, 중간에 돌들이 놓여 있어도 그것들을 안전하게 넘어간다는 것입니다. 그러나 "굽은 길로 행하는 자는 드러나리라"고 합니다. 그는 발에 티눈이나 혹은 다른 질병이 있는 자와도 같습니다. 푸른 잔디 위로 갈 때에는 비교적 괜찮다가도 울퉁불퉁한 돌길을 만나면 곧바로 뒤뚱거리고 비틀거립니다. 그런데 순전함이 영혼에게 발휘하는 이 보존시키는 힘이 더 잘 드러나려면, 순전함이 유혹의 권세에서 영혼을 지키는 그런 때나, 아니면 그 반대로 외식이 비겁하게 유혹의 손길에다 영혼을 굴복시키는 그런 때를 잘 살피는 것이 필요할 것입니다.

1. 거짓된 마음은 무리들 속에서 그 자신을 숨기거나 자신을 포장할 수 있을 때에 대개 곁길로 빠져 죄에 굴복하기 시작합니다. 외식자는 그의 시계를 태양 — 즉, 말씀 — 에 맞추지 않고, 마을의 시계에다 맞춥니다. 대다수 사람들이 행하는 대로 쉽게 휩쓸러서 행하는 것입니다. 그에게는 *vox populi*(대중의 음성)가 *vox Dei*(하나님의 음성)입니다. 그러므로 그런 사람은 부패한 시대의 조류에 맞서서 헤엄쳐 가는 경우가 거의 없습니다. 가벼운 것들은 물살에 그냥 떠내려가고 가벼운 심령은 무리들에 의해서 밀려가는 법입니다. 그러나 순전한 그리스도인은 무게가 있습니다. 그는 죄를 범하는 무리들의 예를 따라 함께 떠내려가기보다는 오히려 물 밑에 가라앉으며, 무리들에게서 고난을 받으며 그들의 분노를 받아들입니다. 외식자는 행동을 주관하는 내적인 원칙이 없고, 그렇기 때문에 마치 죽은 물고기처럼 조류에 따라 흘러갈 수밖에 없습니다. 그러나 순전함은 하나님의 생명의 원리이므로 영혼을 이끌어 자기 길을 가게 하고, 주위에 기댈 동료가 없어도, 혹은 온갖 반대를 만나도, 그것에 거슬러 행하게 하는 것입니다. 가나안으로 파견되었던 열두 명의 정탐꾼 중 열 명이 백성들의 마음이 어느 쪽으로 기우는가를 저울질하여 그들의 마음에 맞게 보고할 때에도, 여호수아는 자신의 소신대로 보고하였습니다(민 14:7). 거짓 선지자들이 교만한 아합의 마음에 흡족한 말을 하여 아첨하였으나, 선한 미가야는 이에 굴하지 않고 하나님께 받은 말씀대로 소신 있게 예언하였습니다. 사백 명의 선지자들이 무리를 지어 모두 똑같은 말을 하는 중에 자기만 홀로 다른 말을 하여 수치를 당하였으나 이에 전혀 개의치 않았던 것입니다(왕상 22:6).

2. 거짓된 마음은 죄가 그 손에 뇌물을 들고 다가올 때에 거기에 굴복합니다. 그리스도와 또한 예수께 있는 진리를 아는 자 외에는 아무도 "이 모든 것을 네게 주리라"라는 마귀의 제의를 거절할 수 없습니다. 외식자는 말로는 아무리 높은 경지에 올라 있어도, 자기 눈에 좋아 보이는 먹이가 있으면 그것을 좇아 쏜살같이 밑으로 내려갑니다. 가슴속에 상급을 지니고 다니지 않고, 하나님이 계시다는 것과 그를 즐거워하는 것을 족한 것으로 여기지 않는 자는 그 어떠한 행상이 다가와도 그에게 팔려가 자기 영혼과 하나님과 모두를 배반해 버릴 수도 있는 것입니다. 외식자는 지극히 경건한 모습을 보이지만, 시장(市場)의 사정이 좋아지기를 기다리는 것

일 뿐입니다. 그러다가 판세가 좋아지면 그 겉모양의 신앙을 곧바로 팔아 버립니다. 외식자와 배도자의 차이는 설익은 사과와 잘 익은 사과의 차이에 지나지 않습니다. 조금만 지나면 완전히 무르익고 썩어서 그 겉모양의 신앙의 가지에서 떨어지고 마는 것입니다. 겉으로 드러나지 않는 외식자였던 유다가 금방 노골적인 배반자가 되지 않았습니까! 그 해(年)의 열기에 따라 열매가 일찍 익거나 더디 익는 것처럼, 유혹이 강하거나 약한 것에 따라 외식도 그렇게 무르익습니다. 어떤 외식자는 다른 이들보다 그 본색이 더디 드러나기도 하는데, 이는 그 부패성이 드러날 만큼 강력한 유혹을 만나지 못했기 때문입니다. 태양이 시리우스 행성(the Dog-Star, Sirius)과 연결선상에 있을 때에는 땅의 열매들이 한 주 동안에 그 전에 한 달 동안 익은 것보다 더 많이 익는다는 것을 보게 됩니다. 외식자가 문을 활짝 열어서 그 얻고자 하던 세상적인 고귀한 것들을 얻게 되면, 그의 속에 있는 정욕과 바깥의 사정이 연결선상에 있게 되어 그가 나락으로 떨어질 날이 황급히 이르게 됩니다. 낚시 바늘에 미끼가 끼워져 있는데 어떻게 그것을 물지 않을 수가 있겠습니까? 그런데 순전함은 이 유혹의 때에 영혼을 보존시켜 줍니다. 다윗은 하나님께서 그의 영혼을 "죄인과 함께 거두지 마소서"라고 기도합니다(시 26:9). 곧, 뇌물을 주면 곧바로 이득을 위하여 죄에 빠지는 자와 함께 거두지 마시라는 말씀입니다. 그는 스스로 이런 악한 무리를 대적합니다. 오히려 그는 "나는 나의 완전함에 행할" 것이라고 하는데, 여기서 그를 부패하게 하지 않고 유혹에 빠지지 않게 지켜주는 것이 무엇인지를 말씀합니다만, 바로 하나님께로부터 오는 "완전함"이 그것입니다. 완전함에 행하는 영혼은 사람에게서나 죄에게서나 뇌물을 받지 않습니다. 그러므로 그는 또한, "내 발이 평탄한 데에 섰다"고, 혹은 어떤 이의 해석처럼 "내 발이 의(義) 가운데 섰다"라고 말씀합니다(12절).

3. 외식자는 사람에게서 통제를 받지 않고도 죄를 지을 수 있을 때에 유혹에 굴복하는데, 여기에는 두 가지 경우가 있습니다. 첫째, 사람의 눈이 미치지 않는 은밀한 곳에서 자기 정욕을 만족시킬 수 있을 경우. 둘째, 자기의 지위와 권력이 크고 높아서 사람이 드리우는 정의의 칼날에서 벗어나 있을 경우. 이 두 경우 모두 외식자는 자기의 치졸함을 드러냅니다만, 순전함은 이 두 경우 모두 영혼을 보존해 줍니다.

(1) 사람의 눈에서 안전하게 벗어나 있다고 여겨질 때에 외식자가 어떻게 처신하는지를 보십시오. 아나니아와 삽비라는 사도의 발 앞에 자기 재산을 판 것 중의 일

부를 내놓음으로 사람들의 눈을 속였습니다. 그들은 재물과 사도들 사이에 그럴 듯한 열심의 휘장을 드리워놓고서는 하나님의 복수의 눈길이 자기들을 계속 보고 계시다는 것을 생각하지도, 그것에 대해 두려워하지도 않고 마음 놓고 일부의 재물을 주머니에 집어넣고는 대담하게 나머지만을 베드로 앞에 내놓았습니다. 자기들이 함께 있던 그 어떤 성도에 못지않게 지극히 선한 성도인 것처럼 가장한 것입니다. 외식자는 다가올 세상에서 자기 영혼을 구원하는 것보다는 이 세상에서 사람들에게 신용을 잃지 않는 것에다 중점을 두고 삽니다. 그러므로 확신이 생기면 자기 영혼을 구원하는 일을 희생시키는 것을 마다하지 않습니다. 그리하여 그 스스로 자기의 영혼이 구원받거나 저주받거나 할 다가올 세상이 있다는 것을 믿지 않는 무신론자라는 것을 드러내 보이든가, 아니면 그것이 정말 우울한 문제라는 것을 알고서 의도적으로 그것에 대한 생각을 멀리하고서 모순 속에서 그냥 그대로 지내든가 하게 됩니다. 그리고 양심이 그 문제에 대해 지적하지 못하도록 애를 써서 가로막아서 양심이 그를 각성시킨다든가 두려움을 줄 수가 없게 됩니다. 말을 해도 본인이 듣지 않기 때문입니다. 그런데 순전함은 이 경우에 영혼을 보존시켜 줍니다. 요셉에게는 주인이 멀리 나가 있다는 것이 전혀 기회가 되지 못했습니다. 그의 하나님이 계시기 때문이었습니다. "내가 어찌 이 큰 악을 행하여 하나님께 죄를 지으리이까?"(창 39:9). 그가 "주인께"라고 하지 않고 "하나님께"라고 말한 것을 주목하기 바랍니다. 이렇듯 순전함은 사람에게 신의를 지키게 만듭니다. 그러나 사람 때문에만 그렇게 하는 것이 아닙니다. 요셉은 충심으로 주인을 섬겼습니다. 왜냐하면 보디발이 눈에 보이지 않을 때에도 하나님이 여전히 그의 시야에 계셨기 때문입니다. 이런 순전함이 주는 신실함으로 종들에게 섬김을 받는 주인이 있다면 그는 정말 복된 주인일 것입니다.

(2) 외식자는, 사람의 눈은 피할 수 없더라도 사람의 무력과 권력에서 벗어나 있을 수 있는 경우에도 자기의 본색을 드러내는 경우가 많습니다. 라반은 야곱에게 얼마나 가혹하고도 잔인하게 대했습니까? 그를 속여 다른 사람을 아내로 주고, 열 번이나 품삯을 변경하여 그를 괴롭히지 않았습니까? 라반은 야곱이 낯선 땅에서 의지할 데 없는 가련한 처지에 있으며 그 땅에서 영향력 있는 자신에게 전혀 대항할 수가 없다는 것을 잘 알고 있었던 것입니다. 어떤 군주들은 권력의 자리에 오르기 전에는 겸손하고 예의 바르고 친절하며 자비롭고 정의로운 것 같은 모습을 보이다가 권좌에 오르고 정권을 손에 쥐어서 자기들의 힘이 어느 정도인가를 알

기 시작하면 그 신민들에게 압제와 폭력을 행사하며, 그들의 재산과 자유와 생명을 무자비하게 다루기도 합니다. 그런 사례들이 세상의 역사 속에 가득합니다. 네로 황제도 마지막에는 마귀 짓을 일삼았으나, 처음에는 로마인들이 그를 국가의 성자로 바라보고 희망을 가졌었습니다. 외식이 권좌에 오르면, 얼마 지나지 않아서 그 가면을 벗어 던지고 맙니다. 선지자 엘리사는 하사엘에게 그가 장차 왕이 되어 온갖 악을 행할 것을 예언하였는데, 그가 그런 악한 일을 스스로 혐오하는 것처럼 대답하자, 그에게 의도적으로 이렇게 말씀합니다: "여호와께서 네가 아람 왕이 될 것을 내게 알게 하셨느니라"(왕하 8:13). 이는 마치 이런 뜻과도 같습니다: "하사엘아, 너는 아직 왕의 권좌에 앉아본 일이 없으니 네 거짓된 본색이 과연 어떻게 드러날지를 아직 모르느니라." 르호보암이 언제 하나님을 저버리고 반역을 도모했는가를 주목하십시오: "르호보암의 나라가 견고하고 세력이 강해지매 그가 여호와의 율법을 버리니 온 이스라엘이 본받은지라"(대하 12:1). 그가 권좌에 올라 스스로 안정을 찾게 되기까지 그는 자신의 의도들을 드러내지 않았습니다. 자칫 잘못하면 자신의 왕위가 위태해질 수도 있기 때문이었습니다. 그러나 모든 것이 안정되고 자기편이 강해지자 모든 악한 것들이 드러나기 시작한 것입니다. 그는 마치 성 내의 모든 백성들에게 양식을 공급하고 모든 무기들을 공급하여 이제 자신이 반역을 해도 얼마든지 승산이 있다고 생각될 때에 비로소 스스로 반역을 선포하는 그런 거짓된 장군과도 같습니다. 그러나 이런 경우에도 순전함은 은혜 아래 있는 영혼을 보존시켜 줍니다.

이에 대해서 두 가지 유명한 사례가 있습니다. 그 하나는 요셉의 사례입니다. 그는 무자비한 형들의 손에 의해 거의 목숨을 잃을 지경에 처했었고, 그 후에는 그들에 의해 전혀 낯선 땅에 노예로 팔려가는 야만적인 일을 당했습니다. 그런데 그가 애굽에서 존귀와 권력의 자리에 있을 때에 그 형들이 그의 손 안에 있게 되었습니다. 그러니 이때야말로 아무런 두려움도 사람에게 통제받을 필요도 없이 형들에게 그대로 갚아줄 좋은 기회였습니다만, 이 거룩한 사람은 모든 복수의 생각을 뛰어넘었습니다. 그는 그들의 잔인함을 그들의 피가 아니라 자신의 눈물로 갚아줍니다. 그들은 그를 제거하기 전에는 전혀 기쁨이 없었지만, 그는 그런 그들을 보는 기쁨에 겨워 눈물을 흘리는 것입니다. 그렇습니다. 그들이 죄책감으로 인하여 그가 복수할 것이라고 여겨 자기들이 그의 앞에 있다는 사실을 두려워했으나, 그는 곧바로 자신에게 아무런 악의가 없음을 밝혀서 그들을 모든 두려움에서 해방시켜 주는 것입니다. 그렇습니다. 형들은 과거에 그에게 행한 잔인한 일들에 대한 근심으로 가득 차 있었으나, 그는 그 때문에 형들을 만나게 된 그 날의 기쁨이 흐려지는 것을 원치 않았고, 그리하여 모든 복수심을 완전히 정복하였습니다(창 45:5). 이처럼 큰 유혹의 때에 과연 무엇이 그를 보존시켜 주었습니까? 그는 형들에게 이렇게 말하였습니다: "나는 하나님을 경외하노니 너희는 이같이 하여 생명을 보전하라"(창 42:18). 이 말은 이런 뜻과도 같습니다: "형들은 지금 나에게 붙잡혀 있어서 나의 뜻과 나의 자비에 의존할 수밖에 없는데, 나 역시 형들에게 악을 행할 수 없도록 나의 손과 마음을 붙잡아 두는 것이 내게 있습니다. 그것은 곧 내가 하나님을 경외한다는 사실이오." 이것이 그를 보존시켜 주었습니다. 그는 순전하게 하나님을 경외하였던 것입니다.

또 한 가지 사례는 느헤미야입니다. 그는 유대인이 자기 나라를 재건할 당시 페르시아 군주의 호의를 입어 그 식민지의 총독으로 있었으므로, 악을 행하려 했다면 자기의 지위를 이용하여 얼마든지 형제들을 압제할 수 있는 처지에 있었습니다. 그리고 과거의 총독들이 그들의 특권을 이용하여 양심을 저버리고 백성들을 압제하며 자기들은 우유를 마시면서 그 휘하의 잔인한 신복들로는 당시 핍절한 처지에 있던 유대인들의 피를 마시게 할 정도로 불법을 자행해온 실례들이 있었으므로, 그 압제자들 이후에 총독이 된 느헤미야로서도 얼마든지 그들을 따라 행할 수 있었으나 그는 오히려 신음하는 백성들의 짐을 덜어 주었습니다. 사람이 자기의 권리를 누리려 하면 얼마든지 압제자가 될 수도 있습니다. 그러나 느헤미야는 백성들이 과도한 세금을 지불할 능력이 없음을 알았고, 그리하여 그것을 요구하지 않았습니다. 나쁜 농사꾼이 땅을 지나치게 사용하여 못쓰게 망가뜨려 놓았을 경우, 그 다음에 그 땅을 경작하게 되는 다른 농사꾼은 그 땅이 그 잃어버린 비옥함을 회복하도록 한동안 아무 농사도 짓지 않고 땅을 쉬게 하는 것이 이치입니다만, 느헤미야는 그렇게 이 압제받은 백성들에게 그렇게 했습니다. 그런데 그가 다른 사람처럼 행하지 않도록 그를 보존시켜 준 것은 과연 무엇이었습니까? "나는 하나님을 경외하므로 이같이 행하지 아니하고"(느 5:15). 그는 정직하였고, 그의 마음이 하나님을 향한 순전한 경외로 가득 차 있었으며, 바로 이것이 그를 지켜 올바르게 행하게 한 것입니다.

[순전함은 회복시키는 힘이 있음]

둘째. 순전함은 회복시키는 힘(a recovering strength)이 있습니다. 순전함은 전혀 넘어지지 않게 만들어 주지는 않으나, 다시금 일어서도록 도움을 줍니다. 그러나 외식자는 넘어진 상태 그대로 누워 있고 그 넘어진 곳에서 멸망합니다. 그리하여 그는 "재앙으로 말미암아 엎드러지느니라"라고 말씀합니다(잠 24:16). 마치 길가는 여행자가 돌에 걸려 넘어지듯이 순전한 심령도 넘어집니다만, 금방 다시 일어나 더욱 조심하며 길을 갑니다. 그러나 외식자는 마치 배의 큰 돛대 끝에서 바다 속으로 떨어지는 사람 같아서 도무지 다시 건져낼 수가 없습니다. 마치 하만이 모르드개 앞에서 무너지듯이 무너집니다. 일단 무너지기 시작하면 멈추지 않고 가장 밑바닥까지 다 무너져 내리는 것입니다. 이것을 우리는 사울에게서 봅니다. 그는 한 번도 옳은 적이 없었습니다. 그의 악한 마음이 본색을 드러내기 시작하자 멈출 줄을 모르고 언덕 아래로 계속해서 굴러 떨어졌습니다. 계속해서 더 악한 죄를 범하더니 불과 몇 년 만에 처음 하나님께로부터 멀어진 그 첫 단계에서 얼마나 멀리 나아갔는지 모릅니다. 사울은 사무엘이 오기까지 기다리지 않음으로 자신의 불안과 불신앙을 드러내었는데 ― 이는 그의 배도(背道)가 드러난 첫 걸음이었습니다 ― 이때에 그는 다음과 같은 말을 들어야 마땅했습니다. 곧, 지금은 하나님을 예배하고자 하는 열정이 커서 선지자가 오기까지 기다리지 못하지만 머지않아 하나님께 예배하고 그에게 묻기를 완전히 포기하고 점술사를 찾아감으로써 마귀의 뜻을 구하게 될 것이고, 또한 마귀의 뜻을 구하는 데에서 더 나아가 결국 스스로 목숨을 끊음으로써 마귀의 입에 자기 자신을 던져 넣는 그 최후의 처절한 비극의 행위로 이어질 것이라고 말입니다. 사울은 실로 엘리사가 하사엘의 면전에서 그에게 한 말보다 더한 악한 일을 한 셈입니다. 참으로 이 모든 일의 원인은 바로 처음부터 그의 마음이 악하였다는 사실에 있습니다. 사무엘은 사울에게 이 점을 암시한 바 있습니다. "여호와께서 그의 마음에 맞는 사람을 구하여 여호와께서 그를 그의 백성의 지도자로 삼으셨느니라"(삼상 13:14). 이는 곧 다윗을 두고 한 말이었습니다. 사실 다윗은 사울이 하나님을 거역한 것보다 더욱 위중한 죄에 빠지게 되지만, 일상적인 순전함이 그의 삶의 뿌리에 있었기 때문에 그 죄에서 회복될 수 있었습니다. 그러나 외식적인 사울에게는 이것이 없었고, 그리하여 결국 멸망하고 만 것입니다. "서리(frost)와 거짓(fraud)은 뒤끝이 더럽다"라는 금언이 과연 참입니다. 그런데 순전함이 이처럼 회복시키는 능력이 있는 데에는 두 가지 이유가 있습니다. 그 하나는 순전함의 본질 자체에 기인하는 것이요, 다른 하나는 순전함이 있는 심령에게 하나님의 약속이 역사하는 데 있습니다.

1. 순전함의 본질 자체. 순전함과 영혼의 관계는 영혼과 육체의 관계와 같습니다. 순전함은 하나님의 성령께서 사람의 가슴에 밝혀 주시는 신적인 생명의 불씨입니다. 그것은 성도의 속에 거하는 "하나님의 씨"입니다(요일 3:9). 땅 속에 뿌려진 씨가 하늘의 영향력을 받아 거기서 생명을 얻어, 겨울의 살을 에는 추위를 견딘 후에 봄에 파랗게 싹이 돋아나듯이, 순전한 은혜도 시험과 넘어짐을 겪은 후에 하나님께서 은혜의 햇살을 비추실 때에 그 싹이 돋아나는 것입니다. 그러나 외식자는 이런 내적인 생명의 원리가 없으므로 그렇게 되지를 않습니다. 그는 새 생명을 입어 그리스도인이 된 자가 아니라 그저 인위적인 그리스도인일 뿐입니다. 인형처럼 겉모양으로 사람의 모습을 하고 있고 뒤에서 조작하는 자의 조종에 따라서 움직이기는 하지만, 그 속에 영혼이 없는 것입니다. 그러므로 그런 인형이 시간이 지나 낡아지든지 아니면 부서지든지 하면 스스로 새롭게 회복할 방법이 없고 그저 조각조각 부서져서 아무것도 아닌 것이 되어 버리듯이, 외식자도 그 겉모습이 낡아져 가기 마련인데 그런 상태를 되돌릴 생명의 원리가 없어서 결국 망하고 마는 것입니다. 양의 등에 나 있는 털은 깎아내도 다시 돋아나고 자랍니다. 그러나 늑대의 등에 얹어 놓은 양가죽에 나 있는 털은 전혀 그렇지 못합니다. 그 털을 잘라내면 그것으로 끝입니다. 더 자라지 않습니다. 그러니 똑같은 양털이라도 이 둘은 서로 굉장한 차이가 있는 것입니다. 순전한 그리스도인은 양이요, 외식자는 양의 가죽을 쓴 늑대인 것입니다. 이를 어떻게 적용할지는 너무도 분명합니다.

2. 순전한 심령은 약속 아래 있고, 약속은 회복시키는 성격이 있습니다. "여호와의 율법은 완전하여 영혼을 소성시키며"라고 말씀합니다만(시 19:7), 여기서 "소성시키며"는 히브리어로 "마쉬브"인데 이는 회복시킨다는 뜻입니다. 마치 강한 음료가 지친 사람에게 활력을 주듯이, 영혼을 다시 생명에로 이끌어 놓는다는 뜻입니다. 그런데 오직 순전한 영혼만이 이 약속들을 받을 권리가 있는 자입니다. 그들을 모든 위험과 유혹에서 건지시고 그들을 도우시리라는 확실한 약속들이 많이 제시되어 있습니다. "성실하게 행하는 자는 구원을 받을 것이나"라고 말씀합니다. 그러나 그 반대의 경우를 주목하십시오: "굽은 길로 행하는 자는 곧 넘어지리라"고 합니다(잠 28:18). 곧, 갑자기 결코 회복할 수 없도록 망하리라는 뜻입니다. "하나님은 순전한 사람을 버리지 아니하시고 악한 자를 붙들어 주지 아니하시므로"(욥

8:20). 곧 악한 자가 넘어질 때에 주께서 그를 손으로 붙잡아 구해 주시지 않으신다는 뜻입니다. 아니, 외식자는 도움의 약속이 없는 것으로 그치지 않습니다. 그는 하나님의 저주 아래 있습니다. 그는 자기 집을 일으키느라 안간힘을 쓰고, 그 다음에는 그것에 기대고 의지합니다만 "그 집을 의지할지라도 집이 서지 못하고 굳게 붙잡아 주어도 집이 보존되지 못하리라"고 말씀합니다(욥 8:15). "의인의 적은 소유가 악인의 풍부함보다 낫도다"라고 말씀합니다만(시 37:16), 왜 그렇습니까? 그 이유를 그 다음 구절에서 볼 수 있습니다. "악인의 팔은 부러지나 의인은 여호와께서 붙드시는도다"(17절). 이 시편에서 의인은 순전한 자를, 악인은 외식자를 의미합니다. 곧, 순전한 그리스도인에게 적은 참된 은혜가 많은 부패함과 섞여 있는 것이, 외식자가 자랑삼는 풍부함, 즉 큰 믿음, 큰 열정, 큰 헌신보다 낫다는 것입니다. 의인에게는 부패하여 넘어질 때에 회복시켜 주신다는 약속의 축복이 있습니다만, 악인은 지극한 자랑과 영광 중에 있을 때에 하나님의 저주가 임하여 그들을 날려 버릴 것이기 때문입니다. "더욱 악하여지는" 운명이 외식자에게 있는 것입니다(딤후 3:13). 약속의 복을 통해서 순전한 심령을 효과적으로 회복시켜 주는 그 규례들이 외식자에게는 저주가 되어 그에게 독(毒)과 멸망을 가져다주는 것입니다. 한 사람의 눈을 뜨게 해 주는 그 말씀이 다른 사람의 눈은 오히려 감기게 만듭니다. 외식적인 유대인들에게 말씀이 보내졌으나 오히려 그 말씀으로 인하여 그들의 눈이 감겨졌습니다(사 6:9, 10). 요시야의 경우처럼 순전한 심령은 말씀으로 인하여 녹아지고 깨어지나(왕하 22:19), 유대인들에게서 나타나듯이 악하고 거짓된 마음은 말씀으로 인하여 오히려 더 완악해집니다(렘 42:20). 설교를 듣기 전에는 "하나님이 무엇이라고 말씀하시든 그대로 행하리라"라고 아주 멋지게 이야기하나, 설교가 끝나면 그나마 하나님의 명령에 복종하던 모습에서 더욱 멀어지는 것입니다. 외식자는 말씀을 들어도, 기도를 해도, 금식을 해도 더욱 상태가 악화될 뿐입니다. 가룻 유다에게서 보듯이 그에게는 하나님의 규례가 마치 활짝 열린 문 같아서 사탄이 들어와 더욱 강력하게 그를 장악하게 만들 뿐입니다.

[순전함은 위로를 주는 힘이 있음]

셋째. 순전함은 뒷받침해 주며 위로하는 힘(a supporting, comforting strength)이 있습니다. 순전함은 그리스도인으로 하여금 수면 위로 머리를 들게 하여 온갖 환난의 파고에도 굴하지 않고 영적인 거룩한 용맹함으로 이겨나가게 합니다. "정직

한 자들에게는 흑암 중에 빛이 일어나나니"라고 말씀합니다만(시 112:4), 밤이 지
나 어둠이 가신 후에는 물론, 한밤중 캄캄한 흑암 중에 있을 때에도 빛이 일어난다
는 뜻입니다. "먹는 자에게서 먹는 것이 나오고 강한 자에게서 단 것이 나오는" 것
입니다(삿 14:14). 환난들이 외식자의 마음을 먹어치우지만, 순전한 심령은 오히
려 그 환난들을 먹고 거기서 단 것을 빨아먹으며 소화를 시킴으로써 그 환난들을
자신의 은혜와 위로에 고도의 영양분을 주는 것으로 바꿀 수 있습니다. 악한 마음
은 육신적인 성공이 자기 앞에 있는 동안에만 즐거워합니다. 하나님께서는 이스
라엘에게 그들의 모든 절기와 명절을 폐하시고 그들의 즐거움을 중지시키겠다고
말씀하십니다(호 2:11). 절기와 명절이 사라지면서 즐거움도 함께 사라지는 것입
니다. 그러나 순전함은 식탁에 아무것도 없을 때에도 그리스도인으로 하여금 노
래하게 만들어 줍니다. 다윗은 동굴 속에 있을 때에 전혀 형편이 좋지 않았으나,
그 때만큼 그에게 즐거움이 있었던 적이 없습니다. 그의 비파로도 만들어 내지 못
한 감미로운 음악을 그의 마음이 만들어 낸 것입니다. "하나님이여 내 마음이 확정
되었고 내 마음이 확정되었사오니 내가 노래하고 내가 찬송하리이다"(시 57:7). 외
식자의 즐거움은 마치 악기의 현(絃)과 같아서 궂은 날씨에는 소리에 흠집이 생기
지만, 순전함은 날씨에 관계없이 항상 제 음을 내도록 영혼을 지켜 주는 것입니다.
날이 좋을 때에는 기분이 좋다가도 날이 궂으면 온 몸이 아프고 쑤시는 등, 환경에
따라 상태가 달라지는 사람은 건강하지 못한 사람입니다. 건강하지 못한 마음도
마찬가지입니다. 마치 살을 에는 겨울철에 허약한 자들이 죽는 것처럼, 몇 차례 쓰
라린 섭리를 당하면 그만 죽어 버립니다. 반면에 순전한 심령은 그렇게 정정하고
그렇게 편안할 수가 없습니다. 환난은 그에게 오히려 도움을 줍니다. 번영을 누리
던 여름철에 육신적인 기쁨 속에서 지나치게 산만해지고 흐트러져 있던 애착들을
불러 모아 그리스도께로 좀 더 집중하게 하며, 그의 품으로 곧바로 나아가게 해줍
니다. 마치 폭풍이 올 때에 벌들이 그 둥지로 날아 들어가듯이 말입니다. 그리스도
의 무릎을 베개 삼아 머리를 대고 누우니 정말이지 편안할 수밖에 없을 것입니다.
순전함은 영혼으로 하여금 입을 활짝 벌려 말씀과 성령께로부터 떨어지는 감미로
운 위로들을 받아먹게 해줍니다. 사실 모든 약속들이 그런 자를 위한 것입니다. 그
러나 외식은 마치 환자의 목구멍에 염증이 나 있는 것과도 같아서, 속에서 뜨거운
열기가 타오르니 무언가를 삼켜서 그것을 식혀야 하는데 아무것도 삼키지 못하니
그의 영혼 속에서 타오르는 죄의 불길을 도무지 꺼뜨릴 수가 없습니다. 감미로운

약속들이 주어질 때에 그의 양심은 그에게 이렇게 말합니다: "이것들은 나를 위한 것이 아니다. 나는 하나님과 사람을 그릇 대하여 왔다. 하나님께서는 신실한 심령에게 약속을 주시는 것인데, 나는 마음이 썩은 외식자일 뿐이로다." 지옥의 비참한 상태 속에 있던 그 불쌍한 몹쓸 부자는 어땠습니까? 속에서 뜨거운 불길이 타오르지만 혀를 식혀줄 한 방울의 물도 그에게 없었습니다. 환난 중에 있는 외식자도 그처럼 불길이 타오릅니다. 그렇습니다. 그를 식혀줄 물 한 방울이, 아니 강물 같은 강수가, 보혈의 강수가 그에게 주어집니다만, 그는 그것을 마실 수도 없고, 그것을 사용하여 유익을 얻을 수도 없습니다. 이를 악물고 있으니, 그 어떠한 것으로도 그의 입을 열 수가 없습니다. 그의 외식이 정면으로 그를 노려보고 있고, 마치 사나운 맹견(猛犬)처럼 그의 문에 엎드려 있어서 그 어떠한 위로도 그에게 가까이 가지 못하게 막고 있습니다. 빵이 없는 자와 빵이 있지만 먹을 수가 없는 자, 이 둘 중에 누구의 처지가 더 참혹합니까? 외식자만큼 용의주도하고 간교한 자가 없습니다. 모든 것이 잘 될 때는 책망을 가로막고 말씀의 권고들을 회피하며, 환난을 당할 때에 양심이 각성하여도 말씀의 위로를 그렇게 기술적으로 거부할 수가 없습니다. 하나님께서 공포를 말씀하시는데 누가 평화를 말할 수 있겠습니까? "그들에게 마음의 슬픔을 주시고 그들에게 저주를 내리소서"(애 3:65. 한글개역개정판은 "마음의 슬픔"을 "거만한 마음"으로 번역함 — 역주). 마음의 슬픔이야말로 외식자에게 환난 중에 하나님께로부터 임하는 저주입니다. 하나님께서 주시는 것은 끝까지 달라붙는 법입니다. 슬픔을 뜻하는 히브리어 단어는 가로막고 덮는 방패를 뜻합니다. 어떤 이는 이 본문에 대해 말하기를, 이는 의사들이 심장병이라 부르는 질병, 곧 방패 혹은 뚜껑을 덮어놓은 것처럼 심장을 덮고서 심장을 심하게 짓누르며, 그리하여 심장의 안정을 가로막는 병을 뜻한다고 합니다. 바로 환난 중에 외식자가 겪는 슬픔이 그렇습니다. 환난 중에 그의 양심이 깨어나고, 하나님께서 그 자신의 죄에 대한 놀라운 생각들로 가득 차게 하시며, 또한 그 죄들로 인하여 하나님의 진노가 그를 뒤쫓는 것입니다. 그러나 여기서는 몇 가지 특정한 환난의 사례들을 살펴보고, 그런 사례들에서 순전함이 어떠한 위로를 주는지를 보기로 하겠습니다.

1. 순전함은 사람들에게서 치욕을 당할 때에 영혼을 뒷받침하고 위로합니다. 이런 치욕은 결코 가벼운 시련이 아닙니다. 이는 성도들의 순교에 비견될 만한 것입니다. 성경은 이를 "조롱"이라 부르는데(히 11:36), 이는 그리스도께서 당하신 고난

중에도 언급될 만큼 큰 것입니다. 그리스도의 그 도무지 비교할 데 없는 인내와 그 장엄한 심정은 십자가를 참으신 일에서만이 아니라 부끄러움을 개의치 않으신 데에서도 나타났습니다(히 12:2). 그의 철천지원수들이 그 거짓된 혀를 놀려서 무자비하게 그에게 수모를 주었는데, 그가 그 수치를 전혀 개의치 않으셨던 것입니다. 사람은 마음이 교만하여 수치를 쉽게 참고 견디지 못합니다. 세상의 상류층에 속하는 사람들에게는 명성과 사람들의 칭찬이 큰 우상입니다. 이것만 얻을 수 있다면, 그들은 무엇이든 가리지 않고 행하고 또 견뎌냅니다. 지혜가 있는 사람이라면 디오게네스(Diogenes)의 다음과 같은 자랑스런 유머를 잘 간파할 수 있을 것입니다. 그는 벌거벗은 채로 애써 참으며 눈덩이를 껴안고 서 있었습니다. 주위의 구경꾼들이 그 모습을 보며 그의 인내에 찬사를 보내고 있었습니다. 그러는 그들에게 누가 물었습니다. "주위에 아무도 보는 사람이 없었더라도 이 사람이 이런 행동을 하려고 했을까요?" 외식자는 세상에서 가장 큰 명예병 환자입니다. 그는 사람들의 칭찬의 숨결이 가져다주는 것, 거의 그것만을 먹고 삽니다. 그것이 사라지면 그의 마음도 기진해 버립니다. 그리고 그것이 조롱과 비웃음으로 바뀌면 그는 죽습니다. 사람에게서 치욕을 당할 때에 하나님께서 인정해 주시는 것이 없으니 그렇게 될 수밖에 없습니다. 반면에 순전함은 영혼이 사람의 허망한 숨결의 바람에 맞서 견디게 해줍니다. 왜냐하면 양심과 또한 하나님 자신이 그의 변호자가 되시므로, 감히 사람의 법정에서 그에게 호소하기 때문입니다. 오오 그런 환난의 때에 선한 양심과 하나님의 성령께서 그를 위해 얼마나 멋지게 증언하시며 그를 지탱시켜 주시는지 모릅니다! 아무리 바깥에서 사람들의 조롱소리가 시끌벅적하게 떠들어도, 그리스도인은 문 안에서 그렇게 즐거울 수가 없는 것입니다. 다윗이야말로 이에 대한 확실한 사례입니다. "내 원수가 나를 이기지 못하오니 주께서 나를 기뻐하시는 줄을 내가 알았나이다"(시 41:11). 아니 어찌된 일입니까? 다윗의 원수가 오히려 그를 이기고 있지 않습니까? 그가 현재 어떤 처지에 있는지를 보십시오. 그는 큰 죄에 빠졌었고 하나님의 손이 질병으로 그를 쳐서 채찍에 맞고 있는 중이었습니다(4절). 그리하여 그의 원수들이 이를 기회로 삼아 그에게 악담을 늘어놓습니다. "나의 원수가 내게 대하여 악담하기를"(5절). 그렇습니다. 그를 외식자로 탄핵합니다. 그를 보러 오지만 그것은 책잡을 거리를 찾기 위한 것일 뿐입니다. 그리고 그것을 찾으면 마구 부풀려 전파합니다(6절). 그들은 뻔뻔스럽게도 그가 "악한 병", 히브리어로는 "벨리알에게 속한 것 — 즉 그의 죄에 속한 것 — 이 그에게 붙

었다"고 말합니다(8절). 하나님이 쳐서 자리에 누웠으니 다시는 일어나지 못할 것
이라고 합니다. 그렇습니다. 그가 신뢰했던 그의 가까운 친구마저 철천지원수처
럼 행동합니다(9절). 사람이 이처럼 궁지에 몰릴 수가 있습니까? 그런데도 그의 원
수가 자기를 이겼다고 말하지 않는다니요? 그러므로 그의 말씀은 이런 뜻으로 보
아야 합니다. 곧, 이 모든 치욕들이 그에게 닥쳤음에도 불구하고 그의 영은 조금도
굴하지 않았다는 것입니다. 그 모든 치욕을 이기고도 남았습니다. 하나님께서 그
를 지키셨고, 조롱이 밀려와도 즉시 그것을 씻어 버릴 만큼 강력한 내적인 위로를
그에게 주신 것입니다. 사람들의 비난이 마치 눈처럼 내려와도, 내리는 즉시 녹아
버리는 것입니다. 그의 심령에 싸여 괴로움을 주는 것이 하나도 없습니다. 그런데
다윗은 어떻게 해서 이런 고귀한 심령과 내적인 위로를 갖게 되었을까요? 그는 이
렇게 말씀합니다. "주께서 나를 온전한 중에 붙드시고 영원히 주 앞에 세우시나이
다"(12절). 이는 이런 뜻과도 같습니다. "오오 주님, 주님은 내 원수들처럼 내게 행
하지 않으십니다. 그들은 나를 악담하고 나를 비난합니다. 한 가지 흠만 있어도
— 내 삶에 한 가지 죄악된 부분만 있어도 — 그들은 마치 파리처럼 그것에 올라
앉지만, 주께서는 나의 죄악된 실수들과 과오들을 그냥 넘어가시고 용서하시며,
나의 순종의 과정에 죄들이 뒤섞여 있는 것을 보시고도 오히려 나의 올바른 것을
주목하시며, 나의 모든 부족한 것들 중에서도 그것들을 높이 보시며 주의 면전에
나를 세우시고 주의 사랑과 자비를 내게 전해 주시나이다." 이것이 거룩한 다윗의
마음을 지켜 주었고, 그로 하여금 이 시편을 기쁨으로 마무리짓게 만드는 것입니
다. "이스라엘의 하나님 여호와를 영원부터 영원까지 송축할지로다"(13절).

그리스도인 여러분, 우리는 치욕의 시대를 살고 있습니다. 자기 이름에 대해 지
나치게 까다로워 조금의 흠과 티를 용납하지 못하고, 욕하는 자에게 등을 돌리는
자는 자기 힘으로 천국으로 향하는 길을 가려 하는 자입니다. 그러나, 그리스도인
여러분, 위로를 받으십시오. 순전함이 비록 여러분에게 여행자의 처지를 면하게
해주지는 못하고 또한 온갖 비방을 당하지 않도록 해주지도 못하지만, 그러나 다
음과 같은 역할은 해줄 것입니다. 곧, 여러분의 겉옷에 앉는 먼지가 여러분의 심령
속까지 스며들어 여러분의 기쁨을 앗아가며 여러분의 내적인 위로를 식게 만드는
일은 막아줄 것입니다. 속의 양심에게서 비난을 받지 않는다면, 바깥에서 오는 비
난들을 무덤덤하게 견딜 수 있고, 마치 면류관을 쓴 것처럼 의기양양하게 받아들
일 수도 있을 것입니다. 그렇습니다. 순전함은 이보다 더한 일을 해줍니다. 말로

박해받을 때에 여러분을 위로해 주는 것은 물론 손으로 박해받을 때에도 여러분을 위로해 줍니다. 혀로 얼굴에 지옥의 불길을 내뿜어서 불이 날 때에 그것을 꺼주는 것은 물론, 하나님께서 박해자들을 통하여 여러분을 지옥의 불길 속에 집어넣으신다 해도 그 불길 속에서도 여러분에게 위로를 주는 것입니다. 순전함은 과연 죄를 두려워하게 만듭니다. 오오 여러분, 스스로는 이 불타는 석탄을 감히 손으로 만지지 못합니다만, 순전함은 여러분으로 하여금 담대하게 불에 타게도 만들고, 심지어 하나님께서 부르실 때에는 순교의 불꽃을 기쁨으로 껴안게도 만들 것입니다. 존 폭스(John Fox)가 용감한 진리의 수호자들 중에 언급하는 이탈리아의 한 순전한 순교자는 그를 화형에 처한 그 지역의 관리와 또한 그를 정죄한 주교의 관리들이 서로 뜨겁게 논쟁을 벌이고 있을 때에 — 그들 중에 누가 그를 불태울 장작의 값을 지불하느냐에 대해 왈가왈부하고 있을 때에 — 그는 기꺼이 그들에게 사람을 보내어 말하기를, "그 스스로 그 비용을 지불하여 양쪽 모두에게 짐을 지우지 않을 것이니, 그 문제에 대해 더 이상 논란을 벌이지 말라"고 하였다는 것입니다. 이 얼마나 복된 사람인지 모릅니다! 그들이 악한 마음으로 몇 푼을 벌자고 논쟁을 벌이고 있는 와중에, 그는 자기의 피를 쏟고 자기 목숨을 희생하는 일을 결코 시끄러운 논란거리로 만들 수 없었던 것입니다.

2. 순전함은 하나님께로부터 오는 환난과 싸울 때에 위로를 주어 강건하게 합니다. 하나님께서 순전한 종들에게 행하시는 환난의 종류가 매우 다양합니다. 그 중 몇 가지를 예로 들어봅시다.

(1) 주께서 질병으로 겉사람을 치시거나 영적인 갈등으로 속사람을 치실 때에 순전함은 위로를 주는 동반자가 됩니다. 외식자는 무엇보다 하나님의 손 안에 빠지는 것을 두려워합니다. 그도 그럴 것이, 하나님은 그에게 극심한 해를 주실 수 있는 분이시니 말입니다. 그러므로 하나님께서 질병을 통해서나 영적인 갈등을 통해서나 그를 짓누르시자마자 그는 기쁨을 잃어버립니다. 살인자는 그의 운명은 법에 분명히 명시되어 있으므로, 붙잡혀 감옥에 갇히게 되면 완전히 죽은 사람처럼 모든 것을 포기해 버리는데, 마치 그런 살인자처럼 되어 버립니다. 그렇기 때문에 욥의 아내에게 욥은 정말 이해할 수 없는 사람이었습니다. 하나님께서 계속되는 환난을 통해 그렇게 그를 내리치시는데도 그는 여전히 거룩한 모습으로 대처하니 말입니다. 그녀는 이렇게 묻습니다: "그런데도 여전히 당신의 온전함을 지키느냐?" 하나님께로부터 환난의 공격밖에는 받은 것이 없는데도 계속해서 그를 찬양한단

말인가? 이런 일은 욥의 아내에게는 정말 이상한 일이었습니다. 그러나 욥에게는 그렇지 않았습니다. 그는 자기 아내를 "어리석은 여자"라 불렀으나, 그렇게 그에게 환난을 가져다주신 하나님을 향해서는 어리석다고 책하지 않았습니다. 순전함은 이 경우 그리스도인으로 하여금 두 가지를 행할 수 있게 해 주는데, 곧 하나님에 대해 선하게 말하게 해 주고, 하나님으로부터 선을 기대하게 해 주는 것입니다. 이런 일을 행하는 심령은 비록 머리와 마음이 함께 아프더라도 도무지 불편할 수가 없습니다. 그러나 외식자는 도저히 이렇게 될 수가 없습니다.

(a) 순전함은 그리스도인으로 하여금 하나님에 대해 선하게 생각하고 선하게 말할 수 있게 해 줍니다. 거짓된 마음을 지닌 외식자는 얼굴이 일그러지고, 하나님을 향한 악독으로 마음이 가득 부어 있습니다. 항상 입으로 쏟아내지는 않지만, 그의 마음에 하나님을 대적하는 악독한 생각을 품고 있습니다. 악독한 죄인은, "오 나의 원수여 나를 찾았느냐?"라고 말합니다. 그는 하나님을 사랑하지 않습니다. 그러므로 하나님에 대한 선한 생각이 그의 영혼에 거할 수가 없습니다. 하나님께서 그렇게도 풍성하게 베푸셨건만 그 모든 것을 다 잊어버리고 현재 하나님께서 행하시는 궂은 일만을 생각하고 그것으로 인하여 하나님에 대해 원망이 가득합니다. 투정을 부리고 불평을 쏟아냅니다. 그가 자기 자신을 책망하는 것보다는 하나님을 저주하는 것을 듣는 것이 빠를 것입니다. 그러나 순전한 심령은 하나님을 향하여 지극히 감미롭고 사랑스런 자세를 갖고 있는 까닭에 평안을 유지하며 감히 하나님의 영광이나 선하심에 대해 어울리지 않는 생각이나 말을 하지 않는 법입니다. 다윗에게서 이 점을 잘 볼 수 있습니다: "내가 잠잠하고 입을 열지 아니함은 주께서 이를 행하신 까닭이니이다"(시 39:9). 거룩한 사람 다윗은 이 당시 육체와 영혼 모두 괴로움 속에 있었습니다. 병들었고 마음이 우울했으나, 그는 그것이 누구의 손에서 비롯된 것인가를 기억합니다. "주여, 나를 그토록 사랑하시는 주께서 이를 행하셨으니, 내가 달게 받을 수 있나이다. 내가 많이 거역했던 주께서 이를 행하셨으니 내가 참고 받겠나이다. 주께서 나를 불꽃 속에 던지실 수도 있었는데 이처럼 병상에 눕게 하셨으니, 주의 책망을 감사함으로 받겠나이다." 이처럼 그는 하나님의 채찍을 맞고서도 불만이 가득한 원망을 하나님께 되돌리지 않은 것입니다.

(b) 순전함은 하나님의 손길이 육체나 영혼을 강하게 압박할 때에 하나님께로부터 선한 것을 기대할 수 있게 해 줍니다(시 38편). 다윗은 육체와 영혼이 더할 나위 없이 괴로운 처지에 있었습니다. 이 요동치는 심령이 육체의 괴로움과 영혼의 쓰라린

고뇌 속에서 한숨짓는 것을 보고 있으면, 아무리 돌 같은 마음이라도 무너질 것이었습니다. 영혼의 고뇌가 절망감으로 심화되었다고 생각할 정도였습니다. 하지만 이 큰 격랑 속에서도 다윗은 그의 소망의 닻을 드리우며 하나님의 자비하심을 확고히 붙잡는 것을 보게 됩니다. "여호와여 내가 주를 바랐사오니 내 주 하나님이 내게 응답하시리이다"(시 38:15). 하나님께로부터 선을 기대하는 이런 자세가 현재의 자신의 괴로운 처지로 인해 생겨나는 쓰라린 마음을 교정시켜 주고 바꾸어 주는 것입니다. "나는 가난하고 궁핍하오나 주께서는 나를 생각하시오니 주는 나의 도움이시요 나를 건지시는 이시라"(시 40:17). 지금의 나의 처지는 정말 괴로우나, "내가 주의 생각에서 버려지지 않았고, 그가 내게 선을 베푸실 생각을 하고 계시다는 것을 내가 알고 있으니" 이것이 내게 위로가 됩니다. 욥의 친구들은 무정하게도 그를 외식자라로 단정하나, 그 거룩한 사람 욥은 그 깊고 깊은 모든 환난 중에서도 하나님을 향한 신뢰를 확고히 보여줌으로써 자신이 결코 외식자가 아님을 입증하고 있습니다. "그가 나를 죽이실지라도 나는 그를 의뢰하리니 그의 앞에서 내 행위를 아뢰리라. 그가 나의 구원이 되시리니, 이는 외식자는 그의 앞에 이르지 못할 것임이니라"(욥 13:15, 16. 참조. 한글개역개정판 난외주). 이는 이런 뜻과도 같습니다. "내가 순전하지 못하다면 감히 하나님께 호소하지도 못할 것이요, 하나님이 나를 죽이실지라도 그가 나를 구원하시리라는 것을 편안한 마음으로 믿을 수도 없으리라. '이는 외식자는 그의 앞에 이르지 못할 것임이니라.'" 곧, 외식자는 목이 졸리고 하나님의 칼이 목구멍에 드리워질 때에 감히 하나님의 손길을 신뢰하고 그의 약속을 의지하고 잠잠히 있지를 못한다는 것입니다. 그렇게 할 수 있다 해도 감히 그렇게 하지를 못할 뿐더러 절대로 하나님의 앞에 나아오려 하지 않는 것입니다. 하나님이 자기를 너무도 잘 아시니 자기에게 선을 행하실 수가 없다는 것을 양심으로 압니다. 그러므로 하나님께서 손을 대시기 시작하면 ― 극심한 외식자에게 이따금씩 하나님께서 양심을 무기력하고 메마르게 만드시는 저주를 베풀기도 하시는데, 그처럼 저주를 받는 경우가 아닌 한 ― 곧바로 그의 영혼 속에서 지옥의 불길의 냄새를 풍기며, 두려움에 가득 차서 현재의 환난을 바라보게 됩니다. 그것이 지금은 손바닥만한 구름 조각에 지나지 않지만 그것이 점점 커져서 영영 있을 지옥의 칠흑 같은 흑암의 그늘이 드리워지게 될 것이라고 예상하고서 말입니다.

(2) 순전함은 그리스도인이 자신의 지위와 소명에서 자신의 수고에 걸맞는 가시적

인 성공을 보지 못할 때에 위로를 줍니다. 은혜를 누리는 심령에게는 이것이 큰 괴로움이 아닐 수 없습니다. 복음을 전하는 목사가 온 힘과 땀을 쏟아 사역을 해왔는데도 사람들이 목석(木石)같이 그대로 있고, 자기들이 앉아 있는 좌석이나 기대고 있는 기둥만큼이나 변화가 없고, 무지하고 속되며 늘 반대를 일삼을 때에는 그야말로 큰 고뇌에 빠지고, 그들을 떠나는 것이 좋겠다고 생각하게 됩니다. 하나님께로부터 영혼을 불쌍히 여기는 마음을 부여받은 사람에게는 이것이 정말 마음을 찢는 시련이 아닐 수 없습니다. 살아 있는 아기를 출산하기 위해서 어머니는 정말 크나큰 고통을 감내해야 합니다. 그런데 죽은 아기를 낳느라 그런 고통을 겪는다면 그 마음이 얼마나 쓰라리겠습니까? 마음이 죽어 있는 사람들과 더불어 사역하는 불쌍한 목사의 산고가 마치 그와 같습니다. 그러나 그런 목사는 결코 하나님의 사역자들 가운데 초라한 자들이 아닙니다. 하나님께서는 과연 가장 뛰어난 종들에게 가장 힘든 일을 맡기시니 말입니다. 이럴 때에 순전함이 그의 무거운 짐을 가볍게 해 주며, 짐 때문에 신음하는 그의 영혼을 활기 있게 해주는 그 무엇을 공급해 주는 것입니다. 바울은 자신의 설교를 듣는 사람이 다 그와 함께 천국에 들어갈 것이 아니라는 것을 알고 있었습니다. 복음이 "사망으로부터 사망에 이르는 냄새"(고후 2:16)가 될 자들이 많다는 것을 말입니다. 복음의 아름다운 향기가 그들에게는 영벌을 재촉하고 고조시키는 치명적인 냄새가 될 뿐입니다. 그렇게도 따뜻한 마음을 지닌 의사가 자기 손 안에서 환자들이 죽어가는 것을 보아야 하다니, 이처럼 애타는 일이 없을 것입니다. 그럼에도 불구하고 그는 "그리스도 안에서 이기게" 하시는 하나님께 감사하고 있습니다(고후 2:14). 어떻게 그럴 수가 있습니까? 불쌍한 영혼들이 그의 강단에서 그의 말씀을 들으며 지옥으로 떨어지고 있는데, 그가 이긴다니요? 이는 마치 아버지가 죽은 자기 아들의 관(棺)의 뒤를 따라가며 슬피 울기는커녕 춤을 추며 노래하는 것만큼이나 이상한 일입니다. 그러나 자세히 주목해 보십시오. 그러면 의아스런 것이 사라질 것입니다. 그가 이긴다는 것은 그들이 멸망하기 때문이 아니고, 그가 그들의 피에 대해 책임이 없기 때문입니다. 그들이 영벌을 받는다는 것 때문이 아니고, 그가 그들의 구원을 위해 순전하게 힘썼다는 것 때문입니다. "우리는 수많은 사람들처럼 하나님의 말씀을 혼잡하게 하지 아니하고 곧 순전함으로 하나님께 받은 것 같이 하나님 앞에서와 그리스도 안에서 말하노라"(고후 2:17). 만일 바울이 그의 가르침 속에 무언가 오류를 조금 집어넣었거나 혹은 위대한 의사이신 그리스도께서 명하신 것에다 자기 자신의 개인적인 내용물을 섞었다면, 자신이 이겼다고 할 거리가 하나도 없었을 것입니다. 하지만 순전한 복음을 전하고, 그것도 순전한 마음으로 전하였으니, 그로 하여금 신실하도록 만드신 그리스도 안에서 그가 이길 수 있는 것이요 또한 그리스도의 심판의 날에 다시 그들을 만나 그들을 대적하여 증언하며 그리스도와 함께 그들의 영원한 멸망을 바라볼 때에 그들을 이기게 되는 것입니다. 제 생각에 그리스도의 신실한 목사들은 누구나 그들에게 임무를 맡기신 그리스도께 직접 보고할 때에, 예레미야의 다음과 같은 기도처럼 고할 것이라 여겨집니다. "이 악한 심령들에게 재앙이 임하였고 또한 우리가 그 사실을 경고했으나 '재앙의 날을 내가 원하지 아니하였음을 주께서 아시는 바라'(렘 17:16). 우리는 입술을 벌려 주의 앞에 바른 것을 그들에게 전했나이다. 그들의 영혼의 생명이 우리에게 사랑스럽고 귀하여, 우리의 육신적인 목숨을 희생시켜서라도 그들의 영혼이 영생을 얻게 하기를 바랐나이다. 그러나 우리의 말과 행동이나 그 어떠한 것도 그들을 구원할 수가 없었사옵니다. 모든 기도와 눈물과 말씀에서 나오는 간절한 청원도 다 무시하고 그들은 지옥으로 가려 했나이다." 이로써 그리스도의 순전한 목사들은 기쁨으로 그 머리를 들게 되고, 그 버림받은 악인들은 교만한 얼굴을 하고 뻔뻔스럽게 맞설 수 있는데도 부끄러움으로 그리스도는 물론 그 목사들까지도 정면으로 바라보지 못하고 고개를 떨어뜨리게 될 것입니다. 그러므로 부모나 선생인 여러분, 여러분이 경건한 모범과 거룩한 가르침과 적절한 교정들을 통해서 씨를 뿌렸는데도 그 씨가 자라지 못할 때에 여러분의 순전함이 여러분에게 위로를 줄 것입니다. 다윗은 "완전한 마음으로 그의 집안에서 행한" 사람이었습니다(시 101:2). 물론 실수도 없지 않았으나, 그가 솔로몬에게 준 권면(대상 28:9)에서 나타나듯이 자녀들을 신중하게 양육한 사람이었습니다. 그러나 그의 자녀 중에 못된 자들이 많았습니다. 하나는 근친상간을 저질렀고, 또 하나는 형제의 피로 손을 더럽혔고, 또 하나는 아직 그가 살아 있는데도 그의 보좌를 탐내고 반역을 저질렀습니다. 그러니 이런 사실을 통해 이 거룩한 사람은 자신이 죽고 사라지고 나면 과연 형편이 어떻게 될지를 안타까운 마음으로 예견하고 있었습니다. 그러나 이처럼 자기 가족이 크나큰 무질서에 빠져 있는 처지에서도 그는 임종 시에 얼마나 마음이 편했는지 모릅니다. "내 집이 하나님 앞에 이같지 아니하냐 하나님이 나와 더불어 영원한 언약을 세우사 만사에 구비하고 견고하게 하셨도다"(삼하 23:5). 과연 그는 자신의 임무를 순전하게 행하였습니다. 이것이 그가 언약에 속해 있다는 증거였습니다. 과연 언약이 그의 소원과·구원의 전부였던 것입니다.

　요컨대, 시대의 죄들이 부르짖는 큰 외침으로 인하여 하나님의 진노의 홍수가 도도하게 한 나라에 밀려오는 총체적인 재난의 시기에는, 몇몇 의인들이 그 곳에 서서 기도로 애쓰며 나라를 구해 주실 것을 간구하지만, 하나님께서 듣지 않으십니다. 그러나 우리가 다른 이들과 이 총체적인 재난을 당하는 이러한 때에도 순전함이 든든한 버팀목이 됩니다. 노아나 욥이나 다니엘처럼 하나님께 사랑을 받는 의인이 있어도, 때로는 나라 전체가 하나님의 심판에 사로잡혀 거기서 벗어날 길이 없는 일도 있습니다. 예레미야는 그 시대의 죄들을 쳐서 증언하고 또한 기도로써 하나님과 신실하고 정직하게 행하는 백성들을 위하여 증언하며 하나님을 위해 열심히 일하였으나, 설교로 그들을 변화시키지도 못했고, 기도로 하나님의 진노를 가시게 하지도 못했습니다. 유대인들은 그더러 마음을 편하게 하고, 더 이상 자기들을 쳐서 예언하지 말라고 종용했습니다. 하나님께서도 그의 입을 막으시고, 그더러 더 이상 그들을 위해 기도하지 말라고 명하십니다. 이처럼 황망한 처지에서 백성들의 죄와 또한 그들에게 닥칠 심판에 대한 탄식으로 가득 차 있는 그의 쓰라린 마음에 과연 무엇이 위로를 가져다줄까요? 이 악한 시대에 하나님과 사람을 향한 자신의 순전함을 하나님이 기억하신다는 사실 이외에는 아무것도 위로가 될 수 없었습니다. "내가 주의 분노를 그들에게서 돌이키려 하고 주의 앞에 서서 그들을 위하여 유익한 말을 한 것을 기억하옵소서"(렘 18:20). 이는 이런 뜻과도 같습니다: "오오 주여, 내가 이 반역한 세대를 설득하여 자기들의 죄를 회개하게 할 수도 없고, 돌이킬 수 없는 심판이 이들을 향하여 선포되었으니 그 진노를 돌이키게 할 수도 없사오나, 내가 내 처지에서 주와 그 백성에게 신실하게 행하였음을 기억하옵소서." 이와 반대로, 바스홀에게서 보듯이(렘 20장) 외식자는 이런 총체적인 재난의 때에 공포와 두려운 마음 밖에는 없습니다. 그는 예레미야의 시대에 궁정에서 실권을 누리고 있던 자요, 선지자 예레미야 자신과 또한 그가 유대인들에게 제시한 하나님의 메시지를 반대한 철천지원수로서, 예레미야의 입에서 나오는 여호와의 말씀은 완전히 무시하고 오히려 황금의 시대가 도래하리라는 헛된 희망을 심어서 임금과 귀족들의 환심을 사려고 애쓰던 자였습니다. 그런데 그 불행한 백성들에게 광풍이 밀어닥칠 때에 그가 어떻게 됩니까? 예레미야는 그가 어떻게 될지를 고합니다. 곧, 하나님께서 그를 **마골밋사빕**, 즉 그 자신에게 공포의 존재가 되게 하시겠다는 것입니다(4절). 그는 모두가 당하는 재난을 함께 당할 뿐 아니라 다른 이들보다 훨씬 더한 하나님의 특별한 진노를 당하는 자가 되는 것입니다.

(3) 순전함은 때로 하나님을 섬길 기회가 사라질 때에 그리스도인을 위로의 힘으로 보호해 줍니다. 이 괴로움은, 그 자체만을 생각하면, 은혜를 누리는 심령에게는 이보다 더 두려워할 것이 없을 만큼 극심합니다. 자기가 당할 일을 스스로 택할 수 있다면, 무엇이든 다 택할 수 있습니다. 가난이든, 치욕이든 박해든 무엇이든 다 당할 수 있습니다. 하지만 자신이 망가진 도구가 되어 하나님께 무용지물이 되는 것보다는 낫습니다. 사실 그는 하나님을 영화롭게 하도록 기회를 얻는 것을 기준으로 자신의 목숨과 또한 그 모든 위로거리들의 가치를 따집니다. 다윗은 그의 영혼이 무언가 불만의 언어를 속삭이기 시작할 때에 그 입을 막으며 이와 함께 하나님을 찬송합니다. "내 영혼아 네가 어찌하여 낙심하며 어찌하여 내 속에서 불안해 하는가? … 내가 여전히 찬송하리로다"(시 42:5). 다윗에게는 모든 것이 잘 되고 있으니 그의 영혼이 불안할 이유가 하나도 없습니다. 다른 어떤 일이 가로막아도 그는 하나님을 찬송하고 그에게 영광을 돌릴 기회를 갖는 것밖에는 없습니다. 요셉은 전혀 예기치 않게 하나님께서 그를 낯선 나라에서 정상의 자리에 오르게 하셨을 때에 우쭐해져서 자기 자신을 칭찬하거나 자기 자신을 위대한 사람으로 여기지도 않고, 오히려 자기 자신을 인도하사 임금에 버금가는 자리에 오르게 하신 이 모든 섭리들을, 당시 그의 아버지의 가족으로 구성되어 있던 하나님의 교회를 보존시킴으로써 하나님께 훌륭히 쓰임 받을 기회로 주신 것으로 이해하였습니다. "하나님이 큰 구원으로 당신들의 생명을 보존하고 당신들의 후손을 세상에 두시려고 나를 당신들보다 먼저 보내셨나니"(창 45:7). 이 거룩한 사람은 자기의 지위를 그 가운데서 부르심을 받은 대로 하나님을 위하여 사명을 행할 기회로 사용했습니다. 하나님과 그의 교회를 섬기는 기회를 얻었다는 사실을 자신에게 존귀한 일로 여긴 것입니다. 그러므로 그런 기회들을 누리다가 그것을 상실하게 될 때에, 성도는 큰 괴로움을 느낄 수밖에 없습니다. 그러나 그것이 하나님의 뜻이라면 순전함이 그런 일을 통해서도 선을 이루게 할 수도 있습니다. 기회를 상실한다는 것은 그리스도인에게 정말 안타까운 일입니다만, 그렇다고 해서 게으름을 피우며 달란트를 허비해 버린다거나 하나님을 향하여 원망을 늘어놓는 일로 그것을 낭비해 버리거나 하지 않고, 하나님을 위해 남은 달란트를 신실하게 갈고 닦는다는 것을 기억하여 마음에 위로를 얻는 것입니다. 하나님이 과거처럼 그를 사용하시지 않는다는 사실이 그에게는 괴로움이지만, 그렇다고 해서 하나님이 그가 없이도

일을 행하실 수 있다는 사실에 대해 반감을 갖지는 않습니다. 그렇습니다. 죽음의
문턱에 다가가서도, 자기는 무덤에 들어가지만 하나님의 영광은 결코 그와 함께
무덤 속으로 들어가지 않는다는 사실을 생각하며 큰 위로를 얻는 것입니다. 자신
은 죽어도 하나님께서는 살아 계셔서 그 일을 주관하시니, 그가 죽는다 해도 하나
님의 섭리의 음악은 추호도 흐트러짐이 없는 것입니다. 그는 피조물을 자신의 악
기로 사용하시지 않고서도 얼마든지 그에게 기쁨이 되는 아름다운 음악을 연주하
실 수 있는 분이시니 말입니다. 요컨대, 그리스도인에게는 자신이 더욱 훌륭하게
하나님을 영화롭게 할 기회를 더 이상 갖지 못하는 것이 정말 슬픈 일이지만, 그럼
에도 불구하고 그가 행하기를 진심으로 바라는 그 일을 하나님께서 이미 이루어
진 것으로 간주한다는 사실에서 다시 위로를 얻는 것입니다. 다윗은 성전을 건축
하고자 하는 선한 뜻을 가졌습니다만, 하나님께서는 그가 그 일을 이룬 것과 똑같
이 그를 대하셨습니다. 마지막 날에 가난한 자들을 입히고 먹인 것으로 상급을 받
을 자 중에는 이 땅에 있을 때에 남에게 줄 의복이나 빵이 전혀 없었으면서도 주고
자 하는 마음을 지녔던 자들이 많을 것입니다. 그런 자들이 가난한 자들을 구제한
최고의 인물들로 대접받을 것입니다. 이는 마태복음 25:34 이하에서 잘 드러납니
다. 그리스도께서는 재물이 많아 가난한 자들을 구제하는 데에 사용할 수 있는 재
물이 풍부했던 몇몇 성도들에게가 아니라, 가난하거나 부하거나 간에 그의 모든
성도들에게 말씀하시는 것으로 묘사되고 있습니다. "그 때에 임금이 그 오른편에
있는 자들에게 이르시되 내 아버지께 복 받을 자들이여 나아와 창세로부터 너희
를 위하여 예비된 나라를 상속받으라." "내가 주릴 때에 너희가 먹을 것을 주었고
목마를 때에 마시게 하였고 나그네 되었을 때에 영접하였느니라"(35절). 여기서
"너희 부한 자들이여"라고 말씀하시지 않는다는 점을 주목하십시오. 즉, 주님은
모든 성도들에게 말씀하고 계시는 것입니다. 먹을 것이 있어서 그것을 나누어 준
자들에게도, 또한 먹을 것이나 돈이 없어서 주지 못하였으나 그들의 영혼을 가난
한 자들에게 쏟은 자들에게도, 말씀하시는 것입니다. 오오 하나님이 순전하게 만
드신 귀한 영혼들이여, 이 말씀을 듣고 위로를 얻으십시오. 어쩌면 여러분이 세상
에서 아주 낮은 자리에 있고, 여러분의 직업도 비천하고, 재산도 거의 없어서 여러
분보다 나은 이웃에게 아주 홀대받는 위치에 있을지도 모릅니다. 비록 여러분이
가난한 구두수선공의 종에 불과하다 해도, 마음의 진실함으로 행하기를 바라며
여러분의 인생 전체를 통해서 여러분 자신을 하나님께 드리기를 바란다고 말할

수 있겠습니까? 그러면 이 세상의 가장 위대한 군주도 부럽지 않을 만큼, 새가 여러분의 가슴속에서 아름다운 노래를 부를 것입니다. 환난의 때에 지극히 큰 성도에게 위로를 주는 것이나 가족 중의 가장 비천한 자에게 위로를 주는 것이나 동일한데, 곧 하나님의 사랑과 자비이며, 그리스도 안에 있다는 사실이요, 또한 그리스도 안에서 "예"와 "아멘"이 되는 고귀한 약속들이 바로 그것입니다. 그런데 순전함이야말로 우리가 그런 것을 소유하고 있다는 가장 좋은 증거입니다. 우리가 일을 많이 했든 적게 했든 간에, 우리가 행한 그 일이 과연 순전함으로 행한 것이냐 하는 것이야말로 가장 중요한 문제입니다. 이는 아무리 강조해도 지나침이 없을 것입니다. "잘 하였도다 착하고 신실한 종아"(마 25:12. 한글개역개정판은 "충성된 종아"로 번역함). "잘 하였도다 네가 큰 일을 행하였고 나라와 왕국들을 다스렸고, 네 시대에 유명한 설교자였도다"라고 하지 않고, 네가 세상의 희미한 한 구석에 서 있었을지라도 "네가 신실하였도다"라고 말씀하십니다. 선한 히스기야는 이것을 알고 있었습니다. 그리하여 그는 병들었을 때에 하나님께 자기가 행했던 큰 섬김의 일들을 말씀하지 않고 ― 그 누구에 못지않게 그가 많은 일을 행하였지만 ― 오직 하나님께서 그의 마음의 진실함과 순전함을 보아주시기를 구하였던 것입니다: "여호와여 구하오니 내가 주 앞에서 진실과 전심으로 행하며 주의 목전에서 선하게 행한 것을 기억하옵소서"(사 38:3).

[이 주제에 대한 짧은 적용]

이 세 가지 대지들, 즉 순전함이 보존시키는 힘이 있으며, 회복시키는 힘이 있으며, 위로를 주는 힘이 있다는 사실들에 대해 적용할 일이 남아 있습니다. 그러나 여기서는 앞의 두 가지를 하나로 묶어 모두 두 가지로 간단히 적용하기로 합시다.

적용 1. 그러므로 영혼이 죄에 빠지지 않도록 보존시켜 주든, 혹은 넘어진 그리스도인이 다시 일어나도록 도와주든, 순전함은 강건하게 해주는 특성이 있습니다.

1. 그리스도인 여러분, 이를 통해서 여러분의 마음이 순전한지 그렇지 않은지를 다시 한 번 확인할 수 있게 됩니다. 여러분의 마음을 다시 한 번 시험해 보십시오. 시험이 다가올 때에 그것을 금하는 계명이나 혹은 여러분을 향한 그리스도의 사랑, 그리스도를 향한 여러분의 사랑 등 복음의 화살통에서 꺼낸 화살 몇 개 외에는 여러분 자신을 방어할 무기가 달리 없는 처지일 때에, 여러분에게 능력이 베풀어져서 죄에 빠질 시험을 이길 수 있게 되는 것을 봅니까? 시험이 너무도 간교하여 뒷

문을 열어두어 여러분이 뒤로 빠져나가 은밀하게 죄에 빠지게 되며, 그리하여 죄
를 범하여도 여러분의 신용이 그대로 지켜질 수도 있습니다. 세상적인 관심사에
관한 것은 아무것도 해를 입지 않습니다. 아니 그런 시험을 따르면 오히려 상당히
이익을 볼 수도 있습니다. 다만 하나님께서 그것을 반대하실 뿐입니다. 그런 일이
하나님의 영광을 가리는 일이며, 또한 마땅히 하나님께 드려야 할 사랑과 감당해
야 할 임무에 반(反)하는 것임을 그의 성령께서 여러분에게 말씀하십니다. 자 이
제 사실을 말씀드렸으니, 죄 짓는 일에 대해 여러분의 생각이 어떤지를 말씀해 보
십시오. 용맹스럽게 죄를 저항할 수 있습니까? 그리고 사탄에게 죄가 전혀 여러분
의 상대가 되지 않는다고 말할 수 있겠습니까? 그렇다면 여러분에게 순전한 마음
을 주시고 또한 여러분의 영혼 속에 창문을 열어 놓으셔서 은혜가 그 속에 있음을
보게 하신 하나님을 찬송하십시오. 은혜가 영혼 속에 임하여 있는 것을 보는 것이
야말로 여러분이 구원을 얻었다는 것과 하나님과 함께 영생을 누리게 될 것이라
는 사실에 대해 하나님께서 여러분에게 주실 수 있는 최고의 증거입니다. 만일 여
러분이 외식자라면, 죄가 그렇게 다가올 때에 결코 저항할 수가 없습니다. 화약가
루가 불이 다가올 때에 절대로 저항하지 못하고 폭발하며, 바람이 불어올 때에 겨
가 저항하지 못하고 하늘로 날아오르듯이 말입니다.

  또한, 격렬한 유혹으로 인하여 견디지 못하고 넘어질 때에, 여러분의 영혼의 움
직임은 어떻습니까? 그렇게 부끄럽게 패배했다는 사실이 분하여 무너져 내린 힘
들을 끌어 모으고 또한 더욱 열정적으로 원수를 저항합니까? 아니면, 싸움에 진 것
으로 만족하고 그냥 조용히 앉아 있고, 고생스럽게 싸움을 계속하기보다 그저 여
러분의 정욕에 길들여진 종이 되는 편을 택합니까? 거짓된 마음은 위협을 받으면
곧바로 사기를 잃어버리고, 정복자에게 속히 굴복합니다. 그러나 순전한 그리스
도인은 싸움에 졌을 때에도 용기를 잃지 않습니다. 올바름이 영혼에 역사하므로,
죄에 빠진 그 사실로 인하여 오히려 죄를 대적하고자 하는 거룩한 뜻을 되살리고
더욱 높이 튀어 오르는 법입니다. "내가 한 번 말하였사온즉," 즉 어리석고도 죄악
되게 말했사온즉, "다시는 더 대답하지 아니하겠나이다"(욥 40:5), 다시는 그렇게
죄악되게 대답하지는 아니하겠나이다. 이로 인하여 거룩한 다윗도 다시 싸움터에
나아가기 전에 힘을 회복할 수 있는 시간을 갖도록 자신을 좀 더 살게 해 달라고
하나님께 구하였습니다. 싸움터에 나가 패배한다는 것이 끔찍하게 싫었던 것입니
다. 생명이 좀 더 연장되어, 자신을 허약하게 했고 망가뜨려 놓은 그 죄들에 대해

회개함으로써 잃어버렸던 것들을 다시 회복하고 그 죄들에 대해 어느 정도 승리를 거둘 수 있게 되면, 그 때에는 죽음을 얼마든지 환영할 마음이었던 것입니다. 그는 마치 한 용감한 군대 장관과도 같은 심정이었습니다. 그는 싸움 중에 부상을 입었는데, 부하들에게 자신을 부축해 달라고 요청했습니다. 죽기 전에 원수들이 패퇴하여 도망하는 모습을 보면 평화롭게 눈을 감을 수 있겠다는 마음이었던 것입니다. 그러므로 여러분, 여러분 자신의 영혼의 상태를 객관적으로 살펴보십시오. 여러분의 경우는 패배나 넘어짐이 어느 쪽으로 작용합니까? 만일 그것으로 인하여 여러분의 양심이 무뎌져서 죄에 대하여 책망하는 것이 그렇게 강렬하거나 예리하지 못한 상태가 된다면 — 그것이 여러분의 정서를 매수하여, 전에는 저항했던 그 죄들에 순응하기 시작하여 그것들을 대면하기가 괜찮아졌다면 — 여러분의 마음은 올바른 상태가 아닙니다. 그러나 만일 여러분을 무너뜨린 그 죄에 대해 복수할 생각이 마음에서 일어나고, 마치 음식물이 소화되지 않고 그대로 걸려 있어서 위에 병이 난 것처럼 그것이 여러분의 심령에 걸려 있어서 그것을 깨끗하게 정리하기 전에는 도무지 마음이 불편하여 견딜 수 없다면, 여러분에게는 진정 순전한 마음이 있는 것입니다.

2. 이는 순전함을 위해 힘쓰는 것이 얼마나 중요한지를 보여줍니다. 이것이 없이는 우리가 시험을 대적할 수도 없고 시험에 넘어져도 다시 일어설 수가 없습니다. 하나님께 무엇을 구하든지 간에 순전한 마음 구하는 것을 잊지 마시기 바랍니다. 다윗은 자기에게 이 은혜가 더 필요하다는 것을 깨닫고 있었습니다. "하나님이여 내 속에 정한 마음을 창조하시고 내 안에 정직한 영을 새롭게 하소서"(시 51:10). 그가 그것을 그렇게 더욱 사모하게 되었으니, 이는 정말 복된 일이었습니다. 불 위에다 뼈대를 세우고 집을 짓는다는 것은 정말 어리석기 짝이 없는 일입니다. 그런데 외식자가 짓는 집은 결국 허물어지고 맙니다. 꺼지지 않는 불이 — 죽지 않는 외식이 — 그의 경건한 겉모습을 완전히 태워 버릴 것이기 때문입니다. 그는 자기 자신을 원수의 손에 내놓을 그런 마음을 갖고서 싸움터에 들어갑니다. 이처럼 자기편이 진실하지 못하니, 반드시 싸움에 지고 마는 것입니다.

3. 오오 순전한 그리스도인 여러분, 이 은혜에 대해 하나님을 찬송하십시오. 이는 면류관이나 왕관과는 비교도 되지 않는 정말 값진 축복이니 말입니다. 이 은혜 안에 있으므로 여러분에게 하나님의 마음을 구하며 하나님을 닮아가고자 하는 마음이 있습니다. 순전함만큼 단일하시고 순결하신 하나님의 성품을 더 닮게 해 주는 것

이 없습니다. 진실함(truth)이야말로 하나님께서 귀하게 여기시는 것입니다. 그는 "진리의 하나님"(a God of truth)이십니다. 왕이 존귀하게 하기를 기뻐하는 자에게 어떻게 해주기를 바라느냐는 왕의 질문을 받고서, 하만은 왕이 바로 자기 자신을 염두에 두고 하는 말이라고 여겨서, 자기가 오를 수 있을 만큼 최고의 존귀한 자리에 올라가고픈 마음에서, 왕의 예복을 입게 해 달라고 구하였습니다. 하나님께서 여러분에게 순전함을 주실 때에, 그는 여러분의 영혼을 그 자신이 입고 계신 의복으로 옷 입혀 주시는 것입니다. 그는 진리와 의로 옷 입으신 분이십니다. 이로써 여러분은 알렉산더 대왕보다 더 위대한 정복자가 되는 것입니다. 그는 인간의 세상을 정복했습니다만, 여러분은 정욕과 마귀의 세상을 정복한 것입니다. 두꺼비를 보고서 자기를 두꺼비가 아닌 사람으로 지으신 하나님을 찬양한다면, 본성적으로 두꺼비보다 못한 외식자였던 여러분을 올바른 그리스도인으로 만드신 하나님께는 얼마나 더 감사해야 하겠습니까? 락탄티우스(Lactantius)는 다음과 같은 유명한 말을 한 바 있습니다: "영혼은 사람의 영혼 그대로인데 육체는 짐승의 육체를 갖게 되기보다는 차라리 죽음을 택하는 것이 인지상정이라면, 겉모습은 사람인데 마음은 짐승의 마음이라면 이는 얼마나 더 비참하겠는가?" 하지만 외식자가 바로 그런 상태입니다. 아니 그보다 더 못합니다. 그는 사람의 모습을 하고 있고 성도를 가장하고 있지만 속에는 짐승 같은 더러운 마음이 자리 잡고 있는 것입니다.

  4. 순전한 그리스도인 여러분, 결국 마지막에 가서 배도하게 되지 않을까 하는 두려움을 없애도록 이 사실에서 격려를 받으시기 바랍니다. 순전함이 있다고 해서 넘어지지 않지는 않으나, 여러분이 순전하다면 그것은 곧 여러분이 언약의 상태에 들어가 있다는 것이요, 이것이 여러분을 마지막의 배도에서 안전하게 지켜줄 것입니다. 여러분이 누리는 은혜의 분량이 적기 때문에 여러분이 마지막까지 보존될 수 있을까를 의심하는 것입니다. 여러분은 이렇게 생각합니다. "이 연약한 발로 내 여정의 목적지까지 잘 갈 수 있을까? 이 몇 푼 되지 않는 돈으로 거기에 도착하기까지 잘 유지할 수 있을까? 내 마음에 있는 이 작은 은혜로 그 수많은 시험과 유혹을 견디고 천국에까지 무사히 도달할 수 있을까?" 분명 그럴 수 없을 것입니다. 지금 여러분에게 있는 것 외에 더 많은 은혜를 받지 못한다면 말입니다. 하지만 여러분이 지칠 때에 여러분을 도와주고 더 많은 은혜를 줄 언약이 여러분에게 있습니다. 하나님께서는 여러분더러 "일용할 양식"을 구하라고 가르치시지 않았습니까? 그리고 하나님의 축복이 여러분을 부지런히 쫓아다니며 날마다 쓸 것을 공급해

온 것을 삶 속에서 경험하지 않았습니까? 여러분의 영적인 "일용할 양식"에 대해서도 마찬가지로 하나님께 구할 권리가 있습니다. 여러분의 영혼을 위해 필요한 것을 하늘 아버지께서 다 아시지 않습니까? 또한 하늘에 올리셔서 거기서 충만한 모든 은혜 가운데 거하시며 하나님의 자녀들의 영혼을 지키시고 은혜를 베푸시며 위로하셔서 변화무쌍한 세상 가운데서 살아 있도록 지켜 주시는 사랑하는 형제, 아니 사랑하는 남편 되시는 그리스도께서 계시지 않습니까? 모든 권세가 그의 손에 있습니다. 그러니 그가 원하시는 대로 필요한 것을 보내셔서 여러분을 구해 주실 것입니다. 여러분에게 베푸실 충만한 은혜를 그가 지니고 계신데 과연 여러분이 굶주려 죽을 수 있겠습니까? 사마리아 사람이 두 데나리온을 남겨 두었으나 그것으로는 상처받은 사람을 치료하고 먹이기에 충분하지 못했습니다. 그리하여 그는 "비용이 더 들면 내가 돌아올 때에 갚으리라"라고 말씀했습니다(눅 10:35). 이처럼 그리스도께서도 순전한 영혼에게 적은 은혜를 손에 쥐어 주실 뿐 아니라 천국에까지 이끌기에 충족할 만큼 더 많은 은혜를 약속하시는 것입니다. "여호와께서 은혜와 영화를 주시며 정직하게 행하는 자에게 좋은 것을 아끼지 아니하실 것임이니이다"(시 84:11).

5. 여러분 자신의 순전함에 기대거나 그것을 자랑 삼는 일이 없도록 삼가 조심하십시오. 순전함이 여러분으로 하여금 유혹을 이기게 하고, 시험 중에 있을 때에 회복할 수 있도록 해주는 것은 사실입니다. 하지만 그 일을 과연 누가 행하십니까? 여러분의 은혜에 자양분을 제공해 주는 그 뿌리가 어디에서 자라납니까? 여러분의 땅에서가 아니라 하늘에서 자라는 것입니다. 여러분을 붙잡으시고 생명 가운데 거하게 하시는 이는 오직 하나님이십니다. 하나님이 생명을 주셨으니 그가 또한 그 생명을 지켜 가시는 것입니다. 여호와께서 여러분의 힘이 되시니 그에게 찬송을 올려야 마땅합니다. 도끼가 아무리 예리하다 할지언정, 그것을 사용하는 일꾼이 없다면 대체 무슨 소용이 있겠습니까? 과연 도끼가 "내가 찍어냈도다"라고 말하겠으며, 대패가 "내가 깎아냈도다"라고 말하겠습니까? 도끼나 대패가 아니라 목수의 기술과 수고가 그 일을 이룬 것이 아닙니까? 시험을 이길 때에, "주께서 내 편이 되지 않으셨더라면 내가 넘어졌으리라"라고 말하십시오. "에벤에셀"의 돌을 세우시고 그 위에 "여호와께서 여기까지 나를 도우셨도다"라고 써 놓으십시오(삼상 7:12).

하나님께서는 위에서 인용한 시편에서 정직한 자에게 "은혜와 영화"를 주시겠다고 약속하십니다만(시 84:11), 그의 은혜의 영화를 정직함에게 주시지는 않습니다. 다윗은 자기의 정직함을 인정하며, 그것이 자기를 보존해 주었음을 말씀합니다. "내가 또 그의 앞에 완전하여 스스로 지켜 죄악을 피하였나니"(삼하 22:24). 그는 자신의 정직함의 열매를 선언합니다. 하나님께서 원수들 앞에서 그를 신원하시고 또한 그들에 대해 승리를 주심으로써 자신의 정직함에 대한 상급을 주셨음을 증언합니다. "여호와께서 내 공의대로, 그의 눈 앞에서 내 깨끗한 대로 내게 갚으셨도다"(25절). 그러나, 하나님의 은혜를 도외시하고 자기 자신을 높이거나 자신의 정직함을 스스로 칭찬하지 않도록, 다음과 같이 분명하게 정리하여 말씀합니다: "하나님은 나의 견고한 요새시며 나의 길을 완전하게 하시도다"(33절). 거룩한 다윗의 말씀은 이런 뜻과도 같다 하겠습니다: "바라건대 내 말을 오해하지 말라. 안팎의 내 원수들을 이긴 승리의 공을 나 자신이나 나의 정직함에 돌리려는 것이 아니다. 아니다. 하나님이 모든 일을 행하셨고, 그가 나의 힘이요 능력이시다. 그렇다. 나의 길을 완전하게 하시는 이가 바로 하나님이시다. 내가 나의 길에서 다른 이들보다 좀 더 순전하다면, 그가 나의 길을 완전하게 하시는 것이니 그에게 감사를 드려야 마땅할 것이다. 그가 처음 나를 돌아보실 때에 나는 비뚤어진 존재였고, 다른 이들처럼 비뚤어진 길을 걷고 있었으나, 그가 나와 나의 길을 완전하고 정직하게 만드신 것이라." 하나님께서는 만일 그가 기뻐하셨다면 사울을 다윗처럼 완전하게 만드실 수도 있었습니다. 하나님께서 다윗을 떠나셨다면, 그는 사울과 마찬가지로 비뚤어지고 거짓 마음을 지닌 자가 되고 말았을 것입니다. 이와 관련한 마지막 요점은 순전함이 온갖 환난 중에 위로를 주는 힘이 있다는 것이었습니다. 이에 대해서는 다음과 같이 적용할 것밖에는 없을 것 같습니다.

적용 2. 환난을 두려워하지 말고 외식을 두려워하기를 배워야 하겠습니다. 형제 여러분, 믿으십시오. 순전한 영혼에게는 환난이 전혀 해가 되지 않습니다. 아무리 환난이 심해도 그의 기쁨과 위로를 앗아갈 정도로 심해질 수가 없습니다. 은혜 안에 있는 영혼은 아무리 극심한 환난 중에 있다 할지라도, 모든 화려함과 영화를 누리는 외식자를 불쌍히 여겨 흘릴 눈물이 남아 있는 법입니다. 옆에서 보는 이들에게는 힘들고 괴로워 보이지만, 그는 자기 자신의 환난을 더욱 편안하게 받아들이도록 해 주는 무언가가 그의 가슴속에 있는 것입니다. 그리하여 한 거룩한 사람은 죽음의 고통이 그에게 다가왔을 때에 그의 옆에서 울고 있는 종에게 이렇게 말했다고 합니다: "이 눈물이 무슨 뜻이냐? 나의 하늘 아버지께서 내게 해를 주실까 하여

두려워하는 일일랑 절대로 하지 말거라!' 사실 환난은 육체에게는 즐거운 것이 아
닙니다. 이로 인하여 몇몇 하나님의 사랑하시는 자녀들이 움츠러들었습니다. 하
지만 그 환난의 참 의미를 접하고 또한 하나님께서 옥에 갇힌 불쌍한 자녀에게 쇠
창살 너머로 베푸시는 위로를 경험하고 난 후에는 새로운 곡조로 노래하기를 배
우게 되는 것입니다. 마치 새를 잡아 새장에 가두게 되면 처음에는 이를 싫어하고
저항하다가도, 나중에는 자유로이 날아다닐 때보다 오히려 더 감미롭게 노래하는
것처럼 말입니다. 그러므로 환난에 대해 너무 염려하지 마십시오. 오히려 외식에
빠지지 않도록 조심하기를 바랍니다. 환난의 침상이 여러분에게 힘들고 불편한
것으로 여겨진다면, 그것은 여러분 스스로가 그렇게 여기고 느끼게끔 만드는 것
입니다. 여러분 스스로 하나님께 입증해 보이십시오. 그리고 환난 중에 부드럽고
편하게 침상을 만들어 주시겠다고 약속하신 하나님을 신뢰하십시오. 죽음을 앞에
둔 시각에 여러분이 "주여 주여 불쌍한 영혼에게 자비를 베푸소서"라고 외치는데,
주께서 "나는 너를 알지 못하느니라"라고 대답하신다면, 이 얼마나 처참한 일이겠
습니까! 이것은 슬픔 중에 울부짖는 외식자의 음성이지 순전한 심령의 음성이 아
닙니다. 겉으로는 사랑하는 체하여 왔으나 한 번도 순전하게 사랑한 적이 없는 그
하나님의 손길에 빠져들 때에, 과연 여러분은 어떻게 하시겠습니까? "나는 당신들
의 아우 요셉이니 당신들이 애굽에 판 자라"(창 45:4)라는 요셉의 말에 그의 형들
은 소스라치게 놀랐습니다. 자기들이 저지른 잘못을 잘 알고 있기에 그들은 동생
의 앞에 서 있는 것을 견딜 수가 없었습니다. 그렇다면, 여러분이 괴로움 중에 있
을 때에 만일 하나님께서 친히 여러분에게, "나는 네가 조롱하고 거역하였고, 또한
정욕을 누리기 위해 팔아 버린 하나님이라. 그런데 네가 이제 내게 나아오느냐? 내
가 너를 지옥에 보내어 영원토록 고통 받게 하는 것 외에 달리 네게 해 줄 일이 있
더냐?"라고 말씀하신다면 이 얼마나 처절한 비극이겠습니까?

하나님의 전신갑주의 각 부품들:
둘째 부품 — 그리스도인의 호심경

"의의 호심경을 붙이고"(엡 6:14).

이 말씀은 그리스도의 모든 군사들에게 전신갑주의 둘째 부품인 의로 이루어진 호심경(흉배)을 제시합니다 — "의의 호심경을 붙이고." 이에 대해서는 두 가지를 탐구해야 할 것입니다. 첫째. 여기서 의란 무엇을 뜻하는가? 둘째. 그것을 전신갑주의 이 부품, 즉 호심경에 비하는 이유는 무엇인가?

이 말씀에 대한 설명

첫째 탐구
의란 무엇을 뜻하는가?

여기서 의란 무엇을 뜻하는가? 성경은 두 가지 의를 말씀하는데, 하나는 법적인 의요, 또 하나는 복음적인 의입니다.

I. 법적인 의(a legal righteousness), 즉 하나님이 행위 언약에서 사람에게 요구하시는 의입니다. "모세가 기록하되 율법으로 말미암는 의를 행하는 사람은 그 의로 살리라 하였거니와"(롬 10:5). 다음 세 가지 조건이 모두 지켜질 때에 율법의 의가 이루어집니다.

첫째. 하나님의 율법에 대한 절대적이며 완전한 순종, 즉 대상에 관해서는 광범위하게 완전하며, 주체에 대해서는 강렬하게 완전한 순종입니다. 요컨대, 율법 전체를 마음 전체로 지켜야 하며, 그 순종의 일부분에서나 혹은 순종의 정도에서 조금이라도 결점이 있으면 모든 순종이 다 망가지고 마는 것입니다.

둘째. 하나님의 율법에 대한 완전한 순종을 그 의로운 사람 개인이 이행해야 합니다. "율법으로 말미암는 의를 행하는 사람은 그 의로 살리라." 그 언약에서는 하나님께서 사람의 이행이라는 조건 하나밖에는 두지 않으셨습니다. 거기에는 다른 이의 보증이란 없습니다. 그러므로 각 사람이 개인적으로 완전한 순종을 이행하는 것밖에는 없었습니다.

셋째. 이 개인의 완전한 순종은 반드시 영구적이어야 합니다. 이 율법은 재시도라는 것을 허용하지 않습니다. 일단 율법을 어기면, 그저 한 번 생각으로만 어겼을지라도, 그 언약에서는 회개의 여지가 없습니다. 그 이후에 아무리 정확하고 흠 없이 생활한다 할지라도 소용이 없습니다. 후에 행한 순종이 전에 범한 불순종을 무마시켜 주지 못하기 때문입니다. 딱 한 번 사람을 죽이고 그 이후에는 다시 그런 일을 범하지 않았다 할지라도, 그 사람은 살인하지 말라는 율법을 만족시키지 못하는 것입니다. 그러니 우리가 그리스도의 점호 명부에 기록되어 있지 않아서 이와 같은 호심경을 지급받지 못했다면 우리의 처지가 얼마나 절박했겠습니까? 아담은 사실 그런 의를 부여받아 지니고 있었습니다. 그의 마음과 율법이 일치하는 상태였습니다. 마치 얼굴 모습이 그대로 거울에 비치듯이, 그의 마음이 율법에 따라 응하였습니다. 지금 그의 후손이 불의한 것이 지극히 자연스런 일이듯이, 그가 의로운 것도 자연스런 일이었습니다. 하나님께서는 사람에게 그의 형상을 새겨 주셨는데, 그것은 의와 거룩함에 있었습니다. 만물을 완전하게 지으셨으므로 그는 피조세계를 다시 돌아보시고 거기에 달리 추가하거나 수정하지 않으시고 모든 것을 매우 좋게 여기셨습니다. 이에 못지않게 그는 모든 만물의 최고의 작품인 "완전하게 된 사람"에 대해서도 존귀하게 여기셨습니다. 그러나 아담이 범죄하여 우리의 본성을 더럽혔고, 또한 이제는 우리의 본성이 우리를 더럽힙니다. 그러므로 그 이후로는 절대로 아담의 호심경이 — 곧, 의가 — 그 어떤 사람의 가슴에도 적합할 수가 없었습니다. 만일 하나님이 의인 한 사람을 위하여 온 세상을 구원하고자 하셨을지라도 — 의인 열 사람을 위해서 소돔을 구원하겠다고 하신 것처럼 — 그 의인 한 사람을 찾을 수가 없었을 것입니다. 사도는 온 세상을 "유대인과 이방인"으로 구분하고는(롬 3:9), 주저하지 않고 그들 모두를 먼지 속에 눕힙니다. 앞에서 입증한 바와 같이 모두가 "다 죄 아래에 있으니 기록된 바 의인은 없나니 하나도 없다"(10절)고 합니다. 이방인 중의 지극히 고매한 철학자도, 유대인 중의 지극히 철저한 바리새인도 — 아니, 더 나아가서 세상에서 가장 거룩한 성도라 할지라도 — 하나님의 심판대 앞에서는 거룩한 자로 설 수가 없습니다. 다윗은 이렇게 말씀합니다: "주의 종에게 심판을 행하지 마소서 주의 눈 앞에는 의로운 인생이 하나도 없나이다"(시 143:2). 하나님께서 그 문을 못으로 박아 잠그셨으므로, 영원토록 그어느 누구도 율법의 의로는 생명과 복락에 들어갈 수가 없습니다. 이 길로 천국에 들어가려 한다는 것은 마치 북극을 통과하여 항해하려 하는 것과 같습니다. 절반도 가기 전에 모두가 다 얼어 버리고 마는 것입니다.

Ⅱ. 성경이 말씀하는 두 번째 의는 복음적인 의(an evangelical righteousness)입니다. 이 의는 다시 두 가지로 나뉩니다. 즉, 전가된 의(a righteousness imputed)와 부여된 의(a righteousness imparted)가 그것입니다. 전가(轉嫁)된 의는 그리스도께서 신자를 위하여 이루시는 의요, 부여(附與)된 의는 그리스도께서 신자 안에서 이루시는 의입니다. 전가된 의는 칭의의 의인데, 이 의로 말미암아 신자가 하나님 앞에서 의로운 자로 서게 되며, 또한 이 의는 주입된 의와 구별하여 "하나님의 의"라 불립니다(롬 3:21; 10:3). 그렇다고 해서 부여된 의가 하나님의 의가 아니라는 뜻은 아닙니다. 이 전가된 의를 "하나님의 의"라 부르는 것은 다음 두 가지 이유 때문입니다.

첫째. 그리스도께서 이 의를 이루실 뿐 아니라, 이 의가 그리스도 안에서 시행되는 것이요 — 그는 하나님이십니다 — 또한 우리 속에 고유하게 내재된 것이 아니며 그 은택이 믿음으로 말미암아 — 마치 우리가 그 의를 이행한 것처럼 — 우리에게 돌아오게 되기 때문입니다. 그리하여 그리스도를 가리켜 "주, 곧 우리의 의"라 부르는 것입니다.

둘째. 이 전가된 의가, 하나님께서 우리의 칭의의 원인이 되도록, 또한 하나님께서 우리에게 부여하신 우리의 고유의 의를 받아들이는 원인이 되도록, 작정하신 그 의이기 때문입니다. 그런데 이 의는 전신갑주의 넷째 부품 — "믿음의 방패" — 에 속한 것입니다. 로마서 4:11에 의하면 사실상 그 이름이 바로 그 은혜에서 취하여진 것을 볼 수 있습니다. 거기서는 그것을 가리켜 "믿음으로 된 의"라 부르는데, 이는 믿음으로 말미암아 영혼이 그 의를 깨닫고 자신의 것으로 삼기 때문입니다. 그러므로 여기서 "호심경"에 비해지는 그 "의"는 이 두 가지 의 가운데 후자입니다. 곧, 부여된 의, 혹은 그리스도께서 신자 안에서 이루시는 의이며, 이는 우리의 성화의 의 (the righteousness of our sanctification)입니다. 자, 이렇게 설명한 대로 이를 취하도록 합시다. 이 의는 성령의 능력의 역사로 말미암아 하나님의 각 자녀의 마음속에 심겨진 새 생명의 초자연적인 원리인데, 이로 말미암아 그들이 하나님의 말씀이 요구하는 바를 이행하는 가운데 하나님과 사람에게 스스로를 입증하도록 힘쓰게 됩니다. 이런 묘사에 담겨져 있는 의미들을 간단하게 펼쳐보도록 합시다.

1. 일을 행하시는 성령이 계십니다. 그렇기 때문에 거룩의 몇 가지 부분들을 가리켜 "성령의 열매"라 부릅니다(갈 5:22). 성령께서 뿌리에 계시지 않으면 그런 열매가 거룩의 가지에 열릴 수가 없습니다. "육에 속한 자"와 "성령이 없는 자"가 불가분리의 관계로 함께 언급되는 것을 봅니다(유 19). 사람은 타락으로 인하여 두 가지를, 즉 그를 향한 하나님의 사랑과 하나님을 닮은 모습을 모두 잃어버렸는데, 그리스도께서 이 모두를 그의 자녀들에게 회복시키십니다. 사람을 향한 하나님의 사랑은 그의 자녀들에게 전가된 그의 의로써 회복시키시고, 하나님을 닮은 사람의 모습은 잃어버린 하나님의 형상을 — 이는 "의와 진리의 거룩함"에 있습니다만(엡 4:24) — 성령으로 말미암아 그들에게 다시 부여하심으로써 회복시키시는 것입니다. 사람의 본성을 부여하고 자기를 닮은 자녀를 낳는 것은 사람밖에 없습니다. 이와 마찬가지로 피조물을 하나님의 성품에 참여하게 함으로써 하나님을 닮게 할 수 있는 분은 오로지 하나님의 성령밖에는 없는 것입니다.

2. 산출된 결과물, 곧 새 생명의 초자연적인 원리가 있습니다. (1) 생명의 원리란 곧 거룩한 것에게로 감미롭게, 강력하게, 일관되게 이끌리는 내적인 기질 혹은 정서를 뜻합니다. 그리스도인은 처음에는 수동적이지만, 이 원리에 힘입어 후에는 능동적이 되며, 모든 거룩의 행위들에서 성령과 함께 일하게 됩니다. 음악가의 손에 쥐어진 생명 없는 악기처럼 행하는 것이 아니라, 아버지의 손에 붙잡힌 살아 있는 아이처럼 행하는 것입니다. 그러므로 그들이 "하나님의 영으로 인도함을 받는"다고 말씀하는 것입니다(롬 8:14). (2) 이는 새 생명의 원리입니다. 성령의 역사는 사라져가는 것을 비벼서 회생시키는 것이 아니라 완전히 죽어 있는 영혼 속에 새롭게 생명을 일구어내는 것입니다. "그는 허물과 죄로 죽었던 너희를 살리셨도다"(엡 2:1). 마귀는 시험할 때에 변사(辯士: orator)가 되어 논리를 통해 설득하지만, 성령은 창조자가 되셔서 죽은 영혼을 회심시키십니다. 마귀는 전부터 마음속에

감추어져 있는 것을 끌어올리고 불붙이지만, 성령께서는 마음에 전혀 없는 것을 영혼 속에 부여하십니다. 곧, 성경이 말씀하는 바 하나님의 "씨"(요일 3:9), "너희 속에 이루어지는 그리스도의 형상"(갈 4:19), "새로 지으심 받은 것"(갈 6:14), 하나님이 속사람에 집어넣으시는 "법"(렘 31:33), 곧 바울이 "그리스도 예수 안에 있는 생명의 성령의 법"(롬 8:2)을 부여하시는 것입니다. (3) 이는 초자연적인 원리입니다. 이 원리는 아담에게 본성적으로 부여되었던 의와 거룩과는 구별되는 것입니다. 그가 그것을 지켰더라면 그것이 우리에게 전파되어, 현재 죄가 본성적으로 우리의 것이듯이, 그것이 본성적으로 우리의 것이 되었을 것입니다. 건강이 아담의 육체에 본성적으로 있었던 것처럼 거룩이 아담의 영혼에게 본성적으로 있었습니다. 이 둘은 모두 순결하고 바른 기질을 지닌 원리들의 결과물이었던 것입니다.

3. 성령께서 이 거룩의 원리를 심으시는 토양, 혹은 주체가 있으니, 곧 하나님의 자녀입니다. "너희가 아들이므로 하나님이 그 아들의 영을 우리 마음 가운데 보내 … 셨느니라"(갈 4:6). 하나님의 가족에 속한 자녀 중에 그 아버지를 닮지 않은 자가 하나도 없고 ─ "무릇 하늘에 속한 자들은 저 하늘에 속한 이와 같으니"(고전 15:48) ─ 오직 그 자녀만 이 참된 거룩의 인(印)을 지니고 있습니다. 사도는, 우리가 "육신에" ─ 즉, 거룩하지 않은 죄악된 상태에 ─ 있으면 우리에게 "하나님의 영"이 거하지 않는다고 결론지으며, 동시에 "그리스도의 영이 없으면" ─ 그리하여 우리를 변화시키시고 거룩하게 하시는 그의 역사가 없으면 ─ 우리가 "그리스도의 사람"이 아니라고 결론짓습니다(롬 8:9). 사실 하나님의 자녀가 아닌 자들에게서도 넓은 의미에서 거룩함과 거룩하게 되는 일을 볼 수 있습니다. 그리하여 신자의 모든 자녀들을 가리켜 "거룩하다"고 하는데(고전 7장), 그들이 모두 하나님의 자녀는 아닌 것입니다. 그렇습니다. 겉으로만 신앙의 모습을 보이는 거짓된 자들도 거룩하게 된 자라는 이름을 얻습니다(히 10:29). 왜냐하면 그들이 그런 체하기 때문입니다. 그러나 성경이 의요 참된 거룩이라 부르는 그것은 성령께서 오직 하나님의 자녀들에게만 새겨 주시는 하나의 조각물입니다. 성령께서는 그리스도께서 아버지께 거룩하게 해주시기를 구하시는 이들 외에는 아무도 거룩하게 하시지 않습니다. 그리고 그들은 바로 하나님께서 그리스도께 주신 특별한 자들인 것입니다(요 17:17).

4. 성령께서 하나님의 자녀의 마음에 심어 놓으신 이 원리의 효능이 있습니다. 그가 그 원리를 통해서 역사하시기 때문입니다. 심장이 ─ 이는 육체의 자연적인

생명의 원리입니다만 — 그 자연적인 생명을 부여받은 때부터 끊임없이 박동하며 일하듯이, 영혼 속에 있는 새 생명의 원리도 언제나 역사하는 것입니다. "새로운 피조물"은 사산(死産)한 존재가 아닙니다. 참된 거룩함은 아무것도 하지 않고 그저 시간만 때우는 그런 둔한 습관 같은 것이 아닙니다. 그리스도께 고침 받은 여인은 즉시 일어나 수종들었습니다(마 8:15). 이 원리가 마음에 심겨지자마자 사람이 일어나 하나님을 섬기며, 온 힘을 다하여 하나님을 위해 행동하는 것입니다. 거룩하게 하시는 성령께서 영혼 속에 심어 놓으신 씨는 밭에 버려진 채로 그냥 있는 것이 아니라 속히 열매를 맺어 자신이 살아 있음을 드러내 보이는 법입니다.

5. 이 원리의 불완전성이 있습니다. 힘쓰고 수고하는 것에서 이 원리의 실체가 드러납니다만, 그것이 충만히 발휘되지 못하고 다만 그것을 목표로 삼고 힘쓰고 수고할 수 있게 해준다는 점에서 불완전함이 드러나는 것입니다. 복음적인 거룩은 새로운 피조물로 하여금 충만한 순종을 드릴 수 있게 해주는 것이 아니라, 다만 그것을 바라고 나아가게 해줄 따름입니다. 성도의 마음은 뛰어오르지만 그의 발은 하나님의 계명을 지키는 길에서 그저 엉금엉금 기어갈 뿐입니다. 막달라 마리아는 그리스도를 어디에 두었느냐고 물었습니다만(막 15:47), 아마도 그의 시신을 찾아 어깨에 메고 가려고 그렇게 물은 것 같습니다. 그러나 실제로 그리스도의 시신을 찾는다 해도 그녀는 어깨에 멜 능력이 없었습니다. 그리스도를 향한 사랑이 자기의 어깨보다 훨씬 더 강했던 것입니다. 성도에게 있는 거룩의 원리는, 자기 혼자서는 기껏해야 그저 휘젓기밖에는 할 수 없는 임무를 효과적으로 감당하도록 만들어 줍니다. 첫째가는 성도인 바울은 그리스도의 다른 탁월한 종들과 함께 자기 자신의 모습을 우리에게 제시해 줍니다. 그는 그들의 수고와 일의 완전함을 거론하지 않고 그들의 뜻과 수고의 순전함을 거론하는 것입니다. "우리를 위하여 기도하라 우리가 모든 일에 선하게 행하려 하므로 우리에게 선한 양심이 있는 줄을 확신하노니"(히 13:18). 그는 "우리가 모든 일에 정직하게 행하노라"라고 말하지 않습니다. 감히 그렇게 말하지 않습니다. 다만 자기 자신과 형제들을 위하여, "우리가 거룩하고 의로운 모든 일에 선하게 행하려 하므로"라고 말씀합니다. 여기서 "행하려 한다"는 것은 그저 연약하고 무기력한 의지가 아니라 왕성하게 힘을 발휘하는 의지를 뜻하는 것입니다. 바울은 자기 자신에 대해 무게 있게 증언합니다: "이것으로 말미암아 나도 … 항상 양심에 거리낌이 없기를 힘쓰나이다"(행 24:16). 그는 거룩의 길에서 삼가고 수고하기 위해 최선을 다하며 또한 자신의 가슴에 그

것에 대한 증거를 지니기를 그렇게 원하였으므로, 선한 양심에 거리낌이 없다고 두려움 없이 말할 수 있었습니다. 그러나 그럼에도 불구하고 그가 바라는 그것을 충만히 이루었다고는 말하지 않습니다. 그는 "우리에게 선한 양심이 있는 줄을 확신하노니"라고 말씀하는데, 복음의 호의적인 해석을 근거로 하여 그렇게 말씀하는 것입니다. 왜냐하면 율법은 그런 선한 양심을 허용하지 않기 때문입니다.

6. 이 원리의 일관성이 있습니다. 곧, 이 원리가 일관되게 "하나님과 사람에게" 발휘된다는 것입니다. 참된 거룩은 하나님께서 합치시는 것을 나누지 않습니다. "하나님이 이 모든 말씀으로 말씀하여"(출 20:1)라고 하는데, 이는 첫째 돌비와 둘째 돌비의 내용을 모두 포함하는 것입니다(출 20:1). 참되게 거룩하게 된 마음은 하나님께서 기록하신 말씀의 단 하나라도 그냥 지나치거나 삭제하지 않으며, 하나님의 뜻 전체를 이행하는 신실한 시행자가 되기를 사모하는 것입니다.

7. 이 원리의 시행에 순서가 있습니다. "하나님과 사람에게"입니다. 즉, 먼저 하나님에게 행하고, 그 다음에 사람에게 행하는 것입니다. 그렇습니다. 하나님께 행하고, 그의 의와 사랑 안에서 사람에게 행하는 것입니다. 바울은 마게도냐 사람들에 대해서 말하기를, "그들이 먼저 자신을 주께 드리고 또 하나님 뜻을 따라 우리에게 주었도다"라고 합니다(고후 8:5). 하나님을 먼저 섬기고, 그 다음에 하나님의 뜻에 순종하여 사람을 섬기는 것입니다.

8. 준수하는 규범이 있으니, 곧 "하나님의 말씀이 요구하는 것"이 그것입니다. 외경(外經)의 거룩은 참된 거룩이 아닙니다. 규범이 없거나 혹은 규범이 거짓될 경우는, 신앙에서 올바른 선을 그을 수가 없습니다. 말씀 이외의 것은 모두가 거짓된 규범입니다. "마땅히 율법과 증거의 말씀을 따를지니 그들의 말하는 바가 이 말씀에 맞지 아니하면 이는 그들에게 빛이 없음이라"(사 8:20. 한글개역개정판은 뒷부분을 "그들이 정녕 아침 빛을 보지 못하고"로 번역함 ― 역주).

둘째 탐구
어째서 의를 호심경에 비하는가?

둘째로 탐구할 것은, 어째서 의와 거룩을 호심경에 비하는가? 하는 것입니다. 그 이유는 병사가 호심경을 두 가지 용도로 사용하며 또한 그것에서 두 가지 혜택을 얻는데 있습니다.

첫째. 호심경은 몸의 주요 부위인 가슴을 보존해 줍니다. 가슴에는 사람의 생명의 필수적인 기관들이 함께 밀집되어 있으므로, 그곳을 공격당하면, 생명의 근원에서 멀리 있는 다른 부위보다 더 치명적입니다. 팔이나 다리에 상처를 입은 사람은 더 살 수 있지만, 심장이나 기타 필수적인 기관을 가격 당하면, 얼마 가지 못하고 죽을 수밖에 없습니다. 이처럼 의와 거룩이 그리스도인의 주요 부위인 영혼과 양심을 보존시켜 줍니다. 우리가 영원토록 영적으로 죽거나 사는 것이 우리의 영혼과 양심이 죽거나 사는 데에 달려 있습니다. 재물이나 신용 등 세상적으로 누리는 것들에 상처를 입는 것이 우리를 영적으로 죽이지는 않습니다. 턱수염을 깎거나 손톱 발톱을 자른다고 해서 사람의 목숨이 해를 입지 않는 것처럼, 이런 것들도 그리스도인의 생명을 저촉하지도, 위험에 빠뜨리지도 않습니다. 영적인 생명력은 영혼과 양심에 자리하고 있습니다. 그러므로 영적인 칼이어야만 영혼과 양심을 가격할 수 있으며, 그렇게 할 수 있는 것은 오직 "귀한 생명을 사냥"하는 죄뿐입니다(잠 6:26). 죄야말로 자기 정욕에게로 급히 좇아가는 젊은이를 찔러 "간을 뚫"는 "화살"입니다. 그는 마치 "새가 빨리 그물로 들어가되 그의 생명을 잃어버릴 줄을 알지 못함과 같"습니다(잠 7:23). 사탄이 양심을 치명적으로 손상시키기 위해 죄를 사용하는데, 의와 거룩이 바로 그 죄가 드리우는 온갖 상처와 해로부터 양심을 막아 주는 것입니다.

둘째. 호심경은 이 주요 부위를 보호함으로써 병사의 사기를 높여주고 위험을 두려워하지 않게 해줍니다. 이는 주요 부위를 보호하는 것 못지않게 병사에게 필수적입니다. 군대에게는 죽임을 당하는 것이나 겁을 먹는 것이나 결과는 거의 같습니다. 칼에 맞아 땅에 넘어진 죽은 병사나 두려움에 질린 병사나 ― 이 자는 살아 있기는 하나 마음이 죽임을 당한 상태입니다 ― 어떤 의미에서 아무런 쓸모가 없기는 마찬가지이며, 호심경이 없이 가슴이 벌거벗겨진 병사나 호심경으로 가슴을 무장하고 있으나 마음이 두려움에 떠는 비겁한 병사나 담대하고도 용맹스럽게 싸움에 임할 수 없기는 마찬가지인 것입니다. 이와 마찬가지로 의(義)도 양심을 보호함으로써 죽음과 위험이 닥칠 때에 새로운 피조물을 용기로 가득 채웁니다만, 반면에 죄책(罪責: guilt)은 ― 이는 영혼이 벌거벗은 상태입니다 ― 지극히 건장한 죄인까지도 두려움에 떨게 만듭니다. "악인은 쫓아오는 자가 없어도 도망하나의인은 사자 같이 담대하니라"(잠 28:1). 양들은 달릴 때에 자기들의 발이 땅에 부 딪치는 소리에도 겁을 먹는다고 합니다. 이와 마찬가지로 죄인도 자기의 죄책의 부르짖는 소리에 겁을 먹습니다. 아담은 금지된 실과를 먹고 자신이 벌거벗은 것 을 보자마자 하나님의 음성이 두려워졌습니다. 마치 한 번도 하나님을 대면한 적 이 없었던 것처럼 말입니다. 거룩을 회복하기 전에는 참된 용기도 절대로 회복될 수가 없는 것입니다. "우리 마음이 우리를 책망할 것이 없으면 하나님 앞에서 담대 함을 얻고"(요일 3:21).

호심경과 허리띠의 연관성

말씀을 이렇게 밝혔으니, 여기서 몇 가지를 쉽게 관찰해 낼 수가 있습니다. 그 런데 접속사 "그리고"를 통해서 호심경이 그 앞의 부품과 아주 밀접하게 연관되어 있으므로, 여기서 잠시 멈추어 진리와 거룩이 마치 성막의 두 휘장처럼(출 26:13) 서로 얼마나 멋지게 연결되어 있는지를 주목할 필요가 있습니다. 하나님께서 그 렇게 밀접하게 서로를 연결지어 놓으셨는데, 이 연결을 풀어 놓는다면 그것은 정 말 안타까운 일일 것입니다. 그러므로 진리와 거룩이 함께 가야 한다는 점을 주목하 도록 합시다.

첫째. 진리를 교리적인 진리를 뜻하는 것으로 취합시다. 마음이 거룩하지 않고 삶이 경건하지 않으면서 정통한 판단을 지니고 있다면, 이는 어깨는 짐승의 어깨 위에 사람의 머리가 앉아 있는 것만큼이나 우스꽝스럽고 어색할 것입니다. 악을 행하고 있다면 자신에게 진리가 있다는 것을 자랑할 이유가 없는 것입니다. 여러 분이 마귀에게 종이 되어 있다면, 어느 부위가 사슬에 매여 있든, 발이든 목이든 상관없이 여러분은 비참한 사람입니다. 여러분의 발을 사슬에 매어놓고 자기가 원하는 대로 행하게 하거나, 혹은 여러분의 목을 사슬에 매어놓고 이단사설과 신 성모독의 행위를 하게 하거나 간에 그가 여러분을 확실하게 붙잡고 있는 것입니 다. 아니, 어떤 점에서는 완전히 노골적인 마귀의 종들보다 여러분의 상태가 더욱 악합니다. 왜냐하면 진리의 얼굴을 하고서 악을 행하기 때문입니다. 많은 이들이 그릇된 판단의 오류로 인해서 그들의 거룩하지 못한 삶의 모습을 드러냅니다. 그 들의 악한 삶은 그 전제가 되는 오류로부터 필연적으로 따라오는 귀결입니다. 그 러나 여러분의 판단은 전혀 다른 방향으로 빛을 비추어 줍니다. 다만 여러분이 진리 그 자체 위에 악을 쌓음으로써 여러분의 죄를 더욱 가중시킬 의도를 갖고서 그렇게 하는 것입니다. 그들은 그저 어둠 속에서 혹은 그릇된 판단의 거짓된 빛으로 말미암아 잘못 인도를 받아 천국으로 향하는 길을 놓치는 것뿐이니, 이것만 교정되면 다시 거룩의 길로 돌아올 여지가 있습니다. 하지만 여러분은 진리의 찬란한 빛으로 인하여 죄를 지으며, 마치 진리를 충분히 잘 잘지만 진리의 다스림 받기를 혐오하는 마귀처럼 밝은 대낮에 담대하게 지옥을 향하여 나아가는 것입니다. 가수(歌手)가 아름다운 곡조를 노래하면서 손으로는 아주 거칠고 불쾌한 곡조로 악기를 연주한다면, 들을 줄 아는 귀가 있는 사람들은 오히려 손으로 연주하는 그 거친 곡조를 입으로 노래하는 것보다 오히려 더 불쾌해할 것입니다. 이와 마찬가지로 우리의 판단으로는 진리를 노래하고, 우리의 마음과 손으로는 생활에서 악을 연주한다면, 이는 판단이 그릇되고 삶도 불경스러운 것보다 오히려 더 하나님과 모든 선한 사람들에게 가증스러운 법입니다. 나하스가 다윗의 사자들을 그렇게 치욕스럽게 대우하지 않고 차라리 이만 명의 군사를 동원하여 그를 대적하였더라면, 다윗이 그에 대해 그렇게 격분하지는 않았을 것입니다. 불경스런 삶을 통해서 노골적으로 적의를 표출시키는 것보다도, 자기들을 위해 선물로 보내진 하나님의 진리를 치욕스럽게 대하는 것이 오히려 하나님의 진노를 더 많이 불러일으키는 것입니다. 사람들이 진리의 빛에 역행하고 그들의 삶에서 불순종하여 그 진리를 가두어 놓으면서도 그 진리를 하나님의 진리로 인정하고 받아들이는 것을 보실 때에 하나님의 진노가 불일 듯 일어나 역사하는 것입니다.

둘째. 진리를 마음의 진실함을 뜻하는 것으로 취합시다. 이 경우 역시 진실함과 거룩은 함께 나아가야 합니다. 삶이 거룩하지 않으면, 사람이 아무리 순전한 체해도 소용이 없습니다. 거룩하지 않은 순전함은 하나님이 인정하시지 않습니다. 이는 용어 자체가 모순된 것입니다. 순전함은 영혼을 가르쳐 모든 행위의 올바른 목적을 하나님의 영광에 놓고 그것을 지향하게 합니다. 그런데 올바른 목적을 세우는 것만으로는 안 됩니다. 그 목적을 향하여 올바른 길로 행하여야 합니다. 하나님의 길을 벗어나서는 절대로 하나님의 영광에 이를 수가 없습니다. 거룩과 의(義)야말로 하나님을 영광스럽게 하고 또한 하나님께로부터 영광을 얻기 위해 사람이 걸어가야 할 길로 하나님께서 세워 놓으신 순전한 길인 것입니다. 그러니 이 길 외에 똑같은 목적지로 인도해 주는 이보다 더 짧고 가까운 길을 찾으려 하는 사람은 자신을 망하게 하려고 애쓰는 것 외에 아무것도 아닙니다. 하나님께서 세우신 것이 아닌 새로운 길을 통해서 하나님께 영광을 돌리려 하니, 하나님께서 예비하신 것이 아닌 새로운 천국을 찾아야 할 것이고, 달리 어느 곳에서도 자신의 수고와 고통을 보상해 줄 상급을 얻지 못할 것입니다. 오오 형제 여러분, 여러분의 순전함에 이 의와 거룩의 인(印)이 있는지를 확인하기 바랍니다. "지옥은 선한 소원들로 가득하다"라는 금언이 있습니다만, 지옥은 이제 뒤늦게 "과거에 땅에 있을 때에 달리 처신했으면 얼마나 좋을까!"라고 하며 탄식하는 자들로 가득한 것입니다. 또한 선한 의도들도 지옥에 가득 쌓여 있다고 생각하지 않습니까? 땅에서는 선한 의도도 있었고 마음도 정직했지만 어쩌다 보니 삶이 전혀 그렇지 못했다고 떠벌리는 자들 말입니다. 이 얼마나 괴상한 착각입니까? 어떤 사람이, "우물에 있는 물은 아주 달았는데, 두레박으로 떠놓고 보니 물이 이렇게 쓰고 역겹군요"라고 말한다면 누가 그 말을 믿겠습니까? 마음도 올바르고 의도도 선한데, 그 마음에서 나와서 삶 속에 나타나는 것이 악하다고요? 어떻게 그럴 수 있습니까? 누가 그것을 믿겠습니까? 분명 여러분 자신도 믿지 않을 것입니다.

그리스도인이 특별히 조심할 일 — 호심경을 계속 착용함

땅을 측량하였으니, 이제는 이 말씀들에 근거하여 건물을 세울 기초석들을 놓을 때가 되었습니다. 우리의 강론을 세울 구체적인 기초가 되는 몇 가지 요점들은 이미 이끌어냈다고 생각하지만, 이제 그 모든 요점들을 한 가지로 — 하나의 주건물로 — 뭉쳐서 말씀드리기로 합니다. 그것은 바로 이것입니다.

가르침. 진정 그리스도인이기를 바라는 자는 그의 삶과 행실에서 거룩과 의의 능력을 유지하기를 힘써야 한다는 것입니다. 이것이 바로 "의의 호심경"을 지니고 또한 그것을 착용하는 것입니다. 생명의 원리를 속에 지닌 사람이 산 사람이듯이, 은혜의 역사와 거룩의 능력이 마음에 있는 사람은 거룩하고 의로운 사람입니다. 심장 속에 생명의 원리가 자리 잡고서 그 몸의 각 지체들이 각기 직능을 왕성하게 감당하도록 힘을 주는 사람이 자연적인 생명의 능력을 유지하듯이, 일상생활에서 거룩의 능력을 왕성하게 발휘하는 사람이 그 거룩의 능력을 유지하는 것입니다. 초기 그리스도인들은 그렇게 행하였습니다. 히에로니무스(제롬)는 말하기를, "그들의 정맥 속에서 그리스도의 피가 아직도 뜨겁게 흐르고 있었다"고 합니다. 그들은 이 의의 호심경을 밀착시키고 완전히 착용하여, 부주의로 그것이 느슨해지거나 무의식적인 죄로 그것이 깨어지는 일이 없도록 하기 위해 특별히 조심했습니다. 성도는 자신의 거룩한 삶의 모습으로 다른 사람에게 알려집니다. 성경은 사가랴와 엘리사벳에 대해 다음과 같이 말씀하고 있습니다: "이 두 사람이 하나님 앞에 의인이니 주의 모든 계명과 규례대로 흠이 없이 행하더라"(눅 1:6). 거룩한 바울은 날마다 다음과 같이 행하였습니다: "나도 하나님과 사람에 대하여 항상 양심에 거리낌이 없기를 힘쓰나이다"(행 24:15). 그는 자신의 육체의 건강을 염려하고 돌보는 것보다 자신의 영혼의 건강을 유지하기 위해 늘 조심하였습니다. 거룩하지 못한 것이나 불의한 것이 — 이는 영혼을 망치는 것일 뿐입니다 — 영혼을 더럽히고 어지럽히는 일이 없도록 최선을 기울였던 것입니다. 동일한 신앙을 가진 그 거룩한 성도들의 뒤를 따르는 우리도 진실로 선한 행실에 최선을 기울여서, 그들이 그랬던 것처럼 거룩하고도 의롭게 생활하여야 할 것입니다. 이 점은 너무도 자명하여 구태여 증명이 필요 없는 문제이므로, 이 임무를 행하여야 할 이유들과 동기들을 직접 다루어도 무방할 것입니다. 이렇게 하면 구태여 별도로 적용할 필요도 없어질 것입니다. 첫째. 의의 호심경을 계속 착용하기를 — 즉, 거룩하고 의로운 삶의 능력을 드러내 보이기를 — 특별히 주의해야 하는 이유를 몇 가지로 살펴보겠습니다. 둘째. 각 그리스도인이 특별히 거룩하고 의로운 삶의 능력을 드러내 보여야 할 몇 가지 경우들을 언급하고자 합니다. 셋째. 일상적인 삶에서 거룩과 의의 능력을 유지하기를 소원하는 모든 이들을 돕고자 그들에게 몇 가지 지침들을 제시하고자 합니다. 이제 이 순서대로 몇 개의 대지로 나누어 자세히 살펴보기로 합시다.

———

첫째 대지

[그리스도인이 주의하여 호심경을 계속 착용하여야 할 이유들]

의의 호심경을 계속 착용하기를 — 즉, 거룩하고 의로운 삶의 능력을 드러내 보이기를 — 특별히 주의해야 하는 이유를 몇 가지로 살펴보겠습니다.

첫째. 하나님의 크신 계획이 그의 백성을 "거룩한 백성"으로 삼고자 하는 것이기 때문입니다. 둘째. 사탄의 계획이 하나님께서 의도하시는 성도의 거룩을 할 수 있는 만큼 대적하는 것이기 때문입니다. 셋째. 거룩 그 자체가 비교할 수 없을 만큼 탁월하여 그것을 추구할 만한 충족한 가치가 있기 때문입니다.

[하나님의 크신 계획 — 그 백성의 거룩함]

첫째 이유. 하나님과 관련된 이유인데, 곧 그의 계획이 그 백성을 "거룩한 백성"으로 삼고자 하는 것이기 때문입니다. 이것만으로도 각 그리스도인이 하나님께서 그 마음에 그렇게 강력하게 제시하신 것을 증진시키고자 하는 의무감을 갖기에 충족합니다. 하나님께서 자신의 계획으로 전반적으로 선포하시는 일을 행하려 힘쓰지 않는 자는 그리스도인에서 스스로 제명되어야 마땅하고, 또한 발끝을 세우고 그의 계획에 따라 달려갈 준비를 갖추고 있지 않은 자는 그리스도의 소집 명부에서 그 이름이 삭제되어야 마땅할 것입니다. 바울은 다윗에 대해 아주 명예로운 발언을 했으니, 곧 다윗이 "당대에 하나님의 뜻을 따라 섬겼다"는 것입니다(행 13:36). 그는 하나님의 계획을 실행하는 일을 자기 삶의 업(業)으로 삼았습니다. 은혜 안에 있는 모든 사람의 마음도 동일한 하나님의 사랑의 자석에 끌림을 받는 것입니다. 순전한 영혼의 사사로운 목표들은 모두가 바로 "당대에 하나님의 뜻을 행하"고자 하는 것으로 집약됩니다. 그는, "주의 뜻이 이루어지이다"라고 마음을 다해 기도합니다. "하나님의 선하시고 기뻐하시고 온전하신 뜻"이 무엇인지를 아는 것이 그의 궁리입니다. 그렇기 때문에 그는 세상의 다른 어떤 책보다 성경을 사랑합니다. 자신에 관한 하나님의 생각과 뜻을 오직 그 책에서만 발견할 수 있기 때문입니다. 자, 이제 하나님의 크신 계획이 그의 백성을 거룩한 백성으로 삼는 것이라는 점을 보여드리도록 하겠습니다. 이것은 하나님의 다른 계획들을 통해서 마치 은색의 실처럼 이어집니다.

첫째. 이는 그의 작정 그 자체에서 드러납니다. 이는 성경에 명확하게 제시되어 있어서 우리의 시야에 드러나므로 안전하게 그 속을 들여다볼 수가 있습니다. 하나님께서는 무슨 의도로 인류 가운데 일부를 택하셨을까요? 다른 이들은 고통과 비참 속에 버림받아 버둥거릴 때에 그들은 그 불행에서 면제받도록 해주는 것이 그의 의도였을까요? 아니요, 그렇지 않습니다. 사도는 더 깊은 것을 말씀해 줍니다. "창세 전에 그리스도 안에서 우리를 택하사 우리로 사랑 안에서 그 앞에 거룩하 … 게 하시려고"(엡 1:4). 그들 스스로 거룩해지기를 바랄 것임을 미리 보셨기 때문에 그들을 택하신 것이 아니라, 그들을 "거룩하게 하시려고"그들을 택하신 것입니다. 이것이 바로 하나님께서 그들을 향하여 가지신 뜻이었습니다. 그것은 마치 어떤 호기심 많은 작가가 나무들이 나은 것이나 못한 것이 없이 모두 똑같이 자라는 것을 보고서, 그 중에 몇 개를 집어서 구별해 놓고서 그것들로 무언가 희귀한 작품을 만들고자 한 것과도 같습니다. 하나님께서도 바로 이 목적으로 온 인류 가운데 일부를 택하사 세우셨습니다. 곧, 그들에게 자신의 형상을 ― 이는 "의와 참된 거룩함"에 있습니다 ― 새겨 넣으셔서 고유한 작품이 되게 하사, 그것을 완성하시고 사람들과 천사들에게 보여주실 때에 하늘과 땅의 구조 자체를 능가하게 보이게 하고자 하신 것입니다.

　　둘째. 이는 그의 아들을 세상에 보내시는 것이 그가 의도하신 계획이었습니다. 그를 세상에 보내셨으니, 그 일은 결코 작은 일이었을 수가 없습니다. 하나님께서는 종들이 그저 보통의 임무를 계속 행하는 것을 원하지 않으십니다. 하나님의 얼굴을 계속해서 바라보는 영광스러운 천사들도 그가 보내시면 어디든 날아갈 준비를 갖추고 있습니다. 그런데 하나님께서는 너무도 사안이 중요하여 종들이 아니라 그의 아들을 홀로 보내사 행하게 하셨습니다. 이 위대한 일에서 하나님의 계획이 무엇이었는가는 그리스도의 계획이 무엇이었는가를 앎으로써 드러납니다. 그가 무슨 일을 행할 것인지에 대해서 그가 활동 무대에 등장하시기 전에 이미 그들 ― 성부와 성자 ― 사이에 합의가 있었으니 말입니다. 그러므로 그리스도의 가장 깊은 마음이 그가 행하신 일에서 나타나는 것을 봅니다. 그가 "우리를 대신하여 자신을 주"셨으니, 이는 "모든 불법에서 우리를 속량하시고 우리를 깨끗하게 하사 선한 일을 열심히 하는 자기 백성이 되게 하려 하심이라"(딛 2:14). 사람이 그의 원시 의를 지켰더라면, 그리스도께서 고통과 괴로움을 당하시지 않아도 되었을 것입니다. 그는 사람의 잃어버린 거룩을 회복시키러 오신 것입니다. 이보다 못한 일이었다면 하나님의 아들께서 개입하시기에는 그의 위대하심과 거룩하심에 결코 어울리는 일이 못되었을 것입니다. 그리스도께서 화목시키려 하신 하나님과 사람 모두에게 거룩이 요구됩니다. 거룩이 사람에게 회복되지 않고서는 하나님의 영광도, 사람의 행복도 이루어질 수가 없는 것입니다. 하나님의 영광도 이룰 수가 없습니다. 그는 자신의 본성과 역사하심의 거룩하심 가운데 영화로우시므로 그 백성의 마음과 삶의 거룩으로 인하여 영광을 받으시기 때문입니다. 만일 — 이는 생각 자체가 신성모독의 극치입니다만 — 하나님의 거룩하심이 그의 다른 속성이나 역사하심에서 분리되는 것이 가능하다면, 하나님 자신이 더 이상 영화롭기를 그만두실 것이요, 그의 주권이 폭정으로 전락할 것이요, 그의 지혜가 기교로, 그의 공의가 잔인함으로 전락하고 말 것입니다. 하나님의 모든 속성과 역사하심의 영광이 바로 그것들 속에 있는 그의 거룩하심의 결과입니다. 그러므로 우리가 하나님께 그의 거룩하심의 영광을 드릴 때에 그를 영화롭게 하는 것입니다. 그런데 거룩한 피조물 외에 누가 과연 그렇게 할 수 있으며 또한 하고자 하겠습니까? 죄의 권세 아래 있는 사람이 과연 어떻게 하나님께 그 거룩하심의 영광을 드릴 수 있겠습니까? 하나님이 거룩하시다는 것 때문에 그의 죄악된 본성이 그를 거역하고 미워하는데 말입니다. 그러므로 만일 그리스도께서 사람에게 죄 용서만을 얻게 하고 그의 잃어버린 거룩을 회복시키지는 않으셨다면, 그는 그저 죄의 일꾼밖에는 되지 못하셨을 것이요, 하나님께 영광을 돌리기는커녕 오히려 보좌 안에다 죄를 드리우며, 피조물들이 무방비 상태로 하나님을 욕되게 할 수 있도록 그들에게 자유를 주는 일밖에는 하지 못하셨을 것입니다. 또한 사람의 잃어버린 거룩이 회복되지 않고서는 사람의 행복 역시 얻을 수가 없었을 것입니다. 사람의 행복은 하나님을 닮는 데에 있으며, 또한 그를 닮은 열매를 맺는 데에 있습니다. 먼저 하나님을 닮아야만 하나님을 닮은 열매를 맺을 수 있습니다. 하나님께서 그를 닮은 것을 사람에게서 취하시기에 앞서서 먼저 그가 하나님을 닮아야만 하는 것입니다. 하나님을 누리도록 사람을 맞아들이시기 전에 하나님께서 사람의 내용물을 완전히 인정하셔야만 하는데, 그리스도께서는 하나님이 거룩하신 것처럼 그의 백성을 거룩하게 하사 하나님이 그들을 인정하고 받아들이게 하는 일을 행하신 것입니다. 그리스도께서 그의 마음속에 가득 품고 계셨던 그 큰 계획이 바로 우리를 거룩한 백성으로 만드시는 일이었음을 볼 수 있습니다. 그렇기 때문에 사도는 입으로만 신앙을 떠벌리는 거룩하지 않은 자들을 향하여 눈물로 엄중하게 질책하는 것입니다. "여러 사람들이 그리스도의 십자가의 원수로 행하느니라"(빌 3:18). 그리스도는 마귀의 일을 멸하러 오셨습니다. 그 흐트러진 불경한 마귀는 그리스도의 일을 멸하러 다닙니다. 주 예수께서는 그의 피를 흘리사 죄와 사탄의 손에서 영혼들을 구속하시고 그리하여 그들이 거룩함으로 두려움 없이 자유롭게 하나님을 섬길 수 있게 하셨습니다. 그러므로 이런 말을 쓸 수 있을지 모르겠지만, 흐트러진 그리스도인(the loose Christian)은 그를 구원하신 주를 부인하는 것이요, 그리스도께서 그렇게 큰 값을 치르고 자신을 속량하셨는데도 자기 자신을 옛 종노릇하던 데로 다시 이끌어가는 것입니다. 그런 끔찍한 배은망덕을 보고 과연 치를 떨지 않을 사람이 어디 있겠습니까?

셋째. 이는 그의 백성의 마음에 행하여져서 그들을 의롭게 하시고 하나님 앞에서 거룩하게 행하기에 합당하게 하시는 **성령의 중생하게 하시는 역사**에 개입되어 있는 하나님의 크신 계획입니다. 하나님께서는 "새 마음"을 주시고 또한 "그의 영을 그들에게 두시"겠다고 약속하시는데(겔 36:26, 27), 그 목적이 어디에 있습니까? 곧 그들로 하여금 "그의 율례를 행하게 하"고 "그의 내 규례를 지켜 행"하게 하기 위함입니다. 옛 마음은 마귀가 시키는 고된 일을 행하며 충분히 그를 섬겼습니다. 그러나 하나님께서는 더 높고 고귀한 일을 맡기고자 하셨고, 그들의 머리를 들어서 죄의 감옥에서 벗어나게 하시고 그 자신을 섬기게 하고자 하셨습니다. 그리하여 그들의 죄수복을 벗어 던지시고 그의 성령의 은혜들로 그들을 아름답게 하셔서 그들의 마음이 그 일을 제대로 감당하게 하셨습니다. 하나님께서는 성전을 그렇게 세심하게 또한 진기한 재료들로 짓도록 명령하시면서, 이는 그것을 거룩하게 사용하기 위함이라고 선포하셨습니다. 그러나 그 성전도 중생한 마음의 영적 성전만큼 영광스럽지는 못했습니다. 중생한 마음의 영적인 성전은 과연 하나님 자신의 "작품"(workmanship)이니 말입니다(엡 2:10. 한글개역개정판은 "만드신 바"로 번역함 — 역주). 그런데 하나님은 어떤 의도로 그렇게 하셨습니까? 계속 읽어 가면, "그리스도 예수 안에서 선한 일을 위하여 지으심을 받은 자니 이 일은 하나님이 전에 예비하사 우리로 그 가운데서 행하게 하려 하심"임을 보게 됩니다. 그러므로 성도의 불의와 불경은 자신의 죄를 더욱 깊이 가중시키는 것이 됩니다. 세상의 누구도 경험하지 못한 성령의 고귀한 역사가 그에게 임하였는데, 그것을 거스르고 죄를 범하는 것이기 때문입니다. 똑같은 죄를 범하더라도 성전 안에서 범할 경우가 일반 처소에서 범할 경우보다 더욱 위중했습니다. 왜냐하면 성전이 거룩하게 구별된 장소였기 때문입니다. 성도는 거룩하게 구별된 사람이요, 따라서 그가 불의를 행한다면 그것은 하나님의 성전을 더럽히는 것이 됩니다. 불신자의 죄는 도둑질하는 죄입니다. 왜냐하면 그가 하나님께 드려 마땅한 그의 영광을 가로채기 때문입니다. 그러나 성도의 죄는 불경죄입니다. 왜냐하면 특별한 방식으로 하나님께 드려진 것을 그가 하나님에게서 가로채기 때문입니다. 회개를 하고난 후 그것을 다시 철회하느니 차라리 전혀 회개를 하지 않는 것이 낫습니다. 맹세를 하고 우리 자신을 하나님께 드리고 나서 어떻게 하면 그것을 회피하고 거기서 벗어날까를 궁리하느니 차라리 전혀 맹세나 헌신을 하지 않는 것이 낫습니다. 전에 가졌던 생각과 행했던 일을 뒤바꾸는 자는 하나님께 불의가 있다는 것을 세상을 향하여 공포하는 것이나 마찬가지입니다. 요컨대, 성도는 성령으로 말미암아 하나님께 거룩하게 구별된 자일 뿐 아니라 성령으로 말미암아 하나님께로부터 새 생명을 부여받은 자라는 것입니다. "그는 허물과 죄로 죽었던 너희를 살리셨도다"(엡 2:1). 높고 고귀한 원리가 높은 의도에 따라 여러분에게 주어졌으니, 곧 여러분이 그 의와 거룩의 원리에 걸맞게 살아야 하는 것입니다. 하나님께서 사람에게 이성을 불어넣어 주셨을 때는 사람이 짐승과 더불어 짐승처럼 살 것을 의도하신 것이 아닙니다. 이와 마찬가지로 여러분에게 고귀한 생명의 원리를 베풀어 주셨을 때에도, 여러분이 그저 육신적인 사람처럼 처신하는 것이 아니라 "그리스도 예수를 주로 받았으니 그 안에서 행"(골 2:6)할 것을 의도하신 것입니다.

　사도는 고린도 사람들이 부패한 정욕 가운데서 세상 사람들처럼 살며 자기들의 격을 떨어뜨리는 것에 대해 책망합니다. "너희는 아직도 육신에 속한 자로다 너희 가운데 시기와 분쟁이 있으니 어찌 육신에 속하여 사람을 따라 행함이 아니리요?"(고전 3:3). 그리스도인 여러분, 여러분이 거룩하지 못하게 처신하면, 그것은 정말이지 크나큰 위중한 범죄입니다. 다른 사람들은 그들의 양심에 있는 하나님의 빛을 거슬러 죄를 범합니다. 그들은 아무리 해도 거기까지밖에는 죄를 범할 수 없습니다. 그러나 여러분이 죄를 범하면, 그것은 여러분의 마음속에 있는 하나님의 빛을 거스르는 것입니다. 사람의 처신이 자연스럽지 못할수록 더욱 보기가 끔찍합니다. 사람이 자기 자신의 육체를 잔인하게 대하는 것은 정말 자연스럽지 못합니다. 여인이 나가서 자기 뱃속에 있는 아기를 죽이는 것도 정말 자연스럽지 못한 일입니다. 그런 몹쓸 짓을 보면 얼마나 가슴이 떨립니까! 그렇다면, 여러분이 거룩하지 않은 생활로 인하여 여러분의 영혼 속에 있는 은혜라는 아기를 죽이고 있다면 과연 어찌하시겠습니까? 헤롯이 세상에 갓 출생하신 그리스도를 죽이려 한 몹쓸 사람으로 지목되지 않습니까? 그렇다면 과연 여러분이 아무런 두려움이 없이 여러분의 마음속에 새로이 이루어져가는 그리스도를 살해하기를 시도할 수 있겠습니까?

넷째. 그의 백성을 거룩하고 의롭게 만드시고자 하는 큰 계획을 하나님은 그의 말씀과 규례들 속에서 이루어가십니다. 하나님의 말씀은 마음속에 태어나는 거룩을 태어나게 하는 씨앗이요 동시에 그 거룩을 양육하는 양식입니다. 말씀의 각 부분마다 이 계획에 풍성하게 공헌합니다. 교훈적인 부분(the preceptive part)은 성도가 행하여야 할 거룩에 대한 완전한 규범을 제시합니다. 사람의 법처럼 결코 누구의 사정에 맞추지 않습니다. 마치 형체가 비뚤어진 사람이 옷을 주문할 때에 양복점 주인이 그 몸에 맞도록 천을 재단하여 의복을 만들듯이, 사람의 법은 사람의 비뚤어진 상태에 모든 것을 맞추는 것입니다. 하나님의 계명은 절대로 사람의 정욕을 채워주지 않습니다. 사람의 거룩하지 않은 마음이 아니라 하나님의 거룩하신 본성에 맞춘 것입니다. 약속들은 우리로 하여금 힘쓰고 수고하며 거룩의 길을 꾸준히 가도록 놀랍게 격려해 줍니다. 모든 약속들이 아주 신중하게 제시되어 있으므로 거룩하지 못한 마음은, 양심을 거스르지 않고서는, 그 가운데 어느 하나도 자기에게 해당된다고 주장할 수가 없습니다. 하나님께서 죄인의 가슴속에 두루 도는 불 칼(창 3:24) — 곧, 양심 — 을 두셔서 이 생명나무의 열매를 만지거나 맛보지 못하게 해 놓으신 것입니다. 그런데 어느 속된 마음이 불의의 길을 행하는 중에 대담하게도 이 약속들 속에 들어 있는 보화에 손을 댄다고 해도, 그것이 그의 손에 오래 머물러 있지 않습니다. 하나님께서 그들로 하여금 조만간 그것을 던져 버리도록 만드십니다. 가룟 유다가 "은 삼십"을 스스로 던져 버린 것처럼 말입니다. 그들이 그 보화의 합당한 주인이 아니라는 것을 그들의 양심이 외치는 것입니다. 약속들에 근거한 거짓된 위로들 역시 그들이 그것에 대해 지극히 확신하고 있을 때에, 솔로몬이 재물에 대해 말씀한 것처럼 "스스로 날개를 내어 하늘을 나는 독수리처럼 날아가"(잠 23:5)고 마는 것입니다. 또한 말씀 가운데 엄중한 경고(the threatenings)를 다루는 부분이 있습니다만, 이것은 거룩과 의의 좁은 길 양쪽 편에나 있는 모든 것을 삼키는 깊은 골처럼 그 길을 가지 않는 모든 영혼을 삼키려고 대기하고 있습니다. "하나님의 진노가 불의로 진리를 막는 사람들의 모든 경건하지 않음과 불의에 대하여 하늘로부터 나타나나니"(롬 1:18). 약속들과 엄중한 경고 외에 말씀의 예증적인 부분(the exemplary part of the word)이 함께 붙어 있는데, 이는 진리에 대한 우리의 믿음을 확증시키고 그 확실성을 깨닫게 하는 실례들을 제시해 줍니다. 우리를 위해 거룩의 길을 미리 걸었고 또한 "믿음과 인내로" 거룩한 경주를 경주하여 마침내 천국의 복락에서 그 "약속"의 위로를 얻은 거룩한 남녀들의 모범이 약속들을 뒷받침해 줍니다. 뒤이어 그 언덕을 오르는 모든 이들에게 이들의 모범은 말할 수 없는 격려가 됩니다. 또한 엄중한 경고에도 스스로를 망친 불경한 영혼들의 안타까운 본보기들이 많이 덧붙여져 있습니다. 말하자면 그들의 시체들이 말씀의 해변에 던져져 있어서 우리가 말씀을 읽고 들을 때에 우리의 시야에 그것들이 환히 들어오므로, 그들을 멸망에 이르게 한 그 죄들을 멀리 할 수 있도록 해줍니다. "이러한 일은 우리들의 본보기가 되어 우리로 하여금 그들이 악을 즐겨한 것 같이 즐겨하는 자가 되지 않게 하려 함이라"(고전 10:6).

성경 전체는 이처럼 거룩과 친구가 되며 또한 하나님의 계획이 무엇인지를 말씀해 줍니다. 그런데 하나님께서는 이 일을 더욱 강하게 진행시키기 위하여 우리 마음에 말씀을 새겨 줄 여러 가지 거룩한 규례들을 지정하셨습니다. 사실 그 모든 규례들은 말씀 듣기, 기도, 성례, 묵상, 거룩한 대화 등, 여러 형태로 말씀을 제시하는 것입니다. 말씀이 이 모든 것들의 주제입니다. 다만 지혜로운 의사가 환자에게 효과를 배가시키기 위하여 동일한 약을 이렇게 저렇게 다른 방식으로 준비하듯이, 주께서도 우리의 연약함을 돌아보시고 그의 말씀으로 그렇게 하시는 것입니다. 때로는 이 규례를 통해서, 때로는 저 규례를 통해서 우리를 이끄셔서 우리로 하여금 더 큰 기쁨과 유익을 얻게 하시고 그리하여 그 모든 규례를 통하여 동일한 목적을 이루시며 그 백성의 마음과 삶 속에 거룩을 증진시키시는 것입니다. 이것들 모두가 그리스도께서 그의 신비한 몸에 속한 각 지체에게 거룩의 피와 정신을 전해 주시는 정맥과 동맥이 아니고 무엇이겠습니까? 교회는 정원이요, 그리스도는 샘이시요, 각 규례는 그로부터 정원의 모든 밭에 물을 전해 주는 수도관(水道管)입니다. 그러면 이 수도관들은 무엇 때문에 있습니까? 그들에게 의의 열매가 더욱 풍성하게 하기 위함이 아니고 무엇이겠습니까?

다섯째. 이는 그의 모든 섭리에 개입되어 있는 그의 계획입니다. "하나님을 사랑하는 자 곧 그의 뜻대로 부르심을 입은 자들에게는 모든 것이" ― 특히 모든 섭리들이 ― "합력하여 선을 이루느니라"(롬 8:28). 모든 섭리들이 그들을 더욱 선하고 더욱 거룩하게 만듦으로써 선을 이루는 것이 아니고 무엇이겠습니까? 사람들이 말하는 대로 섭리는 좋을 수도 있고 나쁠 수도 있으며, 우리를 더 낫게도 하고 더 나쁘게도 합니다. 그러나 악인에게는 그 아무것도 선을 이루지 않습니다. 한 해의 모든 계절들이 ― 겨울의 서리와 추위도, 여름철의 뜨거운 열기도 ― 수확을 위하여 쓸모가 있는 것처럼, 하나님은 멋지고 추한 섭리들을, 즐겁고 괴로운 섭리들을 통하여 거룩을 증진시키시는 것입니다. 겨울의 섭리들은 정욕의 가라지들을 죽이며, 여름의 섭리들은 의의 열매를 영글게 합니다. 그가 환난을 주셔도 이는 우리의 유익을 위한 것이며, 우리를 그의 거룩하심에 참여하게 하기 위한 것입니다(히 12:10). 베르나르(Bernard)는 환난을 보푸라기를 제거하는 기구와 같다고 했습니다. 예리하고 할퀴기 일쑤이지만, 의복을 더욱 깨끗하고 맵시 있게 해 주기 때문입니다. 우리 본성 속에 자리 잡고 있는 더러운 것들을 긁어내기 위해서가 아니라면, 하나님은 그렇게 심하게 우리를 문지르지 않으실 것입니다. 하나님께서는 순결을 사랑하시므로, 그 자녀의 의복에 얼룩이 나 있는 것보다는 차라리 구멍이 나 있는 것을 보고자 하십니다. 하나님께서 그의 섭리 가운데 부드럽게 다루셔서 그의 백성이 차가운 환난의 쓰라림에서 벗어나 위로와 즐거움의 밝은 양지에 있게 하기도 하시는데, 이는 그들이 은혜의 수액(水液)을 공급받아 거룩의 성장이 더욱 촉진되게 하고자 하시는 것입니다. 바울은 이 사실을 깨닫고서 로마의 성도들에게 권고합니다: "모든 자비하심으로 … 너희 몸을 하나님이 기뻐하시는 거룩한 산 제물로 드리라"(롬 12:1). 이 말씀은, 자비하심이 하나님께로부터 우리에게 임하는 것이 바로 우리가 몸을 하나님이 기뻐하시는 거룩한 산 제물로 드리게 하기 위함이며, 또한 하나님께서 그런 결과를 정당하게 기대하신다는 것을 암시해 주고 있습니다. 농부는 땅에 비료를 줄 때에 수확 때에 더 많은 곡식을 거두어들일 것을 바라보고서 그렇게 하는데, 하나님께서도 그런 의도를 갖고서 그의 자비하심을 베푸시는 것입니다. 그러므로 하나님은 이스라엘의 배은망덕을 격렬하게 책망하십니다. "곡식과 새 포도주와 기름은 내가 그에게 준 것이요 그들이 바알을 위하여 쓴 은과 금도 내가 그에게 더하여 준 것이거늘 그가 알지 못하도다"(호 2:8). 하나님께서 베푸신 것으로 바알을 섬기고 있으니 하나님께서 불쾌히 여기시는 것이 당연할 것입니다. 하나님께서 우리에게 유쾌한 섭리를 베푸시면, 우리로서는 그것이 하나님을 위하여 주시는 것이며 또한 그가 오셔서 그 섭리의 합당한 결과를 얻고자 하신다는 것을 알아야 하는 것입니다. 그런데 과연 어떤 음식이 하나님의 입맛에 흡족히 맞을까요? 그는 그의 백성이 불결한 음식을 먹는 것을 원하지 않으시듯이, 그 자신도 그런 것을 드시기를 원하지 않으십니다. 그리스도께서 그의 정원에 오셔서 드시고자 하는 유쾌한 거룩과 의의 열매들이 있는 법입니다. "내 누이, 내 신부야 내가 내 동산에 들어와서 나의 몰약과 향 재료를 거두고 나의 꿀송이와 꿀을 먹고 내 포도주와 내 우유를 마셨느니라"(아 5:1).

[사탄이 거룩을 대적하므로 그 거룩의 능력을 유지해야 함]

둘째 이유. 사탄과 관련되는 이유가 있는데, 하나님이 성도의 거룩을 위하시는 만큼 사탄은 그것을 대적하고자 하는 계획을 갖고 있다는 사실입니다. 그는 언제나 하나님의 예에 대해 아니요라고 합니다. 하나님이 거룩을 위하시면, 그는 그것을 대적하여야 합니다. 그러니 우리로서는 사탄이 그렇게 공격하고 망가뜨리려고 온 생각과 계략을 집중시키고 있는 그것을 지키고 수호하는 데에 모든 관심과 주의를 집중시키는 것이 당연한 일일 것입니다. 사람처럼 마귀가 들어가 거하기를 즐거워하는 존재가 없습니다. 마귀가 다른 존재들에게도 들어갑니다만, 그것은 오로지 사람을 대적하고자 하는 계획을 위한 것뿐입니다. 그가 "뱀"에게 들어갔을 때도, 그것은 하와를 속이기 위함이었습니다. 그가 "돼지들"에게 들어간 것도 거라사 사람들에게서 복음을 빼앗아가기 위함이었습니다(마 8:32). 그런데 그가 거처를 택할 때에 기뻐하는 것은 사람밖에 없습니다. 왜 그렇습니까? 오직 사람만이 그의 이성적인 영혼으로 죄와 불의를 범할 능력이 있기 때문입니다. 그리고 모든 저급한 존재들보다 사람을 장악하기를 선호하듯이, 그는 또한 사람의 육체보다는 그의 영혼을 장악하기를 선호합니다. 집의 가장 좋은 방이야말로 이 더러운 영이 그 신성모독을 토해내고 하나님을 대적하는 악의를 쏟아내기에 안성맞춤입니다. 왜 그렇습니까? 영혼이야말로 거룩과 죄가 자리할 수 있는 적절한 좌소(坐所)이기 때문입니다. 어떤 사람은, 그렇기 때문에 사탄이 욥을 괴롭히되 억지로 그의 몸 속에 들어가 육체적으로 그를 장악하는 방법은 택하지 않고, 그 많은 방법 중에 그의 영혼을 소유하려 했다고 합니다. 그는 분명 육체적으로 욥을 장악할 수도 있었을 것입니다. 단, 그의 목숨을 취하는 일은 하나님께서 금하셨으니 행할 수 없었지만, 사탄의 능력으로라면 얼마든지 욥의 목숨을 취할 수도 있었을 것입니다. 마귀의 마음에는 동정이란 없습니다. 그러나 한 옛 사람이 지적한 것이 진짜 이유인 것 같습니다. 마귀는 더 높은 것을 바랐고, 그리하여 그의 영혼을 소유하기를 바랐습니다. 그는 아마 천 배나 더 그것을 사모했을 것입니다. 그는 자신이 욥 속에 들어가 하나님을 향한 모독의 말들을 뱉어내기보다, 욥이 제정신일 때에 그 스스로 하나님을 모독하기를 바랐습니다. 자신이 욥 속에서 그런 말을 뱉어내면 그것은 욥의 죄가 아니라 마귀 자신의 죄가 되었을 것입니다.

여러분, 이처럼 사탄은 거룩과 의를 향하여 원한을 품고 있습니다. 그는 그리스도인이 자신의 거룩성을 잃어버리도록 만들 수 없다면, 그의 지갑이 아무리 두둑해져도 이익으로 여기지 않으며, 아무리 승리를 얻더라도 승리를 얻은 것으로 여기지 않습니다. 사람이 진실되고, 능력 있고 거룩하게 되지만 않으면, 그는 사람에게 무엇이든 줄 수 있고 무엇이든 되게 해 줄 수 있습니다. 마귀는 여러분의 재물이나 세상적으로 누리는 갖가지 것들이 아니라 바로 여러분의 거룩을 미워하는 것입니다. 경건한 사람만 아니었다면, 욥은 가축과 재물과 자녀들과 종들을 거느리고 온갖 것을 다 누려도 지옥으로부터 아무런 방해도 받지 않았을 것입니다. 그런데 성경은, "그 사람은 온전하고 정직하여 하나님을 경외하며 악에서 떠난 자더라"(욥 1:1)라고 말씀합니다. 바로 이 사실이 그 악한 영을 화나게 만든 것입니다. 그리하여 그는 욥을 시험합니다. 가능하면 그를 불경한 자로 만들려 하고, 그의 의의 호심경을 망가뜨려 놓고자 하는 것입니다. 그의 재산을 몰수하고, 자녀들을 살육하고, 그의 몸을 온갖 상처와 헌데들로 가득하게 만든 것은 ─ 이는 그의 살을 깊숙이 도려내는 것과도 같았습니다만 ─ 마치 도둑들이 자기들이 약탈하는 사람들을 굴복시키고 그들 스스로 자기들의 보화들을 내놓도록 만들기 위해 그들에게 온갖 잔혹한 짓을 범하는 것에 지나지 않았습니다. 욥이 자기의 가장 귀한 보물 ─ 곧, 그의 순전함 ─ 을 마귀에게 던져주고 사탄이 그의 선한 양심을 취해가도록 했다면, 사탄은 곧 그를 풀어 주었을 것이고, 그가 다시 재물과 자녀들을 얻더라도 전혀 상관하지 않았을 것입니다.

늑대가 양의 가죽을 찢는 것은 양의 살을 먹고 그 피를 마시기 위함입니다. 이 지옥의 살인자가 그리스도인의 마음을 찢어 마시기를 소원하는 것이 바로 이 거룩이라는 피인 것입니다. 마귀가 혐오하는 것은 경건의 모양이나 겉모습으로 나타나는 의가 아니라 그 의의 능력입니다. 그리스도인이라는 이름이 아니라 새로운 본성 그 자체가 이 사자를 그 굴에서 나오게 만드는 것입니다. 사탄은 말로만 그리스도인이라 칭하는 것으로 만족하는 자들과는 아주 조용한 이웃으로 평화롭게 잘 지낼 수 있습니다. 그의 재물이나 자녀들도 건드리지 않습니다. 가룟 유다가 아무리 말로 자신이 그리스도의 제자라고 떠들어도 그것이 그를 지옥으로 향하는 길에서 한 발자국이라도 벗어나게 해주지 않는다는 것을 사탄은 잘 알고 있었습니다. 마귀는 하나님을 예배하는 각종 임무들과 규례들을 통해서도 사람에게 얼마든지 정죄 받는 길을 보여줄 수 있습니다. 유다는 탐욕스러운 반역의 마음을 갖고서 그리스도의 설교를 들었고 자기 스스로도 설교했습니다만, 그런 마음이 마귀와 완전히 밀착되어 있었으므로, 마귀는 그가 동료 제자들에게서 한동안 신용을 유지할 수 있도록 충분한 자유와 보살핌을 베푼 것입니다. 다른 사람들이 그를 그리스도의 제자로 여기는 것은 전혀 상관이 없었습니다. 마귀는 그가 자기의 종인 것을 잘 알고 있었으니 말입니다.

요컨대, 그를 거슬리게 하는 것은 미신적인 거룩이 아닙니다. 그 자신이 그것을 조장하는 장본인이며 또한 사람들로 하여금 마음으로 참된 순전한 거룩을 무시하게 만들고자 하는 아주 교묘한 계획을 갖고 있는데, 어떻게 그에게 그것이 거슬릴 수가 있겠습니까? 그리고 지금까지 그리스도의 교회는 그 계교가 얼마나 음흉한 지를 경험해 왔습니다. 시대마다 마치 담쟁이덩굴이 오크 나무에 하는 것 같은 일을 이 미신적인 거룩이 참된 거룩의 능력에게 해왔습니다. 어디서든 그 터무니없는 거짓된 거룩이 장악하게 되면, 그것이 신앙을 에워싸서 성경적인 거룩의 심장을 죽여 버린 것입니다. 미신적인 거룩과 참된 거룩의 관계는 마치 첩과 아내의 관계와도 같습니다. 첩은 아내에게서 남편의 사랑을 끌어오려고 애를 씁니다. 마귀는 오랫동안 이 선머슴 같은 가짜 거룩을 로마 교회를 양육하는 도구로 사용해왔고, 로마 교회는 그를 위하여 그것이 자라도록 무진 애를 써왔고, 그리하여 그것으로 말미암아 세상적인 보화와 재물을 얻었습니다. 아닙니다. 사탄이 철천지원수가 되어 대적하는 것은 바로 성경에서 그 밑바닥을 볼 수 있고, 또한 성경의 규범의 인도를 받는 있는 그대로의 단순한 거룩입니다. 사실 이 거룩이야말로 순전한 영혼이 높이 들어올리고서 마귀를 대적하는 깃발입니다. 그러니 마귀가 그것을 끄집어 내리려고 애쓰는 것은 당연한 일입니다. 그런데 이제 피조물이 자신이 하나님에게는 같은 편이요 동시에 어둠의 나라에게는 원수임을 진정으로 선포합니다. 마귀가 더러운 영이고 그들이 하나님의 거룩한 성도인 이상 절대로 중단되지 않고 끊임없이 계속될 수밖에 없는 그 싸움의 근거가 여기에 있는 것입니다. "무릇 그리스도 예수 안에서 경건하게 살고자 하는 자는 박해를 받으리라"(딤후 3:12).

마귀와 그의 수족들이 무기를 들고 살기등등하여 그리스도인들을 대적하게 만드는 것이 대체 무엇입니까? 그것은 바로 그들의 경건함입니다. 수많은 허울만 그 럴듯한 박해자들은 그들의 악의를 위장할 수밖에 없습니다. 그러나 하나님의 성령께서는 모든 외식자들의 속까지 꿰뚫어보시며 그들의 마음속의 은밀한 생각과 또한 그들 속에서 그렇게도 힘을 발휘하는 마귀로부터 받은 지시들까지도 다 들여다보십니다. 그는 경건하게 살고자 하는 자는 박해를 받을 것임을 말씀하십니다. 있는 그대로의 솔직한 경건이야말로 그들이 화살을 겨누는 과녁이 되는 것입니다.

또한, 마귀와 그의 수족들이 피가 솟구칠 정도로 대적하는 경건이 과연 어떤 경건인지를 관찰하십시오. 곧, "무릇 그리스도 예수 안에서 경건하게 살고자 하는 자"라고 말씀합니다. 경건과 거룩에는 여러 종류가 있습니다. 그런데 이 그리스도 예수 안에 있는 경건 이외에는 모두가 마귀의 손에 놀아나는 것으로 겉으로만 그럴 듯해 보이는 것입니다. 마귀는 그리스도에 대해 도저히 꺼지지 않는 악의를 갖고 있습니다. 이렇게 말할 수 있을지 모르지만, 그는 그의 이름의 철자 하나하나까지 미워합니다. 그러므로 그리스도에게서 배우고 그에게서부터 비롯되는 경건을 그는 끝까지 대적하는 것입니다. 그리스도인의 피는 그의 입에 아주 달콤합니다. 그러나 그리스도인의 경건의 피는 그보다 훨씬 더 달콤한 것입니다. 할 수만 있다면, 그는 그리스도인들을 죽이기보다는 그들의 경건을 죽이려 합니다. 경건 때문에 그리스도인을 살육하는 것보다는 그리스도인을 꾀어 경건을 버리게 하기를 바랍니다. 물론 자기 생각대로 잘 되지 않으면 때때로 작은 게임을 벌여서 그들의 육체에 잔혹한 일을 행하기도 합니다만, 오로지 그들의 영혼을 자기 뜻대로 어찌하지 못할 때만 그렇게 하는 것입니다. "돌로 치는 것과 톱으로 켜는 것과 시험과 칼로 죽임을 당하고"(히 11:37). 그 잔인한 박해자들이 본래 바라던 것은 그들을 이끌어 죄에 빠지게 만들고 그들을 배도자로 만드는 것이었습니다. 그렇게 때문에 먼저 그들을 유혹하려 했고, 그것이 뜻대로 되지 않자 나중에 그들을 살해한 것입니다. 마귀는 그리스도인들의 전신갑주를 망가뜨리고 그들이 거룩한 모습을 꾸준히 지켜가는 데에서 떨어지게 만들 때에, 그것을 완전한 승리로 간주합니다. "시온이 더럽게 되며 그것을 우리 눈으로 바라보기를 원하노라"(미 4:11). 그는 성도들의 피로 얼룩지는 것보다는 오히려 성도들이 불의와 죄로 얼룩지는 것을 보기를 바랍니다. 박해는 잡초들을 제거하여 교회를 오히려 깨끗하게 하고 나중에 다시 더 강해지게 만들 뿐이요, 오히려 가짜 거룩과 불경건이 교회를 망치는 것임을 그가 터득한 것입니다. 박해자들은 결국 하나님을 위하여 하나님의 밭을 쟁기질하는 것일 뿐입니다. 그들이 남겨놓은 피로 하나님께서 그의 밭에 씨를 뿌리시니 말입니다. 교회를 뿌리째 뽑아내고 양심과 교회를 완전히 쓰레기로 만드는 것은 바로 거룩을 거짓되게 만드는 세속화인 것입니다.

[거룩 그 자체가 고귀하므로 그 거룩의 능력을 유지해야 함]

셋째 이유. 거룩 그 자체와 관련되는 이유가 있습니다만, 이는 거룩 그 자체가 비교할 데 없는 고귀함을 지니고 있어서 그것이 우리로 하여금 그것을 추구하고 지극한 관심과 힘으로 그것을 좇아가기 위해 힘쓰게 만든다는 것입니다.

첫째. 이는 이성 있는 존재에게만 고유하게 있는 고귀함입니다. 열등한 존재들에게도 나름대로 좋은 점이 있습니다만, 오직 지성이 있는 존재들만이 내적인 거룩을 지닐 수 있습니다. 하나님께서는 그가 지으신 모든 피조물 하나하나를 "좋다"고 하셨습니다만, "거룩"한 것은 오직 천사들과 사람뿐입니다. 그러므로 우리의 왕관인 거룩을 버리면, 우리는 짐승보다 더 못한 존재가 되어 버립니다. 그렇습니다. 하나님 보시기에 사람을 다른 사람과 다르게 만드는 것은 바로 거룩과 의입니다. 외형적인 유리한 조건들을 기준으로 사람을 판단한다면 그것은 기준이 잘못된 것입니다. 거룩이 덧붙여지기 전에는 모두가 하나님께 동일한 높이에 서 있는 것입니다. 절대적인 주권의 자리에 앉은 군주는 모든 동전의 가치를 가늠하는 기준을 정하는 — 각 동전의 값어치가 얼마인지를 정하는 — 권리를 자신만의 대권으로 주장할 수 있습니다. 하물며 하나님이시겠습니까? 모든 피조물들의 값어치를 정할 권리가 바로 그에게 있는 것입니다. 그런데 그는 우리에게 이렇게 말씀하십니다. "의인은 그 이웃보다 더 고귀하나"(잠 12:26. 한글개역개정판은 "의인은 그 이웃의 인도자가 되나"로 번역함 — 역주); "의인의 혀는 순은과 같거니와 악인의 마음은 가치가 적으니라"(잠 10:20). 하나님의 성령께서는 의를 금속 가운데 가장 귀한 은과 금에 비하십니다. 그것들이 얼마나 값어치가 있는지 나라들마다 은과 금으로 만들어진 돈만이 통용되는 것을 보게 됩니다. 거룩은 이 세상에서나 오는 세상에서 귀한 값어치를 인정받습니다만, 세상적인 부귀나 명예 같은 겉보기에 귀한 것들은 마치 가죽이나 놋쇠로 만든 돈 같아서 이 낮은 세상 이외에는 어디서도 인정받지 못하는 것입니다.

둘째. 이 거룩은 우리의 자랑할 거리는 아니지만 그럼에도 불구하고 우리가 천국에 속해 있다는 증거가 됩니다. "거룩함이 없이는 아무도 주를 보지 못하리라"(히 12:14). 천국은 의가 거하는 성입니다. 하나님께서 한동안 이 땅으로 하여금 거룩하지 못한 자들을 감내하도록 하시지만 — 땅이 그들의 무게에 눌려 땀을 흘리며, 그 짐이 제거되기를 탄식하며 기다립니다만 — 천국을 그런 자들로 괴로움 당하게 하시는 일은 결코 없을 것입니다. 에녹은 하늘로 올려가기 전에 땅에서 하나님과 더불어 거룩하게 행하였습니다. 그렇기 때문에 하나님께서 그렇게 속히 그를 부르사 그와 함께 하신 것입니다. 오오 형제 여러분, 말뿐인 텅 빈 믿음을, 천국에 이르게 하지도 못할 그런 신앙을 좋아하겠습니까? 아니면 하나님께서 천국의 일원이 될 자들에게 부여하신 그런 경건을 실천하고 그에 합당하게 행하지도 않으면서 천국에서 영광을 누리는 자들이 되기를 바란다는 것이 과연 이치에 맞는 일이겠습니까? 하나님께서 이에 대해 그의 말씀 속에 기록하신 것이 분명 그대로 이루어질 것입니다. 그는 자신의 작정에 한 점 오류도 허용하시지 않으십니다. 그러니 그가 구원의 방법을 조금이라도 변경하셨다면, 그것은 그런 오류를 허용하신 것이 될 것입니다. 그러므로 우리가 천국에 들어갈 소망을 버리든지, 아니면 우리를 천국에까지 인도해 줄 그 거룩의 길로 행하기를 결심하든지 둘 중의 하나밖에는 없는 것입니다. 우리의 감정의 돛도 움직이지 못하고 우리의 발도 결국 마지막에 있고자 하는 그 곳을 향하여 나아가게 하지 못한다면, 그 바람은 헛된 바람일 뿐입니다.

셋째. 이 거룩은 그 능력이 유지되면 **우리로 하여금 이 세상에서 하나님과 교제를 나눌 수 있게 해주는 것입니다.** 하나님과의 교제가 어찌나 귀하든지, 많은 사람들이 그것이 무엇인지를 알지 못하면서도 그런 교제를 갖고 있는 것처럼 가장할 정도입니다. 마치 어떤 이들이 유명한 위인의 얼굴을 한 번도 보지도 못했고 그와 함께 있어본 적도 없으면서 그 사람을 잘 아는 척하며 허풍을 떠는 것처럼 말입니다. 하나님의 성령께서는 계속해서 불의와 사귀면서 하나님과 사귄다고 말하는 자를 거짓말하는 자로 단언하십니다. "만일 우리가 하나님과 사귐이 있다 하고 어둠에 행하면 거짓말을 하고"(요일 1:6). 사도는 만일 자신이 어둠에 행하면서 하나님과 교제하고 있는 척한다면 얼마든지 자기를 굉장한 거짓말쟁이라 불러도 괜찮다고 합니다. 서로 뜻이 맞지 않으면서 어떻게 함께 행할 수 있겠습니까? 하나 된 교제(communion)는 연합(union) 위에 세워지며, 연합은 서로 동일하다는 사실(likeness) 위에 세워집니다. 그런데 하나님과 마귀가, 거룩과 불의가 어떻게 서로 동일하겠습니까? 각종 규례들에 참여하는 것과 하나님과 하나 된 교제를 갖는 것은 서로 굉장한 차이가 있습니다. 각종 규례들에 지극히 익숙한 사람이라도 동시에 하나님과는 얼마든지 전연 낯선 사람일 수 있는 것입니다. 궁궐에 가고 궁전 주위를 서성인다고 해서 모두가 다 임금과 대면하여 그와 말하는 것이 아닙니다. 그런데 하나님과의 교제가 없이 규례들만 참여한다면 이 얼마나 안타까운 일이겠습니까? 규례들은 이를테면 일종의 거래입니다. 거룩한 영혼들이 성령으로 말미암아 하나님과 거래하여 하늘의 보화들을 얻고, 그리하여 은혜와 위로로 심령이 가득차고 부요해지는 것입니다. 그렇다면 불경한 외식자들은 어떻습니까? 이들은 과연 거래를 진행하는 상인들 사이를 왔다 갔다 하는 할 일 없는 객(客)과도 같습니다. 그들은 아무리 왔다 갔다 해도 그 거래와는 관계가 없고, 그러니 아무런 이득도 얻을 것이 없는 것입니다. 거룩하지 못한 마음은 하나님과 관계할 것이 하나도 없습니다. 그는 하나님에게 눈길도 주지 않습니다. 아마 하나님께서도 은혜로 이 자신을 전해 주실 정도로 그에게 눈길을 주시는 법이 없을 것입니다. 가령 전반적으로 거룩한데 현재 잠시 동안 유혹의 능력 아래에 있으면서 자신을 더럽히는 사람이 있다고 합시다. 그 사람은 하나님과의 우호적인 교제를 나누기에 합당하지 못합니다. 솔로몬은 이렇게 말씀합니다. "의인이 악인 앞에서 넘어지는 것은 우물이 흐려짐과 샘이 더러워짐과 같으니라"(잠 25:26). 그러니 악인 앞에서 넘어지고 그의 유혹에 굴복할 때에는 상태가 더욱 심합니다. 그의 영이 흐려지고 더러워져서 진흙탕 같이 되어 버리는 것입니다. 깨끗하고 건전한 우물이나 샘도 흐려지고 더러워졌을 때에는 그 물을 먹지 않고, 더러워진 그릇도 깨끗해질 때까지 사용하지 않는다면, 하나님께서 경건한 사람이 그 죄를 회개하여 자신을 새롭게 함으로써 물을 깨끗하게 하기 전에는 그가 행하는 그 임무들을 맛보지 않으신다고 해서 이상한 일이겠습니까?

넷째. 거룩의 능력은 영혼의 참된 평화와 안식에 필수적입니다. 우리의 평화가 우리의 의나 삶의 거룩함에 기초하는 것은 아니지만, 의와 거룩에는 반드시 평화가 있습니다. "내 하나님의 말씀에 악인에게는 평강이 없다 하셨느니라"(사 57:21). 불경한 마음을 진정 고요하게 만드는 것보다 차라리 바다를 항상 고요하게 만드는 것이 더 쉬울 것입니다. 사람들의 가슴속에 내전이 일어나 서로 틀어지는 것이 그들 자신의 정욕 때문이 아니고 무엇이겠습니까? 그 정욕들이 평화를 깨뜨리고 풍파가 계속되게 만드는 것입니다. 거룩의 영이 마음속에 들어오고, 그리스도의 규(珪) ― 이는 "의의 규"(히 1:8. 한글개역개정판은 "공평한 규"로 번역함 ― 역주)입니다만 ― 가 삶 속에 자리를 잡는 만큼 풍랑이 더욱 잦아들어 아주 고요해집니다. 그러나 완전한 평화는 오직 천국에만 있습니다. 완전한 거룩이 거기에만 있기 때문입니다. 마골밋사빕, 즉 사방의 공포를 일으키는 싸움과 불안이 어디서 옵니까? 깨어 있으나 잠들어 있으나 지옥불의 냄새가 가시지 않고 항상 있습니다. 오오, 헤롯이 요한의 망령 때문에 괴로워하듯, 그 모든 불안이 그들의 불경한 생활과 불의한 생각들에서 비롯됩니다. 그것 때문에 사람이 조건에 상관없이 항상 불안한 것입니다. 그들은 즐거운 일을 당해도 그 즐거움을 음미할 줄 모르고, 환난을 당할 때에 그 쓴 맛을 견딜 줄을 모릅니다. 여러 가지 방법들로 양심을 무디게 하고 불경한 마음의 감각들을 일시적으로 묶어두어서 그 자신의 비참함을 느끼지 못하게 할 수 있다는 것을 잘 알고 있습니다. 하지만 이런 마약의 효능은 금방 사라지는 것이요, 그렇게 되면 다시금 황폐한 상태가 되고, 끔찍한 공포가 밀려들어 더 큰 마비 상태에 빠지게 만듭니다. 이에 대해 제가 들은 한 가지 실례를 소개해드리겠습니다. 아주 악명 높은 술주정뱅이가 있었는데, 이 사람은 이웃들이 그의 불경한 삶을 지적하고 말씀의 엄중한 경고들을 들어서 그의 양심을 자극하려 할 때마다 마치 바울이 독사를 손에서 떨쳐 버리듯이 그것을 다 흔들어 떨쳐 버리곤 했습니다. 그리고 하나님께서 그리스도 안에서 자기에게 자비를 베푸시리라는 터무니없는 희망에 의지하여 스스로 버텼습니다. 그러다가 얼마 후 하나님께서는 그를 병들어 자리에 눕게 하셨고, 그 때문에 그의 옛 동료들 ─ 함께 불의를 일삼던 친구들 ─ 은 한동안 두려워서 그를 찾아가지 못했습니다. 그러나 그가 병중에서도 쾌활한 모습을 잃지 않고 있다는 소식을 듣고는 그를 찾아가서 만났습니다. 가서 보니 그는 하나님의 자비하심을 정말로 확신하고 있었고, 이것을 보고 그들은 자기들의 불의한 삶을 계속하도록 큰 격려를 받았습니다.

그런데 임종 시에 이런 분위기가 완전히 바뀌었습니다. 그의 헛된 희망이 사라지고 죄책이 가득한 양심이 일깨워졌습니다. 그리하여 이 가련한 악인은 과거에 자신이 행했던 온갖 불경한 행위들의 뜨거운 불꽃 속에서 신음하며, 이제 죽기 직전에 절망에 빠져 소리칩니다: "오오 여러분, 내가 회반죽을 갖고 있어서 모든 것이 잘 되고 있다고 생각했는데, 이제 보니 그것을 벽에 발라도 전혀 붙지 않는구려." 그가 그것을 아무리 단단하게 발라도 죄악된 그의 양심이 곧바로 다 문질러 벗겨낸 것입니다. 여러분, 과연 그렇습니다. 그리스도의 피는 죄와 불의와 짝하는 영혼에게는 아무런 관계가 없습니다. 불의는 버리지 않고 그냥 하나님의 제단 뿔에게로 피하기만 하는 자들은 하나님께서 내치시고, 그들이 그렇게 대담하게 믿고 의지한 그 성소에서 그들을 살육하실 것입니다. 여러분, 솔로몬이 아도니야에게 보낸 메시지를 아실 것입니다: "그가 만일 선한 사람일진대 그의 머리털 하나도 땅에 떨어지지 아니하려니와 그에게 악한 것이 보이면 죽으리라"(왕상 1:52). 악이 마음속에 성소를 이루고 있는데도 스스로 그리스도의 날개 아래 숨어서 그들을 정죄하는 양심의 고함소리를 피할 수 있다고 생각한다면, 이는 정말 허망한 생각입니다. 하나님께서 그리스도를 보내신 의도는 사람을 그 불의한 상태로부터 구원하시기 위함이지, 결코 그들을 그 불의한 상태 그대로 구원하시기 위함이 아니었던 것입니다.

다섯째. 거룩은 다른 이들에게 강력한 영향력을 미칩니다. 그리스도인의 삶에서 거룩이 능력으로 나타나면, 그것이 사람들의 심령에 강력하게 역사하게 됩니다. 신앙을 모욕하고, 겉으로 신앙을 떠벌리는 자들의 더러운 것들을 그들이 거론하는 신앙 그 자체에게 던져 버리는 불경한 자들의 입을 막습니다. 빛이 가까이 오면 개구리들이 개골개골하는 소리를 그친다고들 합니다. 거룩한 행실의 빛이 이를테면 속된 입술에 자물쇠를 매어다는 것입니다. 그렇습니다. 그런 거룩한 행실을 보고서 그들 속에 계신 하나님을 인정하지 않을 수 없게 되는 것입니다. "이같이 너희 빛이 사람 앞에 비치게 하여 그들로 너희 착한 행실을 보고 하늘에 계신 너희 아버지께 영광을 돌리게 하라"(마 5:16). 그리고 그저 그들의 입을 막는 것으로 그치지 않고, 더 나아가서 그들로 하여금 마음을 열어 그리스도와 그의 은혜를 받아들이게 하는 수단이 되기도 하는 것입니다.

그 옛날 수많은 영혼들이 복음의 그물 속에 들어온 데에는 여러 가지 이유가 있습니다만, 그 중에 하나는 복음의 교훈의 신적인 성격이 그리스도인들의 삶의 신적인 모습과 거룩함 속에서 나타났기 때문이었습니다. 순교자 유스티누스(Justin Martyr)는 회심할 때에 이렇게 고백했다고 합니다. "죽으면서까지 원수들의 잔인함을 이기고 승리한 수많은 그리스도인들의 삶과 인내 속에서 비쳐난 거룩함을 보고서, 복음의 가르침이 진리라고 결론짓게 되었다." 그렇습니다. 지독한 악인이었던 율리아누스(Julian) 황제조차도, 기독교 신앙이 그렇게 널리 전파된 것은 그리스도인들이 모든 사람들에게 선을 행하고 또한 누구에게도 해를 주지 않는 사람들이었기 때문이다"라고 말하였습니다. 처참한 경험을 통해서 확실히 알 수 있습니다만, 추문들이 자주 일어나고 또한 신앙이 있다는 자들의 이완된 삶이 팽배해 있어서 참 신앙의 모습이 땅에 떨어진 이런 패역한 시대에서는 복음의 그물 아래로 들어오는 자를 보기가 정말 힘듭니다. 짐승 같은 자들이 한 번 초장을 쑥대밭으로 만들어놓으면 한동안 다른 이들이 풀을 뜯을 수도 없게 되어 버리는 것입니다. 오늘날의 불행한 시대에 대해 저는 정말 슬픈 생각이 드는데, 곧 교만과 분쟁과 오류와 신앙인들의 이완된 삶 등이 그리스도의 진리들과 규례들에 드리워 놓은 악한 영향들이 닳아 없어지기 전에는 새로운 회심자들이 크게 생겨날 희망이 거의 없다는 것입니다. 목사가 언제나 설교만 하고 있을 수는 없습니다. 일주일에 겨우 두세 시간 정도 강단에서 설교하며 사람들의 얼굴에다 복음의 거울을 내밉니다만, 소위 신앙인이라 하는 자들의 삶의 모습들은 일주일 내내 설교를 그치지 않습니다. 그들이 거룩하고 모범적이기만 해도 목사가 행한 설교를 그들이 함께 어울리며 생활하는 가족들과 이웃들에게 다시 반복하는 것이 되어 목사의 건전한 가르침이 계속해서 그들의 귀에 쟁쟁하게 울리게 될 것입니다. 그렇게 되면 그리스도인들은 육신적인 이웃들에게 권고와 책망을 통해서 선한 영향을 끼칠 수 있는 귀한 기회를 얻게 될 것입니다. 그러나 오늘날에는 그렇게 할 수 있는 경우가 거의 없을 뿐더러 혹시 그렇게 하더라도 거의 소용이 없습니다. 그리스도인들 자신이 모범적인 삶으로 그것을 뒷받침해 주지 않기 때문입니다. 테르툴리아누스 (Tertullian)는 이렇게 말합니다: "다른 사람을 권고하거나 책망하고자 하는 자는 반드시, 자기 자신의 삶의 모습의 권위로 자기의 말을 뒷받침해야 한다. 그렇지 못하면 그의 말 때문에 그 자신이 얼굴을 붉히게 될 것이다." 입 냄새가 심하게 나는 사람이 가까이 오는 것을 좋아할 사람은 아무도 없습니다. 또한 가까이 와서 우리를 책망하는 사람에 대해서도 우리는 아주 경계하는 법입니다. 그러므로 책망하고자 하는 사람은 반드시 그의 삶에서 고운 향기를 풍겨야만 합니다. 책망은 좋은 약(藥)이지만, 아주 불쾌한 여운을 남깁니다. 그것을 주는 사람의 얼굴에다 그것을 다시 토해내지 않기가 어렵습니다. 그런데 책망이 그런 역한 반응을 일으키지 않도록 막아주는 강력한 것으로, 책망하는 그 사람의 거룩보다 나은 것이 없습니다.

다윗은 이렇게 말씀합니다: "의인이 나를 칠지라도 은혜로 여기며, 책망할지라도 머리의 기름 같이 여겨서 내 머리가 이를 거절하지 아니할지라"(시 141:5). 그런 의인에게서 나오는 책망을 얼마나 잘 받아들이는지 보십시오. 그의 거룩이 권위를 지니기 때문입니다. 몹쓸 악인 외에는 의인이 책망으로 내리칠 때에 그 의인을 욕으로 되갚아주는 자는 없을 것입니다. 특히 의인이 그 사람의 영혼에 대한 연민과 사랑으로 마치 기름을 바르듯이 부드럽게 책망을 발라서 그의 속에 스며들어가게 할 때에는 더욱 그럴 것입니다. 이처럼 거룩의 능력은 악인에게 얼마나 영향력을 발휘하는지 모릅니다. 그러니 우리의 형제 된 동료 그리스도인들에게도 결코 못지않은 영향력을 발휘할 것입니다.

그리스도인이 자기와 함께 생활하는 다른 그리스도인의 삶에서 거룩이 빛을 발하는 것을 보게 되면, 그 자신의 은혜가 그의 속에서 함께 샘솟는 것을 보게 됩니다. 마치 마리아가 인사할 때에 엘리사벳의 뱃속에서 아기가 뛰는 것처럼 말입니다. 과연 탁월하게 거룩한 한 사람만 있어도 사회 전체에 생명을 불어넣기에 충분합니다. 반대로, 신앙이 있다고 하면서 오류와 방종을 일삼는 사람 하나만으로도 그와 사귀는 모든 무리들이 위험에 빠지는 법입니다. 그렇기 때문에 정말 엄중한 명령이 우리에게 있는 것입니다. "모든 사람과 더불어 화평함과 거룩함을 따르라 이것이 없이는 아무도 주를 보지 못하리라. 너희는 하나님의 은혜에 이르지 못하는 자가 없도록 하고 또 쓴 뿌리가 나서 괴롭게 하여 많은 사람이 이로 말미암아 더럽게 되지 않게 하라"(히 12:14, 15). 이 말씀은 신앙이 있다고 말하는 자들에게 주어진 것입니다. 불신자들의 술 취함이나 부정함이나 불의한 삶은 그들에게 별로 위협이 되지 않습니다. 그러나 신자라고 하는 자들 가운데 "쓴 뿌리가 나면," 많은 사람이 이로 인해 더러워질 위험이 있는 것입니다. 늑대의 등에 딱지가 앉은 것은 양 떼들에게 별로 위험이 되지 않습니다. 늑대에게 양 떼들이 다가갈 염려가 거의 없으니 말입니다.

하지만 그 딱지가 양 떼들에게, 함께 먹고 기도하고 말씀을 듣고 교제를 나누는 소위 신앙인들 가운데 나기 시작하면, 그것이 전체에게 퍼질 위험이 다분한 것입니다. 신앙을 입으로 떠벌리며 마음대로 그릇된 모습을 보이는 자 한 사람이 전혀 신앙이 없는 수많은 사람들보다 마귀에게 더 유용한 일을 하는 법입니다. 수많은 오류들과 죄악된 행위들이 오랫동안 마귀의 손에 주어져 있습니다만, 방법을 찾고서야 비로소 그것들을 내놓을 수 있습니다. 곧, 신앙이 있는 체하는 자들을 자기의 브로커로 고용하여 그들을 통해서 오류와 죄악된 행위들을 사람들에게 소개하고 퍼뜨리는 것입니다. 그런 자들은 자기들의 불경한 생활로 다른 이들을 꾀어 더럽히지 못하게 되면 마음에 근심이 생기고 스스로 부끄러워할 것입니다. 함께 어울리는 자들 가운데 추문이 일어나면 그리스도인들은 고개를 들지 못합니다. 마치 베냐민의 짐에서 은잔이 나오자 형제들 모두가 당혹스러워한 것처럼 말입니다. 그러므로 하나님의 백성의 마음을 슬프게 하는 것은 결코 작은 문제가 아닙니다. 요컨대, 거룩한 삶의 능력을 계속 유지하지 못하는 자는 스스로 쓸모없고 무익한 자로 만드는 것입니다. 여러분, 다른 이들을 위해 기도하고자 하십니까? 이교도도 악인에게 마음의 평화를 가지라고 말하고, 폭풍이 몰아칠 때에 그가 배에 있다는 사실을 신들에게 알려주지 않을 수 있습니다. 슬픔을 당한 자에게 위로의 말을 건네주려 하십니까? 그런 입에서 위로가 나오다니 이 얼마나 역겨운지 모릅니다! 다른 사람을 권고하려 하십니까? 여러분의 친구는 여러분이 그저 비아냥거리는 것뿐이라고 생각할 것입니다. 여러분이 아무리 말로 거룩을 나타내려고 해도, 여러분이 거룩을 정말 선하게 여긴다는 것을 믿어주지 않을 것입니다. 그렇게 되면, 다른 이들에게 해주는 그 권고를 여러분 자신에게 해주어야 할 것입니다.

여섯째. 거룩과 의 ― 이것들은 왕국과 나라들의 기둥입니다. 그 나라에 있는 의 인이 아니면 집이 사람의 머리 위에 넘어지지 않도록 지켜주는 이가 누구겠습니 까? 소돔에 의인이 열 명만 있었더라면 유황과 불로 멸망하는 일을 면했을 것입니 다. 그렇습니다. 의인 롯 한 사람이 거기에 있는 동안에는 이를테면 멸하는 천사가 손이 묶여 할 일을 하지 못하였습니다: "그리로 속히 도망하라 네가 거기 이르기까 지는 내가 아무 일도 행할 수 없노라"(창 19:22). 르호보암과 그의 나라는 삼 년 동 안 강성했는데, 만일 그가 자신의 불의로 끌어내리지 않았다면 이십삼 년 동안 강 성할 수도 있었을 것입니다. 그가 하나님을 멀리한 그 때부터 그의 불행이 시작되 고 있으니 말입니다(대하 11:16-12:2). 요시야는 왕위에 오를 때에 유다 왕국이 패 망 직전에 있었습니다만, 그가 하나님을 향하여 마음을 정하고 그의 앞에서 행하 자, 하나님께서 그로 말미암아 그 몹쓸 백성들을 돌아보셨습니다. 그 백성이 그에 게 사로잡혀 있었고, 그들의 안전이 그의 목숨과 직결되는 처지였던 것입니다. 그 가 죽고 나서 곧바로 그들이 다시 무너져 내리기 시작했으니 말입니다. 루터 (Luther)는 하나님의 심판의 검은 구름이 독일을 향하여 다가오는 것을 미리 보고 서 몇몇 동료들에게, "나는 그것이 당대에 떨어지지 않도록 막기 위해 최선을 다할 것이라"라고 말했는데, 이는 과연 영웅적인 발언이었습니다. 그렇습니다. 그는 그 런 일이 일어나서는 안 된다고 믿었고, 그리하여 계속하여 이렇게 말했습니다: "내 가 가고 나면, 내 이후에 오는 자들도 그것을 주의하여 살펴야 하리라."

이 불쌍한 나라 잉글랜드에도 여러 세대를 이어서 줄곧 고귀한 의인들이 많이 있었습니다. 하나님의 은혜로 말미암아 하나님과 가까이 행하며, 그 불경한 시대 의 온갖 더러운 것에 전반적으로 몸을 더럽히지 않은 그런 의인들 말입니다. 이들 은 자기 시대를 떠받친 대들보들이었습니다. 나라가 완전히 목이 조여오던 시기 에 이들은 하나님의 은혜를 입어 나라의 목숨을 간구하였습니다. 그러나 그들은 가고 없거나 아니면 사라져가고 있고 그들 대신 새로운 세대가 오고 있습니다. 만일 여러분이 거룩의 능력에서 타락하여, 그들이 지키려고 그렇게 애를 썼던 제방을 끊어내어 황폐화시키는 심판이 땅에 넘쳐나게 만드는 장본인이라면 여러분이 태어난 시대는 정말이지 불행한 시대가 될 것입니다. 과거 조상들의 노고와 섭리로 말미암아 여러 세대를 거쳐서 마침내 그에게까지 전해 내려온 그 귀한 유산을 방탕한 삶을 통해 탕진해 버린다면, 이런 자는 자신의 출생과 가문에 합당치 못한 무가치한 자일 수밖에 없습니다. 그런 자는 가문의 명예와 더불어 그 자신이 불행한 종말을 맞게 됩니다. 안타깝게도 우리가 사는 이 시대에 그런 일이 가득합니다. 거룩의 능력이 우리 가운데 얼마나 저조한 상태인지 모릅니다. 마치 이 시대가 마지막 세대인 것 같은 마음마저 듭니다. 안타깝습니다! 신앙을 말하는 자들 사이에 진정한 신앙이 정말 저조하고 미미해 가고 있습니다. 다 알다시피, 하나님께서는 이런 상황을 오랫동안 그냥 내버려 두지 않으실 것입니다. 애굽 사람들은 나일 강의 수위가 낮아지면 기근이 온다는 것을 알았습니다만, 우리는 경건의 능력이 저조하고 미미해질 때에 심판이 온다는 것을 알아야 할 것입니다.

이 혼란의 시대에 사람들이 온갖 것을 잃어버렸다는 탄식이 매우 큽니다. 어떤 이들은 잃어버린 땅과 재물을 안타까워하고, 또 어떤 이들은 전쟁에서 잃어버린 친지들의 목숨을 안타까워합니다. 그러나 신앙을 고백하는 우리는 이 시대를 슬퍼하는 모든 사람들에 앞장서서 그리스도의 진리들과 그리스도께 드리는 예배와 그리스도의 종들에 대한 사랑을 잃어버린 것에 대해, 그렇습니다, 하나님과 사람 앞에서의 그들의 거룩한 삶에서 나타나는 전반적인 부패 현상에 대해, 애곡해야 마땅할 것입니다. 이것은 정말 슬픈 일입니다. 그러나 정말 두렵게도 이런 상황을 더욱 위중하게 만드는 것은 그 어느 때보다 거룩을 증진시킬 최상의 기회가 우리에게 주어져 있는데도 불구하고 우리가 타락하며 태만을 부리고 있다는 사실입니다.

우리는 수많은 죽음과 위험에서 구원받았습니다. 그러니 하나님께서 우리에게서 의로운 나라를 기대하실 만한 때로 지금보다 더 좋은 때가 어디 있겠습니까? 목에 감긴 줄이 풀어지고, 이제 그를 매달았던 사다리에서 안전하게 내려지자마자 다시 도둑질에 빠진다면 이는 정말 한심한 일일 것입니다. 의로운 노아는 방주에서 나온지 얼마 되지 않았을 때에, 온 세상이 물에 잠기는 것을 눈으로 직접 보았고 그 자신이 하나님께 특권을 입어 경건한 자손을 다시 세상에 심는 일을 맡은 지 얼마 지나지 않았을 때에, 술에 취하여 그 죄의 위중함이 한층 더해졌습니다. 오오 여러분, 우리 땅에서 흘린 그 피의 강물이 아직 땅 속에 채 스며들지도 않았습니다. 전쟁으로 인한 폐허와 온갖 참혹한 모습이 아직 성과 마을들에서 채 가시지도 않았습니다. 아버지와 남편과 사랑하는 친족들을 칼에 잃은 자들의 애곡소리가 아직 사라지지도 않았습니다. 그렇습니다. 나라 전체가 불길에 휩싸이며 날마다 그 불길이 우리에게 가까이 다가올 때의 그 공포와 두려움을 그렇게 쉽게 금방 잊어버릴 수 있단 말입니까? 그런데 이와 같은 때에 나라가 — 또한 그 중에 신앙을 고백하는 자들이 — 해이해지고 교만과 탐욕과 분쟁에 휩싸이고, 원칙들을 무시하며, 부주의한 삶을 산다면, 이것이야말로 슬피 애곡할 일일 것입니다. 우리가 전쟁에서 구원받은 결과가 고작 그런 망령된 짓들에게 우리 자신을 내주는 것이라면, 우리의 평화와 풍요에 대해 자랑할 것이 하나도 없는 것입니다. 이는 마치 심한 학질이 사라지고 그 대신 깊은 수종(水腫)이 아직 남아 있는 상태에서, 더 몹쓸 병이 남아 있다는 것을 생각하지 못하고 학질이 사라졌다는 것만을 자랑하는 것과 마찬가지로 어리석은 짓입니다. 하나님께서 아시지만, 전쟁과 전염병과 기근이 사라지고 그 대신 교만과 오류와 방종에 휩싸인다면 이는 정말이지 불행한 변화가 아닐 수 없습니다.

뿐만 아니라 우리는 우리 선조들보다 더 의롭고 거룩한 체하는 사람들입니다. 개혁을 위해 그렇게 많이 하나님께 기도하고, 사람들에게 호소하는 것이 그것을 보여주는 것이 아니고 무엇이겠습니까? 개인적인 변화를 위해 또한 민족적인 개혁을 위해 노력하고자 우리 자신을 언약에 얽어매는 것이, 사실상 과거 어느 때보다 더 의로운 민족이 되고자 하는 우리 자신의 의도의 표현으로 보지 않으면 달리 어떻게 해석할 수 있겠습니까? 그리하여 외국의 사정에 대해 떠들썩하게 보도합니다. 우리의 이웃 교회들에 대해 그들의 시작이 그렇게 영광스러우니 과연 놀랍게 자랄 것이라는 식으로 생각하는 나머지, 우리 자신의 현 상태를 거의 저주에 가까운 것으로 볼 수밖에 없습니다. 기대에 실망을 주니 말입니다. 많이 부패해 있는 거룩의 능력을 회복하는 것 외에는 우리 민족의 영적인 생명을 구할 수도 없고, 이처럼 고요한 상태를 지속시킬 수도 없습니다. 이것은 마치 연약한 육체에 새로운 피를 공급하여 죽어가던 몸을 다시 살리고 더 복된 나날을 살게 하는 것과도 같습니다. 그렇습니다. 거룩의 능력이 회복되면 과거 어느 때보다 더 복된 나날을 살게 됩니다만, 안타깝게도 우리는 날로 상태가 더 악화되고, 그저 질질 끌며 죽어가고 있을 뿐입니다. 날마다 우리의 숨결이 더 짧아져가므로, 다시 우리들에게 칼이 겨누어지면 그것을 견뎌낼 힘이 거의 없습니다.

——

둘째 대지

[그리스도인이 거룩의 능력을 드러내 보여야 하는 경우들]

둘째로 우리가 다루어야 할 대지는 특히 그리스도인 각자가 거룩하고 의로운 삶의 능력을 드러내 보여야 할 몇 가지 경우들에 대한 것입니다. 이제 그 몇 가지 경우들을 다루어 보겠습니다.

첫째로, 그리스도인은 죄와의 싸움에서 거룩의 능력을 유지하여야 합니다. 둘째로, 그리스도인은 하나님을 예배하는 임무들에서 거룩의 능력을 드러내야 합니다. 셋째로, 그리스도인은 각자의 구체적인 소명과 세상적인 직업의 현장에서 거룩의 능력을 드러내야 합니다.

[죄를 향한 성도의 처신에서 거룩의 능력이 드러남]

첫 번째 경우. 그리스도인은 죄와의 싸움에서 거룩의 능력을 유지해야 하는데, 이에 대해 구체적으로 다음과 같은 사항들을 말씀드릴 수 있습니다.

첫째 사항. 전반적으로 죄를 범하기를 거부하는 것은 물론 죄처럼 보이는 것도 삼가야 합니다. 이것이 거룩의 능력 가운데 행하는 것입니다. 비둘기는 솔개를 피하여 날아갈 뿐 아니라 솔개에서 떨어지는 깃털의 냄새까지도 피할 것입니다. 거룩한 영혼은 나쁜 색깔을 드러내는 것은 무엇이든 피하는 것이 안전합니다. 성경은 "육체로 더럽힌 옷까지도 미워하라"고 명령합니다(유 23). 깨끗한 사람은 똥 더미를 삼키지 않을 뿐 아니라(그렇게 하는 자는 분명 짐승일 것입니다!), 고기를 먹을 때에 의복에 얼룩을 묻히지도 않는 법입니다. 그리스도인은 그의 양심이 순결한 만큼 그의 이름도 순결하게 지키도록 주의하여야 하며, 여기서 중요한 것은 악의 모든 모양을 피하는 것입니다. 어떤 일을 행하든, 베르나르의 다음 세 가지 질문을 우리 자신에게 해보는 것이 좋을 것입니다. 그것이 적법한가? 즉, 그 일을 행해도 죄를 짓지 않을 수 있는가? 하는 것입니다. 그것이 그리스도인인 내게 어울리는가? 그 일을 행해도 나의 그리스도인의 삶에 해를 끼치지 않겠는가? 천한 자에게 합당한 일이 과연 왕에게도 어울리겠느냐는 것입니다. 느헤미야는 "나 같은 자가 어찌 도망하겠느냐?"라고 말하여 자신의 고귀함을 드러냈습니다(느 6:11). 그리고 마지막으로, 그것이 유익이 되는가? 그 일을 행하는 것이 나의 연약한 형제에게 거리낌이 되지 않겠는가? 하는 것입니다. 다른 이들을 위해서 우리 스스로 부인해야만 하는 일들이 있는 법입니다. 사람이 말을 타고 전속력으로 달려가도 자기 자신에게는 아무런 위험이 되지 않을 수 있습니다만, 어린아이들이 거리에서 노닐고 있는 마을 거리에서 그렇게 한다면, 자기도 모르는 사이에 그 아이들이 말에 밟히는 위험한 일이 얼마든지 일어날 수 있는 것입니다. 그러므로 연약한 그리스도인이 중간에 있다가 밟혀서 그 연약한 양심이 상처를 받고 그 심령에 근심을 얻을 염려가 전혀 없는 경우에 죄를 범하지 않고서 행할 수 있는 일들이 있습니다. 하지만 안타깝게도 이것은 오늘날 그리스도인이라 칭하는 수많은 이들이 보기에는 너무나 좁은 길입니다. 그들의 안이한 마음으로 보기에는 더 여유가 많아야 하고 더 범위가 넓어야 합니다. 그렇지 않으면 그들이 고백하는 신앙을 저버릴 수밖에 없습니다. 자유야말로 우리 시대의 아데미 신상입니다. 긴 머리나, 번지르르하고 야한 복장이나, 얼룩덜룩한 얼굴이나, 벌거벗은 가슴 등의 의혹스러운 이런저런 행위들에 대해 얼마나 변명이 많습니까! 과거에는 건전하고 견고한 그리스도인들이 이런 것들을 삼가고 금지했습니다. 사소한 의혹이나 "좋은 평판"이 없는 행위는 삼갔습니다. 그런데 지금은 배심원이 더 호의적이어서 그런 것들에 대해 "무죄" 판정을 해버립니다. 그렇습니다. 많은 이들이 그런 것들을 너무도 좋아하여, 그런 것들을 금한다면 그것은 그리스도인의 자유를 침해하는 것이라고들 생각합니다. 신앙이 있다고 주장하는 자들이 스스로 죄에 빠지지 않도록 자기 마음을 살피는 거룩한 열심을 발휘하기는커녕, 그들의 양심을 완전히 늘여놓아서 죄의 가장자리에까지 닿도록 만듭니다. 마치 그들이 용맹한 그리스도인이어서 그들이 죄의 구덩이에 아무리 가까이 가도 절대로 거기에 빠지는 일이 없기라도 한 것처럼 말입니다. 올림픽 게임에서 마차를 표적에 가장 가까이 가도록 몰면서도 그것을 치지는 않아서 화관을 쓰는 것처럼 말입니다. 과연 그럴 수 있다면, "악은 어떤 모양이라도 버리라"(살전 5:22)는 사도 바울의 명령은 잘못된 것이라 하겠습니다. 이 사람들의 거룩을 인정하고 오히려 악의 "모양"을 버리라고 하지 말고, 다만 그 자체로서 "악한 것"을 주의하라고만 했어야 옳았을 것입니다. 그러나 제가 아는 한, 위험을 감수하고 "악의 모양"을 행하는 자는 자유를 핑계 삼아 한층 더 심한 악을 범할 가능성이 다분합니다. 무언가 희생을 치러야 할 처지에 있게 되면 사람이 썩은 것과 썩은 행실에다 좋은 색칠을 해서 위장하게 되기가 어렵지 않은 것입니다.

둘째 사항. 모든 죄를 피하기 위해 힘써야 함은 물론 고귀한 원칙에 근거하여 그렇게 해야 합니다. 거룩의 능력이 여기에 있습니다. 죄를 삼가지만 무가치한 동기로 그렇게 하기 때문에 하나님께서 전혀 그 일에 관여하시지 않는 경우가 비일비재합니다. 경건과 사랑의 행위들에서 그렇듯이, 하나님께서는 그 자신에 대한 관심이 없이 행해지는 일들에 대해서는 전혀 인정하시지 않습니다. 우리가 금식하거나 기도할 때에 하나님은 이렇게 물으십니다: "그 금식이 나를 위하여, 나를 위하여 한 것이냐?"(슥 7:5). "제자의 이름으로" 구제를 하거나 "냉수 한 그릇"을 주는 것이 그보다 저급한 사사로운 목적으로 황금이 가득 담긴 그릇을 주는 것보다 하나님께서 훨씬 더 가치 있게 보시는 것입니다(마 10:42). 죄에 있어서도 마찬가지입니다. 하나님께서는 그의 권위와 그의 사랑이 우리를 강권하여 죄를 삼가게 되는 것을 귀하게 보십니다. 계명을 주시기 전에 그는 자신의 영광스러운 이름을 먼저 제시하십니다. "하나님이 이 모든 말씀으로 말씀하여 이르시되"(출 20:1). 임금들이 칙령을 반포하기 전에 그들의 이름과 문장을 먼저 제시하듯이 말입니다. 우리로 하여금 모든 일을 행할 때에 그의 이름을 거룩히 여기게 하기 위함이 아니라면 그 이유가 무엇이겠습니까? 주인이 특정한 일을 그만두라고 명령하는데도 종이 다른 사람의 간청에 못 이겨 그 일을 계속하고 있다면 그 주인은 그 종이 자기를 무시한다고 여길 것입니다. 오오 여러분, 하나님께서 그렇게 하지 말라고 계속 말씀하시는데도, 계속해서 죄를 범하는 자들이 얼마나 많은지 모릅니다! 이득이 없고 세상에 부끄러움이 되면 죄를 범하는 일을 속히 그만둘 수 있습니다. 하지만 이득이 생기면, 어김없이 그것을 생각하고 거기에 순종하여 계속 죄를 범하는 것입니다. 오오 여러분, 이런 일이 없도록 조심하십시오. 하나님께서는 그의 종들이 그가 명하시는 일을 행하기를 기대하십니다만, 단 오직 그의 명령에 따라서만 그 일을 해야 하는 것입니다. 우리가 진정 그리스도인이라면, 악을 삼가는 것에서는 물론 우리가 범한 죄들에 대해 안타까이 탄식하는 일에 있어서도 우리 자신보다

는 하나님 자신을 우선시켜야 할 것입니다. 사실 사람이 자기 자신의 영혼을 생각
하여, 죄를 범하였을 때에 자기 자신을 위해 애통하게 되기를 바란다면, 그들은 아
마 라멕처럼 외칠 것입니다: "나의 상처로 말미암아 내가 사람을 죽였고 나의 상함
으로 말미암아 소년을 죽였도다"(창 4:23). 자기들의 죄로 인하여 자기 자신을 상
하게 했다는 탄식조차 없는 그런 대담한 양심을 지닌 이들이 많습니다. 이 모든 것
에서는 거룩의 능력이 거의 나타나지 않습니다. 양심에는, "나는 망하였구나! 내가
나 자신을 망쳐 버렸구나!"라는 외침이 있지만, 자신이 하나님께 저지른 배은망덕
에 대한 가책은 전혀 마음에 없을 수도 있습니다. 압살롬의 죽어 깊은 슬픔에 잠겨
있는 다윗에게 요압이 한 말을 기억하실 것입니다. 그는 이렇게 말했습니다: "오늘
내가 깨달으니 만일 압살롬이 살고 오늘 우리가 다 죽었다면 왕이 마땅히 여기실
뻔하였나이다"(삼하 19:6). 우리도 그 이기적인 자들에게 그와 같이 말할 수도 있
을 것입니다: "우리가 깨달으니 만일 너희가 너희 영혼의 목숨만 영원한 죽음과 정
죄로부터 구원할 수 있었다면 하나님의 영광이야 어찌 되든 상관치 않고 기뻐하
고 기뻐할 뻔하였도다." 그러나, 은혜 안에 있는 사람은 전혀 다른 방향에서 탄식
한다는 것을 알아야 합니다. 거룩한 다윗은, "내가 주께만 범죄하였나이다"(시
51:4)라고 탄식하였습니다. 다른 이를 위하여 일하는 종과 자기 자신을 위하여 일
하는 자는 서로 엄청난 차이가 있습니다. 자기 자신을 위하여 일하는 자는 일을 하
다가 손해가 날 때에 그것을 자기 것으로 돌립니다. "내가 그런 큰 배를 잃었으니
큰 손해가 났구나. 그 거래를 통해서 그렇게 큰 손해를 보았구나"라고 합니다. 그
러나 주인의 재산을 관리하는 종은 손해가 났을 때에 자신이 주인께 손해를 끼친
것으로 여겨서, "내가 내 주인의 재물을 그렇게 많이 잃어버렸구나"라고 합니다.
오오 그리스도인 여러분, 이것을 생각하십시오. 여러분은 종일 뿐입니다. 여러분
이 다루고 관리하는 것 전부가 여러분의 소유가 아니라, 하나님의 소유입니다. 그
러니 여러분이 죄에 빠지면, 하나님께 누를 끼친 것에 대해 안타까이 탄식하여야
하는 것입니다. "오오, 안타깝도다! 내가 나의 하나님께 해를 끼쳤으며, 그의 달란
트를 탕진해 버렸으며, 그의 이름을 더럽혔고, 그의 성령을 근심하게 했구나"라고
말입니다.

  셋째 사항. 죄를 행하기를 삼갈 뿐 아니라 **죄를 죽이기를 힘써야** 합니다. 상처가
치유되지 않은 채 감추어져 있고 낫지 않은 채로 가려져 있는 일이 얼마든지 있을
수 있습니다. 질병의 원인을 제거하기보다는 오히려 질병을 성하게 만드는 돌팔

이 의사 같은 사람들도 있습니다. 소화 되지 않은 채 남아 있는 라임(레몬 비슷한 과일)이나 정화되지 않은 체액(體液)처럼 부패한 것이 가슴속에 그대로 남아 있으면, 마치 총열 속에 있는 화약처럼 지금은 아무런 소리도 내지 않고 가만히 있어서 평화로워 보이지만 언젠가는 그것이 겉으로 터져 나오게 되어 있습니다. 책에서 읽은 사실입니다만, 베네치아에 있었던 저 큰 전염병의 원인이 바로 서랍 하나를 잘못 연 데 있었다고 합니다. 그 속에 의복들을 넣어두었는데, 과거에 그 집에 있었던 오염이 깨끗하게 제거되지도 않았고 공기도 제대로 통하지 않은 상태로 몇 년 동안 그것들이 방치되어 있다가, 서랍이 열리자 그것들이 밖으로 방출되어 버렸다는 것입니다. 그렇게 오랜 동안 흠이 없이 생활하여 주위 사람들에게서 성도라는 이름을 얻었는데, 마치 서랍을 열어놓는 것 같은 무슨 계기가 생기자 안타깝게도 망령된 행실에 빠져 버리는 자들을 많이 보는데, 이는 진정한 죄 죽임(mortification)이 결핍된 데서 오는 것입니다. 그러므로 날마다 이어지는 죄 죽임의 역사에 미치지 못하는 것으로는 절대로 만족해서는 안 될 것입니다. 사도 바울은, "내가 그리스도 예수 우리 주 안에 있는 나의 기쁨을 두고 단언하노니 나는 날마다 죽노라"(고전 15:31)라고 말씀합니다. 그야말로 거룩의 능력 속에서 행한 사람이었습니다. 죄는 마치 계시록 13장 3절의 짐승과 같아서, 한때는 그 상처로 인해 금방 죽을 것처럼 보이다가도 이상스럽게 치유되어 되살아나는 것입니다. 많은 성도들이 긴밀하고도 끊임없는 경계를 게을리하여, 자기들이 이미 정복했다고 여겨온 몇 가지 부패거리에 걸려서 위험스럽게 유혹에 빠지고, 불 같은 정욕의 불길을 저항하지 못하고 넘어져 죄에 빠지는 경우를 보게 됩니다. 그리스도인 여러분, 원하시면 거룩의 능력을 보여주십시오. 그리고 절대로 죄 죽임의 역사를 등한시하지 마십시오. 절대로 그렇게 해서는 안 됩니다. 아무리 여러분의 부패성이 시야에 들어오지 않는다 해도 절대로 가볍게 여겨서는 안 됩니다. 통풍이나 신장결석 등, 병에 걸릴 성향을 지닌 자는 실제로 건강할 때에도 약을 복용할 뿐 아니라 그 질병을 예방하는 데 좋은 것을 항상 섭취합니다. 그리스도인도 자신의 부패가 발동할 때는 물론 날마다 영적인 약을 복용하여 그 부패가 일어나는 것을 막음으로써 자신의 영혼을 늘 지켜가야 하는 것입니다. 이것이 바로 거룩의 능력 속에 거하는 것입니다. 신앙을 고백하는 이들 가운데 마치 속임수를 쓰는 돌팔이 의사가 환자를 대하듯이 자기들의 영혼을 대하는 자들이 많습니다. 곧, 하루는 치료용 붕대를 감아주고, 그 다음날에는 다시 풀어놓아서, 상처가 아물기는커녕 다시 성하

게 만들듯이 말입니다. 여러분, 거룩의 능력을 위험에 빠뜨리고 또한 여러분에게
과연 거룩의 생명과 진실성이 있는지 의심스럽게 되기를 바라지 않는다면, 이것
을 조심하여야 합니다.

넷째 사항. 부패를 죽이기를 힘쓰는 것만큼 반대로 은혜 안에서 자라고 전진하기
를 힘써야 합니다. 무슨 독이든 그 해독제가 있는 것처럼, 죄마다 그것과 반대되는
은혜가 있습니다. 거룩의 능력 속에 행하는 자는 죄를 피하기 위해 힘쓰는 것은 물
론 그 반대되는 은혜를 소유하기를 힘쓰는 법입니다. 성경은 비어 있는 집에 대해
말씀합니다(마 12:44). "더러운 귀신"이 나갔으나 성령께서 들어오시지 않은 그런
집 말입니다. 그저 소극적이기만 한 그리스도인의 경우가 그렇습니다. 어떤 면에
서 과거에 행하던 악을 더 이상 행하지 않습니다만, 선을 행하기를 배우지도 않습
니다. 그러나 이것은 천국을 잃는 것입니다. 훗날 하나님께서는 우리가 어떤 자가
아니었는가를 묻지 않으시고, 우리가 어떤 자였는지를 물으실 것입니다. 거짓 맹
세나 저주를 하지 않는 것은 별 도움이 되지 않습니다. 오히려 "네가 하나님의 이
름을 찬송하며 거룩하게 하였느냐?"라는 질문이 우리에게 주어질 것입니다. 그리
스도를 박해하지 않았다는 것만으로는 족하지 못합니다. "네가 그를 영접하였느
냐?"라는 질문에 올바로 답할 수 있어야 합니다. 네가 성도를 미워하지 않은 것은
내가 안다. 하지만 네가 그들을 사랑하였느냐? 네가 술 취하지 않은 것은 안다. 하
지만 네가 성령으로 충만하였느냐? 유능한 의사라면 질병을 몰아내는 동시에 몸
을 안돈시키고 강하게도 만들 것입니다. 이와 마찬가지로 참된 그리스도인이라면
악한 습관과 행실을 멀리하는 것으로 만족하지 않고 그에 상응하는 은혜들을 시
행하며 생활하기를 힘쓰는 것입니다. 여러분, 조급함 때문에 마음에 평안이 없고,
환난 중에 근심에 사로잡혀 있습니까? 하나님을 향한 원망에서 벗어나 마음을 고
요하게 하는 것만으로는 안 됩니다. 마음으로 하나님께 온전히 의지하게 되어야
합니다. 거룩한 다윗이 그렇게 했습니다. 그는 그의 영혼이 불안해하는 것을 꾸짖
을 뿐 아니라 더 나아가 하나님을 신뢰할 것을 촉구합니다(시 43:5). 마음속에 형
제에 대한 원망이 있습니까? 그렇다면 이 지옥 불을 끄기만 하면 된다고 생각하지
말고, 그 형제를 향한 사랑의 불을 지피고 그리하여 그를 위하여 마음을 다하여 기
도하게 되도록 힘쓰기 바랍니다. 제가 아는 어떤 사람은 누구를 향해서든 무언가
질투가 있는 불친절한 생각이 일어나면 — 아무리 거룩하다 할지라도 이런 악이
이따금씩 나타나지 않는 사람이 어디 있겠습니까? — 곧바로 은혜의 보좌에 나아

가 그런 생각들에 대해 더 강하게 저항하며, 그 다른 이들에게 있는 그 선한 것들, 곧 그가 전에 질투하던 그것들이 더욱 풍성해지기를 지극히 간절히 기도함으로써, 마음속에서 시시때때로 발동하는 그 투기를 일으키는 정욕에 대해 복수하곤 했습니다.

다섯째 사항. 다른 이들의 죄에 대해서도 열심 있는 자세를 가져야 합니다. 선한 신하는 왕의 통치 아래서 조용히 살기를 힘쓰는 것은 물론, 그렇게 하지 않는 자들이 있을 때에 그들과 싸움으로써도 왕을 섬길 자세를 갖고 있습니다. 참된 거룩은, 참된 사랑과 마찬가지로 집 안에서 시작됩니다만, 집 안에만 갇혀 있지 않습니다. 바깥에서 일어나는 죄에 대해서도 열의를 갖고 있는 것입니다. 갈리오처럼 중립적인 입장을 취하며 다른 이들이 하나님을 욕되게 해도 전혀 개의치 않는 자가 있다면 자기 가슴속에 있는 죄에 대해 자신이 표현하는 그 열심에 대해 의문을 가져야 할 것입니다. 다윗이 자기 마음의 상태를 알고자 할 때에 그 마음의 순전함을 알기 위해서 그가 할 수 있었던 가장 근본적인 점검은 바로 다른 이들의 죄에 대해 열의가 있느냐 하는 것이었습니다. "여호와여 내가 주를 미워하는 자들을 미워하지 아니하오며 주를 치러 일어나는 자들을 미워하지 아니하나이까? 내가 그들을 심히 미워하니 그들은 나의 원수들이니이다"(시 139:21, 22). 그리고 그 다음 그는 하나님께 자기 마음을 낱낱이 살펴주시기를 간구합니다. "하나님이여 나를 살피사 내 마음을 아시며 나를 시험하사 내 뜻을 아옵소서. 내게 무슨 악한 행위가 있나 보시고 나를 영원한 길로 인도하소서"(23, 24절). 이는 마치 이런 뜻과도 같습니다. 곧, 하나님이여, 내가 나의 마음을 살폈으나 이 이상 더 깊이는 나아갈 수가 없나이다. 그러니 혹 이보다 더 깊은 곳에 무슨 악한 것이 있는지 주께서 살펴주시고 제게 말씀해 주옵소서. 그리하여 "나를 영원한 길로 인도하소서."

여섯째 사항. 그리스도인은 죄에 대해 지극한 열심을 보이고, 그리하여 죄에 대해 지극히 큰 승리를 거둘 때에도, 이 사실을 의지하고 자랑하는 모든 행위를 버려야 합니다. 복음에 근거한 거룩의 훌륭함은 바로 자기 부인에 있습니다. "나는 온전하다마는 내가 내 영혼을 돌아보지 아니하도다"(욥 9:21). 즉, 내가 우쭐해지거나 나의 무죄함을 자랑하지 아니하리라는 뜻입니다. 사람이 자기가 가진 어떤 훌륭한 것으로 우쭐해질 때에, 우리는 "저 사람이 잘난 체한다"고 말합니다. "저 사람이 훌륭한 것이 있긴 하지만, 그것을 갖고서 잘난 체한다"고 말합니다. 곧, 자기 자신에 대해 지나치게 높이 여기며, 자기 자신의 훌륭한 것들을 갖고 지나치게 자기를 드러낸다는 것입니다. 높은 산을 오르는 자들은 더 높이 오를수록 몸을 더 낮추고 기는 것이 안전하다는 것을 압니다. 이와 마찬가지로 그리스도의 성령께서도, 부패 거리들에 대해 크고 높은 승리를 거둘수록 더욱 자기를 낮추고 자기를 부인하여야 한다는 것을 성도들에게 가르쳐 주십니다. 성도들에게 다음과 같은 명령이 주어져 있습니다. 곧, "하나님의 사랑 안에서 자신을 지키며" 그 다음에 "영생에 이르도록 우리 주 예수 그리스도의 긍휼을 기다리라"고 하며(유 21), "너희가 자기를 위하여 공의를 심고 긍휼을 거두라"(호 10:12). 우리는 땅에서 심고 하늘에서 거둡니다. 우리가 뿌려야 할 씨는 의와 거룩입니다만, 이 일을 지극히 조심하여 행한 후에도 우리의 의로운 손으로부터 상급이 있기를 기대해서는 안 됩니다. 그것은 오로지 하나님의 긍휼하심으로부터 주어질 것입니다.

[하나님을 예배하는 임무들에서 거룩의 능력이 드러남]

두 번째 경우. 그리스도인은 하나님을 예배하는 임무들에서 거룩의 능력을 드러내야 합니다. 우리에게 빛이 있어 하나님을 보여줍니다만, 그 동일한 빛이 그가 예배를 받으시는 분이시며, 또한 그 뿐 아니라 그가 거룩한 자세로 드리는 예배를 받으신다는 것을 납득하게 해줍니다. 율법 아래서는 하나님께서 그의 예배에 속한 모든 사항에서 매우 까다로우셨습니다. 예배 처소인 성막이 있었는데, 그것은 아주 귀한 재료로 만들어야 했습니다. 그것을 만드는 일꾼들도 그 일을 위해 보기 드문 은사들을 지닌 자들이라야 했습니다. 희생제물도 종류별로 최고의 것들을 드려야 했습니다. 양 떼 중에서도 수컷을 드려야 했고, 짐승 중에서도 최고의 것을 드려야 했고, 내장의 기름을 드렸고, 찌꺼기는 드리지 않았습니다. 주께 수종들며 그를 위해 봉사하는 사람들도 특별히 거룩해야 했습니다. 하나님이 그의 예배에서 매우 특별하시다는 것이 아니면 이 모든 사실이 무슨 뜻이겠습니까? 우리 삶의 모든 행실이 다른 이들보다 더 거룩해야 한다면, 우리가 직접 하나님을 대하여야 할 때에는 반드시 거룩해야 할 것입니다. 그런데 예배의 임무들에서의 거룩이 다음 사항들에서 나타납니다.

첫째 사항. 여러 임무를 모두 포괄적으로 감당하는 데에서. 그리스도인은 그의 신앙생활 속에 모든 것을 다 포괄해야 합니다. 한 가지 임무는 행하고 다른 임무는 소홀히 하는 식은 매우 위험합니다. 하나님께서는 편파적인 것을 싫어하시며, 신앙의 임무들에서는 특히 그렇습니다. 그 임무들 하나하나가 하나님이 인치신 것

들이니 말입니다. 하나님께서 정하신 규례 가운데 어느 하나도 그의 백성에게 복
을 주지 않는 것이 없으니, 우리도 그 중 하나라도 거부해서는 안 되는 것입니다.
그렇습니다. 하나님께서 그의 성도들에게 지극히 다양한 방식으로 자신을 전하십
니다. 우리로 하여금 그 모든 것을 마음 깊이 존중하게 하시고자 이때는 이 방식으
로, 저때는 저 방식으로 자신을 전하시는 것입니다. 아내는 집에서 은밀한 임무 중
에 그 사랑하는 남편을 찾다가 찾지 못하자, 바깥으로 나가 거기서 그 "마음에 사
랑하는 자"를 만납니다(아 3:4). 다니엘은 은혜의 보좌를 자주 찾았고, 그 임무를
오랫동안 성실히 행해 왔습니다만, 하나님께서는 그의 사랑을 더 충만히 나타내
시고 무언가 비밀한 것을 알리시는 일을 보류해 두셨습니다. 그러다가 그가 일상
적인 기도에 특별한 금식과 기도를 더하자 그 때에 명령이 임하였고 하늘의 사자
가 임하여 그에게 하나님의 마음과 뜻을 알려 주었습니다(단 9:3, 참조 23절). 성도
들의 임무 중에, 이따금씩 하나님의 성령께서 감미롭게 역사하셔서 그저 보통의
새롭게 하는 역사 이상으로 그 영혼을 채워 주시지 않는 것이 없습니다. 때로는 젖
먹이 아기가 이 유모에게서 젖을 빨기도 하고, 때로는 저 유모에게서 젖을 빨기도
하는 법입니다. 다윗은 묵상 중에 작은 소리로 읊조릴 때에 하늘의 열기가 가슴속
에서 지펴져서 마침내 불처럼 터져 나오는 것을 느꼈습니다(시 39:3). 내시가 말씀
을 읽는 중에 빌립이 그에게 보냄을 받아 그의 병거에 함께 탔습니다(행 8:27, 28).
그리스도께서는 떡을 떼는 중에 사도들에게 자신을 알리셨습니다(눅 24:35). 엠마
오로 가던 제자들이 서로 궁리하고 있을 때에 홀연히 그리스도께서 그들 중에 오
셔서(눅 24:15), 그들에게 의문을 주었던 매듭들을 풀도록 도와 주셨습니다. 고넬
료는 그의 집에서 임무를 행하는 중에 하늘로부터 오는 "환상"을 보았고, 행할 길
을 지시받았습니다(행 10:3). 그러므로 그리스도인 여러분, 그 어떤 임무도 소홀히
여기지 마시기 바랍니다. 그 문 밖에서 그리스도께서 여러분의 영혼 속에 들어오
시기 위해 기다리시는지 어떻게 알겠습니까? 성령께서는 그의 뜻대로 역사하십니
다. 그를 이 임무 혹은 저 임무에다 묶어 두지 말고, 모든 임무 중에서 그를 기다리
시기 바랍니다. 물 한 방울이라도 물레방아를 그냥 지나가게 하는 것은 지혜로운
일이 아닙니다. 이와 마찬가지로 여러분의 영혼을 천국을 향하여 나아가도록 하
는 데에 매우 유용한 임무들 가운데 어느 하나라도 그냥 허비하는 것은 합당한 일
이 아닙니다. 그리스도인 여러분, 어쩌면 여러분이 임무들을 행하면서 거기서 별
로 얻는 것이 없을지도 모릅니다. 그것들이 젖이 나오지 않는 가슴 같아서 여러분

의 영혼이 아무것도 얻지 못할 수도 있습니다. 그럴 때에 여러분이 다른 임무들을 소홀히 한 것은 없는지를 따져보는 것이 좋습니다. 말씀을 들어도 별 유익이 없습니까? 그렇다면 여러분이 성례를 소홀히 하지는 않습니까? 하나님께서 아십니다만, 많은 이들이 근거도 없이 성례를 소홀히 합니다. 한 가지 규례에서 하나님을 만나지 못하면서 다른 규례에서 그를 만나기를 기대하십니까? 아니면, 모든 공적인 규례에는 참여하면서도, 여러분의 가정이나 집, 혹은 골방에서는 하나님과 전혀 낯선 자로 지내는 것은 아닙니까? 사사로이 행하는 은밀한 임무들에서는 어떻게 하나님과 교제하고 있습니까? 사사로운 임무에 큰 구멍이 뚫려 있으니 이를 속히 교정하지 않으면, 공적인 임무들에서 얻은 것들을 다 잃어버리고 말 것입니다. 사무엘은 이새의 집을 방문하였으나, 그 자리에 없던 막내아들 다윗을 불러오기까지 그 집의 잔치에 참석하려 하지 않았습니다(삼상 16:11). 하나님의 어느 한 가지 규례 가운데서 그와 교제하기를 바라면, 모든 규례에서 그를 기다려야 합니다. 어느 규례를 의도적으로 소홀히 한다면, 다른 규례에서도 하나님을 만날 수가 없을 것입니다. 여러분이 멀리 보내버린 그 규례를 다시 불러오십시오. 여러분의 눈에는 그것이 하찮은 것 같아 보여도, 그것이야말로 하나님께서 그의 가장 값진 복을 여러분의 영혼에 부어 주고자 하시는 규례일 수도 있는 것입니다.

　　둘째 사항. 하나님께서 지정해 두신 그 목적들을 긴밀하고도 왕성하게 추구하는 데에서. 예배의 임무들에서 하나님께서 주로 의도하시는 목적은 두 가지입니다. 1. 하나님께서는 그 임무들을 통해서 우리가 그를 우리의 주권자로 인정하고 그에게 머리를 숙이게 하고자 하십니다. 2. 그는 그 임무들을 그 자신이 그 자녀들의 가슴 속에 들어오셔서 그들에게 가장 값진 복을 전해 주시는 수단으로 사용하고자 하십니다. 자, 그리스도인이 그가 행하는 모든 임무마다 이 목적들을 이루고자 힘쓸 때에 거기서 거룩의 능력이 드러나는 것입니다.

　　1. 하나님께서 그 임무들을 지정해 주시는 목적은, 우리로 하여금 그를 우리의 주권자 되신 주님으로 인정하고 그에게 머리를 숙이게 하기 위함입니다. 하나님께 드리는 예배가 없다면, 우리가 그에게 우리의 생명과 존재를 온전히 의지한다는 것을 어떻게 선포하며 나타내겠습니까? 하나님께서 가장 먼저 아담에게 가르치셨고 또한 아담이 그의 자녀들에게 가르친 사항 가운데 하나는 바로 하나님께 예배하는 것이었습니다. 이 일을 거룩하게 행하려면, 모든 임무 하나하나를 행하되 그 임무 가운데서 하나님의 이름을 거룩하게 하고 그에게 합당한 영광을 드리는 것을 우

리의 주된 관심사로 삼아야 할 것입니다. 신하가 왕에게 우스꽝스러운 방식으로 선물을 드린다면, 이는 왕을 존귀하게 하는 것이 아니라 그를 모욕하는 것이 될 수도 있습니다. 군졸들이 그리스도께 무릎을 꿇었으나 그들은 그를 희롱한 것이었습니다(마 27:29). 이처럼 많은 이들이 그를 예배하지만, 하나님께서는 그들이 그를 희롱하는 것으로 여기실 수도 있습니다. 신앙적인 임무들에서 우리가 어떻게 행하고 처신하느냐 하는 것에서 하나님 자신을 향한 우리의 생각이 그대로 드러나는 것입니다. 심령에 거룩한 경이가 가득하고, 믿음과 두려움과 기쁨과 떨림으로 그 임무들을 행하는 자는, 그가 하나님을 과연 위대하시고 선하신 하나님 — 영광과 위엄과 은혜가 충만하신 하나님 — 으로 믿는다는 것을 분명하게 드러내는 것입니다. 그러나 그 임무들을 그저 아무렇게나 부주의하게 행하는 자는 자신이 하나님에 대해 초라하고 저급한 생각을 갖고 있다는 것을 그의 면전에 대고 이야기하는 것이나 마찬가지입니다. 신앙적인 임무들에서 그릇 행하는 것은 그가 예배하는 하나님에 대해 그릇된 생각을 갖고 있는 데에서 기인하는 것입니다. 도장에 새겨져 있는 것이 그대로 종이에 인쇄되어 나타나는 법입니다. 이와 마찬가지로 하나님에 대한 마음의 생각들이 사람이 행하는 임무들에 그대로 인쇄되어 드러나는 것입니다. 하나님께 드린 제사에서 아벨은 거룩한 사람인 것이 드러났고, 가인은 사악한 죄인임이 드러났습니다. 어떻게요? 아벨은 하나님께서 예배에서 의도하신 바 목적을 — 하나님의 이름을 거룩하게 높이는 것을 — 똑바로 지향하였으나, 가인은 그것을 전혀 마음에 두지 않았습니다. 이는 다음 두 가지 구체적인 사실에서 아벨의 제사와 가인의 제사를 비교해 보면 금방 드러납니다.

(1) 아벨은 제사의 문제에서 정성을 다합니다. 양 떼 중에서 손에 잡히는 대로 드린 것이 아니라 "첫 새끼"들을 드렸고, 기름은 자기가 먹으려고 남겨둔 것이 아니라 그것도 하나님께 드렸습니다. 곧, 최고 중의 최고를 하나님께 드린 것입니다. 그러나 가인의 제물에 대해서는 그가 정성을 기울였다는 기록이 나타나지 않습니다. 그저 그가 "땅의 소산으로 제물을 삼아 여호와께 드렸다"고만 기록하고 있고, 그것이 첫 곡식이라거나 최고의 곡식이라거나 하는 말이 전혀 없는 것입니다(창 4:3, 4).

(2) 아벨은 하나님께 그저 짐승 한두 마리를 제물로 드린 것만이 아니라, 그의 마음도 함께 드립니다. "믿음으로 아벨은 가인보다 더 나은 제사를 하나님께 드렸다"고 말씀합니다(히 11:4). 그는 하나님께 그의 영혼으로 내적으로 예배하였고,

하나님께서 바로 이것을 기뻐 받으신 것입니다. 이로써 그 자신이 "의로운 자"라는 증거를 하나님께로부터 얻었으니 말입니다. 반면에 가인은 땅의 열매를 조금 드리는 것으로 족하다고 생각했습니다. 그 악한 죄인이 과연 하나님이 누구시며 그가 무슨 목적으로 제물을 요구하시는지를 생각했더라면, 그가 드린 한두 움큼의 곡식은 외형적인 예식과 함께 드려져야 할 내적인 영적 예배의 표증에 지나지 않는다는 그런 이성적인 생각을 할 수 있었을 것입니다. 그러나 그는 하나님에 대해서 그가 가졌던 생각이 얼마나 비열하고도 무가치한 것인지를 십분 드러내었고, 그리하여 하나님께서도 그를 그렇게 대하신 것입니다. 오오 그리스도인 여러분, 무슨 임무든 신앙의 임무를 행할 때에는 하나님께 머리 숙여 충성을 드려야 한다는 것을 기억하십시오. 그는 친히 하나님답게 예배 받으시기를 원하시는 것입니다. "짐승 떼 가운데 수컷이 있거늘 그 서원하는 일에 흠 있는 것으로 속여 내게 드리는 자는 저주를 받으리니 나는 큰 임금이요 내 이름은 이방 민족 중에서 두려워하는 것이 됨이니라 만군의 여호와의 말이니라"(말 1:14). 다윗이 성전을 건축하고자 하는 마음을 품고 그 일에 대해 그렇게 열정을 가졌던 이유는, "이 성전은 사람을 위한 것이 아니요 여호와 하나님을 위한 것"이기 때문이었고(대상 29:1), 그렇기 때문에 그는 "내가 이미 내 하나님의 성전을 위하여 힘을 다하여 준비하였나니"라고 말씀한 것입니다(2절). 그러므로 은혜 안에 있는 영혼은 신앙적인 임무를 행하면서 이렇게 말해야 합니다. 곧, "이 일은 사람을 위한 것이 아니요 여호와 하나님을 위한 것이라. 그러니 나는 진지하고도 엄숙하고, 거룩하고도 겸손하게 이 일을 감당하리라"라고 말입니다.

2. 하나님께서 신적인 규례들과 신앙적인 임무들을 지정하신 두 번째 목적은, 그 자신이 그 자녀들의 가슴속에 들어오셔서 그들에게 가장 값진 복을 전해 주시는 수단이 되게 하기 위함입니다. 시편 기자는 하나님을 예배하는 장소인 성전이 서 있는 자리를 지칭하면서, "거기서 여호와께서 복을 명령하셨나니 곧 영생이로다"라고 말씀합니다(시 133:3). 즉, 하나님께서는 마침내 영생으로 확대되는 영적인 생명, 은혜, 위로 등의 복이 거기서부터 솟아나와 흘러가도록 지정하셨다는 뜻입니다. 성도들은 언제나 이 우물에서 물을 길어내는 것입니다. "하나님을 찾는 너희들아 너희 마음이 살리라"(시 69:32). 그러니 반대로 여기서 하나님을 찾지 않는 자들은 그 영혼이 죽을 수밖에 없는 것입니다. 신앙의 임무들을 성실하게 감당하지 않는 자가 은혜나 위로가 풍성하기를 기대하는 것은 마치 농부가 씨를 뿌리거나 쟁기

질을 전혀 하지 않으면서 수확을 기대하는 것이나 같고, 상인이 상점 문을 열어 손
님을 받지도 않으면서 돈을 벌기를 기대하는 것이나 같습니다. 하나님께서 그의
백성을 위해 행하시는 큰 일들은 그와의 교제 속에서 누리는 것입니다. 자, 사람이
하나님께로부터 무언가 영적인 유익을 얻고자 신앙의 임무들에 성실히 진지하게
임하는 것을 자기의 본분으로 삼을 때에, 바로 거기서 거룩의 능력이 나타나는 것
입니다. 학생이 자기가 대학에 가는 것이 스스로 학문을 배우기 위함이라는 것을
알고서 이를 추구하기 위하여 다른 것들을 버리고 무시하듯이(그가 돌아보는 것
은 재물이나 쾌락이 아니라 학문입니다), 은혜 안에 있는 영혼도 그를 자극하여 마
치 벌이 이 꽃 저 꽃을 돌아다니며 꿀을 얻듯이 이 임무 저 임무를 계속 행하여 더
욱 풍성한 은혜로 그 자신을 채우는 것입니다. 그가 온갖 고통들을 감수하는 것은
위대한 성도라는 인정과 명성을 사람들에게서 얻기 위한 것이 아니라, 실제로 위
대한 성도가 되기 위한 것입니다. 그리스도인을 진기한 진주를 파는 상인에 비합
니다만, 그는 마치 그 상인이 관광을 위해서가 아니라 물건을 팔기 위해서 이 항구
저 항구를 돌아다니는 것처럼, 그렇게 하나님의 규례들에 참여하는 것입니다. 그
러므로 그 규례들에서 아무런 유익도 얻지 못하고 빈손으로 돌아온다면, 그 사람
은 마치 상인이 아무런 소득도 없이 빈손으로 돌아오는 것만큼이나 수치를 느껴
야 마땅할 것입니다. 그런데 안타깝게도, 이 점을 깊이 생각하는 사람이 얼마나 적
은지 모릅니다! 신앙이 있다고 말하는 자들 가운데, 원하는 물건을 사기 위해서가
아니라 그저 무슨 상품이 나와 있는가를 둘러보기만 하려고 할 일 없이 시장에 가
는 게으른 사람 같은 자들이 얼마나 많은지요! 오오 형제 여러분, 이것을 조심하십
시오! 게으름은 어디서나 나쁜 것이지만 시장에서는 가장 나쁩니다. 눈에 보이는
모든 사람들이 바삐 움직이는데 거기서 게으름을 피우며 할 일 없이 다니다니요!
영적인 규례에서 이렇게 행하는 자들은 그 죄를 배가시키는 것이요, 훗날 그 수치
도 배가될 것입니다. 다른 이들이 이 규례들에 참여함으로써 은혜와 위로 가운데
서 자라는 것이 보이지 않습니까? 그런데 여러분이 그 규례들을 통해서 아무것도
얻지 못하고 궁핍한 거지꼴을 하고 있다면, 얼굴이 붉어지지 않습니까? 여러분에
게 다른 이들과 같은 영적인 유익을 얻고자 하는 간절한 마음이 있다면, 그들만큼
바삐 움직이며 규례에 참여할 것입니다. 하나님께서는 그리스도와 그의 은혜를
고귀하게 여기는 모든 이들에게 값없이 유익을 베풀어 주십니다. "오호라 너희 모
든 목마른 자들아 물로 나아오라 돈 없는 자도 오라 너희는 와서 사 먹되 돈 없이,

값 없이 와서 포도주와 젖을 사라"(사 55:1). 어떤 이들의 판단에 따르면, 하나님의 성령께서는 해변 마을의 특정한 관습에 빗대어 말씀하시는 것 같습니다. 배가 들어와 각종 어물들을 팔고자 할 때에, 그 사람들이 마을을 돌아다니며 다음과 같이 외치곤 했다고 합니다. "여러분, 이런저런 어물들을 갖고자 하는 사람들은 모두 물가로 나아오십시오. 이런저런 값이면 거기서 그것들을 얻을 수 있습니다." 이와 같이 그리스도께서도 그와 그의 은혜가 필요하다는 것을 아는 모든 이들을 부르십니다. "하나님의 규례들로 나아오라. 그리로 나아오는 자는 값없이 그 모든 것을 얻으리라"고 말씀하시는 것입니다.

[그리스도인의 세상과의 관계에서 거룩의 능력이 드러남]

세 번째 경우. 그리스도인은 세상의 직업과 일터에서 거룩의 능력을 나타내어야 합니다. 신앙적인 임무들에는 물론 여기도 거룩이 기록되어야 합니다. 건축의 법을 준수하는 자는 부엌을 만들 때나 거실을 만들 때나 그 법을 철저하게 준수합니다. 마찬가지로 기독교의 법을 준수하는 일도 세상적인 사업에서나 예배의 임무들에서나 그것이 똑같이 철저하게 준수되어야 하는 것입니다. "너희도 모든 행실에 거룩한 자가 되라"(벧전 1:15). 어떤 이들은 교회당에다 성경책을 놓아두기도 합니다만, 우리의 신앙을 교회당에다 놓아두어서는 안 됩니다. 사람의 경우 최고의 기능 — 이성이 그것입니다만 — 이 가장 저급한 행동까지도 다 제어하며, 심지어 먹고 마시고 잠자는 일 등 짐승들과 공유하는 행동들까지도 제어합니다(사람이 사람다우려면 이성이 지시하는 대로 이런 행동들을 하여야 합니다). 이와 마찬가지로 그리스도인에게는 은혜가 최고의 원리이며, 따라서 기타 사람들과 공유하는 그런 행동들에서도 이 은혜의 원리가 방향을 제시하고 지도하는 것입니다. 그리스도인은 사고파는 일에서도 그저 사람으로서가 아니라 그리스도인으로서 그 일에 임하여야 합니다. 신앙은 마치 고위 관리가 휴무일 때에 "자, 재정관은 잠시 거기 있게나!"라고 하며 자기 제복을 벗어 던지듯이 그런 식으로 때에 따라 벗어 던질 수 있는 것이 아닙니다. 아닙니다. 어디에 있든, 무엇을 하든, 그는 자기의 신앙을 계속 지녀야 합니다. 어디서든 무엇을 하든 그 일을 거룩하게 행하여야 하며, 또한 자신을 그리스도인으로 드러낼 수 없는 일은 행해서는 안 된다는 말입니다. 자, 거룩의 능력이 우리의 세상과의 관계에서 이렇게 드러납니다. 그러나 그 일들을 서로 연결시켜 보십시오. 그러면 그 모든 부분들이 대칭을 이루는 데에서

"거룩의 아름다움"이 나타날 것입니다.

첫째. 그리스도인이 자신의 직업에서 부지런할 때. 하나님께서 우리를 그리스도인으로 부르시는 것은 세상에서 나오도록 부르시는 것인데, 이는 그것에 애착을 두지 말라는 뜻이지 세상적인 직업을 모두 버리고 나오라는 뜻이 아닙니다. 엘리사는 부르심 받았을 때에 쟁기를 버려두고 떠났고, 사도들도 그물을 던지고 떠난 것은 사실입니다. 그러나 그것은 그들이 성도로 부르심 받았기 때문이 아니라, 교회의 직분을 위하여 부르심 받았기 때문입니다. 그러나 오늘날, 교회의 직분자들을 내보내어 다시 쟁기를 잡게 하고 싶은 마음을 가진 자들이 있습니다만, 그들의 그런 판단이 얼마나 근거가 없는 것인지를 생각해야 할 것입니다. 한 가지 일을 충실히 감당하려 해도 한 주간 내내 그 일에 몰두해야 합니다. 사람의 육체가 아니라 영혼을 보살피고 양육하는 일을 맡은 목사의 경우도 다른 어느 누구에 못지않게 일 년 내내 머리와 마음을 그 맡은 바 소명에 몰두하여야 하는 것입니다. 그러나 저는 지금 일반 보통 그리스도인의 경우를 말하는 것입니다. 그리스도인 여러분, 여러분의 직업에 부지런히 임하지 않는다면 결코 거룩해질 수가 없습니다. 사람의 법에서는 일정한 주거지가 없는 사람은 방랑자로 취급합니다. 하나님의 말씀은 일정한 직업이 없이 빈둥빈둥 지내는 자를 무질서한 자로 간주합니다. 그리스도인이라면 일정한 직업을 감당하면서 그 안에서 하나님의 영광과 다른 이들의 유익을 위하여 움직이고 행하여야 마땅한 것입니다. "우리가 들은즉 너희 가운데 무질서하여 도무지 일하지 아니하고 일을 만들기만 하는 자들이 있다 하니"(살후 3:11. 한글개역개정판은 "무질서하여"를 "게으르게 행하여"로 번역함 — 역주). 양들이 풀을 뜯어먹으면서도 그 땅에 유익을 끼치는 것처럼, 하나님께서는 그의 백성들이 유익을 끼치기를 원하십니다. 그리스도인 덕분에 모든 사람이 나아져야만 하는 것입니다. 오네시모는 회심하자 바울과 빌레몬에게 유익한 자가 되었습니다. 바울에게는 그리스도인으로서, 빌레몬에게는 종으로서 유익을 끼치는 자가 된 것입니다(몬 11). 도망하는 종이던 그가 하나님의 은혜로 말미암아 부지런한 종이 된 것입니다. 신앙이 있다고 하면서도 게으른 자는 문젯거리입니다. 게으른 자는 유익을 끼치지도 못하고 그 자신에게도 큰 상처를 입히는 것입니다.

둘째. 그가 부지런할 뿐 아니라 양심을 위하여 일을 감당할 때. 자신의 직업에 종사하면서 고통을 감내하며 자발적으로 부지런히 일을 하므로 격려할 필요가 전혀 없는 이들도 많습니다. 하지만 그들이 무슨 동기로 그렇게 열심히 일합니까? 하나님이 명하시니 양심에 자극을 받아 그렇게 열심히 일하는 것일까요? 아니요. 그렇지 않습니다. 그렇다면 일반적인 부르심에서도 부지런히 임할 것입니다. 일하는 만큼 기도도 열심히 할 것이고, 하나님께서 명하시면 일을 하기도 하고, 놀기도 할 것입니다. 만일 양심을 위하여 주중에 상점을 여는 것이라면, 주일에는 마땅히 상점 문을 닫을 것입니다. 마치 솔개처럼 세상의 먹이를 좇아 날아다니고 하나님께서 베푸시는 먹이에는 눈을 돌리지 않고, 양심이 하나님의 이름으로, "와서 가정에서 이 임무를, 골방에서 저 임무를 행하며 네 하나님을 기다리라"라고 명령하는데도 계속해서 세상적인 것만을 좇아다니는 사람을 보면, 그 사람이 무슨 동기로 그 일을 행하는가 하는 것이 분명히 드러납니다. 양심을 위해서가 아니라, 자신의 정욕을 채우기 위해서 일하는 것입니다. 그러나 만일 거룩의 능력 가운데서 행한다면, 신앙적인 이유로 여러분의 직업에서도 열심을 내는 법입니다. 여러분으로 하여금 애써 기도하게 만드는 그것이 동시에 여러분으로 하여금 일에 게으르지 않게 만드는 것입니다. 여러분, 이렇게 말해야 합니다: "하나님께서 나를 이곳에 세우셨으니, 나의 상점에서 나는 하나님의 종에 불과하다. 그러니 내 조수나 점원이 나를 섬겨 주기를 바라는 만큼 나도 여기서 하나님을 섬겨야 마땅하리라. 아니다. 그들은 내 소유가 아니지만 나는 하나님의 소유이니, 나는 그들이 나를 섬기는 것보다 더 열심히 하나님을 섬겨야 하리라."

셋째. 자신이 수고하고도 그 성공적인 결과를 하나님께로부터 기대할 때. 하나님께서 속히 그런 결과를 주시면 그리스도인은 겸손히 하나님께 감사를 드립니다. 사실 기도와 감사는 함께 갑니다. 기도하지 않는 사람은 감사할 줄도 모릅니다. 세상 사람은 아침에 일어나 골방에서 기도하고서 상점에 들어가 일을 시작하는 법이 없습니다. 그러니 밤에도 일에서 돌아와 골방에서 하나님께 감사하며 하루를 마감하는 법도 없습니다. 하나님 없이 하루를 시작하고는 하나님 안에서 하루를 마친다면 오히려 그것이 이상한 일일 것입니다. 뱃속에서 실을 빼내어 그것으로 집을 짓는 거미는 그 일을 완성한 다음 그 속에 거하는 법입니다(욥 8:14). 자기의 지략과 열심으로 사업을 이루는 자들은 자기들이 이루었다고 여기는 그 결과도 자기들의 공으로 돌리는 것입니다. 자기들의 "그물"과 "투망"으로(합 1:15) 성공을 얻었으니, 하나님께 감사하기보다는 오히려 그 공을 자기들의 지혜와 근면함에게 돌릴 것입니다. 그런 몹쓸 죄인의 이야기를 최근에 들은 적이 있습니다. 어떤 이웃이 밭에 서서 풍성한 수확을 얻은 것에 대해 감격에 가득 차서 하나님께 감사를 드

리는 것을 보고는 옆에 있던 자가 이렇게 말했다는 것입니다. "하나님께 감사한다
고? 집어치워라. 차라리 내 똥 수레에게 감사해라!" 이런 똥 더미 같은 사람의 말이
야말로 그의 수레에 가득한 똥보다 더 더러운 것입니다. 그러나 그리스도인이라
면 당연히 "범사에" 하나님을 인정하고 그 자신의 "명철"을 의지하지 않습니다(잠
3:5, 6). 그리고 그렇게 하면 여러분의 수고에 성공의 면류관이 주어질 때에 하나
님께로 나아가게 하며 찬양으로 하나님께 면류관을 드리게 됩니다. 야곱은 다른
사람에 못지않게 부지런히 수고하였고 후에 얻게 될 재물을 위해 고통을 감내하
였습니다만, 기도로 그 모든 것의 기초를 세웠고, 하늘로부터 복이 임하기를 기대
하였습니다(창 28:20). 그는 훗날 소유하게 되는 그 모든 재물을 하나님의 은총과
진실하심의 덕으로 돌립니다. 그는 지팡이만 갖고서 밧단아람으로 여행할 당시
아주 빈핍한 처지에 있을 때에 모든 것을 하나님께 돌리기로 엄숙히 서원했었는
데 이를 그대로 행한 것입니다(창 32:10).

넷째. 그리스도인이 적든 많든 하나님께서 그의 수고에 대해 분배하시는 것을 만족
히 여길 때. 이방인의 경우는 필연성 외에는 만족을 가르쳐 주는 선생이 없습니다.
그러나 그리스도인에게는 믿음이 만족을 가르쳐 주는 선생이 되어야 합니다. 믿
음을 통해서 하나님의 섭리의 역사하심을 자기 자신에 관한 하나님의 뜻으로 여
겨 기꺼이 그것을 받아들이고 만족하는 것입니다. 자기 앞에 놓인 접시에 무엇이
담겨 있든 간에 하나님의 섭리를 인정하고 그것으로 만족할 때, 바로 여기에 경건
의 승리가 있는 것입니다. 적게 거두어도 부족하게 여기지 않고 그것으로 만족합
니다. 많이 거두어도 남지 않습니다. 곧, 그의 은혜가 소화시켜 선한 자양분을 얻
게 하는 정도를 넘지 않으며, 교만과 방탕에 빠지게 만들 정도로 남지는 않는다는
뜻입니다. 사도 바울은 이를 터득했습니다(빌 4:12). 그는 "풍부와 궁핍에도 처할
줄"을 알고 있었습니다. 경건으로부터 자족함을 취하십시오. 그러면 경건이 그 가
슴에 다는 최고의 보석 중에 하나를 취하게 되는 것입니다. "자족하는 마음이 있으
면 경건은 큰 이익이 되느니라"(딤전 6:6). "재물이 있으면"이 아니라 "자족하는 마
음이 있으면" 경건이 큰 유익이 되는 것입니다.

다섯째. 그리스도인의 직업이 그의 일반적인 소명을 잠식하지 않을 때. 이것이야말
로 강력한 방비가 필요합니다. 세상은 잠식하는 성격을 지니고 있어서, 세상을 대
하면서 그것에 종이 되지 않기가 매우 어렵습니다. 하갈이 아브라함이 조금 인정
해주자 자기 주인인 사라를 넘보고 그와 겨루기 시작한 것처럼, 철저하게 경계하

지 않으면 우리의 세상적인 직업이 천국의 소명과 갈등을 일으키기 마련인 것입니다. 그런데 이와 관련하여 거룩의 능력이 다음 두 가지에서 나타납니다.

1. 그리스도인이 세상적인 일이 하나님과의 교제를 위한 시간을 잡아먹지 못하게 하고, 세상의 망령된 손길이 그 시간을 절대로 침해하지 못하도록 할 때. 그리스도인이 관찰할 수 있는 일입니다만, 세상의 명령을 들으면 절대로 신앙적인 임무를 감당할 엄두를 내지 못합니다. 언제나 이런저런 그럴듯한 핑곗거리가 그 일을 가로막기 때문입니다. 친구가 말한 일을 당장 끝내야 하고, 고객이 기다리고 있는 일도 당장 끝내야 합니다. 그러니 지혜자의 말씀처럼, "풍세를 살펴보는 자는 파종하지 못할 것이요 구름만 바라보는 자는 거두지 못하는" 것입니다(전 11:4). 이와 마찬가지로, 자신의 게으른 세상적인 관심사와 육신적인 요구를 돌아보는 자는 절대로 기도한다든가 묵상한다든가 기타 신앙적인 임무를 통해서 하나님과 교제를 가질 수가 없는 것입니다. 그리스도인이 언제 하나님께 나아가 그와 교제하며 언제 그렇게 하지 않을지에 대해서 세상으로부터 명령을 받는다면, 이 얼마나 슬픈 일이겠습니까! 신앙이 법이 되어 그것으로부터 명령을 받아야 하는데 말입니다. 마치 삼손이 힘이 충만하여 밧줄을 불에 탄 삼처럼 쉽게 끊어 버린 것처럼(삿 15:14), 하나님과의 교제를 멀리하게 만드는 이런 변명거리들을 과감히 제쳐둘 수 있을 때, 세상적인 온갖 일들을 벗어 버리고 하나님의 임재 속으로 들어갈 수 있을 때, 그 때야말로 거룩이 능력으로 발휘되는 때입니다. 다윗은 이렇게 말씀합니다: "내가 환난 중에 여호와의 성전을 위하여 금 십만 달란트와 은 백만 달란트와 놋과 철을 그 무게를 달 수 없을 만큼 심히 많이 준비하였고 또 재목과 돌을 준비하였도다"(대상 22:14). 그가 하나님의 일을 마다하고 자기의 재물들을 다른 곳에 쓰려 했다면 쓸 곳이 차고 넘쳤을 것이고, 자신의 치세 동안 전쟁이 끊이지 않았고 따라서 국가의 재정이 계속해서 그 일을 위해 사용되어야 했으니, 그 재물들을 다른 곳에 쓰고도 얼마든지 그럴 듯한 핑계를 댈 수 있었을 것입니다. 그러나 한니발이 스페인을 침공하자 로마가 스페인을 위해 구원군을 보내어 그 힘을 보여주었듯이, 다윗도 그 나라의 온갖 힘든 일들의 와중에 성전 건축을 위하여 그처럼 엄청난 재물을 내어놓음으로써 하나님과 그의 집을 향한 자신의 열정을 유감없이 드러내 보인 것입니다. 온갖 세상적인 일들로 바쁜 중에도 하나님과의 교제를 위하여 하루 중에 상당한 시간을 별도로 할애하는 사람이야말로 과연 그리스도인일 것입니다. 누구와 일을 하며 얼마나 적게 지불하든, 감히 하나님께 절반만 드려서 그를 섬기

는 일은 없습니다. 다른 일에 시간을 적게 할애하는 한이 있어도 하나님께는 반드시 시간을 드립니다. 어떤 경건한 사람은 하나님께 드릴 교제의 시간이 오면 누구와 함께 무슨 일을 하는 중이라도 자기와 말씀을 나누기 위해 기다리는 친구가 있다고 하며(이는 바로 하나님을 지칭하는 말이었습니다) 양해를 구하고 그 자리를 떠났다고 합니다.

2. 세상적인 일들에 대해 애착이 크면 하나님과의 교제에서 심령이 무뎌지는데, 그렇게 되지 않을 때. 여기서 거룩의 능력이 나타납니다. 남편이 하루 종일 바깥에서 사람들을 만나며 지내지만, 그 때문에 아내와 자녀들에 대한 사랑이 식어지는 법은 없습니다. 밤에 집에 돌아오면 바깥에 있을 때만큼 그들에게 전적으로 애정을 쏟습니다. 그렇습니다. 바깥의 모든 사람들에게서 벗어나 다시 사랑하는 가족에게 돌아온 것을 기쁘게 여기는 것입니다. 이것이야말로 그리스도인에게 있어야 할 풍성한 마음 자세입니다. 그런데, 이런 자세를 지키기가 얼마나 어려운지 모릅니다! 오오 그리스도인 여러분, 하루 종일 세상적인 일들 속에서 지내고 여러분의 재물이 가져다주는 온갖 기쁨과 쾌락을 누리다가 밤에 하나님의 임재 속에 들어가 그와의 교제를 기다릴 때에 그 하나님께 과연 온전한 마음 전체를 다 드린다고 말할 수 있습니까? 오오, 하루 종일 세상과 더불어 처신한 후에 밤에 그 모든 것을 다 떨어 버리고 아무것도 없이 자유롭게 하나님과의 은밀한 교제를 즐긴다는 것이 정말로 어렵습니다. 세상이 그리스도인에게 하는 일이 마치 어린 아기가 그 어머니께 하는 것과 같습니다. 어머니가 곁에서 떠나가는 것을 막지 못하면 마구 울어대며 어머니를 붙잡습니다. 이와 마찬가지로 우리가 신앙적인 임무들을 하기 위해서 곁을 떠나려 할 때에, 그것을 막지 못하면 세상이 마구 울어대며 우리를 붙잡습니다. 그러니 큰 소동을 벌이지 않고서는 세상을, 또한 세상에 대한 애착을 떼어 낼 수 없는 것입니다.

[거룩의 능력이 그리스도인의 다른 이들에 대한 처신에서 드러남]
네 번째 경우. 그리스도인은 문 안에 있는 이든, 문 바깥에 있는 이든, 다른 이들에 대한 품행과 처신에서 거룩의 능력을 드러내어야 합니다.

[문 안의 사람들과의 가족 관계에서]
첫째. 그리스도인은 문 안에 있는 이들에 대한 처신에서 — 가족들과의 관계에서

— 거룩의 능력을 드러내어야 합니다. 경건의 능력이 — 그 전부는 아니더라도 상당 부분이 — 문 안의 사람들, 곧 하나님께서 우리와 친척 관계에 있게 해 주신 이들과의 관계에 있습니다. 친척들과의 관계에서 거룩한 삶의 모습을 보임으로써 그들에게서 인정을 받지 못한다면, 거룩에 대해 아무리 이야기해도 헛된 일일 수밖에 없을 것입니다. 날마다 함께 생활하므로 우리를 가장 잘 아는 그들이 우리의 경건에 대해 별로 말할 것이 없다면 이는 정말 슬픈 일입니다. 벌거벗은 채 거리를 활보할 만큼 무분별한 사람은 거의 없을 것입니다. 무엇이든 벌거벗은 몸을 가릴 것이 있으면, 밖으로 나갈 때에 그것을 입고 나갈 것입니다. 그러나 집 안에서의 여러분의 모습은 어떻습니까? 가까운 친족들에 대한 임무를 얼마나 성실하게 또한 양심적으로 행하고 있습니까? 밖에서 어울리는 사람들과 돈을 다 써버리고 집의 가족들의 삶을 위해서는 한 푼도 남겨두지 않는 사람은 정말 나쁜 남편입니다. 그렇다면 자기의 신앙을 바깥에서 다 소비해 버리고, 집의 가장 가까운 친족들을 위해서는 하나도 남겨두지 않는다면, 낯선 이들에게는 열렬한 신앙인이면서도 집에 들어오면 그에게서 하나님에 관한 것이 거의 또는 전혀 나타나지 않는다면, 과연 이 사람이 좋은 그리스도인일 수 있겠습니까? 밖에서 그리스도인의 명성을 얻는 자가, 신앙인인 체하지 않는 다른 이들이 그 친족들에게 도덕적인 임무들을 행하는 것보다 못하지 않는다면, 잘한 일일 것입니다. 신앙에 대해서는 전혀 문외한이면서도 자기 나름대로 아내에게 사랑과 친절을 베푸는 자들도 많습니다. 그러니, 조강지처에게 천하고 상스럽게 대하며, 그에게 폭군처럼 군림하며, 그의 심령에 화를 불러일으키고, 그로 하여금 "눈물과 울음과 탄식으로 여호와의 제단을 가리게 하는"(말 2:13) 자가 있다면, 그 사람이 대체 무슨 신앙인이겠습니까? 남편에게 잔소리하거나 투정부리거나 이맛살을 찌푸리는 일이 없지만, 그 마음이 참된 은혜의 역사와는 거리가 먼 아내들도 많습니다. 그렇다면, 격한 감정을 드러내어 온 집안을 괴롭게 만드는 사람이 과연 거룩에 걸맞게 생활하는 것이겠습니까? 주인에게서 꾸짖음 받을 때에 본성적인 양심이 발휘되어 투덜거리거나 원망하는 언사를 삼가는 종들도 많습니다. 그런데 은혜가 본성만큼도 역사하지 못한다는 것이 가당한 일이겠습니까? 거룩한 다윗은 이 부문의 성도의 임무가 경건의 바로 핵심에 아주 가까운 것을 알고서, 하나님 앞에서 거룩하게 행할 것을 엄숙히 서원할 때에 자신에게 있는 은혜를 뚜렷이 드러낼 곳으로서 바로 자신의 "집안"을 지목하고 있습니다: "내가 완전한 마음으로 내 집안에서 행하리이다"(시 101:2). 그

러면 가족과의 관계에서 거룩의 능력을 드러내야 할 몇 가지 구체적인 방면을 실
례로 들어보십시다.

1. 우리의 가족들을 선택하는 데에서 거룩의 능력이 나타나야 합니다. 곧, 그들을
선택할 수 있는 경우를 말하는 것입니다. 도무지 선택의 여지가 없는 경우도 있습
니다. 자녀는 자기 아버지를 택할 수가 없고, 아버지도 자녀를 택할 수가 없습니
다. 그러나 하나님께서 자유를 허락하시는 경우에는 신중을 기하여 택하여야 하
는 것입니다.

(1) 여러분, 경건한 삶을 살며 또한 누구를 섬기기를 원하십니까? 여러분의 가
족을 택하는 데에서, 또한 여러분이 모실 상전을 택하는 데에 대해서 삼가 거룩을
드러내 보이십시오, 집 바깥에서의 여러분의 육체의 안위보다는 집안에서의 여러
분의 영적인 안위를 더욱 염두에 두어야 합니다. 감각이 없는 피조물도 불경한 세
상을 섬기며 탄식하고 있고, 자기들이 선택할 수 있는 능력만 있다면 "하나님의 자
녀들"을 섬기는 것을 "자유"로 여기고자 합니다(롬 8:21). 하물며 여러분이 얼마든
지 막을 수 있는데도 불구하고, 하나님의 자녀인 여러분 스스로 자발적으로 불경
한 자들의 다스림을 받으려 하겠습니까? 주인끼리 서로 성정이 비슷해도 두 주인
을 섬기는 일은 어렵습니다. 하지만 거룩하신 하나님과 악하고 불경한 남자나 여
자를 동시에 섬기며 그들 모두를 기쁘게 한다는 것은 불가능합니다. 그러나, 혹시
그런 사람을 상전으로 모신다면, 그들이 하나님에 대한 임무를 잊어버리더라도
여러분은 그들에 대한 임무를 잊어서는 안 될 것입니다. 어쩌면 여러분이 그들을
충직하게 섬김으로써 여러분으로 인하여 그들이 여러분이 믿는 하나님에 대해 궁
금하게 여길지도 모르는 일입니다. 느부갓네살이 다니엘의 하나님에 대해 그랬던
것처럼 말입니다. 만일 그리스도인들이 그들과의 관계에서 천국을 향한 열심과
아름다운 삶의 모습을 더 드러내 보인다면, 악인들이 신앙과 하나님의 도리에 대
해 분명 더 진지하게 대하게 될 것입니다. 인쇄가 잘 되어 있지 않았다면 전혀 들
여다보지도 않았을 책이라도 그 등장인물들이 매력적이면 속히 읽기도 합니다.
신앙이 있다는 하인들이 교만하고 태만하며 게으르게 보이는 것 때문에 악한 주
인들이 신앙의 문제를 경멸적으로 무시해 버리는 경우가 얼마나 많습니까? "이것
이 네 신앙이냐? 하나님, 제발 이런 신앙을 멀리하게 해 주소서"라고 말하는 경우
가 얼마나 많은지 모릅니다. 오오 여러분, 여러분의 위치에서 깨끗하고 흠 없이 처
신하여, 육신적이고 불경한 주인이 하나님의 도리를 우러러보게 하기를 바랍니

다. 하지만 기억하기 바랍니다. 만일 여러분의 위치에서 가족 내에 신앙을 증진하기 위해 최선의 노력을 다하고 있는데도 토양이 너무도 척박하여 하나님을 위하여 씨앗을 심을 눈에 보이는 희망이 전혀 없을 때에는, 이때야말로 여러분 자신을 다른 곳으로 옮길 생각을 해볼 시기인 것입니다. 씨앗을 심기에 너무도 나쁜 곳이라면 거기서 자라고 활동하기에도 좋을 수가 없을 것이기 때문입니다.

(2) 여러분이 혹 경건한 주인입니까? 하인을 집에 들일 때에는 여러분 자신은 물론 하나님을 위해서 선택하시기 바랍니다. 여러분의 하인이 여러분을 위해서는 물론 하나님을 위해서도 할 일이 있다는 것을 기억하십시오. 그런데 하나님을 위해서 아무것도 하지 못하는 자가 과연 여러분을 위해서 제대로 일하겠습니까? 여러분의 하인이 손으로 행하는 일이 잘 되기를 바라지요, 그렇지 않습니까? 그렇다면 시종일관 손으로 죄를 행하는 자가 행하는 일이 어떻게 잘 되기를 바랄 수 있겠습니까? "악인의 쟁기질은 죄니라"(잠 21:4. 한글개역개정판은 "악인이 형통한 것은 다 죄니라"로 번역함 — 역주). 경건한 하인은 우리가 생각하는 것보다 더 큰 복입니다. 그는 자신의 봉사를 통해서 하나님께서 그 주인의 유익을 위하여 일하시게 할 수 있습니다. "우리 주인 아브라함의 하나님 여호와여 원하건대 오늘 나에게 순조롭게 만나게 하사 내 주인 아브라함에게 은혜를 베푸시옵소서"(창 24:12). 아브라함의 하인은 그 여정에서 신중하고도 지혜롭게 처신함으로만이 아니라 기도를 통해서도 그 주인에게 큰 유익을 끼쳤던 것입니다. 과수원을 가꾸는 일만 해도 거기서 형편없는 나무들로 땅을 괴롭히지 않고 가장 좋은 유실수를 심기를 원할 것입니다. 그런데 과수원의 열매 없는 나무보다도 은혜에 문외한인 하인이 집에 더욱더 큰 손실을 가져다주는 것입니다. 거룩한 다윗은 그가 사울의 궁궐에 있을 때에 악하고 불경한 신하들의 악을 보았습니다. 그 불행한 왕의 주위에 그런 신하들이 가득 둘러싸고 있었으므로, 다윗은 그의 궁궐을 사악함이 가득한 속되고 야만적인 이교도들에 비유하여 말하였습니다. "메섹에 머물며 게달의 장막 중에 머무는 것이 내게 화로다"(시 120:5). 즉, 메섹이나 게달의 거민에 못지않게 사악한 자들 가운데 거하는 것이 화가 된다는 뜻입니다. 바로 이러한 사실 때문에, 이 은혜 가운데 거하는 다윗은 왕위에 오르기 전 유배 생활을 할 당시에 그 무질서한 집안의 악을 보고서 하나님께서 자신을 왕위에 오르게 하실 때에 자신이 행할 일을 결심하기에 이른 것입니다: "거짓을 행하는 자는 내 집안에 거주하지 못하며 거짓말하는 자는 내 목전에 서지 못하리로다"(시 101:7). 그런 죄들을 구체적으로 거론하는 것

은 자신의 모든 열정을 그것들을 대적하는 데에 쏟겠다는 뜻이 아니고, 시편 120:2, 3에서 보듯이 그가 사울의 궁정에서 그런 죄가 가득한 것을 직접 목도했고 또한 그 자신이 그 죄들로 인하여 큰 고통을 당했기 때문이었습니다.

(3) 여러분, 과연 경건합니까? 그렇다면 남편이나 아내를 택하는 일에서 그것을 드러내 보이십시오. 경건한 자들도 포함하여 누군가가 이 구체적인 문제에서 신중을 기하는 것 외에 자기들의 경건을 드러낼 다른 증거가 없다면, 그들 자신이나 다른 이들이 그들의 경건에 대해 문제를 제기해 마땅할 것이라 확신합니다. 성경에 기록된 이들이든 다른 이들이든 은혜 가운데 거하는 사람들이 이 문제만큼 연약함을 드러내고 문제를 일으킨 것이 없습니다. "하나님의 아들들이 사람의 딸들의 아름다움을 보고 자기들이 좋아하는 모든 여자를 아내로 삼는지라"(창 6:2). 하나님의 아들들이라면 당연히 얼굴의 아름다움보다는 마음의 은혜를 보았어야 했을 것이라고 생각할 것입니다. 하지만 그들조차도 때때로 속에 거하는 은혜를 보기보다는 얼굴의 아름다움에 눈을 돌린 것을 보게 됩니다. 그러나 그리스도인 여러분, 다른 이들이 — 다른 면에서는 거룩한 이들이 — 이 문제에서 잘못을 범했다고 해서 여러분도 배우자를 선택하는 일에서 주의를 게을리하게 되어서는 안 될 것입니다. 하나님께서 그들의 기록을 남겨 두신 것은 여러분더러 그들의 모범을 따르게 하기 위함이 아니라, 그것을 삼가게 하기 위함입니다. 모든 성도들의 행위들을 제대로 살펴보지도 않고 무조건 본받는 자는 아주 생각 없는 그리스도인일 것입니다. 성도들의 죄 때문에 악인이 목을 부러뜨리는 것으로 모자라서, 여러분도 달려들어서 성도들의 죄를 따르다가 정강이뼈를 부러뜨리려 합니까? 술주정뱅이나 거짓맹세자의 옆에 눕지도 말고, 이 경건한 남자, 저 경건한 여자를 거명하면서, 그들이 그런 속된 가문의 여자 혹은 남자와 결혼을 했다고 이야기하지도 마십시오. 오오 그리스도인 여러분, 거룩의 능력을 지키고 싶거든 올바른 규범을 따르십시오! 성경은 이에 대해 정말로 명확하게 기록하고 있습니다: "너희는 믿지 않는 자와 멍에를 함께 메지 말라 의와 불법이 어찌 함께 하며 빛과 어둠이 어찌 사귀리요?"(고후 6:14). 그리고 과부가 다시 재혼하는 문제에 대해서는 그 자유에도 한계가 있음을 기억하여야 할 것입니다: "남편이 죽으면 자유로워 자기 뜻대로 시집 갈 것이나 주 안에서만 할 것이니라"(고전 7:39). "주 안에서만"이란 문구를 주목하십시오. 이는 곧, "교회 내에서"라는 뜻입니다. 믿음이 없는 자는 모두가 세상에서 하나님이 없는 자들입니다. 주님의 가족은 교회 내에 있습니다. 그러므로 주

님의 가족이 아닌 자와 결혼하면, 그것은 주 바깥에서 결혼하는 것이 됩니다. 혹은, "주 안에서만"이란 "주를 경외함으로"라는 뜻으로 취할 수도 있는데, 그렇게 되면 이는 주께서 허락하시고 기뻐하시는 결혼을 해야 한다는 뜻입니다. 결혼할 때에 부모의 동의를 받는 것이 합당한 일이고, 우리 모두가 그것을 따릅니다. 그런데 하늘 아버지의 동의는 따르지 않는단 말입니까? 여러분 자신을 짐승이나 술주정뱅이에게 바친다면 과연 하늘 아버지께서 동의하시겠습니까? 거룩한 사람들은 그런 결혼으로 인하여 큰 값을 치렀습니다. 들릴라는 삼손에게 얼마나 끔찍한 화를 불러왔습니까? 미갈은 다윗에게 전혀 위로가 되지 못했습니다. 하나님을 향한 그의 열정에 대해 그를 조롱한 그런 망령된 반려자보다는 차라리 지극히 가난하지만 — 등에 걸친 의복밖에는 가진 것이 하나도 없지만 — 경건한 이스라엘의 처녀와 결혼하는 편이 훨씬 더 낫지 않았을까요?

2. 친족들과의 관계에서 하나님을 기리게 하고자 힘쓰는 데에서 거룩의 능력이 나타나야 합니다. 그리스도인이 그 자녀에게 은혜를 전해줄 수도 없고, 자신의 거룩에 아내를 동참시킬 수도 없습니다. 하지만 하나님께서 자녀와 아내에게 은혜를 베푸시도록 최선의 노력을 다해야 합니다. 하나님께서는 어째서 아브라함에게 그의 온 집이 할례를 받게 하라고 명하셨습니까? 분명 그들이 하나님과 친밀하게 되고 그와 관계를 맺게 되도록 그들을 이끌기 위해 아브라함으로 하여금 할 수 있는 한 최선을 다하게 하고자 하신 것입니다. 가까운 친족들에게는 애틋한 애착이 가는 법입니다. 은혜 안에 있는 자라면 그들을 더 사랑할지언정 덜 사랑하지는 않습니다. 은혜로 인하여 친족들에 대한 우리의 사랑이 영적인 차원으로 들어가게 되며 또한 그들의 영원한 유익을 우선적으로 구하게 되는 것입니다. 그리스도인의 친족에 대한 사랑이 다른 이들의 사랑보다 뛰어난 고유한 것이 이것 말고 또 무엇이 있겠습니까? 이교도들은 자녀들을 위해 재산을 쌓아두지 않습니까? 또한 다른 이들은 물론 자기들의 하인들의 등과 배를 따뜻하게 해 주기 위해 애쓰지 않습니까? 예, 그렇습니다. 하지만 여러분의 보살핌은 그들보다 더 뛰어나야 합니다. 아우구스티누스가 그를 교육시키기 위해 쏟은 자기 아버지의 희생과 보살핌을 귀하게 말한 것이 기억납니다만, 그는 뒤이어 다음과 같이 안타까운 아쉬움을 토로하였습니다: "그런데 내 아버지는 주님을 위해 나를 훈련시키고자 한 것이 아니었습니다. 그의 계획은 나를 유창한 웅변가로 만들고자 하는 것이었지, 나를 그리스도인으로 만들고자 하는 것이 아니었습니다." 오오 형제 여러분, 하나님이 여러분에

게 과연 사귈 만한 분이시라면, 여러분과 그렇게 가깝고 사랑스러운 이들에게도 사귈 만한 분이시지 않겠습니까? 이제 여러분이 한 가족에 속해 있습니다만, 후에 한 천국에 속하고 싶지 않습니까? 지금 한 가족에 속하여 함께 살고 있는 자들이 죽음으로 인해 가족에게서 떠날 때에 하나는 지옥으로, 다른 하나는 천국으로 가게 된다는 것을 생각하면 몸서리쳐지지 않습니까? 여러분의 식구 중에 후에 천국에서 만나지 못할까 염려스러운 자가 있다면, 이 땅에서도 그에게서 별로 기쁨을 얻지 못할 것입니다. 리쿠르고스(Lycurgos. 기원전 9세기경의 고대 스파르타의 입법자 — 역주)의 법에는, 아버지가 어린 자녀에게 교육을 시키지 않을 경우 그 아버지가 늙어서 그 자녀로부터 받을 부양을 상실하도록 되어 있었습니다. 물론 이 법이 옳다고는 감히 말할 수 없겠습니다만, 그래도 저로서 말씀드릴 수 있는 것은 리쿠르고스가 부당하게 명령한 그 내용을 하나님께서 지극히 의롭게 행하신다는 것입니다. 곧, 자녀들에게 하나님에 대한 임무를 가르치지 않는 자들은 그 자녀들에게서 받을 존귀와 공경을 상실하게 된다는 것인데, 이는 다른 친족들의 경우에도 그대로 적용됩니다.

3. 친척들이 여러분에게 올무가 되지도 않고 여러분이 그들에게 올무가 되지도 않도록 삼가는 데에서 거룩의 능력이 나타나야 합니다. 일 년 내내 각자 자신의 부패성을 드러내어 서로 유혹에 빠지도록 이끄는 것밖에는 하지 않는 그런 안타까운 가족들도 있습니다. 그런 가족은 지상의 지옥이라고 밖에는 달리 부를 수가 없을 것입니다. 차라리 격리 수용소에 있는 것이 몸과 영혼이 훨씬 더 안전할 수 있을지도 모릅니다. 경건한 자들이 결코 위험에서 벗어나 있는 것이 아닙니다. 마귀가 그들의 정욕을 격동시켜 서로를 더럽히게 만드는 것이 얼마든지 있을 수 있습니다. 확신하건대 마귀는 이런 식으로 그들을 악에 빠뜨리고자 매우 열정적으로 활동하고 있으며, 또한 그가 성공을 거두는 경우가 너무나도 많은 것입니다. 아브라함의 두려움이 그의 아내 사라를 시험에 빠지게 했습니다. 그녀는 남편을 지극히 사랑하였으므로 자신의 신분을 속이라는 남편의 말에 쉽게 순종하였던 것입니다(창 12:13). 그리고 어머니 리브가의 야곱을 향한 열정적인 애착과 또한 그녀에 대한 야곱의 존경심과 애착이 그저 평범한 야곱으로 하여금 교묘하게 자기 아버지와 형을 속이게 만들었습니다. 사실 아버지와 형을 속이려는 어머니의 계략은 처음에는 야곱에게 너무도 큰 죄악으로 여겨졌습니다. 이는 "아버지께서 나를 만지실진대 내가 아버지의 눈에 속이는 자로 보일지라. 복은 고사하고 저주를 받을까

하나이다"(창 27:12)라는 야곱의 말에서 잘 나타납니다. 그러나 어머니가 약간의 기교 있는 방책을 제시하자, 귀가 솔깃해져서 그대로 따라 행하였습니다. 하지만 이 두 사람 모두 경건한 자들이었습니다. 그러므로 여러분, 여러분이 가족들에게 죄를 가져다주는 것은 아닌지 잘 살피시기 바랍니다. 여러분이 집으로 가져간 전염병 때문에 여러분의 아내나 자녀나 하인이 병에 걸려 신음한다면, 혹은 여러분이 본의 아니게 가족의 누구에게 상처를 입혀서 그가 피를 흘리며 신음하고 있다면, 여러분은 정말이지 크게 괴로워할 것입니다. 하지만, 여러분으로 인해서 죄에 오염되고 상처를 받고 죄책감에 시달리는 것보다는 훨씬 더 나을 것입니다. 그러므로 가족들의 죄에 오염되지 않도록 여러분의 영혼이 든든히 방비하는 것은 물론, 여러분이 그들에게 죄를 오염시키는 일이 없도록 조심하기 바랍니다. 여러분, 아내를 향한 사랑이 매우 클 것입니다. 하지만 아내의 손이 유혹의 열매를 가져다 줄 때에 그것이 보암직도 하고 먹음직도 하게 보이지 않도록 조심하십시오. 여러분, 아내 때문에 죄를 지을 만큼 아내를 사랑한다면, 여러분 자신을 사랑하는 것이요, 여러분의 하나님을 너무 적게 사랑하는 것입니다. 여러분, 성실한 아내라 할지라도 "주 안에서" 남편을 순종하여야 합니다. 일곱째 계명을 첫째 계명보다 앞세워서 순서를 뒤바꾸는 일이 없도록 주의하기 바랍니다. 남편에게 순종하기에 앞서서 과연 하나님께 합당한지를 확인하기 바랍니다. "과연 남편을 순종하여 하나님의 계명을 지킬 수가 있을까?"라고 스스로 질문하십시오. 빚을 갚을 때에도 가장 크고도 시급한 빚을 먼저 갚아야 합니다. 그렇다면 과연 여러분이 누구에게 가장 깊이 매여 있는가 하는 것도 쉽게 알 수 있습니다. 여러분의 남편이 아니라 하나님이십니다. 다른 모든 관계에서도 마찬가지입니다. 모든 친족과의 관계에서 하나님과 함께라면 어디까지든 가십시오. 하지만 의와 거룩을 뒤에 남겨 두고는 절대로 한 발자국도 나아가지 마십시오. 의와 거룩을 잃어버리게 되면, 그 손실이 너무도 커서 절대로 친족들이 그것을 보상해 줄 수가 없다는 점을 명심해야 할 것입니다.

　　4. 그리스도인이 삼가 그 가족에게 있는 은혜를 본받고, 그들이 함께 있는 동안 그들에게서 얻을 수 있는 유익을 얻고자 힘쓸 때에 거룩의 능력이 거기서 나타나게 됩니다. 어쩌면 여러분에게 거룩한 아버지나, 은혜 가운데 있는 남편이나 아내가 있을지도 모르고, 혹시 하다못해 경건한 하인이 가족 중에 있을 수도 있습니다. 그렇다면 은혜 안에 있는 사람다운 그들의 품행과 언사와 거룩함으로 말미암아 큰 유

익이 있을 것입니다. 그들의 경건함이 마치 진기한 향을 품어내는 향유처럼 어디서든지 그 자태를 드러낼 것이니 말입니다. 오오 그리스도인 여러분, 가족 중에 그런 거룩한 사람이 함께 있다면, 그의 언어생활이나 예배의 임무들이나 환난 중의 처신이나 궁휼한 모습이나 안식일과 기타 규례들에 대한 태도 등을 잘 관찰하여, 거룩을 향하여 여러분 자신을 채찍질하는 귀중한 교훈의 기회로 삼으시기 바랍니다. 선지자 엘리사는 과부에게 이웃에게서 빌릴 수 있는 만큼 그릇을 많이 빌려와서, 그 집에 있는 기름 항아리에서 떨어지는 기름을 거기에 다 받아다가 그것으로 빚을 갚으라고 명령했습니다(왕하 4:3). 경건한 가족들이 은혜 안에 있기는 하나 어찌나 궁핍하고 초라한지 도무지 그들의 입술에서나 삶에서 떨어지는 거룩한 은혜의 기름으로는 도무지 어찌해 볼 도리가 없다고 한탄하는 이들이 있는데, 그들에게는 이 선지자의 명령이 아주 귀한 교훈이라 여겨집니다. 여러분의 기억과 양심과 마음과 애정을 다 동원하여 그것들을 그릇으로 삼아 거기에 그들에게서 나오는 모든 거룩의 표현들을 다 담으십시오. 여러분의 기억으로는 그들이 말씀에서 이끌어 내는 교훈들과 책망들과 위로들을 보존하십시오. 여러분의 양심으로는 그것들을 여러분의 심령에 적용시키고 가슴속 깊이 새기십시오. 그러면 그들에게서 나타나는 그 거룩한 모습을 여러분 자신이 더욱더 사랑하게 될 것입니다. 마음이 악한 자들은 함께 사는 경건한 자들에게서 나타나는 은사들과 은혜들을 접하고서, 안타깝게도 겸손하고 순전한 자들과는 전혀 딴판인 태도를 취합니다. 마음이 악한 자들은 그것들을 접하고서 거기서 유익을 얻기는커녕 오히려 그런 자를 시기하고 질투하여 더욱 악해집니다만, 순전한 심령은 그것들을 마음속 깊이 간직하여 유익을 얻기를 힘쓰는 것입니다.

요셉이 형들에게 자신이 꾼 예언적인 꿈을 이야기하자, 그들은 곧바로 분을 드러내고 얼마 후에는 그 분노가 폭발하여 그에게 극히 잔인한 짓을 행하게 됩니다. 그들은 그렇게밖에는 반응하지 못했습니다. 그러나 선한 야곱은 그와 반대의 태도를 갖습니다. "그의 형들은 시기하되 그의 아버지는 그 말을 간직해 두었더라"(창 37:11). 곧, 그 안에 무언가 하나님께 속한 것이 있는 것을 보고 후에 사용할 수 있도록 속에 담아 두었다는 뜻입니다. 그리스도인 여러분, 여러분과 함께 있는 사람들에게서 성령의 거룩하신 역사가 나타날 때에 그와 같이 하기를 바랍니다. 마치 남에게서 잠시 빌려다 읽은 책에 무언가 훌륭한 내용이 있을 때에 그것을 따로 기록해 두는 것처럼, 그들에게서 훌륭한 은혜로운 처신들을 볼 때에 그것들을 잘 간직하기 바랍니다. 사실 은혜 안에 있는 우리의 친지들과의 교제를 누리며 유익을 얻는 길로서 이보다 확실한 것은 없습니다. 그들은 그저 잠시 동안 우리에게 빌려진 자들일 뿐입니다. 우리가 그들과의 교제를 통해서 유익을 얻든 얻지 않든, 그들은 머지않아 다시 불려가게 될 것입니다. 그들에게서 유익을 얻고자 하는 마음이 생기기도 전에 그들과 작별하게 된다면 어떻게 되겠습니까? 과연 여러분에게 위로가 되겠습니까? 거룩한 하나님의 사람 볼턴 목사(Mr. Bolton)는 임종 시에 자녀들에게 다음과 같이 엄숙하게 말씀했다고 합니다. "오오 내 자녀들아, 너희에게 명하노니, 그 큰 날에 그리스도도 없고 은혜도 없는 상태로 그리스도의 심판대 앞에서 나와 만나는 일이 없도록 하여라." 하나님께서는 우리의 구원을 위하여 우리에게 베푸시는 갖가지 수단들을 정확하게 기록해 두고 계십니다. 그 수단들 가운데 거룩한 종들의 삶들은 결코 낮은 것이 아닙니다. 성경에서 그의 신실한 종들이 이 땅에서 얼마나 오래 살았는지 그 시간을 하나님이 매우 정확히 기록해 두신다는 것을 보게 될 것입니다. 이는 우리와 함께 산 그 사람들의 매년, 매일, 매 시각의 삶에 대해서 그가 정산하고자 하신다는 것을 우리로 알게 하시기 위함입니다. 그들은 경건한 선지자가, 아버지가, 남편이 그들과 함께 있었고, 그것도 오랜 시간을 함께 있었다는 것을 알 것입니다. 그러므로 하나님께서는 그들이 그 경건한 종들의 삶들을 통해 어떤 유익을 얻었는지도 정산하시는 것입니다.

[문 바깥의 사람들 ─ 이웃들에 대한 처신]

둘째. 문 안에 거하지 않고 문 바깥에 있는 다른 이웃들에게 거룩의 능력이 나타나야 합니다. 그들에 대한 처신과 그들과 함께 있을 때의 품행이 거룩해야 하고 의로워야 합니다. 성경에서 "의"와 "의롭게 행함"이 이웃을 향한 그리스도인의 의무 전체를 포괄적으로 나타내는 의미로 쓰이는 경우가 많습니다. 그러므로 이 용어들은 그 직접적인 대상이 하나님이신 "경건"(piety)과도 구별되고, 우리 자신이 직접적인 대상인 "신중함"(sobriety), "절제"(temperance)와도 구별됩니다. 이 모든 것이 디도서 2:12에 나타납니다. 거기서는 "구원을 주시는 하나님의 은혜"가 "신중함과 의로움과 경건함으로 이 세상에 살"도록 우리를 양육한다고 말씀하고 있습니다. 이 세 가지가 다 죽어 있는 사람은 더 이상 해볼 도리가 없겠지만, 이 중에 무엇이든지 하나를 찌르면 상처를 받은 이곳저곳에서 거룩의 생명이 다할 것입니다. 참된 거룩에 이르지 못하는 도덕적인 의가 있다는 것이 참으로 사실입니다. 그러나 도덕적인 의에 이르지 못하는 참된 거룩은 있을 수가 없습니다. 은혜와 복음적인 거룩은 더 높은 원리로서 도덕적인 의를 그 자체 속에 포함하며 또한 포괄하는 것입니다. 이것이야말로 기독교에 합당한 위엄과 존귀이며, 복음에 제시되어 있는 원리입니다. 복음의 원수들이 판단하겠습니다만, 기독교 신앙을 고백하는 이들 중에 도덕적으로 고매하지 못한 이들도 있습니다만, 그들이 기독교의 불의함을 보게 되는 경우는 없다는 것입니다. 누군가, "외식자인 경우를 제외하고, 그리스도인은 누구도 악할 수가 없다"라고 말했는데, 이는 지극히 옳습니다. 그러므로, 여러분이 받은 세례를 버리고 부인하든지, 아니면 모든 불의에 대한 생각들을 망령된 것으로 여겨 버려야 할 것입니다. 단언하건대, 그런 악행을 행하기에 앞서서 여러분이 그리스도와 전혀 상관이 없다는 것을 세상에 알리는 편이 더 피하기가 쉬울 것입니다. 아리스티데스(Aristides)나 소크라테스(Socrates)나 카토(Cato: 기원전 1세기경의 로마의 철학자, 정치가 — 역주)나 기타 훌륭한 도덕성을 보인 몇몇 이교도들이 천국에 있을지 지옥에 있을지를 잘 모르겠다고 하는 이들이 있습니다만, 불의한 기독교인이 저 세상에서 어떻게 될지에 대해 의문이 있는 사람이 과연 하나라도 있었습니까? 다른 어떤 이들보다 이들을 지옥이 환영합니다. 사도는 이렇게 말씀합니다: "불의한 자가 하나님의 나라를 유업으로 받지 못할 줄을 알지 못하느냐?"(고전 6:9). 이는 마치 이런 뜻과도 같습니다: "너희가 아무리 이성을 잃었다 해도 천국에 이런 벌레 같은 인간이 있을 곳이 있다고 생각할 정도는 아니지 않느냐?" 불의한 자가 천국에 들어가지 못한다면, 세상의 어느 누구보다도 천 배나 더 악하게 불의한 자들이 과연 구원의 소망을 가질 틈이 어디 있겠습니까?

　이교도들은 그 불의로 인하여 책망 받고 율법을 배반한 자들로 정죄받을 것입니다. 불의한 기독교인도 마찬가지입니다. 아니 그들보다 더 극심하게 정죄받을 것입니다. 그러나 복음이 제시하는 정죄 가운데 다른 경우와 도무지 비교할 수 없을 정도로 지극히 무거운 정죄는 바로 자신의 불의로 인하여 "그리스도의 십자가의 원수"로 행하는 자에게 미치는 정죄입니다(빌 3:18). 사람이 그리스도와 그의 십자가에 대한 자신의 극도의 적개심을 드러내 보일 자세를 갖고 있으면, 마귀는 그것을 더 충만히 나타내도록 그를 돕지 않을 수가 없고, 그리하여 그 사람은 그저 번지르르하게 복음을 시인하고 고백하는 것으로 치장할 뿐 아니라 더 나아가 더 럽고 비열한 불의의 행위의 도랑 속으로 스스로 굴러들어가게 되는 것입니다. 오오, 스스로 다른 이들보다 더 성도라는 이름을 내세우는 자들의 행실의 표면에 이 더러운 것이 보일 때에, 이것이 속된 세상으로 하여금 얼마나 그리스도의 이름을 모독하게 만들고 또한 그를 믿는 신앙을 고백하는 것 자체를 처절히 혐오하게 만드는지 모릅니다! 무엇이라고요? 하나님께 그렇게도 간절하게 기도하는 자가 사람에게 혀로 거짓말을 한다고요? 몇 분 전만 해도 성경을 취하여 그 거룩한 말씀을 읽고 있던 눈이 정욕이나 투기에 팔린다고요? 얼마 전까지만 해도 하늘을 향하여 열정적으로 손을 뻗었는데 이제는 그 손으로 이웃의 호주머니를 탐하며 남의 재산을 강탈한다고요? 어제만 해도 하나님께 공적인 예배를 드리기 위해 발로 교회당으로 갔는데, 오늘은 그 발로 걸어 시장으로 가서 남을 속이고 사기를 친다고요?

한 마디로, 여러분, 십계명의 첫째 돌비에 관한 사항에서 하나님을 향한 열정과 아주 비슷한 가짜 열정을 겉으로 드러내 보임으로써 둘째 돌비에 속하는 사항, 즉 사람에게 의를 행하는 문제에서 면제를 받고자 하는 식으로 하나님과 교제를 갖는 것이 가능하다고 생각합니까? 하나님을 사랑하는 체한다고 해서 과연 이웃을 향하여 마음에서 악의와 적의를 품어 내는 것을 그것으로 무마시킬 수 있겠습니까? 하나님께 헌신한다고 해서 사람에게 진 빚을 갚지 않아도 괜찮아지겠습니까? 절대로 그렇게 생각해서는 안 됩니다. 그러나 혹 그렇게 생각한다면, 베드로가 마술사 시몬에게 준 권고를 여러분에게 드리고 싶습니다: "너의 이 악함을 회개하고 주께 기도하라 혹 마음에 품은 것을 사하여 주시리라"(행 8:22). 그리스도의 옷을 입고 있는 모든 자에게 하나님의 이름으로 엄히 권고합니다. 입으로 신앙을 고백하는 자들의 본색이 드러나서 ─ 그렇습니다. 외식자들의 비열한 행위들이 드러나서 ─ 이것이 불경한 세상이 온갖 망령된 말로 그리스도와 및 거룩의 선한 길을 모독하는 빌미가 되는데, 이 모든 신성모독에 대한 하나님의 보응이 여러분의 머리 위에 떨어지는 것을 바라지 않으면, 여러분, 양심으로 의를 행하시기를 바랍니다. 자, 이와 관련해서 다음 두 가지를 그대로 행할 때에 거룩의 능력이 보존될 것입니다.

1. 이웃에게 행하여야 할 이런저런 의무들을 균등하게 이행하도록 우리의 관심이 한결같아야 합니다. 우리가 알아야 하는 것이지만, 누군가가 말했듯이 모든 계명 하나하나를 관통하며, 이를테면 율법의 둘째 돌비에 속한 모든 법의 맥을 이루는 그런 의(義)가 있는데, 이 의는 제오 계명에서는 육신의 부모와 국가와 교회의 권위에 복종을 요구하며, 제육 계명에서는 이웃의 생명을 보존하도록 주의를 기울일 것을 요구하고, 제칠 계명에서는 정숙한 순결을 요구하며, 제팔 계명에서는

재물에 대해서, 제구 계명에서는 선한 이름을 요구하며, 제십 계명에서는 우리의 욕구를 정당한 한계 내에 두어 이웃의 것을 탐하지 않게 하도록 할 것을 요구합니다. 그런데, 활력의 통로들이 잘 유지되어야 기(氣)들이 이 부위에서 저 부위로 자유로이 움직여서 육체의 건강이 보존되듯이 — 어느 부위가 막혀서 그 직능을 발휘하지 못하면 즉시 육체의 건강이 위험에 처하게 됩니다만 — 여기서 그리스도인이 만나고 함께 생활하는 이웃에게 행하여야 할 갖가지 의무들에게로 마음이 자유로이 움직이고 나아가도록 거룩한 관심과 수고를 기울일 때에 그리스도인의 거룩이 활기와 건강을 유지하게 되는 것입니다.

2. 우리의 관심이 한결같듯이, 우리로 하여금 행동하게 하여 이 모든 바퀴들이 굴러가도록 해주는 내적인 동기가 복음적이어야 합니다. 계명은 이교도와 유대인과 또한 그리스도인이 함께 걸어가고 있는 길과도 같습니다. 이교도와 유대인도 동일한 의무를 행하며 똑같이 가고 있으니 그리스도인을 다른 두 부류와 어떻게 구별할 수 있겠습니까? 그들도 그리스도인과 똑같이 성실한 자녀요, 순종하는 아내요, 충직한 신하요, 사랑하는 이웃으로 보이니 말입니다. 그들의 행동의 근원이 되는 동기와 그들이 지향하는 목적으로 구별하는 것 외에는 달리 방법이 없을 것입니다. 그러므로 이것을 잘 살펴야 합니다. 그렇지 않으면 여러분 스스로는 제대로 길에 서 있는 것처럼 여기나 사실은 바른 길에서 벗어나 있게 될 것이니 말입니다. 사람이 이웃에게 올바로 행하면서도 그리스도께 잘못을 범하는 것이 매우 흔한 일인데, 그리스도를 염두에 두지 않고 행동할 때에, 그리고 그리스도를 향한 사랑이 개입되어 있지 않은 경우에 그런 잘못을 범하게 됩니다. 그러나 그리스도에 대한 관심과 사랑이 개입되어 있지 않으면 정직한 이교도일 수는 있을지 모르나, 선한 그리스도인일 수는 없는 것입니다. 가령 주인이 하인에게 가서 아무개에게 얼마의 돈을 가져다주라고 명령하고 일을 맡겼을 때에 그가 그 명령에 대한 충직한 사명으로나 주인에 대한 사랑으로 그 일을 감당한 것이 아니라, 그저 도둑 취급을 받는 것이 수치스러워서 그 일을 감당했다면, 이 사람이 맡겨진 일을 행한 것은 사실이지만, 그 주인에게는 굉장한 잘못을 저지른 것입니다. 세상 사람들 모두가 주 예수님께 그런 잘못을 저지르고 있습니다. 그들은 이웃과의 처신에서 매우 엄정하고 의롭습니다만, 동시에 그리스도께는 큰 과오를 저지르고 있는 것입니다. 왜냐하면 그들은 그리스도에 근거하여 그런 처신을 하는 것이 아니기 때문입니다. 그리스도에 근거하여 우리의 이웃을 사랑할 때에, 형제를 향한 우리의 사랑이 우

리를 향한 그리스도의 사랑으로부터 불붙여질 때에, 그것이 복음적인 성격을 띠게 되고, 또한 그리스도께서 말씀하시듯이, 그것이 "새 계명"(요 13:34)이 되는 것입니다. 먼저 그리스도를 사랑하고 그 다음에 그를 위하여 계명을 행하는 것이 아니면, 복음적인 의미에서 계명을 행한다고 말할 수가 없는 것입니다. "너희가 나를 사랑하면 나의 계명을 지키리라"(요 14:15). 하나님께서 십계명 앞에 그의 이름을 붙이시듯이, 그리스도께서도 동일한 이유로 이 본문에서 그리스도인의 순종 앞에다 그의 이름을 붙이시는데, 이는 그리스도의 계명으로 인식하고 그것들을 지키며, 또한 우리를 애굽보다 더 악한 종살이에서 건져내신 그분을 향한 사랑으로 말미암아 그것들을 지키도록 하고자 하심인 것입니다.

———

셋째 대지

[거룩의 능력을 유지하기를 바라는 이들을 위한 열 가지 지침]

이 주제와 관련되는 셋째 대지로서 한 가지를 제시하고자 합니다만, 곧 일상생활에서 거룩과 의의 능력을 유지하기를 소원하는 모든 이들을 권고하고 돕기 위하여 몇 가지 지침들을 주고자 하는 것입니다.

첫째 지침. 거룩하고 의로운 품행이라는 아름다운 건축물을 세울 수 있도록 든든한 기초를 세우라는 것인데, 그 기초란 다름이 아니라 바로 거룩하게 하시는 하나님의 성령께서 여러분 속에서 역사하시는 강력한 역사로 말미암아 일어나는 여러분의 마음의 변화입니다. 여러분이 의롭고도 거룩하게 살 수 있기 위해서는 먼저 여러분 자신이 의롭고 거룩해야 합니다. 선박이 먼저 선박 건조법에 따라 균등하게 균형을 맞추어 제대로 만들어지지 않으면, 절대로 균형 있게 돛을 올리고 나아갈 수가 없습니다. 이와 마찬가지로 성령의 역사로 말미암아 마음이 새롭게 되고 또한 이전 것은 지나가고 모든 것이 새것이 되는 그 "새로운 피조물"의 법에 따라(고후

5:17) 형성되지 않고서는 사람이 절대로 거룩하게 행할 수가 없는 것입니다. 등 (燈)에 기름을 제공하여 삶에서 거룩을 드러내게 해주는 것은 마음이라는 그릇에 담긴 견고한 은혜인 것입니다(마 25:4). 그런데 과연 여러분에게 철저한 마음의 변화가 있는지를 다음 두 가지와 관련하여 점검해야 합니다.

1. 죄에 대한 판단과 마음의 기질에 변화가 일어났는지를 점검하라는 것입니다. 여러분은 전에 죄를 갈구하도록 만드는 그런 관념을 죄에 대해 갖고 있었습니다. 그래서 마치 하와가 금지된 과실을 바라보듯이 죄를 바라보았고, 그것을 "먹음직도 하고 보암직도 하게" 여겼고, 선택할 만한 충분한 가치가 있는 것으로 여겼습니다. 그러므로 여러분이 여전히 그런 동일한 생각을 갖고 있다면, 그것을 볼 때에 여러분의 입에 단물이 고이고 마음이 계속해서 그것을 향하여 달려갈 것입니다. 한동안은 여러분이 마음의 내적인 생각을 표현하거나 분출시키지 못하는 처지에 있을 수도 있지만 마치 친구들 때문에 갈라져 있는 두 연인이 조만간 서로에게로 탈출해가듯이 그런 마음의 생각이 반드시 드러날 것이며, 그런 내적인 정서가 변하지 않고 계속 있는 한, 여러분이 그런 것을 마음으로 계속 탐할 것입니다. 그러므로 전에 죄를 사랑하고 좋아했던 것만큼이나 이제는 그것을 마음으로 미워하고 혐오한다고 말할 수 있게 되기까지는 절대로 안식이 없을 것입니다.

2. 여러분의 판단과 마음에 그런 변화가 있음으로써, 과연 여러분이 그리스도와 그의 거룩한 계명들에서 내적인 만족과 기쁨을 얻게 되는지를 살피라는 것입니다. 여러분이 사랑과 만족이라는 마음의 줄로 그리스도와 그의 역사와 엮어져 있으면, 타락할 우려가 거의 없습니다. 임무를 행하는 중에 기쁨도 없고 참된 만족을 얻지도 못하는 경우에는 그 임무를 그만두게 하는 일이 마귀에게는 결코 어려운 일이 아닙니다. 자기의 소명을 좋아하지도 않고 적성도 맞지 않는 자는 결코 그 소명을 훌륭히 행할 수가 없습니다. 학생이 스스로 공부가 좋아서 또한 그것에 맛이 들려서 일주일 동안 공부하는 것이, 억지로 학교에 다니면서 선생이 무서워서 그를 기쁘게 하기 위해 억지로 한 달 동안 공부하는 것보다 훨씬 더 많이 배우는 법입니다. 사람이 자신이 크게 만족을 느끼는 일에 임할 때에 다른 누구보다도 그 일에 더 관심과 호기심을 갖고 열정적으로 임하는 것을 봅니다. 정원에 마음이 가 있는 사람은 그 정원을 얼마나 말끔하게 가꾸는지 모릅니다! 자신이 원하고 또한 돈을 벌게 해 주기도 하는 온갖 희귀한 뿌리와 가지들을 다 구하여 가꿀 것입니다. 아름다운 미모에 마음이 가 있습니까? 그런 여성은 얼마나 정성 들여 자신의 외모를 치

장하는지 언제나 그 치장하는 일이 완성될지 그 자신도 모릅니다. 영적인 문제에 있어서도 마찬가지입니다. 그리스도를 진정 사랑하며 거룩을 기뻐하는 심령은 그 일에 자신의 온 힘을 기울이는 것입니다. 다른 모든 일에서는 다른 사람들이 더 앞서가더라도, 더 거룩해지고 더 천국 시민의 모습을 닮는 것, 이 한 가지에만은 뛰어나기를 바랍니다.

둘째 지침. 삶의 기준이 되는 올바른 규범을 계속해서 똑바로 바라보라는 것입니다. 어떤 일이든 반드시 지켜야 할 고유한 규범이 있습니다. 그러므로 그 일을 제대로 감당하기 위해서는 그 규범을 습득해야 합니다. 그렇지 않으면 일을 망가뜨리는 것밖에는 하지 못할 것입니다. 그 어떠한 소명도 그리스도인의 소명만큼 확실한 규범과 완전한 법을 준수해야 하는 것은 없습니다. 그러므로 이 땅의 직업과 세상적인 일에서는 그 길과 방법이 사람마다 차이가 있어서 완전한 규범이라는 것이 없고, 언제나 새로운 것이 옛 것을 대체합니다. 그러나 그리스도인에게는 하나님의 사람을 완전하게 만들어 줄 수 있는 한 가지 영구한 규범이 있으니, 곧 하나님의 말씀이 그것입니다. 그러므로 거룩의 능력에서 훌륭하게 되고자 하는 자는 이 말씀을 공부해야 합니다. 의사는 갈렌(Claudius Galen. 기원후 2세기경의 그리스의 의사 — 역주)을 공부하며, 법률가는 리틀턴(Littleton)을 공부하며, 철학자는 아리스토텔레스(Aristotle)를 공부하는 등, 각기 그 분야의 대가들을 공부합니다. 그러니 그리스도인은 얼마나 더 말씀을 공부하고, 그것으로 생각을 결정짓고, 사람들의 온갖 논리들보다 그 말씀에 근거하여 행하여야 하겠습니까? "우리는 진리를 거슬러 아무것도 할 수 없고 오직 진리를 위할 뿐이니"(고후 13:8). 오오 그리스도인 여러분, 세상의 명예가 이 길을 제시하고, 친구들과 친척들이 저 길을 선호하며, 물질적인 이익이 이것을 행하라 하고, 쾌락이 저것을 행하라 할 때에, 여호사밧이 미가야에 대해 말한 것처럼 다음과 같이 말하시기 바랍니다: "이 외에 우리가 물을 만한 여호와의 선지자가 여기 있지 아니하니이까?"(왕상 22:7). 하나님의 말씀이 여기 있지 않습니까? 그러니 그 모든 거짓 선지자들의 말이 아니라, 오직 그 말씀에 근거하여 결론을 지어야 하지 않겠습니까? 사람들이 세 가지 길로 나아가 이 방향을 거슬러 행하는데, 그 세 가지 모두 거룩의 능력을 파괴하는 것입니다. 어떤 이들은 전혀 규범이 없이 행하고, 어떤 이들은 거짓된 규범에 근거하여 행하며, 어떤 이들은 참된 규범을 따르나 부분적으로만 따릅니다. 첫째 부류는 반율법주의자(antinomian)와 자유론자(libertine)요, 둘째 부류는 미신적인 열심당이요, 셋째 부류는 외식자입니다. 거룩의 목에 칼을 들이댈 생각이 아니라면, 이 세 부류 모두를 조심하기 바랍니다.

1. 반(反)율법주의자들과 자유론자들은 그리스도인에게는 율법이 규범이 아니라고 말하지만, 하나님께서 여러분 앞에 세우신 규범을 없애 버리지 않도록 주의하십시오. 이들은 일정한 규범에 근거해서가 아니라 그냥 기계적으로 살기 때문에 그들의 삶이 비뚤어질 수밖에 없습니다. 저는 그리스도께서 자신의 설교에서 율법을 거룩의 규범으로 전하시고(마 5:27) 또한 그 규범에 따라 스스로 삶을 사심으로써(벧전 2:21, 22) 율법에게 세례를 베푸셨고 또한 그것을 복음화하셨다고 생각했었습니다. 그러므로 의롭고 거룩한 삶을 죽이는 자는 그런 삶을 인도하는 그 규범을 내던져 버리니, 이들은 이 원리를 비난할 것입니다. 사탄은 이런 교묘한 방법으로 불쌍한 심령들을 의아하게 만듭니다. 사탄의 교묘한 역사로 말미암아 그리스도인 순례자가 그 길을 인도하는 안내자를 지겨워하게 되어 그를 보내 버리게 되면, 머지않아서 천국 길에서 벗어나 지옥을 향하는 길에 빠지게 되고 맙니다. 사도는, 자유를 준다고 스스로에게 약속하지만 "자신들은 멸망의 종들"인 자들에 대해서 말씀합니다(벧후 2:19). 제 생각에는 이런 자들은 자유를 핑계로 하여 계명의 멍에를 던져 버리는 자들과 흡사하다고 여겨집니다. 이들은 그 참된 멍에를 벗어던지고는 곧바로 그보다 더 나쁜 멍에를, 심지어 죄의 멍에를 메게 되는 것입니다.

2. 거짓된 규범에 근거하여 행하지 않도록 주의하십시오. 참된 규범은 오직 하나, 하나님의 말씀밖에는 없습니다. 그러니 무엇이 거짓된 규범인지를 금방 알 수 있습니다. "마땅히 율법과 증거의 말씀을 따를지니 그들의 말하는 바가 이 말씀에 맞지 아니하면 이는 정녕 그들에게 빛이 없음이니라"(사 8:20). 말씀이 가르치는 것보다 더 엄정하게 행하는 체하지 마십시오. 이것이야말로 지나치게 의로운 것입니다(전 7:16). 모자라는 것뿐 아니라 지나치는 것도 괴물을 만듭니다. 손이 하나밖에 없는 자도 괴물이지만, 손이 세 개 있는 자도 괴물입니다. 누구든지 "말씀에서 제하여 버리는" 자에게도 저주가 있지만, 누구든지 그 말씀에다 "더하는" 자에게도 저주가 있습니다(계 22:18, 19). 마귀는 예부터 성경외적인 거룩을 부르짖음으로써 성경적인 거룩을 망가뜨리려는 계획을 실천해 왔습니다. 마귀는, 마치 항아리의 물이 끓어 넘쳐서 그 물을 뜨겁게 달구는 불을 꺼뜨리게 되면 한동안은 다시 물이 끓지 않는 것처럼, 사람들로 하여금 거짓된 거룩에 대해 열정이 끓어 넘치게 하면 그것이 반드시 모든 참된 거룩을 꺼뜨리게 되고, 결국 사람들에게서 열

정이 완전히 사라지고 차갑기 이를 데 없는 무신론자들이 되어 버린다는 것을 너무나도 잘 알고 있는 것입니다. 바리새인은 사람의 전통들로 하나님의 계명들을 길게 늘어뜨렸고, 또한 바리새인의 참된 계승자인 교황주의자는 기록되지 않은 진리들과 거룩한 명령들과 규범들을 갖고서 하나님께서 실제로 요구하신 것보다 더 엄격한 삶을 지향합니다. 그리고 최근의 퀘이커교도들(the Quakers)은 바리새인과 교황주의자에게서 조각들을 많이 빌려다가 그것을 짜깁기하여 도무지 사람이 취할 수 없는 우스꽝스러운 신앙을 만들어 내느라 여념이 없습니다. 그들은 급기야 그것으로 자기 자신의 이성을 말살시키고 또한 하나님의 말씀에 굴복하기를 완전히 거부하기까지 하는 것입니다. 오오 사람의 의지에 근거한 거룩과 사람의 의지에 근거한 예배를 조심하시기 바랍니다. 하나님께서는 이스라엘을 향하여 다음과 같이 엄중히 책망하십니다: "이스라엘은 자기를 지으신 이를 잊어버리고 성전들을 세웠으며"(호 8:14. 한글개역개정판은 "성전들"을 "왕궁들"로 번역함 — 역주). 이 말씀이 좀 이상하게 보일 수도 있습니다. 하나님을 잊어버리는데, 성전들을 세우느라 그렇게 열심이라니 말입니다! 그렇습니다. 이스라엘이 하나님께로부터 오는 명령을 무시하고 성전들을 지은 것입니다. 우리가 그의 말씀을 잊어버리고 그 말씀을 면밀히 지키지 않을 때에 하나님께서는 우리가 그를 잊어버린 것으로 간주하십니다. 여로보암이 행한 다음과 같은 행위를 성경은 큰 죄로 간주하고 있습니다: "그가 자기 마음대로 … 이스라엘 자손을 위하여 절기로 정하고 벧엘에 쌓은 제단에 올라가서 분향하였더라"(왕상 12:33). 언제 어디서 제사드릴지에 대해 그는 하나님이 아니라 자기 마음의 권고를 취한 것입니다. 우리 마음에서 고안되는 거룩은 하나님의 마음을 좇는 거룩과는 전혀 별개의 것입니다. 그런 대담한 사람들에게 저주가 임하는 것은 바로 그들이 자기들 자신의 거룩을 세우려고 힘쓰면서 하나님께서 그의 말씀에서 요구하시는 그 참된 거룩에 복종하지 않기 때문입니다. 그들이 본래 합당한 것보다 더 거룩을 증진시키는 체하기 때문에 하나님께서는 그들을 진짜 거룩하지 않은 불경에 빠지도록 내버려 두시는 것입니다. 교황주의자들이 신앙의 집이라 부르는 사람들이 만들어 낸 기관들이 있습니다만, 거기에 온갖 망령된 것들이 가득한 것을 보십시오. 그것들에 대한 하나님의 명령이 있다면 그것들이 아름다운 것들이 되겠지만, 그 명령이 하나도 없으므로 더러움과 부패가 가득한 것이 되고 만 것입니다. 하나님께서는 그의 피조물이 스스로 움직이는 것을 그냥 두시지 않습니다. 하나님께서 명령하시는 것을 행하지 않는 것보다 하나님께서 명령하시지 않은 것을 행하는 것이 더 큰 죄입니다. 신하가 군주가 제정해 놓은 법을 따르지 않는 것보다 그 스스로 법을 만들어 공포하는 것이 더 큰 죄이듯이 말입니다. 우리 스스로 거룩을 만들어 세우는 것은 마치 하나님의 대권을 그의 손에서 취해오는 것과도 같습니다. 어떤 것이 거룩하며 어떤 것이 거룩하지 않은지를 판단하는 일은 오직 하나님께만 속한 일인데 말입니다.

3. 참된 규범을 부분적으로 행하지 마십시오. 법을 부분적으로 시행하는 것은 법을 부분적으로 적용하여 치우치게 다루는 것과 똑같이 나쁜 일입니다. 제사장들이 바로 그 때문에 멸시를 당하였습니다(말 2:9). 그러므로 그와 같이 행하는 자들은 하나님과 사람에게 멸시를 당하게 될 것입니다. 여러분의 삶 전체에다 규범을 골고루 적용시키십시오. 그렇지 않으면 규범을 행하는 것이 아무런 의미가 없어지고 맙니다. "한결같지 않은 저울 추와 한결같지 않은 되는 다 여호와께서 미워하시느니라"(잠 20:10). 오직 한 가지 저울과 되만 갖고서 사람들을 대하며 또한 법에 따라서 장사를 하는 자가 과연 정직한 자입니다. 이와 마찬가지로 모든 행위에서 오직 한 가지 규범, 곧 하나님의 말씀만을 사용하는 자가 과연 거룩한 자입니다. 그리스도의 피에 손을 적시는 데에는 전혀 개의치 않으면서도 스스로 부정해질까 염려하여 재판정에 들어가려 하지를 않았으니, 하나님 앞에서 유대인들이 과연 얼마나 구역질나는 외식을 보였는지 모릅니다(요 18장). 또한 "박하와 회향과 근채의 십일조"를 드림으로써 율법의 규범을 철저하게 준수하면서도 "율법의 더 중한" 문제들에 대해서는 스스로 무시해 버린 바리새인들도 그 외식이 얼마나 파렴치했는지 모릅니다(마 23:23)! 여러분의 영혼의 생명을 사랑하십니까? 이것을 조심하시기 바랍니다. 여러분의 가게에 들어와서 그저 동전 몇 푼짜리 물건을 사고는 고가의 물건을 도둑질해가는 사람이 있다면, 혹은 금액이 적은 빚은 꼬박꼬박 잘 상환하다가 더 큰 금액을 빌려간 후에는 갚지 않고 여러분을 속이는 사람이 있다면, 그런 사람에 대해 어떻게 생각하겠습니까? 더 큰 문제에서 하나님께 잘못을 행하려는 속셈으로 작은 문제에서 말씀대로 순종하는 것은 정말이지 끔찍한 악인 것입니다.

셋째 지침. 의로우며 거룩한 삶에서 올바른 목표를 지향하라는 것입니다. 그리고 여기서 율법적인 목표는 절대로 제거해야 합니다. 여러분의 의로 하나님께 있는 무언가를 살 수 있다는 생각은 하지 마십시오. 천국은 결코 누구에게 팔리고 있는 것이 아닙니다. "죄의 삯은 사망이요 하나님의 은사는 그리스도 예수 우리 주 안에 있는 영생이니라"(롬 6:23). 하나님께서 그리스도께 파신 것을 그가 우리에게 주시는 것입니다. 그리스도가 값을 주고 사시는 구매자이시고, 신자는 그가 값 주고 사신 것을 물려받는 상속자일 뿐입니다. 그러니 자기 권리로 요구할 수 있는 것이 아무것도 없는 것입니다. 우리의 의로움을 내어놓고 하나님께 무엇인가를 요구한다면, 이로써 하나님께로부터 무엇이든 받을 문이 닫히고 마는 것입니다. 우리는 동시에 두 곳에 있을 수가 없습니다. 우리 자신의 집에 기대고 있으면, 그리스도 안에서 발견될 수는 없습니다. 바울은 이 사실을 알고 있었습니다. 그래서 자신의 집을 버리고, 그리스도 안에서 발견되고자 했던 것입니다(빌 3:8, 9). 호심경의 금속이 견딜 수 없을 만큼 세게 내리쳐서 여러분의 의의 호심경을 망가뜨리려는 것이 사탄의 계략입니다. 사실 호심경 자체를 의지하면 그 본질 자체가 완전히 파괴되고 맙니다. 곧, 여러분의 의가 불의가 되고, 여러분의 거룩이 사악함으로 전락해버리는 것입니다. 교만보다 더 큰 불경이 어디 있습니까? 그런데 그리스도를 무시해버리고, 하나님께서 친히 영혼을 구원하시기 위해 정해 놓으신 방법을 바꾸려 하다니, 이 얼마나 엄청난 교만입니까! 오오 여러분, 거룩해지기를 원하면, 겸손하기를 배우시기 바랍니다. 이 둘은 함께 연결된 것들입니다: "여호와께서 네게 구하시는 것은 오직 정의를 행하며 인자를 사랑하며 겸손하게 네 하나님과 함께 행하는 것이 아니냐?"(미 6:8). 그런데 자기 자신의 거룩을 믿고 의지하는 자가 어떻게 겸손하게 행한다고 말할지, 생각조차 할 수가 없습니다. 하나님께서는 여러분의 거룩으로 천국을 벌어들이도록 정해 놓지 않으셨습니다. 오히려 여러분을 위해서 천국을 벌어놓으신 그리스도를 향한 사랑과 감사를 보이도록 정해 놓으신 것입니다. 그러므로 그리스도께서는 제자들로 하여금 거룩을 위하여 힘쓰게 하시기 위해 사랑을 큰 논거로 사용하셨습니다: "너희가 나를 사랑하면 나의 계명을 지키리라"(요 14:15). 이는 마치 이런 뜻과도 같습니다: "너희는 이제 내가 무엇을 위하여 세상에 왔고 또 무엇을 위해 이제 세상에서 떠나가는지를 알았도다. 이 모든 것이 너희를 위함이니, 너희를 위하여 내가 내 목숨을 내어놓으며 다시 얻으니, 내가 천국에서 살아 너희를 위해 간구하려 함이로다. 너희가 이것들로부터 복된 열매를 얻고 값지게 누리려면, 나를 사랑하라. 그리고 너희가 나를 사랑하거든 내 계명을 지킴으로써 그것을 증명하라." 그리스도인이 행하는 모든 것이 "죽기까지 우리를 사랑하신" 그리스도께 드리는 감사의 제물로 올려질 때에 이 사랑에 의해서 먹고 자라는 것이 바로 복음의 거룩인 것입니다. 그리하여 성도는 그리스도께 "거기에서 내가 내 사랑을 네게 주리라"(아 7:12)라고 말씀합니다. 그가 뜻하는 사랑이 무엇인지를 이렇게 표현하고 있습니다: "여러 가지 귀한 열매가 새 것, 묵은 것으로 마련되었구나. 내가 내 사랑하는 자 너를 위하여 쌓아 둔 것이로다"(13절). 18절에서 그는 그리스도에 대한 믿음을 가졌고 그의 사랑을 깊이 마셨음을 고백한 바 있습니다. 그런데 이제 그의 사랑에 대해 감사로 되갚으며, 그리스도께서 베푸신 은혜의 온갖 아름다운 열매들로 그를 기쁘시게 하고자 하는 마음을 스스로 북돋고 있는 것입니다. 그가 거룩한 처신 가운데 온갖 아름다운 열매들을 모아들이지만 그것이 교만과 자긍심을 키우는 것이 아니라 오로지 그 모든 열매들이 그 사랑하는 그리스도께 드려지는 것이요, 그것을 통해 온전히 그에게 찬송을 올려드리는 것입니다.

넷째 지침. 그리스도께서 친히 모범을 통해서 거룩한 삶에 대해 여러분에게 보여주신 그 완전한 패턴을 자주 바라보라는 것입니다. 낮은 모범을 우리 앞에 세워놓으면 우리가 높이 세워지기를 기대할 수가 없습니다. 그런데 이 땅에서 아무리 거룩한 성도라도 우리의 모범으로 세워놓기에는 너무나 낮습니다. 아무리 연약한 그리스도인이라도 완전한 거룩을 지향하여야 하기 때문입니다(고후 7:1). 그리고 그런 모범은 이 낮은 세상에서는 얻을 수가 없습니다. 이 땅에서 지극히 온유한 사람인 모세도 때로는 그의 심령이 격해지기도 했습니다. 사도 중의 으뜸인 베드로도 항상 복음에 따라 올바로 처신한 것(ορθόποδειν)은 아닙니다(갈 2:14). 그러니 그의 그런 점을 따라간다면 반드시 곁길로 빠지게 될 것이 자명합니다. 선한 군병은 그의 상관을 따라갑니다. 상관이 도망할 때가 아니고 그가 질서 있게 행군할 때에 그를 본받아 따라가는 것입니다. "내가 그리스도를 본받는 자 된 것 같이 너희는 나를 본받는 자가 되라"(고전 11:1). 설명은 본문과 일치하는 데까지만 따라가야 하는 것입니다. 선생은 학생의 책의 내용을 규범으로 제시해 줄 뿐 아니라 학생을 위하여 친히 자기 손으로 책을 써주기도 합니다. 그리스도의 계명이 우리의 규범이요 그의 삶은 우리의 책입니다. 거룩하게 행하고자 하면, 그리스도께서 명하신 대로 행하기를 힘쓰는 것은 물론 그리스도 자신이 행하신 대로 행하기를 힘써야 합니다. 그리스도에 대한 거룩한 본받음을 통해서 여러분의 책의 — 여러분의 삶의 행위의 — 글자 하나하나를 형성하기를 힘써야 하는 것입니다. 거룩을 통해서 우리가 그리스도의 형상이 되는 것입니다(롬 8:29). 우리를 바라보는 모든 이들 앞에서 그리스도를 드러내며 그를 공포하는 것입니다.

어떤 것이 다른 것의 형상이 되려면 두 가지가 있어야 합니다. 첫째는 유사성(類似性: likeness)이요, 둘째는 파생성(派生性: derivation)입니다. 비슷해야 하는 것은 물론, 동시에 그 비슷함이 그 다른 것으로부터 파생되어온 것이어야 한다는 뜻입니다. 눈과 우유는 모두 흰색으로 서로 비슷합니다. 하지만 이 둘을 서로의 형상이라고 말할 수는 없습니다. 서로 비슷하지만 그 비슷함이 상대방에게서 파생된 것이 아니기 때문입니다. 그러나 사람의 얼굴을 보고 그려낸 초상화는 그 사람의 형상이라 부를 수 있습니다. 이처럼 참된 거룩은, 마치 화가가 사람의 초상을 그리려 할 때에 사람을 자기 앞에 세워두는 것처럼 영혼이 그리스도를 앞에 세워두고 그의 모습을 하나씩 그대로 그리려고 애쓸 때에 그리스도께로부터 파생되어 나오는 것입니다. 오오 이것이야말로 진정 거룩의 능력을 유지하는 멋진 방법입니다. 무엇이든 헛된 것에 이끌리도록 시험을 받을 때에, 그리스도와 거룩하신 그의 삶의 모습을 여러분의 눈 앞에 세워두고 이렇게 물어보십시오: "이 말에서, 이 행동에서, 함께하는 이 사람들과의 어울림에서 과연 내가 그리스도와 비슷한가? 그가 과연 내가 행하는 것처럼 행하셨던가? 혹은, 만일 그리스도께서 이 땅에 다시 사신다면, 그가 과연 내가 행하는 것처럼 행하시겠는가? 나보다 더 말씀을 가려 하지 않으시겠는가? 그런 허망한 말이 과연 그의 입술에서 나온 적이 있는가? 그가 과연 내가 함께 어울리는 이런 부류의 사람들을 기뻐하시겠는가? 나처럼 이렇게 하찮고 쓸데없는 일로 시간을 보내시겠는가? 그가 과연 자기 몸을 치장하느라 그렇게 많은 비용을 쓰시겠으며, 수많은 가난한 자들이 없어서 굶어죽어 가는데 자신의 배를 값진 음식으로 채우려 하시겠는가? 과연 카드 게임이나 주사위 놀이 같은 것으로 소일거리를 삼는 일이 과연 그에게 있었던가? 그런데 과연 내가 그리스도와는 전혀 닮지 않은 그런 일에 빠지고 거기에 탐닉할 것인가?" 아니, 절대로 그럴 수 없습니다! 우리는 이런저런 훌륭한 사람의 경우를 인용하여 우리의 행위를 격려할 수 있으면 족하다고 생각하고, 그리하여 시험에 빠집니다. 그러나 그리스도인 여러분, 이 땅에서 아무리 훌륭하고 유명한 성도의 모범이 이런저런 행동들을 괜찮은 것으로 보여준다 할지라도, 여러분의 양심이 그리스도께서 그런 행동을 좋아하시지 않는다고 말하면, 단호하게 그것들을 멀리하십시오. 개중에는 바깥에서는 훌륭한 신앙인이라는 이름을 얻고 있으나 가족 가운데서는 그리스도인의 임무들을 저버린 자들도 있는 것을 여러분은 알 것입니다. 그러나 그리스도께서는 그의 아래 살고 있고 또한 그의 가족의 일원이었던 사도들을 특별히 보살피지 않으셨습니까? 자주 그들과 함께 기도하고, 자신이 대중에게 하셨던 설교 내용을 그들에게 다시 반복하시고 더 깊은 의미들을 알려 주시고, 또한 율법의 규례에 따라(출 12장) 그들과 함께 한 가족으로서 유월절을 지키셨습니다. 어떤 이들은 공적인 집회에 죄악된 자들이 뒤섞여 있어서 그것 때문에 자기들을 더럽히게 된다는 구실로 공 예배에 대해 등을 돌리기도 합니다. 하지만 주 예수께서도 그렇게 하셨던가요? 당시에 성전과 회당에 모인 사람들 가운데 부패가 있었지만, 그는 성전에도 계시고 회당에도 계셔서 하나님께 드리는 예배에 그들과 함께 하셨습니다. 하나님께 드리는 예배의 골자가 그대로 보존되어 있었기 때문입니다. 오오 그리스도인 여러분, 그리스도의 삶을 더 공부하십시오. 그러면 곧 여러분의 삶을 수정하기를 배우게 될 것입니다! 우리가 예배하는 하나님처럼 되는 것이야말로 신앙의 총체요 최고봉인 것입니다.

다섯째 지침. 하나님께 의지하여 행하라는 것입니다. 포도나무는 그 줄기가 뻗어 나가도록 지탱시켜 주는 장대나 벽이 있어야만 열매를 맺을 수 있습니다. 그런 도움이 없으면 금방 발에 밟혀 버립니다. "자기의 길을 인도하는 것이 사람에게 있지 아니하도다"(참조. 렘 10:23). 사람이 전혀 관여할 수 없고 오로지 하나님께서만 사람에게 행하시는 많은 선한 일들이 있습니다. 그러나 사람이 행하는 선하고 거룩한 행위 중에 어느 하나도 하나님께서 행할 수 있도록 해주시지 않는 것이 없습니다. 그리스의 한 장군에 대해 "파르메니오(Parmenio)는 알렉산더(Alexander) 없이도 수많은 공적을 세웠으나 알렉산더는 파르메니오 없이는 아무것도 하지 못했다"는 말이 있습니다만, 마치 이와도 같습니다. 그러므로 여러분, 거룩의 능력을 유지하기를 원하면 범사에 여호와를 인정하고 여러분의 명철을 의지하지 마십시오(잠 3:5, 6). 여호와는 그에게 나아오는 자를 도우실 준비를 갖추고 계십니다만, 오직 그를 의지하는 자 외에는 아무도 보살피지 않으십니다. 천국을 향하여 나아가는 그리스도인의 길은 마치 날마다 바닷물이 넘쳐서 모래가 씻겨 내려가 움푹 팬 곳과도 같습니다. 한 달 전에 그 곳을 안전하게 지나갔더라도, 지금 다시 안전하게 지나가리라는 보장이 없습니다. 그러므로 반드시 길잡이가 함께 가며 안내해 주어야 안전한 것입니다. 땅이 든든한 곳을 지나다가도 잠시 후에는 다시 사람을 삼키는 모래 웅덩이를 만날 수도 있으니 말입니다. 그러므로 그리스도인이 어떤 때는 어떤 임무를 비교적 수월하게 감당하며 또한 앞에 놓인 길이 부드럽고 평탄하지만, 또 어떤 때에 그를 안전하게 위험에 빠지지 않도록 안전하게 이끌어 줄 하늘의 도우심이 없으면 과거에 수월하게 감당했던 그 동일한 임무에서 시험에 빠질 수도 있는 것입니다. 오오 그리스도인 여러분, 믿음으로 여러분의 사랑하는 그분의 팔에 기대는 것이 없이 움직이는 것은 한 걸음도 안전하지 못한 것입니다. 여러분의 발을 의지하면 반드시 넘어지고 맙니다. 여러분의 발을 사용하십시오. 그러나 그분의 팔을 의지하십시오. 그러면 안전할 것입니다.

여섯째 지침. 여러분이 어떤 사람들과 함께 어울리는지 그것을 주의하라는 것입니다. 거룩하지 못한 어울림을 피하십시오. 그것은 경건의 능력에는 큰 해악입니다. 여러분의 몸을 보살피듯이 여러분의 영혼도 삼가 보살펴야 합니다. 여러분, 전염병에 걸린 사람이 쓰는 잔을 함께 쓰고 그 사람이 앉은 그 의자에 함께 앉겠습니까? 그 전염병이 죄라면 그 병에 걸리는 것도 죄가 아니겠습니까? 질병의 악취가 풍겨 금방 여러분의 영혼이 전염될 것이 뻔한 데도 그곳에 가겠습니까? 석탄을 캐는 광부의 집합소와 세탁소는 한 곳에 있으면 안 됩니다. 세탁소에서 깨끗이 빨아 놓은 것을 석탄의 시커먼 재가 다 더럽혀 놓으니 말입니다. 여러분이 불경한 자들 중에 함께 있게 되면, 머지않아 성령께서 순결하게 하신 여러분의 영혼을 더럽히게 될 위험에 처하게 될 것입니다. 영혼을 더럽히고 말 곳에 자유로이 다니라고 성령께서 여러분을 깨끗이 씻으신 것이 아닙니다. 그런 곳에 있는 자들에게서는 거룩을 증진하는 데에 아무런 도움도 얻지 못합니다. 사람들을 더 나아지게 만들 희망이 없거나 혹은 우리가 그 사람들로 인해서 더 나아질 희망이 없다면, 그런 사람들과는 어울리지 말아야 합니다. 하나님의 성령께서 아브라함에 관하여 하시는 말씀을 잘 관찰해 보십시오. "그가 이방의 땅에 있는 것 같이 약속의 땅에 거류하여 동일한 약속을 유업으로 함께 받은 이삭과 야곱과 더불어 장막에 거하였으니"(히 11:9). 그가 그 땅의 원주민들과 더불어 거하였다고 하지 않고, "동일한 약속을 유업으로 함께 받은 이삭과 야곱과 더불어" 거하였다고 말씀합니다. 아브라함은 이교도들과 안면을 익히기 위해 애쓰지 않았습니다. 그는 그들에게 낯선 사람으로 계속 지낼 생각이었습니다. 그 대신 그는 자기 가족이며 동시에 하나님의 가족인 자들과 함께 산 것입니다. 그리스도인들은 그들 스스로 한 무리를 이룹니다. "놓이매 그 동료에게 가서"(행 4:23). 신자는 어째서 신자들과만 어울려야 합니까? 사도 바울은, "너희 가운데 그 형제간의 일을 판단할 만한 지혜 있는 자가 이같이 하나도 없느냐? 형제가 형제와 더불어 송사할 뿐더러 믿지 아니하는 자들 앞에서 하느냐?"라고 말씀했습니다만(고전 6:5-6), 이제 그리스도인 여러분에게 그대로 말씀드리겠습니다. 마을 전체에 여러분이 함께 앉아 담화를 나눌 만한 성도가 한 사람도 없습니까? 그래서 속되고 불경한 자들과 함께 어울립니까? 악한 사람들과 함께 숨쉬면서 어떻게 여러분의 거룩이 활기 있게 힘을 발휘되기를 바라겠습니까? 악한 부류와 함께 어울리는 것은 마치 그 아래서는 아무것도 자라고 번창하지 못하는 동풍(東風)과도 같은 것입니다.

일곱째 지침. 누구보다 신뢰할 수 있고 또한 신실하게 여러분을 점검해 줄 수 있다고 여겨지는 그리스도인 친구를 두라는 것입니다. 감히 자기의 마음을 그대로 말해 주는 마음이 열린 친구를 둔 사람은 과연 경건의 능력을 유지하는 데에 큰 도움을 얻습니다. 때로는 사람이 자기 자신을 보는 것보다 오히려 옆에 서 있는 사람이 그 당사자에 대해 더 많은 것을 보고, 따라서 그 당사자의 처신을 그 자신보다 더 적절하게 판단하기도 합니다. 때로는 우리에게 있는 나 자신에 대한 사랑이 우리 눈을 가려서, 사실은 우리의 상태가 정말 나쁜 데도 그만큼 나쁘게 보지 않게 되기도 하고, 때로는 우리 자신을 지나치게 의심하고 최악의 경우를 상정하여 실제보다 우리의 상태를 더 나쁘게 보게 되기도 하는 것입니다. 여러분, 친구로부터 오는 너무나도 큰 도움을 여러분 스스로 사라지게 하고 싶지 않으면, 친구의 입에서 책망이 나올 때에 그것을 감사함으로 받아들일 수 있도록 온유한 자세를 가져야 한다는 것을 명심하십시오. 사실 그대로를 지적해 주는 것을 견디지 못하는 사람이야말로 자기 자신을 가장 크게 다치게 하는 사람입니다. 자신에 관한 진실된 말을 거의 듣지 못하기 때문입니다. 자기 형제에게 그때그때 책망을 해 줄 만큼의 사랑이 없는 사람도, 또한 자기에게 오는 책망을 견딜 만큼의 겸손이 없는 사람도, 모두 그리스도인이라 불릴 자격이 없습니다. 전자는 자신이 형제를 미워하는 자임을 스스로 드러내는 것이요(레 19:17), 후자는 자신이 "거만한 자"임을 스스로 입증하는 것입니다(잠 9:8). 거룩한 다윗은, "의인이 나를 칠지라도 은혜로" 여기리라고 고백했습니다. 그렇습니다. 마치 보배로운 기름을 자기 머리에 부어 주는 것처럼 — 이는 유대인들에게는 깊은 사랑의 표현이었습니다만 — 감사하게 여기겠다고 합니다(시 141:5). 그리고 그는 그의 이런 말을 그대로 실천했습니다. 교황주의자들은 소위 성수(聖水)를 높이 떠받들면서도, 막상 그 물을 그들에게 뿌리면 얼굴을 돌립니다만, 다윗은 그렇게 행하지 않았습니다. 아닙니다. 아비가일은 다윗이 나발과 그의 가족을 향하여 가혹한 의도를 갖고 있는 것에 대해 그를 책망하였고, 나단은 우리아에게 범한 피비린내 나는 악행에 대해 그를 책망했습니다만, 다윗은 이들의 책망을 그대로 받아들였습니다. 아비가일의 시의적절한 책망으로 다윗은 나발에 대한 가혹한 태도를 물렸으며, 나단의 책망을 통해서는 몇 달 동안 회개가 없이 계속 죄악 가운데 행해 오다가 자신의 죄를 깨닫고 거기서 돌이키게 된 것입니다. 또한 다윗은 아비가일과 나단의 책망을 받아들인 것은 물론, 그들이 신실하게 행한 것 때문에 그들을 총애하고 아꼈습니다. 아비가일은 아내로 삼았고, 나단은 그가 죽을 때까지 가장 가까이에서 그를 자문하는 고문으로 삼았습니다(왕상 1:27, 32). 오늘날 신앙을 고백하던 자들이 타락하는 예가 그렇게 잦고, 또한 그들이 다시 회복되는 예가 그렇게도 드문 한 가지 큰 이유는, 이처럼 사랑이 없는 시대에는 형제들을 책망하는 이 그리스도인의 임무를 성실하게 이행하는 자를 보기가 그렇게 힘들기 때문입니다. 그 사실을 당사자에게 직접 전하여 그들을 회복하게 하는 것보다는 오히려 다른 사람들에게 가서 수다를 떨어 그 사람을 욕되게 합니다. 사실 다른 사람에게 이야기하게 되면, 그 당사자에게 이야기하여 그를 유익하게 할 길을 방해하게 될 뿐입니다. 이미 여러분이 그 사람의 명예에 상처를 준 터이니, 여러분이 그의 영혼을 치유하려고 책망한다는 것을 그 사람이 어떻게 믿고 받아들이겠습니까?

여덟째 지침. 여러분이 훗날 임종 시에 지나간 생을 돌아보면서 좀 더 거룩하고 의롭게 살아왔더라면 얼마나 좋았을까라고 하며 아쉬워하게 될 것을 자주 진지하게 생각하십시오. 지금 자기들의 언어생활이 어떤지, 어떤 이들과 함께 어울리는지, 무엇으로 시간을 보내고 있는지, 예배를 통해서 하나님과는 어떻게 교제하고 있으며, 사람들과는 어떻게 지내고 있는지 등등의 일들을 별로 중요하게 생각하지 않고, 그저 되는대로 살고 어떤 목표를 지향하는지에 대해 별로 개의치 않는 사람은 다른 사람들이 마치 전속력으로 달리는 것 외에는 달리 방도가 없는 것처럼 천국을 향하여 전력을 다하여 열정적으로 질주하는 것을 보며 아주 이상스럽게 여깁니다. 그러나 일단 죽음이 코앞으로 다가와 그 암울한 얼굴을 내어밀면, 이 가련한 사람들이 자기들이 지체하지 않고 곧 저 세상으로 들어가게 되고, 그들의 벌거벗은 영혼이 하나님께로 돌아가서 그가 그들의 삶에 대해 하실 말씀을 듣게 되고 또한 그 말씀에 따라 결코 피할 수 없는 생명 혹은 사망의 선고가 자기들에게 주어질 것을 직시하게 되면, 그들의 생각이 바뀌기 시작할 것이고, 의롭고 거룩한 삶에 대해 그 전에 바라보던 것과는 전연 다른 시각으로 바라보게 될 것입니다. 교황주의자들 중에서 볼 수 있는 일입니다만, 많은 추기경들을 비롯해서 기타 높은 지위에 있는 자들은 수도사들이 쓰는 두건과 갖가지 종교적인 습관들이 건강에 매우 좋지 않다는 것을 알면서도, 그런 두건을 쓰고 갖가지 종교적인 습관들을 행하다가 죽기를 그렇게 열망합니다. 두건을 쓰고 갖가지 종교적인 습관들을 행하는 것 그 자체는 그저 겉치레에 불과하지만, 그것이 상당한 위안을 가져다주는 것입니다. 악하게 살고 그저 되는대로 사는 사람도 저 세상에 들어갈 때가 되면 종교적인 습관을 굉장히 좋아합니다. 젊은 호사가가 아주 화려하게 치장하며 사는 동료에게 — 이 둘이 임종을 앞두고 누워 있는 암브로시우스(Ambrose)를 방문하여 그가 곧 다가오는 죽음에 대한 공포를 이기고 정말 편안히 누워 있는 모습을 본 다음에 — 이렇게 말했다고 합니다. "오오 친구여, 자네처럼 살다가 암브로시우스처럼 죽고 싶으이." 이 얼마나 허망한 바람입니까! 여러분, 심은 것을 그대로 거두지 않을 수가 있으며, 여러분의 손으로 모아놓은 것이 없어질 수가 있겠습니까? 잡초를 심어놓고 곡식을 수확하기를 기대할 수 있습니까? 장롱 속에 티끌로 가득 채워놓고 거기서 금을 찾기를 기대할 수 있습니까? 여러분 자신은 얼마든지 속이고 사기 칠 수 있습니다만, 하나님은 절대로 조롱할 수가 없습니다. 그는 여러분이 삶 속에서 쌓아둔 동전들을 죽을 때에 그대로 되갚아 주시는 분이십니다. 죽음에 대해 생각할 때에 두려움이 없을 만큼 지독하게 사악한 사람은 별로 없습니다. 아무리 악한 사람도 이런 죽음에 대한 생각을 멀리하기 전에는 감히 악한 행위들에 떨어지지 않습니다. 그리스도인 여러분, 날마다 진지한 묵상을 통해서 이러한 생각과 함께 동행하기 바랍니다. 그리고 주말이 되면 이런 생각과 한 주간 동안 더불어 잘 살아왔는지를 제게 말씀해 주시기를 바랍니다.

아홉째 지침. 거룩한 삶의 여정을 돕도록 은혜 언약을 선용하여야 합니다. 모세에게 있었던 거룩은 율법이 아니라 복음으로부터 온 것이었습니다. 그는 놀라운 행적들을 통해서 그렇게도 훌륭하게 거룩한 자로 기록되어 있는데, 그 모든 행적들이 그의 믿음에 기인하는 것이었습니다(히 11:24, 25). 모세는 "믿음으로" 이것을 행하였고, "믿음으로" 저것을 행하였고, 이로써 그의 힘이 어디에서 비롯되는지를 보여주었습니다. 그런데 은혜 언약을 더 잘 선용하기 위해서는 다음 세 가지 구체적인 사항들을 잘 유념하는 것이 좋습니다.

1. 하나님께서는 은혜 언약에서 그의 자녀들의 거룩한 삶을 구비시켜 주시겠다고 약속하셨다는 것입니다. "내가 내 신을 너희 속에 두어 너희로 내 율례를 행하게 하리니 너희가 내 규례를 지켜 행할지라"(겔 36:27). 이것이 하나님께서 친히 정

하신 길입니다. 어머니는 자기 아이의 손을 붙잡아 길을 인도할 수는 있지만, 그 아이가 잘 걷도록 그의 연약한 관절에 힘을 줄 수는 없습니다. 군주는 휘하의 장군들에게 나가 싸우라는 명령을 줄 수는 있으나, 싸울 용기를 줄 수는 없습니다. 하나님의 약속에는 능력이 있습니다. 그러므로 그것들을 가리켜 "보배롭고 지극히 큰 약속"이라 부르는데, 이는 바로 그 약속들이 우리로 하여금 "신성한 성품에 참여하게" 하고자 하는 목적을 위해 주어졌기 때문입니다(벧후 1:4). 그러므로 우리는 하나님의 명령으로 인하여 거룩을 위하여 전진하게 되지만, 특히 약속으로 인하여도 그렇게 되는 것입니다. 그러므로 사도는 말씀하기를, 이 약속들(곧 우리를 돕고 힘주시겠다는 약속들)이 있으니, "하나님을 두려워하는 가운데서 거룩함을 온전히 이루어 육과 영의 온갖 더러운 것에서 자신을 깨끗하게 하자"고 합니다(고후 7:1). 우리의 쓸 것을 끝까지 다 지불하겠다고 약속하는 분과 함께 길을 간다는 것이 얼마나 좋은 일인지 모르며, 우리를 위해서 모든 일을 행하시겠다고 약속하시는 그분을 위해 일한다는 것이 얼마나 좋은 일인지 모르는 것입니다(빌 2:12, 13).

2. 하나님께서 그리스도 안에 풍성하고도 충만한 은혜의 보배를 쌓아두고 계셔서 여러분의 필요한 것을 계속해서 공급하신다는 것입니다. "아버지께서는 모든 충만으로 예수 안에 거하게 하시고"(골 1:19). "충만"이라고 합니다! 아니, "모든 충만"이라고 말씀합니다! 모든 충만이 거한다고 합니다. 땅을 가득 채우는 충만도 아니요, 그릇을 가득 채우는 충만도 아니요, 한 사람의 필요만을 채우는 충만이 아닙니다. 결코 다함이 없이 다른 이들에게로 계속해서 흘러나가는 샘의 충만입니다. 사실 이 충만은 의도적으로 봉사를 위한 충만입니다. 마치 태양이 그 자신을 위해서가 아니라 낮은 세상을 위해서 빛을 지니는 것처럼 말입니다. 사실 태양이 세상에 빛을 비추는 큰 사역자요 종이므로 그것을 가리켜 쉐메쉬라 부르는 것입니다. 이처럼 그리스도께서 의로운 태양이시며, 그가 그의 은혜를 그 백성의 가슴속에 가득 차도록 부어 주시는 것입니다. 그가 "은혜를 입술에 머금"었다고 말씀하는데(시 45:2), 이는 그가 은혜를 갖고 계심을 우리에게 알려 주시기 위함이며, 또한 그 자신이 그 은혜를 그 자신이 누리기 위함이 아니라, 우리에게 베풀어 주시기 위함입니다. 그리하여 "우리가 다 그의 충만한 데서 받으니 은혜 위에 은혜러라"라고 말씀하는 것입니다(요 1:16).

3. 하나님의 자녀는 누구나 그리스도 안에 있는 이 충만을 소유할 권리가 있을

뿐 아니라, 새로운 피조물의 본능을 통해서 그리스도께로부터 은혜를 빨아서 섭취하기를 배우는 내적인 원리를 지니고 있으며, 믿음이 바로 그 원리라는 것입니다. 마치 어머니의 배 속에 있는 아기가 탯줄을 통해서 어머니께로부터 영양분을 빨아 섭취하듯이 말입니다. 그러므로 여러분, 더 거룩해지기를 원하시면, 그리스도를 더 믿으시고 그리스도로부터 더 많은 것을 빨아들이십시오. 거룩한 다윗은 깊은 환난에서 그를 구원하시는 하나님의 은혜로우신 섭리를 생각하며 감동을 받아 거룩한 삶을 살고자 하는 강한 결단을 통하여 하나님께 감사를 드립니다: "내가 생명이 있는 땅에서 여호와 앞에 행하리로다"(시 116:9). 하나님을 섬기는 일로 자신의 생애를 보내고자 하는 것입니다. 그러나 그가 성급하고 너무 자신감에 차 있다고 생각하지 않도록, 다음과 같이 덧붙입니다: "내가 믿었으므로 내가 말하였도다"(10절). 먼저 그는 하나님을 믿는 믿음을 발휘하여 힘을 얻었고, 그 다음에 자신이 어떻게 행할 것을 약속합니다. 사실 그리스도인은 그 자신만을 생각하면 거지처럼 구걸하는 존재입니다. 자신이 그런 처지임을 고백하기를 부끄러워하지 않습니다. 거룩한 임무 중에 행하겠다고 약속하는 것은 모두 그를 구원하신 구주의 신용에서 비롯되는 것입니다. 그는 구주께서 돕는 은혜를 그에게 베푸셔서 그로 하여금 그 임무를 행하게 하신다는 것을 겸손히 믿는 것입니다.

열째 지침. 사탄은 가능한 한 여러분의 목적을 산만하게 흐트러뜨려서 이 의와 거룩의 호심경을 여러분 자신의 육신적인 관심사를 방해하는 거추장스러운 것으로 여겨 옆으로 제쳐두게 만들고자 하는데, 이런 사탄의 계략을 대항하여 여러분 자신을 든든히 방비하여야 한다는 것을 명심하여야 합니다. 이런 종류의 사탄의 공격에 대비하여 여러분을 더욱 든든히 지키게 하기 위하여, 여기서 사탄이 많은 이들을 겁주어 이 거룩한 삶에서 떠나게 하는 두세 가지 큰 방해거리들을 제시하며, 또한 그 방해거리들을 극복할 준비를 갖추게 하여 그 원수의 손에서 그 무기들을 빼앗아 그를 무력화시키도록 도움을 드리고자 합니다.

[그리스도인의 호심경을 무력화시키려는 사탄의 계략들을 무너뜨림]

첫째. 사탄은 그리스도인이 의의 호심경을 인생의 쾌락을 방해하는 것으로 여겨 내던지도록 만들고자 합니다.

둘째. 그는 그리스도인이 의의 호심경을 세상적인 이익을 저해하는 것으로 여겨 내던지도록 만들고자 애씁니다.

셋째. 그는 의의 호심경으로 인하여 세상에서 받는 반대와 적대 그리고 갈등거리로 그리스도인을 겁주어 그가 그 호심경을 내던지도록 만들고자 애씁니다.

[사탄의 첫째 계략 — 즉, 그리스도인의 호심경을 인생의 쾌락을 방해하는 것으로 제시하는 것 — 을 무너뜨림]

사탄은 의의 호심경을 인생의 쾌락을 방해하는 것으로 제시함으로써 그리스도인으로 하여금 그 호심경을 내던지도록 만들고자 합니다.

그는 거룩하고 의로운 삶을 그토록 준엄하고 시린 모습으로 그려서 사람들로 하여금 그것을 전혀 사모하지 못하도록 만들려고 애씁니다. 그는 이런 식으로 말합니다: "정말로 그렇게 엄밀하고도 거룩하게 살려면, 모든 즐거움과는 작별을 고해야 할 것이다. 엄격한 양심을 지니지 않은 다른 이들은 온갖 쾌락을 누리며 그렇게 즐거운 나날을 보내고 있는데, 그런 쾌락들을 즉시 빼앗기고 말 것이다." 사탄이 이처럼 거룩의 길에 드리우는 이런 혐의가 얼마나 참인가를 이제 보게 될 것입니다. 거룩의 본연의 색상과 색조를 진정 보기를 원하는 자는 사탄의 말을 믿어서도, 자기 자신의 정욕의 마음이 원하는 대로 그 모습을 그리려 해서도 안 될 것입니다. 이제 이 계략을 첫째로 인정(認定: concession)을 통해서, 둘째로 부정(不定: negation)을 통해서, 그리고 마지막으로 단정(端定: affirmation)을 통해서 대응하고자 합니다.

첫째 대응. 인정하는 방식으로 대응하고자 합니다. 즉, 쾌락 중에는 거룩의 능력과 모순되는 것들이 있다는 것을 인정한다는 것입니다. 누구든지 의롭게 살고자 하는 목적을 지향하려면, 반드시 그런 모순된 쾌락들과 결별해야 합니다. 그것들은 두 종류입니다.

종류 1. 그런 쾌락들은 모두 그 자체가 죄악된 것들입니다. 그런 것들을 포용하는 것을 경건이 용인하지 않습니다. 마셔서 독이 될 것을 마시지 못하게 한다고 해서 서운하게 생각하겠습니까? 자식이 감히 쥐약을 맛보는 짓을 하지 못하도록 미리 엄하게 다스리는 아버지를 보고 잔인하다고 생각하겠습니까? 정말 바라건대, 여러분이 이제 성령의 새로운 역사 아래 있으니 죄를 쾌락 말고 다른 이름으로 부를 수 있으면 좋겠습니다. 과거의 성도들은 그런 쾌락들에 매여 있지 않았고 오히려 거기서 벗어나 있었습니다. 그 쾌락들을 섬기면 그것은 종노릇하는 것이요 그것들로부터 벗어나면 거기에 자유함이 있는 것입니다. 사도 바울은 자기 자신과 다른 성도들이 과거에 "어리석은 자요 순종하지 아니한 자요 속은 자요 여러 가지 정욕과 행락에 종노릇 한 자"(딛 3:3)였던 시절을 탄식하며, 또한 그것들을 섬기던 데에서 구원받은 것을 복음의 은혜로 말미암아 얻은 최고의 은덕 가운데 하나로 여기고 있습니다. "그의 긍휼하심을 따라 우리를 구원하시되" — 어떻게요? 그저 죄사함만으로요? 아닙니다. "중생의 씻음과 성령의 새롭게 하심으로" 구원하셨다고 말씀합니다(5절). 그러나 마귀는 불쌍한 자들로 하여금 죄에서 쾌락을 기대하도록 만들고 큰 것들을 약속합니다만, 그는 자기 양심을 거스르며 자신의 감각도 속이고 있는 것입니다. 다른 이들에게 죄를 부추기지만, 정작 그 자신도 죄가 자기의 취향에 맞지 않습니다. 죄가 주는 쾌락은 마치 서인도제도(the West Indies: 중앙 아메리카 동쪽에 있는 섬들을 지칭함 — 역주)의 어느 곳이 그곳의 거주자에게 제공하는 쾌락과도 같습니다. 거기는 극히 희귀한 열매들이 있지만, 낮에는 도무지 견딜 수 없는 뜨거운 더위가 있고 밤에는 온갖 벌레들이 물어뜯기 때문에 사람들이 낮이나 밤이나 그 희귀한 것들을 제대로 맛보지 못한다고 합니다. 그래서 스페인 사람들은 그 곳을 "지옥의 사탕"이라 부릅니다. 죄악된 쾌락이 바로 지옥의 사탕이 아니고 무엇이겠습니까? 감각적인 취향을 만족시켜 주는 육신적인 쾌락들이 있습니다만, 그것들을 누릴 때에 맹렬한 하나님의 진노가 함께 임하고, 죄책감과 불안한 양심이 물어뜯습니다. 진노에 대한 두려움과 죄책감과 양심의 고뇌로 인하여, 감각이 누리는 그 알량한 즐거움과 쾌락이 녹아지고 씻겨 사라지고 마는 것입니다.

종류 2. 그 본질 자체로는 죄악되지 않은 쾌락들도 있습니다. 그런 쾌락들은 사람에게 위로와 즐거움을 가져다줍니다. 이런 쾌락들과 관련하여 죄는 그것들을 정상적으로 사용하는 데(use) 있는 것이 아니고, 비정상적으로 남용하는 데(abuse)에 있습니다. 그것들을 남용하는 일은 다음 두 가지로 일어납니다.

(1) 그것들을 사용할 때에 정상적인 분량을 지키지 않을 경우. 근신하며 살지 않는 자는 이 세상에서 거룩하고 의롭게 살 수가 없습니다. 경건은 이 쾌락들을 양념처럼 맛보는 것은 허용하지만, 양식처럼 가득 먹는 것은 허용하지 않습니다. 부자들에 대해서 "너희가 땅에서 사치하고 방종하여"라고 책망합니다(약 5:5). 그들은 마치 쾌락을 위해 사는 것처럼, 또한 쾌락이 없이는 살지 못하는 것처럼, 그렇게 쾌락 안에서 삽니다. 이 쾌락이라는 포도주가 머리에까지 차올라 사람의 판단을 중독시켜서 그가 그것을 무조건 좋아하고, 그것과 떨어지는 것을 생각조차 하지 못

하고 그것과 결별하지 않으려고 소리치며 안간 힘을 쓰기 시작하게 되면 — 마치 바벨론에 있던 일부 유대인들이 그 땅에서 번창하기 시작하자, 예루살렘을 향해 떠나라는 부름을 받고도 떠나기를 원치 않고 그냥 그 곳에 머물러 있고 거기에 뼈를 묻기를 몹시 원했던 것처럼 — 정말이지 그 쾌락들이 거룩의 능력에 큰 해를 끼치게 됩니다. 가령 종이 자기의 음식과 음료를 취하는 것을 못하게 막지 않는 주인이 있다 해도, 그가 외부에 나가려 할 때에 그 종이 자기가 베푼 음식과 술에 취하여 일을 하지 못하게 된다면, 이는 결코 용납하지 않을 것입니다. 술에 취한 종이 주인의 시중을 들 수 없고 맡겨진 임무를 행할 수 없듯이, 그리스도인도 세상의 쾌락거리에 지나치게 취해 있으면 경건의 임무를 행하여 그의 하나님을 섬길 수가 없는 것입니다.

(2) 합당한 때를 지키지 않을 때에 그것들이 죄가 됩니다. 계절이 아닌 때에 먹는 열매는 아무 맛도 없습니다. 성경은, "안을 때가 있고 안는 일을 멀리 할 때가 있"다고 말씀합니다(전 3:5). 다른 때에는 얼마든지 허용하지만, 특정한 때에는 거룩의 능력이 금하고 허용하지 않는 경우도 있습니다. (a) 안식일에. 이 날에는 모든 육신적이고 세상적인 쾌락은 때에 맞지 않습니다. 그 날에 하나님께서는 우리를 더 높은 즐거움에로 부르십니다. 그리고 우리가 다른 쾌락거리들을 제쳐두기를 기대하시고, 또한 그 저급한 쾌락거리들을 좇지 않음으로 하늘의 진기한 쾌락들을 더 잘 음미하기를 기대하십니다. "만일 안식일에 네 발을 금하여 내 성일에 오락을 행하지 아니하고 안식일을 일컬어 즐거운 날이라, 여호와의 성일을 존귀한 날이라 하여 이를 존귀하게 여기고 네 길로 행하지 아니하며 네 오락을 구하지 아니하며 사사로운 말을 하지 아니하면 네가 여호와의 안에서 즐거움을 얻을 것이라"(사 58:13, 14). 여기서 똑똑히 보십시오! 우리가 육신적인 쾌락거리들을 스스로 부인하지 않으면, 하나님과의 하나된 교제의 감미로움을 맛볼 수도 없고 하나님의 날을 거룩히 지킴으로써 합당한 존귀를 하나님께 드릴 수도 없습니다. 가령 임금이 그 해의 어느 특정한 때에 그의 가난한 신하들 몇 명을 불러 임금의 식탁에 함께 앉아 연회를 즐기게 했는데, 그 신하들이 자기들이 늘 먹는 초라한 음식을 가지고 궁에 들어간다면, 이는 임금을 지극히 욕되게 하는 것이요 동시에 자기들 자신에게도 해를 끼치는 일일 것입니다. 영화롭게 된 성도들이 천국으로 올려져 거기서 하나님을 찬송하며 하나님을 뚜렷이 바라보는 데에서 흘러나오는 그 복락을 누리고 있는데, 그때에 그들이 과거 땅에서 누리던 육신적인 쾌락을 찾고 그것들

을 그리워하겠습니까? 하나님께서 그의 거룩한 날의 예배에 여러분을 받아들이실 때에 상징으로 천국을 누리도록 해주시지 않습니까? (b) 엄숙한 금식과 기도의 날에. 우리의 곤고한 심령을 토로하는 이런 시기에 세상적인 쾌락은 결코 합당치 않습니다. 마치 은으로 된 장식이 장례식 예복에 어울리지 않는 것처럼 말입니다. (c) 밖으로 교회에, 특히 가정 내에, 공적인 재난이 있는 때에. 은혜 가운데 있는 심령이라면, 그리스도께서 그의 교회 안에서 피를 흘리고 계신 때에 자기를 부인하거나, 최소한 잠시 동안 세상적인 쾌락거리를 물리는 것을 합당하게 여기지 않을 수가 없습니다. 우리는 함께 성도된 형제들에게 동정의 빚을 지고 있습니다. 우리가 부드럽고 편안한 침대에 누워 한가하게 육신적인 쾌락을 충만히 누리면서 스스로 만족해하고 있다면, 이웃이 당하는 환난의 아픔이 별로 마음에 진하게 와 닿지 못할 것입니다. 가령 어머니나 아버지가 큰 재난으로 인하여 고통을 당하다가 결국 사망하였는데도 그 자식이 그 사실을 알지 못하여 자기 집에서 즐겁고 유쾌하게 지내고 있다고 합시다. 그러다가 부모에 대한 안타까운 소식을 받으면 그 자식이 어떻게 되겠습니까? 소식을 받자마자 분위기가 완전히 변하여 슬피 애곡하면서, 그 일을 미리 알지 못하여 친족들과 함께 애곡하며 슬퍼하지 못하고 오히려 집에서 유쾌하게 시간을 보내고 있었던 자신의 어처구니없는 모습을 탄식하지 않겠습니까? 지금까지는 거룩하고 의로운 삶이 부인하고 금하는 쾌락들이 있음을 인정하고 그것을 밝혀서 대응하였습니다만, 이 쾌락들을 정당하게 거부해도 신자의 즐거움에 전혀 해가 없다는 것을 잘 받아들이면 좋겠습니다.

　둘째 대응. 이제 두 번째로 부정하는 방식으로 대응하고자 합니다. 곧, 거룩하고 의로운 삶이 앞에 언급된 그런 쾌락들을 부인하지만, 그럼에도 불구하고 사람에게 부여된 참된 쾌락은 결코 빼앗아가지 않는다는 것입니다. 그렇습니다. 오히려 그 반대입니다. 거룩의 능력 가운데 행하는 은혜 안에 있는 사람처럼 인생의 감미로움을 누릴 수 있는 사람은 아무도 없습니다. 이 사실은 다음 두 가지 구체적인 사항에서 드러납니다.

　1. 은혜 안에 있는 사람은 그 감각이 더 면밀하여 더 깊은 감미로움을 맛볼 수 있고, 그리하여 거룩하지 않은 그 어떤 사람보다도 사람의 쾌락거리들에서 더 많은 즐거움을 누릴 수 있습니다. 벌은 꽃에서 꿀을 따지만, 파리는 그 동일한 꽃에서 꿀을 찾지 못합니다. 이와 마찬가지로 성도가 세상에서 맛보는 감미로움을 거룩하지 못한 자는 결코 맛볼 수 없는 것입니다. 불경한 자는 본성적인 육신의 미각을

지니고 있어서 그것으로 육체가 제공해 주는 육신적인 쾌락을 음미하고, 그것을 풍족히 누리는 것으로 그칩니다. 그러나 은혜 안에 있는 심령은 그보다 더한 것을 맛봅니다. "모두가 같은 신령한 음료를 뒤따르는 신령한 반석으로부터 마셨으니 그 반석은 곧 그리스도시라"(고전 10:4). 하지만 그 음료의 감미로움을 맛본 자들이 모두 거기서 그리스도를 맛보았던가요? 아닙니다. 그렇지 않습니다. 그 중에 일부 거룩한 심령들만이 그것을 맛볼 수 있는 신령한 미각을 지녔던 것입니다. 삼손의 부모도 삼손과 함께 사자의 시체에서 나온 꿀을 먹었고, 삼손처럼 그 맛을 좋아했을 것입니다. 하지만 삼손이 그 부모보다 그 꿀에서 더 큰 즐거움을 얻었던 것이 분명합니다. 그는 그 꿀에서, 그를 사자에게서 구원하시고 이제 그 자리에서 꿀까지 베풀어 주신 하나님의 섭리의 달콤함을 맛보았던 것입니다(삿 14장).

2. 그리스도인이 악인보다 세상으로부터 참된 쾌락을 더 얻습니다. 악인보다 그리스도인에게 그 쾌락이 더욱 세련되게 임하기 때문입니다. 불경한 죄인은 이물질을 — 곧, 죄의 이물질과 진노의 이물질을 — 함께 빨아먹습니다만, 그리스도인이 마시는 잔에는 그런 이물질이 없습니다. (1) 죄인은 죄의 이물질을 빨아먹습니다. 그는 세상의 쾌락거리들을 많이 누릴수록 그것들로 더 많은 죄를 짓습니다. 그 쾌락거리들이 그의 악한 마음을 대체 어떻게 망쳐 놓는지, 정말 안타깝기 그지없습니다. 그것들은 그의 악한 정욕에 불을 붙일 뿐입니다. 그들은 마치 탕자가 짐을 지고 달려가듯, 혹은 돼지 떼들이 달려가듯이, 자기들의 쾌락거리들을 들고 미친 듯이 달려갑니다. 먼 나라에서 세상의 쾌락거리들 가운데 지낼 수 있는 동안 도무지 그들의 모습을 볼 수가 없고, 그들이 다시 돌아온다는 생각도 할 수가 없습니다. 육신적인 쾌락에 그렇게 완전히 빠져 버리는 사람들만큼 사악한 자들은 없습니다. 돼지들이 똥과 거름더미 위에서 뒹굴며 살이 찌듯이 불경한 자들은 쾌락에 미쳐 그것과 뒹굴며 살을 찌우는 것입니다. 쾌락으로 인하여 죄를 지으면서 그 마음이 더욱 상스럽고 교만해지고, 양심이 더욱 어리석어지고 무감각해집니다. 반면에 거룩한 자의 경우는 하나님께서 주시는 위로와 기쁨들이 다시 그의 은혜들에 신령한 자양분이 되고, 그리하여 그것들이 생활에서 힘을 발휘하게 되는 것입니다. (2) 불경한 자는 진노의 이물질을 빨아먹습니다. 이스라엘 백성들은 그 원하던 맛있는 음식을 먹었으나, 그것들이 아직 목구멍으로 넘어가기도 전에 하나님의 진노가 임하여 그 음식에서 즐거움을 얻지 못하였습니다(시 78:30). 죄인이 잔치 음식을 먹자마자 하나님의 공의가 그에 대한 형벌 보내기를 준비하고 있으니,

이 사실을 바라보며 공포에 젖어 그 잔치 음식의 맛이 완전히 망쳐질 수밖에 없습니다. 그러나 은혜 안에 있는 영혼은 자유로이 그것을 누립니다. 걱정 때문에 심령이 상하여 입맛이 가실 이유가 없고, 다가오는 위험에 대한 염려로 인하여 현재 누리는 즐거움이 주는 위로가 사라질 위험이 조금도 없습니다. 모든 것이 좋습니다. 전망이 깨끗합니다. 그러므로 다윗처럼, "내가 평안히 눕고 자기도 하리니 나를 안전히 살게 하시는 이는 오직 여호와이시니이다"라고 말할 수 있습니다(시 4:8). 하나님께서 그의 편안한 쉼을 깨뜨리시지 않으니, 그 이외의 어떠한 것도 그것을 깨뜨릴 수가 없습니다. 유니콘(unicorn. 뿔이 하나 달린 전설 속의 짐승 — 역주)이 물에 뿔을 들이대어 깨끗하게 하여 모든 짐승들이 그 물을 안전하게 마실 수 있게 하듯이, 그리스도께서 모든 세상의 쾌락거리들을 깨끗하게 하셨으므로, 성도의 잔에는 결코 죽음이 들어 있지 않은 것입니다.

　　셋째 대응. 단정하는 방식으로 대응하고자 합니다. 거룩의 능력은 그리스도인의 삶의 즐거움과 쾌락을 앗아가는 것이 결코 아닙니다. 오히려 거룩한 삶에는 도무지 비교할 수 없는 고유한 즐거움과 쾌락이 있으며, 은혜 안에 있는 영혼이 의로운 삶의 길에서 그것을 발견하며 그 자체를 누리므로, 외부의 그 누구도 그 일에 간여할 수가 없습니다. 그 즐거움과 쾌락이 내적인 것이므로 세상이 그것들에 대해 그렇게도 야단법석을 떨며 무식하게 이야기하는 것입니다. 그러니 그것들을 직접 보기 전에는 그리스도인에게 그런 쾌락이 있다는 것을 믿지 못하며, 또한 그것을 믿기 전에는 그것들을 절대로 보지 못할 것입니다. 로마 군인들이 성전에 들어가 지성소 안으로 들어갔는데, 거기에 아무런 신의 형상을 보지 못하자 — 우상을 섬기는 자기들의 신전들에는 신의 형상들이 있는 것이 상례였으나 — 밖으로 나와서는 유대인들은 구름을 섬긴다고 비아냥거렸다고 합니다. 그럴 수밖에 없습니다. 왜냐하면 의로움과 거룩이 주는 쾌락은 짐승 같은 자들의 쾌락처럼 세상의 육신적인 감각으로 인지할 수 있을 만큼 천한 것이 아니기 때문입니다. 그렇기 때문에 그들은 성도들의 즐거움이 환상의 산물이기라도 한 것처럼, 그들이 헤라(제우스의 아내로 결혼의 여신 — 역주)가 아니라 구름을 껴안기라도 하는 것처럼, 그들을 보고 비웃는 것입니다. 그러나 그렇게 비웃는 자들은 성도들에게는 거룩한 삶의 쾌락을 실질적으로 누리도록 도와주는 것이 그들의 가슴속에 있다는 것을 알아야 합니다. 등에 채찍을 맞는 것도 아니고 육체에 아무런 고통이 없는데도 불경하고 불의한 그들의 삶에 대한 죄책감으로 인하여 놀랜 양심이 공포로 가득 차 있는 사실을 통해서, 육신적인 쾌락거리가 전혀 없을 때에도 선한 양심의 결과로 얻는 평안이 달콤한 즐거움으로 영혼을 가득 채워줄 수 있다는 것을 알게 되니 말입니다. 거룩하고 의로운 삶의 본질에 속한 세 가지 사실을 생각하는 것만으로도 오직 그런 삶만이 유일한 유쾌한 삶이라는 것을 입증하고도 남습니다. 그런 삶은 하나님께로부터 비롯되는 삶이요, 하나님과 함께하는 삶이요, 하나님 자신의 삶입니다.

1. 그것은 하나님께로부터 비롯되는 삶입니다. 그러므로 유쾌하고 즐거울 수밖에 없습니다. 하나님께서 지으시는 것은 무엇이든 선하고 좋은 것입니다. 그런데 삶(혹은, 생명)이야말로 하나님께서 지으신 것 중에 가장 귀한 것에 속하므로, 아무리 보잘것없고 하찮은 벌레나 파리라도 이런 의미에서 그 영광이 절정에 올라 있는 태양을 능가하는 것입니다. 각 삶마다 하나님께서는 그 종류에 합당한 즐거움을 지정해 주셨습니다. 짐승에게는 짐승의 삶에 합당한 쾌락이 있으며, 사람에게는 그보다 훨씬 더한 쾌락이 있습니다. 그런데 우리가 아는 한 모든 피조물은 각기 정상적인 상태에 있을 때에 그 삶의 쾌락을 최고로 누립니다. 짐승이 병이 나면 축 처져서 울부짖습니다. 사람도 마찬가지입니다. 병이 나서 누워 있는 사람에게는 맛있는 음식도, 스포츠도, 음악도 즐거움을 주지 못하는 것입니다. 그런데 영혼의 정상적인 정서는 바로 거룩입니다. 건강이 육체의 정상적인 상태이듯이 말입니다. 죄로 말미암아 정상적인 정서가 망가지기 전 아담은 낙원에서 즐거운 삶을 살았습니다. 사람이 거룩하게 될 때, 바로 그때에 그는 그의 본연의 정서로 돌아가기 시작하고, 그와 더불어 본연의 즐거움과 쾌락을 누리기 시작하는 것입니다. 오오 여러분, 사람들이 외부의 조건을 타박하고, 세상에서의 자기들의 처지에 대해 불만을 갖습니다만, 문제는 그보다 내부에 있습니다. 구두는 똑바르고 잘 지어졌으나 그 구두를 신는 발이 비뚤어져 있는 것입니다. 여러분이 정상이면 모든 것이 잘 될 것입니다. 그러니 의롭고 거룩해지기 전에는 절대로 여러분이 잘 될 수가 없는 것입니다.

2. 그것은 하나님과 함께하는 삶입니다. 은혜를 누리는 심령은 하나님의 임재 속에서 행하며 그와 하나된 교제를 계속합니다. 성도를 만나면, 그가 누구를 항상 따르며, 누구와 항상 함께 어울리는지를 알게 됩니다. "우리가 보고 들은 바를 너희에게도 전함은 너희로 우리와 사귐이 있게 하려 함이니 우리의 사귐은 아버지와 그의 아들 예수 그리스도와 더불어 누림이라"(요일 1:3). 거룩한 심령의 독특함을 보십시오. "우리의 사귐"은 하나님과 더불어 누린다고 합니다. 우리가 여러분에게

거짓말을 하는 것이 아닙니다. 분명히 말씀합니다만, 불경한 자는 감히 자기의 영혼이 날마다 누구와 더불어 행하는지를 이처럼 자유롭게 말하지 못합니다. 거룩한 자들과 함께 어울리는 데에는 전혀 위험이 없습니다. 나쁜 무리와 사귀게 되지 않고, 오히려 그들의 가장 큰 공급원이 되시는 하나님께로 여러분을 인도할 것입니다. 그러니 여러분, 하나님과 함께 행하는 사람이 즐거운 삶을 사는 것이 당연하지 않겠습니까? 여러분을 진정 사랑하는 사람과 함께 길을 가십시오. 그러면 여러분이 아주 유쾌하고 보람된 대화를 통해 힘을 얻게 될 것입니다. 그런 사람과 함께 어울리면서 얻는 즐거움이 이상하게도, 그러나 아주 감미롭게, 여정의 지루함과 피곤함을 잊게 만들어 주지 않습니까? 그렇다면 하나님께서는 그와 함께 행하는 영혼에게 얼마나 큰 기쁨을 주시겠습니까! 시편 기자는, "저 즐거운 소리를 아는 백성은 복이 있나니 여호와여 그들이 주의 얼굴 빛 안에서 다니리로다. 그들은 종일 주의 이름 때문에 기뻐하리로다"라고 말씀합니다(시 89:15, 16). 종교 집회로 부르는 나팔소리를 가리켜 "즐거운 소리"라 부릅니다. 왜냐하면 하나님께서는 특히 그에게 드리는 예배 가운데서 그 자신을 백성에게 나타내시기 때문입니다. 하늘의 하늘이 주께서 계시는 곳입니다. 그렇다면 이 땅에서 성도가 하나님의 임재를 누릴 때에 그것이 그리스도인의 삶을 즐겁게 해주기에 족한 것입니다. 오오 그리스도인 여러분, 하나님과 함께 행하는 것이, 하나님께로 나아가는 것이 즐겁지 않습니까! 이 땅에서 하나님과 함께 행하며 그의 도우심을 받고 그의 임재를 통해 얻는 위로를 누리는 것이, 하늘 위에서 하나님께서 그의 모든 영광 가운데 자신을 나타내시는 것이 즐겁지 않습니까! 오오 여러분의 삶에 즐거움이 있기를 바라십니까? 여기를 보십시오. 의의 길에 행하는 은혜 안의 심령에게 있는 즐거움이야말로 세상의 그 어떤 것과도 비교가 되지 않습니다. 그는 마치 친구가 서로 함께 걷듯이, 하나님께서 그와 함께 걸으시며 그에게 자기 자신을 나타내시는 것을 봅니다. 그렇습니다. 하나님께서 그와 함께하시는 그 감미로움을 누릴 뿐 아니라, 하나님께서 그를 인도해 가시는 그 천국에 대한 복된 소망이 그에게 있습니다. 그는 거룩의 길에 행하여 결국 그리로 들어가게 될 것입니다. 그러나 불경한 죄인은 자기의 정욕과 더불어 행합니다. 비록 그 정욕들이 당장 얄팍한 쾌락으로 입을 감미롭게 하지만 금방 혀에 녹아 버려 그 맛이 잊혀집니다. 그리고 그것들이 그의 앞에 어둠의 세계를 보여주며, 그를 그리로 인도하며 거기에 버려두며, 그들은 거기서 쉼이 없고 끝이 없는 고통 중에서 자기들의 과거의 그 쾌락에 대해 후회하게 될 것입니다.

3. 그것은 하나님 자신의 삶(혹은, 생명 — 역주)입니다. "하나님의 생명에서 떠나 있도다"라는 표현을 읽어보십시오(엡 4:18). 이것이 바로 경건의 삶입니다. 거룩한 삶은 하나님의 삶입니다. 하지만 어떻게 그렇습니까? 비단 하나님이 그것을 지으신 분이시기 때문만은 아닙니다. 짐승의 생명도 그가 지으셨습니다. 이렇게 본다면 악인도 하나님의 생명에서 소외되어 있지 않습니다. 그들 역시 하나님께서 주신 본성적인 생명을 지니고 있기 때문입니다. 그 표현에는 이보다 더한 의미가 담겨 있습니다. 곧, 하나님의 삶이란 자그마치 하나님께서 친히 사시는 삶입니다. 그는 살아 계시는 하나님이시요, 따라서 그의 삶은 거룩한 삶입니다. 거룩이 바로 그의 삶의 생명인 것입니다. 그런데 형제 여러분, 하나님께서는 친히 즐거움의 삶을 살고 계시다고 생각하지 않습니까? 그런데 그의 삶의 즐거움이 바로 거룩이 아니고 무엇이겠습니까? 그는 성도들의 은혜들을 즐거워하십니다(시 149:4). 그러니 하물며 그 자신의 근원적인 거룩은 얼마나 더 즐거워하시겠습니까? 그 거룩으로부터 광채가 나와 그 자녀들 속에서 빛을 발하는 것이 그의 눈에 아름답게 보이니 말입니다! 여러분, 여러분이 누구시든 간에, 만일 여러분이 불경과 불의로부터 참된 즐거움을 얻을 수 있다면, 여러분은 하나님 자신 위에 군림하여 있는 것입니다. 또 여러분에게 말씀드리건대, 의로움과 거룩의 길을 참된 즐거움을 깨뜨리는 원수라고 말하는 것은 결코 낮은 신성모독이 아니라는 것입니다. 왜냐하면 그런 말은 곧 하나님께 참된 즐거움과 쾌락이 없다는 주장과 같은 것이기 때문입니다. 거룩이 그런 즐거움을 주지 않는다면 과연 하나님께는 즐거움이 없을 것입니다. 그러니 그런 썩은 냄새 나는 생각이나 말은 던져 버리십시오. 마귀들과 정죄받은 영혼들도, 어느 누구보다 가장 완벽한 미움으로 하나님을 미워하는 그들조차도, 감히 그런 말은 하지 않습니다, 아니 그렇게 말할 수가 없습니다. 하나님이 영화로우시고 복되시다는 것을, "거룩한 중에 영화로우시다"는 것을, 또한 피조물의 복락과 영광은 바로 하나님 자신을 그렇게 복되고 영화롭게 만드는 바로 그 거룩에 참여하는 데에 있다는 것을, 그들도 알고 있기 때문입니다. 그리스도인 여러분, 이것이야말로 여기서나 후에 천국에서나 여러분의 행복에 대해 말할 수 있는 최고봉입니다. 하나님을 영화롭게 만드는 것이 여러분도 영화롭게 만들어 줍니다. 여러분의 기쁨과 즐거움은 하나님 자신이 기뻐하시는 기쁨과 종류가 같은 것입니다. "주께서 주의 기쁨의 강물을 마시게 하시리이다"(시 36:8. 한글개역개정판은 "복락의

강물"로 번역함 — 역주). "주의 기쁨의 강물"(the river of thy pleasures)이라는 문구를 주목하십시오. 하나님께서 그의 기쁨을 지니고 계시고, 또한 그가 그의 성도들에게 그의 기쁨을 주사 마시게 하신다는 것입니다. 이것이야말로 그의 성도들의 기쁨의 감미로운 특징입니다. 가령 어떤 임금이 그의 신하들더러 아무개를 데리고 포도주 저장고로 데려가 그에게 맥주나 포도주를 주어 마시게 하라고 명령한다면, 이것은 그 높은 분이 베푼 큰 친절로서 정말 황송한 마음으로 귀하게 받아 마땅한 것일 것입니다. 그런데 그 임금이 그 사람을 자기의 식탁에 앉히고 그에게 자기가 마시는 포도주를 주어 마시게 한다면, 이것은 훨씬 더한 친절일 것입니다. 하나님께서는 사람에게 재물과 곡식과 포도주와 기름 등 피조물의 위로거리들을 주시는데, 이는 그가 사람에게 포도주 저장고에서 친절을 베푸시는 것과도 같습니다. 이는 그저 육신적인 즐거움만을 가져다줍니다. 그들은 그저 신하들과 함께 앉아서, 짐승들과 같은 패가 되어 그런 감각적인 즐거움을 누리는 것밖에는 없습니다. 그러나 그가 그의 은혜를 베푸시고, 거룩으로 영혼을 아름답게 하시는 것은, 피조물이 누릴 수 있는 최고의 수준을 그에게 베푸시는 것입니다. 이 거룩이라는 고귀한 예복은 아무에게나 보내시는 것이 아닙니다. 천국의 영광 가운데 그의 식탁에 함께 앉게 하실 자에게만 베푸시는 것입니다.

[사탄의 둘째 계략 — 즉, 그리스도인의 호심경을 세상적인 이익을 저해하는 것으로 제시하는 것 — 을 무너뜨림]

사탄은 그리스도인의 호심경을 세상적인 이익을 가로막는 것으로 제시하여 그리스도인이 그것을 던져 버리게 만들려고 애를 씁니다. 앞의 돌에도 여러분이 넘어지지 않으면, 마귀는 또 다른 돌을 손에 들고 여러분의 길에 던져 놓습니다. 그는 사냥하러 나갈 때 화살을 하나밖에 안 갖고 가는 돌팔이 사냥꾼처럼 행동하지 않습니다. 그러므로 우리는 그가 화살 한 방을 쏘아 여러분이 맞고 쓰러지지 않으면 당연히 다음과 같이 말하여 두 번째 화살을 날릴 것을 예상해야 합니다. "그대 자신과 그대에게 의지하는 모든 사람들을 다 망쳐 버릴 생각이 아니라면 이 거룩한 삶과 의로운 처신은 절대로 취해서는 아니 되네. 세상의 부자들과 귀인들을 보게. 이 사람들이 그렇게 큰 재산을 쌓고서 자기 가족들을 그렇게 위엄과 화려함 중에 있도록 보양하는 것에 대해 어떻게 생각하나? 이게 그들의 의로움과 거룩함으로 그렇게 된 것일까? 아뿔싸! 그들이 만일 양심에 따라 그렇게 엄격하고 철저하게 처신했다면, 거룩한 삶의 규칙에 그들 자신을 얽어맸다면, 그들은 결코 이처럼 세상에서 잘 나가게 되지 못했을 것이네. 그러니 그들이 이룬 것처럼 그대도 그렇게 번창하고 싶거들랑 이 의의 호심경일랑 아예 던져 버리든지, 아니면 풀어서 느슨하게 만들어 무언가 이익이 생길 때에는 옆으로 돌려놓을 수 있게 하게. 그렇지 않으면, 연말에 결산해 보면 전혀 이익이 없을 테니 아마 그대의 가게 문을 닫아 버리고 장사를 포기하게 될지도 모르네." 그리스도인 여러분, 사탄의 이러한 공격에 대응하기 위해서는 다음 몇 가지 사실들을 고려하십시오. 그러면 어렵지 않게 이러한 반론의 입을 막을 수 있을 것입니다.

첫째 대응. 여러분이 진정 복을 누리기를 바라신다면, 필수적인 것은 부자가 되는 것이 아니라 거룩하게 행하는 것이라는 사실을 생각하십시오. 주머니에 한 푼이 없어도 얼마든지 천국을 향하여 나아갈 수 있습니다만, 여러분의 마음과 삶에 거룩이 없이는 절대로 천국을 향하여 나아갈 수가 없습니다. 그러니 가장 필수적인 것을 가장 먼저 챙기는 것이 지혜로운 처사일 것입니다.

둘째 대응. 천국은 이 땅에서 가난과 헐벗음과 벌거벗음을 감수하고라도 소유할 만한 값어치가 있습니다. 세상에는 하나님께서 베푸시는 호의를 감사함으로 받고, 또한 하나님께서 뇌물을 주시지도 않고 큰 재물로 환심을 사지 않으시는데도 그 영화로운 성에 들어가게 될 자들이 있습니다. 그러므로 여러분, 부끄러운 줄을 알고서 어떠한 일이 있더라도 반드시 거룩하기를 결심하십시오. 여러분이 만일 하나님께 소유되었고 또한 그를 사랑한다면 재물과 안락함 같은 것을 위해 하나님을 떠나지 않을 것이고, 오히려 그것들을 버리고, 경멸하며 던져 버릴 것이 아닙니까? 그러니 그런 것들로 하나님과 거래하려 해서는 안 될 것입니다.

셋째 대응. 거룩이 능력 가운데 지켜지면 세상의 적은 것에도 만족할 것입니다. 건강한 사람이 그저 몇 가지 안 되는 의복만으로도 만족하듯이 말입니다. 몸 속의 피로부터 나오는 따뜻한 온기(溫氣)가 겉에 입은 의복을 통해서 느끼는 온기보다 더 나은 법입니다. 경건이 빈곤 가운데 있는 그리스도인에게 주는 만족감이 부자가 자기 재물에게서 얻는 만족감 — 그런 것이 과연 세상에 있다면 — 보다 더 나은 법입니다. "자족하는 마음이 있으면 경건은 큰 이익이 되느니라"(딤전 6:6). 거룩한 사람이야말로 세상에서 유일하게 만족을 누리는 사람인 것입니다. 바울은 자신이 "어떠한 형편에든지 자족하기를 배웠"다는 것을 말씀하고 있습니다(빌 4:11). 그런데 그에게 이 힘든 교훈을 가르쳐준 스승이 누구냐고 묻는다면, 그는 가말리엘의 문하에서가 아니라 그리스도의 문하에서 그것을 배웠노라고 답할 것입니다. "내게 능력 주시는 자 안에서 내가 모든 것을 할 수 있느니라"(13절). 거룩한 영혼은 진실함과 근신으로, 그리스도로 말미암아 자신이 가장 낮고 가장 비천할 때에 그의 마음과 상태가 최고라고 말할 수 있는 것입니다. 우리는 세상의 예대로 하면, 거래나 빌리는 것이 없이, 혹은 물건을 사더라도 주머니에 현금이 항상 풍족히 있는 사람이, 자신의 다양한 취향에 따라 세상의 희귀한 것들까지 다 마음껏 얻을 수 있는 사람이야말로 행복한 사람이라고 말할 수 있을 것입니다. 경건은 그야말로 풍족한 보고(寶庫)와도 같아서, 그리스도인이 성장하기에 필요한 모든 것을 그 자체 내에서 공급해 줄 수가 있습니다. 그러므로, 은혜 안에 있는 심령이 무언가를 바랄 때에 굳이 다른 사람의 문을 두드리며 구걸하여 거룩을 값어치 없게 만들 필요가 없는 것입니다.

넷째 대응. 세상의 부귀를 얻기 위하여 의의 호심경을 버리거나 저당 잡히는 자는 어처구니없이 값싼 거래를 한 것임을 생각하십시오. 이는 1. 죄에서 드러나고, 2. 그 죄의 발꿈치에 드리워지는 무거운 저주에서 드러납니다.

1. 그것은 크나큰 죄입니다. 마귀는 그리스도를 시험하여 결코 작지 않은 죄를 짓게 만들고자 했습니다. 그는 그리스도 앞에 정말 황금의 미끼를 던졌습니다. 그는 "예수를 이끌고 올라가서 순식간에 천하만국을" 보여주고는, 그가 만일 자기에게 절하면 그 모든 것을 다 주겠다고 약속하였습니다(눅 4:5-7). 이 더러운 영의 의도가 무엇이었습니까? 그리스도를 이끌어 자기를 세상의 주(主)로 시인하게 하고, 또한 자기에게 절하게 하여 그리스도로 하여금 세상의 모든 좋은 것들을 하나님이 아니라 자기에게 기대한다는 것을 선포하게 하려는 것이 아니었습니까? 그런데 불의로 세상의 것들을 추구하는 자는 누구나 그것을 얻으려고 마귀에게 가는 것이요 또한 사실상 그를 경배하는 것입니다. 그런 자는 하나님이 아니라 마귀가 세상의 주인이요 또한 세상의 것들을 처리하는 자임을 실질적으로 시인하고 선포하는 것입니다. 하나님이 하시는 일을 마귀가 행하는 것으로 인정하는 것이니 말입니다. 자, 여러분, 그러니 마귀로부터 부귀를 얻는 것보다 하나님께로부터 빈곤을 얻는 것이 얼마나 더 나은 것인지 모릅니다. 이는 증인이 있는 대담한 죄입니다. 단번에 하나님의 주권을 취하여 그것을 마귀에게 주어 세상을 자기 방식대로 처리하도록 만드는 처사이니 말입니다.

2. 그것은 어리석은 죄입니다. "부하려 하는 자들은" ― 즉, 방법의 옳고 그름을

따지지 않고 부를 추구하는 자들은 — "시험과 올무와 여러 가지 어리석고 해로운 욕심에 떨어지느니라"(딤전 6:9). 이미 사람이 소유하고 있는 것을 얻으려고 도둑질을 한다면 이보다 더 어리석은 것이 어디 있겠습니까? 여러분이 성도라면, 세상이 가진 모든 것이 이미 여러분의 것입니다. "경건은" 이미 "금생과 내생에 약속"을 지니고 있습니다(딤전 4:8). 만일 부귀가 여러분에게 선한 것이면, 여러분이 그것을 갖게 될 것입니다. 그것이 이미 약속에 포함되어 있기 때문입니다. 그리고 하나님 보시기에 부귀가 여러분에게 선하지 못하면 — 하나님이야말로 이 문제를 가장 잘 판단하시는 분이십니다 — 여러분에게 종류는 같으나 다른 약속을 베푸셔서, 즉 돈 대신 그것과 동일한 가치를 지닌 다른 것을 갖게 되리라는 확신을 갖게 하셔서, 여러분을 채우십니다. "돈을 사랑하지 말고 있는 바를 족한 줄로 알라. 그가 친히 말씀하시기를 내가 과연 너희를 버리지 아니하고 너희를 떠나지 아니하리라 하셨느니라"(히 13:5). 하나님께서 여러분에게 부귀를 주셨으나 이제 여러분을 부르사 그의 이름을 위하여 그것과 작별하라고 하시면, 여러분에게 생긴 손해를 회복할 수 있는 다른 것을 주시되, 이 세상에서 백 배의 유익을 얻고 그 외에 내세에서 "영생"을 얻게 해 주시는 것입니다(마 19:29). 그러니 마귀가 주겠다고 하는 안락한 것을 위해서 하나님의 약속들을 저버리는 자는 정말이지 어리석은 바보인 것입니다.

3. 불의한 소득은 거기에 끼어드는 무거운 저주를 고려할 때에 정말 형편없이 값싼 것이라는 것이 드러날 것입니다. "악인의 집에는 여호와의 저주가 있거니와"(잠 3:33), "의인의 집에는 많은 보물이 있느니라"(잠 15:6). 의인에게 가보면, 그의 집에서 돈은 찾지 못할지라도 "보물"은 반드시 찾을 것입니다. 그러나 악인의 집에는 금과 은은 있어도 보물은 없습니다. 왜냐하면 하나님의 저주가 그 모든 것을 다 먹어치우기 때문입니다. 악인이 아무리 갈퀴로 긁어모아도 하나님의 포크(fork)가 그 뒤를 따르는 것입니다. 하나님으로서는 악인이 불의로 모아들인 것을 흩어 버리는 것이야말로 지극히 의로운 일이니 말입니다. 그러므로 악인들에 대해서 이렇게 말씀합니다. "네 집에 욕을 부르며 네 영혼에게 죄를 범하게 하는 것이 되었도다. 담에서 돌이 부르짖고 집에서 들보가 응답하리라"(합 2:10, 11). 인생의 위로를 중히 여기는 자라면 과연 누가, 아무리 황금이 많다 하더라도 그렇게 괴로움이 가득한 집에 살려 하겠습니까! 들어가는 방마다 자기의 불의가 부르짖는 소리가 들리고, 이를테면 담의 돌들과 집의 대들보가 그의 죄의 무게를 이기지 못

하고 탄식하는 소리가 들리니, 그런 집에서 어떻게 살겠습니까! 그렇습니다. 이 죄는 의로우신 주께서 지극히 미워하시는 것이므로 그런 이익을 추구하는 자들이 그에게서 저주를 받는 것은 물론 그들의 불의한 계획에 사용되는 그 도구들까지도 저주를 받는 것입니다. 종이 주인의 환심을 사고자 사기와 불의로 그의 재산을 불립니다. 그러나 하나님께서는 그 값을 지불하실 것을 경고하십니다. "그 날에 문턱을 뛰어넘어서 포악과 거짓을 자기 주인의 집에 채운 자들을 내가 벌하리라"(습 1:9). 이 말씀은 문 앞에 서서 들어오는 손님들을 꾀어 사기를 치는 종들에게는 물론, 절대적인 권력으로 사람들의 집에 들어가 폭력으로 자기들이 원하는 것을 취하는 관리들에게도 해당됩니다. 이들을 통해 이익을 얻은 것은 그들의 주인들이지만, 이들도 형벌을 받습니다. 이들의 주인들은 탐욕을 부린 자들로, 또한 이들은 그들의 수족이 되어 주인들의 탐욕을 채워주고 그들에게 먹이를 갖다 바친 자들로 형벌을 받게 될 것입니다.

[사탄의 셋째 계략 — 즉, 그리스도인의 호심경을 세상의 반대를 불러오는 것으로 제시하는 것 — 을 무너뜨림]

사탄은 호심경이 세상으로부터 강력한 반대와 갈등을 불러오게 된다고 겁을 주어 그리스도인들로 하여금 그의 호심경을 던져 버리도록 만들고자 힘씁니다. 이것은 영혼이 의의 길을 가려 할 때에 사탄이 그를 넘어뜨리고자 그 앞에 드리워놓는 세 번째 걸림돌입니다. 사탄은 이런 식으로 말합니다. "오오, 이것은 그야말로 모든 사람에게 욕을 먹고, 이웃의 사랑을 잃어버리고, 주위의 모든 사람들에게서 조롱과 미움을 자초하는 길이라네. 그대는 이웃들과 친하게 사이좋게 지내고 싶지 않은가? 롯이 소돔 사람들과 함께 살면서 당했던 것처럼, 또한 그 옛날 노아가 다른 길로 가던 모든 자들에게서 당했던 것처럼, 주위 사람들에게서 야유를 받으며 사는 것을 견딜 수 있겠는가? 이 거룩이라는 것은 가는 곳마다 악감정만 부추기네. 그대 스스로 세상의 분노를 그대의 귀에 자초하는 것임을 명심하게."

사실 이런 논리는 아주 구차스럽고 허약한 것입니다만, 유약한 심성을 지니고 있고 또한 사랑과 평화 쪽으로 기우는 기질이 주류를 이루는 그런 사람에게는 이것이 무게를 지니게 되어 아주 위험한 시험으로 다가오기에 충분합니다. 아론이 금송아지의 일에서 바로 이 돌에 걸려 넘어졌습니다. 그가 자기가 좋아서 그런 일은 한 것은 결코 아니었습니다. 다만 백성들을 안돈시키기 위한 하나의 조치였습니다. 이는 모세에게 행한 변명에서 잘 드러납니다: "내 주여 노하지 마소서 이 백성의 악함을 당신이 아나이다"(출 32:22). 그의 변명은 마치 이런 뜻과도 같습니다: "내가 거절하였더라면 그들이 내게 무슨 일을 저질렀을지 모릅니다. 내가 그 일을 한 것은 그들을 누그러뜨리기 위함이요 그들이 더 큰 문제를 일으키지 않도록 막기 위함이었습니다." 이런 시험을 대비하여 정말 든든히 무장할 필요가 있습니다. 그러기 위해서는 다음 두 가지 사실들을 진지하고도 무게 있게 살펴야 할 것입니다.

첫째 대응. 그리스도인 여러분, 여러분이 섬기는 그 하나님께서 모든 사람의 혀와 손과 마음을 다 주장하십니다. 하나님께서는 그가 기뻐하시면 여러분이 거룩한 삶의 처신을 조금도 타협하지 않아도 얼마든지 주위의 가까운 사람들에게서 호감을 얻도록 하실 수 있습니다. "사람의 행위가 여호와를 기쁘시게 하면 그 사람의 원수라도 그와 더불어 화목하게 하시느니라"(잠 16:7). 라반이 격노하여 야곱을 뒤쫓지만, 하나님께서 중도에 그를 만나서, 선한 야곱에게 어떻게 처신해야 할지에 대해 교훈을 얻게 하십니다(창 31:24). 그리하여 그는 야곱에게 다음과 같이 고백합니다: "너를 해할 만한 능력이 내 손에 있으나 너희 아버지의 하나님이 어제 밤에 내게 말씀하시기를 너는 삼가 야곱에게 선악 간에 말하지 말라 하셨느니라"(29절). 그에게 야곱을 해할 능력이 있었으나, 하나님께서 그렇게 하지 못하도록 하신 것입니다. 모든 사람이 하만에게 경의를 표하라는 왕의 명이 있었는데도 모르드개가 하만에게 경의를 표하지 않았으니, 당시의 보통 사람들은 아마도 그가 분명 왕의 진노를 스스로 자초한 것이라고들 생각했을 것입니다. 그러나 그 거룩한 사람은 양심을 따라 그에게 무릎을 꿇고 절하지 않았습니다. 그런데도 우리가 보는 바와 같이, 그 교만한 자는 모르드개에게 복수하기 위해 최악의 조처까지 다 행하였으나 결국 모르드개를 위해 만든 장대 위에 오히려 자신이 매달리게 되었고, 모르드개는 오히려 하만의 뒤를 이어 왕의 총애를 받게 되었습니다. 왕의 마음의 열쇠를 지니신 하나님께서 갑자기 아하수에로의 마음을 변하게 하사 그 저주받은 아말렉 사람을 저주하게 하시고, 이 거룩한 사람을 총애하게 하신 것입니다. 그 백성이 그를 긴밀하게 따를 때에 하나님께서 그렇게 놀랍게 그들의 안전을 지키실 수 있고, 또한 지키시니, 과연 누가 양심대로 행하기를 두려워하겠습니까!

둘째 대응. 혹 거룩한 처신이 불경한 자들에게서 분노를 불러일으킬 때에는 그들의 사랑보다 오히려 그들의 미움에 더 많은 자비가 있을 수도 있다는 것을 아시기 바랍니다. 성도들은 흔히 악인들의 사랑이나 선대보다는 오히려 그들의 분노를 통해서 유익을 얻는 경우가 많습니다. 악인들의 분노는 성도들로 하여금 더욱 조심하게 하고 더욱 엄정하게 만듭니다만(그리하여 다윗은 원수들이 자기를 살피는 것을 보고서 하나님께 자기의 길을 선명하게 해 달라고 기도하였습니다), 그들의 사랑이나 선대는 오히려 그들을 잠들게 만들고 그들을 더욱 안일하게 죄에 빠지게 만드는 함정이 되는 경우가 많습니다. 여호사밧은 아합과의 교류를 통해서 너무 큰 해를 입었습니다. 하나님과도 함께 지내고 동시에 그 악인과도 함께 지내기가 너무나 어려웠던 것입니다. 마르틴 루터(Martin Luther)는 "세상을 다 준다 해도 에라스무스(Erasmus)의 존귀는 갖지 않겠다"고 공언했습니다. 세상의 귀인들과의 친분과 그들에게서 얻은 신망 때문에 그가 하나님의 대의에 대해 완곡하게 말하게 되었던 것입니다. 모압 사람들은 한 치도 이스라엘을 망하게 만들 수 없었습니다만, 그들이 이스라엘 자손들과 친밀하게 관계를 맺게 되자, 이스라엘 자손들이 그들을 도무지 감당할 수 없게 되었습니다. 그들의 저주나 분노가 아니라 그들의 포용과 애정이 이스라엘 자손들에게 해를 가져다준 것입니다. 다시 말하지만, 사람들의 애정을 상실하고 그들에게 분노를 산다 해도, "의의 호심경"을 긴밀하게 지키는 것이 그들의 애정을 얻고 그들에게서 분노를 사지 않는 것보다 더 낫고 더 유익이 되는 것입니다.

1. 호심경으로 인하여 사람들에게서 사랑을 상실하면, 그 대신 하나님께서 주시는 복을 얻습니다. "나로 말미암아 너희를 욕하고 박해하고 거짓으로 너희를 거슬러 모든 악한 말을 할 때에는 너희에게 복이 있나니"(마 5:11). 하나님께서 주시는 복이야말로 사람의 분노의 폭풍에서 우리 머리를 보호해 주는 견실한 지붕입니다. 오오 그리스도인이 무언가 거룩하지 못한 처신으로 인하여 악인의 조롱을 받을 때에는 정말 안타깝기 그지없습니다. 그럴 때에는 그들의 욕지거리의 폭풍에서 여러분을 숨겨줄 문이 있으리라는 약속이 전혀 해당되지 않습니다. 사람들은 욕하고, 하나님은 이맛살을 찌푸리십니다. 집으로 돌아와 자기 양심을 살펴보고, 하나님과 대면해도 환영을 받지 못합니다. 그러나 그들이 여러분의 거룩 때문에 여러분을 미워하는 경우라면, 하나님께서는 그들의 미움 대신 그의 사랑을, 그들의 저주 대신 복을, 주실 것을 약속하고 계십니다. 그러니 그런 자는 과연 불평할 이유가 별로 없습니다. 다른 이들에게서 얻는 약간의 모욕 대신 그의 임금의 총애가 더해지니 말입니다.

2. 여러분의 거룩한 행실로 인해 세상으로부터 얼마간 사랑을 잃는다 해도, 그로 인하여 더 많은 존경과 존귀를 얻습니다. 여러분이 거룩하다고 해서 그것 때문에 여러분을 사랑하지 않을 자들이 있습니다만, 그들은 여러분의 거룩 때문에 여러분을 미워하면서도 동시에 그것 때문에 여러분을 두려워하고 존경하지 않을 수가 없습니다. 성도가 악인에게 맞추느라 자기의 거룩을 조금 뒤로 물려둘 경우, 그들은 큰 손해를 얻는 것입니다. 거짓된 사랑을 얻을지는 모르지만, 그의 거룩으로 인하여 그들의 내적인 양심으로부터 베풀어지는 참된 존귀를 상실해 버리는 것이기 때문입니다. 거룩의 능력 가운데 행하는 그리스도인은 힘을 지닌 삼손과도 같아서 악인이 그를 두려워합니다. 그러나 그가 자신의 거룩한 삶에서 무언가 합당치 않은 것을 행하여 자신의 무기력을 드러내 보이면, 곧바로 그들에게 붙잡혀 그들의 혀의 채찍을 맞고, 마음의 조롱을 받게 되고 맙니다. 이제 그들은 그런 자를 보고 춤추며, 자기들의 조롱거리로 만듭니다. 그의 거룩에 대해 여전히 경외감을 갖고 있으면서 말입니다. 여러분이 의의 호심경을 착용하고 있는 한, 여러분이 빈곤하거나 겉으로 보기에 비천한 상태에 있다 해도 그것 때문에 여러분을 무시하지는 못합니다. 비록 누더기를 입고 있다 해도 거룩의 눈썹에 위엄이 있기 때문입니다. 의로운 다윗이 악한 사울에게서 이처럼 존경을 얻는 것을 봅니다. 임금이 도피 중인 가련한 신하에게 경의를 표합니다: "사울이 … 소리를 높여 울며 다윗에게 이르되 나는 너를 학대하되 너는 나를 선대하니 너는 나보다 의롭도다"(삼상 24:16, 17). 육신적인 사람들이 자기들이 그리스도인들의 거룩한 삶을 도저히 따라가지 못한다는 것을 어쩔 수 없이 시인하게 될 때에 이런 일이 당연히 일어나게 되어 있는 것입니다. 오오 그리스도인 여러분, 세상의 이웃들로서는 아무리 해도 할 수 없는 그런 고유한 일을 행하십시오. 그러면 그들이 여러분을 그들의 마음에서 던져버릴 때조차도 여러분이 그들의 양심의 보좌에 앉게 될 것입니다. 마술사들은 자기들이 모세가 행한 이적과 비슷한 것을 행할 때에는 자기들 자신을 모세와 똑같이 선하게 여겼습니다. 그러나 이의 재앙을 당하고서 자기들의 재주로는 도저히 그 비슷한 것을 만들어 내지 못한다는 것을 깨닫자, 그들은 거기에 "하나님의 손가락"(출 8:19. 한글개역개정판은 "하나님의 권능"으로 번역함 — 역주)이 개입되어 있음을 인정하였습니다. 육신적인 사람들이 행하는 것보다 더 많은 것을 행하여도, 그들은 여러분이 자기들과 같은 수준이라고 밖에는 여기지 않습니다. 아니, 여러분은 자기들보다 더 거룩한 척하는 것일 뿐 자기들의 수준이 더 낫다고 생각합니다. 어

떤 일이든 그 일에 전문적으로 종사하는 사람은 그렇지 않은 사람보다 조금이라도 더 나은 것이 당연한 일이라고 여깁니다. 그러니 그렇지 못하면 그 사람은 멸시를 당하게 되는 것입니다. 이제 적용에 이르렀는데, 이미 가르침 부분에서 적용의 성격을 지닌 내용들을 간간이 말씀드렸으므로, 그저 간단히만 다루도록 하겠습니다.

[적용]

[거룩과 관련한 두 가지 문제]

첫째 적용. 앞에서 두 가지 구체적인 문제에 대해 알려드린 바 있습니다만, 거룩의 능력을 유지하는 문제와 또한 그럴 가능성의 문제가 그것입니다.

1. 우리가 이처럼 거룩의 능력을 유지하기를 힘쓰는 것이 마땅하다면, 의(義)라는 것과 불의(不義)라는 것이, 거룩이라는 것과 또한 그것을 대적하는 죄라는 것이 있는 것이 확실합니다. 그런데 사람들 중에는 이것들을 그저 환상에 불과한 것으로 만드는 자들이 있습니다. 그것들의 존재가 마치 이런 것들을 꿈꾸고 또한 어리석은 생각으로 무언가 무서운 것들을 상상하는 정신이 유약한 자들이 우울한 상태에 빠져서 상상으로 조장해 낸 것처럼 여기는 것입니다. 그리하여 우리 중에 어떤 이들은 대담하게도 자기들이 그 폭군 같은 양심의 굴레에서 드디어 해방되었다며 자랑하고 우쭐대기도 합니다. 그래서 이제는 권위를 행사하는 양심에게 찔림을 받는 것이 하나도 없이 얼마든지 거짓 맹세도, 거짓말도 할 수 있다고 합니다. 그렇습니다. 그들은 죄를 짓는다고 생각하는 사람 외에는 어느 누구에게도 죄를 짓는 것은 없다고 단언합니다. 시편 기자는 말씀하기를, "어리석은 자는 그의 마음에 이르기를 하나님이 없다 하는도다"(시 14:1)라고 합니다만, 이런 자들은 그들보다 훨씬 더 어리석은 자들입니다. 이들은 자기들이 얼마나 어리석은 자인지를 세상에 공포하는 것이요, 그리하여 그 수치를 도무지 가릴 수가 없습니다. 이들을 언급하는 것은 그들의 논지를 반박하기 위함이 아닙니다. 마치 어떤 미친 자가 태양의 존재를 아무리 부인한다 해도 대낮을 비추는 태양이 엄연히 존재하는 것처럼, 그런 논지는 구태여 반박할 가치조차 없습니다. 이들을 언급하는 것은 오히려 하나님의 거룩한 자들인 여러분의 마음에 이 시대의 가증함이 어느 정도인지를 느끼게 하기 위함입니다. 사람들이 얼마나 깊이 잠들어 있었으면, 원수가 와서 그런 가

라지들을 우리 중에 뿌리고 갔겠습니까! 어쩌면 그들은, 그리스도의 농부들이 그렇게도 수고하고 희생하여 밭을 가꾸었으니 그런 독이 되는 씨는 결코 밭에 뿌리를 내리지 못할 것이라고 생각했을지도 모릅니다. 그렇게 순결한 복음을 양식으로 먹어온 이들에게는 그처럼 강력한 착각들이 결코 자리를 잡지 못할 것이라고 말입니다! 그러나 아뿔싸! 공기가 깨끗하던 도시에 전염병이 생기면 다른 어느 곳에서보다 더 격렬하게 퍼져가는 것처럼, 복음을 상당히 누려온 사람에게 거짓의 영이 발동하면 그것이 지극히 거대하게 자라나는 것입니다. 오늘날 가라지들이 그렇게 무성하게 돋아난 것을 바라볼 때에, 그렇게 오랜 세월 동안 세상의 다른 그리스도의 교회들에게 전혀 누를 끼치지 않고 가장 아름답고 열매가 풍성한 나무들 가운데 하나로 우뚝 서 있었던 잉글랜드가 결국 가시덤불이 가득한 곳이 된 것을 생각하면 가슴이 떨리기까지 합니다. 존경해 마지않는 거룩한 스승 그린햄 목사([Richard Greenham: 1535?-1594?)는 교황주의보다는 무신론이 잉글랜드를 더 크게 파멸시키지 않을까 두렵다고 말했다고 합니다. 그가 오늘처럼 당혹스런 시대를 살았다면, 그의 두려움이 훨씬 더 커졌을 것입니다. 잉글랜드가 복음을 접한 이래로 지난 십여 년보다 무신론자가 많이 생겨난 때가 있었습니까? 아니, 없었다고 할 만한 충분한 이유가 있습니다. 사람들이 복음을 시인하고 공언하기는커녕 너무도 무지몽매하여 빛과 어둠을, 의와 불의를 분간하지도 못한다면, 이는 무신론에까지 이른 것이 아니겠습니까? 이는 본성적인 무지몽매가 아닙니다. 이교도들은 성경의 빛이 없는데도 불구하고 선과 악을 분간하며, 거룩과 죄를 분간할 수 있으니 말입니다(롬 2:14, 15). 아닙니다. 이런 무지몽매는 이 백성이 빛을 볼 수 있을 때에 빛을 대적하여 배역한 것으로 인하여 하나님께서 보내신 하나의 재앙입니다. 그러니 이 재앙이 더 보편화된다면 ― 절대로 그런 일이 있어서는 안 됩니다만 ― 잉글랜드에게는 화가 아닐 수 없을 것입니다!

2. 우리가 거룩의 능력을 유지하는 것이 마땅하다면, 그것은 **분명 가능합니다**. 하나님께서는 그의 소유된 백성이 도무지 할 수 없는 일을 명령하시지는 않습니다. 다만 여기서 여러분은 본문을 해명하면서 제시한 구분을 조심스럽게 기억해야 합니다. 곧, 율법의 의와 복음의 의를 구분해야 합니다. 이 중에 후자는 결코 이르지 못할 것이 아닙니다. 세상의 순전한 그리스도인 가운데 이런 의미에서, 즉 하나님의 말씀의 법칙에 따라 행하기를 진정 바라며 또한 양심으로 힘쓴다는 ― 물론 하나님의 은혜의 도우심이 있으므로 어느 정도 이 노력이 성공을 거둡니다만 ― 의

미에서, 진정 거룩하지 않은 사람은 하나도 없습니다. 물론 그리스도의 모든 제자들이 다 상태가 같은 것은 아닙니다. 그의 모든 자녀들이 키와 힘이 다 똑같은 것도 아닙니다. 다른 이들보다 거룩의 길에서 더 민첩하게 발을 움직이는 이들도 있습니다. 그러나 성도 중에는 하나님을 위하여 일하게 하며 자기의 능력보다 더 많은 일을 행하기를 바라게 만드는 그런 생명의 원리를 부여받지 않은 자가 하나도 없습니다. 씨가 그 자체로서는 매우 작지만 장성한 나무의 크기와 높이를 그 속에 근본적으로 지니고 있고, 그것이 자라나면서 그 장성한 상태에까지 이르도록 그 본연의 능력을 더욱더 발휘하듯이, 회심 때에 처음 심겨진 그 은혜의 원리 속에 어떤 의미에서 은혜의 완성된 상태가 포함되어 있습니다. 즉, 하나님께서 그리스도 예수 안에서 그에게 지정해 놓으신 그 완성의 상태에 이르기를 사모하며 애쓰도록 만드는 그런 기질이 그에게 있는 것입니다. 그리스도인 여러분, 그러므로 이 거룩을 이 땅에서 얻는다는 것이 불가능하다는 식의 생각들이 다가올 때마다 사탄이 여러분에게서 불신을 조장하기 위해 보낸 것들로 여겨 거부하기 바랍니다. 그런 생각들이 마치 정탐꾼들이 불신앙적인 이스라엘 백성에게 가져온 거인들과 높은 성벽들에 대한 소식처럼 너무도 우리의 사정에 잘 들어맞는다는 것을 그가 잘 알고 있습니다. 그는 여러분이 거룩을 위해 힘쓰는 것을 약화시키려는 의도로 그런 생각들을 이용하는 것입니다. 거룩을 위해 힘쓰게 되면 결국 사탄 자신이 거짓말쟁이라는 것이 입증되고 만다는 것을 그도 잘 알고 있으니 말입니다. 도움의 약속을 직시하고서 양심적으로 거룩을 위해 힘쓸 것을 강력하게 결단하십시오. 그러면 그 일이 지속될 것입니다. 결코 두려워할 필요가 없습니다. "여호와 하나님은 해요 방패이시라. 여호와께서 은혜와 영화를 주시며 정직하게 행하는 자에게 좋은 것을 아끼지 아니하실 것"이니 말입니다(시 84:11). "은혜와 영화"라고 말씀합니다. 곧, "영광에 이르기까지 베풀어지는 은혜"라는 뜻입니다. 이 땅에서의 여러분의 은혜가 천국의 영광으로 화하기까지, 하나님께서는 여러분이 지닌 은혜에 더 많은 은혜를 더하여 주실 것입니다.

[몇몇 부류의 사람들에 대한 책망]

둘째 적용. 앞의 가르침에서 이미 몇몇 부류의 사람들에 대해 책망했습니다만, 이를 좀 더 확충하여 말씀드리겠습니다.

1. 현재의 불경한 상태를 스스로 만족해하는 모든 사람들에 대한 책망. 모든

사람이 각각 본성적으로 바로 이런 상태에 있습니다. 이들은 안타깝게도 거룩의 능력을 유지하기는커녕 오히려 육신적인 정욕의 능력 아래 있습니다. 그러니 정욕이 그들에게 법이 되고, 그들은 모든 시간을 정욕을 위해 소비하고 온통 정욕을 위해 일합니다. 죄와 불의 같은 더럽고 짐승 같은 것을 위해 소비하는 인생이라니 정말이지 슬픈 인생이 아니겠습니까? 마치 "악독"과 "불의에 매인 것"이 합쳐진 인생일 것입니다(행 8:23). 이 본문에서 사도는 신명기 29:18을 간접적으로 인용하고 있는 것으로 보입니다만, 거기서는 모든 죄와 불의를 가리켜 "독초와 쑥의 뿌리"라 부릅니다. 죄와 불경을 심고는 그것을 공들여 가꾼 후에 쓰디쓴 열매 외에 다른 것을 거둘 것이라고 생각하는 자는 하나님을 뛰어넘는 지식이 있는 체하는 자입니다. 하나님께서는 이 뿌리에서 자라나는 열매로는 "독초와 쑥"밖에 없다고 말씀하시니 말입니다. 개집에서 누가 사향(麝香: musk)을 찾으려 하겠습니까? 불경 속에서 참된 감미로움과 위로를 찾으려는 것도 마찬가지로 허망한 일일 것입니다. 물론 마귀가 그의 요리 기술로 이 쓰디쓴 음식의 맛을 한동안 교묘하게 바꾸어 여러분이 그 본연의 맛을 느끼지 못하게 만들 수도 있습니다. 그러나 여러분, 아브넬이 요압에게 말한 것처럼, "마침내 그것이 쓰디쓰게 될 줄을 알지 못하"십니까(삼하 2:26, 한글개역개정판은, "참혹한 일이 생길 줄을 알지 못하느냐?"로 번역함 — 역주)? 지옥에서는 이 쓰디쓴 알약을 둘러싸고 있던 설탕이 모두 녹아 버리고 말 것입니다. 그러니 혹시 그 전에 못 느끼면, 거기서는 지금 달콤하게 넘어가는 그 음식의 진정한 본연의 맛을 느끼게 될 것입니다. 오오 지금 지옥에서 자기들이 과거에 가졌던 연회와 또한 그 연회를 배설한 자를 함께 저주하고 있는 자들이 얼마나 많은지 모릅니다! 과거에 재물로 얻었던 것들을 생각한다고 해서 그것이 지금 정죄 당한 자들에게 위로가 된다고 보십니까? 한때 이 땅에서 누렸던 쾌락과 이익과 온갖 육신적인 즐거움들에 대해서 그들이 지금 그 말할 수 없는 고통을 대가로 지불하고 있고 또한 전혀 아무런 희망이나 도움도 없이 영원토록 그런 상태로 있는 것이 아닙니까? 아니, 그들이 그 고귀한 영혼을 그렇게 값싸게 팔아 버리고 그리하여 천국과 복락을 잃어버렸으니, 이런 것을 생각하면 그들의 고통이 계속해서 더 가중되는 것입니다. 그들은 거룩해지기를 원하지 않았다가, 이제 그것이 그 복락의 큰 부분이었다는 것을 깨닫지만 때가 너무 늦었습니다. 그러니 과거에 그들이 그것을 짐으로, 종노릇으로, 여겼다는 것을 생각하니 괴로울 수밖에 없는 것입니다. 그러나 정말 안타깝기 그지없습니다! 불경한 죄인들 가운데 지금 저 세상에서 일어나는 일을 고려하고 스스로 돌이켜 생각하는 자가 거의 없으니 말입니다! 그들은 죄인들이 정욕을 실행하며 죽는 것을 날마다 보면서도, 그들이 어떻게 되는지를 좀 더 생각하지 않습니다. 그들이 지옥에서 불에 타며 그들의 죄에 대해 탄식하고 있다는 것을 말입니다. 마치 고기들이 낚시꾼들의 바늘에 달린 미끼에 혹하여 결국 그들에게 낚여서 산 채로 끓는 솥이나 프라이팬 속에 들어가지만, 강 속에 있는 고기는 그런 자기 동료들의 운명에 대해 전혀 생각하지 않는 것처럼 말입니다. 아니, 그 어리석은 고기들은 여전히 자기 동료들을 낚은 그 동일한 낚싯 바늘을 덥석 물어 버립니다. 이미 수많은 영혼들이 죄악된 쾌락과 불의의 삯이라는 미끼를 물어 지옥과 정죄 속에 빠졌음에도 불구하고, 여전히 남녀노소를 막론하고 사람들이 그 동일한 미끼를 덥석 물고 있는 것입니다.

2. 다른 이들처럼 불경하며 하나님의 눈과 사탄의 악의에 찬 계략에 그대로 노출되어 있으면서도 세상에서의 신망을 잃지 않으려고 무언가 호심경 비슷한 것을 착용하는 자들에 대한 책망.   이들은 가짜 거룩을 호심경으로 착용하여 현세에서 사람들에게 자기들의 본연의 모습과는 다른 모습으로 보이려 합니다. "그들은 자기 상을 이미 받았"습니다만, 그 상은 초라하기 그지없습니다. 여러분, 주님을 생각하시고 여러분의 처신을 살피고 두려워 떠시기 바랍니다. 여러분은 하나님의 철천지원수인 마귀는 두 배나 섬기며, 하나님은 두 배나 대적하는 것입니다. 이는 마치 군인이 싸움터에 가짜로 무장하고 나가는 것이나 마찬가지입니다. 왕으로 하여금 자기에 대해 기대를 갖게 하고 무언가 공적으로 세울 것이라고 생각하게 만들고는 실제로 공적을 세우기는커녕 오히려 싸움터에서 왕에게 충성을 다하려는 다른 이들을 방해하며 반역자 노릇을 하는 것입니다. 비겁하게 집에 남아 있는 자들이나 혹은 노골적으로 왕을 배반하고 원수의 편으로 넘어가는 자보다 오히려 이런 사람이 왕에게 더 큰 악을 저지르는 것입니다.

오오, 형제 여러분, 진지하게 생각해 보십시오. "하나님을 따라 의와 참된 거룩함으로 지으심을 받은 새 사람을 입으라"(엡 4:24. 한글개역개정판은 "참된 거룩함"을 "진리의 거룩함"으로 번역함)라는 말씀처럼, 거룩을 취하려면 "참된 거룩"을 취하십시오. 여기서 두 가지 문구를 주목할 필요가 있습니다. 거룩을 가리켜 "하나님을 따르는 새 사람"이라 부릅니다. 곧, 하나님의 모양을 닮은 사람을 뜻합니다. 사람의 얼굴 모습을 본따서 그린 초상화처럼, 하나님을 본따서 새긴 조각이나 하나님을 본딴 형상을 영혼에 지닌 사람을 뜻합니다. 또한 "참된 거룩함", 혹은 "진리의 거룩함"(참조. 개역개정판의 번역 — 역주)이 있는데, 이는 말씀에 관한 의미로 보면 거룩의 규범을 뜻하는데, 이렇게 보면 이것은 바리새인적이거나 전통적인 거룩이 아니라 성경적인 거룩이라는 뜻이며, 혹은 진실 혹은 거짓의 좌소(座所)인 마음에 관한 의미로 볼 수도 있는데, 그렇게 보면 참된 거룩함이란 마음의 거룩함과 마음의 의로움입니다. 사람의 속에 거룩의 진실이 있어야 합니다. 많은 사람들의 경우 거룩의 아름다움이라 해야 자기 몸의 아름다움과 다를 바 없고, 온통 표피적이고 외부로 나타나는 것밖에는 없습니다. 겉으로 아무리 아름답게 보이는 몸이라도 갈라서 그 속을 들여다보면 피와 기름 덩이와 악취를 풍기는 것 외에는 거의 아무것도 없습니다. 이와 마찬가지로 가짜 거룩도 속을 뒤집어 놓고 보면 그 안에 영적인 불순물들과 가증스러운 것들 외에는 아무것도 드러나지 않습니다. 바울은 대제사장에게 말하기를, "회칠한 담이여 하나님이 너를 치시리로다"라고 하였습니다(행 23:3). 오오 외식자여! 나도 그대에게 말합니다. "회칠한 담이여, 아니 색칠한 무덤이여, 하나님이 너도 치시리라. 네가 입으로 겉을 색칠하여 다른 이들의 눈에 찬란한 모습을 보여 그들이 네 거룩함을 흠모하게 되었으나, 그때에 그대의 속에 있는 썩은 것이 겉으로 드러나리니 너를 보는 모든 자들이 혐오하며 가증스럽게 여기리라."

3. 스스로 거룩하기는커녕 오히려 다른 이들이 거룩한 모습을 보고 그들을 조롱하고 비아냥거리는 자들에 대한 책망.　이들에게는 의의 호심경이 어찌나 상스럽게 보이든지, 일상생활에서 그것을 착용하고 있는 자들을 보면, 마치 바보처럼 옷을 입었거나 혹은 일부러 웃음을 유발하려는 의도로 우스꽝스런 복장을 하고 다니는 광대를 볼 때만큼이나 그들을 조롱하고 비웃습니다. 몹쓸 사람들이 성도를 깎아내리고 그를 크나큰 모욕의 대상으로 삼을 때에, 그를 가리켜 무어라고 하며 비아냥거리는지 아십니까? "저기 순결하고 거룩한 형제가 지나가네"라는 것입니다! 성도의 거룩이 마치 그를 모욕하는 요소인 것처럼 여기고서 그것으로 그를 조롱하는 것입니다. 이는 그 조롱하는 자의 마음이 얼마나 사악한가를 잘 보여줍니다. 이처럼 다른 사람의 거룩한 모습을 조롱하는 것은 가슴으로 불경을 품는 것보다 한층 더 사악한 것입니다. 그런 사람은 고기가 들어 있는 접시에 대한 혐오감이 너무나도 커서 자기 스스로도 그것을 먹지 않지만, 더 나아가서 다른 사람이 그 접시를 들고 있는 것을 보기만 해도 견디지 못하고 토해 버리는 것입니다. 그렇게 먼 거리에서 거룩의 냄새와 모습을 접하고도 그것을 향하여 불쾌해하며 분노를

퍼붓는 이상스런 효과를 나타내는 사람이 있습니다만, 이 얼마나 지독한 사악함인지 모릅니다! 하나님의 성령께서는 이런 부류의 죄인들에게 불법을 행하는 다른 모든 동료들보다 높은 자리에 앉히시고 그 자리에 가장 합당한 자들로 간주하십니다. "복 있는 사람은 악인들의 꾀를 따르지 아니하며 죄인들의 길에 서지 아니하며 오만한 자들의 자리에 앉지 아니하고"(시 1:1). 여기서 "오만한 자들", 즉 조롱하는 자들이 죄인들 중에 가장 서열이 높은 의장 자리에 앉아 있습니다. 어떤 이들은 여기의 "오만한 자들"을 "말로 조롱하는 자들"(rhetorical mockers)의 의미로 읽기도 합니다. 어떤 이들은 거룩을 멸시하고 조롱하는 가운데 마귀적인 재치를 보이기까지 합니다. 그들은 성도들을 향하여 쏘아대는 그 화살들을 아주 세련되게 꾸미는 데에서 일종의 자부심을 갖습니다. 칠십인역은 이를 "전염병자들의 자리"로 읽습니다. 사실 역병이 질병들 중에 가장 치명적인 것이듯이 조롱의 영이 죄 가운데서 가장 치명적인 것입니다. 다른 그 어떤 죄보다도 이 죄에서 벗어나 회복되는 경우가 적습니다. 성경은 이런 유의 죄인들에 대해서 죽은 자들 가운데 거의 가망이 없는 자들로 말씀합니다. 몸의 상처를 위해 약을 발라 주어도 그것이 상처에 작용하기도 전에 곧바로 걷어내 버리는 그런 사람들처럼, 그들의 영혼이 유익을 얻을 소망이 거의 없습니다. 그러므로 그런 자들에게는 약을 주지도 말라는 명령이 우리에게 주어집니다. 그들에게 준 그 약이 거꾸로 우리 얼굴에 던져질 것이니 말입니다. "거만한 자를 책망하지 말라 그가 너를 미워할까 두려우니라"(잠 9:8). 그들에 대해 우리가 할 수 있는 일은 그저 그들의 문에다, "주여, 저들을 긍휼히 여기소서"라고 써놓는 것뿐입니다. 즉, 그들에게 말로 권면하기보다 그들을 위해 기도하라는 것입니다.

예부터 언제나 이런 유의 조롱하는 죄인들이 경건한 자들 중에 뒤섞여 있습니다. 조롱하고 멸시하는 이스마엘이 아브라함의 가족 중에 있었습니다(창 21:9). 그런데 그가 그 동생을 멸시하며 괴롭히는 처신을 한 것에 대해 하나님의 성령께서 어떻게 해석하시는지를 주목할 만합니다. "그러나 그 때에 육체를 따라 난 자가 성령을 따라 난 자를 박해한 것 같이 이제도 그러하도다"(갈 4:29). 바라건대, 여기서 다음의 사실을 주목하십시오.

주목 1. 분쟁의 근원이 무엇이었습니까? 그것은 바로, 그의 동생이 "성령을 따라 난" 자라는 것입니다. 그런 동생을 "육체를 따라 난" 그가 미워한 것입니다.

주목 2. 동생을 조롱하는 그의 처신을 하나님의 성령께서 무엇이라 말씀하는지를 주목하십시오. 그것을 "박해"라고 말씀합니다. 멸시하는 심령과 조롱하는 혀가 악하지만 세상의 법으로 보면 지극히 사소한 죄입니다. 세상의 법은 신앙 때문에 피를 흘리게 하는 자들만을 박해자로 규정하니 말입니다. 그런데 하나님께서는 그 멸시하는 심령과 조롱하는 혀의 악을 지극히 크게 여기십니다. 그리하여 멸시하는 자들과 조롱하는 자들에게 과연 그리스도의 심판대 앞에서 그들이 어떤 죄인들과 나란히 있게 될 것인가를 알려 주십니다. 그들이 박해자들에 못지않은 죄인들임을 말씀하시는 것입니다. 그러나 이것이 다가 아닙니다. 거룩을 조롱하는 행위를 가리켜 박해라 부릅니다. 피비린내 나는 박해의 씨앗이 그 속에 있기 때문입니다. 그렇게 자유자재로 혀를 놀려 조롱하며 거룩을 멸시하며 이빨을 드러내 보이는 자들은, 만일 광대뼈를 조일 수 있는 힘이 생기게 되면 이빨을 꽉 깨물어 거룩을 없애 버리려 할 것입니다.

　주목 3. 이스마엘이 그의 동생을 그렇게 학대한 것이 그저 그 개인의 까다롭고 심술궂은 기질 때문만이 아니라는 점을 주목하십시오. 모든 악인들이 그러하니 말입니다. 그 동생이 성령을 따라 난 자이기 때문에 이스마엘이 그를 박해한 것 같이 "이제도 그러하다"고 말씀하는 것입니다. 이런 조롱하는 영이 그런 자들의 피속에 흐르고 있습니다. 그 찌꺼기들 전체가 다 그렇습니다. 그 중에 하나님의 거룩한 자들에게 좀 더 친근하고 우호적으로 대하는 것 같은 자들이 있다면, 그 이유를 그들의 죄악된 본성 외에 다른 데에서 찾아야 할 것입니다. 하나님께서 그들 중 어떤 이들에게 억제력을 발휘하시므로, 비록 그리스도께 마음을 열어 구원을 얻게 되지는 않는다 해도 진리가 그들에게 능력 있는 깨달음으로 다가와서 그들의 거룩한 이웃들에 대해 양심에서 우러나오는 태도를 견지하게 되는 것입니다. 빌라도의 아내가 그 남편에게 그리스도에 대해 말한 것처럼 말입니다: "저 옳은 사람에게 아무 상관도 하지 마옵소서. 오늘 꿈에 내가 그 사람으로 인하여 애를 많이 태웠나이다"(마 27:19). 그러나 거룩을 조롱하는 자들이 언제나 성도들 가운데 있었습니다만, 하나님의 성령께서는 마지막 때에 특별한 종류의 조롱하는 자들이 나타날 것을 예언하십니다. 이들은 하나님의 백성들이 경험해 온 보통의 조롱하는 자들과는 다른 자들로 지극히 악한 자들입니다. 여러분도 아다시피, 거룩을 조롱하고 경멸하는 자들은 대개 신앙과는 전혀 무관한 자들이었습니다. 노골적으로 하나님을 부인하고 온갖 방식으로 악을 일삼는 자들이었습니다. 그런데 하나님의 성령께서는 거룩의 색깔로 위장하고서 거룩을 조롱하는 새로운 유의 집단에 대해 말씀하십니다. 그들은 앞에서 있었던 그런 악인들 중에 가장 극악한 자들만큼이나 처절하게 악하지만, 그 사악함이 속에 감추어져 있는 것입니다. "사랑하는 자들아 너희는 우리 주 예수 그리스도의 사도들이 미리 한 말을 기억하라. 그들이 너희에게 말하기를 마지막 때에 자기의 경건하지 않은 정욕대로 행하며 조롱하는 자들이 있으리라 하였나니"(유 17, 18). 그러나 여기서 주의해야 합니다. 지금까지 흔히 있어온 그런 거짓맹세자들이나 술주정뱅이나 기타 우리 중에 있는 악명 높은 죄인들 가운데서 이런 자들이 일어날 것으로 생각한다면 그것은 번지수가 틀린 것입니다. 바로 그 다음 말씀을 보면 이들이 마치 자기들의 이름을 이마에 쓰고 다니는 것처럼 그들의 성격을 분명하게 제시하고 있습니다. "이 사람들은 분열을 일으키는 자며 육에 속한 자며 성령이 없는 자니라"(19절).

박식한 스승 퍼킨스 목사(William Perkins: 1558-1602)는 이 말씀을 이런 의미로 읽습니다: "이 사람들은 분파를 만드는 자(sect-makers)요 육에 속한 자며 성령이 없는 자니라." 분파를 만드는 자들이라고 합니다! 스스로 분리되어 나가는 자들입니다! 조롱하는 자들이 이 창문에다 화살을 쏘아대는 것을 보고 마음이 떨리지 않습니까? 이들은 남들보다 예배의 순결성을 더 지키는 체하는 자들입니다. 그러면서 자기들의 양심 때문에 스스로 분리하는 것이라고 공언합니다. 부정한 자들과 거룩한 규례에서 함께 어울리면 자기들이 함께 부정해지기 때문에 스스로 분리하는 것이라고 합니다. 그런데 이들이 조롱하는 자들입니까? 이들이 육에 속한 자들입니까? 과연 그렇습니다. 하나님의 성령께서 이 말씀을 하시지 않았다면, 우리는 그들의 장막에 들어가지 않았을 것입니다. 마치 라반이 라헬을 의심하여 그녀의 장막에 들어간 것처럼, 거룩을 조롱하는 자들이 그들 중에 거하는 것은 아닌가 의심하고 그들을 색출해 내려고 말입니다. 그렇습니다. 공적으로 성도들의 교제에서 분리해 나간 모든 자들을 도매금으로 이런 자들로 규정해서는 안 됩니다. 제 양심을 걸고 말씀드립니다만, 그들 중에는 거룩을 사랑하는 자들이 많습니다. 이들은 비록 그 양심의 거리낌 때문에 길을 엇나갔지만 하나님께서 더 나은 빛을 비추시면 그렇게 엇나갈 때만큼이나 속히 형제들에게로 다시 돌아오게 될 것입니다. 진지한 생각 중에 그들과 함께 우리에게서 떠나간 많은 이들이 어느 정도까지 엇나갔는지를 진지하게 생각해 보기만 해도 다시 돌아올 생각을 갖게 될 큰 계기가 될 것이라 생각됩니다. 그들 중에는 심지어 지금은 자기들이 분리되었지만 과거에는 함께 교제했던 성도들의 거룩을 조롱하기까지 합니다. 그들의 거룩이 자기들 보기에 많이 모자란다고 여기기 때문입니다(마음을 살피시는 하나님께서 제가 정말 안타까운 마음으로 이 말씀을 한다는 것을 아십니다). 그러므로 혹 그들이 돌 아와서 어떤 규례들에서 우리와 합류하려 해도 감히 그렇게 할 생각조차 갖지 못 합니다. 왜냐하면 우리가 그들을 받아들이지 않는다는 풍문을 그들 스스로 퍼뜨 려서 그렇게 알고 있기 때문입니다. 여러분 중에, 우리의 회중으로부터 분리하는 것으로 시작하여 안식일을 조롱하고 가정에서 행할 임무들을 던져 버리는 자들에 대한 이야기를 들어본 분들이 얼마나 많습니까! 그들 중에는 심지어 성도들 각자 의 은밀한 기도까지 아예 던져 버리고서 저주스러운 악한 사상을 들이마시고서 하나님의 아들 그리스도를 조롱하는 것은 물론, 모든 참된 거룩의 근본인 복음의 위대한 진리들까지 경멸하고 조롱합니다. 그러니 복음의 거룩한 규범을 면밀히 지키며 행하는 자들은 누구보다도 그들의 크나큰 조롱의 대상이 됩니다.

여러분, 여러분이 무신론자로서 거룩을 조롱하는 자이든, 거짓된 경건을 위장 하고 참된 거룩을 조롱하는 자이든 간에, 여러분의 처신을 주의하십시오. 그것은 여러분의 목숨만큼이나 중대한 문제입니다. "스스로 속이지 말라 하나님은 업신 여김을 받지 아니하시"며(갈 6:7), 그의 성도들에게 있는 그의 은혜가 조롱당하도 록 내버려 두지도 아니하십니다. 여러분, 비록 어린아이들이었지만 엘리사 선지 자를 다음과 같이 조롱한 자들이 얼마나 쓰라린 대가를 치렀는지를 잘 아실 것입 니다: "대머리여 올라가라 대머리여 올라가라"(왕하 2:23). 그들은 그저 선지자를 대머리라고 놀린 것만이 아니라 엘리야가 승천한 일까지 조롱하고 비아냥거린 것 입니다. 그들의 말은 실제로 이런 뜻입니다: "네 스승이 승천했다는 것을 우리더러 믿으라는 모양인데, 너도 그를 따라 승천하지 그러느냐? 그러면 너희 둘이 한꺼번 에 사라질 텐데 말이다!" 이 어린아이들이 어떻게 그렇게 속히 그토록 사악한 생각 을 품게 되었는지를 이상스럽게 볼 필요가 없습니다. 그들이 살던 곳이 어디입니 까? 벧엘입니다. 그곳은 우상 숭배로 가장 악명 높은 곳이었고, 여로보암이 금송아 지를 세워놓은 두 곳 가운데 한 곳이었습니다(왕상 12:28). 그러니 그런 언사는 그 들이 아마 우상 숭배에 젖은 그 부모들로부터 배운 지극히 자연스런 언사였을 것 으로 보입니다. 미갈이 순전히 신앙적인 문제만으로 그 남편을 업신여기자 — 그 가 하나님을 향하여 거룩한 열정을 보이자 그녀의 교만한 심령은, 그 이후 수많은 다른 사람들이 그랬던 것처럼, 그것이 너무도 비천하고 조잡한 일이라고 여겨서 그렇게 했습니다 — 하나님께서 그녀를 다루셨습니다. 그녀가 받은 형벌이 무엇이었습니까? "그러므로 사울의 딸 미갈이 죽는 날까지 그에게 자식이 없으니라" (삼하 6:23). 미갈의 생각에는 하나님을 섬기는 일이 왕으로서 감당하기에는 너무나 저급한 일이었습니다. 그러므로 그녀에게서는 왕좌에 앉거나 왕관을 쓸 자가 하나도 나오지 않게 된 것입니다.

다른 사람이 재난 당할 때에 그것을 조롱하는 것은 크나큰 악입니다. "가난한 자를 조롱하는 자는 그를 지으신 주를 멸시하는 자요"(잠 17:5). 그렇습니다. 성도가 죄를 범할 때에 그것을 비웃으며 의기양양해하는 것은 위중한 죄입니다. 다윗이 안타깝게도 간음과 살인의 시험에 빠졌을 때에 몇몇 벨리알의 자식들이 그렇게 했습니다! 그런데 그들은 바로 그 일로 인하여 하나님을 망령되이 일컫는 죄로 정죄를 받습니다. 그렇다면 성도의 거룩을 조롱하는 것은 그보다 얼마나 더하겠습니까? 죄는 무언가 수치의 원인을 수반하며, 악한 자들로 하여금 성도에게 수치스럽고 전혀 어울리지 않는 그런 일로 스스로를 더럽힌 그 당사자를 질책할 기회를 제공합니다. 그러나 거룩은 존귀한 것이요 그 당사자의 인격에 위엄을 부여하는 것입니다. 그것은 비단 사람의 고귀함만이 아니요, 지극히 높으신 하나님 자신의 존귀이기도 합니다. 그러므로 하나님은 "거룩함으로 영광스러우시다"는 존귀한 칭호를 지니고 계십니다(출 15:11). 그러므로 거룩을 조롱하는 자는 바로 그 일로 말미암아 그보다 무한히 더 거룩하신 하나님을 조롱하는 것일 수밖에 없습니다. 왜냐하면 그가 지금 비록 사람에게 있는 거룩을 비아냥거리지만, 그보다 무한히 더 많은 거룩이, 모든 사람과 천사들에게 있는 거룩보다 무한히 더 많은 거룩이, 하나님께 있기 때문입니다. 하나님께 가장 큰 치욕을 안겨드릴 방법을 아무리 궁리한다 해도, 이보다 더한 것은 있을 수 없습니다. 로마인들은 누구를 경멸하고 그들의 고귀함을 짓밟으려 할 때에는 그들의 조각들과 초상화들을 도시나 신전에서 끌어내어 깨뜨려 버리도록 했습니다. 성도는 한 사람 한 사람이 하나님의 살아 있는 형상이니, 그들이 거룩해질수록 더욱 하나님을 닮는 것입니다. 그러므로 만일 그들을, 그것도 그들의 거룩을, 조롱한다면 이는 하나님의 존귀를 건드리는 것이 아닐 수 없습니다. 여러분, 하나님께서 성도들로 하여금 이 땅에게 그에게 찬송이 되게 하시고자 그렇게 큰 값을 치르고 그들 안에 세워놓으신 그의 형상을 일그러 뜨리지 않고서는 도무지 만족하지 못하겠습니까? 저 이교도들이 "도끼와 철퇴로 성소의 모든 조각품을 쳐서 부수고 주의 성소를 불사르며 주의 이름이 계신 곳을 더럽"히므로(시 74:6, 7) 이에 대해 교회가 탄식하며 "하나님이여 대적이 언제까지 비방하겠으며 원수가 주의 이름을 영원히 능욕하리이까?'라고 안타까이 부르짖게(10절) 만든 일이 과연 그렇게 처참한 악이었습니까? 그렇다면 여러분, 나무와 돌에 대해서가 아니라 하나님의 성령께서 새겨 놓으신 작품 ─ 곧, 그의 살아 있는 성전들에게 있는 은혜와 거룩 ─ 에 대해 그렇게 분을 발하고 있으니, 여러분의 마귀 같은 악의는 대체 무엇이란 말입니까?

[성도들에게 주는 권면]

셋째 적용. 앞의 가르침은 몇 가지 점에서 성도들에게도 권면해 주고 있습니다만, 앞의 강론 전체에서 이미 언급한 바 있으니 여기서는 그저 세 가지만 말씀드리겠습니다.

1. 이 호심경을 구비하게 하신 하나님을 찬송하십시오. 영혼을 파괴하는 자가 살인적인 공격을 감행하는데 무수한 자들이 이 호신구가 없어서 벌거벗은 가슴을 보호하지 못하고 살육 당하는 것을 직접 보는데, 어찌 그를 찬송하지 않을 수 있겠습니까? 하나님께서 여러분을 세상에서 부귀하게 하시고 위대하게 하시되 거룩하게 하시지 않았다면, 팔아서 겨우 지옥밖에는 살 수 없는 것들밖에는 여러분에게 없었을 것입니다. 그런 것들로 인하여 여러분은 사탄에게 더 큰 전리품이 되었을 것이고, 그로 인하여 결국 더 깊은 정죄 가운데 있게 되었을 것입니다. 성벽도 방어 무기도 하나도 없는 성을 원수가 공격해 오면, 그 성이 풍요로울수록 더 큰 값을 치르게 됩니다. 세상의 것이 많으나 그를 방어해 줄 하나님의 것이 영혼 속에 하나도 없는 사람에게 사탄이 공격해 오면, 그런 사람의 결과가 얼마나 비참하게 되겠습니까! 사탄은 자기가 원하는 대로 취하고, 자기 뜻대로 모든 것을 행합니다. 그 비참한 사람이 가진 모든 것이 그의 손아귀에 있으니 말입니다. 정욕이 그처럼 터무니없는 것을 요구하는데도, 그는 그것을 거부할 마음이 없습니다. 정욕을 채우는 일을 계속하다간 저 세상에서 큰 값을 치르게 되리라는 것을 알면서도, 자기 정욕을 불쾌하게 하기보다는 차라리 자기 영혼을 정죄 받게 만듭니다. 헤롯은 방자한 계집이 원하기만 하면 그에게 자기 왕국의 절반까지도 내어줄 심사였습니다. 그러나 그 아이가 그것을 너무 적다고 생각하자, 그는 자기 왕국 전체를 그의 정욕을 위해 희생시키려 합니다. 세례 요한의 피를 흘린 것이 저 세상에서 치른 값 이외에도 이 세상에서 그에게 그만큼 큰 값을 치르게 한 것이라 판단할 수 있으니 말입니다. 그러나 하나님께서는 여러분을 거룩한 사람으로 만드사 여러분의 성에

든든한 성문과 성벽을 갖추게 하셨습니다. 여러분은 이제 하나님의 은혜로 말미암아 든든히 서서 여러분 자신을 방어할 수 있게 되었고, 또한 계속적인 천국의 구원 역사가 여러분에게 임하여 하나님의 모든 권능으로 설 수 있게 되었습니다. 한 때는 여러분이 그에게 잘 길들여진 종이었지만, 이제는 그가 여러분에게 종입니다. 여러분이 거룩하게 된 바로 그 날, 하나님께서는 여러분의 발을 뱀의 머리 위에 올려놓게 하신 것입니다. 여러분의 정욕들이 한때는 사탄이 여러분을 공략하는 요새였었고, 그가 거기서 나와서 여러분에게 그렇게도 많은 해를 주었지만, 이제는 그 요새들이 그의 손에서 벗어나 있습니다. 오오 여러분, 원수에게 빼앗겼던 성을 다시 찾았으니 그 성의 기쁨이 얼마나 크겠습니까! 여러분, 이제는 사탄이 몰아내졌고 쫓겨났습니다. 다시는 절대로 과거처럼 사탄이 여러분의 영혼 속에서 임금 노릇을 하지 못할 것입니다. 한 마디로 말해서, 여러분이 거룩하고 의로운 사람이 되었을 때, 하나님께서는 여러분의 영혼 속에서 천국이 시작되게 하신 것입니다. 여러분이 거듭난 그 날, 천국의 상속자 한 사람이 태어난 것입니다. 작은 영토에 왕자요 상속자가 태어나도 굉장한 기쁨과 환호가 있다면, 여러분에게는 그보다 더한 기쁨과 환호를 누릴 이유가 있는 것이 아닙니까? 이제 천국의 영광이 여러분에게 드리워졌고, 이제는 그 천국의 상속권을 여러분이 주장할 수 있게 되었으니 말입니다. 특히 얼마 전까지만 해도 여러분의 유산이 어디에 속하였는지를 생각해 보면 더욱더 그럴 것입니다. 바울은 이 두 가지 사실 모두를 그의 영광송으로 충만하게 노래하고 있습니다: "우리로 하여금 빛 가운데서 성도의 기업의 부분을 얻기에 합당하게 하신 아버지께 감사하게 하시기를 원하노라. 그가 우리를 흑암의 권세에서 건져내사 그의 사랑의 아들의 나라로 옮기셨으니"(골 1:12, 13). 이 얼마나 복된 변화입니까! 마귀의 캄캄한 감옥에서 죄와 불의의 사슬에 매어 있었는데, 이제 거기서 벗어났습니다. 지옥의 죄수였는데, 이제는 하나님의 은혜의 나라에로 옮겨져 천국의 상속자로서 거룩과 의의 황금 사슬을 목에 걸고 있습니다. 하나님의 모든 성도들에게 이런 존귀가 있는 것입니다.

2. 그리스도인 여러분, 삼가 여러분이 지닌 호심경을 계속 유지하십시오. 군인에게 그 무장을 주의하라고 명령할 필요가 있을까요? 싸움터에 나갈 때에, 그것을 지니고 가기를 쉽게 잊어버리거나 혹은 그것을 그냥 버려두고 가라는 말에 솔깃해서 그렇게 할 수가 있겠습니까? 하지만 개중에는 그렇게 행하여 그런 대담함으로 인하여 큰 값을 치른 자들이 있습니다. 갑옷이 없어서 가슴에 상처를 입는 것보다는

그것이 다소 몸에 거추장스럽더라도 그 무게를 견디는 편이 더 낫습니다. 이 장비를 착용하지 않으면, 다른 장비를 하나도 착용할 수가 없습니다. 여러분 스스로 거룩하지 못한 것을 조금이라도 허용하게 되면, 여러분의 양심에서 여러분의 순전함이 곧바로 의심을 받게 될 것입니다. 베드로가 안타깝게도 주님을 부인하여 넘어진지 얼마 후에 그가 자신의 순전함에 대해 증언하는 것을 보게 됩니다: "주님 모든 것을 아시오매 내가 주님을 사랑하는 줄을 주님께서 아시나이다"(요 21:17). 그리스도께서 세 차례 그것을 질문하신 후에도 그는 자신의 순전함을 확신 있게 드러내 보일 수 있었습니다. 그러나 우리가 알아야 할 것은, (1) 베드로의 그러한 죄는 의도적인 죄가 아니었다는 것입니다. 그 불쌍한 사람은 갑자기 놀라서 그런 죄를 저지른 것입니다. (2) 베드로의 죄와 이러한 고백 사이에 그의 쓰라린 회한과 슬픔이 있었다는 것입니다. 그리고 그의 회개를 통하여 새롭게 되는 역사가 급속하게 일어나 그의 양심에서 그의 순전함이 깨끗하게 되는 데에 상당히 기여하게 된 것입니다. 그러나 의도적으로 죄를 범한 다윗에게는 그 일이 더 힘들었고, 죄책감 속에서 더 오래 고뇌하였습니다. 시편 51:10에서 그는 하나님께서 그의 "안에 정직한 영을 새롭게" 해주시기를 그렇게도 간절하게 구합니다.

또한, 발이 죄악된 체액(體液) — 즉, 불의하고 불경한 행위 — 으로 인하여 부은 것이 회개로 말미암아 완화되고 깨끗하게 가라앉지 않는 한 복음의 신발이 발에 맞지 않을 것입니다. 준비된 상태에 있는 복음을 생각해 보십시오. 여러분은 하나님을 위해 즐거이 혹은 끝까지 인내하며 고난당할 자세를 갖추고 있습니까? 병에 걸려 누워 있는 사람은 아무리 군인이라 해도 힘든 행군을 할 수 없습니다. 마치 질병이 육체를 약하게 하여 조그만 어려움도 견디지 못하게 만들듯이, 불경함도 그렇게 영혼을 허약하게 만드는 것입니다. "주는 나를 용서하사 내가 떠나 없어지기 전에 나의 건강을 회복시키소서"(시 39:13). 10절과 11절에서 감지할 수 있듯이, 다윗은 그를 지극히 낮게 가라앉도록 만든 그 죄에서 아직 회복되지 못한 상태였습니다. 그런데 이 선한 사람은 그 마음이 더 거룩한 상태가 되기 전에는 죽음에 대해서는 생각조차 할 수 없습니다. 독(毒)이 그것을 마시는 자에게 엄청난 해를 주는 것처럼, 모든 불경이 복음의 평안에게 — 양심의 고요함과 내적인 기쁨에게 — 그와 똑같은 해를 주는 것입니다. 얕은 시내에 돌을 던지면, 그 전에는 깨끗하던 시냇물이 곧바로 뿌옇게 되고 진흙탕으로 변합니다. "그의 백성 … 화평을 말씀하실 것이라." 그러나 "그들은 다시 어리석은 데로 돌아가지 말지로다"(시 85:8).

여기서 무엇이라고 말씀하는지를 주목하기 바랍니다. "그들은 다시 돌아가지 말지로다"라고 합니다. 마치 앞에서 "그들이 거룩한 행실에서 어리석은 데로 돌아가면 그들에게 화가 있으리라. 내가 화평을 말하는 데에서 돌이켜 공포를 말하리라"라고 말씀한 것처럼 말입니다.

또한 여러분이 거룩한 행실에서 부주의하면, 마치 보석함 속에 있는 보석처럼 선한 양심 속에 고이 들어 있는 여러분의 믿음이 위태롭게 됩니다. 믿음은 눈과도 같습니다. 모든 죄와 불경은 이 눈 앞에 안개를 드리워놓습니다. 믿음에게 있어서 거룩한 생활은 마치 눈에 깨끗한 공기와도 같습니다. 공기가 깨끗한 날에는 더 멀리 볼 수 있습니다. 이와 마찬가지로 거룩하고 질서 있는 행실을 통해서 바라볼 때에 믿음이 약속을 속속들이 보는 것입니다. 믿음은 방패입니다. 군인은 상처를 입어 목숨이 위태로워지기 전에는 절대로 그 방패를 손에서 떨어뜨리지 않습니다. 만일 믿음을 떨어뜨리면, 그것에 의지하고 마치 젖먹이 아기가 유모로부터 그렇게 하듯이 그것에게서 모든 자양분을 다 이끌어 내는 소망은 과연 어떻게 되겠습니까? 믿음이 약속에서 죄 용서를 보지 못하면, 소망이 구원을 구하지 못합니다. 만일 믿음이 양자됨을 주장하지 못하면, 소망도 기업을 기다리지 못합니다. 자신이 "하나님과 화평을 누리고" 있음을 믿음이 영혼에게 이야기해 주면 그때에 영혼이 "하나님의 영광을 바라고 즐거워하는" 것입니다(롬 5:1, 2). 그러면 그리스도인 여러분, 이제 여러분을 도울 수 있는 것으로 아직 남은 것이 무엇입니까? 성령의 검에 의지하려 하십니까? 그런데 아뿔싸! 여러분의 불경한 행실로 인하여 그 검을 쥐어야 할 믿음의 손이 마비된 상태라면 어떻게 그 검을 휘두를 수 있겠습니까? 검은 두 개의 날이 있습니다. 한 날로는 치료하고, 다른 날로는 해를 입힙니다. 하나로는 구원하고, 다른 하나로는 정죄하는 것입니다. 오오, 해를 입히고 정죄하는 날로 내리치면 그 검이 정말로 무섭고 끔찍합니다. 그런데 불경함 속에 있는 동안 여러분은 그 다른 날과 아무 관계가 없습니다. 성경은 전체를 통틀어 죄를 짓는 자에게 한 마디도 친절한 말씀을 하지 않습니다. 그러니 여러분, 생각하고 또 생각하십시오. 이 모든 혼란과 불행을 초래할 만큼 가치가 있는 죄가 하나라도 있습니까? 여러분이 죄를 지니기로 결심하면 반드시 그 혼란과 불행이 여러분의 영혼에 떨어질 수밖에 없을 것입니다.

3. 여러분이 아무리 거룩하다 해도 겸손하십시오. 교만이 어떤 길로 역사할지라도 ― 교만은 마치 바람과도 같아서 때로는 이 문으로 때로는 저 문으로 들어옵니다

만 ─ 그것을 물리치십시오. 교만보다 거룩에 해가 되는 것이 없습니다. 교만은 의를 독으로 바꾸어 놓고, 거룩을 죄로 바꾸어 놓습니다. 거룩으로 인하여 우쭐해질 때만큼 거룩하지 못한 때가 없는 법입니다. 사람이 수종중에 걸려 몸이 부어 부풀어 오른 것을 보면, 정맥을 찔러 시험을 해보지 않아도 그 사람의 피가 묽고 희석되어 있는 것을 알 수 있습니다. 교만으로 우쭐해질수록 여러분의 영혼의 정맥에 거룩이라는 순전한 피가 희석되어 있는 것입니다. "보라 그의 마음은 교만하며 그 속에서 정직하지 못하나"(합 2:4). 여기서 "보라"라는 말을 보십시오. 이것이 마치 표지판처럼 교만한 사람의 문 앞에 세워져 있습니다. 지나가는 사람들이 이 표지판을 보고서 그 안에 악인이 살고 있다는 것을 다 알 수 있게 되는 것입니다. 여러분이 원하지 않겠지만, 교만은 거룩의 능력을 약화시키는 것은 물론 여러분의 거룩의 진실성을 의심하게 합니다. 그러므로 교만을 경계해야 합니다. 때로는 여러분의 생각에 다른 이들이 여러분만큼 거룩하지 못하게 보여 그 때문에 그들을 멸시하고 그들을 멀리하게 될 수도 있습니다만, 이는 바리새인의 냄새를 풍기는 것입니다. 이를 경계하십시오. 우리 자신을 짓누르고, 형제들에게 우리의 것들을 갖고서 그들의 은사나 은혜를 가늠할 유리한 기회를 주는 것이 거룩의 본질입니다. "오직 겸손한 마음으로 각각 자기보다 남을 낫게 여기라"(빌 2:3). 또 어떤 때는 여러분에게 스스로 의로운 자의 질병의 기미가 있을 수도 있습니다. 곧, 여러분의 마음이 여러분의 의로움에 기대고, 여러분 스스로 우쭐하여 그 의로움을 확신하게 되고, 그리하여 하나님께서 그 의로움 때문에 여러분을 받아주시고 구원해 주실 것으로 기대하게 되기까지 하는 것입니다. 오오 여러분 여러분의 생명을 사랑하십니까? 이것을 정말 경계하십시오! 콘스탄티누스(Constantine)가 노바티아누스주의자인 아케티우스(Acetius the Novatian)에게 한 말을 여러분에게 하고 싶습니다: "그러면 그대의 사다리를 세우고 그대 스스로 천국으로 올라가게. 이 길로는 천국으로 간 사람이 아무도 없으니." 여러분, 여러분이 유일하게 여러분 자신의 복락을 값 주고 산 자로 천국에 나타날 사람이라고 생각하십니까? 오오 불쌍한 자들이여, 먼저 가서 여러분의 사다리의 길이를 거룩한 율법의 길이로 측정해 보십시오. 만일 여러분의 사다리가 한 치라도 모자람이 있다면, 여러분은 천국에 들어가기에 모자란 것입니다. 그러므로 만일 여러분의 의가 빛이 나고 여러분의 거룩이 찬란한 중에 걷고 있는 것을 보고서, 욥기 31:27의 말씀처럼, 여러분의 마음이 슬며시 유혹되고 여러분의 손에 입을 맞추었다면, 이것은 크나큰 악이며 또한 이를 통해서 여러분이 위에 계신 하나님을 부인한 것이라는 것을 알아야 합니다. 여러분은 하나님께서 지정하신 예배의 최고의 부분을 피조물에게, 즉 여러분 자신의 거룩이라는 창조된 태양에게 드린 것입니다. 하나님께서 그것을 오직 창조되지 않은 의의 태양이신 주 예수님께, 우리의 의로움이신 주께만 드리도록 지정해 놓으셨는데 말입니다. 여러분이 생명과 구원을 얻고자 지금 드리고 있는 그 탄원을 버리십시오. 아니면 여러분의 대의를 헛된 것으로 여겨 포기하십시오. 자, 여러분의 거룩을 자랑스럽게 여기는 데에서 일어나는 교만의 반란을 좀 더 효과적으로 진압하기 위해서, 다음과 같이 영혼을 낮추어 주는 몇 가지를 진지하게 자주 묵상하기 바랍니다.

(1) 하나님의 무한한 거룩하심을 자주 묵상하십시오. 사람이 높은 곳에 서 있을 때에도 아래를 내려다보기 전에는 머리가 어지러워지지 않습니다. 자기보다 더 악하거나 자기보다 덜 거룩한 자들을 아래로 내려다볼 때에 머리가 어지러워집니다. 위를 바라보면 이 질병이 고쳐질 것입니다. 아무리 거룩한 사람들도 눈을 들어 하나님의 거룩하심을 한동안 바라보고 나서 다시 자기들 자신을 바라보면, 도무지 자기들을 사랑할 수가 없게 되고 자기들에게서는 오로지 불경한 것밖에는 보이지 않게 될 것입니다. 선지자 이사야는 이상 중에, 보좌에 앉으신 하나님과 그의 하늘의 시종들인 스랍들이 그 얼굴을 가리고 그 주위에서 "거룩하다 거룩하다 거룩하다 만군의 여호와여"라고 외치고 있는 것을 보고는 곧바로 자기 자신의 추함을 깨닫고 가슴을 칩니다. 스랍들이 하나님의 거룩하심을 찬송하는 것 이상으로 그는 자기 자신의 부정함을 자각하고 외쳤던 것입니다(사 6:3-5). 욥도 마찬가지였습니다: "내가 … 이제는 눈으로 주를 뵈옵나이다. 그러므로 내가 스스로 거두어들이고 티끌과 재 가운데에서 회개하나이다"(욥 42:5, 6). 그가 아무리 재 가운데 앉아서 몸을 긁으며 온 몸에 더럽고 냄새나는 종기가 가득한 것 때문에 스스로 한탄했어도, 지금 자기 영혼의 부정함을 인하여 탄식하는 것보다 심한 적은 없었습니다. 어두컴컴한 방에서 우리 자신을 바라보면 우리 자신이 괜찮고 깨끗하다는 생각이 듭니다. 그러나 하나님의 영광스러운 위엄과 거룩의 광채 속에 우리 자신을 드리우면, 햇빛에 공기 중의 티끌들이 낱낱이 드러나는 것과 비교할 수 없을 정도로 확실하게 하나님의 거룩하심이 우리 속에 있는 죄를 깨닫게 해주는 것입니다. 그러나 교만은 술수를 써서 우리를 능가하는 것에다 우리 자신을 비추게 하지 않습니다. 우리가 부끄러움을 당할 만한 곳보다는 오히려 우리가 칭송을 받을 만한

곳으로 가게 만드는 것입니다.

(2) 무죄 상태의 사람의 거룩을 자주 묵상하십시오. 신자라면 누구나 거룩의 원리가 그 속에 심겨져 있는 것이 사실입니다. 그러나 정말 안타깝게도, 그 옛날 사람에게 있었던 본성에 비할 때 지금 우리의 거룩이 얼마나 형편없는지 모릅니다. 솔로몬이 지은 첫 번째 성전을 기억하지 못하는 사람들은 두 번째 성전을 보고서 찬란하고도 위엄 있다고 여겼던 것이 분명합니다. 그러나 첫 번째 성전의 아름다움을 두 눈으로 보았던 사람들은 눈에 눈물이 가득할 수밖에 없었습니다: "제사장들과 레위 사람들과 나이 많은 족장들은 첫 성전을 보았으므로 이제 이 성전의 기초가 놓임을 보고 대성통곡하였으나"(스 3:12). 오오! 두 번째 성전의 모습이 과거에 있었던 그 찬란한 성전이 훼파되어 버렸다는 슬픈 생각을 다시 불러일으킨 것입니다. 이와 마찬가지로 새 언약의 새로운 근거 위에서 우리 안에 이 조그마한 시작이 이루어진 것을 보면, 그 옛날 모든 영광 중에 있던 사람이 사탄의 계략으로 인하여 타락하여 그 모든 것이 다 망해 버렸다는 슬픈 생각이 나게 됩니다! 여러분이 장차 천국에서 에덴 동산의 아담보다 더 나은 상태가 되리라는 것은 분명 사실입니다. 그러나 여러분은 힘겨운 계단들을 수없이 올라가고서야 그 높은 언덕에 오르게 될 것입니다. 과거에 일 년에 수천 파운드를 받았던 사람이 이제는 겨우 몇 파운드만 받고 나머지는 삼십 년 혹은 사십 년 후에 받는 조건으로 공탁되어 있다면, 참으로 그 사정이 딱할 것입니다. 물론 나중에 그 모든 돈을 돌려 받을 것이고 어쩌면 굉장한 이자까지 포함하여 풍성하게 받을 것이니, 이를 생각하면 위로가 되기도 하겠지만, 지금 당장은 그 적은 돈으로 고귀한 가문의 품격을 유지하려니 온갖 고초를 당하고 어려움을 겪을 수밖에 없을 것입니다. 이와 마찬가지로, 모든 복락이 수중에 들어오게 될 천국을 생각하면 성도는 기쁘고 즐겁습니다. 그러나 그에게 있는 은혜가 과연 불완전하다는 것을 생각하고 또한 그의 앞에 놓인 많은 요인들 — 하나님께서 부여하시는 환난들이나, 사탄의 시험들, 혹은 자기 속에 남아 있는 정욕들에서 끓어오르는 갖가지 반란들과 갈등들 — 로 인하여 그에게 안타까운 역경들이 닥치게 될 것을 생각하게 되고, 자주 마음에 위로를 잃어버리고 또한 온갖 소동을 벌이고서야 겨우 자기에게 있는 조그만 은혜의 창고를 열어 필요한 것을 찾는 모습을 보이는 것입니다. 그러니 그리스도인이 천국을 향하여 길을 나서는 것은 과연 온갖 어려움이 가득한 일이 아닐 수 없는 것입니다: "의인이 겨우 구원을 받으면 경건하지 아니한 자와 죄인은 어디에 서리요?"(벧전 4:18). 지

혜로운 처녀들도 남는 여분의 기름이 없었습니다. 그리스도인은 자기 기름으로 인내해야 합니다. 이것을 생각하시고, 여러분의 알량한 자랑거리들을 내려놓으십시오.

(3) 여러분 자신의 개인적인 잘못들을, 특히 중생하지 않은 상태에서 저지른 잘못들을, 자주 묵상하십시오. 바울은 그것들을 생각하고 자신을 낮추었습니다. 그는 자신의 은사와 은혜를 생각하면서도 그와 더불어 자신이 중생하지 못했을 때에 저지른 악한 처신들을 함께 생각하는 경우가 얼마나 많은지 모릅니다. 물론 그런 생각으로 인해 양심에 거리낌을 받아 마음에 위로가 사라지지는 않았으나 그럼에도 불구하고 그는 그런 잘못들을 항상 염두에 두고 있었던 것입니다. 그는 자신이 "모든 사도보다 더 많이 수고하였"음을 말씀합니다(고전 15:9, 10). 그러나 그는 자기의 수고를 자랑스럽게 여기다가 교만이 일어나 자기를 바짝 뒤쫓아 발꿈치를 물지나 않을까 하여 얼마나 조심하는지 모릅니다! 그리하여 자기의 현재의 거룩에 대해 감히 한 마디 하기 전에 교만이 들어오지 못하도록 문에다 못질을 하고, 먼저 어둠 속에 있을 당시 자기가 행한 잘못들을 먼저 이야기하는 것입니다. 오오 그가 얼마나 교만을 호되게 통제하며, 자기 자신을 아무것도 아닌 존재로 말하는지요! 그 어떤 원수라도 그에 대해 그렇게 시커멓게 먹칠을 할 수 없었을 것입니다. 그는 자기 자신은 "만삭되지 못하여 난 자 같은" 자라고 칭합니다(8절). "나는 사도 중에 가장 작은 자라. 나는 하나님의 교회를 박해하였으므로 사도라 칭함 받기를 감당하지 못할 자니라"(9절). 그리고 자기의 과거의 죄의 흙탕물 속에 자기 자신을 뒹굴게 하여 충분히 자기를 얼룩지게 만들고 나서는, 자기에게 있는 초월적인 은혜들에 대해서도 얼마나 겸손하게 이야기하는지 모릅니다! "내가 나 된 것은 하나님의 은혜로 된 것이니 내게 주신 그의 은혜가 헛되지 아니하여 내가 모든 사도보다 더 많이 수고하였으나 내가 한 것이 아니요 오직 나와 함께 하신 하나님의 은혜로라"(10절). 오오 여러분, 우리의 마음을 깨뜨리고 뒤집어 속에 있는 것들을 드러내는 이것이야말로, 즉 우리가 과거에 저지른 온갖 가증스런 잘못들로 우리 자신을 낮추는 것이야말로, 이 교만이라는 가라지를 죽이는 길인 것입니다. 이런 쟁기질이 자주 행해지는 심령에게는 교만이 쉽게 번창하지 못합니다. 교만은 은혜의 마음을 물어뜯고 갉아내는 벌레입니다. 여러분도 알다시피 위(胃) 속에 모여 있는 기생충들을 죽이는 것은 쓴 것들입니다. 단 것들은 그것들을 번성하게 만듭니다. 그러나 쓴 것은 그것들을 흐트러뜨리고 죽입니다. 오오 그리스도인 여러

분, 이 쓴 것을 자주 많은 양을 섭취하십시오. 그러면 하나님께서 복 주셔서, 그리스도인을 온통 괴롭히는 그것이 누그러지는 것을 경험하게 될 것입니다. 또한 이 벌레가 오로지 아직 어리고 연약한 그리스도인에게서만 자란다고 생각하면 안 됩니다. 물론 이는 어리고 연약한 그리스도인에게서 가장 흔히 나타나는 증상입니다. 그러나 더 연륜이 있고 강한 그리스도인도 그 위험에서 벗어난 것이 아닙니다. 연륜이 많은 다윗도 요압에게 명하여 백성을 계수(計數)하게 하는 잘못을 범하였는데, 바로 이 교만이라는 벌레가 그의 입에서 기어나와서 그런 잘못을 범하게 된 것입니다. 여러분의 경우도, 여러분이 하나님을 위하여 행한 임무들과 선행들과 또한 견디어온 고난들의 숫자를 세어볼 때에 그로 인하여 무언가 은밀하게 여러분 자신을 칭찬하는 생각들이 여러분을 간질이는 것을 경험하지 않습니까?

지침 7

하나님의 전신갑주의 각 부품들
셋째 부품 ── 그리스도인의 영적인 신

"평안의 복음이 준비한 것으로 신을 신고"(엡 6:15).

이 절은 그리스도인의 전신갑주의 셋째 부품을 제시해주는데, 바로 영적인 신이 그것입니다. 이 영적인 신은 그의 발에 꼭 맞아야 하고 또한 죄와 사탄과의 싸움터에서 언제나 신고 있어야 합니다. "너희 발은 평안의 복음이 준비한 것으로 신을 신고." 본문의 말씀들에 대해 구체적인 질문들을 제기하여, 거기서부터 나오는 결론들을 통해 몇 가지 점들을 강조하고자 합니다. 첫째는 "복음"이란 무엇을 뜻하는가 하는 것이요, 둘째는 "평안"이란 무엇을 뜻하며 이것이 "복음"과 연관되어 있는 이유는 무엇인가 하는 것이요, 셋째는 여기 언급된 "발"(한글개역개정판에는 나타나지 않음 ─ 역주)은 어떤 의미를 지니며, 또한 여기서 발에 꼭 맞는 "신"에 비해지는 "평안의 복음이 준비한 것"이란 어떤 은혜를 지칭하는 것인가 하는 것입니다.

제 1 부

복음이란 무엇을 뜻하는가

Ⅴ

복음이란 무엇을 뜻합니까? 복음은 헬라어 원문은 ἐυαγγέλιον(유앙겔리온)인데, 이는 무엇이든 좋은 소식 혹은 기쁨 메시지를 뜻합니다. 그러므로, "나의 아버지에게 소식을 전하여 이르기를 당신이 득남하였다 하여 아버지를 즐겁게 하던 자"(렘 20:15)라는 말씀에서 "아버지에게 소식을 전하는 자"의 부분을 헬라어 칠십인역은 ὁ ἐυαγγελισάμενος τῷ πατρί(호 유앙겔리사메노스 토 파트리)로 번역합니다. 그러나 성경에서는 대개 이것이 제한된 의미로 사용되어, 그리스도의 가르침과 그가 불쌍한 죄인들에게 주시는 구원을 의미합니다. 천사가 목자들에게, "큰 기쁨의 좋은 소식"을 전합니다(눅 2:10). 그리고 뒤이어 "너희를 위하여 구주가 나셨으니 곧 그리스도 주시니라"라고 덧붙입니다(11절). 여기서 바로 그런 의미로 사용되고 있고, 신약 성경에서 일반적으로 이런 의미로 사용되고 있습니다.

가르침. 그리스도와 또한 그로 말미암는 하나님의 은혜의 계시는 비할 바 없이 불쌍한 죄인들이 들을 수 있는 가장 좋은 소식이요 가장 기쁜 소식입니다. 이것은 그보다 앞서서는 결코 좋은 소식이 올 수가 없고 또한 그 뒤에는 결코 나쁜 소식이 올 수 없는 그런 메시지입니다. 이 복음이 오기 전에는 하나님께로부터 피조물에게 그 어떤 좋은 소식도 올 수가 없습니다. 불쌍한 죄인들의 영혼에게 그리스도 안에서 자비를 보여주시기 전에는 하나님께서 그 어떠한 복도 그들에게 베푸실 수 없다는 것입니다. "하나님은 우리에게 은혜를 베푸사 복을 주시고 그의 얼굴 빛을 우리에게 비추소서"(시 67:1).

첫째. 하나님께서는 먼저 용서하시고, 그 다음에 주십니다. 하나님께서는 자비를 베푸사 그리스도로 말미암아 우리 죄를 용서하시기 전에는, 우리 죄인들을 복 주시거나 친절하게 바라보실 수가 없습니다. 우리가 누리는 모든 것들은 그저 예탁된 복들에 불과합니다. 복음의 은혜가 — 용서하시는 자비가 — 인을 쳐서 통용되도록 해야만 우리가 누릴 수 있게 됩니다. 그리스도께서 우리를 위해 평화를 이루시기 전에는 결코 하나님이 우리를 향하여 무슨 선한 뜻을 베푸실 수가 없는 것입니다. "땅에서는 평화요 사람들을 향한 선한 뜻(good-will)이로다"(눅 2:14. 한글개역개정판은 "땅에서는 하나님이 기뻐하신 사람들 중에 평화로다"로 번역함 — 역주). 자기에게 나라가 주어진다는 말을 듣는다 해도 하나님의 선한 뜻이 거기에 없다면, 과연 죄인이 무슨 기쁨을 얻을 수 있겠습니까?

둘째. 또한 믿음으로 복음을 받아들이면, 복음의 기쁜 소식 이후에 나쁜 소식이 결코 올 수가 없습니다. 그리스도 안에 있는 하나님의 자비가 신자들에게 주어지는 모든 악한 것들의 성격 자체를 바꾸어 놓습니다. 복음의 은혜의 강물 속에 세례를 받고 나면 세상의 사람에게 임할 수 있는 모든 재앙들과 심판들이 새로운 이름을 얻고, 새로운 작용을 하게 되고, 그리스도인의 입맛에 새로운 맛으로 다가옵니다. 마치 광산 같은 곳을 통과하면 똑같은 시냇물인데도 전에 없던 톡 쏘는 맛이 생기고 치료의 효능을 지니게 되는 것처럼 말입니다. 성경은 "그 거주민은 내가 병들었노라 하지 아니할 것이라 거기에 사는 백성이 사죄함을 받으리라"라고 말씀합니다(사 33:24). 여기서 관찰할 것이 있습니다. 본문은 "그 거주민은 병들지 아니할 것이라"라고 말씀하지 않는다는 것입니다. 복음의 은혜는 환난들을 면하게 해 주는 것이 아닙니다. 오히려 "그 거주민은 내가 병들었노라 하지 아니할 것이라"고 말씀합니다. 곧, 하나님께로부터 사죄함의 자비를 얻은 기쁨이 너무나도 커서 자기들이 병들었으나 그것에 대해 불평하지 않게 되리라는 뜻입니다. 이런저런 십자가가 있지만 그것은 너무도 얄팍하여 그것으로는 그 좋은 소식이 주는 기쁨이 가려지지 않는 것입니다. 복음이 가져다주는 소식이 어쩌나 기쁜 소식인지, 하나님께서는 아담에게 이 소식이 없이 있게 하지 않으시고, 조그만 틈을 여사 하나님의 임재에 대한 두려움에 압도되어 있는 그의 영혼 속에 조금이나마 복음의 광선이 비치게 하셨습니다. 그 좋은 소식이 없이 낙원에서 쫓겨나자, 그에게는 곧바로 모든 것이 지옥으로 변했습니다. 그의 죄악된 양심에게는 과연 세상이 그러했을 것입니다. 모든 일들이 최악의 상태에 있을 때에 하나님께서는 그 백성들에게 이 소식을 전하셔서 그들을 위로하시고 사기를 북돋곤 하셨습니다(사 7:15; 미 5:5). 이것이야말로 하나님께서 특별히 구별되는 사랑을 베풀어 주시는 자들의 귀

에만 그의 성령을 통하여 속삭여 주시는 큰 비밀입니다(눅 10:21; 고전 2:12). 그러
므로 복음이 "가리어"졌다는 것은 지옥에 들어가도록 정해진 영혼의 안타까운 표
지입니다(고후 4:3). 이를 몇 마디 말로 정리하기 위해서 복음의 복된 소식에 담긴
기쁜 메시지의 모든 특성들을 살펴보기로 합니다.

[복음에 담긴 기쁜 메시지의 다섯 가지 특성]

　어떤 메시지로 인하여 진정 기쁨이 차고 넘치게 되기 위해서는 그 메시지가 다
음의 다섯 가지 특성을 모두 지니고 있어야만 할 것입니다.

　첫째 특성. 메시지가 기쁨을 주기 위해서는 **좋아야** 합니다. 나쁜 소식을 듣고 기
뻐할 사람은 아무도 없습니다. 기쁨은 마음이 팽창하는 것이요, 그리하여 그 바라
는 것을 나아가 환영하고 맞아들이는 것입니다. 그러므로 거기에 반드시 무언가
좋은 것이 있어야만 합니다. 나쁜 소식은 마음을 닫게 만들고 결코 환영받지 못합
니다.

　둘째 특성. 메시지가 무언가 **크게 좋아야** 합니다. 그렇지 않으면 별로 영향을 주
지 못합니다. 다가오는 대상물의 좋고 나쁨의 정도에 따라 마음의 반향이 일어납
니다. 별로 하찮은 일에 대한 말을 들을 수도 있습니다만 이는 별 감동을 일으키지
못합니다. 그러나 그 좋은 소식이, 크게 좋은 소식이, 무언가 무게 있는 중요한 사
안에 대한 것이라면 그것은 그만큼 큰 기쁨을 가져다줍니다. 종(鐘)이 클수록 그
것을 울리려면 더 큰 힘이 필요합니다. 큰 기쁨을 주려면 그 메시지가 크게 좋은
것이어야만 하는 것입니다.

　셋째 특성. 이 크게 좋은 소식이 그것을 듣는 이에게 직접 해당되는 것이어야 합니
다. 곧, 당위성이 있어야 한다는 것입니다. 다른 사람에게 무언가 크게 좋은 일이
일어났다는 소식을 듣고도 즐거워할 수 있겠지만, 그런 소식이 바로 내게 해당되
는 것일 때에 가장 큰 기쁨이 있는 것입니다. 병든 자가 다른 사람이 회복되었다는
소식에 기쁨을 느낄 수도 있습니다만, 자기 자신이 회복될 때에는 그와 비교할 수
없는 큰 기쁨이 그에게 생길 것입니다.

　넷째 특성. 어떤 소식이 들어보지도 못한 것이거나 기대하지도 않은 것일 경우 —
그 소식이 갑작스럽게 우리에게 전해질 때에 — 기쁨이 더욱 배가될 것입니다. 무
지한 가운데서 혹은 절망 속에서 그런 좋은 소식에 대해 생각하지 못할수록, 그 소

식이 전해질 때에 더욱 큰 기쁨을 갖게 되는 것입니다. 가령 왕위를 얻을 것을 꿈도 꾸어보지 못하던 가난한 돼지치기의 아들이 왕위를 부여받았을 때의 기쁨이란, 왕가에서 태어나 왕위를 꿈꾸어온 사람이 왕위를 부여받았을 때의 기쁨과는 도무지 비교할 수가 없이 클 것입니다. 후자는 자기 위치에 상응하는 것을 받았으니 그 마음에 기쁨이 있어도 그저 당연하게 여길 것입니다만, 전자는 도무지 자기의 격에 맞지 않는 황송한 복을 받았으니 그 기쁨이 엄청날 것입니다.

다섯째 특성. 이 모든 기쁨을 가득 채우기 위해서는, 무엇보다도 그 소식이 **참되고 확실**해야 할 것입니다. 그렇지 못하면 모든 기쁨이 곧바로 사라지고 맙니다. 한 사람에게 한 나라가 주어졌다는 소식을 들으면 그 사람에게 얼마나 큰 기쁨이 되겠습니까? 그런데 이튿날 혹은 다음 달에 가서 그 모든 사실이 뒤집혀 거짓인 것이 드러나면 어떻게 되겠습니까? 그런데, 복음이라는 복된 소식은 이 모든 특성들을 다 만족시키며, 이를 믿는 영혼으로 하여금 그 마음이 담을 수 있는 최고의 기쁨으로 가득 차게 만들어 주는 것입니다.

1. 우리 죄인들에게 복음이 전해주는 소식은 좋습니다. 그 소식에는 하나님께서 불쌍한 죄인들을 위하여 의도하시는 무언가 좋은 일에 관한 약속들이 담겨 있습니다. 율법은 마을에 나쁜 소식을 전해줍니다. 위협과 협박이 율법의 본래의 고유한 언어입니다. 율법은 죄인들에게 그들에게 임하는 악한 형벌 이외에는 다른 언어로 말할 수가 없습니다. 그러나 복음은 불쌍한 죄인들에게 미소를 보내며, 약속들을 선포함으로써 율법의 찌푸린 이마의 주름을 활짝 펴주는 것입니다.

2. 복음의 소식은 과연 크게 좋은 소식입니다. 천사는 말하기를, "내가 … 큰 기쁨의 좋은 소식을 너희에게 전하노라"라고 합니다(눅 2:10). 그것은 큰 기쁨일 수밖에 없습니다. 그것이 완전한 기쁨이니 말입니다. 주 그리스도께서는 그의 복음에서 무언가 나중에 덧붙이고자 남겨둔 것이 하나도 없는 완전한 소식을 주십니다. 복음의 소식에 무언가 좋은 것이 결핍된 것이 있다면, 하나님이 아닌 다른 곳에서 그것을 찾을 것입니다. 그러나 하나님께서는 믿는 영혼들에게 복음의 언약 가운데서 그리스도로 말미암아 자기 자신을 주시는 것입니다. 다음과 같은 사도의 논지는 분명 확실한 것입니다: "다 너희의 것이요, 너희는 그리스도의 것이요, 그리스도는 하나님의 것이니라"(고전 3:22, 23). 복음은 선(善) 그 자체의 근원 가까이에 우리의 파이프를 드리우게 합니다. 그러니 만유를 지니신 자에게 연합하는 자야말로 모든 것을 가진 것입니다. 영화롭게 된 성도들에게 오는 좋은 소식 가

운데 천국이 가져다주지 않는 것이 있을 수 있겠습니까? 복음에서 우리는 바로 그 영광에 대한 소식을 얻습니다. "그리스도 예수 … 는 … 복음으로써 생명과 썩지 아니할 것을 드러내신지라"(딤후 1:10). 창공에 떠있는 태양은 오로지 아래의 세상 만을 드러냅니다. 오오 그것이 땅을 우리에게 보여주지만, 동시에 하늘은 우리에 게서 가리는도다! 그러나 복음은 동시에 양쪽을 모두 밝혀 주는 것입니다. "경건은 범사에 유익하니 금생과 내생에 약속이 있느니라"(딤전 4:8).

3. 복음은 우리와 별로 관계가 없는 소식을 전하는 것이 아닙니다. 천사들을 위하여가 아니라 **우리를 위하여** 하나님께서 행하신 일을 전해 주는 것입니다. 천사는, "너희를 위하여 구주가 나셨으니 곧 그리스도 주시니라"라고 말씀합니다(눅 2:11). 천사들이 우리를 사랑하여 우리의 복락에 대해 즐거워했다면, 그로 인하여 우리 본성 속에 큰 혜택이 주어졌다는 소식을 우리가 들을 때에야 그 기쁨이 얼마나 더 크겠습니까? 메시지를 전해 주는 사람은 어떤 큰 나라가 어떤 사람에게 양도되었다는 소식을 전하기밖에 하지 않으면서도 기뻐 노래하는데 정작 그 나라를 양도 받는 당사자인 왕은 전혀 기뻐하지 않는다면, 이상스런 일이 아닐 수 없을 것입니다. 또한 복음의 기쁜 소식은 천사들이 아니라 사람의 본성에게 해당되는 것입니다. 구체적으로 말하면, 여러분이 누구든지 간에, 여러분이 믿음의 팔로 그리스도를 껴안으면, 그 소식이 바로 불쌍한 여러분의 것이 되는 것입니다. 임금은 그의 나라에 속한 모든 사람들이 누리는 공통적인 선(善)입니다. 그 임금의 신민은 아무리 야비하고 비천하다 해도 그 임금 안에서 한 몫을 차지하고 있습니다. 이처럼 그리스도께서도 모든 신자들에게 그러하십니다. 마치 잘 그린 초상화가 그것을 바라보는 모든 이들을 바라보는 것처럼, 복음의 약속들도 믿음의 눈으로 그것을 바라보는 모든 이들을 지켜보는 것입니다. 복음의 기쁨이 여러분의 기쁨입니다. 그것을 받을 믿음이 여러분에게 있다면 말입니다.

4. 복음의 기쁜 소식은 사람의 아들들이 전혀 들어보지도 못했고 기대하지도 않던 것이었습니다. 복음의 소식은, 하나님께서 그 자신의 선하신 뜻의 서랍을 여시고 그의 뜻을 계시하시기 전에는 사람이 도무지 마음에 품을 수조차 없었던 것이었습니다. 타락한 인간을 향한 신비스러운 사랑의 값은 하늘에서 가장 영민한 천사의 눈에도 완전히 감추어진 것이었으니, 사람의 눈에 감추어진 것은 말할 것도 없습니다. 사람은 속에서는 그의 죄악된 양심에 의하여, 또한 바깥에서는 그가 깨뜨린 언약에 의하여 오로지 멸망과 정죄밖에는 아무것도 기대할 것이 없었습니

다. 그러므로 아담은 하나님께서 친히 그에게 하신 최초의 복음 설교를 통해서 그런 심판에 대한 모든 사실들을 예상하게 되었습니다. 절망의 캄캄한 생각들 속에 거하며 또한 완전한 흑암의 군대가 행진해 오는 것을 느끼고 있는 불쌍한 영혼에게 복음의 자비로운 소식이 얼마나 기쁜 것인지를 진정 감지할 수 있는 사람이 누구겠습니까? 절망 가운데서 다가오는 지옥의 공포를 실제로 느껴본 자가 아니면 누구겠습니까! 헨리 8세 국왕의 치세 때에 우리나라의 한 귀족의 이야기가 있습니다. 그가 사형을 당하기 몇 시간 전에 사면령이 그에게 보내졌는데, 전혀 사면령을 기대하지 않고 있던 그는 갑자기 그 소식을 접하자 너무 기뻐한 나머지 기쁨 때문에 충격을 받아 죽었다고 합니다. 우리 본성의 그릇의 테두리가 너무도 허약하여 그처럼 저급한 기쁨의 포도주조차도 그 그릇을 깨뜨려 버린다면, 하물며 복음의 소식이 주는 충만한 기쁨이야 도저히 견딜 수가 없을 것입니다. 하나님의 자비하심이 죽을 사람의 자비보다 훨씬 더 크고, 또한 지옥의 영원한 죽음에서 구원받는 것이, 고통을 제대로 느끼기도 전에 죽어 버리는 일시적인 죽음에서 구원받는 것보다 훨씬 더 큰 것처럼, 복음이 주는 기쁨이 사형을 면한 기쁨보다 훨씬 더 큰 것이니 말입니다.

5. 복음의 기쁜 소식은 참되고 확실합니다. 복음의 소식은 결코 오늘은 소리치다가 내일이면 뒤집힐 것이 뻔한 그런 공중에 날아다니는 이야기가 아닙니다. 모든 사람이 이야기하지만 누구도 그 출처가 어디이며 누가 그것을 처음 발설했는지를 아무도 모르는 그런 풍문이 아닙니다. 그러나 복음의 소식은 과연 신빙성 있는 분에게서 온 것입니다. 곧, 거짓말하실 수 없는 하나님 자신에게서 비롯된 것입니다. 그가 하늘로부터 그것을 보증하십니다. "이는 나의 아들이니 너희는 그의 말을 들으라"(눅 9:35). 그리스도께서 행하신 그 모든 이적들이 복음의 진실성을 확증하는 것이 아니면 무엇이었습니까? 그리스도의 가르침의 진실성을 부인한 그 몹쓸 죄인들도 그가 행한 이적들이 하늘로부터 온 것임을 여러 차례 시인할 수밖에 없었는데, 이는 그야말로 넌센스이며 그들의 불신앙이 얼마나 터무니없는 것이었는가를 온 세상에 선언해 주고 있습니다. 문서에 인을 쳐서 그 신빙성을 보증하듯이, 이적들은 곧 복음의 참됨을 인증해 주는 것입니다. 그들은 이적에 하나님이 역사하시는 것은 부인하지 못하면서도 가르침 속에서는 하나님을 볼 수가 없었습니다! 마치 하나님께서 비진리(非眞理)에다 인을 치시기라도 한 것처럼 말입니다! 그리스도인 여러분, 복음이 가져다주는 이 좋은 소식에서 얻는 기쁨을 가득 채워 주

는 것이 여기 있으니, 곧 우리가 그 복음의 진실성에다 우리 목숨을 거는 것입니다. 그 확실성에 대해 온 무게를 다 드리우는 자를 복음은 결코 속이지 않습니다. "미쁘다 모든 사람이 받을 만한 이 말이여 그리스도 예수께서 죄인을 구원하시려고 세상에 임하셨다 하였도다"(딤전 1:15). 불쌍한 죄인으로 하여금 죄로부터 건너와서 하나님의 자비 속으로, 또한 후에 올 하나님 나라에, 들어갈 수 있도록 복음이 하나님의 진노의 깊은 계곡 위에 세워놓는 이 다리를 지탱시켜 주는 아치는 다른 것이 아니라 바로 하나님의 지혜와 능력과 자비와 신실함입니다. 그러므로 믿는 영혼은 결코 두려워할 필요가 없습니다. 이 복음을 가리켜 "영원한 복음"이라 부릅니다(계 14:6). 하늘과 땅이 파괴된다 해도 복음의 약속은 일점일획도 그 잔해 속에 묻히지 않을 것입니다. "오직 주의 말씀은 세세토록 있도다 하였으니 너희에게 전한 복음이 곧 이 말씀이니라"(벧전 1:25).

[적용]

[복음을 한 번도 들은 적이 없는 자들을 불쌍히 여겨야 함]

첫째 적용. 이 좋은 소식의 말씀을 한 번도 들은 적이 없는 자들은 정말 불쌍합니다. 세상에는 아직 날이 밝아오지 않고 무지와 야만성의 끔찍한 밤이 계속 드리워 있는 사람들이 있습니다. 이들의 영혼은 지옥의 피비린내 나는 살육자가 자행하는 계속적인 대학살의 위험 아래 있습니다. 하나님께서도 아십니다만 영혼을 죽이는 마귀는 이들을 아주 손쉽게 정복합니다. 마귀가 잔인하게 그들의 목에 칼을 들이대도 전혀 반항이 없습니다. 무지의 잠 속에 깊이 빠져 있기 때문입니다. 빛이 있어야 이 파괴자의 손에서 피할 길을 찾을 수 있는데 그 빛이 전혀 없습니다. 복음의 은혜의 감미로움을 맛본 사람 중에 그들의 절박한 처지를 보고 떨지 않을 자가 어디 있겠습니까? 그렇습니다. 그들과 우리를 향하신 하나님의 경륜이 서로 그렇게 다르다는 사실에 깜짝 놀라지 않을 자가 어디 있겠습니까? "주여 어찌하여 자기를 우리에게는 나타내시고 세상에는 아니하려 하시나이까?"(요 14:22). 하나님, 그들을 위하여 더 많이 울지 못하는 우리 마음의 무정함을 용서하옵소서. 정말이지 우리는 무어인(the Moors)들과 인도인들과 그렇게 거리가 먼 삶을 사는 것이 아닙니다. 그러므로, 인류를 파괴하는 자가 계속해서 그들의 영혼을 죽여 피를 흘리게 하고 있는데도 그들을 불쌍히 여기지도 않고 그들의 회심을 간절히 바라지도 않는다면, 그 피에 대한 죄책으로 우리 자신을 얼룩지게 만드는 처사일 것입니다. 그들의 비참한 처지가 우리의 안타까운 생각에 친근하게 들어와 있는 경우도 거의 없고, 그들의 회심을 위해 기도하고 그것을 간절히 사모하는 경우도 얼마나 드문지 모릅니다! 안타까운 일입니다만, 복음의 보화로 그들을 부요하게 하는 일에 대해서보다는 오히려 그들에게서 어떻게 금을 얻어낼까에 대한 궁리가 — 어떻게 하면 그들의 영혼을 구원할까에 대해서보다는 어떻게 하면 그들의 땅을 얻을까에 대한 궁리가 — 세상에 훨씬 더 많았습니다. 그러나 이제 나라들을 정복하는 것보다는 영혼을 구원하는 일이 더 존귀한 일로 여겨지는 그런 때가 오고 있습니다. 자, 그리스도인 여러분, 하나님께서 여러분에게 주신 것을 그들에게 똑같이 나누어 줄 수는 없습니다. 하지만 복음의 잔치에 참석하고 있는 여러분, 여러분이 먹고 있는 영생의 떡을 먹지 못하여 굶어 죽어가는 저 불쌍한 영혼들을 불쌍히 여기시기를 바랍니다. 최근 어떤 이들은 이교도들도 해와 달과 별들을 통해서 그리스도께로 나아올 수 있다는 주장을 펴기도 합니다. 다른 사람들이 그들을 대한 것보다 해와 달과 별들이 그들에게 더 친절해보일 수도 있을 것입니다. 그러나 저는 오히려 다른 사람들이 그들 중에 복음의 빛이 일어나기를 간절히 기도하지 않는 것으로 결국 그들을 더 잔인하게 대하는 일이 없었으면 좋겠습니다. 그들이 복음의 빛이 없어서 그것 때문에 필연적으로 멸망하게 되는 현실에 처해 있다는 것을 믿는 사람이라면 마땅히 그들을 위해 간절히 기도해야 할 것입니다. 어느 요새에 자체의 방비를 위한 모든 물자들이 충분히 저장되어 있다고 판단되면, 그 요새에 대한 지원과 구원이 지연되는 빌미가 됩니다. 사탄이 이런 원리를 이용하여 저 버려진 영혼들을 향하여 그런 계교를 갖지 않았으면 좋겠습니다. 만일 별들을 통해서 그런 교훈을 얻을 수 있다면, 그것을 터득한 자들의 이야기를 이미 들었어야 옳습니다. 사실, 별 하나가 동방박사들을 그리스도께로 인도한 것은 맞습니다. 그러나 그들에게는 성경의 본문을 그들에게 해명해 준 하늘이 보낸 설교자가 있었습니다. 그렇지 않았다면 그들은 그 별이 인도한다는 것을 결코 깨닫지 못했을 것입니다.

[복음이 세상에서 홀대당하는 현실에 대한 슬픈 애가]

둘째 적용. 그렇게도 고귀한 복음의 소식이 흔히 세상에서 홀대를 당하는 현실에 대해 슬픈 애가로 안타까워할 수도 있을 것입니다. 구주께서 나셨다는 소식이 처

음 예루살렘에 전해졌을 때의 사정이 어땠습니까? 우리 생각에는, 모든 사람들이
그 소식을 접하고서 그들의 소망이 그렇게 복되게 이루어진 것에 대해 기쁨으로
가득했어야 옳았을 것입니다. 특히 성경이 메시야의 탄생을 말씀하였고 그리하여
그들이 그가 오시기를 벅찬 마음으로 고대하고 있었다는 것을 알면 더욱 그런 생
각이 들 것입니다. 그러나 보십시오. 현실은 그와 정반대였습니다. 그리스도의 오
심은 오히려 그들에게 괴로움과 불쾌감을 주는 일이었습니다. 구세주가 아니라
마치 원수와 파괴자가 해변에 상륙하기라도 한 것처럼, 그들은 그리스도께서 나
셨다는 소식을 크게 경계했습니다. 헤롯이 그를 대적했고, 그리하여 그는 그 나라
를 떠나 도피하게 되었습니다. 그러나 어쩌면 지금은 그의 출생과 부모들의 비천
함이 걸림돌이 되어 그렇게 되었으나, 후에 그가 이적들을 통하여 자신의 신성의
광채를 발하사 그들을 부끄럽게 하시면, 지금은 비록 그를 업신여기지만 그 때에
는 그들이 그를 신앙적으로 경배할 것이라고 생각할지도 모릅니다. 공적인 사역
을 시작하시고 그의 권위를 보여주시면, 곧 아버지께서 사람의 아들들에게 주시
는 그 기쁜 메시지를 직접 그의 입술로 말씀하시면, 분명 그들이 그를 극진히 사랑
하고 감사함으로 그를 포용할 것이며, 그가 전하시는 그 구원의 기쁜 소식들을 서
로 앞장서서 받아 마실 것이라고 생각할지도 모릅니다. 그러나 아닙니다. 그들은
그 저주받은 불신앙적인 자세를 고집했고 완악하게 그를 거부했습니다. 그들은
성경을 높이 떠받든다고 하면서도, 그 성경이 그리스도에 대한 증언으로 가득 차
있어서 그들의 양심이 그들을 탄핵하건만 그에 대한 교훈은 하나도 받으려 하지
않았습니다. 그리스도께서는 그런 말씀들을 얼마나 많이 하시는지 모릅니다: "너
희가 성경에서 영생을 얻는 줄 생각하고 성경을 연구하거니와 이 성경이 곧 내게
대하여 증언하는 것이니라. 그러나 너희가 영생을 얻기 위하여 내게 오기를 원하
지 아니하는도다"(요 5:39, 40). 영생을 사모하긴 했으나, 차라리 그것을 잃어버릴
지언정 그것을 얻고자 그에게 나아가려 하지는 않은 것입니다.

　그런데 지금은 세상이 좀 나아졌습니까? 복음을 통해서 그리스도를 제시할 때
에 대다수의 사람들이 더 친절하게 받아들입니까? 그리스도께서는 지금도 동일한
곡조를 노래하고 계십니다: "내게로 오라 그리하면 너희가 영생을 얻으리라." 불
쌍한 영혼들이 그에게로 나아올 때에 그리스도께서 그들에게 주실 수 있는 최악
의 상해(傷害)는 바로 그들을 생명과 구원의 상태로 들어가게 하는 것입니다. 그
런데 과연 이런 초청을 좋아하는 사람이 어디 있습니까? 오오, 사람들은 대개 다른

소식을 듣고자 쫓아다닙니다. 그렇기 때문에 시장터에는 사람이 가득해도, 교회
는 텅텅 비어 있는 것입니다. 대다수의 사람들은 세상으로부터 최고의 소식 듣기
를 기대하고 있습니다. 이들에게 복음의 소식은 아주 낯선 것이요, 그래서 최소한
현재는 그 소식에 대해 별로 귀를 기울이지 않습니다. 그 문제는 저 세상에 들어갈
때가 다가오면 그때 가서 생각해도 늦지 않다고 여깁니다. 정말 안타깝습니다! 복
음은 그들의 육신적인 정욕을 맞추어 주지 않습니다. 복음은 사람들에게 밭이나
포도원을 준다고 하지도 않습니다. 세상적인 명예와 쾌락의 멋진 것들로 그들을
회유하지도 않습니다. 그리스도께서 그의 복음에서 이런 것들에 대해 몇 가지 약
속들을 주어서 인간의 정욕을 조금 채워 주셨더라면 — 내세에 대한 약속은 좀 덜
하시더라도 — 천국 자체에 대한 설교보다는 포도주와 독주에 대한 예언을 듣고
싶어 하는 이 주정뱅이들이 그 소식을 더 잘 받아들였을 것입니다. 정말이지, 복음
의 메시지가 너무 좋아서 그것을 기쁨으로 마음에 가득 품는 사람들은 아주 적습
니다. 혹 누군가가 그리스도를 영접하여 그 사실이 알려지면, 육신의 정욕에 빠져
있는 모든 이웃들이 이를 얼마나 경계하는지 모릅니다! 소돔 사람들이 롯의 집을
에워쌌듯이 그렇게 그 사람의 집을 에워싸기까지는 하지 않더라도, 그에게 멸시
와 조롱의 낙인을 찍습니다. 전에 아무리 그를 사랑했더라도, 이제 그리스도를
믿는다는 사실 하나만으로도 그를 멸시하고 미워할 충분한 이유가 된다고 여기는
것입니다.

　오오, 오늘날의 이 타락한 시대를 하나님께서 어떻게 하시겠습니까! 오오 잉글
랜드여! 잉글랜드여! 그대에게 안타까운 심판이나 기타 징조가 있을까 두렵도다!
복음의 기쁜 소식을 거부한다면, 슬픈 소식이 결코 멀지 않습니다. 복음이 떠나가
고 말 것입니다. 하나님께서는 그의 복음을 어느 백성에게나 정착시키시지만, 또
한 언제나 그 복음을 그들에게서 옮겨가실 수 있습니다. 그는 그를 좋아하는 자들
에게 임하시겠지만, 그를 환영하지 않는 곳에 그가 그냥 그대로 계시겠습니까? 달
리 갈 곳이 있는 자라면 누가 그냥 그대로 있겠습니까? 손님이 거의 없으면 장사꾼
은 보따리를 싸고 떠나갈 때가 된 것입니다. 그런데 하물며 물건을 사기는커녕 가
게에서 그냥 조용히 있는 것도 하지 못하게 하고, 돌을 던지며, 그의 가장 값진 물
건을 더럽힌다면 누가 그곳에 그냥 머물러 있겠습니까? 오늘날 그리스도의 신실
한 사자들의 이름이 그렇게도 황망하게 치욕을 당하는 것을 보지 않습니까? 복음
의 가장 값진 진리들이 부패한 정신을 소유한 사람들이 — 마귀의 역사에 휩싸여

— 옛 이단들의 더러운 흙더미와 오물들을 긁어내어 그리스도와 그의 복음의 면전에 던져놓은 오류와 신성모독의 진창과 먼지로 온통 뒤덮여 있지 않습니까? 그들이 던져놓은 그 더러운 것을 닦아내는 그런 친절한 손길이 어디 있습니까? 이 거짓된 입들을 가로막아 그리스도와 그의 복음을 향하여 맹독을 뱉어내지 못하게 할 만큼 진리를 위해 용맹스런 마음이 어디 있습니까? 그리고 이런 유의 처신이 있다 해도 너무나 미미해서, 그런 처신을 접하고서 사람들이 간신히 마음을 추스를 정도밖에는 안 됩니다. 정의가 너무나도 희미하여, 마치 불길에 물 몇 방울이 떨어지는 것처럼 진리를 향한 그들의 분노의 불길을 끄기보다는 오히려 더 번지게 만드는 것입니다. 사신이 거리에서 모욕을 당할 때마다 왕이 그를 본국으로 소환하지는 않습니다. 다만 사신이 모욕을 당하는 그런 그릇된 행태를 도무지 교정할 수가 없을 경우에만 소환하는 것입니다.

반론. 그러나 다음과 같이 말할 분도 있을 것입니다. 복음이 우리 중 많은 이들에게, 특히 최근에 들어서는 안타깝게도 오류의 영이 이 땅에 만연되어 있으므로, 아주 불친절한 대우를 받고 있다는 것은 부인할 수 없지만, 그렇더라도 현재의 처지가 더 나빠진 것은 아니다라고 말입니다. 이들은 이렇게 말합니다: "하나님을 찬송할 일입니다만, 여전히 은혜 안에 거하는 남은 자들, 곧 그리스도를 귀하게 받드는 자들이 있습니다. 복음의 메시지를 기쁨으로 받아들이며 부패한 사람들과 속된 심령들이 복음을 멸시하는 것을 보고 은밀한 중에 슬피 우는 그런 자들이 우리 중에 있으니, 목사님이 우려하는 것처럼 우리가 복음을 아예 잃어버릴 임박한 위험에 처하여 있는 것은 아니라는 희망을 갖게 됩니다."

답변. 우리 중에 그처럼 성도들이 띄엄띄엄 있지도 않다면, 우리의 사정이 정말 절박할 것이요, 그 비참한 밤의 그림자가 속히 우리에게 드리워질 것입니다. 그런 성도들이 있기 때문에 복음이 이처럼 우리 가운데 오랫동안 있는 것입니다. 그들이 그의 발을 붙들지 않았더라면, 그리고 강력한 부르짖음과 기도로써 그들이 그가 머무시기를 간청하지 않았더라면, 그리스도께서는 그의 복음을 이미 오래 전에 거두어가셨을 것입니다. 그러나 다음과 같은 몇 가지 점들을 신중하게 따져보면, 우리에게 마음의 떨림이 있을 수밖에 없을 것입니다.

생각할 점 1. 복음을 받아들이는 자들을 계속해서 복음을 거부하는 자들과 비교해 보면, 그리스도께서 우리 중에 계시기를 바라는 자들의 숫자를 그가 사라지기를 바라며 그를 기꺼이 제거해 버리고자 하는 자들의 숫자와 비교해 보면, 그 비율이 얼마나 낮은가를 생각해 보십시오. 복음이 있든 없든 전혀 상관하지 않는 자들이 수없이 많으니, 이 문제를 만일 표결에 부친다면, 그들이 자기들의 의견을 통과시키지 않겠습니까? 그렇게 차이가 크니, 이것이 정말 안타까운 현실을 예견해 주는 것이 아닙니까? 하나님께서 사람들에게서 떠나가실 때마다 언제나 잔악한 죄인들 가운데 거룩한 자들이 얼마간 뒤섞여 있었습니다. 사데 교회에도 "그 옷을 더럽히지 아니한 자 몇 명"이 있었지만 그 촛대가 옮겨졌습니다. 그런데 그들이 얻을 수 있었던 것은 그들 자신에 대한 한 가지 약속이 전부였고 — 그들이 "흰 옷을 입고 나와 함께 다니리니"(계 3:4) — 교회의 보존에 대한 약속은 없었습니다. 하나님께서는 집을 허무시면서도 거기에 있는 그의 성도들을 보존하시고 공급하실 수 있습니다. 몇 사람의 목소리는 수많은 무리의 부르짖음 속에 쉽게 파묻혀 버립니다. 포도주 몇 잔이 큰 통 속에 들어가면 그 맛이 사라지고 맙니다. 때로는 소수의 성도들이 일을 할 수 있습니다. 하지만 함께 사는 수많은 죄악된 사람들을 구원하는 일에는 별로 역할을 할 수가 없습니다. 질병이 장악하고 있는 허약한 몸일지라도 며칠 혹은 몇 주 정도는 본성적으로 그 극한 힘을 발휘하여 몸 속에 생명이 유지되도록 할 수 있습니다만, 무언가 도움이 있어서 그 질병을 제거하지 않으면 결코 오래갈 수가 없습니다. 이와 마찬가지로 그리스도를 멸시하는 불경한 사람들 중에 그저 몇 명의 성도들이 고군분투하고 있는 이 타락한 시대에서 한동안은 그들이 심판을 연기할 수도 있고, 잠시 동안은 그 사람들의 생명을 구할 수도 있습니다. 그러나 그들에게 무언가 더 나은 변화가 일어나지 않으면 그들에게 멸망이 임할 수밖에 없는 것입니다.

생각할 점 2. 복음을 받아들이는 이 몇 명 안 되는 은혜 안에 있는 자들 중에서 새로운 회심자들이 몇 명이나 되는지를, 즉 최근 들어서 복음으로 말미암아 그리스도께로 나아온 자들이 얼마나 되는지를 생각해 보십시오. 저는 이 몇 명 되지 않는 성도들 가운데 거의 모두가 오래 된 제자들 — 믿은지 이미 여러 해가 지난 자들 — 이 아닌지 염려스럽습니다. 안타깝게도 복음의 태가 최근 들어 거의 닫혀 버렸기 때문에, 견고한 회심의 역사로 말미암아 영혼이 새로 출생하는 예가 희귀하게 되어 버린 것입니다! 스스로 세례를 받아 새로운 길과 예배 형식에 참여하게 되었거나 혹은 어떤 사상과 견해를 갖고 신앙을 시작하는 모든 개종자들을 참된 회심자로 간주한다면, 사실 거기에 해당되는 자들이 많습니다. 하지만 메말라 버린 신앙 고백만 남아 있는 이 늙은 잉글랜드에 순전한 회심자가 얼마나 희귀한지 모릅니다! 하나님께서 은혜로이 이따금씩 불쌍한 영혼들에게 거듭남의 역사를 일으키사 멸시받는 그의 종들의 사역을 확실히 인치시며, 그들의 사역을 멸시하고 비방하는 자들의 입을 막기도 하신다는 것은 부인할 수 없는 사실입니다. 하지만 그런 역사는 여기 조금 저기 조금 희귀하게 일어납니다. 이런 사실이 이 나라에 대해 슬프게 예언해 주는 것이 아닙니까? 열매가 열리고 든든히 서 있던 나무에서 열매가 별로 열리지 않으면 — 이 가지에서 하나, 저 가지에서 하나 정도밖에 열리지 않으면 — 우리는 그 나무가 죽어가고 있다고 결론짓게 됩니다. 레아는 자신이 자녀를 생산할 수 있으니 남편이 자기를 사랑하고 자기를 아낄 것이라고 하며 스스로 위로를 얻었습니다(창 29:34). 그러나 이와 반대로 사람들이 은혜의 수단 아래 있으면서도 열매를 맺지 못하게 되면 하나님께서 그들을 사랑하지 않으시고 그들을 떠나실까 두려워해야 하지 않겠습니까? 하나님께서는 다음과 같이 경고하십니다: "예루살렘아 너는 훈계를 받으라 그리하지 아니하면 내 영이 너를 떠나리라"(렘 6:8. 한글개역개정판은 "내 영이 너를 떠나리라"[lest my soul depart from thee]를 "내 마음이 너를 싫어하고"로 번역함 — 역주). 하나님의 영이 떠나시면 눈에 보이는 그의 임재도 떠나게 됩니다. 그렇게 되면 다음과 같은 상황이 이어집니다: "너를 황폐하게 하여 주민이 없는 땅으로 만들리라." 오오 형제 여러분, 회심자들이 구름처럼 — 마치 비둘기들이 떼를 지어 그 집으로 날아가는 것처럼 — 날아올 때는 이 복음의 황금기가 끝날 것입니다. 이제 복음의 소식이 케케묵은 것이 되어버렸고 그 소식을 취하는 자들이 거의 없습니다. 한 나라에 보화가 풍성하게 있어도, 상거래가 중단되어 새로운 은금이 들어오지도 않고 상품들이 수입되지도 않는다면, 기존의 것들을 꺼내어 쓰게 되고, 시간이 흐르면 결국 썩고 말 것입니다. 예부터 있는 성도들의 창고가 — 그들의 시대에는 그들이 보화들이었으나 — 낡아지는데 새로운 성도들이 들어와 창고를 채워주지 않는다면, 과연 우리가 어떻게 되겠습니까? 안타깝습니다! 성도들의 장례가 성도들의 거듭남보다 더 많으면 우리는 쇠락의 길을 걷는 것입니다. 거룩한 이름들이 속속 우리를 떠납니다만, 하나님께로 거듭나는 이들은 대체 어디 있습니까? 선한 이들이 가고, 남은 자들이 계속해서 악하다면 — 아니 더욱 악화일로를 걷는다면 — 하나님께서 땅을 갈아엎으시고 심판을 준비하고 계신다는 두려움을 가질 만한 것입니다.

생각할 점 3. 이 땅에 아직 남아 있는 하나님의 백성들 중에 나타나는 불행한 분쟁과 분열의 모습을 생각해 보십시오. 주께서 이를 아십니다만, 이 역시 아주 안타까운 징조입니다. 분쟁은 항상 나쁜 전조입니다. 성경에 기록되어 있는 대로, 하나님께서 유대인들의 교회에서 떠나가신 놀라운 일들이 그들이 여러 갈래로 갈라지고 쪼개진 상태에서 일어났습니다. 아시아의 교회들도 이에 못지않습니다. 그리스도께서 그의 복음의 빛을 세우신 것은 그 빛으로 말미암아 행하고 일하게 하심이지, 서로 싸우고 분쟁하게 하심이 아닙니다. 그러므로 그가 그 빛을 꺼뜨리시고 분쟁을 종식시키시는 것이 전혀 이상한 일이 아닙니다. 최근 우리들에게 불어 닥쳤고 아직도 가시지 않은 그 광풍들로 인하여 그리스도인들이 과거에 제자들이 그랬던 것처럼(막 6:48) 한 방향으로 힘겹게 노를 저어가게 되었다면, 이는 귀한 일이었을 것입니다. 그랬다면 그리스도께서 자비로이 우리를 향하여 걸어오셔서 우리를 안전한 뭍으로 인도해 주시기를 기대할 수도 있었을 것입니다. 그러나 바람이 거세게 불어오는 동안 우리가 노를 던져 버리고 배 안에서 서로 난투를 벌이게 되면, 그리스도께서 우리에게 오시기는커녕 오히려 그가 우리에게서 멀리 떠나가실 가능성이 더 많고, 그렇게 되면 배와 또한 우리 자신을 구하기는커녕 오히려 배와 우리를 가라앉혀 버릴 가능성이 더 많을 것입니다.

[불신자들에게, 또한 신자들에게 주는 권면의 말씀]

셋째 적용. 복음의 조건들을 아직 받아들이지 않은 분들과, 또한 이미 받아들인 분들에게 곧 불신자들과 신자들에게 주는 권면의 말씀.

1. 불신자들에게. 복음의 메시지를 친절하게 믿음으로 받아 마음에 간직하십시오. 그렇게 한다면, 그것이야말로 하늘로부터 복음이 가져다주는 기쁜 소식들에 대해 여러분이 하늘로 다시 보내드릴 수 있는 최고의 감사의 보답이 될 것입니다. 복음 안에서 전파되는 그리스도를 여러분이 받아들인다는 것은 그리스도와 또한 그로 말미암는 구원의 소식이 여러분에게 반가운 소식인 것 이상으로 하늘에도 반가운 소식이 될 것입니다. 한 죄인이 회심할 때에 하늘에도 기쁨이 있습니다(눅 15:7). 하늘에 그 기쁨이 울려 퍼질 것입니다. 그리스도께서 세상에 오실 때에 찬송했던 천사들이 여러분이 마음으로 그를 영접할 때에도 기쁨으로 찬송할 것입니다. 그리스도께서 바로 이를 위해 세상에 오신 것이니 말입니다. 그리스도께서는 이 세상에 오실 때에 내려오셨습니다만, 이제는 올라가십니다. 이 세상에 오신 것은 그의 낮아지심(humiliation)이요, 다시 가시는 것은 그의 높아지심(exaltation)입니다. 하나님께서 앉으실 수 있는 가장 높은 창조된 보좌는 바로 신자의 영혼입니다.

그러므로 한 영혼이 그리스도께로 돌아와 그를 영접할 때에 그가 그의 모든 벗들을 불러 함께 기뻐하시는 것이 전혀 이상한 일이 아닙니다(눅 15:9). 한 영혼이 그리스도께로 돌아올 때에 과연 천국의 기쁨이 어느 정도인지는 그리스도께서 이 땅에 계시는 동안 같은 일이 있을 때에 그가 보이신 기쁨에서 알 수 있을 것입니다. 그리스도는 "슬픔의 사람"(a man of sorrow. 사 53:3. 한글개역개정판은 "간고를 많이 겪었으며"로 번역함 — 역주)이셨고 사실 그렇게 되시고자 세상에 오셨습니다만, 한 영혼이 돌아오는 일은 그런 그리스도께 미소를 머금고 심령에 기쁨이 가득하게 될 만큼 큰 기쁨의 소식이었던 것입니다. 복음을 전하러 각처로 나갔던 제자들이 돌아와 그들의 노고가 어느 정도 성공을 거두었다는 소식을 전하자, "그 때에 예수께서 성령으로 기뻐하시며 이르시되 천지의 주재이신 아버지여 … 감사하나이다"라고 하셨습니다(눅 10:21). 그의 생애의 모든 시간 중에, 그 시간이야말로 그리스도께서 자신의 기쁨을 표현하신 시간이었습니다. 성령께서는 그리스도의 생애의 역사 속에 세심하게 이 본문을 기록하게 하사 그리스도께서 그 때 자신의 기쁨을 표현하실 때에 거기에 특별한 목적이 있음을 보여주신 것입니다. 그 목적이 무엇이겠습니까? 영혼을 구원하는 이 일에 그가 얼마나 마음을 쓰시는가 하는 것을 우리에게 알려 주고자 하심이 아니겠습니까? 또한 이제 그가 하늘로 가셨으니, 우리가 그에게 기쁜 소식을 전하려면, 복음이 우리 마음에서 거두는 그 풍성한 승리의 성공의 소식을 올려드려야 할 것이라는 것을 알려 주고자 하심이 아니겠습니까? 이 땅에서 온갖 슬픔 중에도 그 소식이 그를 기쁘게 해드렸으니, 그 소식이 이제 모든 고난의 쓰라림을 뒤로 하고 하늘 위에 계시는 그에게 더욱더 큰 기쁨이 될 것입니다. 그리고, 복음을 친절히 받아들이는 일이 그리스도께 그토록 기쁜 소식이라면, 복음을 거부하는 것이 그에게 얼마나 불쾌한 일일지를 쉽게 생각할 수 있을 것입니다. 복음이 승리를 거두는 소식이 그의 심령에 기쁨이 되는 것처럼, 불신앙적인 세상에게서 복음이 거부당할 때에 그는 진노하지 않으실 수가 없는 것입니다. 누가복음 14:21에서 우리는 "집 주인"(곧, 그리스도)이 종들을 보내어 손님들을 초청하였으나(곧, 복음을 전하였으나) 초청 받은 자들이 그것을 거부하였다는 이야기를 듣고서, 그가 진노하여, "전에 청하였던 그 사람들은 하나도 내 잔치를 맛보지 못하리라"라고 선언하는 것을 보게 됩니다(24절). 초청받은 자들이 각기 나름대로 핑계를 댔으나 그리스도께서는 그들이 거부하는 것으로 해석하시고 진노하신 것입니다. 하나님께서는 그가 베푸시는 은혜를 멸시하는 것을 조금도 견디실 수가 없습니다. 유대인들이 그들의 우상 숭배와 기타 여러 죄들로 인하여 온갖 심각한 재난을 당했으나, 그들에게 오신 그리스도를 거부한 것으로 인하여 받은 재난만큼 엄청난 재난은 받아본 적이 없었습니다. 다른 재난들을 당하고서는 그들이 다소 누그러지기도 했으나, 이 재난을 당하고는 그들이 더욱 완악해졌던 것입니다. 저녁 식사가 식탁 위에 베풀어져 있을 때에 그들이 오려 하지 않았고, 그러므로 이제 식탁이 치워졌으니 그들은 저녁 식사를 하지 못한 채 잠자리에 들고 그들의 죄 가운데서 죽을 수밖에 없는 것입니다. 그리스도를 향하여 마음의 문을 닫아두는 동안, 법적인 완악함이라는 자물쇠가 그 문에 채워지는 것입니다. 그리스도께서는 그를 거부하는 영혼에게 달리 복수하실 필요가 없습니다. 그가 바라는 그대로 되도록 그를 정죄하는 것이 그에게 가장 비참한 복수가 될 것이기 때문입니다. 여러분이 그리스도를 원하지 않으니, 여러분이 그리스도를 얻지 못하게 될 것입니다. 그리스도가 베풀어지는데도 불구하고 그가 없이 멸망에 빠지다니, 오오 여러분이 얼마나 불행한 영혼인지 모릅니다. 여러분의 짐을 가득 지고 정죄를 받을 것입니다. 그리스도에 걸려 넘어지는 자들만큼 지옥에서 깊이 가라앉는 자가 없을 것입니다. 지금은 복음이 좋은 소식을 여러분에게 전해 주지만, 그 큰 날 그 설교를 다시 듣게 될 때에는 그 복음이 지금까지 들어보지 못한 가장 괴로운 소식을 전해줄 것입니다.

2. 신자들에게. 복음의 메시지를 받아들인 여러분, 그 소식에 기뻐하십시오. 기쁜 소식과 슬픈 마음은 서로 전혀 어울리지 않습니다. 사람이 침울하고 울적해 있을 때에 우리는 그 사람에게, 무슨 나쁜 소식을 들었느냐고 묻습니다. 그리스도인 여러분, 그리스도께서 하늘로부터 여러분에게 무슨 나쁜 소식을 전해 주셨기에 여러분이 그렇게 축 처져서 구슬픈 얼굴을 하고 있는 것입니까? 성경은, "내가 그 제사장들에게 구원을 옷 입히리니 그 성도들은 즐거이 외치리로다"라고 말씀합니다(시 132:16). 악인이 즐거워하고 흥에 겨워 있는 것이나, 그리스도인이 슬퍼하고 침울해하는 것이나 모두 어울리지 않습니다. 솔로몬은, "잔치는 희락을 위하여 베푸는 것"이라고 말씀합니다(전 10:19). 하나님께서는 복음의 잔치에서 그의 백성들이 즐거워하기를 원하십니다. 애곡하는 자들은 하나님의 잔치 석상에 앉아서는 안 되었습니다(신 26:14). 사실 성도들이 침울해 있는 것은 하나님 자신에 대해 무언가 불만이 있는 것을 드러내 줍니다. 세상이 무어라고 합니까? 그리스도인의 삶은 그저 우울할 뿐이라고 합니다. 육신적인 죄인들은, 그리스도인의 삶은 마시고

취할 기쁨의 포도주가 거의 없는 무미건조한 잔치와도 같다고 생각합니다. 그런데 그리스도인 여러분, 그런데 여러분이 그들의 생각이 옳다는 것을 확인시켜 주시겠습니까? 아니면, 여러분 스스로 그리스도의 잔치에 참석하러 오는 모든 이들에게 평강과 기쁨이 있다는 그리스도와 그의 말씀의 약속을 확증해 보여주는 확실한 실례가 되시겠습니까? 여러분이 마땅히 여러분의 삶 속에서 "생명의 말씀을 밝혀"야 하는데(빌 2:16) — 여러분이 삶을 통해서 말씀을 해명하고 확증하여 그 참됨과 사실성을 다른 이들에게 분명히 드러내어야 하는데 — 오히려 여러분의 삶이 기쁜 소식을 말씀해 주는 성경 말씀과 완전히 어긋나서 믿지 않는 세상 사람들이 전보다 더 성경의 진리에 대해 의심하고 문제를 제기하게 되는 일이 있어서는 절대로 안 됩니다. 교회의 증언을 통하지 않고서는 성경이 하나님의 말씀이라는 것을 알 수가 없다는 교황주의자들의 가르침은 이런 점에서 오류요, 그것도 아주 심각한 오류입니다. 하지만 성도들의 삶에서 나오는 실천적인 증언이 사람들의 양심에 큰 권위를 행사하여 그들에게 복음이 진리라는 것을 납득시켜 준다는 것은 오류가 아닙니다. 세상 사람들이 여러분의 즐거운 삶을 보면 복음이 과연 좋은 소식을 가져다준다는 것을 믿을 것입니다. 그러나 그리스도인들이 구원의 잔을 손에 들고서도 침울해 있는 것을 보면, 그 잔 속에 들어 있는 포도주가 설교자들이 늘 주장하는 것처럼 그렇게 좋지는 않은 것이 아닌가 하여 의심하게 될 것입니다. 장사하러 인도로 떠난 이들이 갈 때보다 더 가난하게 되어 돌아오는 것을 모든 사람들이 보게 되면, 거기에 황금 산들이 있다고 아무리 이야기해도 사람들을 설득하여 그곳으로 가게 만들기가 매우 어려울 것입니다. 오오 그리스도인 여러분, 복음을 접한 이후 여러분이 결코 즐거움을 잃어버리지 않았다는 것을 세상에게 보여주시기 바랍니다. 여러분의 불편한 삶의 모습을 통해서, 세상 사람들로 하여금 만일 그리스도인이 되면 모든 즐거움과 작별하고 여생을 애곡(哀哭)하는 집에서 보내야 할 것이라고 생각하게끔 원인을 제공하는 일이 있어서는 안 될 것입니다.

복음이 과연 기쁜 소식을 주는 메시지입니까? 그리스도인 여러분, 그렇다면 세상의 육신적인 기쁨을 취하러 세상으로 달려가는 부끄러운 일일랑 삼가십시오. 즐거움을 얻기 위해서라면 구태여 하나님의 집 바깥으로 나갈 필요가 없습니다. 복음의 좋은 소식 안에 충분한 기쁨이 있습니다. 여러분이 이 땅에서 아무리 수준 높은 삶을 산다 해도 그 속에서 누릴 수 있는 것보다 더한 기쁨이 복음 안에 있는 것입니다. 아브라함은 소돔 왕이 자신을 부유하게 해 주었다는 말을 하지 못하게 하기 위해서, 그에게서 "실 한 오라기나 들메끈 한 가닥"도 취하지 않았습니다(창 14:23). 그리스도인은 스스로 세상의 즐거움과 쾌락에 대해 자신을 부인해야 합니다. 그들로 하여금, "이 그리스도인들은 우리의 우물에서 기쁨을 퍼내고 있다"고 말하게 해서는 안 될 것이니 말입니다. 하나님의 성령께서는 성도들에게서 기쁨이 흐르도록 그 기쁨의 수로를 이미 파놓으셨습니다. "즐거워하는 자가 있느냐 그는 찬송할지니라"(약 5:13). 병들었을 때에 기도해야 하는 것처럼(14절), 즐거움의 주제도 영적인 것이어야 합니다. 군왕의 오락은 불량배의 오락 같아서는 안 됩니다. 이와 마찬가지로 그리스도인의 즐거움도 육신적인 사람의 즐거움과 같은 모습이어서는 안 됩니다. 그리스도인들에게 그들의 기쁨의 등불을 복음의 파이프에서 방울져 떨어지는 영적인 연료와 거룩한 기름으로 밝히라고 촉구할 필요가 언제나 있습니다만, 지금처럼 형식적인 신자들이 겉으로 드러나는 용감한 모습이나 놀이나 패션이나 소일거리들을 통해서 세상과 짝하며 육체를 즐겁게 하며 육신적인 자유를 누리면서, 이 구원의 우물에서 길어 올리는 신령한 즐거움으로는 자기들이 도무지 만족을 얻지 못한다는 것을 확실하게 보여주고 있는 — 그렇지 않다면 오로지 그리스도의 잔을 한 번도 마셔보지 못한 자들만이 갈구하는 이 흙탕물을 그들이 그렇게 즐겨 마셔대지는 않을 것입니다 — 이런 때에는 더욱더 그럴 필요가 있습니다. 오오 그리스도인이라 칭하는 자들이 이 복음의 기쁨의 순전한 포도주는 버리고 저 음녀, 곧 세상이 황금 잔에다 담아주는 저 불순한 것들을 갈구하는 이유가 대체 무엇입니까? 마치 귀한 포도주가 잔 속에서 그렇듯이 한때는 복음 설교 중에서 기쁨이 솟아오르고 마음속에 강력한 위로를 주고 힘을 주었던 적이 있었으나, 지금은 그 복된 메시지가 케케묵고 낡아 버렸고 또한 거기서 얻는 기쁨 역시도 쇠퇴해 버렸기 때문입니까? 아니면, 시대시대마다 수많은 성도들의 마음과 삶을 관통해 온 그 신령한 기쁨의 순전한 물줄기가, 세상이 주는 감각적인 쾌락의 더러운 물과 뒤섞여 마침내 그 신적인 본질도 그 감미로움도 잃어버린 채로 있을 수도 있단 말입니까? 오오 아닙니다! 복음은 그 옛날이나 지금이나 똑같습니다. 복음이 주는 기쁨도 언제나 그랬던 것처럼 똑같이 감미롭고 상큼하며 신령하고 순전하며, 또한 하나님과 그리스도께서 동일하신 한 언제나 그럴 것입니다. 처음에도 그 기쁨은 하나님과 그리스도의 사랑의 가슴에서 흘러나왔고, 지금도 여전히 그렇습니다. 그러나 지금 복음을 입으로 고백하는 사람들은 그 옛날의 거룩한 남녀들과 같지 않습니다. 세상이 낡아지며, 복음에 대한 사람들의 애착도 식어지고 냉랭해집니다. 복음 속에서 제시되는 그 천국의 요리의 참 맛을 음미하기에는 우리의 미각이 활기도 없고, 우리의 심령도 순결하거나 순전하지 못합니다. 격려와 갈채는 언제나 똑같이 좋은데, 손님들이 더 나빠져 있는 것입니다. 우리의 판단들이 타락해져 있고, 우리의 원리들이 부패해 있으니, 우리가 육신적인 것들에게서 기쁨을 느끼게 된 것도 무리가 아닙니다. 오류는 음녀와 같아서 우리 마음을 그리스도와 그의 신령한 기쁨들에게서 빼앗아갑니다. 일단 머리에 이상이 오면 그것이 곧바로 마음에 영향을 미치며, 또한 그 악한 원리들을 그 위에 떨어뜨리고 육신적 애착의 독을 심어 놓습니다. 육신적인 애착은 막돼먹은 육신적인 기쁨 이외에는 다른 어떤 것과도 어우러지지 못하는 법입니다. 바로 여기에 오늘날 우리 시대의 비극의 뿌리가 있습니다. 마귀가 우리 가운데서 아주 교묘하게 게임을 벌여온 것이 아닙니까? 그는 자기 수족들 — 이들은 광명의 천사들의 모습으로 얼마든지 가장합니다만 — 을 통하여 우선 수많은 어수룩한 심령들을 꾀어 은혜 안에서 더 높은 것을 성취하고 가짜 새로운 빛으로부터 더 큰 위로를 얻으리라는 간절한 기대를 갖게 만들고는 — 지금껏 그 어떤 성도도 그런 것을 성취하거나 그런 위로를 얻은 적이 없었는데 말입니다 — 그 다음에 그들을 완전히 나락에 떨어뜨려 지극히 비이성적이 되게 만들어서, 그리스도께서 성도들에게 약속하신 그 모든 영광스러운 것들을 버린 대가로, 이 세상이 줄 수 있는 그런 감각적인 쾌락과 즐거움들을 받아들이게 만든 것입니다. 자, 여러분, 그러니 하나님의 백성들이 복음을 더 사랑하고, 살아가는 동안 더욱더 복음을 굳게 붙들게 되었으면 하는 바람입니다.

　오오 그리스도인 여러분, 복음의 기쁜 소식을 인하여 하나님을 찬송하십시오. 그리고 진리와 결별하고 거짓말을 값 주고 살 생각이 아니라면 다른 소식을 전하는 자들의 말에 절대로 귀를 기울이지 마십시오. 그렇습니다. 여러분의 모든 위로와 기쁨을 복음의 가슴으로부터 퍼내시기를 바랍니다. 육신적인 사람은 즐거움을 얻고자 할 때에 성경을 펴서 읽지 않습니다. 약속들의 무리 속으로 들어가 그것들을 묵상하며 행하지 않습니다. 그리스도나 천국을 생각하는 것이 그에게는 전혀 기쁨을 주지 않습니다. 아닙니다. 그런 사람은 놀이 책을 가져다 읽고, 무언가 가볍게 흥을 돋구어 주는 사람들을 찾고, 시장으로 가서 거기서 만나는 갖가지 소식들을 듣습니다. 발길이 닿는 대로 누구나 만납니다. 하지만 여전히 그는 세상에서 기쁨을 기대하고 구하는 것입니다. 그리스도인 여러분, 여러분의 길은 어디에 있습니까? 여러분의 영혼이 기쁨을 얻기 위해 여러분을 어디로 데려갑니까? 말씀에게로 가서, 그리스도께서 이 땅에서 여러분을 위해 행하신 일과 또한 하늘에서 행하고 계시는 일을 읽지 않습니까? 여러분의 모든 기업이 천국에 있고 여러분의 가장 친한 벗들이 거기에 있으니 그 머나먼 나라 천국으로부터 좋은 소식을 얻기 위해 은혜의 보좌로 달려가지 않습니까? 그가 여러분의 영혼을 향하여 평안의 약속을 말씀하시는 것을 듣지 않습니까? 만일 그렇다면, 여러분의 이름이 헛되지 않습니다. 여러분은 과연 그리스도인입니다.

에라스무스(Erasmus)는 이렇게 말했습니다: "책을 정말 사랑하는 진정한 학도는 공부에 시달려 심령이 지쳐 있을 때에도 심각하고 어려운 주제를 잠시 제쳐두고 부드럽고 유쾌한 주제를 공부함으로써 마음을 새롭게 일으킬 수가 있다." 이와 마찬가지로 참된 그리스도인도 금식과 기도를 통해 자기 죄를 자복하며 심신이 괴로움을 겪는 등 좀 심한 신앙적인 활동으로 지칠 때에도, 그리스도 안에 있는 하나님의 사랑의 잔치에 참석하여 자신을 회복시킬 수 있습니다. 거기서 자신의 물이 포도주로 변하는 것을 보며, 자신의 얼굴을 가득 덮고 있는 죄로 인하여 흘러나오는 눈물이 모두 그리스도의 피로 씻기는 것을 보기 때문입니다. 하나님의 공의와 또한 죄에 대한 그의 경고와 심판의 엄중함을 생각하므로 영혼에 두려움과 떨림이 가득할 때에도, 복음의 감미로운 약속들을 묵상함으로써 새로운 회복을 누리게 되며, 그리하여 동일한 말씀 속에서 자신의 상처와 만나기도 하고 또한 치료를 얻기도 하며, 슬픔을 얻기도 하고 또한 기쁨을 얻기도 하는 것입니다.

제 2 부

평안이란 여기서 무엇을 뜻하는가

∨

두 번째 살펴볼 문제는, 여기서 복음에서 연유하는 것으로 말씀하는 평안이란 과연 무엇을 뜻하는가 하는 것입니다. 평안이란 매우 포괄적인 단어입니다. 선지자는 "우리가 평강을 바라나 좋은 것이 없다고" 말씀합니다(렘 8:15). 평안은 모든 좋은 것을 가져오고 또한 그것을 가져갑니다. 마치 태양이 세상에 빛을 가져다주고 또한 가져가듯이 말입니다. 그리스도께서는 그가 제자들의 안위를 얼마나 위하시는 지를 지극히 확실하게 표현하고자 하실 때에, 그의 크신 마음이 그들에게 주고자 하시는 모든 행복을 이 평안의 복에 싸서 주십니다: "평안을 너희에게 끼치노니 곧 나의 평안을 너희에게 주노라"(요 14:27). 자, 평안을 가장 넓은 범위로 바라볼 때에, 그것이 이 복음의 뿌리에서 자라나는 것을 볼 수 있습니다. 그러므로 우리는 결론을 아주 포괄적으로 지을 수 있을 것입니다.

가르침. 참된 평안은 복음이 주는 복이요, 오직 복음만이 주는 복입니다. 이 점은 여러 종류의 평안에서 드러날 것입니다. 평안에는 네 가지 종류가 있습니다. 첫째는 하나님과의 평안인데, 이를 **화목의 평안**(peace of reconciliation)이라 부를 수 있을 것입니다. 둘째는 우리 자신과의 평안, 혹은 양심의 평안입니다. 셋째는 이웃과의 평안, 혹은 **사랑과 하나됨**의 평안입니다. 넷째는 다른 피조물들 — 심지어 지극히 해로운 피조물들도 포함하여 — 과의 평안인데, 이는 **보호와 섬김의 평안**(peace of indemnity and service)이라 부를 수 있을 것입니다. 나머지 세 가지 평안이 모두 하나님과의 화목의 평안에서 시작되는데, 바로 이 평안에서부터 논의를 시작하기로 합시다. 사람이 타락하여 하나님과 멀어졌을 때, 그는 자기 자신과도 멀어진 것이요, 그 밖의 모든 세상과도 멀어진 것입니다. 그러므로 하나님과의 평안을 얻기 전에는 결코 그것들과도 평안에 이를 수가 없습니다. 평온하신 하나님이 만물을 평온하게 하시는 것입니다.

평안의 첫째 종류

[하나님과의 평안 — 복음이 주는 복]

하나님과의 평안을 우리는 화목의 평안이라 부를 수 있습니다. 그리고 화목의 평안은 복음이 주는 복입니다. 여기서 이 사실을 입증하기 위해서 세 가지를 제시하고자 합니다. 첫째, 하나님과 사람의 아들들 사이에 절박한 분쟁이 있다는 사실을 보여드릴 것입니다. 둘째, 복음이, 오직 복음만이, 하나님과 사람 사이에 평안이 있게 해 주며, 따라서 이를 복음의 평안이라 부를 수 있다는 것을 보여드릴 것입니다. 셋째, 하나님께서 왜 화목을 이런 방식으로 세상에 전하시는지 그 이유를 보여드릴 것입니다.

[하나님과의 평안의 필요성]

첫째. 하나님과 사람의 아들들 사이에 절박한 분쟁이 있다는 것을 보여드리겠습니다. 한 나라가 다른 나라를 향하여 노골적으로 적대 행위를 하게 되면, 그 두 나라 사이에 전쟁이 시작됩니다. 그런데 하나님과 사람 사이에 그런 적대 행위가 있습니다. 양쪽에서 총알들이 왔다갔다 날아다닙니다. 사람은 하나님을 향하여 총알을 — 온갖 죄와 불경들을 — 날립니다만, 그의 뜻과는 달리 그에게까지 총알이 날아가지 못합니다. 그러므로 아무리 훌륭한 성도들이라도, 회심의 은혜가 그들을 사로잡기 전에 그들 자신의 모습이 어떠했는지를 시인합니다. "우리도 전에는 어리석은 자요 순종하지 아니한 자요 속은 자요 여러 가지 정욕과 행락에 종노릇한 자요 악독과 투기를 일삼은 자요 가증스러운 자요 피차 미워한 자였도다"(딛 3:3). 여기서 "여러 가지 정욕과 행락에 종노릇한 자"라는 말을 주목하여 보십시오. 그들은 죄에게 고용되어 기꺼이 하나님을 대적하여 싸우고자 하였습니다. 회심하지 않은 사람의 영혼의 기능이나 육체의 지체 중에 하나님을 대적하여 무장하지 않은 것이 없습니다. 사도는, "육신의 생각은 하나님과 원수가 되나니"라고 말씀합니다(롬 8:7). 마음(mind)에 전쟁이 있으면, 단언하건대 영혼의 지체들 속에 평안이 있을 수가 없습니다. 그 지체들은 마음보다 하위의 기능들로서 마음의 통제를 받는 것들이기 때문입니다. 사실 우리는 본성적으로 우리의 가장 상위의 부분이 가장 악합니다. 하나님을 향한 적대심이 주로 영혼의 상위의 기능들 속에 자리하고 있는 것입니다. 군대에서도 일반 병졸들은 이쪽의 것이든 저쪽의 것이든 별로 상관하지 않고 전쟁에서 얻는 전리품이라면 무조건 취합니다만, 높은 지휘관들은, 특히 임금이나 장군들은, 그들을 적대하는 자들을 향하여 충만한 적의를 갖고서 싸움터로 향합니다. 이와 마찬가지로 하위의 기능들은 죄가 제공하는 전리품에 대한 감각적인 욕구를 채워 주기만을 구하지만, 마음에 속한 상위의 기능들은 하나님을 더욱 노골적으로 대적하며 또한 그의 주권을 반대합니다. 그렇습니다. 하나님 자신의 생명까지도 효과적으로 제거하고자 하는 계략을 꾸밀 수 있다면, 육신적인 마음속에 그를 향한 적의가 실행에 옮겨질 만큼 충분한 것입니다.

사람이 하나님을 대적하여 반기를 들듯이, 하나님께서도 사람을 대적하십니다. "하나님은 의로우신 재판장이심이여 매일 분노하시는 하나님이시로다 … 그가 … 그의 활을 이미 당기어 예비하셨도다. 죽일 도구를 또한 예비하심이여"(시 7:11-13). 배도한 아담의 모든 아들들과 딸들에 맞서서 하나님께서 기치를 높이 드셨습니다. 그들이 하나님의 보좌와 그의 위엄을 거역한 반역자들임을 그가 친히 선언하시며, 그들에게 보응하시고자 이를테면 불과 검으로 싸움터에 나서신 것입니다. 그렇습니다. 그는 불처럼 지펴진 그의 진노를 세상에 충족하게 증언하십니다. 날마다 하늘로부터 심판이 임하여 죄인들과 또한 그 중에 "한 뼘 되는" 많은 어린아이들 — 이들이 자범죄를 범하여 그들의 본성을 드러내 보이게 되기 전에 — 이 하나님의 의로우신 발에 밟혀 부서지고 죽임을 당하는 일들에서 그의 진노가 나타나는 것입니다. 죄가 발을 들여놓는 문마다 하나님의 진노가 임합니다. 영혼의 각 기능과 몸의 지체들이 모두 하나님을 대적하여 불의의 병기로 사용됩니다. 그러므로 그 각각이, 심지어 혀의 끄트머리까지도, 자기에게 해당되는 하나님의 진노의 몫을 지니고 있습니다. 사람이 전면적으로 죄악되므로, 저주도 안팎으로 전면적으로 임합니다. 영혼과 육체 모두에 저주와 화(禍)가 충만히 기록되어 있어서, 하나님께서 기록하신 것 외에 또 다른 저주를 덧붙일 여백이 전혀 남아 있지 않은 것입니다.

한 마디로 말해서, 죄악된 사람을 향한 여호와의 진노가 너무도 맹렬하여, 사람은 물론 그와 함께 있는 모든 피조물들이 그 진노의 참화를 함께 당합니다. 하나님께서 사람을 겨냥하시고 주로 사람의 마음을 목표로 활을 들어올리시지만, 화살들이 날아가면서 피조물들에게도 영향을 미치는 것입니다. 사람으로 인하여 창조

세계 전체가 하나님의 저주를 당합니다. 그리고 하나님께서는 그리하여 사람이 복된 상태에 있을 때에 본래 그를 섬기도록 지정되었던 그 피조물들의 손으로부터 사람이 비참한 것을 얻게 하십니다. 그렇습니다. 창조세계로 하여금 그의 진노의 잔을 채우는데 기여하게 하시는 것입니다. 분노한 군대가 원수의 땅에 속한 모든 것들을 망가뜨리고 황폐화시키듯이 — 그들은 모든 재물들을 파괴시키고, 물에다 독을 집어넣고, 집들을 불태우며, 닥치는 대로 모든 것에 대해 그 맹렬한 분노를 터뜨립니다 — 하나님께서도 과연 그처럼 모든 피조물에게 재앙을 내리사 사람을 망가뜨리시니, 어느 누구도 그의 손을 피해갈 수 없습니다. 우리가 먹는 빵에도, 우리가 마시는 물에도, 우리가 숨 쉬는 공기에도 모두 하나님의 진노의 독이 서려 있으니, 아무리 오래 사는 사람도 결국은 그 독으로 죽게 되어 있습니다. 그러나, 이런 모든 것들도 지옥과는 도무지 상대가 되지 않습니다. 마치 버림받은 쓸모없는 파리 같은 몇 사람을 온 군대 전체와 비교하는 것 같을 것입니다. 이 땅의 죄인들에게 임하는 심판과 저주는 그저 작은 전초전에 불과합니다. 그저 그들로 하여금 강력한 원수가 살아 있다는 것을 알게 하고, 자기들의 행동을 잘 지키고, 죄가 그들에게 주는 경계를 제대로 받게 하기 위하여 그저 약간의 심판을 보내신 것에 불과합니다. 그러나 지옥에서는 하나님께서 그의 능력 전체를 쏟아 부으십니다. 거기서는 죄인들이 "주의 얼굴과 그의 힘의 영광을 떠나 영원한 멸망의 형벌을 받을" 것입니다(살후 1:9). 자, 하나님과 사람 사이에 분쟁이 있다는 첫째 사실에 대해서는 이제 이 정도로 마치고, 둘째 사실로 넘어갑시다.

[복음이 그 필요한 평안을 누리게 해줌]

둘째. 복음이, 오로지 복음만이 이 분쟁을 종식시키고 하나님과 사람 사이에 평안이 있게 해 준다는 것을 보여드리고자 합니다. 그러므로 이를 "복음의 평안"이라 부를 수 있습니다. 이 사실은 다음 두 가지 구체적인 사실에서 나타납니다. 첫째, 하나님께서 사람의 자녀들에게 은혜로이 베풀어 주시는 평안의 요건들을 복음이, 오직 복음만이, 제시해 준다는 것입니다. 둘째, 사람에게 선포되고 전해지는 복음이야말로, 그렇게 베풀어지는 이 평안을 얻게 하시기 위해 하나님께서 쓰시는 위대한 도구라는 것입니다.

1. 하나님께서 배역한 사람들에게 은혜로이 베풀어 주시는 평안의 요건들을 복음이 제시해 준다는 것입니다. 하나님께서 가련한 죄인들을 자기와 화목시키는 일을 위

해 영원 전부터 생각하신 방법 전체가 복음에 담겨 있습니다. 복음이란 기록된 하나님의 마음이 아니고 무엇이겠습니까? 복음의 고귀한 약속들이 있습니다만, 그것들이 천국의 두루마리가 인간의 언어로 번역된 것이 아니고 무엇이겠습니까? 잃어버린 사람을 예수 그리스도로 말미암아 회복시키기 위하여 성부와 성자와 성령께서 의도하신 모든 사랑과 자비의 계획과 뜻들이 그 복음의 약속들에서 우리의 믿음의 눈 앞에 드러나 있습니다. 그리스도는 천국의 전권대사로서 이 땅에 보내심을 받으신 분으로서 하나님 편에서 하나님과 사람 사이에 있기를 바라신 그 평안을 능히 있게 하실 수 있는 충만한 능력을 지니셨습니다. 그는 비단 그의 선포를 통해서 그 평안을 이루실 뿐 아니라 그의 죽으심으로 값을 치르고 평안을 확보하시며, 또한 거짓 없는 믿음으로 그를 유일하신 주와 구주로 영접하는 모든 이들에게 — 하나님께서 그를 보내시며 함께 주신 신임장(信任狀)을 그가 행하시는 이적들 속에서, 특히 성경에 그에 대해 제시하는 증언 속에서, 믿는 이들에게 — 그의 성령을 통해서 그 평안을 인치시고 확증하십니다(갈 3:23). 이것은 다른 곳에서는 결코 배울 수 없는 사실입니다. 아리스토텔레스(Aristotle)와 키케로 등 세상의 철학자들의 기록에는 이런 일에 대해 깊은 침묵만이 있을 뿐입니다. 가련한 죄인이 어떻게 하면 하나님과 평안하게 될지에 대해서 그들은 아무 말도 할 수가 없습니다. 또한 하나님과 아담의 언약으로부터도 이에 대해서는 아무것도 얻을 수가 없습니다. 아담과의 언약은 죄인을 절망의 캄캄한 지하 감옥에 가두어 놓고 공의로우신 하나님의 진노가 그에게 행할 일 이외에는 아무것도 기대하지 못하게 합니다. 그리하여 죄 지은 인간은 진노의 홍수로 사방으로 에워쌈을 당하여 있어서 소망도 도움도 없습니다. 그런데 복음이 마치 비둘기처럼 평화의 감람나무 가지를 가져와서 그 죄인에게 이야기해 줍니다. 이제 물이 빠져나갔고, 죄로 말미암아 사람에게 퍼부어졌던 진노의 홍수가 이제 다른 곳으로 흘러갔으니 곧 그리스도께로 흘러갔다는 것을, 그가 "우리를 위해 저주가 되셨고" 하나님께로 나아가는 우리의 길에 놓인 작은 개울물 정도만 마신 것이 아니라 모든 물을 완전히 다 마셔서 전에 바다였던 곳이 이제는 안전하게 지나갈 수 있는 마른 땅이 되었고, "산 길"(히 10:20)이 열렸고, 하나님의 공의가 이제 누그러져서 하나님의 사랑과 자비가 되었으므로 아무런 위험이 없이 그 길을 지나갈 수 있게 되었다는 것을 말씀해 주는 것입니다. "우리가 믿음으로 의롭다 하심을 받았으니 우리 주 예수 그리스도로 말미암아 하나님과 화평을 누리자"(롬 5:1). 우리는 전적으로 복음 덕분으로 이 비밀을 발견하게 됩니다. 사도는, 그리스도께서 "복음으로써 생명과 썩지 아니할 것을 드러내신지라"(딤후 1:10)라고 말씀함으로써 이 사실을 엄숙하게 인정하고 있습니다. 그것이 하나님의 뜻의 자궁 속에 숨겨져 있었는데, 복음이 일어나 우리를 그것을 아는 지식 속으로 들어가게 해준 것입니다. 마치 전부터 있었으나 빛이 없어 볼 수가 없던 것을 태양 빛이 눈에 드러나게 해주는 것처럼 복음이 그 "생명과 썩지 아니할 것"을 드러내었고, 그리하여 그것을 가리켜 그냥 "산 길"이라 하지 않고 "우리를 위하여 … 열어 놓으신 새로운 살 길"이라고 합니다(히 10:20). 그 길은 "새로운" 길입니다. 곧, 사람의 마음이 한 번도 생각조차 해본 일이 없었는데, 복음이 와서 새롭게 그 길을 열어 주었다는 것입니다. 이사야 42:16은, "내가 맹인들을 그들이 알지 못하는 길로 이끌며 그들의 알지 못하는 지름길로 인도하며"라고 말씀합니다.

2. 사람에게 선포되고 전해지는 복음이야말로 이 평안을 얻게 하시기 위해 하나님께서 쓰시는 위대한 도구라는 것입니다. 하나님과 사람 사이에 평안이 확립되기 전에 양자 사이에 합의가 있어야만 합니다. 하나님께서는 용서하시고, 죄인은 하나님의 조건에 따라 평안을 받아들이고 포용해야 합니다. 그런데 어떻게 이 일이 이루어지겠습니까? 사람의 마음이 하나님을 향한 적대감 속에 깊이 뿌리박혀 있으므로, 산을 부수고 바위 덩어리들을 이곳에서 저곳으로 옮길 만한 큰 힘으로 그 마음을 뿌리째 뽑아내야 합니다. 그런데 사람에게 선포되는 복음이 바로 그 일을 이루시기 위해 하나님께서 사용하시는 도구입니다. 사도는 이렇게 말씀합니다: "내가 복음을 부끄러워하지 아니하노니 이 복음은 모든 믿는 자에게 구원을 주시는 하나님의 능력이 됨이라"(롬 1:16). 복음은 성령께서 사람의 마음속에 들어가실 때에 능력으로 타고 들어가시는 마차(馬車)와도 같습니다. 그러므로 복음을 가리켜 "영의 직분"(고후 3:8)이라 부르는 것입니다. 그는 처음 세상을 창조하실 때처럼 말씀으로 마음을 새롭게 만드십니다. 그 백성으로 하여금 마음으로 원하게 하시는 이 날이야말로 하나님의 "권능"의 날입니다(시 110:3). 에, 과연 권능이 아닐 수 없습니다. 본질상 하나님을 대적하는 전쟁의 씨앗이 심겨져 있던 그들이었는데, 그들이 하나님과 기꺼이 친구가 되기를 바라게 만드시니 말입니다. 도무지 들어본 적이 없는 그런 능력이 아닐 수 없습니다! 마치 둥둥 울리는 북소리가 그 소리와 함께 무언가 마력이 있어서, 원수의 편에 있는 자들이 그 소리를 듣고 자기들의 무기를 던져 버리고 지금껏 큰 열기와 격정으로 싸움터에서 대치해온 그들을 향하여

손을 들고 평화를 구하게 만드는 것처럼, 그런 은밀한 능력이 복음과 함께 역사합니다. 죄인이 하나님을 향하여 검을 뽑아 들 때에 바로 그 능력이 그의 손을 내리쳐서 그 검을 떨어뜨리게 할 뿐 아니라 그 마음에서 적개심을 제거하며, 그리하여 아무리 완악한 배역자라도 무릎을 꿇고 복음에 제시되어 있는 평화의 조건들의 혜택을 겸손히 구하게 만드는 것입니다. 그 능력이 죄인들을 유순하고 나긋나긋하게 만들어 복음에서 제시되는 하나님의 부르심을 따르게 하며, 그리하여 복음 설교를 들을 때에 한순간도 하나님과의 관계가 멀어지지 않으려고 갑자기 전에 가졌던 정욕들에 대한 본성적인 애착들을 잊어버리고 하나님을 향하여 가졌던 분노도 던져 버리게 되는 것입니다. 이제 세 번째 사실로 넘어갑시다.

[하나님은 왜 복음을 통하여 평안을 베푸시는가]

셋째. 하나님께서는 왜 이런 길과 이런 방법으로 이 화목의 평안을 사람의 아들들에게 전하십니까? 혹은 좀 더 간단히 말씀하면, 하나님은 어째서 그리스도로 말미암아 불쌍한 죄인들을 자기와 화목하게 하셨을까요? 이것이야말로 복음이 선포하는 평안이니 말입니다. "그의 십자가의 피로 화평을 이루사 만물 곧 땅에 있는 것들이나 하늘에 있는 것들이 그로 말미암아 자기와 화목하게 되기를 기뻐하심이라"(골 1:20). 또한, "전에 악한 행실로 멀리 떠나 마음으로 원수가 되었던 너희를 이제는 그의 육체의 죽음으로 말미암아 화목하게 하사 너희를 거룩하고 흠 없고 책망할 것이 없는 자로 그 앞에 세우고자 하셨으니"(21, 22절).

하지만 이에 대해 답해 보겠습니다. 하나님께서 다른 방법을 찾지 못하셨기 때문이라고 말하는 자들이 있는데, 이는 하나님 앞에서 너무 건방진 태도입니다. 하나님께서 친히 그렇게 말씀해 주셨다면 모를까, 어떻게 그걸 알 수 있겠습니까? 정말이지 어불성설입니다. 도무지 가늠할 수 없는 하나님의 전능하신 지혜의 그 깊은 것을 창조된 우리의 얄팍한 지성으로 감히 파헤치려하다니요! 하나님이 하실수 있고 또 하실 수 없는 것을 우리가 결정하려 하다니요! 하지만 천국의 위엄을 높이 기리기를 망각하지 않는 범위에서 이렇게는 말할 수 있을 것입니다. 곧, 하나님의 지혜로서는 우리의 위대한 화평케 하는 자이신 그리스도로 말미암아 죄인들을 자기와 화목하게 하시는 이 방법보다 더 그 자신의 영화로운 이름을 높이며 또한 그의 불쌍한 피조물들의 행복을 증진시켜 줄 구원의 방법을 제시하실 수가 없었다는 것입니다. 이 방법에는 쌍방에게 있는 난제들을 모두 해결시켜 주는 복된 정서가 있습니다. 또한 그 신비에 싸인 계획에 있어서도 하나님께서 이 바깥세상을 지으실 때에 발휘하신 솜씨를 능가합니다. 물론 그 솜씨도 너무 완전하고 너무 영광스러워서 아무리 작은 미물이라도 그 세상을 만든 이가 하나의 신(神: Deity)이라는 것을 분간할 수 있으며, 또한 그것을 믿지 않는 무신론자의 양심을 부끄럽게 하기에 충분합니다. 하지만, 분명히 말씀드립니다만, 마치 시계가 그것을 담고 있는 케이스보다 훨씬 더 훌륭한 것처럼 화목의 계획이 천지를 창조하신 솜씨를 능가하는 것입니다. 과연 하나님께서는 불쌍한 죄인들을 자기와 화목시키시는 이 방법을 통해서, 천사들과 성도들이 영원토록 그의 지혜와 권능과 사랑의 신비를 흠모할 만한 일을 행하고자 하신 것입니다.

오오 여러분! 그들 모두가 천국에서 함께 만나게 될 때, 거기서 하나님의 경륜 전체가 완전히 그들에게 펼쳐지게 될 때에 — 죄인이 하나님과의 평안을 얻기 위해서 과연 하나님의 전능하신 지혜와 사랑으로 말미암아 얼마마한 바다가 말랐으며 얼마마한 불가능의 바위들이 파헤쳐졌는지를 바라보게 될 때에, 그리고 이런 모든 불가능한 조건에도 불구하고 그 역사가 시행되어 복된 완전에 이르게 된 것을 바라볼 때에 — 오오! 그들은 이 모든 일을 그 자신의 뜻의 영원하신 경륜에 따라 이 모든 일의 기반을 세우신 정말이지 깊이를 알 수 없는 하나님의 지혜의 심연(深淵)을 높이 기리고 흠모하는 데에 온통 삼켜져 버릴 것입니다! 태양이 아무리 우리 죽을 인간의 눈의 힘을 능가한다 해도, 이 영광이 인간의 이해를 뛰어넘는 것보다는 못할 것입니다. 인간으로서는 영원토록 결코 그것을 충만히 이해할 수가 없을 것입니다. 하나님께서는 그의 빼어난 솜씨로 천국을 아름답게 하기 위하여 의도적으로 이 일을 이루신 것입니다. 그리스도께서 하늘로 돌아가실 때에 그는 이 세상의 보물들을 하나도 갖고 가시지 않았습니다. 세상의 금과 은도, 면류관과 왕관도 갖고 가시지 않았습니다. 세상의 사람들은 영혼과 결별하고 방탕하여 그것들을 가지려고 목숨을 거는데 말입니다. 이것들이 대체 무엇입니까? 이 세상의 자랑과 용맹이 천국에 무슨 소용이 있습니까? 마치 거지의 접시와 폐물들이 임금의 식탁에 결코 걸맞지 않듯이, 또한 거지의 꿰맨 누더기 외투가 임금의 옷장에 결코 어울리지 않듯이, 세상이 가장 자랑하는 그것도 천국에는 결코 어울리지 않는 것입니다. 주 그리스도께서는 이보다 훨씬 더 높은 목적을 갖고 이 땅에 오셨습니다. 그가 이루고자 계획하신 일은 바로 하나님과 또한 그를 배반하여 하나님의 정의로운 진노와 복수를 초래한 피조물인 사람 사이에 평안을 이루는 일이었습니다. 이 일은 과연 하나님께서 개입하시기에 너무도 합당한 일이었고, 그리하여 그는 그의 유일하신 아들보다 못한 자는 그 어느 누구도 이 일에 합당하게 여기지 않으셨습니다. 그 아들은 이 땅에 잠시 머무시면서 화목을 이루는 그 일을 복되게 종결지으셨고, 그리하여 그 일이 완결되었다는 기쁜 소식을 지니시고 다시 하늘로 돌아가셨고, 그리하여 아버지를 비롯하여 천국의 모든 영광을 입은 거민들과 하나님의 신복들에게 그의 복귀가 무한한 환영을 받게 된 것입니다. 하지만, 앞에서 제기된 질문에 답하기 위해 좀 더 구체적인 답변을 제시하고자 합니다.

[하나님께서 복음을 통하여 화목을 이루는 방법을 취하시는 구체적인 이유들]

첫째 이유. 하나님께서 그리스도로 말미암아 죄인들을 자기와 화목하게 하시는 이 방법을 취하시는 것은, 죄인들을 향하여 가장 높은 사랑과 자비를 표현하시는 바로 그 역사 가운데서 죄에 대한 그의 완전한 미움을 가장 깊이 증언하시기 위함입니다. 죄를 용서하는 행위만한 사랑과 자비의 행위가 없습니다. 화목된 죄인을 천국에 받아들이는 일은 반역도를 호의와 화목의 상태로 받아들이는 것만큼 큰 비약이 아닙니다. 여기 조건들은 무한히 넓습니다. 전자의 일은 얼마든지 기대할 수 있는 것이지만, 후자는 아무도 구할 수가 없는 것입니다. 죄를 용서하는 것은 순전한 긍휼과 자비입니다. 그러나 용서받은 자를 구원하는 것은 "성실"입니다(미 7:19, 20). 자, 하나님께서는 이 구원의 역사를 베푸실 때에, 그가 죄인에게 보여주시는 그 사랑의 얼굴에 죄에 대한 그의 미움이 씌어져 있는 것을 사람이 보게끔 하시는 것입니다. 우리의 부패한 마음들이 하나님의 거룩하심에 대해 망령된 생각을 전혀 하지 않고 그의 긍휼하심을 생각하기가 얼마나 어려운가를 생각해 보면, 이것이 정말 필요하다는 것을 알 수 있습니다. 하나님께서는 "내가 잠잠하였다"고 말씀하십니다(시 50:21). 그런데 악인은 이것을 근거로 어떤 생각을 합니까? "네가 나를 너와 같은 줄로 생각하였도다"라고 합니다. 이것이 무슨 뜻입니까? 곧, "네가 내가 너만큼 죄를 좋아한다고 생각하였도다"라는 뜻입니다. 하나님의 참으시는 긍휼(God's forbearing mercy)을 보여주는 분명하고도 단순한 본문을 왜곡시키고 억지로 거짓된 해석을 갖다 붙이는 것이 하나님의 목적은 물론 하나님의 거룩한 본성을 그렇게도 거스르는 것이라면, 하물며 그보다 훨씬 더 고귀하고 또한 죄인의 입맛에 무한히 더 달콤한 하나님의 용서하시는 긍휼(God's forgiving mercy)을 그렇게 왜곡시키는 것은 이보다 얼마나 더하겠습니까? 사람들 중에는 이 유쾌한 것만을 오랫동안 바라보고, 그것에서 시선을 떼어 하나님의 다른 속성을 바라보기를 원하지 않는 이들도 있습니다. 그런데 그리스도로 말미암아 죄인들을 자기와 화목시키는 이 방법을 통해서 하나님께서는 죄인들로 하여금 그가 죄를 지독히 미워하는 분이시라는 것을 납득하도록 확실한 논증을 제시하셨습니다. 사실, 성경에 나타나는 죄에 대한 경고와 위협들도 하나님의 마음에 죄가 결코 용납되지 않는다는 것을 말씀해 줍니다. 또한 사람들을 사로잡아서 그들의 가슴속에까지 따라 들어가서 그들의 귀에다 계속해서 소리치며 정죄를 외쳐대는 그들의 죄악된 양심과, 이따금씩 이 세상의 죄인들을 두려움에 사로잡히게 만드는 그 엄청난 심판들과 또한 무엇보다 저 세상에서 죄인들을 위해 뜨겁게 데워지고 있는 저 풀무불이, 하나님의 마음이 죄에 대한 진노로 얼마나 뜨겁게 불타오르고 있는지를 풍성하게 보여주고 있는 것도 사실입니다. 그러나, 하나님께서 그의 아들에게 달려가서서 그의 진노의 독이 가득 묻어 있는 칼을 그의 목에 드리우시고 절대로 그를 살려두지 않으시고자 그의 심장에까지 찌르시고 거기에 꽂으시고 — 그가 쓰라린 고뇌 가운데서 "심한 통곡과 눈물로"(히 5:7) 아버지께 간절히 올리신 간구와 기도들에도 불구하고 — 결국 처절한 탄식과 안타까운 한숨으로 그의 목숨이 그의 몸에게서 떠나게 하시사 그가 사람의 속량금으로 지불하고자 계획하신 그 값을 공의로 완전히 지불하게 하신 것을 볼 때에, 이것은 과연 하나님께서 죄를 향하여 처절한 미움을 갖고 계시다는 것을 더 잘 깨닫고 생각할 수 있는 유리한 기회가 됩니다. 혹 우리가 지옥에서 정죄받은 자들이 당하는 모든 고통들을 즐겁게 바라볼 수 있는 그런 위치에 있을 경우보다도 더 말입니다. 안타깝게도 그들의 등은 하나님의 진노의 무게 전체를 한꺼번에 견딜 만큼 넓지 못합니다. 하나님의 진노는 무한하며, 그들의 등은 유한합니다. 그러므로 그들이 그것을 보응하지 않은 채 그 감옥에 누워 있을 수가 없습니다. 그런데 한 분이 그 모든 죄의 저주를 한꺼번에 자기의 등에 지셨습니다. 사실 그들이 당할 고통들은 그 범위가 무한합니다. 영원하기 때문입니다. 그러나 그분이 당하신 고난은 무한히 강력했습니다. 그들이 영원토록 지불하고도 완전히 다 갚지 못할 그 값을 그분이 단번에 지불하셨습니다. "그가 징계를 받음으로 우리는 평화를 누리게" 되었습니다(사 53:5). "여호와께서 우리 모두의 죄악을 그에게 담당시키신" 것입니다(6절). 혹은 영어 흠정역본 난외주에 있는 대로, "여호와께서는 우리 모두의 죄악이 그에게서 만족되게 하신" 것입니다. 모든 시냇물이 바다에서 만나듯이, 모든 저주가 그에게서 만족되었습니다. 죄를 향하여 선고된 모든 경고와 위협들이 다 하나로 합쳐져서 그에게 가해진 것입니다. 그런데 여기서 한 걸음만 더 나아가 그리스도께서 하나님과 얼마나 가까운 관계에 계셨는가를 생각해 봅시다. 이 두 분의 관계는 말로 할 수 없는 무한한 사랑이 가득한 관계였고, 그가 이 피비린내 나는 비극적인 역사가 그에게 가해지는 바로 그 무대에 오르실 때에도 두 분 사이에 그런 사랑이 가득했었습니다. 그러므로 이 주제를 묵상할 때에 여러분은 하나님의 말씀이 오르게 할 수 있는 가장 높은 계단에 올라 있는 것입니다.

가령 어떤 아버지에게 아들이 하나밖에 없고 더 이상 가질 수도 없는데, 그 아버지가 자기 아들을 감옥에 가두고, 스스로 법정에 들어가 재판관이 되어 친히 그 아들에게 사형을 언도하며 또한 할 수 있는 최악의 극형으로 사형을 집행할 것을 명령한다고 합시다. 그렇습니다. 그 사형장에 자신이 직접 가서 그 광경을 바라보되 그의 죽음을 애도하며 두 눈에 눈물이 가득하여 바라보기는커녕 오히려 분노와 격한 감정이 가득하여 바라보며, 누가 보더라도 그 아버지가 자기 아들의 죽음을 기뻐한다고 여길 수밖에 없는 그런 자세로 바라본다고 합시다. 그럴 경우 여러분은 이것을 보고서, 과연 그 아버지가 자기 아들을, 혹은 그 아들이 범한 죄를, 몸서리치게 미워하고 있다고 여길 것입니다. 그런데 바로 성부 하나님께서 그의 성자에게 바로 이와 같이 행하십니다. 그를 죽게 한 것은 사람들이나 마귀들이 아니요 바로 성부 하나님 자신이었던 것입니다. 그리스도께서도, 자기의 죽음의 영장(令狀)이 인쳐진 상태로 아버지의 손에 들려 있는 것을 알고 계셨습니다. "아버지께서 주신 잔을 내가 마시지 아니하겠느냐?"(요 18:11). 그렇습니다. 아버지께서 옆에 서서 그의 죽음을 즐거워하셨습니다. 그의 피는 하나님의 마음을 기쁘게 하는 포도주였습니다. "여호와께서 그에게 상함을 받게 하시기를 기뻐하사"(사 53:10). 성도를 교정시키실 때에 하나님께서는 어떤 의미에서 본의 아니게 그 일을 행하십니다. 그러나 그리스도께서 고난당하실 때에는 아버지께서 그것을 기뻐하십니다. 그리스도를 향한 마음의 사랑이 없어서 그렇게 하시는 것도, 그리스도께서 무언가 불순종하여 아버지의 진노를 촉발시켰기 때문에 — 그는 한 번도 아버지를 불쾌하게 하신 적이 없습니다 — 그렇게 하시는 것도 아닙니다. 오히려 그가 죄에 대해 가지신 미움 때문에, 그의 아들에게 공의를 완전히 시행하심으로써 죄인들을 향한 그의 긍휼하심을 높이시고자 하는 열정으로, 그렇게 하시는 것입니다.

둘째 이유. 하나님께서 그리스도로 말미암아 우리에게 평안을 베푸신 것은 교만을 영원토록 그의 성도들의 눈에서 숨기시기 위함이었습니다. 교만은 천사들과 사람들이 걸려 넘어지고 타락한 돌이었습니다. 그러므로 사람을 회복시키실 때에 하나님께서는 그 돌을 할 수 있는 만큼 멀리 굴려 버리시고 길에서 치워 버리십니다. 그 옛날 사람이 들고 자기를 찔렀던 그 칼을 치워 버리십니다. 그리고 그렇게 하기 위해서 그리스도로 말미암아 모든 일을 이루게 하시는 것입니다. 사람의 계획은 하나님을 향한 순종의 고리를 끊어 버리고 조물주를 모시지 않고 자기 자신을 자유롭고 절대적인 임금으로 세우는 것이었습니다. 정말 이상한 계획이 아닐 수 없습니다. 그렇게 하기 위해서는 먼저 하나님께서 그에게 주신 그 존재를 던져 버리고, 그 다음 자기 창조를 통하여 — 그런 일이 가능했다면 — 자기 자신에게 새로운 존재를 부여하여야만, 비로소 자기의 의지를 갖게 될 것이었으니 말입니다. 그러나 아뿔싸! 스스로 될 수 없는 존재가 되고자 한 그의 교만으로 인하여 그는 자기에게 있었고 또한 여전히 누릴 수 있었던 것까지도 잃어버리고 말았습니다. 지금에 와서는 아무리 어리석고 불가능한 것으로 보이지만, 그것이 바로 교만이 사람의 마음속에서 솟아나게 만든 계략이었던 것입니다. 그런데 하나님께서는 장차 이 문에 가해질 모든 지옥의 공격과 포화에서 그의 자녀들을 보호하시기 위하여, 그들을 화목시키시고 구원하시는 한 길을 택하셨으니, 곧 세상 임금이 와서 그들을 교만에 빠지도록 유혹하고자 할 때에 거기에 동요될 만한 기미를 그들에게서 조금도 발견하지 못하게끔 만드는 그런 길이었습니다. 그러므로 모든 죄 중에서도 교만은 도무지 그것이 어떻게 자라는지가 의아스러운 그런 죄입니다. 그것은 다름이 아니라 사람의 꿈꾸는 환상이나 상상에서 나타나는 것에 뿌리를 박고 자라기 때문입니다. 때때로 버섯이나 이끼들이 돌 사이에 끼어 자라는 것을 보듯이, 교만이 바로 그처럼 뿌리를 내릴 만큼 흙이 많지 않은 데에서 자라는 것입니다. 하나님께서는 그리스도로 말미암아 죄인들을 화목시키는 복음의 방법을 통해서 그리스도로 하여금 문 바깥에서 모든 자들을 데려오게 하십니다. 불쌍한 여러분, 하나님과 평화를 누리고자 하십니까? 여러분의 죄에 대해 여러분 자신이 고행을 한다고 해서 그 평화가 얻어지는 것이 아닙니다. "그가 징계를 받음으로 우리는 평화를 누리고"(사 53:5). 오오 여러분, 여러분 자신이 그 평화를 얻게 하는 자가 아니

라는 것을 알아야 합니다. 평화를 얻게 하는 자는 그리스도이십니다. "그는 우리의
화평이신지라 둘로 하나를 만드사"(엡 2:14). 우리의 평화이신 그가 유대인과 이방
인을 하나님과 하나 되게 만드시고, 또한 그들 서로도 하나 되게 하신 것입니다.
여러분이 의로워지고자 하십니까? 그렇다면 여러분 자신의 의복을 입고 하나님
면전에 나타나서는 안 됩니다. 여러분을 위해 베풀어지는 그 의는 여러분 자신의
의가 아니라 다른 분의 의입니다. "의와 힘은 여호와께만 있나니"(사 45:24). 요컨
대, 하늘의 영광 가운데 있을 권리를 갖기를 원하십니까? 여러분에게 있는 동전으
로는 그 비싼 값을 치를 수가 없습니다. 여러분의 주머니에서 나오는 것으로는 그
값을 치를 수 없습니다. 오로지 그리스도의 마음에서 나오는 것이어야만 합니다.
그러므로 그것을 가리켜 그리스도께서 "값 주고 사신 소유"라 부릅니다. 그가 엄
청난 값을 치르시고 ― "은과 금"이 아니라 그의 "보배로운 피"를 지불하셔서 ―
우리를 위하여 그것을 얻으셨기 때문에 그것이 우리의 "기업"이 되는 것입니다.
아버지의 재산이 그 자녀에게 값없이 물려지는 것처럼 그것이 우리에게 그렇게
값없이 내려오기 때문입니다(엡 1:14). 이 모든 일이, 우리의 구원의 날에 사람의
"높은 눈"이 "낮아지며" "사람의 교만함"이 "굴복되"게 하고 "여호와께서 홀로 높임
을 받으시"게 하기 위함이 아니면 무엇 때문이겠습니까(사 2:11)? 그리스도께서는
친히 만나를 자기 자신을 보여주는 모형으로 설명하셨습니다: "하나님의 떡은 하
늘에서 내려 세상에 생명을 주는 것이니라"(요 6:33). 그런데 하나님은 어째서 광
야에서 그 백성들을 그런 방식으로 먹이셨는지를 관찰해 보시기 바랍니다: "네 조
상들도 알지 못하던 만나를 광야에서 네게 먹이셨나니 이는 다 너를 낮추 … 려 하
심이었느니라"(신 8:16). 과연 그들을 그렇게 낮아지게 한 것은 무엇이었습니까?
하나님께서 친히 요리사가 되어서 마련해 주신, 그래서 "천사들의 떡"이라 불린
(시 78:25. 한글개역개정판은 "힘센 자의 떡"으로 번역함 ― 역주) 그 맛난 양식으로 공급
을 받았으니 ― 어느 때든 식사가 필요할 때마다 그들의 식탁에 알맞을 만한 그런
진기한 양식으로 공급받았으니 ― 그들이 과연 낮아지지 않았겠습니까? 제 대답
은, 하나님께서는 그 양식의 초라함이 아니라 그 양식을 공급하시는 방식을 통해
서 그들을 낮추고자 하셨다는 것입니다. 사람은 교만하며, 스스로 자기 쓸 것을 공
급하기를 좋아하고, 다른 자에게서 얻는 것을 견디지 못합니다. 다른 이의 자선과
아량을 통해서 무료로 제공되는 음식은 자기 스스로 값을 치르고 얻는 음식을 먹
을 때만큼 사람의 교만한 위에 잘 소화가 되지 않습니다. 다른 이가 베푼 자선으로

더 높은 삶을 누리기보다는 차라리 좀 초라하게 살더라도 자기 자신의 힘으로 자기 생활을 유지해 가기를 바라는 것이 사람의 심정입니다. 그리하여 이스라엘 백성은 애굽에서 자기들이 가꾼 양파와 신선한 채소를 먹기를 바랐던 것입니다. 그 음식이 더 초라했지만, 자기들 자신이 값을 치르고 얻는 것이므로 그것을 더 좋아했던 것입니다.

셋째 이유. 하나님께서 그리스도로 말미암아 죄인들을 자기와 화목하게 하는 방법을 사용하신 것은, 그 평화가 가장 큰 유익을 끼치는 평화가 되게 하시기 위함이었습니다. 곧, 이러한 화목을 통해서, 아담이 그 원시의 모든 영광 가운데 서 있을 때보다도 훨씬 더 나은 상태에서 하나님과 사람이 서로 만날 수 있게 하기 위함이었습니다. 그의 첫 솜씨로 지으신 것이 망가진 후에 그 폐허에서 더 웅장한 구조물을 일으킬 생각이 아니셨다면, 하나님께서는 그 첫 솜씨로 지으신 아름다움이 죄로 말미암아 망가지도록 내버려 두시지는 않으셨을 것입니다. 그런데 하나님께서는 둘째 편에서는 첫째 편보다 사람의 행복을 더 아름다운 모습으로 그리시고자, 그리스도를 그 일에 개입시키십니다. 그처럼 위대한 계획을 이루는 유일한 합당한 도구로서 말입니다. 그리스도께서도 친히 이를 말씀하십니다: "내가 온 것은 양으로 생명을 얻게 하고 더 풍성히 얻게 하려는 것이라"(요 10:10). 그가 오신 것은 죽어 있고 정죄 받은 처지에 있는 자들에게 그저 벌거벗은 평화와 생명이 아니라, 타락 이전에 사람이 지녔던 것보다 "더 풍성하게" 평화와 생명을 베풀어 주시기 위함이었던 것입니다. 그리스도께서는 둘째 성전에서 첫째 성전과는 비교할 수 없는 찬란한 영광으로 가득 채우셨습니다. 곧, 그리스도께서는 사람의 둘째 창조에서 사람의 행복이 첫째 창조 상태에서보다 더 높이 머리를 들게 하셨습니다. 아담이 그의 모든 후손의 전형(a pattern)이었듯이 — 죄가 상황을 뒤바꾸고 식탁을 뒤집어 놓지 않았더라면 아담의 모든 후손들이 그의 무죄 상태의 모습을 그대로 지녔을 것이었습니다 — 그리스도께서도 그의 모든 후손에게 그들이 옷 입게 될 그 영광의 전형이신 것입니다. "사랑하는 자들아 우리가 지금은 하나님의 자녀라 장래에 어떻게 될지는 아직 나타나지 아니하였으나 그가 나타나시면 우리가 그와 같을 줄을 알리라"(요일 3:2). 즉, 사도의 말씀처럼, "우리의 낮은 몸을 자기 영광의 몸의 형체와 같이" 또한 우리의 영혼도 자기 영광의 영혼처럼 "변하게 하시리라"는 것입니다(빌 3:21). 그러므로, 그리스도 안의 우리의 본성이 아담 안의 우리의 본성보다 더 영화로운 정도만큼, 화목된 죄인의 상태가 아담의 첫 상태보다 더 영화로운 것입니다. 이제 이 점을 두 가지 면에서 좀 더 구체적으로 다루어 봅시다.

[그리스도 안의 우리의 본성이 아담 안의 우리의 본성보다 뛰어남]

1. 화목된 죄인은 하나님과의 연합에서 아담이 누렸던 이점을 그대로 누립니다. 2. 화목된 죄인은 하나님과의 교제에서 아담이 누렸던 이점을 그대로 누립니다.

1. 하나님과 화목된 죄인은 하나님과의 연합에서 아담이 누렸던 이점을 그대로 누립니다. 게다가,

(1) 그 연합은 더 친밀합니다. 하나님과 사람이 그리스도 안에서 하나가 되므로 그 연합은 더 가깝습니다. 이는 아담이 그 모든 영광 가운데서도 들어본 적이 없는 놀라운 신비입니다. 그는 과연 하나님과 사랑과 우정의 결속 관계에 있었습니다. 그리고 그것은 그의 면류관에서 빛났던 가장 좋은 꽃이었습니다. 그러나 아담은 지금 화목된 영혼이 하나님께 제기할 수 있는 — 물론 하나님을 경외하는 심정으로 이를 논하는 것입니다만 — 그런 친밀한 혈족 관계를 주장할 수는 없었습니다. 그런 혈족 관계를 주장할 수 있게 된 것은 신성과 인성이 그리스도의 위격 속에서 연합됨으로써 오는 것이요, 또한 그러한 그리스도의 위격적인 연합이 또 다른 연합의 — 즉, 그리스도와 각 신자의 인격과의 신비한 연합의 — 기초가 되는데, 이 연합은 신성과 인성의 연합으로 그리스도라는 한 위격이 계신 것처럼 이 신비의 연합을 통해서 성도들과 그들의 머리가 한 그리스도를 이룰 정도로 친밀한 것입니다. "몸은 하나인데 많은 지체가 있고 몸의 지체가 많으나 한 몸임과 같이 그리스도도 그러하니라"(고전 12:12). 교회란 다름 아닌 드러내 보여지는 그리스도인 것입니다. 이것이 인간 본성 전체에, 또한 신자들의 인격에 얼마마한 승급(昇級)인가를 누가 과연 말할 수 있겠습니까? 이런 점에서 바로 아담뿐 아니라 천사들까지도 화목된 죄인보다 밑에 있게 하는 정도의 승급인 것입니다. 아담은 처음에 "천사보다 조금 못하게" 되었습니다만, 하나님께서는 이 두 쌍의 연합을 통해서 화목된 영혼을 천사들보다 조금 위에 있게 하셨습니다. 이는 그리스도께서 "천사들의 본성"이 아니라 — 더 오래되고 더 고귀하지만 — "아브라함의 씨"를 취하심으로써, "큰 자가 어린 자를 섬기"게 하셨기 때문입니다. 심지어 아무리 비천한 성도라도 천사들이 그를 자기들의 주인의 상속자로 여겨 친히 그를 섬기는 것입니다(히

1:14).

(2) 그 연합은 더 강력합니다. 더 친밀한 만큼 그 연합은 더 강력합니다. 기초석들이 서로 가까이 서 있을수록 건물이 더 강한 법입니다. 첫 언약에서의 하나님과 아담의 연합은 아담의 타락을 방지할 만큼 친밀한 것이 아니었습니다. 결국 아담이 타락하였으나 하나님의 영광은 전혀 흔들림 없이 서 있습니다. 그러나 그리스도와 그의 성도들 사이의 현재의 연합은 친밀하고도 강력하여, 그의 지체들이 없이는 그리스도가 그리스도이실 수가 없습니다. 그리스도는, "내가 살아 있으므로 너희도 살아 있겠음이라"라고 말씀하시는데(요 14:19. 한글개역개정판은 "이는 내가 살아 있고 너희도 살아 있겠음이라"로 번역함 — 역주), 이는 그들의 삶이 그의 삶과 직결되어 있으므로, 그들을 내버리는 것이 그가 천국에서 내어 쫓기는 것만큼이나 불가능한 일이라는 것을 암시해 줍니다. 교회를 가리켜 그리스도의 "몸이니 만물 안에서 만물을 충만하게 하시는 이의 충만함"이라 부릅니다(엡 1:23). 아무리 작은 것이라도 모든 지체와 관절이 다 완전한 상태로 있지 않고서는 몸이 온전하다 할 수가 없습니다. 성도들의 은혜는 그리스도의 영광입니다(고후 8:23). 물론 그가 하나님으로서 지닌 본질적인 영광은 그의 성도들이나 그들의 은혜들이 채워줄 수가 없습니다. 그러나 교회의 머리로서, 중보자로서의 그리스도를 생각하면, 택한 자들이 날마다 부르심을 받을 때에, 또한 부르심을 받는 자들이 그 정해진 분량에까지 자랄 때에 그의 영광이 날마다 채워지는 것입니다. 성도들이 그들의 완전함에 이르고 천국의 영광 가운데서 은혜를 누릴 때에야 비로소 그리스도께서 그의 충만함을 얻으시는 것입니다.

2. 화목된 죄인은 하나님과의 교제에서 아담이 누렸던 이점을 그대로 누립니다. 가까울수록 더 사랑스럽다는 말들을 하곤 합니다. 교제는 연합의 결과로 생기는 것입니다. 화목된 영혼과 하나님의 연합이 하나님과 아담의 연합보다 더 친밀하고 더 강하다면, 화목된 영혼이 하나님과 누리는 교제 역시 더 감미롭고 더 충만할 것입니다. 남편과 아내 사이의 교제가 친구와 친구 사이의 교제보다 더 충만한 것은 무엇 때문입니까? 그 연합이 더 친밀하기 때문이 아닙니까? 하나님께서는 마치 친구가 친구나 동료와 나누는 것처럼 아담과 교제를 나누셨습니다. 그러나 화목된 영혼과는 남편과 아내로서 교제를 나누십니다. "너를 지으신 이가 네 남편이시라"(사 54:4). 화목된 죄인이 하나님과 나누는 교제에만 고유하게 있는 두 가지 감미로움이 있습니다.

(1) 최초에 아담에게 가능했던 것보다 하나님과 더욱 친밀하게 해주는 하나의 토대가 그리스도 안에 있다는 것입니다. 아담이 과연 하나님의 아들이었습니다만, 그는 화목된 영혼보다 하나님으로부터 더 멀리 떨어져 있었고, 더 위엄과 권위로 다스림 받았습니다. 왜냐하면 그가 비록 창조로 말미암아 하나님의 아들이었지만, 그 때에는 하나님의 성자께서 아직 성육신을 통하여 "인자"가 되지 않으셨기 때문입니다. 신자는 바로 이 문을 통해서 하나님과 가장 감미로운 친숙한 교제 속으로 들어오는 것입니다. 그리스도인은 지금 믿음의 눈을 들어 하나님을 바라볼 때마다 자신의 본성이 그리스도 안에서 보좌 위의 하나님 옆에 서 있는 것을 보게 됩니다. 그러므로, 요셉이 바로의 우편에서 궁궐의 모든 존귀를 누리고 있는 것을 보고서 족장들이 그야말로 큰 기쁨으로 늙은 아버지께로 갔다면, 하물며 화목된 죄인의 영혼이 하나님의 규례 가운데서 사랑을 체험하고서, "오 나의 영혼아, 일어날지어다. 내가 나의 친족 예수 그리스도께서 하나님의 우편에 영광 중에 계시며 '천지의 모든 권세'를 지니신 것을 보았느니라. 두려워 말라. 그는 너와 피로 맺은 형제이니 그가 결코 너를 모른다 하실 수 없으며, 그의 골육을 피하여 스스로 숨으실 수 없으리라"라고 말할 때에 그 믿음이 그 영혼에게 얼마나 충만한 기쁨의 메시지를 가져다주겠습니까! 임금이 지극히 초라한 그의 신하들에게 몸을 낮출수록, 그가 스스로 그의 신하들과 더욱더 친숙하게 만드는 것입니다.

사람을 지으시고, 그 다음 그와 더불어 그렇게 친밀한 언약과 결속을 맺으신다는 것은, 자신과 대등한 동료가 있을 수 없으신 위대하신 하나님으로서는 정말이지 엄청나게 자신을 낮추시는 일이었습니다. 이런 하나님이 이제 화목된 영혼 하나하나를 상대하시며, 또한 이를 위해 그가 자신을 낮추시는 은혜를 드러내시는 각종 놀라운 정황들이 가득하므로 신자가 하나님께 나아가는 길이 훨씬 더 친숙해졌다고 말할 수밖에 없게 되었습니다. 하나님께서는 그 초라한 인간과의 이 두 번째 새로운 언약에서 그의 보좌로부터 내려오시며, 이를테면 그의 영광의 위엄 있는 예복을 벗으시고 사람의 연약한 육체라는 누더기를 입으시는 것입니다. 그는 그의 피조물의 초라한 오막살이에 사시고자 잠시 동안 그의 궁궐을 떠나십니다. 그리고 거기서 그 피조물과 친숙하게 생활하실 뿐 아니라, 더 이상스러운 것은 그를 섬기십니다. 아니, 그보다 더한 것은, 스스로 굴복하셔서 그 비천한 피조물의 손에서 온갖 무례와 치욕을 당하시고 다 견디십니다. 그리고 이런 굴욕적인 모든 홀대를 다 당하신 후에 하늘로 처소를 옮기십니다만 이것도 그가 이 낮은 땅에서 당하신 온갖 학대에 대해 아버지 하나님께 항의하시고 그렇게 그를 학대한 자들을 향하여 하늘의 권능을 퍼붓기 위함이 아니라, 그렇게 그를 학대하였으나 이제는 그의 은혜를 받아들일 자들을 위하여 천국의 궁궐을 예비하기 위함입니다. 그리고 이 땅에 아직 남은 이들이 그가 이제 하늘의 영광 중에 위엄의 자리에 다시 오르셨으니 자기들의 일에 대해 그가 무언가 생각이 바뀔지도 모르겠다고 하여 두려워하지 않도록 — 그가 그의 영광의 고귀한 자리에 계실 때에나 굴욕의 깊음 속에 있을 때나 그가 동일하시다는 것을 끊임없이 증거하시기 위하여 — 그가 전에 세상에 임하실 때에 그 피조물들의 본성을 빌려서 입으셨던 것과 똑같은 의복을 입으시고 하늘로 돌아가서서 그의 모든 영광 중에 보좌 위에 앉으셔서도 그 똑같은 의복을 입고 계십니다. 물론 하늘나라의 현실에 맞도록 그 의복을 무언가 임금다운 모습으로 바꾸서서 그의 영화로운 지위에 걸맞도록 하셨지만 말입니다. 그리고 이로써 그 피조물들의 초라한 몸이 지금은 그렇게 초라한 상태에 있어도 장차 그 모습이 어떻게 변할지를 하나의 모형으로 제시하신 것입니다. 하나님이 처음 아담과 언약을 맺으셨을 때에는 이런 모든 정황들이 하나도 없었습니다. 그러므로 화목된 영혼이 하나님과 누리는 교제가 더욱 친밀한 것입니다.

(2) 화목된 영혼은 하나님과의 교제 속에서 그리스도의 용서하시는 긍휼과 또한 피 흘리시는 사랑의 감미로움 — 그는 그의 죽으심으로 말미암아 그를 위하여 값 주고 사셨습니다 — 을 맛보게 된다는 것입니다. 아담의 잔에는 이 설탕 덩어리가 없었습니다. 그는 베푸시는 하나님의 사랑이 무엇인지는 알았으나, 용서하시는 하나님의 긍휼에 대해서는 전혀 문외한이었습니다. 그러나 화목된 영혼은 이 두 가지를 모두 경험합니다. 성실한 자녀 — 아버지를 한 번도 불쾌하게 한 적이 없는 자녀 — 에게는 그저 일상적인 사랑을 넘어서는 아버지의 사랑이 큰 위로가 됩니다. 그러나 그런 사랑도 반역한 자녀에 대한 아버지의 애틋한 연민과 사랑만큼 우리 생각에 놀라움을 주지는 못합니다. 아버지께 다시 영접을 받은 탕자는 아버지를 한 번도 떠난 적이 없는 그의 형보다 분명 그 아버지를 사랑할 더 유리한 위치에 있다 할 것입니다. 오오 이 용서의 자비여, 그리스도의 사랑이 그것을 얻게 했습니다. 이것이야말로 은혜를 입은 영혼이 이 땅에서 가장 감미롭게 묵상하고 기릴 만한 가장 풍성한 주제들입니다. 영광을 입은 성도들이 과연 이 감미로운 가사에 맞추어 어떤 황홀한 음악을 만들지를 그 누가 생각할 수 있겠습니까? 확신하건대 그들이 거문고에 맞추어 부를 노래는 "어린 양의 노래"일 것입니다(계 15:2, 3). 천국

의 영광 가운데서 완성되는 성도의 복락에는 과연 모든 희귀한 요소들이 한데 어우러져 있습니다. 하나님의 지혜로우신 손길에 길들여져서 그 어떠한 요소도 남겨지지 않을 것이요, 또한 그 어느 누구의 취향도 다른 이의 취향에 묻혀 버리는 일이 없을 것입니다. 그러나 이 용서하시는 자비라는 요소와 또한 그리스도로 말미암아 나타나는 하나님의 어마어마한 사랑과 지혜라는 요소는, 감히 말씀드립니다만, 모두에게 아름다운 향취를 줄 것이요 또한 다른 모든 것보다 그 맛이 뛰어날 것입니다.

[적용]

이것을 생각하고서 복음이 가져다주는 이 하나님과의 화목의 평안을 소유하도록 각자가 힘쓰게 되기를 바랍니다. 하나님과의 평안! 이것은 과연 죄인이 소유할 만한 가치가 있습니다. 그렇지 않다면 우리 구주께서 탄생하실 때에 천사들이 그토록 놀라운 기쁨의 외침으로 그 소식을 세상에 전했는데, 그것이 허사가 되고 말았을 것입니다. "지극히 높은 곳에서는 하나님께 영광이요 땅에서는 … 평화로다"(눅 2:14). 그렇습니다. 그렇지 않고 만일 죄인이 하나님과의 평안을 누리는 것이 그렇게 높이 찬양할 만한 고귀한 것이 아니며 또한 그가 보배로운 피를 흘리실 만한 가치가 별로 없는 것이었다면, 그것을 값지게 여기시고 그것을 얻고자 자기를 드리신 그리스도께서 스스로 속으신 것일 것입니다. 그러나 이것은 도무지 믿을 수가 없습니다. 하지만 하나님께서 그리스도로 말미암아 얼마나 값없이 사람의 아들들에게 평안과 용서를 베푸시는지를, 그리고 그들이 그런 하나님의 호의에 대해 얼마나 언짢아하고 냉담한지를 보십시오. 하나님의 무한하신 선하심도 죄악된 사람의 끔찍한 비열함도 제대로 잘 알지 못하는 자는 그런 평안과 용서를 보면서 무작정 하나님께서 무언가 하찮은 것을 내미신다 생각하고, 또한 그것이 별 값어치가 없기 때문에 하나님께서는 그것을 그렇게 내놓고자 하시고 또한 사람은 그것을 손에 받기를 그렇게 싫어하는 것이라고 생각할 것입니다. 오오, 불쌍한 죄인들이여, 착각입니다! 도대체 어느 악한 모사꾼에게 꼬임을 받았기에 스스로 마음을 완악하게 하여 여러분에게 베풀어지는 그 자비를 받아들이지 않는 것입니까? 하나님과 여러분을 그만큼 미워할 수 있는 것은 마귀밖에는 없습니다. 불쌍한 죄인이여, 마귀가 하는 말에 그렇게 귀를 기울이다니 대체 그가 하나님과의 분쟁에서 큰 성공을 거두기라도 했단 말입니까? 그가 하나님의 총알들을 막을 갑주를 여러분에게 줄 수가 있습니까? 그렇다면 죄인이 스스로 그 가슴에 그 총알들을 맞아 그 속에서 불타는 말할 수 없는 고통을 견디는 것은 어찌된 일입니까? 아니면 여러분이 마귀의 권면을 받아들였다가 스스로 망해 버리면 그가 여러분을 측은히 여기겠습니까? 아닙니다! 마귀는 마치 사나운 늑대가 어리석은 양을 잡아 피를 빨아먹고 그 몸을 갈기갈기 찢어놓는 것 이상으로 여러분에게 행할 것입니다. 불쌍한 죄인이여, 하나님께서 그의 사신들을 다시 불러들이시고, 언약을 파하셔서 다시는 갱신하지 못하게 하시기 전에 여러분이 천국을 향하여 무슨 대답을 보낼지를 생각하고 또 생각하십시오. 혹 여러분이 한가하게 다른 것들을 생각하느라 이 중요한 문제에 대해 생각하기를 원치 않을 수도 있습니다만, 여러분, 다음 네 가지 사항들을 마음으로 따져 보기를 진심으로 바랍니다.

첫째, 여러분에게 베풀어지는 것이 과연 무엇인지를 따져 보십시오. 둘째, 그것을 여러분에게 베푸시는 분이 과연 누구신지를 따져 보십시오. 셋째, 그가 어떤 자세로 그것을 여러분에게 베푸시는지를 따져 보십시오. 넷째, 그것을 거부하면 과연 어떻게 할 것인지를 따져 보십시오.

[죄인에게 주는 권면 — 복음에서 베풀어지는 이 하나님과의 평안을 받아들이십시오]

첫째. 여러분에게 베풀어지는 것이 과연 무엇인지를 따져 보십시오. 그것은 바로 하나님과의 평안입니다. 여러분이 진정으로 완전한 행복을 누리기 위해서는, 이것이야말로 없어서는 안 될 것입니다. 이것과 또한 부수적으로 이것에 따라오는 것만 있으면 됩니다. 여러분이 온갖 다양한 것들을 다 누릴 수가 있으나, 이것만은 결코 없어서는 안 될 것입니다. 평안을 없애버리면, 그것도 급이 낮은 평안 — 외형적인 평안 — 을 없애버려도, 잔치가 다 망쳐져 버립니다. 임금의 잔치라 해도 말입니다. 다윗의 자녀들은 그들 중의 하나가 죽임을 당하자 임금의 식탁에 앉아서도 전혀 식욕이 없었습니다. 하나님이 여러분을 대적하시며, 많은 죄인들이 하나님의 심판으로 인하여 여러분이 보는 앞에서 죽임을 당하였고, 또한 고기를 입으로 씹고 있는 중에 그들의 피를 흘린 동일한 칼이 여러분의 목을 겨누고 있다면, 아무리 진수성찬을 차려놓았다 해도 과연 그것을 먹을 맛이 나겠습니까? 이런 일을 당하면 아마 음식이 목구멍에 걸려 절대로 넘어가지 않을 것입니다. 오오 죄인 여러분, 하나님과 여러분 사이에 아직 분쟁이 있다는 것 — 이것이 마치 지극히 감미로운 여러분의 포도주 잔 밑바닥에 두꺼비가 산뜩 몸을 부풀린 채 웅크리고 있는 것 같지 않습니까? 지금 감옥 속에서 여러분이 아무리 야단법석을 떨며 지내고 있다 해도 여러분의 죄가 용서받지 못했으니 여러분은 정죄 받은 죽은 존재일 뿐입니다. 내일이면 교수형을 당할 사람이 오늘 즐겁게 사냥을 하러 다니는 모습을 본다면 이상스럽지 않겠습니까? 하나님께서 사형집행을 하루 더 미루신다면, 그것만 해도 하나님께서는 여러분이 여러분 자신에게 베풀 수 있는 것보다 훨씬 더한 자비를 베푸시는 것일 것입니다. 생활하는 모습으로 보아 아직 하나님과 화목되지 않은 죄인인 것이 분명한 사람이 자녀나 재물이나 명예 같은 것에서 얻는 이 땅의 기쁨에 겨워 행복해하는 모습을 보면, 과연 저 사람이 하나님이나 혹은 자기 자신에 대해 무슨 생각을 하고 저러는지 솔직히 아주 의아스런 생각을 떨쳐 버릴 수가 없습니다. 채무자가 빚을 갚을 생각을 전혀 하지 않은 채 남의 돈으로 호의호식하며 살며, 채권자와 화목하게 할 생각도 하지 않고 거만하게 굴면 그 채권자가 화가 나지 않겠습니까? 죄인들이 하나님께서 빌려 주신 것들을 갖고서 겉으로 풍성한 것들을 누리고 즐거운 삶을 살면서, 자기들이 하나님께 크나큰 빚을 졌으면서도 그와 화목할 생각을 조금도 하지 않는다면, 그 하나님께서 그들을 향하여 얼마나 더 진노하시겠습니까?

아하수에로 왕이 유대인들을 멸하라는 칙령을 반포하였습니다만, 이때에 만일 유대인들이 그 사악한 칙령을 다시 뒤집는 일에는 관심이 없이 자기들의 집을 채색하고 밭을 갈며 자기들의 재물을 즐기는 데에만 마음을 쏟았다면, 그 얼마나 어리석은 일이었겠습니까? 하나님께서 입으로 친히 여러분에게 사형을 언도하셨고 여러분의 양심이 그 사실을 증언하는데도 그것에 대해서는 관심을 두지 않고 다른 온갖 일들을 행하고 있다면, 여러분은 그들보다 훨씬 더 어리석은 바보들일 것입니다. 토머스 모어 경(Sir Thomas More)은 탑 속에 갇혀 있을 때에, 스스로 기회주의적인 태도를 버리고서 이렇게 말했습니다: "왕과 나 사이에 분쟁이 있어 목숨이 경각에 달려 있으니, 그 어떤 대가를 치르고라도 최선을 다하여 이 문제가 잘 해결되게 하리라." 여러분, 하나님과 여러분 사이의 분쟁이 — 여러분의 목숨이 아니라 영혼이 걸려 있고, 그 분쟁의 결과에 따라 여러분이 천국으로 갈 것인가 지옥으로 갈 것인가가 달려 있습니다 — 과연 어떻게 될 것인가가 정해지기 전에는, 즐겁고 기쁘게 살기 위해서 온갖 대가를 치르며 애쓰는 것이 모두 어리석은 일일 것입니다. 먼저 하나님과의 평안을 얻는 일부터 시작하면 그 다음에 복된 삶을 살게 될 것이니, 그렇게 하는 것이 지혜로운 길이 아니겠습니까? "빚을 청산하는 자가 부자가 된다"라고들 말합니다. 확신하건대, 화목된 영혼은 결코 가난해지지 않습니다. 평안이 얻어지자마자 하나님과 영혼 사이에 값없는 거래가 개시됩니다. 일단 죄 용서를 받으면, 하나님의 통치 영역에 속하는 곳이면 어디로 가든지 다 환영을 받습니다. 모든 약속들이 그 풍성한 보배들과 더불어 여러분에게 열려 있습니다. 여러분, 그 약속들이 제시하는 그 모든 보배로운 것들을 여러분의 믿음이 질 수 있을 만큼 가득 실으십시오. 그래도 아무도 여러분을 막을 자가 없습니다. 한 통 가득 들은 포도주를 꼭지 하나를 들어서 다 담아내듯이, 이 한 가지 화목의 약속에 담긴 그 모든 언약의 위로를 믿음이 담아내는 것입니다. 하나님과 화목되면, 하나님의 모든 규례들 속에서 하나님과의 교제 속으로 들어가도록 문이 열리게 됩니다. 하나님과 여러분이 화목되었으니, 이제 함께 걸을 수 있게 된 것입니다. 전에는 하나님의 임재 속을 들여다볼 수도 없었습니다. 하나님의 마음이 마치 원수를 보듯이 여러분을 향하여 끓어오르며 여러분에게 그의 심판을 내리실 차비를 갖추고 계셨으니 말입니다. "대장장이도, 그가 만드는 동전도 모두 까맣다"라고들 말합니다. 하나님과 화목되지 않은 상태에 있을 때 여러분과 여러분이 행하는 모든 임무들과 행위들이 다 까맸었습니다. 그러나 이제는 "네 소리는 부드럽고 네 얼굴은 아름답구나!"(아 2:14). 하나님이 여러분의 편이요 그의 모든 속성들이 여러분의 것입니다. 여호사밧이 아합에게 말한 것처럼, 그의 말과 그의 마차도 여러분의 것입니다. 어떤 원수든 여러분을 두려움에 몰아넣을 때마다, 여러분은 여러분과 함께해 줄 친구가 있는 곳을 잘 알고 있습니다. 그의 모든 섭리들은 마치 벌처럼 어떤 것은 저리로 또 어떤 것은 이리로 날아가고 서로 어긋나게 날아가는 것같이 보이기도 하지만, 모든 것이 여러분을 위해 합력하며, 따라서 여러분의 영혼은 그 섭리들이 수고하여 얻어진 달콤한 열매가 가득 쌓여 있는 꿀벌통과도 같습니다. 물론 여러분이 그 꿀을 발견하기 전에 밤이 올 수도 있지만 말입니다. 요컨대, 하나님과 화목되면 천국의 문턱에 서 있게 되는 것입니다. "의롭다 하신 그들을 또한 영화롭게 하셨느니라"(롬 8:30). 죽음이 여러분의 육체의 휘장을 찢는 순간 여러분은 분명 그 곳에 있게 될 것입니다. 여러분과 천국 사이에 남아 있는 것은 죽음밖에는 없습니다.

둘째, 그것을 여러분에게 베푸시는 분이 과연 누구신지를 따져 보십시오. 그는 바로 위대하신 하나님이십니다. 가장 크고도 놀라운 사실이 무엇인지 — 하나님이 베푸신다는 사실인지, 아니면 그가 베푸신 것을 여러분이 거절한다는 사실인지 ―
가늠하기가 어렵습니다. 아버지를 거역하여 그 마음을 아프게 한 것 때문에 아이
가 무릎을 꿇고 눈물로 아버지의 마음을 누그러뜨리려 애쓴다면 이는 별로 놀랄
것이 없습니다. 또한 국법에 의해 모든 것을 몰수당한 죄인인 반역자가 임금의 발
아래 엎드려 목숨을 살려 달라고 애걸하는 것도 놀랄 일이 아닙니다. 하지만 아버
지가 그런 아이에게 큰 것을 베풀어 준다는 것은, 또한 반역자가 감옥 문을 열었는
데 거기에 그의 임금이 서서 자기가 용서할 테니 받아 달라고 요청한다면, 이는 그
야말로 이상한 일이 아닐 수 없습니다. 그러나 이와 같이 극도의 자기 부인처럼 보
이는 것도 그 근본 동기를 따져보면 자기 사랑이 거기에 개입되어 있는 경우가 허
다합니다. 부모가 자기 아이를 얻고자 몸을 낮추지만 사실은 그가 자기 자신을 사
랑하는 것입니다. 자신의 삶의 많은 부분이 그 아이에게 걸려 있기 때문에 그렇게
하는 것입니다. 높은 임금이라도 어쩔 수 없이 몸을 낮추어 자기의 가장 하찮은 신
하에게 나아가 빌어야 할 피치 못할 사정을 당하기도 하는 법입니다. 반역자가 목
숨을 부지하고 있어야만 임금의 안전이 보장되기 때문에 어쩔 수 없이 그의 목을
베지 못하는 경우도 있습니다. 그러나 하나님께서는 결코 이런 식의 곤경 때문에 어
쩔 수 없이 피조물과의 화목을 생각하신 것이 아닙니다. 하나님께서 그런 의도를
가지신 것은 전적으로 값없이 자신을 낮추신 사랑의 발로였습니다. 그러므로 죄
인 여러분, 그 위대하신 하나님을 부인하고 거절하기 전에 다시 한 번 생각해 보시
기 바랍니다. 만일 마을에서 가장 가난한 한 이웃이 있는데 그가 바로 여러분에게
잘못을 행한 장본인이라면, 그가 여러분에게 와서 화평을 구하면 여러분은 어떻
게 하시겠습니까? 그런 제의를 거부하시겠습니까? 그렇게 하면 죽는 날까지 양심
에 가책이 있지 않겠습니까? 하물며 하나님께서 베푸시는 평안을 여러분이 거부
한다면, 그 하나님을 바라보기를 어떻게 견디겠으며 여러분의 양심의 책망을 어
떻게 견디겠습니까? 그 하나님의 호의가 칼이 부러져 도무지 싸울 수 없는 처지가
된 사람들의 제안과도 같다면 그것을 거부해도 무방하겠습니다만, 그는 여러분의
목숨에 대해 절대적인 권한을 지닌 분이십니다. 여러분의 목숨이 언제나 그의 손
에 있습니다. 그렇습니다. 하나님이야말로 여러분에게 언제나 잘못된 대우를 받
으셨고, 그러면서도 정작 그는 그 어떠한 경우도 여러분을 잘못 대하신 적이 없습
니다. 그렇습니다. 그가 이미 오래 전에 여러분을 어둠의 사슬에 묶어서 정죄 받은
자들 가운데 두셨다 할지라도 결코 여러분을 잘못 대하신 것일 수가 없는 것입니

다.

셋째, 하나님이 어떤 자세로 여러분에게 평안을 베푸시는지를 따져 보십시오.

1. 그는 순전하게 평안을 베푸십니다. 그는 평안의 약속 이면에 거짓된 것을 숨겨두시지 않습니다. 사람들 사이에는 그런 끔찍한 일들이 많습니다. 평화의 깃발을 올리지만, 그저 말뿐이고, 검을 들이대어 해치기 위해 사람을 유인하는 수단인 경우가 허다합니다. 요압이 아브넬에게 그렇게 한 것처럼 말입니다. 프랑스의 모든 내전 중에 불쌍한 개신교도들의 경우 전쟁보다 오히려 평화가 더 그들에게 큰 희생을 가져다주었습니다. 싸움터에서는 교황주의자들이 노골적인 원수로 나타나 개신교도들이 그들을 이겼으나, 실내에서는 그들이 거짓으로 친구인 체하여 개신교도들을 속이고 배반했던 것입니다. 그러나 여러분, 여러분이 상대하는 분이 "진리의 하나님"이시라는 사실을 알고 위로를 얻으십시오. 그는 평화 시에 전쟁의 피를 흘리게 한 적이 한 번도 없으시며, 일단 승리를 거두고 평화를 베푸신 후에 영혼에게 진노의 칼을 들이대신 적도 없습니다. "만일 우리가 우리 죄를 자백하면 그는 미쁘시고 의로우사 우리 죄를 사하시며"(요일 1:9). 하나님의 약속들은 마귀의 약속들처럼 "예 하고 아니라 함"이 없습니다. 마귀는 어느 쪽이든 자신이 신용을 얻고자 양쪽을 다 이야기합니다. 그러나 하나님은 그렇지 않습니다. 하나님의 마음은 마치 수정으로 된 창문을 통해 보는 것처럼 그의 약속에 투명하게 나타나 있습니다. "하나님의 약속은 얼마든지 그리스도 안에서 예가 되는" 것입니다(고후 1:20).

2. 그는 애정 어린 마음으로 평안을 베푸십니다. 불쌍한 죄인을 향한 온유한 자비 속에 그의 마음이 깊이 개입되어 있습니다. 이는 다음과 같은 사실들에서 나타납니다.

(1) 죄인들을 자기와 화목시키는 길을 모색하신 사실에서. 사람들은 강력하게 바라는 일에 대해서는 모든 지혜를 다 강구하여 그 일을 이룰 길을 꾀합니다. "존귀한 자는 존귀한 일을 계획하나니"(사 32:8). 구제를 베풀 길을 모색하느라 앉아서 이리저리 궁리하고 있다면 이는 그 사람의 마음에 사랑이 크게 작용하고 있다는 증거입니다. 반면에 안타깝게도 대부분의 사람은 가난한 자에게 될 수 있으면 적게 베풀고, 자기들의 호주머니를 두둑하게 하고자 골몰하고 있습니다. 그런데 하나님의 자비의 역사는 정말로 여러 면에서 신비합니다. 천사들조차도 그리스도로 말미암아 죄인들을 자기와 화목시키는 하나님의 그 신비한 역사를 공부하여 "하

나님의 각종 지혜"를 알고자 할 정도입니다(엡 3:10).

(2) 이를 일찍부터 사람의 아들들에게 알게 하신 사실에서. 사람이 평화를 깨뜨리고 그의 조물주를 대항하여 반역을 일으키자마자 주의 마음이 그를 측은해하셨고, 해가 지도록 그를 향하여 진노하실 수 없었고, 오히려 그가 죄를 범한 바로 그 날 그에게 평화를 전하심으로써 "여자의 후손"에서 날 구주에 대해 듣게 하셨습니다(창 3:15). 아담은 하나님께서 친히 그에게 그런 메시지를 주실 줄은 조금도 생각하지 못했습니다. 그리하여 그를 찾는 하나님의 음성을 처음 듣고서, 두려워 수풀 속에 머리를 숨기고 할 수만 있다면 그에게서 도망할 궁리를 했습니다. 오오, "아담아 네가 어디 있느냐?"라는 음성이 죄를 범한 그의 귀에는 하나님이 그에게 복수하시고 그에게 형벌을 집행하시고자 그를 부르시는 것으로 들렸습니다. 그러나 그 음성은 은혜로우신 하나님의 음성이었습니다. 사람이 하나님께로 돌아오고 있는 중에 그를 만나러 오신 것이 아니고, 하나님이 자기에 대한 모든 생각들을 잃어버린 그 사람을 찾아 나서신 것입니다. 은혜로운 마음으로 그를 안돈시키며, 그를 향하여 하나님이 가지신 그 은혜의 뜻을 드러내심으로써 그 불쌍한 피조물에게 충만한 자비를 베풀고자 하신 것입니다. 과연 하나님의 마음은 자비로 충만했습니다. 그렇지 않았다면 그렇게 일찍 그 마음을 그렇게 드러내 보이시지는 않았을 것입니다.

(3) 죄인들에게 평안을 주시고자 하나님께서 교회에 세우신 복음 사역의 큰 규례가 그 일에 대한 하나님의 깊은 애정을 잘 말해 줍니다(고후 5:18). 하나님께서 그의 자비의 생각과 뜻들을 성경에 기록해 놓으시기만 하고 그 이상 아무 일도 하지 않으셨더라도 그것으로 족했을 것이라고 생각하는 이들도 있을 것입니다. 임금들은 어떤 강령이나 법을 반포할 때에 모든 신민들이 그것에 대해 스스로 궁구하여 습득하기를 기대하며, 그리하여 밑의 신하들을 마을마다 파송하여 그 법을 통지하고 사람들을 설득하여 그것을 지키게끔 하는 따위의 일은 하지 않습니다. 그러나 위대하신 하나님은 그렇게 하십니다. 일 년 내내 목사가 하는 일이 하나님과 화목하도록 죄인들을 설득하고 간청하는 일이 아니고 무엇입니까? 이와 관련하여 다음을 관찰하기 바랍니다.

(a) 그가 누구를 보내어 전하게 하시는지를 관찰하십시오. 천사들이 아닙니다. 그들은 본성적으로 우리에게 낯선 자들이요, 물론 우리에 대해 선한 뜻을 갖고 있기는 하지만, 그들은 그렇게 뜨거운 심정으로 사람에게 말씀을 전할 만큼 사람의 타

락에 밀접하게 관심을 갖고 있지는 못했습니다. 하나님께서 말씀을 전하도록 보내시는 자들은 당연히 그런 뜨거운 심정이 있는 법인데 그들에게는 그것이 없었습니다. 아닙니다. 하나님께서는 사람들을 보내십니다. 그들은 우리들과 친숙하게 교류할 수 있고 성정도 비슷합니다. 그들은 우리와 본성적으로 동일한 부패와 시험과 정죄에 빠져 있던 자들이요, 그들 자신의 마음을 겪었으므로 우리 마음의 비열함에 대해서도 말씀해 줄 수 있습니다. 그들의 죄로 인하여 임하는 하나님의 진노의 불길을 경험한 바 있으므로 우리의 처지에 대해, 또한 죄로 인하여 우리가 처하여 있는 위험에 대해 말씀해 줄 수 있습니다. 그리고 그리스도 안에서 주어지는 하나님의 사랑의 감미로운 맛을 체험하였기 때문에 그들 자신의 지식에 근거하여 우리에게 그 맛을 전해줄 수가 있습니다. 하나님께서 그런 자들을 택하사 그 화목의 말씀을 전하게 하셨으니, 그가 과연 그 일을 온전히 이루고자 그렇게 하신 것이 아니겠습니까?

(b) 죄인들에게 평안을 전하는 사신으로 그가 사용하시는 자들에게 요구되는 자격 요건들을 관찰하십시오. "주의 종은 마땅히 다투지 아니하고 모든 사람에 대하여 온유하며 가르치기를 잘하며 참으며 거역하는 자를 온유함으로 훈계할지니"(딤후 2:24, 25). 오오 죄인이 사역자의 그릇된 모습을 보고 잘못된 판단을 하거나, 그 마음을 완악하게 하여 그가 베푸시는 은혜를 거부하는 일이 없도록 하나님이 얼마나 조심하시는지 모릅니다. 종이 교만하고 경솔하다면, 그 주인이 온유하고 잘 참으시는 분이시라는 것을 그들이 어떻게 알겠습니까? 하나님께서는 그의 종들이 그와 죄인들 사이의 간격을 더 벌어지게 하거나 아니면 문제의 복된 해결을 방해하는 일이 없기를 바라시는 것입니다. 사실, 새를 놀라게 하여 날아가게 해서는 절대로 새를 잡을 수가 없습니다. 죄인들이 겁을 주는 언어의 단단한 돌에 맞아서 그리스도께로 달려드는 것이 아닙니다. 마음을 녹이는 간절한 권면들에 설복되어 그리스도께로 오는 것입니다.

(c) 하나님께서 그의 사신들에게 주시는 **명령**을 살펴보십시오. 그 명령의 광대한 범위를 보든, 혹은 그 엄정함을 보든, 그의 마음이 그 일에 가 계시는 것이 거기서 나타납니다. 첫째로, 그 광대한 범위입니다. 그리스도께서는 "온 천하에 다니며 만민에게 복음을 전파하라"라고 말씀하십니다. 부자든 가난한 자든, 큰 죄인이든 작은 죄인이든, 늙은이든 젊은이든, 차별을 하지 말라고 하십니다. 회개하고 믿는 모든 이들에게 평안이 있음을 전하라고 하십니다. 누구든지 나아오는 자에게 전하

라고 하십니다. 나아오는 모든 이들에게 평안이 베풀어집니다. 그리고 그 명령의
엄정함을 보십시오. 오오, 주어진 메시지를 신실하게 전하라는 명령이 얼마나 지
엄한지 모릅니다. 바울은 게으름을 피울 생각에 두려워 떨었습니다. "만일 복음을
전하지 아니하면 내게 화가 있을 것이로다"(고전 9:16). 그리스도께서는 마음에서
우러나와서, "네가 나를 사랑하느냐 … 내 양을 치라"고 말씀하시며, 베드로에게
주의할 것을 권고하십니다. 이는 마치 이런 말씀과도 같습니다: "베드로야, 네가
지금 나를 부인한 네 비겁함 때문에 눈물을 흘리지만, 네게 아직 한 가지 남은 길
이 있으니, 그 모든 연약함에 대하여 내 양을 치는 것으로 나를 향한 네 사랑을 증
명해 보이라. 이를 행하고 네 연약함에 대해 괘념치 말라." 그리스도께서는 자기
자신보다는 그의 양을 돌보는 일에 더욱 관심을 가지셨던 것입니다.

(d) 불쌍한 죄인들이 그들에게 베풀어지는 평안에로 나아올 때에 하나님께서 어
떠한 기쁨을 발하시는지를 관찰하십시오. 기쁨은 어떤 사물이나 사람에 대해 우리
가 가진 만족감에 대한 최상의 증언입니다. 사랑과 기쁨의 관계는 연료와 불의 관
계와 같습니다. 사랑이 마음에 감정의 연료를 별로 제공하지 않으면, 기쁨의 불꽃
이 별로 크지 않습니다. 그런데 하나님께서는 그에게 나아오는 불쌍한 죄인들을
용서하시는 일을 크게 기뻐하시며, 따라서 그렇게 용서를 베푸는 일에 큰 애정을
갖고 계신 것입니다. 그가 "긍휼을 기뻐하시므로" 바로 이것이 하나님으로 하여금
죄인들을 용서하시도록 만드는 동기가 되는 것입니다. "주와 같은 신이 어디 있으
리이까? 주께서는 죄악과 그 기업에 남은 자의 허물을 사유하시며 긍휼을 기뻐하
시므로 진노를 오래 품지 아니하시나이다"(미 7:18. 한글개역개정판은 "긍휼"을 "인애"
로 번역함 — 역주). 하나님이 이 모든 일을 행하시는 것은 바로 그가 "긍휼을 기뻐하
시기" 때문인 것입니다. 밤새도록 강가에 낚시줄을 들이대고 서 있는 낚시꾼에게
왜 그러느냐고 물어보십시오. 그러면, 그 일이 즐거워서 그렇게 한다고 대답할 것
입니다. 그러니 하나님께서 그렇게 오랫동안, 수개월, 수년을 죄인들에게 말씀을
선포하시며 그들이 돌아오기를 기다리시는 이유가 분명합니다. 그들에게 은혜를
베푸사 그들을 용서하시며, 또한 바로 그 일을 통해 스스로 기쁨을 얻고자 그렇게
하시는 것입니다. 임금들이 반역자들을 사면하는 것은 자기들 자신보다는 대부분
다른 사람들을 기쁘게 하기 위해서입니다. 그렇지 않다면 절대로 그런 일은 없을
것입니다. 그러나 하나님은 주로 자기 자신의 긍휼의 마음을 기쁘게 하고 즐거워
하게 하기 위하여 그 일을 행하십니다. 그렇기 때문에 그리스도께서 오셔서 행하

신 일을 — 이는 다름 아니라 죄인들을 하나님과 화목하게 하는 일이었습니다 — 가리켜 "여호와께서 기뻐하시는 뜻"이라 부르는 것입니다(사 53:10). 여호와께서는 이 일에서 정말로 큰 기쁨을 얻으십니다. 다른 아버지들은 — 이들이 자기 자녀를 사랑하는 것은 하나님께서 그리스도를 사랑하시는 것과는 비교할 수 없을 만큼 무한히 열등합니다만 — 그 자녀들의 죽음을 당하여 슬피 애곡하며, 그들이 폭력적으로 죽임 당했을 때에는 더할 나위 없이 슬퍼합니다만, 하나님은 그 아들의 죽음에 만족해하셨으며, 무한한 만족으로 그 아들의 죽음을 직접 주도하셨습니다: "여호와께서 그를 상하게 하시기를 기뻐하사"(사 53:10. 한글개역개정판은 "그에게 상함을 받게 하시기를 원하사"로 번역함). 그 아들의 죽음이, 타락한 상태에서 그와 노골적인 적대 관계에 있는 그의 가련한 피조물이 하나님과 다시금 복된 화목의 관계를 가질 수 있는 길을 만들었기 때문이 아니라면, 그가 그 죽음을 그렇게 기뻐하시는 이유가 무엇이겠습니까? 오오 죄인 여러분, 말해 보십시오. 하나님께서 여러분과 화목되시기를 그렇게도 간절히 바라신다면, 여러분이 그 평화를 받아들이는 것이 더더욱 필요하지 않겠습니까? 이제는 여러분에게 더 바라는 것이 한 가지밖에 없습니다. 이것을 따져 보십시오. 그 다음에는 여러분 자신의 선택에 맡기겠습니다.

넷째, 하나님과의 평안을 거부하면 여러분이 과연 어떻게 할 것인지를 따져 보십시오. 전쟁을 할 것인가 화친을 할 것인가에 대한 결정은 지극히 신중한 협의와 성숙한 논의를 거친 후에 내리는 것이 상례입니다. 나중에 가서 헛되이 후회하는 일이 없으려면 평화의 조약을 깨뜨리기 전에 어떻게 할 것인지를 생각하고 또 생각하여야 합니다. 하지만 이 문제에 대해 여러분이 여러분의 양심으로 자유롭게 이야기할 만큼 하나님과 여러분의 영혼에게 신실하지 못할 수도 있으므로, 여러분이 평화를 거부하면 그때에 어떻게 하게 되는지를 제가 여러분에게 말씀드리겠습니다. 여러분은 과거에 하나님을 상대로 가졌던 적의를 정당화하고서, 하나님께서 어찌하시든 간에 여러분이 과거에 행했던 일이 옳은 일이었다고 선언할 것입니다. 죄 용서 받기를 거부하는 자는 자기가 행한 잘못을 부인하거나, 혹은 이보다 더 나쁜 일이지만, 일어나 자기의 행위를 방어하게 됩니다. 하나님과 친구가 되기를 원하지 않는다고 말할 뿐 아니라 하나님과 여러분 사이의 분쟁을 영구화시킬 의도를 갖습니다. 마치 로마의 철천지원수였던 아밀카르(Amilcar)가 죽을 때에 그 아들 한니발(Hannibal)에게 로마에 대한 적의를 계승하도록 했던 것처럼 말입니다. 이 땅에서 여러분의 조물주이신 하나님을 상대로 그렇게 많은 싸움을 싸워온 것도 모자라 저 세상에서도 그런 싸움을 계속하려 하십니까? 피조물로서 던질 수 있는 가장 큰 모욕을 하나님께 던집니다. 하나님의 사랑과 미움을 그야말로 하찮은 것으로 여기므로, 그것들을 여러분의 생각의 저울에 올려놓아도 어느 쪽으로도 마음이 동하지 않습니다. 곧, 그의 사랑을 바라게 되지도, 그의 미움을 두려워하게 되지도 않는다는 것입니다. 요컨대, 여러분은 여러분에 대한 정죄를 그대로 용인하고 하나님의 불꽃 같은 진노의 입 속으로 절박하게 여러분 자신을 몰아갑니다. 하나님께서 금하시는 이런 마음 자세 그대로 죽게 되면, 하나님께서는 여러분을 멸망시키십니다. 그가 그것을 친히 맹세하셨습니다. 그러므로 죽음은 지옥의 처절한 감옥 속으로 여러분을 끌고 내려갈 문이 됩니다. 이 땅에서는 하나님을 여러분의 친구로 만들 생각도 여유도 없었으나, 일단 거기 있게 되면 과거에 여러분이 저지른 그 어처구니없는 잘못에 대해 슬피 울고 통곡하게 될 것입니다. 과거에 평화가 여러분에게 베풀어졌으나 받아들일 마음이 전혀 없었다는 것을 생각만 해도, 그것이 소금과 식초로 자극하듯 그렇게 여러분의 양심을 자극하여 여러분을 찔러서 마치 여러분이 지옥 불에 얹혀서 구워지는 것처럼 계속해서 고통을 더욱 견디기 어렵게 만들 것입니다. 이런 언어가 죄인들의 귀에 매우 불쾌하리라는 것을 저도 잘 압니다. 하지만 죄인이 지옥에서 자기 이를 갈며 고통을 받게 되는 것보다는 나을 것입니다.

스파르타인들(Lacedemonians)의 법 중에 아주 어처구니없고 잔인하기 그지없는 법에 대해 읽어본 일이 있습니다만, 곧, 누구도 이웃에게 나쁜 소식을 전해주어서는 안 되고, 누구나 시간이 지나면서 스스로 알아내도록 그냥 두어야 한다는 법이 그것입니다. 우리 중에 만일 그런 법이 있어서 목사들의 입을 묶어서 죄에 대해서와 또한 화목하지 못한 상태로 있을 경우 당하게 되는 비참한 결과들에 대해서 사람을 겁주는 일을 금하게 한다면 아주 만족해할 사람들이 많을 것이라 생각됩니다. 대부분은 비참한 결과를 당할 위험에서 빠져나오는 것에는 별 관심이 없고 오히려 그것에 대해 이야기하는 것만 싫어하며, 지옥에 들어가게 만드는 그 죄악된 처지에 대해서는 별 근심이 없고 지옥에 대해 이야기하는 것에 대해서만 거부감을 갖습니다. 하지만, 안타깝습니다. 지옥에서는 죄인들에게 사랑을 전해 줄 기회가 전혀 없을 것을 알고 있으니, 지금이 아니라면 대체 언제 죄인들의 영혼에게 사랑을 보여주겠습니까? 지옥은 마치 그 문 위에 "주여, 이 안에 있는 자들을 불쌍히 여기시옵소서"라는 문구를 써놓을 수가 없는 격리 병동과도 같다 할 것입니다. 아닙니다. 아닙니다. 지금 죄인들의 구원을 위해 기도하며 그들의 처지를 슬퍼하는 자들이라도 그들이 거기에 들어가고 난 다음에는 그리스도와 함께 그들의 정죄를 지지하고 그것에 대해 기뻐해야 할 것입니다. 심지어 그 안에 있는 자들이 그들이 친아버지나 남편이나 아내일지라도 말입니다. 오오, 그러니 하나님과 사람이 여러분을 대적하여 그런 마음을 가지시기 전에 스스로 곰곰이 생각하시기 바랍니다.

질문. 하지만 어떻게 하면 가련한 죄인이 하나님과의 평안을 누릴 수 있을까요?

1. 현재 하나님과 여러분 사이에 있는 불화와 적의를 직시하고 지각하십시오. 2. 하나님과의 화목을 이루고자 하는 올바른 목표를 지향하십시오. 3. 여러분의 반역적인 팔을 던져 버리고 겸손히 그의 긍휼에 굴복하십시오. 4. 할 수 있는 대로 속히 은혜의 보좌로 나아가서 그리스도로 말미암아 하나님과의 평안을 얻게 해 달라고 겸손히 요청하십시오.

[어떻게 하면 하나님과의 평안을 얻을 수 있을지에 대하여 죄인들에게 주는 지침]

지침 1. 현재 하나님과 여러분 사이에 있는 불화와 적의를 직시하고 지각하십시오.

(1) 현실을, 즉 하나님과 여러분 사이에 정말 분쟁이 있다는 것을 직시하십시오. 어디로 가든지 하나님의 진노가 여러분의 등 뒤에 있습니다. 마치 잔뜩 찌푸린 구름처럼 그 진노가 여러분의 머리 위에 당장이라도 저주를 쏟아 부을 태세입니다. 이 점을 강조할 필요가 있습니다. 왜냐하면 사람들이 스스로 죄인들임을 고백하는 것은 일상적으로 있는 일이지만, 대부분은 자기들을 하나님의 원수로 간주할 만큼 자기들의 처지를 낮게 보는 것을 혐오하기 때문입니다. 오히려 사람들은 이 모든 현실에도 불구하고 하나님과 자기들이 좋은 친구들이기를 바랍니다. 도둑들처럼 사소한 문제는 기꺼이 고백합니다만, 그들의 완악한 목을 위협할 수 있는 일은 절대로 생기지 않도록 조심합니다. 살아 있는 사람치고 죄를 범하지 않는 자가 어디 있습니까? 이것은 그들도 인정합니다. 그러나, 하나님과 적대 관계에 있고 그의 진노 아래 있다는 것은 그들에게 너무나 끔찍한 것이요 그들을 교수대에 — 지옥에 — 너무 가까이 데려다 놓는 것입니다. 그러므로 이런 사실을 지적하면 죄인들은 그 문제를 그렇게 적나라하게 그들의 양심이 듣는 데서 그 문제를 그렇

게 심각하고도 적나라하게 드러내지 않기를 바랍니다. 마치 랍사게가 그의 주인을 대적할 경우 끔찍한 일이 벌어질 것이라고 하며 유대인들을 협박할 때에, 유대인들이 백성들이 크게 동요할까 염려하여 "백성이 듣는 데서 우리에게 유다 방언으로 말하지" 말고 외국 방언으로 말해 달라고 한 것처럼 말입니다(사 36:11). 그러나 여러분이 진정 여러분의 영혼을 사랑한다면, 여러분의 처지를 진실하게 있는 그대로 여러분 자신에게 제시하여야 합니다. 사람이 절박한 처지를 숨김으로써 그 대의를 잃어버리다니, 이 얼마나 어리석은 일인지 모릅니다.

(2) 여러분 자신이 당한 처절한 처지를 직시하기를 힘쓰기 바랍니다. 여러분이 세계 제일의 제국을 소유하고 있고, 짐승들이 아담에게 그랬던 것처럼 모든 민족들이 여러분의 발 아래 기어다니고, 또한 므두셀라의 생애의 두 배나 되는 삶을 누리며 그동안 먹구름이 끼어 여러분의 그 왕다운 영광을 어둡게 하는 일이 전혀 없도록 보장되어 있다 해도, 만일 여러분이 하나님과 원수인 처지에 있다면, 저는 차라리 여러분의 발 아래 기어다니는 벌레나 도랑의 두꺼비가 될지언정 궁궐에서 지내면서도 비참한 중에 있는 여러분의 처지가 되고 싶지는 않습니다. 다가오는 죽음과 그 뒤에 여러분을 위해 예비되어 있는 영원한 비참을 한 번만 생각해도 현재 누리는 모든 행복과 즐거움이 다 사라져 버릴 것입니다. 그렇기 때문에 세상의 위대한 사람들이 — 사실 높은 이나 낮은 이나 간에 하나님과 화목되지 않은 모든 죄인들이 다 그렇습니다만 — 마치 곰이 산을 내려가듯이 뒷걸음질치며 무덤을 향하여 나아가는 것입니다. 안타깝습니다! 자기들이 어디로 가고 있는지 그쪽으로 머리를 돌려 한 번 바라보면, 이 호심경이 — 하나님과 누리는 평안을 누리는 편안함이 — 없다는 것 때문에 속에서부터 탄식이 나올 것입니다. 그러므로 죽음을 앞두고 있는 가련한 사형수가 하듯이, 주위의 아첨하는 모든 동료들과의 관계를 끊어내십시오. 그들은 몰지각한 안전을 여러분의 비참한 영혼에게 속삭이는데, 이는 마귀가 영혼을 완전히 멸망시키기 위해 누이는 요람 같은 것일 뿐입니다. 이런 자들은 하나도 가까이 오게 하지 말고, 여러분에게 신실한 자들을, 사무엘처럼 하나님께서 여러분에게 주시는 책망을 하나도 숨기지 않고 모두 다 전해주는 그런 자들을 청하여 그들의 말을 들으십시오. 예. 직접 눈을 들어 말씀 속에서 여러분의 운명을 읽으십시오. 그리고 사람의 정죄가 아니라 하나님께서 친히 입으로 선포하시는 정죄를 그대로 취하십시오. "내 하나님의 말씀에 악인에게는 평강이 없다 하셨느니라"(사 57:21). 이것이 마치 종기에 바르는 연고처럼 여러분의 심

령에 들어가 박혀서, 마음을 완악하게 하여 여러분의 상태를 제대로 지각하지 못하게 만들어온 여러분의 교만과 육신적인 안일함의 핵심부를 다 들추어내기까지 이것을 묵상하십시오. 그렇게 되면, 여러분이 정말 큰 곤경에 처해 있다는 것을 깨닫고서 심령에 고뇌가 생겨서 즉시 하나님과의 평안을 원하게 되는데, 이것이야말로 하나님께서 여러분에게서 나오기를 바라시는 것입니다. 벤하닷의 종들이 아합의 입에서 나오는 말을 바라고 기다렸던 것처럼 말입니다.

지침 2. 하나님과의 화목을 이루고자 하는 여러분의 소원이 올바른 목표를 지향하도록 하십시오. 평화의 약속 중에 거짓과 반역이 개입되는 것만큼 하나님께나 사람에게 혐오스러운 것은 없습니다. 그런데 어떤 이들은 입으로는 버터처럼 부드러운 말을 하면서도 마음속에는 전쟁이 가득합니다(시 55:21). 평화를 구하면서 마음이 그처럼 소망 없는 상태가 되지 않도록 주의하시기 바랍니다! 하나님의 눈이 보지 못한다면 모르겠으나 그런 일은 없으니, 반드시 하나님께서 여러분의 그런 마음을 보실 것이고, 그렇게 되면 그의 마음이 여러분을 향하여 지극히 굳어질 것입니다. 하나님께서는 누구를 용서하시든 혹은 그와 더불어 평안의 마차에 오르게 하시든 절대로 후회하시는 법이 없습니다. 왜냐하면 그는 사람과는 달리 누구에게서도 절대로 속임을 당하신 일이 없기 때문입니다. 사람은 나중에 결국 거짓 형제인 것이 드러나고 차라리 전혀 알지 못했더라면 좋았겠다고 탄식하게 될 사람과 평화를 도모하는 경우가 다반사입니다. 요압은 아마사를 죽였습니다만, 아마사는 요압의 손에 검이 들려 있다는 것을 전혀 개의치 않았습니다. 그러나 하나님은 마음을 보시며, 그 마음의 손에 들려진 것을 보시는 분이십니다. 그러므로 여러분이 추구하는 목표에 대한 생각을 분명히 하시기 바랍니다. 여러분 자신의 안전을 위해서도 그렇게 해야 합니다. 하나님께서는 여러분이 여러분 자신을 돌아보도록 기회를 주십니다. 이 기회는 무시하더라도 절대로 하나님을 무시해서는 안 됩니다. 하나님과의 평안이든 사람과 사람 사이의 평안이든 오로지 자기 사랑에서 비롯된 것은 절대로 참되고 확실한 평안이 될 수가 없습니다. 옛적의 모습 그대로 있으면 여러분이 망할 것임을 보고서 이를 피하고자 하나님과 평안을 도모하려 합니다. 마치 하닷에셀을 섬기던 왕들이 그가 "이스라엘 앞에서 패함을 보고 이스라엘과 화친하고" 이스라엘을 섬긴 것처럼 말입니다(삼하 10:19). 하나님이 안전을 보장해 주시기 때문에 여러분이 그에게로 나아가는 것일 수도 있습니다. 이런 동기가 강하게 작용하지 않고서는 아무도 하나님과 평안을 도모하려 하지 않을 것입니다. 집에서 안전히 지낼 수 있었더라면 야곱은 절대로 라반에게로 도 피하지 않았을 것입니다. 자기들의 보루에서 쫓겨날 처지이기 때문에 하나님께 굴복하는 것입니다. 그러나 이것이 여러분의 목표의 전부가 되어서도, 이것이 가 장 주된 목표여서도 안 됩니다. 하나님께 굴복하면서도 여전히 하나님을 미워할 수도 있으니 말입니다. 다윗이 승리를 거두니, 도무지 어찌할 수 없어서 거짓으로 그에게 굴복하는 자들처럼 말입니다. 폭풍에 휩싸인 사람은 어쩔 수 없이 철천지 원수의 집이라도 피난처로 삼고 그리로 들어가 몸을 피하는 법입니다. 그 원수에 대한 미움과 증오의 마음을 그대로 갖고서 말입니다. 그러므로 여러분 자신을 보 존하겠다는 생각보다도 먼저 다음 두 가지를 반드시 명심해야 합니다.

(1) 하나님께 영광돌리기를 목표로 삼고서 하나님과 화목하기를 바라야 합니다. 그러므로 성도들의 기도는 그들 자신과 그들의 비참한 처지에 근거한 간구를 담 고 있기도 하지만 하나님 자신에 근거한 간구를 담는 경우가 허다합니다. "우리 구 원의 하나님이여 주의 이름의 영광스러운 행사를 위하여 우리를 도우시며 주의 이름을 증거하기 위하여 우리를 건지시며 우리 죄를 사하소서"(시 79:9). 하나님께 서 우리의 죽음과 정죄에서보다 우리의 평안과 화목에서 더 영광을 받으실 수 없 다면, 우리가 우리의 평안과 화목을 바란다는 것은 사악한 일일 것입니다. 그러나 하나님께서 친히 긍휼을 베푸사 이 점에 대해 분명하게 밝히셨습니다. 하나님의 면류관의 가장 큰 소득이 바로 여기에 있습니다. 그렇지 않다면 그가 제사보다 긍 휼을 원하실 수가 없었을 것입니다. 하나님은 그의 마음에 가장 합당하며 또한 그 의 위대한 이름을 높이기에 가장 적절한 것을 자유로이 선택하실 수 있습니다. 또 한 그는 그의 공의의 제물로 모든 정죄 받은 자들의 피를 흘리는 것보다는 그런 자 하나에게 긍휼 베풀기를 더 기뻐하십니다. 그러므로 그들의 정죄에는 그들의 피 를 흘리는 것보다 더 높은 목적이 있었습니다. 그것은 바로 구원받는 자들 중에서 그의 긍휼의 영광을 드높이는 것이었습니다. 이것이야말로 하나님께서 기뻐하시 는 아름다운 것이요, 피를 흘리는 것은 그 그림자에 지나지 않습니다. 그러므로 하 나님께서 긍휼로 말미암아 존귀함을 받으시리라는 사실로 인하여 마음에 깊은 감 동을 받으면, 이때야말로 평안을 위하여 기도할 수 있는 적절한 상태인 것이요 또 한 용기를 갖고 나아갈 수가 있습니다. 하나님께서는 이러한 간구를 거절하지 않 으실 것입니다. 아비가일은 다윗에게 말하기를, "내 주께서 슬퍼하실 것도 없고 내 주의 마음에 걸리는 것도 없으시리라"라고 하였습니다(삼상 25:31). 이는 곧, 다윗

이 피를 흘리지 못한 것에 대해 결코 후회할 이유가 없을 것이라는 뜻이었습니다. 하나님께 나아가 이렇게 간구하시기 바랍니다. "오오 주님, 제가 성도들과 천사들과 함께 천국에서 주의 용서하시는 은혜를 찬송하리니, 그때에 주의 긍휼로 인하여 주께서 제 피를 흘리시고 제 영혼을 지옥에 던지지 않으신 것으로 인하여 주의 마음에 걸리는 것이 없으리이다." 그런데 많은 이들이 평안을 바라고 그것을 구하는 것처럼 보이면서도 그 일에서 하나님의 존귀에 대해 별로 신경 쓰지 않습니다. 오히려 하나님께서 그 자신에게 치욕스러운 그런 방식으로 자기들에게 용서를 베풀어 주시기를 바랍니다. 하나님과 그리스도에 대해 전혀 무지한 채로 용서받기를 구합니다. 자기들은 하나님과 원수 된 상태 그대로 있으면서 하나님이 자기들과 화평한 관계를 가져주시기를 바라는 것입니다. 마치 재판정에 있는 도둑이 자기가 한 행동이 옳았든 옳지 않았든, 합법적이었든 불법적이었든, 재판장이 무조건 자기 목숨을 살펴주기를 바라는 것처럼 말입니다. 이 몹쓸 자는 과연 재판장의 존귀 따위에는 관심이 없습니다. 하나님이 그런 죄인을 그냥 구원해 주신다면, 하나님이 베푸시는 긍휼이 얼마나 불의한 것이 되겠습니까? 오오 여러분, 여러분 자신을 속이지 마십시오! 하나님이 여러분과 화목하시기 위하여 자기 자신의 속성들끼리 싸움을 붙이시는 일은 없을 것입니다!

(2) 하나님과 교제를 갖고자 하는 마음으로 하나님과 화목하기를 바라야 합니다. 하나님과의 교제를 잃어버리는 것이 어떤 것인지를 아는 자는 그저 하나님과의 평안을 얻는 것만으로 모든 것을 다 이루었다고 여기지 않습니다. 가령 하나님께서 이렇게 말씀하신다고 합시다: "영혼아, 내가 너와 친구가 되었고, 네가 절대로 지옥에 가지 않도록 명령했노라. 내게 진 빚 때문에 더 이상 너를 붙잡아두지 않을 것이로다. 그러나 나와 교제하는 일에 대해서는 아무 기대도 하지 말라. 너와 항상 친하게 지내는 일에 대해서는 너와 관계할 일이 없노라." 이런 경우라면, 우리 영혼이 결코 평안을 누릴 수가 없을 것입니다. 만일 지옥의 주 고통거리인 불이 없다 해도 지옥은 여전히 하나님의 임재가 없는 캄캄한 어둠일 것이요, 영혼이 그 가운데 있을 수밖에 없을 것입니다. 압살롬에게는 왕인 그의 아버지의 얼굴을 보든지 아니면 죽임을 당하든지 둘 중의 하나를 택해야 할 처지였습니다: "이제는 네가 나로 하여금 왕의 얼굴을 볼 수 있게 하라 내가 만일 죄가 있으면 왕이 나를 죽이시는 것이 옳으니라"(삼하 14:32). 곧, "내가 아버지 앞에서 그의 사랑을 누릴 자격이 없다면, 살기를 바랄 자격도 없으리라"는 뜻입니다. 그러나 악한 마음은 하나님과

의 화목은 바라면서도 하나님과의 교제는 사모하지를 않습니다. 반역자처럼 만일 왕이 죄를 용서하고 교수대에서 자기를 구해 주기만 하면 기꺼이 궁정에서 더 이상 문제를 일으키지 않겠노라고 약속할 준비가 되어 있습니다. 하지만, 그가 바라는 것은 자기 목숨이지 왕의 사랑이 아닌 것입니다.

지침 3. 여러분의 반역적인 팔을 던져 버리고 겸손히 그의 긍휼에 굴복하십시오. 검이 여러분의 손에 들려 있는 한, 하나님께서는 여러분과 대면하시지 않습니다: "여호와께서 말씀하시되 오라 우리가 서로 변론하자"(사 1:18). 그 변론이 언제 시작되는지를 주목하십시오: "너희는 스스로 씻으며 스스로 깨끗하게 하여 내 목전에서 너희 악한 행실을 버리며 악행을 그치고"(16절).

(1) 하나님은 크신 하나님이십니다. 그러니 마치 왕이 자기와 대등한 다른 왕을 대하듯이 — 만일 그와 평화를 유지하지 못하면 그가 얼마든지 무력을 사용하여 그에게 복수를 할 수 있으니 그를 자신과 대등하게 대우해주는 것처럼 — 보잘것없는 피조물을 자신과 동등한 자격으로 대한다는 것은 그의 주권에 걸맞지 않습니다. 아닙니다. 하나님은 마치 권세 있는 왕이 그에게 반역을 저지른 신하를 대하듯이 하십니다. 왕은 그 반역한 신하를 사슬에 매어 감옥에 가두고 언제라도 자기 뜻에 따라 죽일 수 있습니다. 크신 하나님께서는 여러분이 이 점을 알기를 원하십니다. 자기 힘을 의지할 수 있는 자들은 항복할 것이요, 평안이 없이 살아야 할 것입니다. 그러나 가련한 죄인인 여러분은, 감히 싸움터에서 하나님과 맞설 능력이 있다고 생각하지는 않을 것이라 여겨집니다. 아닙니다. 유일한 길은 무릎을 꿇고 그의 발 아래 목을 드리우고 다음과 같이 말하여 그를 얻는 것뿐입니다: "주님, 제 목숨을 주의 손에 드립니다. 저는 진정 주께 매인 자가 될 것이요, 주의 긍휼과 계속 맞싸우기보다는 주의 공의의 손에 죽기를 택하겠사옵니다." 자, 여러분, 이것이 평안을 얻는 올바른 길입니다. "주 앞에서 낮추라 그리하면 주께서 너희를 높이시리라"(약 4:10). 그의 발 아래 엎드리는 자는 머지않아 그의 거센 팔에서 놓임을 받을 것입니다. 하지만 "지극히 존귀한 자"가 그 몸을 숙여 회개하는 죄인을 그의 긍휼의 팔에 안아 주실 수 있지만, 그렇다고 해서 그가 하나님을 향하여 손을 뻣뻣이 들고 대적하는 몹쓸 죄인들을 그냥 무조건 받아들이사 자신의 주권을 더럽히시는 일은 없습니다. 하나님께는 한 가지 단서가 있으니, 곧 그가 "벌을 면제하지는 아니하신다"는 것입니다(출 34:7).

(2) 하나님의 거룩하신 본성이 이를 요구합니다. 하나님과 사람 사이에 틈을 만들

어낸 것이 바로 죄요, 또한 하나님으로 하여금 그의 피조물을 대적하여 팔을 드시도록 만든 것도 죄입니다. 그러니 이 문젯거리를 가슴에 그대로 품고 있으면서 하나님과 평화를 이룰 생각을 한다는 것이 이성적으로 어떻게 가능하겠습니까? 하나님은 여러분과의 화목을 바라십니다. 그러나 그렇다고 해서 여러분이 죄와 화평하면서 그와 화평하기를 바랄 수 있겠습니까? 죄로부터 의롭다 하심을 받는 것으로 족하지 않습니까? 그런데 하나님이 여러분을 죄 안에서 의롭다 하셔서 그 자신의 존귀하심을 스스로 깨뜨리기를 바랍니까? 임금이 자기 목을 칠 권한을 다른 사람에게 준다는 이야기를 들어본 적이 있습니까? 하나님의 목숨을 노리는 유일한 것이 죄인데 그것을 버리려 하지 않는다면, 대체 하나님을 향한 여러분의 사랑을 무엇으로 보증할 수 있겠습니까? 죄는 하나님을 죽이는 것입니다(Sin is deicide). 그 반역자에 대한 호감이 속에 있는 한, 하나님께서는 포위망을 풀지도 않으시고, 평화도 없습니다. 그 반역자와 하나님이 동시에 통치할 수는 없습니다. 그러므로 누구의 통치를 받을 것인지를 선택하여야 합니다. 여러분의 정욕을 잠시 길 밖으로 보내면 된다고 생각하는 우를 범하지 말기 바랍니다. 임금들은 흔히 백성을 기쁘게 하기 위하여 군중집회 같은 것을 통해서 그들이 좋아하는 것들을 보여주고는, 와자지껄하는 소동이 끝나면 그것들을 다시 불러들이는데, 그런 식으로는 안 됩니다. 하나님은 결코 그런 식으로 조롱당할 분이 아니십니다. 말씀이 무어라 약속합니까? 그는 그 약속을 그대로 지키십니다. "악인은 그의 길을, 불의한 자는 그의 생각을 버리고 여호와께로 돌아오라 그리하면 그가 긍휼히 여기시리라 우리 하나님께로 돌아오라 그가 너그럽게 용서하시리라"(사 55:7). 하나님께서 얼마나 조심스레 단어를 사용하시는지를 보십시오. 도무지 아무런 여지도 남겨두시지 않습니다. 모든 것을 버려야 하는 것입니다. 이는 다음을 암시하고 있습니다.

(a) 영혼 속의 의도적인 선택. 자유로이 선택하는 것입니다. 어떤 사람들의 죄들이 그들을 버리기도 합니다. 더러운 영이 나가는데, 쫓겨나가는 것이 아닌 경우도 있습니다. 곧, 죄를 지을 기회가 사라지거나, 죄의 명령을 시행할 수 있는 육체적인 능력이 결핍되어 있습니다. 그런데 이런 모든 경우들에는 죄를 버리는 행위가 없습니다. 죄를 버린다는 것은 무엇입니까? 유혹이 가장 바삐 역사하고 그 힘이 가장 왕성할 그 때에 거룩한 분노와 결단으로 그것과 결별하는 것입니다. 다윗이 그의 원수들이 벌 떼처럼 달려들어 그를 대적할 때에 여호와의 이름으로 그들을 끊

어 버리리라고 말씀하는 것처럼 행하는 것(시 118:12), 이것이 죄를 버리는 것입니다. 이것이 모세가 받은 칭찬입니다. 그는 장성하여 궁궐을 버렸습니다. 바실래처럼 나이가 많아서 버린 것이 아니라(삼하 19:34), 핏줄에 피가 왕성히 흐를 때에 그렇게 했습니다. 남자가 감옥에 갇혀 그 아내로부터 떨어지는 경우는 그가 그 아내를 버리는 것이 아닙니다. 그가 이혼증서를 주고 아내를 내쫓아야 아내를 버리는 것입니다.

(b) 죄를 버린다는 것은 죄에게로 다시 돌아간다는 생각을 하나도 남겨두지 않는 것입니다. 사람이 사업을 위하여 집에서 떠나 다른 곳으로 여행하는 경우에, 그 사람이 자기 집을 버렸다고 말하지 않습니다. 나갔다가 일을 마친 후에 다시 돌아올 것이기 때문입니다. 그러나 어떤 사람이 자기 짐을 모두 꾸린 다음 문을 잠그고 그 집을 떠나 다른 곳으로 옮겨가서 거주하고 다시는 돌아오지 않을 경우, 그 사람은 과연 자기 집을 버린 것입니다. 언제나 술에 절어 있는 술주정뱅이도 때로는 맨 정신일 경우도 있습니다만, 그렇다고 해서 그가 술주정뱅이가 아니라고 말할 수는 없습니다. 이따금씩 휴가를 즐기는 사람을 보고 그들이 다 자기 업을 버렸다고 말할 수는 없는 것입니다. 죄를 던져 버리고 다시는 그것을 열지 못하도록 문에 못을 박아 버릴 때에, 그 사람은 과연 죄를 버리는 것입니다. "에브라임의 말이 내가 다시 우상과 무슨 상관이 있으리요?"(호 14:8).

또 관찰할 것은, 죄 용서가 인침을 받을 수 있으려면 이런저런 한두 가지 죄만이 아니라 죄의 "길" 전체를 버려야 한다는 것입니다. "악인은 그의 길을 버리고"라고 말씀합니다. 여행자가 더럽고 울퉁불퉁한 곳을 피하고 평평하고 부드러운 쪽으로 가려고 이리저리 걸음을 바꾸지만 여전히 같은 길을 갈 수도 있습니다. 이와 마찬가지로 무언가 무겁고 불편한 죄를 피하고 좀 더 예의를 지킬 수 있는 깨끗한 곳에 발을 들여놓는 이들이 많습니다만, 정말 안타깝게도 이들이 하는 일은 고작 짐승처럼 무턱대고 달려드는 이웃들보다 좀 더 쉽고 깨끗하게 지옥을 향하여 나아가는 것뿐입니다. 그러나 그 길을 통째로 다 버리고 다른 길을 택하는 자가 바로 죄의 길을 버리는 자입니다. 요컨대 죄의 길에 속한 모든 것들을 — 울타리 뒤편에 감추어져 있는 오솔길조차도 — 다 버려야 합니다. "불의한 자는 그의 생각을 버리라"고 말씀합니다. 마음의 생각 속에 있는 악한 것들도 다 버려야 합니다. 그렇지 않으면 아무리 하나님의 문을 두드리며 용서의 긍휼을 베푸시기를 구해도 소용이 없습니다. 그러므로 여러분, 모든 것을 다 버리든지, 아니면 하나도 버리지 않든지 하십시오. 지옥에 들어가려는 생각이라면 구태여 모양이 좋게 꾸밀 이유가 어디 있습니까? 이처럼 죄와 절반씩 나눈다는 것은 정말 우스운 일입니다. 마음의 평안을 해치고 여러분의 정죄를 확실하게 해주는 그런 죄는 두려워하고 그보다 못한 죄는 별로 두려워하지 않습니까? 그저 여러분의 둔한 양심에 거리낌이 없기만 하면 그것으로 족합니까? 이것은 마치 장차 교수형을 당할 처지에 있는 사람이 교수대를 보는 것이 끔찍하여 교수대가 있는 거리를 지나가지 않으려 하는 것만큼이나 어리석고 우스꽝스런 일입니다. 오오 여러분, 여러분이 지옥에 들어간다면, 무지와 불신앙과 영적 교만 때문에 그리로 가게 되든지, 혹은 겉으로는 그런 패악을 저지르지 않고서 그리로 가게 되든지, 무엇이 다르겠습니까? 하나님께서 평안을 베푸시는 조건들이 공정하며 존귀하다는 것을 생각해보십시오. 정욕 때문에 지옥에서 불에 타게 된다면, 그 정욕이 과연 그렇게 달콤하고 유익하겠습니까? 다리우스 왕은 알렉산더 대왕을 피하여 도망할 때에, 위험에서 벗어나기 위해 더 빨리 달리려고 자기를 방해하는 그 무거운 왕관을 벗어 던져 버렸다고 합니다. 하나님의 공의의 손길에 내려침을 당할지언정 도무지 던져 버릴 수 없을 만큼 그렇게 정욕이 귀합니까? 어리석은 사람이 어쩌나 어리석은지 지혜로운 이교도도 그것을 알아챌 수 있을 정도입니다. 우리는 돈을 줄 가치가 있는 것만을 구매한다고 생각하며, 또한 우리의 영혼을 지불하고 사는 것들에 대해서는 공짜로 그것들을 얻는다고 생각합니다. 그러니 자기 자신의 영혼의 가치를 자기 돈의 가치만큼도 인정하지 않는 것이 아니겠습니까! 앞의 지침들을 성실하게 좇아왔다면, 이제 여러분이 바라는 일을 이룰 적절한 준비가 되었다 할 것입니다. 그러므로,

지침 4. 할 수 있는 대로 속히 은혜의 보좌에로 나아가서 그리스도로 말미암아 하나님과의 평안을 얻게 해 달라고 겸손히 요청하십시오. 그렇습니다. 하나님이 여러분의 그런 행동을 기꺼이 받아들이시리라는 믿음을 갖고 나아가십시오. 다만, 여러분이 무엇을 근거로 하나님께 간구하며, 여러분이 과연 어디에다 신뢰를 두는지를 조심하십시오. 여러분의 회개나 변화에 근거하거나 그것에 신뢰를 두어서는 안 됩니다. 그것은 하나님과 거래를 하려는 것에 지나지 않습니다. 하나님은 그와 물건을 교환할 상인이 아니라 그에게 간절히 구하는 겸손한 간구자를 기대하신다는 것을 알아야 합니다. 또한 무지한 자들이 하는 것처럼 하나님의 절대적인 긍휼에 의지해서도 안 됩니다. 이것은 마치 칼의 손잡이가 아니라 날을 쥐는 것과도 같습니다. 그런 자는 오히려 그 긍휼로 말미암아 죽음과 정죄에 이를 수밖에 없습니다.

오직 하나님께서 베푸시는 대로 "그리스도로 말미암아" 그 긍휼을 손에 쥐는 자는 그 긍휼로 말미암아 구원을 얻을 것입니다. "내 힘을 의지하고 나와 화친하며 나와 화친할 것이니라"(사 27:5). 그리스도 안에서가 아니면 하나님의 구원의 능력이 대체 어디에 있겠습니까? 하나님이 그에게 능력을 주셨으니 그가 "자기를 힘입어 하나님께 나아가는 자들을 온전히 구원하실 수" 있는 것입니다(히 7:25). 하나님의 절대적인 권능이나 긍휼이 여러분을 돕는 것이 아닙니다. 그의 언약에 근거한 능력과 긍휼이 여러분을 돕는 것이요, 이는 그리스도 안에 있는 것입니다. 그리스도를 붙잡으십시오. 그러면 하나님의 팔을 붙잡게 되고, 그는 그렇게 자기를 붙잡는 영혼을 내치실 수가 없습니다.

사실, 하나님의 본질적인 선하심이야말로 그리스도 안에서 용서하신다는 약속을 의지하도록 가련한 영혼을 설득할 수 있는 강력한 근거입니다. 신자에게 평안을 약속하시는 하나님이 바로 본성적으로 용서하시며 긍휼을 베푸시는 하나님이시라는 것을 생각할 때에 영혼이 그의 약속을 의지할 수 있게 됩니다. 하지만 만일 이 가련한 죄인들에게 그리스도로 말미암아 긍휼을 베푸시겠다는 약속이 전혀 없었다면, 하나님이 선하시다는 것을 믿었다 해도 그저 냉랭한 위로밖에는 아무것도 얻지 못했을 것입니다. 하나님이 아담의 자손 전체를 정죄하셨다 해도, 그의 본질적인 선하심이 조금도 문제시되지 않았을 것이니 말입니다. 그가 하실 수 있는 모든 일을 다 하시지 않는다고 해서 그것이 그의 전능하신 능력에 오점이 되는 것이 아닙니다. 그가 원하셨다면 그는 지금 세상보다 더 많은 세상을 지으실 수 있었습니다. 그러나 그가 그렇게 하실 것이라고 믿을 근거가 없으며, 또한 그가 그렇게 하시지 않는다고 해서 그의 전능하심이 덜해지는 것도 아닙니다. 뿐만 아니라 그는 타락한 천사들도 잃어버린 사람의 아들들과 더불어 구원하실 수 있었습니다. 만일 그가 적절하게 여기셨다면, 그의 자비하심을 손상시키지 않고서도 얼마든지 그런 계획을 시행하셨을 것입니다. 그러나, 그런 일에 대한 약속이 전혀 없으므로, 하나님이 본질적으로 선하시다는 것이 마귀들에게 조금도 위안이 되지 않았고 또한 그가 그렇게 하시리라는 희망을 갖게 되지도 않은 것입니다. 하지만 하나님은 여전히 선하십니다. 사람의 아들들 가운데 많은 이들이 복음에 대한 단순한 무지로나 혹은 편견으로나 교만한 생각을 갖고서 그리스도께서 우리를 위하여 이루신 속량을 통하여 하나님과 평안을 이루는 길을 가로막고, 그리스도를 무시하거나 혹은 그의 속량을 경멸하며 거부하며, 스스로 하나님의 절대적인 선하심과 긍휼에 호소하며 이를 근거로 그리스도의 심판대 앞에서 용서와 구원을 얻으려 합니다만, 마귀들과 마찬가지로 이들도 거기서 아무런 유익을 얻지 못하고 말 것입니다.

여러분, 가령 어떤 임금이 그의 백성을 다스리고자 임의로 법을 만들고서 그것을 철저히 준수하겠다고 엄숙히 맹세한다고 합시다. 그런데 이 법에 의하여 정죄를 받아 사형 당할 위기에 처한 한 범법자가 그 법을 벗어나 그 임금의 자비롭고 선한 성품에 호소하여 무언가 위안을 받기를 기대한다면 이것이 과연 가당한 일이겠습니까? 그런 식으로 처신하여 목숨을 구한 경우도 물론 있기는 합니다. 하지만, 그런 일이 일어난 것은 임금이 경솔하게 법을 제정하였기 때문이거나 아니면 자기의 맹세를 제대로 지키지 않았기 때문입니다. 하지만 무한히 지혜로우시고 무한히 거룩하신 하나님께 그런 것을 기대한다는 것은 신성모독입니다. 하나님은 그리스도로 말미암아 죄인들을 구원하시고자 믿음의 법이라는 법을 제정하셨고, 그리스도를 믿는 모든 자들을 구원하시고 또한 믿지 않는 모든 자를 정죄하심으로써 그 법을 온전히 지키시기로 맹세하셨으며, 또한 모든 일을 확실히 하기 위해서 그리스도로 하여금 그의 직무를 신실하게 행하도록 하셨습니다. 그는 제사장으로서 속량을 이루는 제사장의 직무를 부여받으셨고, 또한 마지막 큰 날에 심판주가 되사 사면이나 정죄의 선고를 공포하실 것입니다. 그러므로 죄인인 여러분, 하나님의 아들이신 그리스도께 전적인 신뢰를 드리는 데에서 조금이라도 벗어나지 않도록 주의해야 합니다. 그는 하나님이시요 동시에 사람이신 분으로, 성부와의 합의에 따라 자기 목숨을 드려 세상의 죄를 위하여 속죄를 이루셨고, 또한 이제는 그 때에 그가 흘리신 피를 죄용서와 평안을 얻도록 아버지께 드릴 값으로 여러분의 믿음의 손에 쥐어 주시는 것입니다. 아닙니다. 그들이 와서 여러분을 그리스도에게서 돌이켜 그리스도에게로 — 여러분 바깥의 그리스도에게서 여러분 속의 그리스도에게로 — 나아오라고 부른다 해도, 그것은 아닙니다. 예수회(the Jesuit)나 퀘이커교도(the Quaker)가 그렇게 하며(예수회가 이제는 퀘이커파에 복속되어 버린 셈입니다), 또한 그 옛날 수도사들도 자기들이 받드는 성자들의 입을 빌려서 그런 거짓된 가르침을 전하여 무리들이 그 속임수를 전혀 의심하지 않고 받아들이고 속아 넘어가게 했었습니다. 이와 마찬가지로 오늘날도 예수회가 퀘이커교도들의 입을 통해서 그 교황주의의 헛된 가르침들을 전하고 있습니다만, 퀘이커교도들의 가르침이 예수회의 가르침보다 훨씬 더 위험하고 더 간교합니다. 오늘날에는 너무나 많은 빛이 비추어져 있으므로 그 낡은 꼭두각시 인극 그 자체로는 통하지 않습니다. 하지만, 사람들이 너무나 지혜로워져서 돌에다 귀를 들이대지는 않습니다만, 살아 있는 성자의 거룩한 모습에 감동하여 그런 어리석은 일을 높이 기려 행하게 만듭니다. 이런 식으로 하여 마귀는 언제나 이런 가면을 쓰고서 아무런 의심도 받지 않고 자기 목적을 이루어왔고, 또한 세상 끝날까지 이루어갈 것입니다. 자, 여러분, 마귀가 여러분에게 와서 여러분 바깥의 그리스도로부터 여러분 속의 그리스도에게로 나아오라고 부르면, 그 미사여구를 낱낱이 벗겨 그 속에 있는 거짓 가르침을 드러내시기 바랍니다. 일상적인 언어로 풀어보면, 마귀는 여러분을 위해 그리스도께서 행하셨고 또한 믿음으로 말미암아 여러분의 것이 되어 여러분이 하나님 앞에서 의롭다 하심을 얻게 된 그리스도 자신의 의(義)를 신뢰하고 의지하는 데에서 돌이켜, 하나님의 성령께서 여러분 속에서 이루사 여러분을 성화시키고 새롭게 하시며, 때로 "새로운 피조물"과 "우리 속에 계신 그리스도"라 부르는 그런 내재적인 은혜 혹은 의(義)의 역사를 의지하고 신뢰하라고 종용하는 것입니다. 여러분의 의이신 그리스도를 붙잡는 손을 놓아 버리고 연약하기 그지없는 피조물을 의지하게 되었다면 여러분은 제대로 변화된 것이 아닙니다. 하나님이 아십니다. 그것이 온갖 불완전한 것들로 가득 차 있고 마치 흙과 찌꺼기가 훨씬 더 많이 섞여 있는 금맥(金脈)과 같아서 무덤이라는 구덩이에 서 제련되기까지는 절대로 깨끗하게 정리되지 않는다는 것을 여러분의 양심이 — 분별이 없어 거짓을 믿어 버리는 그런 양심은 제외하고 — 분간할 수 있을 것입니다. 그리스도인 여러분, 여러분 자신을 살피십시오. 이것은 삶과 죽음을 가늠하는 문제입니다. 여러분 속에 있는 그리스도의 은혜를 귀하게 여겨야 합니다. 그렇습니다. 세상에 있는 산더미 같은 금보다도 그것을 귀하게 여기지 않는다면 여러분에게는 그 은혜가 하나도 없는 것입니다. 그러나 이 여러분 속의 그리스도나 혹은 그의 은혜를 생명과 구원을 가져다주는 것으로 신뢰하지는 마십시오. 그렇게 되면 피조물을 하나님보다 더 귀하게 여기는 것이요, "여러분 속의 그리스도"와 "여러분 바깥의 그리스도"를 서로 싸움 붙이는 것이기 때문입니다. 신부가 신랑에게서 그의 초상화를 받으면 그것을 아주 귀하게 여기는 것이 당연합니다. 특히 그 초상화가 신랑의 실물과 흡사하고 또한 신랑이 직접 손으로 그린 것이라면 더더욱 귀하게 여길 것입니다. 하지만 그 초상화에 빠진 나머지 신랑 자신을 소홀히 여기며, 또한 돈이나 의복 같은 것이 필요할 때에 신랑에게 가서 구하지 않고 그 그림에게 그 모든 것을 구한다면 이는 정말 말도 되지 않는 어리석은 짓일 것입니다. 성도에게 있는 은혜를 "그의 속의 그리스도"라 부르는 것은 그것이 그의 초상화이고, 또한 성도로 하여금 그리스도를 닮게 해주기 때문입니다. 이것이 친히 여러분의 남편이신 그리스도께서 그의 성령의 손가락으로 여러분의 심령에 그려놓으신 것으로 그의 거룩을 닮았으니, 이것을 귀하게 여기는 것은 당연한 일일 것입니다. 하지만, 여러분이 믿음으로 혼인하여 이제 여러분의 남편이 되신 주 예수 그리스도께 등을 돌리고, 죄 용서와 위로를 원할 때에 — 천국과 복락을 얻고자 할 때에 — 그리스도에게서가 아니라 여러분의 은혜에게서 그것들을 기대한다면, 이 얼마나 망령된 일이겠습니까? 그리스도 자신은 모욕하고 그의 초상화를 존귀하게 여기는 것에 대해 그리스도께서 과연 기뻐하시겠습니까?

[이미 하나님과 평안을 누리는 자들에게 주는 권면]

그리스도와 함께함으로 하나님과 평안을 누리는 여러분들에게 몇 마디 권면의 말씀을 드리겠습니다.

첫째. 하나님과 평안을 누리십니까? 그렇다면 죄와 평안을 누리지 않는지 살피십시오. 죄가 하나님과의 평안을 깨뜨렸습니다. 그러니 하나님과의 평안이 끝까지 그것과 전쟁을 시작하게 하십시오. 그 죄 때문에 여러분이 얼마나 고통과 해를 받았는지를 잊을 수가 없지 않습니까? 하나님을 누리는 감미로운 매 순간순간이 — 그의 가슴 깊은 사랑을 이제 회복했으니까요 — 그 저주받은 원수를 향하여 분노와 복수의 불길이 마음속에서 타오르도록 도와줄 것입니다. 이제 하나님께서 그의 용서하시는 긍휼로 말미암아 여러분의 마음을 얻으셨고, 하나님이 여러분을 향하여 그렇게 사랑하셨으니 이제 여러분이 그를 깊이 사랑하게 되었으리라 믿습니다. 그런데 정욕이 그 구덩이에서 — 곧, 여러분의 마음에서 — 감히 머리를 쳐들고 여러분 속에서 하나님과 그의 은혜를 거역하는 꼴을 어떻게 그냥 가만히 보고 있을 수 있겠습니까? 바울은 아덴에서 다른 이들의 미신으로 인하여 하나님이 모욕을 당하시는 것을 보고 심령에 분이 일어났습니다. 여러분도 여러분의 심령의 뿌리로부터 일어나는 교만과 불신앙과 기타 죄들로 인하여 하나님이 욕을 당하시는 것을 보고 분이 일어나지 않습니까? 오오 그리스도인 여러분, 그것들을 이긴 고귀한 일들을 묵상하십시오. 그 모든 정욕들을 향하여 더욱 마음을 강하게 하고 든든히 하기 위해서, 구주 예수의 피와 상처를 여러분의 믿음의 손에 쥐고 싸움터로 나아가십시오. 그의 피와 상처를 보면 그를 찌르고 그를 죽인 그 정욕들을 향하여 마음에게 크나큰 분노가 — 안토니우스가 카이사르의 피 묻은 의복을 들어보이자, 로마 시민들이 그를 죽인 자들에 대해 분노가 일어났습니다만, 이보다 더 큰 분노가 — 일어날 것입니다. 오오 그들이 영광의 주님을 얼마나 잔인하게 대했는지 모릅니다! 치욕스럽게도 그를 무덤에 누이고 게다가 사람이 도무지 열 수 없도록 강력한 돌로 막고 인을 쳐서 든든히 가두어 두었습니다. 그러니 우리 죄인들이 받아야 할 저주는 그리스도 자신의 전능하신 팔 이외에는 그 어떠한 것도 깨뜨릴 수가 없는 것입니다! 사람이 아니라 하나님을 죽이는 살인자들이 — 흘려진 것이 하나님의 피였으니 — 과연 하나님께서 여러분의 손으로 행하고자 하신 그 복수를 피하겠습니까? 그 원수들의 심장에 대검을 꽂음으로써 그리스도를 향한 여러분의 사랑을 보여줄 기회를 주시려는 것이 아니면 여러분에게 생명을 남겨 두신 이유가 대체 무엇이겠습니까? 알렉산더 대왕(Alexander)이 전쟁터에서 이룩한 위대한 승리들로 인하여 큰 명성을 떨쳤습니다만, 그 중에서도 가장 존귀한 일은 그가 왕위에 오르자마자 그의 죽은 아버지 필립을 죽인 자들을 그의 무덤 앞에서 죽여서 아버지를 향한 효성을 보인 일이었습니다. 오오 그리스도인 여러분, 저 저주스런 정욕들을 속히 칼로 죽임으로써 사랑하는 주님을 향한 여러분의 공경하는 마음을 드러내 보이기 바랍니다! 그의 피를 흘리게 한 그들의 피를 보기 전에는 그 일을 중단하지 마십시오. 그렇게 하지 않는다면, 이는 그리스도에게 가해진 그 모든 잔인한 일들에 여러분 자신이 가담하고 있는 것입니다. 바로 이것이야말로 모든 성도들이 얻을 존귀입니다. 그렇기 때문에 그 복수를 시행하도록 성령의 "좌우에 날선 검"이 성도들의 손에 들려져 있는 것입니다.

둘째. 하나님이 여러분과 화목하셨습니까? 그렇다면 여러분에게 잘못을 행한 모든 사람과 기꺼이 화목하십시오. 여러분의 하나님이 그것을 여러분의 손에서 기대하고 계십니다. 여러분의 하나님이 순전하신 긍휼로 말미암아 여러분을 용서하셨으니, 형제를 용서해야 할 분명한 이유가 여러분에게 있는 것입니다. 여러분이 용서한다 해도, 그것은 그 형제에게 여러분이 빚진 것을 갚는 것 이상 아무것도 아닙니다. 하지만 하나님께서는 여러분에게 진노 이외에 그 어떠한 빚도 지지 않은 상태에서 여러분을 용서하신 것입니다. 남을 용서하는 것이 여러분 자신을 욕되게 하는 것이라고 생각할 필요는 없습니다. 마을에서 가장 초라한 거지를 용서하는 것이라 하더라도 말입니다. 형제를 용서하는 것이 여러분 자신의 유익을 위한 일임을 아시기 바랍니다. 여러분과 화목하실 때 여러분의 하나님은 자신을 지극히 낮추셨고 여러분의 손을 잡으셨습니다. 그러나 그 높고 귀하신 분은 그 일을 욕으로 여기지 않으셨습니다. 그러므로 여러분이 용서하지 않고 복수하려는 태도를 견지하면, 이는 할 수 있는 만큼 극도로 여러분 자신을 욕되게 하는 짓입니다. 왜냐하면 그런 일은 하늘로서 난 여러분의 본성 이하로는 물론 여러분의 인간 본성 이하로 여러분 자신을 낮추는 일이기 때문입니다. 도무지 화해할 수 없는 원수는 바로 마귀와 또한 마귀의 형상을 지닌 자들밖에는 없습니다. 꺼지지 않는 불은 바로 지옥 불입니다. 그러나 "위로부터 난 지혜"는 "관용하다"라고 했습니다(약 3:17). 여러분이 그리스도인이라고 하면서 지옥 불을 지니고 다니십니까? 어떻게 그럴 수 있습니까? 자비로운 부모에게서 난 자식이 분노와 화가 가득한 것을 보면서 우리는 흔히 "아버지와 어머니는 그렇지 않은데, 도대체 그 아이의 거칠고 포악한 성미는 누구에게서 온 것인지 모르겠다"라고 말합니다. 오오 그리스도인 여러분, 대체 누구에게서 배웠기에 그렇게 복수와 무자비가 가득합니까? 하늘 아버지에게서 받은 것은 분명 아닐 것입니다.

셋째. 하나님이 여러분과 평안 중에 계십니까? 그가 여러분의 죄를 용서하셨습니까? 그렇다면 이생에서 무엇을 바라더라도 그것에 대한 하나님의 섭리를 절대로 불신하지 마십시오. 다음 두 가지를 잘 살펴보면 이 점과 관련해서 여러분의 믿음에 도움이 될 것입니다.

1. 그가 여러분의 죄를 용서하셨지만, 하나님께서는 그보다 더한 일을 여러분에게 행하셨습니다. 그가 더 큰 것을 주셨는데 과연 그가 더 작은 것을 아까워하시며 주지 않으려 하시겠습니까? 여러분을 용서하시기 위해서 그가 그리스도를 여러분에게 주셨습니다. "자기 아들을 아끼지 아니하시고 우리 모든 사람을 위하여 내주신 이가 어찌 그 아들과 함께 모든 것을 우리에게 주시지 아니하겠느냐?"(롬 8:32). 아버지가 그 자식에게 과수원 전체를 주었다면, 거기에 속한 사과 한 개도 그에게 주는 것인지를 묻는다는 것은 바보 같은 짓입니다. "다 너희의 것이요, 너희는 그리스도의 것이요"(고전 3:22, 23). 하나님과 화목한 자는 모든 것을 소유할 권리를 지닌 것입니다. 온 세상이 다 그의 것입니다. 그러나 아버지가 자기 재산 전체를 아들에게 물려주면서도 그 아이가 직접 운영할 수 있을 정도만을 소유하고 운영하게 하는 것처럼, 하나님께서도 신자들에게 이생의 모든 위로거리들을 소유할 권리를 주시면서도 그의 무한하신 지혜로 보시기에 그들이 실제로 사용하기에 합

당할 만큼만을 떼어 주시는 것입니다. 그러므로 다른 이들보다 소유가 적은 자라도 하나님께서 사랑이나 배려가 없으셔서 그렇게 하셨다고 생각해서는 안 됩니다. 은혜로 그것을 사용할 만한 정도의 것들을 주시는 것이 모두 그의 사랑과 배려의 지혜로운 처사임을 깨달아야 하는 것입니다. 잔의 크기만큼 거기에 포도주를 붓는 법입니다. 큰 잔에 붓는 것만큼을 작은 잔에다 부으면, 그 나머지는 다 쏟아져 없어지는 것입니다.

2. 하나님께서는 죄를 용서하시지도, 함께 화목하시지도 않는 자들에게도 세상적인 것들을 주신다는 점을 생각하시기 바랍니다. 잠깐 후면 이들은 지옥에 굴러 떨어질 자들입니다만, 이 땅에 있는 동안에는 그들에게도 하나님의 섭리가 역사합니다. 하나님께서 저 "까마귀들"과 부정한 새들을 먹이십니까? 하나님께서 그들의 밭에 비를 내리사 풍요롭게 하신다면, 하물며 신자인 여러분을 소홀히 하시겠습니까? 임금이 감옥에 갇힌 반역자에게 먹을 것을 준다면, 하물며 자기 집의 자녀를 굶기겠습니까? 요컨대, 누가복음 12:28에 빗대어 말하자면, 하나님이 그의 섭리로 불경한 자들에게 풍성히 베푸시며, "오늘 있다가 내일 아궁이에 던져지는 들풀도 이렇게 입히시거든 하물며 너희일까보냐? 믿음이 작은 자들아"(눅 12:28).

넷째. 하나님과 평안을 누리십니까? 오오, 하나님께서 여러분에게 무슨 십자가나 환난을 베푸시든지 불만을 갖지 마십시오. 하나님께서 긍휼로 먼저 여러분을 찾아오셨다면, 그 뒤에 채찍으로 여러분을 찾아오시더라도 그를 친절하게 환영하여야 할 이유가 충분한 것입니다. 여러분의 쓴 잔을 달게 만들 만한 설탕이 여러분에게 있는 것입니다. 사무엘 선지자가 베들레헴에 오자, "성읍 장로들이 떨며 그를 영접하여 이르되 평강을 위하여 오시나이까?"라고 물었는데 그가 "이르되 평강을 위함이니라"라고 대답했다고 말씀합니다(삼상 16:4, 5). 이처럼 하나님께서 무언가 무거운 환난을 갖고 우리에게 오실 때에, 그것이 무엇을 위함인지, 평강을 위함인지 아닌지를 알기까지 두려워 떨 수도 있습니다. 하지만 여러분이 하나님과 평안한 관계에 있다면, 그것이 평강을 위한 것일 수밖에 없습니다. 그러므로 그렇게 결론지어 무방할 것입니다.

오오 죄 사함 받은 여러분, 하나님과의 평안에서 나오는 기쁨을 사라지게 할 수 있는 처지들이 어떤 것들이 있을까요? 사람의 분노가 두렵습니까? 어쩌면 여러분에게 적이 많을 수도 있고 그 중에 큰 적도 있고, 그들이 굉장한 분노를 발할 수도 있을 것입니다만, 그렇게 분노하라고 하십시오. 그들 중에 하나님이 계십니까, 안 계십니까? 하나님께서 여러분을 진노하셔서 그들로 하여금 분노하게 하시는 것입니까? 그렇지 않다면, 그런 분노에 지나치게 두려워하여 근심하는 것은 하나님께 크게 잘못을 행하는 일입니다. 그의 긍휼하심이 그들의 분노로부터 여러분을 얼마든지 안전하게 지켜줄 수 있는데도 여러분의 마음속에서 그의 이름을 거룩하게 높이지 않으니, 하나님께 잘못을 범하는 것입니다. "만일 하나님이 우리를 위하시면 누가 우리를 대적하리요?"(롬 8:31). 군대가 여러분을 공격해 온다 해도 그것들을 두려워할 필요가 조금도 없습니다. 그것들은 수많은 짚 더미에 지나지 않으니 말입니다. 이는 또한 여러분 자신에게도 잘못을 범하는 것입니다. 하나님께도 잘못을 범할 수 있는데 어떻게 우리 자신에게 잘못을 범할 수 없겠습니까? 사람의 분노로부터 오는 그런 두려움의 권세 아래 있는 한, 여러분은 절대로 하나님의 사랑의 그 진정 감미로운 맛을 볼 수가 없습니다.

또한 여러분, 병들었고 가난한 처지에 있습니까? 화목의 긍휼하심이 여러분에게 임하였으니 여러분이 하나님을 향하여 불만스런 말을 중얼거리지 않고 악인들이 번영을 누리는 것을 부러운 눈초리로 바라보지 않기를 그가 기대하시는 것이 합당하지 않겠습니까? 온갖 화려함과 세상의 영화를 누리는 자들이 절대로 할 수 없는 한 가지 위대한 말을 여러분은 할 수 있다는 것을 기억하시기 바랍니다. 곧, "내가 비록 가난하고 병들었으나, 긍휼로 말미암아 나는 하나님과 평안을 누리고 있노라!"라는 것입니다. 이 점을 잘 생각하면 여러분의 심정이 곧바로 달라질 것입니다. 번영을 누리는 죄인의 즐거움이 쓰라린 애곡으로 변할 것이요, 그리스도인 여러분의 슬픔이 기쁨으로 변할 것입니다. 훗날 잉글랜드의 자애로운 여왕이 되는 엘리자베스 공주(the Lady Elizabeth)가 공주의 신분은 그대로 유지한 채 감옥에 갇혀 한숨을 지으며 슬피 지내고 있을 때에 한 무식한 젖 짜는 하녀가 들판에서 즐겁게 노래하는 것을 듣고서, "저 비천한 하녀가 나보다 더 행복하구나"라고 말했다고 합니다. 죄인이 세상에서 아무리 위대하고 존귀하다 할지라도, 만일 그런 모든 화려한 처지에 있는 자신이 사람이 아니라 하나님께 갇힌 죄수라는 것을 잘 생각하기만 해도, 누더기와 궁핍 가운데 있는 지극히 보잘것없는 그리스도인을 자기보다 더 나은 사람으로 여길 것입니다. 자기는 결코 도망할 수 없도록 하나님의 감옥에 갇혀 있는데, 그는 자유와 하나님과의 평안을 누리고 있으니 말입니다.

다섯째. 여러분이 이 땅에서 하나님과 평안을 누리는 것은 물론 머지않아 천국에서 하나님과 복락을 누릴 것이라는 사실을 생각하고 위로를 얻으십시오. "의롭다 하신 그들을 또한 영화롭게 하셨느니라"(롬 8:30). 이 소식이 너무 좋고 놀라워서 도무지 사실로 이루어질 수 없다는 생각은 금물입니다. 보다시피 이에 대한 말씀이 여기 있습니다. 천국에서 영화롭게 되는 성도들은 의롭다 하심을 얻은 죄인들과 숫자가 똑같습니다. 한 사람도 모자라거나 남는 법이 없습니다. 여러분, 믿음으로 말미암아 의롭다 하심을 얻었고, 또한 그로 말미암아 하나님과 평안을 누리게 되었습니까? 그렇다면 여러분의 특권을 잃어버리지 말고 동료 성도들과 함께 "하나님의 영광을 바라고" 즐거워하십시오(롬 5:2). 그 영광이 여러분 앞에 있습니다. 날마다 여러분이 그 영광에 가까이 갑니다. 결국 그 영광에 이르지 못하도록 여러분을 가로막을 것은 아무것도 없습니다. 여러분의 죄를 가장 두려워할 것입니다만, 그런 여러분의 죄도 그 영광을 가로막지는 못합니다. 여러분 자신의 연약함과 사탄의 간교함으로 인하여 여러분이 찔끔찔끔 빚을 지게 되었으나, 처음 여러분의 회심 때에 그 엄청난 빚을 갚아 주신 그분께서 그의 마음의 긍휼하심으로 말미암아 그 작은 빚들을 탕감해 주시는 것입니다. 하나님께서 그 첫 번째 일을 생각하실 당시는 여러분이 그의 원수였습니다만, 지금은 그와 한 편입니다. 그러므로 그 첫 번째 긍휼의 역사에서 지불하신 것을 잃어버리지 않기 위해서라도 이 두 번째 역사를 행하실 수밖에 없는 것입니다. 그렇습니다. 하나님께서는 우리를 구원하시는 이 방법에서 그 첫째 일이나 둘째 일이나 똑같이 강력하게 배려하십니다. 그리스도께서는 하나님과 원수 된 우리를 그와 한 편으로 만드시기 위해 죽으셨고, 또한 이제 살아 계셔서 그렇게 한 편이 된 하나님과 우리를 천국에서 함께 만나도록 하시는 것입니다. 그렇습니다. 사도 바울은 우리의 믿음의 승리를 위하여 우리가 유리한 위치에 있음을 다음과 같이 지적하고 있습니다: "우리가 원수 되었을 때에 그의 아들의 죽으심으로 말미암아 하나님과 화목하게 되었은즉 화목하게 된 자로서는 더욱 그의 살아나심으로 말미암아 구원을 받을 것이니라"(롬 5:10). 사도의 말씀은 이런 뜻과도 같습니다: "하나님께서 철천지원수였던 여러분을 그에게서 사랑을 받는 평화의 신분에로 취하셨다는 것을 믿을 수 있느냐? 그렇다면 적의와 적대로부터 용서와 평안으로 바뀌어졌다는 것보다는 화목으로부터 구원에로 옮겨졌다는 것을 주장하기가 네 믿음에게 더 쉽다는 것을 깨달을 필요가 있느니라. 그리스도께서 가장 약하셨을 때에(이렇게 말할 수 있을지 모르겠으나), 또한 그가 지극히 낮아지신 처지에서 죽으심으로써 화목을 얻으셨다면, 하물며 그가 천국에서 그 높은 보좌에서 모든 권세를 쥐고 계시고 특히 그의 뜻대로 천국 문을 열고

닫을 수 있는 '사망과 음부의 열쇠'를 가지고 계실 때에야(계 1:18) 그가 화목하게
하신 자들을 구원하시고도 남지 않겠느냐?'

여섯째. 하나님과 평안을 누리십니까? 하나님의 선하심을 여러분 스스로 알고 있
다면, 다른 이들도 동일한 긍휼을 받아들이도록 그들을 설득하십시오. 집에 사람이 가
득 차지 않았고, "아직도 자리가 있"습니다(눅 14:22). 여러분이 누리는 복을 함께
누리기를 바랄 만큼 지극히 사랑하는 자가 여러분에게 아무도 없단 말입니까? 어
쩌면 육신적인 남편이 여러분 곁에 누워 있을 수도 있고, 여러분에게서 난 자녀들
이나 거의 매일 함께 만나며 지내는 이웃들이 아직 하나님과 화목되지 못한 처지
에 있을 수도 있을 것입니다. 그들이 지금 살고 있는 상태 그대로 죽는다면, 그들
의 고귀한 영혼은 영원히 버린 바 될 것입니다. 그러나 그들 자신은 그런 비참한
미래가 다가오는 것을 전혀 알지 못합니다. 마치 어리석은 양들이 도살자가 그 목
을 치려고 칼을 갈고 있어도 그가 무엇을 하는지를 전혀 알지 못하는 것처럼 말입
니다. 그들이 자기 영혼을 불쌍히 여기지 못하니 만큼 여러분이 그들을 향하여 더
욱더 안타까운 마음을 갖고 나아가는 것이 필요합니다. 우리는 스스로를 돌볼 수
없는 지극히 열악한 처지에 있는 자들을 가장 각별하게 돌봅니다. 만일 친구가 여
러분의 집에서 스스로 어찌할 수 없을 정도로 심각한 병이 들어 있다면, 그를 돌보
아주겠습니까, 아니면 그냥 죽게 내버려 두겠습니까? 만일 여러분의 자녀가 사형
언도를 받았을 경우, 그 자신은 용서를 구할 마음이 도무지 없더라도 여러분은 그
가 그렇게 수치스럽게 세상을 하직하는 것을 보고 싶지 않아서 용서를 얻기 위해
서 여러분 자신이 동분서주할 것입니다. 옆집에 사는 이웃이 자살을 하려는 의도
로 방에 들어가 문을 잠가 버린 것을 알면 여러분은 어떻게 하겠습니까? 그 사람이
그렇게 잘못을 저지르도록 내버려 두지 않고 방문을 부수고 들어가 그 사람을 구
하려 하지 않겠습니까? 그런데 정말 안타깝습니다. 불쌍한 영혼을 구원하기 위해
서 거룩한 폭력을 사용하는 일은 도무지 볼 수가 없습니다. 부모들과 남편들과 이
웃들이 지옥으로 가고 있는 것을 두 눈에 보입니다만, 아무도 나서서, "어째서 그
렇게 하십니까?"라고 말하지 않습니다. 오오 여러분, 주님을 위해서, 다른 이들의
영혼들을 불쌍히 여기는 마음이 더 많이 필요합니다. 진수성찬이 차려진 것을 발
견했으니, 여러분, 주위의 사람들이 그것이 어디에 있는지를 몰라서 굶어죽는 일
이 생기게 해서는 안 됩니다. 가서 눈에 보이는 모든 사람들을 하나님의 집으로 불
러들이십시오. 다윗도 그렇게 했습니다: "너희는 여호와의 선하심을 맛보아 알지

어다"(시 34:8). 하나님께 손님들을 더 많이 보낸다고 하나님께로부터 책망을 들을 걱정일랑 할 필요가 없습니다. 하나님은 오히려 손님이 더 많이 없는 것을 탄식하십니다. "그러나 너희가 영생을 얻기 위하여 내게 오기를 원하지 아니하는도다"(요 5:40). 그는 죄인들이 하나님과 평화를 이루지 못하도록 가로막고 거짓된 평화로 그들에게 아첨하여 "악인의 손을 굳게 하여 그 악한 길에서 돌이켜 떠나 삶을 얻지 못하게 하는" 자들을 향하여 엄중히 경고하시는 것입니다(겔 13:22). 오오 여러분, 그러니 영혼들을 설득하여 그리스도께 나아오게 하는 일이 얼마나 하나님께서 기뻐하시는 일이겠습니까! 사람들에게 팔기 위해서 온갖 비용과 수고를 들여 멀리서 사온 물건들이 가득 들어 있는 창고로 고객들을 들여보내는 것을 보고 장사꾼이 언짢아하겠습니까? 환자를 잘 치료하면 자기의 기술과 실력이 세상에 알려질 것인데, 의사가 그런 환자를 자기에게 데려오는 것을 타박하는 법은 없습니다. "세상으로 아버지께서 나를 보내신 것을 믿게 하는" 것(요 17:21), 바로 이것이야말로 그리스도께서 구체적으로 바라고 간구하신 위대한 계획인 것입니다. 복음의 은혜로 말미암아 영혼들을 불러 모으시는 목적이 수많은 죄인들 가운데서 "자기 이름을 위할 백성을 취하는" 것 — 즉, 일정한 수를 뽑아내어 그들에게 긍휼을 보이시고 그들을 통하여 그 자신의 이름을 영화롭게 높이는 것 — 이 아니면 무엇이겠습니까(행 15:14)?

평안의 둘째 종류

[양심의 평안 — 복음이 주는 복]

이제는 평안의 둘째 종류를 다룰 차례가 되었는데, 그것은 바로 위로의 평안, 혹은 양심의 평안입니다. 화목의 평안으로 말미암아 불쌍한 죄인이 하나님과 화목하게 되고, 또한 이로 말미암아 그가 자기 자신과 화목된 영혼이 됩니다. 사람이 하나님께로부터 타락한 이후, 그는 절대로 자기 양심과 진정한 친구가 될 수 없었습니다. 이 둘째 평안은 절대적으로 필요합니다. 이것이 없이는 사람이 첫째 평안의 감미로움을 맛볼 수 없을 뿐 아니라 사실 다른 어떠한 자비도 맛볼 수가 없습니다.

육체에 건강이 필요한 만큼 영혼에는 이것이 필요합니다. 이것이 모든 즐거움들을 감미롭게 누리게 해줍니다. 아무리 황금으로 만든 화려한 정장(正裝)이라도 병든 사람의 몸에는 편안히 맞지가 않습니다. 근심에 가득 찬 양심에게는 아무것도 즐거운 것이 없는 법입니다. 근심 중에 있는 애굽의 이스라엘 백성들에게 모세가 기쁜 소식을 전해주었습니다만, "그들이 마음의 상함과 가혹한 노역으로 말미암아 모세의 말을 듣지 아니하였다"고 합니다(출 6:9). 한나는 남편과 함께 절기에 참석하기 위해 예루살렘으로 올라갔으나, "그가 울고 먹지 아니하였다"고 합니다(삼상 1:7). 상처받은 심령은 이처럼 설교를 들어도 그 앞에 있는 잔칫상을 즐기지 못하고, 갖가지 귀한 약속들을 들어도 그 좋은 소식들을 그 귀가 받아들이지 못합니다. 사랑하는 남편이든 자녀든 양심이 괴로운 자에게 함께 즐거워하자고 말해 보십시오. 하지만 그런 자는 고뇌가 커서 아무리 즐거운 일이 있어도, 마치 비느하스의 아내가 산고 중에 자신이 아들을 낳았으니 즐거워하라고 이야기해 주는 옆의 여인에게 한 것 같은 일밖에는 할 수가 없습니다. 그런 심령을 임금의 식탁처럼 차려진 진기한 잔치 자리에 데려다 놓아도, 그런 자는 그 진기한 음식을 먹고 즐기기보다는 차라리 한쪽 구석에 나아가 울고 싶어 할 것입니다. "심령이 상하면 그것을 누가 일으키겠느냐?"(잠 18:14). 그렇습니다. 누가 고쳐줄 수 있겠습니까? 질병 중에는 치료가 불가능하여 의사의 수치와 치욕이라 불리는 것도 있습니다. 분명한 것은 이 괴로운 양심의 영적인 고뇌는 온 세상을 수치스럽게 만듭니다. 아무리 시도해도 고치지를 못하기 때문입니다. 수많은 이들이 자기 자신과 다른 이들의 가슴에서 이 상한 심령을 치료하려고 시도했으나, 마치 "악귀"가 스게와의 아들들에게 한 것처럼(행 19:14) 오히려 더 날뛰고 성하는 것을 보아왔습니다.

그렇습니다. 이제 보여드리겠습니다만, 양심의 평안은 복음이 주는, 오직 복음만이 주는 복입니다. 양심이 예수를 알고 예수의 복음을 압니다. 오직 이때만이 양심이 복종하게 됩니다. 다음 두 가지 구체적인 사실을 생각하면 이 점이 사실이라는 것을 납득하게 될 것입니다. 첫째, 양심을 안돈시키고 만족을 주는 논지가 무엇인지를 생각할 때에 그렇게 되고, 둘째, 이 논지를 양심에게 긴밀하게 적용시켜서 고요하게 하고 만족시켜 주는 데에 어떤 능력과 힘이 필요한가를 생각할 때에 그렇게 됩니다.

[양심에 평안을 주는 논지]

첫째. 양심이 철저히 각성될 때에 그 양심을 안돈시켜 줄 수 있는 논지가 무엇인지를 살펴봅시다. 이를 알기 위해서는 먼저 사람들의 양심을 그렇게 안타깝게 찢겨지고 뒤틀려지게 만드는 그 모든 공포와 두려움의 경련들의 원인이 무엇인지를 살펴보아야 합니다. 이것은 바로 죄입니다. 이 작은 단어가 — 그러나 크나큰 질병이 — 사람의 정신과 마음에서 완전히 제거될 수 있다면, 폭풍이 곧 잦아들고 심령이 잔잔한 바다처럼 고요해지며, 얼굴을 찡그리게 만드는 두려움의 파도가 다 사라지게 될 것입니다. 이것이야말로 폭풍을 일으키는 요나요, 심령을 괴롭게 하는 아간입니다. 프랑스의 한 위대한 여왕에게서 나타난 것처럼, 어디서든 이것이 오면 반드시 전쟁이 뒤따르게 되어 있습니다. 아담은 죄를 범하고서 클레오파트라와는 다른 방식으로 보석을 던져 버렸습니다. 그가 살았던 세상보다 자신에게 더 귀한 양심의 그 감미로운 평안을 한 번 불행하게 마심으로써 다 마셔 버린 것입니다(히 10:2). 그것이 목으로 넘어가자마자 그의 양심 속에서 도로 올라온 것도 무리가 아니었습니다 — "이에 그들의 눈이 밝아져 자기들이 벗은 줄을 알고"(창 3:7). 그 저주받은 배도에 대해 그들의 양심이 책망하였습니다. 그러므로 양심에 평안을 가져다주는 그것이 반드시 이 골리앗을 쓰러뜨려야 하고 — 이 괴로움을 주는 것을 내동댕이쳐야 하고 — 이 화살을 심령에서 빼어 버려야 합니다. 그렇지 않으면 전쟁이 끝나지 않고, 폭풍이 가라앉지 않으며, 양심에 생긴 고통스런 상처가 아물고 치유되지도 않을 것입니다. 독이 묻은 죄의 화살촉이 양심에 박혀서 불타고 있고 거기서 계속해서 요동쳐서 불쌍한 죄인으로 하여금 도무지 평정을 유지할 수가 없게 만드는데 — 그렇습니다. 때로는 도저히 견딜 수 없는 괴로움과 공포 속에 빠뜨리기도 합니다 — 바로 **죄책**(罪責: guilt)이 그 화살촉입니다. 이 죄책으로 인하여 사람이 심판에 대해 경계를 받으며, 자기가 지은 죄에 합당한 형벌에 매어 있게 됩니다. 그리고 그 형벌이 다름 아닌 영원히 살아 계신 하나님의 무한한 진노에서 나오는 것이므로, 불쌍한 죄인은 자신을 정죄하는 양심 속에서 일어나는 형벌에 대한 무서운 예상으로 인하여 당혹스러운 고뇌 속에 빠질 수밖에 없습니다. 그러므로 어떤 논지를 사용하여 자신의 죄책으로 인하여 불이 지펴진 이 하나님의 진노라는 불타는 석탄 위에 뉘어져 구워지고 있는 괴로운 양심을 안돈시키고 위로하고자 하는 자는 반드시 이 불타는 석탄을 꺼뜨려야 하고, 그러기 위해서는 그의 죄가 모두 용서함 받았고 또한 그를 향하여 진노를 발하시던 하나님이 이제 영원토록 그와 화목하셨다는 기쁜 소식을 가져와야 합니다. 오직 이 소식만이 양심의 입을 막고, 심령에 참된 평안을 가져다줄 것입니다. 다른 논지로는 절대로 되지 않습니다. 그리스도께서는 중풍병자에게, "작은 자야 안심하라 네 죄 사함을 받았느니라"라고 말씀하셨습니다(마 9:2). "네가 건강하게 되었으니 안심하라"라고 하지 않으시고(물론 그가 건강하게 되었습니다만), "네 죄 사함을 받았느니라"라고 하셨습니다.

가령 교수형을 받게 될 죄수에게 친구가 다가가 향기로운 꽃다발을 내밀며 "이 꽃향기를 맡고 기운을 내게"라고 말한다고 합시다. 그 불쌍한 죄수가 사형을 당할 교수대가 저 앞에 보이는데, 그것이 과연 그 죄수의 마음에 무슨 위로가 되겠습니까? 그러나 임금으로부터 사면장을 받아서 그것을 그의 손에 쥐어주고 기운을 내라고 한다면, 그때에는 — 오직 그때에만 — 그 갑작스런 소식에 그 불쌍한 죄수의 마음에 기쁨이 가득할 것입니다. 죽음을 앞둔 죄수의 손에 들려진 꽃이 그렇듯이 죄를 용서하는 긍휼에 미치지 못하는 것으로는 괴로운 양심에게 위로나 평안을 줄 수가 없는 것입니다. 양심을 안돈시키기 위해서는 하나님께서 친히 사람이 그에게 행한 잘못에 대해 자신을 만족시키기 위해 행하시는 일과 같은 정도의 것이 요구됩니다. 하나님께서 엄중한 경고를 물리시도록 만드는 것 이외에는 그 어떠한 것도 양심으로 하여금 정죄를 물리게 할 수가 없습니다. 양심은 죄인을 붙잡아 두도록 사용하시는 하나님의 일꾼입니다. 그런데 일꾼은 자기 재량으로 사사로이 죄수를 무죄 방면시킬 권한이 전혀 없습니다. 다만 채무가 완전히 지불되었는지, 아니면 채권자가 완전히 보상을 받았는지의 여부를 들을 뿐입니다. 채무가 완전히 지불되었거나 아니면 채권자가 완전히 보상을 받았을 경우 — 오직 그럴 경우에만 — 일꾼인 양심이 자기에게 붙잡혀 있는 죄수를 방면시키는 것입니다. 자, 이제 한 걸음만 더 나아가서 이 사실을 명확히 입증하도록 하겠습니다.

하나님이 불쌍한 심령과 화목하셨고 그의 죄가 사함 받았다는 이 복된 소식이 어디로부터 옵니까? 오로지 그리스도의 복음으로부터 옵니다. 그 외에는 어디서도 오지 않습니다. 하나님과 죄인들 사이에 맺어지는 평화의 언약이 오직 여기에만 있습니다. 이 죄 사함을 값을 주고 사기 위해 치러지는 희생이 여기에 있습니다. 죄인이 이 희생의 은덕을 누릴 수 있는 수단이 여기서 나타납니다. 그러므로 정죄하는 양심이 오직 여기서만 평안을 찾을 수가 있는 것입니다. 불뱀에 물린 이스라엘 사람들이 놋뱀 말고 다른 물건을 바라보았다면, 결코 치유 받지 못했을 것입니다. 이와 마찬가지로 죄에 물린 양심은 복음의 약속 안에서 그리스도를 바라보지 않고서는 절대로 평안을 얻을 수가 없는 것입니다. 레위인과 제사장은 상처받은 사람을 바라만 볼뿐 그에게 가까이 가려 하지 않았습니다. 그들이 있었음에도 불구하고 그는 그 곳에 계속 누워 피를 흘리다가 죽고 말았을 것입니다. 그런데 선한 사마리아 사람이 그에게 다가가 그 상처에 기름을 바르시고 싸매어 주었습니다. 율법이 아니라 그리스도께서 그의 피를 흘리사 그 상처받은 양심을 씻기시고 싸매 주시고 치료해 주시고 필요한 것을 공급해 주시는 것입니다. 이 복음 속에서 베풀어지는 기름 이외에는 이 세상 어느 곳에서도 이 목적을 위해 가치가 있는 기름을 한 방울도 얻을 수가 없습니다. 유대인 교회에서 무수한 희생 제사를 드렸습니다. 그러나 그 시대에 드린 짐승의 피를 처음부터 마지막까지 다 합쳐도 한 사람의 양심을 고요하게 할 수 없고, 한 가지 죄도 씻어줄 수 없었습니다. 그 모든 제사들이 영적으로 지향하는 그것, 즉 그리스도의 제사와 단절되어 버리면, 그 모든 제사에도 불구하고, 사도의 말씀처럼 "죄의 양심"(히 10:2. 한글개역개정판은 "죄를 깨닫는 일"로 번역함 — 역주) — 즉, 양심의 죄책 — 이 여전히 사라지지 않고 그대로 남아 있었을 것입니다. 그리고 왜 그런지 그 이유가 제시되고 있습니다. "이는 황소와 염소의 피가 능히 죄를 없이 하지 못함이라"(4절). 짐승들의 피가 넘쳐서 강이 되고 바다가 된다 해도, 그것으로는 지극히 작은 죄의 과실 하나도 없게 해 줄 수가 없는 것입니다. 사람의 죄는 사람의 죽음을 요구하며, 그것도 육체와 영혼이 영원토록 지옥에 있는 그런 죽음을 요구합니다. 바로 이것이 하나님께서 모든 죄 하나하나의 머리에 제시해 놓으신 값입니다. 그런데 짐승들의 죽음은 하나님의 공의가 죄가 그에게 저지른 잘못에 대한 보상으로 요구하는 이 값에 전혀 미치지 못합니다. 그러므로 그것으로는 도무지 죄인의 양심을 안돈시킬 수가 없습니다. 그렇습니다. 양심이 만족을 얻기 위해서는 하나님 자신의 공의를 만족시켜주는 그것이 필요한 것입니다. 그런데 보십시오. 복음에서 죄인의 귀에 기쁜 소식이 전해집니다. 곧, 피의 샘이 터져서 거기서 하나님의 공의가 사람에게 요구하는 값을 훨씬 뛰어넘는 — 황소와 짐승들의 피로 도무지 미치지 못하는 — 고귀한 값이 지불되었으니, 곧 예수 그리스도의 피가 그것이며, 그가 자의로 십자가에서 그 귀한 피를 흘리셨고, 이로써 "영원한 속죄를 이루"(히 9:12)셨다는 것입니다. 이것이야말로 모든 참된 평안과 기쁨이 양심 속으로 들어오는 문입니다. 그러므로 우리는 우리의 확신의 밑바닥에로 이끌리며 여기서, 다른 곳이 아니고 오직 여기서만, 우리의 위로를 이끌어 내는 것입니다: "우리가 마음에 뿌림을 받아 악한 양심으로부터 벗어났 … 으니 … 참 마음과 온전한 믿음으로 하나님께 나아가자"(히 10:22). "악한 양심으로부터 벗어났으니"를 주목하기 바랍니다.

양심은 그 기능상 사람의 행동과 상태가 선한지 악한지, 사함 받았는지 사함 받지 못했는지를 판단하도록 되어 있습니다. 그 사람의 상태가 선하면, 양심은 그 사람을 무죄방면하고 위로를 줍니다. 그리고 악하면, 그를 비난하고 정죄합니다. 그러므로 여기의 "악한 양심"이란 비난하고 정죄하는 양심입니다. 우리가 "뿌림을 받아" 이 "악한 양심"으로부터 벗어났다고 말씀합니다. 곧, 우리에게 뿌려진 그리스도의 피로 말미암아 자유함을 얻었다는 뜻입니다. 악한 양심이 비난하는 것은 바로 죄입니다. 그리고 그 양심이 불쌍한 죄인을 정죄하며 위협하는 것은 그 죄에 대한 진노와 또한 그에 합당한 형벌입니다. 또한 그리스도의 피로 뿌림 받았다는 것은 성령으로 말미암아 그리스도의 피가 마음에 적용되어 죄 사함과 하나님과의 화목이 이루어졌다는 것입니다. 뿌리는 것은 율법에서 그렇게 뿌림을 받는 사람을 모든 율법적인 부정(不淨)으로부터 깨끗하게 하는 것을 뜻합니다. 그렇습니다. 믿는 영혼을 그리스도의 피로 말미암아 모든 죄악된 부정으로부터 깨끗하게 하는 것이며, 그 희생 제물들의 피가 바로 그의 피를 나타내는 것입니다. 그러므로 다윗은, "우슬초로 나를 정결하게 하소서 내가 정하리이다"라고 기도합니다(시 51:7). 즉, "나의 괴로운 양심에 그리스도의 피를 바르소서"라는 뜻입니다. 우슬초로 짐승의 피를 찍어 나병환자에게 뿌려 그 사람을 정결하게 하며, 그 당사자는, "그리하면 (내가) 정하리이다"라고 말씀합니다(레 14:8). 나의 양심에 두려움을 주는 이 죄가 씻음 받을 것이요, 그러면 마치 내가 전혀 죄를 짓지 않은 것처럼 평안을 얻게 되는 것입니다. 복음의 역사 가운데 우리가 "새 언약의 중보자이신 예수와 및 아벨의 피보다 더 나은 것을 말하는 뿌린 피"에게로 이르렀다고 말씀하는데(히 12:24), 여기서 성령께서는 바로 이러한 피 뿌림을 간접적으로 언급하는 것입니다. 가인의 양심에게 죄책을 가져다준 아벨의 뿌린 피는 칼과 검, 지옥과 정죄를 말합니다만, 그리스도의 뿌려진 피는 두려워 떠는 불쌍한 죄인의 양심에 죄 사함과 평안을 말씀합니다. 그렇기 때문에 그것을 가리켜 "예수 그리스도께서 부활하심으로 말미암아 … 하나님을 향한 선한 양심의 대답"이라고 부르는 것입니다(벧전 3:21. 한글개역개정판은 "양심의 간구"로 번역함 — 역주). 대답은 질문을 상정하며, "하나님을 향한 대답"은 하나님께서 피조물에게 하신 질문을 상정합니다. 그런데 여기서 가련한 피조물에게 제시되는 것으로 상정되는 그 하나님의 질문은 아마도 이것일 것입니다. 곧, "나의 의로운 율법의 저주로 인하여 죽음과 정죄에 이를 처지에 있는 죄인인 네가 모든 죄인에게 선고된 그런 죽음을 죽지 않아야 할 이유가 무엇인지에 대해 네가 과연 무어라 말하겠느냐?"

그런데, 그리스도에 대해 듣고 또한 믿음으로 그를 그 마음에 받아들인 영혼은 — 오직 그 사람만이 — 이 질문에 대해 하나님이나 자기 자신에게 만족스러운 대답을 할 수 있습니다. 이 대답을 사도 바울이 각 신자의 입으로 고백하게 만드는 말로 정리하면 다음과 같습니다: "누가 정죄하리요? 죽으실 뿐 아니라 다시 살아나신 이는 그리스도 예수시니 그는 하나님 우편에 계신 자요 우리를 위하여 간구하시는 자시니라"(롬 8:34). 이와 같은 대답은 하나님께서도 거부하실 수가 없습니다. 그러므로 사도 바울은 모든 신자들을 대표하여, 우리 구원의 모든 원수들을 상대로 무한한 힘으로 승리를 거둡니다: "누가 우리를 그리스도의 사랑에서 끊으리요?"(35절). 그리고 더 나아가 죽음과 마귀들과 그 모든 시종들에게 와서 공격해 보라고 도전합니다. 이 호심경을 지닌 신자를 상대로 극악한 공격을 다 해대도 결국 신자가 승리를 거두며, 그 어떠한 것도 그를 상하게 하지 못하리라는 이 거룩한 확신으로 싸움터에서 나올 것이라는 것입니다: "내가 확신하노니 사망이나 생명이나 천사들이나 권세자들이나 현재 일이나 장래 일이나 능력이나 높음이나 깊음이나 다른 어떤 피조물이라도 우리를 우리 주 그리스도 예수 안에 있는 하나님의 사랑에서 끊을 수 없으리라"(롬 8:38, 39). 그리스도께 전적으로 의지하며 그의 모든 확신을 그에게 두는 것입니다. 하지만 이 주제에 대해 너무 길게 말한다고 말할 수 있다면, 좀 길게 말씀드린 것 같습니다만, 이는 보화가 가득한 복음의 광맥 중에서도 가장 풍성한 광맥이니, 아무리 길게 말씀한다 해도 지나치지는 않을 것이라 믿습니다.

[이 논지를 적용시켜 양심에 평안을 얻기 위해서는 능력이 있어야 함]

둘째. 이 논지를 양심에 와 닿도록 적용시켜서 양심을 고요하게 하고 완전히 만족시키도록 하기 위해서는 힘과 능력이 요구된다는 것입니다. 양심은 맞는 열쇠가 있어도 잘 열리지 않는 아주 뻑뻑한 자물쇠와도 같습니다. 양심에 위로를 주기 위해 사용되는 논지가 적절하고 강력한데도 양심이 좀처럼 평안을 얻지 못합니다. 잘 맞는 열쇠라도 허약한 손에 들려져 있으면 그것을 자물쇠 구멍에 제대로 집어넣고 돌릴 수가 없습니다. 그저 피조물이 홀로 그 열쇠를 쥐고 있으면 양심이 열리지 않습니다. 그 의심과 두려움이 해결되지 않습니다. 반드시 성령께서 역사하셔야 합니다. 그렇지 않으면 양심이라는 자물쇠는 절대로 열리지 않습니다. 양심은 하나님의 사무원입니다. 그러므로 천국에서 빚이 갚아졌어도, 그 사실을 확증해 주는 보증서가 천국으로부터 오기까지는 그가 영혼을 자유로이 방면해 주지 않습니다. 그러니 하나님의 성령 이외에 그 누가 그 보증서를 가져다줄 수 있겠습니까? 불쌍한 죄수 옆에 있는 사람들은 그를 위로할 능력이 전혀 없습니다. 왕이 그를 사면한다는 소식이 법정으로부터 오기까지는 아무도 위로할 수가 없습니다. 이 경우에도 마찬가지입니다: "주께서 침묵하신다고 누가 그를 정죄하며 그가 얼굴을 가리신다면 누가 그를 뵈올 수 있으랴?"(욥 34:29). 자 여러분, 이 사실을 명확히 입증하기 위해서 두 가지를 제시하고자 합니다. 1. 오직 복음만이 하나님의 성령을 위로자로 우리에게 제시해 준다는 것입니다. 2. 성령께서 죄책으로 괴로움 중에 있는 양심을 안돈시키고 위로하기에 지극히 적합하며 충족하시다는 것입니다. 첫째 사실은 복음 이외에는 그 어디에서도 양심의 평안을 찾을 수가 없다는 것을 입증해 주며, 둘째는 복음에서 그 양심이 풍성한 평안을 찾을 수 있다는 것을 보여줄 것입니다.

1. 불쌍한 죄인들에게 하나님의 성령을 위로자로 제시해 주는 것은 오직 복음밖에 없습니다. 사실 성령의 위로하시는 역사는 예수 그리스도께서 이루신 보상에 근거하는 것입니다. 그리스도께서는 피를 흘리시고 그로써 죄인이 하나님과 화목할 수 있도록 완전한 값을 지불하셨으며, 그 다음에 하늘로 돌아가서서 아버지께 위로자(Comforter) 성령을 보내 주시기를 간구하십니다. 그리스도의 죽음이라는 근거가 없었다면 그리스도께서 아버지께 이를 간구하실 수도 없었고, 아버지께서 그 간구를 들어 주실 수도 없었습니다. 그러나 그의 죽음으로 말미암아, 믿는 죄인의 가슴에 성령께서 위로를 심어 주셔도 하나님의 공의가 전혀 손상을 당하지 않게 된 것입니다. 그리스도께서는 제자들에게 이렇게 말씀하십니다: "내가 떠나가지 아니하면 위로자가 너희에게로 오시지 아니할 것이요 가면 내가 그를 너희에게로 보내리니"(요 16:7. 한글개역개정판은 "위로자"를 "보혜사"로 번역함 — 역주). 그리스도께서 하늘로 가서서 그를 내려 보내시기까지 위로자이신 성령께서 그대로 머물러 계시는 것을 주목하기 바랍니다. 그리스도께서는 그가 행하고자 하신 일이 이루어지기까지 성령을 보내실 여지가 없으셨던 것입니다. 그러니 그가 그의 피

비린내 나는 죽으심으로 값을 치르사 불쌍한 믿는 죄인들을 위하여 하나님과의 화목을 사신 것이 아니고 무엇이겠습니까? 그리스도께서 중보자로서 그의 피와 더불어 하늘에 나타나시자마자 성령께서 위로자로서 보내심 받기 위해 대기하고 계신 것입니다. 하지만 구약의 성도들은 어디에서 평안과 위로를 얻었습니까? 그들은 그리스도께서 하늘로 돌아가시기 전에 살았습니다. 그렇습니다. 그가 하늘로부터 이 땅에 오시기도 전에 살던 자들이 아닙니까? 이에 대한 제 대답은, "그들이 죄 사함을 받은 것과 동일한 근거 위에서 그들이 위로를 얻었다"는 것입니다. 그들은 그리스도의 피로 말미암아 죄 사함을 받았습니다. 그는 사실상 세상의 시작 때부터 죽임 당하신 어린 양이십니다. 그리고 그들은 그리스도의 영으로 말미암아 위로를 얻었습니다. 그의 위로하시는 직분은 그리스도의 중보자의 직분과 연대가 동일하니 말입니다. 그들의 모든 죄 사함이 그리스도의 공로에 근거하여 이루어졌고, 그는 때가 충만히 이르러 그의 목숨을 내놓으셨으니, 그리스도의 영이 그들의 양심에 이루시는 모든 위로 역시 그리스도의 동일한 공로에 근거한 것이었습니다. 그는 때가 이르러 이 땅에서 죄인들을 위하여 죽으신 것처럼 또한 하늘에도 나타나사 — 그의 죽으심으로 이루신 그 완전한 속죄 덕분에 — 거기서 아버지께 위로자를 보내 주시기를 간구하신 것입니다. 위로자이신 성령은 복음의 언약에서 그 직분을 부여받으며, 또한 이 복음의 근거 위에서가 아니고는 절대로 한 마디도 위로의 말씀을 전해 주실 수가 없었습니다. 그러므로 아버지께서 그를 위로자로 보내시지만, 이는 아버지와 죄인들을 화목하게 하신 그리스도의 이름으로, 즉 그를 위하여 또한 그의 간구에 따라서, 보내시는 것입니다(요 14:26). 그렇습니다. 성령께서 위로하실 때에 그가 무슨 말씀을 하십니까? 그가 가져다주시는 기쁜 소식은 복음에 대한 깨달음입니다. "그가 스스로 말하지 않고 오직 들은 것을 말하시리라"(요 16:13). 이 말씀의 뜻은 곧 그가 오셔서 가르치실 때에 복음에서 비치는 것과 다른 새로운 빛을 주시는 것이 아니고, 그리스도께서 복음에서 전하신 그 진리를 그가 가르치시리라는 것입니다. 그가 위로하실 때에 영혼을 활기 있게 하는 명약은 바로 복음의 정원에서 자라나는 요소들로 이루어져 있습니다. "그가 내 영광을 나타내리니 내 것을 가지고 너희에게 알리시겠음이라"라고 말씀합니다(14절). 즉, "그가 내 죽음, 내 중보, 그리고 내 피로 값 주고 인친바 된 내 약속 — 이것들을 취하사 너희에게 알려 주시고 그리하여 너희에게 영원한 기쁨과 위로를 주실 것이라는 뜻입니다. 그러므로 만일 이것들이 없었다면, 그리스도의 사자(使

者)이신 성령께서는 불쌍한 죄인들에게 이런 위로를 전해줄 사명을 받지 않으셨을 것이고, 위로자가 아니라 오히려 정죄하는 자요 괴로움을 주는 자가 되셨을 것입니다. 지금 우리 영과 더불어 우리의 화목과 양자됨과 구원을 증언해 주시는 성령께서는 우리를 정죄하는 양심과 더불어 우리를 정죄하고 멸망시키도록 우리를 쳐서 증언하셨을 것입니다.

2. 성령께서 이처럼 위로를 주는 직분에 지극히 적합하시다는 것을 말씀드리고자 합니다. 성령께서 근심 중에 있는 불쌍한 죄인들의 양심을 안돈시키고 만족시켜 주는 직능을 갖고 계시다는 것을 복음이 계시해 주고 있습니다. 여러분이 들었다시피 세상에서 가장 근심이 큰 양심이라도 충족히 만족시켜 줄 수 있는 논지를 복음이 제시해 줍니다. 곧, 그리스도께서 그의 보배로운 피로써 죄인들을 위하여 하나님께 충족히 보상하셨다는 것이 그것입니다. 하지만 불쌍한 사람이 자기 힘으로 이 사실을 납득하여 스스로 위로를 얻도록 내버려졌다면, 이처럼 뜨거운 열기를 식혀 주는 명약이 한 방울도 떨어지지 않아서 뜨거운 양심의 공포 가운데 평안을 얻지 못하여 오래 견디지 못하고 무너졌을 것입니다. 그러나, 하나님의 지혜와 사랑이 우리를 위하여 값을 치르시고 영원한 속량을 이루실 능력이 있으신 구주를 주신 사실에서 드러났듯이, 이처럼 값 주고 사신 속량을 우리에게 적용시킬 능력이 있으신 적합한 위로자를 주신 사실에서도 드러나는 것입니다. 그의 위로는 "강한 위로"라 불립니다. 그리스도는 그의 영광스러운 부활로 말미암아 무덤 문을 여시고 그 캄캄한 감옥에서 나오심으로 그의 능력을 보여주셨습니다. 이로써 그는 사도의 말씀처럼 "능력으로 하나님의 아들로 선포되셨습니다"(롬 1:4). 또한 죄악된 양심이 그 자신의 절망적인 생각들 속에 죽어 있는 자들 중에 자유로 갇혀 있으므로, 이 양심을 일깨우려면 지하 감옥 문을 부수고 열어젖힐 만한 강력한 능력이 필요한 것입니다. 잘 관찰해 보면 알겠지만, 그리스도께서 생명에로 부활하시지 못하도록 그의 무덤을 지키기 위해 돌과 봉인(封印)이 놓였던 것처럼, 위로의 부활을 막기 위해서도 동일한 돌과 봉인이 죄인의 양심에 놓여 있는 것입니다. 죽은 예수님이 다시 살아나지 못하도록 막은 가장 무거운 돌과 가장 강력한 봉인은 과연 무엇이었습니까? 사람이 그에게 굴려놓은 돌도, 유대인들로 하여금 무덤을 완전히 막았다고 생각하게 만든 봉인도 아니었습니다. 아닙니다. 하나님의 공의가 그에게 굴려놓은 죄에 대한 율법의 저주가 그것이었습니다. 다른 그 어떤 돌이나 봉인과 도무지 비교할 수 없이 그리스도를 무겁게 짓누른 것이 바로 그 저주였

습니다. 돌을 굴려낸 천사라도 이 저주는 제거할 수가 없었습니다. 자, 죄책에 짓눌려 괴로워하는 양심의 무덤 속을 들여다보십시오. 그것이 무엇입니까? 두려움과 당혹감 속에 있는 가장 깊은 지옥이 아니고 무엇이겠습니까? "나는 정죄 받은 자요 영원토록 망한 존재로구나!"라는 것이 그런 자에게서 계속해서 울리는 언어입니다. 하지만 대체 무엇이 이 사람을 이 무덤 속에 계속 가두어 둘까요? 이 공포의 구덩이에서 벗어나 무언가 위로를 받도록 도움을 받지 못하게 가로막는 것이 무엇일까요? 여러분이 그의 머리에 기름을 발라 주어도, 안타깝게도 그는 그것이 전연 허사요 아무런 위로도 되지 않는다고 이야기할 것입니다. 안 됩니다. 그 사람은 망한 죄인입니다. 하나님의 저주가 마치 단검처럼 그의 마음속에서 그를 겨누고 있고, 하나님의 진노가 태산 같은 납 더미처럼 그의 양심을 짓누르고 있습니다. 그의 가슴속에 손을 집어넣어 그 저주나 진노를 뽑아내면 모를까, 그러기 전에는 그의 비참한 양심에 평안과 위로가 생긴다는 것은 불가능한 일입니다. 하지만 이 불쌍한 심령이 영원한 위로를 얻기 위해서 알아야 할 것은, 그가 자신의 죄로 인하여 저주를 느끼며 괴로운 상태에 고착되어 있지만 그를 짓눌러 위로를 얻지 못하게 만드는 그 무게가 그리스도를 사망 가운데 머물러 있도록 짓누른 그 무게와 동일하다는 것입니다. 그러므로 그리스도를 부활하시게 한 것과 동일한 능력과 힘이 개입될 때에 그도 일어나 위로를 얻게 된다는 것입니다. 주 예수를 지켜 무덤 속에서도 썩지 않게 하셨고, 죽음이 그 입 속에 그리스도를 머금고 있을 때에 마치 요나를 뱃속에 지니고 있던 큰 물고기가 그를 멸망시키지 못했던 것처럼 그를 망하게 하지 못하도록 제어하셨고, 또한 그의 죽은 육체를 살리시고 존귀로 일으키사 불멸하는 생명으로 다시 살리신 바로 그 성령을 그리스도께서 그의 사자로 보내십니다. 그가 오셔서 이 땅에서 괴로움 중에 떠는 불쌍한 그의 자녀들에게 그리스도의 사랑을 — 그렇습니다. 그리스도로 말미암아 아버지께서 그들을 사랑하신다는 것을 — 확증시키시고 그리하여 그 양심을 만족시키시는 것입니다. 이 복된 성령께서는 위로자의 모든 속성을 다 지니고 계십니다. 그는 또한 순결하고 거룩하셔서 속이는 법이 없으십니다. 그러므로 그를 "진리의 영"이라 일컫는 것입니다 (요 14장). 그가 오셔서 여러분의 죄가 사함 받았다고 말씀하시면, 그의 말씀을 그대로 믿을 수 있습니다. 그는 아첨하는 분이 아닙니다. 여러분이 그렇게 죄 사함을 받지 않았다면, 그는 여러분에게 전연 다른 메시지를 주셨을 것입니다. 그는 위로하기도 하시지만 또한 책망하고 꾸짖기도 하시며, 죄를 깨닫게 하기도 하시지만 또한 의를 깨닫게 하기도 하시니 말입니다. 그는 무한히 지혜로우시고 또한 전지하셔서 속임을 당하시는 일도 없습니다. 인간 우체부는 주소를 잘못 찾아서 다른 사람에게 편지를 전달할 수도 있고, 특히 비슷한 사람일 경우는 더욱 그렇지만, 하나님의 성령은 절대로 잘못 다른 사람의 문을 두드려 편지를 잘못 전하는 일이 없으십니다. 성령은 특정인에 대한 하나님의 마음과 그에 관해 하나님이 취하시는 모든 조처들을 정확히 알고 계십니다: "성령은 모든 것 곧 하나님의 깊은 것까지도 통달하시느니라"(고전 2:10). 사도가 여기서 말하는 "하나님의 깊은 것"이 하나님의 마음 깊은 곳에 있는 사랑의 계획들이 아니고 무엇이겠습니까? 바로 이것들을 성령께서 살피시고 신자들에게 전해 주시는 것입니다. 이는 9절에서 나타납니다. 성령은 또한 사람의 마음의 모든 처지를 아십니다. 장롱을 만든 사람이 그 속에 숨어 있는 감추어진 서랍을 다 모른다면 이는 정말 이상한 일일 것입니다. 우리가 더 큰 세상이라 부르는 땅을 두루 다녀본 사람은 몇 명 있습니다. 그러나 자기의 지식으로 사람의 작은 세상을 다 섭렵한 사람은 하나도 없었고, 심지어 무수한 세월 동안 샅샅이 뒤지며 살펴온 마귀조차도 그렇게 하지 못했습니다. 그러나 하나님의 성령은 다 아시며, 철저하게 다 아십니다. 그리고 이처럼 다 아시니 결코 속임을 당하실 수 없는 것입니다.

  한 마디로 말해서, 성령은 도무지 저항할 수가 없어서, 그가 베푸시는 위로의 역사의 효능을 가로막을 자가 아무도 없습니다. 나단 선지자가 다윗에게 죄 사함의 메시지를 전했으나 그 거룩한 다윗이 바라는 만큼 그것이 긴밀하게 새겨지지 못했습니다. 그리하여 그는 물러가 위로자의 위로를 구하였습니다(시 51편). 그는 무릎을 꿇고 잃어버린 기쁨이 회복되기를 위하여, 또한 그의 떨리는 마음이 하나님의 성령으로 말미암아 세워지기를 위하여 간절히 기도한 것입니다. 여러분 자신의 우울한 기분과 사탄의 교묘한 역사를 통하여 사람을 당황하게 하고, 그리스도인과 목사들이 여러분을 위로하고자 제시하는 논지들을 회피할 수는 있습니다. 그러나 성령께서 친히 임하시면 모든 논란들이 사라집니다. 마귀도 그와 더불어 변론할 수가 없습니다. 그가 임하시면 마치 태양 앞에서 어둠이 사라지듯이 거짓말하는 영이 사라지고 우리의 두려움도 사라집니다. 위로의 성령께서 능력으로 마음을 사로잡고 기쁨을 홍수처럼 부어 주시므로, 마치 노아 때에 홍수로 온 땅이 물에 잠겼을 때에 작은 언덕들을 전혀 볼 수 없었던 것처럼 우리의 죄와 죄책들을 더 이상 보지 못하게 되는 것입니다.

[적용]

[세 부류의 사람들에게 주는 책망]

첫째 적용. 양심의 평안이 과연 복음이 주는 복입니까? 그렇다면 다음 세 부류의 사람들이 이 사실에서 책망을 받아야 마땅할 것입니다.

첫 번째 부류. 교황주의자들(the papists)입니다. 이들은 자기들의 그릇된 해석을 통하여 양심의 평안이 복음이 주는 복이라는 것을 부인합니다. 이들은 특별한 계시를 통하지 않고서는 사람이 이생에서 자기가 하나님의 자녀요 구원받을 자라는 것을 알 수 없다고 믿습니다. 하지만 만일 그들이 믿는 바가 사실이라면 그리스도인의 기쁨과 내적인 평안을 담고 있는 그릇이 완전히 부서지고 말 것입니다. 우리 자신의 양심과 더불어 갖고 있는 평안이, 우리가 하나님과 평안을 누리고 있다는 지식이 아니면 대체 어디서 오겠습니까? "우리가 믿음으로 의롭다 하심을 받았으니 우리 주 예수 그리스도로 말미암아 하나님과 화평을 누리자. 또한 그로 말미암아 우리가 믿음으로 서 있는 이 은혜에 들어감을 얻었으며 하나님의 영광을 바라고 즐거워하느니라"(롬 5:1, 2). 불쌍한 영혼이 이 점에서 확신이 없고, 자기 상태가 지옥을 향하고 있는지 천국을 향하고 있는지에 대해 복음이 해결을 해줄 수 없다면, 결코 내적인 평안이 있을 수 없습니다. 그렇게 되면 불쌍한 그리스도인은 떨리는 마음으로, 다른 곳에서 사도 요한이 형제를 미워하는 자에 대해 한 말씀 — "어둠에 행하며 갈 곳을 알지 못하나니"(요일 2:11) — 을 자기 자신에 대해서 하게 될 수도 있습니다. 그렇게 되면 복음을 가리켜 평안의 복음이 아니라 두려움과 의심의 복음이라 불러야 할 것입니다. 하지만 과연 복음이 성도들에게 가져다주는 최고의 복이 이것이란 말입니까? 오히려 율법이 죄인들에게 선고하는 가장 밑바닥의 저주 — "네 생명이 위험에 처하고 주야로 두려워하며 네 생명을 확신할 수 없을 것이라"(신 28:66) — 와 거의 가깝지 않습니까? 복음의 감미로운 얼굴을 그렇게 형편없이 망가뜨려 놓다니 정말 대담한 사람들입니다. 그리스도께서 그의 성도들에게 말씀하시는 그 고귀한 약속들을 마치 마귀가 그를 추종하는 자들에게 주는 약속처럼 의심스러운 것으로 만드니 말입니다. 자기들의 외식이 당연히 자기들의 구원에 대해 의심을 갖게 만들고 그리하여 그 복음의 약속들이 주는 위로를 자기들이 누리지 못한다고 해서, 오직 자기들 자신의 사악함으로 구원의 우물을 봉인하여 순전한 자들로 하여금 구원의 물을 마시지 못하게 만들어 놓고는 그 책임을 복음에다 떠넘기고 있으니 이것이 될 말입니까? 그러나 그들의 이 불편한 가르침의 뿌리에 사악한 비밀이 있는 것이 결국 발견되었습니다. 이들은 돈 궤를 맡은 도둑이었던 유다(요 12:6)를 많이 닮았습니다. 이들은 돈 궤를 갖고서 이 가르침이 가져다주는 많은 금과 은을 거기에 넣고, 유다보다 더 많은 금전을 착복합니다. 불쌍한 죄인들에게 임하는 복음의 은혜의 교리가 다른 이들의 양심에 더 많은 평안을 가져다주지만 — 그들에게 그 영광이 적나라하게 보이므로 — 그들은 무식한 심령들을 미신적인 두려움 속에 가두어 두고 자기들의 돈 궤를 더욱 부풀립니다. 그리고 이런 거짓말이 그들의 신앙의 핵심에 자리 잡고 있어서, 복음이나, 그리스도나, 천국이나 모든 것이 그 거짓말에 고개를 숙이게 만드는 것입니다.

두 번째 부류.   자기들의 어리석은 상상 속에서 복음에 대해 아주 추한 이미지를 만들어놓는 자들도 책망을 받아야 합니다. 이들은 마치 복음 안에서 발견되는 양심의 평안과 내적인 위로처럼 형편없는 것이 없는 것처럼 상상합니다. 그런 평안과 위로를 얻었다고 이야기하는 자들 중에서 복음을 알기 전보다, 혹은 복음에 대해 문외한인 자들보다 더 나은 평안과 위로를 얻었다는 것을 보여주지 못하고 오히려 심령의 괴로움을 더 노출시키는 자들을 보기 때문에 그렇게 상상하는 것입니다. 이런 사람들은 다음과 같은 구체적인 내용을 진지하게 따져보고 생각하여 해답을 얻기를 바랍니다.

1. 말로 복음을 고백하는 자가 모두 다 참된 그리스도인은 아니라는 점을 생각하시기 바랍니다. 그러므로 복음을 깨달았다고 이야기하는 모든 사람이 다 이 보화를 풍족하게 누리지 못한다고 해서 그 책임을 복음에 떠넘기고 복음을 비난할 수는 없습니다. 하나님의 성령은 전혀 내용물이 없는 빈 곳에다 그의 봉인을 새겨 두기에는 너무나 지혜로우시고 신실하십니다. 목사는 복음을 받아들인 모든 사람에게 평안을 제시합니다. 하지만 복음의 평안이 거짓된 마음을 만나면, 그 평안은 거기에 머물러 있지 않습니다. "그 집이 … 만일 합당하지 아니하면 그 평안이 너희에게 돌아올 것이니라"(마 10:13). 땅에 물이 아직 고여 있는 것을 보고서 비둘기가 다시 방주로 돌아온 것처럼, 하나님의 성령도 아직 죄의 거품 속에 있고 가증스러운 일들 속에 헤매고 있는 영혼에게서 그의 위로를 거두어가십니다. 그 천국의 비둘기가 그런 영혼의 어디에서 과연 발을 붙이고 쉴 수 있는 안식처를 찾을 수 있겠습니까? 자신이 그 속에서 안식처를 찾지도 못하는데, 과연 그 영혼에게 평안을 말씀하시겠습니까?

2. 참된 마음을 지닌 순전한 그리스도인들에 대해서는, 복음이 과연 그 이름대로 평안과 위로의 복음이라는 것을 입증해 줄 수 있는 몇 가지 고려 사항들이 있습니다.

(1) 순전한 그리스도인이면서도 다른 사람만큼 복음의 가르침을 선명하게 깨닫지 못하는 자들이 있습니다. 이들의 경우는 그 양심에 빛도 기쁨도 위로도 없는 것이 그들에게 빛이 없어 깨닫지 못하는 데서 기인하는 것입니다. 일꾼이 무식하다고 해서 그 일 자체를 무시할 수는 없습니다. 기술에는 기술자가 습득하는 것보다 더 많은 것이 있는 법입니다. 복음의 원리들 속에는 충만한 위로가 있지만, 그리스도인 개개인은 사도 바울이 골로새 사람들에게 말씀하는 대로 "확실한 이해의 모든 풍성함과 하나님의 비밀인 그리스도를 깨닫"고 "마음에 위안을 받"(골 2:2)는 상태에까지 아직 이르지 못한 것입니다.

(2) 그리스도를 믿음으로 구원을 얻는 교리 — 이는 양심의 참된 위로와 평안을 위에 세우는 유일한 초석입니다만 — 는 깨닫고 있으나 그리스도인의 삶의 여정 가운데서 소홀히 하여 — 복음의 규례를 따라 신중하게 행하지 못하여 — 잠정적으로 이 감미로운 평안을 스스로 빼앗긴 처지에 있는 이들도 있습니다. 그렇지 않았다면 복음의 약속들로부터 놀라운 평안이 가슴속에 흘러넘칠 것인데 말입니다. 누구든지 "이 규례를 행하는 자에게 … 평강 … 이 있을지어다"(갈 6:16). 그럴 경우 어떻게 복음을 탓할 수 있겠습니까? 펜이 그렇게 좋을 수가 없고, 손이 그렇게 기술이 좋을 수가 없어도, 젖은 종이 위에는 글씨를 쓸 수가 없습니다. 그러나 이 경우에 손이나 펜을 탓하지 않고 종이를 탓합니다. 마음이 — 그렇게 훌륭할 수가 없는 성도의 마음이라도 — 현재 아직 회개하지 않은 정욕으로 더러워져 있는 상태에 있다면, 그 어떠한 약속도 그에게 평안을 주지 못합니다. 그는 무질서하게 행하는 자요, 이런 자에게 성령은 채찍을 때리십니다. 그러므로 이와 같은 밤중에는 그 어떠한 기쁨과 평안의 감미로움도 누릴 수가 없는 것입니다.

3. 복음의 규례를 따라 긴밀하게 행하면서도 — 순전한 열정으로 행하면서도 — 우리가 논하고 있는 그런 평안과 위로를 보지 못하는 자들에 대해서는, 그들에게 그런 평안과 위로가 있다고 대답할 수 있습니다.

(1) 그것이 있는데도 그들이 알지 못할 수도 있습니다. 성도의 기쁨과 평안은 세상의 기쁨처럼 킥킥 가볍게 웃어대는 기쁨과는 다릅니다. 진정한 기쁨은 진짜입니다. 그리스도의 성령께서 계셔서 그리스도인을 즐겁게 해주는 방은, 거리와

인접해 있어서 지나가는 사람들이 즐거운 잔치 냄새를 맡을 수 있는 그런 방이 아니라 집의 안쪽에 있는 내실(內室)입니다. "마음의 즐거움은 타인이 참여하지 못하느니라"(잠 14:10). 그리스도와 그 영혼이 내실에서 함께 식사를 하고 있는데도, 여러분이 접시가 들어가고 나가는 것을 보지 못하고, 그리스도인의 귀에 정말 감미롭게 들리는 그 음악을 듣지 못할 수도 있습니다. 어쩌면 그가 속에 있는 기쁨과 평안의 표시를 겉으로 전혀 하지 않기 때문에, 여러분이 그에게 평안이 없다고 생각할지도 모릅니다. 마음이 슬프면서도 얼굴 표정은 아주 밝고 화창하여 전혀 그런 마음을 나타내 보이지 않는 사람이 있는 것처럼, 성도가 속에 양심의 평안을 누리고 있으면서도 겉으로는 엄숙하고 슬픈 모습을 드러내 보이는 경우가 얼마든지 있을 수 있지 않습니까? "웃을 때에도 마음에 슬픔이 있느니라"(잠 14:13). 잠언 기자는 물론 악인의 웃음을 지칭하는 것입니다. 그들은 환하게 웃을 때만큼 속에 슬픔이 가득한 적이 없습니다. 얼굴에 웃음이 가득할 때에 그들의 양심에는 우울함이 가득합니다. 이와 반대로, 때로는 성도의 가슴에 내적인 평안과 위로가 가득한데 오히려 얼굴에 눈물이 가득하여 엉엉 우는 경우도 있습니다. 만일 여러분이 그리스도인이 스스로 탄식하며 하나님을 향하여 저지른 자신의 죄 때문에 한숨 쉬고 흐느끼는 것을 보면, 집으로 돌아가서는 아마도 기독교가 정말 우울한 종교라고 외칠 것이고, 이 사람이 정말 안타까운 처지에 있다고 이야기할 것입니다. 그러나 여러분이 그렇게 측은하게 여기는 그 그리스도인은 정작 여러분이 그를 헛되이 동정하지 말고 오히려 여러분 자신을 측은하게 여기기를 바랄 것입니다. 세상이 그 모든 화려함으로 줄 수 있는 그런 모든 기쁨을 다 준다 해도 그는 여러분을 그렇게 겁나게 하는 바로 그 슬픔을 절대로 떠나보내려 하지 않을 것이니 말입니다. 그리스도인의 이런 슬픔에는 여러분이 도저히 풀 수 없는 미스터리가 있습니다. 그러므로, 죄에 대한 책임과 죄에 합당한 하나님의 진노에 대한 두려운 인식으로 인하여 마음에 일어나는 슬픔과 고뇌가 있고, 또한 죄책에서 나오는 진노에 대한 두려움 때문에 생기는 것이 아니라, 그리스도인을 부추겨 그의 죄를 사하신 하나님께 불충을 저지르도록 만드는 영혼 속에 내재하는 죄를 지각하는 데에서 생기는 슬픔과 고뇌가 따로 있다는 것을 알아야 합니다. 이런 후자의 슬픔 때문에 성도들이 죄를 사하시는 하나님의 긍휼을 지각함으로써 마음속에 충만한 위로가 있으면서도 때때로 불편하고 우울한 자들이 되어 버리기도 하는 것입니다. 이 슬픔은 여름철의 소나기와 같아서 하나님의 사랑을 지각하면 마치 소나기에 젖은 대지가 뜨거운 태양열에 마르듯이 금방 말라버리고, 그 영혼은 — 향기로운 꽃이 가득한 정원처럼 — 그 소나기를 맞고서 더욱 신선해져서 달콤한 향기를 내뿜는 것입니다.

(2) 그리스도를 믿고 복음을 받아들인 고귀한 영혼들 중에 현재 양심에 안식을 얻지 못하고 한동안 자기들의 심령 속에 무언가 불만과 걱정이 있는 상태에 계속 있는 경우도 있습니다. 그러나 이럴 때에도 그들에게는 다음 세 가지 의미에서 양심의 평안이 있는 것입니다. 그 값을 볼 때에, 그 약속을 볼 때에, 그 배아(胚芽)를 볼 때에, 양심의 평안이 있는 것입니다.

참된 신자는 누구나 그 값을 볼 때에, 양심의 평안이 있습니다. 복음이 그 평안을 반드시 사게 될 값을 그의 손에 쥐어주는데, 바로 그리스도의 피가 그것입니다. "그것은 황금다운 황금이다"라는 말을 하는데, 이는 어디서도 그 황금으로 황금을 바꿀 수 있다는 뜻입니다. 불쌍한 신자가 "주여 내게 양심의 평안을 주옵소서. 그 값인 그리스도의 피가 여기 있나이다"라고 기도하면 하나님께서 거절하실 수가 없습니다. 빚을 갚을 수 있는 돈이라면 분명 영수증도 확보할 수 있습니다. 양심의 평안이란 하나님의 공의에게 진 빚이 완전히 갚아졌다는 것을 증명해 주는 사면장입니다. 그리스도의 피가 신자에게 더 큰 일을 행하였으니, 이 작은 일도 분명 해줄 것입니다. 가령 누가 먹든지 간에 틀림없이 건강을 회복시켜 주는 그런 진기한 명약(名藥)이 있다면, 어떤 사람이 병든 자가 그 약을 먹을 때에 그가 자기 건강을 먹었다고 말해도 무방할 것입니다. 건강이 그의 속에 있는 것이니 말입니다. 비록 현재에는 건강을 스스로 느끼지 못하지만 때가 되면 건강이 나타나게 될 것입니다.

참된 신자는 누구나 그 약속을 볼 때에, 양심의 평안이 있습니다. 그 약속이 반드시 우리에게 해당되므로, 마치 지갑 속에 돈을 지니고 있는 것처럼 우리에게 그런 평안이 있는 것으로 간주하는 것입니다. "여호와께서 자기 백성에게 평강의 복을 주시리로다"(시 29:11). 그가 평강을 주시기로 작정하셨는데 누가 그것을 가로막겠습니까? 이 시편 전체를 읽고, 이 감미로운 약속이 실행될 것에 대해 믿음으로 큰 기대를 갖도록 우리를 격려하시고자 여호와께서 그 약속을 얼마나 무게 있게 제시하시는지를 살펴보는 것은 정말 가치 있는 일입니다. 평안과 위로에 대한 희망의 생각들만큼 불쌍한 죄인의 마음속에 들어가기 어려운 것이 없습니다. 그 마음속에는 온통 소요밖에는 없고, 그의 양심은 그의 죄에 대해 하나님께서 발하시는 불과 검, 진노와 복수에 대한 엄중한 위협밖에는 없습니다. 그런데 이 시편은 하나님께서 행하실 수 있는 큰 일들이 어떤 일들인지 — 그것도 자기 자신은 말씀을 선포하시는 것 외에는 그 어떤 어려움도 겪지 않으시고 — 를 보여줍니다. "여호와의 소리가 힘 있음이여 여호와의 소리가 위엄차도다"(4절). "여호와의 소리가 백향목을 꺾으심이여"(5절). "여호와의 소리가 화염을 가르시도다"(7절) "여호와의 소리가 광야를 진동하심이여"(8절). "여호와의 소리가 암사슴을 낙태하게 하시도다"(9절). 이 모든 일을 행하시는 그 하나님이 그의 백성에게 겉으로나 속으로나 평안의 복을 주시겠다고 약속하십니다. 이 내적인 평안이 없다면, 그들에게 평안을 주신다 해도 여기서 행하시는 것처럼 그들에게 평안의 복을 주시는 것일 수가 없습니다. 거리는 고요한데 우리 집 안에서 사람을 죽인다면 그 평안은 그야말로 슬픈 평안이 아니겠습니까? 그러나 우리의 거리와 집 안에 평안이 있는데도 우리의 죄악된 양심 속에 전쟁과 피가 있다면, 이는 이보다 무한히 더 슬픈 일일 것입니다. 양심의 목에 하나님의 진노의 칼이 드리워져 있는데 — 하나님과의 평안이 없는데 — 불쌍한 죄인이 무슨 평안을 맛보고 음미할 수 있겠습니까? 그러므로 그리스도께서 죄 사함의 평안을 값 주고 사심으로써 죄 사함 받은 그의 백성들을 위하여 양심의 평안을 얻으시고, 그 평안을 그들에게 주신 약속 중에 그 평안을 유산으로 남겨 주신 것입니다: "평안을 너희에게 끼치노니 곧 나의 평안을 너희에게 주노라"(요 14:27). 보다시피 여기서 그리스도는 유산을 남기시는 유언자(the testator)이시며 동시에 그 유언을 집행하시는 집행자(the executor)가 되셔서, 그의 사랑이 신자들에게 남겨 두신 것을 그의 손으로 친히 나누어 주시는 것입니다. 그러므로 두려워할 것이 하나도 없습니다. 그가 살아 계셔서 그의 유언이 집행되는 것을 친히 보실 것이므로 그 유언대로 충실하게 집행될 것이기 때문입니다.

참된 신자는 누구나 이 내적인 평안을 배아 속에 지니고 있습니다. "의인을 위하여 빛을 뿌리고 마음이 정직한 자를 위하여 기쁨을 뿌리시는도다"(시 97:11). 하나님의 성령으로 말미암아 은혜와 거룩의 원리들이 신자의 가슴속에 베풀어질 때에 그 가슴의 이랑 속에 뿌려지는 것이 아니면, 빛이 어디에 뿌려지겠습니까? 그러므로 그것을 가리켜 "의와 평강의 열매"라 부르는 것입니다(히 12:11). 어떤 열매든 그 종류에 맞는 씨에서 나오듯이, 그것도 자연스럽게 거룩의 열매를 맺습니다. 이 씨 역시 다른 씨와 마찬가지로 곧 열매를 맺는 것이 지극히 사실입니다. 이 신령한 추수는 다른 외형적인 추수와는 달리 모든 사람에게 똑같은 시기에 오는 것이 아닙니다. 그러나 여기에 위로가 있습니다. 곧, 영혼 속에 은혜의 씨가 뿌려지는 시기를 지낸 사람은 누구든지 반드시 기쁨의 추수기를 맞게 된다는 것입니다. 하나님께서는 "땅이 있을 동안에는 심음과 거둠과 추위와 더위와 여름과 겨울과 낮과 밤이 쉬지 아니하리라"(창 8:22)는 법칙만큼 이 법칙도 친히 강력하게 지켜오셨습니다. 그렇습니다. 그보다 훨씬 더 강력하게 지켜오셨습니다. 앞의 법칙은 그저 전반적인 세상에 관한 것으로 모든 특정한 나라나 마을이나 밭에 그대로 적용되는 것이 아니지만, 그래도 하나님께서는 그의 말씀대로 지키십니다. 그러나 한 사람의 성도라도 그의 추수기가 없이 영원토록 나아가는 일이 있다면 하나님께서는 그의 약속을 지키신 것일 수가 없습니다. "울며 씨를 뿌리러 나가는 자는 반드시 기쁨으로 그 곡식 단을 가지고 돌아오리로다"(시 126:6). 그러므로 여러분, 혹시 지금 현재 신자들에게 평안과 위로가 보이지 않는다고 해서 복음과 또한 믿는 자들에 대해 그렇게 속되게 생각하고 있다면, 그것이 그들에게 오는 중이며 또한 일단 온 후에는 영원토록 그들에게 머물러 있을 것이라는 것을 알아야 합니다. 여러분의 평안은 매순간 왔다 갔다 하고 또한 가버린 후에 반드시 다시 온다는 보장이 없지만 말입니다. 그리스도인의 처음 시작을 보지 말고, 그들의 마지막을 보십시오. 하나님의 성령께서는 처음에 깨달음을 주시고 영혼 속에 어느 정도 두려움을 주시지만, 나중에는 평안과 기쁨이 함께하는 것입니다. 3월에 대해서 흔히 말하기를, "3월은 마치 사자(獅子)처럼 왔다가 어린 양처럼 간다"고 합니다. "온전한 사람을 살피고 정직한 자를 볼지어다. 모든 화평한 자의 미래는 평안이로다"(시 37:37).

세 번째 부류.   복음이 주는 약 이외에 다른 것으로도 양심을 치유할 수 있다고 생각하는 자들도 책망을 받습니다. 이들은 그리스도로 말미암아 복음의 샘에서 흘러나오는 살아 있는 위로의 물을 버려두고 자기들이 파낸 우물에서 평안과 위로를 길어 올리려고 하는 자들인데, 그 우물은 두 가지입니다. 하나는 육신적인 우물이요 또 하나는 율법적인 우물입니다.

1. 어떤 이들은 육신적인 우물에서 평안을 길어 올리려고 생각합니다. 육체의 학질을 고치기 위해 사용하는 약들이 굉장히 많지만, 자신을 속이는 죄인들이 하나님의 진노에 대한 두려움이 그 죄악된 양심에 드리우는 그 몸서리치는 학질을 제거하기 위해서 사용하는 육신적인 수단들은 그보다 더 종류가 많습니다. 어떤 이들은 말씀에서 약간 일깨움을 받아 자신의 몹쓸 망한 처지를 심각하게 생각하여

마음에 한기를 느끼면 벨릭스의 약을 사용합니다. 그는 바울의 설교를 듣고 양심
이 찔림을 받기 시작하자마자 그 설교자를 물리고 황급히 어지럽고 불쾌한 생각
들을 머리에서 지워 버리려 애썼습니다: "벨릭스가 두려워하여 대답하되 지금은
가라. 내가 틈이 있으면 너를 부르리라 하고"(행 24:25). 많은 이들이 이런 식으로
하나님께 등을 돌리고, 그들의 양심을 찌르는 그런 규례들과 그런 교제 같은 것으
로부터 할 수 있는 대로 멀리 도망합니다. 그들은 자기들의 처참한 상태에 대한 생
각을 잊어버리려고 노심초사하고 있는데, 그런 것들이 그런 생각을 되살려 괴로
움을 주기 때문입니다. 그런 사람은 장례식에도 참석하기를 싫어하고, 자신의 흰
머리카락을 보는 것도 견디지 못하여 흑연을 사용하여 염색을 하기도 한다고 합
니다. 혹시 그런 것들로 인하여 자신이 그렇게도 끔찍하게 혐오하는 죽음에 대한
생각들이 밀려들까 염려하여 그렇게 한다는 것입니다. 하나님이 아시겠지만, 정
말 초라하고 비겁한 짓이 아닐 수 없습니다! 또 다른 이들은 그 받은 빛이 너무도
강렬하고 끊임없이 그들에게 비치므로, 한동안 설교를 듣지 않고 일 년 내내 성경
도 보지 않고, 양심을 일깨울 만한 그런 교제들을 삼가도, 그것이 아무런 소용이
없고 끊임없이 죄책에 시달립니다. 그리하여 그들은 가인처럼 "여호와 앞을 떠나"
갈 뿐 아니라(창 4:16), 가인이 자신의 죄악된 양심을 자극하는 그런 침울한 생각
들을 흩어 버리기 위해 "성을 쌓는" 일에 온 생각을 집중시킨 것처럼(17절) 그들도
그렇게 하여 온갖 세상적인 일들 속에서 그들의 양심이 그냥 묻혀 지나가게 만들
려고 애를 씁니다. 많은 사람들의 경우, 이것이야말로 천국과 지옥에 대한 모든 생
각들을 삼켜 버리는 큰 리워야단입니다. 그들이 이런 사업 저런 사업에 너무도 몰
두해 있으므로 양심이 그들과 긴 시간을 함께 나누며 대화를 주고받을 수 있는 여
유가 전혀 없습니다. 요셉이 형들에게 미움을 받고 따돌림을 받은 것 이상으로 양
심이 죄인들에게 그런 취급을 받는 것입니다. 양심이 그들에게 이야기하는 내용
이 요셉이 형들에게 한 꿈 이야기보다 나을 것이 없습니다. 그리하여 요셉의 형들
이 요셉을 팔아넘겼듯이 많은 이들이 그들의 양심을 팔아넘기고, 세상적인 이익
으로 양심을 매수합니다. 그러나 이런 방법 역시 너무나 허약합니다. 사울의 수금
이나 나발의 잔칫상처럼 별 효과가 없습니다. 그들은 이 방법으로 근심걱정이 사
라지고, 미쳐 날뛰는 양심이 잠재워지기를 희망합니다. 이들은 마치 빚 때문에 체
포되어 하는 수 없이 감옥에 들어가게 되었으나 자기를 다루는 간수를 술에 취해
잠들게 하고서 거기서 도망치는 어떤 불량배와도 같습니다. 많은 이들이 이처럼

야만적인 죄의 쾌락들로 양심을 혼미하게 만듭니다. 그리고 그 양심이 마치 술에 취해 죽은 듯이 잠들어 버린 사람처럼 완전히 무감각한 상태에 빠지게 되면, 양심이 다시 깨어나기까지 아무런 통제도 받지 않고 마음껏 죄를 저지르는 것입니다. 육신적인 방법이 죄인에게 베풀어 줄 수 있는 최고의 평안이라고 해야 고작 이런 것밖에 없습니다. 곧, 잠자는 약을 주어 잠시 동안 양심의 감각을 옭아매어 두고, 정죄 받은 죄수도 잠자는 동안에는 그것을 잊어버리는 것처럼 그동안 자기 자신의 비참한 처지를 잊어버립니다. 그러나 양심이 다시 깨어나자마자 자신의 처지에 대한 공포가 전보다 더욱 강력하게 그에게 엄습합니다. 하나님께서 그런 양심의 괴로움이 치유되지 않도록 계속해서 지키시는데, 이것이 질병 그 자체보다 천 배는 더 극심한 것입니다. 전혀 짖지 않고 가만히 있어서 집을 털려도 전혀 눈치를 채지 못하게 만드는 개보다, 마구 짖어서 도둑이 뜰 안에 들어 왔다는 것을 알려주는 개를 소유하고 있는 것이 훨씬 더 나은 것입니다.

2. 어떤 이들은 율법적인 우물에서 양심의 평안을 길어 올리려 합니다. 그들이 지닌 위로는 전부 자기들 자신의 의(義)를 근거로 한 것입니다. 그들은 마음에 꺼름칙한 것이 생길 때마다 자기들이 자랑하는 이 선행, 저 선행에 의지합니다. 자기들 스스로 위로를 얻고 마음을 새롭게 하기 위해 마시는 달콤한 음료수는 그리스도께서 불쌍한 죄인들을 위하여 그의 죽으심으로 하나님께 드리신 그 보상에서 퍼 올린 것이 아니라, 자기들의 의로운 삶에서 퍼 올린 것입니다. 하늘에서 행해지는 그리스도의 간구에서 퍼 올리는 것이 아니라 자기들 자신을 위해 이 땅에서 드리는 선한 기도들에서 퍼 올리는 것입니다. 한 마디로, 그들의 양심에서 어지러운 소요의 불꽃이 지펴질 때에 — 불에 쉽게 타는 물질들이 가슴속에 그렇게 많은데도 거기서 이따금씩 연기 자욱한 불길이 일어나지 않는다는 것은 매우 이상한 일이니까요 — 그리스도의 피가 아니라 자기들 자신의 눈물을 뿌려서 그것을 끄려 하는 것입니다. 자, 여러분이 누구든지 간에 양심의 평안을 얻고자 이런 식으로 나아가고 있다면, 분명히 말씀합니다만, 여러분은 예수 그리스도와 그의 복음의 원수입니다. 여러분의 정원에서 자라는 약초 중에 여러분의 양심의 상처를 치유할 수 있는 것이 있다면, 주 그리스도께서는 어째서 구태여 하늘로부터 강림하셔서 의도적으로 자신의 피와 섞어 제시하신 그 귀하고 귀한 약을 제시하셨겠습니까? 어째서 그는 자기 자신 이외의 모든 자들을 전혀 가치 없는 위로자들로 규정하시고 죄인들을 그들에게서 부르시며, 그에게 나아와서 영혼의 안식을 찾으라고 명

하시겠습니까(마 11:28)? 아닙니다. 불쌍한 죄인 여러분, 분명히 알고 믿어야 합니다. 아는 것이 여러분에게 좋을 것입니다. 그리스도께서 사기꾼이고 복음이 가짜든가, 아니면 여러분이 죄로 인하여 생긴 여러분의 양심의 상처를 치유하며 또한 여러분의 가슴속에 견고한 평안을 이루기 위해 확실한 기초를 세우는 올바른 방법을 취하지도 않았든가, 둘 중의 하나밖에 없다는 것을 말입니다. 그러나 여러분이 마귀보다 더 악한 불한당이 아니라면 전자의 경우를 믿을 수는 없을 것입니다. 물론 기도와 눈물과 회개, 그리고 선행과 선한 임무들은 결코 소홀히 해서는 안 됩니다. 이것들이 없이는 결코 여러분의 양심에 평안이 있을 수가 없습니다. 그러나 이것들이 여러분을 위해 평안을 확보해 주는 것이 아닐 뿐더러, 확보해 줄 수도 없습니다. 왜냐하면 그것들은 여러분을 하나님과 평안을 누리는 관계 속에 데려가 줄 수가 없기 때문입니다. 그리고 양심의 평안은 다름 아닌 죄 사함의 긍휼의 메아리일 뿐입니다. 죄 사함의 사실이 양심에 울려 퍼지고, 그렇게 되면 그것이 만들어내는 즐거운 음악과 더불어 영혼이 감미로운 안식에 젖게 되는 것입니다. 메아리는 동일한 목소리가 반복되어 울리는 것입니다. 그러므로 기도와 눈물과 선한 임무들과 선행들이 죄 사함의 평안을 확보해 주지 못한다면, 위로의 평안도 확보해 줄 수가 없는 것입니다. 앞에서 제가, "이것들이 없이는 절대로 내적인 평안을 누릴 수가 없습니다. 하지만 이것들 때문에 그 평안을 누리는 것은 결코 아닙니다"라고 말한 것을 기억하기 바랍니다. 상처를 싸매지 않고 그냥 버려두거나 청결을 유지하지 않으면, 그 상처가 치유되기가 매우 어렵습니다. 하지만 싸매고 청결을 유지하는 것 때문에 상처가 치유되는 것은 아닙니다. 거기에 발라놓은 약이 치유하게 하는 것입니다. 그러므로, 기도를 비롯해서 은혜나 임무를 행하는 갖가지 거룩한 행위들은 중단해서는 안 됩니다만, 그런 행위들이 근거가 되어 그로 인하여 평안과 위로가 얻어진다는 식의 기대는 버려야 합니다. 그렇지 않으면 복음이 베풀어주는 그 참된 평안의 혜택들을 여러분 스스로 가로막아 하나도 누리지 못하게 만들게 됩니다. 그런 기대와 복음의 참된 평안은 서로를 밀어냅니다. 마치 하류에서 서로 만나도 물이 함께 섞이지 않는다는 독일의 유명한 두 강처럼 말입니다. 이렇게 말할 수 있을지 모르지만, 복음의 평안은 다른 어떤 것과도 섞이거나 혼합되지 않습니다. 다른 것과 섞이지 않은 순전한 상태 그대로 그것을 마셔야 합니다. 그렇지 않으면 결코 그것을 마신 것이 아닙니다. 사도 바울은 자기 자신을 비롯하여 모든 순전한 신자들을 대변하여 이렇게 말씀합니다: "하나님의 성령으로 예배하며 그리스도 예수로 자랑하고 육체를 신뢰하지 아니하는 우리가 곧 할례파라”
(빌 3:3. 한글개역개정판은 “예배하며”를 “봉사하며”로 번역함 — 역주). 이는 이런 뜻과도
같습니다: “거룩한 임무들과 섬김에서 우리는 누구에게도 뒤지지 않고, 오히려 그
들보다 월등하니, 이는 우리가 하나님의 성령으로 예배함이라. 그러나 우리가 이
수도꼭지에서 기쁨과 위로의 물을 떠 마시는 것은 아니니, 우리는 그리스도 예수
로 자랑하고 육체를 신뢰하지 않는도다.” 거기서 그는 하나님을 예배하는 것을 성
령으로 하는 것으로 말씀하고, 반면에 그리스도와 및 그를 즐거워하는 것을 대적
하는 것을 가리켜 육체라 부르는 것입니다. 지금까지의 논의로 보아 이들이 양심
의 상처를 치유하는 데에 복음의 명약을 사용하는 자들인 것만은 틀림없습니다.
하지만 굉장히 복음에 맞지 않게(unevangelically) 사용하는 자들입니다. 그들이
평안과 위로의 근거로 사용하는 것 — 그리스도와 그로 말미암아 불쌍한 죄인들
에게 주는 약속들에 나타나는 하나님의 긍휼 — 은 올바르고 선합니다. 이보다 더
나은 근거가 어디 있겠습니까? 하지만 그들은 이것을 적용하는 데에서 복음의 규
례와 질서를 준수하지 않습니다. 이들은 그리스도의 동의를 구하기보다는 오히려
임의로 그 약속을 잡아채고 억지로 그것을 왜곡시켜 사용합니다. 마치 사울이 너
무 마음이 급하여 사무엘이 와서 자기를 위해 제사를 드려줄 때까지 기다릴 수가
없어서, 자기에게 주어진 명령을 왜곡하여, 그가 오기도 전에 대담하게 자기 자신
이 제사를 드린 것처럼 말입니다. 이처럼 많은 이들이 위로를 얻고자 하는 마음이
너무도 간절하여 하나님의 성령께서 오셔서 그들의 양심에 복음의 질서 가운데서
그리스도의 피를 뿌려 주시기까지 기다리지 못하고, 자기 스스로 그 일을 시도합
니다. 사실 그 약속들이 아직 그들의 것이 되지도 않았는데 그 약속들이 주는 위로
를 자기들에게 적용시켜 버리는 것입니다. 오오 여러분, 이렇게 하면 과연 결과가
좋아질 수 있겠습니까? 의사의 지시가 있을 때까지 기다리지 못하고, 자기 스스로
약국에 달려가 약사의 도움이 없이 마음에 내키는 대로 아무 약이나 취하여 복용
하는 사람이 있다면, 그 사람이 과연 자기의 건강을 제대로 돌보는 것이겠습니까?
사실 죄 가운데 살면서도 그리스도의 피를 자기 자신에게 뿌리고 또한 하나님의
죄 사함의 긍휼로 자기 자신을 축복하는 그런 속된 자들이 모두 이런 어처구니없
는 일을 행하고 있는 것입니다. 그런 자는 반드시 알아야 합니다. 유월절 어린 양
의 피가 애굽 사람의 문이 아니라 이스라엘 사람의 문에 뿌려졌던 것처럼, 그리스
도의 피도 완악한 죄인에게가 아니라 순전히 회개하는 자에게 뿌려지는 것이라는

사실을 말입니다. 아니, 더 나아가서 유월절 어린 양의 피가 이스라엘 사람의 문지방이 아니라 — 사람들이 짓밟을 수도 있는 곳인 — 문설주에 뿌려졌던 것처럼, 그리스도의 피도, 회개하지 않고 죄 중에 누워 있는 신자에게는 뿌려지는 것이 아닙니다. 그런 자에게 뿌려진다면 그의 발에 짓밟히고 말 것이니 말입니다. 나단 선지자가 와서 죄 사함의 소식을 전하여 위로하기 전에, 다윗이 수치스럽게 자기의 죄를 고백하는 것입니다.

[복음의 평안의 네 가지 성격]

둘째 적용. 이 가르침을 표준으로 삼아 여러분의 평안과 위로가 과연 참된 것인지를 시험해 보시기 바랍니다. 과연 거기에 복음의 인이 찍혀 있습니까? 마귀는 은혜에 대해서도 위로에 대해서도 가짜를 가져다줍니다. 그러므로 여러분 자신을 시험해 보아야 합니다. 이를 위해서 여러분에게 그리스도께서 그의 복음 안에서 그의 백성에게 말씀하시는 평안의 몇 가지 성격들을 제시해드리려고 합니다.

1. **복음의 평안의 첫째 성격.** 복음의 위로는 그것이 부어지는 **그릇**으로 알 수 있는데, 상한 마음이 바로 그 그릇입니다. 그 약속은 오직 그런 마음에게만 베풀어집니다. "내가 높고 거룩한 곳에 있으며 또한 통회하고 마음이 겸손한 자와 함께 있나니 이는 겸손한 자의 영을 소생시키며 통회하는 자의 마음을 소생시키려 함이라"(사 57:15). 그리스도는 아버지로부터 받으신 사명에 매여 계셨습니다. 그러므로 그는 그 이외에는 누구도 위로하실 수가 없습니다. "주 여호와의 영이 내게 내리셨으니 이는 여호와께서 내게 기름을 부으사 가난한 자에게 아름다운 소식을 전하게 하려 하심이라 나를 보내사 마음이 상한 자를 고치며"(사 61:1). 그리고 그는 아버지께로부터 받으시는 그것과 동일한 것을 그가 동일한 사명을 주어 보내시는 자들에게도 주십니다. 첫째로, 그의 성령을 주십니다. 그에 관하여 그는 제자들에게, "위로자(보혜사)가 와서 죄에 대하여, 의에 대하여, 심판에 대하여 세상을 책망하시리라"라고 말씀하십니다(요 16:8). 먼저 죄에 대하여 책망하신다고 말씀합니다. 그러니 그를 위해 일하는 사역자들로서는 여기서 복음의 위로들을 적용시켜 줄 대상자가 누구인지에 대해 지침을 얻습니다: "너희는 약한 손을 강하게 하며 떨리는 무릎을 굳게 하며, 겁내는 자들에게 이르기를 굳세어라, 두려워하지 말라 … 하라"(사 35:3, 4). 만일 이 기름을 낮아지지 않은 죄인의 머리에 부어주고 그런 자에게 생명을 약속하여 위로를 주게 되면, 그 책임은 그들에게 있게 됩니다. 하나님

께서는 그런 일을 대적하시고 그것을 거짓말이라 부르시며 "악인의 손을 굳게 하는 것"(겔 13:22)이라 규정하십니다. 그런 자에게 거짓 위로를 주어 잔뜩 부풀리니 그들의 이런 행위는 거짓된 것이요, 따라서 그런 자는 절대로 참된 평안을 누리지 못하는 것이 분명한 것입니다.

이처럼 복음이 영혼들을 위로하는 데에는 순서가 있습니다. 바느질할 때에도 아름다운 색깔들을 수놓기 전에 먼저 칙칙한 배경색이 들어가야 합니다. 조각하는 사람도 먼저 돌을 깨뜨리고 파낸 다음에 곱게 갈아 마감질을 합니다. 이와 마찬가지로 그리스도의 성령께서도 먼저 우울함으로 시작하고 기쁨으로 끝을 맺습니다. 먼저 잘라내고 상처를 주고, 그 다음에 치료하고 영혼에게 위로와 평안을 베풀어 주시는 것입니다. 제가 혹 성령의 역사하심을 모든 사람에게 동일한 방식과 동일한 정도로 임하는 것으로 제한시킨다고 생각하지 마시기를 바랍니다. 이 점에 대해서는 다른 곳에서 제 생각을 밝힌 바 있습니다. 하지만 이것은 분명합니다. 성령의 납득시키시고 낮추시는 역사가 각 영혼 속에 행해지고 난 후에야 평안과 위로가 온다는 사실입니다. 성령께서는 먼저 사람이 쌓아놓은 모든 헛된 위로와 자신감을 영혼 속에서 제거하십니다. 그러면 그 마음이 마치 밑바닥이 뚫려서 속에 담긴 물이 다 빠져나간 항아리처럼 됩니다. 마음이 죄들을 사랑했었으나 이제는 미워합니다. 마음을 기쁘게 해주었던 희망들과 위안들이 다 사라졌고, 이제는 영혼이 황량하고 고독한 처지가 되어 버렸습니다. 이제 그리스도께서 그의 친구가 되어 주사 그 자신과 지옥 사이를 가로막아 주시는 것 외에는 방법이 없고, 멸망할 수밖에 없습니다. 그리하여 그 영혼은 그리스도께 탄식합니다. 환자가 자신이 철저히 신뢰하는 의사의 지시를 전적으로 따르는 것처럼, 그리스도의 길을 따르고 그의 지시를 지키겠노라고 합니다. 이것을 저는 "상한 마음"이라 부릅니다. 이것에 대해 아직 전혀 문외한이라면, 이것을 아는 것이 복음의 평안을 얻는 첫걸음일 것입니다. 여러분, 여러분의 양심에게서 해답을 얻기까지 중단하지 마시기를 간절히 바랍니다. 양심이 무어라고 말합니까? 여러분이 누리는 포도주가 한때 물이었습니까? 여러분의 빛이 어둠으로부터 일어납니까? 여러분의 평안이 과연 영혼의 갈등과 고뇌로부터 나온 것입니까? 고침을 받기 전에 먼저 피를 흘렸습니까? 그렇다면 여러분에게 일어난 것이 하나님의 은혜로우신 성령의 친절한 역사라고 소망하고, 그것을 한껏 활용할 수 있고, 또한 이 포도주를 주사 여러분의 침울한 마음이 용기를 갖게 하신 하나님을 찬송할 수 있을 것입니다. 그러나 만일 여러분이 건너뛰고 시작했다면, 항아리에 물이 가득 차기도 전에 포도주가 생긴 것이라면, 밤이 있은 적이 없는데 아침이 왔다면, 거짓된 평안이 깨어지기도 전에 평안이 정착된 것이라면, 양심이 창으로 찔린 적도 없는데 건전하고 온전하기부터 하다면, 여러분이 지금까지 그 가운데 살아온 교만, 육신적인 자신감, 기타 죄들의 썩은 것들이 여전히 빠져나가지 않고 그대로 있다면, 한동안은 여러분이 어느 정도 평안을 누릴 수 있을 것입니다. 하지만 여러분, 주 예수께서는 그것을 그가 행하신 치유로 인정하시지 않으신다는 것을 아시기 바랍니다. 선한 사람의 집은 물론 강한 자의 집도 평안하고 안전합니다(눅 11:21). 참된 슬픔을 이루기 위해서는 거짓된 기쁨과 평안으로는 안 됩니다. 그보다 더한 능력이 필요한 것입니다. 여러분의 철천지원수인 마귀가 여러분을 조롱하기 위해 가져다주는 이 우상의 거짓된 평안을 얻고서 춤추는 것이 아니라, 양심의 괴로움으로 인하여 애통한다면, 여러분은 더욱 복된 사람일 것입니다.

2. 복음의 평안의 둘째 성격. 복음의 평안은 복음의 방식으로 얻어지는데, 여기에는 두 가지가 있습니다.

(1) 복음의 평안은 순종과 거룩한 행실의 방식으로 주어집니다. "무릇 이 규례를 행하는 자에게 … 평강 … 이 있을지어다"(갈 6:16). 여러분, 이 규례는 바로 "새로 지으심을 받은 자"의 규례입니다(15절). 이 규례는 바로 말씀의 거룩한 규례가 아니고 무엇이겠습니까? 이 규례는 신자의 영혼에 심겨진 은혜의 원리와 어울리므로, 눈과 빛이 본질상 서로 잘 들어맞는 것 이상으로 성도의 이 새로운 본성의 기질과 말씀의 거룩한 규범이 서로 잘 들어맞는 것입니다. 그런데 사람이 새로운 피조물이 되고 은혜의 원리를 그 가슴속에 지니는 것만으로는 안 됩니다. 이 규례에 준하여 실제로 행하여야 합니다. 그렇지 않으면 그의 양심에 참된 평안이 없어서 그것을 갈구하게 될 것입니다. 성도에게서는 위로자이신 성령께서 베푸시는 위로 밖에는 찾을 수 없습니다. "무절제하게 행하는" 자들에게서 "떠나라"고 명하시는 이는(살후 3:6, 한글개역개정판은 "무절제하게 행하고"를 "게으르게 행하고"로 번역함 — 역주) 그 자신도 친히 그런 자들에게서 떠나시고 그의 위로를 물리실 것입니다. 그런데 이 규례를 떠나 행하는 자들은 모두가 다 무절제하게 행하는 자들입니다. 여러분이 만일 그런 자라면, 성령께서 여러분에게 위로를 주셨다는 말을 해서는 안 됩니다. 그는 여러분에게 악한 방식으로 속히 나아가라고 명하시지 않으니 말입니다. 여러분이 거룩한 규례에 따라 행하는 데에서 발을 뺀 그 순간부터 그는 여러분

에게서 위로자로서의 역사를 물리셨습니다. 지금 현재 여러분이 있는 제하는 그 모든 평안은 천한 데에서 난 것이요, 따라서 그것을 자랑하기보다는 오히려 부끄러워해야 마땅한 것입니다. 남편이 해외에 나가 있는 동안에 아내가 자식을 가졌다면 이는 그 아내로서 자랑스런 일이 아닐 것입니다. 마찬가지로 그리스도의 성령께서 자신이 베푸신 것을 인정하지 않는다면, 아무리 위로를 얻은 것처럼 행세해도 전혀 자랑할 것이 없는 것입니다.

(2) 복음의 평안은 임무의 방식을 통해서, 또한 하나님의 규례들에 참여하여 긴밀히 하나님을 섬기는 일을 통해서 영혼에게 베풀어집니다. "평강의 주께서 친히 때마다 일마다 너희에게 평강을 주시 … 기를 원하노라"(살후 3:16). 즉, 주께서 여러분을 위로하고 여러분의 영혼을 내적인 평안으로 가득 채우는 모든 수단들을 복 주시므로, 거룩한 규례들에 전혀 참여하지 않는 자가 평안과 위로를 자랑할 때에 건전한 그리스도인들은 그런 자랑의 진실성을 의심할 충분한 이유가 있는 것입니다. 물론 하나님께서는 얼마든지 그의 성령을 즉각적으로 부으사 그리스도인을 위로하셔서 구태여 말씀을 듣고 기도하고 묵상하는 일을 하지 않아도 되게 하실 수 있습니다. 하지만 대체 어디에서 그가 그렇게 하시리라고 말씀합니까? 수단이 없이도 평안이 얻어질 수 있다면, 씨를 뿌리고 밭을 가는 일을 하지 않고도 얼마든지 추수를 기대할 수 있지 않겠습니까? 만일 우리가 광야의 이스라엘 백성과 같은 처지라면 — 그런 처지에서는 수단을 사용할 여지가 없습니다. 교만이나 게으름 때문이 아니라, 때로 그리스도인이 병들어 각종 규례들에 참석할 수 없을 경우처럼 질병 때문에 수단을 사용하지 못하거나 혹은 절실한 어떤 다른 섭리로 인해서 이런저런 수단의 도움을 받는 처지에서 벗어나 있기도 합니다만 — 이스라엘 백성의 장막 주위에 만나가 가득 떨어져 있는 것처럼 위로가 우리의 영혼 속에 두텁게 쌓여 있다고 해도 전혀 이상할 것이 없을 것입니다. 그러나 이스라엘 백성이 곡식을 수확하고 수고하여 그것으로 떡을 만들어 먹게 된 후에는 하나님께서 더 이상 만나를 내리지 않으셨던 것처럼(수 5:11, 12), 영혼이 규례를 통하여 위로를 얻을 수 있게 되고 난 후에는 주께서 이적을 통해서 위로를 주지 않으시는 것입니다. 하나님께서는 구태여 빌립을 그에게 보내어 그에게 말씀을 전하게 하시지 않고서도 얼마든지 하늘로부터 빛을 비추사 내시를 가르치시고 그를 만족하게 하셨을 수도 있습니다. 그러나 그는 그 자신이 직접 이적적으로 행하지 않으시고 빌립의 입을 통해서 그 일을 하기를 택하십니다. 이것은 물론 그의 규례를 존귀하게

대하시기 위함입니다.

　3. 복음의 평안의 셋째 성격. 양심에 복음의 평안이 있으면 강건하게 하고 회복시키는 역사가 있습니다. 복음의 평안은 죄와 사탄을 상대로 싸울 수 있도록 그리스도인을 강하게 만들어 줍니다. 이 꿀을 조금만 맛보아도 그리스도인이 활력을 되찾고 힘이 생깁니다. 그러니 이 꿀을 충분히 섭취하면 어떻게 되겠습니까? 그의 영적인 원수들을 다 무너뜨리지 않겠습니까? 이 포도주를 한 모금 깊이 들이키고 나면 마치 장수가 포도주로 목을 축여 힘을 얻고서 싸움터에 나아가 용맹스럽게 싸우듯이 그렇게 힘차게 나아가게 되는 것입니다. 그의 앞에는 정욕이 도무지 서지 못합니다. 그것이 그에게 싸울 힘을 주기 때문입니다. 바울이 그리스도를 위하여 얼마나 맹렬히 싸우는지요! 그는 "모든 사도보다 더 많이 수고하였"습니다(고전 15:10). 이 선한 사람은 자신이 한때 얼마나 몹쓸 사람이었으며, 자기가 얼마나 큰 자비를 얻었는지를 기억했습니다. 이런 하나님의 사랑에 대한 지각이 그의 마음을 뜨겁게 하여, 이로써 그는 동료 사도들보다 월등하게 하나님을 위하여 열심을 다했던 것입니다. 그러므로 거룩한 다윗도 오랫동안 자신에게서 멀어졌던 이 포도주를 다시금 마시게 해 달라고 그렇게 간절히 기도하는 것입니다. "주의 구원의 즐거움을 내게 회복시켜 주시고 자원하는 심령을 주사 나를 붙드소서. 그리하면 내가 범죄자에게 주의 도를 가르치리니 죄인들이 주께 돌아오리이다"(시 51:12, 13). 여기서 주목하시기 바랍니다. 그가 위로의 포도주의 감미로운 맛을 탐한 것이 그것을 그렇게 사모했던 유일한 이유나 주된 이유가 아니었습니다. 그가 그것을 그렇게 사모했던 것은, 하나님을 위한 열정을 부어주고 그것으로 능력을 얻게 하는 고귀한 덕목이 거기에 있는 것을 그가 알고 있었기 때문입니다. 외식자의 거짓된 평안과 위로는 마음보다는 머리에 역사하는 것으로, 그것이 있기 전이나 있은 후나 여전히 사람을 연약한 상태에 있게 합니다. 그렇습니다. 마치 위 속에 있는 상한 음식처럼 속에서 썩고, 마치 달콤한 여름철 과일을 많이 먹을 때에 일어나는 현상처럼 영혼 속에 과식으로 인한 괴로움을 남기고, 그리하여 생활이 느슨하게 풀어지게 만듭니다. 도둑들은 대개 그 도둑질로 얻은 돈은 아주 형편없이 써버립니다만, 외식자들과 형식주의자들 역시 그와 같이 자기들이 훔쳐온 위로들을 그렇게 형편없이 사용해 버립니다. 조금만 두고 보면, 그들은 영락없이 이런저런 정욕에 빠져 허우적거립니다. 간교한 여인은 — 외식적인 창부(娼婦)는 — 이렇게 말합니다: "내가 화목제를 드려 서원한 것을 오늘 갚았노라. 이러므로 내가 너를

맞으려고 나와 … 너를 만났도다"(잠 7:14, 15). 이 여인은 자기가 행한 이린 종교적인 행위로 자기 양심을 안돈시키고 스스로 위로를 얻습니다. 그리고는 이제 하나님과의 문제를 해결했다고 생각하고는 다시 자기의 정욕에 가득 찬 행위로 되돌아갑니다. 아니 오히려 이런 종교적인 행위를 하고 난 후 더욱 대담하게 악을 행합니다. "이러므로 내가 너를 맞으려고 나와 … 너를 만났도다." 하나님 앞에서 외식자 노릇도 했고 화목제물로 자기 양심의 입도 막아놓았으니, 이제는 얼마든지 남자와 창부 짓을 해도 괜찮다는 듯이 말입니다. 그러므로 여러분, 여러분의 평안과 위로가 여러분의 마음과 삶 속에 과연 어떤 효과를 내고 있는지를 매우 조심스럽게 살펴보기를 바랍니다. 여러분에게 위로가 있은 이후로 더욱 겸손해졌습니까, 아니면 더 교만해졌습니까? 평안이 있은 이후로 더욱 부지런히 행합니까, 아니면 더욱 느슨하게 행합니까? 예배의 임무들에 대해서는 어떻게 행하고 있습니까? 예배 속에서 하나님과 하나 된 교제를 나누기를 더욱 사모합니까, 아니면 그것을 더욱 낯설게 여기고 그것에서 더욱 멀어지고 있습니까? 살아 있는 마음으로 규례들에 참여합니까, 아니면 형식적이고 무미건조한 상태로 참여합니까? 한 마디로, 은혜와 평안이 여러분에게서 비슷하게 자라고 있는 것을 보여줄 수 있습니까, 아니면 둘 중에 하나를 누리는 체하며 다른 하나를 별로 드러내 보이지 못하고 있습니까? 여러분의 평안이 과연 화평하게 하시는 진리의 하나님께로부터 온 것인지, 아니면 평안을 망쳐놓는 거짓의 아비에게서 온 것인지를 이로써 가늠할 수 있을 것입니다.

4. 복음의 평안의 넷째 성격. 복음의 평안은 그것과 함께 섞일 만한 다른 위로거리가 전혀 없을 때에 영혼을 위로하고 그것도 강하게 위로합니다. 복음의 평안은 그 자체가 풍성한 청량제요, 따라서 구태여 그것에다 다른 내용물을 첨가시킬 필요가 없습니다. 다윗은 오로지 하나님만을 바라봅니다. "하늘에서는 주 외에 누가 내게 있으리요? 땅에서는 주 밖에 내가 사모할 이 없나이다"(시 73:25). 다윗에게 오직 그의 하나님만을 주고, 그 이외의 모든 것이 다 사라지게 해도, 오직 하나님의 사랑과 은혜 외에 아무것도 없어도 그는 홀로 편안하게 살 것입니다. 이처럼, 겉으로 즐거움을 주는 것이 거의 혹은 전혀 없고 오히려 괴로움만이 가득해도 오직 그리스도인의 평안이 그에게 풍성한 기쁨과 위로를 누리게 하는 것입니다. "다윗이 크게 다급하였으나 그의 하나님 여호와를 힘입고 용기를 얻었더라"(삼상 30:6). 그 일이 언제 있었는지를 잘 압니다. 만일 다윗의 평안이 올바르고 건전한 것이 아니

었더라면, 그는 그런 시기에 다른 재난들에 대해 염려할지언정 하나님에 대해서는 별로 생각하지 못했을 것입니다. "주의 법을 사랑하는 자에게는 큰 평안이 있으니 그들에게 장애물이 없으리이다"(시 119:165). 이 점이 성도의 평안을 세상 사람이나 외식자의 평안과 구별지어 줍니다.

(1) 세상 사람의 평안과 구별지어 줍니다. 이들의 경우, 세상의 즐거움들이 기울어지기 무섭게 평안과 위로가 사라집니다. 즐거움에 흠뻑 빠져 있을 때에 빈곤과 치욕과 질병 등이 찾아오면, 밤이 온 것이요, 이제 낮은 캄캄한 흑암 속에 속수무책으로 갇혀지고 맙니다. 제가 보기에는 그리스도께서 세상의 평안과 그의 평안이 바로 이런 점에서 서로 차이가 나는 것으로 말씀하신 것 같습니다. "평안을 너희에게 끼치노니 곧 나의 평안을 너희에게 주노라. 내가 너희에게 주는 것은 세상이 주는 것 같지 아니하니라. 너희는 마음에 근심하지도 말고 두려워하지도 말라"(요 14:27). 여기서 그리스도께서는 자신이 떠나실 것을 염두에 두시고 제자들에게 위로를 주고자 하신다는 것을 주목하기 바랍니다. 그는 자신이 떠나가시는 것이 그들에게는 마음의 큰 근심거리일 것이라는 것을 알고 계셨던 것입니다. 그가 제자들에게 남겨 두시는 평안과 위로가 세상이 주는 것과 다른 점을 여러 가지 중에서 한 가지를 지적하십니다. 그의 말씀은 이런 뜻과도 같습니다. "너희가 내게서 얻을 평안과 위로가 세상의 평안을 이루는 그런 것들 — 풍부, 편안, 외형적인 번영, 육신적인 기쁨 등 — 에 있다면, 너희는 나의 장례식에서 세상의 어떤 사람보다 더 심한 애곡자(哀哭者)가 될 것이니, 이는 내가 떠나면 너희는 이런 것이 하나도 없고 오히려 괴로움과 박해만이 있는 처지가 될 것임이로다. 그러나 너희는 알라. 내가 너희에게 주는 평안은 너희의 집에 있는 것이 아니요 너희 마음에 있는 것이로다. 내가 너희에게 주는 위로는 은과 금에 있지 않고, 죄 사함과 영광에 대한 소망과 내적인 위안에 있으니 이는 내게로부터 와서 너희와 함께 거하실 위로자께서 나의 지시에 따라 너희의 가슴속에 넣어 주실 것이며, 이것이 세상의 모든 기쁨보다 더 오래 남아 있을 것이라." 이것이야말로 그 어떤 사람도 자기 자녀에게 절대로 남겨줄 수 없는 놀라운 유산인 것입니다. 많은 아버지들이 죽어가면서 자녀들에게 유언을 남기고, 그들이 죽고 없을 때에 모두에게 평안과 위로가 있기를 기원합니다. 그러나 예수 그리스도 외에 과연 그들의 마음속에 위로자를 보내고 평안과 위로를 그들의 가슴속에 부어줄 자가 누구겠습니까? 다시 말씀드립니다만, 이것이 참된 그리스도인의 평안의 다른 점입니다.

(2) 외식자의 평안과 구별지어줍니다. 외식자는 자신의 위로를 피조물에 두지 않고 하나님께 두는 체하며, 스스로 그리스도 안에 있다고 주장하며 기쁨을 그것과 또한 복음의 고귀한 약속들에 두는 것처럼 행세합니다. 그러나 막상 시련을 당하여 피조물에서 오는 위로들이 ― 그 자신은 인정하지 않지만 사실상 그의 마음을 온통 사로잡고 있던 것들이 ― 모두 사라지고, 이제 저 세상을 바라보아야 할 때가 되어서, 과연 자신이 그리스도와 그의 안에 있는 지처럼 행세해 온 그것이 하나님 앞에서 순전했는지 혹은 거짓이었는지가 하나님 앞에서 낱낱이 드러나게 되어 영원토록 서게 되거나 망하게 될 때가 닥치게 되면, 그 때에는 그의 생각들이 뒷걸음질치고 그의 양심이 그의 얼굴에서 날아가고, 자신이 행한 영적인 속임수와 사기에 대해 책망하게 될 것입니다. 여러분, 말씀해 보십시오. 여러분의 사정이 이렇습니까? 여러분의 양심이 여러분과 함께 감옥 문으로 들어가고, 거기다 여러분을 버려둡니까? 여러분이 건강과 힘을 과시하고 있는 내내 과연 여러분의 죄가 사함 받았었다는 것을 확신하고 있었는데, 사자가 문을 두드리고 여러분에게 죽음을 고하자마자 ― 죽음이 여러분의 시야에 들어오자마자 ― 생각이 바뀌고 여러분이 그때까지 평안과 기쁨을 가장했을 뿐 사실상 거짓말쟁이였다는 것을 양심이 입증해 주는 것은 아닙니까? 이것은 정말 심각한 증상입니다. 환난의 때는 사실 은혜에게도 시련의 때라는 것을 잘 알고 있습니다. 그것은 사실입니다. 용맹한 군인 같은 순전한 그리스도인도 한동안 원수의 화살에 맞아 신음하며, 원수 사탄이 그의 평안과 확신을 취하여 간 것처럼 보일 수도 있습니다. 예, 그렇습니다. 그리하여 고귀한 성도들도 맹렬한 시험의 급류에 휘말려서 그들이 과거에 누렸던 위로들이 과연 위로자이신 성령께로부터 온 것인지, 아니면 속이는 악령으로부터 온 것인지를 의심하는 데에까지 이를 수도 있습니다. 그러나 성령께로부터 온 위로와 악령으로부터 온 위로는 다음과 같은 점들에서 서로 큰 차이가 있습니다.

(a) 그 원인들(their causes)이 각기 다릅니다. 깊은 고뇌 가운데 있는 순전한 그리스도인의 심령에게 때때로 드리워지는 어둠은 하나님의 환한 얼굴이 물러가는 데에 기인합니다만, 다른 이의 두려움은 그 자신의 죄악된 양심 때문에 오는 것입니다. 전에 모든 것이 잘 될 때에는 그 양심이 잠들어 있다가 이제 하나님의 손길이 가해지자 잠에서 깨어나 그가 행해온 신앙 고백 전체가 하나님 앞에서 거짓이었다고 하며 그를 정죄하는 것입니다. 물론 그리스도인도 그리스도인의 삶을 사는 동안 부주의하거나 혹은 강력한 시험을 받아 특정한 죄책이 생길 수도 있고, 그리하여

그의 양심이 그것에 대해 그를 정죄할 수 있으며, 또한 지금까지 있는 영적인 버려짐의 상태가 더욱 심화될 수도 있고, 그리하여 그럴 이유가 없는데도 불구하고 그런 특정한 잘못으로 인하여 자신의 순전함 여부에 대해 두려움을 갖게 될 수도 있는 것이 사실입니다. 그러나 그의 양심이 그가 외식적인 계획을 가졌고 이로 인하여 그의 신앙생활 전반이 그렇게 외식적으로 이루어졌다는 식의 비난은 할 수 없는 것입니다.

(b) 그 부수물들(their accompaniments)이 각기 다릅니다. 그리스도인이 현재 영적인 어둠의 상태를 겪고 있다 해도 거기에 함께 수반되는 것이 있으며, 이것이 그것과 외식자의 두려움을 서로 구별지어 줍니다. 은혜의 활기 있는 역사가 그것인데, 그의 평안과 과거에 가졌던 위로에 대해 극한 의심이 생길 때에 이것이 아주 눈에 띄게 드러납니다. 하나님의 사랑을 현재 지각하지 못하여 기쁨이 덜해질수록, 죄에 대한 슬픔이 더욱 심하게 그의 기쁨 주위를 감싸고 있는 것을 보게 됩니다. 그리스도께서 시야에서 멀리 사라질수록 그리스도에 대한 사랑을 더욱더 붙잡고 기도로 그에게 격렬하게 부르짖습니다. 헤만에게서 이것을 볼 수 있습니다: "여호와여 오직 내가 주께 부르짖었사오니 아침에 나의 기도가 주의 앞에 이르리이다"(시 88:13). 그의 괴로운 심령으로부터 얼마나 열정적인 기도가 하늘을 향해 올려지며, 하나님과 그의 얼굴과 그의 은혜를 사모하여 얼마나 깊은 마음의 애통이 샘솟아 나오는지요! 환난 아버지에게서 쫓겨난 자녀가 그의 아버지와 함께 있도록 허락받기를 아무리 사모한다 해도, 하나님의 얼굴의 빛이 비쳐지다가 이제 그 빛이 가려짐을 당한 사람만큼 절실하지는 못합니다. 오오 그가 얼마나 그의 마음을 살피며, 성경을 연구하고, 하나님과 씨름하며 그 은혜 주시기를 구하는지요! 그것이 현재 자기에게 없다는 것 때문에 자신이 과거에 누렸던 위로들을 온통 다 의심하고 있는 것입니다! 그러나 그에게 참된 은혜가 있기만 해도, 그는 비록 저세상이 오기까지 위로를 구하며 있다 해도 위로가 없는 것 때문에 하나님에게서 떨어져나가지는 않습니다. 뱃속에 아기를 품고 있는 여인이 아무리 팔에 아기를 안게 되기를 고대하고 바란다 해도, 영혼이 그 마음속에 있는 은혜 — 하지만 시험으로 인하여 현재 그 은혜가 의심받고 있을 때에 — 에 대해 그 확실한 증거를 얻기를 바라는 것과는 비교할 수 없습니다. 반면에 외식자는 — 그 가슴속에 더 나은 마음이 심겨지기 전에는 — 모든 두려움 중에도 은혜와 거룩 그 고유의 훌륭한 점을 기려서 그것들을 사랑하거나 사모하는 법이 없고, 또한 그렇게 할 수도 없습니다. 오로지

자기에게 가해지는 괴로움을 회피하기 위하여 편의상 그것들을 사랑하고 사모하는 체할 뿐입니다.

(c) 그 결과(their issue)가 각기 다릅니다. 그리스도인은 마치 하늘의 별이 구름이 가리면 보이지 않듯이 한동안 그의 위로가 가려지기도 합니다. 그러나 외식자는 마치 공중을 나는 유성 같아서 잠시 번쩍이다가 도랑 같은 곳에 떨어져 거기서 꺼져 버립니다. 혹은 하나님의 성령께서 이들을 이렇게 구별하십니다: "의인의 빛은 환하게 빛나고 악인의 등불(혹은 히브리어 원문에 의하면 '촛불')은 꺼지느니라"(잠 13:9). 순전한 그리스도인의 기쁨과 위로가 거기서 태양 빛에 비해집니다. 태양 빛은 구름에 가려 우리 눈에 보이지 않을 때에도 더 높이 올라가며, 높이 올라갈수록 더욱더 찬란함을 드러내며, 그것을 가리는 안개나 구름들 위에서 즐거워합니다. 그러나 악인의 기쁨은 마치 조만간 사라질 촛불과도 같아서 외형적인 번영의 천한 연료를 먹고 타다가 잠시 후면 사라져 버리며, 또한 악인의 위로는 촛불이 한 가닥 남은 작은 심지에 겨우 붙어 있는 것처럼 가물가물하다가 결국 사라져서 다시 불을 밝힐 희망이 완전히 사라져 버립니다. 또한 그리스도인의 심령의 괴로움은 어지러워 쓰러졌다가 얼마 후에 다시 회복되어 일어서는 것에 비유됩니다. 극심한 괴로움의 날에 자기 죄에 대한 고민 때문에 불안한 염려가 거룩한 사람의 마음을 온통 뒤덮습니다. "수많은 재앙이 나를 둘러싸고 나의 죄악이 나를 덮치므로 우러러 볼 수도 없으며 죄가 나의 머리 털보다 많으므로 내가 낙심하였음이니이다"(시 40:12). 그러나 이 시편이 끝나기 전에 몇 차례의 깊은 탄식과 기도가 있은 후에(13, 14절), 그는 다시 정신을 가다듬고 하나님께 강력하게 믿음으로 아룁니다: 그러나 "주께서는 나를 생각하시오니 주는 나의 도움이시요 나를 건지시는 이시라"(17절). 그러나 외식자의 자신감과 소망은 한 번 가라앉고 비틀거리기 시작하면, 그대로 죽고 망해 버리는 법입니다. "악한 자들은 눈이 어두워서 도망할 곳을 찾지 못하리니 그들의 희망은 숨을 거두는 것이니라"(욥 11:20).

평안의 셋째 종류

[사랑과 연합의 평안 — 복음이 주는 복]

이제 평안의 셋째 종류를 다룰 차례가 되었는데, 이것은 사랑과 연합의 평안이라 부르겠습니다. 이것은 천국의 은혜인데, 이로써 이리저리 삐걱거리던 사람들의 정신과 마음들이 서로에게로 돌아서서 모두 하나로 울려 서로 조화로운 합의와 일치에 이르는 것입니다. 여러 본문에서 보듯이, 성경에서 평안이 이런 뜻으로도 자주 쓰입니다(막 9:50; 히 12:14; 살전 5:13). 이런 의미로 볼 때에 복음은 "평안의 복음"인데, 이에 대해서 잠시 말씀드리겠습니다.

[복음만이 사람의 마음을 견고한 평안으로 묶을 수 있음]

우리가 제시하고자 하는 가르침은 곧, 복음이, 오직 복음만이, 사람들의 마음과 정신을 하나로 묶어 견고한 평안과 사랑을 이룰 수 있다는 것입니다. 이것은 하나님과 우리 자신들을 화목시키신 이후 그리스도께서 복음에서 특별히 계획하신 일입니다. 하나님께서 그리스도인 개개인을 위하여 천국을 만드셔서 그 안에 살게 하시지 않는 한, 이런 사랑과 연합의 평안이 없는 복은 과연 성도의 행복을 채워 주지 못합니다. 세례 요한의 사역은 이를테면 복음의 서곡이라 할 수 있는데, 이는 다음 두 가지로 구분됩니다: "이스라엘 자손을 주 곧 그들의 하나님께로 많이 돌아오게 하겠음이라"(눅 1:16), 또한 "아버지의 마음을 자식에게 … 돌아오게 하고"(17절), 즉 그들을 하나님과는 물론 그들끼리도 서로 친구가 되게 하는 것입니다. 전에 아무리 서로 갈라진 상태였다 할지라도 사랑과 평안 가운데서 남녀의 마음을 하나도 연합하게 하는 것이야말로 복음의 자연적인 효과이며, 복음이 능력적으로 순전하게 받아들여지는 곳에서는 반드시 이 역사가 일어나는 법입니다. 선지자는 복음 아래에서 이상스러운 변이가 있을 것을 말씀합니다: "이리가 어린 양과 함께 살며 표범이 어린 염소와 함께 누우며 송아지와 어린 사자와 살진 짐승이 함께 있어 어린 아기에게 끌리며"(사 11:6). 즉, 이 짐승들 사이에 있는 것과 같은 크나큰 적의와 반목이 있던 남녀들이 서로 기꺼이 일치하며 다른 이의 가슴에 평안히 누울 것임을 말씀하는 것입니다. 그들의 마음에 복음이 효력 있게 역사한 결과가 아니면 어떻게 그런 일이 일어나겠습니까? 그러므로 "이는 물이 바다를 덮음 같이 여호와를 아는 지식이 세상에 충만할 것임이니라"라고 말씀하는 것입니다(9절). 사람이 싸우고 서로에게 분노와 화를 발하는 것은 어둠 속에서 있는 일입니다. 그런데 일단 복음의 빛이 비쳐서 구원이 임하게 되면, 곧바로 검이 사라지게 됩니다. 사랑의 성령께서는 자신이 거하시는 곳에서 이런 일들이 일어나는 것을 그냥 내버려 두시지 않습니다. 이러한 복이 과연 복음에만 있는 고유한 복이므로, 그리스도께서는 그것을 서로 상대방을 알아보게 해줄 뿐 아니라 바깥 외인들조차도 그들을 세상의 다른 종교나 다른 부류의 사람들과 구별하여 알아보게 해주는 배지나 증표로 지정하십니다: "너희가 서로 사랑하면 이로써 모든 사람이 너희가 내 제자인 줄 알리라"(요 13:35). 귀족의 종은 그가 입은 문장(紋章) 박힌 겉옷을 보면 그가 누구의 종인지를 알 수 있습니다 이와 마찬가지로 그리스도께서는 "너희가 서로 사랑하는 것으로 모든 사람이 너희가 내게, 그리고 나의 복음에 속한 것을 알리라"라고 말씀하시는 것입니다. 포도주에 대해 궁금해져서 그 본연의 향취가 어떤지를 알려면 그것이 업자의 손에 들어가기 전에, 혹은 그 찌꺼기들이 정제되기 전에 맛을 보아야 합니다. 이와 마찬가지로 복음과 그것이 내는 열매가 어떤지를 알려면 그것을 맛보는 것이 가장 좋은 길인데, 복음이 가장 단순하게 받아들여지고 고백될 때에 — 복음이 최초로 선포되었던 초기 기독교 시대에는 분명 그랬습니다 — 나 혹은 사람의 마음에 그 효력이 완전히 나타날 때에 — 이는 천국에서 이루어질 것입니다 — 그렇게 할 수 있습니다. 이 둘 중 주로 후자의 때에 이 평안이 복음의 자연스러운 열매임이 나타날 것입니다.

　첫째. 복음이 처음 전파되어 받아들여질 때에, 거룩히 믿음을 고백하는 자들 가운데 복음의 감미로운 조화와 아름다운 마음의 하나됨이 있었습니다. 얼마 전만 해도 그들은 서로 낯선 자들이었거나 철천지원수들이었는데 말입니다. 그리스도인 각자가 자기를 버리고 그 형제에게 마음을 쏟았습니다. 그들의 사랑을 온전하게 유지하기 위하여 재물까지도 버렸습니다. 자기들이 먹을 떡을 배고픈 형제들에게 주었습니다. 형제된 그리스도인들에게 사랑을 베푸는 것이 가장 희생이 크고 무거웠는데도, 그것을 전혀 투정하거나 꺼려하지도 않았습니다. 그 복된 영혼들이 행한 일들을 보십시오: "믿는 사람이 다 함께 있어 모든 물건을 서로 통용하고 재산과 소유를 팔아 각 사람의 필요를 따라 나눠 주며 날마다 마음을 같이하여 성전에 모이기를 힘쓰고 집에서 떡을 떼며 기쁨과 순전한 마음으로 음식을 먹고"(행 2:44-46). 세상적인 사업으로 자기 주머니를 가득 채울 때보다도 오히려 지금 사랑과 구제로 자기 주머니를 비울 때에 즐거움이 더 큽니다. 초기에 그리스도인들의 사랑이 어찌나 유명했던지 테르툴리아스(Tertullian)의 말처럼 이교도들이 그들을 지적하며, "저 사람들이 얼마나 서로를 사랑하는지 보라"고 했습니다. 그러므로 그리스도인 중에 사랑과 평안이 별로 없다면, 그것은 복음 탓이 아니라 그들 자신의 탓인 것입니다. 복음은 평안의 복음인데, 이제 더 보겠습니다만 그들이 덜 복음적인 것입니다.

둘째. 마지막 천국에서 모든 것이 완성될 때에, 모든 성도들의 마음이 복음에 완전히 일치하게 되고 성도들의 평화로운 상태에 관한 약속들이 다 성취될 그 때에, 복음을 바라보십시오. 그 때에는 무엇보다도 복음의 이 평안이 나타나게 될 것입니다. 봄에 새 순이 돋을 때에 따뜻한 날은 순이 조금 돋아났다가 추운 날에는 숨는 것처럼, 이 땅에서는 그 평안이 보이기도 하고 숨기도 합니다. 낮은 하늘 — 이 땅의 교회 — 이 "반 시간쯤"만 "고요하다"고 말씀합니다(계 8:1). 그리스도인들 가운데 사랑과 평안이 보이다가도 금방 추문과 반목이 일어나 이 감미로운 봄을 뒤로 숨게 만듭니다. 그러나 천국에서는 그것이 충만히 자라나 있고 그런 상태로 영원토록 계속될 것입니다. 거기서는 서로 생각이 다른 형제들이 완전한 친구들이 되며 절대로 서로 반목하는 일이 없습니다. 거기서는 분쟁의 상처가 치유될 뿐 아니라 이 땅에서 남겨진 상처 자국이 천국의 평안에는 보이지 않을 것이며, 그리하여 그 아름다움이 일그러지지도 않을 것입니다. 그리하여 독일의 신학자는 천국에 있기를 그렇게 소원했습니다. 그는 말하기를, 루터와 츠빙글리가 이 땅에서는 의견이 같을 수가 없었지만 천국에서는 완전히 같다고 하였습니다. 그러면 이제는 복음이 어떻게 사람들의 마음과 정신을 평안으로 묶어 놓으며, 또한 어째서 복음만이 그렇게 할 수 있는지에 대해 몇 가지를 구체적으로 말씀드리고자 합니다.

[복음이 사람의 마음을 묶는 방식, 그리고 복음만이 그렇게 할 수 있는 이유]

첫째. 복음은 평화와 연합에 대한 강력한 논지들을 제시함으로써 사람들의 마음을 하나로 묶습니다. 그리고 그런 논지들은 정말이지 다른 어느 곳에서도 찾아볼 수 없습니다. 복음은 인간 본성의 베틀에서 꼰 것이 절대 아닌 그런 사랑의 끈을 지니고 있어서 그것으로 영혼들을 함께 묶어 놓습니다. 도덕에 관한 모든 논의들을 다 섭렵해도 그런 사랑의 끈은 찾아볼 수 없습니다. 그 끈은 전적으로 초자연적이며 하나님의 계시에 속한 것이기 때문입니다(엡 4:3). 사도는 그들에게 "평안의 매는 줄로 성령이 하나 되게 하신 것을 힘써 지키라"라고 권면합니다. 그런데 그가 어떻게 그들을 납득시킵니까(4-7절)? 먼저 "몸이 하나"라고 합니다. 그러나 여기서 말하는 "몸"이란 자연 철학에서는 다루지 않는 신비적인 "몸", 즉 교회입니다. 교회는 여러 성도들로 이루어져 있는데, 사람의 몸은 여러 지체들로 되어 있고 그 각 지체가 다른 지체로부터 완전히 떨어져 있지 않고 모두 함께 연합함으로써 그 생명이 보존되는데, 신비적인 몸인 교회는 그보다 훨씬 더한 것입니다. 또한 "성령도 한 분"입니다. 참된 성도들 모두에게 생명을 주시는 것이 동일한 성령이시며, 또한 영혼이 각 지체들을 모두 제어하는 전인(全人)의 영혼이듯이, 성령께서도 모든 성도들에게 동일한 성령이신 것입니다. 그런데 가령 몸의 지체들 가운데 내란이 일어나, 그 지체들을 하나로 연합시켜 그들에게 생명을 주는 영혼을 몸에서 몰아내 버린다면, 이는 자연의 법칙을 엄청나게 거스르는 일일 것입니다. 그런데 그리스도인들이 그들 내부의 분쟁과 소요로 인하여 성령을 그들에게서 몰아내 버린다면 이는 그보다 더 어처구니없는 일일 것입니다. 또한 "부르심의 한 소망"에서 "연합"을 강조하여 말씀합니다. 여기서 "소망"은 바라는 대상, 곧, 천국에서 누릴 것으로 우리 모두가 천국에서 누리기를 바라는 그 복락을 뜻합니다. 우리가 천국에서 사랑 가운데 만나서 서로 시기와 반목이 없이 한 잔치에 앉게 될 그 날이 다가오고 있고, 그 날이 결코 멀지 않습니다. 하나님의 충만한 열매가 그 잔치의 음식이며, 평화와 사랑이 그 잔치를 장식해 주는 아름다운 음악이 될 것입니다. 그렇다면 천국에서 함께 잔치에 참석할 우리가 이 땅에서 서로 싸운다면, 서로 가슴을 맞대고 한 자리에 있게 될 우리들이 이 땅에서 서로 피를 보려 한다면, 이 얼마나 어리석은 일이겠습니까? 복음이 이 잔치에로 우리를 초대하며, 또한 이 소망에로 우리를 부르는 것입니다. 다른 구체적인 내용도 죽 다룰 수 있겠습니다만 ─ 곧, "주도 한 분이시요 믿음도 하나이요 세례도 하나이요"에 관한 내용인데, 이 역시 순전히 복음적입니다만 ─ 그러나 여러분에게 맛을 보여준 것으로 만족하겠습니다.

　둘째. 사람들 사이에 있는 분쟁과 적의의 원인을 제거함으로써 복음이 이 일을 행합니다. 그 원인은 크게 두 가지인데, 그들에게 드리워진 하나님의 저주와 그들 속에 있는 그들 자신의 정욕이 그것입니다.

　1. 사람들 사이에 존재하는 분쟁과 적의는 사람이 하나님을 배반한 것에 대해 인류에게 드리워져 있는 저주의 일부입니다. 사람으로 인하여 땅이 저주를 받은 사실을 볼 수 있습니다. "땅이 네게 가시덤불과 엉경퀴를 낼 것이라"(창 3:18). 그러나 그보다 훨씬 더 큰 저주는 각 사람이 가시덤불과 엉경퀴가 되어 서로를 할퀴어서 피를 내게 되리라는 것이었습니다. 어떤 사람은 낙원에서는 장미가 가시가 없이 자랄 것이라고 상상하기도 합니다. 분명한 것은 만일 사람이 죄를 범하지 않았다

면, 서로를 할퀴고 헐뜯는 엉겅퀴 노릇하는 일이 절대로 없었을 것이라는 것입니다. 사람들의 완악하고 분쟁을 잘 일으키는 까다로운 본성 속에 그렇게도 두텁게 끼어 있는 이 가시덤불들이 하나님의 저주의 효능을 여실히 보여주는 것이 아니고 무엇이겠습니까? 세상에서 태어난 첫 사람은 살인자가 되었고, 그렇게 죽은 첫 사람은 그 살인자의 피비린내 나는 손에 의하여 무덤에 들어갔습니다. 그리스도께 저주를 받고 갑자기 시들어 버린 무화과나무를 보고 제자들이 깜짝 놀랐던 것처럼, 우리도 하나님의 저주의 권능이 그렇게도 속히 사람의 본성에 드리워져 당장 가인의 악한 마음에서 그것이 나타나는 것을 볼 때에 정말 놀랍지 않습니까? 하나님께 그렇게도 거짓된 마음을 표현했으니 그가 그들 가운데 악한 영을 뒤섞어 놓으시는 것은 지극히 정당한 일이었습니다. 사람이 불순종으로 감히 하나님 자신을 넘보려고 시도하였으니 그들의 언어가 혼잡되어 서로 물고 찢음을 당하는 것이 당연한 일이었습니다. 여기서 스가랴서 11:10을 14절과 비교해 보는 것이 아주 적절할 것입니다. "은총이라 하는 막대기"(10절) — 이는 하나님이 유대인들과 맺으신 언약을 뜻합니다 — 가 꺾이자, 곧바로 "연합이라 하는 둘째 막대기"(14절) — 이는 유다와 예루살렘 사이의 형제의 의리를 뜻합니다 — 도 꺾이고 맙니다. 사람들이 하나님과의 언약을 깨뜨리면, 자기들 사이의 평화도 기대해서는 안 되는 것입니다. 그렇게 할 수 있다면, 자기 집안에서 원수가 활동하고 있다는 것을 깨닫는 것이야말로 왕의 지혜일 것입니다. 사람이 하나님께로부터 떨어져 나가자마자, 보십시오, 그의 문간에서, 그 자신의 본성 속에서 싸움의 불길이 일어나는 것입니다. 인류에게는 이제 그 자신보다 더한 원수가 없습니다. 한 사람이 다른 사람에게 늑대가 되고 마귀가 됩니다. 그러므로, 사람들 사이에 참된 견고한 평안이 있을 소망을 가질 수 있으려면, 먼저 이 저주가 철회되어야 합니다. 그런데 이 일을 해줄 수 있는 것은 복음이요, 오직 복음밖에는 없습니다. 하나님과 죄인 사이의 분쟁을 종식시킬 수 있는 한 가지 방법이 있는데, 그것을 행하면 저주는 사라집니다. 저주란 하나의 법적인 처단인데, 하나님께서는 진노 중에 그것을 통하여 그의 반역한 피조물의 악을 정죄하십니다. 그러나 그리스도 안에 있는 자에게는 정죄가 없습니다(롬 8:1). 그에게는 저주가 사라졌습니다. 인류를 위협하는 저주의 활에서 화살이 사라졌습니다. 그 화살이 그리스도의 심장에 쏘아졌으므로, 신자들에게 날아올 수가 없게 된 것입니다. 하나님께서 형제답지 못한 불친절을 다른 사람에게서 받는 따위의 일로 그의 백성들에게 매를 대실 수도 있고, 아버지의 사랑으로 채찍을 때리실 수도 있습니다. 이는 하나님을 거역한 것에 대해 더욱 깨닫게 하기 위한 징계를 목적으로 행해지는 것이니만큼 아주 날카롭고도 혹독할 수 있습니다. 그러나 저주는 사라졌습니다. 그러므로 그의 백성들은 평안과 연합을 누릴 것에 대한 약속 아래 있는 것이요, 하나님의 백성들이 서로에게 이를 이루게 될 것입니다.

2. 사람들 사이에서 나타나는 모든 적의와 분쟁의 내적인 원인은 비로 그들 가슴속에 거하는 정욕입니다. 이것이 바로 세상에서 분쟁과 갈등이라는 쓰라린 열매를 생산해 내는 원리요 뿌리입니다. "너희 중에 싸움이 어디로부터 다툼이 어디로부터 나느냐? 너희 지체 중에서 싸우는 정욕으로부터 나는 것이 아니냐?"(약 4:1). 이것이 하나님과는 물론 우리들 자신과 다른 사람들과의 평안을 깨뜨리는 것입니다. 구름 속에 불 같은 것이 번쩍이면, 곧바로 번개와 우레가 뒤따를 것을 예상해야 합니다. 마음속에 정욕이 있으면 반드시 그것이 겉으로 분출되어 가족과 교회와 나라의 평안을 깨뜨리게 됩니다. 그러므로 든든하고 견고한 평화를 위한 기초가 세워지려면, 먼저 이 제멋대로인 사람의 정욕이 없어져야만 합니다. 교만과 시기와 야망과 악의와 정욕 같은 것이 계속해서 보좌에 앉아 사람으로 하여금 자기의 쾌락을 추구하도록 만드는데 거기에 무슨 평화와 고요함이 있을 수 있겠습니까? 이런 제멋대로인 욕구들을 통제하고 강제로 그것들을 묶어 둔다 해도 평화를 이루기에는 부족할 것입니다. 사람들의 마음 사이에 평화가 이루어지지 않고서는 아무런 소용이 없습니다. 미친 개를 사슬로 묶어 놓아도 세월이 흐르면 그 사슬이 닳아질 것이요, 그렇게 되면 그 때까지 사람들 사이를 그렇게 강력하게 묶어 둔 것처럼 보이던 모든 평화와 안정이 깨어져 버립니다. 사람들이 마음의 끈으로 서로 묶여지고, 분쟁의 요인들이 사라져 버리기 전에는 진정한 평안이 있을 수 없는 것입니다. 그런데 복음이, 오직 복음만이, 사람들을 하나로 묶어 주고 또한 그들의 마음에서 분쟁과 소요의 핵을 끄집어 낼 수 있게 해 줍니다. 사도는 자기 자신과 다른 성도들이 어떻게 해서 악한 마음을 치유 받았는지를 말씀해 주고 있습니다. 그들은 "전에는 어리석은 자요 순종하지 아니한 자요 속은 자요 여러 가지 정욕과 행락에 종노릇 한 자요 악독과 투기를 일삼은 자요 가증스러운 자요 피차 미워한 자였"습니다(딛 3:3). 그런데 그들을 회복시켜 준 약이 무엇이었습니까? 4절과 5절을 보십시오. "우리 구주 하나님의 자비와 사람 사랑하심이 나타날 때에 우리를 구원하시되 우리의 행한 바 의로운 행위로 말미암지 아니하고 오직 그의 긍휼하심

을 따라 중생의 씻음과 성령의 새롭게 하심으로 하셨다"고 합니다. 이는 이런 뜻과
도 같습니다. 곧, "이 하나님의 사랑이 그리스도 안에서 우리에게 나타나고 우리가
중생하게 하시는 성령으로 그렇게 씻음 받지 않았더라면, 다른 이들이 우리에게
베푸는 모든 도움에도 불구하고 우리는 이 날까지 그 정욕들의 권세 아래 갇혀 있
었을 것이라"는 것입니다. 정욕을 죽이는 것은 바로 성령의 역사입니다. "영으로
써 몸의 행실을 죽이면 살리니"(롬 8:13). 그리고 복음은 바로 그 성령의 손에 들린
희생의 칼입니다. 말씀이 "성령의 검"이라고 합니다. 성령께서는 말씀을 사용하셔
서 그의 백성의 마음속에 있는 죄를 죽이시는 것입니다.

　3. 복음은 쓰라린 분쟁의 뿌리에 도끼를 들이대어 그것을 쳐 없앨 뿐 아니라,
그것을 받아들이는 사람들의 마음을 평화와 연합을 지향하는 놀라운 은혜의 원리
들로 가득 채워 주는데, 곧 자기 부인 ― 자기보다 남을 존귀하게 여기며 남과 다
투지 않는 것 ― 과, 오래 참음 ― 쉽게 격동되거나 움직이지 않는 은혜 ― 과, 온
유함 ― 무슨 해를 당하여 화가 일어나도 평화가 다시 회복되도록 문을 열어 두는
은혜 ― 등이 그것입니다. 이 감미로운 풀들이 하나로 묶여져서 한 밭에서 자라는
것을 보시기 바랍니다: "오직 성령의 열매는 사랑과 희락과 화평과 오래 참음과 자
비와 양선과 충성과 온유와 절제니"(갈 5:22, 23). 이것이 모든 울타리 내에서 나오
는 열매가 아니라 "성령의 열매" ― 곧, 복음의 씨앗에서 돋아나는 열매 ― 라는
것을 주목하기 바랍니다. 돌들과 나무들이 성전을 짓는 데에 아름답고 조화롭게
쓰이지만, 채석장에서 떠낸 그 상태의 자연석들은 스스로 자기를 자르고 말끔하
게 다듬을 수가 없고, 숲에서 자라는 자연목들이 자기 자신을 깎아내고 부드럽게
마감질을 하여 성전의 아름다운 구조물에 적합하게 만들 수는 없습니다. 이와 마
찬가지로 사람이 아무리 도덕의 기술과 도구가 좋아도, 그들 스스로 사랑 가운데
서 하나의 거룩한 성전에 녹아들 수 있도록 그 마음을 깎아내고 다듬을 수는 없는
것입니다. 이 일은 성령께서 행하시는 일이며, 그는 복음의 도구와 조각칼을 사용
하여 이를 행하십니다. 그는 죄를 죽이는 은혜로 우리의 거친 본성의 매듭들을 끊
어내기도 하시고, 또한 그 자신의 감미롭고도 온유하고 거룩한 영에서 나오는 은
혜들로 깎아내고 갈아내고 부드럽게 하기도 하시는 것입니다.

[적용]

[성도들에게 있는 평안과 악인들에게 있는 평안의 차이점]

첫째 적용. 복음의 평안 — 곧, 사랑과 연합의 평안 — 에 대해 지금까지 배운 내용을 근거로, 우리는 세상의 악인들 사이에서 때때로 나타나는 그런 유의 평안과 사랑을 어떻게 보아야 하는지를 알게 됩니다. 그것은 참된 평안도 아니요 견고한 사랑도 아닙니다. 오직 복음만이 사람의 마음을 하나로 연합하게 해 줄 수 있는데, 그들은 그 복음과 전혀 관계없는 외인들이기 때문입니다. 그렇다면 그들의 이러한 평안을 무엇이라 불러야 하겠습니까? 어떤 이들에게, 그것은 단지 음모입니다. "이 백성이 반역자가 있다고 말하여도 너희는 그 모든 말을 따라 반역자가 있다고 하지 말며"(사 8:12). 어떤 이들의 경우는 그들의 평안이 서로 간에 사랑이 충만한 성도들에 대한 분노에 바탕을 둔 것이기도 합니다. 그들이 연합해 있습니다. 하지만 어떻게 그렇게 연합해 있습니까? 삼손의 여우들처럼 자기들 자신에게 선을 행하기 위해서보다는 남들에게 악을 행하기 위해서 연합해 있는 것입니다. 두 마리의 개가 서로 앙숙일지라도 산토끼 한 마리를 뒤쫓을 때에는 서로 똑같은 방향으로 달려갑니다. 그러나 산토끼 추격이 끝나면 곧바로 예전처럼 서로를 향하여 맹렬하게 달려드는 것입니다. "헤롯과 빌라도가 전에는 원수였으나 당일에 서로 친구가 되니라"(눅 23:12). 둘째로, 어떤 이들의 경우는 무언가 비열한 정욕에 이끌려 서로 하나로 엮어져서 평화와 연합의 모습을 보이기도 합니다. 그리하여 그들이 서로를 오인하여 부르듯이 "좋은 친구"라는 매듭이 그럴듯해 보이는 내용물이 풍성하게 담긴 항아리에 자리 잡고 있는 것을 보게 됩니다. 일단의 도둑들이 악한 계획을 갖고서 마치 자고새가 동료들을 부르듯이 서로를 불러 모으고, "우리와 함께 제비를 뽑고 우리가 함께 전대 하나만 두자"라고 말합니다(잠 1:14). 자, 여기에 평화와 연합이 있습니다. 하지만 안타깝게도 그들은 그저 "행악하는 형제"일 뿐입니다. 셋째로, 동기가 그렇게 악하지 않은 경우도 있습니다. 복음의 능력을 깨닫고 그로 말미암아 새로운 피조물이 된 일이 전혀 없지만 그럼에도 불구하고 서로 아주 잘 대하고 관계를 잘하며 — 물론 동기가 그렇게 비열하고 야비하지도 않으며 — 서로들 사이에 사랑이 오가므로 서로의 삶을 감미롭게 해주는 그런 자들이 있다는 것을 부인할 수 없는데, 이들의 그런 점들은 복음에서 기인한 것이 많습니다. 복음이 사람들을 거룩하게 하지는 않으면서도 그들을 교화시키고 세련되게 하는 경우도 왕왕 있는 것입니다. 그러나 이런 것들은 근본적으로 결함이 있는 평안이요, 따라서 참된 평안이라 부르기에 합당치 못합니다.

1. 악인의 평안은 표피적이며 외형적일 뿐이요 내적이고 마음에서 우러나오는 것이 아닙니다. 그들의 마음이 변화하여 내적인 사랑이 생기게 되었다기보다는 그들의 정욕들이 사슬에 매여 노골적인 싸움이 그쳐진 상태에 있는 것이라고 말할 수 있을 것입니다. 맹수들이 방주에서 서로 잘 어울려 지냈으나 거기서는 그들의 적대적인 본성이 통제되었을 뿐인 것처럼, 중생하지 못한 사람들도 마찬가지인 것입니다.

2. 악인의 평안은 거룩하게 되지 않은 평안입니다. (1) 자기들끼리는 평안한 것처럼 보이나 하나님과는 평안하지 않기 때문입니다. 그러나 저주를 없애는 것은 하나님과의 평안인 것입니다. (2) 그것이 거룩하게 되지 않은 마음에서 나오는 것이기 때문입니다. 예물을 거룩하게 하는 것은 제단이며, 연합을 거룩하게 하는 것은 바로 마음입니다. 우정은 오직 선한 자들 사이에만 존재하는 것입니다. 물론 이교도도, 참된 사랑과 우정은 오직 선한 사람들 사이에만 존재할 수 있다는 말을 할 수 있습니다. 하지만 안타깝게도 그는 무엇이 선한 사람을 만드는지를 모르는 것입니다. 하나님께서 사람들의 마음을 하나로 만들고자 하실 때에, 그는 먼저 그 마음들을 “새롭게” 하십니다. “내가 그들에게 한 마음을 주고 그 속에 새 영을 주며” (겔 11:19). 올바른 평안은 성령의 열매인데, 성령께서는 연합을 이루기 전에 먼저 거룩하게 하시는 것입니다. (3) 그들의 모든 사랑이 지향하는 목표가 영적이 아니라 육신적이기 때문입니다. 아우구스티누스는 키케로가 아무리 웅변과 연설을 잘해도 그를 흠모하기는커녕 오히려 그를 낮게 보고 불쌍히 여겼는데, 그것은 예수 그리스도의 이름을 그에게서 찾아볼 수가 없었기 때문입니다. 바로 이것이 — 하나님과 그리스도가 그 속에 없다는 사실이 — 육신적인 사람들의 평화와 연합에 검은 선을 그어주는 것입니다. 그들이 목표로 삼는 것이 과연 하나님과 그리스도의 영광입니까? 그리스도의 명령이 과연 그들을 하나로 묶어 주고 평안을 누리게 해줍니까? 안타깝게도 그렇지 않습니다! “세미한 음성”이 여기 있지만, 하나님이 거기에 계시지 않습니다. 그들 자신의 육신적인 이익이 그들의 주된 동기인 것입니다. 평화와 연합은 정말 좋은 손님이요 또한 그들에게 기쁨으로 보답해 주기도 합니다. 그렇기 때문에 은혜를 전혀 모르는 사람들도 할 수 있는 대로 자기들 가운데 겉모양의 평화라도 유지하기를 간절히 바라는 것입니다.

3. 악인의 평안은 한 마디로 오래 가지 못하는 평안입니다. 왜냐하면 강력한 접합제가 없기 때문입니다. 회(灰)로 붙여놓지 않아도 잠시 동안은 돌이 함께 붙어 있을 수 있습니다. 하지만 오래 가지는 못합니다. 사랑을 영구히 붙여주는 유일한 접합제는 바로 그리스도의 피입니다. 아우구스티누스는 그의 친구 알리피우스(Alypius)와 자기가 그리스도의 피로 그 우정이 접합되었다고 말합니다.

[분쟁을 일으키는 목사들의 죄]

둘째 적용. 과연 복음이 연합과 사랑과 평안의 복음입니까? 그렇다면 복음을 이와 정반대의 목적을 위해 악용하며, 복음을 분쟁과 갈등을 일으키는 수단으로 삼는 자들은 그들의 죄가 가장 악질적인 죄임이 드러나게 됩니다. 사도는 그런 자들에 대해서, "어떤 이들은 투기와 분쟁으로 … 그리스도를 전파하나니"라고 말씀합니다(빌 1:15). 평안의 복음을 본문으로 삼아 분리를 설교하고 분쟁을 일으킨다면 이는 정말 이상스런 일이 아닐 수 없습니다. 또한 강단에서 격렬한 분쟁의 불씨들을 심는다면 그 강단은 정말 이상스런 곳이 아닐 수 없습니다. 오오 이 사람들이 그들을 보내신 주께서 평강의 왕이시며, 또한 그들의 임무가 싸움을 경계하는 종을 울리는 것도 아니요 분쟁과 혼란의 나팔을 부는 것도 아니고, 오히려 그들의 정욕이 하나님과 서로를 대적하여 일으킨 그 피비린내 나는 싸움에서 기쁨으로 퇴각하는 나팔을 울리는 것이라는 것을 잊고 있다니, 이 얼마나 이상한 일인지 모릅니다! 그들이 전쟁을 선포해야 할 것이 분명 있습니다만, 그것은 오직 죄와 사탄을 상대로 하는 것일 뿐입니다. 확신하건대 우리들끼리 일치하기 전에는 그것들을 향하여 진군해 나가는 것이 합당치 않습니다. 만일 군대의 장군이 병사들을 격려하여 하나로 힘을 모아 공통의 적을 향하여 진군하게 하지는 않고, 오히려 병사들끼리 서로 반목하게 하는 연설이나 하고 있다면, 왕이 그를 어떻게 생각하겠습니까? 그를 반역자로 체포하여 교수형에 처하지 않겠습니까? 루터는 다음과 같이 기도했는데, 이는 아주 좋은 기도였다 하겠습니다: "주여, 헛되이 자기를 자랑하는 박사와 분쟁을 일으키는 목사와 그럴듯한 질문들에서 하나님의 교회를 구원하소서." 오늘날처럼 암울한 시대를 사는 우리 역시 이 기도에 마음으로 아멘으로 화답할 이유가 있는 것입니다. 우리는 교회가 궤변꾼들의 학교로 변해 버린 시대에 살고 있지 않습니까? 교회에서 그런 자들이 늘어놓는 이런저런 시끄러운 변론과 논쟁 때문에 복음의 고귀한 진리들이 이미 많은 이들에게 상실되어 버리지 않았습니까?

이런 분쟁들이 일으킨 먼지들로 그들의 눈이 감겨져 버렸고, 그리하여 결국 그들이 모든 건전한 원리들에서 벗어난 것이 아닌가를 의심하는 지경에 이르렀습니다. 어떤 이들은 자기들이 받은 빛을 간교한 도박꾼들 사이에서 아주 형편없이 관리하여 가진 모든 것을 다 날리기까지 합니다. 오오, 그런 마귀적인 목적을 갖고서 복음을 팔아먹는 그런 악한 자들에게 화가 있을진저! 하나님, 그렇게 속임을 당한 영혼들에게 긍휼을 베푸사 그들로 진리에 대한 사랑으로 다시 회복시켜 주소서! 그러나 속이는 도박꾼들은 다시 돌아오기를 바라기에는 너무나도 지옥을 향하여 멀리 가 있는 것입니다.

이는 성도들 사이에 어째서 더 많은 평화와 연합이 없는지 그 이유를 제시해 줍니다. 평화를 숨 쉬는 복음의 잘못일 수는 없습니다. 결코 그렇지 않습니다! 그들에게 평화가 없는 것은 그들이 복음 전하는 자(gospellers)이기 때문이 아니고, 그들이 불완전하게 복음화되었기(imperfectly gospelized) 때문입니다. 복음의 정신에 깊이 참여할수록, 분쟁과 소요의 악한 정신에 홀리는 일이 덜할 것입니다. 아무리 훌륭한 성도들이라도 두 가지 구체적인 점에서 부분적으로 비복음적입니다(unevangelical). 그렇기 때문에 온갖 불친절한 다툼과 형제답지 못한 싸움이 그들 중에 일어나는 것입니다.

1. 그리스도인들의 판단이 부분적으로 비복음적입니다: "우리가 부분적으로 알고 부분적으로 예언하니"(고전 13:9). 이보다 더한 것을 지닌 체하는 자는 자기 분수도 모르고 스스로 자랑하며 그리하여 자기가 부인하는 복음에 대한 자신의 무지를 스스로 드러내는 것입니다. 그리고 성도들의 판단 속에 있는 이러한 결점으로 인하여 때때로 그들이 복음적이지 않은 원리들에 노출되어 그것들을 들이마시기도 합니다. 그런데 이들이 바로 소동을 일으켜 성도의 평안과 연합을 방해하는 자들입니다. 모든 진리는 하나에로 귀착되며, 선(線)들처럼 한 중심 ― 곧, 진리의 하나님 ― 에서 사랑으로 만나고 결코 왁자지껄하게 서로 충돌하는 법이 없고, 아치를 이루는 돌들처럼 서로를 떠받쳐 주는 것입니다. 그렇게 서로 아름답게 일치하는 그런 진리들이 우리를 이간시키고 분열시킬 수는 없습니다. 결코 그렇지 않습니다. 그렇게 분열을 조장하고 따라서 심판을 받아야 할 것은 성도들 사이에 가만히 끼어드는 이상한 오류입니다. 이 오류가 집안에서 평안을 깨뜨리고 불길을 일으키는 것이요, 그것을 그냥 두면 집 꼭대기에도 불길이 번지게 될 것입니다. 건전한 음식은 건강한 몸에 아무런 소요를 일으키지 않습니다. 그러나 부패한 음식

은 곧바로 몸에 열과 구토를 일으킵니다. 쓰라린 경험을 통해서 우리가 알거니와, 이와 같이 사람이 완악하고 성미가 까다로워지기 시작하면 곧 몸이 상하여 자리에 눕는 것도 무리가 아닙니다. 우리와 똑같이 복음의 진리를 받아먹을 때에는 따뜻한 사랑밖에는 보이지 않던 이들이, 무언가 비복음적이고 그릇된 원리들을 섭취하고 나면 이상하게도 그들이 이맛살을 찌푸리는 것을 봅니다! 그렇게 트집 잡기를 좋아하고 까다로운 자들을 어떻게 대할지 난감합니다. 그렇습니다. 말씀을 듣는 규례에 나아가기를 잊지 않았다면 말씀을 듣게 되는데, 이때에도 마치 그들은 말씀 하나하나가 그들의 성미를 거스르고 그들을 괴롭게 만들기라도 하는 것처럼 아주 역겨운 행동을 하는 이들이 많습니다. 오오 여러분, 복음을 탓하지 마십시다. 복음은 우리 중에 있는 그 안타까운 분쟁들과는 아무 상관이 없습니다. 바울은 이 분쟁의 아비를 어디서 찾아야 할지를 말씀해 줍니다. 그가 누구를 지목하는지를 보십시오: "형제들아 내가 너희를 권하노니 너희가 배운 교훈을 거슬러 분쟁을 일으키거나 거치게 하는 자들을 살피고 그들에게서 떠나라"(롬 16:17). 자, 여기서 그가 복음에게 씌워지는 혐의를 깨끗이 벗겨내는 것을 잘 보시기 바랍니다. 이런 분쟁과 분열의 영은 복음과 정반대되는 것입니다. 결코 그리스도의 학교에서 배운 것이 아닙니다. 그 다음 그는 그들이 그것을 다른 곳에서, 거짓 교사와 거짓 교훈 등으로부터 배워온 것임을 암시합니다. 그들을 살피라고 말씀합니다. 곧, "그들을 잘 살피라. 그리하면 그들이 이런저런 식으로 오염되었다는 것을 알게 되리라"라는 뜻입니다. 그들은 사탄의 화롯불을 쬐어온 것이요, 거기서 불씨를 가져다가 악행을 저지르는 것입니다.

　　2. 그리스도인들의 **마음**과 **삶**이 부분적으로 비복음적입니다. 죄의 뿌리 전체가 단번에 다 제거되지 않으니, 거기서 생기는 열매에 쓴 맛이 남아 있는 것도 무리가 아닙니다. 천국에서는 성도들이 모두가 은혜요 그들에게 죄가 없을 것이며, 모두가 사랑일 것입니다. 그러나 여기서는 일부분은 은혜요 일부분은 부패입니다. 그러므로 그들의 사랑이 완전한 것이 아닙니다. 그들이 성화(聖化)의 면에서 하나님과 완전히 화목된 것이 아니고 이따금씩 그들과 하나님 사이에 다소간 갈등이 있기 마련이니 그들이 어떻게 서로 완전히 하나가 되어 절대로 소요가 없이 지낼 수가 있겠습니까? 복음이 그들의 마음에서 정욕을 죽이고 은혜를 강건하게 하는 역사가 더디 진전될수록 그들 가운데 평안과 사랑이 덜한 것입니다. 사도는 고린도의 그리스도인들 가운데 있는 분쟁을 보고 결론짓기를, 그들이 은혜 안에서 거의

자라지 못하였고 어린 아기의 숟갈과 음식을 아직 떼지도 못했다고 합니다. "내가 너희를 젖으로 먹이고 밥으로 아니하였노니 이는 너희가 감당하지 못하였음이거니와 지금도 못하리라. 너희는 아직도 육신에 속한 자로다"(고전 3:2). 그는 이것이 너무도 명백한 사실이라 여깁니다. 그렇지 않다면 그들의 양심에 호소하였을 것입니다. "너희 가운데 시기와 분쟁이 있으니 어찌 육신에 속하여 사람을 따라 행함이 아니리요?"(3절). 은혜가 강건해지고 복음이 그리스도인들의 마음을 사로잡으면, 그와 더불어 사랑과 또한 연합의 정신이 증대되는 법입니다. "나이든 자가 더 지혜롭다"는 말을 합니다만, 어린아이들이라도 아주 어릴 때에는 서로 할퀴고 싸우지만 나이가 들어가면서 서로 더 잘 화합하는 것을 봅니다. 어리고 약한 자들은 까다롭고 싸우기를 좋아한다는 뜻입니다. 지금은 그 사소한 차이들조차도 해결하지 못하지만, 나이가 들고 강건해지면 그것들을 극복할 지혜가 생기게 되는 것입니다. 아브라함과 롯의 종들이 서로 다툴 때에, 더 연장자요 더 강한 그리스도인인 아브라함이 앞장서서 평화를 위해 노력했습니다. 모든 면에서 자기보다 아래인 그의 조카 롯에게 먼저 결정하도록 배려한 것입니다. 다른 이들보다 머리 하나는 더 큰 그리스도인이었던 바울은 — 오오 그의 사랑이 얼마나 훌륭했는지 모릅니다! — 자기 자신에 대해서 이렇게 말합니다: "우리 주의 은혜가 그리스도 예수 안에 있는 믿음과 사랑과 함께 넘치도록 풍성하였도다"(딤전 1:14). 이에 대해 칼빈은 이렇게 말합니다: "믿음은 그가 바리새인이었을 때에 갖고 있던 완악한 불신앙을 대적하며, 그리스도 예수 안에 있는 사랑은 그가 사람들을 죽이며 그리스도인들을 박해하기 위하여 다메섹으로 나아갈 때에 그들을 향하여 나타냈던 잔인함을 대적한다는 것입니다." 그 당시에는 그가 불신앙으로 가득 차 있었으나, 이제는 믿음으로 가득 차 있었고, 그 당시에는 성도들을 향한 잔인함으로 불타올랐으나, 이제는 그들을 향한 뜨거운 사랑으로 불타올랐던 것입니다. 이 본문을 인용하는 의도는 이 두 은혜들이 함께 왕성해지고 함께 자라난다는 것을 보여주고자 함입니다. 믿음에 풍성하면, 사랑에도 풍성한 것입니다.

[평안의 유지와 증진을 위하여 성도들에게 주는 권고]

셋째 적용. 사랑과 연합의 평안으로서의 복음의 평안에 대해 우리가 배운 내용은 모든 성도들에게 때에 합당한 권면을 해주는데, 곧 할 수 있는 대로 그들 사이에서 평안을 도모하라는 것입니다. 여러분 모두 세례를 받고 복음의 영을 받았다고 주장하지만, 여러분이 서로 싸우고 으르렁거릴 때에는 그것을 보여주지 못합니다. 복음은 늑대와 어린 양까지도 서로 일치하게 만드는데, 하물며 어린 양들더러 늑대들과 싸우고 서로 잡아먹으라고 가르치겠습니까? 주님은 두 제자들이 분을 참지 못하고 하늘로부터 불이 내려와 사람들에게 퍼부어지게 하라고 요청하는 것을 보시고 그들이 그런 불 같은 격렬한 화가 어떤 화덕에서 온 것인지를 생각하지 못한다고 말씀하셨습니다: "너희는 너희가 어떤 영을 지녔는지 알지 못하는도다"(눅 9:55, 한글개역개정판에는 없음 — 역주). 이 말씀은 이런 뜻과도 같습니다. "그런 분노에 가득 찬 맹렬한 언사는 너희가 섬기는 온유한 주인과도, 그가 너희에게 전하는 복음과도 전혀 어울리지 않느니라." 우리가 우리 원수들에게 그들이 우리에게 행한 그대로 갚아주고 분노에 대해 분노로 되돌려 주는 것을 복음이 허용하지 않는다면, 하물며 같은 형제들끼리 상대방의 얼굴에 불을 토해 내는 것은 얼마나 더 허용하지 않겠습니까? 그렇습니다. 그런 분쟁의 불 찌꺼기가 그리스도인 가운데서 연기를 피우기 시작하면, 누가 그것을 남겨 두었는지를 알 수 있습니다. 그것은 다름 아닌 사탄입니다. 사탄이야말로 그리스도인들의 모든 갈등에 불을 붙이는 가장 큰 불씨인 것입니다. 공중이 아니라 그리스도인들의 심령 속에 광풍이 불고, 그들의 격정의 바람이 거세고 시끄러우면, 누가 과연 그것들을 조장해 내는지를 쉽게 알 수 있습니다. 오오, 그것은 마귀입니다. 그가 그들의 정욕을 교묘하게 이용하고 있는 것입니다. 정욕들이 아직도 죽지 않고 상당히 살아 있어서, 마귀가 그것들을 십분 이용하여 성도들 가운데 수없이 분열과 분쟁의 쓰라린 소용돌이를 일으키는 것입니다. 바울과 바나바는 서로 아주 고요한 중에 사역을 시작하였습니다. 그러나 마귀가 그들 뒤에 폭풍을 보냅니다. 그리고 그 폭풍으로 인하여 항해 중에 그들이 서로 갈라서게 됩니다. "서로 심히 다투어 피차 갈라서니"(행 15:39). 그리스도와 천국 다음으로 마귀가 도무지 견디지 못하여 파괴시키려고 애쓰는 것이 바로 신자들의 평안과 서로 간의 사랑입니다. 그들을 그리스도로부터 떼어내지 못하고 그들이 천국을 얻는 것을 중단시키지 못하면, 마귀는 그들이 폭풍 속에서 천국으로 향하는 것을 보는 것으로 조금 위안을 삼습니다. 그리하여 그들로 하여금 마치 흩어진 선단(船團)처럼 서로에게서 갈라지게 하고, 서로 함께하는 데에서 얻는 도움이나 위로가 전혀 없이 나아가게 만드는 것입니다. 그러면서 마귀는 분열이 가능한 경우에는 그들을 멸망시킬 소망을 갖습니다. 분열시키는 것이 그들을 멸망시키는 가장 효과적인 수단이라는 것을 그는 잘 아는 것입니다. 선단 전체를 공략하는 것보다는 배 한 척을 공략하는 것이 더 쉽습니다. 한 마을에 불을 붙일 수만 있어도 그 원수는 그 마을을 더욱 쉽게 공략하기를 바랄 것입니다. 그러므로 여러분, 마귀의 불씨가 여러분이 지닌 화약에 닿지 않도록 지극히 조심하기를 바랍니다. 마귀의 화살들이 그 평안의 가슴을 집중적으로 겨냥하여 그리로 날아드는 것을 보면, 그리스도인들 사이의 평안이 결코 작은 자비가 아닌 것이 분명합니다. 하나님의 백성들이 이 자비를 더욱 귀히 여기게 하기 위해 말씀드리고 싶은 것이 있습니다. 저는 깨끗하고 고요한 분위기를 사랑하고 고백합니다만, 무엇보다 교회 안에서 신자들 가운데 그것이 있기를 바랍니다. 또한 몇 해 동안 우리 가운데서 괴로움을 주었고 두려움과 혼란으로 우리를 가득 채웠던 이 분열과 반목들의 끔찍한 결과를 볼 때에 이 평안이 과연 큰 자비인 것을 더욱 깨닫게 됩니다. 우리에게 있어온 두려움과 혼란이 얼마나 컸던지, 수시로 번개가 번쩍이고 연기가 가득한 것 때문에 연기의 땅이라 불리는 그 땅과 별로 다를 바 없었습니다. 오류를 연기(煙氣)에 비유하고, 분쟁을 불에 비유하는 것보다 더 나은 비유가 어디 있겠습니까? 이는 화염과 어둠이 서로 만나 더욱 공포를 자아내는 지옥을 상징하는 일종의 문장(紋章)입니다. 그러나, 논의를 좀 더 긴밀하게 하기 위해서, 세 가지 논지를 제시하여 평화와 연합을 촉구하고자 합니다.

논지 1. 그리스도인은 그리스도를 위하여 평안을 구해야 합니다. 제 생각에는 그리스도를 위해 구할 때에는 이론의 여지가 없습니다. 여러분은 하나님께 기도할 때에 그의 이름을 사용하면서 반드시 응답을 확신합니다. 그렇다면 여러분도 그리스도를 위하여 여러분의 마음을 더욱 임무에 기울이라는 권면에 대해서 똑같이 응답해야 하지 않겠습니까? 여러분이 그의 이름으로 드리는 기도가 하나님의 마음을 움직여 긍휼을 베푸시게 하시는 것처럼 말입니다. 정말이지, 여러분 자신이 마음을 열어 순종하며 임무를 다함으로써 여러분 자신을 신뢰성 있게 보이지 않는다면, 과연 여러분이 어떻게 믿음으로 그리스도의 이름을 여러분을 위해 하나님의 마음을 여는 논지로 사용할 수 있겠습니까? 하나님께서 그의 백성 가운데 증진시키기를 그토록 강하게 원하시는 것이 바로 그러한 순종인데 말입니다. 이 점은 다음의 사실들에서 드러납니다.

(1) 그는 이 점에 대해 제자들에게 엄히 명령하십니다: "새 계명을 너희에게 주노니 서로 사랑하라 내가 너희를 사랑한 것 같이 너희도 서로 사랑하라"(요 13:34). 그들의 마음이 곧바로 열려서 그의 계명을 기꺼이 받아들이도록 주께서 그들의

마음을 어떻게 준비시키시는지를 관찰하십시오. 그는 자신의 이름을 거기에 거십니다. "(내가) 새 계명을 너희에게 주노니." 이는 이런 뜻과도 같다 할 것입니다: "이 계명이 다른 계명만큼 예부터 있었던 것이지만(레 19:18), 내 이름으로 주는 것이니 특별한 것이니라. 내가 가고 나면 어느 때든 분쟁의 불길이 너희들 가운데서 시작될 것인데, 그럴 때에는 내가 지금 너희에게 주는 이 구체적인 계명을 기억하고 곧바로 그 불길을 끄도록 하라." 둘째로, 그가 이 계명을 선물과 특권으로 그들에게 제시하시는 것을 관찰하기 바랍니다. "(내가) 새 계명을 너희에게 주노니." 사실 이것은 그리스도의 고별 설교였습니다. 지금까지 그들을 먹여온 그 젖을 다시 짜주시는 것과도 같습니다. 그의 복된 입술에서 그 이상 감미로운 말씀이 떨어진 적이 없습니다. 그는 마지막을 위해서 최고의 포도주를 남겨두신 것입니다. 그는 이제 무엇보다도 그의 유언을 그의 제자들에게 남기시며, 마치 아버지가 자신의 인장 반지를 손가락에서 빼어내듯이, 그렇게 이 계명을 제자들에게 주시는 것입니다. 또한 셋째로, 그냥 계명만 그들에게 주는 것으로 그치지 않고, 거기에 몇 마디 말씀을 덧붙여 어째서 그들이 그래야 하는지에 대해 지극히 강력한 근거를 제시하시고, 또한 어떻게 그렇게 할지에 대해 지극히 명료하고 완전한 지침을 제시하셔서 그 계명을 더욱 효과적으로 실천하도록 독려하시니, 곧 "내가 너희를 사랑한 것 같이 너희도 서로 사랑하라"는 것이 그것입니다.

오오 그리스도인 여러분, 그리스도의 사랑이 여러분을 독려하지 못할 것이 무엇이겠습니까? 여러분을 죽기까지 여러분을 사랑하신 그분을 위해 여러분의 목숨을 내놓으라고 하면, 과연 그것을 거부하겠습니까? 그런데, 그의 사랑이 여러분의 분쟁과 분열을 내놓도록 여러분을 설득하지 않겠습니까? 이 점으로 볼 때에 그가 이 계명에 얼마만큼의 무게를 두셨는지를 알고도 남습니다. 그런데 그리스도께서 동일한 설교에서 이 점을 거듭거듭 주지시키신다는 사실을 관찰하시기 바랍니다. 만일 그가 그 점을 그렇게 관심 갖고 강조하시지 않았다면, 그 당시 그의 생각에 그것이 그렇게 큰 부분을 차지하지 않았을 것입니다. 그 때에는 그 자신이 떠나가시기 전에 제자들에게 남기기를 바라셨던 그 모든 하늘의 권고와 위로들을 정리하시는 것만 해도 시간이 별로 없었으니 말입니다. 그러나 그는 그 계명에 굉장한 무게를 두셨습니다. 그러니 그는 서로 사랑하라는 이 한 가지 계명을 그들이 진중히 지키는 데에서 그 자신이나 그들이 함께 기쁨을 얻게 하고자 하신 것 같습니다. "내가 이것을 너희에게 이름은 내 기쁨이 너희 안에 있어 너희 기쁨을 충만하게 하려 함이라"(요 15:11). 여기의 "이것"이 무엇이었는가는 그 앞 절에서 나타납니다: "너희도 내 계명을 지키면 내 사랑 안에 거하리라"(10절). "이것"은 그들 안에 그의 기쁨이 있고 또한 그의 안에 그들의 기쁨이 있게 하기 위하여 그가 말씀하시는 것, 곧 그들이 그의 계명을 지키는 것이었습니다. 그런데 서로 사랑하고 연합하라는 이 구체적인 계명에 순종하는 것이 주님의 마음에 얼마나 높은 자리를 차지하고 있으며, 또한 그것이 그들 안에서 그의 기쁨이 계속되고 그의 안에서 그들의 기쁨이 계속되게 하는 데에 얼마나 훌륭하게 기여하는지를 그들에게 알려 주시기 위하여, 12절에서 보듯이 그가 하신 말씀을 다시 한 번 반복하여 강조하십니다: "내 계명은 곧 내가 너희를 사랑한 것 같이 너희도 서로 사랑하라 하는 이것이니라." 그리스도께서 여기서 이 계명을 자기에게 속한 것으로 말씀하신다는 것을 다시 한 번 관찰하시기 바랍니다. "내 계명은 … 이것이니라." 주님은 마치 그에게 "예수의 사랑하는 제자"라는 이름으로 불리는 한 제자가 있었던 것처럼 또한 그 자신이 특별히 기뻐하고 아끼는 한 가지 계명이 있는데 바로 "그들이 서로 사랑하는 것" 이 그것임을 그들에게 알려 주고자 하시는 것과도 같습니다.

그러나 그리스도의 설교의 이 황금 사슬은 이것으로 끝나는 것이 아닙니다. 주님은 제자들을 향한 그의 깊은 사랑 — 그들을 위하여 죽기까지 하시는(13절) — 을 표현하시고 드러내심으로써 이 임무를 그들이 절실하고 뜨겁게 명심하게 하신 다음, 좀 더 담대하게, 그가 그들에게 명하시고 남겨 두신 그것을 신중하게 지키면 자신이 그들을 친구로 대하시겠다고 말씀하십니다: "너희는 내가 명하는 대로 행하면 곧 나의 친구라"(14절). 그리고 이제 그들이 자신의 계명을 납득하고 받아들이고 그가 명하신 대로 연합과 사랑 안에서 행할 것이라는 것을 당연한 일로 간주하시고서, 그들 속에서 그가 취하시는 기쁨을 감추실 수가 없습니다. 그리하여 그는 그들에게 이런 그의 마음을 드러내시고, 그들에게서 아무것도 비밀로 감추시지 않습니다. 그렇습니다. 그는 그들더러 가서 자유로이 하나님께 마음을 그대로 아뢰라고 명하십니다. 그 자신이 그들에게 자유로이 마음을 내놓으시듯이 말입니다. 여기서 그들이 이처럼 주님과 친숙한 관계 속에 들어가도록 허락을 받는 그 복된 순간이 언제인지를 잘 보시기 바랍니다. "이제부터는 너희를 종이라 하지 아니하리니 종은 주인이 하는 것을 알지 못함이라"(15절). 곧, "너희가 내 계명을 따라 행하고 서로 사랑하는 그 때부터"라는 것입니다. 자, 이제는 그가 말씀하고자 하는 바를 다 말씀하셨을 것이라고 생각할 수도 있습니다만, 그렇지 않습니다. 바로 그 다음 말씀에서 그는 다시 강조하여 말씀하십니다: "내가 이것을 너희에게 명함은 너희로 서로 사랑하게 하려 함이라"(17절). 마치 그가 제자들에게 남겨 두신 다른 계명들 모두가 이 계명을 보조하는 것들이기라도 한 것 같습니다.

(2) 그리스도인들 사이에 사랑과 연합이 증진되는 일에 그리스도의 마음이 깊이 가 계시다는 것을 보여주는 두 번째 사실은, 바로 그가 이를 위하여 간절히 기도하신다는 것입니다. 가령 여러분이 어떤 설교자가 강단에서 회중에게 어떤 은혜나 임무를 지극히 열정적으로 강렬하게 선포하는 것을 들었다고 합시다. 그런데 설교가 끝나자마자 그의 골방 창문으로 내려가 보니, 방금 자신이 백성들에게 열정적으로 선포한 그것을 그들에게 주시기를 하나님께 간절히 기도하고 있었다고 하면, 그 설교자에 대해 어떻게 생각하겠습니까? 그의 설교가 진정이었다는 것을 곧바로 믿지 않겠습니까? 복되신 우리 주님은 우리들 목사들에게 강단에서 나와서 어디로 가서 무엇을 할지를 가르쳐 주신 것입니다. 그는 제자들에게 설교하시자마자, 그들을 위하여 하나님께 기도하십니다. 그리고 설교에서 그가 가장 강조하셨던 내용을 기도에서 더욱 확충시켜 강조하십니다. 연합과 평안이 그가 그들에게 남겨 주시기를 그렇게 바라신 유산이었습니다. 그런데 바로 이 은혜를 그들에게 부어 주시기를 위해 하나님께 그렇게 간절히 아뢰시는 것입니다. "아버지여, 내게 주신 자들을 아버지의 능력으로 보전하사"(요 17:11. 한글개역개정판은 "아버지여 내게 주신 아버지의 이름으로 그들을 보전하사"로 번역함 — 역주). 무엇을 위해서 그렇게 해 달라고 하십니까? 바로, "우리와 같이 그들도 하나가 되게" 하기 위해서입니다. 이는 마치 이런 뜻과도 같습니다: "아버지여, 우리가 한 번이라도 서로 분리되었던 적이 있습니까? 우리 사이에 불화가 있었던 적이 있습니까? 그렇다면 아버지의 것이요 또 나의 것인 그들이 어째서 서로 반목하겠습니까?" 21절에서도, 또한 23절에서도, 그는 그 동일한 자비를 위해 간절히 구하십니다. 그런데 왜 그렇게 계속 반복해서 구하십니까? 그것을 하나님께로부터 얻기가 그렇게 힘들었기 때문에 그리스도께서 친히 그것을 그렇게 거듭거듭 구하신 것일까요? 아닙니다. 그렇지 않습니다. 그리스도께서 하늘로부터 나는 음성에 대해, "이 소리가 난 것은 나를 위한 것이 아니요 너희를 위한 것이니라"라고 말씀하셨는데(요 12:30), 저도 여기서 그렇게 말씀드리고 싶습니다. 이처럼 그리스도께서 그의 백성들의 연합과 사랑을 위해 반복하여 간절히 구하시는 것은 바로 그 백성들을 위한 것이었습니다.

(a) 그는 이렇게 해서 그들의 생각 속에서 이 자비의 값어치가 크게 높아지게 하고

자 하신 것입니다. 그가 중요하게 여기시는 것은 그들 역시 가치 있게 여겨야 하는 것이 분명합니다. 그가 그것을 위하여 반복하여 기도하셨으니 — 자기 목숨에 대해서는 한 마디로 하지 않으시고 — 이는 큰 값어치가 있는 것입니다. 그렇지 않다면 그는 자신의 열정을 엉뚱한 데에다 쏟으신 것이요, 하나님과 함께 하는 시간을 그의 백성들의 최상의 유익을 위해 사용하지 못하신 것이 될 것입니다.

(b) 그는 분열을 방지시켜 주시기를 하나님께 그렇게 반복하여 간구하심으로써, 그의 백성들로 하여금 분열을 더욱 두렵고 끔찍한 것으로 바라보게 하고자 하신 것입니다. 만일 그리스도께서 자신이 떠나가신 후에 다른 것보다 더 심한 악이 그의 백성들에게 임할 것이라는 것을 아셨다면, 그는 그 자녀들에게 그렇게 진실하시고 친절하신 분이셨으니만큼 다른 무엇보다도 그 악이 임하지 않고 물러가기를 구하셨을 것입니다. 그는 그의 자녀들에게 그들이 세상에게서 무엇을 기대해야 할지 — 세상이 그 악의로 고안해 낼 수 있는 온갖 고난과 고통을 가져다주리라는 것 — 를 말씀하셨습니다만, 그러나 그는 이런 것들이 그들에게 임하지 않기를 위해서는 기도하지 않으시고 오히려 그들 가운데 형제답지 못한 분쟁이 없게 되기를 위해서 기도하시는 것입니다. 그는 만일 성도가 성도와, 교회가 교회와 사랑으로 하나가 될 수 있다면, 다른 고난 거리들을 완화시켜 견딜 만하게 해주고, 오히려 기쁨으로 당하게 해주는 그런 자비가 그들에게 임할 것임을 말씀하십니다. 그들 가운데 있는 이 하늘의 사랑의 불길이 박해자의 불꽃을 꺼뜨릴 것이며, 최소한 그 불꽃에 대한 공포를 없애줄 것이라는 것입니다.

(c) 한 마디로, 그리스도께서는 우리의 믿음이 강건해져서 그가 우리를 위해 간구하신 그 내용을 담대히 하나님께 구하게 되기를 원하셨고, 또한 분쟁의 죄의 위중함을 크게 심화시키셔서 그를 조금이라도 사랑하는 자라면 누구나 자기가 분쟁 가운데 살면 그것은 그리스도께서 평화와 연합을 위해 간절히 올리신 그 기도들을 거슬러 극심한 죄를 범하는 것이라는 것을 깨닫고서, 분쟁을 생각만 해도 두려워 떨게 하고자 하셨던 것입니다.

(3) 이 평안과 연합을 얻기 위해 그리스도께서 값을 지불하셨습니다. 그리스도께서는 평안을 설교하시는 데에서 더 나아가 기도로써 하늘로부터 평안을 끌어내리신 것처럼, 그는 기도하는 데에서 값을 지불하는 데에로 나아가십니다. 우리의 기도는 거지의 기도지만, 그리스도의 기도는 그렇지 않습니다. 그는 오로지 자신이 값을 지불하시는 것만을 얻게 해 달라고 아버지께 기도하시는 것입니다. 그는 이제

그 값을 지불하는 곳인 골고다로 향하는 중이셨습니다. 그의 피가 이 평안을 위해서 드리실 돈(화폐)이었던 것입니다. 고백하건대, 하나님과의 평안이야말로 이 지혜로운 상인이신 그리스도께서 그의 백성을 위하여 값을 주고 사신 진기한 진주였습니다. 그러나 그는 형제에 대한 사랑도 염두에 두고 계셨습니다. 그렇기 때문에 그리스도의 죽으심을 기념하는 주의 성찬이 하나님과의 평안을 인쳐 주는 동시에 서로를 향한 우리의 사랑을 나타내는 것이기도 한 것입니다(고전 10장). 우리의 사랑하는 주님이 어째서 그의 백성을 평안과 연합으로 함께 긴밀하게 묶고자 하는 계획을 추구하셨는지 그 이유를 구태여 여러분에게 제시할 필요가 있을까요? 그리스도께서는 과연 교회가 그의 집이 되도록 의도하시며, 그 곳을 그의 거처로 삼고자 하십니다. 그런데 주위에 온통 불길이 치솟는 집에 어떻게 그가 거주하실 수 있겠습니까? 교회는 그의 나라입니다. 그런데 그의 모든 신민들이 서로를 대적하여 소동을 피운다면, 어떻게 그의 법이 지켜지겠습니까? 무력(武力) 가운데서는 법이 조용합니다. 요컨대, 그의 교회는 열방이 보는 앞에서 그에게 찬송이 되도록 세상으로부터 부르심 받은 백성입니다. 사도 베드로는 이렇게 말씀합니다: "하나님이 처음으로 이방인 중에서 자기 이름을 위할 백성을 취하시려고 그들을 돌보"셨다(행 15:14). 곧, 그의 존귀를 위하여 그 백성을 취하고자 하셨다는 것입니다. 그러나 서로 싸우고 분열하는 백성이라면 그리스도의 이름을 전혀 높여주지 못할 것입니다. 그렇습니다. 그런 백성이 — 안타깝습니다만, 그렇지 않은 자들을 어디서 찾을 수 있을까요? — 그리스도의 이름과 그의 아름다운 얼굴에 먹칠을 하는 것입니다. 그들은 그리스도의 모습을 왜곡시키고 일그러뜨려서 세상이 그가 과연 자신이 말씀하신 그런 분이라는 것을 알지 못하게 하고, 심지어 그리스도와 그의 복음을 아주 비열한 것으로 여기도록 그들을 미혹시키기까지 합니다. 그리스도께서는 그의 백성이 완전하게 하나가 되게 해주시기를 기도합니다. 여기서 그의 논지를 주목하십시오: "아버지께서 나를 보내신 것 … 을 세상으로 알게 하려 함이로소이다"(요 17:23). 오늘날 추잡한 욕설로 인하여 그리스도께서 모독을 당하시는 것을 듣고 누가 가슴에 피눈물이 나지 않겠습니까? 성도들의 분열보다 더 그런 욕을 듣게 하는 것이 무엇이겠습니까?

논지 2. 둘째 논지는 여러분 자신을 위해서도 평화와 연합 가운데 사시라는 것입니다.

(1) 사랑과 연합을 도모할 의무가 여러분에게 있다는 것을 생각하십시오. 여러

분의 인척 관계가 그것을 요구합니다. 신자들이라면 바울은 여러분에게, "너희가 다
믿음으로 말미암아 그리스도 예수 안에서 하나님의 자녀가 되었다"고 말씀합니다
(갈 3:26. 한글개역개정판은 "자녀"를 "아들"로 번역함 — 역주). 그저 창조로 말미암아 하
나님의 자녀가 된 것이 아니라, 예수 그리스도를 믿는 믿음으로도 하나님의 자녀
가 되었다는 것입니다. 그리스도께서 신자들의 새로운 형제 됨의 기초가 되십니
다. 오오 그리스도인 여러분! 여러분이 이제 서로 얼마나 가까운 관계가 되었는지
를 생각하십시오. 여러분은 교회라는 동일한 배에서 잉태되었고, 말씀이라는 동
일한 씨로 이 새로운 피조물로 출생하였으므로, 누군가의 말처럼 여러분은 친 형
제들이 되었습니다. 그러므로 다른 어떤 사람들 사이보다 여러분 사이에 더 깊은
연합과 애틋한 사랑이 있어야 마땅한 것입니다. 요셉은 형제들 가운데 베냐민을
가장 애틋하게 아꼈습니다. 왜냐하면 그들의 아버지와 어머니가 같기 때문이었습
니다. 만일 친 형제와 반목한다면, 과연 누구와 연합하겠습니까? 합리적으로 여러
분의 평안을 깨뜨릴 수 있는 것이 과연 무엇입니까? 그리스도께서는 다른 형제들
가운데서 분쟁과 다툼의 원인이었던 모든 것들을 그의 자녀들에게서 제거하고자
하셨습니다. 그러므로 다른 누구보다도 여러분의 다툼은 지극히 유치한 것이요
죄악된 것입니다. 때때로 한 자녀가 부모의 편애로 인하여 상처를 받기도 합니다.
부모가 다른 자녀를 더 사랑하고 더 애틋하게 여기므로, 그 다른 자녀들을 시기하
게 되고, 또한 그들이 그를 멸시하게 되는 것입니다. 그러나 하나님의 가족에는 그
런 못난 자녀는 없습니다. 모두가 똑같이 그리스도께 사랑스러운 자녀들입니다:
"그리스도께서 너희를 사랑하신 것 같이 너희도 사랑 가운데서 행하라 그는 우리
를 위하여 자신을 버리 … 셨느니라"(엡 5:2). "우리를 위하여", 즉 한 자녀 한 자녀
를 위하여 그렇게 하셨다는 것입니다. 교회 안의 그리스도는 몸 안의 영과도 같아
서 그리스도 안에 있는 개개의 지체는 그리스도 전부를 — 그의 온 마음과 사랑을
— 소유한다는 것입니다. 마치 그것을 누릴 자가 오로지 그 자신밖에는 없는 것처
럼 말입니다.

　　또한 사람들 사이에서는 아버지가 편애는 별로 보이지 않으면서도 자기 재산
을 분배하는 데에서는 아주 불공평하게 처리하는 경우도 많습니다. 모두가 자녀
들이지만 모두에게 유산이 돌아가지 않습니다. 그리고 이것이 자녀들 사이에 분
쟁의 씨앗이 됩니다. 야곱이 그 처절한 경험을 통해서 알았듯이 말입니다. 그러나
그리스도께서는 그의 모든 자녀들이 똑같이 유산을 얻도록 하셨습니다. 그리하여

그것이 그 공통적인 성격으로 인하여 "우리가 일반으로 받은 구원"(유 3)이라 불리며, 또한 "빛 가운데 있는 성도의 기업"(골 1:12)이라 불리는 것입니다. 모두가 서로 따지며 시기하지 않고 자기들의 행복을 누릴 수 있습니다. 마치 동시에 동일한 태양을 바라보는 사람들이 수없이 많아도, 누구도 다른 사람의 태양빛을 가리지 않고 다 함께 누리는 것처럼 말입니다. 그리스도의 다음과 같은 말씀은 이와 일맥상통하는 점이 있다 하겠습니다: "내게 주신 영광을 내가 그들에게 주었사오니 이는 우리가 하나가 된 것 같이 그들도 하나가 되게 하려 함이니이다"(요 17:22). 여기의 "영광"이란 일차적으로 천국의 영광을 뜻하는 것이라 봅니다. 그런데 그리스도께서는, "내가 그들에게 주었사오니"라고 말씀합니다. 즉, 그가 총애하는 이런저런 특정한 사람들에게가 아니라, 그의 자녀들 모두에게 — 모든 순전한 신자들에게 — 그들의 몫으로 주셨다는 것입니다. 왜요? "그들도 하나가 되게 하려"고, 즉 그의 자녀들이 각각 자기 몫에서 영광을 보고서 모든 투정들을 잠재우고, 누구도 다른 사람의 몫이 자기 것보다 크다고 그를 시기하지 않도록 하기 위해서 그렇게 하셨다는 것입니다. 겉으로 나타나는 것을 보면 그리스도인들의 몫이 다소간 차이가 있는 것은 사실입니다. 어떤 이는 가난하고 어떤 이는 부요하며, 또한 같은 은사들이라도 어떤 이는 그것이 더 많고 어떤 이는 적습니다. 하지만 이것들이 과연 동일한 천국을 향하여 나아가는 자들이 서로 싸움을 일으킬 만큼 그렇게 중차대한 문제입니까? 아버지가 자녀들 모두에게 동일한 옷을 입히셨는데도, 하나가 다른 하나보다 레이스가 더 많다는 것 때문에, 아니 하나는 레이스가 붉은 색이고 다른 하나는 푸른색이라는 것 때문에 그들이 서로 치고 박고 싸운다면 이는 정말 한심한 일일 것입니다. 정말이지 때로는 다른 사람보다 은사를 덜 받았다는 것 때문이 아니라, 그 받은 은사들이 종류가 같지 않다는 것 때문에 그리스도인들 사이에 싸움이 일어나는 경우도 있습니다. 모든 은사들이 똑같이 선하고 유용하며, 또한 우리가 시기하는 사람들은 우리에게 있는 그런 은사들이 없을 수도 있는데 말입니다.

(2) 여러분이 누구이며, 누구들 가운데 있는지를 생각하십시오. 여러분이 원수들의 소굴에 있는 것이 아닙니까? 여러분이 서로 반목한다면, 그 원수들이 자기 손바닥을 덥히도록 여러분이 불을 지펴 주는 것이 아니겠습니까? 그들은 쾌재를 부르며, "아하! 너희가 그럴 줄을 알고 있었다"라고 말할 것입니다. 그들의 분노의 바다가 제방 둑을 급속히 약화시키고 있는데, 여러분이 나서서 그들을 위해 그 둑을 끊

어낼 필요가 어디 있습니까? 이방인들이 가까이에 있는 것 때문에 아브람의 목자들과 롯의 목자들 사이의 부적절한 분쟁이 더욱 커졌습니다: "그러므로 아브람의 가축의 목자와 롯의 가축의 목자가 서로 다투고 또 가나안 사람과 브리스 사람도 그 땅에 거주하였는지라"(창 13:7). 이 우상 숭배자들이 보는 앞에서 서로 반목한다면 곧바로 모두에게 손가락질 거리가 될 것이요, 이로 인하여 그들 자신은 물론 그들의 신앙까지도 치욕을 당하게 될 것입니다. 대체 하나님의 백성들이 서로 난투극을 벌려오는 내내 이 땅에 어떤 사람들이 있었습니까? 그 사람들이 그들의 어처구니없는 행동 하나하나를 조심스럽게 관찰하고는 온 세상에다 떠벌렸습니다. 그것을 자기들의 악한 목적에 이용할 만큼 재치와 악의가 충분한 자들이었으니 말입니다. 그들은 발끝을 세우고 주시합니다. 다만 우리끼리 상처를 주어 그 상처가 쓰라리고 아프지만 그래도 아직은 그들의 맹렬한 노기를 견디며 무너지지 않고 있기는 합니다. 그들은 우리가 쓰러지기를 바라며, 우리가 쓰러지면 자기들이 우리의 상처를 치유해 주기를 기대합니다. 곧, 할 수만 있다면 우리의 생명과 복음과 모든 것의 심장부에까지 깊이 들어가 영향을 미치게 될 치유를 자기들이 주고자 하는 것입니다. 오오 그리스도인 여러분! 헤롯과 빌라도가 여러분을 수치스럽게 해야 되겠습니까? 그들은 그리스도를 대적하도록 힘을 강화시키기 위해 서로 평화를 구한 것입니다. 이런 공통의 원수가 앞에 있는데도 여러분이 서로 연합하지 않겠습니까? 원수가 배 밑바닥에 구멍을 뚫고 있다면, 이때는 결코 선원들이 서로 싸우고 있을 때가 아닌 것입니다.

(3) 여러분의 분쟁들의 쓰라린 결과들을 생각하십시오.

(a) 은혜의 성장이 중단됩니다. 고열이 있는데도 육체가 왕성하게 힘을 발휘할 수 있다면, 분쟁과 싸움의 불꽃 속에서 영혼이 번창할 수 있을 것입니다만 그렇지 않습니다. 먼저 뼛속에 있는 열기를 꺼뜨려 본연의 체온을 회복시켜야 합니다. 이와 마찬가지로 이런 몹쓸 분쟁의 열기가 그리스도인들 사이에서 사라져야만 양쪽 모두가 자랄 수 있습니다. 다음의 말씀을 살펴보십시오. "오직 사랑 안에서 참된 것을 하여" — 혹은, 사랑 안에서 순전하여 — "범사에 그에게까지 자랄지라"(엡 4:15). 사도는 여기서 치유책을 제시하고 있습니다. 그는 현재 연약하고 그 은혜도 메마르고 시들어 있는 영혼들이 어떻게 하면 힘을 되찾고 왕성하게 힘을 발휘할 수 있는지를 보여주는데, 곧 순전함과 사랑이라는 두 가지 희귀한 명약들을 섞어 놓은 것을 치료약으로 제시하는 것입니다. 이것들을 보존하면 모두가 잘 될 것이

라고 합니다. 16절의 말씀처럼 온 몸이 "사랑 안에서 스스로 세운다"는 것입니다. 말씀 선포가 있어도 사랑이 없으면 세워 주는 역사도 없습니다. 오늘날의 시대가 이 본문의 안타까운 주석인 것입니다.

(b) 은혜의 보좌 앞에 나아가 천국과 교류하는 것이 끊어집니다. 형제들과 언쟁이 많으면, 제가 보장합니다만, 하나님께 기도하는 것이 거의 사라질 것입니다. 시끄럽게 싸우다가 자유로운 심령으로 기도에로 나아간다는 것이 불가능하기 때문입니다. 그리고 혹 대담하게 하나님의 문을 두드린다 해도, 분명 쌀쌀한 냉대를 받게 될 것입니다. "예물을 제단 앞에 두고 먼저 가서 형제와 화목하고 그 후에 와서 예물을 드리라"(마 5:24). 그런 다른 이상한 불로 기도의 향을 붙이도록 하나님이 그냥 내버려 두지 않으실 것이요, 우리의 유교병도 들지(eat) 않으실 것입니다. 우리가 행하는 일들에 악의와 분에 가득 찬 심령이 뒤섞여 있다면 그는 그것을 맛보지도 않으실 것입니다. 먼저 평화가 재개되고, 사랑과 우정의 언약이 라반과 야곱 사이에 세워지고(창 31:44), 그 다음에 "야곱이 산에서 제사를 드리고 형제들을 불러 떡을 먹"었습니다(54절). 분쟁의 심령으로는 진지하게 일을 도모할 수가 없다는 것은 이교도들도 생각하는 것입니다. 그러므로 로마의 원로원 의원들은 유피테르에게 바쳐진 신전을 자주 방문했는데, 거기서 그들의 모든 불화와 논란거리들을 다 내려놓고 그 다음에 원로원으로 돌아가 국사를 논의했다는 것입니다. 서로 친구가 되기 전에는 감히 원로원에 들어가려 하지 않은 것입니다. 그런데 우리는 마음이 화와 시기와 악의로 들끓고 있으면서 그런 마음으로 어떻게 감히 하나님의 제단에 나아가 무릎을 꿇고 기도를 올리려 하겠습니까? 오오 하나님, 우리를 낮추어 주시옵소서.

(c) 천국과의 교류가 끊어지면 곧이어 서로 간의 교류도 끊어집니다. 서로 간의 긴밀한 교류를 통해서 큰 이익을 얻던 두 나라가 서로 반목하게 되면, 반드시 둘 다 전쟁으로 피해를 입게 됩니다. 그리스도인은 상호간의 교류를 통해서 큰 유익을 얻습니다. 이런 교류를 통해서 큰 유익을 얻는 자들이 대개 가장 풍요로운 그리스도인들입니다. 어느 나라든 모든 것을 자급자족하지는 않고, 다른 나라들과의 교역을 통해서 상품들을 사고팔게 되어 있습니다. 이와 마찬가지로 그리스도인 중에도 형제들에게서 전혀 빌리는 것이 없이 혼자서 잘 살 수 있는 사람은 없습니다. "각 마디를 통하여 도움을 받음으로 연결되고 결합되어 각 지체의 분량대로 역사하는" 것이 있기 마련인 것입니다(엡 4:16). 바울은 스스로 그런 교류를 잘 하지 못

했지만, 자신의 말씀을 듣는 지극히 미천한 자들에게서 무언가 자신에게 있는 것 그 이상을 얻기를 바랍니다. 그는 로마의 그리스도인들에게 말씀하기를, 그들을 만나서 그들에게 무언가 신령한 은사를 그들에게 나누어 주기를 바라는데(롬 1:11), 그것은 "내가 너희 가운데서 너희와 나의 믿음으로 말미암아 피차 안위함을 얻으려 함이라"고 합니다(롬 1:12). 그렇습니다. 그는 그들과의 사귐으로 채움을 얻기를 바랍니다(롬 15:24). 사람이 선한 용기로 채워지듯이, 그도 그들과 함께 하는 사귐을 풍성히 누리기를 바라는 것입니다. 그런데 분쟁과 분열은 신자들 사이의 모든 교류를 망쳐 놓습니다. 큰 전염병이 마을의 시장의 상업을 완전히 망쳐 놓듯이, 분쟁과 분열은 그리스도인의 하나 된 교제에 엄청난 해를 끼치는 것입니다. 상호간의 교류는 하나 된 교제로부터 흘러나오는 것이요, 그것도 연합에 기초한 그런 교제로부터 흘러나오는 것입니다. 교회는 박해 아래서 자랍니다. 박해가 복음의 씨앗을 밭 전체에 골고루 뿌리며, 박해가 없었으면 복음을 듣지도 못했을 곳에다 복음을 전해 주는 것입니다. 그러나 분열과 분쟁은 마치 사나운 폭풍과 같아서 땅에서 씨앗을, 그 핵과 지방분과 모든 것까지 완전히 다 씻어 가버리는 것입니다.

(d) 은혜를 쇠하게 할 뿐 아니라 죄를 자라게 만듭니다. 정말이지, 그것은 결코 작지 않은 부패가 이미 문 안에 들어와 있다는 것을 보여줄 뿐 아니라 더 많은 부패에게 문을 열어 놓습니다. "너희 마음 속에 독한 시기와 다툼이 있으면 자랑하지 말라"(약 3:14). 즉, 너희가 그렇게 좋은 그리스도인이라는 식으로 생각하지 말라는 것입니다. 분열과 분쟁이 여러분의 모든 다른 훌륭한 점들을 얼룩지게 만드는 것입니다. 여러분에게 거룩한 천사의 지식과 은사들이 있을지라도, 그런 분쟁과 분열이 여러분을 더욱더 마귀처럼 보이게 만들 것입니다. 그는 그 이유를 다음과 같이 말씀합니다: "시기와 다툼이 있는 곳에는 혼란과 모든 악한 일이 있음이라"(16절). 분쟁은 마귀의 대장간입니다. 그는 그리스도인을 격동시켜 한두 차례만 열기를 뿜을 수 있게만 할 수 있어도 반드시 그를 녹여서 자신이 내리치는 시험의 망치에 잘 망가지게 할 수 있을 것이라고 확신할 것입니다. 모세조차도 마음이 다소 격해져서 "그의 입술로 망령되이 말하였"습니다(시 106:33). 그러니 화를 내는 것은 죄를 범할 계기가 될 수밖에 없고, 그러므로 격해져 있는 동안에는 사람이 조금이라도 의로운 행동을 한다는 것이 불가능한 것입니다. "사람이 성내는 것이 하나님의 의를 이루지 못함이라"(약 1:20). 그러니, 서로에게 아무런 선도 행하지 못

하고 오히려 정욕을 부추길 수밖에는 없는 그런 격한 상태 속에 그리스도인이 그렇게 오래 남아 있다면 이 얼마나 안타까운 일이겠습니까?

(e) 분열과 분쟁은 다가오는 심판의 전조(前兆)들입니다. 하늘이 컴컴해 오면 이는 금방 날씨가 궂을 것이라는 것을 말해 줍니다. 항해하는 선원들은 파도가 일고 소음이 일어나기 시작하면 바다에 폭풍이 올 것을 예상합니다. 우리 가운데는 이런 것들이 없었습니까? 그리스도인들의 찡그린 얼굴과, 마음의 끓어오름, 상처받은 심령에서 솟아나는 불만 가득한 격정들이 심판을 키우는 것이 아니고 무엇이겠습니까? 마치 웅성거리는 파도 소리와 번개가 작렬하는 것이 폭풍을 예고하는 것이듯이 말입니다. 자녀들이 서로 싸우며 으르렁거리면, 이제 곧 아버지가 와서 막대기로 그들을 갈라놓을 때가 다가오는 것을 예상할 수 있습니다. "그가 아버지의 마음을 자녀에게로 돌이키게 하고 자녀들의 마음을 그들의 아버지에게로 돌이키게 하리라 돌이키지 아니하면 두렵건대 내가 와서 저주로 그 땅을 칠까 하노라"(말 4:6). 싸움과 분쟁은 이웃을 저주받게 만드는 것입니다. 하나님께서는 그 자신이 그 백성을 떠나실 때에 그들에게 무거운 심판이 임하게 하실 것을 분명히 말씀하십니다. 선장이 배를 떠나면 그 배는 거의 가라앉고 말 것입니다. 그런데 분쟁만큼 하나님을 떠나시게 만드는 더 좋은 길은 없습니다. 분쟁이 하나님의 집안을 연기로 가득 채워 그를 밖으로 내모는 것입니다. 사도는 이렇게 말씀합니다: "마음을 같이 하며 평안할지어다. 또 사랑과 평강의 하나님이 너희와 함께 계시리라"(고후 13:11). 이는 곧, 그들이 만일 평안 가운데 살지 못하면, 하나님께서 그들과 오래 함께 계시기를 기대해서는 안 된다는 것을 암시하는 것입니다. 하나님께서는 모세를 통하여 이스라엘 백성들에게 큰 구원을 베푸실 것이었습니다. 그런데 모세는 그들을 위하여 미리 선한 일을 해주고자 하여 서로 싸우는 두 형제들을 서로 화해시키고자 하였습니다. 그러나 그의 선의가 받아들여지지 않았고, 결국 이 일을 계기로 이스라엘 백성들은 여러 해를 더 애굽의 비참한 노예 생활 속에서 견뎌야 하게 되었습니다. "모세가 이 말 때문에 도주하여 미디안 땅에서 나그네 되"었고 (행 7:29), 그로부터 "사십 년" 동안이나 그들에게 구원의 소식이 없었던 것입니다 (30절). 그런데 우리의 분쟁들로 인하여, 아니 하나님께서 우리의 평안을 위하여 치유의 심령을 지닌 사람들을 통해서 베푸신 예비적인 선의들을 우리가 거부한 것으로 인하여, 긍휼이 그렇게 속히 우리에게서 떠나간 것은 아닙니까? 그리고 그때문에 오늘날까지 우리가 비참한 처지에서 신음하고 있는 것은 아닙니까? 그런

데 언제까지 이런 처지일지 누가 알겠습니까? 오오 1640년 시작된 그 유명한 의회에서 잉글랜드에 얼마나 영광스러운 아침이 밝아왔는지 모릅니다. 그런데 그 의회와 함께 열린 영광된 개혁에 대한 우리의 희망이 지금에는 피와 전쟁과 분쟁과 혼란 속에 갇혀 있으니, 이 얼마나 슬피 울며 통탄할 일인지 모릅니다. 이러한 비참한 상황은 정말이지 하늘로부터 그 평지의 불행한 성들에 내린 불과 유황과 너무나 흡사합니다.

　논지 3. 오오 여러분, 다른 사람들을 위해서도, 즉 지금 여러분 주변에서 함께 사는 악인들과 불경한 자들을 위해서도, 평안과 연합을 이루기를 힘쓰기 바랍니다. 아우구스티누스의 말처럼 우리는 악인에 대해 절망해서는 안 됩니다. 오히려 그들이 선하고 경건하게 되기를 위해 최선을 다해야 합니다. 왜냐하면 하나님께서는 언제나 불경한 세상의 무수한 무리들 중에서 그의 백성을 불러내시기 때문입니다. 여러분의 따뜻하고 아름다운 사랑과 연합을 통해 하나님의 진리와 그의 길을 보여줌으로써 그들에게 그 진리와 그 길을 전해 주는 것보다 그들을 감화시키고 그들의 회심을 위해 길을 닦아줄 수 있는 탁월한 수단은 없는 것입니다. 이것이야말로 비둘기들을 창문가로 이끌어오듯이 영혼들을 이끌어오는 향기로운 씨앗입니다. 이것은 바로 하나님의 성전을 — 교회를 — 덧입혀서, 보는 이들로 하여금 그 아름다움에 흠뻑 빠지게 만드는 황금과도 같은 것입니다. 악령들에 홀린 집에서는 모든 사람이 살기를 두려워합니다. 그러나 분열의 영은 그보다 더 심하여 지옥과 같게 만듭니다. 오오 그리스도인 여러분, 서로 하나가 되십시오. 그러면 여러분의 수가 늘어날 것입니다. 성경은 이렇게 말씀합니다: "날마다 마음을 같이하여 성전에 모이기를 힘쓰고 집에서 떡을 떼며 기쁨과 순전한 마음으로 음식을 먹고"(행 2:46). 그런데 그 다음에 이어지는 내용을 주목하기 바랍니다: "하나님을 찬미하며 또 온 백성에게 칭송을 받으니 주께서 구원 받는 사람을 날마다 더하게 하시니라"(행 2:47). 세상은 사랑과 평안에 대해서는 철저히 문외한이므로, 교회가 과연 사랑과 연합을 통해 그 황금을 드러내 보이면, 과연 이처럼 사람들의 마음을 가볍게 하고 그들의 구부러진 본성들을 편평하게 하고 그들을 사랑으로 긴밀하게 연결시켜 주니 이것이 얼마나 놀라운 하늘의 가르침인가를 세상이 진지하게 생각하게 되고, 그리하여 그들이 설득을 받아 참된 사랑의 가족 속으로 들어오게 되기가 더 쉬워지는 것입니다. 그런데 안타깝게도 이 황금이 희미해지면 — 즉, 그리스도인들 간에 평안이 흐릿해지면 — 복음이 세상에서 신뢰를 잃어버리게 되고,

복음의 가르침이 세상 사람들에게 더욱 의심을 받게 될 것이요, 또한 성도들의 집안에 깊은 분열의 골이 있는 것을 보고서 세상 사람들이 그 집안에 머리를 들여놓기를 더욱 두려워하게 될 것입니다. "예루살렘 딸들아 내가 노루와 들 사슴을 두고 너희에게 부탁한다. 내 사랑이 원하기 전에는 흔들지 말고 깨우지 말지니라"(아 2:7). 코튼(청교도 존 코튼(John Cotton: 1585-1652))은 이 본문에 대해 설명하면서, "노루와 들 사슴" ── 이들은 무섭게 생긴 짐승들로서 겁을 자아내지만 그런 점 이외에는 양들과 함께 기꺼이 먹고 자라는 것들입니다만 ── 을 이방인들을 뜻하는 것으로 봅니다. 이들이 유대인의 신앙을 포용할 의사를 갖고 있지만, 그들이 유대인들의 온갖 시끄러운 상태로 인하여, 혹은 그들의 역겨운 처신으로 인하여 겁을 먹고 금방 달아나 버리는 것입니다. 그런데 분열과 분쟁보다 더 역겨운 처신이 어디 있겠습니까? 이 두 가지가 ── 즉, 분쟁과 역겨움 ── 함께 연결되는 것을 보십시오. "분쟁을 일으키거나 거치게 하는 자(곧, 역겹게 하는 자)들을 살피고 그들에게서 떠나라"(롬 16:17). 분쟁이 있으면 반드시 역겨움이 있기 마련이고, 그로 인하여 많은 이들이 죄악 가운데서 더욱 완악해질 수도 있는 것입니다. 거치는 돌을 놓아 다른 사람이 그것에 걸려 그 목이 부러지게 하는 것에 마음이 떨리지 않습니까? 불쌍한 죄인의 무덤에 돌을 굴려다 놓고 그 사람을 그 속에 넣고 인봉하여, 그가 부활하여 이 땅에서는 은혜를 누리고 내세에서는 영광을 누리게 하지 못하도록 막고 있는 것이 두렵지 않습니까? 죄 가운데서 죽어가는 자들의 피에 대해 여러분 스스로 자유롭기를 바란다면, 오오 여러분, 여러분의 분쟁으로 그들의 영혼이 회개하지 않고 더욱 완악해지도록 원인 제공을 해주는 일이 없도록 삼가 조심하시기 바랍니다!

평안의 넷째 종류

[보호와 섬김의 평안 ── 복음이 주는 복]

마지막 넷째 종류의 평안에 대해 말씀드려야 하겠는데, 이는 지극히 사납고 잔인한 자들까지 다 포함하여 모든 피조물들과의 평안입니다. 저는 이것을 보호와 섬김의 평안(peace of indemnity and service)이라 부릅니다. 아담이 그가 원시적 상태에 있을 동안에 이 평안을 누렸습니다. 그가 무죄하였을 때, 모든 피조물들이 무죄하였고 그에게 아무런 해가 되지 않았습니다. 온 피조 세계가 그를 섬겼습니다. 조금이라도 아담을 대적하여 반역을 일으킬 만한 불온한 원리가 그 어떤 피조물에게도 없었습니다. 하나님이 땅의 짐승들과 공중의 새들을 보내어 그에게서 이름을 받게 하셨을 때에, 그것들은 아담에게 경의를 표하고 또한 그를 자기들의 주로 인정해야 했습니다. 그리하여 그는 그들에게 권위를 시행함으로써 ─ 그들에게 이름을 주는 일을 통하여 ─ 자신의 완전한 통치 ─ 물론 절대적이거나 독자적인 통치는 아니지만 ─ 를 그들에게 행사할 수 있었던 것입니다. 그러나 사람이 하나님을 반역하자마자 곧바로 모든 피조물들이 ─ 조물주께서 그의 권위로 사람으로 하여금 자기들을 통치하도록 하셨는데 이제 사람이 그 조물주를 반역함으로써 엄청난 잘못을 저지른 것을 그것들이 다 알고 있기라도 하듯이 ─ 자기들이 그의 다스림을 받고 있다는 사실을 잊어버립니다. 그렇습니다. 그것들이 배도한 사람을 대적하여 봉기하여 여호와의 전쟁을 벌리는 것입니다. 그리고 그들은 이처럼 그를 대적하여 계속해서 싸우고 있습니다. 하나님과 사람이 다시금 복된 평화의 언약으로 함께 만나기까지는 늘 그럴 것입니다. 그리고 그 때가 되면 하나님께서 반역한 사람을 대적하여 진노하시는 중에 그 피조물들에게 주신 명령이 철회될 것이요, 그 날에 하나님과 믿는 영혼이 서로 친구가 될 것이며, 그들 사이의 전쟁이 종식될 것입니다. "그 날에는 내가 그들을 위하여 들짐승과 공중의 새와 땅의 곤충과 더불어 언약을 맺으 … 리라"(호 2:18). 여기서 이 언약이 발효되는 그 날이 어떤 날인지를 주목하십시오. "그 날"이란, 즉 "내가 네게 장가드는" 날을 뜻합니다(19절).

이처럼 피조물들과의 평안은 하나님과의 평안으로 말미암아 이루어지는 것입니다. 그리고 하나님과의 평안이 복음이 주는 복이므로, 피조물들과의 평안 역시 복음이 주는 복일 수밖에 없습니다. 그러나 하나님과의 평안이 이 땅에서는 완전히 누릴 수 있는 것이 아니고 하나님께서 그와 화목된 자들을 그의 뜻대로 징계하시고 그것도 아주 예리하게 징계하시기도 하듯이, 피조물들과의 평안도 물론 완전히 사라지지는 않지만 그러나 그 피조물들이 하나님께서 그들을 교정하시기 위해 사용하시는 막대기 역할을 할 수도 있고 또한 그런 경우가 자주 있는 것입니다. 한 성도는 물에 빠져 죽고, 다른 성도는 불에 타죽어 재가 되기도 하지만, 그럼에도 불구하고 이 피조물들은 이 성도들과 평화 가운데 있는 것입니다. 그것들이 하나님이 그들을 향하여 진노하셔서 보내신 것이 아니고, 그러므로 그것들을 통해서 정말로 그들을 해치려 하시는 것이 아니기 때문입니다. 이것은 사실 하나님께서 배도한 사람을 대적하여 모든 피조물들에게 주신 명령으로서 사람의 죄에 대한 하나님의 저주의 일부인 것입니다. 그는 그를 대적하여 피조물들을 보내시며 ― 마치 임금이 자기를 대적하여 무력을 행사하는 반역도들을 진압하기 위하여 장군을 보내듯이 ― 조물주 하나님을 대적하여 끔찍한 반역을 일으킨 그들에게 복수할 권세를 그들에게 주셨습니다. 그러나 지금은 그 명령이 변경되었고, 좀 더 편안하게 완화되었습니다. 불(火)아! 가서 마차가 되어 성도를 태우고 그를 이 땅으로부터 천국의 영광 가운데로 내게 데려오라! 물(水)아! 가서 다른 성도를 데려오라! 라는 식입니다. 피조물이 성도에게 이보다 더 나쁜 메시지를 들고 오는 법은 없습니다. 그것들이 고통을 유발하여 매우 예리하게 교정하는 것은 사실이지만, 그것들은 언제나 자비롭게 역사하며, 하나님의 자비로운 의도를 드러내며 신자에게 복된 결과를 내게 하는 것입니다. "하나님을 사랑하는 자 곧 그의 뜻대로 부르심을 입은 자들에게는 모든 것이 합력하여 선을 이루느니라"(롬 8:28). 사도는 이것을 성도들 가운데 익히 잘 알려져 있는 하나의 공통적인 원리로 말씀합니다: "우리가 알거니와 …" 이는 마치 "이것을 모르는 성도가 어디 있느냐?"라는 뜻과도 같습니다. 하지만 우리가 이것을 더 잘 알았더라면 더욱 복된 일이었을 것입니다. 그랬다면, 지금 우리가 사는 것보다 더 편안하게 생을 살았을 사람들이 우리 중에 있을 것입니다. 그러나 이에 대해 길게 강론할 뜻은 없습니다. 앞에서 장황하게 다루었으니 여기서는 간결하게 다루는 것으로 족할 것입니다. 이제 이 말씀에서 세 번째 논의 혹은 문제로 넘어가고자 합니다.

제 3 부

평안의 복음의 준비란 무엇을 뜻하는가

"평안의 복음이 준비한 것으로 신을 신고"(엡 6:15).

이제 다음과 같은 질문들을 해보기로 합시다. 그리스도인이 발에 신어야 할 "평안의 복음이 준비한 것"이란 과연 무엇을 의미하는가? 우리가 신어야 할 이 "준비" 혹은 "준비한 것"이란 과연 무슨 은혜를 나타내는가? 어째서 "평안의 복음의 준비한 것"이라 부르는가?

첫째 질문. 평안의 복음이 준비한 것이란 무엇을 의미합니까?

"평안의 복음의 준비한 것"이 뜻하는 은혜가 무엇인지에 대해서는 학자들 간에 굉장히 다양한 견해가 있습니다. 사실 의견들이 다양할 뿐이지 서로 상충되는 것은 아닙니다. 그러므로 그것들을 일일이 언급하는 것은 생략하고 — 가우지 박사(Rev. Dr. Gouge: 청교도인 윌리엄 가우지[William Gouge: 1575-1653])가 이 본문에 대한 주석에서 그 중에서 많은 견해들을 수집하여 정리해 놓고 자신의 생각들을 붙여 놓은 것을 찾을 수 있을 것입니다 — 다른 이들의 견해를 존중하면서도 제 자신이 취하는 생각들을 담대하게 제시하고자 하는데, 이는 다른 이들의 견해를 뒤집기보다는 오히려 확충시키는 것이라 생각합니다. 이 "준비" 혹은 "준비한 것"이 무엇을 뜻하는가 하는 것은 그것과 직접 관련되는 부분 — 곧, 몸에서 신을 신는 유일한 지체인 "발" — 과 또한 그것에 비해지는 전신갑주의 부품을 고려하면 가장 잘 나타날 것입니다. 그 부품은 곧 병사의 신인데, 이는 화려한 장식용이 아니라 방어용이므로 지극히 튼튼하게 만들어져야 합니다. 전신갑주의 이 부품이 얼마나 필수적인가 하면, 그것 하나만 없어도 병사가 임무를 다할 수가 없어집니다. 특히 멀고 거친 길을 행군해야 할 경우에는, 거친 돌에 발이 찔려 도무지 행군을 할 수가 없습니다. 그러니 신을 신지 않은 상태에서 발에 상처가 나거나 쓰러지지 않고 대체 얼마나 오래 걸을 수 있겠습니까? 혹은 길이 좋더라도 날씨가 궂어서 비에 젖은 차가운 땅에서 발을 뺄 수가 없다면, 얼마가지 못하여 머리에까지 찬 기운이 퍼져 감기에 걸리고 온 몸이 병들게 되고, 그렇게 되면 싸움터에 있어야 할 때에 침상을 지키고 있을 수밖에 없을 것입니다. 그런 상태에 있는 자들은 군대에서 죽은 자와 같이 취급당합니다. 그런데, 발이 몸에 그렇게 중요하듯이, 의지도 영혼에 그렇게 중요합니다. 발이 온 몸을 떠받치듯이, 의지도 영혼을 떠받쳐 줍니다. 그렇습니다. 전인(全人)을, 육체와 영혼 모두를 떠받쳐 줍니다. 우리는 우리의 의지가 보내는 곳으로 갑니다. 발에 튼튼한 신발을 신은 사람은 어느 길이든 두려워하지 않고, 힘든 길이든 평탄한 길이든, 돌밭길이든 풀밭길이든, 가리지 않고 지나갑니다. 그런 사람에게는 모든 길이 다 비슷하게 느껴집니다. 그러나 맨발이거나 신발이 허술한 사람은 길이 젖은 것을 느끼면 움츠러들고, 날카로운 돌에 찔리면 비명을 지릅니다. 이와 마찬가지로 사람의 의지와 마음이 움직여 어떤 일이건 행할 준비를 갖추게 되면, 그 사람은 이를테면 모든 괴로움과 어려움을 이길 수 있는 신을 신은 것이요 또한 무장을 한 것입니다. 아일랜드 사람들은 어찌나 가볍게 걷는지 다른 사람들은 다 빠져서 허우적거리는 늪 같은 곳도 금방 건너뛴다고 합니다. 준비된 마음을 지닌 사람이 영적인 의미에서 바로 그렇게 행할 것입니다. 달릴 수 있는 곳에서는 아무도 그냥 걷고만 있을 수가 없습니다. 그는 환난이나 박해를 당해도 전혀 굴하지 않고 노래를 부르며 이기고 나아갑니다. 다윗은 동굴에 있을 때만큼 즐거웠던 적이 없었습니다(시 57편). 그런데 어떻게 해서 그가 그렇게 되었습니까? "하나님이여 내 마음이 준비되었고 내 마음이 준비되었사오니 내가 노래하고 내가 찬송하리이다"(7절. 한글개역개정판은 "내 마음이 확정되었고 내 마음이 확정되었사오니"로 번역함 ─ 역주). 다윗의 마음이 이러한 준비로 신을 신지 않았더라면, 그가 그렇게 잘 감당했던 그 길을 전혀 좋아하지 않았을 것입니다. 그는 다른 곡조에 맞추어 노래했을 것이고, 자기 운명에 대해 원망하거나, 그에게 그렇게도 큰 어려움을 가져다준 ─ 그로 하여금 그의 목숨을 찾는 자들에게서 피하기 위하여 왕의 궁궐의 쾌락에서 도망하여 동굴 속에 몸을 숨기게 만든 ─ 그 자신의 신앙 고백을 철회하고 말았을 것이고, 또한 거기서 하나님을 찬양하기보다는 오히려 스스로 탄식하며 신세 한탄을 하고 있었을 것입니다. 준비되지 못한 마음은 자신의 일이나 처지에 대해 만족하지 못하고 움츠러들고, 또한 시끄러운 소동을 일으키다가 어쩔 수 없이 거기에 굴복하게 되어도 마치 절뚝거리는 말이 돌밭 길을 가는 것처럼 걸음마다 고통을 느끼며 나아가며, 채찍을 때려 제 길을 가도록 독려하지 않으면 정도(正道)에서 실족하기가 다반사인 것입니다.

둘째 질문. 어째서 그것을 "평안의 복음의 준비한 것"이라 부릅니까?

이는 평안의 복음이야말로 하나님께서 사람의 의지와 마음에 역사하셔서 그가 부르셔서 행하게 하시거나 당하게 하시는 일을 위하여 이처럼 준비를 갖추도록 하시는 위대한 도구이기 때문입니다. 우리가 즐거이 헌신하는 백성을 만들고(시 110편) — "주를 위하여 세운 백성을 준비하"기 위하여(눅 1:17. 한글개역개정판은 "준비"를 "예비"로 번역함 — 역주) — 복음을 전할 때에, 그것이 바로 우리가 행하고자 하는 일입니다. 장군이 북을 치면서, 스스로 한 시간 내에 싸움터에 나가 진군할 수 있는 준비를 갖추고 왕의 전쟁에 참여하도록 자원할 사람들을 모집할 임무를 받고 성내에 파견되듯이, 이처럼 복음이 와서 사람들을 불러서 그 마음을 하나님의 발 앞에 부복하게 하고 어떠한 희생이 있더라도 하나님을 섬기는 일을 위하여 준비를 갖추도록 촉구합니다. 그것이 "평안의 복음"이니만큼 그 일을 행합니다. 그것은 예수님의 피로 말미암아 하나님과 사람 사이에 결말지어진 평안의 기쁜 소식을 가져다줍니다. 불쌍한 죄인들의 떨리는 양심에게 이 소식은 정말 복된 소식입니다. 이들은 전에 "오직 무서운 마음으로 심판을 기다리는 것과 대적하는 자를 태울 맹렬한 불"(히 10:27)만 바라보는 상태에서 절박하게 세월을 보내었으나, 하나님과 그들 사이에 평안이 타결되었다는 소식이 복음 전파를 통하여 그들의 귀에 들리고 또한 성령으로 말미암아 — 성령은 그것을 그들에게 인치고 또한 영혼들 속에 그것에 대한 지각을 베풀어 주어서 그 감미로운 맛을 보여주기 위하여 보내심을 받은 분이십니다만 — 그들의 양심에서 그것이 과연 참이라는 것이 분명히 확증되자마자, 곧바로 그들 속에 새 생명이 나타납니다. 그리고 그 결과로, 전에는 사소한 어려움이 있을 때마다 두려워하고 주저하고 그 생각만 해도 놀라서 펄쩍 뛰던 — 그것이 전혀 기쁜 소식을 가져다줄 수 없으리라는 것을 알고서 — 그들이 이제는 "평안의 복음의 준비한 것으로 신을 신고"서, 그들을 향하여 아무리 큰 고난이 다가오더라도 미소를 지으며 그것들을 맞을 수 있게 되며, 또한 언젠가 그리스도께서 그를 잡으려고 칼과 몽치를 가지고 오는 자들을 향하여 행하신 것처럼 전혀 움츠러들지 않고 그것들을 향하여, "너희가 누구를 찾느냐?"라고 물을 수 있게 되는 것입니다. "우리가 믿음으로 의롭다 하심을 받았으니 우리 주 예수 그리스도로 말미암아 하나님과 화평을 누리는도다"(롬 5:1. 한글개역개정판은 "누리자"로 번역함 — 역주). 그리고 이 화평이 얼마나 강력하게 역사하는지 모릅니다! 심지어 그들로 하여금 "환난 중에서도 즐거워하게" 만들기까지 합니다(3절). 이 말씀은 두 가지 요점 혹은 가르침을 줍니다. 첫째. 하나님께서 우리의 그리스도인의 전쟁에서 어떠한 시련과 어려움을 우리를 위해 베푸시더라도 그것들을 기꺼이 당하며 견뎌낼 수 있도록 항상 준비를 갖추는 것이 우리의 임무입니다. 둘째. 복음이 마음에 가져다주고 또한 말씀해 주는 평안이, 사람으로 하여금 그리스도인의 여정에서 만나는 온갖 시련이나 괴로움을 가볍게 건널 준비를 갖추게 해 준다는 것입니다.

첫째 가르침

[항상 시련을 준비하는 것이 성도들의 임무임]

하나님께서 우리의 그리스도인의 전쟁에서 우리를 위해 어떠한 시련과 어려움을 베푸시더라도 그것들을 기꺼이 당하며 견뎌낼 수 있도록 항상 준비를 갖추는 것이 그리스도인들로서 우리의 임무입니다. 성도들에게는 시련과 고난이 없을 때가 없습니다. 그리스도께서 가난한 자에 대해 말씀하시듯이, 그것들은 "항상 우리와 함께 있습니다"(참조. 마 26:11). 아우구스티누스는 말하기를, 그리스도께서 느끼신 피맺힌 땀은 그의 신비한 몸 전체에서 그가 견디셔야만 했던 고난들이었다고 합니다. 그리스도의 몸 전체가 십자가에 달렸으니, 그 어떤 지체도 십자가를 피하려 해서는 안 되는 것입니다. 그러므로 십자가가 올 때에, 우리는 과연 그것에 대해 어떻게 처신해야 하겠습니까? 그저 수동적으로만 대처하며 하나님의 뜻을 거슬러 추악한 저항을 하나도 하지 않는 것만으로는 우리 그리스도인들에게 합당치 않을 것입니다. 이렇게 말할 수 있을지 모르겠으나, 비록 환난이 죽음의 골방 속에 이끌려가는 것이라 할지라도 하나님의 명령에 거룩한 준비를 갖춘 자세와 즉각적인 심령을 보여줌으로써 우리의 인내에서 능동적으로 대처해야만 하는 것입니다. 어떤 사람의 비석에 "자기 뜻을 거스른 자가 여기 누워 있도다"라고 씌어 있다는 말을 들었습니다만, 이는 죽는 사람들 대부분에게는 정확히 들어맞을 수도 있지만, 그리스도인의 비명(碑銘)으로서는 전혀 어울리지 않습니다. 거룩한 바울의 심정은 그보다 훨씬 더 나았습니다: "나는 주 예수의 이름을 위하여 결박당할 뿐 아니라 예루살렘에서 죽을 것도 각오하였노라"(행 21:13). 그러나 이는 원수가 아직 멀리 있다는 것을 알았을 때에 한 말이니 어쩌면 이것은 그의 본심을 제대로 표현한 것이 아닐지도 모릅니다. 죽음이 코앞에 닥칠 때까지는 아직 더 살 시간이 남았고, 따라서 그의 생각도 얼마든지 바뀔 수 있었으니 말입니다. 그러나 그렇지 않습니다. 그는 자신의 말을 그대로를 견지합니다: "전제와 같이 내가 벌써 부어지고 나의 떠날 시각이 가까웠도다," σπένδομαι(딤후 4:6). 그는 마치 그 일이 이미 행해진 것처럼 이야기합니다. 사실 그는 이미 죽음에 머리를 내밀었고, 아직 실질적으로 죽지는 않았으나 이미 죽은 것이나 마찬가지였습니다. 두려움 때문이 아니라, 자기 자신을 완전히 내놓았기 때문입니다. 만일 범죄자가 실질적으로 사형이 집행되기까지 몇 주간 더 살게 되지만, 판사의 입에서 사형 선고가 내려지는 즉시 그가 법적인 의미에서 죽은 것이라면, 죽을 준비가 되어 있는 자는, 자의로 자기 자신을 사형 선고를 받은 상태에 있게 하는 자는, 복음적인 의미에서 이미 죽은 것이라고 말할 수 있을 것입니다.

그리고 바울이 그의 마지막을 얼마나 긴밀하게 의식하고 있었는지를 살펴보면, 그의 이처럼 자신을 고결하게 흔쾌히 내놓은 자세가 더욱 놀라운 것이었음이 드러납니다. 사실 어떤 이들은 스펜도마이(σπένδομαι)라는 단어 — 부어드림, 혹은 전제(奠祭)를 뜻합니다 — 를 근거로 추측하기를, 바울이 자기가 당하게 될 죽음의 종류를, 즉 참수(斬首)를 당할 것을 알고 있었고, 그리하여 자신의 죽음을 피나 포도주를 부어드리는 제사에 빗대어 말씀하는 것이라고 합니다. 곧 하나님의 백성들이 여호와께 포도주를 부어드렸던 것처럼 그는 기꺼이 그리스도와 그의 교회를 섬기는 일에 자신의 피를 부어드릴 마음이었다는 것입니다. 이제는 어째서 우리가 고난을 준비해야 하며 또한 그 일을 기꺼이 맞아야 하는지에 대해 몇 가지 합당한 이유를 말씀드리겠습니다. 그 이유들은 두 가지라 할 것입니다. 첫째. 우리가 그리스도를 위하여 또한 그로 인하여 고난을 당하는데, 그에게서 취한 이유들입니다. 둘째. 어떠한 난관도 견디고자 하는 이 준비된 자세의 훌륭함에서 취한 이유들입니다.

[항상 시련을 준비하여야 할 이유 —
그리스도와 관련한 이유들]

첫째. 우리가 어째서 시련들에 대해 항상 준비를 갖추고 있어야 하는지에 대해, 그리스도께로부터 취한 이유들이 있습니다. 우리가 그리스도를 위하여 또한 그로 인하여 고난을 당하기 때문입니다.

첫째 이유. 그리스도께서 이런 자세를 갖출 것을 명하십니다. 사실상 이런 자세는 필수적인 자격요건으로서 마치 동전에 새겨진 인(印)처럼 하나님께 드릴 합당한 모든 임무에 다 암시되어 있는 것입니다. 사도는 이렇게 말씀합니다: "너는 … 모든 선한 일 행하기를 준비하게 하라"(딛 3:1). 능동적이든 수동적이든 선한 일을 위해 준비가 되어 있어야 합니다. 그렇지 않으면 그들이 행하는 모든 일이 무용지물이 되고 맙니다. 거기 사용된 단어는 본문의 이 단어와 동일하며, 주인의 용도에 맞게 제작된 그릇에서 취한 것입니다. 그릇이나 잔이나 항아리 같은 것을 사용하거나 수리하거나 문질러 닦으려 할 때에 그것들이 그렇게 할 수 없는 상태에 있는 것을 우리는 좋아하지 않습니다. 효과적으로 사용할 수 있도록 그것들이 선반 위에 가지런히 깨끗하게 정돈되어 있어야 합니다. 이와 마찬가지로 하나님께서도 우리의 마음에서 죄의 더러운 것들이 깨끗이 씻겨 있고, 우리의 뜻이 전적으로 온전하게 그에게만 향하기를 기대하십니다. 곧, 피조물에게 쏠려 있거나, 세상의 무질서한 즐거움으로 깨어지고 망가져 있거나 하여 그가 우리를 부르사 어떤 일을 행하거나 당하게 하실 때에 우리가 전혀 준비가 되어 있지 않은 상태여서 한바탕 소동을 일으켜 우리를 바로잡아 그 일을 기꺼이 감당할 수 있게 만들어야만 하는 불상사가 없기를 원하시는 것입니다. 사도는 이렇게 말씀합니다: "그러므로 누구든지 이런 것에서 자기를 깨끗하게 하면 귀히 쓰는 그릇이 되어 거룩하고 주인의 쓰심에 합당하며 모든 선한 일에 준비함이 되리라"(딤후 2:21). 그런데 하나님께서는 모든 일에 준비를 갖출 것을 명하시지만, 특히 고난을 당하는 일에 준비를 갖출 것을 명하십니다: "아무든지 나를 따라오려거든 자기를 부인하고 날마다 제 십자가를 지고 나를 따를 것이니라"(눅 9:23). 이 말씀을 가리켜 그리스도인의 인증서라 불러도 무방할 것입니다. 누구든지 그리스도의 종이 될 자는 그리스도를 자기의 주인으로 부르기 전에 반드시 이 증서에 서명해야 합니다. 거기서 우리는 그리스도께서 고난의 일에 대하여 그리스도께서 제시하시는 주요 사항을 보게 되는데, 이것이야말로 사람을 판가름하는 크나큰 시금석입니다. 종이 그 사항에 합당하면, 다른 부분의 일도 족히 잘 감당할 것이 분명합니다. 자, 여러분, 그리스도께서 이 일에 얼마나 조심스럽게 마음을 결부시키시는지를 보시기 바랍니다. 그는 그의 종들이 그를 섬기는 일에서 당할 난관들을 그저 당할 뿐 아니라 그런 난관들을 위해 준비가 되어 있는 모습을 보일 것을 요구하시는 것입니다. 이와 관련하여 여기서 두드러지는 네 가지 사항들을 살펴보기로 합시다.

1. 그리스도인은 "자기를 부인"하여야 합니다. 즉, 자기의 뜻을 마음에서 제하여야 하며, 그리스도를 섬기기 시작하는 그 날부터 자신이 자기 뜻대로 할 수 있는 상태가 아니라는 것을 인정해야 한다는 것입니다. 그리스도께서 종들에게 임무를 맡겨 보내실 때에, 그 종들이 "가지 않겠나이다"라는 말을 할 수는 없는 것입니다.

2. 그리스도께서는 그의 백성들에게 가장 힘든 것을 먼저 말씀하십니다. 즉, 그들이 장차 쓰게 될 면류관이 아니라 그들이 져야 할 십자가를 먼저 말씀하십니다. 그리고 그들이 그 십자가를 그냥 "질" 뿐만 아니라 — 이는 악인들도 자기들의 뜻과 달리 얼마든지 행합니다 — 자의로 기꺼이 "질" 것을 기대하십니다. 사실 그는 그들에게 십자가를 만들라고 명령하시지는 않습니다. 고의로 어려움 속에 머리를 들이밀라고 명하시는 것이 아닙니다. 그가 그들을 위해 만들어 주시는 그 십자가를 취할 것을 바라십니다. 어려움을 피하기 위한 죄악된 의도로 길에서 벗어나는 것이 아니라, 하나님께서 베푸시는 짐을 받아들이고 즐거운 마음으로 감사함으로 그것을 지는 것입니다. 마치 하나님께서 우리에게 고난당하는 임무를 맡기신 것이 우리에게 큰 호의를 베푸신 일인 것처럼 여기는 것입니다. 아무런 가치도 없는 것을 취하려고 몸을 구푸릴 만큼 큰 고통을 당하는 것은 아닙니다. 그리스도께서는 마치 사람이 그 앞의 땅 속에 있는 진주를 취하기 위해서 처신하는 것처럼 그의 백성들이 그렇게 십자가를 질 것을 기대하시는 것입니다.

3. 그리스도인은 "날마다" 이를 행하여야 합니다. "날마다 제 십자가를 지고." 등에 십자가가 없을 때면 마음에 십자가를 지고 있어야 합니다. 즉, 부르심이 주어질 때를 대비하여 계속해서 서서 대기하여야 한다는 것입니다. 마치 런던에서 짐꾼들이 주인이 임무를 줄 때를 기다리며 상인의 문간에 서서 대기하고 있듯이 말입니다. 그리하여 바울은 "날마다 죽노라"라고 공언합니다(고전 15:31). 마음에 죽을 준비를 갖추고 대기한다는 뜻이 아니고 무엇이겠습니까? 그는 하나님의 사자가

언제 오든 그를 환영할 자세를 갖추고 있는 것입니다. 현재 누리는 것들 때문에 다가올 시련들에 대한 생각들을 낯설게 대하든가 그런 생각들을 없애지 않고, 항상 그것을 염두에 두는 것, 이것이 과연 "날마다 십자가를 지는" 것이라 할 것입니다. 유대인들은 허리띠를 매고 신을 신고 손에 지팡이를 들고 급히 유월절 음식을 먹었습니다(출 12:11). 하나님께서 갖가지 위로들을 통해 그리스도인에게 잔치를 베푸실 때에 그는 반드시 이 복음의 신을 신고 있어야 하고, 집에서 잔칫상을 대하듯이 안락하게 임하지 않고, 여행 중에 여관에서 곧바로 길을 떠나려고 급히 음식을 먹듯이 그렇게 그 잔치에 임하여야 하는 것입니다.

4. 십자가를 지고서는 어떻게 합니까? 그리스도인은 그리스도를 따라가야 합니다. 가만히 서서 투정부리고 있어서는 안 되고 "따라가야" 합니다. 그리스도께 억지로 질질 끌려가는 것이 아니라, 병사가 상관을 따라가듯이 그렇게 자의로 그리스도를 따라가야 하는 것입니다. 어떤 장군들은 휘하의 병사들을 자기보다 앞서 가게 하고, 그들이 원하든 원치 않든 억지로 싸우게 만듭니다만, 그리스도는 그렇게 하시지 않고 그들을 그리로 초청하십니다: "내가 그를 타일러 거친 들로 데리고 가서"(호 2:14). 사실 은혜를 누리는 마음은 기꺼이 그리스도를 따라 환난의 광야 속으로 들어갑니다. 마치 사랑하는 연인이 기꺼이 그 사랑하는 자를 따라 외딴 정자나 그늘로 들어가 함께 시간을 갖는 것처럼 말입니다. 그리스도께서는 그의 말씀에서, 또한 그의 성령을 통하여, 그리스도인들에게 지극히 만족스러운 논지들을 사용하시므로, 그들이 기꺼운 마음으로 그를 따르게 되는 것입니다. 이는 마치, 수술을 하고 피를 흘려야 한다고 의사에게서 들을 때에 처음에는 환자가 움츠러들고 주저할 수도 있지만, 어째서 그렇게 치료를 받아야 하는지 그 이유들을 듣게 되면 그것이 건강 회복을 위한 최선의 길이라는 것을 납득하게 되고, 또한 자의로 의사의 칼에 팔을 내어 맡기게 되고, 그로 인한 고통들에 대해 오히려 의사에게 감사하게 되는 것과도 같은 이치인 것입니다.

둘째 이유. 그리스도께는 우리가 이런 자세를 가지는 것이 지극히 합당합니다. 이에 대한 구체적인 논지들이 많으나 그 중에서 두 가지만 말씀드리겠습니다. 1. 그가 우리를 위해 고난과 슬픔을 기꺼이 당할 준비를 갖추고 계셨다는 사실을 생각할 때에 그렇습니다. 2. 그가 우리를 고난당하는 처지로 부르실 때에 그가 우리를 세심하게 보살피신다는 사실을 생각할 때에 그렇습니다.

1. 그가 우리를 위해 고난과 슬픔을 기꺼이 당할 준비를 갖추고 계셨다는 사실을 생

각하면, 그가 섭리 가운데 우리를 위해 베푸시는 갖가지 고난들을 우리가 기꺼이
당할 준비를 갖추는 것이 그리스도께 지극히 합당한 일임을 알고도 남습니다. 하
나님께서 중보자로서의 사역을 위해 그를 부르셨을 때에 그가 가셔야 했던 길에
는 지금 그가 우리를 위해 지정해 놓으신 길보다 더 날카롭고 예리한 돌들이 깔려
있었습니다. 그는 칼들과 대못들을 밟고 가야 하셨고, 온갖 질고를 다 지셔야 했
고, 또한 거기에 하나님의 몸서리치는 진노가 서려 있었습니다. 그것이야말로 그
가 감당하셔야 했던 가장 예리하고 쓰라린 돌이었습니다. 그러나 그는 얼마나 기
꺼운 마음으로 그 길을 가셨습니까! 오오, 그의 발이 우리 영혼들을 향한 사랑의
신을 신고 있지 않았다면, 그는 금방 뒤로 물러서서 그 길은 도무지 갈 수가 없는
길이라고 말씀하셨을 것입니다. 그러나 그는 꿈쩍하지도 않고 그 길을 가셨습니
다. 우리가 아무리 즐겁고 기쁘게 죄를 지었다 해도, 그리스도께서 우리 죄를 위하
여 즐거이 고난당하신 것에는 미치지 못합니다. 그는 아버지께 이렇게 말씀하십
니다: "내가 왔나이다 … 나의 하나님이여 내가 주의 뜻 행하기를 즐기오니 주의
법이 나의 심중에 있나이다"(시 40:7, 8). 오오, 여러분, 아버지의 부르심에 그리스
도의 마음이 얼마나 충만한 동의로 응답하셨는지 모릅니다! 그는 마치 사람의 목
소리가 메아리가 되어 두 번 세 번 이상 그대로 울려 퍼지는 것처럼 그렇게 하셨습
니다. 아버지께서 그에게 잃어버린 불쌍한 사람을 구원하는 일을 행할 것을 말씀
하실 때에, 그는 그 부르심에 그저 동의만 하고 그치는 것이 아니라 그것을 세 번
씩이나 스스로 되뇌시는 것입니다: "내가 왔나이다 … 나의 하나님이여 내가 주의
뜻 행하기를 즐기오니 주의 법이 나의 심중에 있나이다." 그는 완전히 준비가 되어
계셔서, 그의 원수들이 그에게 손을 대기도 전에 주의 성찬을 제정하시면서 거기
서 성례적으로 그의 몸의 살을 찢으셨고 그의 심장을 찌르사 그의 보배로운 피로
잔을 채우시고 친히 그의 손으로 제자들에게 주셨습니다. 그리하여 그들이 이제
임박한 그의 죽으심을 그저 사람의 폭력에 의해서 살육되는 것으로만 바라보지
않고, 오히려 그가 모든 신자들을 위하여 자의로 하나님께 자기 자신을 드리신 하
나의 희생 제사로 바라보도록 하신 것입니다. 그리고 그 슬픈 비극이 실제로 일어
날 때가 오자, 그는 그 반역자가 시켜먼 병사들과 함께 올 장소를 아시고 바로 그
들의 소굴로 행진하시는 것입니다. 오오 여러분, 그러니 우리가 주님이 당하신 그
고난의 험준한 길에 그저 1, 2km 정도를 함께 동행하는 것도 꺼려한다면, 이 얼마
나 수치스러운 일이겠습니까? 그리스도께서는 베드로에게 말씀하셨습니다: "너희

가 나와 함께 한 시간도 이렇게 깨어 있을 수 없더냐?"(마 26:40). 곧, "내가 지금 너희를 위하여 죽음을 대하려고 나아가며, 또한 그 쓰디쓴 고통을 기꺼이 당할 준비가 되어 있는데, 그런 나와 함께 깨어 있을 수 없더냐?"라는 말씀입니다.

2. 그가 우리를 고난당하는 처지로 부르실 때에 우리에게 베푸시는 세심한 보살피심을 생각하면, 그가 섭리 가운데 우리를 위해 베푸시는 갖가지 고난들을 우리가 기꺼이 당할 준비를 갖추는 것이 그리스도께 지극히 합당한 일임을 알고도 남습니다. 친절한 주인들에게 기꺼운 종들이 있는 법입니다. 장군이 그 병사들을 세심하게 배려할수록, 그들이 그의 명령에 더욱 기꺼이 목숨을 내놓는 것입니다. 그런데 그리스도의 보살피심에 대해 기꺼운 헌신으로 응답해야 마땅한 일인데도 오히려 성도가 그것을 꺼린다면, 이는 정말 한심한 일일 것입니다. 그런데 이러한 그리스도의 보살피심은 다음과 같은 점들에서 나타납니다.

(1) 그가 성도의 등에 얹어 놓으시는 짐의 분량에서 나타납니다. 어떤 배는 작아서 큰 짐을 실으면 가라앉을 위험이 있으나, 그보다 더 큰 배에게는 그 정도의 짐은 그저 배의 안정을 위해 밑바닥에 실어 놓는 바닥짐(ballast) 정도밖에는 안 됩니다. 똑같은 고난이라도 한 그리스도인은 너무 무거워 질 수가 없지만, 다른 그리스도인은 오히려 즐거이 지고 항해합니다. 어깨가 약한 자에게는 더 가벼운 짐이 주어지는 것입니다. 바울이 좀 더 능력이 있다고 여겨지는 교회들에게 더 많은 짐을 지우고, 다른 교회들에게는 짐을 면하게 해 준 것처럼, 그리스도께서도 연약한 그리스도인에게는 가벼운 짐을 지게 하시고 강한 그리스도인에게는 더 무거운 짐을 지게 하시는 것입니다. 바울은, "내가 모든 사도보다 더 많이 수고하였다"고 말씀합니다(고전 15:10). 그런데 그리스도께서는 어째서 그 일을 그렇게 균등하지 않게 나누어 주셨을까요? 본문을 잘 살펴보면, 바울에게 베풀어진 풍성한 은혜를 사용하는 것이 필수적이었다는 것을 알게 될 것입니다. 그는, "내게 주신 그의 은혜가 헛되지 아니하여 내가 모든 사도보다 더 많이 수고하였다"고 합니다. 그에게 그렇게 많은 은혜가 부어졌으므로, 그가 다른 사도들보다 더 많이 수고하고 더 많은 고난을 당하지 않는다면 그 은혜 가운데 일부가 헛되이 부어진 것이 되고 말 것이었던 것입니다. 그리스도께서는 각 성도의 영적인 상태를 완전히 파악하고 계시며 이에 따라 각 성도를 평가하여 임무를 맡기시므로, 힘에 버겁도록 지나친 임무를 맡게 되는 자가 아무도 없습니다. 은혜에 가난한 자는 동전밖에는 지불할 수 없지만, 은혜에 풍성한 자는 지폐들을 지불해도 별 어려움이 없는 것입니다. 참된 그

리스도인이지만 연약한 자들은 지갑에서 그저 얼마간을 꺼내어 헌금하는 정도를 기꺼이 했는데, 바울은 그리스도의 대의를 위하여 기꺼이 자기 목숨을 죽음에 내놓았습니다. 어떤 이들은 그리스도를 위하여 치욕을 견디는 것도 힘들어 했지만, 그는 그보다 더 수월하게 죽음을 감당했던 것입니다. 모든 사람이 다 순교자의 믿음이 있는 것도 아니요, 모든 사람이 다 순교자의 불 같은 열정이 있는 것도 아닙니다. 성도의 군대 전체에서 뽑혀진 몇몇 사람들이 그런 몫을 담당하는 것입니다.

(2) 그가 그들에게 베푸시는 위로에서 나타납니다. 그는 그런 힘든 일에 부르심 받지 않은 다른 형제들보다 그들에게 더 큰 위로를 베푸십니다. 지휘관들의 주머니에 돈이 있거나 혹은 그들이 그 돈을 관리하고 있다면, 전쟁터에서 작전 중인 군인들에게 반드시 급여를 지급할 것입니다. 그들은 자기 막사에서 대기하며 쉬고 있는 자들과는 처지가 다르기 때문입니다. 고난당하는 그리스도인의 진영에는, 집에 남아서 평화와 번영을 누리는 다른 형제들이 일상적으로 누리는 것보다 은금이 — 곧, 영적인 기쁨과 위로가 — 분명 더 많을 것입니다. 성경의 약속들이란 하나님께서 흔히 고난을 주사 성도가 탄식하며 나아갈 때에 그들을 위로하기 위해 베풀어지는 달콤한 포도주 통과 같은 것입니다. 하나님께서는, "환난 날에 나를 부르라"라고 말씀하십니다(시 50:15). 평안한 날에도 하나님을 부를 수 있지 않을까요? 예, 그렇습니다. 그러나 그는 "환난 날에" 담대하게 그에게 구하기를 바라시는 것입니다. 고난당하는 성도만큼 은혜의 보좌 앞에서 즉각적인 응답을 받을 수 있는 자는 없습니다. 다윗은 말씀하기를, "내가 간구하는 날에 주께서 응답하시고 내 영혼에 힘을 주어 나를 강하게 하셨나이다"라고 합니다(시 138:3). 그는 그 당시 사면초가의 상태에 있었고, 하나님께서는 그에게 급히 찾아오신 것입니다. 성한 친구가 우리를 부르려고 사람을 보내면 그 친구로 하여금 우리를 기다리게 만들 수도 있습니다만, 병든 친구가 우리를 찾으면 한밤중이라도 지체하지 않고 그에게 달려갈 것입니다. 이와 마찬가지로 하나님께서도 고난당하는 성도들의 기도에 대해 그렇게 행하시는 것입니다. 성도들이 베드로의 석방을 위해 함께 모여 간절히 기도할 때에, 그들의 기도가 천국 문을 두드리기가 무섭게 베드로가 그들의 집 문을 두드렸던 것을 봅니다. 환난당하는 처지에서 겪는 시험 거리들을 생각하면, 이런 즉각적인 응답이 필수적인 것입니다. 환난을 당하면 우리는 가장 가까운 친구들이 우리를 잊어버렸다는 의심을 갖기가 쉽고, 도움이 지체되고 더디면 그런 의심이 더욱 강해지는 법입니다. 그러므로 하나님께서는 그런 때에 가장 친절하게

자신을 보여주시는 것입니다: "그리스도의 고난이 우리에게 넘친 것 같이 우리가 받는 위로도 그리스도로 말미암아 넘치는도다"(고후 1:5). 사람의 고난과 그리스도의 위로는 함께 갑니다. 성도의 환난이 한창이면, 기쁨을 주시는 그리스도의 역사도 그에 비례하여 한창입니다. 가난한 자를 도울 때에도 그들의 빚이 늘어나면 그것에 맞추어 돕는데, 그리스도께서도 그 백성들의 괴로움이 늘어나는 것에 맞추어 그들을 위로하십니다. 그리스도인 여러분, 그런데 여러분의 사랑하는 주님이 그의 백성들이 가장 극심한 슬픔이 닥칠 때에 가장 감미로운 위로를 보내주시니, 그를 위해 고난을 기꺼이 감당하는 준비된 자세를 갖는 것이 과연 합당하지 않겠습니까? 주인이 종을 위해 세심하게 배려하며 밭에서 일하는 그를 위해 몸소 아침 식사를 준비하여 가져다준다면, 그 종은 정말이지 기꺼운 마음으로 즐겁게 자기 일을 감당할 것입니다. 그리스도인은 천국에 이르러 모든 위로를 다 얻게 되기까지 그냥 가만히 있지 않습니다. 천국에 가면 정찬(正餐)이 베풀어질 것입니다. 그러나 그리스도인 여러분, 그 전에도 우리에게는 기쁨의 아침 식사가 있습니다. 그리스도께서 싸움터에 있는 우리에게 친히 그것을 가져다주시니, 우리는 지극히 어려운 환난의 현장에서 그 아침을 먹게 되는 것입니다.

(3) 그리스도께서 그들을 안전하게 지키기 위해 보내시는 시의적절한 구원에서 나타납니다. 그는 온갖 환난 속에서 위로하시는 것은 물론, 그들을 거기서 벗어나도록 도와주십니다. 그리스도인이 갇힌 감옥에는 눈에 보이는 문 이외에 언제나 또 하나의 문이 더 있는데, 그리스도께서는 그 문을 통해 그의 성도에게 도피할 길을 열어주실 수 있습니다. 그러니 우리가 무엇을 더 바랄 수 있겠습니까? 결과가 잘 되면 모든 일이 다 잘 된 것입니다. 우리가 안전을 바라지만, 거짓말이 불가능하신 위대하신 하나님의 약속보다 더 나은 안전이 어디 있습니까? 하나님의 백성의 마음속에 있는 하나님에 대한 신용은 결코 낮지 않습니다. 오히려 그들은 하나님의 손에 들린 청구서를 보면 첫 눈에 그것을 받아들이고 그 대신 자기들에게 요구되는 것을 — 목숨까지도 포함하여 — 얼마든지 드릴 것입니다. 다른 사람을 대하여야 할 때에는 여러분 자신을 보십시오. 그 누구도 그렇게 견고하지는 못합니다. 여러분이 지나치게 힘을 가하면 갈라지고 맙니다. 사람들은 우리아만큼 고귀한 장군이 없다고 생각했을 것이고, 그의 왕인 다윗만큼 거룩한 사람도 없다고 생각하며 신뢰했을 수도 있습니다. 그러나 이 두 사람은 모두 그들의 기대를 저버리고 죽음의 손에 무가치하게 붙잡히고 말았습니다. 사람은 곤경에 처하여 있는 사람을 그냥

내버려 둘 수도 있습니다만, 마귀는 반드시 그 사람을 그대로 내버려 둘 것입니다. 그 곤경이 자기의 목적을 이루고 있기 때문입니다. 그러나 만일 하나님이 여러분을 곤경에 처하게 하시면, 그는 반드시 여러분을 구하실 것입니다. 여러분이 하나님께 충성을 다하다가 가시덤불 속에 들어가 있을 때에 그가 입술로 "저 사람 좀 보라"고 말만 하고 계실 것을 두려워하지 마십시오. 그는 자기를 피하여 도망하는 선지자라도 그의 죄악된 항해 중에 망하게 하시지 않고, 이적을 행하시는 분이십니다. 비록 도망하고는 있지만 전반적으로 그는 선한 사람이기 때문입니다. 그러니 여러분이 임무를 행하는 중에 잘못되어 멸망하도록 내버려 두시지 않습니다. 이적에 이적을 더하여 여러분을 구원하실 것입니다. 다만, 여러분이 요나처럼 배에서 바다로 내던져지더라도, 하나님이 여러분의 안전을 위해 베푸시는 섭리를 보기도 전에 먼저 근심부터 하는 일이 없어야 합니다. 그것이 항상 옆에 있고, 때로는 아주 가까이에 있는데도 사람의 눈에는 보이지 않습니다. 하나님께서 요나를 뭍에 데려가시고자 큰 물고기를 그에게 보내셨지만, 그 물고기는 물 속에 있었고 또한 요나는 그 뱃속에 있었고 나중에야 자기가 어디에 있는지를 알았습니다. 여러분을 삼키려고 오는 것 같은 그것이 하나님께서 여러분을 뭍으로 안전하게 데려가시기 위해 보내시는 사자(使者)일 수도 있는 것입니다. 그리스도인 여러분, 신을 신고 있지 않습니까? 그런데도 아직 행진할 준비가 되어 있지 않습니까? 그렇게 두터운 신발을 신고도, 돌이 밑창을 뚫어 여러분의 발이 상할 수도 있다고 두려워할 수가 있습니까?

[항상 시련을 준비하여야 할 이유 ― 그런 자세의 훌륭함에 근거한 이유들]

둘째. 우리가 어째서 시련들에 대해 항상 준비를 갖추고 있어야 하는지에 대해, 그런 거룩한 준비를 갖춘 자세의 훌륭함에서 취한 이유들이 있습니다.

1. 몸을 낮추어 십자가를 질 준비를 갖춘 마음은 그 마음이 은혜를 누리고 있다는 증거가 됩니다. 은혜를 누리는 심령은, 확신하건대, 훌륭한 심령입니다. 혈과 육으로는 결코 누구도 하나님을 위하여나 하나님께로부터 기꺼이 고난을 당하도록 만들지 못했습니다. 그렇게 할 수 있는 자는 갈렙처럼 다른 마음을 가진 자요(민 14:24), 이것이 그의 출신이 이 세상보다 더 높은 데에 있다는 것을 증명해 줍니다. 육신적인 마음은 자유로이 행하지도, 고난당하지도 못합니다. "의지는 은혜로 말

미암아 자유로워지는 것보다 더 자유롭지는 못합니다"(루터). 성도는 그에게 육체
가 남아 있는 정도만큼 하나님의 발 아래 나아오기를 꺼려하고 원하지 않습니다.
그러므로 오로지 육체밖에 남아 있는 것이 없는 사람은 오로지 꺼리는 것밖에는
없는 것입니다. 하나님의 계명이나 섭리를 마음으로 즐겁게 따르는 사람은 그 마
음에 누가 계시는지를 알 수 있습니다(어느 유명한 그리스의 초상화가에 대해 누
군가 한 말처럼). 이러한 선(線)은 오로지 하나님만이 여러분의 영혼에 그려 넣으
실 수 있는 것입니다. 산파들이 이스라엘 여자들에 대해서 말하기를, 그들은 애굽
여자들과 달리 건강하여 자기들이 이르기 전에 아기를 출산한다고 하였습니다(출
1:19). 과연 은혜를 누리는 마음이야말로 어떤 일이든지 자기가 행하거나 당하도
록 부르심 받은 일에서 그렇게 건장하고 준비가 되어 있는 것입니다. 육신적인 마
음처럼 억지로 간신히 임무를 행하게 되는 것이 아닙니다. 육신적인 마음은 무언
가 육신적인 동기가 산파처럼 작용해야만 임무를 행하게 되지, 그렇지 않으면 출
산을 하지 못합니다. 그러나 은혜를 누리는 마음은 이런 것들이 개입하여 도움을
주기도 전에 이미 임무를 행하고 있는 것입니다. 하나님을 향한 순전한 사랑, 그의
명령의 부르심에 대한 순종, 그리고 하나님의 약속의 안전성에 대한 믿음이 그 일
을 감당하도록 만들어 줍니다. 그러므로 육체에게 아무리 괴롭고 힘든 일이라 해
도 그 영에게는 결코 한탄스럽지 않은 것입니다. 그런 마음은 언제나, "내 원대로
마시옵고 아버지의 원대로 되기를 원하나이다"(눅 22:42)라고 말할 준비가 되어
있습니다. 사도는 하나님께서 보내시는 환난에 노출될 때에 이를 기꺼운 마음으
로 받아들이고 굴복하는 것을 아들의 증거로 제시합니다: "너희가 징계를 견디면
하나님이 너희를 아들들로 대우하시리니"(히 12:7. 한글개역개정판은 "너희가 참음은
징계를 받기 위함이라 하나님이 아들과 같이 너희를 대우하시나니"로 번역함 — 역주). 여기
서 관찰하십시오. "너희가 징계를 당하면"이라고 하지 않고, "너희가 징계를 견디
면"이라고 말씀하고 있습니다. 그냥 어쩔 수 없이 고난당하는 것이 아니라 다음과
같은 것이 아들임을 증명해 주는 것입니다. 곧, 징계가 올 때에 용기를 잃지 않고,
하나님이 지워 주시는 짐을 지고 움츠러들지 않고, 기꺼이 우리의 어깨를 내어 밀
고 인내로 그것을 지며, 후에 올 상급을 즐거운 눈으로 바라보는 것이요, 징계를
우리가 던져 버리는 것이 아니라, 그것을 베푸신 자가 친히 그것을 거두어 가시도
록 하는 것입니다. 이것은 어린아이 같은 심령을 보여줍니다. 그러므로 그러한 증
거가 영혼에게 편안한 동반자가 되어야 하고, 특히 지옥의 궤변가가 환난을 기회

로 삼아 그가 하나님의 자녀가 아님을 증명하려고 할 때에는 더더욱 그렇습니다. 그러니 다음과 같은 확고한 답변으로 그 거짓말쟁이의 입을 막아야 합니다: "사탄 아, 내가 하나님의 자녀가 아니라면, 주께서 가족에게 베푸시는 징계에 어떻게 그렇게 기꺼이 복종할 수 있겠느냐?" 이것은 결코 작은 자비가 아닌 것입니다.

2. 이런 자세는 그것을 지닌 자를 자유로운 사람으로 만들어 줍니다. 자유를 얻는 데에 드는 대가는 결코 작지 않습니다. 새들도 많은 이들이 지켜보는 가운데 황금 새장 속에 갇혀 있는 것보다는 비록 추위와 굶주림으로 야위더라도 수풀 속에서 자유로이 있으면서 여기저기서 활기를 찾으며 살기를 바랍니다. 자, 사람들이 거의 지각하지 못하는 종살이가 있는데, 그것은 바로 피조물에게 하는 종살이입니다. 곧, 사람이 이 땅에서 즐기는 것들과 저급한 만족거리들에 완전히 종이 되어 있어서 그것들이 그 사람에게 법을 주고(자기가 그것들에게 법을 주어야 하는데도), 그리하여 그것들이 많고 적음을 기준으로 자기에게 기쁨이 많고 적음을 가늠하는 상태가 그것입니다. 어떤 이들은 재물에 이처럼 종이 되어 있습니다. "마음으로 탐욕을 따름이라"라는 말씀이 있습니다(겔 33:31). 곧, 감히 주인에게 등을 돌려댈 생각을 하지 못하는 종이 주인을 따르듯이 그렇게 탐욕을 따른다는 것입니다. 그들에게는 돈이 주인이요, 돈을 모시는 것이 최상의 삶입니다. 그들의 마음이 거기에 가 있습니다. 종이 그 주인을 따르듯이 한다고 말할까요? 아니 오히려 개가 그 주인의 발꿈치를 따르듯이 한다고 해야 옳을 것입니다.

또 어떤 이들은 자기들의 명예에 큰 종이 되어 있어서, 만나는 모든 사람들이 자기에게 고개를 숙이거나 무릎을 꿇지 않으면 즐겁지도 않고 마음이 상합니다. 임금에게 총애를 받던 하만이 바로 그런 종이었습니다. 궁궐에서 그는 안하무인이었습니다. 그는 단 몇 마디 말로 왕을 설득하여, 무고한 수많은 사람들을 살육하도록 하는 정말 몰지각하고 터무니없는 무자비한 조서에 왕이 인장반지로 서명하도록 할 수 있었습니다. 이는 순전히 자기의 정욕을 채우기 위함이었습니다. 이 사람은 자기의 야망을 만족시켜 주기에 충분한 명예를 이미 갖고 있지 않았습니까? 아닙니다. 왕궁의 정문에 있는 한 초라한 유대인이 그가 지나갈 때에 그에게 경의를 표하지 않았고, 그리하여 그의 교만한 뱃속을 들끓게 했습니다. 그러니 다른 훌륭한 것이 아무리 있어도 결코 즐겁지 않았습니다. 이 몹쓸 사람은 이렇게 말했습니다: "유다 사람 모르드개가 대궐 문에 앉은 것을 보는 동안에는 이 모든 일이 만족하지 아니하도다"(에 5:13).

세 번째 부류의 사람은 쾌락에 그렇게 종노릇합니다. 이들은 "땅에서 사치하고 방종"하는 자들이라고 말씀합니다(약 5:5). 이들은 삶 전체가 쾌락에 매어 있습니다. 골풀이 진흙탕에서 자라고 고기가 물 속에서 살듯이, 이들은 쾌락이 없이는 살 수가 없습니다. 이들을 잔치들과 오락들에서 떼어내면, 나발처럼 이들의 마음이 가슴속에서 죽어 버립니다. 그런데 우리가 지금 말씀하는 그런 마음의 자세는 이런 모든 사슬들을 다 끊어 버리고 그리스도인을 종노릇하는 집 바깥으로 데려갑니다. 이런 자세를 가진 사람은 하나님께서 보내 주시는 몫을 좋아하기를 배웁니다. 번영이 오면 그것을 어떻게 누릴지를 압니다. 그리하여 섭리로 인하여 사정이 달라져 현재 누리는 온갖 것들이 다 사라져도, 그것을 아쉬워하며 매달리거나 마음에 투덜대며 그것에 연연해하지 않습니다. 그렇습니다. 은혜로 말미암아 그는 자유자가 되었고, 그 어떠한 것이 사라져도 얼마든지 견딜 수 있습니다. 오직 그리스도만 그와 함께 계시다면 모든 것을 감당할 수 있는 것입니다. 복된 바울은 이러한 자유 위에 든든히 서 있습니다: "모든 것이 내게 가하나 내가 무엇에든지 얽매이지 아니하리라"(고전 6:12). 물론 이 본문은 중립적인 것들에 대해 논하는 것이고, 이에 대해서 논란이 있는 것이 사실입니다. 그러나 사실 거룩한 바울에게는 명예나 치욕, 풍부나 빈곤, 삶이나 죽음 등, 이 땅에 있는 모든 것들이 중립적인 것들이었습니다. 바울은 이런 것들에 개의치 않았고, 그리하여 그 무엇에게도 얽매이지 않고자 했습니다. 명예에 얽매인 나머지 이런저런 것이 없으면 자신이 망했다고 간주하는 것은 — 풍부에 대한 애착이 너무 커서 빈곤에 처할 준비가 되어 있지 않은 것이나, 삶에 대해 연연하는 나머지 죽음에 대해서는 생각하지도 않는 것이나, 고난의 삶이 너무나 힘겨워 차라리 죽음이 속히 와서 편히 쉬게 되기를 사모하는 것 등은 — 그리스도의 종에게 어울리지 않는 것으로 생각했던 것입니다. 그것들을 회피하기보다는 오히려 그것들을 대면하여 삶의 경험들을 보여주고자 하는 그런 자세가 더 훌륭한 것입니다.

3. 이처럼 고난당할 준비를 갖춘 자세는 자유로움을 주는 동시에 **그리스도인으로 하여금 섬길 수 있는 능력을 갖게 합니다.** 기꺼이 고난당할 준비를 갖추고 있는 상태보다 그리스도인이 섬김의 삶을 살기에 더 합당한 상태는 없다는 것이 확고한 사실입니다. 어떠한 임무든 거기에 십자가가 수반되기 마련인데, 그 십자가에 거리낌을 받는 사람은 머지않아 그 십자가를 통하여 베풀어지는 섬김을 즐거워하지 않게 되기 때문입니다. 기도는 성도가 날마다 행하는 일입니다. 그런데 "주의

뜻이 이루어지이다"라고 마음을 다하여 말할 수 있는 사람이 아니고서는 누구도 합당한 만큼 기도를 제대로 할 수가 없습니다. 그런데 고난당할 준비가 되어 있지 않다면, 과연 누가 진심으로 그렇게 말할 수가 있겠습니까? 하나님을 찬양하는 것은 계속해서 감당해야 할 임무입니다. 그렇습니다. 성도는 "범사에 감사"해야 합니다(살전 5:18). 하지만 환난이 우리에게 닥치면 어떻습니까? 고난당할 준비가 되어 있지 않다면 어떻게 우리가 환난에 마음을 맞추겠습니까? 과연 투덜거리면서 하나님을 찬양할 수 있습니까? 하나님을 찬송하면서 동시에 원망할 수 있습니까? 목사의 일은 "행하지 않는 자에게 화 있을진저"라고 설교하는 일입니다. 그런데 반드시 고난당할 준비가 되어 있어야만 그렇게 설교할 수가 있습니다. 바울에게는 이 두 가지가 다 있었습니다. 그는 동시에 세상을 향하여 하나님의 은혜를 전하고 또한 하나님을 위하여 세상의 분노를 견디도록 보내심을 받았습니다. 하나님은 아나니아에게, 바울이 "그의 이름을 이방인과 임금들과 이스라엘 자손들에게 전하"며 또한 "그의 이름을 위하여 … 고난을 받아야 할" 사람임을 말씀하셨습니다(행 9:15, 16). 복음을 감미롭게 전하는 희귀한 은사가 있었던 바울의 입에서 복음이 전해지는데도 무심한 세상이 그것을 기뻐하지 않았다면, 그의 은사에 훨씬 미치지 못하는 사람이 강단에 올라가거나 바깥에서 사람들의 마음을 향하여 복음을 전할 때에, 자기는 바울이 세상에게서 받았던 그 고통스런 대가를 — 그가 당한 것처럼 피비린내 나는 노골적인 박해는 아니더라도 그저 치욕과 멸시만이라도 — 받지 않고 지나가기를 기대한다면, 이는 매우 이상한 일일 것입니다. 그렇게 코웃음 치는 뱀들이 많은 길을 걸어가기 위해서는 설교자의 발에 이 신이 반드시 필요하지 않겠습니까? 이생에 대한 애틋한 사랑과 피비린내 나는 죽음에 대한 두려움을 이미 극복한 바울 같은 사람이 아니면 누가 그 사자의 소굴에 들어가 거기서 복음을 전하기를 그렇게 원하고 또한 그리하여 죽음을 몸소 초청하여 자기를 찾아오도록 했겠습니까? 그는 로마에서 그 잔인한 네로의 보좌 앞에서 복음을 전했던 것입니다. "나는 할 수 있는 대로 로마에 있는 너희에게도 복음 전하기를 원하노라. 내가 복음을 부끄러워하지 아니하노라"(롬 1:15, 16).

요컨대, 그리스도를 자유로이 공언하는 것이 모든 그리스도인의 임무입니다. 그런데 여러 차례 불이익을 당하지 않고서는 그렇게 할 수가 없습니다. 그런데 이 점에 대해 마음이 정해지지 않으면 어떻게 하겠습니까? 폭풍이 일어날 때에 담대하게 일어나 그것을 헤쳐나가지 못하고, 폭풍이 일어나기가 무섭게 그것이 두려워 계곡이나 동굴 속으로 숨어들 것입니다. "관리 중에도 그를 믿는 자가 많되 바리새인들 때문에 드러나게 말하지 못하니 이는 출교를 당할까 두려워함이라"(요 12:42). 날이 맑게 개였으면 만족했겠지만 약간의 멸시가 위험해도 그것을 이길 용기가 없었으니, 정말 초라한 심령이었습니다. 오오 여러분, 모든 것을 기꺼이 내려두고 하나님을 위해서 화형대에 설 마음도 없이 하나님을 위하여 산다니요, 이 얼마나 우스꽝스런 일입니까! 그리스도와 함께 끝까지 나아갈 뜻이 없고 그저 중간쯤 따라가다가 한두 차례 진흙탕을 만나는 것 때문에 무정하게 그를 홀로 내버려 둘 마음이라면, 그리스도와 함께 길을 출발하는 것이 아무런 가치가 없는 것입니다.

4. 고난당할 준비가 되어 있는 자세는 그리스도인으로 하여금 자신의 삶을 진정으로 누리게 해줍니다. 삶 속에서 기꺼이 자기 자신을 부인할 준비가 되어 있지 않으면, 삶에서 어떤 위로를 얻더라도 절대로 자기 자신을 진정으로 누리게 될 수가 없는 법입니다. 이것은 하나의 수수께끼입니다. 그러나 두 가지 사실이 그 수수께끼를 풀어줄 것입니다.

(1) 즐거움을 가져다주는 그 어떠한 위로에서도 우리 자신을 부인할 준비가 되어 있으면, 그때에는, 반드시 그때에만, 우리 삶을 누리지 못하도록 방해하는 것이 제거되는데, 두려움이 바로 그것입니다. 두려움이 있는 곳에는 괴로움이 있기 때문입니다. 홀로 다니는 사슴은 아무리 좋은 먹이가 있더라도 야위어 있는 것을 보게 되는데, 이는 항상 두려움 속에 있기 때문입니다. 모든 좋은 것들을 누리는 중에도 두려움이 계속해서 그 마음을 장악하고 있는 것입니다. 자기가 현재 가지고 있는 것을 잃는 것에 대한 무절제한 두려움만큼 사람의 마음에서 즐거움을 소진하게 만드는 것은 없습니다. 이 두려움이 심령을 사로잡아서 사람이 그 열병에 걸리면, 삶에서 얻는 위로가 이미 사라져 회복이 되지 않습니다. 이것에 사로잡혀서, 세상의 철천지원수에게서 당하는 것보다 훨씬 더 잔인한 일을 자기 자신에게 하고 있는 사람들이 얼마나 많습니까? 안타깝게도 그들은 최선의 수고를 다하고도 단번에 자기들을 죽일 수 있습니다. 그런데 이들은 자기들의 비참한 처지를 미리 예상하여 죽음에 대한 두려움이 그들의 비참한 마음을 압도할 때마다 계속 반복하여 자기 자신을 죽이니, 결국 수천 번도 더 자신을 죽이는 것입니다.

그러나 그리스도인이 이 장비를 —"평안의 복음"을— 착용하고 있으면, 그의 영혼이 죽음과 위험에 대처할 준비를 갖추게 됩니다. 하나님의 현재의 섭리가 허

용하는 잔치 자리에 하나님과 함께 앉아 있으므로, 그는 나쁜 소식을 전하는 사자
가 문을 두드릴 것에 대한 두려움이 전혀 없습니다. 그렇습니다. 그는 얼마든지 자
신의 죽음의 순간에 대해서 말할 수 있고, 또한 그런 말을 해도 지금 누리고 있는
즐거움이 망쳐지지 않습니다. 육신적인 사람은 그런 이야기를 하면 당장 기분이
상하고 말지만 말입니다. 그들에게는 진수성찬을 앞에 두고 죽는 이야기를 한다
는 것이 마치 훔친 물건들을 도둑들이 함께 나누며 한창 즐거워하고 있는데 갑자
기 경찰이 들이닥치는 것이나 혹은 하사엘이 물에 적셔 그의 왕의 얼굴을 덮어 죽
인 이불(왕하 8:15)과도 같아서, 그때까지 그들을 흥분하게 했던 모든 즐거움에 찬
물을 끼얹는 격이 되고, 무언가 방법을 써서 분위기를 다른 데로 돌리거나 하여 그
몸서리쳐지는 주제에서 벗어나기까지는 완전히 기분이 잡쳐지고 맙니다. 그리고
잠시 그 주제에서 벗어난다 하더라도 그저 당분간만 그럴 뿐입니다. 죽음이라는
주제로 인하여 그들에게 생긴 그런 침울한 분위기는 극복하겠지만, 그로 인하여
그들은 그런 마음의 공포에 더 깊이 매이게 되어, 언제든 그 동일한 망령이 나타나
면 더 깊은 공포에 빠지게 되는 것입니다. 그러나 반면에 마음의 준비를 갖추고 있
는 그리스도인은, 죽음과 영원에 대해 묵상하는 가운데 그것을 한 모금 들이마실
때만큼 이 세상의 삶의 감미로운 것들을 진하게 맛보고 누릴 때가 없는 것입니다.
이 세상의 삶이 사라지는 것에 대해 생각해도 마음에 전혀 슬픔이 없습니다. 그것
이 사라지면 그보다 더 감미로운 것들을 누리는 데에로 나아가는 것이니 말입니
다. 이는 마치 잔치에 참석한 사람이 첫 번째 코스의 음식들로 배불리 먹고 그것을
다 물린 후에 그보다 더 귀한 산해진미들이 두 번째 코스로 나오는 것과도 같습니
다. 거룩한 다윗은 이를테면 죽음을 염두에 두고서 그의 잔치에 임합니다(시 23:4,
5). 그는 자신이 죽는 것과(4절) 하나님께서 그의 앞에 베푸시는 풍성한 잔칫상을
(5절) 거의 동시에 말씀하는 것입니다. 다윗은 잔칫상을 받고 있으면서도 거기에
온통 매여 있지 않습니다. 오히려 이런 풍성한 호의를 베푸신 하나님께서 거기서
부터 떠나 정면으로 죽음을 바라보라고 하시면, 기꺼이 그렇게 할 수 있다는 마음
인 것입니다: "내가 사망의 음침한 골짜기로 다닐지라도 해를 두려워하지 않사옵
니다"(시 23:4).

   그러면 복된 사도 베드로에 대해서는 어떻게 생각합니까? 그는 과연 그의 삶을
진정 누리지 않았겠습니까? 그는 감옥에 갇혀 있었고 — 이는 결코 바람직한 장소
가 아닙니다 — 단단히 묶인 채 "두 군인" 사이에 있었으며 — 이는 결코 편안한

자세가 아니었습니다 ― 그것도 헤롯이 그를 잡아내려고 하는(아마 십중팔구 그를 사형시키기 위함이었을 것입니다!) 그 전날 밤이었는데, 그런 상황에서 그는 단잠을 잘 수 있었습니다. 이런 때는 그렇게 편안히 쉴 수 있는 때가 절대로 아니었습니다만, 그는 그런 처지에서도 그렇게 곤히 잠을 잤습니다. 그가 어찌나 곤히 잠자고 있었던지, 그를 감옥에서 구하기 위해 보내심 받은 천사가 그의 옆구리를 쳐서 깨우고서야 잠에서 깨어났습니다(행 12:6, 7). 헤롯이 그날 밤 과연 감옥에 갇힌 베드로만큼 그렇게 단잠을 잤는지 의문입니다. 그런데 이 거룩한 사람이 그렇게 평안히 쉬도록 만들어준 명약(名藥)은 과연 무엇이었습니까? 바로 이 "평안의 복음이 준비한 것"이었음이 분명합니다. 그는 죽을 준비가 되어 있었고, 바로 그것이 그로 하여금 평안히 잠잘 수 있게 해준 것입니다. 자기에게 무슨 일이 생기면 그것으로 인하여 저 세상에서 영원한 안식에 들어가게 될 것인데, 그 일 때문에 이 세상에서 안식을 빼앗겨야 할 이유가 무엇이겠습니까?

(2) 그리스도인이 하나님을 위해서나 하나님께로부터 고난당할 준비가 되어 있을수록 하나님께서는 더욱더 그를 보살피신다는 것입니다. 선한 장군이라면 자기의 목숨을 돌보지 않고 따르는 병사의 목숨을 가장 아끼고 보살피는 법입니다. 그리스도인이 하나님을 위하여 자기 자신과 자신의 이익을 덜 귀하게 여길수록, 하나님께서는 그를 더욱 세심하게 보살피시며, 그를 고난당하지 않도록 지키시거나 혹은 고난 중에 그를 지키십니다. "누구든지 나를 위하여 제 목숨을 잃으면 찾으리라"(마 16:25)라는 말씀에는 이 두 가지 복이 다 포함되어 있는 것입니다. 아브라함은 기꺼이 자기 아들을 드릴 준비가 되어 있었고, 그때에 하나님께서는 그가 아들을 드리도록 그냥 버려두시지 않았습니다. 그러나 만일 어느 때든 주께서 그리스도인이 드리는 제물을 받으시고, 그들의 영혼과 육체를 끊어내는 아픔을 허락하신다 할지라도, 그는 그들의 피를 귀중히 여기셔서 그들을 세심하게 돌보십니다. 그러므로 성도들의 피가 사람의 잔인함 때문에 헛되이 흘려지는 것이 아니라, 하나님께서 그 피를 세심하게 모아들이신 것입니다. "그의 경건한 자들의 죽음은 여호와께서 보시기에 귀중한 것이로다"(시 116:15).

이처럼 우리 자신을 버리고 하나님의 처리하심에 기꺼이 맡기면, 무슨 일이 우리에게 일어나든지 하나님께서 우리를 보살펴 주십니다. 그러므로 자기 자신을 보살피는 짐을 자기 어깨에서 취하여 하나님께 올려드리고 그에게 전적으로 맡기는 삶을 사는 사람들이 이 땅에서 편안하게 살 수밖에 없습니다. 가난한 과부는 선지자가 집을 지킬 때만큼 안락하고 편안한 삶을 산 적이 없었습니다. 그녀는 자기가 가진 약간의 양식을 선지자를 위해서 기꺼이 버렸고, 그런 그녀의 믿음에 대한 상급으로 — 그녀는 선지자의 말씀을 믿고 자기와 아들이 먹을 양식을 그 선지자에게 베풀었으므로, 그가 주께로부터 받아 전한 말씀이 과연 참이라는 것을 입증하기 위하여 — 그녀의 쓸 것이 이적적으로 공급 되었던 것입니다(왕상 17:12, 13). 오오 영혼이 이렇게 하나님의 발 아래 자신을 내놓을 때에 비로소 순전한 마음으로 이렇게 말할 수 있게 되는 것입니다: "주여, 내가 여기 있나이다. 내가 가진 모든 것, 나 자신을 기꺼이 드리오니 주의 뜻대로 처리하옵소서. 나를 향한 주의 뜻이 이루어질 그때에 나의 뜻이 이루어지리이다." 하나님께서는 반드시 그런 영혼에 대해 세심히 돌보실 책임을 깊이 지시는 것입니다.

[적용]

[고난당할 거룩한 복음적인 준비를 갖추고 있는가를 근거로 볼 때에 참된 그리스도인이 적음]

첫째 적용. 그리스도인이라면 이처럼 반드시 하나님이 부르시면 어떤 상황에서도 진군할 수 있도록 준비를 갖추고 신을 신고 있어야 합니까? 그저 손쉽고 값싼 신앙 고백을 기준으로 판단하면 언뜻 보기에 그리스도인처럼 보이는 자들이 많습니다만, 이것을 기준으로 하면 그 숫자가 크게 줄어들 것입니다. 교회의 집회에 처음 참석한 사람이 수많은 무리들이 교회당에 밀려들어와 말씀을 듣는 것을 보면, 목사들이 그리스도인들의 숫자를 그렇게 적게 보고 그들을 아주 작은 무리로 말하는 것을 들을 때에 처음에는 아주 의아하게 생각할 것입니다. 그러나 그들의 눈이 그들을 잘못 오도하고 있는 것이요, 나무들을 목재로 보는 것이요, 그들 앞에 서 있는 수많은 그리스도인들의 무리들을 참된 그리스도인으로 잘못 보는 것입니다. 바로 이런 점 때문에 제자 중의 한 사람은 아주 의아해하면서 그리스도께, "주여 구원을 받는 자가 적으니이까?"라고 묻습니다(눅 13:23). 이 질문의 배경을 살펴보시기 바랍니다. 그리스도께서는 "각 성 각 마을로 다니사 가르치시며 예루살렘으로 여행하시"는 중이셨습니다(22절). 그 제자는 그리스도께서 들어가시는 마을마다 자유로이 말씀을 전하시고 사람들이 그를 따르며 많은 이들이 크게 기뻐하는 것을 보았습니다(17절). 그 때에 그가 "주여 구원을 받는 자가 적으니이까?"라고 묻는

것입니다. 이는 구원을 받는 자가 적다는 것이 매우 의아스럽고 거의 믿기 어렵다
는 뜻입니다. 천국길에 그렇게 많은 사람들이 있고, 또한 구원의 수단을 그렇게 많
은 사람들이 구하고 있는데, 결국 구원을 받는 자가 적다니요! 어떻게 그럴 수 있
습니까? 자 이때에 우리 주님께서 이 미스터리를 풀어주십니다. "그들에게 이르시
되(그 사람이 자기 혼자 거리낌이 있어서 그렇게 질문한 것만은 아닌 듯합니다)
좁은 문으로 들어가기를 힘쓰라 내가 너희에게 이르노니 들어가기를 구하여도 못
하는 자가 많으리라"(24절). 그리스도의 이 말씀에는 이런 뜻이 담겨 있습니다:
"너희는 잘못된 규범으로 판단하고 있도다. 사람이 하는 고백이 효과가 있고, 또한
설교 말씀을 들으며 무언가 기쁨을 얻는 모습을 보이는 것으로 구원을 얻기에 족
하다면, 천국이 금방 사람들로 가득 차게 될 것이니라. 그러나, 너희가 너희 영혼
을 사랑하니, 이렇게 너무 헐거운 체로 쳐서 너희 자신을 시험하려 하지 말고 '들
어가기를 힘쓰라.'" 즉, "싸우고 씨름하라, 천국에 이르지 못하게 되기보다는 차라
리 그 일에 목숨과 팔다리를 걸고 힘쓰라"라는 뜻입니다. "들어가기를 구하여도
못하는 자가 많으리라"라는 말씀은, 곧 손쉬운 신앙 고백과, 혹은 말씀을 듣는 일
이나 임무들을 행하는 따위의 값싼 종교 행위 같은 것으로 천국에 들어가기를 구
하는 자들을 일컫는 것입니다. 이런 식으로 따지면 천국 문 주위에 와서 서성이는
자들이 많습니다. 이들은 무리들 중에 섞여서 자기들의 교만이 꺾이지 않고 지금
자기들이 지닌 육신적인 관심사들을 건드리지만 않는다면 기꺼이 그리로 들어가
기를 원합니다. 그러나 이들은 그리로 들어가 "못하는 자"들입니다. 결국 천국
에 들어가지 못하게 된다는 뜻입니다. 그들의 비겁한 육신적인 마음 때문에 도무
지 그 일에 힘쓸 수가 없기 때문입니다. 그러므로 천국에 들어가기를 구하는 자를
기준으로 보면 그리스도의 말씀대로 그런 자가 많습니다. 그러나 힘쓰는 자, 곧 천
국으로 가는 도중에 시련을 당하여 심지어 피를 흘리는 일이 있더라도 끝까지 힘
쓰겠다는 거룩한 결단으로 신을 신고 준비를 하고 있는 자를 기준으로 보면, 그리
스도인 군사의 숫자는 줄어들 것이고, 마치 기드온의 군대처럼 "적은 무리"에 지
나지 않을 것입니다. 오오 여러분, 넓은 의미로 그리스도인에 해당되는 것처럼 보
이는 여러 부류들의 사람들 — 발에 복음의 신을 신고 있지 않기 때문에 날카로운
돌을 만나면 반드시 넘어지고 실족하게 되는 그런 사람들 — 을 실례로 들기가 얼
마나 쉬운지 모릅니다.

첫째 부류. 무지한 그리스도인. 이런 사람이 그리스도와 그의 복음을 위한 고난에

대해 무슨 일을 하려 하겠습니까? 그런데 수많은 회중 가운데서 이런 자들이 적지 않습니다. 진리의 빛을 제대로 받지 못하여 그리스도가 누구시며 그가 자기들을 위해 무슨 일을 행하셨는지에 대해 잘 알지도 못하는 자들에게, 과연 걸음마다 피를 흘려야 하는 그 길을 따라 그리스도를 좇아 기쁨으로 행진할 만큼 뜨거운 사랑이 있겠습니까? 나발은 다윗의 종들에게 합리적인 답변을 주었다고 생각했습니다. 다윗이 곤경 중에 종들을 보내어 도움을 청하자 그는 이렇게 답했습니다: "내가 어찌 내 떡과 물과 내 양 털 깎는 자를 위하여 잡은 고기를 가져다가 어디서 왔는지도 알지 못하는 자들에게 주겠느냐?"(삼상 25:11). 그는 제대로 면식도 없는데 그렇게 도와주는 것은 지나치다고 생각한 것입니다. 그런데 무지한 사람이 과연 기꺼이 항아리에서 떡과 고기를 꺼내어 — 자기에게 있는 작은 재물로 — 베풀어 주겠으며, 더 나아가서 그가 제대로 알지도 못하는 그리스도의 명령으로 고난까지 당하라고 한다면, 과연 자기 몸의 살을 기꺼이 내주겠습니까? 바울은 자기가 고난당하되 부끄러워하지 않는 이유를 이렇게 제시합니다: 이는 "내가 믿는 자를 내가 알기" 때문이라(딤후 1:12). 사마리아 사람들에 대해 이런 이야기가 있습니다. 이들은 그 혈통에서나 신앙에서나 모두 잡종들이라서, 하나님의 백성인 이스라엘 사람들이 번창하면 자기들이 그들과 한 혈통이며 유대인이라고 주장하다가도, 하나님의 교회가 외형적으로 환난 중에 있으면, 다시 그런 주장을 뒤집으려 했다는 것입니다. 그리스도께서는 그들이 "알지 못하는 것을 예배하는" 자들이라고 말씀하시는데(요 4:22), 이 점을 생각하면 그들 속에 이런 비열한 비겁함이 있는 것이 별로 이상스럽지 않습니다. 눈먼 사람이 손으로 붙잡는 것만큼도 신앙을 제대로 붙잡지 못하는 자들의 신앙은 헐거울 수밖에 없는 것입니다.

둘째 부류. 육신적인 복음청취자들(carnal gospellers). 이들은 그리스도를 공공연히 고백하지만, 정욕을 그대로 소유하고 있는 자들입니다. 이들은 오로지 세례 받은 것과 세례를 통해서 얻은 그리스도인이라는 이름 이외에는 스스로 그리스도인임을 입증할 것이 아무것도 없는 세대입니다. 이런 자들은 만일 터키인들과 이교도들 중에 살게 되면, 언어나 행실로는 절대로 자기들이 그리스도인이라는 것을 드러내지 않습니다. 그런데 이들을 그리스도와 그의 복음을 위해서 기꺼이 고난당할 준비를 갖춘 사람들로 여긴다는 것이 과연 이성적으로 합당하겠습니까? 아닙니다. 그리스도의 멍에를 지지 않는 자들은 그의 짐은 더더욱 지지를 않을 것입니다. 그들에게 임무를 담당시키는 명령의 멍에를 괴로운 것으로 여긴다면, 십자가의 짐은 더더욱 지기 불가능한 것으로 여길 것입니다. 그리스도를 위해 (임무를) 행하려 하지 않는 자는 그리스도를 위해 죽으려 하지도 않는 법입니다. 주인을 위해 땀 흘려 섬기려 하지 않는 종은 십중팔구 주인을 위해 피를 흘리기까지 싸우려 하지도 않는 것입니다.

셋째 부류. 교활한 공언자(politic professor). 이들의 신조 중 가장 근본적인 조항은 자기를 구원시키되, 죄에서부터가 아니라, 위험으로부터 구원시키는 것입니다. 그러므로 그는 성경보다도 시대의 조류를 더 많이 연구합니다. 그리하여 바람이 어느 쪽에서 부는지를 보고 있다가 그것에 맞추어 자기의 삶의 방향을 이끌어가고 자신의 말을 바꿉니다. 그러므로 이들은 마치 고슴도치의 집처럼 따뜻한 쪽으로 항상 문을 여는 것입니다!

넷째 부류. 탐욕적인 공언자(covetous professor). 이들은 마음과 머리에 온통 세상적인 계획들로 가득 차 있어서 그리스도를 위해 고난당하는 일을 달가워하지 않을 수밖에 없고, 따라서 그런 정서와는 전혀 거리가 멉니다. 애굽 사람들이 이스라엘 사람들에 대해 무어라 말했는지 아시지요? 곧, "그들이 그 땅에서 멀리 떠나 광야에 갇힌 바 되었다"고 했습니다(출 14:3). 이런 유의 공언자들에게는 이 말이 훨씬 더 들어맞습니다. 그들은 세상 속에 갇힌 바 되었고, 이 광야가 그들을 가둔 것입니다. 덫에 발이 빠져 있는 사람도, 그리스도를 따르는 것이 자기들의 세상적인 관심사에 맞게 보이면 그리스도를 따르는 것과 똑같이 걷고 달려갑니다. 우리 주님은 예루살렘에 임할 비극에 대해 말씀하시면서, "그 날에는 아이 밴 자들과 젖 먹이는 자들에게 화가 있으리로다"라고 말씀하십니다(마 24:19). 곧, 그런 자들이 위험에서 도피하기가 더 어렵기 때문입니다. 그러나 복음이 시련과 박해를 당하는 날에 세상과 함께 짝하거나, 세상 사람들에게 탐욕스럽고 무절제한 애착으로 세상의 것들을 빨아들이는 자들에게는 이보다 더한 화가 있을 것입니다. 이들은 그런 시련과 박해들이 가져다주는 유혹을 피하기가 어려울 것입니다. 그런 때에는 그리스도와 세상의 재물을 함께 지킨다는 것이 불가능합니다. 그런데 세상으로 향해 있는 마음이 그리스도와 함께하기 위하여 세상과 결별한다는 것도 그만큼 불가능한 것입니다.

다섯째 부류. 교만으로 부풀어 있는 공언자(conceited professor). 이들은 자기 자신을 높고 고상한 존재로 여기며 또한 겸손하고 거룩한 질투로 자기를 두려워하기는커녕 오히려 자신감으로 가득 차 있습니다. 자기는 신도 신고 있고 준비도 되어 있다고 생각하지만, 그러나 올바른 복음의 신을 신은 것이 아닙니다. 이런 자는 "힘으로는 이길 사람이 없"습니다(삼상 2:9). 메리 여왕 시절에는 자기가 그리스도를 위하여 살을 떼어줄 것처럼 여기고서, 자기는 교황주의에 빠지느니 차라리 자기의 지방질이 ― 몸이 비만하여 지방질이 많았습니다 ― 불 속에 녹는 것을 보고 싶다고 공공연히 말하던 사람이, 그 후에는 오히려 자신의 그런 결단이 녹아져서 스스로 자기의 지방질을 지키기 위해 자기 믿음을 버리고 마는 비겁함을 보인 것입니다. 갑옷을 입었을 때에 자기들의 용맹을 자랑하는 자들은 반드시 부끄러움으로 그 갑옷을 벗게 될 것입니다. 사람의 마음이 만물보다 거짓되다고 말씀합니다만(렘 17:9), 스스로 형의 축복을 가로챈 야곱이 바로 그러했습니다. 자기 발의 길이도 제대로 모르는 사람이 어떻게 그 발에 맞는 신을 맞추어 신을 수 있겠습니까?

[준비의 신을 신으라는 권면]

둘째 적용. 그리스도의 이름을 지니고 있는 여러분 모두에게 권면합니다. 이 준비의 신을 신으시고 또한 계속 신고 있으십시오. 그리하여 혹 고난의 처지에 들어가게 되더라도 언제든지 하나님의 섭리의 부르심을 따를 준비를 갖추기 바랍니다. 이와 관련해서 두 가지 동기만 말씀드리겠습니다.

첫째 동기. 그리스도인 여러분 생각해 보십시오. 여러분도 모르는 사이에 갑자기 고난의 일이 일어날 수도 있으니, 그러므로 신을 신고 준비를 갖추고 있어야 합니다. 때로는 병사들에게 갑작스럽게 행군 명령이 떨어지기도 합니다. 한 시간도 채 여유가 없이, 갑자기 북소리가 나면서 모든 병사들이 즉시 행군을 해야만 하는 것입니다. 그리스도인도 마찬가지입니다. 자기도 모르는 사이에 갑자기 하나님을 위하여 고난당하거나 혹은 하나님께로부터 오는 고난을 맞도록 싸움터로 부르심을 받을 수도 있습니다. 아브라함도 아들 이삭을 제물로 바치는 일에 대해 마음을 납득시켜서 하나님의 뜻을 따르도록 정리할 시간이 별로 주어지지 않았습니다. 큰 시험이었으나, 그에 대한 경고는 짧았습니다. "지금 네 아들 네 사랑하는 독자 이삭을 데리고 모리아 땅으로 가라"(창 22:2. 한글개역개정판에는 "지금"이 없음 ― 역주). 일 년 후도, 한 달 후도, 한 주간 후도 아니고, 지금 당장 떠나라는 것입니다. 밤에 이 명령이 떨어졌고, 아브라함은 그 이튿날 아침 일찍 길을 떠났습니다(3절). 만일 그 마음의 동의를 받아야 했다면, 그는 과연 이 이상스런 소식에 어떻게 처신했을까요? 그러나 그것은 지금 할 일이 아니었습니다. 아브라함의 마음이 이미 하나님께 가 있었으므로 그는 하나님의 명령에 논란을 벌이지 않고 즉시 순종한 것입니다. 그리스도인 여러분, 하나님께서 여러분의 개인사에 갑작스러운 변화를 주실 수도 있습니다. 힘이 정정하고 건강한 여러분에게 만일 죽음의 메시지가 임한다면 과연 어떻게 견딜 수 있겠습니까? 여러분이 아직 기나긴 병마로 인하여 어느 정도 죽음을 예감하는 처지에 있지도 않은데도, 만일 하나님께서 그 옛날 모세에게 그러셨듯이 여러분에게 더 이상 있지 말고 "올라가 죽으라"고 말씀하신다면, 과연 여러분은 어떻게 하겠습니까? 그 여정을 떠나기 위하여 신을 신고 있습니까? 그럴 때에 과연, "주의 말씀이 선하나이다"라고 말할 수 있겠습니까? 어느 날 갑자기 여러분이 존귀의 자리에서 치욕의 자리로 떨어지고, 비단과 벨벳 의복이 벗겨지고 더러운 누더기를 입고서 거지 짓을 하도록 부르심을 받는다면 어떻겠습니까? 여러분이 그렇게 비천하게 된 것을 즐거워하며 지극히 높으신 하나님을 마음으로 찬송할 수 있겠습니까? 만일 그렇다면, 여러분의 영혼은 그야말로 복음의 신을 신고 있다고 말할 수 있을 것입니다.

또한, 하나님께서는 여러분이 사는 시대의 사회적인 기류를 변화시키셔서 복음과 신앙 고백에 대한 사회의 반응이 갑자기 달라지게 하실 수도 있습니다. 지금은 권세자들이 하나님의 교회에 대해 미소를 보내지만, 조금만 지나면 이내 이맛살을 찌푸리고 그리하여 박해의 폭풍이 일어날 수도 있습니다. "온 유대와 갈릴리와 사마리아 교회가 평안하"였다고 말씀합니다(행 9:31). 이는 정말 복된 시절이었습니다. 그런데 이런 상태가 얼마나 오래 갔습니까? 안타깝게도, 그리 오래 가지 못했습니다(행 12장을 보십시오). 피비린내 나는 박해의 안타까운 소식이 첫 절에서 전해지고 있습니다. "그 때에 헤롯왕이 손을 들어 교회 중에서 몇 사람을 해하려 하여"(1절). 이 박해 중에 요한의 형제 야고보가 헤롯의 무자비한 칼에 목숨을 잃었습니다. 그리고 베드로도 역시 감옥에 갇혀 똑같은 일을 당할 처지에 있게 되었습니다. 이에 온 교회는 위기에 몰려 밤에 모여 기도하였습니다(12절). 오오, 이 얼마나 안타까운 변화입니까! 지금은 사방이 평안하지만, 순식간에 피로 물들어 있으니 말입니다. 대륙보다는 섬에서 날씨 변화가 더 심하고 불확실하다고 합니다. 여기 대륙에서는 오랜 시간 동안 전체적으로 날씨가 어떨지를 알 수 있습니다. 하지만 섬에서는 밤이 되기 전에 날씨가 어떻게 변할지를 당일 아침에도 예측할 수가 없습니다. 하루 동안에 여름과 겨울을 모두 만나는 때가 허다합니다. 이 모든 것이 바로 가까이에서 주위를 둘러싸고 있는 바다 때문입니다. 이렇게 말할 수 있을지 모르겠지만, 천국에 있는 성도들은 대륙에서 사는 것이라 할 수 있을 것입니다. 시종일관 복된 평화와 안식을 누리니 말입니다. 지금 누리고 있는 평안과 복락이 어떠하며 또한 영원토록 누리게 될 평안과 복락이 어떠할지를 알 수 있습니다. 그러나 여기 이 땅에서는 하나님의 교회가 마치 바다에 떠 있는 섬과도 같아서 세상에 — 즉, 세상 사람들에게 — 둘러싸여 있습니다. 그리고 이 세상 사람들이 때로는 뜨겁게, 때로는 차갑게 가격합니다. 하나님께서 그들의 분노를 묶어 두거나 풀어 주거나 하시는 것에 따라서, 때로는 고요하고 평화롭다가도 때로는 격노하여 무자비하게 일어납니다. 그리스도인 여러분, 그러니 항상 준비를 갖추고 있는 것이 마땅하지 않겠습니까? 지금은 순풍이 불지만 언제 바람이 바뀌어 역풍이 불지 알 수가 없고, 지금은 복음이 환영을 받고 여러분의 신앙 고백이 한껏 격려를 받지만 갑자기 전면적인 공격이 가해지고 전에 환영하던 것 이상으로 복음을 반대하고 대적하는 일이 얼마든지 일어날 수 있으니 말입니다.

둘째 동기. 생각해 보십시오. 여러분이 이 땅에서 발에 신을 신어서 그리스도를 위해 고난당할 준비를 갖추지 못하면, 천국에서 면류관을 받을 수가 없습니다. "자녀이면 또한 상속자 곧 하나님의 상속자요 그리스도와 함께 한 상속자"라고 말씀합니다 (롬 8:17). 그런데 그 다음에 이어지는 말씀을 주목하기 바랍니다: "우리가 그와 함께 영광을 받기 위하여 고난도 함께 받아야 할 것이니라." 사실 모든 성도가 다 화형대에서 순교자로 죽지는 않습니다. 그러나 성도라면 모름지기 순교의 정신이 있어야 합니다. 곧, 고난당할 준비를 갖춘 마음이 있어야 한다는 것입니다. 하나님께서는 절대로 이삭이 희생당하는 일을 의도하지 않으셨습니다. 그러나 그는 아브라함의 손에 칼을 들려서 그의 목을 겨냥하게 하시는 것입니다. 이처럼 하나님께서는 우리 목을 형틀에 내놓도록 하시며, 바울이 자기 자신에 대해 말씀한 것처럼 "심령에 매여" 있게 하십니다. 곧, 순전한 마음의 목적을 갖고 우리 자신을 하나님의 기뻐하시는 뜻에 내드리게 하시는 것인데, 이것이 바로 "몸을 하나님이 기뻐하시는 거룩한 산 제물로 드리"는 것입니다(롬 12:1). 곧, 유대인이 짐승을 산채로 하나님 앞에 데려다가 하나님께서 명하신 대로 행하도록 자유로이 드리듯이, 우리도 하나님이 명하시는 대로 처리되도록 우리 몸을 하나님 앞에 드리고 능동적으로나 수동적으로 거기에 순종하여야 한다는 것입니다. 그리스도를 위해 고난받기를 거부하는 자는 그리스도와 함께 다스리는 것도 거부하는 것입니다. 유대인들 사이에서 신을 벗는 것은 유산에 대한 권리를 포기한다는 하나의 표시였습니다(신 25:9, 10). 그리하여 엘리멜렉의 혈족은 자기에게 해당될 수 있는 재산에 대한 모든 권리를 포기한다는 표시로 신을 벗었습니다(룻 4:7, 8). 오오 그리스도인 여러분, 여러분이 신고 있는 복음의 신을 벗지 않도록 삼가 조심하시기 바랍니다! 그 신을 벗으면 그것으로 천국의 기업에 대한 여러분의 권리를 포기하게 되는 것입니다. 누구든지 그리스도를 위해 고난 받지 않는 자에게는 천국에서 받을 몫이 없습니다. 복음을 위하여 성도들이 받는 박해들을 사도 바울은 그들의 구원에 대한 증거로, 또한 그들이 하나님의 것이라는 확실한 증거로 간주합니다(빌 1:28). 그렇다면 반대로 그리스도를 부인하고 고난을 회피하는 것은 안타깝게도 멸망의 증거인 것입니다. 오오 여러분, 천국의 기업이 과연 이 땅에서 그것을 위해 약간의 환난을 견딜 만큼의 가치도 없단 말입니까? 나봇의 포도원은 전혀 중대한 문제가 아니었습니다. 그러나 그는 그것을 값을 받고 팔고 다른 곳의 더 좋은 포도원과 바꾸기를 원치 않았고, 목숨을 걸고 그것을 지키려 하다가 결국 막강한 왕에게 화를 불러일으켰습니다. 그리스도인 여러분, 나봇은 그저 한두 마지기 정도의 보잘것없는 가산(家産)을 위해서도 그처럼 큰 희생을 ― 곧 이 땅의 목숨을 ― 지불했는데, 여러분은 천국의 기업을 위해서 그런 희생을 감수할 수가 없습니까? 천국에 있는 여러분의 낙원은 이 땅의 나봇의 포도원과는 결코 비교할 수 없는 무한한 가치가 있습니다. 나봇과 마찬가지로 그리스도를 위하여 고난당할 때에 여러분에게 이런 유익이 있습니다. 나봇은 목숨도 잃었고 그가 그렇게 지키고자 애썼던 자기의 기업도 잃었습니다. 그러나 여러분을 박해하는 원수들은 여러분의 목숨을 빼앗음으로써 자기들의 의도와는 달리 여러분에게 호의를 베풀게 됩니다. 왜냐하면 결국 그들의 도움을 받아 여러분이 여러분의 기업을 소유하는 자리에 들어가게 될 것이기 때문입니다.

[이 영적인 신을 신도록 돕기 위한 지침]

　　그리스도인 여러분, 제가 여러분에게서 기대하는 큰 질문이 있습니다만, 그것은 복음에 항상 수반되는 이 환난과 시련을 어떻게 하면 피할 수 있을까 하는 것이 아니라, 어떻게 하면 이 신을 신을 수 있으며, 행군할 준비를 마음에 갖추고 있고 또한 어떤 처지가 되든지 혹은 얼마나 오래 가든지 상관없이 즐겁게 전진할 자세를 갖출 수 있을까 하는 것입니다. 비겁한 자는 자기의 갑주를 내던져 버리고 도망하기를 궁리하지만, 그리스도인 군사에게는 입고 싸울 수 있도록 갑주를 달라고 구하는 것이 지극히 어울리는 것입니다. 그러므로 여기서 다음 몇 가지로 최선의 권면을 드리고자 합니다.

첫째 지침. 여러분이 능동적으로 순종하는 근거를 조심스럽게 살펴서 그것을 건전하고 순전하게 하십시오. 순전한 영혼이 그리스도를 위하여 행하는 데에 적용되는 것과 동일한 올바른 원리들이, 하나님께서 고난의 임무를 위하여 부르실 때에 그리스도를 위하여 고난당하는 데에도 그대로 적용됩니다. "에브라임 자손은 무기를 갖추며 활을 가졌으나 전쟁의 날에 물러갔도다"(시 78:9). 왜 그랬습니까? 그렇게 훌륭하게 무기를 갖추었는데도 그렇게 비겁하게 물러갔다니, 대체 문제가 무엇입니까? 정말 이상하게 보입니다. 그러나 본문을 읽어 보면 곧바로 궁금증이 사라질 것입니다. 그들을 가리켜 "마음이 정직하지 못하며 그 심령이 하나님께 충성하지 아니하는 세대"라고 합니다. 무기를 아무리 잘 갖추었더라도, 그렇습니다, 반석 위에 서 있고 그 벽 또한 튼튼하게 방비되어 있는 그런 성에 병사들이 있더라도, 그들의 마음이 임금을 향하여 올바로 되어 있지 못하면, 조금만 바람이 불어도 벽에서 물러설 것이요, 조금만 겁주어도 성문을 열어 버릴 것입니다. 왜냐하면 그 마음을 든든히 붙잡아주는 순전함이라는 나사못이 그들에게 없기 때문입니다. 최근의 전쟁들에서도 보았듯이, 마음이 정직한 사람들은 방비가 허술한 성도 잘 지켜내지만, 신뢰를 저버리는 반역자들은 아무리 든든한 벽도 막아주지 못하는 것입니다. 오오 여러분, 하나님과 그의 복음을 위하여 싸울 때에 먼저 신실함을 지니기를 힘쓰기 바랍니다! 여러분이 누구를 위하여 기도하며, 말씀을 들으며 이런저런 행위들을 개혁하는지를 여러분 자신의 영혼에게 자주 물어보시기를 바랍니다. 여기서 여러분의 영혼에게서 만족스런 답을 얻지 못하더라도 소망은 가질 수 있을 것입니다. 믿음의 역사하는 손이 순전하면, 믿음의 싸우는 손이 용맹할 것입니다. 성경은 믿음의 사람들의 행적에 대해, "그들은 믿음으로 나라들을 이기기도 하며 의를 행하기도 하며 약속을 받기도 하며 사자들의 입을 막기도 하며"(히 11:33)라고 말씀하며, 또한 그들이 믿음으로 말미암아 감당한 다른 큰 일들도 언급하고 있습니다(34-36절). 여기서 주목하기 바랍니다. 믿음의 능력이 그리스도인으로 하여금 "의를 행하게" 해준다는 것 — 즉, 거룩하고도 의롭게 살게 해준다는 것 — 이 그들이 그 믿음의 능력으로 견디는 그 엄청난 고난들을 통해 입증된다는 사실입니다. 믿음이 이를 행하지 않았다면, 절대로 이런 고난들을 견뎌내지 못했을 것입니다.

　둘째 지침. 고난당하고자 하는 심령을 얻기 위해 기도하십시오. 이것은 육신적인 복음청취자와 그저 가볍게 신앙을 공언하는 자들에게서도 나타나는 그런 일상적인 은사가 아닙니다. 예, 그렇습니다. 이것은 몇몇 순전한 영혼들에게 베풀어지는 고유한 은사입니다. "그리스도를 위하여 너희에게 은혜를 주신 것은 다만 그를 믿을 뿐 아니라 또한 그를 위하여 고난도 받게 하려 하심이라"(빌 1:29). 사람이 지닌 모든 부분과 일상적인 은사들로는 결코 그리스도를 위한 이 고난의 잔을 깊이 마실 수가 없습니다. 사람의 마음은 교만하여, 이런 것이 아닌 다른 식으로 고난 받기를 바랍니다. 그리스도로부터나 그리스도를 위하여가 아니라 자기 자신에게서나 자기 자신을 위하여 고난 받기를 바라는 것입니다. 어린아이들이 자기가 좋아하는 놀이를 하면서 모든 어려움을 참으며, 넘어지고 부딪치고 해도 별로 대수롭지 않게 여기고 절대로 그것 때문에 울지 않는 것을 보면, 때때로 의아한 생각이 들지만, 이는 자기가 좋아하는 일을 하고 있기 때문입니다. 하지만 아버지가 회초리를 때리면, 그 아픔이 장난하다가 넘어질 때의 절반 정도밖에 안 되도, 이리저리 뛰며 소리를 지르고 울음을 그치지 않습니다. 이처럼 사람들이 자기 스스로 어려움을 초래하고, 스스로를 원망하면서 자기를 깨무는 일이 얼마든지 있습니다. 이들은 카드와 주사위 노름으로 재물을 탕진하기도 하고, 창녀에게 빠져 건강을 잃기도 하고, 술에 취하여 몇 년 동안을 짐승처럼 살기도 합니다만, 모두가 그런 상황을 꾹 참고 견딥니다. 그렇습니다. 돈과 건강이 다시 생기면, 그들은 또다시 똑같이 행하고 말 것입니다. 그들에게 큰 희생을 초래한 자기들의 정욕에 대해서 회개하지 않고, 오히려 그 정욕에게 더 많은 것을 줄 수 없다는 것을 탄식합니다. 그들이 가진 모든 것을, 마지막 빵조각과 심장의 피 한 방울까지도 전부 다 그 정욕에게 내줄 것입니다. 그렇습니다. 지옥의 영원한 불도 두렵지 않습니다. 자기들의 죄를 위해 순교까지도 할 각오인 것입니다. 그러나 이처럼 정욕을 만족시키기 위해 돈과 육체와 영혼과 전부를 아낌없이 쓰는 이들에게 그리스도와 그의 진리의 대의를 위하여 잠시 동안만 그들의 재산이나 생명을 내놓을 것을 요청하면, 기꺼이 그렇게 할 자가 별로 없습니다. 그러므로 그리스도의 대의를 위하여 고난당하고자 하는 심령을 지니기 위하여 기도하고 또 기도하십시오. 그렇습니다. 성도들 스스로가 이를 위하여 하나님께 간절히 구하는 것이 필요합니다. 안타깝게도, 성도들이라 할지라도 고난당하는 일이 그렇게 손쉽게 따라가지는 것이 아닙니다. 육체는 그 응석을 받아 주는 것을 좋아하지, 자신이 십자가에 못 박히는 것을 좋아하는 것이 아닙니다. 수많은 탄식을 거치고난 후에야 비로소 그리스도인이 이 고난의 일을 좋아하기를 배울 수 있는 것입니다. 그런데 여기서 기도가 큰 도움을 줄 것입니다. 하나님과 씨름하는 자는 죽음과 위험의 얼굴을 두려워할 이유가 없습니다. 기도는 하나님의 힘과 지혜로 하여금 우리를 돕도록 만드는 것입니다. 하나님이 등 뒤에 계셔서 도우시는데, 과연 행하지 못할 일이 어디 있으며 당하지 못할 고난이 어디 있겠습니까? 성경은, "너희가 여러 가지 시험을 만나거든 온전히 기쁘게 여기라"고 명령하고 있습니다만(약 1:2), 이는 죄를 지을 유혹이 아니라 의를 위한 시험을 뜻합니다. 그리스도와 그의 복음을 위하여 고난당하는 것을 뜻하는 것입니다. 그런데 불쌍한 그리스도인이 이렇게 말할 수도 있을 것입니다. 곧, 이런 시험에 빠지지 않고 이길 수 있다면 더욱더 크게 기쁘게 여길 일일 것이라고 말입니다. 시험이 올 때에 그 시험을 이길 은혜가 없다면 이는 결코 기쁘게 여길 일이 아닐 것입니다. 예, 과연 그럴 것입니다. 하지만, 그리스도인 여러분, 안심하십시오. 여러분을 이 시험 속으로 이끄시는 그분께서 여러분을 도우사 그 시험을 통과하게 하실 준비를 갖추고 계시니 말입니다. 그러므로 5절에 은혜롭게도 누구든지 — 가 제시되어 있는 것입니다. "너희 중에 누구든지" — 곧, 주로 "고난당하는 너희"를 뜻합니다 — "지혜가 부족하거든 모든 사람에게 후히 주시고 꾸짖지 아니하시는 하나님께 구하라 그리하면 주시리라"(5절). 이것은 우리의 믿음을 크게 긴장시키지 않고서도 믿을 수 있는 것이라고 봅니다. 종이 주인에 대한 사랑으로 그 명령에 복종하여 기꺼운 마음으로 어렵고 위험한 일을 하는 중에 겸손히 조언을 구할 때에 그런 종을 마구 야단치고 책망할 만큼 그렇게 무정한 주인은 많지 않습니다. 그렇다면 여러분의 하나님께 그런 대접을 받게 될까 염려할 필요가 어디 있겠습니까? 하나님의 명령에 모든 것을 감수하고 고난의 바다에 뛰어들 만큼 그런 믿음과 사랑이 여러분에게 있다면, 그가 반드시 긍휼로 여러분을 지키사 그 바다에 빠져 죽지 않게 하실 것입니다. 혹 바다에 빠져 간다는 느낌이 들면, 베드로가 주께 구한 것처럼 "주여 나를 구하소서"라고 간절히 외치면 됩니다. 여러분이 물 속에 잠겨 있더라도 기도가 여러분을 다시 물 위로 떠오르게 해줄 것입니다. "기도를 배우고자 하는 자는 바다로 나아가라"라는 격언이 있습니다만, 제 생각에는 "바다로 가려는 자는 — 곧, 고난의 바다를 뜻합니다만 — 바다에 이르기 전에 기도하기를 배우라"는 것이 더 낫다 싶습니다. 고난의 일이 다가오기 전에 먼저 여러분이 기도의 사람이 되어 있지 않으면, 귀한 무기를 갖고도 거의 고난을 감당할 수가 없을 것입니다.

셋째 지침. 고난당하는 상태에 대해 많이 묵상하십시오. 배운 것을 암기해 보라고 선생이 요구하기 전에 미리 스스로 열심히 암기해 두는 사람이 가장 공부를 잘하는 학생입니다. 마치 짐꾼들이 짐을 등에 지기 전에 그 짐을 계속해서 들었다 놓았다 하기를 반복하는 것처럼, 여러분에게 닥칠 환난들에 대해서도 그렇게 하십시오. 그리스도와 그의 진리를 위하여 여러분이 당하게 될 수 있는 곤경들을 묵상을 통해서 자주 들어올리기 바랍니다. 한편으로 빈곤, 감옥, 유배, 불, 화형대 등을 여러분 앞에 세워 두고, 다른 편에는 그리스도의 고귀한 진리들을 두고, 그 옆에 그런 시련의 때에 인내의 말씀을 굳게 붙드는 자에게 주시는 아름다운 약속들을 세워 두십시오. 여러분들에게 지금 그것들이 닥쳐 있고 또한 여러분이 그 중 어느 한 쪽을 택해야 하는 처지라고 가정하시고, 여러분의 양심이 과연 분명하게 결정을 내릴 때까지 그 문제를 진지하게 따져 보십시오. 그리고 이런 일을 자주 하십시오. 그리하여 막상 일이 닥칠 때에 여러분이 스스로를 측은하게 여기게 하기 위해서 혈과 육이 사용하게 될 논지들이 한 번도 다루어보지 못한 전혀 생소한 것으로 다가오지 않게 하고, 또한 여러분이 믿음으로 목숨을 걸어야 할 때에 말씀이 제시하는 격려와 강력한 위로들이 여러분의 생각 속에서 이상하게 보이고 또한 의심스러워 보이지 않도록 하십시오. 아우구스티누스는 "평화로울 때에 요새를 미리 찾아서 알아두지 않으면 막상 곤경에 처할 때에 가서는 쉽게 찾아지지 않는다"라고 말했는데, 이는 지극히 옳은 말이라 할 것입니다. 하나님의 약속들이야말로 그런 때에 우리가 들어갈 요새와 성채(城砦)입니다. 평화로울 때에 그것들의 위치를 잘 익혀두지 않으면 곤경에 처할 때에 그 곳으로 쉽게 찾아들어갈 수가 없을 것입니다. 캄캄한 밤중에 재난을 피하여 갑자기 낯선 집으로 도피하려 하면, 문빗장을 여는 법을 몰라서 문 주위에서 발을 동동 구르며 서 있을 수밖에 없고, 문을 열기도 전에 원수에게 발각되어 죽임을 당하기 십상입니다. 그러나 그 집에 살고 있거나 그 집을 잘 아는 사람은 어렵지 않게 문을 열고 들어가 몸을 숨기는 법입니다. 하나님은 이렇게 말씀하십니다: "내 백성아 갈지어다. 네 밀실에 들어가서 네 문을 닫고 분노가 지나기까지 잠깐 숨을지어다"(사 26:20). 그는 밤과 고난의 때가 오기 전에 그들이 거처할 곳을, 곧 그 자신의 속성들과 약속들을 그들에게 미리 보여주셔서, 캄캄한 밤중에도 그리로 향하는 길을 곧바로 찾을 수 있게 하시는 것입니다.

넷째 지침. 날마다 여러분 자신을 하나님의 뜻에 내드리십시오. 사실 이것이야말로 이를테면 밤의 자물쇠요 아침의 열쇠가 되어야 합니다. 하나님의 손에 우리 자신을 맡겨드리는 것으로 눈을 뜨고 감아야 하는 것입니다. 이것을 날마다 행하되, 형식적으로 해서는 안 되고 — 별로 주의를 기울이지 않고 자주 반복하여 임무를 행하면 그럴 소지가 다분합니다 — 엄숙한 마음으로 해야 합니다. 그래야 자기 앞에 어떠한 시련이 닥치더라도 마음을 기꺼이 내놓고 그것을 환영할 수가 있을 것입니다. 고난당하기를 꺼려하는 마음의 자세는 상당 부분 불신에서 비롯됩니다. 믿지 못하는 심령이 약속을 의지하는 모습은 마치 얼음 위를 걸어가는 사람과도 같아서, 처음 걸어갈 때부터 혹시 그것이 깨어지지 않을까 하여 온갖 걱정과 어지러운 생각이 가득합니다. 그런데 이처럼 날마다 여러분의 마음을 내놓게 되면, 하나님의 권능과 신실하심과 기타 그의 속성들에 대한 생각들과 더 많은 대화를 나눌 기회가 생기게 되며 — 이것들과 친숙하지 못하면 곤경에 처할 때에 우리 마음에 질시와 원망이 생기게 됩니다 — 뿐만 아니라 하나님의 속성들과 그의 약속들이 과연 참이라는 것을 많은 경험들을 통해 확신하게 될 것입니다. 물론 우리의 감각들이 증언을 해 주어야 비로소 우리가 그것들을 신뢰하게 되는 것은 아닙니다만, 그럼에도 불구하고 우리가 감각에 의존하는 점이 많고 또한 우리의 믿음이 어리고 연약하여서 우리가 겪는 여러 경험들을 통해서 미래에 하나님을 의지하도록 우리 마음이 많은 도움을 얻는 것입니다. 그러므로 조심스럽게 다음과 같이 행하기를 바랍니다. 곧, 시편 10:14의 말씀처럼 매일 아침마다 여러분 자신과 여러분의 길을 하나님의 손에 맡겨드리고, 밤에는 하나님께서 얼마나 성실하게 자기의 약속을 지키셨는지를 살피십시오. 그리고 그의 신실하심으로 여러분의 마음이 감동을 받고 하나님께서 밤이 지나는 동안 하나님이 지키시리라는 마음의 신뢰가 더 강하고 확고하게 생기기까지는 잠들지 마시기 바랍니다. 하나님께 믿음으로 의탁하고 누리는 일에서 혹 무언가 틈이 생기고 손해처럼 보이는 일이 생기면, 하나님께서 그 틈을 어떻게 채워 주시고 그 손해를 보상해 주시는지를 관찰하십시오. 그리고 하나님의 선하신 이름이 여러분의 마음에 완전히 신뢰로 새겨지기까지 그렇게 관찰하기를 멈추지 마십시오. 다윗이 자기 마음에게 행한 것처럼(시 42편) 여러분의 마음을 꾸짖을지언정, 하나님께서 행하시는 일에 대해서 여러분의 심령에 조금이라도 불만이나 불신이 있게 해서는 안 된다는 것을 명심하십시오. 이렇게 행하면, 하나님께서 복을 주사, 더 길고 힘든 경주에 부르심 받을 때에 여러분의 믿음의 숨이 고르도록 지켜 주실 것입니다.

다섯째 지침. 자기를 부인하는 것이 할 수 있는 만큼 여러분의 심령에 합리적이고 이성적으로 보이도록 하십시오. 마음이 정직하고 순전할 경우에는, 어떤 일을 하든 어떤 임무를 행하든 그것이 공평하고 합리적이라는 것을 강하게 깨달을수록 그 일을 더 준비된 자세로 기꺼이 그 일을 행하게 됩니다. 그리스도인 여러분, 가령 여러분의 하나님이 여러분의 재산이나 자유를, 아니 목숨을 비롯해서 모든 것을 다 요구하신다고 합시다. 그것이 여러분에게 불합리하게 여겨질 수 있겠습니까? 이를 위해 특히 다음을 생각하시기 바랍니다.

1. 하나님이 여러분의 것이 아니라 하나님 자신의 것을 내놓으라고 명하신다는 것을 생각하십시오. 하나님께서 이것들을 여러분에게 빌려주셨지만 절대로 그것들의 소유권 자체를 버리신 것은 아닙니다. 일이 년 전에 빌려준 돈을 갚아 달라고 이웃에게 요구하는 것이 잘못된 일입니까? 아닙니다. 그 이웃은 자기에게 그렇게 돈을 빌려준 것에 대해 감사할지언정, 그 돈을 갚으라고 요구하는 것에 대해 불평할 이유가 하나도 없는 것입니다.

2. 하나님이 그가 여러분을 위해 자신을 버리신 대로 여러분도 그만큼 그를 위해 자신을 버릴 것을 요구하시는 것이 아니며, 사실 그렇게 요구하실 수도 없다는 점을 생각하십시오. 그리스도를 위하여 부끄러움을 당하는 것이 여러분의 교만한 심령으로 도무지 용납할 수 없을 만큼 그렇게 견디기 어려운 것입니까? 왜 그렇습니까? 여러분이 과연 누굽니까? 여러분이 대체 어느 위대한 가문 출신입니까? 감히 여러분이 자신의 존귀와 명예를 내려놓기가 어려운 것처럼 이야기하지만, 과연 여러분을 위해 존귀를 다 내려놓으신 분이 누구십니까? 그는 바로 "하나님과 동등됨을 취할 것으로 여기지 아니하시고 오히려 자기를 비우신" 예수 그리스도이십니다(빌 2:6, 7). 여러분이 두려워하는 것이 고통과 괴로움입니까? 오오, 생명의 주께서 여러분의 죄를 위하여 달리신 그 십자가를 올려다보십시오! 그러면 여러분이 더욱 기꺼이 여러분의 십자가를 지게 될 것이고, 또한 그 사랑하는 아들을 위해서는 그렇게 무겁고 괴로운 십자가를 주신 하나님께서 여러분에게는 그렇게 가볍고 쉬운 십자가를 주신 것에 대해 진정 감사하게 될 것입니다.

3. 하나님께서 그의 진리를 위해 무엇을 부인하게 하시든 간에, 그가 그 모든 것에 대해 충분히 보상하시고도 남는다는 점을 생각하십시오. 모세는 이것을 보았고, 그리하여 자신의 존귀와 부귀를 버리고 그리스도의 치욕 속으로 들어갔으니, "이

는 상 주심을 바라봄"이었습니다(히 11:26). 사람이 마음으로 강하게 바라는 것을 스스로 포기한다는 것은 굉장한 일입니다. 만일 어떤 사람이 돈에 대한 탐욕이 있다면, 그는 밤잠을 못자고 잠자리에서 궁리하거나, 아침 일찍 일어나 일터로 가고, 맛있는 음식도 먹지 않고, 허름한 옷을 입고, 런던에서 흔히 보는 것 같은 형편없는 움막 같은 데 거하면서 돈을 벌어 가게를 열 것입니다. 건강을 해치기도 하고 때로는 목숨을 잃기도 하는데도 수준 있는 사람들이 한 쪽 구석으로 몰려 들어갑니다. 모두가 그에 합당한 보상을 얻기를 바라고 그렇게 하는 것입니다. 그런데 그들이 얻을 이익과, 여러분 그리스도인이 그리스도를 위하여 여러분 자신을 부인함으로써 확실히 얻게 될 것을 저울에 달아 보십시오. 그리고 여러분의 영혼에게 물어보십시오. 그들이 그저 상상에 불과하고 확실치도 않으며, 잘 되어야 그저 짧은 유익밖에는 없을 그런 것을 위하여 그렇게 기꺼이 자기들의 삶을 완전히 포기하는 것을 보면서 과연 얼굴이 붉어지지 않습니까? 그리스도인이라고 하면서 그저 몇몇 외형적인 즐거움들을 — 그것들이 여기서는 백 배로, 또한 천국의 영광에 이를 때에는 지금 생각할 수 있는 한도를 뛰어넘게 여러분에게 갚아질 것인데 — 놓고서 그리스도와 그렇게 심하게 흥정이나 하고 있는 여러분이 부끄럽지 않습니까?

여섯째 지침. 자기를 죽이는 일을 날마다 더욱 심화시키기를 힘쓰십시오. 나무는 그 수액 때문에 쉽게 불에 타지 않으며, 그리스도인은 그 죽지 않은 부패성 때문에 고난당하기를 혐오하는 것입니다. 마른 나무가 아무리 금방 불이 붙는다 해도, 세상의 정욕에 대해 메마르고 죽어 있는 마음이 그리스도를 위하여 고난을 견디는 것만큼은 못할 것입니다. 사도는, "어떤 이들은 더 좋은 부활을 얻고자 하여 심한 고문을 받되 구차히 풀려나기를 원하지 아니하였다"고 말씀합니다(히 11:35). 이들은 천국으로 향하는 여정에서 멀리 가 있어서 — 비록 아주 힘든 길을 가는 중이었으나 — 더 이상 세상에 돌아와 다시 살기를 바라지 않을 만큼, 세상을 좋아하지 않았습니다. 그리스도인 여러분, 여러분의 영혼 속에 아직 죽지 않은 세상적인 정욕을 삼가 버리기 바랍니다. 여러분이 그리스도를 위해 많은 고난을 견디는 것을 그 정욕이 절대로 동의하지 않을 것이니 말입니다. 바다 한가운데서 배가 가라앉는 예는 별로 없습니다. 암초와 얕은 여울목이 배를 가라앉게 만드는 것입니다. 교만과 불신앙의 암초들을 벗어 버리고, 사람을 두려워하고 세상을 사랑하는 모래톱들을 피하면, 세상의 바다에서 아무리 큰 폭풍이 여러분을 덮치더라도 너끈히 견디고 남을 것입니다. "누구든지 이런 것에서 자기를 깨끗하게 하면 귀히 쓰는 그릇이 되어 거룩하고 주인의 쓰심에 합당하며 모든 선한 일에 준비함이 되리라" (딤후 2:21). 오오 여러분, 자기를 죽이는 영혼 속에, 세상과 그 정욕에 대해 십자가에 못 박힌 영혼 속에 천국이 있다는 것을 안다면 얼마나 좋겠습니까! 그는 그리스도를 위하여 행하거나 고난당하거나 그 속에서 다른 유익을 얻으며, 항상 그리스도를 누리는 것입니다. 자기를 죽이는 영혼은 그 육신적인 탐욕들로부터 오는 모든 시끄러운 방해거리들에게서 벗어난 삶을 삽니다. 자기를 죽이는 영혼이 나아가 임무를 행할 때에는 그와 그의 하나님 사이를 방해하는 그 뻔뻔스럽고 육신적이며 죄악된 생각들이 끼어들지를 못합니다. 그가 감옥에 들어갈 처지가 됩니까? 그는 슬피 울며 탄식하지 않습니다. 그의 발을 잡아끌고 교묘히 마음을 찢어놓는 정욕도 없습니다. 자신의 신세를 한탄하게 만드는 그런 자기 연민도 없습니다. 그의 마음이 자유롭고, 그의 평안을 어지럽히고 그에게 감옥이 되는 것들에게서 벗어나 있으니, 진리를 증언하는 그 영광스러운 임무를 행하려 할 때에 그가 얼마나 기꺼이 그것을 환영하는지 모릅니다. 그러나 자기를 죽이지 않는 마음은 세상에서 갖고 있는 것들에 대한 크나큰 애착들에 매여 있어서, 그것들에게서 벗어나 기꺼이 고난당할 생각을 갖는 것이 불가능합니다. 낯선 곳의 여관에 들어가는 사람은 아무 때나 원하는 시각에 일어날 수도 있고, 원하는 대로 아침 일찍 다시 길을 떠날 수도 있습니다. 아무도 더 머물라고 붙잡는 사람이 없습니다. 그러나 친구의 집에 묵는 사람은 거기서 나오기가 쉽지 않습니다. 마치 레위인의 장인이 한 것처럼(삿 19:4) 친구가 며칠만 더 머물다 가기를 바랍니다. 그리고 또 하루만 더, 하루만 더 머물다 가라고 계속 요청합니다. 자기를 죽이는 영혼은 낯선 사람입니다. 그에게는 천국으로 향하는 여정에서 방해거리가 하나도 없습니다. 곧, 상대적인 의미에서 그렇다는 말입니다. 그러나 자기를 죽이지 않는 자는 급히 길을 떠나야 하는데도 갖가지 것들에 붙잡혀 떠나지를 못합니다. 육체가 길이 험하고 날씨가 나쁘며, 신앙을 지키려면 온갖 환난을 당하게 된다는 그럴 듯한 핑계를 대기 때문에 쉽사리 그것을 벗어날 수가 없습니다. 언젠가 카토(Cato: 기원전 2세기 경의 로마의 정치가 — 역주)에 대해 읽은 적이 있습니다만, 그는 만년에 로마를 떠나서 시골집으로 들어가 여생을 거기서 온갖 걱정과 괴로움을 벗어난 상태로 보냈다고 합니다. 그리하여 모든 로마 사람들이 그의 집 옆을 지나가면서, "어떻게 사는지를 아는 사람은 이 사람뿐이다"라고 말하곤 했다고 합니다. 그렇게 침거함으로써 카토가 세상의 걱정거리들 가운데 과연 어떤 짐을 내려놓았는지는 알 수 없습니다. 그러나 확신하건대, 시골로 들어간다고 해도 여전히 뒤에 두고 온 도시를 떠나보내지 못할 수도 있습니다. 몸은 한적한 곳에서 외로이 있지만, 마음은 여전히 시끌 벅적한 곳에서 무리들 속에 있을 수도 있는 것입니다. 안타깝습니다! 카토는 복음에 대해 전혀 낯선 사람이었습니다. 만일 그가 복음을 접했더라면, 복음이 로마의 한복판에 그대로 있으면서도 세상의 무리들에게서 벗어날 길을 그에게 보여줄 수 있었을 것입니다. 그리고 그것은 바로 세상에 대한 그의 마음을, 세상의 쾌락과 염려 거리들에 대한 애착을, 죽이는 것입니다. 그렇게 되었다면, 로마 사람들이 그에게 했던 그 칭찬의 말이 과연 과장이 없는 참말이 되었을 것입니다. 왜냐하면 오직 세상에 대해 죽기를 터득한 사람만이 세상에서 올바로 사는 법을 아는 것이기 때문입니다. 이 첫째 가르침은 그리스도인이 그에게 일어날 수 있는 모든 시련과 괴로움에 대해 준비를 갖추고 서야 한다는 것인데, 이에 대해서는 이 정도로 마치기로 합시다. 이제 둘째 가르침으로 넘어가겠습니다.

둘째 가르침

[복음이 주는 평안의 복이 성도들로 시련을 준비하게 함]

복음이 마음에 가져다주는 평안이 그리스도인의 행로 중에 만나는 온갖 시련이나 괴로움을 헤쳐 나갈 준비를 갖추게 해 줄 것입니다. 가슴속에서 복음의 평안을 누리는 사람이야말로, 또한 오로지 그런 사람만이, 온갖 길들도 다 견딜 수 있는 신을 신은 자요, 모든 환난과 시련을 맞을 준비가 되어 있는 사람입니다. 힘든 길을 쉽게 갈 수 있도록 발에 꼭 맞는 그런 신을 만들어 줄 수 있는 분은 오직 그리스도밖에는 없습니다. 그는 사람이 완전한 만족을 얻을 수 있도록 그렇게 신을 만들어 주실 수 있습니다. 그런데 그가 어떻게 그렇게 하십니까? 신의 밑바닥에 복음의 평안을 덧입히시는 것입니다. 길에 날카로운 돌들이 있으면 어떻게 됩니까? 그리스도인이 이 신을 신으면 그 발이 그 돌들을 별로 느끼지 않게 됩니다. 솔로몬은 우리에게 지혜의 길 ― 즉, 그리스도 ― 이 "즐거운 길"이라고 말씀합니다. 그러나 고

난의 길도 있는데 어떻게 해서 "즐거운 길"이 됩니까? 그 다음에 이어지는 말씀이
이를 해결해 줍니다: "그의 지름길은 다 평강이니라"(잠 3:17). 평안이 ― 곧, 하나
님과 및 양심과의 평안이 ― 있는 곳에는 즐거움이 없을 수가 없습니다. 다윗은
먹을 것이 없을 때에도 하나님께서 그의 마음에 두신 기쁨으로 인하여 평안히 잠
자리에 눕고, 또한 세상이 즐거워하는 그 모든 것들을 다 가질 때보다 더 단잠을
자리라고 약속하고 있습니다: "주께서 내 마음에 두신 기쁨은 그들의 곡식과 새 포
도주가 풍성할 때보다 더하니이다. 내가 평안히 눕고 자기도 하리니 나를 안전히
살게 하시는 이는 오직 여호와이시니이다"(시 4:7, 8). 양심에서 누리는 이 하나님
과의 평안이 동시에 육체에게도 위로를 주는 것입니다. 투박한 침상에 누웠을 때
에도 다윗은 단잠을 잘 수 있습니다. 이 본문에서 그가 바라는 것으로 말씀하는 그
것이 다른 본문에서 이루어진 것을 보게 됩니다: "내가 누워 자고 깨었으니 여호와
께서 나를 붙드심이로다"(시 3:5). 이 시편의 표제는, 다윗이 이처럼 단잠을 자던
그 때가 그가 예루살렘의 훌륭한 궁궐에서 포근한 침상에 누워 있던 때가 아니고,
반역한 그의 아들 압살롬에게서 도망하여 있을 당시에, 어쩌면 노천에서 그냥 밤
을 보내야 하던 때였던 것을 말씀해 줍니다. 반역의 군대가 그의 등 뒤에서 그를
추격하고 있는 위험한 처지에서 그가 그런 모든 위험거리들을 다 잊을 수 있었으
니 그것은 과연 부드러운 베개였음에 틀림없습니다. 그렇습니다. 이 평안의 감미
로운 영향력은 그만큼 모든 것을 초월하는 것이어서, 무덤 속에 눕는 일도 마치 지
극히 편안한 침상에 눕는 것처럼 기꺼이 받아들일 수 있게 하는 것입니다. 여러분
은 어린아이는 잠자리에 눕도록 불러주기를 바란다고 말할 것입니다. 성도들 중
에 어떤 이들은 하나님께서 그들을 티끌의 침상에 누이사 쉼을 주시기를 바라기
도 했습니다.

　그리고 그것도 욥처럼 현재의 환난에 대한 불만과 원망으로 그렇게 한 것이 아
니라, 이러한 평안을 가슴속에서 감미롭게 지각하면서 진정으로 그것을 바란 것
입니다. 나이 많은 시므온은 마치 백조처럼 다음과 같이 노래하였습니다: "주재여,
이제는 말씀하신 대로 종을 평안히 놓아 주시오니 이는 내 눈이 주의 구원을 보았
사옴이니이다"(눅 2:29, 30). 그는 마치 상인이 모든 물건을 배에 다 실어놓고 이제
선장이 돛을 올려 속히 고향을 향하여 출발하기를 바라는 것처럼 말하고 있습니
다. 이 땅의 나그네에 불과한 그리스도인이 이처럼 물건을 다 싣고 천국을 향하여
나아갈 준비를 갖추는 것 이외에 과연 무엇 때문에 이 땅에 더 오래 머물기를 바라

겠습니까? 그리고 그가 하나님과의 평안을 확신하는 때가 아니면 과연 그처럼 준
비를 갖추는 때가 언제이겠습니까? 이 복음의 평안을 누리고 또한 영혼 속에서 하
나님의 사랑을 지각하게 되면 사람이 모든 역경과 시험과 환난 중에서도 훌륭히
극복하고 이기게 해 주므로, 하나님께서는 보통 그의 성도들을 어떤 힘든 봉사나
뜨거운 일을 감당하도록 부르시기 전에 그런 감미로운 포도주를 한 모금 마시게
하여 그들의 사기를 일으키셔서 싸움을 감당하도록 담대하게 하시는 것입니다.
하나님께서는 아브람을 고향에서 불러내십니다(창 12:1). 그런데 그리스도에 대한
약속만큼 그의 마음을 하나님께 온전히 두게 하기에 합당했던 것이 과연 무엇이
었습니까(2, 3절)? 하나님은 야곱을 밧단아람으로 보내셨는데, 이는 참 힘겨운 일
이었습니다. 그는 분노에 가득 찬 형에게서 도망하였습니다. 형은 생각으로는 이
미 그를 죽이고도 남았고, 또한 그를 맞게 되는 삼촌은 불친절하고 사람을 속이는
사람으로서 그는 삼촌 밑에 있으면서 온갖 어려움을 다 겪어야 했습니다. 그런데
하나님께서는 이 불쌍한 나그네에게 감미로운 복음의 환상을 통해 위로를 주십니
다. 그는 "사닥다리가 땅 위에 서 있는데 그 꼭대기가 하늘에 닿은" 것을 보았는데
(창 28:12), 이는 그의 믿음에 그리스도를 나타내는 것이었습니다. 그리스도 안에
서 하늘과 땅이 만나며 하나님과 사람이 화목하게 되는 것이니 말입니다. 그리고
"하나님의 사자들이 그 위에서 오르락내리락 하는" 것을 보았는데, 이는 그리스도
께서 그의 죽으심과 간구하심을 통하여 그의 성도들을 위해 예비하신 천사들의
사역을 나타냅니다. 마치 종들이 그 주인의 자녀들을 돌보듯이 천사들이 성도들
을 돌보게 될 것을 나타내는 것입니다. 그러므로 이 모든 것을 종합하면 하나님께
서는 이렇게 말씀하신 것과도 같습니다: "야곱아, 네 형 에서가 너를 미워하나, 그
리스도 안에서 내가 너와 화목되도다. 네 삼촌 라반이 너에게 못된 짓을 하고 너를
힘들게 대하여도 그를 두려워하지 말라. 내가 그리스도 안에서 너와 평안하듯이,
그를 통하여 네가 나의 특별한 보살핌을 받을 것이요, 네게 거룩한 천사들의 보호
가 있어서 네가 어디를 가든지 너를 지키리라."

　이스라엘이 애굽에서 나와 황량한 광야로 행진할 준비를 갖추었을 때 — 그들
은 거기서 수많은 역경을 당하고 그들의 믿음이 시련을 당하게 될 것이었습니다
만 — 하나님은 그들의 준비 태세를 더욱 강화시키기 위하여 그들이 출발하기 전
에 복음의 만찬으로 그들에게 즐거움을 주시니, 곧 그리스도를 미리 보여주는 유
월절 식사가 그것입니다. 그러니 그 중에 은혜 안에 있는 심령들은 이 감미로운 잔

치를 통하여 그 속에서 그리스도를 맛보고서 곧 나가올 광야의 괴로움과 굶주림을 더욱 기꺼이 견딜 수 있게 되었던 것이 분명합니다. 우리 주 예수께서도 성찬을 제정하시면서, 이와 동일한 보살핌과 사랑을 제자들에게 베푸셨습니다. 그는 자신의 죽으심과 그로 인해 파생될 갖가지 일들로 인하여 제자들이 불가피하게 큰 슬픔과 고통의 바다에 빠져 들어가기 직전을 이 감미로운 규례를 세우는 시점으로 택하셨던 것입니다. 이제 성찬의 규례를 통해서 죄 사함의 사실이 심령에 인쳐지므로, 다가올 고난들을 더욱 환영하며 그것들을 더욱 편안하게 당하며 나아가게 되는 것입니다. 사실 그리스도께서 그의 제자들에 대해 가지셨던 큰 관심은 그가 세상을 떠나시면서 그들을 조용한 세상에 남겨 두시는 것이 아니었고 오히려 괴로움 많은 세상을 이기도록 그들을 무장시키시는 것이었습니다. 그리하여 이를 위하여 그는 그들을 향한 자신의 사랑과 또한 그를 위하여 아버지께서 그들에게 베푸시는 사랑으로 그들의 핍절한 마음을 만족시켜 주기 위해 힘쓰시며, 그들에게 그의 평안을 유산으로 주시며, 그것이 주는 감미로운 위로를 그들의 가슴속에 부어 주십니다. 그리고 이를 위하여 그는 자신이 천국에 올라가자마자 아버지께 구하여 위로자를 속히 그들에게 보내시게 할 것임을 그들에게 말씀하시며, 그들을 예루살렘으로 보내시고, 성령께서 그들에게 베푸시는 위로로 말미암는 힘과 능력을 받기까지 그 곳에 가만히 머물러 있게 하시고, 싸움터에 나가거나 분노한 세상을 상대로 노골적인 싸움을 벌이지 않도록 하시는 것입니다. 이 모든 사실들을 통해서 과연 이 복음의 평안이 심령으로 하여금 기꺼이 고난을 당하게 하는 데에 얼마나 큰 힘을 발휘하는지를 충분히 보고도 남습니다.

자, 이제는 이 평안이 어떻게 마음을 준비시켜서 모든 고난들을 능히 당할 수 있게 하는지를 살펴보기로 합시다. 이에 대해 다음과 같이 두 가지로 말씀할 수 있습니다. 첫째. 그 평안이 영혼에 임할 때에, 그 영혼으로 하여금 하나님이나 사람이나 마귀들에게서 오는 모든 고난들이 주는 모든 위험과 상해(傷害)를 뛰어넘게 하는 그런 영광스러운 특권들을 함께 가져다준다는 것입니다. 둘째. 그 평안이 성도의 은혜들과 정서들에 영향을 미치고 그것들을 자극하여 그것들이 최고조로 발휘되도록 하여, 그리스도인을 높이 들어올려서 괴로움과 고난에 대한 두려움을 넘어서게 해준다는 것입니다.

[복음의 평안이 그 특권들을 통하여

고난을 위해 영혼을 준비시켜 줌]

첫째. 복음의 평안은, 그것이 영혼에 임할 때에 하나님이나 사람이나 마귀들에게서 어떠한 고난들이 오든 거기서 야기되는 모든 위험들 너머로 그 영혼을 높이 들어올려 주는 그런 영광스러운 특권들을 함께 가져다주며, 이를 통하여 고난을 위해 마음을 준비시켜 줍니다. 만일 바다의 파도 위나 불길 속에서도 마치 정원을 거니는 것과 똑같이 안전하게 걸을 수 있다는 확신을 가질 수 있다면, 그 사람은 파도 위에서나 불길 속에서도 정원에 있는 것처럼 전혀 두려움이 없을 것입니다. 아니면, 다가오는 모든 공격을 저지시켜 주는 쇠로 된 갑옷 같은 것을 은밀하게 입고 있다면, 칼과 총이 난무하는 싸움터에 서 있는 것이 전혀 무서운 일이 아닐 것입니다. 이제 하나님과 평안을 누리는 영혼은 과연 고난으로부터 오는 모든 상해와 상처로부터 안전하게 지켜줄 수 있는 그런 특권들을 부여받은 것입니다. "하나님의 평강"이 "너희 마음과 생각을 지키시리라"고 말씀합니다(빌 4:7). 신자가 그 복된 특권들에 둘러싸여 있어서 마치 난공불락(難攻不落)의 성 안에 있는 사람처럼 안전한 것입니다.

특권 1. 하나님과 평안한 사람은 하나님의 자녀가 됩니다. 그리스도인이 하나님과의 관계와 또한 그를 향하신 하늘 아버지의 애틋한 사랑을 알게 되면 그를 위한 환난이나 그로부터 오는 고난들이 전혀 겁나지 않습니다. 왜냐하면 아버지가 사랑하는 자녀를 친히 상하게 하거나 혹은 도와줄 수 있는데도 그 자녀가 다른 이에게서 해를 당하도록 그냥 버려둔다면 이는 그의 사랑에 어긋나는 일이기 때문입니다. 저는 이삭이 자신이 희생 제물로 드려지기 위해 묶이는 것을 순순히 견뎠고 게다가 칼이 목 가까이 드리워지는 것을 보고서도 소름끼치게 소리치거나 그것을 면해 보려고 발버둥치는 모습이 전혀 기록되어 있지 않은 것이 의아한 적이 자주 있었습니다. 어떤 이들은 그 당시 그가 스무 살이 넘었을 것이라고 추측하는데, 그렇다면 그는 충분히 죽음과 그 공포를 감지하고도 남을 상태였을 것입니다. 아브라함이 그에게 희생 제사에 쓸 나무를 지워가게 했다는 사실은 그가 분명 아주 성숙한 상태였다는 것을 보여줍니다. 그러나 아브라함이 그의 아들에게 놀라운 권위를 발휘하고 있었고, 또한 이삭은 그의 아버지를 전폭적으로 신뢰하고 있었기에, 그가 감히 아버지의 손에 칼을 들려준 것입니다. 그는 다른 그 어느 누구에게도 그렇게 칼을 넘겨주지는 않았을 것입니다. 성도에게 오는 갖가지 환난의 도구가 누구든지 간에 막대기나 칼은 완전히 하나님의 뜻에 따라 쓰임 받는 것입니다.

그리스도는 아버지의 손에서 잔을 보았고, 바로 그 때문에 그가 그 잔을 기꺼이 받아 마신 것입니다.

특권 2. 하나님과 평안한 사람은 하나님의 상속자입니다. 이것은 하나님과의 관계에서 파생되는 것입니다. "자녀이면 또한 상속자 곧 하나님의 상속자요 그리스도와 함께 한 상속자니"(롬 8:17). 이것은 그야말로 초월적인 특권이어서, 이에 대한 기쁜 소식을 전해 받는 심령을 높이 들어올려서 갖가지 고난에 대한 끔찍한 두려움을 넘어서게 하는 법입니다. 이 본문에서 사도는 영혼을 기쁘게 하는 이 주제에 대해 몇 가지 묵상들을 행하여 감미로운 생각을 갖게 된 다음 그의 복된 영혼이 이 세상의 모든 환난들을 가볍게 여기는 거룩한 상태로 올라가는 것을 보게 됩니다: "생각하건대 현재의 고난은 장차 우리에게 나타날 영광과 비교할 수 없느니라"(롬 8:18). 그는 그의 영혼이, 혹은 이 기업에 대한 소망을 지닌 모든 영혼들이, 그 기업의 영광이나 혹은 거기에 개입되어 있는 하나님의 사랑을 가볍게 여기는 나머지 자기가 당하는 고난이 크다고 투덜대면서 스스로 신세한탄을 하는 것을 도무지 허용하지 않을 것입니다. 그의 말씀은 마치 이런 뜻과도 같습니다: "하나님이 우리를 그의 상속자들로 만드시고 천국을 우리에게 기업으로 베푸셨으니, 과연 우리가 상심하여 주저앉아서 현재의 안타까운 처지를 스스로 탄식하고 있어야 되겠는가? 우리의 현재의 처지는 우리가 들어갈 영광과 도무지 비교할 수가 없고, 우리의 짧은 인생이 온갖 고난으로 점철되어 있다 하더라도 그것은 하나의 작은 점에 불과할 뿐으로 우리가 장차 끝없는 복락과 행복 속에서 보내게 될 그 광대한 영원한 시간과는 도무지 비교가 되지 않는데 말이다." 한두 가지 사소한 것을 잃어버렸다고 해서 스스로 완전히 망했다고 여기고 절망하는 사람은 참 한심한 사람이라고들 말합니다. 이와 마찬가지로 이 세상에서 지는 십자가 때문에 스스로 망했다고 소리치는 사람은 정말 한심한 그리스도인입니다. 그런 사람은 저 세상에서 아무런 것도 물려받지 못할 자이거나, 아니면 이 세상에서 자신이 받은 것에 대해 거의 혹은 전혀 증거가 없는 자라고 결론지어도 무방할 것입니다.

[복음의 평안이 그 영향을 통하여 고난을 위해 영혼을 준비시켜 줌]

둘째. 복음의 평안은, 성도의 은혜들과 정서들에 영향을 미치고 그것들을 자극하여 그것들이 최고조로 발휘되도록 하여 그리스도인을 높이 들어올려서 괴로움과 고난에 대한 두려움을 넘어서게 해주며, 이를 통하여 고난을 위해 마음을 준비시켜 줍니다.

영향 1. 이 평안을 얻으면, 그것이 그리스도인을 그의 믿음에서 천하무적이 되게 해줍니다. 양심에 죄 사함을 지니고 있으며 이로써 하나님과의 평안이 인쳐진 사람은 아무리 어려운 것이라도 믿지 못할 것이 없습니다. 모세는 이스라엘을 애굽에서 구하여 가나안을 향하여 인도하는 그 위대한 일에서 갖가지 어려움들을 만날 것이었습니다. 그러므로 그런 어려움들이 그를 공격할 때에 그가 믿음으로 그 모든 일들을 쉽게 이기도록 하기 위해서, 하나님께서는 그가 처음 그 중대한 임무를 맡을 때에 몇 가지 이적들을 통해서 모세로 하여금 그의 권능을 직접 체험하게 하셨으며 — 곧, 지팡이가 뱀이 되게 하고 다시 그것이 지팡이가 되게 하는 이적과, 또한 그의 손이 나병환자의 손이 되게 하고, 다시 예전처럼 정상적인 손으로 돌아오게 하는 이적이 그것이었습니다 — 그리하여 아무리 절박한 상황에서도 하나님께서 이스라엘의 구원을 위하여 능치 못할 일이 없으시다는 것을 확고히 믿도록 하셨습니다. 이 일이 있은 후 모세의 믿음이 얼마나 무적이었는지는 우리가 다 아는 사실입니다. 과연 하나님께서는 보잘것없는 영혼에게 말씀하실 때에 그의 전능하신 능력과 사랑을 몸소 체험하게 하시므로, 그 능력과 사랑에 대한 감미로운 지각이 그 영혼 속에 남아 있는 동안 그 사람의 믿음이 결코 흔들릴 수가 없는 것입니다. 율법 — 죄인들로 하여금 무서워 도망치게 만드는 그 처절한 경고와 위협까지도 포함하여 — 이라는 뱀을, 평안과 생명의 감미로운 열매를 맺는 복음이라는 싹 난 지팡이로 바꾸시는 것이 아니면, 하나님께서 죄 사함의 자비 가운데서 행하시는 일이 과연 무엇이겠습니까? 여러분, 다음 두 가지 이적 중에 어느 것이 더 크겠습니까? 나병환자의 손처럼 변한 모세의 손을 깨끗하고 온전하게 하는 것이겠습니까, 아니면 죄로 인하여 나병에 걸린 가련한 죄인의 마음을 그리스도의 피로 씻음으로써 깨끗하고 온전하게 만드는 것이겠습니까? 분명 이 자비의 이적이 행해지고, 또한 그 이적이 행해졌다는 것을 강력하게 믿을 때에야말로, 영혼이 세상적인 고난의 바다에서 하나님을 신뢰하고 또한 기꺼운 마음으로 이생의 모든 괴로움의 광야를 통과하여 그를 따르기가 더 쉬워질 것입니다. 다윗도 하나님의 사하시는 자비를 체험하고 위로를 받은 후에, 그의 믿음이 상승하여 세상적인 일에서도 하나님의 구원하심을 신뢰하고 강력하게 행할 수 있었던 것입니다. 그는 하나님과의 평안을 감미롭게 지각하고서 하나님이 자기와 화목하신 것을 확신할 수 있었습니다. "내가 이르기를 내 허물을 여호와께 자복하리라 하고 주께 내 죄를 아뢰고 내 죄악을 숨기지 아니하였더니 곧 주께서 내 죄악을 사하셨나이다"(시 32:5). 그리고 그 다음에 외형적인 환난들에 대해 강한 믿음으로 하나님을 신뢰하고 나아간 것을 볼 수 있습니다: "주는 나의 은신처이오니 환난에서 나를 보호하시고 구원의 노래로 나를 두르시리이다"(7절). 그는 더 작은 체험을 근거로, 그것과는 비교할 수 없는 큰 자비를 누리는 데로 나아가는 것입니다.

영향 2. 이 하나님과의 평안을 얻으면, 그것이 그리스도를 향한 사랑으로 마음을 가득 채워 줍니다. 그리스도께서 베푸시는 사랑으로부터 그리스도를 향한 그리스도인의 사랑이 불붙어 오릅니다. 그러므로 영혼에 있는 그리스도의 사랑이 뜨거울수록 그리스도인이 그를 향하여 더 강력한 반응을 보입니다. 사랑함이 많은 자는 더 사함이 더 많습니다(눅 7:47). 그리고 사랑이 더 많을수록 고난에 대한 두려움이 더 적은 것입니다. 사랑하는 친구를 위해서는 모든 것을 다 희생할 수 있는 법입니다. 그리스도께서 제자들에게 나사로가 죽었다는 말을 하시자, 도마는 그와 함께 죽으러 가자고 하였습니다(요 11:16). 사랑이 어찌나 강렬한지 죽음만큼 강합니다. 사도는 말씀하기를, "선인을 위하여 용감히 죽는 자가 혹 있다"고 말씀하는데(롬 5:7), 곧 그 선인이 진정 자비롭고 친절한 사람이면 그럴 수 있다는 말입니다. 그렇다면 은혜를 누리는 영혼은 그 선하신 하나님을 위해 얼마나 더 용감히 자기 목숨을 드리고자 하겠습니까? 그리스도의 신부는 그를 향하여, "네 이름이 쏟은 향 기름 같으므로 처녀들이 너를 사랑하는구나"라고 말씀합니다(아 1:3). 그런데, 하나님의 사랑이 그리스도로 말미암아 영혼 속에 환히 비칠 때에 바로 그리스도의 이름이 쏟은 향이 되는 것입니다. 이 귀한 향유함이 깨뜨려지고 그 고운 향기가 마음속에 퍼질 때에, 이 세상에서 가장 지독한 감옥에서 아무리 역겨운 냄새가 난다 해도 그것이 완전히 씻겨질 것입니다. 그리스도의 사랑에서 비롯되는 이 천국의 불길이 영혼 속에 능력 있게 비칠 때에 그 불길이 세상적인 사랑의 작은 불길을 꺼뜨리는 것은 물론 종의 두려움의 지옥 불까지도 다 꺼뜨려 줄 것입니다. 죽음이 피에 젖은 의복을 입은 채 우리에게로 다가오고, 거기에 박해자의 잔인함을 보여주는 갖가지 정황들이 함께 따라와서 그 불쾌한 모습을 더욱 일그러지게 만들면, 과연 죽음이 몸서리쳐지게 끔찍하지 않겠습니까? 이렇게 되는 것은 죄책과 그리스도를 알지 못하고 또한 그가 우리를 위해서 행하신 일을 알지 못하는 데에서 연유합니다. 그가 세상에 오신 목적 가운데 하나는 바로, "죽기를 무서워하므로 한평생 매여 종노릇 하는 모든 자들을 놓아 주려 하심"입니다(히 2:15). 그런데 그가 어떻게 그 일을 이루셨습니까? 그는 우리를 하나님과 화목시키시고 또한 그리하여 죽음 그 자체에 대한 생각들과도 화목시키심으로 우리로 하여금 우리를 위해 이 모든 일을 행하신 그리스도와 하나가 되게 하여 그 일을 이루신 것입니다.

영향 3. 그리스도인이 가슴으로 누리는 이 평안이 그리스도인의 자기 부인에 감미로운 영향을 줍니다. 은혜가 고난에 필수적이듯이, 이렇게 말할 수 있을지 모르겠지만, 그리스도께서 자기 부인의 등에다 십자가를 지우시는 것입니다. "누구든지 나를 따라 오려거든 자기를 부인하고 자기 십자가를 지고 나를 따를 것이니라"(막 8:34). 또 어떤 이들은 구레네 시몬처럼 강제로 잠시 동안 그리스도의 십자가를 지고 그를 따라갈 수도 있습니다. 그러나 스스로 기꺼이 몸을 구푸리고 무릎을 꿇고서 그리스도께서 그 등에 지워 주시는 이 짐을 지는 것은 바로 자기를 부인하는 영혼인 것입니다. 그런데 영혼이 하나님과의 평안을 지각함으로써 두 가지 자기 부인이 가능해지는데, 이로 말미암아 그가 그리스도를 위하여, 또한 그리스도께로부터 오는 모든 고난을 위하여 자기 자신을 기꺼이 내드리게 되는 것입니다.

(1) 하나님과의 평안을 지각하게 되면 그리스도인이 자기의 죄악된 자아를 부인할 수 있게 됩니다. 죄는 우리와 너무 밀착되어 있어서 심지어 우리 몸의 지체처럼 되어 있으므로, 그것을 가리켜 우리 자신이라 불러도 무방할 정도입니다. 한 가지 정욕을 죽인다는 것은 관절 하나를 잘라내는 것만큼이나 힘듭니다. 지체들 중에서도 우리 목숨과 직결되는 것들이 있듯이, 죄들 중에도 다른 것보다 유별나게 우리와 밀착되어 있는 것들이 있습니다. 그리스도께서 그 중 가장 교만한 정욕의 우두머리에게 그것들을 달라 하실 때에 헤롯이 헤로디아에게 세례 요한의 머리를 허락한 것보다 더 기꺼이 그것들을 그에게 드릴 그런 좋은 날이 있으므로, 그것들이 현재 어떤 모습을 하고 있든 상관없습니다. 그리스도인이 그의 죄를 자유로이 부인하고 그것을 공의에 내줄 수 있는 그런 좋은 날이, 그리스도께서 그에게 이 죄사함과 평안의 "감추어진 만나"로 배불리 먹이시는 날이 아니고 무엇이겠습니까? 참된 친구라면 자기가 그렇게 사랑하는 사람을 부인하기보다는 자기 자신을 부인하고, 할 수 있는 대로 그의 요구를 들어줄 것입니다. 그러나, 그의 친구가 그에게 큰 친절을 베풀면서 아주 작은 것을 요구하면, 그의 요구를 거절하지 못할 것입니다. 사랑만큼 마음을 활짝 열 수 있는 열쇠가 없습니다. 사랑이 요청하면, 그것도 그 친절하고 애틋한 모습이 상대방에게 훌륭하게 다가오는 그런 때에 요청하면, 거절될 것에 대한 두려움이 전혀 없고 속히 그 요청이 받아들여질 것입니다. 에스

더는 원수 하만에 대해 아하수에로 왕에게 요청하고자 할 때에 바로 아하수에로 왕이 그녀의 사랑을 지극히 잘 받아들일 그런 시점을, 곧 잔치 석상에 있을 때를 택하였습니다. 하나님께서 불쌍한 영혼을 복음의 잔치를 누리게 할 때만큼 그를 향한 그의 사랑을 밝히 드러내시는 때가 과연 언제이겠습니까? 그러니 그런 때야 말로 하나님께서 그의 자녀를 설득하셔서 그 저주받은 아말렉 사람들을 단두대로 보내게 하시고, 그의 정욕을 교수대로 보내게 하실 것입니다. "그의 많은 죄가 사하여졌도다"(눅 7:47)라는 복된 소식이 그리스도께로부터 그 한많은 마음에 임하였을 때에, 과연 막달라 마리아가 과거의 사랑하던 자들에게 다시 문을 열어줄 수 있었으며, 또한 그리스도의 사랑을 품은 후에 다시 창기의 짓을 행하러 나갈 수 있었겠습니까? 아닙니다. 제 생각에는 그녀가 정욕의 불길에 휩싸이기보다는 차라리 순교의 불길에 휩싸이기를 택하였을 것입니다. 사람으로 하여금 정욕을 부인할 수 있게 만들 수 있는 것이라면, 사람으로 하여금 십자가를 부인하지 않게 할 수 있는 것입니다.

(2) 하나님과의 평안을 지각하게 되면 그리스도인이 자기의 육신적인 쾌락거리들을 부인할 수 있게 됩니다. 이것들이 과연 그리스도인을 붙잡아 끌어 당겨서 고난을 기피하게 만드는 큰 요인들입니다. 마음이 이 세상의 쾌락과 이익거리들에 대한 사랑으로 불타오르면, 그리스도께서 그것들과 결별하라고 부르실 때에 바로 그 정도만큼 두려움과 탄식 가운데서 흔들릴 것입니다. 한니발의 병졸들이 카푸아의 달콤한 포도주와 진미에 취하여 정신을 못 차렸던 것처럼, 우리도 마음의 무절제함에 취하여 있을 것이기 때문입니다. 그런 무절제한 마음이 우리의 심령의 기력을 빼앗고 우리를 유약하게 하여, 싸움터에 나아가 원수를 정면으로 대하고 싸워야 할 때에 어려움을 견디고 이길 생각이 별로 없게 만드는 것입니다. 그런데 이 복음의 평안을 지각하면 세상으로 향하던 마음이 죽은 듯이 있게 되고, 세상에서 아무리 쾌락을 누렸더라도 그것들에 대해 자기를 부인하는 작업이 활성화될 것입니다. 바울은 이렇게 말씀하고 있습니다: "내게는 우리 주 예수 그리스도의 십자가 외에 결코 자랑할 것이 없으니 그리스도로 말미암아 세상이 나를 대하여 십자가에 못 박히고 내가 또한 세상을 대하여 그러하니라"(갈 6:14). 바울의 마음은 세상에 대하여 죽은 상태에 있습니다. 여기서 그의 육신적인 정욕들에게 치명상을 입힌 것이 과연 무엇인지를 주목하십시오. 그는 "그리스도와 그의 십자가로 말미암아 세상이 나를 대하여 십자가에 못 박히고 내가 또한 세상을 대하여 그러하

니라"라고 말씀합니다. 사실 바울에게도 세상을 지극히 사랑하던 때가 있었습니다. 그러나 그가 그리스도를 만나고 또한 하나님께서 그리스도 안에서 그의 영혼에게 베푸신 자비 — 그의 죄를 사하시고 그를 하나님 자신의 사랑의 교제 속으로 받아주신 그 놀라운 자비 — 를 깨달은 이후 그의 마음이 전혀 달라졌습니다. 마치 사울이 나라에 대한 소식을 접하고 나귀 찾는 일을 그만 둔 것처럼, 그는 세상을 떠났고, 전적으로 다른 것에 마음을 온통 쏟아 붓고 있었던 것입니다. 세상의 시바(사울의 종으로 므비보셋에게 가야 할 토지를 가로챘던 자. 므비보셋을 모함하여 그의 재산을 빼앗았다. 삼하 16:1-4)들이 세상을 차지해도, 자기들의 역량을 다 쏟아 최고로 세상을 경영해도 그는 전혀 상관하지 않았습니다. 그들이 행복을 누리든 전혀 개의치 않았습니다. 하늘의 주시요 임금이신 그분께서 그의 영혼에게 임하사 평안을 주시니 말입니다. 세상의 모든 위로의 근원이 되는 하나님 자신의 사랑에다 입을 대고 있는 사람만큼 그 모든 세상의 위로들과 혼쾌히 작별할 수 있는 사람은 아무도 없습니다. 부모가 아무리 가깝고, 친구들이 아무리 사랑스럽다 해도 남편을 사랑하는 아내는 기꺼이 아버지의 집을 잊고 친구들과 어울리던 것을 떠나 남편과 함께 갈 수 있습니다. 그곳이 비록 감옥이라 할지라도 말입니다. 하물며 은혜 가운데 있는 영혼은 얼마나 더 혼쾌히 이런 것들과, 심지어 목숨과도 작별을 고하겠습니까? 특히 그가 위로자 성령을 그의 가슴속에 보내사 함께 계심으로 외로운 길에서 그에게 힘과 용기를 주게 하셨으니 왜 아니 그렇겠습니까?

영향 4. 이 평안을 얻으면, 그것이 고난당하는 인내의 은혜를 증진시켜 줍니다. 인내하는 심령에게는 환난과 고난이 쓰라리지 않습니다. 누군가 인내를 가리켜 영혼의 소화 기능(concoctive faculty of the soul)이라 부릅니다만, 과연 그렇습니다. 그 인내라는 은혜가 모든 것들을 소화시켜 선한 자양분으로 바꾸어 놓으니 말입니다. 소화가 잘 안 되는 고기들은 유약한 위(胃)에는 잘 어울리지 않습니다. 그러므로 그런 위에는 부드럽고 미세한 음식이 좋습니다. 반면에 위가 강한 사람은 자기 앞에 베풀어지는 고기를 거부하지 않습니다. 모든 음식이 다 좋게 여겨집니다. 이와 마찬가지도 사람의 영혼에게도 소화하기가 매우 힘든 것들이 있습니다. 까다롭고 감정적이며 근시안적이며 신앙을 말로만 공언하는 사람은 치욕이나 감옥이나 죽음 같은 것을 절대로 소화시키지 못하고, 복음에 그런 것들이 뒤따라오면 오히려 자신이 평소에 하던 신앙적인 공언과 분쟁을 일으킵니다. 이는 "그 속에 뿌리가 없어 잠시 견디다가 말씀으로 말미암아 환난이나 박해가 일어날 때에는 곧 넘어지는 자"입니다(마 13:21). 환난과 박해가 위에서 소화되지 않고, 그것들 때문에 자기가 지켜오던 그리스도에 대한 신앙 고백을 저버리게 됩니다. 그런 것이 없고 그저 조용하고 건강한 삶을 누린다면 얼마든지 그 신앙 고백을 지켜갈 수 있을 것이었는데 말입니다. 그러나 인내하는 영혼은 하나님께서 그의 섭리 가운데 그에게 베푸시는 모든 상황을 다 소화시킵니다. 평안과 번영이 복음과 함께 주어지면 그는 그 감미로운 자비가 지속되는 동안 감사함으로 그것을 누립니다. 그러다가 하나님께서 그것들을 취해 가시고 그것들 대신 쓰라린 환난과 박해의 식물들을 먹게 하셔도, 그것 때문에 사기가 꺾이는 법이 없습니다. 그것은 그저 그런 고난과 더불어 복음의 위로를 더 많이 더 크게 먹는 것밖에 아닙니다. 그러므로 그런 고난에 둘러싸여도 얼마든지 잘 감당하며 나아가는 것입니다. 사실 그리스도인은 복음의 평안으로부터 흘러나오는 위로를 덕분에 인내할 수 있는 것입니다. 그들의 마음속에서 내적인 평안과 기쁨 가운데서 빛을 드러내는 바 그리스도 안에서 하나님이 베푸시는 사랑에 대한 지각의 감미로운 도움이 없다면, 하나님의 백성이 사람들과 마귀들에게서 때때로 받는 고난거리들을 도무지 견디지 못할 것입니다. 사도는 성도들의 인내와 체험과 소망과, 또한 환난 중에 기뻐하는 이 모든 것들의 원인에 대해 이렇게 말씀합니다: "소망이 우리를 부끄럽게 하지 아니함은 우리에게 주신 성령으로 말미암아 하나님의 사랑이 우리 마음에 부은 바 됨이니"(롬 5:5). 죄가 고난당하는 것을 도무지 참을 수 없게 만듭니다. 그러므로 죄가 사라지면 괴로움을 주는 최악의 요인이 제거되는 것입니다. 짐을 가득 실은 마차는 비탈길에서 꼼짝도 하지 않지만, 짐이 없는 마차는 쉽게 올라가는 법입니다. 죄책은 영혼에게 큰 짐이니, 고난당할 때에 그것이 영혼을 구렁텅이에 빠뜨려 꼼짝못하게 합니다. 그것을 제거하고, 또한 하나님께서 영혼에게 평안을 말씀하시면, 전에 십자가를 지고서 미친 사람처럼 날뛰던 자가 아무런 신음소리도 없이 기꺼이 그것을 질 것입니다. "하나님의 평강이 … 너희 마음과 생각을 지키시리라"(빌 4:7). 우리에게 임하는 온갖 환난들 중에서도 마음과 생각을 지켜서 고요하고 안정되게 하는 것이 아니면, 대체 인내가 무엇이겠습니까? 자, 이제는 적용을 위해 한두 마디 말씀드리겠습니다.

[적용]

첫째 적용. 앞의 가르침에서 우리는 다음 두 가지 사항에 대해 올바른 판단을 얻을 수 있습니다. 1. 복음의 평안에 대해 전혀 관심이 없는 자들이 환난 중에 인내하는 것에 대해 어떻게 판단해야 할지에 대해. 2. 환난 중에 전혀 인내가 없는 자의 평안에 대해 어떻게 생각해야 할지에 대해.

1. 복음의 평안에 대해 전혀 관심이 없는 자들이 환난 중에 인내하는 것에 대해 어떻게 판단해야 할지에 대해. 어떤 이들은 환난 중에 매우 고요하고 침착한데도 이 평안에 대해서는 전혀 문외한이고, 화평하게 하시는 그리스도에 대해 무지하며, 하나님께서 복음 안에서 베푸시는 평안의 조건들을 대적하며 살고, 그러면서도 환난 중에 매우 조용한 것을 봅니다. 이 불쌍한 자에게는 분명 모든 것이 잘못되어 있습니다. 자신의 처지가 어떤지를 조금이라도 지각했다면, 자신이 하나님의 손길 아래 있는 것을 보고 조급하여 견디지 못했을 것입니다. 그러나 그는 그런 상태로 인하여 결국 망할 것이고 또한 그 전에도 계속해서 지옥 속에 있게 되리라는 것을 전혀 모르는 것입니다. 사람이 돌이 가득한 험한 길을 맨발로 뛰어가는 것을 보면, 그 사람의 인내를 칭찬할 수가 없습니다. 오히려 그 사람이 발의 감각을 잃어버렸다는 것을 측은해할 것입니다. 하지만, 양심이 그렇게 감각을 잃어버렸고 마음이 몰지각한 어리석음으로 썩어 있어서, 석공(石工)이 톱으로 자기를 잘라내는데도 아무것도 알지 못하는 돌처럼 자기에게 당한 비극을 조금도 느끼지 못하는 자들이야말로 이보다 훨씬 더 불쌍한 자들입니다. 지옥에 있는 모든 사람 중에서, 자신을 구원할 수 있는 수단이 하나도 없는데도 지옥 입구에 매달려 있으면서도 자기의 위험에 대해 전혀 두려움이 없는 사람만큼 불쌍한 사람은 없습니다. 죽은 사람의 입에다 아무리 약을 넣어본들 무슨 소용이 있겠습니까? 자기의 처지에 대한 감각이 살아나지 못하면, 아무리 수단을 써도 모두 헛수고입니다. 약 중에서 가장 강력한 약인 환난을 투여했는데도 사람이 그것에 대해 무감각하다면, 아무리 다른 수단을 사용해도 감각을 되찾게 할 희망이 거의 없는 것입니다.

2. 환난 중에 전혀 인내가 없는 자의 평안에 대해 어떻게 생각해야 할지에 대해. 이들은 복음의 평안을 지닌 것처럼 행동하면서도 하나님께로부터 오는 고난이나 혹은 하나님을 위하여 당하는 고난을 견디는 일에 대해서는 생각조차 하지 못하는 자들입니다. 그러나 분명한 사실은, 사람이 이 평안을 접하고 또한 그리스도 안에 있는 하나님의 사랑에 대한 참된 지각이 마음에 훈훈하게 있으면, 그런 정도만큼 그 사람의 마음이 하나님께서 베푸시는 그 어떠한 고난에라도 기꺼이 순종할 수밖에

없다는 것입니다. 그러므로 우리의 평안과 위로를 시험해보는 것이 합당합니다. 하나님을 위하여 고난당할 마음이 전혀 없고, 십자가를 피하기 위해 죄를 택한다면, 여러분의 평안은 거짓입니다. 그저 일상적인 환난을 당하고서도 인내가 모자라서 여러분의 심령이 투덜거리는 것을 가라앉히고 마음이 좌절하지 않게 하는 데에 어려움이 있다면, 약속에 대한 여러분의 믿음이 약한 것입니다. "네가 만일 환난 날에 낙담하면 네 힘이 미약함을 보임이니라"(잠 24:10).

둘째 적용. 그리스도인 여러분, 이 가르침에서 자극을 받아 하나님과의 평안과 또한 여러분 자신의 양심의 평안을 매우 세심하고도 주의 깊게 살피게 되기를 바랍니다. 이 평안을 깨끗하게 하고 또한 깨어지지 않도록 유지하십시오. 그러면 온 세상이 여러분 앞에서 무너질 때에 그것이 여러분의 마음을 온전히 지켜줄 것입니다. 이 하나님의 평안이 여러분의 마음을 다스리는 한, 혹시 감옥에 있거나 화형대 위에 있더라도 여러분은 두려움이나 위험으로부터 안전합니다. 그러나 만일 그것이 상처를 받게 되면, 마치 세겜 사람들이 상처가 아직 아물지 않았을 때에 시므온과 레위가 그들을 공격한 것처럼, 원수들이 몰려와 공격해도 여러분이 도무지 감당할 수 없을 것입니다. 오오 형제 여러분, 양심이 쓰리고 쿡쿡 쑤실 때에 고난의 처지에 있다는 것은 정말 안타까운 일입니다. 여행자의 발에 가시가 박혀 있으면 어떤 길을 가도 불편합니다. 이처럼 양심에 죄책이 있으면 그 어떤 처지도 그리스도인에게 편치 않고, 특히 고난의 처지는 더더욱 편치 않은 것입니다. 그런데, 여러분의 평안이 깨어지지 않도록 유지하려면, 그것을 계속해서 관리하고 이를테면 그것에다 보호자를 세워야 합니다. 가장 아름다운 꽃들은 가장 세심하게 돌보아 주어야 합니다. 귀한 보물일수록 더 안전하게 보관하는 법입니다. 이 평안이 여러분의 보화입니다. 그러므로 그것이 보관되어 있는 곳을 세심하게 지키기 바랍니다. 우리 주님은 금이나 은 같은 세상의 보화를 두 가지 방식으로 잃어버릴 수 있다고 말씀하십니다. 곧, 도둑이 구멍을 뚫고 그것을 가져갈 수도 있고, 좀과 녹이 슬어 그것을 망가뜨릴 수도 있다는 것입니다(마 6:19). 이와 마찬가지로 그리스도인이 이 내적인 평안과 위로라는 하늘의 보화를 잃어버릴 수 있는 방법도 두 가지가 있습니다.

1. 뻔뻔스러운 죄들(presumptuous sins). 이것들은 "구멍을 뚫고" 성도의 위로를 "도둑질하는" 도둑들입니다(마 6:19). 이처럼 도둑이 들어 대담하게 도둑질해 가고 나서 그리스도인이 그의 영혼 속을 살피고서 예전처럼 죄 사함과 그리스도 안의

구원과 천국에 대한 소망 등이 주는 위로들을 스스로 활용하려고 하면, 아뿔싸! 사정이 전혀 달라져 있는 것을 알게 됩니다. 그에게 위로를 내어줄 약속이 전혀 없습니다. 창고 문이 잠겨 있습니다. 그리스도께서 그 열쇠를 지니신 채 물러가셨습니다. 그러면 그는, 마리아가 무덤에서 그리스도의 시신을 찾지 못했을 때에 그랬던 것처럼 안타깝게 원망하며 슬피 울 수도 있습니다. "사람들이 내 주님을 옮겨다가 어디 두었는지 내가 알지 못함이니이다"(요 20:13). 그리스도인도 이와 같이 쓰라린 마음으로 자기의 어리석음을 한탄할 수도 있습니다: "나의 교만, 나의 부정함, 나의 세상적인 마음이 내 보화를 도둑질해 갔고 나의 위로를 내게서 강탈해 갔도다. 내가 그 악독한 죄에 빠졌으니, 어떠한 임무나 약속 가운데서도 절대로 하나님의 얼굴을 편안히 뵈올 수가 없으리라." 그리스도인 여러분, 그러니 이와 같이 여러분의 평안을 빼앗아가는 도둑들을 세심히 살피시기 바랍니다. "사람의 영혼"을 가리켜 "여호와의 등불"이라 부릅니다(잠 20:27). 그리스도인 여러분, 하나님께서 여러분의 등불을 밝히셨습니까? 즉, 그의 사랑에 대한 지각으로 여러분의 심령을 환하게 하셨습니까? 그렇다면 뻔뻔스러운 죄들을 조심하십시오. 그런 도둑이 여러분의 등불을 노리도록 그냥 내버려 두면, 곧바로 그들이 여러분의 위로를 탈취하고 말 것입니다. 여러분이 뻔뻔스러운 죄의 손아귀에 빠져서 여러분의 평안을 빼앗겼습니까? 속히 크게 소리쳐서 그들을 추격하십시오. 즉, 안타깝게 하나님께 부르짖고, 기도의 심령으로 여러분의 회개를 새롭게 하라는 뜻입니다. 지체할 시간이 없습니다. 이 죄들이 회개가 없이 멀리 도망갈수록 여러분이 빼앗긴 평안과 기쁨을 그들의 손에서 되찾아오기가 더 어려워집니다. 그리고 여러분이 진지하고도 엄숙하게 돌아올 때에 하나님께서도 여러분에게 "구원의 기쁨"을 회복시키실 준비를 갖추고 계시다는 사실을 알고서 격려를 받으시기 바랍니다. 하나님은 또한 그의 죄를 죽이시는 은혜를 통하여 여러분의 영혼의 이 원수들에게 공의를 행하실 준비도 갖추고 계십니다. 여러분이 그 죄들을 향하여, 면밀하고도 강력하게, 그것들에게서 쾌락이나 육신적인 이익들을 뇌물로 받고 그것들을 살려 주는 일도 없이, 가차 없이 시행하면 하나님께서 그것들을 죽이실 것입니다.

　2. 또한 뻔뻔스러운 죄들이 그리스도인에게서 위로를 교묘하게 탈취해 가는 "도둑"이듯이, 게으름과 무관심은 그리스도인의 위로를 못쓰게 만들고 그 마음과 힘을 다 먹어치우는 "동록"과도 같습니다. 삶에서 무관심하고 안일하며 하나님과의 교제에서도 부주의하고 일관성이 없는 그리스도인이 오래도록 참된 평안이나

위로를 소유한다는 것은 불가능한 일입니다. 여러분의 기쁨의 깊은 골짜기에다 뻔뻔스러운 죄들의 물을 부어 그 기쁨을 꺼뜨리는 짓을 여러분이 하지 않는다면 그것으로 모든 것이 다 괜찮아지겠습니까? 임무의 기름을 부어 그 평안을 먹이고 유지시키지 않는 것으로도 이미 충분합니다. 칼로 찔러 죽이든, 굶어죽게 만들든 여러분은 이미 여러분의 위로를 죽인 살인자인 것입니다.

● 독자 여러분들께 알립니다!

'CH북스'는 기존 '크리스천다이제스트'의 영문명 앞 2글자와
도서를 의미하는 '북스'를 결합한 출판사의 새로운 이름입니다.

세계기독교고전 50

그리스도인의 전신갑주 I

1판 1쇄 발행 2014년 9월 25일
2판 1쇄 발행 2019년 2월 18일
2판 2쇄 발행 2024년 10월 30일

지은이 윌리엄 거널
옮긴이 원광연
발행인 박명곤 **CEO** 박지성 **CFO** 김영은
기획편집1팀 채대광, 김준원, 이승미, 김윤아, 백환희, 이상지
기획편집2팀 박일귀, 이은빈, 강민형, 이지은, 박고은
디자인팀 구경표, 유채민, 윤신혜, 임지선
마케팅팀 임우열, 김은지, 전상미, 이호, 최고은

펴낸곳 CH북스
출판등록 제406-1999-000038호
전화 070-4917-2074 **팩스** 0303-3444-2136
주소 서울시 강서구 마곡중앙6로 40, 장흥빌딩 10층
홈페이지 www.hdjisung.com **이메일** support@hdjisung.com
제작처 영신사

© CH북스 2019

"크리스천의 영적 성장을 돕는 고전"
세계기독교고전 목록

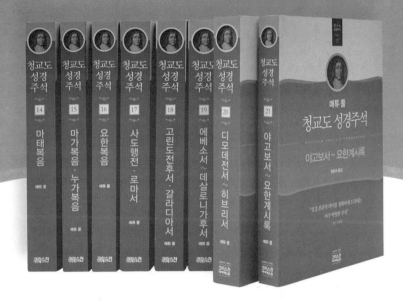